Deutsche Geschichte in Bildern

von der Urzeit bis zur Gegenwart

Herausgegeben von
Herbert Jankuhn, Hartmut Boockmann
und Wilhelm Treue

Mit 603 Abbildungen, 19 Farbtafeln, 31 Karten
und 31 Textabbildungen

Akademische Verlagsgesellschaft Athenaion
Wiesbaden

CIP-Kurztitelaufnahme der Deutschen Bibliothek

Deutsche Geschichte in Bildern: von d. Urzeit bis zur Gegenwart / hrsg. von Herbert Jankuhn ... — Aktualisierte Sonderausg. — Wiesbaden: Akademische Verlagsgesellschaft Athenaion, 1981.
Auch als: Handbuch der deutschen Geschichte. Bd. 5
ISBN 3-7997-0799-9
NE: Jankuhn, Herbert [Hrsg.]

Dieser Band stellt eine aktualisierte Sonderausgabe des erstmals 1967 im Rahmen des »Handbuchs der Deutschen Geschichte« erschienenen »Athenaion Bilderatlas zur Deutschen Geschichte« dar.

Printed in Germany / Imprimé en Allemagne

Gesamtherstellung: May & Co. Nachf., Havelstraße 16, 6100 Darmstadt

ISBN 3-7997-0799-9

Vorwort

Der vorliegende Bilderatlas hat die deutsche Geschichte und die Vorgeschichte Mitteleuropas zum Gegenstand, soweit diese durch das Bild zugänglich zu machen sind, durch die Abbildung von Überresten vergangenen Lebens: Gebrauchsgegenständen, Kunstwerken, Siedlungsformen — Bilddokumenten verschiedenster Gattung und Herkunft. Die Texte der Bearbeiter wollen diese Dokumente erschließen und als Zeugnisse vergangener Zustände und Ereignisse zum Sprechen bringen.

Dabei haben die auf den *Tafelteil* folgenden *Erläuterungen* die Aufgabe, das einzelne Bilddokument zu erklären und durch die Angabe ausgewählter Literatur den Weg zu einem eingehenderen Studium zu ebnen. Die den Tafeln vorangestellte *Einleitung* will den Leser von Bild zu Bild führen und die Zusammenhänge skizzieren, welche durch die Bildzeugnisse dokumentiert werden. Die drei Teile des Bandes — Einleitung, Tafelteil, Erläuterungen — bilden also eine Einheit und sollten gemeinsam benutzt werden. Von der Einleitung führen Verweise zu den Tafeln; diese sind in derselben Folge numeriert wie die Erläuterungen zu ihnen. Um auch den umgekehrten Weg von der einzelnen Tafel zur Einleitung zu ermöglichen, ist am Ende jeder Erläuterung die Seite angegeben, auf welcher in der Einleitung die dazugehörige Tafel genannt und der historische Zusammenhang dargelegt ist, in den sie gehört.

Bildliche Dokumente spielen in den einzelnen Abschnitten des hier behandelten Zeitraumes jeweils ihre eigene Rolle; sie haben in der Vor- und Frühgeschichte eine andere Bedeutung als in der des Mittelalters und in der Neuzeit. Davon ist im einzelnen in der Einleitung die Rede. An dieser Stelle sei zur Auswahl der Bildzeugnisse allgemein nur bemerkt, daß den Zeugnissen politischen und sozialen Lebens vor den im engeren Sinne kulturgeschichtlichen der Vorzug gegeben wurde. Soweit die abgebildeten Gegenstände Kunstwerke sind, war bei der Auswahl also in erster Linie ihre Bedeutung für diese Bereiche maßgebend und nicht so sehr ihre ästhetische Qualität oder ihr stilgeschichtlicher Stellenwert.

Den Autoren ist bei der Bearbeitung dieses Bandes vielfältige Hilfe zuteil geworden. Die große Zahl der beanspruchten (und in den Erläuterungen genannten)

Museen, Bibliotheken, Archive, Denkmalpflegeämter und Bildarchive verbietet es, an dieser Stelle im einzelnen die Namen derer zu nennen, die die Autoren bei der Beschaffung der Bildvorlagen unterstützt haben und die Erlaubnis zur Abbildung der von ihnen verwahrten Denkmäler gaben. Ihnen kann hier nur ein genereller Dank ausgesprochen werden.

Der Anteil der drei Autoren an diesem Atlas verteilt sich in der Weise, daß Text und Abbildungen zur Ur- und Frühgeschichte von H. Jankuhn bearbeitet wurden (Tafel 1 bis 96 sowie Tafel 143 und 156; Farbtafel A bis D), der mittelalterliche Teil (Tafel 97 bis 257; Farbtafel E bis M) von H. Boockmann und der der Neuzeit gewidmete (Tafel 258 bis 400; Farbtafel N bis T) von W. Treue.

Für diese aktualisierte Sonderausgabe führte W. Treue den einleitenden Text bis zur Gegenwart (Oktober 1980) weiter; er wählte die Abbildungen 401 bis 424 aus, verfaßte die erläuternden Bildlegenden und ergänzte die Bibliographie.

Inhalt

Teil I
Einleitung

Ur- und Frühgeschichte

von

Herbert Jahnkuhn

Die deutsche Geschichte und ihre vorgeschichtlichen Wurzeln

Einem »Handbuch der deutschen Geschichte« einen die vorgeschichtlichen Zeiträume umfassenden Teil voranzustellen, stößt deshalb auf Schwierigkeiten, weil es eine der »Deutschen Geschichte« entsprechende »Deutsche Vorgeschichte« nicht gibt. Einer Epoche, die die deutschen Altstämme der Karolinger- und Ottonenzeit als direkte Nachkommen alter germanischer Stämme sah, stellte sich diese Frage nicht, wiewohl früh schon erkannt wurde, daß die germanischen Völkerschaften bei ihrem Hineinwachsen in den mitteleuropäischen Raum zahlreiche Reste anderer Völker überlagert und in sich aufgenommen hatten. Mit diesen sich allmählich vollziehenden Veränderungen biologischer Art ging Hand in Hand die Übernahme nicht nur materieller Kulturgüter solcher Bevölkerungssubstrate, sondern auch Beeinflussungen geistiger Art, wie sich das in historisch besser erfaßbaren Epochen und Räumen, etwa im westfränkischen Bereich oder bei der wikingischen Besiedlung iro-schottischer oder slawischer Gebiete auch in Einzelheiten deutlicher erkennen läßt.

Dazu kommt die sich über ein halbes Jahrtausend hinziehende enge Berührung mit dem römischen Imperium, ja, teilweise eine Symbiose germanischer Stämme mit gallo-römischen Bevölkerungselementen, durch die seit Christi Geburt etwa auf vielfach verästelten Kanälen Elemente mediterraner Hochkultur nicht nur in die germanischen Randzonen an Rhein und Donau gelangten, sondern mindestens teilweise auch tief in das germanische Gebiet eindrangen.

Als Drittes endlich, was zu einer starken Veränderung germanischer Tradition führte, ist die Berührung mit dem Christentum und die Aufnahme der neuen Religion zu nennen, durch die germanische Geistesart eine starke Umbildung erfuhr.

War also schon vor der Berührung mit Rom das Germanentum gegenüber seinen Ursprüngen stark verändert worden, als es sich in Mitteleuropa während des letzten vorchristlichen Jahrtausends mit den Resten verschiedener anderer Völker vermischt hatte, so bedeuten die Berührung mit Rom und die Übernahme des Christentums eine weitere, noch stärkere Wandlung germanischen Erbes früher Vorzeit, so daß die deutschen Stämme des 9. und 10. Jahrhunderts in kaum einem wesentlichen Punkt ihrer kulturellen Entwicklung als unveränderte Nachfolger altgermanischer Vorgänger zu betrachten sind.

Dazu kam in den Jahrhunderten der Völkerwanderungszeit die Berührung mit Reiternomaden, die auch für die in Mitteleuropa verbleibenden germanischen Stämme in mehr als einer Hinsicht wichtig wurde.

Dieser Prozeß der Verschmelzung mit anderen ethnischen Gruppen und die sich in seinem Gefolge vollziehenden Änderungen waren am Übergang zum hohen Mittelalter keineswegs abgeschlossen. Das Übergreifen der deutschen Geschichte in das östliche Mitteleuropa brachte Deutsche nicht nur in einen neuen lebhaften Kontakt mit slawischen Völkern, sondern führte, als dieser Raum zunehmend stärker deutsch besiedelt und damit regional auch Schauplatz der deutschen Geschichte wurde, zur Aufnahme slawischer und baltischer Bevölkerungsgruppen in den sich erneut umbildenden Volkskörper.

Hatten in der Konzeption Leopold von Rankes die romanischen und die germanischen Völker den entscheidenden Anteil an der abendländischen Geschichte, so wird man die slawischen Völker mindestens für die deutsche Geschichte nicht ausschließen dürfen. Nicht nur in der Auseinandersetzung mit ihnen, sondern auch in der Aufnahme ethnischer Elemente und als Folge gegenseitiger Beeinflussungen vollzogen sich auch im hohen Mittelalter noch wesentliche Veränderungen gegenüber der älteren Zeit im östlichen Mitteleuropa.

Läßt sich also die deutsche Bevölkerung des Mittelalters nicht als völlig ungebrochene Entwicklung aus germanischer Vorzeit begreifen, so wird es schwierig, die Verwurzelung der deutschen Geschichte in älterer Zeit auf einen kurzen Nenner zu bringen. So vielfältig das sie bestimmende Ethnikum in seiner Zusammensetzung etwa am Ende des ersten nachchristlichen Jahrtausends war, so vielseitig sind auch das kulturelle Bild und der geistige Habitus, wie auch die geistige Leistung durch Einflüsse von außen bestimmt.

Maß und Entwicklung im Verhältnis von alter Überlieferung und sich fortwährend vollziehender Veränderung zu bestimmen, ist schwierig.

Der hier gegebenen Zusammenstellung von Tafeln liegt die Vorstellung zugrunde, daß alle ursprünglich im mitteleuropäischen Raum sich entfaltenden Bevölkerungsgruppen einen gewissen Beitrag auch zur deutschen Geschichte geleistet haben, wenn es auch schwierig, ja meist unmöglich ist, in Zeiten schriftloser Geschichte, für die nur die gegenständliche Überlieferung als Quelle historischen Erkennens zur Verfügung steht, Maß und Umfang dieses Beitrages, zumal im geistigen Bereich, sicher zu bestimmen.

Entfällt damit die Möglichkeit zur bildlichen Illustration einer »Deutschen Vorgeschichte«, so bleibt der Weg einer Veranschaulichung der vorgeschichtlichen Entwicklung in Mitteleuropa gangbar, wobei die geographische Bestimmung des schillernden Begriffes »Mitteleuropa« hier im einzelnen nicht vorgenommen werden soll. Freilich erfordert der knappe Raum eine abkürzende Akzentuierung in räumlicher und zeitlicher Richtung, wozu die Schwierigkeit kommt, daß nicht alle historisch relevanten Erscheinungen eine adäquate bildliche Darstellung finden können. Vieles nämlich, was sich eindrucksvoll abbilden läßt, hat historisch geringen Wert. Anderes

Bedeutsame entzieht sich eingängiger Veranschaulichung. So wichtig oft kleine Einzelfunde als Quellen historischer Erkenntnis sein können, dem mit der Materie nicht Vertrauten sagen sie meist wenig. Wenn hier nicht alle Teile Mitteleuropas im geographischen Sinne gleichmäßig bei der Auswahl der Abbildungen berücksichtigt sind, so hat das verschiedene Gründe. Einmal haben nicht alle Gebiete gleichmäßigen Anteil an der späteren Entwicklung, zum anderen besitzen auch dort, wo bedeutsame Impulse vorliegen, diese nicht immer eine Eignung zur bildlichen Darstellung. Auch hat der verschiedenartige Forschungsstand und die gestufte Möglichkeit zur Beschaffung brauchbarer Bildvorlagen einen Einfluß auf die Zusammenstellung der Tafeln ausgeübt.

Für die Betonung einzelner Zeitabschnitte endlich war auch die Tatsache maßgebend, daß hier eine bildliche Darstellung der vor- und frühgeschichtlichen Entwicklung in Mitteleuropa gegeben werden sollte, die nicht für sich allein steht, sondern die einen Bestandteil eines Bildbandes zur deutschen Geschichte darstellt. Es schien infolgedessen vertretbar, den jüngeren Abschnitten vorgeschichtlicher Entwicklung etwa seit der Hallstattzeit eine etwas stärkere Betonung zuteil werden zu lassen, weil insbesondere die Berührung mit den Kelten, die Auseinandersetzung mit Rom und das Verhältnis zu den Slawen von entscheidender Bedeutung für die deutsche Geschichte geworden sind.

Die Schwierigkeit einer bildlichen Darstellung historisch relevanter Erscheinungen und der durch die Knappheit des Raumes für Bild und Text bedingte Zwang zu akzentuierender räumlicher und zeitlicher Beschränkung bringen notgedrungen einen noch stärker subjektiven Aspekt mit sich, als er historischen Darstellungen ohnehin schon eigen ist. In diesem Sinne kann die hier gegebene Bildauswahl auch nicht als Quellensammlung für die älteren Abschnitte mitteleuropäischer Geschichte betrachtet werden, sondern bleibt ein Versuch, einzelne geschichtliche Erscheinungen zu veranschaulichen.

Jäger und Sammler

Die an historischen Begriffen gemessen unvorstellbar langen Zeiträume eiszeitlichen Jäger- und Sammlertums brachten nur langsame Fortschritte. So langsam verlief die kulturelle und wirtschaftliche Entwicklung, daß sie dem heutigen Betrachter als Stagnation erscheint. Einen entscheidenden Anstoß für eine beschleunigte Entfaltung brachte das Eindringen einer neuen Menschengruppe, des sogenannten Homo sapiens, wohl von Osten, nach Europa mit sich.

Neben einem differenzierten Gerätebestand, der auf stärkere Spezialisierung schließen läßt, ist die Fähigkeit zur künstlerischen Leistung eines der hervorstechendsten Merkmale dieser Gruppe (Taf. 1—3). Das häufige Auftreten kleiner Menschenfiguren, insbesondere die Darstellung von Frauen, läßt auf Vorstellungen religiöser Art schließen, in denen die Frauen wohl mit der Fruchtbarkeit oder mit der Jagd verknüpft waren. Noch in historischer Zeit steht neben der »Magna Mater«, der großen Göttin der Fruchtbarkeit, die »Herrin der Tiere«, die den Jäger schützt und ihm Jagderfolg bringt. Von beiden Bereichen einer mütterlichen Gottheit scheinen Wurzeln in das Eiszeitalter zurückzuführen.

An der großen, für Westeuropa kennzeichnenden Kunst der Höhlenmalerei nimmt Mitteleuropa nicht teil, wohl aber führt die gute Beobachtung des Jagdwildes zu überraschender Wiedergabe plastischer und zeichnerischer Art. Von den zahlreichen kleinen Tierfiguren sind hier einige aus der jungpaläolithischen Fundstelle vom Vogelherd in Württemberg abgebildet (Taf. 2). Die genaue Naturbeobachtung und die vollendete Fähigkeit, die zu zeichnerischer Wiedergabe des Gesehenen führt, läßt die Zeichnung eines äsenden Rentieres aus der Höhle von Thayngen erkennen (Taf. 3, Textabb. 1). Vermutlich stehen auch hinter dieser, an eine gute Naturbeobachtung gebundenen Kunst religiöse oder magische Vorstellungen und Praktiken.

Die in der Ritzzeichnung von Thayngen sichtbar werdende Verbindung zum Rentier entspricht einer sich am Ende des Eiszeitalters mit dem Aussterben der großen diluvialen Säugetiere vollziehenden Spezialisierung auf Rentierjagd. Dieses Jagdwild lieferte nicht nur das notwendige Fleisch, sondern auch mit seinem Mageninhalt vorverdaute, vitaminreiche Pflanzenkost, seinem Fell Rohstoffe für Bekleidung und Zelte, mit seinen Knochen und seinem Geweih ein begehrtes Material für Geräte. Daraus wurden nicht nur Pfeil- und Harpunenspitzen, sondern auch Beile hergestellt, deren Schlagspuren sich gelegentlich beobachten lassen (Taf. 5).

Die Jagd (Taf. 4 und 5) auf dieses flüchtige Wild vollzog sich mit fernwirkenden Waffen, der Speerschleuder und mit Pfeil und Bogen, deren Auftreten zu den vom Homo sapiens auf dem Höhepunkt der letzten Vereisung mitgebrachten Neuerungen gehört.

Als Zeugnis solcher Jagd finden sich gelegentlich unter den Knochen der Jagdtiere auf den Rastplätzen dieser eiszeitlichen Rentierjäger Schulterblätter mit Einschußlöchern (Taf. 4).

Das sich mit dem Wärmerwerden des Klimas seit 8000 v. Chr. vollziehende völlige Verschwinden des diluvialen Jagdwildes stellte zusammen mit dem Vordringen des Waldes die Jägergruppen vor große Schwierigkeiten. Die wesentlich weniger ertragreiche Jagd auf die Waldtiere wurde ergänzt durch Fischfang, Vogeljagd und Muschelgewinnung, wo solche Möglichkeiten an der Seeküste bestanden.

Die ältesten Bauern

Den wahrscheinlich bedeutungsvollsten Einschnitt im Verlauf der älteren Menschheitsgeschichte stellt der Übergang zur Produktion von Nahrungsmitteln durch Pflanzenanbau und Viehhaltung dar. Von den zahlreichen möglichen und an verschiedenen Punkten der Erde wohl auch praktizierten Arten primitiver Nahrungsproduktion erreichte Mitteleuropa nur die auf der Haltung von Schaf, Ziege, Rind und Schwein, sowie auf dem Anbau von Weizen und Gerste beruhende Bauernwirtschaft, die auch Hülsenfrüchte anbaute und von ihren jägerischen Vorfahren als ältestes Haustier den Hund übernahm. Die Entstehung dieser Wirtschaftsweise oder doch ein sehr frühes Stadium ist für das 7. vorchristliche Jahrtausend im Vorderen Orient nachgewiesen. Von dort breitete sich die neue Lebenshaltung und mit ihr ein gewisses Maß an Seßhaftigkeit und die Siedlungsweise in bäuerlichen Dorfgemeinschaften offenbar auf zwei Wegen nach Europa aus: Über den Balkan im 5. Jahrtausend bis nach Mitteleuropa, wo um die Mitte des Jahrtausends große Bauerndörfer auf den fruchtbaren Lößböden entstanden und zum Teil ausgegraben werden konnten, und über das Mittelmeer zu den südlichen Küstengebieten unseres Erdteils.

Die sich von Südosten nach Mitteleuropa ausbreitende »Bandkeramik« führte schon im 5. Jahrtausend zur Anlage großer Dörfer mit sorgfältig gebauten Häusern, die Längen bis zu 40 Metern erreichten. Der Schwerpunkt ihrer Wirtschaft scheint auf dem Anbau von Getreide und Hülsenfrüchten gelegen zu haben, Haltung von Schaf, Rind, Ziege und Schwein ist belegt.

Im nördlichen Mitteleuropa verharrte die dortige Jägerbevölkerung noch fast 2000 Jahre in ihrer althergebrachten Lebenshaltung. Wohl vollzog sich ein Austausch materieller Güter mit den südlicher auf dem guten Lößboden wohnenden Bauern, aber eine Übernahme der Anbauformen erfolgte nicht. Sie wurde durch Impulse ausgelöst, die den Norden über See von West- und Südwesteuropa her erreichten und zusammen mit Getreidebau und Haustierhaltung in einem etwas späteren Stadium auch die Sitte der aus großen Findlingen errichteten Familiengräber nach Norden brachte. Diese Megalithkultur (Taf. 6—8) verkörpert auch den für die Seßhaftigkeit typischen Zug eindrucksvoller ortsfester Grabmonumente. Waren die von einem »Temenos«, einem durch mächtige Steinblöcke umgebenen gehegten Bezirk eingefaßten Grabkammern ursprünglich nur für eine einzelne Bestattung eingerichtet, so erweiterte sich die Grabkammer bald zu einem wirklichen Mausoleum, das durch einen verschließbaren Gang von außen zugänglich blieb.

Hatten die Vorgänger dieser Bauern als Jäger und Fischer an Fluß- und Seeufern gesessen, so nahmen die neuen Bauern die besseren Böden in Besitz, die von dem dort wachsenden Eichenmischwald durch Rodung befreit werden mußten, um die kleinen, mit dem Pflug bestellten Äcker für Weizen- und Gerstenanbau zu gewinnen. Als Viehweide für Schaf, Rind, Ziege und Schwein diente wohl vornehmlich, wie auch später noch bis ins Mittelalter hinein, der Wald.

Wie seine Rodung vor sich ging, bleibt unsicher. Auf jeden Fall benötigte man für seine Beseitigung schwere schneidende Geräte, für die sich als Rohmaterial der im Norden reichlich vorhandene Feuerstein anbot. Ihn fand man unter den von den nordischen Gletschern verfrachteten Geschieben in großer Menge auf der Oberfläche. Besser für sorgfältigere Bearbeitung eignete sich bergfrisches Material, das seit der zweiten Hälfte des dritten vorchristlichen Jahrtausends bergmännisch gewonnen wurde.

In Belgien, Polen, Ungarn und Dänemark sind solche steinzeitlichen Bergwerke gefunden und untersucht worden. In Schächten, die bis zu 20 Meter Tiefe erreichten, drang man bis zu den geeignetes Material bergenden Schichten vor und trieb ihnen folgend horizontale Stollen nach den Seiten aus (Taf. 8, Textabb. 2). Das so gewonnene Material wurde an Ort und Stelle verarbeitet und zum Teil über viele Hunderte von Kilometern verhandelt.

Der Betrieb solcher Flintminen mit dem großen Arbeitsaufwand, aber auch mit der dafür notwendigen Sachkenntnis setzt eine besondere soziale Organisation neben der rein bäuerlichen Gesellschaft voraus, mußten doch die in den Schächten Arbeitenden von der bäuerlichen Gesellschaft unterhalten werden. Wie die Untersuchungen in Dänemark lehren, führte ein Teil der Schächte überhaupt nicht zu abbauwürdigen Flintvorkommen, so daß in solchen Fällen eine große Arbeit nutzlos vertan war. Wie der Flinthandel organisiert war, läßt sich nicht erkennen, nur so viel ist klar, daß er weite Strecken überwand und im Norden offenbar von Fischern und Jägern, die in mittelsteinzeitlicher Manier lebten, besorgt wurde.

Für die religiösen Vorstellungen im älteren und mittleren Neolithikum, also von der Mitte des 5. bis zur Mitte des 3. vorchristlichen Jahrtausends, sind wir auf wenige Anhaltspunkte angewiesen. Die in der Bandkeramik auftretenden weiblichen Tonidole sprechen für die Verehrung einer weiblichen Fruchtbarkeitsgottheit, die wohl der mittelmeerischen »Magna Mater« entspricht. Tier- und Menschenopfer, ja sogar Kannibalismus, gehören ebenfalls in einen solchen Fruchtbarkeitskult.

Im nördlichen Mitteleuropa deuten Axtsymbole auf die Verehrung einer männlichen Gottheit, die wohl die Funktion eines Himmelsgottes ausübte.

Von besonderem Interesse sind chirurgische Eingriffe, sogenannte Trepanationen, durch die Teile der Schädelkalotte sorgfältig entfernt wurden (Taf. 8). Wie und zu welchem Zweck das geschah, bleibt auch bei Einbeziehung völkerkundlicher Parallelen weitgehend unklar. Ein Teil der so Behandelten hat die schweren Eingriffe überlebt, wie die verheilten Knochenränder lehren. Die entfernten Knochenplättchen sind teilweise als Amulette getragen worden.

Offenbar existierte ein große Entfernungen überwindender Güteraustausch nicht nur beim Feuerstein, sondern auch bei dem für die Herstellung der Felsgesteinäxte notwendigen Material. Schlesischer Amphibolit wurde bis ins Rheinland und nach Holstein verhandelt, und auch die Beschaffung der Mahlsteine hat offenbar zu einer Art von Handel geführt, fehlte doch auf den Lößflächen geeignetes Rohmaterial vollständig.

In der zweiten Hälfte des dritten vorchristlichen Jahrtausends und um die Jahrtausendwende wird eine Unruhe in Mitteleuropa spürbar. Aus Westeuropa machen sich Einflüsse verschiedener Art bemerkbar. Einer von ihnen bringt die Sitte der Menhire nach West- und Mitteldeutschland. Vereinzelt finden sich aufrecht stehende Steinsäulen oder -platten mit Gesichts- oder Augendarstellungen (Taf. 9). Die Invasion der spanischen Glockenbecherleute brachte die intensivere Kenntnis des Kupfers nach Mitteleuropa, die große Bewegung der Schnurkeramik wird oft mit der Indogermanisierung in Zusammenhang gebracht.

Die ältere Metallzeit

Früh schon war im Orient das Kupfer bekannt geworden. Es erreichte Mitteleuropa offenbar, ähnlich wie die bäuerliche Wirtschaftsweise vor ihm, auf zwei Wegen: Über den Balkan und von Südwesteuropa her. Erst kurz vor der Mitte des zweiten vorchristlichen Jahrtausends begann der Abbau von Kupfererz und seine Verhüttung im östlichen Alpengebiet und in der Slowakei, und damit gewann auch Mitteleuropa den begehrten Rohstoff. Zwar war er auch noch in der gehärteten Form der Zinnbronze den Qualitäten des Feuersteines für schneidende Geräte unterlegen, gleichwohl aber eroberte er sich bald das Feld, wenn auch Steingeräte neben der Bronze vielerorts noch in Gebrauch blieben.

Eine Veränderung brachte das Metall auf sozialem Gebiet mit sich. Es gestattete die Ansammlung von leicht transportablem und überall gleichwertigem, dazu leicht zu hortendem Reichtum und führte damit zu verstärkter sozialer Differenzierung. Die ersten »Fürstengräber« gehören nicht zufällig in die frühe Bronzezeit. Als Erbe der spätneolithischen Unruhe bildeten sich um die Mitte und in der zweiten Hälfte des zweiten vorchristlichen Jahrtausends größere Gruppen in Mitteleuropa heraus: Die Hügelgräberbronzezeit im Süden und Südwesten, im Norden der sogenannte Nordische Kreis (Taf. 10—15) und im östlichen Mitteleuropa die sogenannte Vor-Lausitzer Kultur. Für den Westen, Süden und Norden (Taf. 10) typisch wird das Hügelgrab, das zu seiner bisweilen imposanten Höhe durch mehrfache Benutzung anwuchs. Im Norden enthielt es in einer Steinkiste oder in einem Baumsarg Bestattungen, bei denen unter günstigen Erhaltungsbedingungen bisweilen die Tracht bewahrt geblieben ist. Zur Männertracht (Taf. 11) gehörte ein kunstvoll gewebter Mantel aus Wolle, unter dem ein Kittel getragen wurde. Den Kopf deckte und schützte eine oft mühevoll hergestellte dicke Haube. Zur Frauentracht gehörte neben dem langen Faltenrock eine Bluse im Kimonoschnitt und ein fein aus Pferdehaaren geknüpftes Haarnetz. Für junge Mädchen ist mehrfach ein Fransenrock bezeugt (Taf. 12).

Über die Wirtschaft ist infolge der großen Seltenheit untersuchter Siedlungen wenig bekannt. Getreidebau und Viehhaltung sind nach wie vor bezeugt, wenn auch das Vordringen neuer Getreidearten, wie Dinkel, Roggen und Hafer, oder die stärkere Betonung der Schafzucht Wandlungen auf wirtschaftlichem Gebiet anzudeuten scheinen.

Der Handel wurde durch den Metallimport belebt, dazu gewann offenbar der Bernstein zunehmend an Bedeutung. Eine stärkere Betonung pflanzlicher Kost führte zu größerem Bedarf an Salz, das an verschiedenen Stellen, so an der Saale bei Halle, durch Versieden von Sole gewonnen und offenbar auch weithin verhandelt wurde.

Auf religiösem Gebiet bezeugt der Sonnenwagen von Trundholm eine schon für ältere Zeit anzunehmende Sonnenverehrung (Taf. 13), während ein etwas jüngerer Kesselwagen (Taf. 14) andere religiöse Vorstellungen verrät. Eine sich im östlichen Alpengebiet seit dem 13. oder 12. vorchristlichen Jahrhundert vollziehende Wandlung religiöser Vorstellungen führte zu weiträumiger Ablösung der Bestattung unter Grabhügeln durch Totenverbrennung und Beisetzung der Asche in Urnenfeldern. Die Vorstellung der von Pferden gezogenen Sonne wurde durch die eines Transportes der Sonne in einem Boot abgelöst.

Die überwiegend der älteren und mittleren Bronzezeit zuzurechnenden Felszeichnungen im Norden und in den Alpen deuten auf Kultumzüge, die Existenz anthropomorpher Gottheiten ist durch sie noch nicht sicher bezeugt.

Erst in der jüngeren Zeit mehren sich die Anzeichen für die Verehrung menschengestaltiger Götter. In den Kreis des Kultes gehören die paarweise benutzten Luren (Taf. 15), kunstvoll gegossene Signalhörner, auf denen man nur die acht Naturtöne blasen konnte und die sich infolgedessen für Melodien wenig eigneten.

Seit der großen Wandlung mit dem Aufkommen der Totenverbrennung treten in Süd- und Mitteldeutschland Aschenhügel auf, in denen Brandasche, Holzkohle, verbrannte Tierknochen und Tongefäßscherben vermischt liegen (Taf. 16). Es handelt sich um Aschenaltäre und Zeugnisse blutiger Tieropfer, bei denen Schafe, Ziegen, Pferde und Rinder einer Gottheit dargebracht wurden. Ähnliche Aschenaltäre sind für die griechische Welt literarisch bezeugt und teilweise eingehend beschrieben.

Eine sich seit dem 12. Jahrhundert abzeichnende, vom südöstlichen Mitteleuropa ausgehende Unruhe pflanzt sich in südöstlicher Richtung fort und mündet im Küstengebiet des östlichen Mittelmeeres aus. Trotz ihrer reichen und zum Teil schönen Funde ist die Bronzezeit in vielen Bereichen geschichtlichen Lebens noch wenig erschlossen.

Die Fürstenkultur der Hallstattzeit

Die Einführung des Eisens brachte zunächst keine nennenswerte Veränderung mit sich, außer daß für seine Gewinnung in Mitteleuropa eine ungleich breitere Rohstoffbasis gegeben war als für die Bronze.

Die große Gruppierung verschiedenartiger Kreise bleibt zunächst bestehen. Den Süden und Südwesten nimmt die Hallstattkultur ein, den Norden der jungbronzezeitliche »Nordische Kreis« und den Osten die sogenannte Lausitzer Kultur.

Die in der Bronzezeit beginnende soziale Differenzierung setzt sich in der Hallstattzeit fort und führt im Bereich der nordwestalpinen Hallstattgruppe zu einer Fürstenkultur von erstaunlichem Reichtum und weitgespannten Verbindungen zur Welt der griechischen Kolonien im zentralen Mittelmeergebiet (Taf. 17—24).

Fürstenhügel mit reichem Grabinventar und befestigte Fürstensitze kennzeichnen die Zentren solcher Herrschaft. Auf der Heuneburg ist um die Mitte des 6. vorchristlichen Jahrhunderts der bis dahin in konventioneller Weise mit Holz, Erde und Steinen befestigte Herrensitz in griechischer Manier mit einer Steinmauer aus roh behauenen Steinen und einer auf diesen festen Sockel gesetzten Mauer aus luftgetrockneten Lehmziegeln gebaut, wie sie im Mittelmeer häufig Verwendung fanden, in der Zone nördlich der Alpen aber bisher unbekannt waren. An einer ohnehin durch steile Böschung gut geschützten Seite der Burg sind dicht nebeneinander mächtige, vorspringende Bastionen angebracht (Textabb. 3), wie sie der griechischen Festungsbautechnik dieser Zeit eigneten. Dieser Bau ist entweder von einem griechischen Baumeister oder von einem an griechischer Bautechnik geschulten Kelten errichtet worden. Die Übertragung der mit luftgetrockneten Ziegeln arbeitenden Bauweise in das regnerische Klima des Nordens führte bald zum Rutschen der Mauer und zu einer Rückkehr zu einheimischer Befestigungstechnik.

Der Reichtum an importierten griechischen Funden, wie schwarzfiguriger Keramik oder massiliotischen Weinamphoren läßt eine fürstliche Lebensweise ahnen, die noch deutlicher in der Ausstattung der Fürstengräber sichtbar wird (Taf. 19). Neben prunkvollen vierrädrigen Totenwagen und dem ganzen ortsüblichen Trachtenschmuck lehren kostbare archaische Bronzegefäße, in welchem Umfange sich diese Fürstenschicht griechischer Kultur erschloß. Wenn im Fürstengrabe »Hohmichele« Reste von Seidenstickerei schon im 6. Jahrhundert v. Chr. entdeckt wurden, läßt sich ahnen, was an kostbarem fremden Gut verloren gegangen ist. Mit diesem Kulturstrom, der zum größten Teil wohl von Massilia aus über das Rhônetal durch die burgundische Pforte den Norden erreichte, kam auch das Haushuhn nach Mitteleuropa.

Man wird vermuten dürfen, daß mit diesen materiellen Gütern auch geistige den Norden erreichten. Wie weit mediterrane Lebenshaltung damals für den Norden bestimmend wurde, zeigt sich auch darin, daß auf die Grabhügel dieser Zeit Steinskulpturen gestellt wurden, deren Vorbilder letzten Endes die griechischen Kouroi bildeten, wenn diese auch nicht direkt, sondern durch die Vermittlung italischer Zwischenformen auf den Norden einwirkten. Aber allein schon die dem Norden bis dahin völlig fremde Grabsitte des Aufstellens menschlicher Plastiken auf den Gräbern zeigt die tiefgehenden Einflüsse griechisch bestimmter Mittelmeerkultur auf den Norden.

Solche Fürstensitze finden sich auch in noch größerer Nähe zur griechischen Welt im Ostalpengebiet. Die Bronzerüstung von Klein-Klein (Taf. 20) zeigt mit ihrem griechischen Vorbildern nahestehenden Panzer, wie sich diese Fürsten rüsteten.

Von Italien aus stark beeinflußt blühte die Situlenkunst seit dem 6. vorchristlichen Jahrhundert auf, die mit ihren Bilddarstellungen das Leben der reichen Oberschicht mit Wagenrennen, Wettreiten, Faustkämpfen und Trinkgelagen (Taf. 23, 24) auch bildlich veranschaulicht.

So wirkt in der letzten Phase der griechischen Kolonisation im 6. Jahrhundert griechische Kultur von den neubegründeten Zentren weit in das barbarische Hinterland, wie in Südrußland zu den Skythen und in Spanien zu den Iberern, so auch von Massilia und Italien aus zu den Kelten in Gallien und Süddeutschland, und überall findet sich eine dem Griechischen aufgeschlossene Oberschicht.

Die Volkskultur freilich wird weit weniger beeinflußt und folgt heimischen Entwicklungstendenzen. Von der Religion ist außer dem Totenkult nur wenig auf archäologischem Wege zu erschließen. Der Kultwagen von Strettweg in der Steiermark (Taf. 21, 22) zeigt in der Mitte eine die übrigen menschlichen Figuren überragende weibliche Gestalt, die eine Schale über dem Kopf trägt. Die Größe läßt erkennen, daß hier eine Göttin dargestellt ist, eines der ältesten Zeugnisse für die Verehrung menschengestaltig gedachter Gottheiten im Norden. Da später noch in der »interpretatio romana« eine norische Landesgöttin als »Isis Noreia« bezeugt ist, wird man in der Frauenfigur von Strettweg vielleicht deren Vorläuferin aus dem 6. Jahrhundert vermuten dürfen.

Im Norden und Osten Mitteleuropas finden wir nichts, was dieser prunkvollen Fürstenkultur des Südwestens entsprechen könnte. Im Lausitzer Gebiet des Ostens ist bei Biskupin in Polen eine Anlage des 5. und 6. vorchristlichen Jahrhunderts ausgegraben worden (Taf. 25, Textabb. 4), die mit der Gleichförmigkeit der befestigten Wohnsiedlung eine andersartige soziale Struktur verrät und deutlich werden läßt, daß auch hier das altertümliche Milieu bäuerlicher Dorfgemeinschaften durch neue Formen unbekannten Ursprungs und schwer zu deutenden Charakters aufgelockert wurde.

Ihr Ende fand diese Gruppe offenbar unter einem Druck vom Norden und skythischen Angriffen vom Südosten, die etwa im Fund von Vettersfelde auch eindrucksvolle archäologische Spuren hinterlassen haben.

Die keltische Kultur des letzten halben Jahrtausends vor Christi Geburt

Die nordwestalpine Hallstattkultur mit ihrer Fürstenherrschaft fand in der ersten Hälfte des 5. vorchristlichen Jahrhunderts ihr Ende. Was zu ihm führte, wissen wir ebensowenig wie, was sich daran anschloß. Daß die Träger dieses Kreises keltische Stämme waren, ist eine einleuchtende Hypothese. Ihre zeitliche Fortsetzung fand diese Fürstenkultur im 5. Jahrhundert im nördlich anschließenden Gebiet der frühlatènezeitlichen Fürstengräber des 5. und 4. Jahrhunderts um den Mittelrhein.

Was zu einer solchen Verlagerung nach dem Norden führte, ist nicht mit Sicherheit zu sagen. Eine ansprechende Vermutung weist auf die Bedeutung der Erzvorkommen im Hunsrück hin, die wohl die wirtschaftliche Basis einer stärkeren sozialen Gliederung mit der Herausbildung einer reichen Oberschicht abgegeben haben könnten.

Auch die reich ausgestatteten Fürstengräber dieser Gruppe zeigen mit ihrem griechischen Import eine Anknüpfung an die griechische Welt des Südens. Rotfigurige Vasen (Taf. 26) und Bronzegefäße, zum Teil italischer Herkunft, lehren, daß die Beziehungen zum Süden keineswegs schwächer geworden sind. Sie kamen allerdings wohl nicht mehr über den Rhôneweg von Massilia, sondern überwiegend von der Adria, wo mit den Städten Adria und Spina im Bereich der Po-Mündung neue Handelszentren entstanden waren. Die Verlagerung der etruskischen Aktivität an die Adria hängt wohl auch mit der politischen Entwicklung im Mittelmeergebiet zusammen, wo das Zurückdrängen der Etrusker und das Aufkommen Roms seit dem Ende des 6. Jahrhunderts eine neue Situation für den griechischen und auch für den etruskischen Handel geschaffen hatte.

Der neue Weg führte von der Adria durch die Ostalpen, aber auch von Italien über die zentralen Alpenpässe nach dem Norden. Die neuen keltischen Fürstengräber des 5. Jahrhunderts finden sich vor allem um den Mittelrhein und reichen im Süden mit dem Kleinaspergle gerade noch bis zur Nordgrenze der Fürstengräber des älteren nordwestalpinen Hallstattbereiches. Von diesen unterscheidet sie auch die Tatsache, daß den Gräbern anscheinend keine befestigten Fürstensitze entsprachen. Wo und wie diese neue Oberschicht der Frühlatènezeit gewohnt hat, ist weitgehend unbekannt. An ihren Höfen entwickelte sich offenbar unter Verarbeitung starker griechischer Anregungen der neue, lange Zeit nachwirkende Latènestil (Taf. 26, 27, 29).

Die frühkeltische Religion hat eine Reihe eigenartiger Steinskulpturen hinterlassen (Taf. 27, 28), deren Deutung als Götterbilder freilich hypothetisch bleibt. Auf dem im Norden gefundenen, jedoch im keltischen Gebiet hergestellten Silberkessel von Gundestrup aus Jütland (Taf. 35, 36), dessen Datierung umstritten ist, der aber doch wohl dem letzten vorchristlichen Jahrhundert zuzurechnen ist, wird eine menschliche Figur mit Hirschgeweih dargestellt (Taf. 36), in der man eine Abbildung des keltischen Gottes Kernunnos sehen will.

Von besonderer Bedeutung für die wirtschaftliche Entwicklung im südlichen Mitteleuropa wurden die keltischen Oppida, befestigte Siedlungen, die sich zu wirtschaftlichen, politischen und religiösen Zentren größerer Landbezirke, ja gelegentlich ganzer Stammesgebiete, entwickelten. Ihre Entstehung geht wohl auf Anregungen der griechischen »Polis« im südgallischen Gebiet zurück, und im letzten vorchristlichen Jahrhundert bilden sie das Rückgrat der keltischen Stammesgliederung von Frankreich über Süddeutschland bis nach Ungarn hin. Ihre Bedeutung ist für Gallien durch die Schilderung solcher Oppida bei Cäsar bekannt. Zahlreiche Ausgrabungen haben darüber hinaus ihre wirtschaftliche und kulturelle Bedeutung in Einzelheiten besser kennen gelehrt.

Neben die früh untersuchten Oppida von Alesia und Bibracte traten in letzter Zeit umfangreiche Ausgrabungen in Manching, Závist, Hrazany und auf dem Magdalensberg in Kärnten (Taf. 31).

Wenige Kilometer nördlich von Klagenfurt, im alten Gebiet des keltischen Stammes der Noriker, liegt auf einer etwa 1000 Meter hohen Bergkuppe ein keltisches Oppidum, auf das die Forschung schon früh durch gelegentliche Funde von kunsthistorischer Bedeutung aufmerksam wurde.

Seit dem 2. Weltkrieg laufend durchgeführte systematische Ausgrabungen österreichischer Archäologen haben hier eine sehr bemerkenswerte Anlage von großer historischer Bedeutung erschlossen. Es handelt sich um den wirtschaftlichen Mittelpunkt des keltischen Königreiches Norikum, das bald nach 120 v. Chr. durch einen Staatsvertrag in geregelte politische und wirtschaftliche Verbindung zu Rom trat, seine Selbständigkeit dabei aber wahrte. Der Vertrag gestattete norischen Kaufleuten die Niederlassung im römischen Aquileja, römischen Kaufleuten die Ansiedlung auf dem Magdalensberg.

Die wirtschaftliche Grundlage des so geregelten Handelsverkehrs bildete Metall, und zwar in erster Linie das weithin berühmte norische Eisen, das auf keltischen Verhüttungsplätzen in der Steiermark und in Kärnten gewonnen und über das Handelszentrum auf dem Magdalensberg weithin verkauft wurde. Am Südhang der Bergspitze entstand eine Händlerkolonie mit einem Forum, in dem die Kaufleute zunächst nach einheimischer Manier in eingetieften Häusern wohnten. Die in die Wände solcher Keller geritzten Inschriften geben Auskunft über Namen und Herkunft der Kaufleute, Art und Preise der Waren und über die Richtung des Handelsverkehrs und die Art seiner Abwicklung. Die Einheimischen bedienten sich eines eigenen, vom alten etruskischen abgeleiteten Alphabetes, bevor sie später die lateinische Schrift übernahmen.

Bezeugt sind durch ihre Namen griechische, orientalische, römische und keltische Kaufleute, die sich hier außerhalb des griechischen Kulturbereichs und jenseits der römischen Reichsgrenze inmitten einer keltischen Umwelt niedergelassen hatten.

Ihre Kunden kamen, soweit die Inschriften Auskunft darüber geben, aus Venetien, Latium, aus der Emilia, ja auch aus Nordafrika. Sie kauften eiserne oder kupferne Ringe, Ambosse, Hacken, Klammern, Henkelkrüge, Kessel und Platten. Diese Waren wurden nach Gewicht oder Stückzahl verhandelt. Stückzahlen von 500 bis 600 Exemplaren stellen große Frachten dar, die von der Höhe des Magdalensberges zur Adriaküste bei Aquileja transportiert werden mußten und von dort auf Schiffen weiter verfrachtet wurden.

Auch über die Geschäftpraxis einer solchen Händlerkolonie außerhalb des römischen Reiches in einer keltischen Bergstadt machen die Inschriften Angaben. Die Erzeugnisse der norischen Eisenhütten- und Schmiedewerkstätten wurden überwiegend im Winter, also wohl mit Schlitten, aus dem ganzen Lande zum Magdalensberg gebracht. Die Kunden aus dem Süden kamen zwischen dem Frühjahr und den Monaten des Spätsommers, in der Zeit also, die in der Antike als die eigentliche Reisezeit galt. Die römischen Käufer entstammten führenden Geschlechtern Roms, in deren Händen sich das für einen solchen Großhandel notwendige Kapital befand. Die Käufer zahlten meist bar und teilweise in Gold, gelegentlich werden aber Schuldtermine bis zu fünf Monaten genannt, die bezeugen, daß auch auf Kredit verkauft wurde. Das Verhältnis der einheimischen Händler zu den römischen Kaufleuten scheint durchweg ein gutes gewesen zu sein.

In mehreren Tavernen wohnten zum Teil griechische Vermittler, die ihre Waren norischen Händlern verdankten und in kleinen Kulträumen ihren südlichen Kunden Gelegenheit gaben, dem Gott Merkur als dem Schützer des Handels zu opfern; aber auch einheimischen Göttern wurden zum Teil kostbare Weihegaben dargebracht, so etwa dem Mars Latopius eine kostbare Bronzestatue eines griechischen Jünglings.

Aus älteren Bauten wurden große Mengen von Wandmalereien geborgen, die die Ausmalung der Wohnräume erkennen lassen. Darunter findet sich das gut gemalte Bild der Iphigenie (Taf. 31) mit dem Palladion, eine Darstellung der Iphigenie bei den Tauriern nach Euripides. Dazu kommen Darstellungen von Tänzerinnen, von Dionysos und eine Hirtenszene.

Es ist erstaunlich, wie hier außerhalb des griechischen Kulturgebietes und des römischen Reiches in der zweiten Hälfte des letzten vorchristlichen Jahrhunderts hellenistische Künstler in einer keltischen Bergstadt primitive Wohnräume mit Szenen aus griechischer Dichtung und Mythologie schmückten.

Im Jahre 15 v. Chr. kam Noricum durch Staatsvertrag an Rom, und es begann ein großzügiger Ausbau mit Forum und Tempelanlagen, mit Bädern und Villen, die allerdings nicht mehr fertig wurden, weil im Jahre 45 n. Chr. im Tal in der Nähe des Magdalensberges Virunum als neue Hauptstadt der Provinz Noricum entstand und sich die öffentlichen Zentren ins Tal verlagerten. Damals verödete auch die Bergstadt, ihre Bewohner siedelten ins Tal über.

Der Ausschnitt keltischen Wirtschaftslebens und enger Verflechtungen mit Rom, die sich durch die Erforschung des Magdalensberges erschlossen, sind in mehr als einer Hinsicht aufschlußreich, zeigt sich doch sehr deutlich, wie eng vor der Zerstörung dieser keltischen Welt durch Römer und Germanen die keltische Kultur und Wirtschaft mit der Welt des Mittelmeerraumes verknüpft war. Für die Stärke griechischen Kultureinflusses ist heute nicht nur das Zeugnis Caesars von der Verwendung griechischer Schrift bei den Helvetiern oder die Aussage des keltischen, zum Teil an griechischen Vorbildern orientierten Münzwesens aussagekräftig, sondern auch zahlreiche andere literarische und künstlerische Zeugnisse zeigen seit dem 6. vorchristlichen Jahrhundert die große Bedeutung griechischer Einwirkungen auf die keltische Kultur Südmitteleuropas. Ihr Ende ist erst durch den römischen Vorstoß zum Rhein und zur Donau bewirkt worden.

Der seit dem 6. vorchristlichen Jahrhundert zurückgebliebene germanische Norden war durch die seit dem 3. vorchristlichen Jahrhundert sich enger gestaltenden Verbindungen zum keltischen Bereich in seiner kulturellen Entwicklung wieder stärker belebt worden.

Die schon seit langem von der Sprachgeschichte erschlossene engere keltisch-germanische Sprachberührung erfolgte wohl in diesen Jahrhunderten, in denen sich die Germanen vom Norden aus immer stärker nach Süden bis in die Gegend der Donau und nach Böhmen hinein vorschoben und in weiten Teilen Thüringens, Böhmens und Südwestdeutschlands keltische Bevölkerungsreste überlagerten.

Der Import keltischer Qualitätserzeugnisse, wie etwa des bei Gundestrup in Jütland gefundenen Silberkessels (Taf. 35, 36), machte die Germanen nicht nur mit der überlegenen keltischen Metalltechnik, sondern durch die bildlichen Darstellungen auch mit keltischer Geistigkeit bekannt. Die in einem Moor von Dejbjerg in Jütland gefundenen eleganten Wagen (Taf. 32) lehnen sich in der Konstruktion weitgehend an ältere keltische Vorbilder an, wenn auch die in getriebenem Bronzeblech ausgeführte Ornamentik zwar enge Beziehungen zur keltischen Kunst, aber doch auch eine Eigenständigkeit der Entwicklung verrät und damit die Anfertigung im Norden wahrscheinlich macht.

Diesen entwickelten, allerdings wohl nur für den Transport höhergestellter Personen oder zum Gebrauch im Kult bestimmten Wagen entspricht auch ein Ausbau der Wege dort, wo sie schwierigen Untergrund überqueren. Seit altersher kannte der Norden Bohlenwege über Moore, die besonders in Nordwestdeutschland gut untersucht sind (Taf. 78). An einem solchen Holzweg der vorrömischen Eisenzeit fanden sich an einer gefährlichen Stelle eines Bachüberganges rechts und links des Weges eine männliche und eine weibliche Holzfigur, offenbar Götter oder Schutzgeister, die den Reisenden vor Unglück bewahren sollten. Sie zeigen an, daß solche Holzwege, die ohnehin nur als Gemeinschaftsleistung großer Verbände denkbar sind und deren Unterhaltung einer organisatorischen Arbeitsleistung bedurfte, unter dem Schutz höherer Mächte standen.

Sehr überraschend war die Feststellung der dänischen Forschung, daß es in schwer passierbarem Gelände auch sorgfältig gepflasterte Steinstraßen gab (Taf. 33). Die neben einem solchen Weg bei Tibirke in Dänemark im Moor gefundenen Opfergaben bronzener Schmuckstücke lassen vermuten, daß auch hier der Reisende an gefährlichen oder unheimlichen Stellen durch Opfer den Schutz der Gottheit erbat.

Die überlegene keltische Eisengewinnung fand Eingang auch in den Norden, wenn hier auch in den letzten vorchristlichen Jahrhunderten noch ein empfindlicher Mangel an dem neuen Material bestand. Die Übernahme einzelner keltischer Waffen bewirkte keine grundsätzliche Änderung der leichten und auf Beweglichkeit des Kämpfenden eingestellten germanischen Bewaffnung.

Die Tracht der Frauen bestand aus Faltenrock und Bluse, eventuell auch einem Pelzumhang, daneben existierten auch lange, dem griechischen »Peplos« entsprechende Gewänder (Taf. 34), die möglicherweise südlichen Einfluß verraten. Die Männertracht entsprach wohl auch damals schon der weiter unten zu behandelnden Tracht der nachchristlichen Jahrhunderte.

Das Siedlungswesen ist durch kleine bäuerliche Häusergruppen und Dörfchen gekennzeichnet, neben denen es, wenn auch selten, einfache Befestigungen gab. Die keltischen Oppida haben nur auf die südlichen Grenzstämme der Germanen gewirkt, wie die Altenburg bei Niedenstein, vielleicht das chattische »Mattium«, lehrt. Etwas klarer läßt sich der germanische Ackerbau dieser Zeit beschreiben. Auf fest umgrenzten Äckern, die mit dem Hakenpflug bearbeitet wurden, säte man vornehmlich Gerste, daneben wurden Erbsen, Bohnen und Lein, dieser im wesentlichen zur Fettversorgung, angebaut. Kurz vor Christi Geburt tauchte erstmalig der Wendepflug auf, der die Erde nicht nur aufritzte, wie der Haken, sondern die Schollen auch wenden konnte.

Häuser dieser Zeit sind nur im nördlichen Mitteleuropa und im nördlichen Dänemark bekannt geworden. Sie gehören zum Typ der Wohnstallhäuser und zeigen an, daß teilweise große Viehstapel, vor allem Rinder, Schafe und Schweine, außerdem Ziegen und Pferde, gehalten wurden. Hunde und Katzen waren vorhanden, Hausgeflügel kommt, wenn auch selten, vor.

Unklar bleibt immer noch das Schicksal der Lausitzer Kultur im östlichen und südöstlichen Mitteleuropa während der letzten vorchristlichen Jahrhunderte. Was sich an neuen, reichen Fundkomplexen im letzten Jahrhundert vor Christi Geburt dort einstellt, trägt germanisches oder weiter im Südosten keltisches Gepräge.

Das Römische Imperium an Rhein und Donau

Nach dem Einbruch der Cimbern und Teutonen ins römische Gebiet hatten erstmals die beiden Rheinübergänge Caesars in den Jahren 55 und 53 v. Chr. zu erneuter Berührung mit den gefürchteten Gegnern im Norden geführt. Die Sicherung der Rheingrenze durch Caesar brachte die linksrheinischen Germanenstämme in den Verband des römischen Reiches, in dem sie so gründlich romanisiert wurden, daß nur wenige Anzeichen ihrer germanischen Nationalität erhalten geblieben sind.

Erst die Vernichtung einer römischen Legion unter Lollius durch die Sugambrer in der Nähe von Aachen im Jahre 16 v. Chr. löste eine neue Konzeption der Grenzsicherung am Rhein und an der im gleichen Jahre erreichten Donaulinie aus.

Der Plan einer Vorschiebung der Reichsgrenze bis zur Elbe und eine Begradigung von der Elbmündung bis zum Donauknie strebte nicht nur die Verkürzung der Linienführung, sondern auch die Einbeziehung der in dem unübersichtlichen Gebirgsgebiet zwischen Rhein und Weser wohnenden unruhigen Stämme in das Reich an. Der im Jahre 12 v. Chr. beginnende Germanenkrieg des Augustus, zunächst unter der militärischen Führung seines Stiefsohnes Drusus, war durch einen sorgfältigen Ausbau des Grenzgebietes vorbereitet worden. Neben der Vorziehung der römischen Legionen in die neu entstehenden Legionsfestungen an Rhein und Donau erfolgte ein sorgfältiger Ausbau des Straßennetzes (Karte I). Die im Jahre 12 v. Chr. beginnende militärische Auseinandersetzung (Taf. 37—46) hatte im Jahre 5 n. Chr. fast zum Erfolg geführt. Die um diese Zeit als Parallele zu dem römischen Altar des Augustus und der Roma in Lyon gegründete Ara Ubiorum für den Rom- und Kaiserkult in Köln sollte der politische Mittelpunkt der neuen Provinz zwischen Rhein und Elbe werden. Der im Jahre 6 beginnende pannonische Aufstand erforderte

▶

Karte I. Die römischen Anlagen an Rhein und Donau (nach Tabula Imperii Romani, Blatt Mainz; Römisch-Germanische Kommission des Deutschen Archäologischen Instituts, Frankfurt am Main)

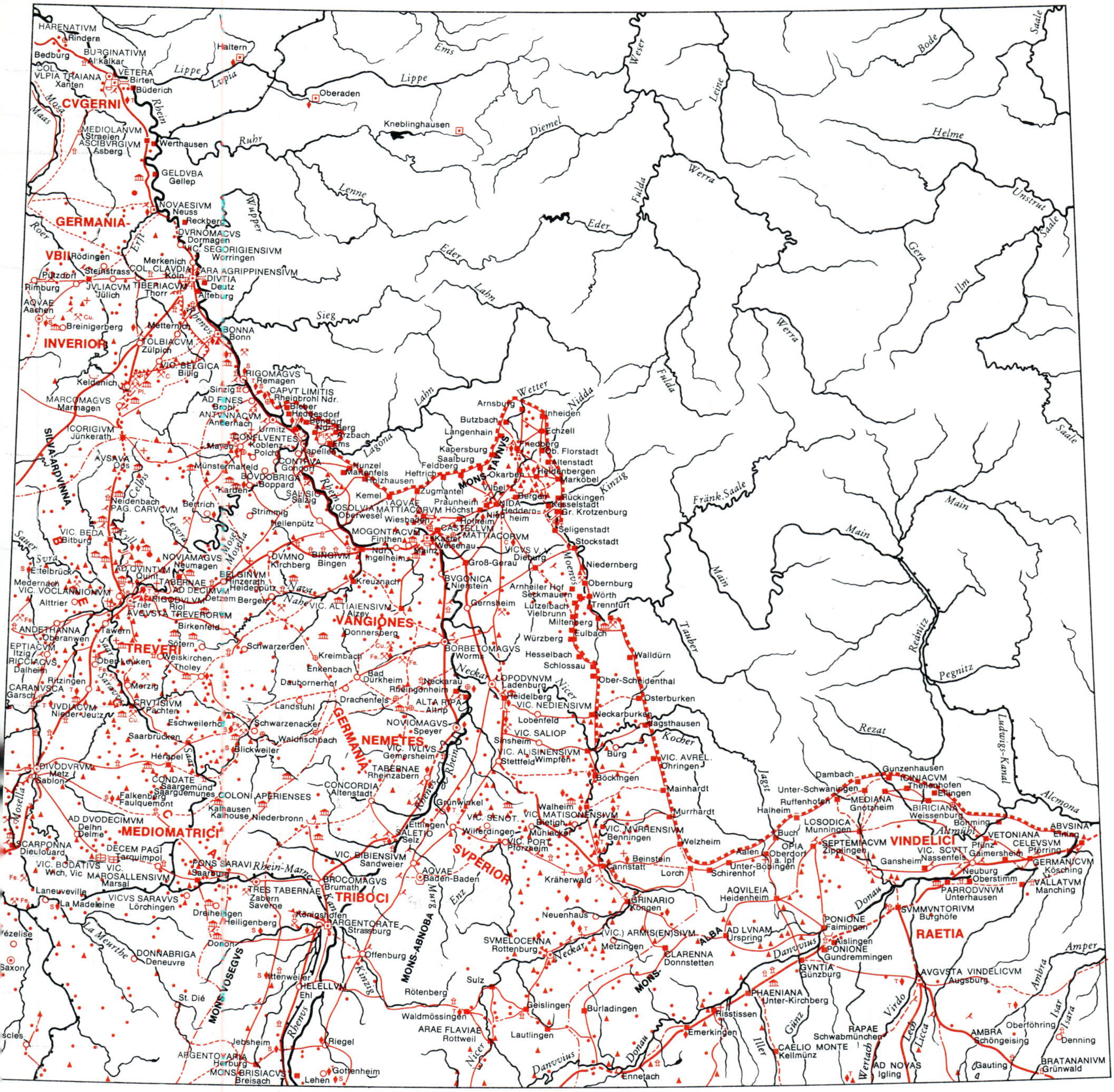

VBII	PROVINCIARVM ET POPVLORVM NOMINA Namen von Provinzen und Volksstämmen
⊙	VRBS (COLONIA MVNICIPIVM) Stadt
●	CIVITAS Gauvorort
○	VICVS geschlossene Siedlung
Altenstadt	NOMEN HODIERNVM heutiger Name
▲	VILLA Luxusvilla, Gutshof, Bauernhaus
•	RVINAE DVBIAE Baureste
	TEMPLVM VEL SACRARIVM Heiligtum
	CASTRA LEGIONIS Legionslager
■	CASTRA STATIVA Auxiliarlager
	OPPIDVLVM befestigte Siedlung
	LIMES CVM TVRRIBVS Limes mit Türmen
	TVRRIS Turm
	MANSIO Straßenposten
	VIA Heerstraße
	VIA DVBIA Heerstraße (vermutet)
	DIVERTICVLVM Straße
	DIVERTICVLVM DVBIVM Straße (vermutet)
	MILIARIVM Meilenstein
	PONS Brücke
	AQVAE DVCTVS Wasserleitung
	THEATRVM Theater
+	MAVSOLEVM TVMVLVS Grabbauten
	THERMA Bad
	PVGNAE LOCVS (ANNO DATO) Schlachtort
	FINES PROVINCIARVM Provinzgrenze
	FORNAX Töpferei
S	FORNAX TERRAE SIGILLATAE Sigillatatöpferei
T	FIGVLINA Ziegelei
	FODINA Steinbruch
C	FODINA (CALX) Kalkofen
Cu.	FODINA (CVPRVM) Bergwerk (Kupfer)
Pl.	FODINA (PLVMBVM) Bergwerk (Blei)
Fe.	FODINA (FERRVM) Bergwerk (Eisen)
	SALINAE Salinen

die Abberufung des Tiberius, der nach dem Tode des Drusus das Kommando in Germanien führte (Taf. 42). Die Niederlage seines Nachfolgers Varus im Teutoburger Wald im Jahre 9 n. Chr. (Taf. 32) führte zusammen mit innerpolitischen Erwägungen zur Aufgabe der geplanten Elbgrenze, und im Jahre 16 n. Chr. rief der zum Nachfolger des Augustus aufgestiegene Tiberius den mit einigem Erfolg in Germanien operierenden Germanicus endgültig zurück. Damit gab die auf ein gut gerüstetes und vorzüglich ausgebildetes Heer (Taf. 38—41) gestützte Weltmacht Rom unter dem Druck eines zwar nur leicht bewaffneten, aber die Vorteile seiner unwegsamen und unübersichtlichen Heimat geschickt nutzenden Gegners ein großes Ziel auf.

Die mit dem Bataveraufstand in den Jahren 69 und 70 n. Chr. neu aufbrechende und in den 80er Jahren durch die Angriffe der Chatten weiter verstärkte Unruhe führte wohl schon unter Vespasian zu dem Plan, den einspringenden Winkel zwischen oberer Donau und oberem Rhein durch eine befestigte Grenzlinie abzuschneiden. Domitian bereitete in seinen Chattenkriegen diese Sicherung vor, und unter Trajan und Hadrian erfolgte der Ausbau einer mit Kastellen gesicherten Grenzlinie, des sog. Limes (Karte 1, Textabb. 5).

Von der Geschichte und dem Ausbau dieser Limes-Kastelle, die zum Teil untersucht sind, gibt die auf Veranlassung von Kaiser Wilhelm II. kurz vor dem ersten Weltkriege aufgebaute Saalburg bei Bad Homburg vor der Höhe auch für den Laien eine gute Vorstellung dieser Reichssicherung (Taf. 43, 44).

Eine für ihre Zeit mustergültige Ausgrabung erschloß nicht nur das Lager selbst, sondern auch die in seiner Umgebung gelegenen Denkmäler (Textabb. 6). Der das alte Holzerde-Kastell ablösende Bau aus Steinen und Holzbalken wich in der ersten Hälfte des 3. Jahrhunderts unter dem immer stärker werdenden Druck germanischer Stämme einem gemörtelten Steinbau, der in der heutigen Rekonstruktion wieder hergestellt ist (Taf. 44). Um die Mitte des 3. Jahrhunderts ging der Limes verloren. Die in dieser Zeit mehrfach durchbrochene Rhein- und Donaugrenze wurde unter Konstantin erneut befestigt, der unter anderem das Brückenkopfkastell Divitia — heute Deutz — auf dem rechten Rheinufer, Köln gegenüber, anlegte (Taf. 45 a) und Köln mit Deutz durch eine große, massive Rheinbrücke verband (Taf. 45 b). Die nach dem Fall des Limes für eineinhalb Jahrhunderte gesicherte Rheingrenze ging zu Anfang des 5. Jahrhunderts verloren, als germanische Stämme in breiter Front nach dem Abzug der römischen Legionen vom Rhein im Jahre 402 den Strom überschritten. Die Donau war in ihrem Unterlauf schon nach der Schlacht von Adrianopel im Jahre 378 n. Chr. an die Goten verlorengegangen, die hier zunächst als Foederaten die Grenzsicherung übernahmen. Nach dem Tode des Theodosius im Jahre 395 ging auch an der mittleren Donau das nördliche Pannonien endgültig an Hunnen und Germanen verloren.

Seit der Sicherung der Reichsgrenze unter Augustus blühte das hinter Rhein und Donau gelegene Gebiet der römischen Provinzen auf. Die römischen Städte, wie Trier, Köln, Xanten, Mainz, Straßburg, Augsburg, wurden zu Zentren friedlichen Lebens, einer sich an der mittelmeerischen Hochkultur orientierenden, schnell romanisierten Bevölkerung, ja, das im 2. vorchristlichen Jahrzehnt als Vorort der Treverer gegründete Trier wurde für einige Zeit das Zentrum des Westreiches und kaiserliche Residenz, die von Konstantin anscheinend befestigt (Taf. 46 a) und mit repräsentativen Gebäuden geschmückt wurde (Taf. 46 b).

Im Schutze der römischen Legionen blühte auch die Landwirtschaft auf. Die primitiven Höfe einheimischer Bauern (Taf. 47 a) glichen sich im Laufe der Zeit den römischen Gutshäusern an (Taf. 47 b), und in der Umgebung der Kaiserstadt Trier, aber auch an anderen Stellen, entstanden prunkvolle Villen der römischen Aristokratie (Taf. 48), die hier ihre heimischen Ansprüche auf Wohnluxus und Bequemlichkeit aufrechterhielten.

Waren die römischen Villen im wesentlichen römischen Beamten, Offizieren und Soldaten gegeben, so blieb ein Teil der kleineren Höfe wohl auch im Besitz von Einheimischen, wie etwa der Hof von Mayen (Taf. 47). Im Laufe der Zeit wurden — zumal nach dem Übergang von der Viehwirtschaft zum Getreidebau — solche Güter verpachtet, und man deutete eine auf einem Grabdenkmal von Neumagen erhaltene Szene (Taf. 49) meist als Darstellung pachtzahlender Bauern.

Im Hinterland blühte auch bald geistiges Leben auf, so in Trier ein hochstehendes Schulwesen (Taf. 50). Die Medizin war gut entwickelt, Philosophie und Dichtung wurden gepflegt, Stoffe römischer und griechischer Dichtung waren bekannt, wie sich aus vielfältigen Grabinschriften und bildlichen Darstellungen erkennen läßt.

Die Sprache der zahlenmäßig überwiegenden einheimischen Bevölkerung war das Keltische oder Germanische. Latein war die Amtssprache, Griechisch war zwar bekannt, wurde auch auf den Schulen gelehrt, aber außer in den Kreisen der aus dem Südosten stammenden Kaufleute oder Soldaten wurde es wohl nicht gesprochen.

Auf dem Gebiet der Religion ist das Nebeneinander zahlreicher Kulte mit ihren verschiedenartigen religiösen Vorstellungen aus bildlichen Darstellungen und Inschriften zu erkennen.

Neben der kapitolinischen Trias wurden im Rahmen des römischen Kaiserkultes vor allem die Göttin Roma und das Herrscherhaus verehrt und durch Bauten ausgezeichnet. Die zahlreichen einheimisch-keltischen Gottheiten (Taf. 57) wurden in kleinen Umgangstempeln verehrt, die zu großen oder kleinen Kultbezirken zusammengeschlossen waren (Taf. 56). Im vorwiegend germanisch besiedelten Hinterland von Köln traten zahlreiche Denkmäler für Muttergottheiten keltischer und germanischer Herkunft auf (Taf. 58). Unter den häufigen orientalischen Kulten gewann zunächst der Mithras-Kult und seit dem 3. Jahrhundert, zunehmend dann in konstantinischer Zeit, das Christentum an Bedeutung, das sich im 4. Jahrhundert weitgehend durchsetzte. Zahlreiche der großen Kirchen und Dome des Rheinlandes gehen auf eine »Cella memoriae« eines Märtyrergrabes zurück (Taf. 59).

Die Jahrhunderte des Friedens und Wohlstandes führten hinter der geschützten Reichsgrenze zu wirtschaftlicher Blüte. Der Handel mit handwerklichen Erzeugnissen, aber auch mit landwirtschaftlichen Produkten und Wein, blühte auf dem ausgebauten Straßennetz, vor allem aber auch auf den Wasserstraßen, auf (Taf. 51). Wo guter Ton anstand, entwickelten sich große Töpfereibetriebe, die den Bedarf an römischem Qualitätsgeschirr, zum Teil mit deutlichem Einschlag heimischer Werkstatt-Traditionen, deckte. Die Quarzsande von Köln bildeten die Grundlage für eine berühmte und weithin exportierende Glasindustrie, deren Prunkerzeugnisse die bekannten Gläser mit Schlangenfadenauflagen darstellen (Farbtafel A). Die technische Vervollkommnung der Glasindustrie wird in den kostbaren Diatretgläsern (Taf. 55) sichtbar.

Zum Tafelluxus vornehmer Römer gehörte prunkvolles Silbergeschirr, zuerst römisch-hellenistischen Gepräges, wie etwa im Hildesheimer Silberfund (Taf. 52), zum Teil aber auch einheimischer Erzeugung (Taf. 53). Prunkstücke römischer Toreutik, wie etwa die beiden Becher aus dem germanischen Fürstengrabe von Hoby in Dänemark (Taf. 54), die möglicherweise aus dem Besitz des Statthalters für Obergermanien in Mainz, C. Silius, stammten, gelangten als Beute oder eher noch als Geschenke in den Besitz vornehmer germanischer Häuptlinge.

Diese überlegene römische Stadtkultur wurde nicht nur den in ihrem Herrschaftsbereich siedelnden einheimischen Bevölkerungsgruppen vermittelt, sondern strahlte durch Handel, Geschenke und zeitweilige Teilnahme einheimischer Fürsten am römischen Dienst weit in das germanische Hinterland aus. Solche Einflußnahme beschränkte sich nicht auf den Export einzelner Luxuswaren oder begehrter Gebrauchsgüter, sondern hatte früh schon tiefgreifende Einwirkungen auf Lebenshaltung und Organisation im Gefolge.

Die germanischen Stämme in Mitteleuropa

Die germanischen Stämme hatten schon in der Zeit Caesars den Rhein im Westen erreicht und stellenweise überschritten. In der Zeit des Augustus waren sie im Süden bis zur Donau gelangt, einem weiteren Vordringen in diesen Richtungen setzte der Ausbau der Reichsgrenze zunächst ein Ende, eine Möglichkeit dazu verblieb nur noch im Südosten, wo dann auch in der Tat germanische Stämme an der Reichsgrenze entlang schon im ausgehenden 2. Jahrhundert die pontische Küstenzone erreichten. Das zeitweilige Aufhalten der Wanderbewegung führte zunächst zu einer Verdichtung der germanischen Besiedlung in Mitteleuropa (Karte II), die durch Inbesitznahme bisher unbesiedelter Räume, also durch einen echten, mit Rodung verbundenen Landausbau erreicht wurde.

Über körperliche Gestalt und Geisteshaltung dieser gefürchteten Gegner Roms im Norden unterrichten zahlreiche literarische Zeugnisse und bildliche Darstellungen (Taf. 42, 60, 61). Ihr Aussehen ist uns auch durch eine besonders gut erhaltene Moorleiche von Tollund veranschaulicht (Taf. 62, 63). Solche Moorleichen sind als Folgen eines schon bei Tacitus in der Germania (Kap. 12) bezeugten Rechtsbrauches erhalten geblieben und beweisen nicht nur die Richtigkeit taciteischer Überlieferung, sondern übermitteln auch eine gute Vorstellung vom Aussehen der Germanen und ihrer Tracht. Die Haartracht in Form eines Haarknotens, durch das Kapitel 38 der Germania und zahlreiche antike Bilddarstellungen belegt, ist in ihrer Form durch mehrere Moorschädel (Taf. 64) bezeugt. Solche vom Körper gewaltsam getrennte Schädel in Mooren müssen einem besonderen, literarisch nicht belegten und darum in seinem Sinn unbekannten Brauch entsprechen.

Die ebenfalls in Mooren erhaltenen Trachtenfunde bestätigen zunächst die Richtigkeit der antiken Überlieferung von der Bedeutung des »sagums« (Taf. 65), einer rechteckigen Decke aus Wolltuch, die eine verschiedenartige Tragweise als Mantel zuließ (Textabb. 9). Solche Mäntel konnten, wie etwa der Prachtmantel aus dem Thorsberger Moorfund, mit einem großen Aufwand an technischer Finesse hergestellt und mit dem sicher sehr kostbaren Farbstoff Indigo blau gefärbt sein. Sie

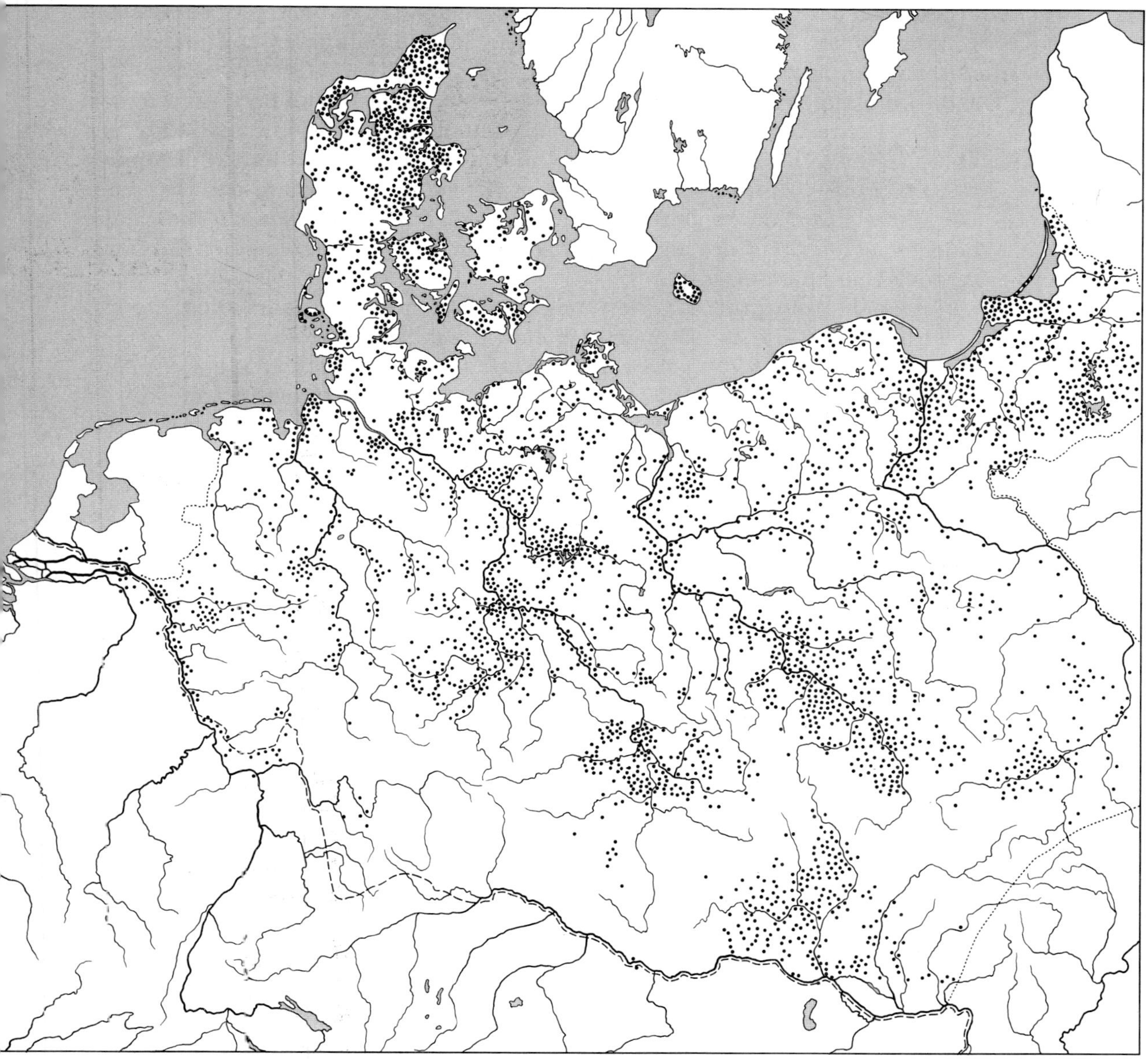

Karte II. Die germanischen Siedlungen der älteren und mittleren römischen Kaiserzeit in Mitteleuropa

besaßen unten Fransen, die auch bei den Mänteln einer germanischen Fürstengesandtschaft vor Trajan (Taf. 60) dargestellt sind.

Weiterhin gehört mindestens im südlichen Germanien die Hose zur Tracht des Mannes (Taf. 66). Ihr komplizierter Zuschnitt (Textabb. 10) läßt auf lange Tradition schließen. Mit ihr tritt gegenüber den bronzezeitlichen Wickeltrachten (Taf. 11) etwas Neues auf, das die Germanen entweder von den Kelten (Taf. 36) oder von den

Reiternomaden des Ostens entlehnt zu haben scheinen (Textabb. 11). In der Frauentracht scheinen sich Veränderungen gegenüber den Verhältnissen der letzten vorchristlichen Jahrhunderte (Taf. 34) nicht vollzogen zu haben.

Die Bewaffnung der Germanen ist nach wie vor sehr leicht und besteht nach dem Bericht des Tacitus und den archäologischen Funden überwiegend aus Lanze und Schild (Taf. 68, 69). Die auf Beweglichkeit und Überraschung abgestellte Bewaffnung steht in einem starken Gegensatz zur eisenstarrenden Ausrüstung des römischen Legionärs, hat sich aber, gepaart mit der für die Germanen typischen Taktik guter Geländeausnutzung und großer Schnelligkeit, auch größeren römischen Truppenverbänden gegenüber bewährt.

Grabfunde und die großen Opferfunde in den norddeutsch-dänischen Mooren haben auch andere Teile der germanischen Bewaffnung erhalten.

Das Kurzschwert (Taf. 70) gehört in der Tat nur zur Ausrüstung Weniger. Auch das mit dem ausgehenden 2. Jahrhundert an seine Stelle tretende Langschwert scheint nicht eben häufig gewesen zu sein. Der Schwertgurt des vornehmen Kriegers (Taf. 71) ist der römischen Cingulum-Tracht nachgebildet. Panzer (Taf. 72) gehören zu den größten Seltenheiten. Sie treten in der Form der Kettenhemden zwar schon in der vorrömischen Eisenzeit des Nordens auf, sind aber nur in der Zeit des Markomannenkrieges, also in der zweiten Hälfte des 2. nachchristlichen Jahrhunderts, im Elbgebiet und im Norden mehrfach in Funden bezeugt.

Das gleiche gilt für die Helme (Taf. 73), von denen schon Tacitus in der Germania (Kap. 6) behauptet, daß sie äußerst selten seien. Natürlich sind den germanischen Kriegern, zumal in der Zeit des römischen Angriffskrieges, auch Helme als Beute in die Hände gefallen. Übernommen haben sie sie offenbar nicht, und wo das gelegentlich der Fall war (Taf. 73), wurden sie offenbar in germanischen Werkstätten umgearbeitet.

Das Siedlungswesen ist durch eine Reihe großer Ausgrabungen erschlossen worden. Auf der Feddersen Wierde, bei Gielde und Gristede im Ammerland hat man ganze Dörfer oder kleinere Höfegruppen freigelegt. Die Nahrungswirtschaft hat durch diese Ausgrabungen wie auch durch die Entdeckung und Untersuchung alter Feldsysteme eine neue Beleuchtung gefunden. Die soziale Gliederung, die sich in den antiken Berichten mit einer Fülle von Bezeichnungen spiegelt, hat einen Niederschlag auch in Grabanlagen gefunden, in dem sich von den Begräbnisstätten der gewöhnlichen Bevölkerung reich ausgestattete »Fürstengräber« abheben (Taf. 54). Die Ausrüstung dieser vornehmen Toten für das Jenseits läßt eine Teilnahme am Handel mit Rom und eine Übernahme römischer Gepflogenheiten, wie etwa den paarweisen Gebrauch silberner Trinkbecher, erkennen. Im 3. und 4. Jahrhundert n. Chr. enthalten diese reich ausgestatteten Fürstengräber teilweise mit Filigran und Granulation verzierte goldene Schmuckstücke (Farbtafel B), die nach Übernahme dieser mediterranen Ziertechniken durch den Norden als Erzeugnisse heimischer Werkstätten oder umherziehender Wanderhandwerker aufzufassen sind.

Unter den Grabfunden dieser Art mehren sich seit dem germanischen Vorstoß in den Südosten auch die Zeugnisse für den Kontakt mit den pontischen und iranischen Stämmen, wie etwa bei dem Pektorale aus dem reich mit Gold ausgestatteten Fund von Wolfsheim in Hessen (Taf. 75), das durch eine iranische Inschrift seine Herkunft aus dem persischen Gebiet bezeugt. Auch die namentlich im Südosten aufblühende

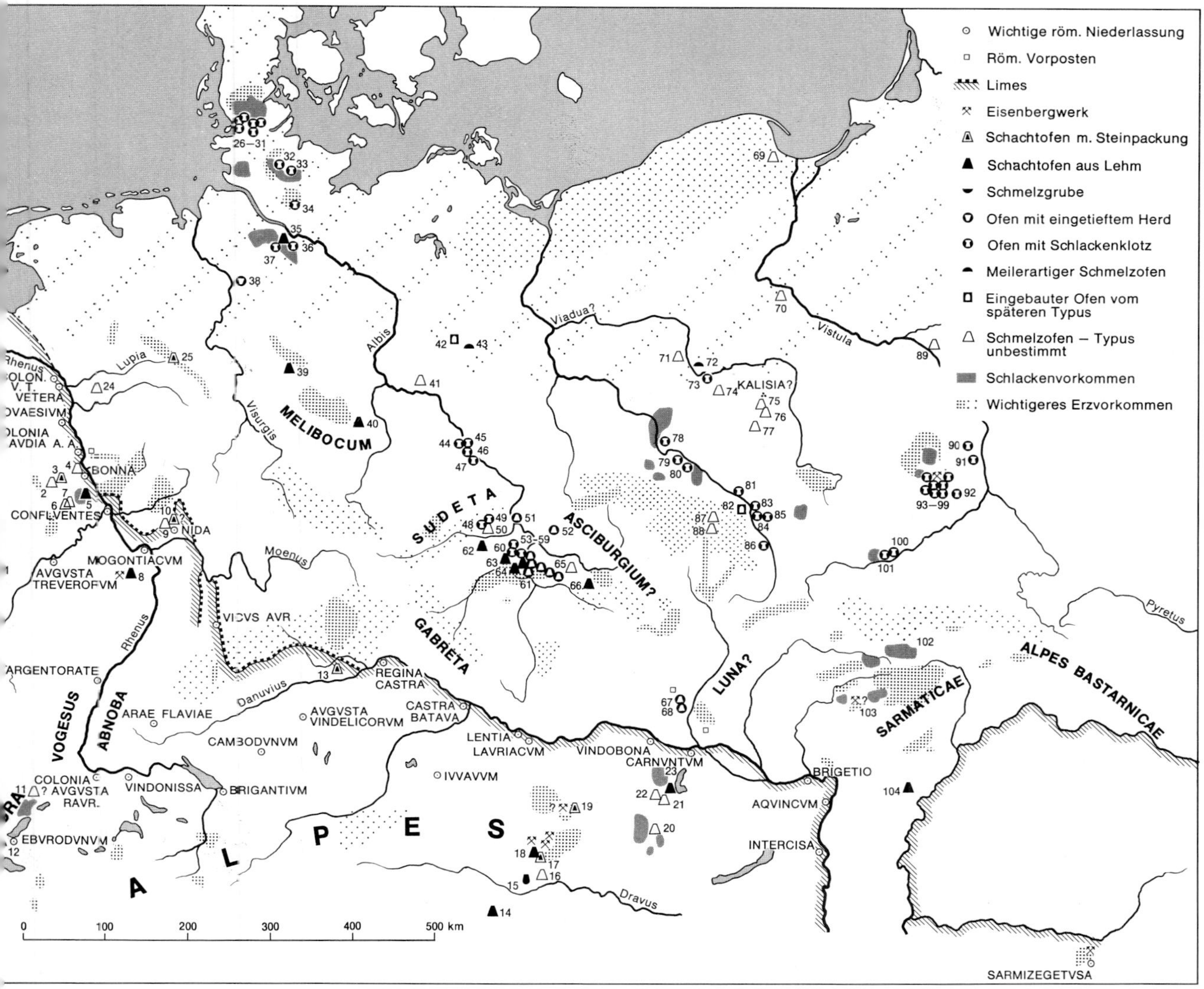

Karte III. Verhüttungsgebiete der römischen Kaiserzeit in Mitteleuropa (nach 45. Ber. der RGK 1964 [1965], R. Pleiner)

Technik farbiger Steineinlagen (Farbtafel D) findet schon in dieser Zeit vereinzelt Eingang in den Norden.

Für die religiösen Vorstellungen bieten die Angaben antiker Quellen, vornehmlich die auf Tacitus zurückgehenden, wenn auch in der Form der »interpretatio romana«, wertvolle Hinweise. In die Sphäre religiösen Brauchtums führen manche archäologische Fundgruppen. Die großen Moorfunde des Nordens, denen wir die Erhaltung so vieler Gegenstände aus organischer Substanz verdanken (Taf. 65—74), stellen Opfergaben dar, die einen sich im Laufe der vier ersten nachchristlichen Jahrhunderte wandelnden Opferritus erkennen lassen.

Die im Thorsberger Moorfund angetroffene Goldscheibe mit Auflage aus gepreßtem, vergoldeten Silberblech zeigt in ihrer figürlichen Darstellung eine sitzende Männerfigur (Taf. 74), die zwar im Gebiet der Provinz Niedergermanien um Köln herum entstanden ist, aber eine germanische, das Ding schützende Gottheit, den »Mars thingsus« darstellt. Entgegen den Angaben römischer Autoren hat es schon seit der vorrömischen Eisenzeit primitive Holzfiguren gegeben, die wohl nur als Götterbilder aufzufassen sind und die gelegentlich, wie etwa in Thüringen, auf gehegten Plätzen standen und von Opfergaben umgeben waren (Taf. 76).

Für das Wirtschaftsleben bieten besonders die jetzt zahlreichen Eisenverhüttungsplätze Aufschluß. Vielerorts sind Reste von einfachen Eisenöfen gefunden worden (Taf. 77, Textabb. 12), die über die ganze Germania libera verstreut sind (Karte III). Die Eisengewinnung wurde zum Teil als Dorfhandwerk betrieben, zum Teil entwickelten sich, wie etwa in Polen, in der Lysa Gora, oder in Schleswig und im Siegerland, große geschlossene Verhüttungszentren, teilweise außerhalb der bäuerlich besiedelten Gebiete, die offenbar für die Deckung eines überregionalen Bedarfs arbeiteten.

Der Verkehr spielte sich sowohl auf dem Lande, wo in den sumpfigen Gebieten hölzerne Moorwege existierten (Taf. 78), wie auf dem Wasser ab. Seit dem 4. Jahrhundert sind in den Funden erstmalig große seegehende Boote nachzuweisen (Taf. 79).

Der Verkehr mit den Kelten sowie die Berührung mit Rom und die Auseinandersetzung mit dem Imperium in den ersten vier nachchristlichen Jahrhunderten haben einen sehr nachhaltigen Einfluß auf die germanischen Stämme ausgeübt. Aus den primitiven Zuständen der vorrömischen Eisenzeit erwuchsen, zunächst unter Führung durch an römischer Organisation geschulte Fürsten, wie etwa Arminius oder Marbod, zunächst Stammesbünde, später in einer schwer überschaubaren Entwicklung während des 2. und 3. Jahrhunderts Großstämme, die die gefährlichsten Gegner des römischen Reiches wurden, wie etwa die Alemannen und Franken. In Anlehnung an römische Vorbilder verwandelte sich seit dem ausgehenden 2. Jahrhundert auch die leichte germanische Bewaffnung. Manche Anzeichen deuten auf die Schaffung neuer taktischer Einheiten, wie etwa der Bogenschützenverbände, und diese Heere des 3. und 4. Jahrhunderts konnten es anscheinend auch wagen, dem römischen Heer in offenem Felde entgegenzutreten.

Eine sich seit dem letzten vorchristlichen Jahrhundert immer stärker differenzierende Gesellschaft war mit ihrer Oberschicht der römischen Zivilisation gegenüber aufgeschlossen. Andere Lebensbereiche, wie etwa die Nahrungswirtschaft oder die Religion, scheinen durch diese Berührung mit der mittelmeerischen Hochkultur weit weniger stark beeinflußt worden zu sein.

Völkerwanderung und Konsolidierung. Das Christentum

Seit dem 3. Jahrhundert waren germanische Stämme im Westen immer mehr auf Reichsboden übergetreten und hatten im Süden und Südosten in enger Nachbarschaft zum Imperium oder auch in einer Berührung mit der hellenistischen Stadtkultur des pontischen Gebietes gelebt. Das immer stärkere Eindringen barbarischer, auch germanischer Elemente in Heer und Verwaltung beschleunigte einerseits die Barbarisierung der römischen Provinzialkultur, förderte auf der anderen Seite aber auch die Übernahme römischer Kulturelemente durch die Germanen.

Deutlich spiegelt sich das in der Ornamentik. Die römischen Werkstätten an Rhein und Donau produzierten im 4. Jahrhundert zur Ausrüstung der Truppen Gürtelbeschläge in Bronze mit einer Oberflächenverzierung in Kerbschnittmanier und auf den Rand aufgesetzten stilisierten Tieren oder Tierprotomen (Farbtafel C). Diese Technik übernahmen germanische Kunsthandwerker, besonders im Gebiet zwischen Weser- und Elbmündung, und schufen einen neuen, auf Kerbschnitt und Tierfiguren beruhenden Zierstil (Farbtafel C, unten). Er wurde die Grundlage für weitere Entwicklungen (Taf. 80), die ihrerseits zum germanischen Tierstil der ersten Phase überleiteten.

Aus dem Südosten übernahmen germanische Kunsthandwerker die dort blühende Technik der Einlage bunter Steine, vor allem roter Almandine und andersfarbigen Glasflusses (Taf. 75 und Farbtafel D). Die Goten schufen im 5. Jahrhundert aus diesen Anregungen eine flächendeckende Ornamentik aus plangeschliffenen, mit gewaffeltem Goldblech unterlegten Steinen, eine Technik, die bald auch auf andere germanische Stämme übergriff (Farbtafel D, unten).

Diese Schmucktechnik lebte durch die Jahrhunderte weiter, wenn sie auch mancherlei Wandlungen unterworfen war. Noch die Bügelfibeln des 7. Jahrhunderts tragen sie (Taf. 85), und im 8. Jahrhundert findet sie Eingang in die Ausschmückung liturgischer Geräte und damit den Übergang in die kirchliche Kunst (Taf. 88).

Die sich in den Jahrhunderten der römischen Zeit vollziehende soziale Differenzierung hält auch in der Merowingerzeit an. Königs- und Königinnen-Gräber, wie das Grab des Childerich oder der Arnegunde, stehen neben Gräbern des im Einzelfall nicht namentlich bezeugten Franken oder Alemannen. Das Fürstengrab von Morken im Rheinland hat um 600 einen vornehmen Franken aufgenommen, dessen Prunkhelm aus einer auf ostgotische Zeit zurückgehenden, mit romanischen Kunsthandwerkern arbeitenden italischen Werkstatt stammt, während die Masse der Waffenausrüstung sonst aus fränkischen Waffenschmieden kommt, die Schildbeschläge allerdings stellen Erzeugnisse einer skandinavischen Werkstatt dar. Mit seinem weiten, zwischen Italien und Skandinavien gespannten Einzugsbereich zeigt die Ausstattung dieses vornehmen fränkischen Kriegers die weiträumige germanische Koinē am Anfang des 7. Jahrhunderts.

Das Auftreten reicher Frauengräber (Taf. 85—87) bezeugt die hohe Stellung der vornehmen Frau; die Schmuckstücke einer vornehmen Dame aus dem alemannischen Gebiet, die aus dem Fürstengrab von Wittislingen stammen (Taf. 85, 86), zeigen denselben Geschmack und den gleichen Reichtum wie die in den entsprechenden Männergräbern. Die hier erhaltene koptische Bronzepfanne (Taf. 86 unten) verdankt ihr Auftreten in der Zone nördlich der Alpen einem Warenstrom, der koptisches Bronzegeschirr, aber auch langobardischen Schmuck über die Alpenpässe in den Norden brachte.

Das Christentum hatte sich am Rhein trotz aller Rückschläge in den städtischen Zentren gehalten (Taf. 59). Seit der Taufe des Chlodwig waren auch die Franken christlich geworden. Durch Inschriften bezeugte christliche Bestattungen (Taf. 84, 85) stehen neben solchen, in denen die Beigaben christlichen Glauben bezeugen (Taf. 87)

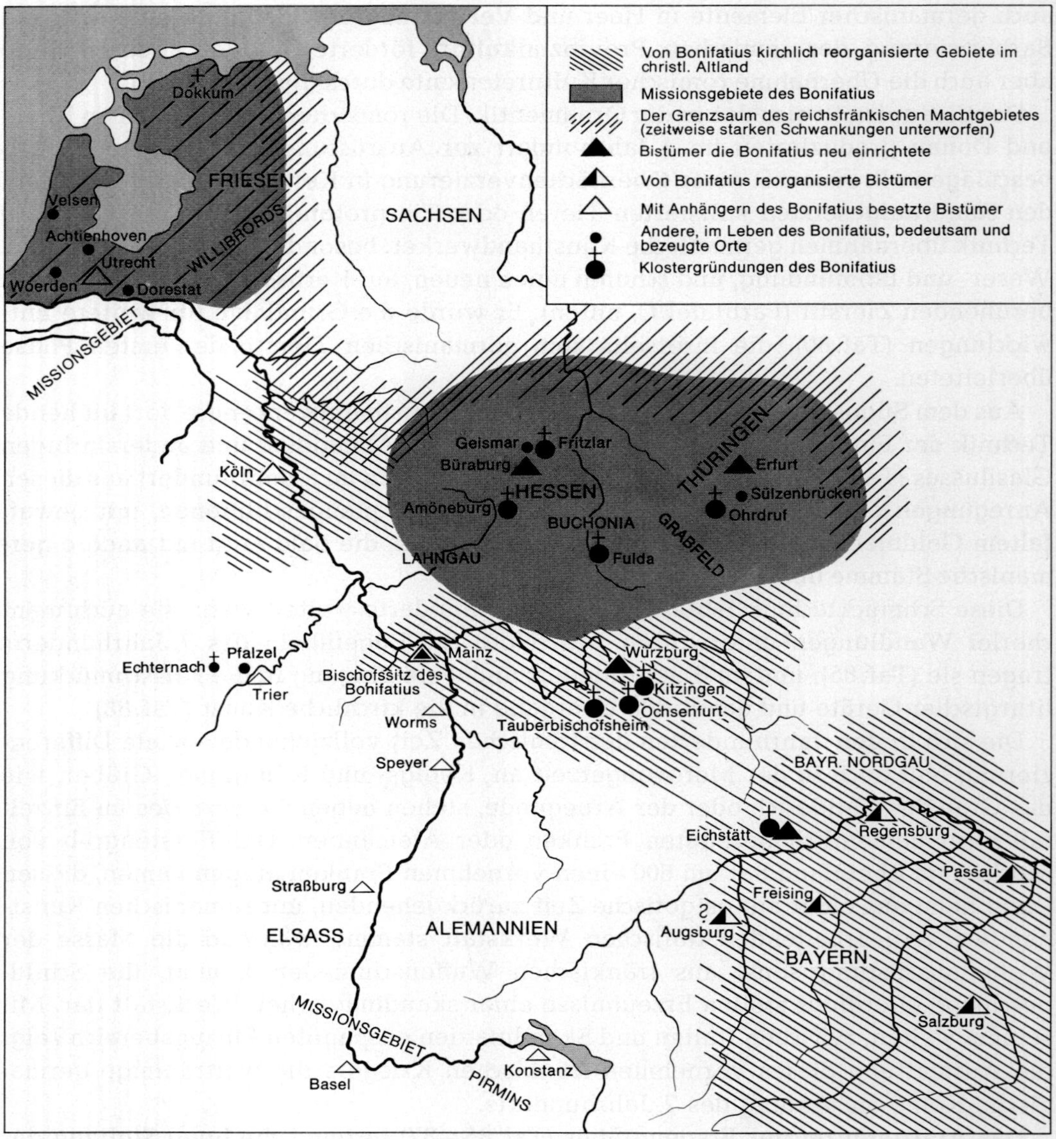

Karte IV. Die Mission des 8. Jahrhunderts östlich des Rheins (nach Katalog »Werdendes Abendland«; F. Prinz)

oder solchen, bei denen Bilddarstellungen die Zugehörigkeit des Toten zum christlichen Glauben erschließen lassen. Der Grabstein von Niederdollendorf bei Bonn stellt den sich das Haar kämmenden Toten und auf der anderen Seite Christus als Himmelskönig mit der Lanze als dem germanischen Königssymbol dar (Taf. 81). Der Reitergrabstein von Hornhausen in Anhalt (Taf. 82) aus dem 7. Jahrhundert zeigt einen über einer Schlange reitenden, mit Schild und Lanze bewaffneten Krieger. Das Motiv geht auf koptische Vorbilder zurück und hat Mitteleuropa wohl über Süddeutschland erreicht. Ob es aber in Mitteldeutschland als christliches Sinnbild oder als Darstellung eines Odinsreiters, wie man es für verwandte Darstellungen des Nordens in der gleichen Zeit annehmen muß, aufgefaßt wurde, bleibt fraglich. Die aus mittelmeerischen Wurzeln gespeiste germanische Zierkunst fand Eingang in die kirchliche Kunst, die sehr bald auch byzantinische Muster aufnahm (Taf. 88, 90) und in süddeutschen Werkstätten des 8. Jahrhunderts neue Kunstzentren fand.

Die von den alten Zentren christlichen Glaubens am Rhein, in Köln und vor allem in Mainz zur Zeit des Bonifatius stark nach dem Osten vordringende Mission (Karte IV) fand in der Amöneburg (Taf. 89) einen frühen Stützpunkt. Um die Mitte des Jahrhunderts war von den kontinentalen Stämmen Mitteleuropas nurmehr der Sachsenstamm dem neuen Glauben noch nicht erschlossen. Seine Missionierung war das Werk Karls des Großen, gegen dessen Angriffe sich die Sachsen durch den Bau von Burgen zu sichern suchten (Taf. 91).

Die Westslawen

Der von den ostgermanischen Stämmen geräumte Boden Ostmitteleuropas wurde im frühen Mittelalter von westslawischen Stämmen besetzt. Die Frage nach einem eventuellen Verbleib germanischer, keltischer oder noch anderer Bevölkerungsreste ist vorerst noch nicht zu beantworten. Seit der Mitte oder der zweiten Hälfte des 6. Jahrhunderts scheinen Slawen in Böhmen und Mähren eingewandert zu sein und bald wohl auch die Elbsaale-Linie erreicht zu haben, die für einige Jahrhunderte ihre Westgrenze bildete. Ihre politische Gliederung in Kleinstämme mit

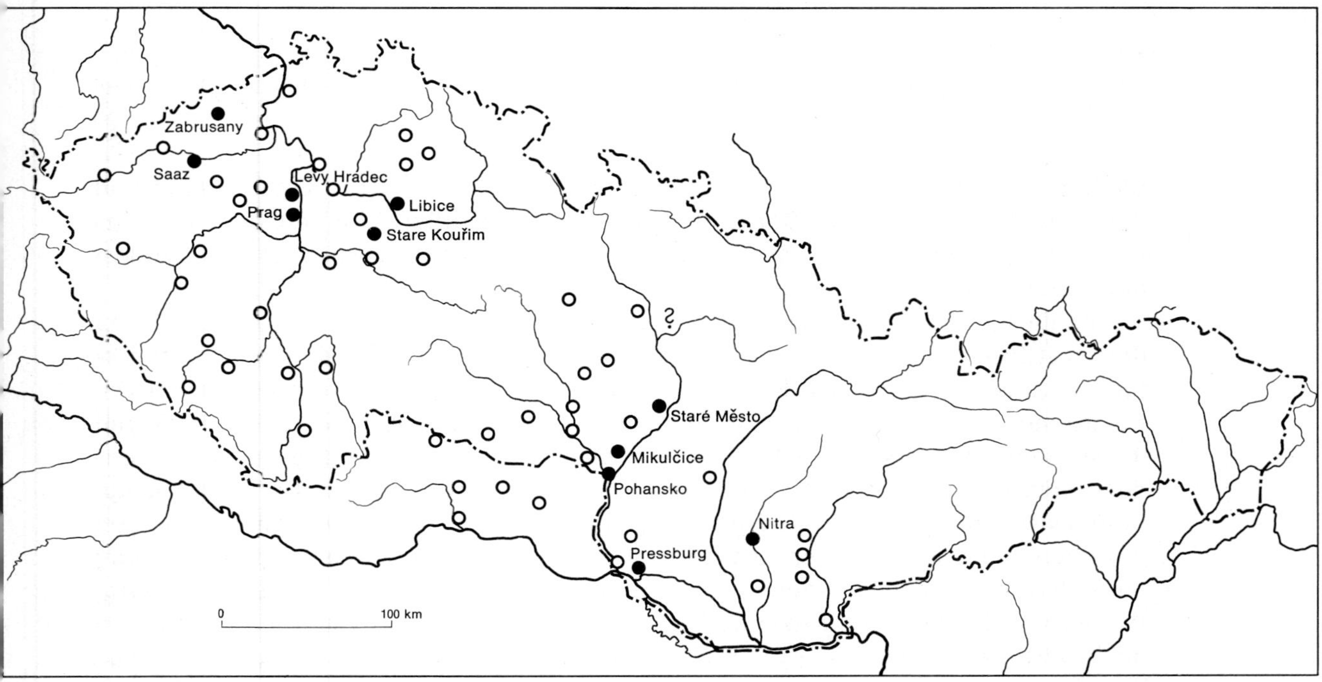

Karte V. Die mährischen »Burgstädte« des 9. Jahrhunderts (nach Ausstellungskatalog »Groß Mähren«, Mainz 1966)

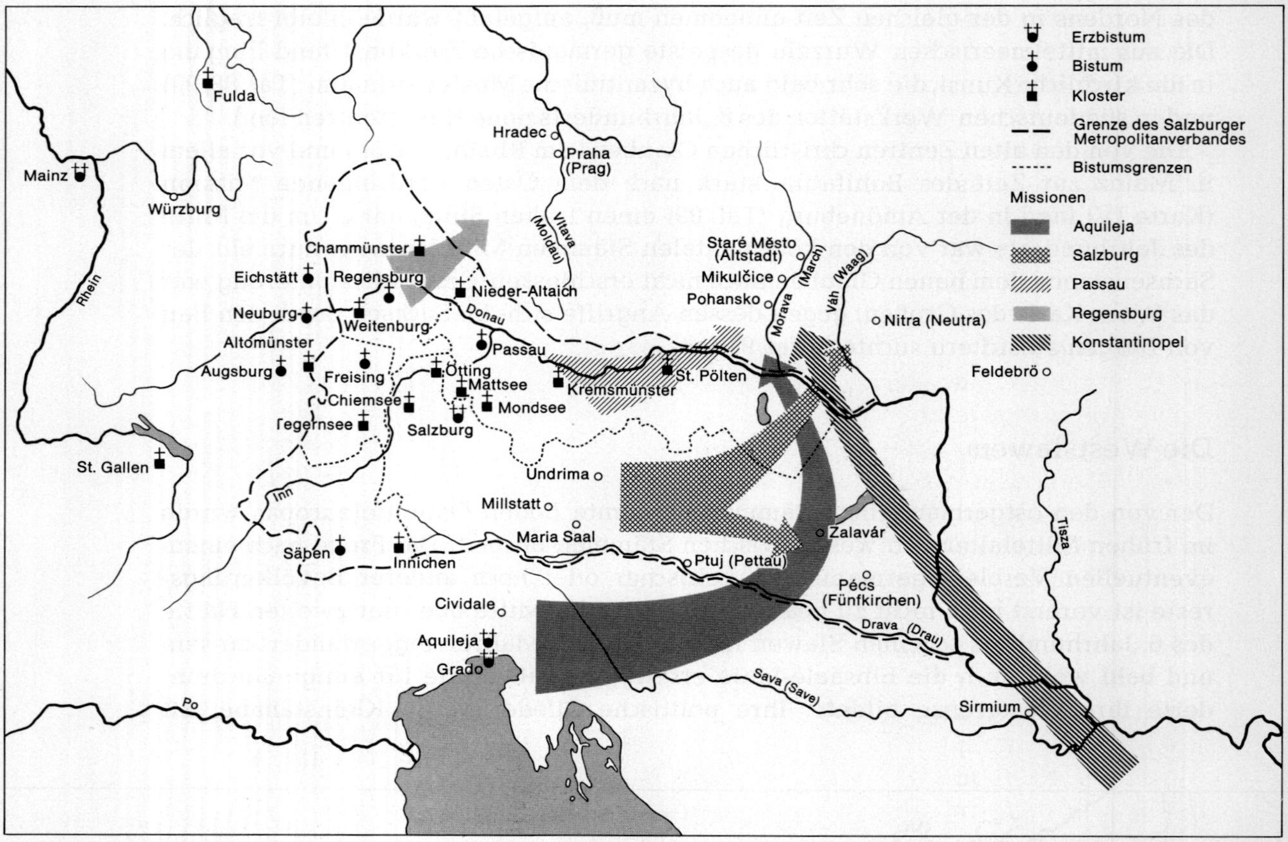

Karte VI. Die Mission des 9. Jahrhunderts bei den Westslawen (nach Ausstellungskatalog »Groß Mähren«, Mainz 1966)

Siedlungskammern um einzelne Burgzentren hebt sich aus dem Siedlungsbild und der Verteilung slawischer Burgwälle deutlich ab (Taf. 92). Erst seit dem 10. Jahrhundert vollzieht sich ein Zusammenschluß zu größeren Verbänden mit landesherrlicher Organisation.

Aus diesem Kreis agrarisch strukturierter Stämme hebt sich in Mähren und in der westlichen Slowakei ein Gebiet mit einer erstaunlichen, besonderen Entwicklung heraus, die erst nach dem zweiten Weltkrieg durch die tschechoslowakische Forschung erschlossen worden ist. Im Einzugsgebiet der March entstanden im 8. und 9. Jahrhundert große »Burgstädte«, von denen Staré Město, Pohansko und besonders Mikulčice gut erforscht sind (Karte V). In Mikulčice (Textabb. 13, Taf. 93) gruppieren sich um eine befestigte Häuptlingsburg eine Anzahl von Suburbien, in denen vor allem die heute ganz zerstörten Steinkirchen die Aufmerksamkeit der Forschung auf sich gezogen haben. Neben die im Anfang des 9. Jahrhunderts von Regensburg, Passau und Salzburg einsetzende Mission trat seit 863 die byzantinische Mission der Brüder Methodius und Cyrill (Karte VI), durch die die altslawische Kirchensprache und die slawische Schrift begründet wurden. Dieser Mission verdanken zahlreiche Kirchen ihre Entstehung im 9. Jahrhundert, ohne daß es bisher schon möglich geworden wäre, diese als Niederschlag der verschiedenen Missionsströmungen zu gliedern. In Staré Město, beim heutigen Ungarisch Hradiště und in Mikulčice sind verschiedene, zum Teil große Kirchen als Rechteck- oder Zentralbauten (Taf. 93) aufgedeckt. In Pohansko liegt wohl ein befestigter slawischer Häuptlingshof (Textabb. 14) mit einer Kirche und einem dazugehörigen Friedhof (Taf. 95) vor. Bei Sady östlich von Ungarisch Hradiště (Taf. 94) fand sich ein großer Kirchenkomplex mit einem Friedhof neben einer anscheinend unbefestigten Siedlung. In der Nähe fanden sich Töpferöfen, in denen eine qualitativ hochstehende, lange Zeit hindurch für Importware gehaltene Keramik hergestellt wurde. In den diese Kirchen umgebenden Friedhöfen fanden sich meist zentral einige besonders reich ausgestattete Fürstengräber, so daß ein Teil der Kirchen als Eigenkirchen slawischer Fürstengeschlechter gedeutet werden kann.

Die große Menge an Gold- und Silberschmuck, den viele dieser Gräber beherbergen, zeigt einen bemerkenswerten Reichtum an. In die fürstliche Lebenshaltung dieser Oberschicht paßt die Darstellung eines reitenden Mannes mit einem Jagdfalken auf der Hand (Taf. 96 a). Die Funde lassen Import und Beeinflussung aus dem Westen erkennen (Taf. 96 b), bezeugen Verbindungen nach Byzanz, entstammen aber wohl in der Masse einheimischen Werkstätten, die — auswärtige Anregungen verarbeitend — eigene Formen schufen.

Das Auffallende und historisch Bemerkenswerte an dieser Entwicklung ist die Tatsache, daß hier im Kreis einer rein bäuerlich strukturierten Gesellschaft, ohne sichtbare Anknüpfung an örtliche Vorstufen oder Vorbilder, eine Landschaft entsteht, deren Mittelpunkt stadtartige, befestigte Anlagen mit ausgedehnter handwerklicher Erzeugung bilden. Dieses überraschend auftretende »Großmährische Reich« fällt dem Ungarneinfall am Anfang des 10. Jahrhunderts zum Opfer. Über sein Gebiet dehnt sich im 10. und 11. Jahrhundert die sich ebenfalls auf Burgen stützende Herrschaft der tschechischen Przemysliden aus.

Mittelalter

von

Hartmut Boockmann

Bildliche Zeugnisse, d. h. die Abbildungen dinglicher Überreste, von den Gegenständen des täglichen Gebrauchs bis zu den Kunstwerken, haben für die Geschichte des Mittelalters eine andere Bedeutung als für die frühere Zeit und für die spätere. Der Historiker ist nicht fast ausschließlich auf sie angewiesen wie in der Vor- und Frühgeschichte; er ist aber auch nicht in der Lage, seine Darstellung so gleichmäßig und reichlich zu illustrieren, wie das in der Neuzeit möglich ist. Das zeigt sich etwa daran, daß eine der wichtigsten Gattungen bildlicher Quellen, das ähnliche Porträt, im Mittelalter nur in geringem Maße vorhanden ist. Der erste deutsche König, von dem wir ein Ähnlichkeit intendierendes Bildnis besitzen, ist wahrscheinlich Friedrich Barbarossa. Von der Mehrzahl der spätmittelalterlichen Könige gibt es zwar Bildnisse unterschiedlicher Qualität, aber der erste deutsche König, von dem ähnliche Porträts in einer für die Neuzeit selbstverständlichen größeren Anzahl und Güte zur Verfügung stehen, ist auch der letzte des Mittelalters: Maximilian I. Noch geringer ist die Zahl von Darstellungen historischer Ereignisse durch zeitgenössische Künstler: kein mittelalterlicher Anton von Werner hat den Reichstag von Roncaglia im Bilde überliefert, kein Adolph von Menzel des 10. Jahrhunderts die Königskrönung Ottos I. mit zeichnerischen Mitteln dargestellt.

Und auch die Zahl und Qualität dinglicher Überreste in engerem Sinne hält keine Konkurrenz mit dem aus, was aus der Neuzeit erhalten ist. Was wir besitzen, ist zudem ganz ungleichmäßig auf die Jahrhunderte verteilt: die Masse stammt aus dem späteren Mittelalter. Das gilt z. B. für die populärste Gattung von Gegenständen mittelalterlichen Gebrauches, für Rüstungen und Waffen, es gilt auch für die Bauwerke. Diese sind zudem entweder nur ruinös überliefert oder in späteren Zeiten entstellt; soweit seit dem frühen 19. Jahrhundert der Denkmalpflege unterworfen, wurden sie vorwiegend zu Zeugnissen für den Historismus der neueren Zeit.

So bleibt dem Historiker des Mittelalters versagt, eine chronologische Erzählung kontinuierlich mit Bildern zu begleiten. Wenn er das versuchte, dann müßte er entweder die Abbildungen von Urkunden, Handschriften, Siegeln und Münzen häufen, oder er müßte sich weitgehend auf das späte Mittelalter beschränken, und auch hier wäre er zu gewaltsamen Verbindungen gezwungen, um eine kontinuierliche Illustrierung zu erzielen.

Freilich unterscheidet sich eine Bilderfolge zur mittelalterlichen Geschichte, die nicht Illustrationen einzelner Ereignisse aneinanderknüpft, wiederum nicht grundsätzlich von einer mit Worten erzählenden Darstellung. Denn auch dieser wird es nicht so sehr wie in der Neuzeit um das einzelne Ereignis und die einzelne Person gehen wie um deren Welt. »Das Mittelalter will als eine uns zugehörige, aber fremd gewordene Welt begriffen sein. In diesem Bereich aber geht es weniger um die flüchtige Tat als um die ruhende oder nur langsam sich wandelnde Struktur der geschichtlichen Welt.« (H. Heimpel)

Für eine so verstandene Darstellung des Mittelalters sind die bildlichen Zeugnisse, die Reproduktionen von Bildern und die Abbildungen der dinglichen Überreste, von großem Wert. Die Fremdheit, mit welcher die Welt des Mittelalters unserer Vorstellungskraft widerstrebt, macht uns schon die schlichten Gegenstände täglichen Gebrauches wertvoll. Hierzu kommt dann aber, daß Ding und Bild im Mittelalter oft mehr leisten als eine willkommene Veranschaulichung dessen, was mit Worten überliefert ist. Denn der archaischen Welt des Mittelalters sind Ding und Abbild, Gegenstand und Bedeutung enger verbunden als der neueren Zeit. Krone und Lanze des Königs etwa sind nicht nur Symbole für die Auffassung von dessen Würde, sondern sie sind dieses Königtum selbst, das in keinem schriftlichen Zeugnis eine so vernehmliche Sprache spricht wie in seinen »Herrschaftszeichen« (P. E. Schramm).

Diese Sprache erschließt sich allerdings nicht dem unbefangenen Zuhören. Die Überreste des Mittelalters sind zunächst stumm, so nahe sie oft sind: die Rolandsstatue, für mancheneine tägliche Begegnung, ist fremd wie ein ägyptischer Obelisk, und so vertraute Dinge wie Rathaus, Kirche und Burgruine bedürfen ebenso der Interpretation.

Für die folgenden Bilder zur mittelalterlichen Geschichte ergibt sich hieraus, daß die Bilder nicht ohne einen Text dargeboten werden durften. Wenn dieser sich auf eine Einleitung und auf von diesem getrennte Erläuterungen zu den einzelnen Abbildungen verteilt, so will die Einleitung die Auswahl und Aufeinanderfolge der Bilder rechtfertigen und den Zusammenhang andeuten, welchem sie angehören; die Erläuterungen geben das Detail und verweisen auf die Literatur zu den einzelnen Stücken.

Nach dem Gesagten versteht sich, daß Einleitung und Anordnung der Bilder keiner streng chronologischen Ordnung folgen. Da nicht eine Kette von Ereignissen darzustellen, sondern die Konturen einer Welt zu skizzieren waren, versucht die Folge der Bilder Elemente dieser Welt zu zeigen. Wenn die Bilderfolge dennoch nach drei groben zeitlichen Abschnitten gegliedert ist, so sind damit die Wandlungen dieser Welt angedeutet. Freilich treten die Wandlungen des Mittelalters von uns her gesehen zurück vor der Identität des Mittelalters mit sich selbst. Die Italienzüge der deutschen Könige, so sehr sie sich von Otto I. zu Friedrich III. hin wandeln, sind zunächst ein Phänomen, das als ganzes zu sehen ist. Im folgenden ist von ihnen also nur im 2. Abschnitt die Rede — obwohl die Mehrzahl der bildlichen Zeugnisse aus dem späteren Mittelalter stammt. Wenn hier und gelegentlich sonst früheres durch spätere Zeugnisse repräsentiert wird, dann ist dies gewiß auch Folge der Quellenlage. Doch drückt sich darin auch die Einheit der mittelalterlichen Welt aus.

Auch hiervon abgesehen ist dem späten Mittelalter größerer Raum zugemessen worden, als einer mechanischen Verteilung der Bilder auf die Jahrhunderte entsprechen würde, und auch hierin bildet sich die unterschiedliche Dichte der Überlieferung ab. Diese Tatsache ist jedoch kein zufälliges Phänomen. Es gehört vielmehr zum Wesen des späteren Mittelalters, daß es mit einer größeren Anzahl von Stimmen zu uns spricht als die frühen Jahrhunderte. Erst im 12. Jahrhundert tritt neben die kirchliche eine für uns noch sichtbare weltliche Kultur; die mittleren und unteren Schichten der Bevölkerung sprechen erst im späteren Mittelalter eine artikulierende Sprache.

Da die folgende Bilderauswahl keinen unbegrenzten Raum zur Verfügung hatte, mußte der im engeren Sinne kulturgeschichtliche Bereich zugunsten der Zeugnisse politischen, sozialen und geistigen Lebens vernachlässigt werden. Dies durfte um so eher geschehen, als dafür in älteren Tafelwerken viele Abbildungen zur Hand sind. Da im übrigen eine große Zahl der abgebildeten Objekte zugleich Gegenstand der Kunstwissenschaft ist, muß ausdrücklich gesagt werden, daß für ihre Auswahl keine ästhetischen oder stilgeschichtlichen Kriterien maßgebend waren.

Geschichtsbewußtsein und Zeitgefühl

Wann beginnt und wann endet das deutsche Mittelalter? Wir bestimmen seine Epochen und alle Einschnitte des geschichtlichen Verlaufes, indem wir die Folge seiner Ereignisse beobachtend, Kräfte und Tendenzen messend, gewissermaßen deduktiv gliedern. Im Mittelalter ist man anders verfahren. Ihm waren die Epochen der Geschichte deutlicher erkennbar als die Zeiträume zwischen ihnen, und Anfang und Ende der Zeit am deutlichsten fixiert. Denn für das Mittelalter ist Geschichte Heilsgeschehen nach Gottes aus dessen Wort ablesbarem Plan. In sechs Schöpfungstagen hat er sechs Weltalter verheißen, dem träumenden Daniel hat er vier Weltreiche geoffenbart, durch das Opfer seines Sohnes hat er die Mitte der Geschichte bezeichnet.

So bedeutete für den mittelalterlichen Betrachter der Figurenschmuck der westlichen Domfassade in Regensburg eine Markierung seines eigenen Standortes in der Geschichte (Taf. 97). Denn wenn er dort, an bevorzugter Stelle, vier Reiterfiguren erkannte: Reiter auf einem Löwen, einem Bären, einem Panther und einem gehörnten Tiere, so bedeutete dies, der Danieldeutung des Hieronymus zufolge, für ihn wie noch für Luther, daß auf das Babylonische, das Persische und das Griechische das Römische als das vierte und letzte Weltreich gefolgt sei, in welchem er selbst lebte. Und ein Zeitgenosse, der das Fürstentor der Bamberger Kathedrale betrachtete, wurde daran erinnert, wie die Zeitalter miteinander verknüpft waren, wie die Gegenwart die Vergangenheit wiederholte, das Zeitalter des Neuen Bundes das des Alten, der Antitypus den Typus (Taf. 98). Denn darum standen am Gewände des Portals die Apostel auf den Schultern der Propheten: sie wiederholen auf höherer Stufe, was schon gewesen war, so wie die Synagoge zur Ecclesia und der deutsche König und Kaiser in einem typologischen Verhältnis zu den alttestamentarischen Königen stand: ein neuer Salomon, ein neuer David, wie seine Krone bezeugte, wie die Königsfenster des Straßburger Münsters es lehrten, und deshalb als *rex sacerdos* von allen anderen Fürsten durch die Schranke seiner sakralen Würde getrennt: noch der Siegmund des 15. Jahrhunderts liest auf dem Konstanzer Konzil, als Diakon gekleidet, in der Weihnachtsmesse das Evangelium (Taf. 99 u. Farbtafel E).

So ist das mittelalterliche Zeitgefühl linear und zyklisch zugleich. Die Zeit ist ein unaufhaltsamer Strom, von der Schöpfung dem Ende zueilend; aber so deutlich die Epochen seines Verlaufes gesetzt sind, so still scheint der Strom doch wieder zu stehen. Denn die Zeit zwischen den Epochen, für das Mittelalter also die Zeit des Römischen Reiches, ist ungegliedert, jedenfalls nicht nach einem linearen System gegliedert. Zwar scheint die Folge der Jahre eine Linie zu ergeben, jedes Jahr ein weiteres post Christum natum. Aber für das Zeitgefühl des Mittelalters ist wichtiger die jährliche Wiederholung: Jeden Karfreitag wird Christus von neuem ins Grab gebettet, nachdem er jeden Palmsonntag von neuem in Jerusalem auf einem Esel eingeholt worden ist (Taf. 100, 101). Kreisen lassen auch die nach antikem Muster gezeichneten Tierkreis- und Monatsbilder die Zeit. Der Gott Annus lebt als ein Stück heidnischer Antike im Mittelalter fort (Taf. 102). Vor allem aber gliedert sich die Zeit in die Heiligentage, die Folge der z. T. noch bis weit in die Neuzeit hinein im Volksbewußtsein verwurzelten Wiederholungstage des Lebens Christi und der Heiligen (Taf. 103, 112). So wiederholt sich im Mittelalter alljährlich nicht der 15. Juli, sondern der Abschied der Apostel.

Wenn die Apostel also auf dem Tafelbilde des 15. Jahrhunderts in einer Flußlandschaft voneinander Abschied nehmen, die durch die Silhouette nicht Jerusalems, sondern Bambergs begrenzt ist, dann ist das nicht Ausdruck eines technischen Defekts, sondern Abbild eines Zeitgefühls (Taf. 104). Die Gegenwart ist nicht allmählich in einem evolutionären Prozeß geworden, sondern gestiftet, ein für allemal. Gestern ist wie vor tausend Jahren, ebenso wie der allen genauen Berechnungen trotzende Jüngste Tag (unter dessen Bilde man — wiederum in Bamberg — die Kirche betritt, den man im Blick hat, wenn man im späten Mittelalter Recht spricht) schon morgen oder in abermals tausend Jahren sein kann (Taf. 105, 106).

Das Bild der Vergangenheit ist also unperspektivisch, Perfekt und Plusquamperfekt fallen in eins. Freilich folgen die Ereignisse dennoch nicht ohne Einschnitt aufeinander, auch nicht innerhalb der Geschichte des Römischen Reiches. Karl der Große hat den Sachsenspiegel gegeben, Kaiser Konstantin dem Papst das Patrimonium Petri geschenkt (Farbtafel F; Taf. 107, 108). Epochen der mittelalterlichen Geschichte gibt es also auch im Verständnis des Mittelalters, jedoch nicht Einschnitte, wie wir sie zu setzen pflegen, Schwellen eines evolutionären Prozesses, sondern Erneuerungen der Welt, Neustiftungen. Konstantin ist der zweite Stifter der mittelalterlichen Welt des Römischen Reiches; auf ihn wird bezogen, was das Reich als ein christliches von dem antiken heidnischen scheidet. Und wenn dieses Reich von Deutschen beherrscht wird, dann durch die Neustiftung Karls des Großen, durch die *translatio imperii*, und diese Neustiftung umfaßt auch den Sachsenspiegel, auch die Freigerichte in Westfalen (Taf. 109), auch die Städtefreiheit (Taf. 158 b) und das Wahlrecht der Kurfürsten.

Diesem theologischen Verständnis der Zeit entspricht das Bild des Raumes der Geschichte (Taf. 110). Auch seine Auffassung wird nicht aus der Beobachtung seiner Teile addiert; auch der Raum ist im ganzen vertrauter als im einzelnen. »Er sitzt auf dem Kreis der Erde, und die darauf wohnen sind wie Heuschrecken« (Jes. 40,22): Die Erde ist eine große Scheibe, umgeben von den Sphären der Planeten, gegliedert wie durch ein auf dem Kopf stehendes T in die drei Erdteile Asien, Europa, Afrika, die Noah unter seine Söhne Sem, Japhet und Ham teilte. Außen umspült sie das Weltmeer, an dessen Küsten die durch den älteren Plinius dem Mittelalter bekannten Ungeheuer wohnen, mit welchen Herodot die entfernten Weltgegenden bevölkerte, auf dem aber auch der Seefahrerheilige Brandan fährt. Im Osten liegt das ummauerte Paradies, das die vier großen Weltströme aus sich entläßt. Im Norden hausen die apokalyptischen Völker Gog und Magog, durch die von Alexander dem Großen errichtete Mauer bis zur Erscheinung des Antichrist von der christlichen Welt getrennt. Im Zentrum des Raumes wie der Zeit aber liegt Jerusalem, vornehmstes Ziel aller Pilger und Abbild des Himmels, des neuen Jerusalem.

Dieses Abbild der Welt ist kein Hilfsmittel für den Reisenden. Es unterrichtet den Betrachter ebenso wie die Sinnbilder des zeitlichen Verlaufs der Geschichte über Gottes Heilsplan und seinen eigenen Standort in ihm. Der Platz der Weltkarte ist also nicht die Tasche des Reisenden, sondern die Kirche, für die die größte und ausführlichste dieser Karten, die wir aus Deutschland kennen, die Ebstorfer Weltkarte, bestimmt war.

Grundlegung im frühen Mittelalter

Indessen ist gerade die Ebstorfer Weltkarte an einigen Stellen auch schon Landkarte im modernen Sinne, empirisch gewonnenes Abbild der Landschaft (Farbtafel G). Die Darstellung Deutschlands zeigt eine Reihe von Städten in einer Anordnung, die eine Abbildung ihrer tatsächlichen geographischen Lage zu intendieren scheint. Freilich »stimmt« dann nur die Lage einzelner Städte zueinander und ihre ungefähre Anordnung im Großen. Im Detail sind die Verhältnisse vielfach verzerrt, wie sich namentlich am Verlauf der Flüsse zeigt, die nicht als von der Quelle zur Mündung zulaufende Ströme erkannt werden, sondern als sichtbare Teile eines unterirdischen Flußsystems angesehen sind. Einige Orte lassen sich infolgedessen nicht identifizieren.

Denn diese Karte, soweit Abbild von Erfahrung, ist nicht das Ergebnis einer Vermessung, sondern eben »erfahren« im wörtlichsten Verstande, sie ist eine Akkumulation von Itineraren, von Wegen, die durch unbekanntes Land führen und deren Relationen zueinander unsicher sind.

Das hochmittelalterliche Kartenbild Deutschlands verweist damit auf eine Grundtatsache, von der eine Betrachtung ausgehen kann, die das Mittelalter nicht von seiner eigenen Anschauung her skizziert, sondern die mit den materiellen Grundlagen mittelalterlichen Lebens beginnt. Diese Grundtatsache findet einen noch deutlicheren bildlichen Ausdruck in einer modernen Karte, welche das frühmittelalterliche Verhältnis von besiedeltem zu unbesiedeltem Land rekonstruiert. Diese Karte zeigt ein Bild, das wir schon von den — allerdings noch zuspitzenden — antiken Autoren kennen: Deutschland als das Land der Wälder und Sümpfe, Deutschland

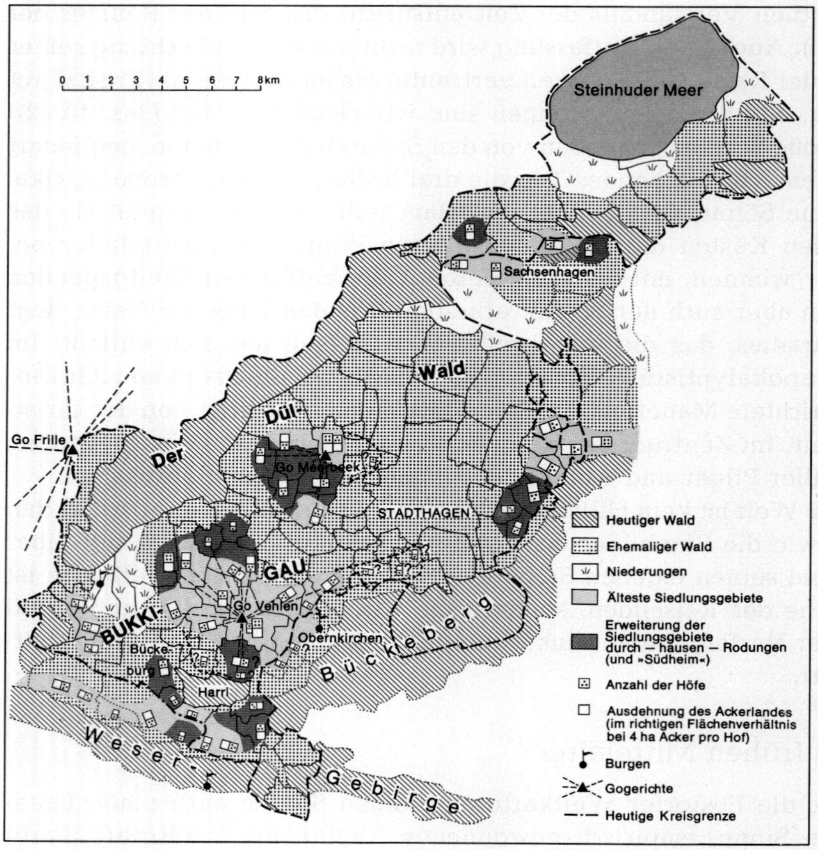

Karte VII. Wald- und Siedlungslandschaft um 1000 im heutigen Landkreis Schaumburg-Lippe (nach Fr. Engel in: Der Landkreis Schaumburg-Lippe, 1955). Vgl. Karte X, S. 49

infolgedessen auch das Land der wasserreichen Flüsse und des feuchten Klimas. Menschliche Siedlungen liegen in diesem Land wie Inseln; das sie umgebende »Meer« ist unzugänglich und feindlich wie der Ozean selbst. Die Sprache bezeichnet die Feindlichkeit der beiden Zonen; sie spricht von *Land* und *Unland*. Und die vorherrschende Form des Unlandes, der Wald, ist nicht der »schöne«, sondern der »wilde« Wald; Wald und Wildnis sind synonym. Sie sind eine Gegenwelt zum Bereich menschlicher Kultur, die Welt auch, in die man den, der sich gegen die Gesetze menschlichen Zusammenlebens verstoßen hat, verbannt, wo er dem Tiere gleich unter Tieren leben muß. Höfische Literatur und bildende Kunst haben sich dieser Gegenwelt bedient und sie dargestellt als das Feld ritterlicher Bewährung, wo Hartmanns von Aue Kalogreant den *waltmann* trifft. Auf spätmittelalterlichen Schmuckkästchen wird diese Welt abgebildet, nun schon fast nur noch Folie für die Reize der eigenen Gesittung, doch auch jetzt noch Zeichen für die ursprüngliche Inselhaftigkeit menschlicher Kultur im Mittelalter (Taf. 111).

Das Land ist Bereich der Kultur im ursprünglichsten Sinne des Wortes: hier bebauen Landleute den Boden. Die mittelalterliche Wirtschaft ist zunächst fast ausschließlich Landwirtschaft. Die Mehrzahl der Menschen wohnt im bäuerlichen Gehöft, im Einzelhof oder im Dorf, und wen diese bäuerliche Gesellschaft freistellt zum Schutz des Leibes und der Seele, zu Kriegsdienst also und Gebet, den ernährt sie so, wie es von Widukind modellhaft für die Burgen Heinrichs I. gesagt ist: acht Mann bebauen das Feld, und der neunte errichtet für alle die schützende Befestigung. Die gesellschaftliche Realität des Mittelalters folgt diesem Idealtypus freilich nicht wörtlich. Sie steht von Anfang an im Zeichen von »Adel, Burg und Herrschaft«. Der freigestellte Burgenbauer ist nicht der neunte Genosse, sondern der adlige Herr, dem der abhängige Bauer zinst, indem er ihm einen Teil seines Ertrages abtritt, so wie es die kalendarische Tabelle bäuerlicher Abgaben in dem Rechtsbuch des hohen Mittelalters zeigt (Taf. 112).

Ein spätmittelalterliches herrschaftliches Einkünfteregister bildet den Moment ab, in welchem eine Viehabgabe geleistet wird: »Ditz sind die zinsschwein« (Taf. 206 a). Eines für alle wird von dem Bauern dem Hof des Herrn zugetrieben: den Berg hinauf auf die Burg. Denn das befestigte Haus ist das Instrument, das den militärischen Schutz erlaubt. Befestigte Adelshöfe und wenig später auch jene Burgen, in denen spätere Zeit das Mittelalter vornehmlich abgebildet fand, treten an die Stelle der nur zeitweiliger Zuflucht dienenden Wallanlagen des frühen Mittelalters (Taf. 113, 114 a). Sie überziehen das Land mit einem kleinmaschigen Netz; im Gebiet der späteren preußischen Provinz Sachsen-Anhalt hat man z. B. 650 Burgen nachweisen bzw. annehmen können. Wie das Stück Vieh für den bäuerlichen Dienst steht, so also die Burg für die Leistung des Herrn: adliger Schutz und Schirm gegen bäuerlichen Dienst. Das ist das fundamentale Rechtsverhältnis des Mittelalters. Die Existenz dieses Verhältnisses ist ein Indiz für die Antwort auf die Frage nach der Dauer des Mittelalters. Sobald der Schutz nicht mehr geleistet oder überflüssig wird, wird der Dienst zur unbilligen Last, und es kommt zur Krise. In Deutschland entlädt sie sich 1525.

In den Jahrhunderten zuvor ist der Schutz bittere Notwendigkeit. Das mittelalterliche Deutschland ist kein Staat, in welchem die öffentliche Gewalt, die gewaltsame Durchsetzung des Rechts, an der Spitze monopolisiert ist. Die vollberechtigten Mitglieder der mittelalterlichen Adelswelt, nämlich die, welche sich selbst zu schützen imstande sind — also später auch die Städte —, verhalten sich zueinander, in moderner Terminologie gesagt, fast wie Subjekte des Völkerrechts. Sie setzen ihre Ansprüche gegeneinander notfalls mit Gewalt durch, sie üben Blutrache und führen Fehde. Die Wandlung des Mittelalters zur Neuzeit hin, der Gang der Rationalisierung seiner archaischen Elemente, ist meßbar an dem Ausmaß, das die Legalität der Fehde jeweils hat, an der Geschichte ihrer fortschreitenden sachlichen und personalen Beschränkung.

Den Bauern, obwohl meistens nicht vollständig entwaffnet, ist die Fehde in der Regel untersagt, sie werden militärisch nur unmittelbar in ihrem Lebensumkreis eingesetzt. Sie sind in ihrer Mehrzahl gewissermaßen ausgeschieden aus der Gemeinde der Freien und zugunsten adliger Herrschaft mediatisiert, sie leben im Bannkreise herrschaftlichen Schutzes — sich äußerstenfalls in die befestigte Kirche zurückziehend (Taf. 114 b, 115) — und herrschaftlicher Gerichtsübung. Die im Zentrum des Dorfes liegende umhegte Gerichtsstätte, in welcher der Herr oder sein Beauftragter Recht sprechen, und der außerhalb des Ortes, an sichtbarer Stelle errichtete Galgen, die Stätte der Rechtsvollstreckung, bilden ebenso wie die Burg Fundamente sozialer mittelalterlicher Ordnung ab (Taf. 116).

Die adlig-bäuerliche, landwirtschaftlich-naturalwirtschaftliche Struktur des mittelalterlichen Deutschland prägt die Stellung seiner Könige. Denn diese Welt kennt nicht die allgemeine Geldsteuer für den weltlichen Machthaber. Der König lebt zunächst aus seinem eigenen Gut. Dieses Königsgut ist über das Reich zerstreut, und seine Erträge sind nur über kurze Strecken hin transportabel. So kennt der König keine feste Residenz: er »übt (mit dem bekannten Wort Aloys Schultes) sein hohes Gewerbe im Umherziehen aus«, von Corvey nach Gandersheim, nach Goslar zu Hoftag und Jagd, weiter nach Magdeburg, nach Nienburg, nach Giebichenstein, nach Merseburg, nach Meißen. Der König hat keine Residenz, er hat Pfalzen.

Soweit er und sein Gefolge nicht an den Bischofssitzen und Reichsklöstern Wohnung nehmen, dienen ihnen eigens zu diesem Zweck errichtete Gebäudekomplexe zu längerem oder kürzerem Aufenthalt. Von den vorstaufischen Pfalzen haben sich nur wenige Reste erhalten. Am ehesten erlauben die in Aachen sichtbaren Überreste eine Rekonstruktion (Taf. 117 a), die etwa in Ingelheim oder Frankfurt am Main ergrabenen Fundamente lassen erkennen, daß es auch andernorts mit Aachen vergleichbare Anlagen gegeben hat: große Komplexe mit der *aula regis,* dem Palatium und der Kapelle als Zentrum und Wirtschaftsgebäuden in der unmittelbaren Nachbarschaft, im ganzen (außer Aachen) aber auch sie, ebenso wie die kleineren Anlagen »mit Palastbauten ausgestattete Gutshöfe« (Gauert), die nur durch eine schwache Befestigung geschützt waren. Erst seit dem 10. Jahrhundert kommt es zur »Pfalz als Burg« (Gauert), sicherlich im Zusammenhang mit der Burgenordnung Heinrichs I., zur Trennung des nun eigens befestigten Palatium mit Kapelle und des Wirtschaftshofes. Die Ausgrabungen der Pfalzen Grona und Pöhlde lassen die Umrisse der Gesamtanlage erkennen; von dem heutigen Bestand in Goslar (Taf. 117 b) her lassen sich Rückschlüsse auf den Zustand der vorstaufischen Zeit ziehen.

Doch dürfen reisender König und Pfalzen nicht allein als Folge der Naturalwirt-

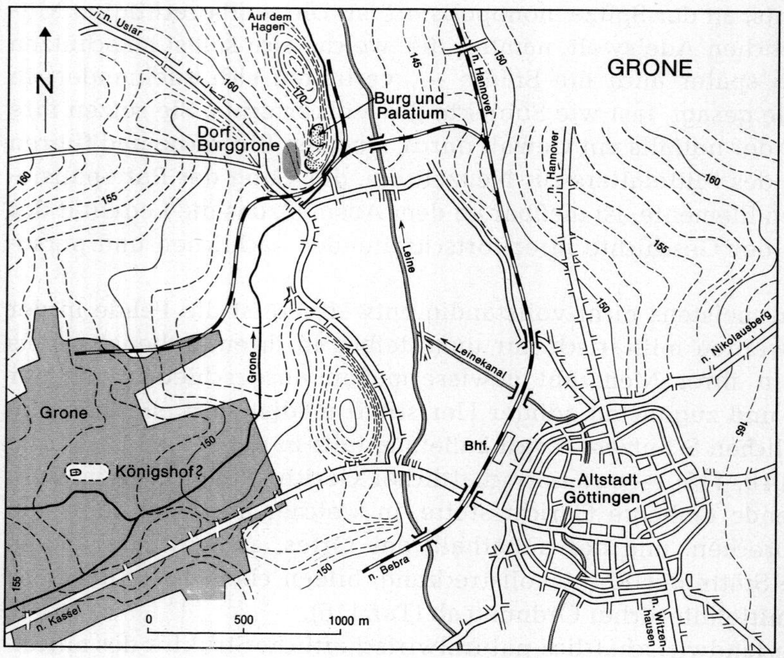

Karte VIII. Grone: Pfalz und Königshof (nach A. Gauert in: Deutsche Königspfalzen 2. 1965)

►

Karte IX. Der Reiseweg König Heinrichs II. (nach Th. Mayer, Mittelalterliche Studien, 1963)

schaft gesehen werden. Sie sind zunächst notwendiger Bestandteil der Verfassung des mittelalterlichen Deutschland, die ihrerseits freilich mit der Wirtschaftsweise korrespondiert. Denn in dieser Welt der voneinander getrennten Bezirke, der durch primitive Verkehrswege vergrößerten Entfernungen ist die politische Macht nicht delegierbar wie im modernen Staat. Der König ist nur da König, wo er gegenwärtig ist — ungeachtet der Ansätze zu »transpersonalen Staatsvorstellungen«. Er muß

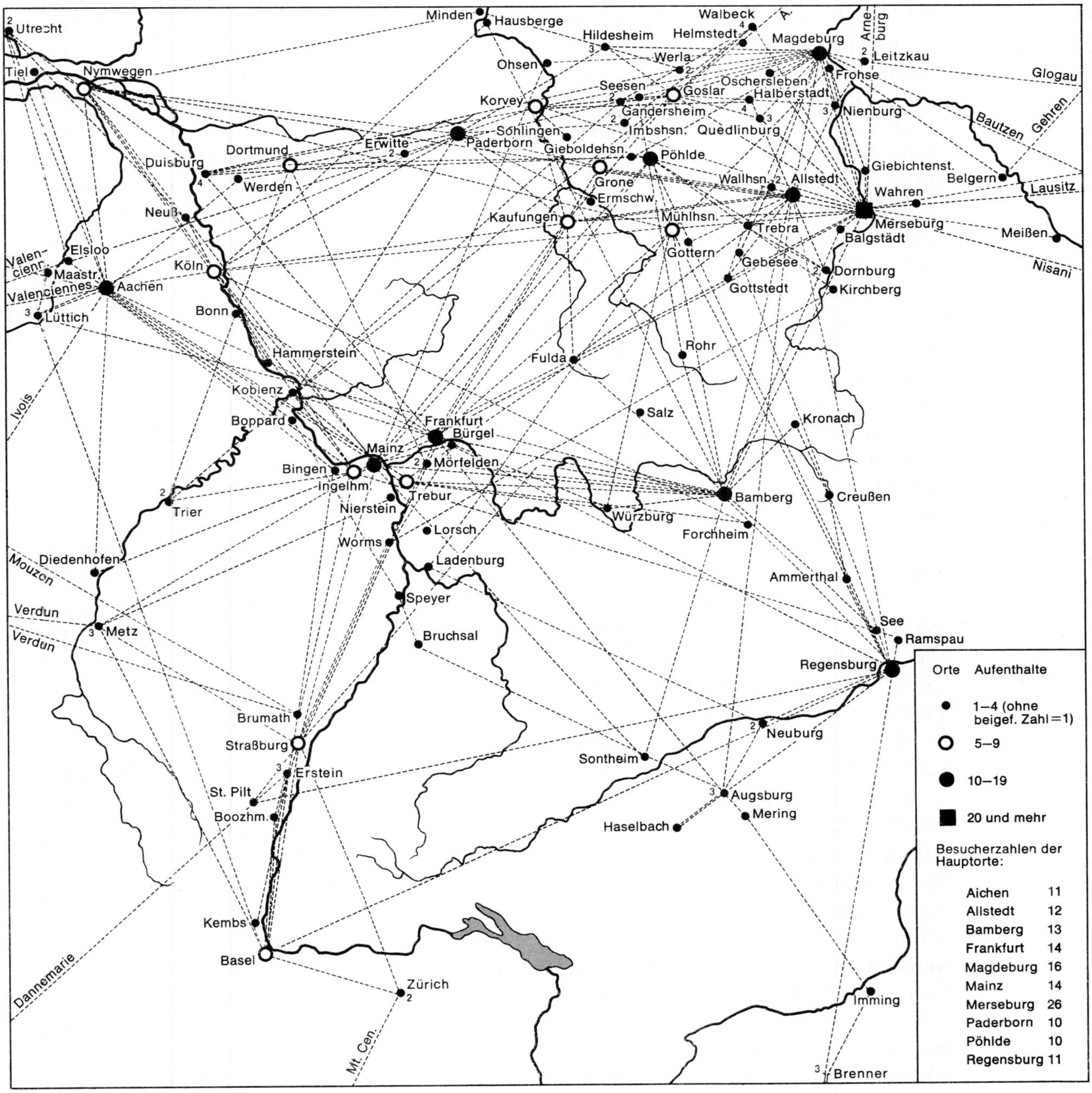

reisen nicht nur um zu leben, sondern zunächst um zu herrschen, und sein Itinerar zeigt, wie sich die Intensität seiner Herrschaftsübung räumlich abstuft.

Allerdings muß auch in diesem Herrschaftsgebilde die Macht delegiert werden. Aber dies ist selten schon die Delegation staatlicher Funktionen an ablösbare, auswechselbare und regelmäßig kontrollierte Beamte. Der König vergibt in der Regel nicht Ämter, sondern Amtsbezirke, in denen er sich der ganzen Macht entäußert. Der König vergibt nicht die Ausübung einzelner Hoheitsakte gegen Gehalt, sondern Herrschaft im ganzen gegen »Rat und Hilfe«, d. h. insbesondere gegen Kriegsdienst. Leistung und geliehene Herrschaft stehen gegenüber, die beschworene Treue, der Lehnseid garantiert dieses Verhältnis, verbindet Senior und Vasall.

Im 13. Jahrhundert ist eine systematisch aufgebaute Gesellschaft von sich übereinanderschichtenden Rängen durch Lehnseid verbundener Freier konstruiert worden; in bildlicher Darstellung eine Stufenfolge mit dem König an der Spitze und einer breiten Schicht nur noch Lehen empfangender, nicht aber weiterleihender Adliger am Ende (Taf. 118b). Aber dies war die rationale Systematisierung und Ergänzung eines erst allmählich gewordenen und in so systematischer Folgerichtigkeit niemals gegebenen Zustandes. Der König delegiert also Macht; aber diese weitergegebene Gewalt bedarf dennoch seiner Gegenwart. Denn die Inhaber der Lehen und bald auch die Ministerialen erwerben diese Macht im Erbgang; das abgeleitete Eigen sieht dem freien Eigen ähnlich wie die Ministerialenburg der des Lehnsmannes und der auf allodialem Besitz stehenden. Das mündlich tradierte Recht des Mittelalters ist zwar der Rechtsanschauung zufolge mit der Gerechtigkeit identisch und also unveränderlich und ewig, und wenn zwei Rechte einander widerstreiten, ist das alte das bessere. Zugleich aber ist das Recht dem Vergessenwerden, der Neuinterpretation, der Abänderung und der Verfälschung ausgesetzt; es bedarf der ständigen Erneuerung, auch dann, wenn es sich in der Urkunde fixiert hat.

So ist der König auch unterwegs, um den Willen seiner Vorfahren und seinen eigenen neu zu bezeugen. Nach seiner Wahl zum König bestätigt er die Akte der Vorgänger, nach seiner Kaiserkrönung die eigenen, als König verfügten. Dennoch ist die Sicherung dieses Willens über Raum und Zeit hinweg unmöglich. Auch wo das königliche Wort in der Urkunde niedergelegt wird, ist es der Fälschung ausgeliefert, von den 262 erhaltenen Urkunden, die auf den Namen Karls des Großen lauten, sind fast 100 Falsifikate.

Ein salisches Diplom (Taf. 120/121) zeigt beispielhaft die Summe aller Versuche, dieser Gefahr zu begegnen, im Inhalt die Formeln der Sprache, im äußeren Bild den Schrifttypus, abgewandelt in den Anfangs- und Schlußzeilen, die mit dem Eingangszeichen (Chrismon) ausgedrückte Anrufung Christi, das Beizeichen als Gewähr königlicher Unterfertigung neben dem die Unterschrift ersetzenden Monogramm, das Rekognitionszeichen als Garantie dafür, daß die Urkunde durch die königliche Kanzlei gegangen ist, und schließlich die feierlichste Sicherung: das Siegel. Aber das Siegel ist ablösbar und kann auf eine andere Urkunde übertragen werden, die gezeichneten Symbole sind ebenso wie die Schrift und die Sprache nachahmbar, wenn man eine Vorlage hat, und das Pergament sträubt sich nicht gegen vorsichtige Rasur und ein neues Wort. Und wenn dem König das falsche oder verunechtete Diplom zur Bestätigung vorgelegt wird, kann er erst im späten Mittelalter und auch dann nicht mit Sicherheit auf eine Kopie der vorgelegten Urkunde kontrollierend zurückgreifen (Taf. 122/123). Denn der reisende König kann kein Archiv von leistungsfähiger Größe mit sich führen. Erst mit den Ansätzen zu einer festen Residenz im späten Mittelalter setzt auch eine — lückenhafte — Registerführung in der königlichen Kanzlei ein (Taf. 119).

Die meisten der mittelalterlichen Fälschungen sind zum Nutzen der Kirchen und von Geistlichen hergestellt worden. Abgesehen davon, daß im Mittelalter die Herstellung eines Falsifikats oder die Verfälschung eines echten Stückes nicht ebenso eindeutig eine auch im Bewußtsein des Täters kriminelle Handlung ist wie eine moderne »Urkundenfälschung«, daß die Fälschungen also den Blick auf ein spezifisches Stück mittelalterlicher Geistesgeschichte eröffnen, drückt sich in dem Vorwiegen kirchlicher Fälschungen zunächst die technische Gegebenheit aus, daß schriftliche Kultur und mit ihr auch die Fähigkeit zur Täuschung auf diesem Gebiet zunächst vorwiegend im kirchlichen Bereich zu Hause sind. Zugleich wird damit aber auch auf die Tatsache verwiesen, daß die Kirche ein Teil der skizzierten sozialen und rechtlichen Ordnung ist.

Denn abgesehen von im engeren Sinne kirchlichen — freilich sozial nicht bedeutungslosen — Bereichen, wie etwa dem des Reliquienwesens, des größeren oder geringeren Alters einer Kirche, gelten die Fälschungen vorwiegend der Sicherung und Vermehrung des materiellen Besitzes der geistlichen Institute, ihren Einnahme-, Besitz- und Herrschaftstiteln, durch die sie grundsätzlich auf die gleiche Weise wie der weltliche Adel von der Produktion freigestellt sind und um die sie also auf ihre Weise kämpfen.

Die Kirche lebt von mancherlei Gebühren. Sie lebt von der am ehesten einer modernen Steuer vergleichbaren mittelalterlichen Abgabe, dem Zehnt der Feldfrüchte. Vor allem aber lebt die Kirche aus der Grundherrschaft, von ihren weiten und zerstreuten Besitzungen. Die von der Kirche zu verwirtschaftenden gewaltigen Naturaleinkünfte haben bewirkt, daß die kirchlichen Niederlassungen stets auch Wirtschaftshöfe waren, daß neben der Kirche stets der Fruchtspeicher oder die Zehntscheuer zu suchen ist, wie sich im Zentrum von Stuttgart heute noch ebenso zeigt wie an der Marburger Niederlassung des Deutschen Ordens: die Elisabethkirche ist flankiert von dem großen Speicher (Taf. 124).

Die Gründung eines Klosters, eines Bistums oder Stifts ist darum zunächst die Stiftung der notwendigen Subsistenzmittel, von Besitz- und Herrschaftsrechten, seine Geschichte ist ebenso wie die der Äbte und Bischöfe die seiner Stifter. Der Westchor des Naumburger Domes ist die bekannteste bildliche Repräsentation dieser Einbindung der Kirche in die sozialen Ordnungen des Mittelalters, und eine dieser Figuren sächsischer Adliger sagt mit lakonischen Worten, wie sie, das Abbild des Laien, in den dem Klerus vorbehaltenen Chor kommt, der den Bischöfen nur einen untergeordneten Platz in der unteren Fensterzone bietet: *Timo de Kistericz qui dedit ecclesiae septem villas,* lautet die um den Schild laufende Inschrift (Taf. 125). Die Markgrafen Hermann und Ekkehard waren schon zwei Jahrhunderte lang tot, als in der Mitte des 13. Jahrhunderts ihre Standbilder im Naumburger Westchor errichtet wurden; der Tod des jüngsten Stifters lag damals wenigstens ein Jahrhundert zurück. Als in der Mitte des 12. Jahrhunderts das Verzeichnis der dem bayerischen Kloster Vornbach zugewandten Stiftungen mit den Bildnissen der Stifter und — nach diesen — auch der Äbte versehen wurde (Taf. 126 a, b), waren diese Stifter zwar erst vor einem Menschenalter aus dem Leben geschieden, aber als dreihundert Jahre später die Handschrift kopiert wird, werden auch die Bildnisse wiederholt. Nicht nur die Gabe des Stifters wird also bewahrt, sondern auch die Gegenleistung des Empfängers: die Erinnerung an den Stifter, die Fürbitte für ihn im Gebet. Das Gedächtnis an Heinrich I. in Pöhlde überlebt seine Pfalz (Taf. 118 a). Erst diese Tatsache, daß die Kirche mit Gebetsbrüderschaft und Totenmemorie (Taf. 126 c) das regelmäßig wiederkehrende Gebet für die Verstorbenen zu garantieren vermag, ruft die Fülle der ihr zugewandten Stiftungen hervor, macht sie zur größten Grundbesitzerin des Mittelalters.

Der deutsche König Heinrich II. (Taf. 127) stiftete das Bistum Bamberg und stattete es mit reichem Besitz aus: zum Heile seiner Seele. Und diese Stiftung hat überreiche Frucht getragen, denn nicht zuletzt ihretwegen ist der König unter die Heiligen der Kirche aufgenommen worden. Die dem Bamberger Stift geschenkten Besitzungen waren weit gestreut, sie reichten weit in den Süden, über Regensburg bis nach Kärnten. Man hat daraus geschlossen, Heinrich habe auf diese Weise den Weg nach Italien sichern wollen und sein Bistum gerade in Bamberg gegründet, weil diese Stadt von Norden, also dem sächsischen Zentrum der königlichen Macht her, eine Art Eingangstor nach Süddeutschland bildete.

Im Mittelalter, zumal vor dem Investiturstreit, widersprach der eine Zweck der Stiftung nicht dem anderen. Die Kirche arbeitete bei der Nutzbarmachung ihres Besitzes in vieler Hinsicht besser und kontinuierlicher als der Adel, und so bedeutete die Vergabe weiter Landstriche an sie nicht so sehr die im 19. Jahrhundert beklagte »Verschleuderung« von Reichsgut, sondern — von dem frommen Werke abgesehen — auch die optimale Nutzung dieses Gutes, das im Besitz der Kirche zudem nicht der Gefahr der Entfremdung ausgesetzt war, die bei einem weltlichen Lehnsträger nahelag. So kann »das Reichskirchengut ebenfalls als Reichsgut, wenn auch in anderer Organisationsform« (Schlesinger) angesehen werden. Denn wenn der König Reichslehen an Bischöfe und Reichsäbte verlieh, dann beschränkte sich die Gegenleistung des Empfängers nicht auf das Gebet, sondern sie war auch materieller Natur, insbesondere als Heeresfolge und Königsgastung. Bischöfe und Reichsäbte stellen das größte Kontingent des Reichsheeres, und Heinrich II. übernachtet öfter auf kirchlichem Besitz als auf dem des Reiches. Von den 330 für ihn nachweisbaren Aufenthalten entfallen 170 auf Bistümer und Reichsabteien, während die wirtschaftliche Kraft der weltlichen Großen einem Königsaufenthalt im allgemeinen nicht gewachsen war. Die barocken Kaisersäle und Kaiserstiegen der Bischöfsschlösser und Reichsabteien noch des 17. und 18. Jahrhunderts erinnern an die Bedeutung dieser geistlichen Niederlassungen für das Itinerar der Könige des deutschen Hochmittelalters (Taf. 129 a), und vielleicht sind die sogenannten Westwerke ihr zeitgenössischer architektonischer Ausdruck (Taf. 128). Diese Bedeutung lag im übrigen nicht ausschließlich auf wirtschaftlichem Gebiet. Denn auch die für die festlichen Darstellungen der königlichen Würde und Macht, die Krönungsprozessionen an den hohen kirchlichen Festen erforderlichen Bedingungen waren in den Bischofsstädten am besten gegeben. Während die Ottonen noch die Pfalzen als Schauplatz der Festkrönung bevorzugten, treten seit Heinrich II. die Bischofsstädte in den Vordergrund. Bei einigen hat man angenommen, daß sich diese Funktion auch im Stadtplan abgezeichnet hat: Die noch heute eindrucksvoll auf die —

nicht, wie zu dieser Zeit üblich, durch einen Westchor verschlossene — Westfront des Domes zulaufende Maximilianstraße in Speyer wäre dann eine Konkretion der salischen Verknüpfung von Königtum und Reichskirche (Taf. 129b).

Von den älteren deutschen Königen gibt es zwar Porträts, doch erstreben sie keine physiognomische Ähnlichkeit. Sie stehen ihr vielmehr so gleichgültig gegenüber, daß die Übertragung des Porträts eines Herrschers auf den anderen möglich ist. Diese Darstellungen geben nicht die trügerische Möglichkeit, von authentisch überlieferten Gesichtszügen auf Charakter und Werk des Dargestellten zu schließen, sie erzählen nicht von ihm als Menschen und wollen das auch nicht. Gegenstand dieser Porträts ist vielmehr das Königtum selbst und nicht der einzelne König.

Die Porträts der früh- und hochmittelalterlichen Könige und Kaiser sind direkte Zeugnisse davon, wie diese Könige ihr Amt aufgefaßt haben und wie ihre Zeitgenossen es verstanden haben. Sie gehören als Quellen in die Nähe der krönungsliturgischen Texte, der Fürstenspiegel, der seltenen unmittelbaren Äußerungen über den mittelalterlichen Staat.

Das Titelbild des Aachener Liuthar-Evangeliars (Taf. 130) zeigt wahrscheinlich Otto III., vielleicht auch seinen Vater; es zeigt ottonisches Kaisertum. Es scheint zunächst nur den auf der gegenüberliegenden Seite stehenden Widmungsvers zu illustrieren, der dem Kaiser wünscht, daß Gott ihm das Herz mit diesem Buch, dem Evangelium also, bekleide. Das geschieht so, daß die Symbole der Evangelisten dem Kaiser ein Schriftband über die Brust halten. Aber das Bild sagt mehr. Der Kaiser sitzt auf einem Thron, welchen die ihn tragende Terra-Gestalt als Sitz des Weltherrschers bezeichnet. Er breitet seine Arme kreuzförmig aus, die ihn umgebende Mandorla ist Christusattribut ebenso wie die ihn umflatternden Evangelistensymbole. Gottes Hand krönt den Kaiser, und nur seine Gestalt ragt in die obere, von Gottes Hand beherrschte Sphäre des Bildes, die anderen Gestalten sind davon durch das Schriftband getrennt: die als Herzöge oder Könige anzusehenden Gestalten mit Lehnsfahnen und Kronen, die beiden Kriegergestalten und die ihnen gleichgeordneten Bischöfe. Denn der König gilt als *vicarius Christi,* durch seine Krönung zu einem anderen, alle anderen überragenden Menschen geworden, der an Gottes Wesen Anteil hat, und der Chronist Wipo, der die an die Krönung Konrads II. sich anschließende Prozession beschreibt, läßt diese Wandlung auch sichtbar werden: »Und wie man es von König Saul liest, schritt er, gleichsam von den Schultern ab alle überragend, einher.« Die Maler haben diese Vorstellung wiedergegeben, auch auf den Bildern überragt Heinrich II. die Bischöfe, wie Saul, und diese stützen ihn an den Armen, wie Moses einst von Aaron und Hur gestützt wurde (Taf. 131, 132).

Heinrich I. scheint sein Amt diesseitiger aufgefaßt zu haben als seine Nachkommen und als die frühen Salier. Daß es ihm gelang, gegen erhebliche territoriale Abtretungen von dem burgundischen König eine Lanze zu erwerben (Taf. 134 a), die einen als vom Kreuz Christi stammend verehrten Nagel enthielt, war zunächst nicht mehr als die Tat eines frommen Mannes, der zu einem solchen Geschäft materiell in der Lage war. Wenn aber diese Lanze als vornehmstes Herrschaftszeichen den deutschen Königen fortan in die Schlacht und nach Rom vorangetragen wurde, so drückt dies das gleiche aus wie die abgebildeten Widmungsblätter: Der König, der auf so einzigartige Weise in die Sphäre Gottes reicht, ist mit ihr auch durch die Zeichen seines Königtums verbunden. Seine Krone (Taf. 133) war nicht ein einfacher »Zirkel«, wie ihn, nach Walthers von der Vogelweide Spruch, die anderen Könige auch trugen, sondern unter dem Hochbügel der Reichskrone saß, wie es für den Ornat des Hohepriesters im Alten Testament überliefert war, die Mitra, die dann auch Teil des bischöflichen Ornates wurde. Ein einfacher Zirkel war die Reichskrone aber vor allem deshalb nicht, weil sie sich aus acht Platten zusammensetzte und mit dieser Gestalt die Stadtmauer Jerusalems und Roms abbildete.

Dieser Kronreif leitete sich jedoch auch von dem antiken Lorbeerkranz des siegreichen Feldherrn her, und der hohe Bügel hatte den des Imperatorenhelms zum Vorfahren, ebenso wie der Reichsapfel, Ausdruck des universalen Herrschaftsanspruches, ein Stück antikes Erbe war (Taf. 134 b). So bezeugten die Herrschaftszeichen die deutschen Könige des Mittelalters als Priesterkönige nach dem Vorbild des Alten Testaments und als römische Imperatoren, ebenso wie der Thron Karls des Großen auf der westlichen Empore des Münsters zu Aachen (Taf. 135) mit seinen sechs Stufen den Thron Salomons wiederholte, mit seinen Marmorplatten und den ihn umstehenden Säulen aber den Anspruch auf Fortsetzung des Imperium Romanum ausdrückte. Aus Karls Lebensbeschreibung von Einhard wissen wir, daß Karl diese Säulen aus Italien, meist aus Ravenna, hatte holen lassen, und die späteren deutschen Könige sind ihm auch hierin gefolgt, Otto der Große in Magdeburg (Taf. 136), noch Lothar III. — allerdings nicht Bauteile selbst verpflanzend, sondern nachahmend — in Königslutter.

Die älteste bildliche Darstellung römischen Kaisertums nördlich der Alpen ist kein Selbstzeugnis der deutschen bzw. fränkischen Könige, sondern eine Demonstration ihres politischen Partners (Taf. 137 b). Karl der Große fand im Jahre 800 in einem Prunksaal des päpstlichen Palastes ein eben hergestelltes Mosaik vor, das in der Mitte Christus und die Apostel, links davon Christus zwischen Petrus und Konstantin, rechts aber ihn selbst, Papst Leo III. und Petrus zeigte. Auf dem linken Bilde verlieh Christus das Pallium an Petrus, das Labarum an Konstantin, auf dem rechten fand der gleiche Vorgang statt, wobei an Stelle des Petrus der gegenwärtige Papst und an Stelle Konstantins Karl standen, ein neuer Konstantin also in der Erwartung Leos III.: »ein Mann, unter dessen besonderem Schutz die Person des Papstes steht und der damit ein hervorragendes sakrales Amt übernommen hat« (Classen). Die Kaiserkrönung des Jahres 800 ist gewissermaßen die logische Folge dieses Mosaiks, die »Italienpolitik« der deutschen Könige seine weitere Folge.

Freilich dürften nicht alle deutschen Könige, die sich in Rom zum Kaiser krönen ließen, Gelegenheit gehabt haben, sich unter diesem Bilde an Karl den Großen zu erinnern. Denn nicht alle Nachfolger Leos III. nahmen die Herrschaft der deutschen Könige über Italien fraglos hin, und zumal in den politischen Gewalten Italiens fanden die Könige Gegner, die eine kontinuierliche Beherrschung des Landes verhinderten. Die Macht der deutschen Könige über Italien bedurfte ihrer immer erneuerten Anwesenheit, sie erreichte niemals eine längerdauernde Herrschaft über das Land, auch nicht über Rom. Das *caput mundi* wurde allen Ansprüchen und Demonstrationen, z. B. Friedrich Barbarossas (Taf. 137 a), zum Trotz nicht zum *caput imperii*. Der Zug über Berg, die Reise zur Krönung durch den Papst, war fast immer eine militärische Expedition, die außerordentliche Aufwendungen an Organisation, persönlicher und materieller Leistung erforderte. Dem Zug zur Kaiserkrönung nach Rom waren alle Inhaber von Reichslehen zu folgen verpflichtet. Die lange Frist, die der Sachsenspiegel für die Ansetzung des Krönungszuges nennt, gibt einen Eindruck von der Aufwendigkeit des Unternehmens (Taf. 138). Die Überquerung der Alpen, auch wenn sie unter weniger dramatischen Umständen erfolgte, als sie Lampert von Hersfeld anläßlich des berühmten Zuges Heinrichs IV. beschrieben hat, war stets eine große technische Leistung; die Zeichnungen, mit denen Balduin von Trier die Alpenüberquerung durch seinen Bruder, Heinrich VII., hat darstellen lassen, geben einen Eindruck davon (Taf. 139 a, b). Die Handschrift, der diese Bilder entstammen, zeigt auch sonst die typischen Stationen eines Italienzuges. Denn wenn sie davon erzählt, daß der König Brescia erst nach einer Belagerung betreten konnte, so wiederholte sich damit nur, was sich auf vielen früheren Romreisen ganz ähnlich ereignet hatte (Taf. 139 c). War der Weg nach Rom schließlich frei, so konnte sich die päpstliche Stadt selbst oder eine mächtige Partei in ihr dem König entgegenstellen: Das mittelalterliche Rom ist beherrscht von den Burgen des Stadtadels, wie sie eine Ansicht des späten 15. Jahrhunderts zeigt und wie sie z. T. noch heute erhalten sind (Taf. 140, 141).

Die Bilderchronik des Trierer Erzbischofs schließt mit dem Tode seines Bruders, und auch damit steht sie nicht nur für die Biographie dieses Herrschers. Auch Otto II. und Otto III., Heinrich VI. und Friedrich II. sind in Italien gestorben, Lothar III. auf dem Rückwege in einem Alpenort. So finden sich Grabmäler deutscher mittelalterlicher Könige auch auf italienischem Boden; in Pisa das Heinrichs VII. (Taf. 142 a).

Widukind von Corvey erzählt, daß schon Heinrich I. gegen Ende seines Lebens die Absicht gehabt habe, nach Rom zu ziehen, nachdem ihm die Unterwerfung aller Völker des Umkreises gelungen sei. Diese Nachricht, die ganz isoliert steht, sagt nichts über die Gründe und Ziele dieses Plans. Aber der Zusammenhang mit der Unterwerfung der anderen Nachbarvölker legt eine Deutung nahe, zumal auch die »Italienpolitik« Ottos I. nicht mit der Kaiserkrönung in Rom, unter universellen Voraussetzungen also, beginnt, sondern mit dem Eingreifen des Königs in die oberitalienische Politik. Die nach Süden gerichtete Politik der deutschen Könige ist also, wie schon bei Karl dem Großen, auch eine hegemoniale Politik, ist Einwirkung eines verhältnismäßig fest organisierten politischen Gebildes auf seine labileren Nachbarn, nach Süden wie nach Westen und insbesondere nach Norden und Osten. Abgesehen von einer allgemeinen kulturellen Ausstrahlung, wie sie z.B. durch Münznachprägungen (Taf. 144 b—e) bezeugt wird, ist diese Politik im Norden und Osten mit der Ausbreitung des Christentums verbunden. Konflikte zwischen heidnischem Verhalten — auch von Getauften — und den Forderungen des christlichen Glaubens, wie sie etwa die Legende des heiligen Adalbert erzählt (Taf. 142 b), werden zum Anlaß politischer Konflikte; Unterwerfung und Taufe gehen Hand in Hand, wie z.B. bei jenem in Jütland herrschenden König Knuba 934, dessen Sohn bei Haithabu zwei — von Spuren christlichen Glaubens gänzlich unberührte — Runensteine gesetzt wurden (Taf. 143).

Im übrigen begegnete Otto I. in der Mitte des 10. Jahrhunderts in Oberitalien einer konkurrierenden bayerischen und schwäbischen Politik. Sosehr das Reich im 10. und 11. Jahrhundert den politischen Gebilden seiner Nachbarschaft überlegen ist — es ist auch während dieser Jahrhunderte geprägt durch das Verhältnis der königlichen zu der herzoglichen Gewalt. Das Szepter, das der bayerische Herzog Tassilo vor seiner endgültigen Unterwerfung unter Karl den Großen durch Schenkung an das Kloster Kremsmünster rettete und das dort zu zwei Altarleuchtern verarbeitet wurde, verblieb zwar dem Altar der Klosterkirche (Taf. 144 a), die Unterwerfung der deutschen Stämme durch die fränkischen Könige jedoch wurde in der zweiten Hälfte des 9. Jahrhunderts weitgehend zunichte gemacht und mußte durch die Ottonen im 10. Jahrhundert gewissermaßen wiederholt werden.

Der Anspruch der deutschen Könige auf die Nachfolge der römischen Imperatoren und ihre Herrschaft über Italien hatte nicht nur die »Italienpolitik« im eigentlichen Sinne zur Folge, sondern auch die dauernde Konfrontation mit einem zweiten Zentrum der mittelalterlichen Welt, mit Byzanz. Denn dort fand das Römische Reich seine unmittelbare, kontinuierliche Fortsetzung, für die es keiner *translatio* bedurfte; von dort aus gesehen waren die Kaiser aus deutschen Dynastien Usurpatoren. So gibt es von 800 bis zum Jahre 1453, dem Jahr der Eroberung Konstantinopels durch die Türken, ein Zweikaiserproblem des Mittelalters. Die Elfenbeintafel, die Otto II. und seine Gemahlin Theophanu, eine byzantinische Prinzessin, von Christus gekrönt zeigt (Taf. 145), bezeichnet die größte Annäherung zwischen dem westlichen Kaisertum und Byzanz, die sich in der Stauferzeit noch einmal wiederholen sollte, die durch familiäre Verbindung bezeugte gegenseitige Anerkennung. Zugleich steht die Tafel, welche eine andere Darstellung mit der Krönung eines byzantinischen Kaiserpaares wiederholt, aber auch für die vielfältigen Imitationen, mit denen das westliche Kaisertum seit der Pfalz Karls des Großen in Aachen immer wieder seine Ebenbürtigkeit mit Byzanz darzustellen sich bemühte.

Die schriftliche Kultur des frühen Mittelalters wird — seit der Karolingerzeit — ausschließlich von Geistlichen getragen; in ihrem Inhalt knüpft sie eng an die Hinterlassenschaft der christlichen und heidnischen Antike an, sie bewahrend und auf eigentümliche Weise verändernd. Bewahrt wurde zunächst durch das ganze Mittelalter die nicht selbstverständliche Auffassung, daß das Abschreiben und Schreiben von Büchern ein frommes Werk sei. Der Prüfeninger Mönch des 12. Jahrhunderts, der sich durch die Kopierung eines Konversationslexikons, der Etymologien des Isidor von Sevilla, den Himmel verdient zu haben hoffte, steht für viele andere und auch frühere (Taf. 146).

Dabei hätte der abgeschriebene Schriftsteller gar nicht, wie in diesem Fall, ein getaufter Christ und gar ein Bischof sein müssen: jener mittelalterliche Autor, der Cicero und andere Autoren des Altertums mit König Salomon disputieren läßt, träumt einen das ganze Mittelalter währenden Traum (Taf. 148). Das Lateinische wird nicht nur an der Vulgata gelernt; die rhetorischen Formeln der mittelalterlichen Autoren werden der Heiligen Schrift und den Kirchenvätern ebenso entnommen wie Vergil und Sallust. Freilich ist es nicht nur der *sermo decorus,* nach einem Wort des Hrabanus, der den mittelalterlichen Gelehrten bei den Autoren des Altertums begegnet. Der Verehrung der alten Autoren, dem Gefühl, sie niemals erreichen zu können, den gern mit dem Prädikat einer »Renaissance« versehenen Näherungen des Mittelalters an das Altertum, steht das Bewußtsein der eigenen Überlegenheit gegenüber, der Überlegenheit der eigenen Wahrheit über die vergilische Falschheit (Alkuin), die von diesem dargestellte heidnische Götterwelt, übrigens auch die abergläubische Furcht vor ihr als dem Bereich, dem man selbst gerade entronnen ist, die sich im extremen Fall in der groben und handgreiflichen Verspottung dieser Welt äußert (Taf. 149).

Das System der Bildung, die sieben *artes liberales,* d. h. die des freien Mannes würdigen Wissenschaften (Grammatik, Dialektik, Rhetorik—Astronomie, Arithmetik, Geometrie, Musik), ist antiker Herkunft und wird das ganze Mittelalter hindurch bewahrt (Taf. 147). Es ist ein System ausschließlich literarischer Wissenschaften, auch dort, wo die Fächer einen naturwissenschaftlichen Namen haben, und soweit die eine dieser Disziplinen Erfahrungswissenschaft ist, nämlich die Astronomie, ist sie dies nur als liturgische Hilfswissenschaft: mit ihrer Hilfe wird der Festkalender berechnet (an den auch die Aufzeichnung geschichtlicher Ereignisse anknüpft, Taf. 152). Das astronomische Gerät, das sich aus dem 11. Jahrhundert erhalten hat (Taf. 150), ist zwar nur für uns ein unicum, man hat es im Mittelalter gelegentlich auch sonst benutzt — etwa Gerbert von Aurillac, den man der Zauberei verdächtigte —, aber es ist keineswegs der Repräsentant mittelalterlicher Naturwissenschaft. Diese bezeichnet besser der in vielen Exemplaren, auch in deutschen Übersetzungen überlieferte Physiologus, das wohl um 200 n. Chr. entstandene allegorische Tiermärchenbuch, das dem Mittelalter kein Märchenbuch war. Vielmehr wurden die in dem Buch erzählten Eigenschaften der Tiere als Realität genommen, als eine Realität freilich, die ihren Sinn erst in ihrer geistlichen Ausdeutung erhielt (Taf. 151).

Die schriftliche Kultur des frühen Mittelalters ist fast ohne Ausnahme eine lateinische Kultur. Die Bemühungen Karls des Großen um die deutsche Sprache sind ohne Nachfolge geblieben. Das Lateinische ist im Mittelalter keineswegs eine »tote« Sprache, Idiom nur des schriftlichen Ausdrucks, sondern auch die Sprache des Gesprächs der Geistlichen und Gelehrten. Man lernte es, wie gesagt, nach der Bibel, nach antiken Autoren und aus den Grammatikern des Altertums. Man konnte dabei im Elementarunterricht jedoch das Lernen vom Deutschen her nicht ganz vermeiden, und so gehören zu den frühesten Schriftstücken in deutscher Sprache die fragmentarischen Zeugnisse eines frühmittelalterlichen Elementarunterrichts. Zu ihnen zählen ferner liturgische Texte. Denn die Kirche mußte dort zweisprachig sein, wo der Priester mit dem Gläubigen in den Dialog trat, d. h. wenigstens bei Taufgelöbnis, Glaubensbekenntnis und Beichte (Taf. 215).

Wandlungen im hohen Mittelalter

Die agrarische Welt des frühen Mittelalters unterliegt einem kontinuierlichen Wandlungsprozeß. Man hat errechnet, daß im Gebiet der heutigen Bundesrepublik um das Jahr 500 n. Chr. ungefähr 530000 Menschen lebten und eine Fläche von etwa 330000 ha bebauten, d. h. 1,4 Prozent der gesamten Fläche. Dieser geringe Anteil landwirtschaftlich genutzten Bodens wird ständig erweitert, und namentlich seit dem 11. Jahrhundert macht die Landwirtschaft so rasche Fortschritte, daß man von einer Revolution hat sprechen wollen. Zu diesem Bilde verleitet zumal die Tatsache, daß der quantitative Fortschritt auf das engste mit einem qualitativen, mit neuen agrartechnischen Methoden verknüpft war. Hierzu gehört ein neues Pferdegeschirr, das Kummet, das die Zugleistungen des Pferdes auf das Drei- bis Vierfache steigerte. Bisher hatte man, wie in der Antike, das Pferd mit Hilfe eines Joches angeschirrt, das beim Ziehen auf die Luftröhre drückte und auf diese Weise verhinderte, daß die Kraft des Tieres ganz wirksam werden konnte. Das Kummet ist um 800 zuerst bezeugt (Taf. 153 a), doch ist es ebenso wie das Hufeisen, wie eine verbesserte Anspannung für die Zugrinder, in stärkerem Maße offenbar erst seit der Jahrtausendwende eingesetzt worden. Gleichzeitig ersetzte der Scharpflug nun den älteren Hakenpflug, d. h. der Boden wurde nicht nur aufgerissen, sondern umbrochen, was wiederum nicht ohne eine stärkere Verwendung des Eisens möglich war. Der Boden wurde also nicht nur schneller, sondern auch wirkungsvoller bearbeitet und brachte größere Erträge, er erbrachte sie vor allem dank einer verbesserten Fruchtfolge, durch Mehrfelderwirtschaft, insbesondere die Dreifelderwirtschaft, d. h. den regelmäßigen Wechsel von Wintergetreide, Sommergetreide und Brache, an deren Stelle später der Anbau von Futterfrüchten tritt (Taf. 154). Das genaue Alter dieser Fruchtfolge ist umstritten, doch scheint es, daß sie zur herrschenden Wirtschaftsform erst im hohen Mittelalter geworden ist.

Die Vergrößerung der Anbauflächen, der Landesausbau, d. h. vor allem die Rodung des Waldes, setzt zunächst an den Rändern der alten Fluren an, doch tritt neben den Innenausbau seit der Jahrtausendwende die Neusiedlung. Nicht mehr nur die Fluren schon bestehender Ansiedlungen werden erweitert, sondern neben diese alten Dörfer treten neue, aus *wilder Wurzel* gegründete. Diese neuen Dörfer haben ihre Entstehungsart vielfach im Namen bewahrt, sie enden auf -rode, -reut, -rait oder -hagen. Vor allem aber zeugt ihre Gestalt davon, daß sie durch Gründung, durch einen rationellen Akt, nach einem Plan entstanden sind. In diesen neuen Rodungsdörfern liegen die Höfe und Fluren nicht mehr in unregelmäßiger, in Jahrhunderten gewachsener Lage zueinander, sondern in einem System geplanter Ordnung. In den Waldhufendörfern reihen sich die Gehöfte an der Straße aneinander, die Fluren schließen sich unmittelbar an den Hof an und erstrecken sich in breiten parallelen Streifen bis an die Grenze des bebauten Gebietes. Jedes Gehöft liegt also in seiner Flur, die Wege sind kurz und berühren nicht den Acker anderer Bauern (Taf. 155).

Die Illustration aus dem Sachsenspiegel, die die Gründung eines Dorfes aus wilder Wurzel zum Gegenstand hat, erläutert nicht nur die konkrete Erscheinungsform dieses Vorgangs, nämlich Rodung und Errichtung der Wohnstätten, sondern sie zeigt auch seine rechtlichen Voraussetzungen (Taf. 153 b). Sie zeigt die an der Neusiedlung beteiligten Personen: den Grundherrn, die künftigen Bauern und zwischen ihnen den Beauftragten des Grundherrn, der Rodung und Ansiedlung als *locator* leitet und später im Dorf als Bauermeister, als Schulze die herrschaftlichen Funktionen wahrnehmen wird. Sie zeigt ferner die Gründungsurkunde, und der Text des Rechtsbuches spricht von ihrem Inhalt: Die Bauern erhalten ihre Stellen zu Erbzinsrecht, d. h. zu der günstigsten Form bäuerlichen Leiherechts, die das Mittelalter kennt. Die Inhaber und ihre Erben erhalten gegen eine jährliche Abgabe ihre Höfe zu freier Nutzung und Verfügung. Die Neusiedlung bot also nicht nur für Besitzlose die Chance des Besitzes, sondern auch für Bauern auf Altsiedelland die Möglichkeit, gerodetes Land zu besseren Bedingungen als das alte zu bebauen.

Der Ausbau des Landes hat jedoch nicht nur die schnelle Vermehrung der dörflichen Siedlungen zum Ergebnis. Vielmehr entsteht nun in schneller Folge auch eine große Anzahl neuer Städte — im späten Mittelalter gibt es in Deutschland über 3000. Die städtischen Siedlungen des frühen Mittelalters sind ganz überwiegend die Sitze der Bischöfe, in West- und Süddeutschland knüpfen sie meist an römische Niederlassungen an. Am Stadtplan von Köln läßt sich ablesen, wie sich in sieben Jahrhunderten, von 400 bis 1100, innerhalb der Mauern der einstigen römischen Provinzhauptstadt die bischöfliche Kirche und einzelne Stifter ansiedelten, als Siedlungen innerhalb der Siedlung, ohne den alten Mauerring auszufüllen. Außerhalb der Römermauer, zum Rhein hin, siedelten sich die Kaufleute an, ebenso wie in anderen Bischofssitzen frühe Kaufmannsniederlassungen nachzuweisen sind bzw. die Bischofssitze an Stätten errichtet wurden, die schon vorher, vor allem durch die Ansiedlung von Kaufleuten, als zentrale Orte ausgewiesen waren, wie z. B. Schleswig-Haithabu (Taf. 156). Im ganzen muß man sich das Netz von Handelsstraßen für die ersten Jahrhunderte des Mittelalters jedoch dünnmaschig vorstellen; es wird zwar nicht ausschließlich, aber doch wohl weitgehend mit Luxusgütern für eine verhältnismäßig kleine Abnehmerschicht über weite Strecken hin gehandelt. Der Kaufmann stellt in dieser durch Adel, Bauern und Kirche geprägten Welt einen Außenseiter dar, was sich im Stadtplan eben schon durch die von der übrigen Ansiedlung getrennte Niederlassung der Kaufleute mit der besonderen *ecclesia mercatorum* als Zentrum auch des Handels ausdrückt (Taf. 157a, b). Diese Verhältnisse haben sich in Osteuropa länger konserviert als in Deutschland; der Peterhof in Novgorod (Taf. 194c) und die Kirche der deutschen Kaufleute in Visby bilden auch die älteren Verhältnisse in Deutschland ab.

Denn hier ändert sich mit der schnellen Zunahme der Bevölkerung und dem Landesausbau auch die Struktur des Handels und der nichtagrarischen Siedlungen. Der

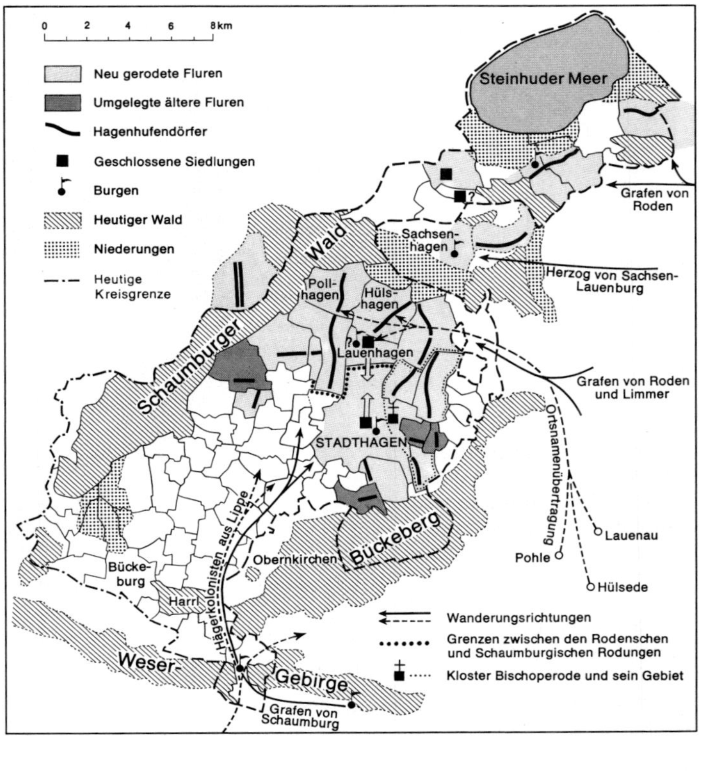

Karte X. Die Rodungen des 13. Jahrhunderts (Hagenhufenkolonisation) im heutigen Landkreis Schaumburg-Lippe (nach Fr. Engel in: Der Landkreis Schaumburg-Lippe, 1955). Vgl. Karte VII, S. 36.

Handel hat nun in wachsendem Maße auch die Güter des Massenbedarfs zum Gegenstand; die Zahl der in ihm tätigen Personen wächst ebenso wie die der nicht mehr an eine Grundherrschaft gebundenen Handwerker. Das Netz der Märkte und kaufmännischen Niederlassungen wird dichter, und sie selbst werden größer. Jetzt erst, seit dem späten 11. und vor allem seit dem 12. Jahrhundert, kommt es zur Bildung der Stadt nicht nur als eines besonderen Siedlungstyps, sondern auch als eines eigenen rechtlichen Gebildes, das sich aus der durch die Beziehungen zwischen Grundherrn und Bauern geprägten Sozialordnung grundsätzlich heraushebt, so daß es nun zur Scheidung von Stadt und Land kommen kann. Es gelingt nun einer großen Zahl von Städten, sich aus den alten Rechtsordnungen zu lösen und sich als eigene Rechtsgemeinschaft zu konstituieren, als *coniuratio,* als Schwurverband, Eidgenossenschaft der sich selbst Recht setzenden Bürger. Erst damit entstehen Stadt und Stadtbürgertum im eigentlichen und in die Neuzeit weiterwirkenden, zum Begriff des Staatsbürgertums führenden Sinne. Der Bürgereid, die »eidliche Verwillkürung der bürgerlichen Pflichten und des Stadtrechts im ganzen« (Ebel), der in vielen Städten alljährlich von allen Bürgern wiederholt wird, ist das rechtliche Zentrum dieser Stadt; der Reliquienschrein, auf dem dieser Eid geschworen wurde, kann als ihr zentrales Symbol erscheinen (Taf. 158 a).

Die seit der Mitte des 14. Jahrhunderts zumal in norddeutschen Städten errichteten Rolandstatuen dürften ein bekannteres Symbol städtischer Autonomie sein; sie sind es wahrscheinlich mit Recht, sowenig ihre Bedeutung im einzelnen geklärt

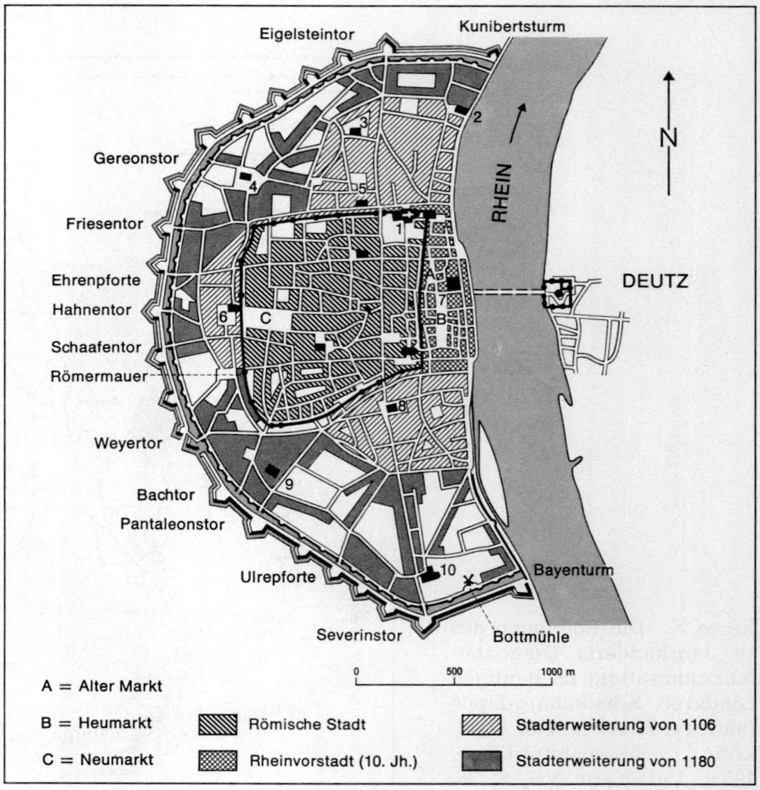

Karte XI. Das mittelalterliche Köln nach einem Plan des 18. Jahrhunderts (nach Handbuch der Historischen Stätten 3. 1963). 1 = Dom, 2 = St. Kunibert, 3 = St. Ursula, 4 = St. Gereon, 5 = St. Andreas, 6 = St. Aposteln, 7 = Groß St. Martin, 8 = St. Georg, 9 = St. Pantaleon, 10 = St. Severin

ist und sosehr sie aus den speziellen Bedingungen der 2. Hälfte des 14. Jahrhunderts zu verstehen sind. Der Quedlinburger Roland (Taf. 158 b) gehört zu den frühesten dieser sich auf den Paladin Karls des Großen beziehenden und damit die städtische Freiheit auf Karl den Großen zurückführenden Standbilder; er ist als Sinnbild städtischer Freiheit gegen den Stadtherrn errichtet (und von diesem umgestürzt) worden, und er verweist damit auf die Tatsache, daß die städtische Autonomie jeweils durch das Verhältnis zum Stadtherrn bedingt war. Dieses Verhältnis stuft sich ab von der weitgehenden Autonomie etwa der rheinischen Bischofsstädte bis zu der starken Abhängigkeit vieler kleiner landesherrlicher Gründungen (Taf. 160 a). Denn ebenso wie von den Königen der Landesausbau auch in Gestalt von Stadtgründungen praktiziert wird, werden — vor allem in den Rodungs- und Ausbaugebieten — neben den Rodungsdörfern auch vom Hochadel Städte begründet, die sich oft in ihrer Größe und auch in ihrer Verfassung nur wenig von den Dörfern unterscheiden und ihnen vor allem durch die Planmäßigkeit ihrer Anlage verwandt sind. Neben die ältere Form der allmählich bei einer herrschaftlichen Niederlassung, unterhalb der Burg als *suburbium* wachsenden Siedlung (Taf. 159) tritt die geplante Anlage mit schachbrettartigem Grundriß und regelmäßiger Marktanlage, wie sie sich im Schwarzwald ebenso findet wie in Schlesien und Preußen (Taf. 160 b).

Das Siedlungsgebiet wird, wie gesagt, zunächst durch Binnenkolonisation erweitert, durch die Rodung eines Teiles der weiten Waldflächen des alten Siedlungsraumes. Neben diese Binnenkolonisation tritt seit dem 12. Jahrhundert die Abwanderung großer Bevölkerungsteile in die östlichen Nachbargebiete des Reiches, der in der Hauptsache bis zur Mitte des 14. Jahrhunderts andauernde Prozeß der deutschen Ostbewegung des Mittelalters.

Dieser Prozeß fällt, wie schon die Ostpolitik der sächsischen Könige, teilweise mit der Ausbreitung des Christentums zusammen, insbesondere in dem südöstlichen Küstengebiet der Ostsee. Nachdem schon in der Mitte des 12. Jahrhunderts dem norddeutschen Adel der Kreuzzug statt gegen die Heiden im Heiligen Lande auch gegen die der eigenen Nachbarschaft gestattet worden war, wurden diese Gebiete seit dem Jahre 1200 durch Kreuzfahrerheere unterworfen und unter deren Schutz missioniert. Wie in Palästina haben dabei die in dieser Zeit entstandenen Ritterorden eine hervorragende Rolle gespielt, insbesondere der Ende des 12. Jahrhunderts im Heiligen Land gegründete Deutsche Orden.

Gerufen von einem polnischen Herzog gegen seine heidnischen Gegner, erkämpfte sich dieser Orden (in Livland als Nachfolger des Schwertbrüderordens) an der Ostseeküste einen Staat, der bald zu den reichsten und am effektivsten verwalteten in Deutschland gehörte. Die Burgen, die dieser Orden und die Bischöfe des Landes als die Zentren der Verwaltung errichteten, legen in der Regelmäßigkeit ihrer Anlage Zeugnis für die in ihrer Zeit ungewöhnliche Rationalität ab, die diesen Staat zu seiner Blütezeit beherrschte (Taf. 161). Seit 1309, nachdem die Besitzungen des Ordens in Palästina (Taf. 162 a) schon verloren waren, wurde auch sein Hauptsitz nach Preußen verlegt; sein Hochmeister residierte fortan in der Marienburg (Taf. 162 b), in der neben dem üblichen vierflügeligen Kastell nun ein Palast für die Hofhaltung der Hochmeister errichtet wurde, der in seiner außergewöhnlichen Pracht von der fürstlichen Stellung zeugt, welche den gewählten Oberen dieser mönchischen Gemeinschaft über seine Brüder erhob.

Die im Deutschen Orden, in den Ritterorden überhaupt verwirklichte Verbindung von adligem Kriegsdienst und mönchischer Lebensform ist Teil eines allgemeinen Wandlungsprozesses, dem Adel und Kirche im Zeitalter der Kreuzzüge unterliegen. Der Gedanke des heiligen Krieges versöhnt christliche Ethik und kriegerischen Beruf. Das Wort von der *militia Christi* ist nun nicht mehr nur ein anderer Ausdruck für *militia spiritualis,* vielmehr kann es nun auch als die Ausübung des Waffenhandwerks selbst verstanden werden. Vielleicht sieht man in den Fresken, die im 12. Jahrhundert in Schwarzrheindorf und in St. Gereon angebracht wurden (Taf. 163), zu Recht Äußerungen dieser jetzt nicht nur im übertragenen Sinne militanten Kirche, die zwar schon immer Heilige des Soldatenberufes kannte wie den heiligen Mauritius, sie aber als Märtyrer verehrt hatte. Jetzt entsteht »ein neues und bedeutsames Heiligenideal« (Erdmann); Mauritius (Taf. 164), Sebastian und Georg werden zu Kriegerheiligen, welche die Verbindung von Waffendienst und christlichem Glauben vorgelebt haben.

Für den Adel ergibt sich aus dieser Verbindung seines Kriegsdienstes mit der christlichen Religion eine Berufsethik, ein Herrscher, hohen und niederen Adel umfassendes gemeinsames Ethos christlichen Rittertums, das den weltlichen Führungsschichten bis weit in die Neuzeit hinein die Normen setzt. An die Stelle frागloser Existenz in den durch die Herkunft gegebenen Daseinsformen tritt ein reflektiertes Verständnis adliger Existenz. Der Adel wird nun nicht mehr nur durch die adlige Geburt gewährleistet, er setzt vielmehr auch die Bewährung adliger *tugent,* adliger Denk- und Lebensweise voraus (Taf. 165 a).

Die Wandlungen der Kirche in dieser Zeit sind zunächst ein Stück des fortwährenden Reformationsprozesses, den die mittelalterliche und insbesondere die klösterliche Kirche an sich vollzieht, Schritte in einem fortwährenden Änderungsprozeß, der sich als den stets von neuem beschrittenem Weg zurück zur ursprünglichen Wahrheit begreift, zurück zur Regel des heiligen Benedikt bzw. — im Falle des zweiten der großen hochmittelalterlichen Reformorden, der Prämonstratenser — zurück zur Regel Augustins (Taf. 165 b).

Die neuen Zisterzienserklöster unterscheiden sich in ihrer äußeren Gestalt und sehr häufig schon durch ihre Topographie von den alten Benediktinerniederlassungen. Sie liegen nicht mehr wie die Burgen des Adels — und häufig sind die Klöster in adligen Burgen gegründet — beherrschend auf der Höhe (Taf. 168 a), an den Schnittpunkten des Verkehrs, sondern abgelegen, in der Niederung, in großen Waldgebieten (Taf. 168 b, c). Denn die neuen Orden — auch sie freilich Teil einer adligen Kirche, Orden adliger Priester und adliger Mönche wie der an den Anfängen der Prämonstratenser stehenden Grafen von Cappenberg (Taf. 169) —, die neuen Orden wollen das Gebot der Handarbeit (Taf. 170 b) wieder ernst nehmen, und diese Arbeit bedeutet, im Einklang mit der Zeit, sehr oft die Rodung neuen Landes. Die neuen Orden werden zu den Orden der Ostsiedlung, nicht zuletzt dank der neuen Organisation, welche die Klöster untereinander hierarchisch verknüpft und Neugründungen hervorruft, das Netz der sich in der Regel nach Osten erstreckenden Verbindungslinien von Mutterklöstern und Tochtergründungen (Taf. 170 a).

Die architektonische Gestalt dieser Klöster entspricht dem Geist erneuerter Askese, aus dem sie entstanden sind. Die Klosterreform des 12. Jahrhunderts bedeutet die Absage an den Luxus nicht nur der Welt, sondern auch der Kirche. Zu den konstitutiven Maßnahmen des heiligen Bernhard, welche den neuen Orden prägen, gehört eine strenge Bauordnung, die nicht nur die Gleichförmigkeit der neuen Anlagen verbürgt, sondern vor allem eine Askese auch der Baumeister und Künstler. In den neuen Klöstern, deren Äbte sich nicht mehr wie der Reformabt des endenden 10. Jahrhunderts christusgleich und ähnlich wie die Könige darstellen lassen (Taf. 166), sondern unter der Kontrolle von Mutterkloster und Generalkapitel leben, in diesen Klöstern gilt nicht mehr, daß Frömmigkeit und materieller Aufwand, Reichtum an liturgischen Geräten, Gewändern und Architekturformen identisch seien (Taf. 167). Den neuen Klöstern ist die Bauplastik untersagt, sie haben weder bunte Fenster noch Türme.

Als im 12. Jahrhundert das Leben des heiligen Adalbert in die Bronzetür des Domes zu Gnesen schmückenden Reliefs dargestellt wurde, vergegenwärtigte der Bildhauer, der das Modell für den Guß herstellte, auch jenen 3. Juni des Jahres 983, da Otto II. den Heiligen in Verona mit dem Bistum Prag investierte (Taf. 171 a). In der Darstellung überreicht der König dem Bischof einen Krummstab, das Symbol seiner bischöflichen Würde. Das ist für die Art, wie man im Mittelalter historische Szenen und Personen darstellt, ungewöhnlich, denn hier ist eine Zeremonie abgebildet, die so zur Zeit ihrer Entstehung nicht mehr geschah. Denn zwischen der dargestellten Zeit und der Gegenwart des Bildhauers lag der Investiturstreit, die Kirche und Welt umschließende Einheit des frühen Mittelalters war gesprengt, dem König und Kaiser war seine sakrale Stellung bestritten und genommen worden und damit die Möglichkeit, Bischöfe mit Ring und Stab zu investieren.

Das galt den Reformern seit Humbert von Silva Candida als Simonie, für soviel wie der Verkauf geistlicher Ämter. Die von den ersten beiden salischen Königen geförderte Kirchenreform, der sich zunächst gegen die kleineren weltlichen Machthaber wendende Kampf um die *libertas ecclesiae,* hatte sich gegen den König selbst gerichtet. Das auch schon früher zitierte Wort von den zwei Schwertern (Luk. 22, 38) wird nun eines der Schlüsselworte für die neue Auffassung des Verhältnisses von Kirche und Welt: die beiden Schwerter sind als sacerdotium und imperium zu verstehen, beides sind getrennte Gewalten. Und da bei Johannes (18, 10) Petrus das Schwert führt und den Malchus verwundet, folgt, daß die Kirche ursprünglich beide Schwerter besitzt und das weltliche nur an den König weitergibt. Wahrscheinlich ist das abgebildete Fresko des 12. Jahrhunderts aus Prüfening als eine Darstellung der Zweischwerterlehre zu verstehen, zumal aus Augsburg eine ähnliche Darstellung überliefert (nicht erhalten) ist, die in der Beischrift Lukas 22, 38 ausdrücklich zitierte (Taf. 171 b).

Die Härte, mit der der Streit um das Verhältnis von Kirche und Reich in Deutschland ausgetragen wurde, ist auch eine Folge des Charakters der beteiligten Personen. Heinrich IV. hat schon vor dem Zusammenstoß mit Gregor VII. darauf verzichtet, so in der Reichskirche zu wirken wie sein Vater und Großvater; er hat stets aus der Position der Verteidigung heraus gekämpft, während die Reformer ihre Ziele zu artikulieren verstanden. Es ist darum vielleicht kein Zufall, daß es gerade der Gegenkönig Rudolf von Rheinfelden ist, dem kurz nach seinem Tode ein für die Zeit ganz ungewöhnlicher, offenbar Ähnlichkeit anstrebender Grabstein gesetzt wird (Taf. 172), zumal da man beobachtet hat (Steinberg), daß es in der Folgezeit die Gegner des Königs sind, denen man nachträglich Grabdenkmäler setzt.

Wenn sich die Zeit Friedrich Barbarossas so sehr von der seiner Vorgänger unterscheidet, dann nicht zuletzt darin, daß nun auch auf königlicher Seite die Kunst politischer Publizistik beherrscht wird, daß man nun auch auf königlicher Seite umsichtig mit dem politischen Zeremoniell zu operieren gelernt hat. Strator- und Marschalldienst (Taf. 241), der dem Papst vom Kaiser geschuldete Ehrendienst, von Lothar III. geleistet und dann als Anerkennung der päpstlichen Superiorität ausgelegt und in diesem Sinne in einem (nicht erhaltenen) Gemälde im Lateran dargestellt, werden von Barbarossa nur unter eine solche Auslegung verhindernden Kautelen nach längeren Verhandlungen zugestanden.

Die »Modernität«, mit der die königliche Politik nun artikuliert wird, ist für uns vorwiegend aus den schriftlichen Zeugnissen ablesbar. Immerhin mag es in den gleichen Zusammenhang gehören, daß wir von Friedrich Barbarossa ein offensichtlich ähnliches Bildnis (Taf. 173 a) besitzen, das früheste eines deutschen Königs, das zudem als Porträt geschaffen zu sein scheint, nicht als Grab- oder Stifterbildnis, sondern als »zweckfreies« Porträt in späterem Sinne. Als solches steht es ganz isoliert auch in der folgenden Zeit — der Zeit gemäß ist viel eher jene plumpe Darstellung Philipps von Schwaben (Taf. 173 b), die ebenso wie ähnliche Darstellungen Barbarossas ursprünglich wohl ein Stifterbildnis gewesen sein dürfte.

Immerhin ist auch sonst zu beobachten, daß die staufischen Könige und insbesondere Friedrich Barbarossa sich der Mittel sichtbarer Herrschaftsrepräsentation zu bedienen wissen. Gewiß liegt die Faszination, welche die staufischen Pfalzen ausüben, auch darin begründet, daß wir nicht wissen, was ihnen in dem Jahrhundert zuvor entsprochen, wie also z. B. die für Heinrich IV. so wichtige Harzburg ausgesehen hat. Aber es scheint dennoch, als setze nun erst, mit den Pfalzen der staufischen Könige, eine der sakralen vergleichbare Profanarchitektur ein, eine, wie wir aus schriftlichen Berichten wissen, ausdrücklich auch unter dem Gesichtspunkt der Demonstration herrscherlicher Würde gemeinte Baukunst (Taf. 174—176). Der Kaiser erneuert die Pfalzen Karls des Großen und läßt den großen Vorfahren 1165 heiligsprechen (Taf. 179 a), als könne die Beschwörung der Vergangenheit die Trennung von Reich und Kirche ungeschehen machen.

Die staufischen Pfalzen stellen, wie schon Heinrichs IV. Harzburgen, gegenüber den befestigten Königshöfen der früheren Zeit, aber auch gegenüber ottonischen Anlagen, die Burg und palatium verbanden wie Grone und Werla, einen neuen Typus dar. In Grone oder Werla waren die Gebäude und die Wehranlagen noch getrennt gewesen, hatten palatium und Nebengebäude isoliert innerhalb des Befestigungsringes gestanden. Nun werden beide Elemente zu einer Einheit verschmolzen, die Gebäude rücken an den Rand der Anlage und werden zugleich Teile der Befestigung, an die Stelle der Pfalzen treten Reichsburgen, errichtet in unzugänglicher Lage, wie der Kyffhäuser, und auch dann dem neuen Typus folgend, wenn sie in der Niederung liegen wie Gelnhausen.

Für die Kyffhäuserburg ist kein Königsaufenthalt nachgewiesen. Wenn das auch ein Zufall sein könnte, so stellen die neuen Anlagen doch die Frage, ob ihnen nicht auch eine neue Funktion zugedacht gewesen sei. Diese Frage ist gerade für die Kyffhäuserburg nicht sicher zu beantworten, doch ist die staufische »Burgenpolitik« sicherlich im Zusammenhang mit der gleichzeitigen Reichsgutpolitik zu sehen, mit der Organisation effektiv verwalteter und dem Reich direkt unterstehender Gebiete.

Die zur Zeit Barbarossas erbaute Ministerialenburg Münzenberg (Taf. 177) gehört zu dem Reichsgutbezirk Wetterau und diente damit der Wahrnehmung königlicher Rechte ebenso wie die eine Reichsmünzstätte bergende Burg Kalsmunt (Taf. 178 a) über Wetzlar, wie vielleicht auch die zur Deckung eines Lahnüberganges errichtete Burg Runkel (Taf. 178 b).

Die Burgen sind Herrschaftsinstrumente; der erfolgreiche Machthaber errichtet Burgen wie der Vater Friedrich Barbarossas, dem Otto von Freising zufolge sprichwörtlich nachgerühmt wurde, daß er am Schwanz seines Pferdes stets eine neue Burg mit sich führe, während umgekehrt die Meinung, daß Albrecht I. keine Burgen baue, die Österreicher mißtrauisch gegen ihn machte.

In beiden Fällen handelt es sich um landesherrliche Anlagen. Denn die neuen Burgen sind nicht nur Instrumente königlicher Herrschaft, nicht nur Ausdruck königlichen Machtbewußtseins. Seit der zweiten Hälfte des 13. Jahrhunderts ist das Befestigungsrecht endgültig ein nicht mehr ausschließlich königliches Recht. Der Bau von Burgen wird zu einem wesentlichen Element bei der Entstehung der reichsfürstlichen Landeshoheit, bei dem Wandel vom Personenverbandsstaat zum Flächenstaat (Th. Mayer).

Die mächtigste der landesfürstlichen Dynastien, die welfische, bedient sich ähnlicher Ausdrucksformen wie die Könige, wenn sie in Braunschweig die Burg Dankwarderode in den Formen einer königlichen Pfalz errichtet, die freilich dem salischen Goslar ähnlicher gesehen haben dürfte als dem staufischen Gelnhausen, ebenso wie auch die Krönungsdarstellung des von Heinrich dem Löwen gestifteten Evangeliars ikonographisch altertümlich ist. Denn der Herzog ließ seinen Anspruch auf eine königsgleiche Stellung durch eine Krönung von Gottes Hand darstellen, so wie dies auf den ottonischen und salischen Miniaturen zu sehen war (Taf. 179 b).

Die Territorialisierung des Reiches erlebt in der ersten Hälfte des 13. Jahrhunderts ihre entscheidende Phase. Sosehr dies mit einer gewissen Logik der Verfassungsentwicklung zu entsprechen scheint, so eng ist es mit der politischen Tatsache verbunden, daß der Sohn und Enkel Barbarossas ganz anders als die deutschen Könige vor und nach ihnen in Italien gebunden waren. Unter Heinrich VI. und vollends unter Friedrich II. rückt Deutschland zeitweise in die Rolle eines Nebenlandes — die tatsächlichen Verhältnisse werden wohl nicht verzerrt, wenn die bildlichen Zeugnisse, die von diesen Königen sprechen, in der Mehrzahl von sizilischen Königen erzählen, das illustrierte Gedicht von dem Kampf Heinrichs VI. mit seinen sizilischen Widersachern (Taf. 180 b) und der durch Friedrich II. oder Heinrich VI. in den deutschen Königsschatz gelangte orientalische Mantel (Taf. 180 a) von der morgenländisch-europäischen Kultur Siziliens.

Das spätere Mittelalter

In dem auf kölnischem Gebiet bei Koblenz, an einer Stelle, wo mainzisches, trierisches und pfälzisches Territorium unmittelbar benachbart sind, gelegenen Rhens trafen sich die vier rheinischen Kurfürsten, die Erzbischöfe von Köln, Mainz und Trier sowie der Pfalzgraf bei Rhein, im späteren Mittelalter. Seit 1273 sind ihre Zusammenkünfte an dieser Stelle bezeugt; 1346 und 1400 wurde hier ein König gewählt, ein Gegenkönig gegen seinen zuvor durch die Kurfürsten abgesetzten Vorgänger. 1338 wurde hier jener Kurverein geschlossen, der einen Höhepunkt eigenständiger kurfürstlicher Politik bildet.

Der Königstuhl im Baumgarten zu Rhens (Taf. 181 b) kann so für jenes Reich des späteren Mittelalters stehen, das nicht mehr ein Synonym für den Herrschaftsbereich des Königs, ja für diesen selbst ist, für eine Zeit, welche Kaiser und Reich formelhaft gegenüberstellt, den Kaiser und ein Reich, das vorzugsweise durch die Politik der rheinischen Kurfürsten verkörpert wird.

Die freie, d. h. nicht mehr an das Geblütsrecht gebundene Wahl des Königs durch eine bestimmte Gruppe von Wählern, die Kurfürsten, hat sich nun durchgesetzt. Ihr Verfahren ist im wesentlichen ausgebildet — von den Auseinandersetzungen um die sich an die Wahl anschließende Krönung sprechen zwei Mainzer Grabsteine (Taf. 182) —; 1356 wird es durch die Goldene Bulle Karls IV. reichsgesetzlich fixiert in einer eigentümlichen Mischung aus Modernität und Altertümlichkeit: neben der Rationalität des Mehrheitsprinzips stehen die wenigstens auf die Wahl des Jahres 936 zurückgehenden zeremoniösen Verpflichtungen der Kurfürsten (Taf. 181 a).

Die freie Wahl läßt die Dynastien, welchen die Könige entstammen, rasch wechseln; die Wahrscheinlichkeit, durch Rückgewinnung und Ausbau des geminderten Reichsgutes nicht für den Sohn, sondern für den Nachfolger aus einer anderen Familie zu arbeiten, ist nicht dazu angetan, die Machtmittel des Königtums zu vermehren, sondern legt vielmehr die Erweiterung des Familienbesitzes, der Hausmacht nahe. Freilich sind dies keine sich ausschließenden Alternativen, zumal die Sohnesfolge als Möglichkeit bestehen bleibt. Karl IV., der sich zu einer bewußten Nachfolge Karls des Großen bekannte (Taf. 186), hat sie durchsetzen können, und so erschien die erfolgreichste Politik zum Nutzen der eigenen Familie, die den luxemburgischen Besitz planvoll und schnell erweiterte, dem Reich gleichermaßen zugute zu kommen.

Zur gleichen Zeit legte der Schwiegersohn des Kaisers, der Habsburger Rudolf IV., auf ganz ähnliche Weise wie Karl IV. die Fundamente zu Macht und Geltung einer Dynastie von königsgleichem Range. Daß das früheste als solches gemalte Porträt in Deutschland gerade sein Bildnis überliefert (Taf. 183), ist keine Laune der Überlieferung. Vielmehr ist dieses Porträt zentraler Bestandteil eines umsichtigen Programms politischer Repräsentation, so wie auch Karl IV. sich des Bildnisses seiner eigenen Person und von Mitgliedern seiner Familie zur Darstellung seiner Macht vorzugsweise bedient hat (Taf. 184/185).

Indessen unterbrachen die Kurfürsten schon im Jahre 1400 die dynastische Kontinuität, als sie Karls Sohn Wenzel absetzten und den Pfalzgrafen Ruprecht zum deutschen König wählten, so wie sie schon durch die Wahl Adolfs von Nassau und dann Heinrichs VII. die Nutzbarmachung der dynastischen Politik der deutschen Könige für das Reich verhindert hatten.

Neben den Bauwerken und Bildnissen, welche den dynastischen Ehrgeiz der Träger der Reichskrone bezeugen, stehen die Symbole des Reiches selbst. Das späte Mittelalter ehrt sie, die Städte zumal bezeugen durch sie nicht nur ihren Willen, dem Zugriff des benachbarten Landesfürsten zu widerstehen, sondern auch positiv ihre Zugehörigkeit zum Reich. König und Kurfürsten sind am Rathaus (Taf. 187) oder am Brunnen gegenwärtig, sie schauen von den Wänden der Zunftstube (Taf. 188) herunter — ganz nahe also, aber zugleich die fernen Gestalten einer moralischen eher als einer politischen Welt, die mit den neun guten Helden, mit Propheten und Philosophen in einer Reihe stehen. Auch die dinghaften Symbole des Reiches, die Herrschaftszeichen, sind seit 1424 in Nürnberg unmittelbar gegenwärtig, nachdem sie vor den Hussiten hierhergeflüchtet worden sind. Sie werden regelmäßig gezeigt und verehrt — als die Nürnberger Reichsheiltümer, als Reliquien also, zu denen Wallfahrer in großer Zahl kommen (Taf. 189). Den Königen werden sie zur Krönung ungern, auf kürzeste Zeit und unter demütigenden Bedingungen dargeliehen.

Die Bürger wachen darüber, daß der König die Herrschaftszeichen aus der eigenen Stadt, die mit dem Reich identifiziert wird, nicht mit sich führt in seine Erblande, die demnach nicht das Reich wären. Dieser Vorgang bezeichnet auch den Rang, den die Städte, städtische Kultur und städtisches Selbstgefühl im späteren Mittelalter einnehmen.

Städtische Kultur ist vielfach mit der Kultur des spätmittelalterlichen Deutschland gleichgesetzt worden, eines mit Städten dicht besetzten Landes. Freilich, der ganz überwiegende Teil dieser mit Stadtrecht versehenen Siedlungen hatte eine unter 1000 liegende Einwohnerzahl, sie waren Ackerbürgerstädte. Nördlingen, das den Umriß einer spätmittelalterlichen Stadt bis heute bewahrt hat (Taf. 190b), war eine von nur etwa 50 Städten mit mehr als 1000 Einwohnern, ebenso wie die reiche städtische Architektur, die eine Rothenburger Altartafel überliefert (Taf. 190a), nicht eines für 3000, sondern allenfalls 50 Beispiele ist.

Diese Groß- und Mittelstädte allerdings lebten in und von einem Handel, dessen Fäden sich weit über Europa spannten (Taf. 191, 192). Die über weite Entfernungen hin Handel treibenden Kaufleute, zum Teil schon an der Gründung von Städten wesentlich beteiligt, bilden die Führungsschicht der größeren Städte.

Auch jene Gemeinschaft nord- und mitteldeutscher Städte, die vor allem städtische Macht und städtische Möglichkeiten im späten Mittelalter veranschaulicht, die Hanse, ist primär eine Interessengemeinschaft von Kaufleuten, die mit Hilfe eines seit etwa 1200 begegnenden neuen Großschiffstyps, der Kogge (Taf. 193), den Handel mit Rußland, den skandinavischen Ländern und England tragen. In der Mitte des 14. Jahrhunderts wachsen die Kaufmannsgenossenschaften zur »Städtehanse« zusammen, zu einem Bündnis, das, unabhängig vom Reich, für eine kurze Zeit die stärkste politische Kraft im Gebiet der Ostsee darstellt (Taf. 194, 195).

Ansehen und Selbstbewußtsein dieser Fernhändler spiegeln sich in den sichtbaren Zeugnissen, die von ihrem Lebensstil sprechen: einer Anzahl von Porträts (Taf. 196, 197), der Architektur ihrer Häuser und deren Ausstattung, in Geräten. In Regensburg förderte die Altstadtsanierung der letzten Jahre eine Reihe von Stadtburgen der großen Handelshäuser des 13. und 14. Jahrhunderts zutage (Taf. 198), deren äußere und innere Architektur ebenso von einem adligen Lebensstil der Bewohner spricht wie die Turnierdarstellungen eines Kölner Patrizierhauses (Taf. 199). Dieses Fresko repräsentiert zweifellos eine Realität und nicht nur die Sehnsucht nach einem schöneren Leben. Wir besitzen Turniersättel aus dem Eigentum städtischer Familien (Taf. 200a, b), wir haben Patrizierporträts, die uns die Angehörigen von Kaufmannsfamilien als die Mitglieder der spätmittelalterlichen Ritterorden zeigen (Taf. 197).

Die verfeinerte und am Ende zum Spiel gesteigerte spätmittelalterliche ritterliche

Kultur ist zugleich die Kultur der städtischen Führungsschichten. Turnier und Ordenswesen (Taf. 201, 203a) werden auch in den großen Städten gepflegt und ebenso die Heraldik (Taf. 200c, 203c), die schnell von einer durch die geschlossenen Helme geforderten Markierungstechnik, von der einfachen Bezeichnung des Schildes und des Helmes mit einem den Träger identifizierenden Symbol, zu einem skurrilen System geworden ist. Auch die Jagd (Taf. 203b, d, 204) ist nicht nur der Sport des Adels und der Fürsten, die höfischen Spiele (Taf. 202) dürften in den Stadtburgen der Patrizier ebenso zu Hause gewesen sein, wie man dort die höfische Literatur las.

Dies alles ist gewiß Ausdruck der Tatsache, daß der größere Teil des spätmittelalterlichen Adels gleicher Herkunft war wie das Patriziat einer Reihe großer Städte — beide sind die Nachfahren der Reichsministerialität. Daneben repräsentieren die städtischen Führungsschichten auch aufgestiegene Bevölkerungsteile, Nachkommen von Bauern, die sich den Satz von der Stadtluft, die frei macht, zunutze gemacht hatten, doch sind auch diese Familien nicht Träger einer spezifischen städtisch-bürgerlichen Kultur. Soweit von einer solchen die Rede sein kann, handelt es sich eher um eine abgesunkene Adelskultur; die in den Häusern der Handwerker des 15. und 16. Jahrhunderts gelesenen Bücher verarbeiten — und vergröbern — die höfische Literatur. Tristan und Isolde, die vom Gestühl des Revaler Rathauses herunterblicken (Taf. 205a), waren nicht nur den Führungsschichten der Stadt wohlvertraute Gestalten, ebenso wie der zunächst eine soziale Realität spiegelnde, im adligen Ethos begründete literarische Bauernspott (Taf. 205b) einer ursprünglich ritterlichen Literatur von den Städten übernommen wird und in den Fastnachtsspielen seine grobianischen Triumphe feiert.

Denn mehr noch als die Zeit der Städte ist auch das spätere Mittelalter ein Zeitalter des Adels, ein Zeitalter vor allem der Fürsten. Aus den zerstreuten Herrschafts- und Nutzungsrechten (Taf. 206) wachsen die großen und kleinen Territorien zusammen. Die chaotischen und häufig ruinösen Finanzierungskünste, wie sie z. B. Kaiser Friedrich III. eigenhändig in seinem Notizbuch festhält (Taf. 207), führen am Ende doch zu vollen fürstlichen Kassen. Vor allem aber gelingt die Staatwerdung der Territorien, ohne durch einen ernsthaften Widerstand des Adels aufgehalten zu werden, sosehr dieser als Repräsentant des »Landes« — allmählich in korporativer Organisation (Farbtafel H) — der »Herrschaft« (O. Brunner) (Taf. 208, 209) des Fürsten gegenübersteht. Denn Fürsten und Adel bleiben durch das Band einer gemeinsamen Ideologie verbunden. Auch der Fürst bleibt ein Ritter; Ritterorden und Turnier, auch die gemeinsame, wenn auch wirtschaftlich-politisch verschieden fundierte Antipathie gegen die Städte erhalten das Bewußtsein gemeinsamer Herkunft und paralleler Interessen, ziehen den Adel an den Hof und in den Rat des Landesherrn (Farbtafel J), wo nicht schon die mit den fürstlichen Ämtern verbundenen Einkünfte dazu nötigen.

Die das spätere Mittelalter charakterisierende Gemengelage von Elementen altertümlichen und modernen, rationellen Lebens prägen Recht und Rechtsübung des 14. und 15. Jahrhunderts. Bis zum Ende des Mittelalters leben die in vorchristlichen Vorstellungen wurzelnden und von der Kirche notdürftig adaptierten Gottesurteile fort, die insbesondere bei der Anklage von Eidunfähigen, also z. B. von Frauen, angewandten Elementarordale wie der Pflugschargang (Taf. 210a) und andere Formen der Feuerprobe. Auch der Zweikampf (Taf. 210b) als Mittel der gerichtlichen Entscheidung wird weiterhin geübt und erinnert daran, daß der vor einem Richter geführte Prozeß genetisch nichts anderes ist als ein »Sonderfall des Krieges« (Mitteis).

Die im Zeitalter der Kreuzzüge und in der Folge der französischen Gottesfrieden unternommenen Bemühungen, die Fehden (Taf. 211) auch des Adels — die Bauern führen, im ganzen, schon seit dem frühen Mittelalter keine Fehden mehr — zu beseitigen oder doch zu beschränken, werden im späten Mittelalter fortgesetzt. Die Befriedung bestimmter Stände (Taf. 212), der nichtwaffenführenden *personae miserabiles,* die Befriedung bestimmter Zeiten und die Bindung der Fehde wenigstens an bestimmte Normen wie ihre ordentliche Ankündigung gelangen nur allmählich zu allgemeiner Geltung, ebenso wie die anderen Bestimmungen, welche die Landfriedensordnungen aussprechen (Taf. 213).

Die Reichslandfrieden sind die ersten Reichsgesetze im eigentlichen Sinne, Gesetze, die davon absehen, daß der mittelalterliche Mensch nach überliefertem, altem, der Vorstellung nach unveränderbarem und an seine Herkunft gebundenen Recht lebt, und über dem vielfältigen, unübersichtlichen und oft unsicheren Recht des Mittelalters die Ansätze zu allgemeinen und fixierten Normen zu schaffen suchen.

Seit der Erneuerung der antiken Rechtskultur im hochmittelalterlichen Italien, insbesondere in Bologna, werden die Bemühungen um ein rationelles Recht auch aus dieser Quelle gespeist. Da die deutschen Könige als Kaiser die Nachfolger der römischen Imperatoren sind, gilt deren Recht, gilt das Römische Recht des späten Altertums auch für sie und ihr Reich. So kommt es dazu, daß Gesetze und Urkunden deutscher Könige in die Handschriften des römischen Rechts aufgenommen und wie die spätantiken Rechtstexte kommentiert und bearbeitet werden (Taf. 214a). So kommt es aber vor allem dazu, daß diese Texte von der wachsenden Zahl der Absolventen der italienischen Universitäten (Taf. 214b) auch im Deutschland des späten Mittelalters angewandt werden.

Diesem Vorgang einer Verwissenschaftlichung des Rechts hat die Kirche vorgearbeitet. Denn die Kirche lebt nach ihrem eigenen Recht, einem Recht, das in vieler Hinsicht auf dem römischen aufbaut. Dieses Recht gilt nicht nur für den Klerus, für einen großen Teil der mittelalterlichen Bevölkerung also, sondern darüber hinaus für weite Bezirke des allgemeinen Rechtslebens, die der Iudicatur der Kirche vorbehalten sind, wie etwa das Eherecht (Taf. 216, Farbtafel K), wie das Urteil über den Meineid. Wenigstens der Send (Taf. 215), die mit der Kirchenrevision durch die Beauftragten der Bischöfe verbundene Gerichtsbarkeit, erfaßt jeden; darüber hinaus ist das funktionierende Gerichtswesen der Kirche demjenigen weltlicher Gerichtsherren oft überlegen, so daß die geistlichen Gerichte, z. B. in den Städten, freiwillig aufgesucht werden.

Denn die städtische Wirtschaft ist in einem höheren Maße auf fixierte und kontrollierbare Rechtsnormen angewiesen als das Land. In den Städten entsteht ein differenziertes Wirtschaftsrecht, die Städte haben in ihren Stadtrechten gesetzte oder vereinbarte, also positive Rechtsordnungen. Neben diesen Zeugnissen einer rationellen Rechtskultur leben freilich altertümliche Formen weiter, die germanischen Ehrenstrafen, z. B. die Prangerstrafe (Taf. 217c). Am Rathaus hängen die Steine, die von zänkischen Frauen getragen werden müssen (Taf. 217a), daneben (aber auch an der Kirche) stehen oder sind befestigt die Eichmaße für Längen und Inhalte (Taf. 217b), deren der Handel bedarf. Der Handel insbesondere mit dem der städtischen Gerichtsbarkeit nicht unterworfenen Adel bringt es zu einer im 15. und 16. Jahrhundert verbreiteten Neubildung altertümlichen Charakters. Ist der Schuldner mit Repressalien nicht zu erreichen, so ist doch seine Ehre verletzlich: Öffentlich angeschlagene Briefe zeigen sein Wappen in beschmutztem Zustand, zeigen ihn selbst bei schimpflicher Tätigkeit (Taf. 218).

Die Verwissenschaftlichung des Rechts ist Teil eines allgemeinen Prozesses. 1348 gründet Karl IV. in Prag die erste Universität auf deutschem Boden; Wien, Heidelberg, Köln und Erfurt folgen noch im 14. Jahrhundert, elf weitere Gründungen im 15., darunter Basel (Taf. 219) als Nachfolgerin einer Konzilsuniversität. Diese Hohen Schulen, Nachfolgerinnen der Domschulen, sind mit päpstlichen Privilegien gegründet, und die Mehrzahl ihrer Besucher ist schon zur Zeit ihres Studiums Kleriker oder wird es später. Dennoch sind es vor allem die Universitäten, die das geistliche Bildungsmonopol auflösen, die die gelehrten und halbgelehrten Berater und Diener der weltlichen Fürsten und Städte ausbilden, die den Stil der Politik verändern. In den Städten entstehen Schulen, die auf die Universität vorbereiten, indem sie vor allem Latein lehren, daneben wächst die den unmittelbaren Bedürfnissen der städtischen Wirtschaft dienende Zahl der deutschen Schulen (Taf. 220b).

Die Absolventen der Schulen und Hochschulen verändern die Welt. Die alte Frage nach dem Wesen des Adels, die Diskussion zwischen Gebürt und *tugent,* erhält eine neue Wendung: nach der typisch mittelalterlich-mißverständlichen Interpretation eines römisch-rechtlichen Satzes galt der Gelehrte, insbesondere der gelehrte Jurist, soviel wie ein Adliger (Taf. 220a). Diese Lehre hat keine allgemeine Geltung gefunden, aber es gab bald Realitäten, die ihr zu entsprechen schienen, wie etwa die Zusammensetzung des Reichskammergerichts aus gelehrten und adligen Beisitzern zu gleichen Teilen.

Im Gerichtsgang werden die Formen mündlichen Verkehrs durch schriftliche Verfahrensweisen ersetzt oder doch von ihnen begleitet; die Gerichte setzen eine wachsende Anzahl von Schreibern ins Brot (Taf. 221a), ebenso wie die Schrift — unterstützt durch die Erfindung eines billigen Beschreibstoffes, des Papiers — nun in alle Bereiche des Lebens rationalisierend eindringt. Die bekannte Darstellung Nürnbergs zwischen dem Sebalder und dem Lorenzer Wald ist nicht die Arbeit eines Liebhabers, sondern der Versuch einer isometrischen Darstellung zu Zwecken der Administration (Taf. 221b) und Zeugnis eines Phänomens, das auch durch das Interieurbild des eichstättischen Schlosses repräsentiert wird (Taf. 222). Die Lehen werden zwar immer noch durch Eid vergeben, aber vor allem durch eine schriftliche Urkunde. Die Urkunde ist nun nicht mehr beschränkt auf Rechtsakte erster Ordnung, auf die großen Schenkungen und Verleihungen des Königs, wie im frühen und hohen Mittelalter, sondern dient auch dem Rechtsgeschäft des Alltags.

Die Verschriftlichung der Welt wird durch die Erfindung des Papiers gefördert; vor allem aber kommt ihr der Buchdruck zu Hilfe. Die Anzeige des Druckers und Händlers gibt nicht nur einen Eindruck von den Erzeugnissen der frühen Drucks; sie sagt vor allem, welche Literatur knapp dreißig Jahre nach Gutenbergs Erfindung in der neuen Technik verbreitet wurde (Taf. 223). Der Katalog enthält zunächst die Handbücher des Klerikers: neben der Bibel, Thomas von Aquin und Augustinus zwei der verbreitetsten Autoren des 15. Jahrhunderts: Johannes Gerson und Johannes Nider. Der Psalter ist in besonders großem Schriftgrad gesetzt: er muß öffentlich im Gottesdienst, möglichst ohne Stocken gelesen werden. Dann einige der notdürftigsten juristischen Titel (darunter einer aus dem Römischen Recht) und zwei der wichtigsten Hilfsmittel für die geistliche Praxis: die Arbor consanguinitatis, und das Catholicon des Johannes von Genua, das große spätmittelalterliche Lexikon der lateinischen Sprache, aber auch Hilfsmittel für das Verständnis der Texte. Von einem Exemplar dieses Druckes ist der Preis überliefert: 1465 wurde es für 41 Gulden erworben. Das war der Jahresertrag einer guten Pfarrpfründe: die frühen Drucke sind keineswegs billig. Schließlich bietet die Schöffersche Offizin Cicero an — den man auch schon früher las —, aber auch einen italienischen Renaissanceautor und ein deutsches Volksbuch: der Buchdruck bringt die höfischen, zum »Volksbuch« umgearbeiteten Stoffe in die Städte. Kaufen kann man nun auch eine Papstbulle, Pius' II. Aufruf zum Türkenkreuzzug.

Das Luftbild der spätmittelalterlichen Stadt zeigt in deren Mitte die Kirche, die große Pfarrkirche der Bürgerschaft (Taf. 190 b, 224 a). Sie steht nicht nur in der topographischen Mitte, sondern bildet ein Zentrum städtischen Lebens; sie ist nicht nur die Stätte von Messe und Gebet, sondern auch Schauplatz öffentlichen Lebens und insbesondere rechtlicher Akte. In ihre Mauern werden die öffentlichen Maße eingeritzt (Taf. 224 b), werden die Erinnerungen an Überschwemmung und Teuerung eingegraben. Zumal im 15. Jahrhundert wachsen um die Kirchenschiffe die Kapellenkränze, erfordert durch die steigende Zahl der Stiftungen, zur Unterbringung der zahlreichen Altäre, an denen eine wachsende Zahl von Klerikern — in großen Kirchen nicht selten über ein halbes Hundert — die Messe liest.

Denn neben die fürstlichen und adligen Stifter treten nun die Stiftungen aus bürgerlichen Vermögen; die Adelskirche des frühen und hohen Mittelalters wird erst jetzt zur Volkskirche.

Das ist vor allem auch das Werk der im 13. Jahrhundert begründeten Bettelorden. Ihre Klöster werden in den Städten errichtet, dort wo eine große Anzahl von Menschen erreichbar ist, und ihre Kirchen sind, anders als die der adligen Klöster, nicht vorzugsweise die Stätten des Chorgebets, sondern, wie schon ihre Architektur bezeugt, die Orte der Predigt (Taf. 225). Denn die Predigt ist die vornehmste Aufgabe der neuen Orden: die Dominikaner heißen auch Prediger. Sie sind infolgedessen auch die Orden der Schulen und der Gelehrten; die Masse der Geistlichen besaß nicht die für die Predigt erforderliche Bildung. Die Dominikaner gründen eigene Hochschulen; einige der größten Gelehrten des späten Mittelalters haben ihrem Orden angehört (Taf. 226, 227).

Die intensive Volksfrömmigkeit forderte die religiöse Unterrichtung auch der Ungelehrten durch die Predigt, auch durch das Bild (Taf. 228) — wenn auch nicht durch die fälschlich Armenbibel genannten typologischen Bilderfolgen. Die großen Volksprediger (Taf. 229) bringen riesige Zuhörermengen zusammen, Wallfahrt (Taf. 230, 231 a) und Reliquienwesen erleben ihre Blütezeit (Taf. 231 b). Karl IV., der von dem angeblichen Petrusstab des Trierer Domschatzes *manu propria* ein drei Finger breites Stück absägt, bringt eine der wertvollsten Reliquiensammlungen zusammen (Taf. 232, 233).

Die massenhafte und erregte Frömmigkeit wird — wie schon während der Kreuzzüge — den Juden zum Verhängnis. Ihre Einbindung in die mittelalterliche Gesellschaft, von der die Architektur der Synagogen sichtbares Zeugnis ablegt (Taf. 234 a), diese durch das Institut eines besonderen Königschutzes (Taf. 235 a) ausdrücklich gesicherte Integration, zerbricht immer wieder an frommer Hysterie und den Verlockungen, die der Besitz der Juden ausübt. Immer wieder haben die Gerüchte von Hostienschändungen Mord und Vertreibung zur Folge, nur selten werden die Gewalttaten so gestraft, wie es der Grabstein aus der ersten Hälfte des 14. Jahrhunderts erzählt (Taf. 234 b, c). Häufiger, namentlich in der Jahrhundertmitte, da man die Juden auch für die Pest verantwortlich macht, wird aus der Verfolgung die gänzliche Austreibung, wie 1349 in Nürnberg und Würzburg. Die Marienkirchen beider Städte sind die Nachfolgerinnen der Synagogen, ebenso wie zwei Jahre zuvor in Wertheim die Synagoge zerstört und an ihrer Stelle eine Marienkapelle erbaut wurde. *Anno domini 1447 ist hie zubrochen und vorstort worden eine judenschule und angehoben dise capelle,* lautet die Inschrift über ihrem östlichen Eingang.

Die Pest bedeutete in den engen Städten und angesichts einer ihr so gut wie hilflos gegenüberstehenden Medizin (Taf. 236) eine Katastrophe größten Ausmaßes. Als Zeichen des Jüngsten Gerichts aufgefaßt, ruft sie eine ekstatische Bußbewegung (Taf. 235 b) hervor und hinterläßt das Bewußtsein der Allgegenwart des Todes, die Totentanzfolgen und Memento-mori-Bilder (Taf. 237 b). Sie ist nicht die alleinige, aber doch eine der wesentlichen Ursachen dafür, daß der breite nach Osten fließende Bevölkerungsstrom nun versiegt, der Landesausbau nicht nur stagniert, sondern ganze Ortschaften aufgegeben und zu Wüstungen werden (Taf. 237 a). Im südlichen Niedersachsen ist im späten Mittelalter gut die Hälfte der hochmittelalterlichen Siedlungen wüst geworden.

Die Frömmigkeit des späteren Mittelalters füllt die Kirchen und häuft die Reliquien, sie treibt die Massen auf die Pilgerstraßen und läßt eine religiöse Kunst aufblühen, welche die Zeugnisse der früheren Jahrhunderte hinter der Masse der Kirchen, Altäre und Gebetbücher des 14. und 15. Jahrhunderts fast verbirgt. Dennoch ist die Zeit sich eines religiösen Ungenügens schmerzlich bewußt. Sie ist zugleich ein — auf die Reformation des 16. Jahrhunderts hinführendes — Zeitalter der Kirchenkritik und Kirchenreform. Denn auch dem späten Mittelalter wird der Kontrast zwischen Christi und der Apostel *ecclesia primitiva* und der reichen Anstaltskirche der Gegenwart bewußt (Taf. 238, 239, 240 b), die Verfallenheit der Kirche an die Welt, wie sie vor allem das große Schisma des Jahres 1378, die fast vier Jahrzehnte der zwei und zuletzt drei sich bekämpfenden Päpste bezeugen.

Das Schisma wenigstens wird durch das Konstanzer Konzil beseitigt (Taf. 240 a, 241); die Reform der Kirche »an Haupt und Gliedern« leistet auch die zweite der großen Kirchenversammlungen des 15. Jahrhunderts, das Konzil von Basel, nicht. Die Forderung nach Erneuerung wird nicht erfüllt, sondern erstickt, obwohl sie sich mit der Forderung nach politischer und sozialer Reform verbindet. Aber diese Forderungen sind in Deutschland Gefangene der Geschichte, getragen von einem Romantizismus, der auch die politischen Postulate der Bauern des Jahres 1525 prägen wird. Das anonyme, weitverbreitete, so scharfe Worte über den Zustand der Großen in Kirche und Welt findende Programm zur Reform von Reich und Kirche, die »Reform Kaiser Siegmunds«, weiß am Ende nichts anderes als die Erneuerung der von Konstantin und Sylvester gestifteten Welt durch eine Märchengestalt

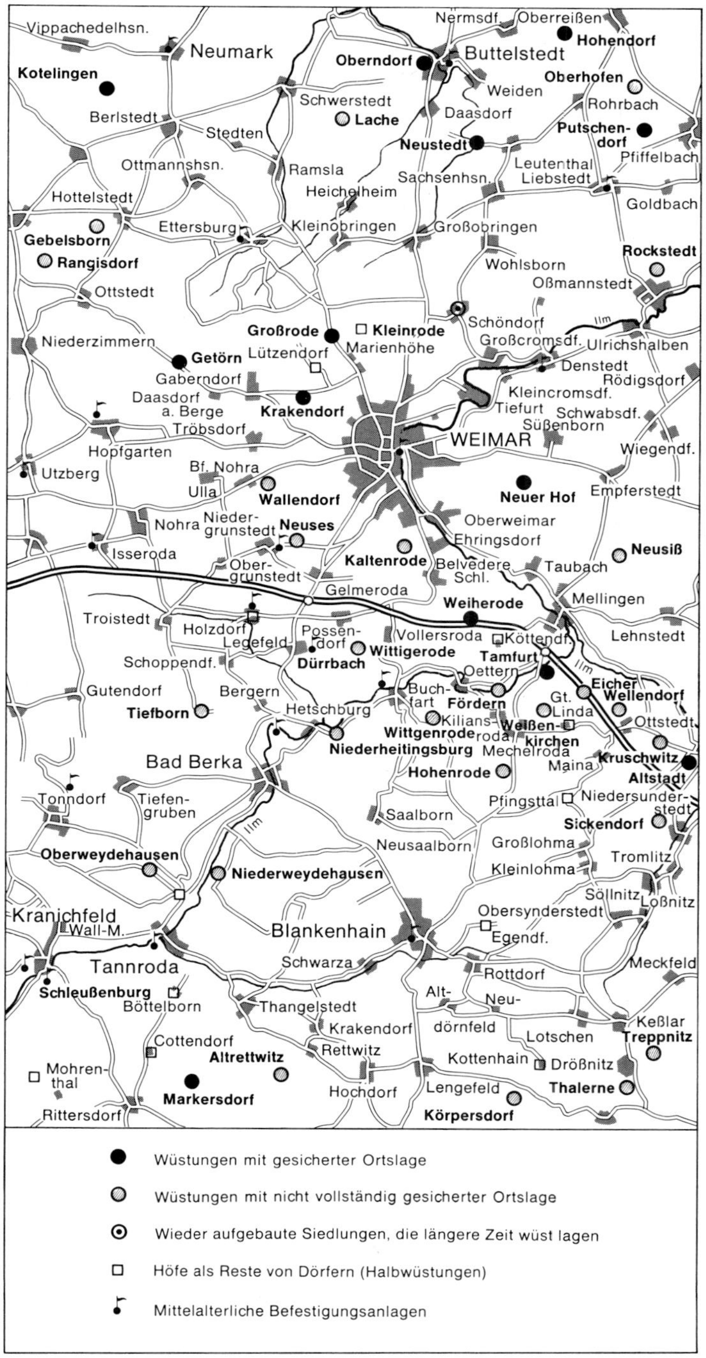

Karte XII. Siedlungsverluste (Wüstungen) im späteren Mittelalter am Beispiel des östlichen Thüringen (nach Atlas des Saale- und mittleren Elbegebietes 2. 1960)

(Taf. 242 a). Die Reformforderungen werden erstickt, es bleibt ein Krisenbewußtsein, das sich zu Wort meldet, wenn der frühe Humanist Hartmann Schedel in seiner Ende des Jahrhunderts erscheinenden Weltchronik auch eines so erfolglosen und lokalen

Ereignisses gedenkt, wie des Auftritts des »Pfeiferhans« im Jahre 1476, jenes Hirten, der nach einer Marienvision vor schnell zusammenströmenden Massen gegen Anstaltskirche und Grundherrschaft predigte (Taf. 242 b), bis ihm sein Bischof den Scheiterhaufen errichtete.

Daß die Obrigkeiten des 15. Jahrhunderts häretische Erscheinungen so hart unterdrücken und so nervös auf die Anzeichen politischen Aufruhrs reagieren, erklärt sich vor allem aus der Tatsache, daß es Kirche und Reich nicht gelungen war, des Hussitismus Herr zu werden. Die Hinrichtung des Johann Hus auf dem Konstanzer Konzil (Taf. 243) wurde in Böhmen zum Signal einer Revolution (Taf. 244), deren Lokalisierung auf das Land ihres Ursprungs gerade noch gelang, die zu unterdrücken aber die Kreuzfahrerheere nicht imstande waren. Der Kreuzzug erweist sich den Ketzern gegenüber als ebenso machtlos wie angesichts der Türken (Taf. 245 b), die 1453 Byzanz erobern. Die Kriegstechniker außerhalb Böhmens versuchten, sich der hussitischen Kampfesweise anzupassen, sie übernahmen die Wagenburg (Taf. 245 a), aber die Überlegenheit der hussitischen Heere hatte ebensowenig nur in einer neuen Technik des Krieges ihre Ursache, wie die Eidgenossen ihre Erfolge gegen Österreich (Taf. 246, 247) nur einer neuen Taktik verdankten.

Es zeigt sich vielmehr, daß die Integrationskraft des spätmittelalterlichen Reiches zu gering ist, um sich noch in seinen Grenzräumen an den ihrer selbst bewußt werdenden Nationen zu bewähren. Die universalen Mächte, Kaiser und Papst, können nicht die Katastrophe des Deutschordensstaates verhindern, der in der Mitte des 15. Jahrhunderts dem Bündnis seiner Untertanen mit dem polnischen Staat unterliegt (Taf. 248 b). Im Westen aber errichten die im hundertjährigen Krieg zwischen England und Frankreich groß gewordenen burgundischen Herzoge einen Staat, dessen auf den Niederlanden beruhende wirtschaftliche Kraft sich mit einer für Europa vorbildlichen späten Adelskultur verbindet zu einer den Westen des Reiches beherrschenden und das Reich im ganzen bedrohenden Großmacht (Farbtaf. L).

Die Schlachten des späten Mittelalters werden, wie schon gesagt, mit neuen Waffen und in neuer Kampftechnik geschlagen. Die schon der Spätantike bekannte Armbrust (Taf. 248 a) wurde noch im hohen Mittelalter zur ersten mechanisch wirkenden Handwaffe. Die Durchschlagskraft ihrer Bolzen — sie durchschlagen Helme noch auf eine Entfernung von dreihundert Schritt — ließ sich nicht, wie das zweite Laterankonzil wollte, ausschließlich auf die Ungläubigen richten; wahrscheinlich ist die Armbrust eine der entscheidenden Ursachen für die Entstehung des Plattenpanzers (Taf. 249). Seit der ersten Hälfte des 14. Jahrhunderts kommen die Pulverwaffen hinzu, Handbüchsen zu den Armbrüsten und die schweren Geschütze (Taf. 250 a), die in weit höherem Maße die Burgen und Stadtmauern dem Kalkül der Kriegsingenieure ausliefern als die alten Belagerungsmaschinen (Taf. 250 b). Neue Befestigungstechniken sind die Folge, feste runde Türme und Bastionen, die auch den Belagerten den Geschützeinsatz möglich machten (Taf. 251). Die Büchsenmacher werden zu einer gesuchten Gruppe von Spezialisten, internationaler Spezialisten, denen man es besonders nachrühmt, wenn sie vorzugsweise einem Herrn dienen (Taf. 252). Von ihren weit über die Herstellung und Bedienung der Geschütze hinausreichenden technischen, physikalischen und chemischen Kenntnissen (Farbtaf. M) zeugt die verhältnismäßig große Zahl der aus dem 15. Jahrhundert erhaltenen Kriegsbücher.

Sie repräsentieren indessen nur einen Bereich der sich schnell entwickelnden Technik des späten Mittelalters. In den Städten blüht ein hochspezialisiertes Handwerk (Taf. 253), das sich im 15. Jahrhundert die ersten Maschinen (Taf. 245 a) zunutze zu machen beginnt und die Handelsgüter einer weitgespannten Verkehrswirtschaft erzeugt, zum Teil schon in großen Betrieben. Vor allem im Bergbau (Taf. 254), insbesondere in Böhmen und Tirol, werden die Methoden und Wirtschaftsformen einer frühindustriellen Produktion ausgebildet, welche in die Neuzeit hinüberleitet.

Die Anfänge dieses Handels- und Finanzkapitalismus liegen schon im Italien des Hochmittelalters — die Reste der Grundherrschaft werden erst im 19. Jahrhundert fortgeräumt. Von hier aus läßt sich also schwerlich die Rechtfertigung gewinnen, das Mittelalter im frühen 16. Jahrhundert enden zu lassen. Denkmäler allein können einen zureichenden Grund für die Ansetzung einer Epoche schwerlich geben, aber sie markieren einige jener Wandlungen der Wende vom 15. zum 16. Jahrhundert, die in der deutschen Geschichte nicht mehr Wandlungen des Mittelalters sind, sondern dessen Ende bedeuten.

Das so gotisch-mittelalterlich anmutende Bildnisrelief eines steirischen Ritters (Taf. 255) wäre als Stifterbildnis, als Grabmal ein Zeugnis von vielen, aber es ist ein weltliches Denkmal und in Deutschland ohne Vorgänger, Dokument innerweltlichen Ruhmstrebens, ein Vorläufer jenes großen literarischen und bildnerischen Programms, das Maximilian I. dann zur Verherrlichung seiner selbst ins Werk setzen sollte (Taf. 256). Auch St. Georgen in Stein am Rhein (Taf. 257) repräsentiert in vielen seiner Formen Spätgotik und spätes Mittelalter. Heilige blicken von den Wänden und Gestalten und Szenen aus der römischen Geschichte. Aber dies sind nicht mehr die Wendepunkte der Heilsgeschichte, nicht mehr die ins Bild gesetzten Offenbarungen Gottes in der Geschichte, sondern Exempla und Ereignisse, die eine säkulare Bildung auswählt, Zeugnisse einer Anschauung von Geschichte, der sich die Ereignisse aus den vorgegebenen Ordnungen gelöst haben, mit neuen Augen betrachtet, mit den Augen der Neuzeit.

Neuzeit

von

Wilhelm Treue

Vorbemerkung

Bildliche Zeugnisse spielen für die Geschichte der Neuzeit, insbesondere der neuesten Zeit, eine andere Rolle als für die früherer Jahrhunderte. Es gibt sie in großer und schließlich, je näher man der Gegenwart kommt, in praktisch nicht mehr überschaubarer Menge — aber neben ihnen, trotz Zerstörung in Kriegs- und Friedenszeiten auch eine sehr große Zahl von Originalen, die unser tägliches Leben begleiten. Von der Fülle der Graphik auf der Wende vom Mittelalter zur Neuzeit über die zahllosen Einzel- und Familienporträts und Wiedergaben von Ereignissen aller Art, über die Zeitschriften- und Zeitungsillustrationen in neuen Reproduktionstechniken, die im 19. Jahrhundert entwickelt wurden, bis zur bildlichen Fixierung des Lebens durch die Photographie und alle »Massenmedien« ist von Dürer über Menzel und Hitlers Leibphotographen bis in unsere Gegenwart hinein ein so riesiges historisches Bildmaterial von »Reportern« erwachsen, daß die Tätigkeit des Historikers kaum noch im Suchen, sondern hauptsächlich im Auswählen des wirklich Repräsentativen bestehen muß. Freilich hat dieser Umstand zur Folge, daß das einzelne Bild nicht nur für das Ereignis steht, das es unmittelbar wiedergibt, sondern fast stets zugleich auch als Erinnerung an einen ganzen Komplex. Die deutsche Geschichte der Neuzeit kann in rund 200 Bildern so wenig »dargestellt« werden wie auf 200 Textseiten — in beiden Fällen muß man sich zu Auswahl, Verallgemeinerung, Andeutung und Konzentration entschließen. Aber wie beim Text noch jedes Adjektiv zu bedenken ist, so muß auch beim Bild sowohl das ganze Faktum und Symbol wie auch die Einzelheit mit ihrer besonderen historischen Individualität gesehen werden.

*

Wann begann für Deutschland die »Neuzeit« — wo endete das »Mittelalter«? Ohne Frage gab es im späteren 15. Jahrhundert eine Reihe von Ereignissen und Entwicklungen, die heute diese Zeit als eine solche des Übergangs erscheinen lassen, weil sie dem Leben eine gesteigerte Dynamik, in einigen Gebieten Deutschlands sogar eine bis dahin ungewohnte Dramatik vermittelten, die es reicher, aber auch gefährlicher gemacht haben. Wessen Leben? Dem einer dünnen Oberschicht von weltlichen und geistlichen Herren, oder auch dem der vielen anderen bis hin zu den Unterschichten, die — rund die Hälfte des Volkes — stets am Rande des Existenzminimums standen, von denen viele fast immer Not litten und nicht wenige vor Hunger starben? Es ist nicht leicht, vielleicht nicht einmal möglich, zu sagen, was ein Volk ist, welchen Teil der Geschichte der einzelne und die Gesamtheit gestalten oder nur erdulden — vollends in einer Zeit der zunehmenden Differenzierung von Gruppen, Ständen, Schichten und Klassen.

Gegen Ende des 15. Jahrhunderts weitete sich die Welt der Europäer durch viele geographische Entdeckungen, insbesondere die des Seeweges nach Indien und die Amerikas. Doch kein Deutscher war an diesen Entdeckungsfahrten wirklich führend beteiligt. Nur wenige erkannten die Bedeutung solcher Ereignisse für die nächste Zukunft; nur eine kleine Gruppe von allerdings bedeutenden Kaufleuten geriet mit den wirtschaftlichen Folgen unmittelbar und aktiv in Berührung. Aber dennoch: für Tausende und Abertausende bedeutete das alles auch die Erweiterung ihres lokalen Raumes, indem sie lasen oder hörten, daß die Welt weit größer, die Natur viel reicher sei, als man gedacht hatte, indem sie Waren und in den Hafenstädten Menschen sahen, wie es sie in ihrem eigenen Umkreis nicht gab. Sie begannen, über das Verhältnis Gottes und der Christenmenschen zu diesen vielen Heiden nachzudenken, von deren Existenz sie bisher nichts gewußt hatten.

Um die gleiche Zeit erlebten sie die Ersetzung alter Rechtsvorstellungen durch ein für sie neues, durch das verformte alte Römische Recht — ein Recht, das vielleicht in mancher Hinsicht Vorteile bringen mochte, den einfachen Menschen aber beunruhigte, weil es neu war und das Überlieferte entwertete. Die Bauern — und nicht nur die ärmeren —, auch die Handwerker in den Städten wurden unruhig, weil sie ihre Existenz, das Gewohnte, das bisher Sichere des täglichen Lebens gefährdet sahen oder zumindest glaubten. Sie rotteten sich in Gruppen und Haufen zusammen, die über Orts- und Landschaftsgrenzen hinweg Verbindung aufnahmen, einander von ihren Sorgen, Leiden und Absichten sprachen und sich schließlich mit Gewalt erhoben gegen ihre Herren — hier und da, in immer weiteren Räumen, bald in mehreren Teilen Deutschlands: sie wollten das alte Leben wiederherstellen oder ein neues, besseres haben, eine »Neue Zeit« — wie später noch so häufig bis auf den heutigen Tag.

Daß die Kirche reformbedürftig sei, war seit langem eine weitverbreitete Auffassung. Vom Laienkelch über den Ablaßhandel bis zur moralischen Besserung der Päpste und der hohen Geistlichkeit, bis zur Bildung einer nationalen, Rom selbständig gegenüberstehenden Kirche reichten die Wünsche und Forderungen für die Zukunft, wieder für eine neue Zeit. Auch Reichsreformpläne gab es in Fülle in bezug auf die Macht, die Finanzen des Reiches sowie die Stellung des Kaisers und der Fürsten. Die Ziele dieser Vorschläge waren freilich sehr verschieden.

In einer solchen Zeit des Überganges, der Unsicherheit, der Veränderungen und Auseinandersetzungen also befand man sich, sofern es um die großen und weiten Dinge des Lebens ging. Aber auch der Alltag blieb davon nicht unberührt. Der Bauer mochte noch jahrhundertelang seine Felder auf die gleiche Weise bestellen und die

Ernte einbringen wie 300 oder 500 Jahre zuvor — aber Bauernkriege oder Herrenkrieg, Reformation oder Gegenreformation, die Veränderung des Rechts und die Erweiterung der Welt erreichten in ihren Auswirkungen auch seinen Hof und sein Dasein. Der Handwerker, seine Gesellen und Lehrlinge, das ganze Bürgertum auch der kleinsten und abgelegensten Städte blieben von den Veränderungen der großen Wirtschafts-, Sozial- und Herrschaftsverhältnisse selbst in ihrer Werkstatt nicht ganz unberührt, mochten sie auch im einzelnen die Kette der Ursachen und Wirkungen nicht verfolgen können, die sie mit den großen Neuerungen verknüpfte.

Die Entdeckung Amerikas, die Reformation oder der Bauernkrieg, die Auseinandersetzung zwischen Kaisern und Fürsten und der Aufstieg der großen Kaufherren in Augsburg und Nürnberg — das alles zusammen und obendrein die geistigen Regungen, die etwa mit dem Begriff »Humanismus« angedeutet werden können, ließen diese letzten Jahrzehnte des 15. und die ersten des 16. Jahrhunderts für Deutschland zu einer Zeit des Überganges von einem ausgehenden Zeitalter zu einem neuen werden. Dies gilt es, im folgenden zu überblicken.

Im Jahre nach Columbus' erster Überquerung des Atlantik und seiner Entdeckung Amerikas wurde Maximilian I. (Taf. 258), 1486 bereits zum König gewählt, Nachfolger Friedrichs III. In ihm erblickte man, wie ein venezianischer Gesandtschaftssekretär schrieb, die vollendete Darstellung ritterlicher Majestät und den Schöpfer des neuen Landsknechtsheeres. Seit langer Zeit gab es wieder einen eindrucksvollen deutschen König; obendrein war er ein starker Territorialfürst, verfügte also über eine ausgezeichnete Basis für große Politik im Innern des Reiches und nach außen.

Als bedeutendste Aufgabe lag vor Maximilian die äußerst schwierige Reform des Reiches, das sich in seiner mitteleuropäischen Lage nur behaupten konnte, wenn es — da die Stärkung der Königsmacht von den Reichsständen verhindert wurde — alle seine Glieder wieder zu gemeinsamem Handeln bewegte, wie es die vom Kurfürsten von Mainz, Berthold von Henneberg, geführte Reformpartei forderte. Aber diese Aufgabe erwies sich als zu schwer, mindestens wurde sie zu spät angepackt: der Verfall des Reiches, der Aufstieg der Territorien war nicht mehr aufzuhalten. Ein mühsam zusammengebrachtes Reichsregiment löste sich bald wieder auf: Das Reich trieb der offenen Anarchie zu.

Als Maximilian I. im Januar 1519 starb, war der Verfall des Reiches und die Verbindung seiner Glieder mit ausländischen Mächten nicht mehr aufzuhalten, wenngleich mit Ewigem Landfrieden, Reichstag, Reichskammergericht und Reichskreisen Grundlagen für die Folgezeit geschaffen worden waren — für ein Reich, das, wie die Formel »Kaiser und Reich« erkennen läßt, fast ein ständisches Staatswesen unter weitgehender Ausgliederung der kaiserlichen Erblande geworden war.

Gleichwohl war Maximilian, der zeitweise glaubte, nach dem Tode Julius' II. sich selbst zum Papst oder zum weltlichen Statthalter des Papsttums erheben lassen zu können, einer der populärsten deutschen Kaiser: ein Soldat und Fürst, ein Mäzen der Künste und Wissenschaften nach dem Herzen des Volkes, eine zentrale Figur auch im deutschen Humanismus, ohne daß er selbst dazu gehört hätte. Zur Spannung zwischen überliefertem Rittertum und humanistischem wie politischem Renaissancegeist trat bei ihm noch ein sehr eigenartiges Kaisergefühl hinzu, das auf persönlichem Anspruch, universalem Machtstreben und mystischer Würde beruhte. Er hat selber einige Führer des nationalen Humanismus in Deutschland als Dichter gekrönt,

Reuchlin geadelt, in Wien und Freiburg — an habsburgischen Universitäten also — die humanistische Lehre gefördert, für Celtis (Taf. 259) in Wien das Collegium poetarum et mathematicorum gegründet und überhaupt bei Gelehrten, Dichtern und Malern das nationalgeschichtliche Element im Humanismus gefördert.

Schon die Zeitgenossen hoben hervor, daß das deutsche Volk sich durch besondere Frömmigkeit auszeichne. Diese Religiosität (Taf. 229—232) verband sich in den führenden Kreisen mit einer starken Anteilnahme an der Politik, soweit diese das kirchliche Dasein der Nation, die Auseinandersetzung mit dem Papsttum sowie die Italien-, Rom- und Kreuzzüge betraf. Nationalkirchliche Bestrebungen ließen im Zusammenhang mit dem Geschehen auf dem Basler Konzil vielfach den Wunsch entstehen, die deutsche Kirche in einem Prozeß der Nationalisierung etwa nach französischem Vorbild mehr oder weniger Rom gegenüber zu distanzieren. Doch stand hinter solchen Ideen deutscher Erzbischöfe nicht, wie in Frankreich, ein entschlossener König. Das Papsttum konnte sie daher übergehen und mußte sie um so härter verfolgen, als bei den deutschen kirchlichen Reformüberlegungen stets auch die Reform der Gesamtkirche, die Verantwortung des Imperiums für die ganze Christenheit mit erwogen wurde. Andererseits wurde im Maße des Erstarkens der Territorien zu landesherrlichem Absolutismus, der durch Geldleistungen an den Papst das Steuerrecht gegenüber der Geistlichkeit und einen Anteil am Kirchenzehnten einhandelte, der Landesherr zu »Gottes Amtmann«, der ein landesherrliches Kirchenregiment errichtete. Damit wurde nun die Reformation eine Aufgabe der Territorialfürsten.

Das Jahr 1517 bildet in der deutschen Geschichte durch Martin Luthers Thesenanschlag den Anfang eines neuen *Zeitalters,* das Jahr 1519 durch Karls V. Thronbesteigung den Beginn eines neuen *Zeitabschnitts* von größter Bedeutung. Luthers Thesen verursachten den Bruch in einer geistigen Entwicklung, dessen Tiefe nur mit den Ereignissen der Französischen und der bolschewistischen Revolution verglichen werden kann und nur vom Fußfassen des Christentums im Abendland übertroffen wurde. Als »größte Katastrophe« der Kirche hat man die Reformation bezeichnet, »denn erst die Reformation schuf neben der katholischen eine zweite, von der katholischen Auffassung wesentlich verschiedene Gestaltung des Christentums . . . Erst die Reformation hat die Einheit des Christentums wirklich zerrissen«.

Luther (Taf. 260) freilich wollte den Katholizismus reformieren, das Evangelium erneuern. Angesehener Theologe an der 1502 gegründeten Universität Wittenberg (Taf. 262 b, Karte XIII) und geschätzter Verwaltungsmann seines Ordens, wurde er zum Reformator weit mehr durch seine eigene religiöse Not als durch die Wirrnisse und Verderbnisse der deutschen spätmittelalterlichen Kirche. Diese bildeten vielmehr nur die Vorbedingungen dafür, daß sein persönliches Anliegen in die Breite wirken konnte. Die Etappen seiner Entwicklung etwa seit 1508, die im Zusammenhang mit dem »Turmerlebnis« 1512/13 gewonnene Erkenntnis, daß »das Wort Gottes selbst die Erlösung bietet«, das Studium des Römerbriefes, die Beschäftigung mit Buße und Ablaß bis hin zu den 95 Thesen vom 31. Oktober 1517 führten unmittelbar zur Leipziger Disputation von 1519, zu den großen Reformschriften von 1520 (Taf. 261, 262 a) — dem Jahr, das mit 28 Veröffentlichungen den Höhepunkt seines literarischen Schaffens bildete —, zum Bann von 1521 und damit zum öffentlichen Bruch mit der alten Kirche.

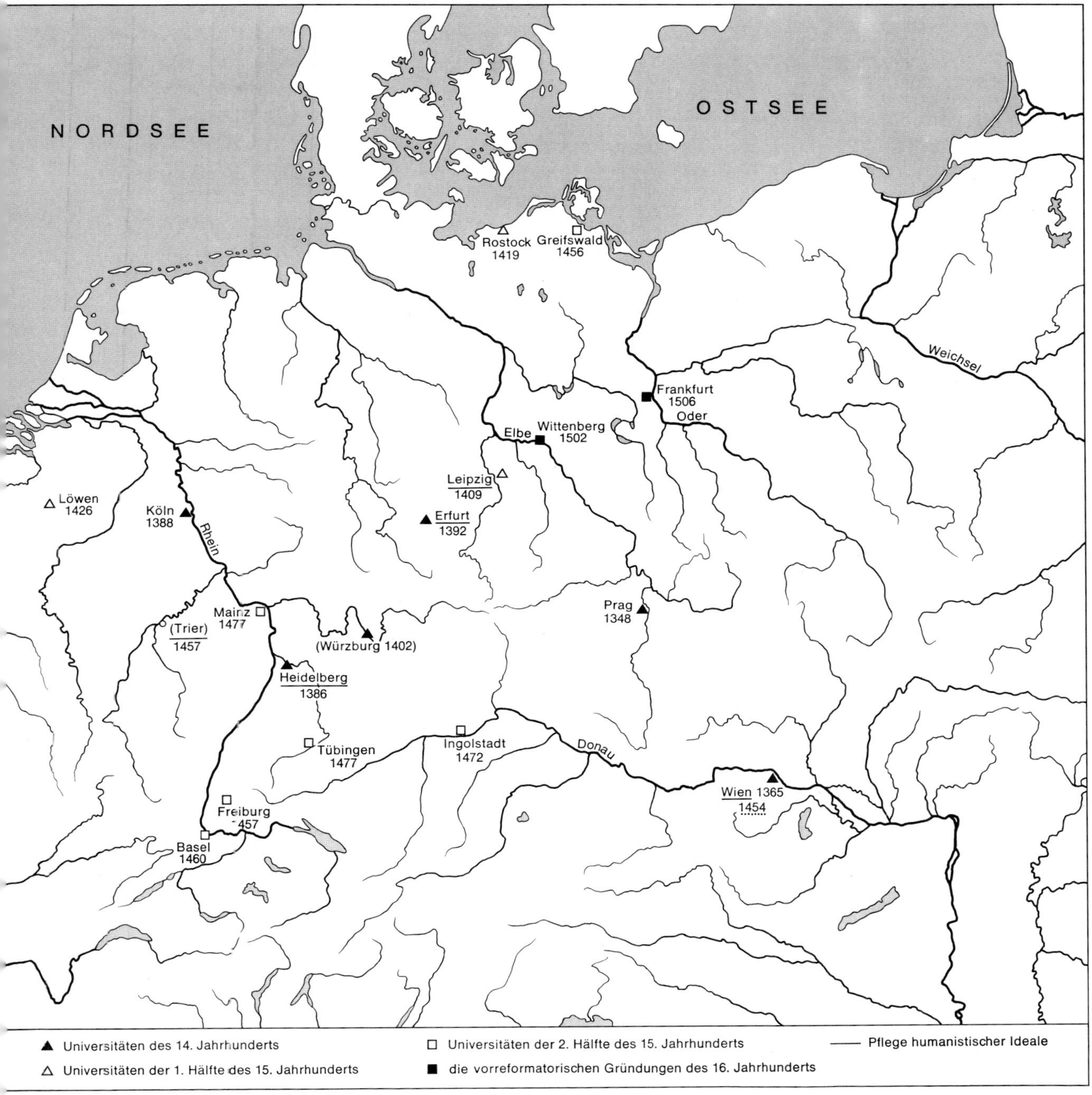

Karte XIII. Die deutschen Universitäten vor der Reformation (nach L. Mackensen in: Deutscher Kulturatlas II, 145. Berlin)

Für den Verlauf der Reformation und damit für eine der bedeutungsvollsten Wendungen in der deutschen Geschichte entscheidend wurde die Stellungnahme der weltlichen Gewalten, insbesondere des Kaisers, zu Luther und zu der ihm schnell anhängenden Volksbewegung. Als 1521 der Reichstag in Worms zum ersten Male unter Karl V. (Taf. 263) — einem in der burgundischen Kultur zum Herrscher eines Weltreiches, in dem Deutschland nicht die geistige Mitte bildete, herangewachsenen Habsburger — zusammentrat, sollte eigentlich die fast seit einem halben Jahrhundert diskutierte Reichsreform abgeschlossen werden. Aber nicht dieses Problem und die Einsetzung eines wenig machtvollen Reichsregiments für die Dauer von Karls Abwesenheit vom Reich, sondern Luthers Worte vor Kaiser und Reichsständen haben eine dauernde Wirkung hinterlassen.

Während die Reformation nun ihren Lauf nahm, wobei Luther, unterstützt durch Melanchthon (Taf. 264), der Philipp von Hessen für den neuen Glauben gewonnen hatte (Taf. 265 a), sich aus einer ganzen Gruppe von Ursachen immer mehr von der zum Radikalismus drängenden Masse des Volkes und von den zur Intellektualisierung des Glaubens neigenden Humanisten den Landesherren (Taf. 266) und ihrer Ordnungsmacht zuwandte und damit die im Entstehen begriffene neue, von der römischen Autorität gelöste Kirche derjenigen der deutschen Territorialherren mit ihren für die lehrmäßige Verbreitung wichtigen Universitäten wie Marburg (Taf. 265 b, Karte XIV) unterordnete, wurde der Bauernkrieg zum zweiten großen, die deutsche Geschichte für mehr als 300 Jahre tief beeinflussenden Ereignis dieser Jahre. In dem Krieg von 1525, der neben dem Sozialismus des 19. Jahrhunderts und dem Nationalsozialismus des 20. Jahrhunderts eine der wenigen politisch-sozialen Massenbewegungen der Deutschen gewesen ist, strömten Entwicklungen zusammen, die mit der Reformationsbewegung ihrem Ursprung nach nichts zu tun hatten. Aus spätmittelalterlichen Beunruhigungen und Erhebungen der Bauern besonders in Süd- und Südwestdeutschland wuchs (Taf. 242 b) schließlich ein allgemeiner Abwehrkampf des Bauerntums gegen Zentralisierungs- und Unterwerfungstendenzen der Landesherrschaften sowie deren Bestrebungen hervor, Abgaben und Dienste zu steigern und die bäuerliche Autonomie, den Gemeindebesitz und seine Nutzung einzuschränken. Aus solchen Tendenzen war in den bäuerlichen und in vielen städtischen Gemeinden das Gefühl der Rechtsunsicherheit entstanden, das gerade wohlhabende und angesehene Bauern die Leitung des Widerstandes zur Erhaltung oder Wiederherstellung des »alten Rechts« übernehmen ließ.

Gab die reformatorische Bewegung den bäuerlichen Aufständen und Forderungen, der Kritik an den politischen und rechtlichen, den wirtschaftlichen und sozialen Verhältnissen, die sich u. a. im »Armen Konrad« und im »Bundschuh« Organisationen schuf, zusätzlich eine Verinnerlichung, so führte doch andererseits die Verbindung von religiöser Reform und sozialer Revolution dazu, daß Erzbischof Albrecht von Mainz (Taf. 270) sich von Luther trennte. Die revolutionären Traditionen des Bauernvolkes, die während der letzten Jahrzehnte entstanden und zu einer sozialpolitischen Bewegung herangewachsen waren, hob das Bibelwort, von Wanderpredigern und Flugschriften verbreitet, ohne Luthers Dazutun, ja, schließlich gegen seinen Willen, auf ein Niveau religiös-seelischer Auseinandersetzungen.

In der ersten Phase des Krieges errangen die Bauern ohne größeres Blutvergießen erhebliche Erfolge (Taf. 267 b). Sobald aber die vom Ausmaß der Erhebung überraschten Landesherren sich im »Schwäbischen Bund« zusammengeschlossen hatten und zum Angriff übergegangen waren, errangen die staatlichen Gewalten schnell entscheidende Siege. Gleichzeitig wandte sich Luther, der seine Vorstellung vom

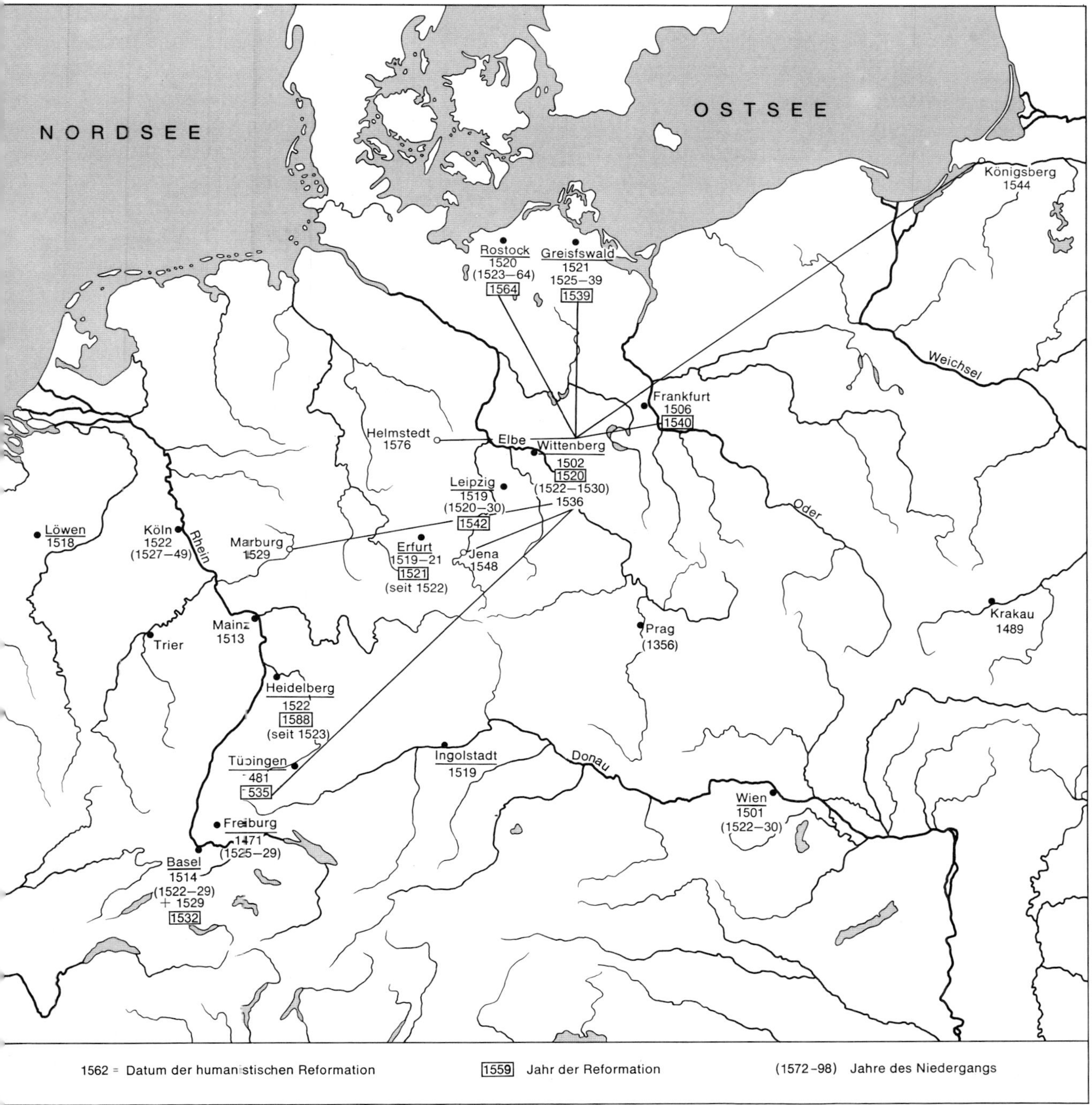

Karte XIV. Die deutschen Universitäten im Reformationszeitalter (nach L. Mackensen in: Deutscher Kulturatlas III, 223. Berlin)

Bauernkrieg aus dem mitteldeutschen Aufstand des Thomas Münzer gewann, von der »Ermahnung zum Frieden« und seiner Zustimmung zum »Weingartner Vertrag« immer heftiger »Wider die räuberischen und mörderischen Rotten der Bauern«

(Taf. 267 a) und trat auf die Seite des erstarkenden modernen Staates (Taf. 271 a und b). Der zweite Teil des Krieges war dann nicht mehr ein Bauern-, sondern ein Krieg der Landesfürsten, die gleichzeitig die Ritterschaft unterwarfen (Taf. 268 a und b).

Luthers Wendung trug zur bäuerlichen Niederlage nicht wenig bei. Diese wäre ohne seine Stellungnahme zwar militärisch nicht anders, aber sittlich und politisch weniger tiefgreifend und vernichtend ausgefallen; Denn nun konnten die Sieger sich auf Gottes Wort in Luthers Fassung berufen und als Vollstrecker eines Gott wohlgefälligen Werkes bezeichnen. Die Enttäuschung durch Luther hat erheblich dazu beigetragen, daß viele Bauern entweder zur alten Kirche zurückkehrten oder sich dem Sektierertum, etwa von Münster, zuwandten (Taf. 272), Luther also in einer Zeit verlorengingen, die auch auf anderen, vom ihm sorgfältig beobachteten Gebieten Veränderungen brachte — bei Paracelsus (Taf. 273 a) mit einer Wendung gegen ihn, bei Kopernikus (Taf. 273 b) mit Lehren, die er akzeptierte.

Freilich konnte die Reformation nun nicht mehr die Sache des ganzen Reiches werden. In der Geschichte der Reformation bedeuten Bauern- und Fürstenkrieg einen ebenso tiefen Einschnitt wie in der politischen und Sozialgeschichte: Die Reformation, im Begriff, eine Volksbewegung zu werden, geriet in den Bereich der Obrigkeit, die sich ihrer den Untertanen gegenüber bediente und die Institution der Kirche damit zu einem ihrer innenpolitischen Ordnungsträger machte. Die Tragik des Bauernkrieges lag darin, daß das sozial Wünschenswerte von der politisch schwächeren, ins Mittelalter zurückstrebenden Partei vertreten wurde, das im Umkreis erstarkender und ausgreifender National- und Großmachtstaaten praktisch Notwendige dagegen von der politisch »fortschrittlichen«, sozial »reaktionären« Seite. Das Ende des Kampfes mußte also, wie immer es ausging, empfindliche Nachteile mit sich bringen. Damit hängt es zusammen, daß nicht allein die Problematik des Bauernkrieges bis heute lebendig, sondern auch das Urteil über ihn in der Wissenschaft besonders stark mit der jeweils aktuellen politischen Situation verbunden, also schwankend geblieben ist.

Inzwischen verlief die religiöse Entwicklung auf eine sehr ähnliche Weise. Da das Reich Luthers Bewegung weder zu seiner Sache machte noch unterdrücken konnte, erhielten die Reichsstände auf dem Reichstag zu Speyer 1526 die Erlaubnis, sich in Glaubensfragen so zu verhalten, wie ihr Gewissen es ihnen befahl oder gestattete. Zumeist in lebendigem Verantwortungsbewußtsein machten sie sich an die Wiederherstellung der Ordnung im kirchlichen Leben, aus landesherrlicher Gewalt aber auch an die Festsetzung der Lehre durch staatliche Bestimmungen, von denen abzuweichen nicht gestattet wurde.

Luther hat sich diesen staatlichen Ansprüchen und Eingriffen in Religionsfragen gefügt, weil er anders die Auflösung des kirchlichen Lebens befürchten mußte. Zwar konnte er seit dem Wormser Reichstag die Ausbreitung des Protestantismus beobachten, der schließlich an die 70 oder 80 Prozent des deutschen Volkes ergreifen mochte. Aber was gepredigt wurde, war durchaus nicht immer Luthers Lehre im strengen Sinn. Schließlich empfand der Reformator es als seine Verpflichtung, die kirchliche Reform unter schonender Behandlung der alten Formen und Bräuche in geordnete Bahnen zu lenken, die Reinheit seiner Lehre zu erhalten, also den Rückfall ins Papsttum sowohl wie die Abirrung in die Verwilderung zu verhüten. Er bezahlte diese Gestaltgebung und Fixierung seiner Kirche damit, daß er aufhörte, der Nation als ein revolutionärer Held im Glaubens- wie im Bauernkrieg zu gelten. »Ändern mag leichtlich geschehen« so schrieb Luther, »der tolle Pöbel fragt nicht viel, wie es besser würde, sondern nur, daß es anders werde. Wenn es dann ärger wird, so will er abermals ein anderes haben. So kriegt er denn Hummeln für Fliegen und zuletzt Hornissen statt Hummeln.« Indem Luther so die religiöse Aufgabe vor dem Chaos der sozialen Revolution bewahrte, erreichte er das freilich nur um den hohen Preis ihrer landesfürstlichen Institutionalisierung, der beamtlichen Verknüpfung weltlicher und geistlicher Ordnung, der Vereinigung von Kirchengut und weltlichem Besitz.

Es gab gleichwohl noch Schwierigkeiten genug — mit der alten Kirche und in den eigenen Reihen. Als Karl V., den Zwingli und Luther als kaiserlichen Schiedsrichter angerufen hatten, 1530 zum Reichstag nach Augsburg zog, wo die Fugger (Taf. 192) als die deutschen Medici galten, und Peutinger (Taf. 275 a), der gerade jetzt mit der Verteidigung der Wirtschaftsmonopole einen seiner großen Tage erleben sollte, Stadtschreiber war, geriet er allerdings nicht unter den Einfluß des Erasmus (Taf. 278), der sich zu einem Kompromißvorschlag bereit hielt, sondern unter den des päpstlichen Legaten, der Ketzerkrieg, Inquisition und Zensur verlangte. Karl entzog sich diesem Radikalismus, wie er sich auch dem Luthertum fernhielt. Er dachte an einen großen einigenden Kreuzzug gegen die Türken, die 1526 nach Ungarn eingefallen waren und 1529 vor Wien erschienen (Taf. 274 a und b). Karl brauchte Hilfe gegen sie von allen Seiten ohne Ansehen der Partei und mußte sich daher mit der Confessio Augustana abfinden, die ursprünglich als Verteidigungsschrift gedacht war, schließlich aber den Charakter des Symbols der neuen Kirche erhielt und zur Grundlage des Schmalkaldischen Bundes wurde.

Während in den folgenden Jahren der Kaiser sein Weltreich ausbaute und festigte, gegen Türken, mittelmeerische Barbaresken und Franzosen kämpfte, im Innern mit der Einführung der fortschrittlichen Peinlichen Gerichtsordnung von 1532 (Taf. 277) beschäftigt war und während die Majorität der evangelischen Kräfte sich im Schmalkaldischen Bund organisierte, verbreitete sich die evangelische Lehre bis 1542 fast unbehindert.

Luther selbst, in den letzten 15 Jahren seines Lebens zunehmend von Krankheiten geplagt, reizbar, rechthaberisch und doch auch gütig, hat fleißig seine Pflicht als Professor erfüllt und über die Reinheit der Lehre gewacht. Während der politische Horizont für den Protestantismus sich zu verdüstern begann, die Welle der Begeisterung für die Reformation abebbte, die alte Kirche sich erneuerte und Kräfte zum Aufstieg sammelte, starb der Reformator am 18. Februar 1546 in seiner Geburtsstadt Eisleben. Die Geschichte der evangelischen Christenheit wurde für alle Zeiten von ihm geprägt — über die Konfession hinaus auch ein weiter Bereich des neuzeitlichen Christentums überhaupt.

Der Schmalkaldische Krieg (Taf. 276 b), der um diese Zeit durch die Weigerung der protestantischen Fürsten, vor einem Konzil ihre vorteilhafte Verbindung von Staat und Kirche noch einmal zur Diskussion zu stellen, unvermeidlich geworden war, zeigte schließlich auch die Grenzen des Kaisers gegenüber dem Papst und den katholischen Reichsständen. Allerseits einig aber war man sich geradezu in der Abneigung gegen Karls Versuch, das habsburgische Weltreich über seinen Tod hinaus dem Sohn Philipp zu sichern. Zum Mittelpunkt aller Auseinandersetzungen in jenen Jahren wurde, nachdem Johann Friedrich der Großmütige von Sachsen (Taf. 276 a) 1547 bei Mühlberg geschlagen und gefangen worden war — er verzichtete schließlich auf seine Kurwürde —, Kurfürst Moritz von Sachsen, der die Glaubensentscheidung zum Gegenstand machtpolitischer Überlegungen machte. Als er 1553 in der Schlacht bei Sievershausen den Tod fand, konnte man, nachdem der Gedanke der Wiedervereinigung der Konfessionen bereits endgültig aufgegeben worden war, zum Augsburger Religionsfrieden vom 25. September 1555 gelangen: Das Reformationsrecht und damit die Religionsfreiheit erhielten in diesem »letzten Stück der Reformationsliteratur« allein die weltlichen Reichsstände, so daß die Masse der Untertanen sich in ihrem Bekenntnis fortan nach ihrem jeweiligen Landesherrn richten mußte: cuius regio, eius religio. Dieser Religionsfriede hob faktisch die bis dahin bestehende religiös-kirchliche einheitliche Grundlage des Reiches auf. Zwar wurde damit die Weiterverbreitung des Protestantismus zu einer Zeit aufgehalten, da mehr als 75 Prozent des deutschen Volkes der neuen Lehre angehangen haben dürften, und der Gegenreformation auf ihrer ganzen religiös-kulturellen Breite der Weg geöffnet. Politisch aber förderte er den Ausbau der Territorialstaaten. Er beendete nach Karls V. Rücktritt zunächst die Religionskämpfe — aber um den Preis der anerkannten Spaltung.

Das Konfessionelle Zeitalter und die Glaubenskämpfe

Die Auseinandersetzung um den Glauben hatte in fast 40 Jahren den Protestantismus entstehen und sich formen lassen, darüber hinaus aber auch zu einer sehr beträchtlichen Steigerung der religiösen Aktivität und Reformbereitschaft bei den Katholiken geführt. Die Gegenreformation wollte die Ausdehnung des reformatorischen Geistes aufhalten und dazu verlorengegangene Gebiete zurückerobern — nicht zuletzt in der Sphäre der politischen Interessen. Während also die religiöse Spaltung die politische Ohnmacht des Reiches teils verursachte, teils verschärfte, während im Wirtschaftlichen der Rückschritt und Niedergang begann, dessen Ausmaß der Dreißigjährige Krieg später offenbar werden ließ, blühte im Religiösen — bei den Calvinisten mehr als bei den Lutheranern, am stärksten aber bei den Katholiken — ebenso wie in den Künsten und zum Teil auch in den Wissenschaften für einige Zeit ein neues stärkeres Leben auf. In der Politik dagegen zeigte sich nach dem Augsburger Frieden für lange Zeit Ermüdung und Ermattung. Immer stärker schob sich das Streben nach landesherrlicher Libertät vor den Reichsgedanken, während gleichzeitig deutlich war, daß die religiöse Auseinandersetzung mit dem Kompromiß von Augsburg nicht als beendet gelten konnte. Beide Problemkreise, der politische und der religiöse, hielten Deutschland gefangen im engsten eigenen Bereich und verhinderten seine Teilnahme an den Auseinandersetzungen sowohl um die Vorherrschaft in der Ostsee wie um das Schicksal der Niederlande.

Als Jahre der Ruhe hat man die Zeit von 1556 bis 1570 bezeichnet. Sie brachten hauptsächlich die Aufteilung des habsburgischen Weltreiches, die durch Ferdinands Kaiserkrönung 1558 sichtbar zum Ausdruck kam (Taf. 279). Daneben machte die gegenreformatorische Expansion in vielen kleinen und größeren Etappen Fort-

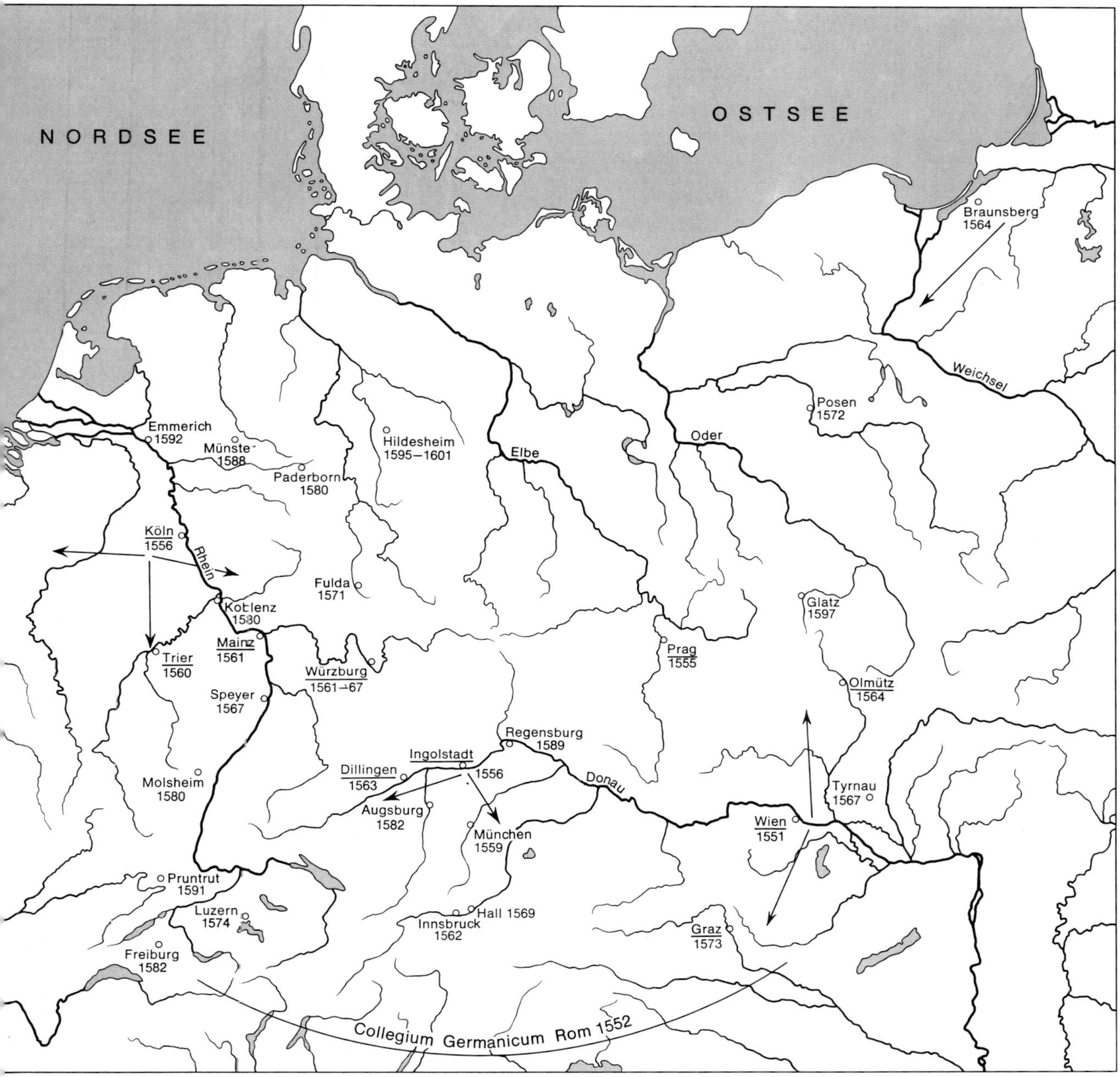

Karte XV. Der Jesuitenorden im 16. Jahrhundert (nach H. Stock in: Deutscher Kulturatlas III, 217. Berlin)

schritte: in Bayern und Fulda, in Dillingen 1563 bei der Überlassung der Universität an die Jesuiten (Taf. 269, Karte XV), offensiver 1582 beim Vorgehen gegen den Markgrafen von Brandenburg und gegen Aachen, höchst erfolgreich im »Kölner Krieg«. Dabei waren die Kaiserlich-Katholischen an der Hilfe gegen die Türken zunächst stärker interessiert als an einer entscheidenden großen Auseinandersetzung mit den Protestanten, diese selbst wiederum nicht einig und entschlossen zu einem Entscheidungskampf, der ganz Europa gegen sie vereinigen, das Reich zerschlagen und den Protestantismus mit Feuer und Schwert austilgen mochte.

Für die Protestanten erwies sich der große Türkenkrieg seit 1593 als eine Verringerung des Rekatholisierungsdrucks. Als dann schließlich der soeben erst zum Kaiser erhobene Matthias einen 20jährigen Waffenstillstand mit den Türken schließen konnte, erhielten damit die Habsburger nach einem Jahrhundert der Bedrohung im Südosten den Rücken frei — insgesamt für mehr als 70 Jahre.

In der gleichen Zeit vollzogen sich in den Staaten um die Ostsee bedeutende politische Veränderungen, an denen das Reich insofern beteiligt war, als die Hanse dort ständig an Macht und Ansehen verlor (Taf. 275 b), während sie auch in Deutschland selbst unter dem Druck der Territorialherren immer deutlicher Auflösungserscheinungen zeigte. Einst ein Symbol niederdeutscher Macht in Politik und Wirtschaft, wie die großen Handelsherren von Augsburg (Taf. 281 a), Ulm, Nürnberg mit seinen großen Stiftungen (Taf. 280) und anderen Städten Oberdeutschlands Führungskraft und Wirtschaftspotential repräsentiert hatten, befand sie sich nun am Ende ihrer internationalen wie ihrer deutschen Bedeutung, während einzelne ihrer Mitglieder, wie Köln (Taf. 281 b), wuchsen.

Eine deutsche Wirtschaftspolitik gab es so wenig wie jene Einheit von Nationalstaat und Wirtschaft, von erstem fürstlichem Absolutismus und Frühmerkantilismus in Westeuropa, die den Raum des eigenen Staates erfüllte und Expansionspolitik über die Grenzen auf die See und nach Übersee zu treiben begann. Das Bild der Wirtschaft in Deutschland wurde viel mehr seit der Mitte des 16. Jahrhunderts durch den Rückgang der noch vor kurzem für ganz Europa wichtigen Handels- und Kreditwirtschaft, durch das Schrumpfen der Hanse und die Stagnation der Landwirtschaft nach dem Bauernkrieg gekennzeichnet. Spanien, nicht Deutschland, wurde von den habsburgischen Herrschern in Amerika monopolistisch gestützt, die Silberflotte, nicht die Kornfahrt in der Sundschiffahrt zur Trägerin des Geldreichtums, der Diplomatie, der Rüstung und Kriegführung gemacht. Das Gebiet der Rheinmündung ging Deutschland gerade verloren, als dieser Raum zu höchstem wirtschaftlichem Rang aufzusteigen begann.

Kaiser und Reich halfen weder der Hanse gegenüber Skandinavien, England und den Niederlanden noch den Oberdeutschen, als deren überseeische Versuche unter großen Verlusten an Geld und Ansehen zusammenbrachen. Die Fürsten sahen nicht ungern, wie mit dem Reichtum der berühmten Handelsstädte in Nord und Süd auch deren politische Bedeutung zurückging. Unter solchen Umständen war es nicht erstaunlich, daß Deutschlands Handelsbilanz passiv wurde, sein Bergbau (Taf. 254, 282) dem Zustrom amerikanischen Silbers nach Spanien nicht mehr gewachsen war und der Reichtum anderer Staaten schnell über den deutschen hinauswuchs. Das Projekt der Reichsgrenzzölle von 1522/23 scheiterte wie andere Ansätze zu einer Reichswirtschafts- und -finanzpolitik am Widerstand des Territorialismus; die Durchführung der Reichsmünzordnung von 1599 blieb den Reichskreisen überlassen, die jedoch viel zu schwach waren, um die Territorialisierung auch des Münzwesens zu verhindern. Das alles schloß freilich nicht aus, daß es auch in der zweiten Hälfte des 16. Jahrhunderts noch so großartige Bürgerbauten gab wie in Hildesheim (Taf. 283) und Hameln (Taf. 284).

So war denn alles den Territorialstaaten anheimgegeben: die Entscheidung über Politik, Religion und Wirtschaft — was bedeutete, daß diese kein großes Maß erlangen konnten und die häufig sehr tüchtige Verwaltung durch meist studierte juristische Beamte die Entwicklung bestimmte, nicht aber die originelle Idee bedeutender Staatsmänner.

Die religions- und damit auch die machtpolitischen Fragen gerieten in Bewegung, als 1608, veranlaßt durch gegenreformatorischen Druck in Bayern, die Protestanten eine »Union« und anschließend 1609 die katholischen Reichsfürsten eine »Liga« gründeten. Immerhin dauerte es noch ein Jahrzehnt, bis über viele kleinere Gegensätze und einige Machtveränderungen bei den Habsburgern im Jahre 1618 mit dem Fenstersturz zu Prag (Taf. 286 b) und dem Böhmischen Aufstand der Große Krieg ausbrach (Taf. 285).

Er zog sich nach einem ersten Höhepunkt in der Schlacht am Weißen Berge (Taf. 286 a, 287) über sehr verschiedene Phasen in verschiedenen Gebieten drei Jahrzehnte hin; er schloß zwei Friedensverträge — 1629 in Lübeck, 1635 in Prag — ein, sah mehrfach wechselnde Fronten und wurde im Laufe der Zeit immer mehr aus einem gegenreformatorischen Religionskrieg zu einem machtpolitischen Duell zwischen Habsburg und Frankreich um die Hegemonie in Europa. Die beiden Hauptfiguren in dieser Auseinandersetzung waren Gustav Adolf von Schweden (Taf. 288), der im Juli 1630 mit 12 500 Mann in Vorpommern landete und, nachdem er 1631 Deutschland der Einheit sehr nahe gebracht hatte, schon 1632 in der Schlacht bei Lützen fiel, und Wallenstein, Fürst von Friedland, der eigenmächtig, politisch undurchsichtig, herrsch- und rachsüchtig bis zum Abfall vom Kaiser gehen wollte, schließlich aber am 25. Februar 1634 von eigenen Offizieren ermordet wurde, weil sie die geforderte bedingungslose Ergebenheit für ihn ablehnten und dem Kaiser treu bleiben wollten (Taf. 291, 292). War der Schwedenkönig nach des Friedländers Urteil »ein gewaltiger Soldat«, so bezeichnete Ranke diesen als einen Phantasten und Verräter, einen »geborenen Kriegsfürsten«, was in jeder Hinsicht nur halb zutraf.

Im Jahre 1644 wurden nach zahlreichen, nichts entscheidenden Schlachten (Taf. 289, 290) in blutigen, an Raub und Plünderung reichen Feldzügen durch das erschöpfte Deutschland endlich Friedensverhandlungen begonnen, die nach weiteren vier Jahren mühseliger Einzelbesprechungen über Territorial-, Konfessions-, Restitutions- und andere Fragen zunächst am 30. Januar 1648 im Frieden mit Spanien zur Verselbständigung der Niederlande als souveränem Staat und am 24. Oktober 1648 zum Frieden des Kaisers und der Reichsstände mit den Schweden in Osnabrück, mit den Franzosen in Münster führten (Taf. 293, 294). Die Instrumenta Pacis Westphalicae brachten außer dem Frieden auch eine Neuordnung Deutschlands. Geregelt wurde die Stellung der Konfessionen im Reich und in den Territorien, das Verhältnis der Stände zu Kaiser und Reich, schließlich dasjenige Deutschlands zum Ausland. In Deutschland brachte der Friede den Fürsten die »teutsche Libertät«: Er schränkte die Bedeutung des Kaisers auf ein Minimum ein und machte auch seine Außenpolitik von den Reichsständen abhängig, so daß er also nicht mehr allein, sondern nur mit den Reichstagen über Krieg, Frieden und Bündnisse entscheiden konnte. So weit bis knapp vor die volle Souveränität, reichten die Rechte der Landesherren, daß man fortan von der Ohnmacht des Reiches und nur noch von den

Reservatrechten des Kaisers sprach. Die Fürsten aber besaßen nun die volle Landeshoheit und das Recht, untereinander und mit auswärtigen Mächten Bündnisse zu schließen — jedoch offiziell nicht gegen Kaiser und Reich.

Frankreich und Schweden erhielten für ihre Beteiligung am Kriege »Entschädigungen« in Form von rein deutschen Gebieten. Die Kriegführung beider Mächte, insbesondere aber die der Schweden in Norddeutschland, ließ eine heftige Abneigung gegen sie zurück.

Insgesamt war dieser Friede die bis 1945 schwerste Katastrophe für Deutschland und die Deutschen. Dabei mußten auf die Dauer die Menschenverluste und die Zerstörungen von Städten, Dörfern usw. weniger schwer wiegen als z. B. der Umstand, daß alle deutschen Flußmündungen sich fortan, d. h. im Zeitalter des Merkantilismus, des wachsenden Seeverkehrs und der überseeischen Imperienbildung, unter ausländischer Kontrolle befanden, während gleichzeitig solchem Einfluß, besonders dem französischen, nicht der Widerstand eines geschlossenen, absolutistisch regierten oder in sich geeinten Reiches begegnete, sondern das partikularistische Libertätsbedürfnis und der Opportunismus der Landesherren sich zur Anpassung bereit zeigte.

Immerhin war wenigstens der Friede wiederhergestellt und das Ende der Religionskriege erreicht. Insofern bildete der Friede eine »Epochengrenze«: Ein grundsätzlich von Glaubens- und Konfessionsfragen beherrschtes Zeitalter neigte sich dem Ende zu. Fortan trat bei innerdeutschen und internationalen Konflikten das religiöse Moment immer stärker in den Hintergrund — bis es im 20. Jahrhundert in der säkularisierten Form der »Ideologie« und »Weltanschauung« erneut größte Bedeutung erhalten sollte.

Zwischen dem Dreißigjährigen Kriege und dem Tode Ludwigs XIV.

Dem Friedensschluß folgte ein neuer Anfang in einer Welt, die sich seit der Bildung von Union und Liga stark verändert und kompliziert hatte, in der Absolutismus und Merkantilismus, Großhandelskapitalismus und stehende Heere mit verbesserter Ausrüstung eine entscheidende Rolle spielten. An die Stelle der einheitlichen Christenheit trat nach 1648 deutlich das uneinheitliche »Europa« mit einer Vielzahl selbständiger Staatsindividualitäten, von denen keine die Oberhoheit einer anderen dulden und jede ihre Unabhängigkeit bewahren wollte, was, vorläufig noch unbewußt und unbemerkt, den Beginn eines Systems des politischen Gleichgewichts bedeutete.

Für mehr als eineinhalb Jahrhunderte bildete das Reichsgrundgesetz des Westfälischen Friedens die Basis der innerdeutschen Ordnung und einen integrierenden Bestandteil der europäischen Macht- und Gleichgewichtsverteilung, aus der sich freilich Frankreich energisch und mit dem Ziel der Hegemonie heraushielt. »Frankreich als Staat und Deutschland als Staat«, so schrieb am Ende dieser Zeit Hegel, »hatten beide dieselben Prinzipien der Auflösung in sich; in dem einen zerstörte er sie vollends und erhob sich dadurch zu einem der mächtigsten Staaten; in dem anderen gab er ihnen alle Gewalt und hob dadurch seinen Bestand als Staat auf.«

Sehr bald zeigte sich eine wachsende Neigung zu reichsständischen Föderationen und Bündnissen — die bedeutendsten waren der Rheinische Bund von 1654/55 und der von Mazarin geschaffene Rheinbund von 1658. Er bestand aus den drei Kurfürsten am Rhein, von Pfalz-Neuburg und Münster, Schweden für Verden und Bremen, den welfischen Herzögen, dem Landgrafen von Kassel und natürlich Frankreich. In den nächsten Jahren traten Brandenburg, Württemberg und andere Territorien dem Bunde bei, dessen deutsches Oberhaupt Johann Philipp von Mainz war, der erste mehrerer Schönborn-Herrscher über die »Pfaffengassen« an Rhein, Main und Mosel, ein Freund von Leibniz. Der Erklärung dieses Staatsphilosophen von 1679, »daß die deutsche Freiheit annoch wahrhaftig lebe und nicht nur in der Einbildung bestehe«, hätte der den Aufstieg seiner Familie einleitende maßvolle und klarsichtige geistliche Aristokrat freilich kaum zugestimmt.

Offiziell ein Schutzbündnis seiner Mitglieder, wollten diese das Reich vor der Gefahr der Zerreißung in einem neuen Krieg zwischen dem Kaiser und Frankreich bewahren; doch fürchteten sie mindestens ebensosehr die Macht ihres französischen Protektors. Im übrigen bestimmte weder dieser Bund noch der Kaiser die Politik in Deutschland; das taten vielmehr die größeren Territorien, die über eigene stehende Heere verfügten. Von ihnen wurde nach 1648 der Wiederaufbau geleistet, von ihnen damit der Charakter der Folgezeit bestimmt. Das bedeutete zugleich, daß der lange Zeitraum nicht einheitsstaatlich, sondern entsprechend den Individualitäten von Fürsten, Stämmen und Territorien sehr bunt und häufig in kleinen und kleinsten Gegensätzlichkeiten verlaufen mußte. Dabei stand auf der einen Seite der Vorteil reicher Vielfalt, auf der anderen der Nachteil kleinstaatlicher Enge; außerdem herrschte meist das Gegeneinander des Unterschiedlichen und bestenfalls das Nebeneinander des Gleichen mit unproduktivem Kräfteverschleiß in kräftearmer Zeit.

Am auffälligsten, krassesten und eindringlichsten erwies diese negative Seite sich in der Vielzahl territorialstaatlicher Merkantilismen — etwa beim Streben mittel- und süddeutscher Staaten nach eigener, dem Zeitgeist entsprechender Kolonialpolitik ohne Rücksicht auf die heimischen geographischen Gegebenheiten und bei dem Bemühen mitteldeutscher Territorien um den Aufbau direkter Handelsbeziehungen zu England. Solche Bestrebungen scheiterten nicht zuletzt an der aus Souveränitäts- wie aus Finanzgründen hartnäckig aufrechterhaltenen Tradition von Stapelrecht und selbständiger Zollpolitik vorgelagerter Staaten. Im Zeitalter der phantasiereichen, über die Ausgewogenheiten der Renaissance immer weiter hinausgreifenden Kunst von Manierismus und Barock gab es auch in der Politik und in der Auffassung der Herrscher von sich selbst und ihrer Stellung in der Welt viel Phantasterei und machtpolitische Gedankenspielerei.

Gemeinsam war diesen in mancher Hinsicht sehr verschiedenen Staaten der fürstliche Absolutismus und das immer deutlichere Zurücktreten der Stände. Wo, wie etwa in Hamburg, Frankfurt, Leipzig, weniger in Bremen und Lübeck, die ständische Form des politisch-gesellschaftlich-wirtschaftlichen Lebens bestehen blieb, da mußte sie sich nicht selten gegenüber mancher reformerischen Opposition bewähren und behauptete sich überhaupt nur auf dem Fundament wirtschaftlicher Prosperität.

Frankreich, sein Herrscher, der Hofhalt, seine Staats- und Wirtschaftsform, insbesondere aber seine großen Erfolge bildeten das leuchtende, verlockende, aber auch verführerische Vorbild für die deutschen Fürstenstaaten jener Zeit. Doch wurzelten diese, besonders die vielen kleineren unter ihnen, auch im altdeutschen Patriarchalismus und in einer bei Protestanten und Katholiken gleichermaßen spezifischen deutschen Frömmigkeit, so daß aus dem großformatigen französischen Regierungsabsolutismus bis Thüringen ein Verwaltungsabsolutismus wurde und die reizvolle westeuropäisch-überseeisch weiträumig konzipierte Merkantiltheorie in der Praxis der Duodezfürsten ihrer »Hausväterliteratur« und deren gutsbesitzerlichen Lehren weichen mußte. Nicht wenige der großen, wenngleich doch auch vielfach sehr gleichförmigen Leistungen in- und ausländischer Hofarchitekten unter Nachahmung französischer und italienischer Vorbilder in Dresden, München und mancher kleineren Residenzstadt mit Lustschloß, Fasanerie, Eremitage und Gemäldegalerie konnten nur aus fremden Zahlungen finanziert werden, die den Erbauer zu politischer Anpassung und Soldatenvermietung führen mußte. Ein eigener oder gar ein deutscher Staatsgedanke konnte sich unter solchen Bedingungen schwerlich entwickeln.

Dahinter standen dann die an Zahl durch Säkularisationen verringerten geistlichen Staaten, die zum Teil wie Köln, Münster und Paderborn dauernd einer weltlichen Dynastie, etwa der wittelsbachischen, angeschlossen waren oder sich über lange Zeiten in den Händen einer Familie, so etwa der Schönborn, befanden und von dieser geprägt wurden. Geistliche Fürsten wie jene oder Christoph Bernhard von Galen in Münster hatten als Herrscher ein Format, das auch unter weltlichen Staatshäuptern selten war.

Der allmähliche Aufstieg von Politik und Wirtschaft nach 1648 hatte seine Wurzeln und beachtlichsten Ergebnisse allerdings weniger in diesen Staaten und erst recht nicht in den vielen kleinen Reichsstädten, Grafschaften, Herrschaften, Ritterschaften, Reichsabteien und so weiter, sondern in den wenigen großen Territorien, die bis tief in das 19. Jahrhundert hinein das deutsche Leben bestimmten — an ihrer Spitze Brandenburg und Österreich.

Mit dem »Kleinfürsten an der Spree«, dem Kurfürsten Friedrich Wilhelm (Taf. 296), traten Brandenburg und Berlin (Taf. 295 b) aktiv in die große Politik ein: einer eindrucksvollen Persönlichkeit unter den vielen bedeutenden Männern jener Zeit von Gustav Adolf bis zu Peter d. Gr., von Richelieu bis zu Ludwig XIV., von Cromwell bis zu Wilhelm III. von Oranien, und ein neuer Machtstaat unter den großen Mächten. Man hat Frankreich und Brandenburg die beiden Zentren des kontinentalen Absolutismus genannt — sie waren auch seine Pole und Höhepunkte: im Westen mit dem Katholizismus, im Osten mit dem mehrgliedrigen Protestantismus als Grundlage verbunden, auf altem Kulturboden der eine, in jüngerem Kolonisationsraum der andere Staat beruhend. Beide erstrebten von binnenländischen Positionen aus kontinentale Expansion und, durch die Persönlichkeit ihrer Fürsten, Minister und Berater sowie getrieben vom Zeitgeist, nicht vom Volkstum her, See- und Überseepolitik und -macht (Taf. 295 a).

Aber Friedrich Wilhelm hat nie deutsche, Ludwig dagegen immer französische Politik getrieben. Daraus ergibt sich, daß die Politik des Königs stets geschlossen und geradlinig war, die des Kurfürsten dagegen wohl absolutistisch konzentriert, aber in dauerndem, häufig charakterlos wirkendem Wechsel erschien, obwohl sie zutiefst von der gleichen Grundtendenz fürstlichen Machtstrebens bestimmt wurde.

Schon die Zeitgenossen nannten Friedrich Wilhelm den »Großen« Kurfürsten. Er kam 1640 nach bereits langer Kriegsdauer zur Regierung und baute mit Subsidien und politischer Wendigkeit, doch nicht ohne Mißgriffe, sein Land wieder auf, reorganisierte und verstärkte sein Heer, mußte die Auslieferung Pommerns an Schweden im Jahre 1648 hinnehmen und hielt allen Aufbauanstrengungen zum Trotz den Blick stets auf das Meer und nach Übersee gerichtet — zu Regionen, die einem deutschen Territorialherrn auch dann auf die Dauer verschlossen bleiben mußten, wenn er einen Ostseehafen besaß.

Auf die Außenpolitik war ganz und gar Friedrich Wilhelms Innenpolitik zugeschnitten: die Auseinandersetzung mit den Ständen, die nach annähernd zwei Jahrzehnten mit seinem Sieg und dem Aufbau einer politisch, wirtschaftlich und militärisch konzentrierten Macht, mit der politisch wichtigen Existenz eines dem stehenden Heere entsprechenden Beamtentums und mit der Schaffung eines »praktischen Absolutismus« endete. Brandenburg war um 1660 der schlagkräftigste und zukunftsträchtigste deutsche Territorialstaat, allerdings um den Preis der zunehmenden Militarisierung, Disziplinierung und Entindividualisierung seines Lebens. Die wirtschaftliche Entwicklung entsprach der politischen Grundkonzeption und hatte zur Aufgabe, den Kampf um Gewinnung und Erhaltung der Macht mit den nötigen sehr bedeutenden Finanzmitteln durch ein neues Steuerwesen, die Kontribution genannte Grundsteuer und die nach niederländischem Vorbild — niederländische Erfahrungen und Theorien haben auch bei anderen Gelegenheiten Friedrich Wilhelms Maßnahmen und Zielsetzungen beeinflußt — geschaffene indirekt wirkende Akzise in den Städten zu versorgen.

Eine wichtige Epoche für die brandenburgisch-preußische Geschichte bildete die seit dem Potsdamer Edikt vom 29. Oktober 1685 besonders nachdrücklich betriebene Aufnahme von insgesamt etwa 20 000 französischen glaubensflüchtigen Hugenotten sowie Waldensern: tüchtigen Handwerkern, Kunstgewerblern, wohlhabenden Unternehmern und verbindungsreichen Kaufleuten (Karten XVI, XVII). Außenpolitisch gewann der Kurfürst durch eine geschickte Schaukelpolitik, die ihm den Ruf politischer Unzuverlässigkeit eintrug, die Anerkennung seiner Souveränität in Preußen.

In den habsburgischen Ländern bildete nach 1648 nicht die Zugehörigkeit zum Reich, sondern der gegenreformatorische Katholizismus das Hauptelement der in bezug auf das Reich zentrifugalen Politik Leopolds I. (Taf. 297, Karte XVIII). Auch hier galt es, zwecks Stabilisierung der Dynastie die Macht der Stände zu reduzieren oder zu beseitigen. Ebenso betonten die Habsburger ihre politische Unabhängigkeit gegenüber der Kirche. Ähnlich wie der Kurfürst von Brandenburg strebte Leopold nach Belebung und Konzentration der Wirtschaft zur Befriedigung der starken und ständig wachsenden finanziellen Ansprüche. Er entwickelte dabei die spezifisch österreichische Form des Merkantilismus, in dem, der binnenländisch-südostmitteleuropäischen Lage entsprechend, die Landwirtschaft den Vorrang einnahm und die Teilnahme am Welthandel nur sehr geringe Bedeutung gewann. Von dem Reichtum an Menschen und Bodenschätzen und den anschließenden Gewerben in diesem Staatswesen ohne einheitlichen Namen gingen die führenden deutschen merkantilistischen Theoretiker mit ihren Büchern und Plänen aus, als sie empfahlen, Österreichs Wirtschaft zum Range derjenigen von Holland oder England zu erheben. Fr. W. v. Hornigk sprach 1684 in seiner Schrift »Österreich über alles, wenn es nur will« aus, was auch J. J. Becher (Taf. 298) und W. v. Schröder anregten und versuchten. Leibniz schrieb 1679 mit dem Blick auf die nationalen, auch die österreichischen

Karte XVI. Die Hugenotten in Deutschland (nach H. Achterberg in: Deutscher Kulturatlas III, 217 a. Berlin)

Verhältnisse: »Wenn wir die Gaben Gottes genügsam zu brauchen wüßten, würde es uns kein Land so gar an Zierde und Bequemlichkeit hervortun ... Wer in das Innere schauet ... muß unser Deutschland loben, das ein rauhes Ansehen, aber einen nährenden Saft in sich hat.«

Karte XVII. Die Waldenser in Deutschland (nach H. Achterberg in: Deutscher Kulturatlas III, 217 b. Berlin)

Balancierte der brandenburgische Kurfürst seine Außenpolitik zwischen Polen, Schweden und Frankreich, so tat Leopold ähnliches zwischen Ludwig XIV. und den Sultanen. Das politische Leben beider Staaten erhielt damit den Charakter des Bedrohten, Ungewissen und der ständigen schweren finanziellen Belastung durch

Karte XVIII. Die Entwicklung des Jesuitenordens auf deutschem Sprachgebiet bis 1650 (nach P. Irlenborn in: Deutscher Kulturatlas III, 216 a. Berlin)

die Rüstung. Dabei erwies sich zwar der Kampf um die Selbstbehauptung im Südosten als ein solcher für das Abendland schlechthin, doch entstammte er so wenig europäischem Geist, wie Brandenburgs Politik aus deutscher Gesinnung erwuchs.

Für die Bewältigung dieser großen Aufgaben spielte Prinz Eugen eine entscheidende Rolle.

Bildete das Jahr 1661, in dem Ludwig XIV. die Selbstregierung antrat und der Großwesir nach der inneren Reorganisation der türkischen Staatsmacht sich der Außenpolitik zuwandte, für Österreich ein Epochenjahr ersten Ranges, so versuchte der Brandenburger in den nun folgenden politisch-militärischen Auseinandersetzungen das Areal, die Macht und den politischen Einfluß seines Staates zu vergrößern. In den Schlachten von Rathenow und Fehrbellin gewann er sich, als er die Schweden aus Norddeutschland vertrieb, den Beinamen »der Große«; doch unterlag er anschließend der Diplomatie Frankreichs, der europäischen Hegemonialmacht, die am Rhein über Pommerns Schicksal entschied: 1679 im Frieden zu St. Germain mußte der Kurfürst es den Schweden zurückerstatten. Alsbald schloß er sich dem französischen König an, dem er gegen Geld und Besitzgarantien Hilfe bei seinen Bemühungen um den Kaiser- und den polnischen Königsthron zusagte.

Nach allen Seiten gesichert, setzte Ludwig XIV. in Metz, Breisach und Besançon die sogenannten Reunionskammern ein, die alle Gebiete für Frankreich forderten, die irgendwann einmal von Gebieten abhängig geworden waren, die Frankreich vor 1552 »erworben« hatte. Damit erhob man den Souveränitätsanspruch über das ganze Elsaß unter Einschluß von Straßburg im Jahre 1681 sowie über zahlreiche weitere Gebiete bis dicht vor Aachen und Köln.

Diese Gewaltmaßnahmen riefen in Deutschland Empörung hervor und erleichterten die Neuorientierung der Mächte, die Ludwigs Absichten erkannten und es für lebenswichtig hielten, dem französischen Imperialismus entgegenzutreten, sofern sie die eigene Unabhängigkeit und Europa den Frieden erhalten wollten. Während schnell ein großes gegen Ludwig gerichtetes Bündnis zustande kam, blieb nur der Kurfürst von Brandenburg an dessen Seite. Er verriet damit zwar nicht eine »deutsche« Politik, da es eine solche gar nicht gab; aber er trug durch sein profranzösisches Gewicht in Norddeutschland wesentlich dazu bei, daß das Reich am Eingreifen gegen die Reunionspolitik gehindert wurde.

Indem Ludwig XIV. die seit Franz I. betriebene Verständigungspolitik gegenüber der Türkei fortsetzte, erleichterte er dieser den Krieg gegen Mitteleuropa, der nach der Vertreibung aller kaiserlichen Truppen aus Ungarn mit der Belagerung Wiens im Jahre 1683 seinen Höhepunkt fand (Taf. 299b). Nur langsam kam Entsatz vom Kaiser, aus Deutschland und Polen (Taf. 301), nicht dagegen von Brandenburg, das zu Ludwig XIV. hielt. Am 12. September 1683 wurde dennoch der Belagerungsring um Wien gesprengt (Taf. 299a, 300) und damit der Ausgangspunkt für Österreichs mächtige Expansion nach Osten geschaffen: Das bis dahin rein dynastische Gebilde wurde eine territorial geschlossene Ostmacht, allerdings ohne geschlossene Staatsform, es war eine Gruppe von Königreichen und Erbländern, ein Reichsgebilde, das sich in extremer politischer Dezentralisation zwischen dem religiös fundierten, in mittelalterlichen Formen erstarrten Zentralismus des Osmanischen Reiches und dem jungen, entwicklungskräftigen französischen Absolutismus immer wieder als politisch und militärisch überaus anfällig und damit für ganz Europa gefährlich erweisen mußte — ein Ziel der Politik anderer Großmächte.

Nach dem Abschluß eines langfristigen Waffenstillstandes mit Frankreich im Jahr 1684 unter Anerkennung der Reunionen und von Bündnissen mit Polen, Venedig und dem Kurfürsten von Brandenburg, dem Ludwigs Macht unheimlich zu werden begann, wandte der Kaiser sich energisch gegen die Türken: Seine Truppen siegten 1686 bei Ofen, 1687 bei Mohacs und erstürmten 1688 Belgrad; der Friede von Karlowitz im Jahre 1699 entriß den Türken Ungarn und Siebenbürgen. Inzwischen war Wien gegenüber Paris-Versailles der andere kontinentale Mittelpunkt geworden, dessen große kulturelle Leistungen besonders in Architektur und Musik weit über die Staatsgrenzen hinaus wirkten und bewundert wurden.

Die Steigerung von Ludwigs XIV. Ansprüchen, sein Hugenottenverfolgung und sein Anspruch auf Teile der Pfalz als Allodialerbe seiner Schwägerin »Liselotte« (Taf. 302 a) führten in Deutschland zur Bildung der Augsburger, ein Jahr später zu der einer »Großen« Allianz, während Ludwig, mit dem katholischen König Karl II. von England verbündet, auf das rechte Rheinufer und nach Köln griff.

Wie das Jahr 1661 für Österreichs Zweifrontenkrieg, so hat man für Europa 1688 als »Epochenjahr erster Ordnung« bezeichnet: England geriet mit Landung und Sieg des Oraniers Wilhelm III., des »geborenen Gegners Ludwigs XIV.«, gänzlich in das protestantische, antikatholische Lager. Im gleichen Jahre starb Kurfürst Friedrich Wilhelm von Brandenburg — ein Menschenalter hindurch neben Ludwig XIV. die dynamischste Persönlichkeit in der kontinentaleuropäischen Politik, ein Herrscher, der, indem er sich selbst und sein Territorium mit allen Mitteln zu Macht und Einfluß brachte, die Eigenart und Schwäche des Reiches wie die für dessen Gesamtheit gefährliche Weite der territorialfürstlichen Möglichkeiten deutlich sichtbar werden ließ, als er beide bis zum letzten ausnutzte. Seit dem Jahre 1684 hatte er, noch einmal mit dem Blick auf Pommern, das Meer und Übersee, eine Neuorientierung seiner Politik vorgenommen, die über militärische Hilfe für den Kaiser gegen die Türken, protestantischen Protest bei Ludwig XIV. und Aufnahme der Hugenotten bis zur Beteiligung an Wilhelms III. Unternehmungen gegen Jakob II. von England reichte. So wurde also Deutschland innerhalb kurzer Zeit dreimal in grundsätzliche Veränderungen Mittel-, Ost- und Westeuropas verwickelt: 1648, 1661 und 1688.

Friedrich Wilhelm war, wie der Historiograph Preußens und der deutschen Verfassungs- und Sozialgeschichte, Otto Hintze, geschrieben hat, »der erste Fürst des brandenburgischen Hauses, dem man eine welthistorische Stellung anweisen darf. Freilich war die Gebietsgrundlage seines Staates noch zu schmal und zu wenig zusammenhängend, das Gewicht seiner Machtmittel noch nicht schwer genug, als daß man ihn unter den Leitern der europäischen Politik nennen könnte... Man kann ihn als den Begründer des größeren brandenburgisch-preußischen Gesamtstaates bezeichnen...; er hat seinem Staatswesen den Geist eingehaucht, der die Schöpfung des modernen Großstaates vollbringen sollte: den Trieb zur Macht, die auf militärischer und finanzieller Grundlage ruht... Seine welthistorische Bedeutung ist sozusagen eine mittelbare: als der geistige Urheber der Größe des preußischen Staates hat er seine Stellung in der allgemeinen europäischen Geschichte. Diese Größe hat er selbst nicht mehr gesehen, aber er glaubte an sie mit einer Art von religiöser Zuversicht.« Seine Bedeutung für Deutschland lag einmal in der Schaffung des brandenburgischen und der Vorbereitung des preußischen Machtzentrums und politischen Kristallisationsraumes; sie lag zum anderen in der Übernahme fruchtbarer Staats- und Kulturideen aus dem hugenottischen und aus dem königlichkatholischen Frankreich sowie aus dem Calvinismus und Neustoizismus der Niederlande. Damit hat er seinen eigenen Staat und schließlich Deutschland um Kräfte der Intensivierung und Modernisierung bereichert, über die in Deutschland weder Katholiken noch Lutheraner verfügten.

Als die Ansprüche Ludwigs XIV. immer höher stiegen, mußte 1689 der Reichskrieg gegen Frankreich erklärt werden. Im gleichen Jahre schloß Wilhelm III. nach seinem Erfolg in England für dieses und Holland mit Kaiser und Reich die Große Allianz, der 1690 auch Spanien und Savoyen beitraten. Zum ersten Male stand Ludwig so eine starke und einige Koalition mit dem Ziel der Wiederherstellung des Westfälischen und des Pyrenäenfriedens von 1648/59 entgegen, während er selbst sich allein auf den absolutistischen Zentralismus seines von ihm politisch und militärisch gleich energisch regierten Landes verlassen konnte. Deutlich hatten die Verhältnisse sich gegenüber denen vor 1648 geändert: die katholisch-habsburgischen Mächte verbündeten sich mit dem protestantischen Oranier in einer Koalition, die sich gegen Frankreich und auch gegen den legitimen katholischen König von England richtete. Ja, sogar der Papst trat, empört über Ludwigs gallikanisches Staatskirchentum, in die Reihe der Gegner Frankreichs.

Aber als es zum Kriege kam, zog dieser sich unter schweren Verwüstungen in Süddeutschland, von denen die Vernichtung des Heidelberger Schlosses (Taf. 302b) und die Beraubung der Kaisergräber im Dom zu Speyer symbolische Bedeutung erhielten, ergebnislos in die Länge. Sein Ausgang beruhte weniger auf Siegen der einen und Niederlagen der anderen Seite als darauf, daß es Ludwig gelang, die gegen ihn gerichtete Koalition zu sprengen. Damit stand er bei dem auf schwedischen Anregungen beruhenden Kongreß und Friedensschluß zu Rijswick nicht mehr Verbündeten, sondern Einzelstaaten mit Sonderinteresse gegenüber. Gewandt spielte er diese gegeneinander aus, arrangierte sich zuerst mit England und Spanien und wandte sich dann dem auf diese Weise isolierten Kaiser und Reich zu. Infolgedessen brauchte er nur auf die Reunionen außerhalb des Elsaß zu verzichten.

In den gleichen Jahren war auch im Osten gekämpft worden. Dort begannen die Türken erneut den Krieg, eroberten Belgrad zurück und blieben erfolgreich, bis 1691 bei Slankamen der fortan »Türkenlouis« genannte Markgraf Ludwig von Baden einen großen Sieg über die türkische Hauptarmee errang.

In dieser Zeit großer politisch-militärischer Probleme kam der Neuwahl eines polnischen Königs nach dem Tode Johann Sobieskis 1696 besondere Bedeutung zu. Nach langen Intrigen Ludwigs XIV., der Polen als Drohung mit dem Zweifrontenkrieg gegen das Reich an die Stelle der unsicheren Türkei treten lassen wollte, wurde 1697 Friedrich August von Sachsen gewählt. Damit begann die zwei Generationen dauernde Verbindung Sachsens mit Polen, die bedeutende kulturelle Leistungen zur Folge hatte und nicht wenig zum deutsch-slawischen Bluts- und Geistesaustausch beitrug. Auch wurde hier die bereits im Gange befindliche Schwerpunktverlagerung des deutschen politischen Interesses nach Osten fortgesetzt, die bald durch den Frieden von Karlowitz und die Politik der Hohenzollern weitere Akzente und Antriebe erhielt.

Inzwischen erfocht am 11. September 1697 Prinz Eugen von Savoyen (Taf. 303) für Österreich seinen ersten großen Sieg über die Türken bei Zenta an der Theiß. Fortan waren diese nicht mehr für Europa gefährlich. Der Friede von Karlowitz brachte

1699 Österreich fast ganz Ungarn und Siebenbürgen ein. Doch wichtiger als solche Territorialgewinne, die auch Venedig, Polen und Rußland zufielen, war die vollständige Umkehrung des Machtverhältnisses im Südosten: Aus der Bedrohung von Christentum und abendländischer Kultur wurde allmählich die Orientalische Frage.

Die Türkei war nun nur noch bemüht, einen ständig kleiner werdenden Restbestand alter Größe als Grundlage staatlicher Macht und religiöser Expansion vor den Zugriffen europäischer Staaten zu bewahren, die nach Land, Handelsstützpunkten, Beherrschung der Meerengen und Schutz für Mittelmeerpositionen verlangten. Im Kampf gegen Franzosen und Osmanen war die österreichisch-ungarische Doppelmonarchie gegründet worden, eine Großmacht mit eigener Staatlichkeit und eigener Kultur — allerdings auch mit wachsender Verlagerung der politischen Interessen, der Wirtschaftsweise und der kulturell-völkischen Entwicklung aus Westeuropa und selbst aus dem Reich zu einem Dasein ganz eigener Prägung.

Der vom Großen Kurfürsten von Brandenburg geschaffene Staat stieg nach 1688 schnell auf, indem er auf See- und Überseepolitik verzichtete und zunächst nicht Machtzuwachs, sondern Konsolidierung des Erreichten und im Geiste der Zeit die Gewinnung der Königskrone anstrebte: den Aufstieg zu einer höheren Form der Staatlichkeit wie auch der Fürstlichkeit. Unter erheblichen Kosten und Verzichten brachte es der Nachfolger des Großen Kurfürsten dahin, daß er ein vollständig unabhängiger europäischer Souverän werden konnte, indem er die Übertragung der Krone durch den Kaiser als ein Lehnskönigstum vermied und am 18. Januar 1701 selber sich und seine Gemahlin im Schloß zu Königsberg krönte (Taf. 304). Er galt nun als erster deutscher Fürst neben dem Kaiser. Da August von Sachsen polnischer König war und diese Stellung erblich machen wollte (Taf. 307) und Georg Ludwig von Hannover (Taf. 305, 306) alle Aussicht für sich und sein Haus auf den englischen Thron hatte, konnte Kurfürst Friedrich sich diesem Aufstieg deutscher Territorialdynastien nur anschließen oder dahinter zurückbleiben. Friedrich tat nach den Erfolgen seines Vaters das, was spätestens sein Sohn oder Enkel hätte tun müssen, sofern Brandenburg nicht in die Gruppe der deutschen Mittelstaaten zurücksinken sollte.

Der Spanische Erbfolgekrieg, dessen militärischer Höhepunkt die größte Schlacht des Jahrhunderts bei Malplaquet (1709) war, wo Prinz Eugen wie vorher bei Zenta die östliche, so nun mit Marlborough gemeinsam die westliche Bedrohung der Freiheit Mitteleuropas zurückschlug, endete gleichwohl wieder einmal mit einem Erfolg Frankreichs, weil dessen Gegner nicht bis zum entscheidenden letzten Augenblick ihr Bündnis aufrechtzuerhalten vermochten: Karl VI., der Nachfolger des 1711 überraschend ohne männliche Erben gestorbenen Kaisers Joseph I. stand nach Vorfriedensschlüssen Englands und der Niederlande mit Ludwig XIV. plötzlich seit dem Frühjahr 1712 allein Frankreich bei den Friedensverhandlungen gegenüber und gelangte nur durch eine gewisse Vermittlung Englands dahin, daß im Frieden zu Rastatt im März 1714 derjenige von Utrecht bestätigt wurde: Frankreich mußte, geschwächt und weit von Colberts Höhepunkt des Merkantilismus entfernt, dem Reich den Besitzstand vom Kriegsbeginn konzedieren. Frankreichs zuverlässigste alte Bundesgenossen, die Türkei, Polen und Schweden, waren aus ihrer Großmachtstellung verdrängt, Rußland und Preußen im Begriff, Mächte von internationaler Bedeutung zu werden, Österreich war stärker denn je im Südosten, weniger als zuvor im Westen engagiert und an Spanien desinteressiert, und das kontinentaleuropäische Gleichgewicht endlich wurde von den Seemächten garantiert.

Der Utrechter Friede gab auch den deutschen Staaten die Möglichkeit, sich an dem 1699 ausgebrochenen Nordischen Krieg zu beteiligen, der sich bis zum Jahre 1720 hinzog: Nun erhielt Preußen endlich das von Friedrich Wilhelm angestrebte Vorpommern bis zur Peene und damit die Odermündung; doch waren seine Herrscher bis 1890 nicht mehr an maritimen Fragen interessiert.

Kriegsmüder als selbst nach dem Dreißigjährigen Krieg, atmeten die Völker West- und Mitteleuropas auf. Zwar waren die durch jenen großen Krieg verursachten Bevölkerungsverluste und finanziellen Schäden inzwischen im allgemeinen ausgeglichen, die meisten Wüstungen wieder in Bewirtschaftung genommen, die zerstörten Ortschaften im Wiederaufbau begriffen. Aber die Lage der Bauern hatte sich fast durchweg, besonders im Osten, durch Gesindezwangsdienst, Bauernlegen und andere Maßnahmen bis zur Erbuntertänigkeit sehr verschlechtert. Handel und Gewerbe Oberdeutschlands (Taf. 309 a) waren nicht mehr zu Größe und Form des 16. Jahrhunderts aufgeblüht, sondern hielten sich in engeren Grenzen. München blieb eine bescheidene Residenzstadt (Taf. 309 b). Der ehemals so betriebsame Fondaco dei Tedeschi in Venedig stand leer (Taf. 310 b), zumal die Bedeutung der Markusstadt selbst schnell verfiel.

Frankfurts Messen erlangten, zumal es eine heftige Leipziger Konkurrenz gab, nicht wieder die alte Weltberühmtheit. Kölns Handel stand unter niederländischem Einfluß (Taf. 308 a); Hamburg dagegen, seit 1648 die »einzige Luftröhre des Heiligen Reiches«, nahm einen schnellen Aufstieg; Bremen blieb weit dahinter zurück, und noch tiefer rangierten Lübeck (Taf. 308 b), Danzig und die anderen Ostseehäfen; Wien erlebte einen starken Aufschwung (Taf. 310 a).

Im ganzen stand Deutschland wirtschaftlich am Ende des 17. Jahrhunderts weit hinter den Westmächten. Dort ging die Entwicklung zur kapitalistischen Wirtschaftsweise überhaupt schneller voran als im Osten, gab es mehr Unternehmungslust und eine stärkere Entwicklung von Technik und Naturwissenschaften — insbesondere in dem Frankreich Ludwigs XIV. und Colberts.

Das Zeitalter des europäischen Gleichgewichts

Die Herstellung eines »europäischen Konzerts« — als Säkularisierung der universalistischen Reichsidee des Mittelalters — und die dauerhafte Verhinderung einer französischen Vormacht waren das positive und negative Ziel der Friedensschlüsse von 1713/14 und 1719/21. Aber ein solches Gleichgewicht setzte voraus, daß es in der Politik keine Entwicklung, nach den Friedensschlüssen keine neuen Ziele, unter den Fürsten keinen machtpolitischen Ehrgeiz gab. Für Kaiser Karl VI. (Taf. 311) dagegen stand im Mittelpunkt aller Überlegungen und Pläne die internationale Anerkennung der von ihm geschaffenen Thronfolgeordnung, der sogenannten Pragmatischen Sanktion, während die habsburgische Monarchie deutliche Zeichen wachsender Schwäche zu zeigen begann: Die Hoffnung auf eine innere Erhebung der Kaisermacht und des Reiches — seit 1683 durch ans Wunderbare grenzende äußere Erfolge genährt — »sank dahin zugleich mit der Geisteshaltung des Barock«.

In Mitteleuropa aber trat immer deutlicher die preußisch-österreichische Spannung als entscheidendes Problem in den Vordergrund.

Nachdem das Jahrzehnt von Friedrichs I. Königtum unter beträchtlichen Verschwendungen und Intrigen, seit 1709/10 im Osten der Monarchie auch unter Pest, Mißwuchs und Hungersnot vergangen war, bestieg 1713 »Preußens größter innerer König« Friedrich Wilhelm I. den Thron: »Unter Friedrich Wilhelm änderte der Staat sein Gepräge fast vollständig«, schrieb später Friedrich d. Gr. über die Bedeutung seines Vaters (Taf. 312). Die Änderung erfolgte nicht durch Krieg und Diplomatie, sondern dadurch, daß der »Soldatenkönig« als staatsmännische Gründergestalt rationalisierend, konzentrierend und disziplinierend, traditions- und typenbildend gewirkt hat, so daß seine Leistungen, fördernd wie hemmend, über das Werk Friedrichs II. und Bismarcks hinaus in wesentlichen Zügen sogar den Zusammenbruch von 1918 überdauert haben, zum Ferment noch in der Weimarer Republik wurden und, nach der verfälschten Usurpation des Historischen durch Hitler, als »Preußentum« selbst noch in der Zeit nach 1945 sowohl bekämpft als auch beschworen worden sind.

Das Hauptergebnis von Friedrich Wilhelms Leistung bestand darin, daß er Brandenburg-Preußen durch innenpolitische Reformen zur stärksten Macht in Deutschland erhob und seinen Aufstieg in die Gruppe der europäischen Großmächte ermöglichte. Dazu gehörte in erster Linie die Vergrößerung und Verbesserung des Heeres, danach die Gesundung der Staatsfinanzen. Das erforderte wiederum, daß der Staat zentral zusammengefaßt, die Verwaltung energisch gestrafft und der Absolutismus intensiviert werden mußte. Protestantische Sittenstrenge und Religiosität, aber auch das Vorbild Peters d. Gr. sowie Schroffheit, Unberechenbarkeit, Jähzorn und Mißtrauen führten den König an den Rand des Normalen. Sein wichtigstes Regierungs- und Verwaltungsinstrument war das 1722 geschaffene Generaloberfinanz-, Kriegs- und Domänen-Direktorium, das »Generaldirektorium«, dessen Organisation deutlich erkennen läßt, wie die Staatsverwaltung sich auf dem Wege vom Territorial- und Provinzialprinzip zum großstaatlichen nationalen Zentralismus befand.

Dem politischen Zentralismus entsprach in der Wirtschaft gleichfalls ein auf den Absolutismus des Herrschers hin orientierter, populationistisch betonter Merkantilismus, der, angesichts des Fehlens von bedeutenden Edelmetallquellen in der Heimat oder in Übersee, im Gewerbe oder im Großhandel, Menschen »für den größten Reichtum« erklärte und daher die Einwanderung — hauptsächlich von Protestanten — förderte (Taf. 313, Karte XIX). Parallel zum Heer und dessen einzigartiger Verknüpfung des Offizierskorps mit dem in seinen politischen Rechten zunehmend verkürzten Bauern- und Soldatentum schuf der König in der Staatsverwaltung ein Beamtentum, das ebenso streng diszipliniert, ihm allein verantwortlich, seiner Person ergeben, selbstlos und für den Fiskus sparsam, häufig aber auch geistig eng war. Auch die Wissenschaft wollte der dem Pietismus nahestehende Monarch, wie das Schicksal des Philosophen Wolff zeigt (Taf. 314), dieser protestantisch-absolutistischen Gesellschafts- und Staatskonstruktion einordnen.

Außenpolitisch ist Friedrich Wilhelm ideenlos, unselbständig, ängstlich um die Erhaltung seines kostbaren Heeres besorgt und bestrebt gewesen, seinem Sohn und Nachfolger (Taf. 316) dieses Machtinstrument möglichst stark zu hinterlassen. Bei seinem Tode im Jahre 1740 war Preußen an Einwohnerzahl die zwölfte, an Sol-

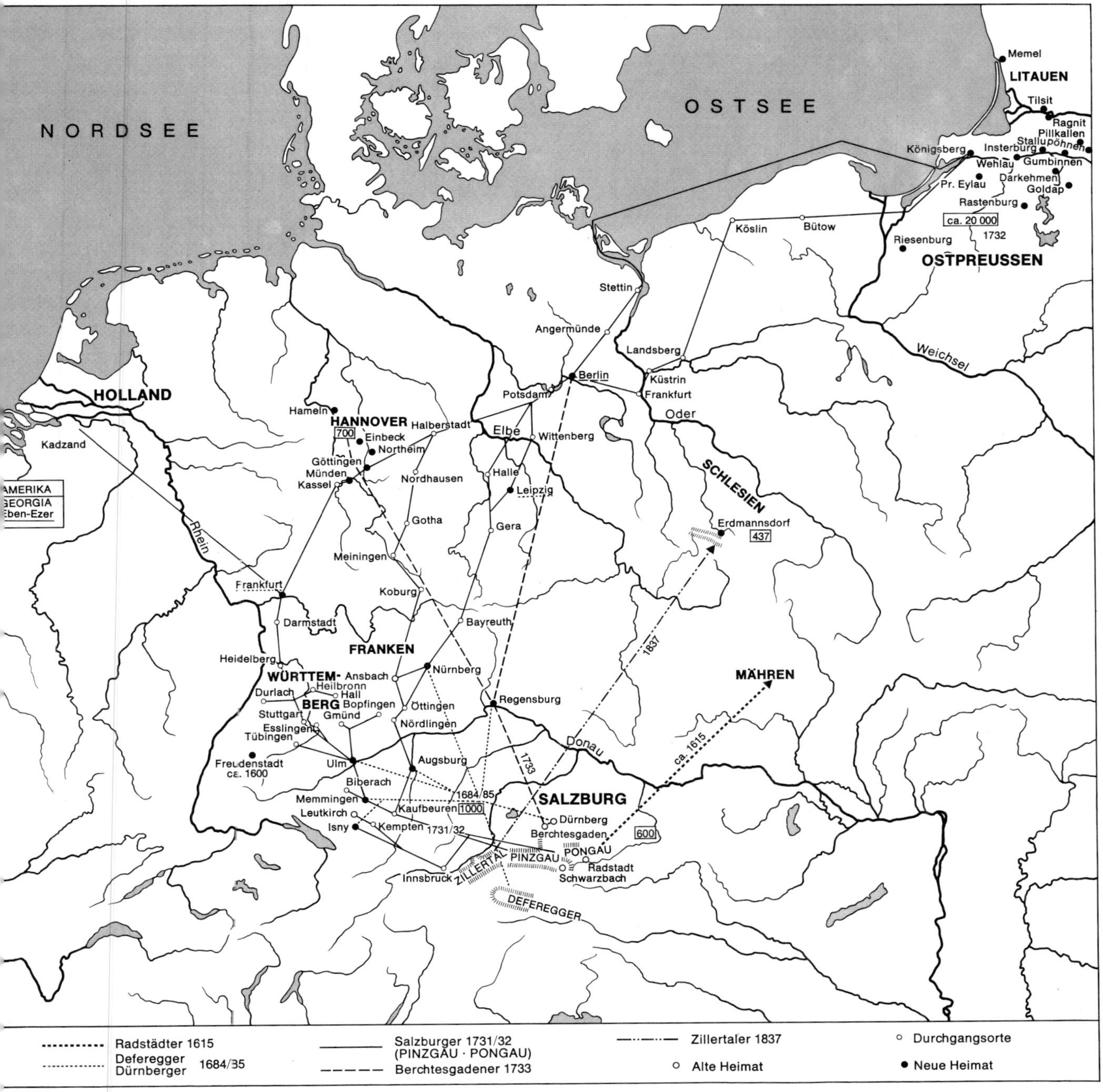

Karte XIX. Die Salzburger Emigranten (nach H. Achterberg in: Deutscher Kulturatlas III, 217c. Berlin)

datenzahl die vierte, der Qualität nach jedoch die erste Militärmacht Europas, die allerdings jährlich von sieben Millionen Talern Gesamteinnahmen drei Millionen auf das Heer verwandte.

Während Preußen so zu einer militärischen Großmacht gesteigert wurde, mußte Österreich zwischen 1683 und 1739 drei Kriege führen. Sie brachten zwar eine territoriale Ausweitung nach Osten, eine energischere Zusammenfassung Ungarns mit Österreich sowie 1714 Landgewinne aus der spanischen Erbschaft in allerdings sehr exponierten Gebieten, aber auch nach dem Tode des Prinzen Eugen im Jahre 1736 schwere Rückschläge mit dem Verlust Belgrads, Serbiens und weiterer Gebiete sowie Rußlands Auftreten als Rivale auf dem Balkan. Außerdem zeichnete sich immer deutlicher ab, daß nach Karls VI. Tod infolge des Fehlens von männlichen Erben eine Frau den Thron besteigen würde (Taf. 315). Um diesen Erbgang zu sichern, suchte der Kaiser bei den Erblanden sowie im Ausland die Zustimmung zur »Pragmatischen Sanktion« zu erreichen. Sie nahm seine ganze diplomatische Aktivität in Anspruch, so daß darüber und über den verschiedenen Kriegen die innere Entwicklung der Monarchie zu kurz kam. Die ständigen Feldzüge ließen die Finanzschwierigkeiten mächtig anwachsen; mehrmals drohte der Staatsbankrott, der nur durch immer neue, immer ungünstigere Anleihen abgewendet werden konnte.

Als im Mai 1740 König Friedrich Wilhelm I. und im Oktober Kaiser Karl VI. starben, hinterließen beide Herrscher ihren Kindern, den Gestaltern eines neuen Zeitalters, Deutschland als Feld einer ganz Europa in Mitleidenschaft reißenden Gegnerschaft.

Friedrichs II. Jugend war bis zur Thronbesteigung bestimmt durch das harte, freudenarme Leben am väterlichen Hof und durch die Katastrophe des Fluchtversuches im Jahre 1730 mit seinen Folgen. Von seinem Vater übernahm er — nach einer »zweiten Erziehungszeit«, in der er das spezifisch Preußische des Staates in sich aufnahm — die Grundsätze des Heeresaufbaus und der Innenpolitik. Darüber hinaus aktivierte er sofort nach der Thronbesteigung die Außenpolitik und überfiel unmittelbar nach dem Tode des Kaisers Österreich, das unter Maria Theresias Herrschaft »ohne Geld, ohne Kredit, ohne Armee, ohne eigene Erfahrung und Wissenschaft, endlich auch ohne allen Rat« in einem Kampf, der sich — 1742 bis 1744 durch eine kurze Friedenszeit unterbrochen — 1745 zum europäischen Krieg ausweitete, unterlag und Schlesien abtreten mußte. Der zweite Schlesische Krieg bestätigte im Dresdener Frieden Friedrich im Besitz von Schlesien. Doch gelang Frankreich nicht die Zertrümmerung des Habsburgerreiches und die Rückgewinnung der Machtposition, die ihm 1713/14 genommen worden war. Preußens Aufstieg zur Großmacht war vollzogen und anerkannt, der Dualismus in Deutschland fortan eine politische Haupttatsache und der entscheidende Schritt zur Umwandlung, letztlich zur Auflösung des Reiches getan.

Die folgenden Jahre wurden von Friedrich und Maria Theresia zur Auffüllung des Staatsschatzes, zur Wiederherstellung und Hebung der wirtschaftlichen Leistungsfähigkeit ihrer Länder, zur Stärkung und Reform der Heere benutzt, da beide Staatsoberhäupter weder dem Frieden trauten noch auch bereit waren, ihn zu halten. Insbesondere nahm die Kaiserin den Verlust Schlesiens nicht als endgültig hin und trachtete nach der Rückgewinnung ihrer wertvollsten Provinz.

Zum dritten Schlesischen, zum Siebenjährigen Krieg, gaben schließlich außerdeutsche Ereignisse den Anstoß: neue englisch-französische Kämpfe um koloniale Fragen, an die sich dann europäische Bündniskombinationen anschlossen. Als Friedrich II. mit England einig geworden war, ein russisch-österreichisches Bündnis einstweilen nicht zu fürchten brauchte und erfuhr, daß Maria Theresia sich noch nicht kampfbereit fühlte, entschloß er sich im August 1756 zum Angriff auf Sachsen, um dessen Beteiligung am Kriege auf österreichischer Seite zuvorzukommen.

Mit Friedrichs Einfall in Sachsen begann ein Kampf, der ein Weltkrieg wurde. An ihm nahmen außer Dänemark, Holland, den südeuropäischen Staaten und der Türkei alle europäischen Mächte mit ihren Kolonien teil. Doch kam den Kämpfen in Deutschland insofern eine besondere Bedeutung zu, als durch Friedrichs Erfolge den Engländern die Eroberung Kanadas und die Festigung ihrer Weltmachtstellung wesentlich erleichtert wurde. Zugleich entwickelte sich die preußische Großmacht, personifiziert und glorifiziert in Friedrich d. Gr., in Europa zu einem immer wichtigeren Faktor.

In den ersten Jahren führte Friedrich einen Angriffskrieg, bis ihn die Niederlagen bei Hochkirch 1758 und bei Kunnersdorf 1759 zu der Erkenntnis brachten, daß seine Verluste an wachsenden Fronten für eine solche Kriegsweise zu schwer wurden. So stellte er sich auf die Defensive um und suchte seit 1760 den Frieden, der jedoch nach dem Zerfall des preußisch-englischen Bündnisses und dem »Mirakel des Hauses Brandenburg« — dem Tode der Zarin Elisabeth und dem Bündnis ihres Nachfolgers Peter III. mit Preußen — erst im Februar 1763 in Hubertusburg zustande kam: der territoriale Bestand von 1756 wurde bestätigt.

Fortan gab es in Deutschland und Mitteleuropa keine beherrschende Zentralmacht mehr, sondern zwei einander feindlich gesonnene deutsche Großmächte, ein »drittes Deutschland« zwischen ihnen und einen erneut wachsenden Einfluß des Auslandes auf die Ereignisse in Deutschland.

Nach 1763 begann der Wiederaufbau der beiden Staaten, die unter dem Kriege sehr gelitten hatten. Der friderizianische Merkantilismus, sein Militarismus und Bürokratismus wurden zu einer — allerdings nur unter der genialen Leitung des Königs — festen Einheit zusammengefaßt. Die erschöpften Staatsfinanzen, insbesondere das Münzwesen, erholten sich im Rahmen erster Ansätze zu einer industriellen Revolution, wobei jedoch nicht freies preußisches Unternehmertum, sondern Ausländer, insbesondere Franzosen, und staatlich gelenkte Unternehmungen die führende Rolle spielten und Friedrich nach Novalis' Urteil »Unternehmer einer großen Staatsmanufaktur« wurde. Dabei stand die neugewonnene Provinz und in dieser der Bergbau unter der zielbewußten Leitung von Heinitz im Vordergrund (Taf. 317 b).

Die unter Friedrich Wilhelm I. begonnene Justizreform wurde unter Coccejis (Taf. 317 a) Leitung fortgesetzt und erreichte 1794 ihren Höhepunkt und Abschluß im Allgemeinen Preußischen Landrecht, von dem die Entwicklung zum Verfassungsstaat des 19. Jahrhunderts führte.

Der absolute Staat als solcher existierte bei Friedrichs Thronbesteigung bereits. Aber der große König stellte den Staat nun mit vollem Bewußtsein über die Dynastie, während er ihn zugleich aufs energischste zusammenfaßte, was etwa im Übergang von den Provinz- zu Fachministerien zum Ausdruck kam. Dieser Staatsbildung lief ein gewisses Zusammenwachsen des Volkes zur Nation parallel.

Die Urteile der Zeitgenossen und Historiker über Maria Theresia stimmen überein in einem fast unbeschränkten Lob ihrer Persönlichkeit, ihrer Güte, politischen Klugheit, Frömmigkeit und Würde. Nach Anfängen seit 1747 wandelte sie Österreich zwischen 1763 und 1780 in einen modernen absolutistischen Staat um. Seit 1746 setzte sie in Böhmen und Niederösterreich die Gründung von Fabriken und Gewerben unter Beteiligung des Hofadels durch, um auf diese Weise den Verlust Schlesiens einigermaßen auszugleichen, während die Vergrößerung der Bevölkerungszahl die Steuer- und Wehrkraft steigern, der Ausbau von Triest und Fiume, die Gründung von Levantekompanie, Bank und Börse den Export und die Teilnahme am Welthandel ermöglichen bzw. verstärken sollten. Doch konnten solche Ansätze im äußersten Winkel der Adria nie große Bedeutung erlangen: seiner Natur nach blieb Österreich ein Binnenstaat. Maria Theresia führte — wie Friedrich — große Rechtsreformen durch, die in der Halsgerichtsordnung 1768 und im Verbot der Tortur 1776 Höhepunkte erhielten.

Sofort nach 1763 begann der zweite Abschnitt der Reformen — auch er diente in erster Linie wieder der Stärkung der Wehr- und Finanzkraft, wobei seit 1765 Kaunitz (Taf. 318) und Joseph II. eng zusammenwirkten. Nun gelang nach 1771 die Gesundung der Staatsfinanzen — nicht zuletzt durch die Begünstigung der bürgerlichen Berufe —, wurde die Bauernbefreiung in Angriff genommen und die Ostkolonisation fortgesetzt. In der stärkeren Heranziehung des Adels und der Geistlichkeit zu Leistungen für den Staat, in der Aufhebung des Jesuitenordens und der Behauptung der Souveränität des Staates gegenüber der Kirche und in der Modernisierung des Unterrichtswesens machten sich erste Ansätze des sogenannten Josephinismus bemerkbar. Dabei spielte im geistigen Bereich der 1745 auf Betreiben von Kaiser Karl und Kaunitz zum Leibarzt Maria Theresias und zum Professor berufene van Swieten (Taf. 321 a) eine beträchtliche Rolle.

Insgesamt wurde der Absolutismus in Preußen weit schärfer entwickelt als in Österreich, wo viele Standes- und Provinzialtraditionen sich behaupten konnten und die Kirche (Karte XX), Josephs Mitregierung, die Heiratspolitik und christlich-humanitäre Komponenten ein gewisses Gegengewicht bildeten. Innerhalb Deutschlands waren Maria Theresia und Friedrich II. im 18. Jahrhundert die stärksten zum Staatsdenken drängenden Fürstenpersönlichkeiten. Gleichwohl wurden 1780 und 1786 beim Tode der beiden historisch gewordenen Gestalten Äußerungen der Freude laut: Fortschrittliche Zeitgenossen hofften auf Reform und Fortschritt nach den Jahrzehnten des Absolutismus. Je weiter späterhin der preußisch-österreichische Dualismus in die Geschichte zurücktrat, um so stärker wurde von den Historikern beider Staaten der geschichtliche Rang von Kaiserin und König nicht mehr gegeneinander abgewogen, sondern als zweiteilige Gesamtleistung in und für Mitteleuropa und darüber hinaus als bedeutendste Erscheinung in der Fürsten- und Staatengeschichte der Jahrzehnte zwischen dem Tode Ludwigs XIV. und dem Wirken Napoleons beurteilt.

Die lange Friedenszeit nach 1763, in der Friedrich II. und Joseph II. zeitweise eine Verständigung und Übereinkunft anstrebten, erhielt einen gewissen Höhepunkt in der ersten grundlegenden Teilung Polens.

Bereits in seinem ersten Politischen Testament von 1768 hatte Friedrich d. Gr. geschrieben: »Ohne die Eifersucht seiner Nachbarn, die mit bewaffneter Hand die Eroberungsgelüste ehrgeiziger Fürsten in den Schranken der Mäßigung halten, wäre Polen längst unterworfen.« Zu dieser Zeit waren gerade die großen Mächte

Karte XX. Entwicklung des Jesuitenordens auf deutschem Sprachgebiet von 1650 bis 1780 (nach P. Irlenborn in: Deutscher Kulturatlas III, 218 a. Berlin)

Rußland und Preußen entschlossen, Polen zu verkleinern, was 1772 auf Betreiben Josephs II. unter Beteiligung Österreichs geschah: Polen wurde um 4000 Quadratmeilen und fünf Millionen Menschen, d. h. um fast ein Drittel seines Bestandes, beraubt.

Als 1777 Kurfürst Maximilian Joseph von Bayern starb, erhob Joseph II., der allgemein zu einer energischen Machtpolitik selbst unter der Gefahr des Krieges neigte, recht anfechtbare Erbansprüche und ließ seine Truppen nach Bayern einmarschieren. Preußen legte Einspruch ein, Bayern protestierte beim Reichstag, auch Sachsen trat gegen Österreich auf, und Friedrich d. Gr. galt plötzlich in Deutschland als Beschützer der Reichsfürsten gegenüber Habsburgs Expansionsversuchen. Schließlich kam es 1779 zum Frieden von Teschen, der Bayerns Unabhängigkeit um den Preis des Innviertels rettete, Friedrichs Ansehen steigerte und das System des Gleichgewichts im Reich bestätigte.

Im November 1780 starb in ihrer großartig sich ausdehnenden Hauptstadt Wien (Taf. 321 b, 323) Maria Theresia (Taf. 320). Friedrich II. und andere deutsche Fürsten betrachteten mit Besorgnis, wie nun Joseph II. als Alleinherrscher immer stärker nach Ausdehnung des habsburgischen Machtbereiches drängte, so daß sich schließlich 1785 die drei Herrscher von Preußen, Sachsen und Hannover zur Aufrechterhaltung des Status quo gegen ihn zusammenschlossen. Angesichts eines so ungewöhnlichen Bündnisses mußte Joseph auf seine aggressive Reichspolitik verzichten; ein weiteres Ergebnis war allerdings, daß das Reich damit einen neuen Schritt auf die Selbstauflösung zu tat.

Im August 1786 starb Friedrich d. Gr., der »Alte Fritz«, dessen Herrschaft und Staat, symbolisiert durch Sanssouci und das Stadtschloß zu Potsdam (Tafel 324), zu den bedeutungsvollsten Ereignissen und Ergebnissen in der neueren deutschen Geschichte gehört haben (Taf. 319). Allerdings ließ sich sein System der unmittelbaren, ganz persönlichen Staatsleitung durch den König selbst nicht vererben. Da dieses System die Heranziehung befähigter Mitarbeiter verhindert hatte, fehlten solche nun nach dem Tode des Genies, das doch auch schon in den letzten zehn Jahren deutlich seine Grenzen hatte erkennen lassen. Hier nahm die Katastrophe ihren Anfang, die zwanzig Jahre später in Jena und Auerstedt den Höhepunkt erreichte. Ähnliches ereignete sich später in und nach Bismarcks Zeit.

Ein Jahrzehnt lang hat Joseph II. (Taf. 322) Österreich allein geleitet. Seine Innenpolitik zielte in Fortsetzung theresianischer Absichten auf die Schaffung eines zentralistisch regierten, ständische Einflüsse und städtische Selbstverwaltungskräfte unterdrückenden, Bürokratie und Polizei verstärkenden österreichischen Einheitsstaates. Er förderte das Eindringen Bürgerlicher in die Verwaltung, verärgerte damit jedoch den Adel. Die mehr physiokratisch als humanitär begründete Bauernbefreiung und das Toleranzpatent von 1781/82 sollten Bürger, Bauern und Nichtkatholiken dem Staat gewinnen, was wiederum Adel und Kirche ebenso aufbrachte wie deren 1785/89 festgesetzte stärkere Heranziehung zur Steuerzahlung. Die physiokratischen Lockerungen des Merkantilismus führten zur Auflösung der alten Einheit in der Wirtschaftspolitik. Dagegen ist die Kinderschutzgesetzgebung von 1786 schon zu Beginn des industriellen Zeitalters für den europäischen Arbeiterschutz bahnbrechend geworden, während das Strafrecht der Josephina 1788 einen erheblich mildernden Schritt über die »Nemesis Theresiana« hinaus darstellte.

In dem vielgestaltigen Widerstand gegenüber Josephs Neuerungen lagen die wirksamsten Triebkräfte für die Völkererhebungen in Ungarn und in den Niederlanden gegen den »Josephinismus«, die die Zuverlässigkeit jener Außenposten herabsetzten und auch das innere Gefüge Österreichs gefährdeten, die Außenpolitik erschwerten und behinderten und Friedrichs d. Gr. Vorgehen in den achtziger Jahren erleichterten. So flossen die Tendenzen des Fürstenbundes mit innenpolitischen und religiösen Protesten gegen Joseph sowie mit dem Widerstand in östlichen und nordwestlichen Randgebieten seines Reiches zusammen. Gegenüber einer solchen weitgespannten Opposition sah der schnell gealterte Kaiser sich Anfang 1790 auf dem Serbebett zum Widerruf wesentlicher Maßnahmen gezwungen, ohne doch die durch sie angerichteten Schäden und hervorgerufenen Abneigungen wieder beseitigen zu können. Mit 49 Jahren beendete Joseph seine Laufbahn, als gerade ein ganz neuer bürgerlicher Freiheitsbegriff sich zu erheben begann, den er nicht verstehen konnte. Und dennoch hat dieser überaus lebhafte, als idealistisch verehrte und als herzenskalt gefürchtete Herrscher bis tief in das 19. Jahrhundert hinein eine sehr bedeutende Wirkung ausgeübt: Sein Reformwesen hat auf das österreichische Staatswesen und die kirchliche Entwicklung außerordentlich anregend gewirkt.

Der preußische König Friedrich Wilhelm II. dagegen, der 1786 unter den günstigsten außenpolitischen Umständen den Thron bestieg und von dem man die Beseitigung des erstarrten Friderizianismus erhoffte, versagte innen- wie außenpolitisch. Sehr schnell verging seine Beliebtheit. Das Volk, das in den undurchsichtigen Zeiten der Revolution einen entschlossenen, von Europa respektierten König vorgezogen hätte, verlor das Vertrauen zu diesem Herrscher, der sich unfähigen Beratern auslieferte. Im Jahre 1792 stand fest, daß Preußen innerhalb weniger Jahre seine einflußreiche Großmachtstellung eingebüßt hatte: das außenpolitische Prestige war verringert, die innenpolitische Basis geschmälert. Mit dem Koalitionskrieg und der zweiten Polnischen Teilung tauchten neue schwierigste nationale und internationale Probleme auf, während ganz Mitteleuropa dem seit Jahrzehnten herangewachsenen, seit Jahren bestehenden und um sich greifenden Phänomen der Revolution in Frankreich gegenüberstand.

Neben oder hinter den beiden großen Staaten gab es in Deutschland »Das Reich« — gewiß nicht vor ihnen. Es wurde recht eigentlich von den Mittel- und Kleinstaaten gebildet und führte in vieler Hinsicht sein eigenes, sehr buntes Leben der geistlichen und weltlichen Territorien, Reichsstädte, Enklaven und Exklaven, die fast insgesamt dadurch charakterisiert waren, daß sie aus eigener Kraft kaum hätten existieren und sich behaupten können. An Umfang winzige Staaten, wie die bedeutendsten Reichsstädte — Hamburg wurde als solche erst 1768 anerkannt —, waren wirtschaftlich viel wichtiger als etwa das verhältnismäßig weit ausgedehnte Bayern. Ihre politische Bedeutung schwankte innerhalb kurzer Zeiträume entsprechend dem Entstehen und Vergehen von Koalitionen oder den Entwicklungen in der Heirats-, Erb- und Tauschpolitik. Das Annehmen und Gewähren von Subsidien und anderen politischen und militärischen Hilfsleistungen spielte eine große Rolle nicht allein für die Politik im engeren Sinne, sondern auch für die Möglichkeit, Rokokoschlösser, Eremitagen, Orangerien, Fasanerien und Theater zu bauen. Freilich waren auch Friedrich Wilhelms I. »Lange Kerls« eine kostspielige Liebhaberei. Das in der großen Politik wenig bedeutsame Geschlecht der Schönborn konnte, vom »Bauwurm« verzehrt, in Würzburg, Pommersfelden und anderen Orten in vielen Bereichen der Kunst gleichzeitig großartiges leisten und genialen Künstlern ihre Werke ermöglichen (Taf. 325, 326). Ihm stand allerdings im norddeutschen, von Protestantismus und adligem Großgrundbesitz geprägten preußischen Bereich annähernd Ver-

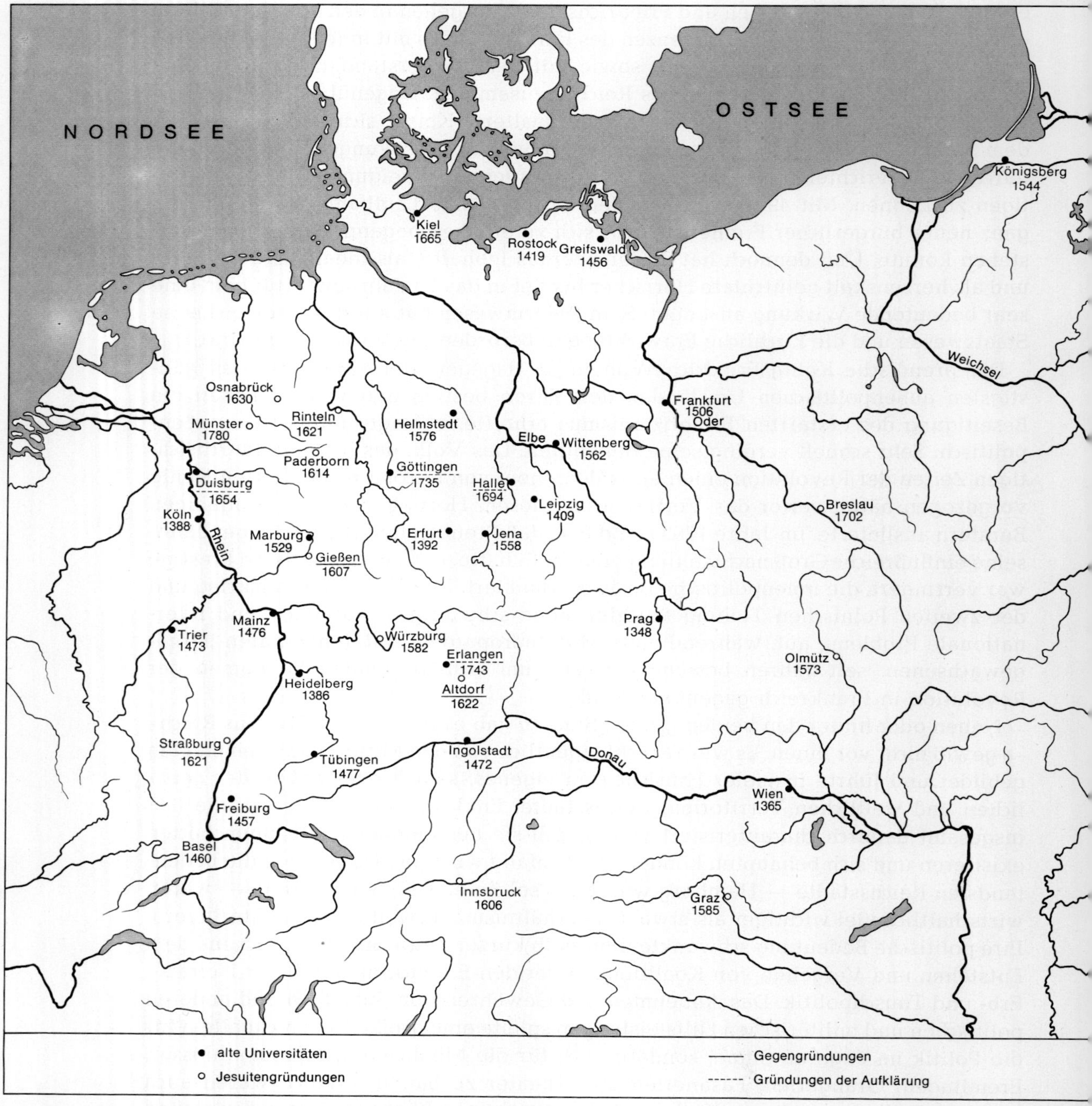

Karte XXI. Die deutschen Universitäten im 17. und 18. Jahrhundert (nach H. W. Hagen in: Deutscher Kulturatlas III, 225. Berlin)

gleichbares gegenüber (Taf. 327, 328). Die Rangfolge dieser Staaten mit ihren oft glänzenden, historisch gewachsenen oder rationell konstruierten Hauptstädten, Schloßanlagen (Taf. 329. 330 a) und moderne Universitäten (Taf. 330 b, Karte XXI) wechselte durch ihre Bedeutung für Koalitionen, ihr Glück in der Heiratspolitik, ihre geopolitische Lage innerhalb weniger Jahre sehr beträchtlich — ganz abgesehen davon, daß ein Soldatenkönig andere Maßstäbe hatte als ein Fürst, der die Nachahmung von Versailles betrieb —, von den Konfessionsunterschieden ganz zu schweigen.

Nicht einmal der Absolutismus gab den deutschen Staaten etwas wirklich Gemeinsames: Österreich und Preußen wurden straff, kleinere Territorien weniger streng absolutistisch regiert; hier spielten die adligen Landstände noch eine beträchtliche Rolle, dort — z. B. in den Patrizierrepubliken Hamburg und Bremen — gab es sie gar nicht. Daß die Sprache an diesen Höfen, in der Politik, unter den Gebildeten, mit Ausnahme der Geistlichkeit, das Französische war, hat z. B. Voltaire hervorgehoben — es war beinahe »la langue universelle«. Die Hauptschwächen dieser Mittel- und Kleinstaaten lagen darin, daß ihre Fürsten fast durchweg über ihre Verhältnisse lebten und damit abhängig wurden, daß sie modernisierende, rationalisierende Reformen nicht allein unterließen, sondern häufig auf dem engen Raum ihres Territoriums auch gar nicht sinnvoll vornehmen konnten, daß die Kabinettsjustiz von Fürsten ohne große Gesichtspunkte und Aufgaben zu gefährlicher Spielerei und Willkür entartete, daß Schul-, Hochschul- und Polizeiwesen im Grunde für kleine Territorien viel zu teuer, die Grenzen für eine merkantilistische Zollpolitik zu lang, der Raum für Manufakturwesen und Kaufmannschaft zu gering war. Da diese kleinen — weltlichen wie geistlichen — Territorien die Möglichkeit eigener staatlicher Existenz häufig nicht besaßen, hingen sie vom Schicksal des Reiches ab, dessen Untergang auch ihnen gewöhnlich zum Verhängnis geworden ist.

Dieses Reich trat im 18. Jahrhundert fast nur noch im Zusammenhang mit politisch-kriegerischen Verwicklungen in Erscheinung — und häufiger durch seine Schwäche als durch seine Taten. Ein Heer besaß es so wenig wie Geldmittel von Bedeutung. So brach denn das Reich in der Zeit vom österreichischen Erbfolgekrieg bis zum Fürstenbund auseinander. Reichstag, Reichskriegsverfassung, Reichskammergericht — sie wurden bedeutungslos gegenüber dem, was in Wien und Berlin getan und bestimmt wurde. Mitteleuropa war mithin erfüllt von rund 300 Staatswesen, die »das Reich« sein sollten, aber ein solches nicht bildeten. Die skandinavischen Staaten und selbst die wohlhabenden, von Kaufleuten und Unternehmern geschickt regierten Niederlande mit ihrem großen Kolonial- und Handelsreich hatten weit mehr internationale Bedeutung.

Erst als mit Friedrich d. Gr. und Maria Theresia bedeutende staatsmännische Ideale und mit der Habsburgerin auch ein humanitäres Vorbild, mit Rationalismus und aufgeklärtem Absolutismus neue Auffassungen von Individuum, Gesellschaft und Staat Einfluß auszuüben begannen, änderte sich einiges: Seit dem Anfang der achtziger Jahre schrieb Kant (Taf. 331) in »weltbürgerlicher Absicht« seine Hauptwerke; 1783 begann man mit der Aufhebung der Leibeigenschaft. Sie beruhte auf einem Reformverlangen, auf Menschen- und Lebensvorstellungen, die schon seit der Mitte des Jahrhunderts immer nachdrücklicher geäußert wurden und gegen dessen Ende die Welt bis auf unsere Tage veränderten. Das Volk, der Dritte Stand, das Bürgertum wurde zum Träger der Welt mit diesen neuen Ideen. Der Neuadel bürgerlicher Geistigkeit zerstörte die überlieferte Sozialordnung und schuf Maßstäbe für die Zukunft, auch für die Wirtschaft, die allerdings einstweilen noch fast ganz agrarisch strukturiert war. Nur in sehr wenigen Städten an der Nordseeküste (Taf. 333) sowie in Frankfurt (Taf. 334) und Leipzig gab es einen lebhaften Handel. Das Manufakturwesen nahm, mehr von staatlicher Initiative getrieben und unter der Aufsicht des Staates für diesen tätig als dem freien Unternehmertum entstammend, allmählich zu. Seit dem letzten Jahrhundertviertel gewann auch der Bergbau und im Anschluß an ihn die Eisenindustrie, angeregt durch die aus England übergreifende Industrielle Revolution, durch Handelskapital und -unternehmertum an Bedeutung. Im Finanzwesen spielten die Hofjuden (Taf. 332) eine wichtige Rolle, bis allmählich ein leistungsfähiges Bankwesen heranwuchs. Noch immer hatten Hugenotten und andere Einwanderer für die wirtschaftliche Entwicklung eine merkliche Bedeutung, ebenso die italienischen, französischen und niederländischen Finanzkünstler, von denen man an vielen Höfen, auch in Preußen, Wirtschaftswunder erwartete — und zumeist enttäuscht wurde. Ansätze des Neuen, der Industrie- und Finanzwirtschaft und -gesellschaft, zeichneten sich also zwar ab, aber die Landwirtschaft stand doch mit Domänenwirtschaft, Ödlandkultivierung, Innerer Kolonisation und den Anfängen bei Bauernbefreiung, Gemeinheitsteilung und Zusammenlegung im Sinne der »rationellen Landwirtschaft« an der Spitze. Hier, wo die Zeit seit 1525 stillgestanden hatte, sollte denn auch nach dem Zusammenbruch von 1805/06 die staatliche und gesellschaftliche Erneuerung ihren Anfang nehmen.

Zwischen Revolution und Restauration

Seit dem Siebenjährigen Krieg gab es in Nordamerika eine schnell wachsende politisch-soziale Reformbewegung, die schließlich in Unabhängigkeitserklärung und -krieg, in der Behauptung eines neuen, auf modernen — zum Teil zugleich sehr alten — Prinzipien beruhenden Staatswesens gegenüber den alten Mächten ihren Höhepunkt fand. Dieses Ergebnis beeinflußte auch in Deutschland aufs lebhaftetste die Diskussion von Bürgerrechts- und Verfassungsfragen. Bildeten diese Ereignisse nur Anregungen, so erschütterten die revolutionären Vorgänge in Frankreich seit 1789 sehr bald das ganze, seit vielen Jahren auf verschiedene Weise darauf vorbereitete Europa und damit auch Deutschland.

Fast alle »Reformer« standen zunächst der Französischen Revolution freundlich, ja bewundernd gegenüber, was nicht bedeutete, daß man ihr Übergreifen nach Deutschland erhoffte oder gar für nötig hielt. Im allgemeinen lehnte man vielmehr das Vernunftlose chaotischer Umwälzungen ab. Allerdings steigerte das Benehmen der französischen Emigranten, obgleich sie in Westdeutschland über die Revolutionäre das Schlimmste berichteten, die Sympathien für die Aufständischen.

Alle diese Ereignisse in Frankreich und ihre unmittelbaren Wirkungen führten letzten Endes zu einer Vertiefung und Intensivierung des Reformdenkens in Deutschland unter Betonung der eigenen Art gegenüber der französischen. Sehr bald sollte sich allerdings zeigen, daß man sich nicht allein in einer Auseinandersetzung um Ideen, nicht nur im Gegeneinander von Revolution und Absolutismus-Feudalismus befand, sondern auch, durch Frankreichs Beharren bei seinem alten Machtstreben, in der Fortsetzung deutsch-französischer Differenzen in neuem Gewande.

Zunächst ging es auf der höchsten Ebene um Solidaritätsbezeugungen für Ludwig XVI. und eine Intervention zur Wiederherstellung der alten Ordnung in Frankreich, um eine aktive und expansive Gegenrevolution. Über dieses Problem näherte man sich Schritt um Schritt von beiden Seiten dem Kriege, der alsbald ausbrach, als Leopold II., ein vorsichtiger Fürst, der umsichtiger und politischer gedacht hatte als Friedrich Wilhelm II., starb und an seine Stelle ein gedanklich unselbständiger, erbitterter Gegner der Revolution trat, Kaiser Franz II. Schließlich kündigte Ludwig XVI. selbst am 20. April 1792 den Krieg an — in der verzweifelten und paradoxen Hoffnung, daß seine Monarchie, um von denen befreit zu werden, die ihr Ende wollten, den Mächten unterliegen werde, denen er sich verbunden fühlte.

Am Jahrestag des Sturms auf die Bastille, am 14. Juli 1792, wurde Franz II. (Taf. 337) in Frankfurt demonstrativ gekrönt — es war die letzte Kaiserkrönung im alten Reich. Wenige Tage später kündigte Herzog Karl II. Wilhelm Ferdinand von Braunschweig (Taf. 336), ein Neffe und Offizier Friedrichs d. Gr., in seinem von Emigranten redigierten »Koblenzer Manifest« den Revolutionären maßlos drohend den Untergang an. Alsbald begann ein Feldzug, der infolge der Qualitätslosigkeit der Armee und ihrer Führung schnell verlorenging. Bei Valmy stießen am 20. September die Heere aufeinander — mit einem Ergebnis von weltpolitischer Bedeutung: »Von hier und heute geht eine neue Epoche der Weltgeschichte aus, und ihr könnt sagen, ihr seid dabei gewesen«, sagte Goethe (Taf. 335), der den Herzog von Sachsen-Weimar begleitete, in einem größeren Kreise hoher Offiziere. Die Intervention war zerschlagen. Am Ende des ersten Kriegsjahres stellten nicht die Verbündeten in Paris die Monarchie wieder her, sondern es standen die immer radikaler auftretenden Revolutionäre, die am Tage nach Valmy die Republik ausgerufen hatten, am Rhein.

Zwar gelangte man im Osten zwei Tage nach der Guillotinierung Ludwigs XVI., am 23. Januar 1793, zur zweiten Polnischen Teilung; aber selbst nach dem dabei ihm zugefallenen beträchtlichen Gewinn an Land, Städten und Menschen war Friedrich Wilhelm II. nicht zur Aufnahme einer energischen Kriegführung im Westen, d. h. zu einer wirklichen Unterstützung für den Kaiser bereit. Während also die Revolution in Frankreich immer radikaler wurde und nach außen die alte Kriegs- und Expansionspolitik mit dem Ziel der »natürlichen« Grenzen fortsetzte, wobei man allen nach Freiheit strebenden Völkern Hilfe versprach, brach die Koalition der alten Mächte auseinander.

Gleichzeitig fand in Preußen der Absolutismus, wie Friedrich Wilhelm I. und Friedrich II. ihn geschaffen hatten, ein Ende. Als schließlich auch noch Anfang April 1795 der Sonderfriede zu Basel unterzeichnet wurde, war das eine Bestätigung für Preußens politischen Niedergang. Zwar mußten dem Vertrag zufolge die Franzosen innerhalb von zwei Wochen das rechtsrheinische Gebiet Preußens räumen; das linksrheinische aber konnten sie bis zur endgültigen Entscheidung durch einen allgemeinen Frieden okkupiert halten. Darüber hinaus versprach Preußen insgeheim die Einstellung der Kämpfe gegen Frankreich und praktisch die Abtretung seiner linksrheinischen Gebiete, für die es durch Säkularisationen in Deutschland entschädigt werden sollte. Wenige Monate später teilten Österreich, Rußland und Preußen Polen gänzlich auf, wodurch der 800 Jahre alte polnische Staat von etwa denselben Mächten, die sich der Revolution entgegenstemmten, aus reiner fürstlicher Expansionslust beseitigt wurde.

In Preußen aber begann nun das »System der Nullität«, das 1806 endgültig zusammenbrach. Eine ganz neue Wendung erhielt das Gesamtgeschehen durch das Auftreten Napoleons, der in Italien große Erfolge erzielt hatte, im Jahre 1797 gegenüber Deutschland.

Bereits im Oktober 1797 kam man zum Frieden von Campo Formio, der an Bedeutung demjenigen von Basel entsprach. Beide deutsche Großmächte hatten das Reich im Stich gelassen; die Franzosen zogen in Mainz ein und verkündeten den Untergang des Reiches. Ein kaiserliches Dekret vom 1. Oktober 1797 lud zum Friedenskongreß nach Rastatt ein. Er begann mit Österreichs Verzicht auf Mainz und endete mit der öffentlichen Anspruchserklärung Frankreichs auf die Rheingrenze, die nach einigem Zögern von der deutschen Deputation auch akzeptiert wurde. Dennoch führte der Kongreß nicht zum Frieden, denn während man in Rastatt noch verhandelte, zogen im Winter 1798/99 bereits russische Truppen nach Süddeutschland und überschritten französische erneut den Rhein. Im April 1799 begann der zweite Koalitionskrieg. Er endete Anfang Februar 1801 im Frieden von Lunéville zwischen Österreich, dem Reich und Frankreich: Fortan sollte der Rhein die Grenze zwischen Frankreich und Deutschland sein; aber die Bedingung der Schleifung aller rechtsrheinischen Festungen ließ schon den nächsten Schritt Frankreichs über die natürlichen Grenzen hinweg ahnen. Die früher links des Rheines ansässigen oder begüterten erblichen deutschen Fürsten sollten rechtsrheinisch unter französischer Aufsicht entschädigt werden.

Diese Neuordnung Deutschlands fand unter vom Ausland her bestimmten Umständen in Regensburg statt. Dort trat eine Reichsdeputation zusammen, die am 25. Februar 1803 zum Reichsdeputationshauptschluß gelangte, einer territorialen Neuordnung großen Ausmaßes in Deutschland. Sie war zwar als Dauerlösung geplant und angelegt, wurde aber modifiziert und radikalisiert fortgesetzt im Friedensschluß von Preßburg 1805 sowie in den Gebietsveränderungen von 1806 und abgeschlossen recht eigentlich erst in den Friedensverträgen von 1814 und 1815, so daß die territoriale und rechtliche Neugestaltung Deutschlands, die mit der Beseitigung vieler Klein»staaten« auf der Linie von der territorialistischen Konzentration der beginnenden Neuzeit zur Großstaatsbildung des 19. Jahrhunderts lag, keineswegs nur eine Angelegenheit der Jahre 1802/03 war.

Das Ergebnis von 1803 war zunächst folgendes: 112 Reichsstände wurden beseitigt, alle geistlichen Fürsten mit Ausnahme des Hoch- und Deutschmeisters und des Kurfürsten von Mainz enteignet, viele kleinere Fürsten und Grafen sowie zahlreiche Reichsstädte mediatisiert. Nur Augsburg, Frankfurt, Nürnberg, Hamburg, Bremen und Lübeck konnten ihre Reichsunmittelbarkeit behaupten. Das auf diese Weise frei gemachte Gebiet wurde den großen und mittleren Staaten zugewiesen, die gewöhnlich mehr gewannen, als sie auf dem linken Rheinufer einbüßten oder rechtsrheinisch im Sinne staatlicher Konzentration freiwillig aufgaben. Drei Millionen Menschen wechselten ihre Staatsangehörigkeit.

Im ganzen handelte es sich um Veränderungen, die den Stempel der Willkür, Protektion und Abneigung trugen und sich als ebenso revolutionär erwiesen wie Frankreichs Forderung nach »natürlichen« Grenzen. In Süddeutschland wurde außerdem Frankreichs Wunsch nach der Bildung von Mittelstaaten erfüllt, die ihre Existenz nur durch Anlehnung an den westlichen Nachbarn sichern konnten. So umfangreiche und zahlreiche tiefgreifende territoriale Veränderungen hatten außer wirtschaftlichen und religiösen Änderungen auch solche in der Reichsverfassung zur Folge: Kuren wurden aufgehoben und neugeschaffen; im Reichstag und im Fürstenrat erhielten die Protestanten die Mehrheit; mit den geistlichen Fürstentümern verschwanden nicht wenige Hochschulen, Bibliotheken, Theater und Orchester. Andererseits konnte erst jetzt der Feudalismus überwunden, die Verwaltung modern gestrafft, die Wirtschaft vom überholten Merkantilismus befreit und insbesondere die Landwirtschaft im ökonomischen wie im menschlichen Bereich reformiert werden.

Inzwischen wurden die großen weltgeschichtlichen Auseinandersetzungen fortgeführt. Am 8. September 1805 begann Napoleon überraschend einen neuen Krieg, schlug die Österreicher bei Ulm und konnte am 13. Oktober seine Truppen in Wien einmarschieren lassen. Eine Woche danach vernichtete zwar Nelson bei Trafalgar ein für allemal die französischen Invasionshoffnungen — aber für Mitteleuropa bedeutete das zunächst nur eine Konzentration der französischen Kriegführung auf den Kontinent. So erzielte denn Napoleon am 2. Dezember 1805, dem ersten Jahrestag seiner Kaiserkrönung, in der Dreikaiserschlacht bei Austerlitz einen glänzenden Sieg und setzte damit den Schlußpunkt unter den dritten Koalitionskrieg: Am 26. Dezember 1805 kam es zum Frieden von Preßburg: Austerlitz und Preßburg gaben Napoleon die Herrschaft über Deutschland.

Einige Monate später bildete sich im Juli 1806 der Rheinbund von sechzehn deutschen Fürsten, die sich damit vom Reich trennten und unter dem Protektorat des französischen Kaisers eine Konföderation von staatsrechtlicher Scheinselbständigkeit bildeten. Dieser Bund schloß mit Frankreich ein Angriffs- und Verteidigungsbündnis und stellte für jeden Krieg auf dem Kontinent seine sämtlichen Truppen unter Napoleons Oberbefehl. Zwei Wochen darauf folgte am 1. August gleichzeitig mit dem formellen Austritt der Rheinbundfürsten aus dem Reich dessen Auflösung durch Franz II., der sich als Franz I. zum Kaiser von Österreich erklärte. An die Stelle des alten Deutschen Reiches, das ein Jahrtausend bestanden hatte, trat also in Europa das Empire Napoleons.

Zwei Monate später erlitt Preußen am 14. Oktober seine entscheidenden Niederlagen bei Jena und Auerstedt. Am 21. November verkündete Napoleon, indem er Ideen des Revolutions-Frankreich aufgriff und fortführte, von Berlin aus die Kontinentalsperre gegen England. Gleichzeitig zeigte er sich entschlossen, äußerstenfalls sofort gegen Rußland zu marschieren, doch führte er zunächst die Neuordnung Norddeutschlands durch. Alsbald folgte die erste Auseinandersetzung mit Rußland, die am 7. Juli 1807 zum Frieden und Bündnis von Tilsit führte. Durch diesen Frieden büßte Preußen alle Gewinne aus der zweiten und dritten Teilung Polens sowie den Netzedistrikt und sämtliche Gebiete links der Elbe mit Magdeburg ein; Danzig wurde eine Freistadt. Das für Napoleons Bruder geschaffene Königreich Westfalen vereinigte Gebiete, die bisher zu Preußen, Hannover, Braunschweig und Hessen gehört hatten. Preußen wurde also in die Reihe der Kleinstaaten zurückgestoßen und bestand nur noch aus vier Provinzen; es mußte sich in die Front gegen England einfügen, wurde von französischen Truppen besetzt und hatte Kriegsentschädigungen in unbestimmter Höhe zu zahlen. Nach der Auflösung des Reiches war zwar diejenige Preußens, wie Napoleon hervorhob, »mit Rücksicht auf das befreundete Rußland« mit knapper Not vermieden worden; doch besaß der preußische Staat, dessen Ostexpansion beendet war, einstweilen keinerlei Handlungsfreiheit, sondern gehörte zu den weiten Teilen West- u. Mitteleuropas, die Napoleon besetzt hielt.

Zwischen den großen künstlerischen Leistungen der »klassischen« Jahrzehnte und den großen Reformen auf politischem, sozialem und wirtschaftlichem Gebiet, die nun einsetzten, bestanden tiefe Zusammenhänge. Die Reformer des politischen und sozialen Lebens haben sich durch die großen literarischen Leistungen von Kant bis Goethe und Schiller aufs stärkste angeregt und verpflichtet gefühlt.

Doch in der Zeit der Franzosenherrschaft in Deutschland wurde das bisher vorwiegend literarisch bestimmte und weltbürgerlich orientierte deutsche Nationalbewußtsein politisch: Es verlangte nach staatlicher Gestaltung und nach Wiederherstellung eines politischen Gesamtverbandes. Während also Napoleon mit unterschiedlichem Erfolg die deutschen Gebiete in die französische Machtsphäre, Verwaltung, Wirtschaft und Kultur zu integrieren, mindestens sie als Randgebiete Frankreich zu verbinden bestrebt war, während der Rheinbund mit einer verfassungsähnlichen Akte, das Königreich Westfalen und die süddeutsche Staatengruppe Baden, Württemberg und Bayern an die Stelle des aufgelösten Reiches traten, setzten innerhalb einiger dieser Staaten Reformbestrebungen ein, die letzten Endes auf die Befreiung von dieser Fremdherrschaft und die Bildung eines neuen Deutschlands abzielten.

Die preußischen Reformen, in der Praxis auf dem Gebiete der Landwirtschaft bereits seit Jahrzehnten im Gange, gedanklich seit der Spätzeit Friedrichs d. Gr. vielfach in der Form oppositioneller Auffassungen weiterentwickelt, erhielten ihren entscheidenden neuen Ansatz mit der Aufforderung des preußischen Königs vom 10. Juli 1807 an den Freiherrn vom Stein (Taf. 338 a), die Spitze seines Ministeriums zu übernehmen, nachdem er bereits, seit 1804 Finanzminister, Reformen kleineren Ausmaßes durchgeführt hatte, dann aber wegen außenpolitischer Meinungsverschiedenheiten entlassen worden war. Nun wurde Stein auf Hardenbergs Anregung und unter Billigung Napoleons praktisch mit der gesamten preußischen Politik betraut. Innerhalb eines Jahres vollbrachte er das nach ihm benannte Reformwerk. Er ging dabei von der Voraussetzung aus, daß ein Wiederaufstieg Preußens nur möglich sei, wenn Regierung und Volk ein neues besseres Verhältnis zueinander fänden. Diese Staats- und Gesellschaftsauffassung, erwachsen aus Steins Herkunft, der Aufklärung, den Lehren Mösers und Burkes, den Beobachtungen des englischen Staatslebens, der Lektüre von Adam Smith, weniger beeinflußt von Montesquieu, den Physiokraten und kaum vom revolutionären Geist der französischen Revolution, bildete den Ausgangspunkt für alle Reformpläne und -maßnahmen. In der »Nassauer Denkschrift« vom Juli 1807 hat Stein seine Reformideen erstmals, großartig formuliert, zusammengefaßt. Sie betrafen zunächst die Staatsverwaltung, wo ein Kollegium von Fachministerien geschaffen und die Provinzialverwaltung ähnlich der Zentrale aufgebaut wurde. Es folgte die Verwirklichung des Grundsatzes der Selbstverwaltung in der Städteordnung von 1808. Steins dritte große Tat war die Bauernbefreiung. Sie ging von dem am 9. Oktober 1807 erlassenen »Edikt den erleichterten Besitz und den freien Gebrauch des Grundeigentums sowie die persönlichen Verhältnisse der Landbewohner betreffend« aus, demzufolge mit dem Martinstage 1810 jede persönliche Dienstbarkeit aufhören und im Güterverkehr völlige Freiheit herrschen sollte.

Mitten in dieser Arbeit wurde Stein, der sich gegen Napoleons hohe Kontributionsforderungen sträubte, die Aussichten der spanischen Erhebung sowie österreichische Aufstandspläne zu optimistisch beurteilte und die Stunde der Erhebung bereits gekommen glaubte, unter Napoleons Druck am 24. November 1808 entlassen, dann geächtet, schließlich zur Flucht gezwungen. Das große Reformwerk geriet zunächst ins Stocken, erhielt dann aber unter der Leitung des Staatskanzlers Karl August von Hardenberg (Taf. 338b) seit 1810 eine von Steins Gedanken allerdings beträchtlich abweichende Fortsetzung, indem nun Regierungsprinzipien Frankreichs und des Rheinbundes Einfluß auf das Reformwerk gewannen. Hardenberg dachte nicht so sehr an die Übertragung politischer Rechte auf das Volk, sondern in erster Linie an die Anwendung des Freiheits- und Gleichheitsprinzips im bürgerlichen und wirtschaftlichen Leben, während die oberste Autorität der Regierung verstärkt werden sollte. So bildeten also Gewerbefreiheit, Judenemanzipation, modifizierende und einschränkende Fortsetzung der Bauernbefreiung, Übernahme naturwissenschaftlicher und betriebswissenschaftlicher Fortschritte die eine, die Straffung der Regierung die andere Seite des weiteren »Fortschritts« sehr komplexen Inhalts. Auch eine Reform des Heerwesens im menschlichen Sinne wie in bezug auf Strategie und Taktik erschien nötig: Sie fand ihren Höhepunkt in der allgemeinen Wehrpflicht und in Boyens Wehrgesetz von 1814. Schließlich entstand um W. v. Humboldt (Taf. 340a) ein weiterer kultureller Reformbereich, der Moral, Ethik, Staats- und Gesellschaftsphilosophie sowie Forschung und Lehre an Universitäten und Gymnasien umfaßte und in der Gründung der Universität Berlin (Taf. 340b) einen gewissen Höhepunkt erreichte. Diesen Reformen parallel lief die Entwicklung einer im engeren Sinne politisch-nationalen Bildung, der eine starke Napoleonbegeisterung gegenüberstand. Gleichzeitig begann Alexander von Humboldt (Taf. 339) die Schaffung eines Weltbildes, das die gesamte Natur in den gegenseitigen Beziehungen ihrer Erscheinungen erfassen sollte und für dessen empirische Begründung er wesentliche Anregungen durch die französischen Naturwissenschaften erhielt.

Blickt man auf die Reformen als Gesamtheit zurück, so mögen sie als fragmentarisch, ja, an manchen Stellen als disharmonisch erscheinen. Aber einmal ist es höchst schwierig, die Rechte des Individuums, des Staates und der Menschheit zu gleichen Teilen befriedigend zu berücksichtigen — das beweisen auch Geschichte und Ergebnis der Revolutionen von 1789 und 1917/18 —, und zum anderen waren die Reformen von vornherein als Anfänge und Ansätze für weitere Entwicklungen im Zusammenhang mit der Befreiung von der Fremdherrschaft und als deren Folge gedacht.

Auch litt ihre Durchführung unter der Entwicklung der internationalen Politik. Die österreichische Erhebung brach 1809 (Farbtaf. Q) nach kurzem Kampf zusammen, da Napoleons Stellung in Frankreich nicht, wie der österreichische Botschafter Metternich aus Paris gemeldet hatte, erschüttert war. Der spanische Aufstand bildete für die Anstrengungen in Mitteleuropa keine wesentliche Entlastung; die britisch-russische Landung in Holland war bedeutungslos. Vielmehr erweiterte und festigte Napoleons Regime (Taf. 341a) sich so sehr, daß er sich 1812 u.a. mit starken deutschen Truppenkontingenten gegen Rußland wenden und schnell bis Moskau vordringen konnte. Sein Mißerfolg dort und seine Niederlage auf dem Rückzug ließen dann endlich eine vorsichtige Lösung vom erzwungenen Bündnis berechtigt und den

Krieg zur Befreiung aussichtsreich erscheinen. So schloß am 30. Dezember 1812 der preußische General H. D. v. York bei Tauroggen eine Konvention über die vorläufige Neutralisierung seiner Truppen. Es folgte die Erhebung Ostpreußens, das preußisch-russische Bündnis Ende Februar 1813, am 17. März Friedrich Wilhelms III. (Taf. 342) Aufruf »An mein Volk« und einige Tage später der weniger glückliche russische »Aufruf an die Deutschen«, der die Auflösung des Rheinbundes forderte und die Wiederherstellung eines »lebenskräftigen, in Einheit gehaltenen deutschen Reiches« in Aussicht stellte.

Die erste Phase des Befreiungskampfes (Taf. 341 b) endete mit dem Einzug der Verbündeten in Paris Ende März 1814, der Abdankung Napoleons und seiner Verbannung nach Elba, der Rückkehr des Bruders Ludwigs XVI. und seiner Thronbesteigung als Ludwig XVIII., schließlich mit dem großzügigen Friedensvertrag zu Paris am 30. Mai. Während anschließend seit dem Oktober 1814 der Wiener Kongreß (Taf. 343) über die Neuordnung Europas nach einem Vierteljahrhundert von Revolution und Krieg, Unterdrückung, Reform und Befreiung beriet und man seine Bedeutung mit derjenigen der Friedenskongresse zu Münster und Osnabrück zu vergleichen begann, landete Napoleon am 1. März 1815 überraschend an der französischen Küste und erschütterte und verwirrte noch einmal für 100 Tage die europäische Politik. Seiner schnellen Niederlage bei Waterloo und der Verbannung nach St. Helena folgte der zweite Pariser Friede, der Frankreich das Elsaß ließ, nun aber u. a. das später wirtschaftlich wichtige, politisch viel umstrittene Saargebiet nahm und Preußen zuwies. Auch kam es auf Anregung des Zaren Alexander zur Bildung der »Heiligen Allianz«, einer romantisch-christlich-mystisch motivierten, sehr lockeren, politisch bedeutungslosen, den Zeitgenossen jedoch repräsentativ erscheinenden Organisation der restaurativen Tendenzen.

Mit dieser Allianz und dem zweiten Friedensschluß fand die revolutionäre und napoleonische Epoche ihr Ende, begannen Jahrzehnte einer neuen Ordnung, die zwar einige Wurzeln schon in der Zeit der Enzyklopädie, des großen Werkes von Adam Smith und mehr noch in den Reformen seit den 90er Jahren hatte, im wesentlichen aber aus dem Fürstenbündnis der Befreiungskriege hervorging. Das verheißene Deutsche Reich wurde nicht geschaffen, sondern ein föderativer Deutscher Bund, der den innerdeutschen Machtverhältnissen, insbesondere den Wünschen Österreichs und Preußens, sowie den politischen Vorstellungen der Nachbarn weit besser entsprach. Der Ausweitung des nationalen und liberalen Geistes wurde eine Grenze gezogen — er erstarkte jedoch an Behinderungen und Verboten, so daß er weite Abschnitte der deutschen Geschichte des 19. Jahrhunderts entscheidend bestimmte.

Die stärkste politische Figur war und blieb einstweilen Metternich (Taf. 344), dessen restaurative Vorstellungen und Zielsetzungen in den folgenden 30 Jahren Mitteleuropa weitgehend prägten. Damit wurden den Reformen in Preußen und Deutschland wesentliche Modifizierungen auferlegt. Das hatte u. a. zur Folge, daß die in England bereits deutlich zu beobachtenden sozialen und wirtschaftlichen Auswirkungen der Industriellen Revolution Mitteleuropa nur zögernd beeinflussen konnten, was wesentlich dazu beitrug, daß in der zweiten Hälfte des Jahrhunderts aus dem verbissenen Nacheifern auf der deutschen Seite eine immer schärfer politisch bestimmte und sich auswirkende Produktions- und Handelsrivalität erwuchs.

Durch die Friedensschlüsse wurde Preußen zum größten, zugleich auch durch Bodenschätze und industrielle Ansätze wirtschaftlich zukunftsreichsten deutschen Staat, dessen Provinzen sich nun von der russischen bis zur französischen Grenze erstreckten, was neben der innenpolitischen auch eine administrative und handelspolitische Konzentration notwendig erscheinen ließ. Aus diesem Zwang wuchsen innerhalb weniger Jahre, unter Führung hervorragender Beamter, wie Motz (Taf. 346) und Maaßen, zukunftsträchtige Maßnahmen hervor, die selbst noch die Entstehung und die Entwicklung des Deutschen Zollvereins beeinflußten.

Restauration und Reaktion

Das »Zeitalter der Restauration« erhielt seinen Namen in Anlehnung an das 1816/1834 in sechs Bänden erschienene Hauptwerk des Schweizer Staatsrechtslehrers K. L. v. Haller »Die Restauration der Staatswissenschaft und Theorie des natürlich-geselligen Zustandes, der Chimäre des künstlich-bürgerlichen entgegengesetzt«; es hatte zum Hauptprinzip die »Legitimität«. Diese bildete eine Reaktion auf den Geist der Französischen Revolution und stellte eine Anzahl früherer Lebens- und Rechtsformen sowie Ländergrenzen wieder her, ohne damit jedoch das Fortwirken der Französischen Revolution verhindern zu können: die Ausdehnung der Rechtsgleichheit, die Mobilisierung des Grundbesitzes, die Gleichstellung der Konfessionen. Auch wollte der Staat selbst ein wesentliches Ergebnis der Revolution nicht mehr missen: die Ausdehnung seines Machtbegriffes. »Der Machtstaat selber«, schrieb J. Burckhardt nach den Erlebnissen von 1864, 1866 und 1870/71, »postulierte die Gleichheit, auch wo er seinem Adel noch Hof- und Militärstellen ließ ... Ein Geist der Kritik war wach geworden, der sich trotz allem Ruhebedürfnis nicht mehr schlafen legen sollte ... Noch schien es soziale Fragen nicht zu geben, und noch wirkte auch Amerika nur wenig ein; aber schon die bisherigen und die einheimischen Postulate erfüllten die Regierungen mit Sorge.« Goethe (Taf. 365 b) hat in seinem letzten Lebensjahrzehnt die Bedeutung dieser Faktoren geahnt und vor dem heraufziehenden Maschinenzeitalter sowohl Furcht wie Respekt verspürt; List (Taf. 345 a) hat es in großartigen unrealistischen Visionen verkehrsplanerisch vorbereitet.

Die Zeit der Restauration blieb gegenüber dem unmittelbar davorliegenden Menschenalter arm an großen politischen Ereignissen. Diese waren alle zutiefst verbunden mit dem »System Metternich«, dem Versuch einer rationalistischen Vereinigung von alter Ordnung und Auswirkungen neuer Gedanken und Ereignisse in einem dauerhaften internationalen wie innerstaatlichen sozialen Gleichgewicht alter Art, in dem also die Verwirklichung echter revolutionärer Begriffe verhindert werden sollte.

Daß durch die territoriale Neuordnung Mitteleuropas in Wien Österreich einen Schritt mehr aus Deutschland hinausgerückt und die Politik damit einer weiteren Etappe zur kleindeutschen Lösung nähergekommen war, trat einstweilen infolge des starken Einflusses von Metternichs Österreich nicht deutlich in Erscheinung. Während man nach 1815 in Österreich zunächst daran ging, die innenpolitischen Aufgaben zu erledigen und sich dabei mit sozialen wie mit Problemen des slawischen Nationalismus auseinandersetzen mußte, wurde Metternich Träger der großen

Politik auf dem Kontinent. Fast vier Jahrzehnte hindurch leitete er nach der Niederlage von 1809 die österreichische Politik im antinationalen Sinne und mit dem Wunsch, in Österreichs Interesse das europäische Gleichgewicht zu erhalten, indem er selbst energischer und gewandter Berater der führenden europäischen Fürsten war. Auf diese Weise war er weit mehr als nur ein österreichischer Staatsmann. Sein Versuch freilich, die Gefahren für das restaurierte Ancien régime dadurch zu bannen, daß er sich der zur Demokratie drängenden Massenbewegung entgegenstellte, statt sie wie in den Reformen von Stein und Hardenberg aufzufangen und dem Staate zuzuleiten, zeugte nach den Erfahrungen von 1789 und mit Napoleon von staatsmännischer Schwäche und menschlicher Starrheit.

In Preußen wurden die 1806/07 mit neuer Energie begonnenen Reformen modifiziert fortgeführt und erweitert — insbesondere durch das zur Basis künftiger wirtschaftspolitischer Entwicklung werdende Zollgesetz von 1818. Es hob alle Binnenzölle sowie die Akzise auf, schuf ein stark liberalisiertes Grenzzollsystem, faßte die Monarchie wirtschaftlich zusammen und trug zur Freisetzung individueller Wirtschaftskräfte beträchtlich bei. Durch das Gesetz und seine Folgen wurden die beiden großen Ergebnisse der Reformzeit gesichert: die Einheit des Staates in politischer und wirtschaftlicher Hinsicht und die rechtliche und wirtschaftliche Befreiung des Individuums. Dagegen erhielt Preußen, mehrfachen Versprechen zum Trotz, keine Verfassung, was die innere und die auswärtige Politik behinderte. Nur die lange Friedenszeit, ein wesentliches Element für die Jahrzehnte von 1815 bis 1848, ließ diese Mängel nicht voll wirksam werden. Immerhin kam die Verfassungsbewegung nach Friedrich Wilhelms III. Tod im Jahre 1840 wieder in Bewegung, nachdem 1834 der Deutsche Zollverein ins Leben getreten war, schnell bedeutende Wirkungen gezeigt und dabei immer stärker die Möglichkeit nationaler Einigung durch wirtschaftliche Kooperation angedeutet hatte.

Zu den bedeutungsvollsten Ergebnissen der Neuordnung Deutschlands in Wien gehörte die Beibehaltung einer Trennung der norddeutschen von den süddeutschen Staaten, wobei die letzteren sich in vieler Hinsicht als politisch fortschrittlicher und anpassungsfähiger erwiesen. Am Ende der Reihe politischer Kräfte in Deutschland stand — wie früher das »Reich« — nun der Deutsche Bund. Für ihn gab es angesichts der Stellung und Haltung von Preußen und Österreich keine Entwicklungsmöglichkeit; er wurde zu einer Waffe Metternichs gegen den Fortschritt bei den Karlsbader Beschlüssen von 1819 und bei weiteren verschärfenden Unterdrückungsmaßnahmen nach dem Frankfurter Wachensturm.

Dagegen erwies sich der nach süd- und norddeutschen Vorstufen 1834 geschaffene Deutsche Zollverein als eine wichtige Grundlage für den wirtschaftlichen und sozialen Fortschritt in Deutschland: für die Vergrößerung des Binnenmarktes, die Steigerung des Handelsvolumens, die Verbesserung der wirtschaftspolitischen Position gegenüber dem Ausland, die Vergrößerung der modernen Eisenindustrie (Taf. 347 b) und das Heranwachsen eines aktiven und selbstbewußten bürgerlichen Unternehmertums. Daß zur gleichen Zeit das Eisenbahnwesen in Deutschland aufgegriffen wurde, trug erheblich zur Beschleunigung dieser Entwicklung bei (Taf. 347 a). Hier gab es wichtige Vorstufen für die wirtschaftliche und anschließend die politische Einigung Kleindeutschlands. Auch zeigte sich, daß aus der naturwissenschaftlichen Forschung (Taf. 348 b) die Landwirtschaft großen Nutzen ziehen und ein ganz neuer Industriezweig erwachsen konnte. Die norddeutschen Häfen dagegen blieben einstweilen noch ganz nach England orientiert (Taf. 348 a).

Die geistige Bewegung nach 1815, von der naturgemäß die politische und wirtschaftliche stark beeinflußt wurde, war bestimmt durch das Nationalgefühl, das den Befreiungskrieg getragen hatte, die Enttäuschung über das Erstarken der restaurativen Tendenzen, durch diese selbst und durch eine gewisse Rückkehr zu kosmopolitischen Ideen. Deutlich wurde die europäische Politik durch eine Gruppe von Großmächten enschieden, der Rußland und Österreich, sodann Preußen, Frankreich und England angehörten. Hauptmittel ihrer Zusammenarbeit waren Diplomatenzusammenkünfte und Kongresse unter der Leitung Metternichs, der 1815 bis 1848 eine allgemein als leitend anerkannte, noch bedeutendere Stellung in Europa einnahm als Bismarck nach 1871. Zu diesen Konferenzen gehörten die vielen Zusammenkünfte mit dem Ziel der Frontbildung gegen die revolutionären Kräfte von Aachen 1818 über Karlsbad 1819, Troppau 1820, Laibach 1821 bis Verona 1822 — von der Konstituierung der Diktatur des Viererbundes über die innenpolitische Unterdrückung, die gegenrevolutionäre Intervention und das Eingreifen in Italien bis zum Auseinanderfallen dieser Herrschaftsgruppe durch Englands Entscheidung zugunsten Spaniens und der südamerikanischen Staaten. Auch die griechische und die türkische Frage trugen dazu bei, daß ein Jahrzehnt nach der Gründung der Heiligen Allianz von dieser nicht mehr viel übriggeblieben war und die »Konstitution« wieder zum Hauptproblem Mitteleuropas wurde.

Diesen Tendenzen gaben die Auswirkungen der Julirevolution 1830 bis hin zum »Briefwechsel zweier Deutscher« 1831, zum Hambacher Fest 1832 und zur Bildung des »Jungen Deutschland« ein zusätzliches Gewicht. Zwar wurde die letztere Gruppe 1835 verboten, aber damit wurden ihre Anhänger zu Märtyrern gemacht und gegenüber der Öffentlichkeit als literarische Führer in einer politischen Auseinandersetzung anerkannt.

Als Friedrich Wilhelm IV. (Taf. 349 b) in Preußen den Thron bestieg, erwartete man von ihm die längst versprochene Verfassung und die Übernahme der Führung bei den Bemühungen um die deutsche Einheit. Aber dieser begabte, künstlerisch stark, militärisch weniger interessierte Fürst erwies sich als arbeits- und entscheidungsscheu, dazu als ein »Romantiker auf dem Thron der Caesaren«, der eine geschriebene Verfassung verweigerte und es ebenfalls mit Nachdruck ablehnte, das Verhältnis zwischen Fürst und Volk durch ein »beschriebenes Blatt« in ein »konventionelles, konstitutionelles« zu verwandeln. Damit hatte sich zehn Jahre nach dem Protest der »Göttinger Sieben« ein neuer Höhepunkt der politischen Entwicklung gebildet — wenige Monate vor dem Ausbruch der europäischen Revolution in Paris. Sie wurde in Deutschland, soweit sie politischer Natur war, vorwiegend eine Revolution der Gebildeten, wie die Paulskirche (Taf. 349 a) ein Parlament der Akademiker. Die Zeit des Biedermeier, des freundlichen, unpolitischen Spießbürgers wich der Wendung zu nationalen Problemen und zum wirtschaftlichen Fortschritt (Farbtaf. R).

In wirtschaftlichem Bereich liefen neben der Bildung des Zollvereins die Auseinandersetzungen um Schutzzoll und Freihandel sowie der Aufbau einer deutschen Industrie unter heftigem Druck durch die englischen Importe einher. Nun bildete sich allmählich eine Schicht von Unternehmern, Erfindern, Technikern und Ingenieuren — von neuen Berufs- und Sozialgruppen also, die ihre Bedeutung für die moderne Gesellschaft nachweisen und ihre Eingliederung in sie erreichen wollten. Dabei wurde die wirtschaftliche Freiheit und Macht des Bürgertums früher erreicht, auch energischer angestrebt und für bedeutungsvoller eingeschätzt als die soziale und politische. Die Problematik der langsam entstehenden Industriearbeiterschaft, die 1848 im »Kommunistischen Manifest« von Marx und Engels ihre revolutionäre Programmschrift (Taf. 350a) erhielt, wurde dagegen erst allmählich erkannt und in Verbindung mit dem Aufkommen des Kommunismus einerseits, des radikalen »Manchester«-Liberalismus andererseits erörtert. In allen diesen Fragen mußte Preußen als der größte, industrie- und verkehrsreichste, am stärksten mit der Weltwirtschaft sich verbindende Staat in Deutschland die Führung übernehmen. Von der Revolution des Jahres 1848 wurde unter den deutschen Staaten Österreich als erster ergriffen (Farbtaf. S). Sie führte zum Ende der Ära Metternich, unterlag dann aber den konservativen Kräften, so daß schließlich die oktroyierte Verfassung, die Absage an die Nationalversammlung in Frankfurt — eine zweite Restauration also — das Hauptergebnis bildete, mochte dahinter auch bereits das Problem des Nationalitätenstaates als »Todeskrankheit des habsburgischen Staates« sich abzeichnen.

Auch in Preußen (Taf. 350b) und den Mittelstaaten konnte die Restauration noch einmal die politische Macht behaupten oder zurückerobern, nachdem wirtschaftlich-soziale Reformen die im Grunde unpolitischen, staatserhaltend-konservativen Bauern befriedigt hatten.

Inzwischen beschäftigte sich die Frankfurter Nationalversammlung mit dem Problem der Einheit und der Staatsform Deutschlands. Die Schwäche dieses Akademikerparlaments zeigte sich zum ersten Male deutlich in der praktischen Politik bei der Auseinandersetzung und dem Krieg um Schleswig bis hin zum Frieden von Berlin, der 1850 Schleswig von Holstein trennte und an Dänemark auslieferte. Aber auch innenpolitisch erwies die »Paulskirche« sich als machtlos, indem sie Friedrich Wilhelm IV. von Preußen nicht dazu bewegen konnte, die Wahl zum Kaiser anzunehmen, und damit gezwungen war, sich aufzulösen. Ein »Rumpfparlament« und einige nicht koordinierte Aufstände in Baden, der Pfalz und Sachsen konnten an diesem Ergebnis nichts ändern, so daß die deutsche Nation bei dem Versuch, aus eigener Kraft sich einen Staat zu schaffen, an den Führern der Einzelstaaten sowie an der ablehnenden Haltung des Auslandes gescheitert war.

Die wesentlichen Macht- und Rechtszustände überdauerten also in Deutschland wie in Österreich die Herausforderung durch die Revolution. Anschließend betrieb der preußische König eine Reform des Deutschen Bundes, die allerdings infolge der Abneigung der Mittelstaaten gegen jeden preußischen Vorrang nur über das »Dreikönigsbündnis« von 1849 zum Erfurter Parlament von 1850 und zu einem ergebnislosen Fürstenkongreß in Berlin gelangte. Immer deutlicher zeigte sich, daß sowohl Rußland wie Österreich gegen jede Art von Neuordnung und daß die Frage der deutschen Einigung in stärkster Form auch eine solche der europäischen Politik war. Jene Großmächte zwangen schließlich den preußischen König, in Olmütz von seinen Plänen Abstand zu nehmen. Preußen wandte sich fortan wieder in erster Linie innenpolitischen Modernisierungen zu: der Vorbereitung einer Heeresreform sowie der Zentralisation seiner Verwaltung.

Die deutsche Revolution, die in Olmütz endgültig ihren Abschluß fand, hatte die weltpolitischen Zusammenhänge zu wenig beachtet; sie war ideologisch gewesen, statt mit den realen politischen Tatsachen zu rechnen. Aber wenngleich sie dadurch scheiterte, hatte sie doch eine wichtige Dauerwirkung für den Einheitsgedanken in der Nation, für die Durchsetzung der liberalen Rechtsstaatstheorie sowie für die Entwicklung des Sinnes für staatsbürgerliche Freiheit und Gerechtigkeit. Auf den Vorarbeiten der Frankfurter Nationalversammlung fußte auch die Reichsverfassung von 1871, und seither hat jeder Versuch demokratischer Neugestaltung von den Traditionen jener Revolution gezehrt. Sie war für Deutschland die erste Ankündigung der sozialen Revolution, eine politische Bewegung, die erstmals seit der Reformation und dem Bauernkrieg das deutsche Volk in seinen sozialen Tiefen aufrührte — anders also als die Bewegungen von 1806 und 1813; sie hat bis dahin ruhenden und unterdrückten Kräften zwar nicht für die Dauer Raum geschaffen, aber doch mindestens die Berechtigung zum Anspruch darauf klargemacht.

Die letzte Phase der preußisch-österreichischen Rivalität

Der Versuch, nach 1848 unter Österreichs Führung die Bundesverfassung zu verbessern, schlug fehl. Da aber die preußisch-österreichische Rivalität die Tätigkeit des Bundes bestimmte, gelangte man nicht zur Entwicklung einer deutschen Politik. Vielmehr gerieten nun immer stärker handelspolitische Probleme in den Vordergrund, die allerdings stets auch Träger der allgemeinpolitischen Auseinandersetzung, insbesondere des österreichisch-preußischen Gegensatzes, waren. Während der ganzen 50er Jahre, als der Deutsche Bund die letzte Phase seiner Existenz durchlief, spielte der Zollverein, weniger der bald nach diesem gegründete Steuerverein, eine entscheidende Rolle als Konzentrationsraum jener Gegensätze. Und bald zeigte sich daß auch in Deutschland die Bedeutung wirtschaftlicher Entscheidungen und Entwicklungen stärker sein konnte, als man bisher angenommen hatte.

Der Krimkrieg und der italienische Krieg wirkten sich gewiß auf Deutschland aus — mehr aber noch führten die industriewirtschaftliche Entwicklung sowie die erste große Wirtschaftskrisis seit 1857 dazu, daß Preußen 1862 einen dem französisch-englischen Cobden-Vertrag entsprechenden Handelsvertrag mit Frankreich schloß. Dieser grundsätzlich liberale Vertrag drängte Österreich wirtschaftlich aus Deutschland heraus und nahm damit von der ökonomischen Seite her die Lösung des preußisch-österreichischen Gegensatzes vorweg, die militärisch und damit für alle Welt deutlich 1866 bei Königgrätz eine jahrhundertelange Entwicklung zum Abschluß brachte.

Zunächst standen freilich der Heereskonflikt und Bismarcks Berufung (Taf. 351) im Vordergrund. Bereits seit 1857 beschäftigte sich eine Reorganisationskommission mit dem Versuch, das preußische Heer organisatorisch und in seinem inneren Aufbau den Erfahrungen von 1848, 1854/56 und 1859 entsprechend zu modernisieren. In diesem Zusammenhang sollte auch die militärisch wertlos gewordene, von den Liberalen aber als Repräsentation demokratischer Prinzipien hochgeschätzte Landwehr mit ihrem bürgerlichen Offizierskorps abgeschafft, andererseits die Dienstzeit verlängert und der Heeresetat beträchtlich erhöht werden. Die Liberalen wollten durch eine zeitliche Begrenzung der Etatbewilligung Einfluß auf die Reform gewinnen, während der Prinzregent die grundsätzliche Zustimmung für die gesamte Reform forderte. Schließlich strich die Budgetkommission des Abgeordnetenhauses alle Mehrausgaben für die Reform. Da erfand eine offiziöse Zeitung die »Lückentheorie«, indem sie behauptete, die Verfassung habe eine Lücke, da sie keine Anweisung für den Fall gebe, daß der Etat nicht oder nicht rechtzeitig zustande käme. Die Regierung müsse dann die ihr notwendig erscheinenden Maßnahmen, also auch die Heeresreform, durchführen. In dieser Situation wurde Bismarck, der sich diese Theorie zu eigen machte und damit das Rechts- und Staatsgefühl der Liberalen zutiefst verletzte, von König Wilhelm I. zum Ministerpräsidenten ernannt. Bismarcks erste Zeit war also damit erfüllt, daß er den Staat nach dem Wunsch des Königs und gegen den Willen der Volksvertretung regierte. So kam es zu dem tragischen Umstand, daß die Begründung des Deutschen Reiches mit einer Verletzung des parlamentarisch-demokratischen Gedankens ihren Anfang nahm. Bismarcks Versuch, das eben in Lassalles (Taf. 352) Arbeiter-Verein sich formierende Arbeitertum, dem Marx 1867 im ersten Band des »Kapitals« nach der politischen die ökonomische Fundamentalschrift schuf, zur gemeinsamen Front mit einem »sozialen« Königtum gegen das manchesterliberale Bürgertum zusammenzuschließen, mußte nach einigen Ansätzen weniger an der Verschiedenheit der beiden Persönlichkeiten, als an tieferen Gegensätzen scheitern. Nach Lassalles Tod 1864 waren weder Bebel noch Liebknecht bereit, diese lockeren Ansätze weiterzuverfolgen; sie blieben bei Marx und damit für die nächsten Jahrzehnte bei der bedingungslosen Ablehnung des existierenden Staates.

Nach der Revolution von 1848 hatte das Londoner Protokoll 1852 die schleswig-holsteinische Frage provisorisch dahin geregelt, daß die beiden Herzogtümer unter der dänischen Krone, aber eng miteinander verbunden blieben und im Rahmen des Gesamtstaates eigene Landstände und eine eigene Verwaltung behielten. Bald setzten Versuche ein, beide Länder dem dänischen Staate ganz zu inkorporieren. Als dies im November 1863 mit Schleswig tatsächlich geschah, entwickelte sich daraus der Krieg Österreichs und Preußens gegen Dänemark, der Mitte 1864 mit Dänemarks Niederlage endete. Die Herzogtümer wurden an die beiden Siegermächte abgetreten. Aber nun stellte sich das schwierigere Problem ihrer Einverleibung in Deutschland. Die Diskussion darüber führte auf der Grundlage des alten, von Bismarck durch die wirtschaftlichen Ereignisse intensivierten preußisch-österreichischen Gegensatzes zunächst 1865 zu einem Versöhnungsversuch mit der Konvention von Gastein, dann aber im Februar 1866 zur Kündigung des preußisch-österreichischen Bündnisses durch Bismarck und schließlich zum deutschen Krieg von 1866. Bismarcks Diplomatie, deren Hauptaufgabe in der Sicherung gegenüber Napoleon III. bestand, sowie Wilhelms I. und Roons Militärreform erhielten in der Schlacht bei Königgrätz eine eindeutige Rechtfertigung. Andererseits verzichtete Bismarck zunächst auf die vollständige deutsche Einigung und beschränkte sie auf die Gebiete nördlich des Mains. Gleichwohl war Preußen nun nach den Maßstäben des 19. Jahrhunderts wirklich eine europäische Großmacht geworden und als solche anerkannt. Der Krieg beendete die jahrhundertealte Stellung des habsburgischen Staates und seine Herrschaft in Deutschland. Die Entscheidung des Jahres 1866 löste freilich in der Einheitsbewegung und in der Geschichtsschreibung die Auffassung aus, als ob seit den Tagen Friedrichs des Großen das Gegeneinander von Preußen und Österreich notwendig zum bewaffneten Kampf beider Mächte um die Vorherrschaft in Deutschland habe führen müssen. Tatsächlich aber empfanden die Zeitgenossen das Nebeneinander einer protestantischen und einer katholischen Großmacht in Deutschland vielfach als durchaus möglich, ja, als selbstverständlich. Erst von den Auffassungen des Nationalstaates aus war ein solches Nebeneinander in einem politischen Verband nicht mehr vorstellbar. Andererseits haben Bismarcks Politik und Krieg 1866 nicht eine großdeutsche Lösung zerschlagen. Diese wurde vielmehr gerade durch den habsburgischen Staat verhindert, der stets ein mitteleuropäisches und großösterreichisches Programm hatte verwirklichen wollen. Nun verlor er seine Vormachtstellung in Italien und Deutschland und wurde mehr eine südosteuropäische als eine deutsche Macht, obgleich Preußen auf territoriale Veränderungen verzichtete.

Als im Anschluß an den Krieg von 1866 Preußen den Norddeutschen Bund gründete, zeigte sich die innere Entwicklungslinie von der Entstehung des zunächst nicht als deutsches Einigungsinstrument gegründeten Zollvereins über dessen Anwachsen und den Entscheidungskampf um die wirtschaftspolitische Führung Deutschlands zu diesem neuen Bund, den Bismarck nun allerdings von vornherein als eine Zwischenlösung auf dem Wege zu Größerem betrachtete. Diesem nächsten Schritt aber stand Napoleons politischer Ehrgeiz und die Furcht vor einem neuen »Reich« im Wege. Seine Versuche, Deutschland gegenüber größere Erfolge zu erzielen und durch territoriale »Kompensationen« auch innenpolitisch seine Position zu festigen, erreichten einen Höhepunkt 1867 in der luxemburgischen Krisis. Ihr Ausgang schuf für die Zukunft der preußisch-französischen Beziehungen schlechte Voraussetzungen. Als dann noch der besondere Akzent der spanischen Thronkandidatur hinzutrat, kam es zu einer schweren Spannung, die nach einer von Bismarck gewandt aufgegriffenen Ungeschicklichkeit des französischen Botschafters in Bad Ems zur »Emser Depesche«, durch diese zum deutsch-französischen Krieg von 1870/71 und damit zur Reichsgründung führte.

Der Krieg (Taf. 353a) hatte also gewissermaßen zwei Seiten — zunächst die militärisch-diplomatische, die zu Napoleons Kapitulation bei Sedan und zum Frieden von Frankfurt führte, sodann die politische, die mit der Ausrufung der Republik in Frankreich und der Gründung des Kaiserreiches in Deutschland (Taf. 353b) zwei europäische, ja, weltpolitische Höhepunkte erhielt. Zum ersten Male seit dem Mittelalter, mindestens aber seit 1648 konnte Deutschland als Reich, als eine einheitliche, wenngleich als eine kleindeutsche Großmacht in Erscheinung treten. Das war im Zeitalter der geschlossenen National- und Volksstaaten, des Neomerkantilismus und der wehrpolitischen Konzentration eine Tatsache von allergrößter Bedeutung — ganz abgesehen davon, daß es sich im Prinzip um die Erfüllung eines alten Wunsches des deutschen Volkes handelte und dieses damit aus einer psychologischen Befangenheit gegenüber anderen europäischen Großmächten befreit wurde. Bismarck aber, der »Reichsgründer«, wurde nach 1871 sehr schnell für fast zwei Jahrzehnte der einflußreichste und bedeutendste Staatsmann der Erde, ohne daß Deutschland wie etwa England und in gewissem Umfange auch Frankreich eine »Weltmacht« im eigentlichen Sinne war oder wurde. Der Hauptträger der Reichsgründung und -entwicklung war das deutsche Bürgertum von »Bildung und Besitz«

— nicht das Arbeitertum, das vielmehr diesen Staat jahrzehntelang mit zunächst wachsender Schärfe ablehnte.

Das Deutsche Reich in der Zeit von Bismarcks Kanzlerschaft

Der Aufbau einer deutschen Außenpolitik anstelle auswärtiger Beziehungen Preußens und anderer deutscher Staaten hing nicht zuletzt von der Haltung des Auslandes zur Reichsgründung ab. In England empfand Disraeli sie insbesondere als Zerstörung des Gleichgewichts der Mächte — um so stärker, als das dynastisch mit Preußen verbundene Rußland sofort auch die Pontus-Klausel des Friedens von 1856 außer Kraft setzte und Österreich eine freundschaftliche Annäherung an Kleindeutschland anstrebte.

Das Gesamtergebnis dieser Entwicklungen bildete das Dreikaiserabkommen vom 22. Oktober 1873 mit der gegenseitigen Zusicherung der Monarchen, »den gegenwärtigen in Europa herrschenden Friedenszustand zu festigen« — ein neues Gleichgewichtssystem also aufrechtzuerhalten. Damit waren zugleich die Grundlagen für Bismarcks Kontinentalpolitik festgelegt, die sich bewährte, als nach Frankreichs schneller Erholung von Niederlage, Okkupation und Kriegsentschädigung 1875 ein »Krieg in Sicht« zu sein schien.

Noch im gleichen Jahre begann die Entwicklung einer neuen Konstellation von dauernder Bedeutung: Dem russischen Krieg von 1878, von dem Bismarck Deutschland sorgfältig fernhielt, folgte der Berliner Kongreß, auf dem zwar der Reichskanzler die Rolle des »ehrlichen Maklers« spielte, gleichwohl aber nicht verhindern konnte, daß Gortschakoff sich durch ihn schlecht behandelt fühlte und »von der Freundschaft zur Feindschaft« überwechselte. Neben der Sicherung einer angemessenen Existenz für das Osmanische Reich kam es, englischen Hoffnungen entsprechend, zum Zerfall des Dreierbündnisses. Bismarcks Streben, das Bündnis mit Rußland aufzugeben und durch ein engeres Verhältnis zu Österreich zu ersetzen, wurde wesentlich durch die gefühlsmäßig begründete politische Haltung des 80jährigen Wilhelms I. erschwert, den die entscheidenden Erfahrungen seines Lebens mit Rußland verbunden und von Österreich entfernt hatten. Erst nach beträchtlichen Schwierigkeiten gelangte man im Oktober 1879 zum »Zweibund«, der sich gegen Rußland als dem potentiellen Angreifer bzw. Bundesgenossen Frankreichs richtete, also bereits den Zweifrontenkrieg als möglich annahm. Unter dem Druck dieses Vertrages und dank intensiver Bemühungen Bismarcks, der stets Englands »Gleichgewichtspolitik« fürchtete, schritt man dann schnell zu einer deutsch-russischen Annäherung und zum Dreikaiservertrag vom Juni 1881, der 1884 verlängert wurde. Inzwischen war im März 1882 aus dem deutsch-österreichischen Zweibund durch Italiens Anschluß der Dreibund geworden, in dem Italien Beistand für seine imperialen Bestrebungen Frankreich gegenüber suchte, während Österreich dadurch eine Entlastung seiner Südgrenze fand. 1883 schloß Rumänien sich den Mittelmächten an; weiter bestanden gute Beziehungen zu Spanien und zur Türkei: Zweibund, Dreibund und Dreikaiservertrag bildeten also eine von Bismarck geschickt gehandhabte Gruppe von Bündnissen, Zusagen und Vorbehalten, die nicht an allen Stellen zu vollem Einklang miteinander gebracht werden konnten, doch aber weit mehr als nur ein kunstvoll um seiner selbst willen aufgebautes diplomatisches System bildeten.

Die Frage, ob auch Deutschland an der Kolonialpolitik teilnehmen sollte und mußte, wurde mit wachsender Breite bereits seit 1848 diskutiert. Nun kamen Bevölkerungsdruck, steigende Industrieproduktion, Drang auf den Weltmarkt, Rohstoffbedarf, ganz besonders aber die Zugehörigkeit zum kleinen Kreis der wirklichen Großmächte im Zeitalter des Hochkapitalismus und von England bestimmten Imperialismus hinzu. So geriet Deutschland trotz Bismarcks Zögern und der Abneigung vieler großer Industrieller und Bankiers gegen eine kostspielige und unsichere koloniale Expansion Schritt um Schritt in die 1884 beginnende Politik der Schutzgewährung für Kolonialkaufleute, -reisende und -pioniere, schließlich nach der internationalen Kongokonferenz des gleichen Jahres zur eigentlichen Kolonialpolitik (Taf. 355) und von dort aus zu Fragen der Seegeltung und Seemacht, d. h. zum Aufbau eines später schnell wachsenden Kriegsmarine-Potentials (Taf. 356) mit den entsprechenden Komplikationen im Verhältnis zu England.

Kaum waren die ersten Kolonialgebiete erworben, da trat der Balkan wieder in den Vordergrund der deutschen Politik: Der Kontinent bot Bismarcks Politik so viel Probleme, daß die Scheu vor Verwicklungen in außereuropäische Schwierigkeiten durchaus verständlich war. 1885 geriet das eben erst erneuerte Dreikaiserbündnis in die Gefahr der Auflösung durch einen serbisch-bulgarischen Konflikt, und die Verhältnisse im Osten, bei denen immer mehr panslawistisch-deutschfeindliche Momente eine Rolle spielten, gewannen für Deutschland noch besondere Bedeutung, weil gleichzeitig in Frankreich das Verlangen nach Revanche plötzlich durch den General Boulanger hochgespielt wurde. So zeichneten sich an beiden Hauptgrenzen Deutschlands Gefahren ab, die selbst Bismarck in den letzten Jahren seiner Kanzlerschaft nur mit größtem Geschick abfangen, nicht aber vom Grunde her beseitigen konnte, da sie aus ihm unerreichbaren Wurzeln erwuchsen. Bedrängt von dem »Albdruck der Bündnisse«, konnte er wohl Deutschlands Rüstungen verstärken und kleinere und größere diplomatische Aktionen durchführen — doch befreite ihn all dies im Gedanken an die internationalen Verhältnisse zu Beginn des 20. Jahrhunderts nicht von der Unruhe über Deutschlands Schicksal bei so starker Abhängigkeit eines erst seit kurzem geeinten und in dieser Form noch nicht in Krisenzeiten erprobten Reiches von den Tendenzen der übrigen europäischen Mächte. Stets war seine Sorge und das Empfinden der engen Begrenzung der eigenen diplomatischen Fähigkeiten viel stärker als die Befriedigung über die Beherrschung eines kunstvollen Bündnissystems.

Im Januar 1887 erklärte er Deutschland für »saturiert« und erneuerte aus solcher Haltung im gleichen Jahre den Dreibund. Einen anschließenden Notenaustausch zwischen England, Österreich und Italien im Sinne der Erhaltung des status quo im Mittelmeer begrüßte er. Das Dreikaiserabkommen allerdings genügte nun, durch die Verhältnisse überholt, nicht mehr seinen Zielsetzungen. Daher schloß Bismarck am 18. Juli 1887 den Rückversicherungsvertrag mit Rußland — einen gewissen Höhepunkt seiner Bündnispolitik überhaupt.

Neben dieser Außenpolitik wuchs eine Fülle innenpolitischer Aufgaben heran. Da gab es zunächst den »Kulturkampf« — eine 1873 von Virchow geprägte Bezeichnung — aus Ursprüngen, die weit vor der Reichsgründung in der alten

Auseinandersetzung zwischen dem Staat und der christlichen Kirche lagen und durch die politischen Auswirkungen von Luthers Reformation und die katholische Gegenreformation an Bedeutung noch gewonnen hatten. Im Zusammenhang mit dem 1870 auf dem Ökumenischen Konzil beschlossenen Dogma der päpstlichen Unfehlbarkeit erreichte dieser Gegensatz, der durch die Stärkung des politischen Liberalismus und des kulturellen Individualismus weitere Akzente erhielt, einen neuen Höhepunkt. Der Staat, wiederholt durch die katholische Kirche gereizt, ging nun mit vielen Gesetzen gegen sie vor, die alle auf die Dauer der Kirche Erfolg bringen und dem Staat schaden mußten, da man eine geistige Macht wie die katholischen Kirche, ja, auf die Dauer überhaupt keine echte geistige Bewegung mit Polizeimaßnahmen besiegen kann.

Das gleiche traf auf die sozialistische Bewegung zu, deren uns heute so vertraute Ähnlichkeit mit einer religiösen Bewegung Bismarck nicht erkannte. Die Ursache dafür lag teils in der Abneigung der feudal-bürgerlichen Gesellschaft gegen den Sozialismus in jeder Form, teils darin, daß Bismarcks Regiment aufs engste mit dieser gesellschaftlichen Gruppe verbunden war. Je stärker sich nun die Wirtschaft entwickelte, um so wahrscheinlicher wurde ein Zusammenstoß zwischen den politisch, militärisch und ökonomisch führenden Schichten der Gesellschaft und den von diesen ausgenutzten und politisch kurzgehaltenen proletarischen Schichten der Industrie- und Landarbeiter sowie der absinkenden Handwerker, wobei Bismarck ganz richtig erkannte, daß es sich nicht nur um ein national begrenztes, sondern um ein internationales Phänomen der kapitalistischen Gesellschaft überhaupt handelte. Das nach den beiden Attentaten auf Wilhelm I. (Taf. 354) im Herbst 1878 erlassene Sozialistengesetz versagte nun allerdings gegenüber der sozialistischen Bewegung so sehr wie die Kulturkampfgesetze gegenüber den Katholiken. Vielmehr erstarkte die Sozialdemokratie unter der Verfolgung, zumal sie von den Gewerkschaften aufgefangen und radikalisiert wurde: Seit 1880 suchte die SPD ihre Ziele nicht mehr »mit allen gesetzlichen«, sondern »mit allen Mitteln« zu erreichen, und bereits aus der Reichstagswahl von 1890 ging sie als die stärkste aller Parteien hervor (Taf. 357, 358).

Der Versuch, im Zusammenhang mit einer allgemeinen politisch-wirtschaftspolitischen Wendung vom Liberalismus zum Protektionismus und überhaupt zur verstärkten staatlichen Intervention den Mißerfolg gegenüber der schnell wachsenden und für die gesamte bürgerliche Gesellschaft, z. B. in der Wirtschaft und beim Heer, im Sinne der Machtpolitik unbedingt nötigen Industriearbeiterschaft seit 1881/84 durch eine sehr fortschrittliche Sozialpolitik auszugleichen, schlug im wesentlichen fehl. Die Rückgewinnung und Wiedereinordnung der Industriearbeiterschaft in Staat und Volk gelang nicht. Die Arbeiterschaft, die ihrerseits freilich auch in Partei und Gewerkschaft wenig Bereitschaft zur Mitarbeit zeigte, wurde zum Objekt sozialpolitischer Institutionen, nicht aber durch eine ihrer Bedeutung angemessene Mitarbeit am Staate interessiert und zu mitverantwortlichem Staatsbürgertum herangebildet. Hier fehlte der Sozialgesetzgebung vom Ende des 19. Jahrhunderts der Geist staatsbürgerlicher Erweckung, der an seinem Anfang, freilich unter einfacheren Bedingungen, Großes geleistet hatte. Er fehlte nicht nur, weil Bismarck kein Reformer aus Steins Geist war, sondern ebensosehr, weil das individualistische Besitz- und Bildungsbürgertum seine Verantwortung auch für die Kehrseite des Aufschwungs im Rahmen der Industriellen Revolution nicht ernst genug nahm.

Da die kirchlichen Institutionen Teile von Bismarcks Welt und der feudal-bürgerlichen Gesellschaft waren, gelang es dem Kanzler schließlich, sich mit dem Papst — einem Souverän wie der Kaiser — zu versöhnen, wenngleich unter erheblicher Einbuße an Prestige. Gegenüber dem Sozialismus dagegen, der diese Welt gerade vernichten wollte, mußten alle Friedensversuche fehlschlagen. Hier lagen die beiden großen Mißerfolge des Reichskanzlers, der weit mehr außenpolitisch-diplomatisch als wirtschafts- und sozialpolitisch begabt und interessiert war, die Bedeutung geistiger Bewegungen unterschätzte, im Grunde seiner Gesellschaftsvorstellungen aus der Zeit vor 1848 stammte und um 1880 geistig nicht mehr beweglich genug war, um über diese hinauszuwachsen.

Am 9. März 1888 starb Kaiser Wilhelm I. im Alter von 91 Jahren.

Nach einer Regierungszeit von 100 Tagen, die durch persönliche Tragik und Unstimmigkeiten zwischen seiner Frau und seinem ältesten Sohn gekennzeichnet waren, starb schon im gleichen Jahr Friedrich III., auf den die Liberalen aller Bereiche seit seiner Jugendzeit ihre Hoffnungen gesetzt hatten, im Alter von 57 Jahren (Taf. 359b). Ihm folgte, 31 Jahre alt, Kaiser Wilhelm II. Nach wenig mehr als einem Jahr erhob sich das alte Problem der Generationen. Der junge Kaiser und der annähernd 75 Jahre alte Kanzler (Taf. 359a) verstanden einander trotz anfänglicher Bewunderung des Herrschers für den Reichsgründer sehr bald nicht mehr. An sich nicht sehr bedeutende Meinungsverschiedenheiten führten Zuspitzungen des Verhältnisses herbei, die nur noch durch Rücktritt bzw. Entlassung behoben werden konnten: Am 18./20. März 1890 fand das »Zeitalter Bismarcks« sein Ende (Taf. 360). Fortan lag Bismarcks Ruhm als ein Riesenschatten über Wilhelm II. und allen seinen Taten; ja, er verdunkelte überhaupt das Andenken aller drei Hohenzollern, denen Bismarck gedient hatte. Das geschah gewiß nicht im Sinne des großen Staatsmannes selbst, der bei allem Selbstbewußtsein doch nie über die Position des »Dieners« im höchsten Sinne hinausgestrebt, der in dieser Pflichterfüllung seine Aufgabe gesehen hatte — freilich im sicheren Bewußtsein der Tatsache, daß er Diener mit einem in der deutschen Geschichte einzigartigen Format war.

Deutschland unter Wilhelm II. im Zeitalter des Imperialismus

Bismarcks Entlassung wurde im Auslande unter außenpolitischen Aspekten teils mit Befriedigung, vorwiegend aber mit Bestürzung und Beunruhigung, in Deutschland naturgemäß eher als Befreiung von dem jahrzehntelangen Übergewicht eines immer noch starken, schließlich aber auch starren und vielen Aufgaben sichtlich nicht mehr gewachsenen, zahlreichen Hoffnungen und Wünschen nicht mehr entsprechenden alten großen Mannes empfunden. Die Parallele zum Thronwechsel im Jahre 1786 und dem damaligen Hoffen auf einen neuen Kurs — und selbst zum ersten Thronwechsel im Jahre 1888 — liegt nahe. Doch die volle Bedeutung der Ereignisse um Bismarcks Entlassung reicht noch sehr viel weiter: Für Wilhelm II.

galt es, nach Reichsgründung, Aufbau des deutschen Heeres und Eintritt in die Kolonialpolitik den Schritt in die Zusammenhänge des Imperialismus zu tun — in weltpolitische Verflechtungen also, die über das von Metternich und Bismarck geschaffene und beherrschte europäische Konzert der Großmächte erheblich hinausreichten. Dabei handelte es sich nicht allein um quantitative Erweiterungen der politisch zu ordnenden Räume, sondern auch um — nicht zuletzt von wirtschaftlich-technischen Erfindungen und Entdeckungen, von modernen naturwissenschaftlich-philosophischen Anschauungen getragene oder angeregte — qualitative Veränderungen. Der Imperialismus stellte nicht einfach einen vergrößerten Merkantilismus dar, für den das Modell aus dem 17. und 18. Jahrhundert hätte entnommen werden können, sondern er schuf Probleme, die in seiner Anfangszeit kaum erahnt werden konnten und selbst am Ende des Ersten Weltkrieges noch nicht klar erkannt wurden. Sie wirkten weit über den jahrhundertealten Komplex des Gleichgewichts unter den traditionellen Großmächten hinaus und betrafen die immer stärkere Einbeziehung der USA in die weltpolitische Gestaltung, schließlich die Entwicklung der kolonialen und halbkolonialen Räume in Afrika und Asien.

Wie Wilhelm II. (Tafel 361 a) sich in dieser Zeit und auf diesen Gebieten von Welt-, Europa- und deutscher Politik, in sozialen, wirtschaftlichen, militärischen und kulturellen Fragen, in Diplomatie und Verwaltung, in den persönlichen Beziehungen zu den Staatsoberhäuptern und Ministern, Generalen und Unternehmern, schließlich zum deutschen Volk mit seinen politischen, konfessionellen und ökonomischen Parteiungen und zu anderen Völkern benommen, welche Fehler er gemacht und welche guten Seiten er gehabt hat — das ist nach seiner Flucht vor der Verantwortung am Ende des Ersten Weltkrieges und wieder seit dem Ende des Zweiten so häufig untersucht und dargestellt worden, daß es hier nur des Hinweises auf die wichtigsten Ereignisse bedarf, um eine chronologische Einordnung vornehmen zu können.

Da stand am Anfang die Ersetzung Bismarcks durch den General Caprivi, dessen Hauptleistung in vier Jahren darin bestand, daß er mit seiner eigenen Tätigkeit noch einmal das deutsche Volk und wohl auch den Kaiser an Bismarcks staatsmännische Größe erinnerte und dabei erkennen ließ, daß auch Wilhelms II. Fähigkeiten nicht mit denen seines Großvaters verglichen werden konnten, die so gut Bismarcks Art entsprochen hatten.

Der Rückversicherungsvertrag mit Rußland wurde nicht erneuert und damit Bismarcks System der Außenpolitik aufgegeben, der in seinem Wert recht begrenzte Dreibundvertrag jedoch verlängert. Der Helgoland-Vertrag wurde 1890 geschlossen, ein wirklich gutes, vertrauensvolles Verhältnis zu England dagegen nicht erreicht — von den britischen Staatsmännern allerdings auch in Erinnerung an die großen Zeiten eines britisch bestimmten Gleichgewichts auf dem Kontinent nicht angestrebt, so daß wohl die Fehler, Ungeschicklichkeiten und Überheblichkeiten Wilhelms II. selbst nur einen zusätzlichen, erschwerenden, nicht aber einen den Mißerfolg verursachenden Faktor bildeten. Zu Frankreich konnte ebensowenig ein Vertrauensverhältnis geschaffen, die immer intensivere französisch-russische Annäherung, der eine Distanzierung Rußlands gegenüber Deutschland entsprach, nicht verhindert werden. Innerhalb weniger Jahre nach Bismarcks Verabschiedung wurde Deutschland zum Objekt der Politik anderer Mächte, verlor es die europapolitische Initiative, geriet es in einen »Zick-Zack-Kurs«, der sich den häufig kurzfristigen Intentionen anderer Staaten anpassen und darüber die eigene große Linie einbüßen mußte. Die Stellungnahmen zum chinesisch-japanischen Krieg 1895, zum britischen Einfall nach Transvaal 1896, zu den Ereignissen 1900 in China, zum Burenkrieg 1900/02 und schließlich zum russisch-japanischen Krieg 1904/05 verringerten Deutschlands Ansehen und trugen in der Zeit von Bülows (Taf. 361 b) Kanzlerschaft zu seiner weltpolitischen Isolierung bei, die seine Dreibundpartner mit dem Nationalitätenproblem einerseits und der exponierten Lage im Mittelmeer andererseits nicht ausgleichen konnten.

So verschärfte sich um die Jahrhundertwende insbesondere das deutsch-englische Verhältnis zu Spannungen in Politik und Wirtschaft, während Deutschland zutiefst eine Großmacht unter Weltmächten blieb und allen Wünschen Wilhelms II. zum Trotz nicht in jene Größenordnung aufsteigen konnte — unglücklicherweise mit Ausnahme des militärischen Bereiches. Die französisch-russische Annäherung wurde durch englisch-französische Vereinbarungen ergänzt und wuchs so zu einer Kaolition der drei großen Mächte an Deutschlands Hauptgrenzen heran. Es war obendrein sicher, daß im Konfliktsfall die USA stets mindestens nicht gegen England Politik treiben oder gar zum Kriege schreiten würden.

Seit 1905 trat die europäische Politik in eine Zeit erhöhter und gefährlicher Spannungen: in den Marokkokrisen, im Geschehen um die Haager Friedenskonferenz, durch das englisch-russische Abkommen von 1907, die Annexionskrisis von 1908, den »Panthersprung« von 1911 und den Balkankrieg von 1912.

Das Hauptergebnis dieser Jahre fast ununterbrochener politischer Spannungen und militärischer Auseinandersetzungen, der gegenseitigen Bedrohungen und der wachsenden Koalitionen war — seit 1910 besonders verstärkt — eine ständige Steigerung der Rüstungen in allen europäischen Staaten. Sie mochte angesichts des schnellen Anwachsens der Völker berechtigt, infolge ihres aufblühenden Reichtums finanziell leicht tragbar und schließlich politisch notwendig erscheinen — wichtiger aber als solche Gesichtspunkte war, daß im Laufe der Jahre aus dem Rüsten ein Wettrüsten und daraus wieder die fatalistische Überzeugung erwuchs, nach so vielen obendrein im Sinne der Verständigung diplomatisch unbefriedigend gelösten Konflikten ziehe ein großer militärischer Zusammenstoß unvermeidlich herauf. Die deutsche Politik war jedoch auf einen solchen Krieg, der drei europäische Weltmächte gegen das Reich vereinen, die mit jenen befreundeten, von ihnen abhängigen mittleren Staaten folgen lassen und die USA mindestens in wohlwollender Neutralität auf ihre Seite ziehen mußte, weder diplomatisch noch militärisch noch auch innenpolitisch so gut vorbereitet, daß bei nüchterner Betrachtung eine Aussicht auf den Sieg bestand.

Denn wie die deutsche Außenpolitik nach 1890 im Grunde erfolglos, ja, durch Mißerfolge gekennzeichnet war, so gab es auch in der Innenpolitik keine Fortschritte, sondern eine Fülle von Ereignissen, die in der Öffentlichkeit heftig kritisiert wurden (Taf. 362 a). Die gesellschaftlichen Gegensätze konnten nicht verringert werden: Von Wahl zu Wahl wuchs die vom Industriearbeitertum getragene Sozialdemokratie, die sich nach wie vor gegen Bürgertum und Adel, gegen Staat und kapitalistische Gesellschaft wandte, weil sie sich von dieser ausgebeutet fühlte (Tafel 364). Das Verhältnis der Landwirtschaft, insbesondere des Großgrundbesitzes, zu Industrie, Bankwesen, Handel und Schiffahrt blieb voller wirtschafts- und gesellschaftspolitischer Spannungen. Unter solchen Umständen war es nicht möglich, eine Einheit von Innen- und Außenpolitik herzustellen und den Schritt von der Europapolitik zur Weltpolitik im Sinne der westeuropäisch-atlantischen Mächte zu tun. Staatsmänner, die das deutsche Volk nicht nach Wilhelms II. Geschmack regieren, sondern in die Problematik des Gesamtkomplexes von Innen- und Außenpolitik, Sozial-, Steuer- und Finanzpolitik, Agrar- und Industriepolitik, militärischer und wirtschaftlicher Schutzpolitik, von Schulpolitik und politischer Bildung einführen, es politisch mündig machen und damit die hundert Jahre zuvor mit Erfolg betriebene Politik staatsbürgerlicher Erweckung und Entwicklung wiederaufgreifen wollten, gab es zwischen 1890 und 1914 nicht. Statt dessen wuchsen wie die außenpolitischen so auch die innenpolitischen Schwierigkeiten, zumal die wirtschaftliche und, mit ihr eng verbunden, von ihr beeinflußt und sie beeinflussend, die soziale Entwicklung im weiten Gesamtrahmen der Politik ein immer größeres Gewicht erhielt (Taf. 362b).

Den fundamentalen wirtschaftlichen Entwicklungen in der Eisen- und Stahl-, der chemischen und der Elektro- und der Waffenindustrie (Taf. 365, 366), bei dem Land- und Seeverkehr, insbesondere nach den »Gründerjahren« und der Weltwirtschaftskrisis von 1873 (Taf. 363a, Karte XXII), standen sehr große industriegesellschaftliche Probleme etwa im Syndikats- und Kartellwesen, beim Gegensatz von arm und reich, in der wachsenden Vermögensballung (Taf. 363b), bei den Nöten des Handwerks und auf dem Gebiet des »Klassenkampfes« gegenüber. Dieser zielte nun von seiten der Sozialdemokratie nicht mehr unbedingt auf Revolution und Umsturz, sondern in zunehmendem Maße auf angemessene Beteiligung an der Regierung durch Modernisierung des Wahlrechts in Preußen und auf Beseitigung der quasi-militärischen Zustände in der Verwaltung, auf die Anpassung des Schulwesens an die Bevölkerungsentwicklung, schließlich auf die Bejahung einer industrie- und stadtgesellschaftlichen Kultur, die der industriewirtschaftlichen Entwicklung entsprechen sollte.

Gegen den pseudo-naturwissenschaftlichen Materialismus und gegen den unfruchtbar erscheinenden Bildungs- und Kulturbegriff alter Art, auch gegen den starken Historismus in der Kultur richtete sich seit der Wende vom 19. zum 20. Jahrhundert ein in vielen Bereichen, am deutlichsten in der Jugendbewegung und im Jugendstil, ausgeprägter Protest (Taf. 362c).

Während die Wirtschaftsentwicklung also von Krisen gelegentlich verzögert, aber nie entsprechend der marxistischen Doktrin zerschlagen wurde, vielmehr fast geradlinig aufwärts verlief und über Großunternehmungen, Konzerne und Kartelle zu Großbürgertum und Großkapitalismus führte und im Kern etwas Neues, nicht mehr Bürgerliches war, die alten Einteilungen und Ordnungen zerstörte, neue Schichtungen und Gruppierungen im deutschen Volk schuf, wurde der Klassenkampf zwischen dem zweiten und dem dritten Stand vom Bürgertum nach 1871 mehr und mehr aufgegeben, konnte die Kluft zwischen dem dritten und dem vierten Stand jedoch nicht aufgefüllt werden.

Der Erste Weltkrieg (Taf. 367a, Karte XXIII), durch den Mord von Sarajewo ausgelöst (Karten XXIV, XXV), brachte mit dem Übergang vom Bewegungs- zum Stellungskrieg auch den Rückschlag, der von ersten großen deutschen Siegen zur jahre-

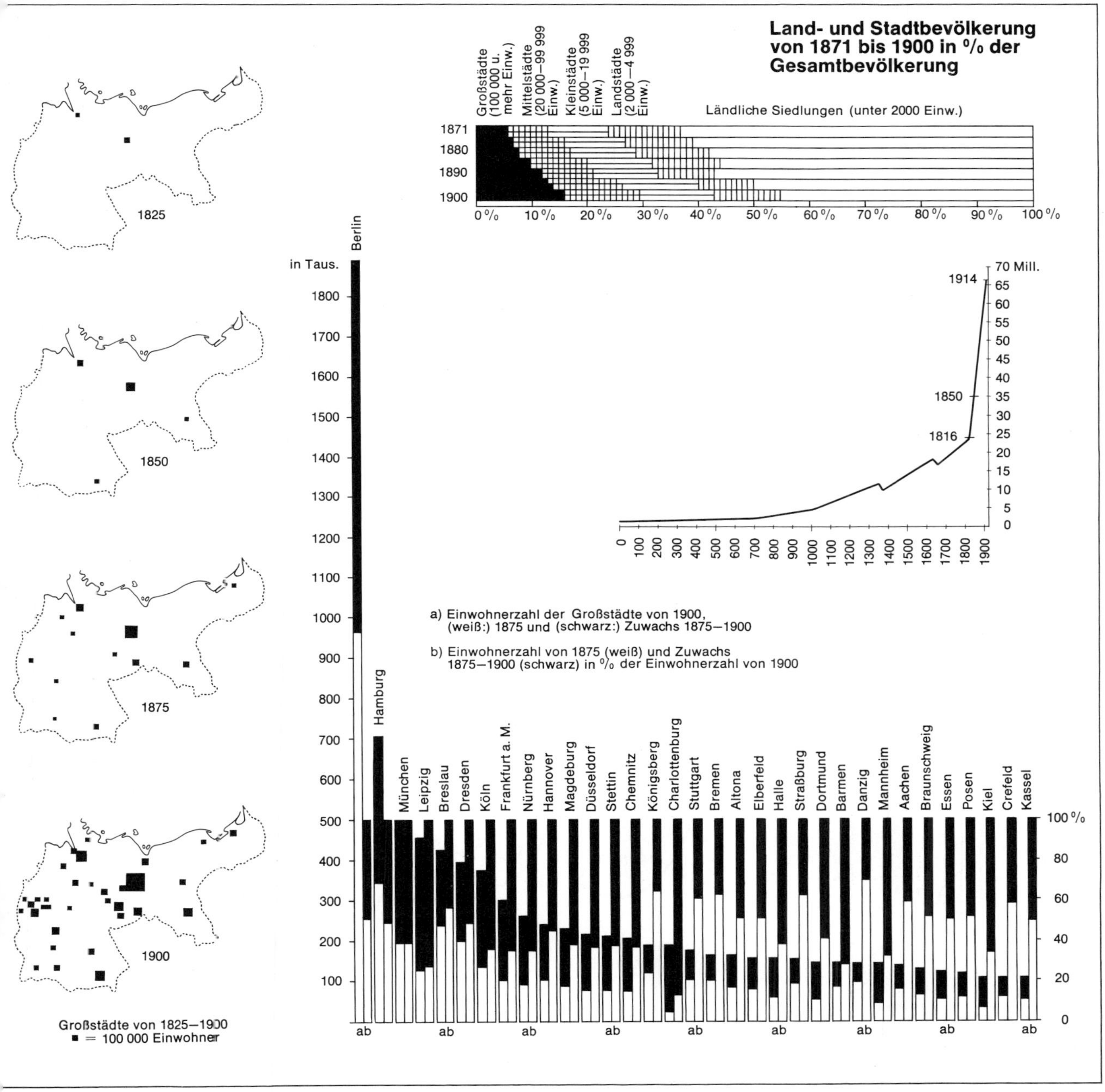

Karte XXII. Land- und Stadtbevölkerung von 1871 bis 1900 in Prozent der Gesamtbevölkerung. Großstädte von 1825 bis 1900. Bevölkerungsentwicklung Deutschlands (nach G. Osthus u. R. Elsasser in: Deutscher Kulturatlas IV, 298 u. 299. Berlin)

lang sich hinziehenden Ausblutung und Ermüdung des deutschen Heeres in den »Materialschlachten« an der Front sowie des deutschen Volkes durch Hunger, Not und Krankheiten in der Heimat reichte, zumal der militärische Kampf sich immer

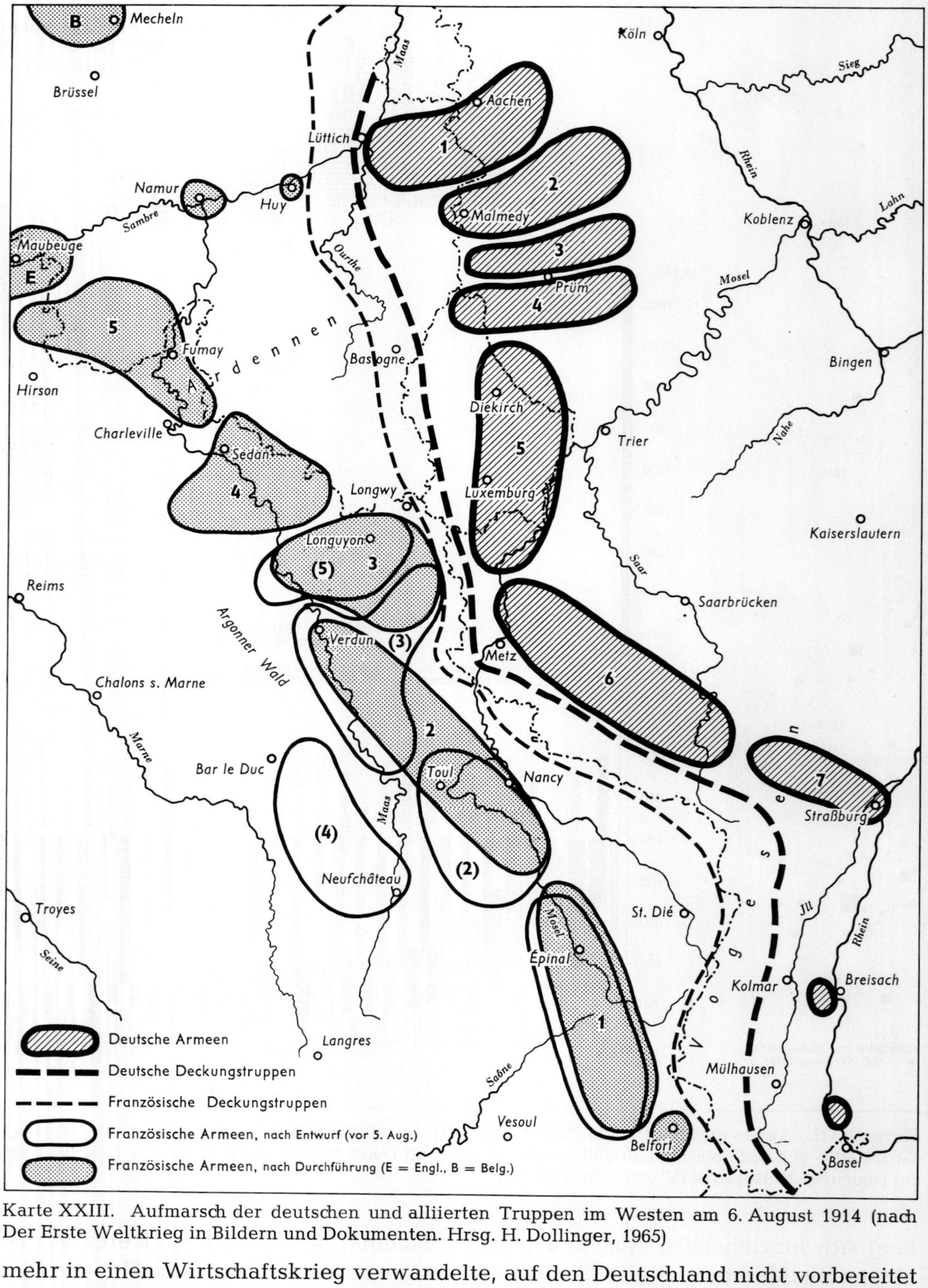

Karte XXIII. Aufmarsch der deutschen und alliierten Truppen im Westen am 6. August 1914 (nach Der Erste Weltkrieg in Bildern und Dokumenten. Hrsg. H. Dollinger, 1965)

mehr in einen Wirtschaftskrieg verwandelte, auf den Deutschland nicht vorbereitet war und in dem es nur unterliegen konnte. Während also der Kampf immer aus-

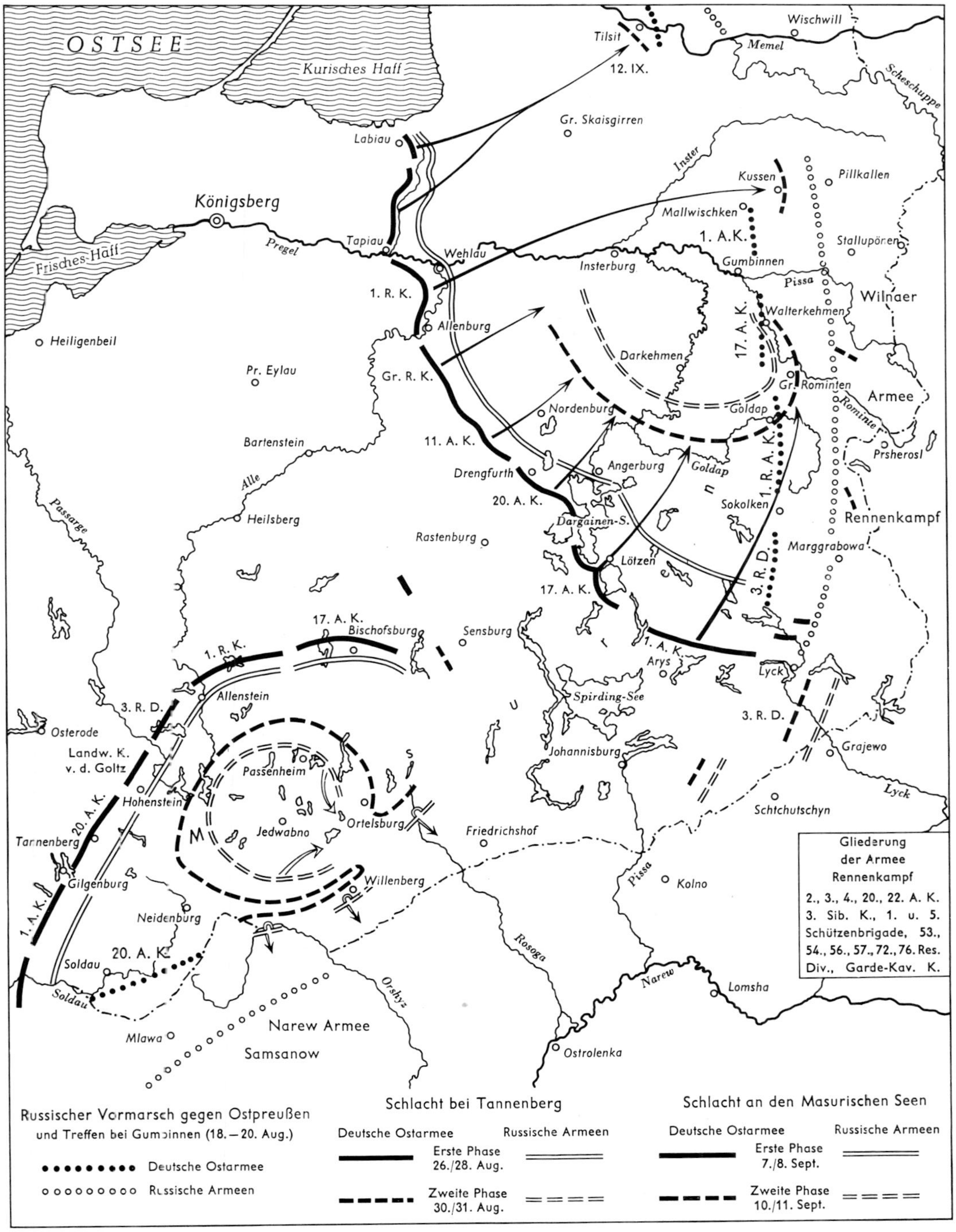

Karte XXIV. Der deutsche Vormarsch in Belgien und Frankreich im August/September 1914 (nach Der Erste Weltkrieg in Bildern und Dokumenten. Hrsg. H. Dollinger, 1965)

sichtsloser wurde, kam es unter dem maßgeblichen Einfluß der dritten »Obersten Heeresleitung«, d. h. Hindenburgs und Ludendorffs (Taf. 367 b), zur Radikalisierung im »Totalen Krieg« und im »Hindenburgprogramm« (Taf. 368) schließlich zur militärischen Diktatur, die dem Reichskanzler Bethmann Hollweg die politische Kontrolle des Krieges aus den Händen nahm (Karte XXVI).

Die Notwendigkeit eines demokratisierenden Umbaus des deutschen Staatswesens war seit langem erkannt worden. Die Forderungen der SPD nach voller politischer Gleichberechtigung, nach größerem politischem Einfluß der Arbeiterschaft und nach Ersetzung des Dreiklassenwahlrechts in Preußen durch das Reichstagswahlrecht mochten im militärischen Siegesrausch von 1914/15 übertrieben erscheinen — danach beherrschten sie jedoch die innenpolitische Situation. Die russische Revolution steigerte dann bei den regierenden Kräften die Abneigung zur Angst

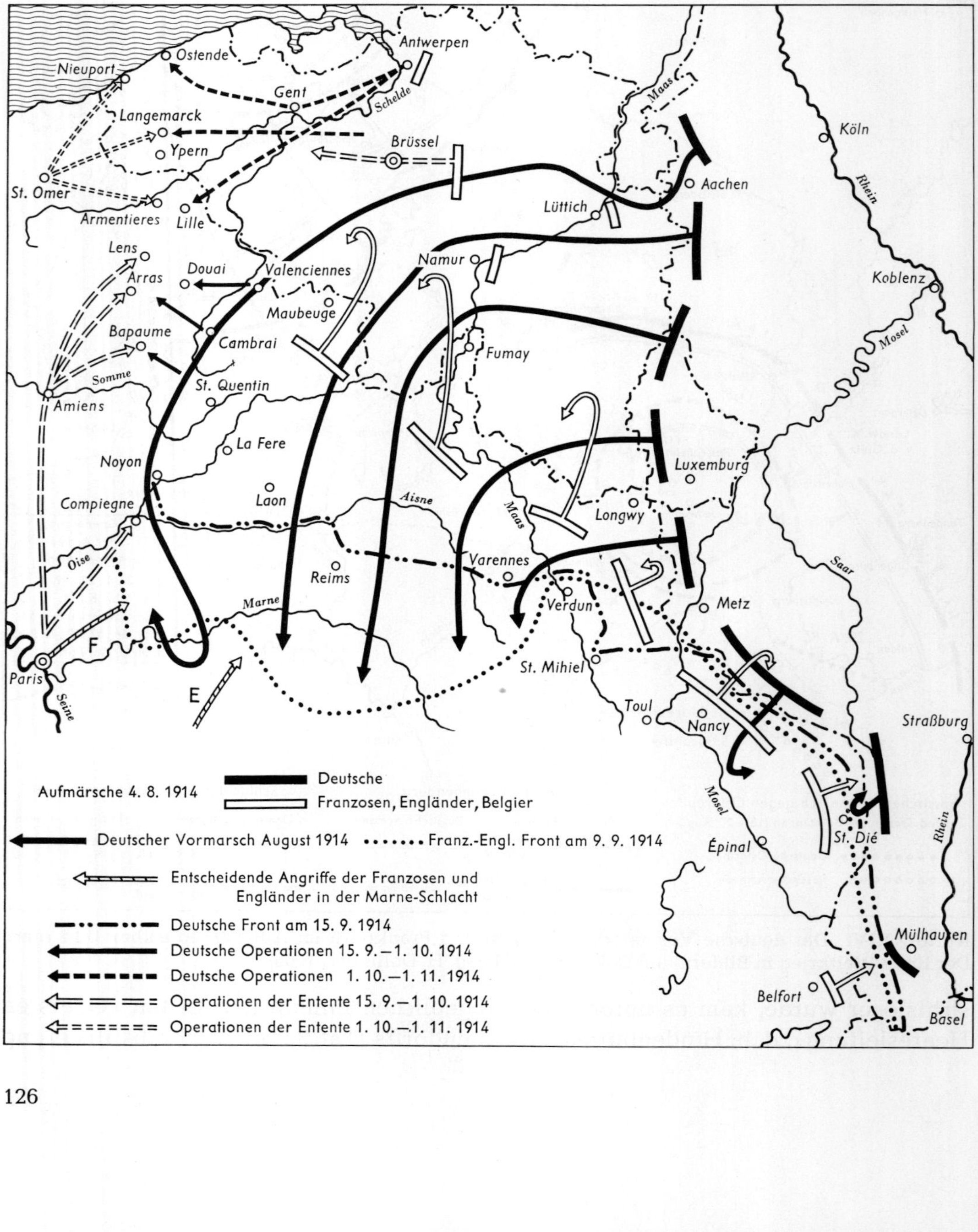

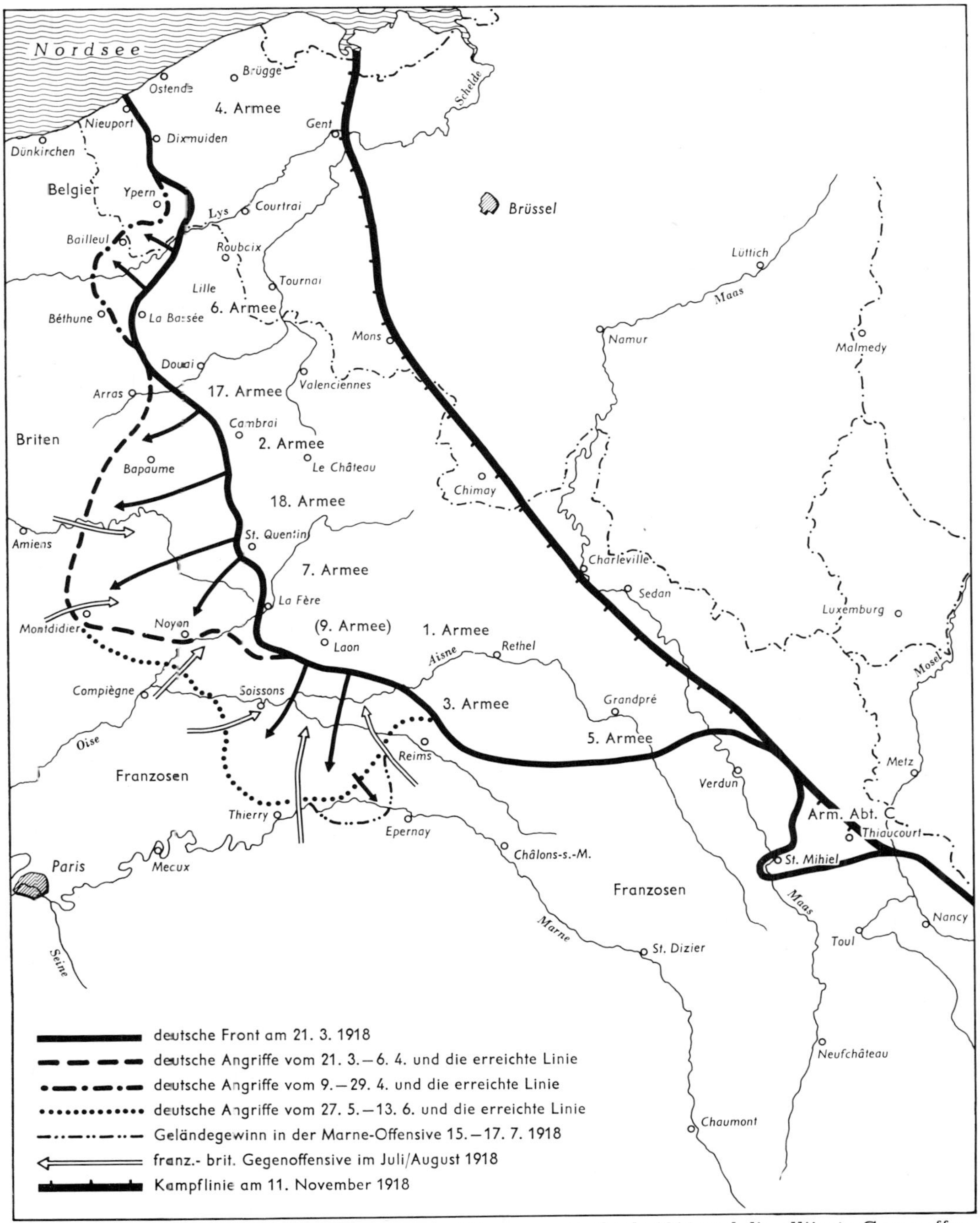

Karte XXVI. Die letzte deutsche Offensive im Westen im Frühjahr 1918 und die alliierte Gegenoffensive bis zum Waffenstillstand am 11. November 1918 (nach Der Erste Weltkrieg in Bildern und Dokumenten. Hrsg. H. Dollinger, 1965)

◀
Karte XXV. Deutscher und russischer Aufmarsch in Ostpreußen und die Schlachten bei Tannenberg und an den Masurischen Seen (nach Der Erste Weltkrieg in Bildern und Dokumenten. Hrsg. H. Dollinger, 1965)

vor dem Chaos, das aus etwaigen Reformen entspringen könnte, und verzögerte damit die politische Modernisierung, so daß die dramatisch umkämpfte »Osterbotschaft« des Kanzlers Bethmann Hollweg 1917 überholt war, bevor der Kaiser sie unterzeichnete. Schließlich gelangte man über Ludendorffs Nervenzusammenbruch im September 1918 und den kaiserlichen Erlaß vom 30. September zur ersten deutschen parlamentarischen Regierung am 5. Oktober und unter dem Druck der zweiten Wilson-Note am 28. Oktober zu den entsprechenden reichsgesetzlichen Regelungen — zu spät, um die »November-Revolution« und das Ende der Monarchie verhindern zu können. Die Weimarer Verfassung begann dann mit dem schon bald nur noch eingeschränkt richtigen Satz: »Die Staatsgewalt geht vom Volke aus.«

Nach der militärischen Niederlage im Herbst 1918 löste das geschlagene deutsche Heer sich innerhalb weniger Wochen auf. Die sehr bald formulierte »Dolchstoßlegende« war von vornherein nicht nur in ihrer groben populären, sondern auch in der verfeinerten Form der militärischen Fachkritik unhaltbar, doch hat sie, auf bewußt falsche Behauptungen Hindenburgs aufbauend, in der innenpolitischen Auseinandersetzung bis 1933 eine große Bedeutung gehabt und schweren Schaden angerichtet. Hindenburg hat sich auch später als Reichspräsident, der ihre Auswirkungen überblicken konnte, von ihr nicht getrennt.

Der Meuterei in der deutschen Flotte folgte Wilhelms II. Rücktritt. Die deutsche Waffenstillstandskommission mußte harte Bedingungen unterzeichnen: der Erste Weltkrieg war beendet, das Reich Bismarcks war zusammengebrochen, die Monarchie in Deutschland preisgegeben. Die preußisch-deutsche Geschichte seit 1813, mindestens die seit dem 18. Januar 1871 erschien vielen Menschen unter dem Eindruck einer radikalen Niederlage als »sinnlos«.

Sie befand sich gewiß an einem Tiefpunkt, dem tiefsten seit 1806, aber doch nicht an einem so gefährlichen und so bedeutungsvollen. Zu Beginn des 19. Jahrhunderts war das Reich aufgelöst, lagen Preußen und Österreich besetzt völlig am Boden — was alles 1918 und später nicht geschah. Aber während 1806 noch die Trümmer des preußischen Heeres Thüringen verließen, zeichnete sich dahinter bereits die »Reform« ab, jene Erneuerung und Verjüngung, die nichts mit Restauration zu tun hatte, sondern in die Zukunft hinein geplant und geleistet wurde — was es nach 1918 nicht oder doch sehr viel weniger gründlich und nachhaltig gab. So war der Ausgang von 1918 zwar ein großes, aber kein eigentlich epochales Ereignis wie die Kriegserklärungen von 1914 und die russische Revolution von 1917. Dort, nicht 1918/19, bei den logisch konsequenten Folgeerscheinungen in Deutschland, hörte das »19. Jahrhundert« auf, lag die mit dem »Bastillesturm« vergleichbare historische Zäsur.

Das Deutsche Reich 1918 bis 1933

Das Deutsche Reich wurde nach heftigen Unruhen (Taf. 369 und 370) 1919 über die Nationalversammlung und die Reichsverfassung eine parlamentarische Republik mit dem Sozialdemokraten Fritz Ebert (Taf. 371 a) als erstem Reichspräsidenten an der Spitze. Der Versailler Vertrag, ein ohne Verhandlungen mit deutschen Vertretern einseitig von den ehemals feindlichen Mächten formulierter »Diktatfrieden«, stellte das erste große, bis in die engsten Bereiche der Wirtschaft und Technik, bis ins Handelsvertrags- und Patentwesen eingreifende Friedensinstrument des technisch-industriellen Zeitalters dar. Er basierte wie die anderen Pariser »Vorortverträge« jenes Jahres auf einem geschichtsfremden Denken in der Annahme, daß es für die Besiegten nie wieder eine Erhebung und damit den Wunsch nach und die Möglichkeit zur Rache geben könne. Die ersten Jahre des Deutschen Reiches waren jedoch nicht nur durch die schweren Friedensbedingungen, insbesondere die lange Zeit unbegrenzten Reparationsleistungen bestimmt, sondern nicht weniger durch innere Unruhen und den Kapp-Putsch, durch die Inflation, die von Frankreich veranlaßte Ruhrbesetzung 1923 und die Erstarkung der restaurativen »nationalen« Kräfte insbesondere im Heer, doch auch in der Verwaltung. In allen diesen Erscheinungen lagen wesentliche Ursachen für die politische Radikalisierung der beiden Flügel des ursprünglich »unpolitischen«, d. h. parteilos konservativen und mittelparteilichen Bürgertums in der nächsten wirtschaftlich-sozialen Leidenszeit: in der Weltwirtschaftskrisis.

Dem politisch zunächst nicht bedeutungsvollen Hitlerputsch vom 9. November 1923 in München (Tafel 371 b) und der Stabilisierung der Währung folgte eine Zeit außenpolitischer Aktivität durch Stresemann (Tafel 372) und wirtschaftlichen Wiederaufstiegs, freilich auch die Reichspräsidentschaft des Generalfaldmarschalls von Hindenburg, der weder Politiker noch gar Staatsmann war und die Republik als Durchgangsstadium der staatlichen Entwicklung Deutschlands betrachtete, starkem Einfluß seiner Berufs- und Standesgenossen unterlag und auch aus Gründen der Altersveränderung und -erstarrung Deutschland zumindest in eine Richtung treiben ließ, die nur verderblich sein, nicht aber zum inneren Frieden und zur außenpolitischen Verständigung mit den entscheidenden Großmächten führen konnte. Die Wirtschaftskrisis, die im Jahre 1928 begann, im Oktober 1929 einen ersten allgemein bemerkten Höhepunkt hatte und sich dann bis zum Herbst 1932, in Deutschland bis in das Jahr 1933 hinein steigerte, führte zur Arbeitslosigkeit von etwa sechs Millionen und zur Kurzarbeit von kaum weniger Personen, zu Lohn- und Gehaltssenkungen, zur Verringerung des Volkseinkommens und der Konsumkraft, schließlich über eine allgemeine Verarmung zum Zusammenbruch des in den letzten Jahren gewachsenen politischen Optimismus (Taf. 373 a). Brüning (Taf. 373 b) wurde in Deutschland dieser Krisis so wenig Herr wie Hoover in den USA; er konnte auch den großen Wahlerfolg der NSDAP im September 1930, ihren Einbruch in die bürgerliche Mitte und Rechte, ihre Mobilisierung von Jung- und Nichtwählern, die Erfassung der breiten Massen des gewerblichen und neuen Mittelstandes sowie des bäuerlichen Landvolks durch den Nationalsozialismus nicht aufhalten (Taf. 374).

Während man sich daran gewöhnte, in der Form einer Präsidialdiktatur zu regieren, wechselte Hindenburg Reichskanzler, wie Generale im wilhelminischen Reich gewechselt worden waren: Dem durch eine hinter dem Präsidenten stehende höchst aktive Gruppe konservativer Politiker gestürzten Brüning folgte für einige Monate Papens »Kabinett der Barone«, diesem Anfang Dezember 1932 für wenige Wochen der Versuch des Generals v. Schleicher, ein leistungsfähiges Kabinett unter Tolerierung durch Sozialdemokraten und Gewerkschaften aufzubauen, und schließlich die »Machtergreifung« Hitlers und der NSDAP am 30. 1. 1933 (Taf. 375/6).

Das Dritte Reich

Die innen- und außenpolitische Entwicklung Deutschlands in der Zeit zwischen 1933 und 1945 ist zu bekannt, als daß sie in diesem Zusammenhang ausführlich dargestellt zu werden braucht. Sie zielte von vornherein, für die Öffentlichkeit jahrelang nicht erkennbar, auf die gewaltsame Vergrößerung Deutschlands, auf die Rückgewinnung von Elsaß und Lothringen im Westen und die Eroberung von »Lebensraum« im Osten: in der Tschechoslowakei, Polen und der Sowjetunion. Hitlers in »Mein Kampf« veröffentlichtes politisches Programm blieb die Richtschnur für die Politik auch im Innern. Parteidiktatur, Unterwerfung, Verfolgung, Vernichtung der Andersdenkenden (Taf. 377 und 378), z. B. der Sozialdemokraten und Kommunisten, von Geistlichen und gläubigen Christen beider Konfessionen, Ausschaltung und Vernichtung der Juden und anderer »nichtarischer« Menschengruppen sowie des »lebensunwerten Lebens« wurden im Sinne der Parteiideologie für notwendig erklärt und durchgeführt. Dem Reichstagsbrand folgte auf einem äußerlich legalen Wege eine entscheidende Notverordnung, dieser das Ermächtigungsgesetz und diesem die sogenannte »Gleichschaltung« von Reich und Ländern im Sinne einer parteistaatlichen Diktatur. Auseinandersetzungen innerhalb der NSDAP wie die Röhm-Affäre 1934 (Taf. 379 b) und die Unterwerfung der Wehrmacht in der Blomberg-Fritsch-Affäre 1938 (Taf. 379 a), hatten die Festigung der Parteiherrschaft zur Folge (Taf. 380). Gleichzeitig gelangte man — über vorbereitende Maßnahmen 1933, 1935 und 1938 — seit dem Juli 1941 zur »Endlösung der Judenfrage«, die Himmler 1944 als ein Ruhmesblatt der SS bezeichnete (Taf. 383).

Die Wirtschaft wurde schon bald nach der Machtergreifung im Rahmen der Arbeitsbeschaffung auf die Rüstung eingestellt: der zweite Vierjahresplan wies sie im Herbst 1936 an, innerhalb von vier Jahren ebenso kriegsbereit zu sein wie die Wehrmacht. Für 1940/41 plante Hitler also den Beginn des großen Eroberungs- und Unterwerfungskrieges. Ihm gingen der Austritt aus dem Völkerbund, die Wiedereinführung der Wehrpflicht 1935, Österreichs »Anschluß« (Taf. 381 a, b) und die »Zerschlagung« der Tschechoslowakei 1938/39 voraus (Taf. 381 c).

Damit war freilich, für die Öffentlichkeit unmerklich, der erste Schritt in den neuen Weltkrieg hinein getan, über dessen Ausgang nach den Erfahrungen seit 1914, insbesondere seit 1917, für jeden nicht ausschließlich in den Vorstellungen von soldatischem Heldentum denkenden und politisierenden Staatsmann kein Zweifel bestehen konnte. Er führte nach der Verständigung mit Stalin (Taf. 384 a) vom Überfall auf Polen (Karte XXVII) zur Invasion Dänemarks und Norwegens, der Niederlande, Belgiens und Frankreichs (Karte XXVIII) in der Form von Blitzkriegen (Taf. 384 b). Nachdem es Hitler nicht gelungen war, in England zu landen, wandte er sich gegen die Sowjetunion (Karte XXIX) und machte damit ebenso wie Japan durch sein Vorgehen den Eintritt der USA und damit notwendigerweise die eigene Niederlage unvermeidlich. Was diesen beiden Daten folgte, die Ausdehnung des Krieges im Westen und unter großen Menschen- und Materialverlusten, denen Deutschland nicht gewachsen war, die schweren Niederlagen in Stalingrad (Taf. 386 a), im Luft- und Seekrieg (Taf. 385 b) sowie der Rückzug aus Nordafrika (Taf. 385 a), bildete gewissermaßen die erste Phase des Zusammenbruchs des Dritten Reiches.

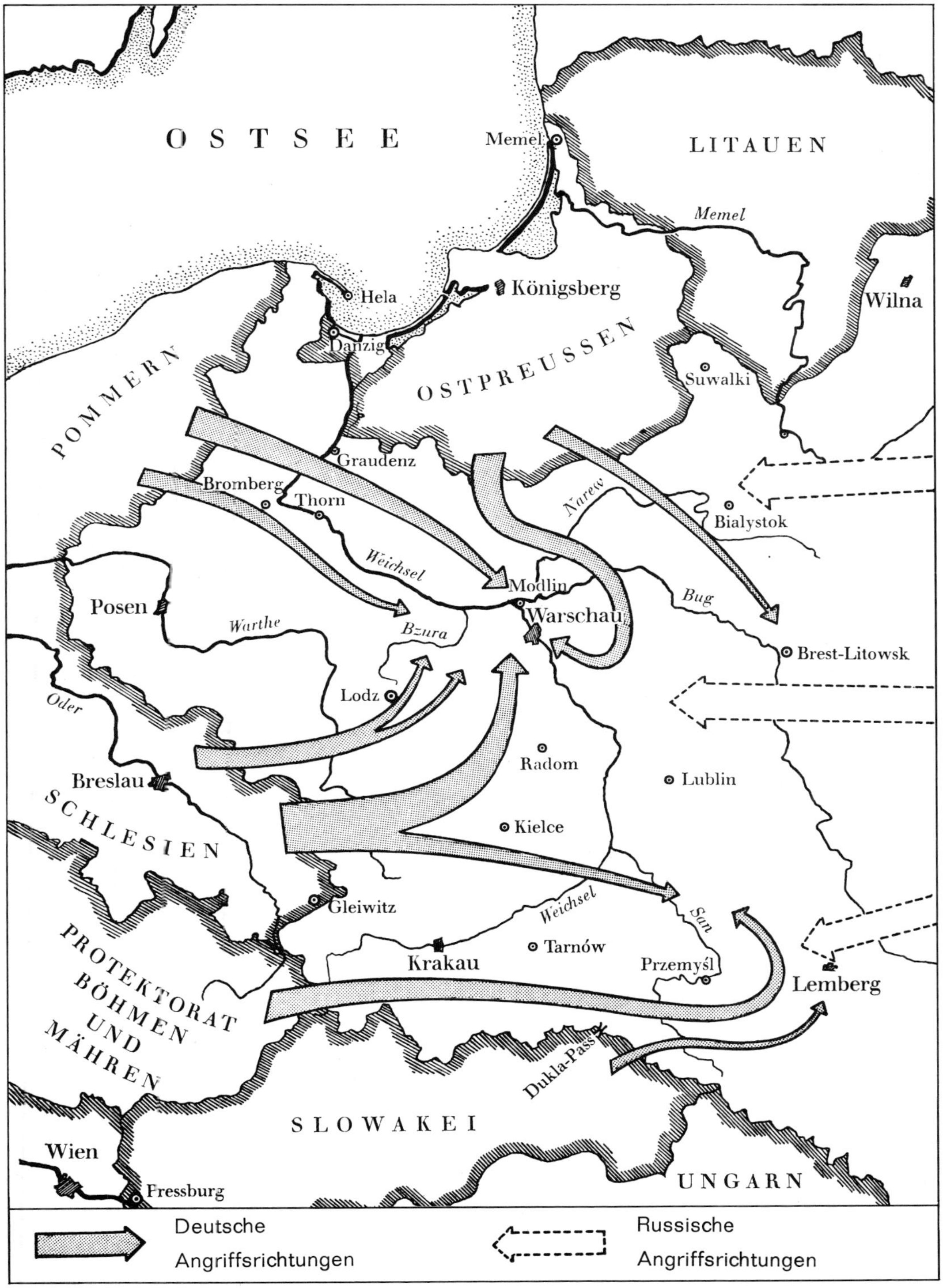

Karte XXVII. Der Polen-Feldzug 1939 (nach H. G. Dahms, Geschichte des Zweiten Weltkrieges. 1965)

Karte XXVIII. Der Feldzug im Westen 1940. Erste Phase (nach H. G. Dahms, Geschichte des Zweiten Weltkrieges, 1965)

Karte XXIX. Der Rußland-Feldzug 1941 (nach H. G. Dahms, Geschichte des Zweiten Weltkrieges, 1965) ▶

Während die von Stalin seit langem zusätzlich zu den amerikanischen Materiallieferungen und Bombenkriegshilfen zwecks Entlastung der Roten Armee geforderte zweite Front im Westen am 6. Juni 1944 geschaffen, schnell stetig ausgedehnt (Taf. 386 b) und die Einkreisung Deutschlands zur Vernichtung des Dritten

Deutsche Armeen
Befestigungslinien
Deutsche Panzer-Gruppen
Äußerste erreichte Linie Dezember 1941
OSTSEE
SCHWEDEN
FINN. BUSEN
Helsinki
Hanko
Wiborg
LADOGASEE
ONEGASEE
Leningrad
Schlüsselburg
Tichwin
Kronstadt
DAGÖ
ÖSEL
Reval
Narwa
ESTLAND
BALTIKUM
Dorpat (Tartuu)
Pleskau
Nowgorod
ILMENSEE
Staraja Russa
WALDAIHÖHEN
Kalinin
Moskau
Klin
Rshew
Wolga
KUR-LAND
RIGAER MEER-BUSEN
Riga
Libau
LETT-LAND
Dünaburg
Memel
LITAUEN
Kaunas
Wilna
Königsberg
Tilsit
Danzig
OSTPREUSSEN
H.Gr. Nord
18.
16.
WEISSRUSSLAND
Grodno
Bialystok
Minsk
Witebsk
Smolensk
Orscha
Mogilew
Bobruisk
Wjasma
Kaluga
Tula
Orel
Brjansk
Gomel
Warschau
H.Gr. Mitte
4.
9.
GENERAL-GOUV.
Brest-Litowsk
Pinsk
Pripjet-Sümpfe
Lublin
Krakau
H.Gr.Süd
6.
17.
WOLHYNIEN
Lemberg
Shitomir
Kiew
UKRAINE
Charkow
Kursk
Woronesch
Poltawa
Krementschug
Dnjepropetrowsk
Saporoschje
DONEZBECKEN
Stalino
Taganrog
Rostow
Uman
Odessa
Nikolajew
Cherson
NOGAISCHE STEPPE
Melitopol
Perekop
KRIM
SCHWARZES MEER
ASOWSCHES MEER
BESSARABIEN
Kischinew
Jassy
3. rum.
11.
Armee-Gruppe Antonescu
4. rum.
Czernowitz
KARPATEN
UNGARN
SIEBENBÜRGEN
RUMÄNIEN
Galatz
Braila
Donau
Dnjepr
Don
Desna

Karte XXX. Die Konzentrationslager des Dritten Reiches (nach H. G. Dahms, Geschichte des Zweiten Weltkrieges)

Karte XXXI. Der Zusammenbruch des Deutschen Reiches 1945 (nach H. G. Dahms, Geschichte des Zweiten Weltkrieges, 1965) ▶

Reiches und des Nationalsozialismus durchgeführt wurde, erreichte die Widerstandsbewegung in Deutschland selbst nach jahrelangen Vorstufen und einigen mißlungenen Attentatsvorbereitungen und -versuchen ihren Höhepunkt am 20. Juli 1944 (Taf. 387 und 388). Opposition und Widerstand gegen Hitler und den Nationalsozialismus hatte es bereits vor dem 30. Januar 1933 in vielen Kreisen des Volkes gegeben. Ihren Opfern bei Straßenkämpfen und Saalschlachten folgten seit der Machtergreifung ungezählte »Schutzhäftlinge«, in Konzentrationslagern (Karte XXX) Ermordete und von »Volksgerichten« Verurteilte, die sich dem Nationalsozialismus nicht hatten beugen wollen. Bei jeder Äußerung von Ablehnung oder Widerstand befanden sich Sozialisten und Kommunisten als Anhänger einer für illegal erklärten Gesellschaftsauffassung und aus anderen Ursachen gewöhnlich in einer von vornherein schwierigeren Situation als etwa höhere Beamte, Offiziere, Diplomaten usw. Andererseits wurde vielen Oppositionellen, besonders solchen, die sich durch einen Eid oder religiöse Empfindungen gebunden fühlten oder während des Krieges Bedenken trugen, indirekt deutschen Soldaten zu schaden und deren Gegnern zu helfen, der Widerstand nicht allein zu einem lebensgefährlichen Unter-

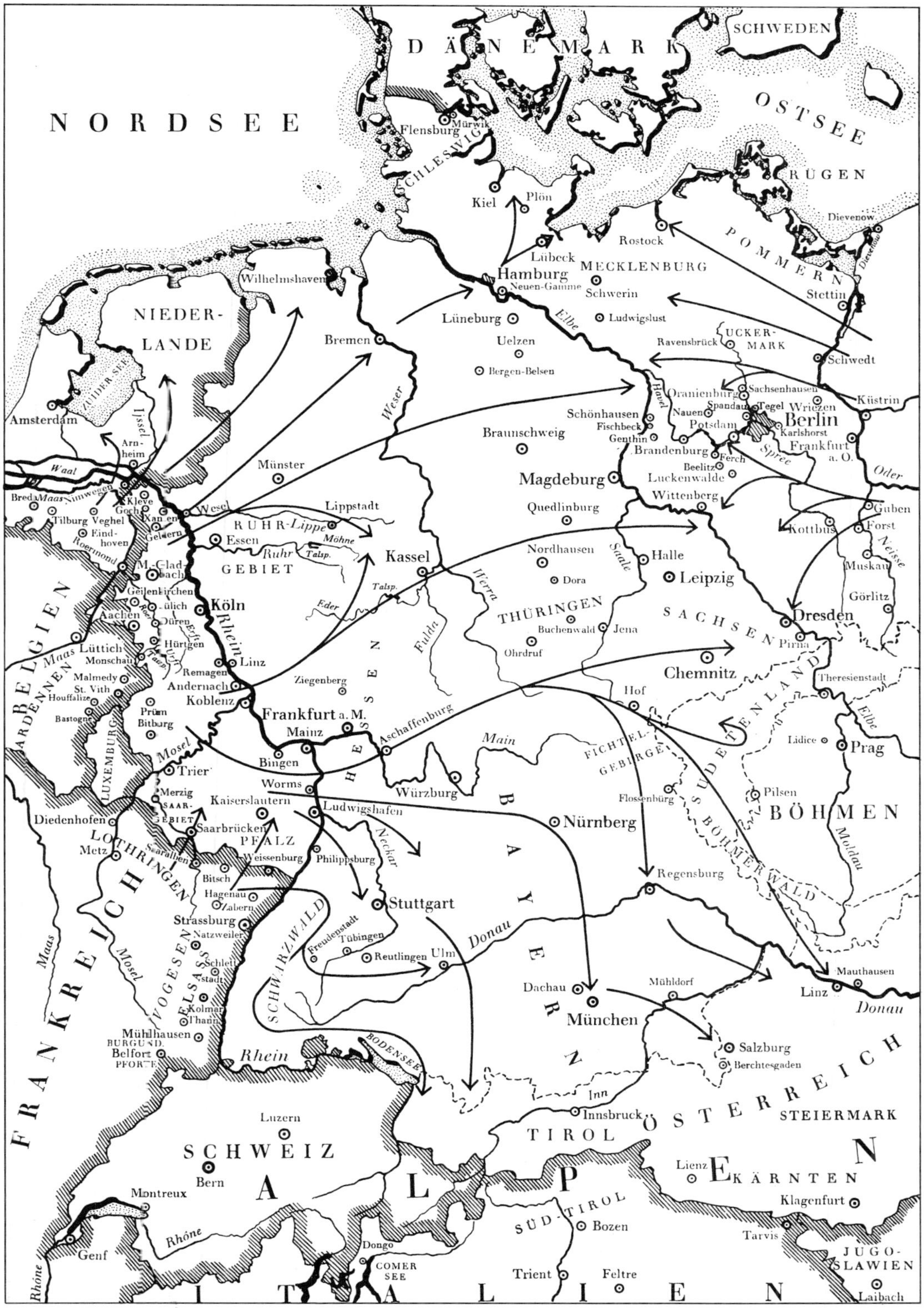
NORDSEE
DÄNEMARK
SCHWEDEN
OSTSEE
RÜGEN
Flensburg
Mürwik
SCHLESWIG
Kiel
Plön
Lübeck
Rostock
Dievenow
POMMERN
Hamburg
Neuen-Gamme
MECKLENBURG
Schwerin
Ludwigslust
Stettin
Wilhelmshaven
NIEDER-LANDE
ZUIDER-SEE
Bremen
Lüneburg
Uelzen
Bergen-Belsen
Elbe
UCKER-MARK
Ravensbrück
Schwedt
Amsterdam
Ijssel
Arnheim
Waal
Weser
Havel
Oranienburg
Sachsenhausen
Küstrin
Schönhausen
Fischbeck
Genthin
Nauen
Spandau
Tegel
Wriezen
Potsdam
Berlin
Karlshorst
Braunschweig
Brandenburg
Ferch
Beelitz
Spree
Frankfurt a. O.
Oder
Münster
Magdeburg
Luckenwalde
Wittenberg
Breda
Maas
Nimwegen
Kleve
Goch
Kanten
Wesel
Lippstadt
Quedlinburg
Guben
Tilburg
Veghel
Eindhoven
Geldern
RUHR-Lippe
Möhne
Essen
Ruhr
Talsp.
GEBIET
Kassel
Kottbus
Forst
Roermond
M.-Gladbach
Nordhausen
Dora
Saale
Halle
Leipzig
Neisse
Muskau
Geilenkirchen
Jülich
Köln
Eder
Görlitz
Aachen
Düren
Rhein
Werra
THÜRINGEN
Buchenwald
Jena
SACHSEN
Dresden
Pirna
BELGIEN
Maas
Lüttich
Monschau
Hürtgen
Linz
Fulda
Ohrdruf
Chemnitz
Malmedy
St. Vith
Houffalize
Remagen
Ziegenberg
Andernach
HESSEN
Theresienstadt
ARDENNEN
Bastogne
Koblenz
Prüm
Bitburg
Frankfurt a. M.
Mainz
Aschaffenburg
Hof
SUDETENLAND
Elbe
Main
FICHTEL-GEBIRGE
Lidice
Prag
LUXEMBURG
Mosel
Trier
Bingen
Worms
Würzburg
Flossenbürg
Pilsen
Merzig
SAAR-GEBIET
Kaiserslautern
Ludwigshafen
BÖHMEN
Diedenhofen
Saarbrücken
PFALZ
Nürnberg
BÖHMERWALD
Moldau
LOTHRINGEN
Metz
Saaralben
Weissenburg
Philippsburg
Neckar
BAYERN
Bitsch
Regensburg
Hagenau
Zabern
Stuttgart
Strassburg
Natzweiler
SCHWARZWALD
Freudenstadt
Tübingen
Donau
Reutlingen
Ulm
FRANKREICH
Maas
Mosel
VOGESEN
ELSASS
Schlettstadt
Dachau
Mühldorf
Mauthausen
Linz
Donau
München
Kolmar
Thann
Mühlhausen
BURGUND.
Belfort
PFORTE
Rhein
BODENSEE
Salzburg
Berchtesgaden
ÖSTERREICH
Inn
Innsbruck
STEIERMARK
Luzern
TIROL
SCHWEIZ
Bern
ALPEN
Lienz
KÄRNTEN
Montreux
SÜD-TIROL
Bozen
Klagenfurt
Rhône
Genf
Tarvis
Dongo
COMER SEE
JUGO-SLAWIEN
Trient
Feltre
ITALIEN
Laibach

nehmen, sondern auch zu einem letztlich kaum lösbaren Problem. Was Goerdeler, von der bürgerlich-adligen Seite als »das Herz« des Widerstandes bezeichnet, nach der Machtenthebung Hitlers unter Anlehnung an preußisches Reformdenken der Zeit nach 1806 als erste Regierungserklärung über den Rundfunk verlesen wollte und was aus den Kreisen des Widerstandes seit 1945 an Notizen, programmatischen Aufzeichnungen, Briefen usw. bekannt geworden ist, war im bürgerlichen Sinne des 19. Jahrhunderts und der Weimarer Republik idealistisch, hätte aber im Sommer 1944 vermutlich nicht die Hörer gepackt und zu aktiver Mitarbeit bewogen. Die staats-, gesellschafts- und wirtschaftspolitischen Pläne der nichtsozialistischen Kreise und Gruppen zielten deutlich stärker auf einen Beamten- und Militärstaat, wie er in Goerdelers Jugendzeit existiert hatte und nun im Gegensatz zum Terrorregime als anständig, gerecht, sauber und friedlich idealisiert wurde, als daß sie der komplexen Gesellschaft in einem Industriestaat entsprechend einen modernen Staat schaffen wollten. Es ist verständlich, daß man im Ausland zögerte, Vertretern solcher Umsturz- und Neubaukreise, die obendrein häufig voneinander beträchtlich abweichende Auffassungen vortrugen, Hilfe und Anerkennung nach dem Erfolg zuzusagen. Und die Vermutung liegt nahe, daß nach einem ersten Erfolg der »Opposition« ernste Komplikationen für den Neubau eines Staates in schwerer Zeit und ohne jene selbstlose Hilfe des Auslandes, ja, wahrscheinlich sogar gegenüber dem Versuch bolschewistischer Intervention entstanden wären.

Das Attentat von Oberst Graf Stauffenberg, des aktivsten Offiziers der jüngeren Generation unter den Widerstandskämpfern, schlug am 20. Juli 1944 fehl. Selbstmorde, zahlreiche brutale, als Hinrichtungen bezeichnete Morde und schwere Strafen für die Angehörigen im Sinne der »Sippenhaftung« vernichteten alle Möglichkeiten, vor dem Kriegsende eine zweite Erhebung gegen Hitler vorzubereiten.

Nach dem 20. Juli 1944 übersteigerte sich der nationalsozialistische Terror, proklamierte Goebbels den »totalen Kriegseinsatz«, obwohl der Krieg zur Zeit von Stauffenbergs Attentat militärisch und wirtschaftlich bereits verloren war, wenngleich die kriegswirtschaftliche Produktion — nicht dagegen die Verteilung der erzeugten Waffen usw. — an vielen Stellen noch voll im Gange war.

Die folgenden Monate verlangten furchtbare Opfer vom deutschen Volk, die nun noch sinnloser waren als je zuvor. Am 13. April 1945 fiel Wien an die Russen, am 25. April begegneten einander russische und amerikanische Truppen bei Torgau (Taf. 390 a, Karte XXXI), am 2. Mai kapitulierte Berlin, nachdem Hitler sich dort am 30. April das Leben genommen hatte. Fünf Tage später — Großadmiral Dönitz war von Hitler testamentarisch zu seinem Nachfolger als nationalsozialistisches Staatsoberhaupt eingesetzt worden — endete der Krieg mit der Gesamtkapitulation der Wehrmacht des Großdeutschen Reiches (Taf. 389). Das Deutsche Reich wurde in Besatzungszonen ohne politische Gesamtvertretung aufgeteilt (Tafel 390 a), der preußische Staat aufgelöst. Ein Friedensvertrag mit dem »Reich« war um so weniger möglich, als die Siegermächte sich trotz der Potsdamer Konferenz im Juli/August 1945 über das Schicksal nicht einigen konnten, das nach der bedingungslosen Kapitulation, der Beseitigung des Nationalsozialismus, der Entmilitarisierung und der »Umerziehung« des deutschen Volkes dem deutschen Staate bereitet werden sollte.

Nachdem also die deutsche Nation als Gesamtheit durch ihr eigenes Verschulden die schwerste und umfassendste moralische, politische und wirtschaftliche Niederlage ihrer Geschichte erlitten hatte, verlor sie schließlich auch noch die Möglichkeit, als Gesamtheit die Rückkehr zu rechts- und kulturstaatlichen Verhältnissen zu versuchen (Taf. 390 a).

Nach 1945

Entscheidend für die Geschichte Deutschlands seit 1945 wurde die Haltung der Sowjetunion und der USA — der beiden Weltmächte, die Hitler besiegt hatten. Beide wollten nun Nationalsozialismus und »Militarismus« zerschlagen, die Sowjetunion darüber hinaus auch »Imperialismus« und »Monopolkapitalismus« vernichten und die Wiederherstellung einer bürgerlichen Gesellschaft mit einem parlamentarischen Staat verhindern. Zwar war Stalin gegen die Zerstückelung Deutschlands, solange er hoffen konnte, auf das ganze Reich einschließlich des Ruhrgebietes Einfluß zu gewinnen, doch fand im Juni/Juli 1945 eine Aufteilung Deutschlands »für Besatzungszwecke« und die definitive Bildung von vier Besatzungszonen sowie von vier »Sektoren« in Berlin statt. De Gaulle hoffte zunächst, das Ruhrgebiet Frankreich angliedern zu können, wie Polen Schlesien erhielt, mußte sich aber schließlich mit einer relativ kurzfristigen Nutzung des Saargebiets begnügen, bis dieses 1957 ein Land der Bundesrepublik wurde.

Zu den ersten Maßnahmen der Besatzungsbehörden gehörte die Errichtung eines Internationalen Militärtribunals (IMT) zur Aburteilung der deutschen Hauptkriegsverbrecher (Taf. 390 b). Der große Nürnberger Prozeß endete nach zehn Monaten Verhandlungen mit der Verurteilung von Göring, Rippentrop, Keitel, Jodl, Rosenberg, Frick, Streicher, Kaltenbrunner, Sauckel und anderen zum Tode oder zu vielen lebenslänglichen oder langfristigen Haftstrafen. Bald folgten ähnliche Prozesse gegen Ärzte, Juristen, Angehörige von SS-Behörden und Einsatzgruppen, Beamte des Auswärtigen Amtes, Wirtschaftsführer und Generale. Die NSDAP und alle ihre Gliederungen wurden aufgelöst. Eine Überprüfung der politischen Belastung aller Deutschen — »Entnazifizierung« — wurde in den vier Besatzungszonen mit sehr verschiedener Strenge vorgenommen, führte aber zu heftigen, bis heute andauernden Auseinandersetzungen im deutschen Volke selbst.

Die Reparationsleistungen, in der sowjetischen Besatzungszone mit der Beseitigung des privaten Unternehmertums gekoppelt, wurden ergänzt durch eine »Demontage«, die alle Kriegsindustrie im weitesten Sinne vernichten und das Wirtschaftspotential überhaupt reduzieren sollte — nach dem nicht offiziell akzeptierten und auch nicht praktizierten Morgenthau-Plan bis auf den Stand eines schlecht ernährten Agrarvolkes.

Die amerikanische Besatzungsmacht begann schon früh in ihrer Zone mit der Bildung fast selbständiger Staatskörper unter Verwendung von Resten der Ländertraditionen aus früherer Zeit; die britische gelangte auf dem Umwege über zentrale Verwaltungseinrichtungen zu einer sehr ähnlichen Lösung. Schwieriger war die Neuordnung im französischen Besatzungsgebiet, da dieses aus heterogenen Landes- und Provinzteilen bestand. Seit dem Frühjahr 1946 zeichnete sich deutlich die Bildung des zuerst von Churchill so bezeichneten Eisernen Vorhanges durch die Sowjetunion und damit der Zerfall der gegen den Nationalsozialismus gerichteten

Allianz ab. Das führte zu einer immer stärkeren Eigenentwicklung, schließlich seit 1947 zur Zusammenfassung der westlichen Zonen. Als 1946/47 die wirtschaftliche Not in Westdeutschland gesundheitlich und politisch gefährliche Ausmaße annahm, setzte zunächst ein weltweites, sehr wirksames Care-Hilfswerk, seit dem Sommer 1947 in großem Stil die Hilfe durch den Marshall-Plan ein (Taf. 391 a). Dieser zielte, wie Marshall am 5. Juni 1947 sagte, auf die »Wiederherstellung des Vertrauens der europäischen Völker in die wirtschaftliche Zukunft ihrer Länder und ganz Europas«. Hier standen nun die westlichen Besatzungsmächte unter der geistigen und materiellen Führung der USA nach Kriegsverlusten, Entmilitarisierung, Bodenreformen, Industrieentflechtungen, Reparationen und Demontagen in Deutschland am Anfang einer neuen positiven Politik für Europa und dessen Behauptung gegen die sowjetische Expansionstendenz.

Westdeutschland mußte freilich erst noch die Währungsreform vom 25. Juni und damit die Liquidierung der nationalsozialistischen Schuldenwirtschaft hinter sich bringen, bevor es die aus der Marshall-Hilfe fließenden Anregungen zum eigenen Wiederaufbau und Neubau sowie für die allmähliche Eingliederung in die atlantische und die Weltwirtschaft voll ausnutzen konnte. Dazu war außerdem nach der Berlin-Blockade von 1948/49 der Übergang zur anfangs freie, später »soziale« Marktwirtschaft genannten Form eines sozial verantwortungsbewußten Kapitalismus unter der verdienstvollen Initiative und Führung von Ludwig Erhard und schließlich die Gründung der Bundesrepublik Deutschland im Mai 1949 (Taf. 391/2) nötig. Am 21. September 1949 übernahm deren erste, von Christlichen Demokraten, Freien Demokraten und einigen kleineren Parteien gebildete Regierung unter dem Kanzler Konrad Adenauer ihr Amt, die SPD die Führung der Opposition, in der sie bis zum Herbst 1966 blieb. Wie bei der Währungsreform, so folgte auch bei der politischen die sowjetische Besatzungszone auf ihre Weise (Taf. 393 und 394). Das erste und sichtbarste Opfer dieser Entscheidungen auf beiden Seiten der Zonengrenze, die fortan Staatsgrenze war (Taf. 395), wurde die Hauptstadt Berlin (Taf. 397 a). Dort führte die Entwicklung über die kommunistische Sprengung des Berliner Stadtparlaments Ende November 1948 zu dem von der Sowjetunion gedeckten und von den westlichen Schutzmächten widerstandslos hingenommenen Bau der »Mauer« am 13. August 1961 (Taf. 396).

Inzwischen kam es in der Bundesrepublik zu einem sehr schnellen, nur kurzfristig verzögerten Aufbau der Wirtschaft, zur Beseitigung der Arbeitslosigkeit, zur höchst produktiven Eingliederung von Millionen von Flüchtlingen und Vertriebenen (Taf. 397 b) in den Wirtschaftsprozeß und zum Eintritt in zahlreiche internationale Organisationen der Wirtschaft. In dieser Zeit bewährte sich die der Konzeption Müller-Armacks und des »ORDO«-Kreises entstammende, von Erhard politisch verwirklichte »Soziale Marktwirtschaft« unter zunächst heftiger Kritik durch die SPD und die Gewerkschaften (Taf. 398). Zwar gelangten dabei nicht wenige restaurative Kräfte in Wirtschaft, Gesellschaft und Politik zu Ansehen und Einfluß, doch akzeptierte die öffentliche Meinung auch diese Entwicklung unter nur geringem Protest, da das Bedürfnis nach Freiheit vom Staat nach der Zeit der nationalsozialistischen Zentralverwaltungswirtschaft allgemein stärker war als das Verlangen nach einer tiefgreifenden sozialen Neuordnung. Es zeigte sich hier eine ähnliche Erscheinung wie nach 1918. Auch damals wurde die Befreiung vom Krieg als eine so große Entlastung empfunden, daß man auf die vorher so häufig angekündigte soziale Revolution verzichtete: Nach 1918 wie nach 1945 waren schließlich die restaurativen Erscheinungen nicht geringer als die reformerischen (Taf. 399).

Die Ursachen für den beispiellosen wirtschaftlichen Aufschwung lagen in der viel diskutierten und zu einer gefährlichen Selbstzufriedenheit führenden Tüchtigkeit der Bürger der Bundesrepublik, in der zusätzlichen Energie und Arbeitskraft der Flüchtlinge und Vertriebenen, in der Marshall-Hilfe, mit der zugleich die Wandlung der »Besatzer« zu Partnern, schließlich zu Verbündeten verknüpft war, im schnellen allgemeinen Aufschwung der Weltwirtschaft, in einer umsichtigen, vom Glück begünstigten deutschen Wirtschaftspolitik zumindest bis etwa 1956. Dieser wirtschaftliche Aufschwung vollzog sich nicht gleichmäßig in allen Bereichen der Wirtschaft, sondern unter gewissen Schwerpunktbildungen. Er begann mit der »Freßwelle«, setzte sich bei der Textil- und Bekleidungs-, dann bei der Möbel- und Hausgeräte-Industrie fort, führte vom Fahrrad über das Motorrad zum Auto und dort zu immer größeren Wagen und vollzog sich mit besonderer Stärke und Geschwindigkeit bei der Bauwirtschaft, in der chemischen, hauptsächlich in der Kunststoffindustrie sowie bei der Erdöl-, Rundfunk- und Fernsehindustrie. Dagegen blieb besonders anfangs die Landwirtschaft, seit dem Ende der fünfziger Jahre noch weit stärker auch der Kohlenbergbau zurück, der in eine schwere Strukturkrisis mit tiefgreifenden sozialen Folgen geriet.

Der allgemeine und starke Aufschwung erleichterte die Eingliederung der zehn bis elf Millionen Flüchtlinge und Vertriebenen in die westdeutsche Gesellschaft. Er war eng verbunden mit dem Bau von etwa neun Millionen Wohnungen seit 1949. Darüber hinaus bildete der »Lastenausgleich« zwischen den von Bomben und Vertreibung Verschonten und den davon mehr oder weniger Betroffenen einen wichtigen sozialen, die »Wiedergutmachung« gegenüber einigen Ländern, insbesondere Israel, einen um so wichtigeren moralischen Komplex, als die gerichtliche Verfolgung der in Verbindung mit rassischer und politischer Verfolgung begangenen Verbrechen erst spät einen erheblichen Umfang annahm und häufig einen zwar juristisch vertretbaren, nicht aber einen im Sinne der Opfer jener Verbrecher moralisch gerechten Abschluß fand.

West-Berlin, de facto ein Bundesland, war an der Entwicklung der Bundesrepublik zwar sehr stark beteiligt, unterlag aber doch auch erschwerenden Sonderbedingungen: Es verlor seine zentrale Stellung als Hauptstadt in Regierung und öffentlicher und privatwirtschaftlicher Verwaltung, erlitt die Blockade von 1948/49, mußte lange Zeit erhebliche Arbeitslosigkeit ertragen, blieb stets hinter dem Tempo und Ausmaß des Aufbaues in der Bundesrepublik zurück und befand sich als Insel der Demokratie im Meer des Sowjetbolschewismus ständig in der Gefahr existenzbedrohender politischer Krisen, die 1961 einen Höhepunkt erreichten.

Seit dem Ende der fünfziger Jahre kündigten sich deutlich Schwächen weniger der sozialen Marktwirtschaft als bei deren Durchführung an: Das Bedürfnis nach Freiheit vom Staat und die Abneigung gegen »Planwirtschaft« im Sinne der Diktaturen drohten zur Planlosigkeit der Wirtschaftspolitik zu führen; die Überhitzung der Konjunktur verursachte eine Übersteigerung der Preise, Löhne und Gehälter — in Verbindung mit Arbeitszeitverkürzungen und angestiegenen Sozialleistungen — sowie das Sinken der Konkurrenzfähigkeit auf dem Weltmarkt. Gemeinsam mit überhöhten Leistungen des Staates in der Sozial- und Subventionspolitik hatten alle diese Faktoren eine Finanz- und von dieser ausgehend eine innenpolitische Krisis so starken Ausmaßes zur Folge, daß der viele Jahre lang als Bundeswirtschaftsminister sehr erfolgreich gewesene und zu einem Symbol des Wiederaufbaus gewordene Ludwig Erhard, der 1963 als Adenauers Nachfolger Bundeskanzler geworden war, zurücktreten mußte und im Rahmen der Regierungsneubildung eine Koalition von CDU/CSU und SPD geschaffen wurde. Ihre Aufgabe wurde es, die Bundesrepublik in einer Zeit schwerer weltpolitischer Krisen durch die Abflachung des allgemeinen Aufschwungs hindurchzuführen. Es wirkte wie ein Symbol für diesen Einschnitt, für das Ende des maßgeblichen Einflusses der Gründergeneration der Bundesrepublik Deutschland, daß wenige Monate nach Erhards Rücktritt von der politischen, insbesondere von der wirtschaftspolitischen Führung der erste Kanzler der Bundesrepublik, Konrad Adenauer (Taf. 400, Farbtaf. T), am 19. April 1967 starb.

Aber bereits die drei Jahre, in denen der ehemals so überzeugende Bundeswirtschaftsminister Ludwig Erhard ein enttäuschender Kanzler war, zeigten, daß eine Epoche zu Ende ging: die fast zwanzig Jahre des gesellschaftlichen und wirtschaftlichen Aufbaus in Westdeutschland, die erste Phase der Bundesrepublik. Erhards Zielsetzungen beeinflußten noch — mit immer geringerem Gewicht — die Politik bis in die Zeit der Großen Koalition, ja zum Teil sogar bis zur SPD/F.D.P.-Koalition von 1969; dieser Einfluß zeigte sich aber schließlich immer mehr in Unterlassungen und Schwächen als im positiven Sinne.

Immerhin: In den vierzehn Jahren von Adenauers Kanzlerschaft wurde die Bundesrepublik Deutschland aus einer Art »Selbstverwaltungskörper« unter der Aufsicht der westlichen Besatzungsmächte zu einem souveränen Staat sowie zum wichtigen, unentbehrlichen Mitglied der atlantischen Staatengemeinschaft. Die in seiner Zeit und nicht zuletzt durch seine Unermüdlichkeit und Unnachgiebigkeit erreichte wirtschaftliche Verflechtung — von der Montanunion bis zur Europäischen Wirtschaftsgemeinschaft (EWG) — hatte er bereits im Herbst 1945 für nötig erklärt und seitdem nicht mehr aus den Augen gelassen — trotz aller Bewunderung für de Gaulle.

Auf dieses Fundament, das sich in der Folgezeit als viel fester erwies, als Adenauers Kritiker und selbst manche seiner Verteidiger glaubten, konnten noch die Regierungen bauen, die seit 1969 ohne CDU/CSU und schließlich immer mehr auch gegen diese beiden stärksten Parteien im Bundestag Außen- und Innen-, Wirtschafts- und Gesellschaftspolitik trieben. Immerhin verdoppelte sich in den sechziger Jahren das Sozialprodukt je Kopf der Bevölkerung von 4 200 auf annähernd 9 000 DM.

Adenauers Stärken waren auch seine Schwächen: Er hatte sich ganz auf die Außenpolitik konzentriert und dabei das Aufziehen ernster innenpolitischer Probleme übersehen oder unterschätzt. Er hatte die Bundesrepublik fest an die USA gebunden und ihr dabei die Möglichkeit einer flexibeleren Außenpolitik genommen. Viele Wähler, insbesondere Intellektuelle, distanzierten sich schließlich von seiner durch Routiniers und Manager ohne Ausstrahlungskraft geführten Partei. Ein immer größerer Teil der Jugend verlor, im Genuß von Wohlstand und Fortschritt, den Maßstab für deren Bedeutung; er verlor das Interesse am Parlamentarismus traditioneller Art und suchte (alte und neue) Ersatzformen: im Rätegedanken, in der kleinen romantisierten Lebens- und Arbeitsgemeinschaft, in der Anarchie und in anderen Sozialutopien.

Zwar war das eine weltweite Erscheinung, aber in der durch ihre jüngste Vorgeschichte, durch die Folgen des Nationalsozialismus — z. B. die langwierigen NS-Prozesse — und durch die Auseinandersetzung mit dem Kommunismus ständig belasteten Bundesrepublik konnte die »Überflußgesellschaft« tiefer und gefährlicher erschüttert werden, als das bei ihren politisch-militärischen Bundesgenossen möglich war.

Ob Adenauer in seinen letzten amtlosen Jahren die Schwächen seiner Politik erkannt hat, ist fraglich. Daß sein Nachfolger, Ludwig Erhard, die von ihm betriebene Politik fortsetzen wollte, aber nicht konnte, ja mit diesem Entschluß ein frühes Ende seiner Kanzlerschaft — und das der CDU/CSU-Regierung — geradezu »programmierte«, hat Adenauer mit bitterer unlogischer Genugtuung erfüllt: Er hatte Erhard immer nur für einen sehr guten Fachminister und nie für einen Staatsmann gehalten.

Der Bundestagswahl vom 1. Dezember 1966 und der Bildung einer aus zehn CDU/CSU- und neun SPD-Mitgliedern zusammengesetzten Regierung mit Kurt-Georg Kiesinger als Kanzler, Willy Brandt als Vizekanzler und Außenminister, Franz-Josef Strauß als Finanzminister, Karl Schiller als Wirtschaftsminister und Herbert Wehner als Minister für Gesamtdeutsche Fragen war eine »lange, schwelende Krise vorausgegangen, deren Ursachen sich auf Jahre zurückverfolgen lassen« (Kiesinger). Sie gipfelte in einer Verschärfung der wirtschaftlichen und der gesellschaftlichen Situation. Die Ersetzung der »Opposition im System« durch eine »Opposition zum System« und deren radikaler, bald militanter, revolutionärer, am Rande auch terroristischer Ausbruch im Frühjahr 1968 führten zu einer grundlegenden, bis in unsere Gegenwart hineinwirkenden Veränderung des bundesrepublikanischen Alltags.

Das geistige Leben der Bundesrepublik war seit dem Beginn der sechziger Jahre durch zwei gegensätzliche Erscheinungen gekennzeichnet: Auf der einen Seite gab es bedeutende Leistungen auf vielen Gebieten (Taf. 411, 413, 414 a, b, c, 420). Es wurden weitreichende Schul- und Hochschulreformen durchgeführt, und seit 1961 entstanden Jahr um Jahr neue Universitäten und Hochschulen (Taf. 403 und 423 a, b). In der Musik (Abb. 30 zu Taf. 409) wirkten Komponisten wie Hans Werner Henze und Karlheinz Stockhausen (Taf. 409), förderte Herbert von Karajan (Taf. 406) in Berlin und von dort aus international das Musikleben (und besonders den Nachwuchs), traten die Orchester der Rundfunkanstalten immer stärker in den Vordergrund des Konzertlebens. Die alle vier Jahre stattfindenden »documenta«-Ausstellungen in Kassel (Taf. 407) und die Sammlung Ludwig in Köln (Taf. 408) vermittelten die Anschauung der internationalen Kunst, insbesondere seit 1945. Festspiele — wie etwa die Ruhrfestspiele in Recklinghausen (Taf. 418) — und die Leistungen des »Kulturkreises im Bundesverband der Deutschen Industrie« (Taf. 419) erhielten ihren festen Platz im kulturellen Leben. Die Beispiele für moderne, über die Grenzen der Bundesrepublik hinaus beachtete Architektur reichten von der Berliner Philharmonie bis zum Deutschen Schiffahrtsmuseum in Bremerhaven (Taf. 417 a und 417 b) — beide von Hans Scharoun (Taf. 417 c) gebaut. Deutsche

Maler, wie z. B. Horst Janssen und Silvia Quandt, und deutsche Schriftsteller, wie z. B. Günter Grass und Heinrich Böll, wurden international anerkannt (Taf. 412).

Auf der anderen Seite wandte sich gegen die Gesellschaft, die diese und viele andere kulturelle Leistungen hervorgebracht hatte, immer heftiger eine »Außerparlamentarische Opposition« (APO) mit ihrem »Überdruß an der Demokratie« (Sontheimer) gegen traditionelle Erziehung, Ehe, Familie (Taf. 416), gegen Leistung und Eigentum, gegen »Law and Order«. Als — nach manchen Vorstufen der Unruhe — 1966 in West-Berlin Studenten und linksgerichtete Jugendorganisationen gegen den Vietnamkrieg der USA demonstrierten, veröffentlichte Herbert Marcuse seine »Kritik der reinen Toleranz« gegen die liberal-bürgerliche Gesellschaft und ihre »Repressionen«. Im Jahr darauf fand bei einer Demonstration gegen den Schah-Besuch in West-Berlin am 2. Juni 1967 der Student Benno Ohnesorg den Tod (Taf. 401). Dieser Tag wurde Ausgangspunkt studentischer Unruhen und außerparlamentarischer, linksradikaler Ausschreitungen in der Bundesrepublik — später nannte sich eine Terroristengruppe »Bewegung 2. Juni« (Taf. 402). Im Anschluß an Ohnesorgs Beisetzung in Hannover, an der 20 000 Personen teilnahmen, fand dort ein Kongreß über »Bedingungen und Organisation des Widerstands« statt. Ihm folgte eine »Explosion protestbedingter Aktionen«: neue Vietnam-Demonstrationen, ein Mordanschlag auf Rudi Dutschke am 11. April 1968, eine Kampagne gegen die Notstandsgesetze, Proteste gegen den Verfall der parlamentarischen Opposition im Bundestag als Folge der Großen Koalition, Angriffe auf den Axel Springer-Verlag, Gewaltmaßnahmen kommunistischer Gruppen, die sich auch gegen Industrieunternehmen richteten. Schriften von Peter Brückner und anderen forderten die »Transformation der Demokratie« und des »demokratischen Bewußtseins«: »Ostern 1968 brachte die erste große konkret antikapitalistische Aktion der Außerparlamentarischen Opposition« (Grossmann/Negt). Aus der »Gewaltrhetorik« wurde »begrenzter Vandalismus« (Habermas).

Bereits seit dem Winter 1968/69 begann diese konzentrierte Aktion, diese »Gewaltkur gegen die Alterskrankheit des Kommunismus« (Cohn-Bendit) sich in viele Einzelgruppen aufzulösen oder zu zerfallen. Doch hatte die vielgesichtige »Neue Linke« das geistige und politische Klima auch für die Folgezeit sehr stark verändert. Es war illiberaler und intoleranter geworden durch eine »Polarisierung der Gesinnungen, durch eine Ideologie, die nur Freund-Feind-Verhältnisse übriglassen mochte« (Gillesen).

Neben diesen gewaltsam herbeigeführten, weitreichenden gesellschaftlichen Veränderungen gab es nicht weniger wichtige im politisch-parlamentarischen Raum. Die Zusammenhänge zwischen beiden durchschaute niemand so scharfsinnig wie Fritz Erler — nach Kurt Schumacher der brillanteste Politiker der SPD, der seine Partei auf den Weg zum Godesberger Programm und zur Volkspartei gewiesen hatte.

Nachdem die F.D.P. im März 1969 signalisiert hatte, daß sie eine Regierungskoalition mit der SPD anstrebte, brachte die Bundestagswahl am 28. September 1969 das Ende der Großen Koalition und das Bündnis der SPD mit einer F.D.P., die mit 5,8 Prozent die Fünf-Prozent-Hürde nur ebenso knapp nahm, wie die NPD sie um 0,7 Prozent verfehlte. Zehntelprozente also entschieden über das Ende der Politik von zwanzig Jahren und über den Anfang einer neuen Politik — nicht die fast 89 Prozent der Wähler der großen Parteien und auch nicht die Anhänger der APO. Letzteren war es nicht gelungen, den »Heißen Sommer 1969« zu organisieren. Der Sozialistische Deutsche Studentenbund (SDS), einst — ausgehend von seiner »Hochschuldenkschrift« — einer der am ersten und am stärksten mit der »New Left« und der »Nouvelle Gauche« solidarisierten Vertreter der radikalen Opposition gegen die bürgerlich-kapitalistische Gesellschaft, löste sich 1969/70 auf.

Bundeskanzler Brandt — Walter Scheel wurde Vizekanzler und Außenminister, Helmut Schmidt Verteidigungsminister, Hans-Dietrich Genscher Innenminister — kündigte in seiner Regierungserklärung innere Reformen mit »mehr Demokratie« und eine Außenpolitik der Verständigung mit West und Ost an, wobei er von zwei deutschen Staaten sprach, die jedoch füreinander nicht Ausland seien.

Diese beiden Themen beherrschten im folgenden Jahrzehnt die Politik der SPD/F.D.P.-Koalition. Das Schwergewicht wurde dabei auf das Verhältnis zum Ostblock gelegt, da hier nach der Auffassung insbesondere Brandts, Bahrs und Wehners der stärkste Nachholbedarf bestand. Verhältnismäßig schnell gelangte man 1970 zu dem Gewaltverzichtsvertrag mit der Sowjetunion, dem »Moskauer Vertrag« (Taf. 405 a), nach dessen Vorbild zunächst der »Warschauer Vertrag« mit Polen (Taf. 405 b) und anschließend Verträge über die Aufnahme vollständiger politischer Beziehungen mit der Tschechoslowakei — wobei das Münchner Abkommen von 1938 für nichtig erklärt wurde — sowie mit Ungarn und Bulgarien folgten. Dieses Vertragspaket bildete die Grundlage für die nach 1970 begonnenen, von den Westmächten der UdSSR vorgeschlagenen Gespräche über Berlin. Aus ihnen ging 1972 ein Berlin-Abkommen hervor. In den Umkreis dieser Verträge gehörte die Unterzeichnung von Abkommen über die Versorgung mit russischem Erdgas seit 1973 im Austausch gegen die Lieferung von Großrohren aus der Bundesrepublik. Einen Vorschlag des DDR-Staatsratsvorsitzenden Walter Ulbricht im Jahre 1969 an den Bundespräsidenten Gustav Heinemann, die Beziehungen zwischen beiden deutschen Staaten zu regeln und gleichfalls die üblichen diplomatischen Beziehungen aufzunehmen, beantwortete Heinemann zwar mit einem Hinweis auf die Einheit der deutschen Nation, doch bildete Ulbrichts Initiative den Ausgangspunkt für die Gespräche zwischen Brandt und Stoph in Erfurt, wo Brandt, der im »Bericht zur Lage der Nation« von zwei Staaten auf deutschem Boden sprach, von der Bevölkerung jubelnd begrüßt wurde. Am 21. Mai 1970 kam Willy Stoph zu einem Gegenbesuch nach Kassel (Taf. 415).

Da die von Brandt vorgeschlagenen zwanzig Punkte für die Herstellung gleichberechtigter Beziehungen beider Staaten für die DDR unannehmbar waren, trat anschließend zwar eine »Denkpause« ein, doch gelangte man 1972 zu einem Grundvertrag, der die Reisemöglichkeiten verbesserte und gegenseitige ständige Vertretungen einführte. Brandt erhielt 1971 den Friedensnobelpreis, Ulbricht dagegen verlor in zwei Etappen jeden politischen Einfluß.

Im Jahre des Regierungswechsels in Bonn, 1969, wurden die Bundesrepublik Deutschland und die Deutsche Demokratische Republik zwanzig Jahre alt. In Ost-Berlin feierte man diesen Jahrestag mit einer großen militärischen Parade und mit vielen anderen Veranstaltungen, die das Staatsbewußtsein stärken und die Bedeutung der Volksarmee sowie die Verbundenheit mit der Sowjetunion, dem Warschauer Pakt und dem Rat für gegenseitige Wirtschaftshilfe unterstreichen sollten.

In der Bundesrepublik verzichtete man auf solche Demonstrationen politisch-militärischer Art, was vielleicht dazu beigetragen haben mag, daß dieser Staat immer wieder in Frage gestellt und eine wirkliche Integration der Bundeswehr (Taf. 422 a, b) weit weniger erreicht wurde als bei den Partnern in der Europäischen Wirtschaftsgemeinschaft (EWG) und in der Nordatlantikpaktorganisation (NATO).

Während die »Studentenunruhen« allmählich abebbten, erlebte der internationale Terrorismus bei der Olympiade von 1972 in München (Taf. 410) einen ersten Höhepunkt, als alle Mitglieder der israelischen Mannschaft entführt und schließlich ermordet wurden. In den folgenden Jahren wurde die Bundesrepublik immer wieder von Entführungs- und Mordaktionen erschüttert, wobei sich die öffentliche Diskussion vor allem auch an der Frage geeigneter und wirksamer Maßnahmen zur Bekämpfung terroristischer Gewalttaten entzündete.

Im Zusammenhang mit der Ostpolitik der Koalition kam es zu Erschütterungen innerhalb der F.D.P. Während die Partei als Ganzes sich aus einer liberalkonservativen Unternehmerpartei, die sie seit Beginn gewesen war, in eine linksliberale Partei mit intellektuellem Schwergewicht verwandelte, wechselten mehrere ihrer Bundestagsmitglieder zur CDU/CSU über. Von der F.D.P. trennte sich auch eine »Nationalliberale Aktion«, die von vornherein zur Bedeutungslosigkeit verurteilt war. Immerhin schrumpfte die Koalitionsmehrheit auf sechs Stimmen, und als 1972 einige SPD- und F.D.P.-Mitglieder des Bundestages zur CDU/CSU übertraten, was zu heftigen Auseinandersetzungen über Motive und Formen ihres Gesinnungswechsels führte, verlor die Koalition ihre Mehrheit im Bundestag. Da die von der CDU/CSU regierten Länder gleichzeitig durch den Ausgang der Landtagswahl in Baden-Württemberg ihre Position im Bundesrat festigen konnten, stellte Brandt im Bundestag die Vertrauensfrage und unterlag, so daß Neuwahlen nötig wurden. Sie brachte durch Stimmengewinne von SPD und F.D.P. um insgesamt 5,7 Prozent eine Stärkung der Koalition und damit die Möglichkeit der Fortsetzung ihrer Politik unter der Führung von Brandt und Scheel — soweit das gegen die Mehrheit der CDU/CSU im Bundesrat möglich war. Als 1974 der Persönliche Referent des Bundeskanzlers als DDR-Spion entlarvt wurde, trat Brandt zurück. Helmut Schmidt bildete eine neue Koalitionsregierung mit Hans-Dietrich Genscher als Vizekanzler und Außenminister. Die bisherige Politik wurde fortgesetzt. 1975 erhielten 120 000 Deutsche die Möglichkeit, Polen zu verlassen; die Gegenleistung war ein deutscher Kredit in Höhe von 2,3 Milliarden DM.

Im Jahre 1973 verursachte die Verdoppelung der Erdölpreise durch die Organization of Petroleum Exporting Countries (OPEC) in der Bundesrepublik Deutschland, wie in den meisten anderen Staaten, wirtschaftliche Unsicherheit. Die Inflationsrate stieg 1973/74 auf 7,2 Prozent. Heftige Auseinandersetzungen wurden geführt über Energieversorgung, Kernenergie (Taf. 404), die Bedeutung der Steinkohle (Taf. 421), über Vorzüge und Nachteile von »Wohlstand«, letzten Endes über industriewirtschaftlichen Fortschritt und »einfaches Leben« — um Fragen, die wiederum mit anderen Problemen in Verbindung standen: Umweltverschmutzung, Rohstoffverschwendung usw. Beträchtliche Preissteigerungen, durch neue Technologien zusätzlich verstärkte Arbeitslosigkeit bzw. Arbeitsplatzveränderungen bestimmten das Leben der Gesamtheit und des einzelnen in einem nie gekannten Ausmaß.

Die SPD/F.D.P.-Koalition wurde durch die Bundestagswahl von 1980 bestätigt. Die Fortsetzung ihrer Entspannungspolitik gegenüber den Staaten des Warschauer Pakts brachte ihr zwar eine gewisse Bewegungsfreiheit nach beiden Seiten; aber zugleich geriet sie auch mehr als bisher unter den Druck derjenigen aus ihren eigenen Reihen, die eine stärkere Annäherung an den Osten, Distanzierung gegenüber der NATO und Lockerung der engen Bündnisbeziehungen zu den USA forderten, während von dort her (in Erinnerung an »Rapallo«) die Zuverlässigkeit der Bundesrepublik als Bündnispartner in Frage gestellt wurde.

Das Verhältnis zu Israel wurde belastet durch die — wenn auch zögernde — Aufnahme von Beziehungen zur Palästinensischen Befreiungsorganisation (PLO), während die arabischen Erdöllieferanten eine solche Anerkennung der PLO wünschten. Die Intensivierung der Kontakte zu den Ländern der Dritten Welt erhielt und öffnete Märkte für den Export, belastete aber auch zunehmend den Haushalt. Probleme eigener Art entstanden oder verschärften sich durch die Diskussion über die Aufnahme weiterer Antragsteller in die EG, durch Überproduktion und Zuschußbedarf insbesondere der Landwirtschaft sowie durch die wirtschaftliche Schwäche des anspruchsvollen britischen EG-Partners.

Innenpolitisch bildeten Begrenzung der Inflation, Kampf gegen die Arbeitslosigkeit, Steigerung des Lebensstandards durch Erhöhung der Reallöhne und Renten sowie Verbesserung der ärztlichen Versorgung ein Paket von Aufgaben bzw. Zielen, das in sich viele Abhängigkeiten und Gegensätze enthielt, wobei sich die Koalitionspartner nicht bei allen Einzelheiten — z. B. bei der Mitbestimmung — einig und daher zu Kompromissen gezwungen waren, wenn sie das Regierungsbündnis erhalten wollten. Da die Sozialpolitik im weitesten Sinne, die Entwicklungshilfe, Kredite an die DDR und an andere Ostblockstaaten, auch die Zugehörigkeit zur NATO und EG viel Geld kosteten, stieg die Verschuldung der Bundesrepublik mit wachsender Geschwindigkeit — auch bei Berücksichtigung der Geldentwertung. Im Bereich der Energieversorgung, wo Preissteigerungen und Begrenztheit der Vorräte, die Notwendigkeit der Kernkrafterzeugung und — zum Teil politisch verstärkte — Proteste gegen sie, die Rückwendung zur Kohle und die Suche nach neuen Energiequellen hohe Kosten verursachen, bleiben für den am 5. Oktober 1980 gewählten neunten deutschen Bundestag komplizierte Aufgaben, auch sozialpolitischer Art, zu lösen (Taf. 424).

Teil II

Bildtafeln

Farbtafeln

Farbtafel A. Schlangenfadenglas aus Köln (um 300 n. Chr.) ▶

Farbtafel B. Goldfibeln aus Sakrau, Kr. Oels, Schlesien (4. Jh. n. Chr., stark vergrößert) ▶

Farbtafel C. Römische Kerbschnittschnalle und sächsische Fibel (4. und 5. Jh. n. Chr., stark vergrößert ▶

Farbtafel D. Sogenanntes Diadem von Kertsch und stark vergrößerte Schnalle mit farbigen Einlagen (5. Jh. n. Chr.) ▶

Farbtafel E. Rex sacerdos: Königsbilder aus dem Straßburger Münster ▶

▶

Farbtafel F. Stifter der mittelalterlichen Ordnung: Karl der Große als Urheber des Sachsenspiegel

Farbtafel G. Weltvorstellung und Welterfahrung: Deutschland auf der Ebstorfer Weltkarte ▶

Constancia
Cella
Austria
Ratispona c.
Pazzauua c.
Erfordia c.
Hildensim
Buconia silua
Westfalia c.
Gorbeia c.
Pabelborne
Saxonia
Ilmenowe fl.
Fons Saline
Leo

Farbtafel H. Der Landesadel als Korporation: Privilegienlade der schleswig-holsteinischen Ritterschaft ▶

Farbtafel I. Landesherr und Adel: Der Graf von Württemberg und seine Räte und Diener ▶

Farbtafel K. Wandlungen des alten Rechts: Formen der Legitimierung unehelicher Kinder (etwa dreifach vergrößerte Miniatur) ▶

Farbtafel L. Burgundische Adelskultur: Karl der Kühne und das Kapitel des Ordens vom Goldenen Vlies ▶

A Tresexcellent
et trespuissāt
prince et mō
tresredoubte
seigneur mō
seigneur charles par la grace
de dieu duc de bourgoingne
et de brabant de lothrict de
lembourg et de luxembourg
Conte de flandres dartois de
bourgoingne palatin de har
nau de hollande de zellande et
de namur marquis du saint
empire seigneur de frise de sa
lins et de malines chief et sou
verain du tresnoble ordre de
la thoison dor. Guillame par
la permission divine et du sait
siege apostolique evesque de
tournay abbe de saint bertin
en vostre ville de saint omer
vr̃e treshumble et devot orateur

Farbtafel M. Mittelalterliche Technik: Warmluftdrachen des Konrad Kyeser ▶

Draco volans iste formetur capite perga
medium sit lineum, cauda tamen serica sit
Colores diversi, fine capitis sit tripla zona
Ligno coadunata, medio ventilabro mota
Caput versus ventum ponatur quo tunc assumpto
Quo levent caput, tercius ventilabrum portet
Equo sequatur eum, corda mota movetur volatus
Sursum deorsum, dextrorsum et sinistrorsum
Caput sit depictum rubeo colore quam fictum
Medio lunaris coloris fine diversi

▶

Farbtafel N. Der Reformator: Martin Luther (1483—1546). Gemälde von Lucas Cranach d. Ä., 1526

Farbtafel O. Humanistische Kunst: Handschrift »Die Bußpsalmen des Orlando di Lasso«. Buchminiatur von Hans Mielich: Orlando di Lasso mit der bayerischen Hofkapelle konzertierend (um 1560/70) ▶

ECCLES
XXXII
SICVT IN FABRICATI
ONE AVRI SIGNVM
EST SMARAGDI SIC
IN IVCVND ET
VINO
Josquinus
Joannes Mouton
Thomas
Erasmus
Orlando di Lasus

Farbtafel P. Der Große Krieg: Herzog Christian d. J. von Braunschweig (1599—1626), der »Tolle Halberstädter«. Gemälde von P. Moreelse, 1619 ▶

Farbtafel Q. Die Befreiungskriege: Andreas Hofer (1767—1810), Tiroler Freiheitskämpfer. Kupferstich ▶

Farbtafel R. Schinkels Berlin: Die Neue Wache, Unter den Linden in Berlin. Gemälde von Wilhelm Brücke d. J., 1842 ▶

▶

Farbtafel S. Revolution: Die Erstürmung der äußeren Barrikade in der Jägerzeile zu Wien am 28. Oktober 1848 durch k. u. k. Truppen. Zeitgenössisch kolorierte Lithographie von C. Lanzedelli

Farbtafel T. Erster Kanzler der Bundesrepublik: Konrad Adenauer (1876—1967). Porträt von Trudlinde Kaufhold, 1962 ▶

Ur- und Frühgeschichte

Tafel 1. Weibliche Kalksteinstatuette mit roter Bemalung, sog. Venus von Willendorf, aus der Zeit um 30 000 v. Chr. (Höhe des Originals 11 cm)

▲
◀ Tafel 2. Elfenbeinfiguren jungpaläolithischen Jagdwildes vom Vogelherd bei Stetten/Württ., Wildpferd, Panther und Mammut darstellend (Länge der Originale: Wildpferd 6 cm, Panther 8,8 cm, Mammut 5,9 cm)

Tafel 3. Ritzzeichnung eines äsenden Rentiers aus Thayngen (endeiszeitlich; Länge der Rentierzeichnung im Original 8 cm)

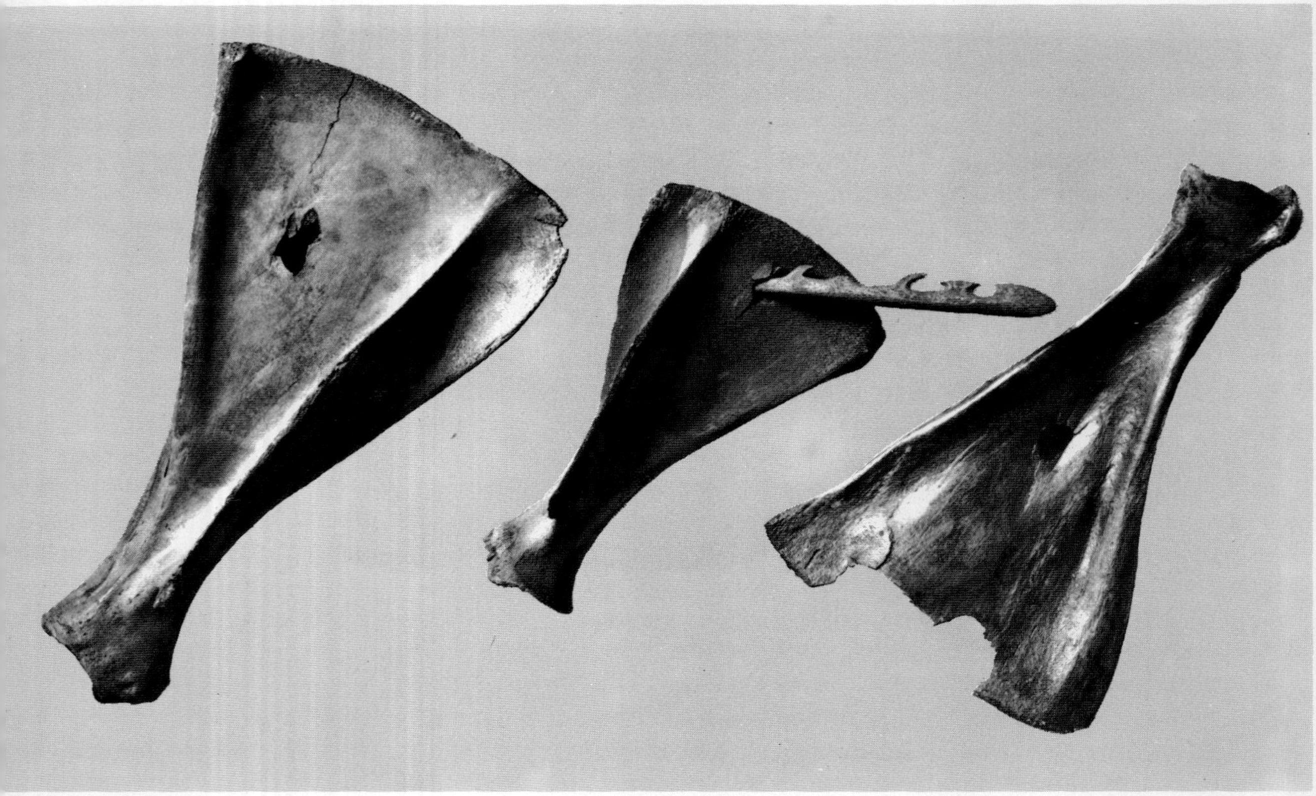

Tafel 4. Rentierschulterblätter mit Einschußlöchern aus Meiendorf/Holstein (endeiszeitlich)

Tafel 5. a) Rengeweihbeile aus Stellmoor bei Ahrensburg/Holstein; b) Rengeweihschädel mit Einschlag eines Geweihbeiles aus Stellmoor bei Ahrensburg/Holstein (endeiszeitlich) ▶

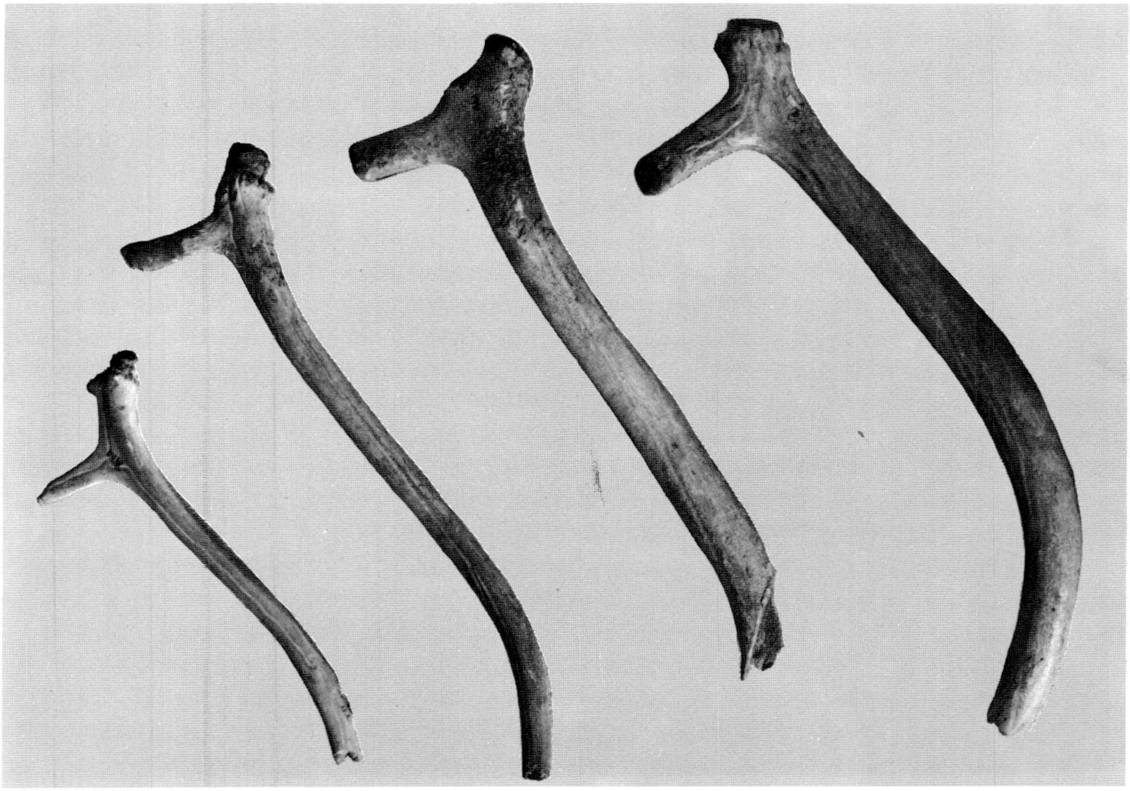

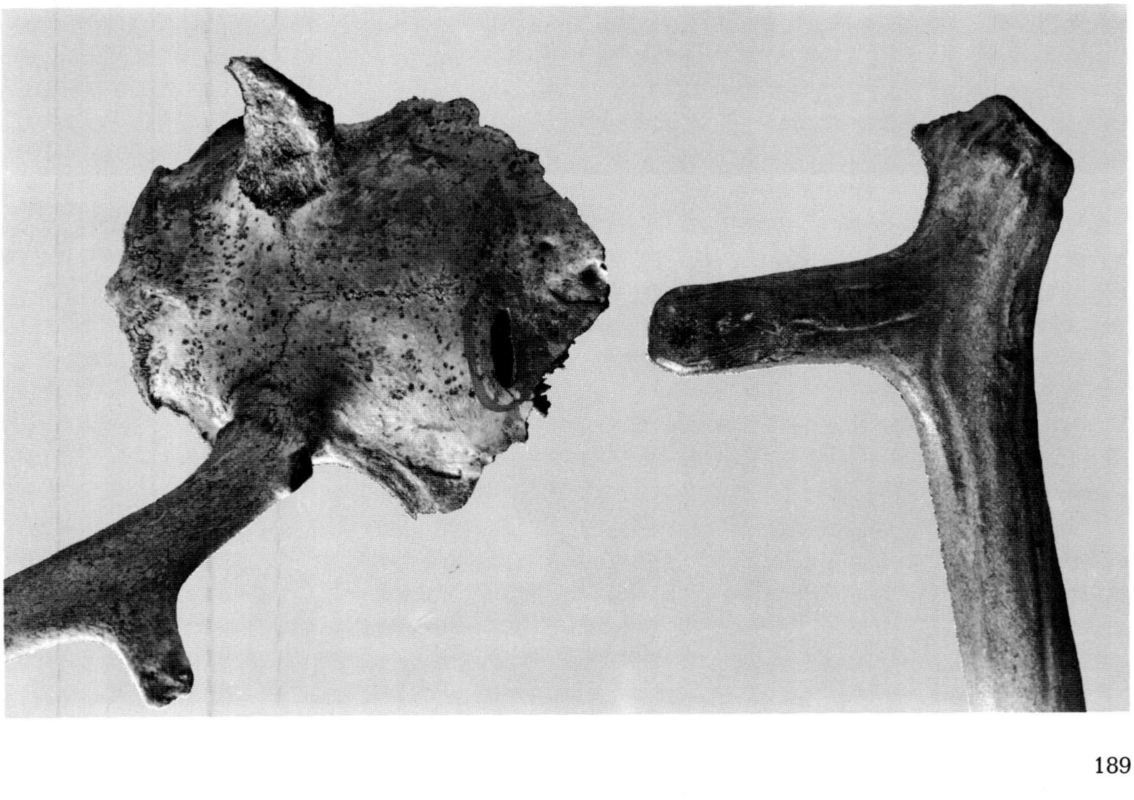

Tafel 7. Stollen eines neolithischen Flintbergwerkes von Hov in Jütland

◀

Tafel 6. a) Megalithgrab »Visbecker Braut« in Oldenburg; b) Wiederhergestelltes Megalithgrab von Kleinenknethen bei Wildeshausen/Oldenburg

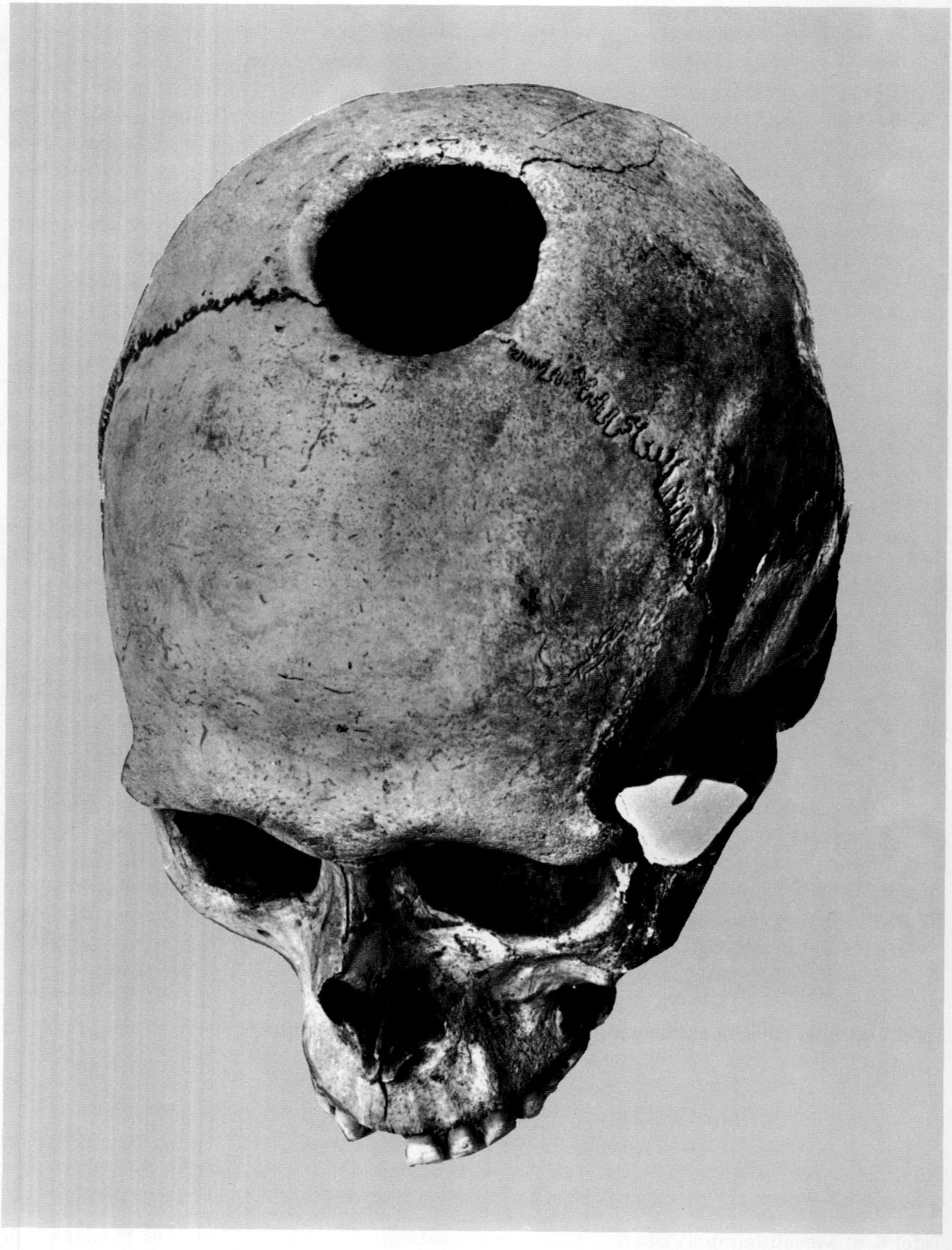

Tafel 8. Trepanierter Schädel aus einem Megalithgrab von Næs in Dänemark

Tafel 9. Neolithische Stele von Schafstädt, Kreis Merseburg

Tafel 10. Grabhügelgruppe der Bronzezeit

Tafel 11. Männertracht der Bronzezeit aus Muldbjerg in Jütland ▶

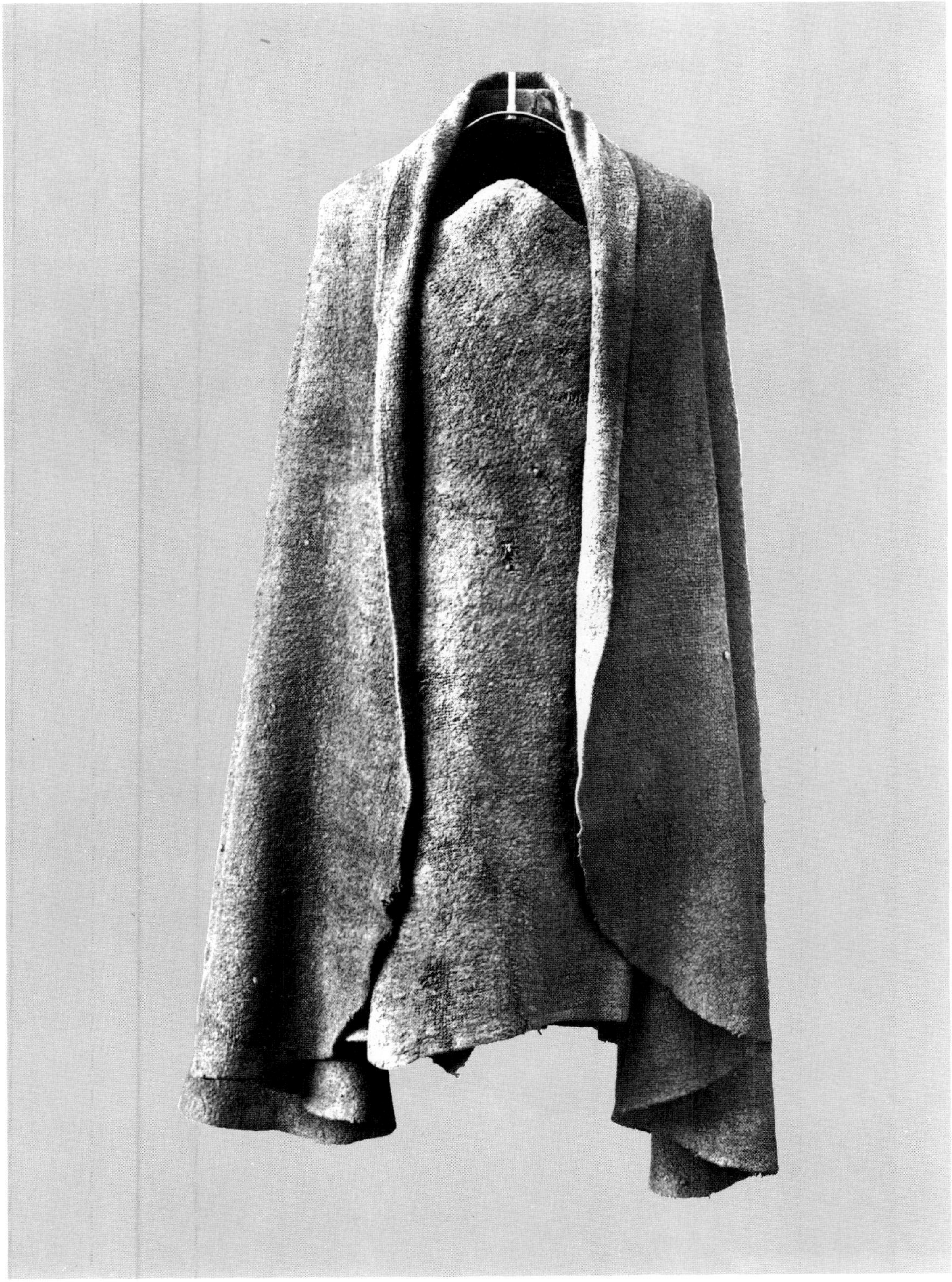

Tafel 13. Sonnenwagen der älteren Bronzezeit von Trundholm/Dänemark (etwa 1/3 natürlicher Größe)

◄

Tafel 12. Tracht eines jungen Mädchens aus Egtved in Jütland

Tafel 14. Kesselwagen der mittleren Bronzezeit aus Peccatel in Mecklenburg

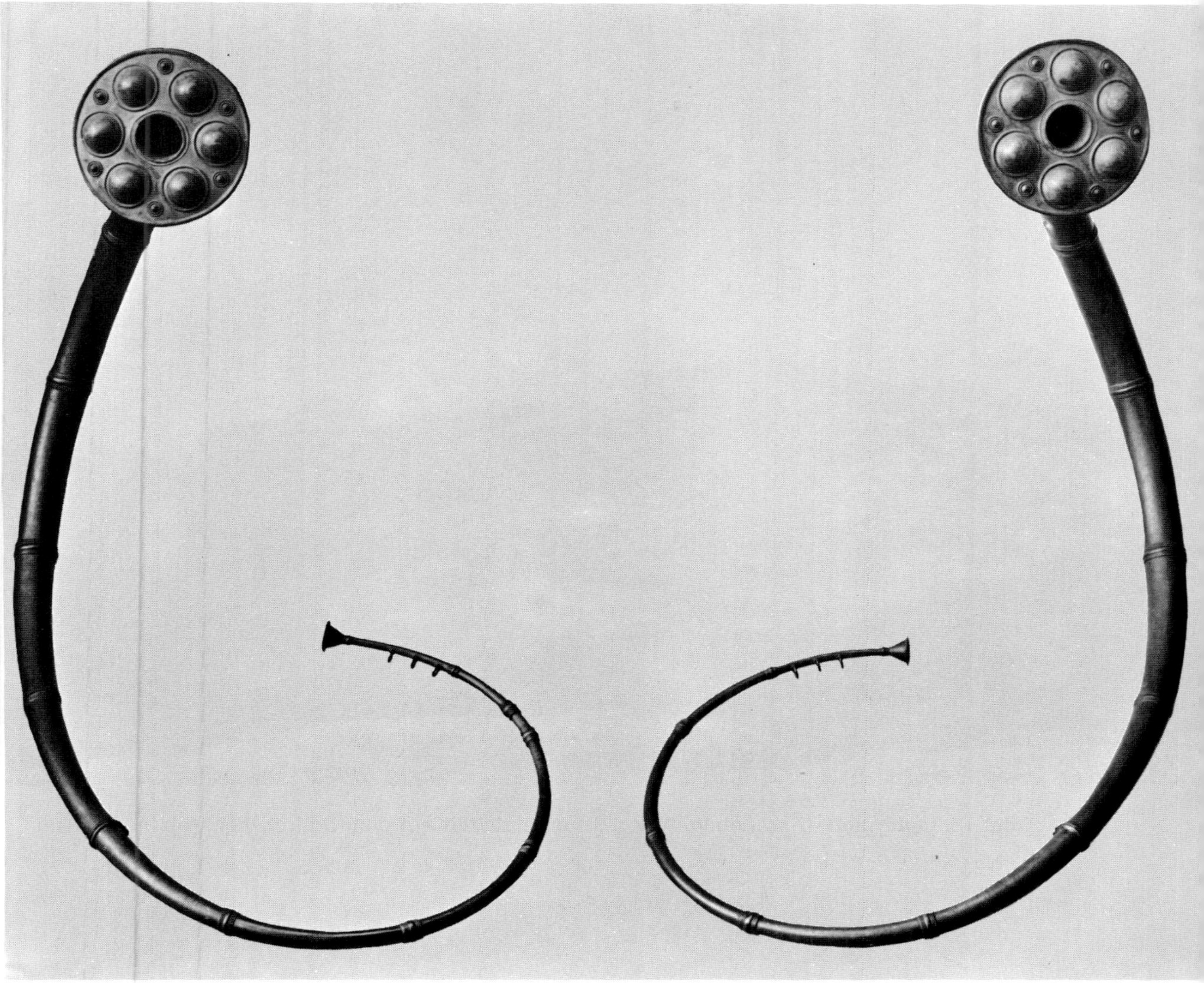

Tafel 15. Lurenpaar der jüngeren Bronzezeit auf Brudevælte in Dänemark

Tafel 16. Opferplatz (Aschenhügel) der Urnenfelderzeit auf dem Schlern bei Völz in Südtirol

Tafel 17. Grabstele eines Kriegers der jüngeren Hallstattzeit von Hirschlanden, Kreis Leonberg (Württemberg) ▶

Tafel 18. Burgwall und Oppidum auf dem Staffelberg, Landkreis Staffelstein, Oberfranken

Tafel 19. Griechische Bronzehydra des 6. Jahrhunderts von Grächwyl, Kanton Bern (Schweiz) ▶

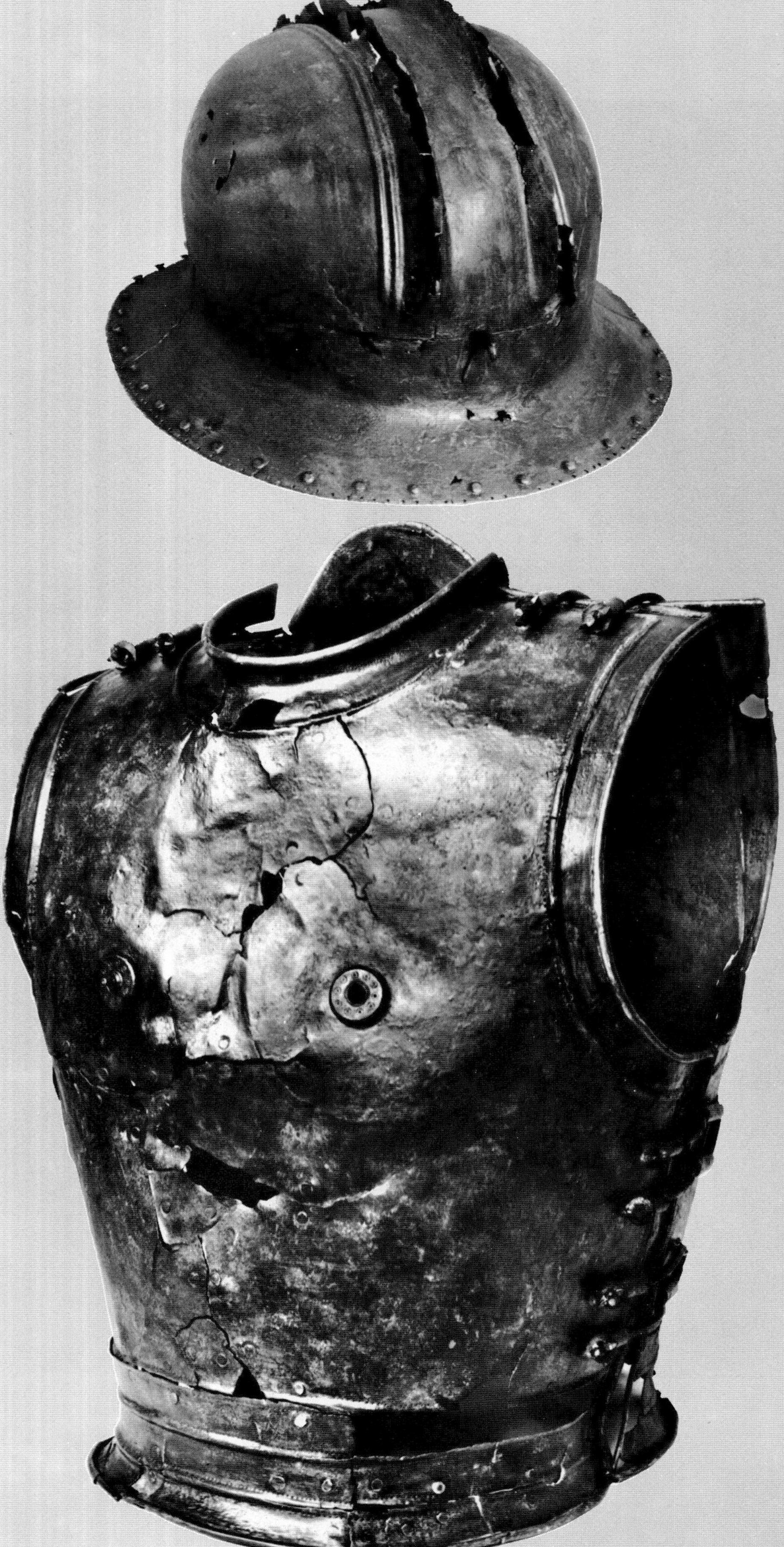

Tafel 21. Kultwagen des 6. Jahrhunderts von Strettweg (Steiermark)

◀

Tafel 20. Bronzehelm und Panzer aus einem Fürstengrabe des 6. Jahrhunderts von Klein-Klein (Steiermark)

Tafel 22. Zentrale weibliche Figur vom Kultwagen aus Strettweg, wohl eine Göttin darstellend

▶

Tafel 23. Bronzesitula des 4. Jahrhunderts mit Bilddarstellungen aus Kuffarn (Niederösterreich)

Tafel 24. Trinkszene von der Situla aus Kuffarn (vgl. Taf. 23)

Tafel 25. Rekonstruktion einer Inselsiedlung des 6. bis 5. Jahrhunderts aus Biskupin in Polen

Tafel 26. Rotfigurige griechische Schale und goldene Trinkhornbeschläge aus dem keltischen Fürstengrab »Kleinaspergle« bei Ludwigsburg (Württemberg)

◄

Tafel 27. Steinsäule mit keltischer Ornamentik aus Pfalzfeld im Hunsrück

Tafel 29. Silberring von Trichtingen, Kreis Rottweil (Württemberg)

◄

Tafel 28. Keltische Steinfigur von Holzgerlingen, Kreis Böblingen (Württemberg)

Tafel 30. a) Luftaufnahme der beiden spätkeltischen Viereckschanzen von Holzhausen, Landkreis Wolfrathshausen (Bayern)
◀

Tafel 30. b) Erdansicht einer Ecke der Viereckschanze Nr. 2 von Holzhausen
◀

Tafel 31. Magdalensberg, Wandmalerei, Iphigenie mit der Götterfigur darstellend

Tafel 32. Wagen des letzten vorchristlichen Jahrhunderts aus Dejbjerg in Jütland

Tafel 33. Pflasterweg der Zeit um Christi Geburt aus Borremose in Jütland ▶

Tafel 35. Silberkessel von Gundestrup in Jütland

◀

Tafel 34. Germanische Frauentrachten der Zeit um Christi Geburt aus Huldremose in Jütland

Tafel 36. Gott mit Hirschgeweih vom Kessel von Gundestrup in Jütland

Tafel 37. Grabstein des im Kriege des Varus gegen die Germanen gefallenen Centurio Marcus Caelius

Tafel 38. Grabstein für den Legionssoldaten der 15. Legion Q. Petilius Secundus aus Mailand

Tafel 39. Römische Legionssoldaten im Angriff ▶

Tafel 40. Gefesselte Germanen, Darstellung des 1. Jahrhunderts aus dem Mainzer Legionslager
◄

Tafel 41. Grabstein des römischen Reiters Vonatorix, gefunden auf dem Soldatengräberfeld von Bonn ►

Tafel 42. »Gemma Augustea«

Tafel 43. a) Saalburg bei Bad Homburg v. d. Höhe. Luftbild ▶

Tafel 43. b) Der Limes bei Welzheim ▶

Tafel 44. Saalburg, Südfront im 3. Jahrhundert mit Porta Decumana

Tafel 45. a) Modell des Brückenkopfkastells Köln-Deutz ▶

▶
Tafel 45. b) Modell der von Konstantin um 310 zwischen Köln und Deutz gebauten Rheinbrücke

Tafel 47. Gallorömisches Bauernhaus. a) 1. Jahrhundert n. Chr.; b) 4. Jahrhundert n. Chr.

◄

Tafel 46. a) Trier, Porta Nigra; b) und c) Trier, sogenannte Basilika (links Innenansicht, rechts Außenansicht)

Tafel 49. Pachtzahlende Bauern (?) von einem Grabmal aus Neumagen bei Trier

◄

Tafel 48. Römische Villa von Nennig an der Mosel. a) Modell der Anlage; b) Ausschnitt aus dem Mosaik

Tafel 50. Schulszene von einem Grabmal aus Neumagen bei Trier

Tafel 51. Grabmal in Form eines Weinschiffes aus Neumagen bei Trier

Tafel 52. Hildesheimer Silberfund, Athenaschale

◄

Tafel 53. Hildesheimer Silberfund, sogenannter gallischer Humpen

Tafel 54. Silberbecher des 1. Jahrhunderts n. Chr. aus einem germanischen Fürstengrab von Hoby in Dänemark

Tafel 55. Diatretglas aus Niederemmel an der Mosel (Höhe des Originals 18 cm) ▶

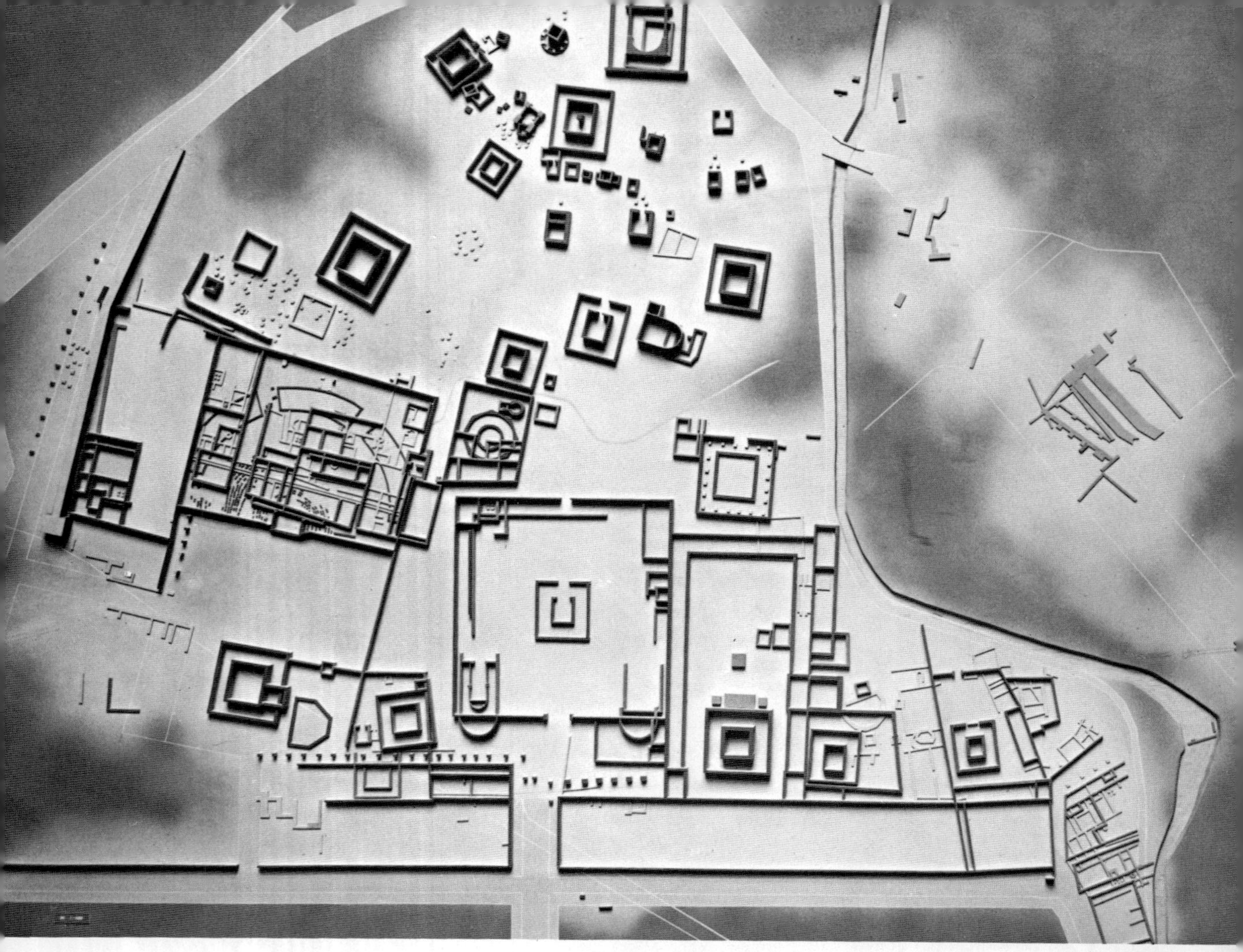

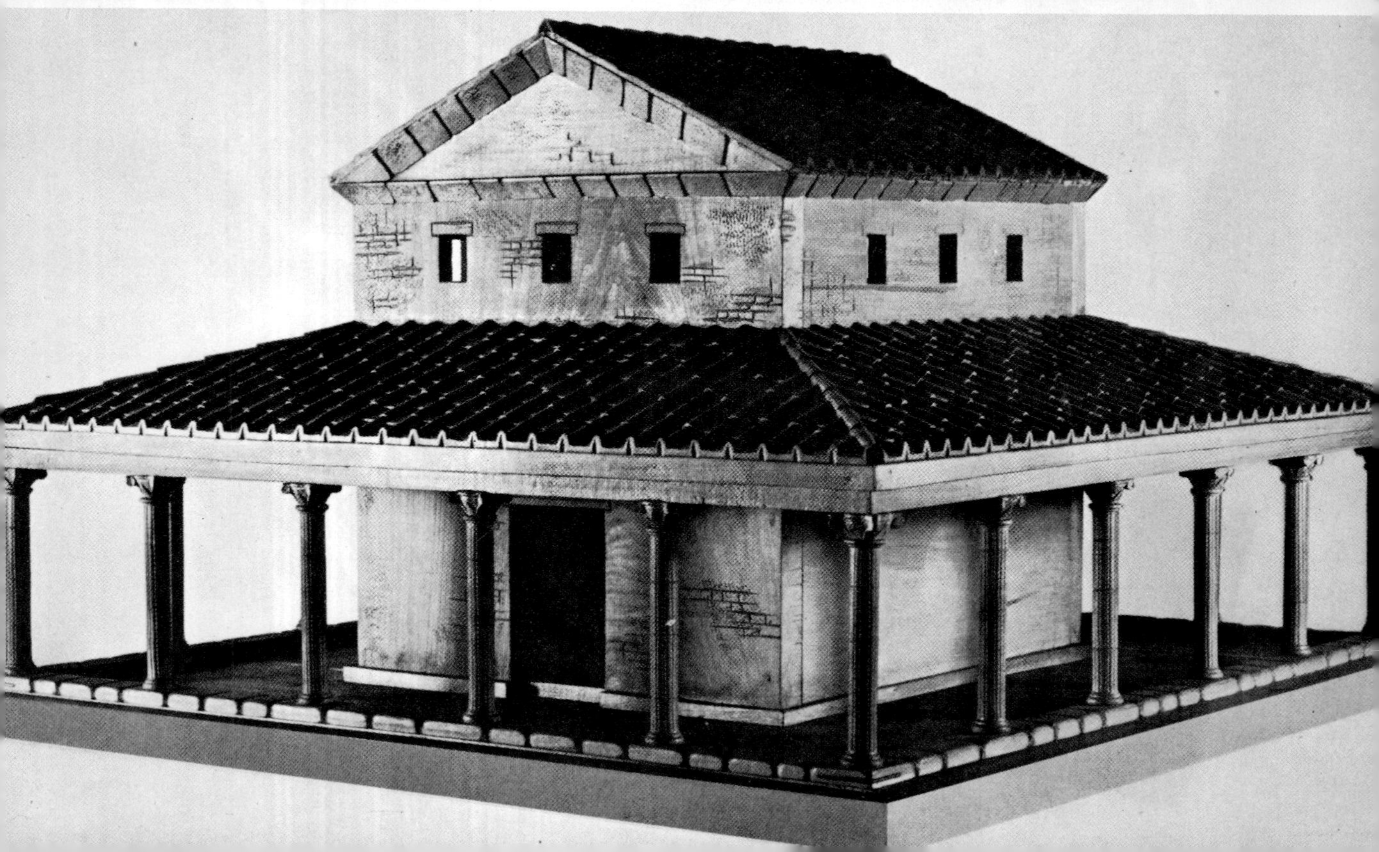

Tafel 57. Keltische Pferdegöttin Epona aus dem Tempelbezirk im Altbachtal bei Trier (vgl. Taf. 56)

◀ Tafel 56. Tempelbezirk im Altbachtal bei Trier. a) Plan; b) Rekonstruktion eines keltischen Umgangtempels

Tafel 59. Modell einer Märtyrerkapelle der Zeit um 400 unter St. Severin in Köln

◄

Tafel 58. Altar für die Aufanischen Matronen

Tafel 60. Germanen vor Kaiser Trajan von der Trajanssäule in Rom

Tafel 61. Terrakotta-Büste, wahrscheinlich einen Germanen darstellend (Höhe des Originals 11,2 cm) ▶

Tafel 63. Kopf der Moorleiche von Tollund in Jütland (vgl. Tafel 62)

◄
Tafel 62. Moorleiche von Tollund, Jütland

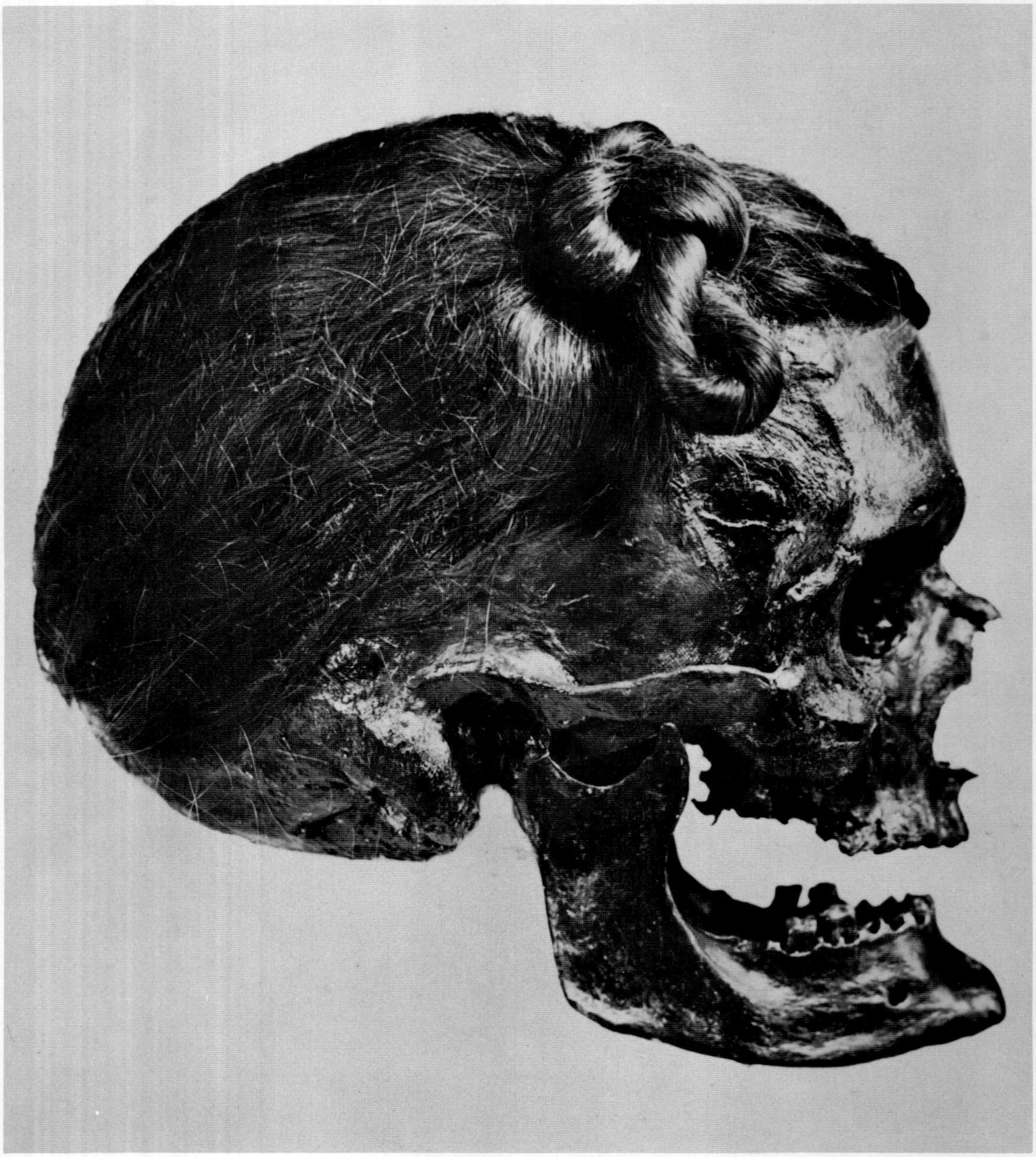

Tafel 64. »Moorschädel« mit Swebenknoten von Osterby bei Eckernförde (Schleswig-Holstein)

Tafel 65. Sogenannter Prachtmantel aus dem Moorfund von Thorsberg bei Süderbrarup in Angeln (Schleswig-Holstein) ▶

Tafel 66. Hose aus dem Moorfund von Thorsberg bei Süderbrarup in Angeln (Schleswig-Holstein)

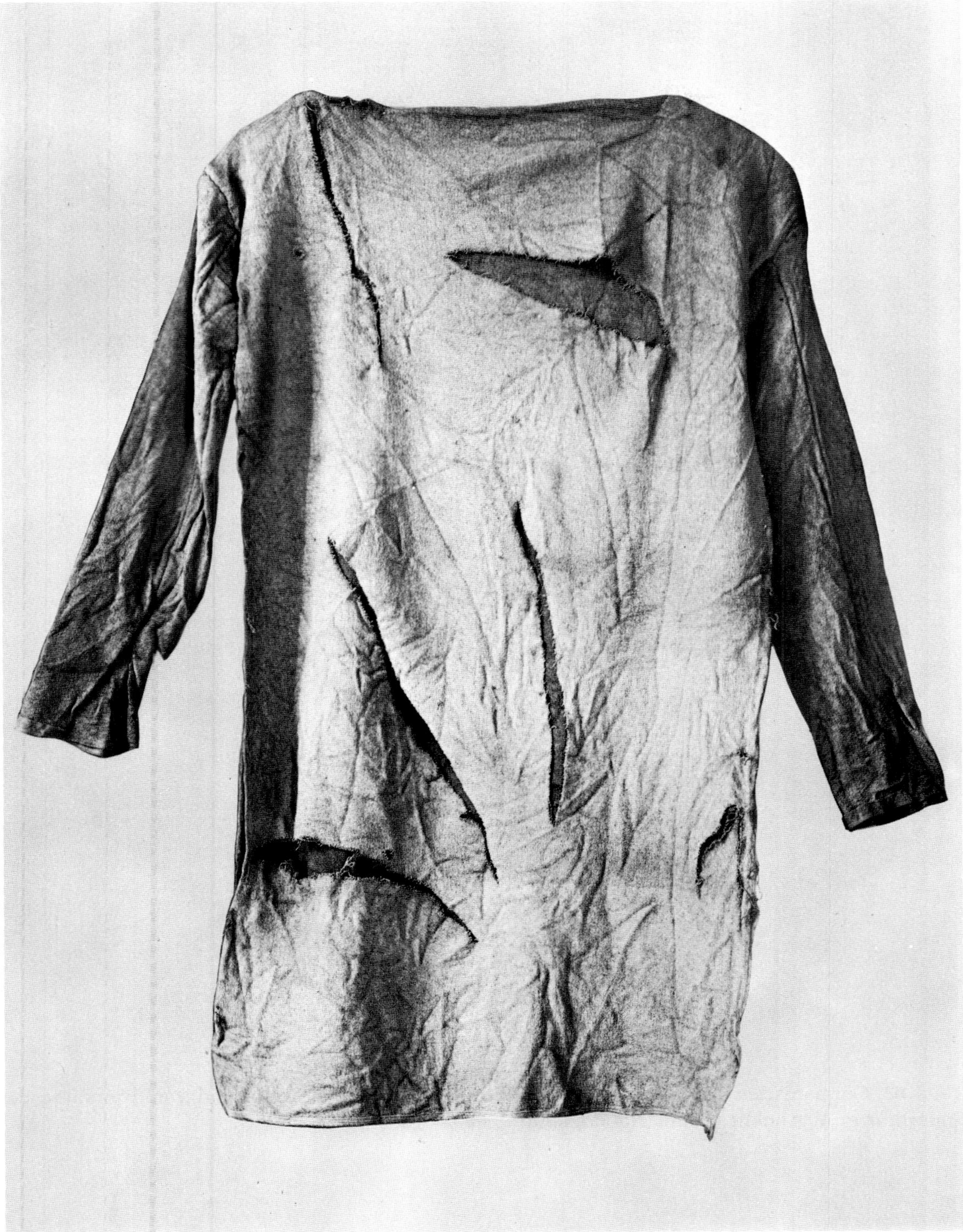

Tafel 67. Kittel aus dem Moorfund von Thorsberg bei Süderbrarup in Angeln (Schleswig-Holstein)

Tafel 68. Germanischer Holzschild mit Metallbeschlägen aus dem Moorfund von Thorsberg bei Süderbrarup in Angeln (Schleswig-Holstein)

Tafel 69. Grabstein des Lepontius mit germanischer Bewaffnung aus Straßburg ▶

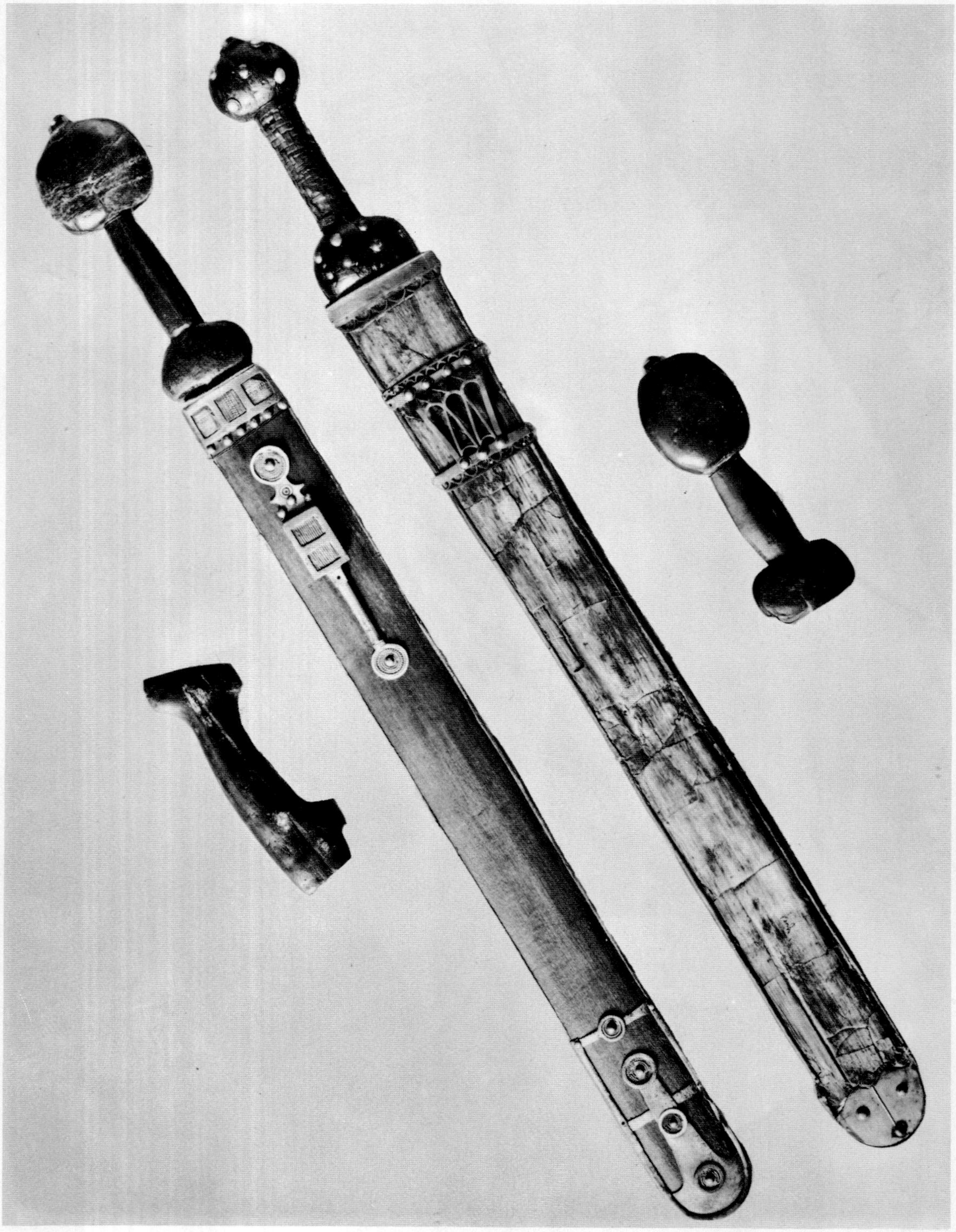

Tafel 70. Germanische Kurzschwerter aus dem Moorfund von Thorsberg bei Süderbrarup in Angeln (Schleswig-Holstein) (Eisenteile sind im Moor vergangen)

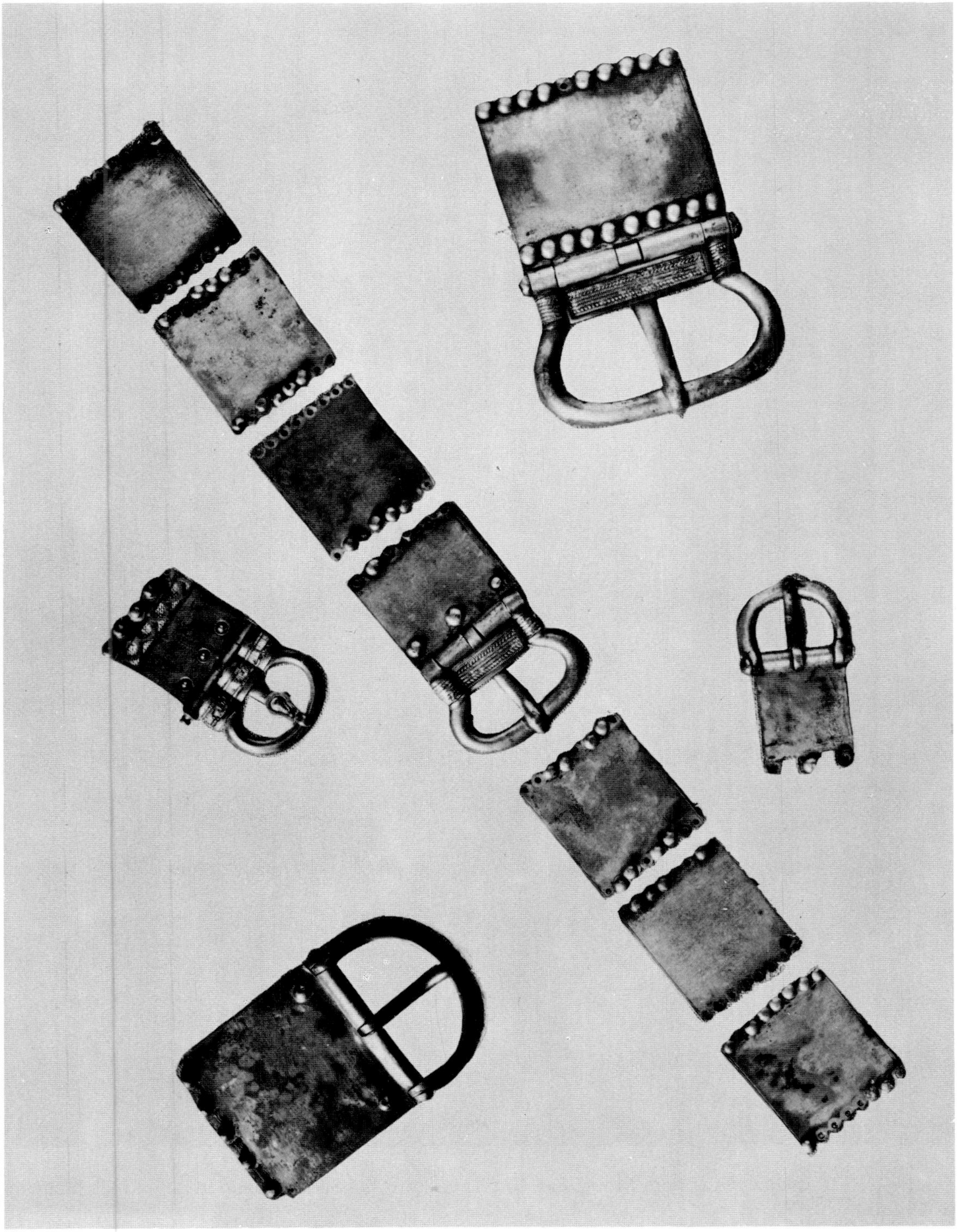

Tafel 71. Silberbeschläge eines Schwertgürtels aus dem Moorfund von Thorsberg bei Süderbrarup in Angeln (Schleswig-Holstein)

Tafel 72. Kettenpanzer aus dem Moorfund von Thorsberg bei Süderbrarup in Angeln (Schleswig-Holstein)

Tafel 73. a) Umgearbeiteter römischer Reiterhelm aus dem Moorfund von Thorsberg bei Süderbrarup in Angeln (Schleswig-Holstein); b) Römischer Reiterhelm aus Heddernheim ▶

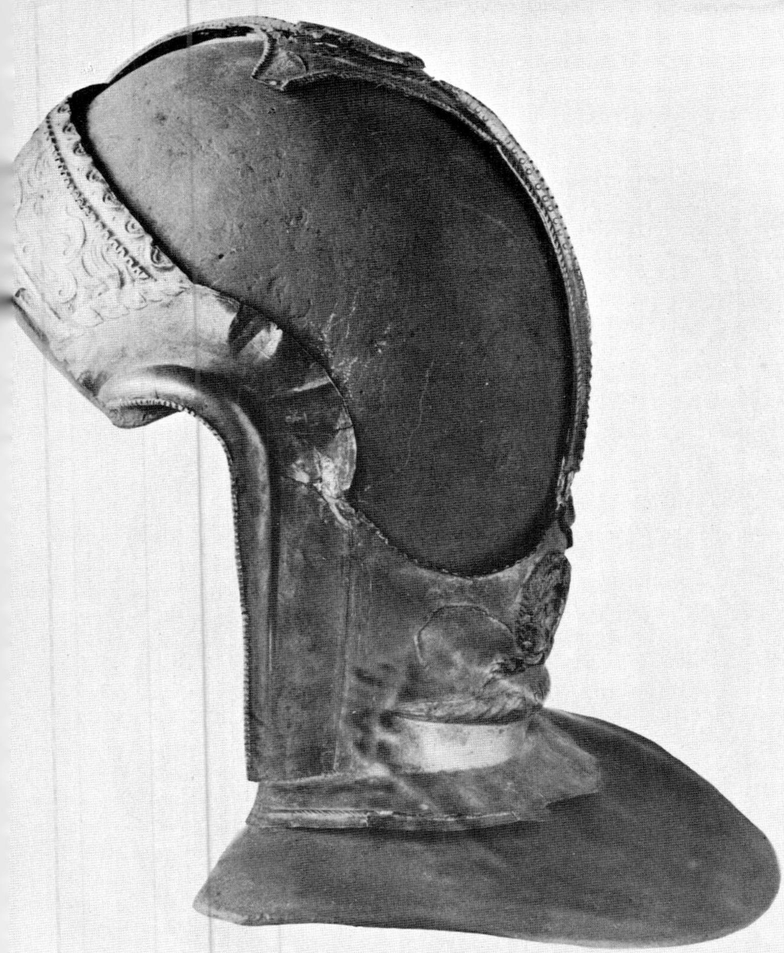

Tafel 74. Bronzescheibe mit figürlichen Darstellungen aus dem Moorfund von Thorsberg bei Süderbrarup in Angeln (Schleswig-Holstein)

Tafel 75. Goldring und Pektorale mit sassanidischer Inschrift aus Wolfsheim (Rheinhessen) ▶

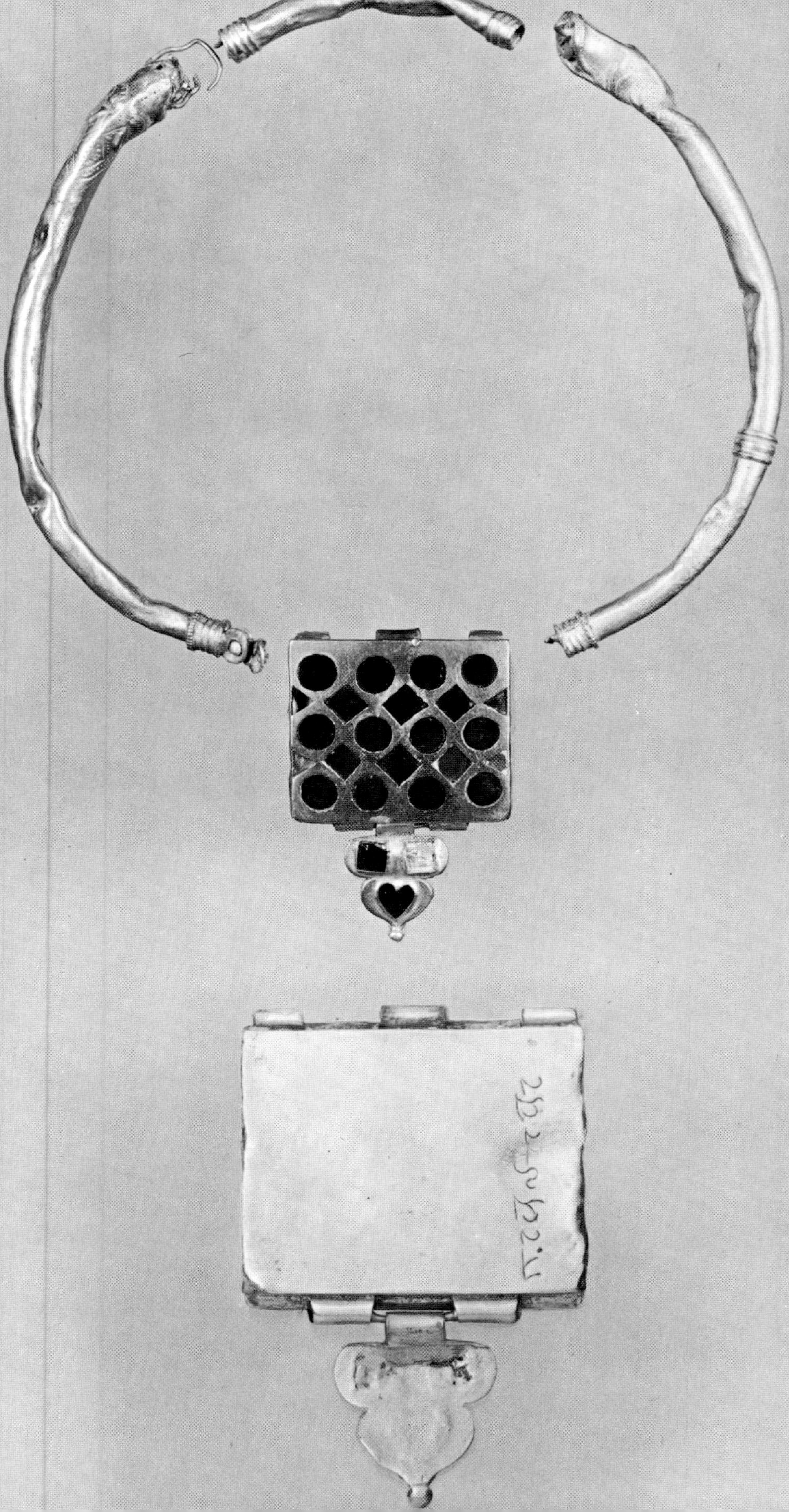

Tafel 76. Köpfe überlebensgroßer Holzfiguren aus dem Moore bei Braak, Kreis Eutin (Schleswig-Holstein)

◄

Tafel 77. Rennfeuerofen von Scharmbeck, Kreis Harburg (Niedersachsen)

Tafel 78. Bohlweg im Stapeler Moor, Oldenburg

Tafel 79. Boot aus Eichenholz von Nydam, Amt Sonderburg (Nordschleswig) ▶

Tafel 80. Prunkschnallen des 5. Jahrhunderts aus dem Moorfund von Ejsbøl bei Hadersleben (Nordschleswig) ◄

Tafel 81. Grabstein eines fränkischen Kriegers von Niederdollendorf, Siegkreis (Rheinland)

Tafel 82. Reiterstein des 7. Jahrhunderts aus Hornhausen, Anhalt

Tafel 83. Germanischer Spangenhelm aus dem fränkischen Fürstengrab von Morken (Rhld.) ▶

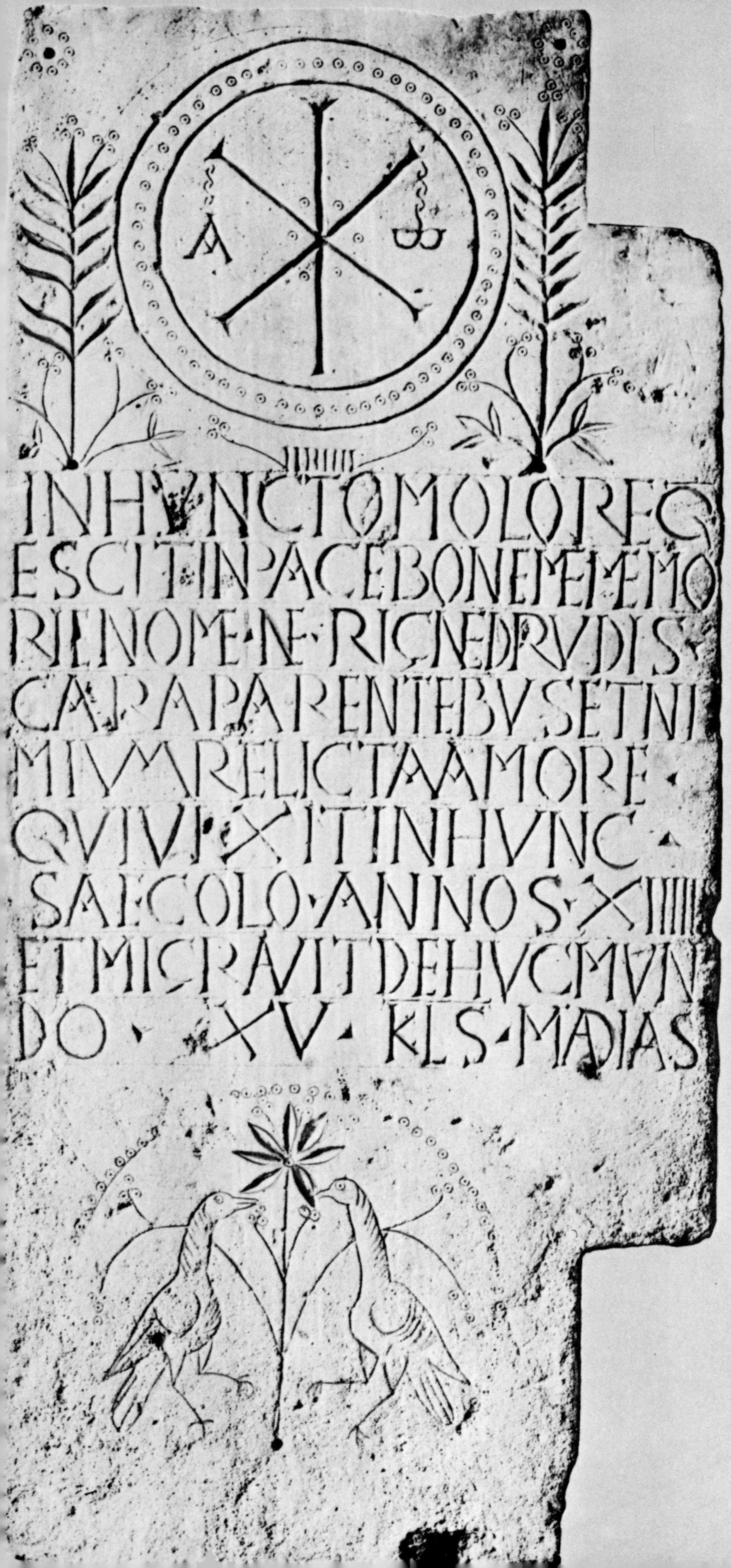

Tafel 84. Fränkischer Grabstein des Rignedrudis aus Vochem, Kr. Köln

▶

Tafel 85. Bügelfibel aus dem Fürstengrabe des 7. Jahrhunderts von Wittislingen bei Lauingen (Bayern)

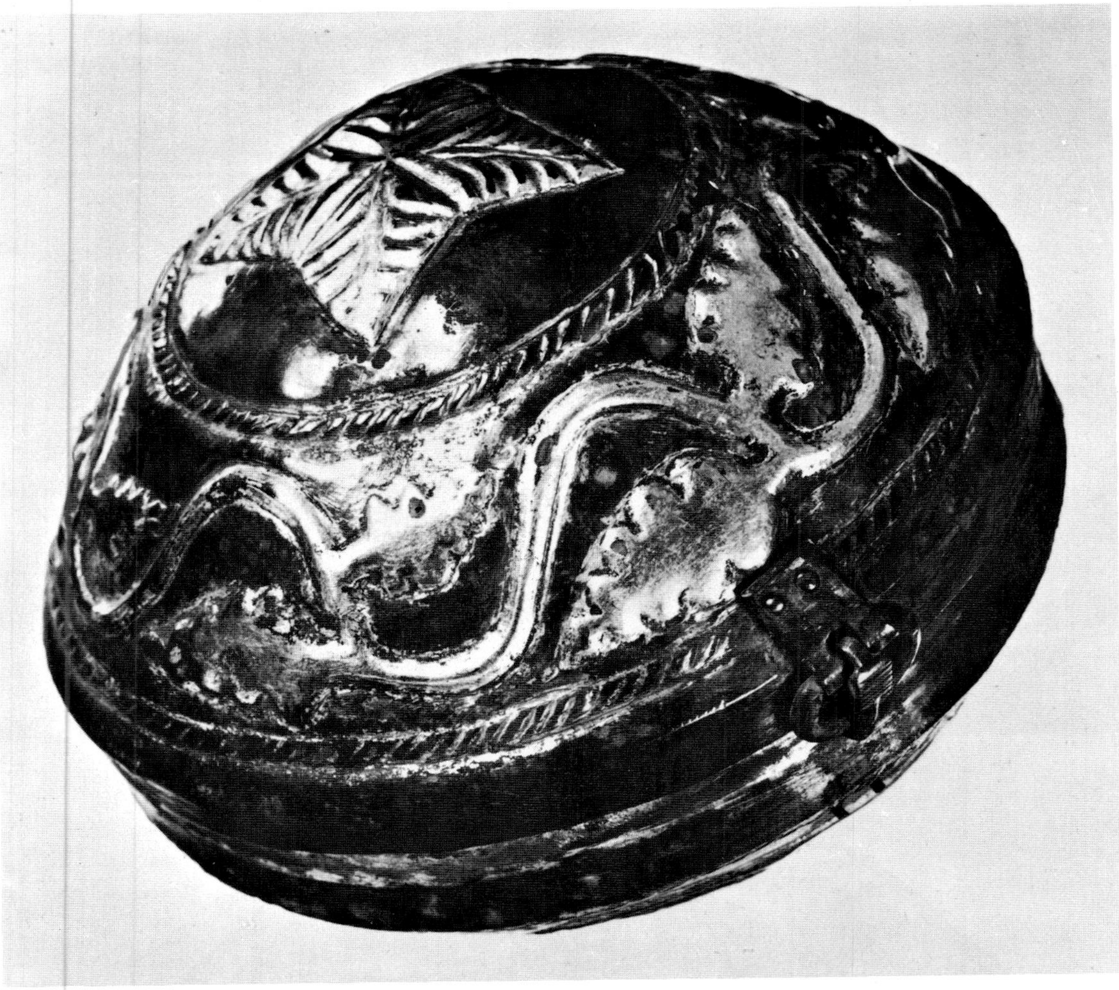

Tafel 87. Silberkapsel aus einem reichen Frauengrabe unter dem Kölner Dom (etwas vergrößert, Durchmesser des Originals 11,7 cm)

◀

Tafel 86. Scheibenfibel (vergrößert, Durchmesser des Originals 8 cm) und koptische Bronzepfanne aus dem Fürstengrab des 7. Jahrhunderts von Wittislingen bei Lauingen (Bayern)

Tafel 89. Amöneburg, Kreis Marburg (Hessen)

◄

Tafel 88. Reliquienkästchen von Utrecht (Länge des Originals 6 cm, Höhe 4,6 cm, stark vergrößert)

Tafel 91. Sächsischer Ringwall »Kaaksburg«, nördlich von Itzehoe, Schleswig-Holstein

◀

Tafel 90. Buchdeckel von Lindau (Höhe des Originals 34,4 cm, Breite 26,2 cm)

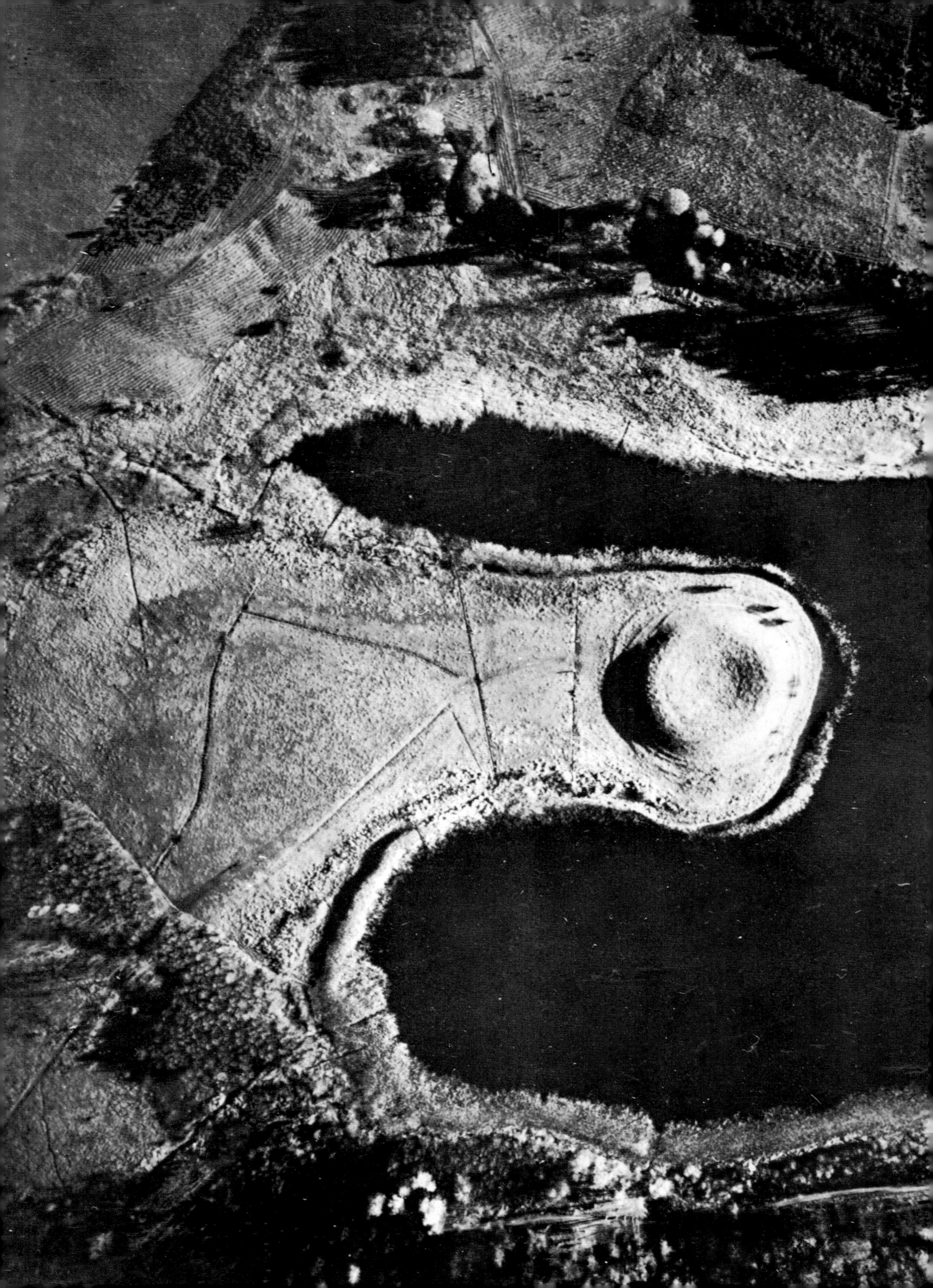

◄ Tafel 92. Slawischer Ringwall von Rhoden, Mecklenburg

Tafel 93. Rotunde mit zwei Apsiden aus der slawischen Burgstadt Mikulčice in Mähren ▲

Fürstenburg von Mikulčice ▼

Tafel 94. Kirchenkomplex von Sady (Derfle bei Ungarisch Hradiště)

Tafel 95. Kirche von Pohansko bei Brečlaw, Mähren

Tafel 96. Staré Město in Ungarisch Hradiště, Mähren. a) Silberscheibe mit Falkner; b) Riemenzunge des 9. Jahrhunderts ▶

Mittelalter

Tafel 97. Mittelalterliches Geschichtsdenken: Die Vier Weltreiche am Regensburger Dom ▶

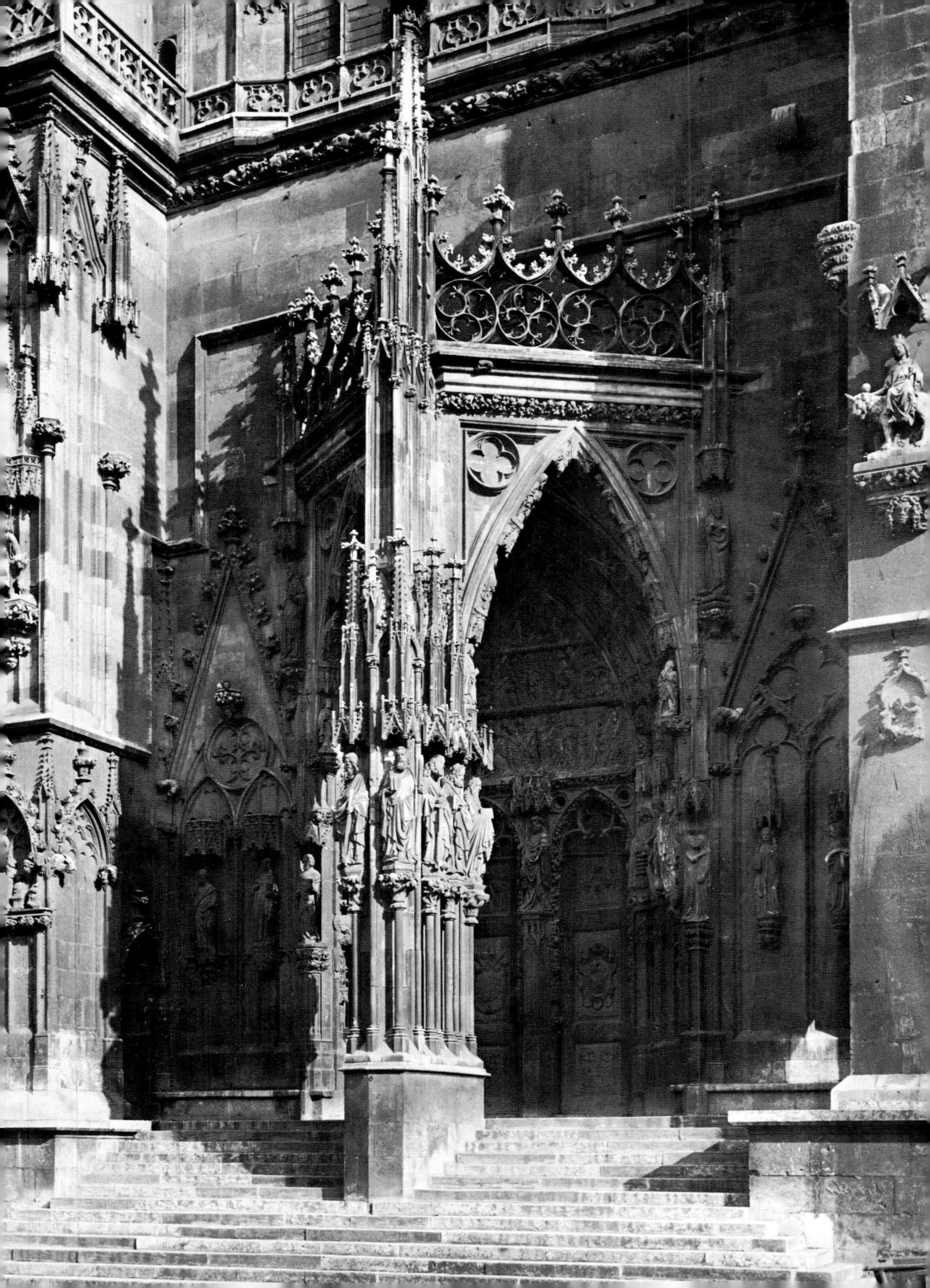

Tafel 98. Typologisches Denken: Apostel und Propheten am Fürstenportal des Bamberger Domes
◄

Tafel 99. *Rex sacerdos.* a) Der König als Neuer David: Detail von der Reichskrone; b) König Siegmund liest im Weihnachtsgottesdienst das Evangelium

Die durch die Gegenwart Christi gegliederte Zeit:

Tafel 100. Einzug am Palmsonntag

Tafel 101. Grablegung und Auferstehung. a) Ruinen der nachgebauten Grabeskirche; b) Heiliges Grab in der Klosterkirche ▶

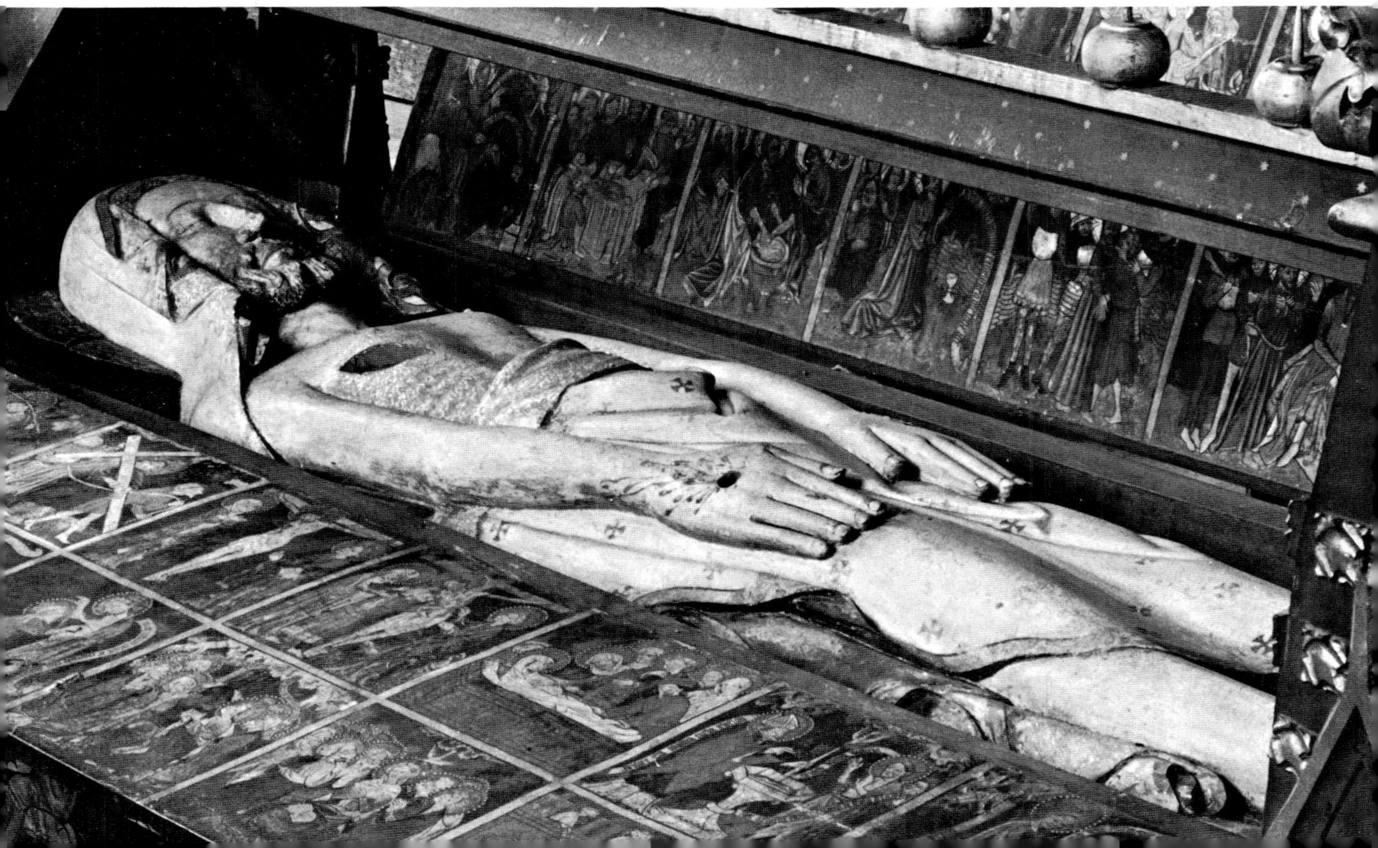

Aurora.
Pruina.
Ver.
Estas.
Martius.
Aprilis
Pisces.
Cancer.
Iulius
Nox.
Dies.
Autumnus
Hiemps.
Meridies.
Vespera.

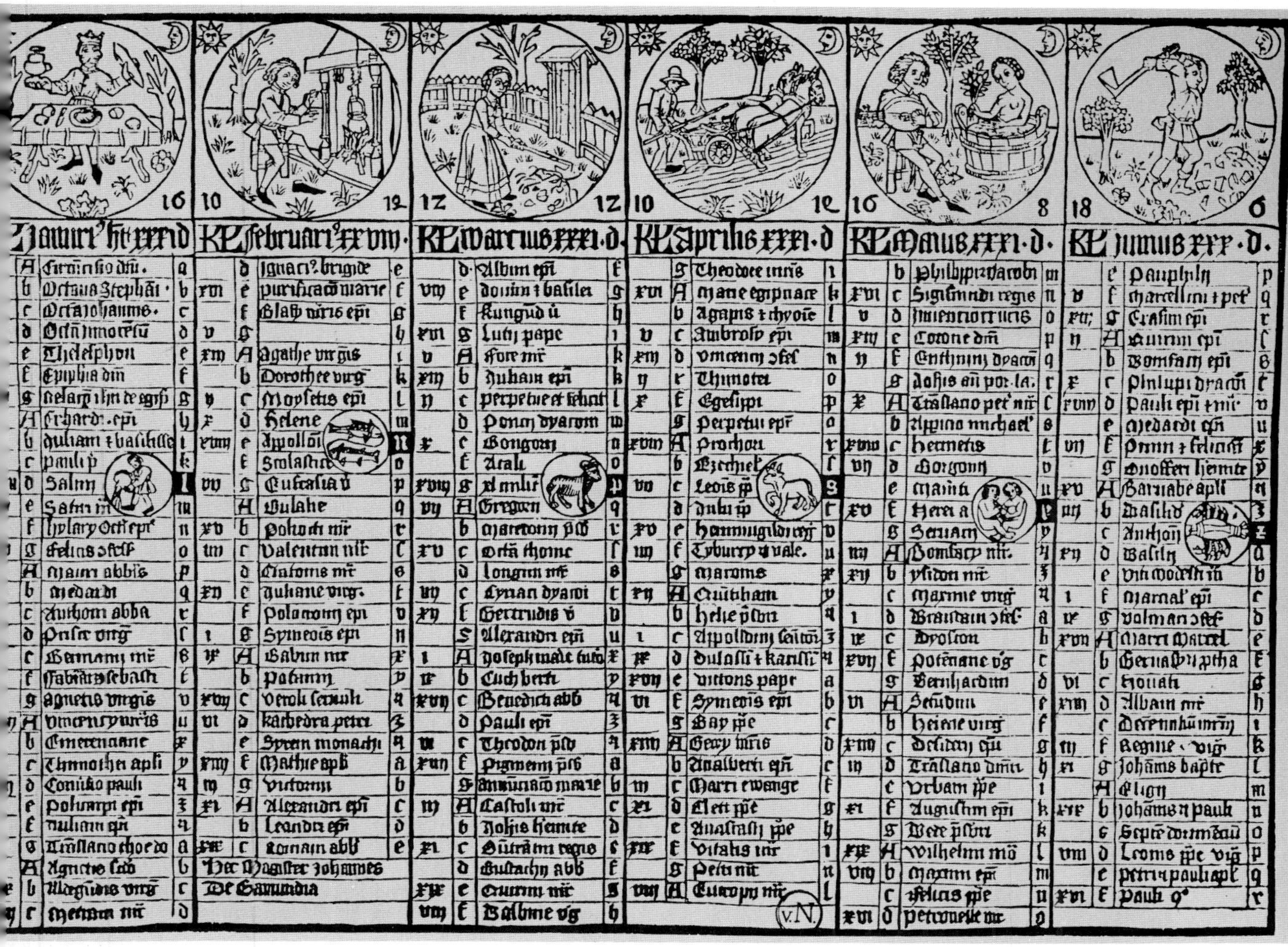

Tafel 103. Spätmittelalterlicher Kalender

◄

Tafel 102. Hochmittelalterliches Kalenderbild

Tafel 104. Unperspektivische Zeit: Die Apostel vor dem mittelalterlichen Bamberg

Tafel 105. Das Jüngste Gericht. a) Seine Vorzeichen; b) Seine Gegenwart: Darstellung aus dem Nürnberger Rathaus

Das eilfft zeichen ist das die sternen fallen vom hymel vnd geben von in füren schyn do mit reynigen sy sich vnd es wirt wider vmb wisz vnd luter vñ die lüt schryen vor groser forcht vñ louffen vnd essen vnd trincken nit·

Das zwolfft zeichen ist die lebentigen menschen sterben das sy mit den andern toten wider erstenn· Ouch alles gefügel vnd alle thier sterbenn mit jnnen·

Tafel 107. Stifter der mittelalterlichen Welt: Konstantin und Silvester

◀

Tafel 106. Das Jüngste Gericht, Ziel der Geschichte: Fürstenportal vom Bamberger Dom

▲ Tafel 108. *Translatio imperii:* Die Franken als Nachfolger der Römer ▼

Tafel 109. Stifter der mittelalterlichen Welt: Karl der Große im Gedächtnis des späteren Mittelalters

Sanctus karolus

Das ist die mapa
mūdi vñ alle land vñ kungk reich wie sie ligend in
DIS SEND DIE VIER ELI MENT.
DA IST DIE WELT IN DRUI TAIL
hanns Rüst

Tafel 111: Die Wildnis um die Siedlungen: Wilder Mann und wilde Tiere von einem Minnekästchen

◄

Tafel 110. Vorgestellte Welt: Weltkarte um 1500

mmand
tode·wer
dinete g
net si·In
vn̄ phle
czende v
te tohā
phenen
nicht en
sen vnr
czende
dinet·I
garten
ge wirk
garte a
vn̄ von

◀

Tafel 112. Die Bauern: Abgabenkalender

▲

Tafel 113. Die Herren: Hochmittelalterliche Burganlage. a) Rekonstruktion; b) Zustand vor der Ausgrabung

▼

Tafel 114. a) Fundament einer hochmittelalterlichen Befestigung

Tafel 115. Befestigte Kirchenanlage ▶

Tafel 114. b) Spätmittelalterliche Wehrkirche

Tafel 116. Die Gerichtsstätte. a) Erhaltener Gerichtsort; b) Spätmittelalterliche Darstellung

Tafel 117. Königspfalzen. a) Modell der Aachener Pfalz; b) Goslar zu Anfang des 19. Jahrhunderts

Tafel 118. a) Das Bildnis des Königs am Pfalzort

Tafel 118. b) Heerschilde und Belehnung

Tafel 119. Das Reichsregister Albrechts II. ▶

In nomine domini Jhesu cristi amen   primum

mererer des Richs

Wir Albrecht von gots gnaden Romischer kunig zu allen zeiten merer des Richs, vnd zu hungern, | Confir. Archiepi. Colomen
Dalmacien Croacien etc kunig / Erwelter kunig zu Behem / vnd hertzog zu Osterrich etc | sup. omnibus privilegia
Bekennen etc Wie wol wir den Erwirdigen vnd hochgeborn vnsern lieben Neuen vnd Oheim
len des heiligen Romischen Richs kurfursten / nach dem vnd sie vns in der Wale vnd kure
s heiligen Richs der vns der almechtige got gegonnet hat / willig / gunstlich vnd vnsshalb
nu dienet / geneigt gewesen sein / billich widerumb aller Eren, wird vnd nutzperkeit pflichtig
in, yedoch so sullen wir In vil billicher vnd muglicher in solchen sachen willig vnd bereit
in die sie nach laut der gulden Bullen haben sullen / vnd In zugeburen vnd als vns nu
er eygen vnser lieben Neuen vnd Oheimen Erbere vnd treffliche sendboten die vns die Wale
es heiligen Richs bracht haben Ouch vnder andern sachen sunderlich gebeten haben. In allen
nd Iriglichem seine freiheit / briefe / privilegia Recht vnd herlichkeit zu confirmire vnd nach
ut der guldin bulle zubesetigen, des wir auch sunderlich von wegen des Erwirdigen dietrichs
rtzbischoffs zu Collen, des heiligen Richs in Italien Ertzcanzler vnsers lieben Neuen vnd kur
ursten gebeten worden sein / vnd darumb mit wolbedachtem mute / gutem Rate / vnd rechter
ssen / So haben wir vff heutte datid diss briefs / dem egenanten vnsern Neuen alle vnd igliche seine
vilegia / freiheit / herlichkeit / Recht / gewonheit / vnd loblich herkomen, wie vnd in welcher
wise die genat / vnd von Romischen keysern oder kunigen vorzeiten gegeben / vnd verliben
nd / biss vff disen heutigen tag / mit rechter wissen, vnd von Romisch kuniglich gewalt /
Confirmirt / bestetigt / vnd beliebet / Confirmiren bestetigen vnd beleiben, die alle von newes
n craft diss briefs / vnd diese confirmacion vnd gabe / sol als gantz macht han / als ob dieselben pri
ilegia freiheit herlichkeit / Recht / gewonheit, vnd herkomen, von wort zu worte / in disem
vnsern briefe geschreben weren / vnd wann vnser kunigliche Maiestat Insigel noch nicht gemacht
st / So sprechen vnd globen wir in Crafft diss briefs / So balde vnser Maiestat Insigel gemacht
wirt / vnd sie des begern werden / So sollen vnd wollen wir / demselben vnserm Neuen vnd seinen
nachkomen / vber alle sine Recht / freiheit etc als vorgeschreben steet / vnser kuniglich brieff in der
besten form / do sein dieselben von wort zu wort / vnd sunderlich auch solich quittangen vber die
teur der stete zu Elsassen / die Im vnser gnediger herre keiser Sigmund selig gegeben hat / vnd In
nach zusteen / ernelben / alles mit der egenanten vnser Maiestat Insigel / on alles verziehen / vintrag
vnd argelist / vnd als balde wir mit der hulffe gots keiser werden, So wollen wir solche freiheit
recht vnd privilegia als obgemelt ist / vnder vnserm keiserlichen titel aber bneben vnd geben /
vnd des zu vrkund haben wir vnser Romisch kuniglichs insigel das nymmer an disen brieff mit rechter
wissen tun hengen / Geben zu Wienn / nach Cristi geburt / xiiijc Jar vnd darnach in dem
xxxviij Jare / am nechsten dinstag vor sand philipps vnd Jacobstag der heiligen zwelffboten
vnser Richs des Romischen vnd des hungerischen Im ersten Jaren

Similes

Mentz

Trier   Principibus electoribus

Sachssen

Brandenburg

Wir Albrecht etc Bekennen etc Wiewol wir von Romischer kuniglicher wirdikeit darzu | Conf. ducis heidelberg Comitis pallatini
vns der almechtige got durch sein gutikeit gesatzt hat, geneigt sein / allen vnsern vnd des hei
ligen Richs vndertan / vnser gnade vnd kunigliche miltikeit / zubeweisen / So sin wir doch in sunderheit /

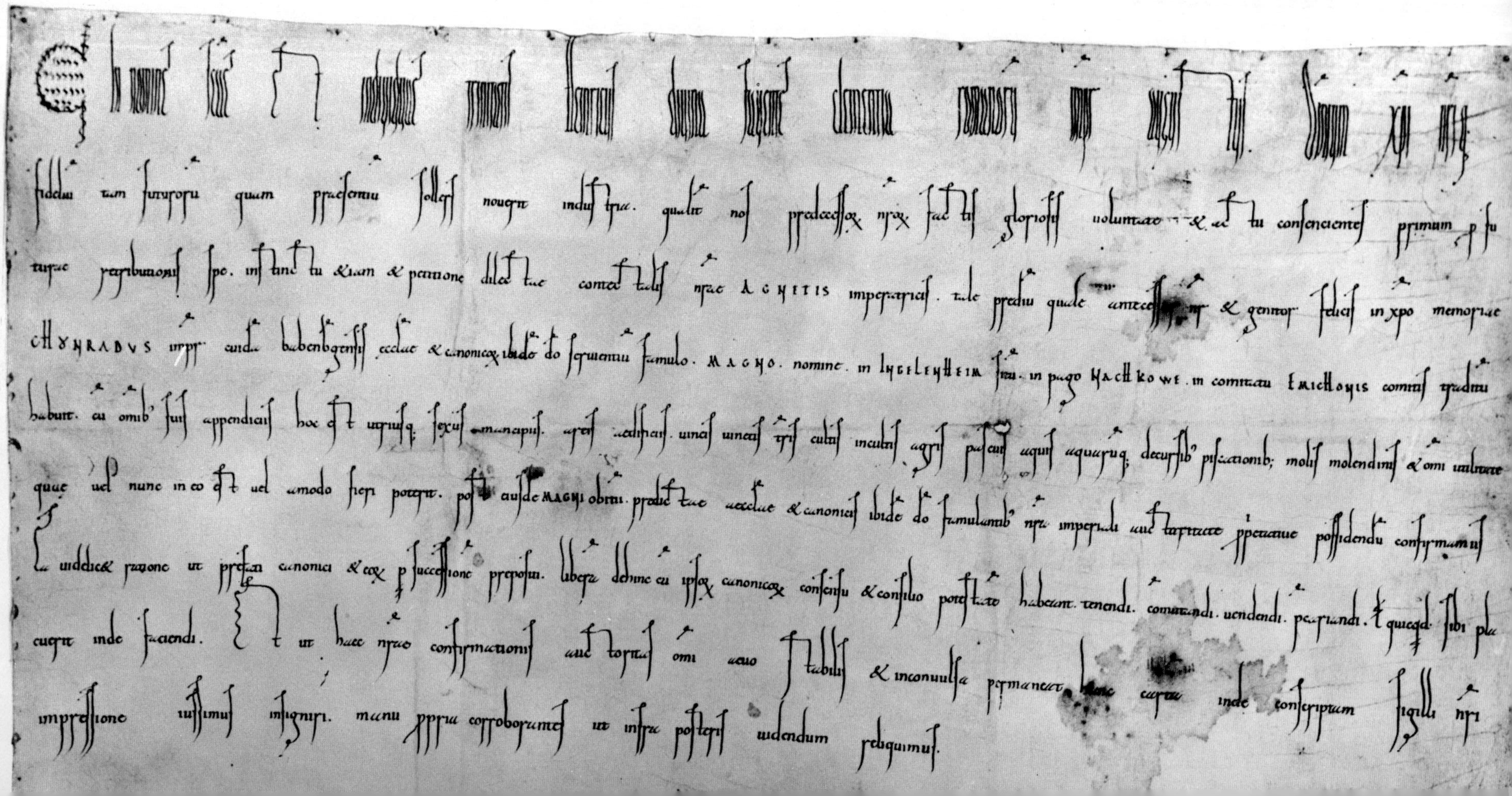

In nomine sanctae et individuae trinitatis. Heinricus divina favente clementia Romanorum imperator augustus. Omnium Christi nostrique
fidelium tam futurorum quam praesentium sollertia noverit industria. qualiter nos predecessorum nostrorum sanctae memoriae gloriosis voluntatibus consencientes primum pro futurae retributionis spe. insuper etiam et interventu et peticione dilectae conlectalis nostrae AGNETIS imperatricis. tale predium quale antecessor noster et genitor felicis in Christo memoriae CHVNRADVS imperator eidem babenbergensi aecclesiae et canonicorum ibidem deo servientium famulo. MAGNO. nomine. in INGILENHEIM situm. in pago NAHGOWE. in comitatu EMICHONIS comitis tradendum habuit. cum omnibus suis appendiciis hoc est utriusque sexus mancipiis. areis aedificiis. vinis vineis terris cultis incultis agris pascuis aquis aquarumque decursibus piscationibus; molis molendinis et omni utilitate quae vel nunc in eo est vel amodo fieri poterit. post eiusdem MAGNI obitum. predictae aecclesiae et canonicis ibidem deo famulantibus nostra imperiali auctoritate perpetualiter possidendum confirmamus.
Ea videlicet ratione ut praefati canonici et eorum per successionem prepositi. liberam dehinc cum ipsorum canonicorum consensu et consilio potestatem habeant. tenendi. commutandi. vendendi. precariandi. et quicquid sibi placuerit inde faciendi. Et ut haec nostrae confirmationis auctoritas omni aevo stabilis et inconvulsa permaneat. hanc cartam inde conscriptam sigilli nostri impressione iussimus insigniri. manu propria corroborantes ut infra posteris videndum reliquimus.

Tafel 120/121. Urkunde Heinrichs III.

Tafel 122/123. Auf den Namen Heinrichs III. gefälschte Urkunde
▼

In nomine sanctae et individuae trinitatis. Heinricus divina favente clementia rex. Si ecclesiis et locis divino cul-
tui dicatis nostris largitionibus providere satagimus ac ibidem deo famulantibus solatia clementer inpendimus, non solum honorificam regalis munificentiae consuetudi-
nem exercemus, sed et spiritualia largitione donorum perpetuae nos mercedis praemia promereri posse credimus. Quapropter noverit omnium Christi fidelium tam praesenti-
um quam et futurorum industria, qualiter petente et suggerente Heinmanno venerabili Spirensis ecclesiae episcopo complacuit celsitudini nostrae quoddam
monasterium sanctimonialium Kinelwag dictum ad nos usque per auctoritatem traditionis beatae memoriae Sophiae eiusdem monasterii constructricis et
procuratricis Gandersheimensi ecclesiae subiectum, et quia hanc … cambii concambium praefatae sanctae Spirensi ecclesiae adquir-
ere et per hanc nostram auctoritatem et tradere ut cum omnibus sibi pertinentibus, ecclesiis, basilicis, domibus ceterisque aedificiis, decimis, silvis, campis, pascuis, aquis
aquarumve decursibus, piscationibus, molendinis, cultis locis et incultis, mobilibus rebus et immobilibus, mancipiis utriusque sexus perpetuo sub eius constat ditione.
Contra huius autem et eiusdem concambitionis nostra auctoritate facta traditio talis est. Castrum quoddam nostrae hereditatis Brugghem dictum in septentriona-
li parte Leine fluminis situm sub integritate liberam regalis possessionis cum omnibus rebus appendiciis et terminis suis, quingentis videlicet regalibus mansis
cum omnibus ad se iure pertinentibus et respicientibus, mancipiis utriusque sexus, areis, aedificiis, curtificiis, terris cultis et incultis, campis, pratis, pascuis, silvis, fore-
stibus, omnique silvaticae utilitate, aquis aquarumve decursibus, piscationibus, molendinis, exitibus et reditibus, quesitis et inquirendis vel cum omnibus appendiciis quae
vel excogitari vel nominari possunt memoratae Gandersheimensi ecclesiae subditum esse facimus atque per hanc nostram auctoritatem ita condo-
namus et tradimus, ut in iure ac subiectione absque cuiusque diminoratione atque refractione permaneat. Et ut haec nostra auctoritas inconvulsa
consistat, hoc praeceptum inde conscribi iussimus nostrique sigilli impressione assignatum manu propria ut subtus apparet firmavimus.

Signum domni Heinrici (monogram) regis invictissimi.
Egilbertus cancellarius vice Willigisi archicapellani recognovit.

Data est haec carta XI kal. iun. Anno ab incarnat. dom. M.XLIII. Indict. XI. Anno regni III.
domni Heinrici III. Actum in palatio regio Franconofurd [illegible] feliciter. Presentibus Si-
frido Mogontie archiepo [illegible] Spirensi. Theodmaro Hildinish. Egilbrato Mindensi epo.
Adelheide magni Ottonis filia [illegible] abbatissa.

Tafel 124. Kirchliche Wirtschaftshöfe. a) Modell nach dem St. Gallener Klosterplan; b) Kommende des Deutschen Ordens

Tafel 125. Stifter der Kirchen: Naumburger Stifterfigur ▶

TIMO DE
DEDIT
ECCLESIE
VILLAS

Tafel 126. Stifter der Kirchen und Gedächtnis der Kirche. a, b) Stifter und Äbte des Klosters Vornbach; c) Chronik des Thietmar von Merseburg mit eigenhändiger Ergänzung

Tafel 127. Heinrich II., Stifter der Bamberger Kirche: Adamspforte des Bamberger Domes ▶

Tafel 128. Die Reichskirche: »Westwerk« in Corvey
◄

Tafel 129. Die Reichskirche. a) Barocker Kaisersaal in Corvey; b) Prozessionsstraße in Speyer

Tafel 130. Ottonisch-salisches Königtum: Gott krönt den König

Tafel 131. Ottonisch-salisches Königtum: Der König und die Heiligen

Tafel 133. Die Reichskrone

◄

Tafel 132. Ottonisch-salisches Königtum: Der König und die Bischöfe

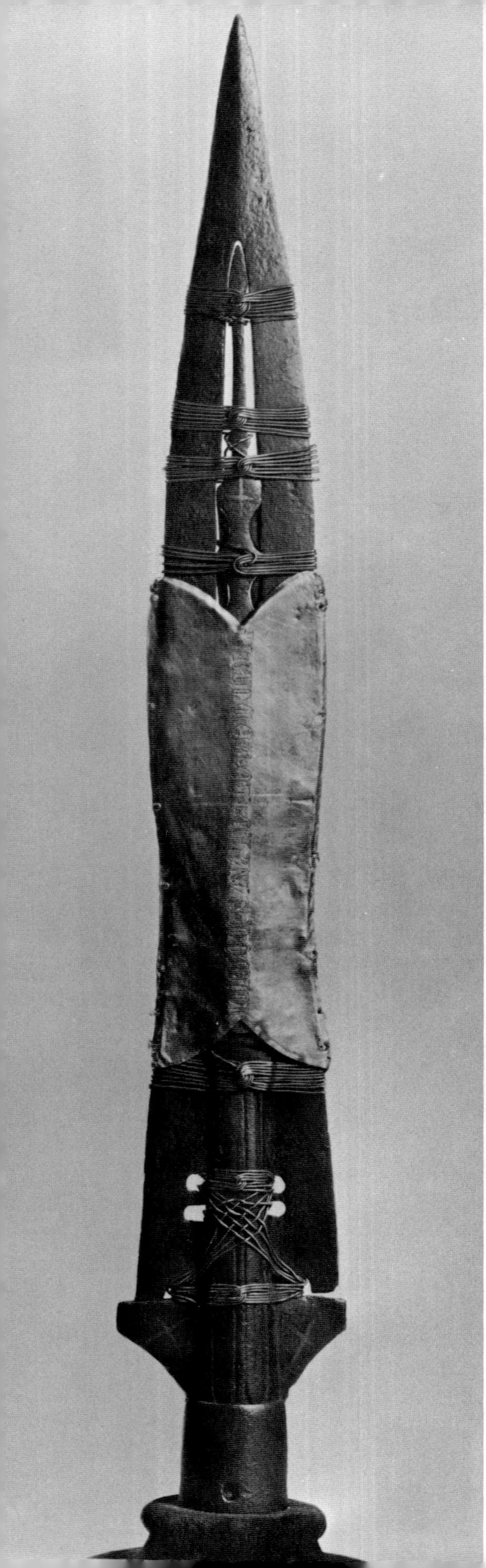

Tafel 134. a) Die Heilige Lanze

Tafel 135. Imperiale Architektur: Pfalzkapelle in Aachen und Thron ▶

Tafel 134. b) Der Reichsapfel

Tafel 137. a) Der Anspruch des Kaisers auf Rom: Goldbulle Friedrich Barbarossas

Tafel 137. b) Karl der Große und Leo III.

◄

Tafel 136. Imperiale Architektur: Domchor in Magdeburg mit antiken Säulen

VI
VI
VI
LII

Tafel 138. Romfahrt und Kaiserkrönung im Sachsenspiegel
◄

Tafel 139. Der Italienzug Heinrichs VII. a, b) Die Überquerung der Alpen; c) Die Einnahme von Brescia

Tafel 140. Das spätmittelalterliche Rom

Tafel 141. Römische Adelsburgen. a) Torre dei Conti; b) Torre dei Capocci
▼

HOC·INSARCOPHAGO·NONQVIDEM·SPERNENDO·HENRICI·OLIM·LVCENBVRGENSIS·
COMITIS·7·POSTHEC·SEPTIMI·EIVS·NOMINIS·ROMANORVM·IMPERATORIS·OSSA·
CONTINENTVR·QVESECVNDO·POST·EIVS·FATVM·ANNO·VIDELICET·M·CCC·
XV·DIE·VERO·XXV·SEXTILIS·PISAS·TRANSLATA·SVMMO·CVM·HONORE·7·
FVNERE·HOC·INPHANO·ADHVC·VSQ·DIEM·COLLOCATA·PERMANSERE

Tafel 142. a) Grabmal Heinrichs VII. in Pisa

◄

Tafel 142. b) Das Reich und der Osten: Der heilige Adalbert bittet für christliche Sklaven

◄

Tafel 143. Das Reich und der Norden: Runenstein für den Sohn eines von Heinrich I. unterworfenen Königs

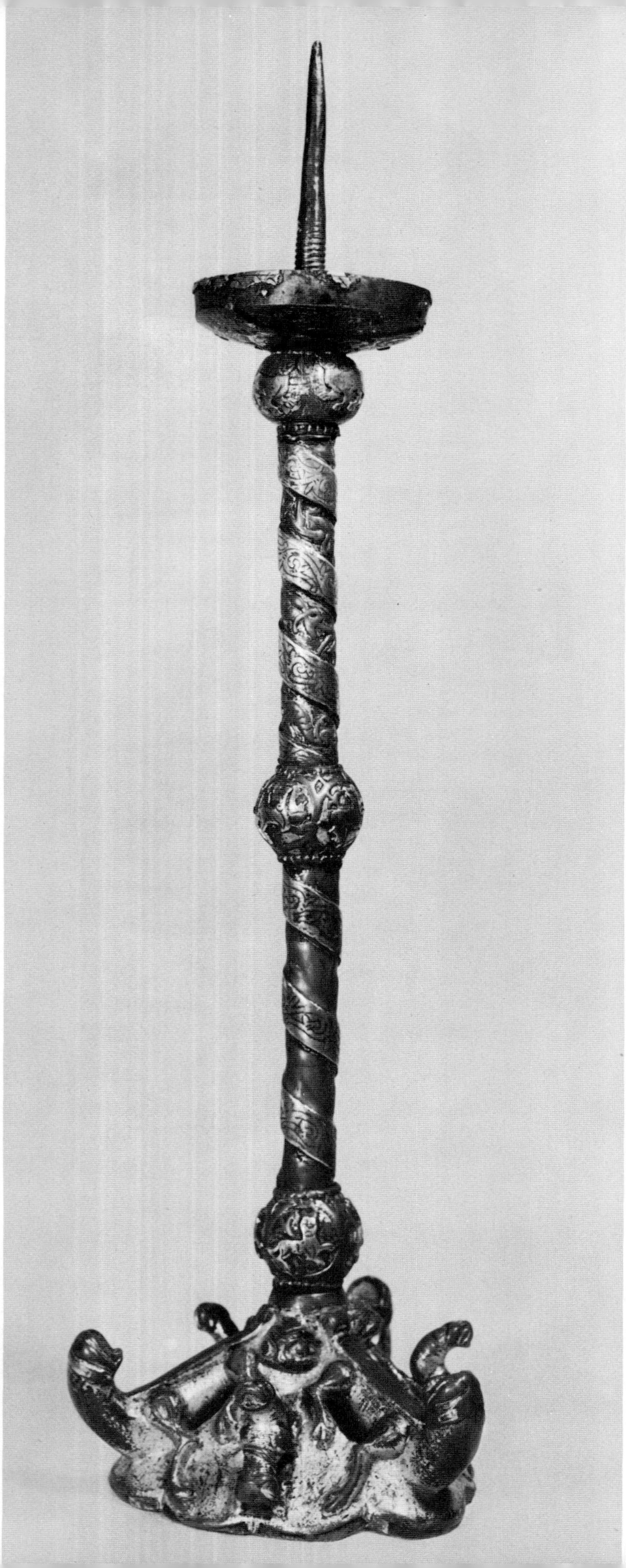

Tafel 144. a) Das Reich und die Herzoge: Aus dem Szepter Tassilos gearbeiteter Leuchter

◄ ◄

Tafel 144. b—e) Das Reich und der Norden: Pfennig Karls des Großen und nordische Nachprägung

◄

Tafel 145. Das Reich und Byzanz: Krönung Ottos II. und der Theophanu

YSI DORUS
BRAULIO
SCRIPTORIS MISERI DIGNARE DS MISERERI NOLLE CULPARU PONDUS PENSARE MEARU
PARVA LICET BONA SINT SUP EXALTATA MALIS SIT NOX LUCI CEDAT VITE MORS
ISTE RE CEDAT

Tafel 146. Die Kirche und die Kultur: Ewiger Lohn des Schreibers
◄

Tafel 147. Das mittelalterliche Bildungssystem: *Artes liberales*

Tafel 148. Die Antike als Lehrmeister: Cicero disputiert mit Salomon ◄

Tafel 149. Die Antike als überwundenes Heidentum: gesteinigter Venus-Torso

PERCVRRIT ARATVS

Tafel 151. Die gedeutete Natur: Der Physiologus

◄

Tafel 150. Die beobachtete Natur: Astronomisches Gerät

VICESIMUS TERTIUS Ciclus

Anni dni xpi	ind	luna xiiii pasc	luna clus	Dies dom. pascha	
dccccl	viii	xxx	xviii	viii id apr	
dcccclı	ix	xı	xviii	iii kl apr	
dcccclıı	x	xxıı	ix	xiiii kl mai	
dcccclııı	xı	ııı	ı	iii non apr	
dcccclıııı	xıı	xıııı	ıı	iiii kl apr	frithuric archiepiscopus ob
dcccclv	xııı	xxv	ııı	xviii kl mai	Conradus com occisus et ungari ... et sclavorum rex a rege oddone decol
dcccclvı	xıv	vı	ıııı	viiii id apr	
dcccclvıı	xv	xvıı	vı	xiii kl mai	ob. liudulfus filius regis in itali
dcccclvııı	ı	xxvııı	vıı	iii id apr	
dcccclıx	ıı	vıııı	vııı	iii non apr	hoc anno signum crucis in vestimentis hominum ...
dcccclx	ııı	xx	vııı	x kl mai	
dcccclxı	ıııı	ı	ıx	iiii id apr	Hoc anno oddo rex rom profectus est
ii kl ian dcccclxıı	v	xıı	x	iii kl apr	...
dcccclxııı	vı	xxııı	xı	xiiii kl mai	
dcccclxıııı	vıı	ıııı	xıı	iii non apr	
dcccclxv	vııı	xv	xııı	iiii kl apr	Hoc anno Gerbirnus abb ob et liudulfus abb ordinat
dcccclxvı	ıx	xxvı	xıııı	xviii kl mai	
dcccclxvıı	x	vıı	xvı	ii kl apr	
dcccclxvııı	xı	xvııı	xvıı	xvii kl mai	...

dcccc Isto anno imperator et augustus ... repugnantem romanum orbem victor subegit.

Sequenti ergo anno intra civitatem insidiis ... bis victor extitit.

Secunda profectione spoletanos et camerinos tuscanos calabriam que subegit.

Anno dominice incarnationis DCCCCLXVIII II id mar. ob. mahthild reg. V NON. mar. Vuillihelm archiepiscopus ob. II n. ob. Bernhardus eps. XV ... ob. Hildibold eps. VII id ... ob. Drogo eps. et ceteri fideles obierunt

Thiatharius et Billig.

Tafel 153. Die Expansion der Siedlungen. a) Das Kummet; b) Rodung und Siedlung im Sachsenspiegel

◀
Tafel 152. Kalender und Chronik: Corveyer Annalen

Tafel 154. Haufendorf mit Dreifelderwirtschaft ▶

Tafel 155. Waldhufendorf ▶ ▶

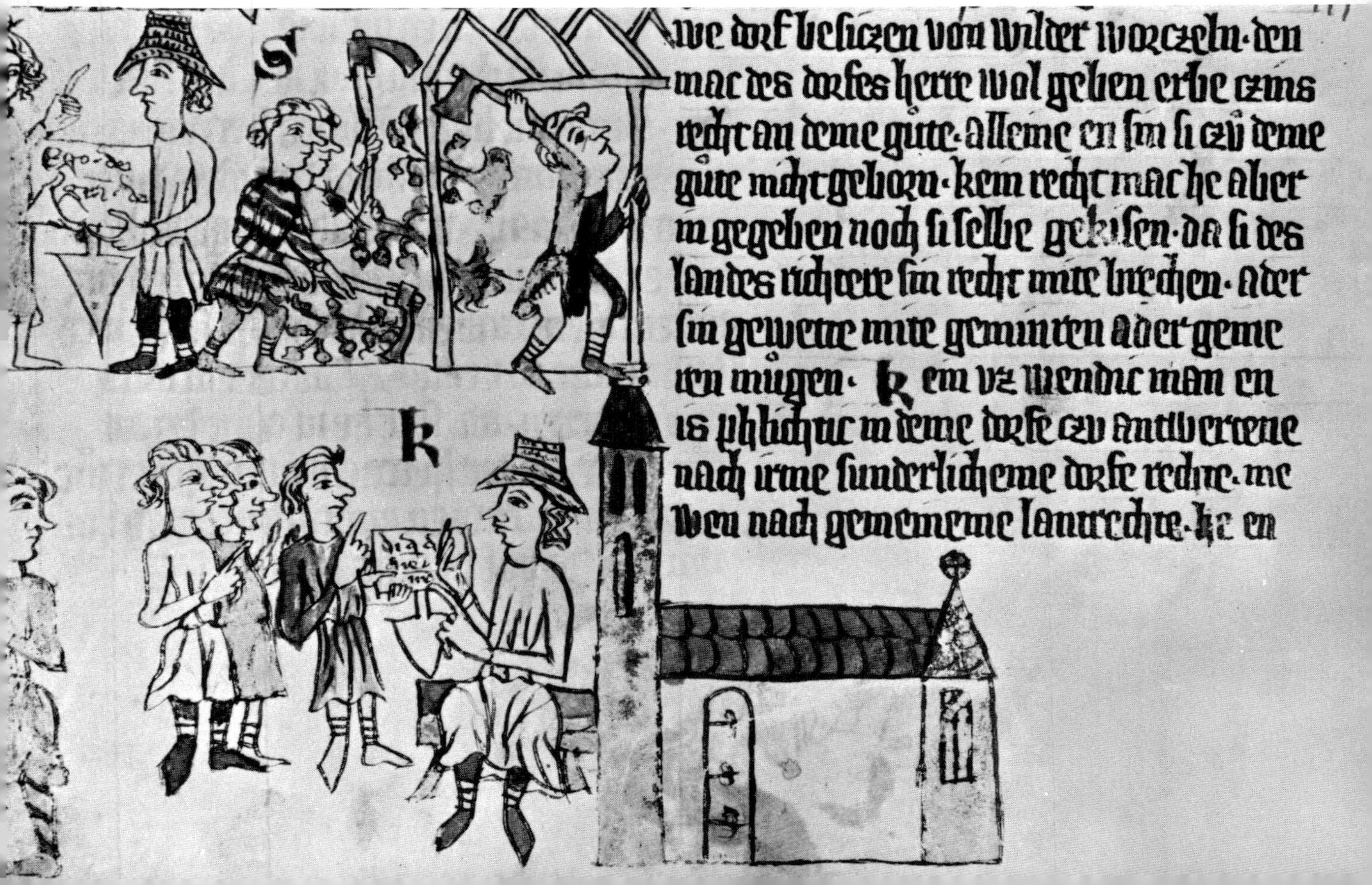

Tafel 156. Die frühe Stadt: Haithabu

◄

Tafel 157. Die frühe Stadt: Die Kaufmannskirche

Tafel 158. Die Stadt als Bürgergemeinde. a) Bürgereidkristall aus Lüneburg; b) Rolandsfigur aus Quedlinburg

Tafel 159. Die Stadt als Suburbium: Felsberg ▶

Tafel 160. a) Stadt und Stadtherr: Tor und Waldemarsbogen in Gransee

Tafel 161. Deutschordenskastelle. a) Mewe; b) Arensburg ▶

Tafel 160. b) Die gegründete Stadt: Villingen

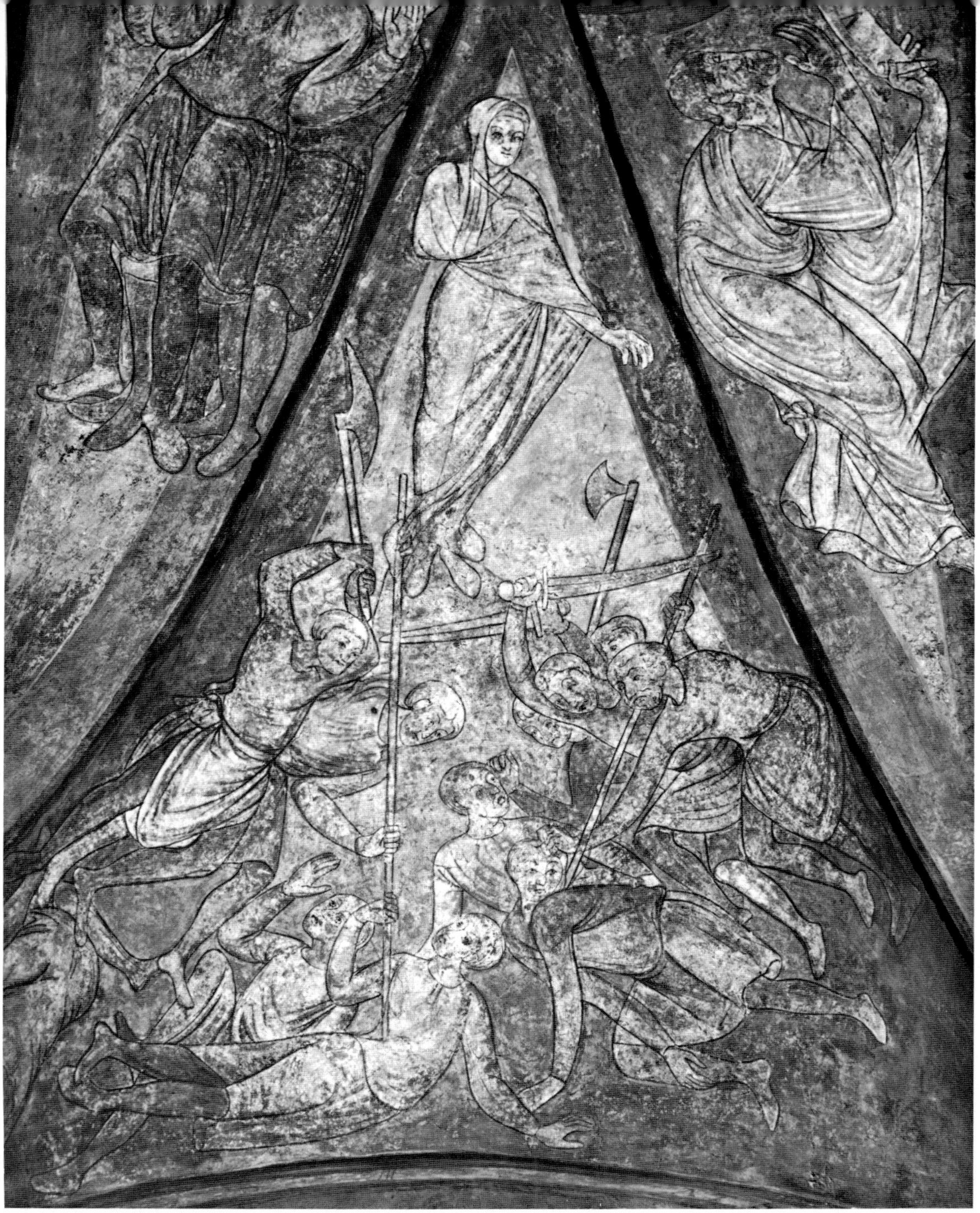

Tafel 163. Zeit der Kreuzzüge: Fresko aus Schwarzrheindorf

◄

Tafel 162. Haupthäuser des Deutschen Ordens. a) Ruinen von Montfort; b) Hochmeisterpalast der Marienburg

Tafel 165. a) Adelsethik: Geburt und *tugent* ▶

Tafel 165. b) Die neuen Orden: Norbert von Xanten empfängt die Augustinerregel ▶

◀
Tafel 164. Der Heilige der Ritter: St. Mauritius

Tafel 166. Die alte Kirche: Ramwold von St. Emmeram ▶ ▶

Tafel 167. Die alte Kirche: Schatzverzeichnis aus Prüfening ▶ ▶ ▶

RAMVOLDVS
INDIGN ABBAS

Anno dni. dcccclxx. OTTO VIII. EPS. constructu est monasterium Sancti Georgii. SCS. GEORIUS.
TANGOR PLANANTIS STUDIIS VOTISQ PCANTIS.
HEC BONA PLANTAVI
PCIB. PLANTATA RIGAVI
TU CUI DEBENT. HIC Q. DIGESTA VIDENT. GRA. CUI MULTA MANET. EX HIS CARNE SERVATA.
TU CUI CURA VACAT ISTIS ADDERE PLURA. CUI DAS MAIORA. SIGNA. INTEGRA. PORA. UT PACIS IURE. VIVAS. I.N. HONORE.
ANNO DNI. MILL. CENT. SEXAGESIMO QUINTO.
De munere divine benedictionis et grie. beatissimi GEORGII MARTYRIS. patrocinio sermitura. ac deo digni OTTONIS psulis ac fundatoris loci nri scissime pscitura memorie pii patris ERIBONIS et EBERHARDI reuerendi abbis. decessor. ac subditor. eor. conquisita sollicitudine. hec sacrario nro et armarie ptinere recognita s. et scriptus e liber hic monimti in cspectu dni. S; pmu qde spualis leticie et sacre deuotionis togas cu ceteris utensilib; euoluamus. deinde libros armarie nre. in qb; uidelicet arma nra n carnalia s; spualia do locata s cputem. Que adornant incola hec sunt. Altare. Sacerdos. Ministri. Scola chori. Ambitus eccle. Altaris ornamta s in uasis et uestib; Vasa altaris s. altaria mobilia. capse. cruces. plenaria. calices. harundines. ampulle et his similia. Habem altare unu mobile de electro. Capsas V. quaru tres s de ebore. Insup pixide eburnea cu eucharistia. cui ceteri uasculu uestitu e argento. Habem eucharistie ptinentt scutella argentea et latericiu uas pegni opis q in cena dni repositioni dnici corpis exponunt. Cruces duas auro uestitas et gemmis cu hastilib; de argentatis. Plenaria duo. Calices aureos duos. argenteos XI. Harundines aurea una. deaurata una. argenteas duas. Ampullas argenteas miro ope duas. Preter cruces cottidianas duas vexilla VII. Que meliora candida cu cristallis et rotulis suis et duo comunia. Hec de uestib; t poci inuestitura altaris. Hec e in pallis. linteis. corpalib; offertoriis. Habem pallas XI. Lintea festiua IIII. diurnalia XX. Corpalia XXVI. Offertorius sup sedecim pot. Sequit de ornamtis sacdotis. Que ut incipiam abexcellentiorib; sacdote quodam disuestiam. In hoc ordine pmu auferem. Missale. dein casula. Stola cu manipulo. Succingulu. Cingulu. Alba. humerale. Habem missales XII. pter missale cottidianu i pncipalis altari et euangliariu cu lectionario et pter collectariu festiuu et libellos ctinentes missa p defunctis et libru benedictionu. Habem et casulas XII quar VIII aurifrigiate. Stolas d auro et argento VIII. sericas VIII. comunes XII. Succingula tria de auro et argento. cingula diuersa. Albas limbatas quinq;. humeralia cu auro sex. Hec de ornamtis ministror. Ministri sunt diaconus. subdiaconus. ceroferarius. Diaconi pprius ornatus e dalmatica. Habem preter diurnales duas sex dalmaticas quarum una e aurifrigiata. Subdiaconi pprius ornatus sunt subtilia et manipuli. Preter diurnalia duo. habemus VIIII subtilia. Manipulos de serico sex. Quoru duo subtilia sunt argentifrigiata. duo manipuli de auro. Ceroferarior pprius ornatus sunt thuribula et candelabra et uasa manibus aquam fundentia. Habemus thuribula argentea duo et acerram argentea. reliqua IIII s. Candelabra sunt deaurata IIII. reliqua sunt octo. Preter hec candelabra sunt excelsa IIII de auricalco. Vasa aqua manib; fundentia s duo. quor unum e in forma leonis baciniu habens sibi idoneum. Restat de ornatu scole chori. Ornatus scole chori e in kappis. albis. cingulis. Habemus kappas aurifrigiatas XXII. Omis kappe s quinquaginta VII. Albas cum sericis cingulis additis supra dictis quinq; habemus quinquaginta IIII. Albas comunes LXVII. Omis simul coputatae sunt centu XX. Ambitus eccle ornat uelis. dorsalib; tapetis. Habemus serica uela XIII. In xl appendenda linea uela tria. Dorsalia meliora s V. Reliqua s IIII. Tapetia formarum tria sunt.
ERBO ABBAS.
EBERH ABBAS.
HONORE. MULTIPLICATO.
ET VIVAS IN HONORE.
ET VT VERE.
EBERHARDUS EPC.
SCS. PAULUS. APLS.
HEC MINUENS PRESUMPTOR HABENS MINUS INVENIATUR.
QUIPPE DEO CUM FRAUDAT EUM QUIS AMARE PUTATUR.
QUI NON AMAT DNM IHM SIT ANATHEMA MARANATHA.
AMEN. FIAT. FIAT. AMEN. FIAT. AMEN.

Tafel 168. Alte und neue Klöster. a) Benediktinerkloster Großkomburg; b) Zisterzienserkloster Altenberg; c) Zisterzienserkloster Maulbronn

Tafel 169. Anfänge der Prämonstratenser: Gottfried und Otto von Cappenberg ▶

Tafel 171. Investiturstreit. a) Investitur mit dem Stab durch den König; b) Zweischwerterlehre

◄ ◄

Tafel 170. a) Die Organisation des Zisterzienserordens: Altenberg und seine Tochtergründungen

◄

Tafel 170. b) Die erneuerte Handarbeit: Schnitzender Prämonstratenser

Tafel 173. Staufische Könige. a) Porträtbüste Friedrich Barbarossas; b) Statue Philipps von Schwaben

◄

Tafel 172. Der Gegenkönig: Grabmal Rudolfs von Schwaben

Staufische Pfalzen und Reichsburgen:

Tafel 174. Kyffhäuser

Tafel 175. Pfalzkapelle Eger ▶

Tafel 176. Staufische Pfalzen und Reichsburgen: Kapitell aus Gelnhausen

▶

Tafel 177. Die Ministerialenburg: Münzenberg

Tafel 178. Die Burg als Instrument der Administration. a) Kalsmunt; b) Runkel

Tafel 179. Friedrich Barbarossa: Politisches Programm und politische Realität
a) Die Erneuerung des Kaiserreiches: Leuchter im Aachener Münster
b) Die Landesfürsten: Heinrich der Löwe

Tafel 180. Staufische Herrschaft über Sizilien. a) Krönungsmantel; b) Heinrich VI. und Tancred

Tafel 181. Die Kurfürsten in der Verfassung des spätmittelalterlichen Reiches. a) Der Ehrendienst des sächsischen Kurfürsten; b) Der Königsstuhl zu Rhens ▶

Tafel 182. Das Recht der Königskrönung: Grabstein eines Mainzer Kurfürsten

Tafel 183. Bildnis Rudolfs IV. von Österreich ▶

Tafel 184/185. Dynastische Repräsentation durch das Porträt: Büsten aus dem Veitsdom zu Prag.

184. Karl IV. ▶ ▶

185. Wenzel ▶ ▶ ▶

Rudolfus·Archidux·Austrie·z cetu

Tafel 187. Symbole des Reiches in der Reichsstadt. a) Beischlagwange vom Lübecker Rathaus; b) Türbeschlag vom Lübecker Rathaus

◀
Tafel 186. Die von Karl IV. erbaute Frauenkirche zu Nürnberg

Tafel 188. Kaiser und Kurfürsten als Teil der Weltordnung: Amtsstube der Augsburger Weber ▶

Tafel 189. Die Herrschaftszeichen als Reliquien: Heiltumsweisung in Nürnberg ▶ ▶

Tafel 190. Die Stadt des Spätmittelalters.
a) Marktplatz in Rothenburg;
b) Luftbild von Nördlingen
◄

Tafel 191. Fernhandel: Norimbergia und Brabantia

zu herr Jacob fugger kam: doch erst
1. Zener 1517 verschriben worden
Rom
Venedig
Ofen
Craca
Mayland
Insprugk
Nürmberg
Antorff
Lisbona
HER JACOB FUGGER
19. iar 8. mo. 8. tag

Tafel 193. Die Hansekogge. a) Lübecker Siegel; b) Schiffsfund aus Bremen

◄
Tafel 192. Fernhandel: Jakob Fugger und sein Hauptbuchhalter

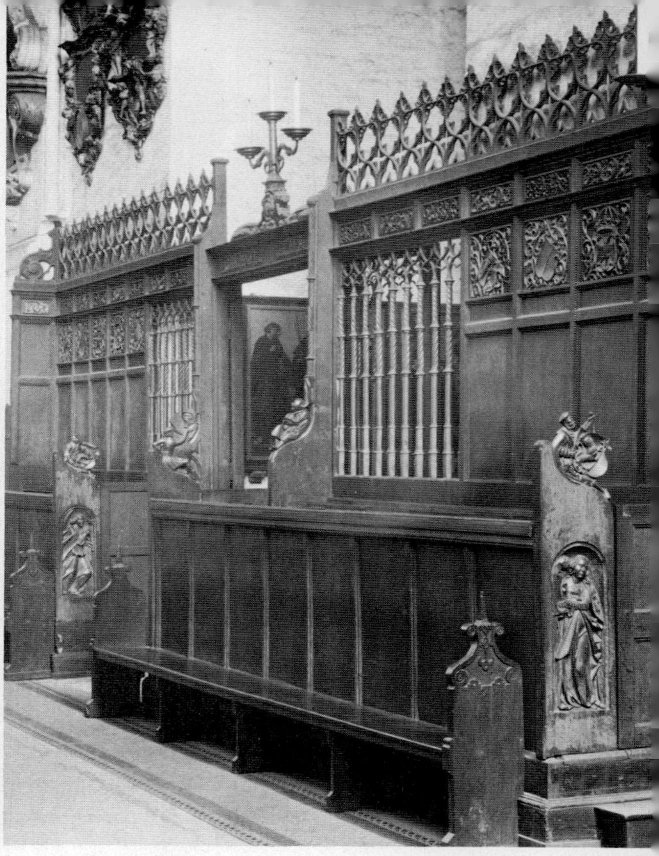

Tafel 194. Hansischer Handel. a) Visby auf Gotland; b) Bergenfahrergestühl in Lübeck; c) Detail vom Novgorodfahrergestühl in Stralsund

Tafel 195. Der Hamburger Hafen ▶

Tafel 196. Bürgerliches Selbstbewußtsein. a) Stephan Paumgartner als St. Georg; b) Lukas Paumgartner als St. Euchstachius

Tafel 197. Adelskultur in den Städten: der Patrizier als Ordensritter ▶ ▶

· Hainrich · blarer · 1460

Tafel 198. Die Geschlechterburg in der Stadt: Runtingerhaus in Regensburg.
a) Saal, b) Außenansicht

Tafel 199. Adelskultur in den Städten: Turnierdarstellung aus einem Patrizierhaus ▶

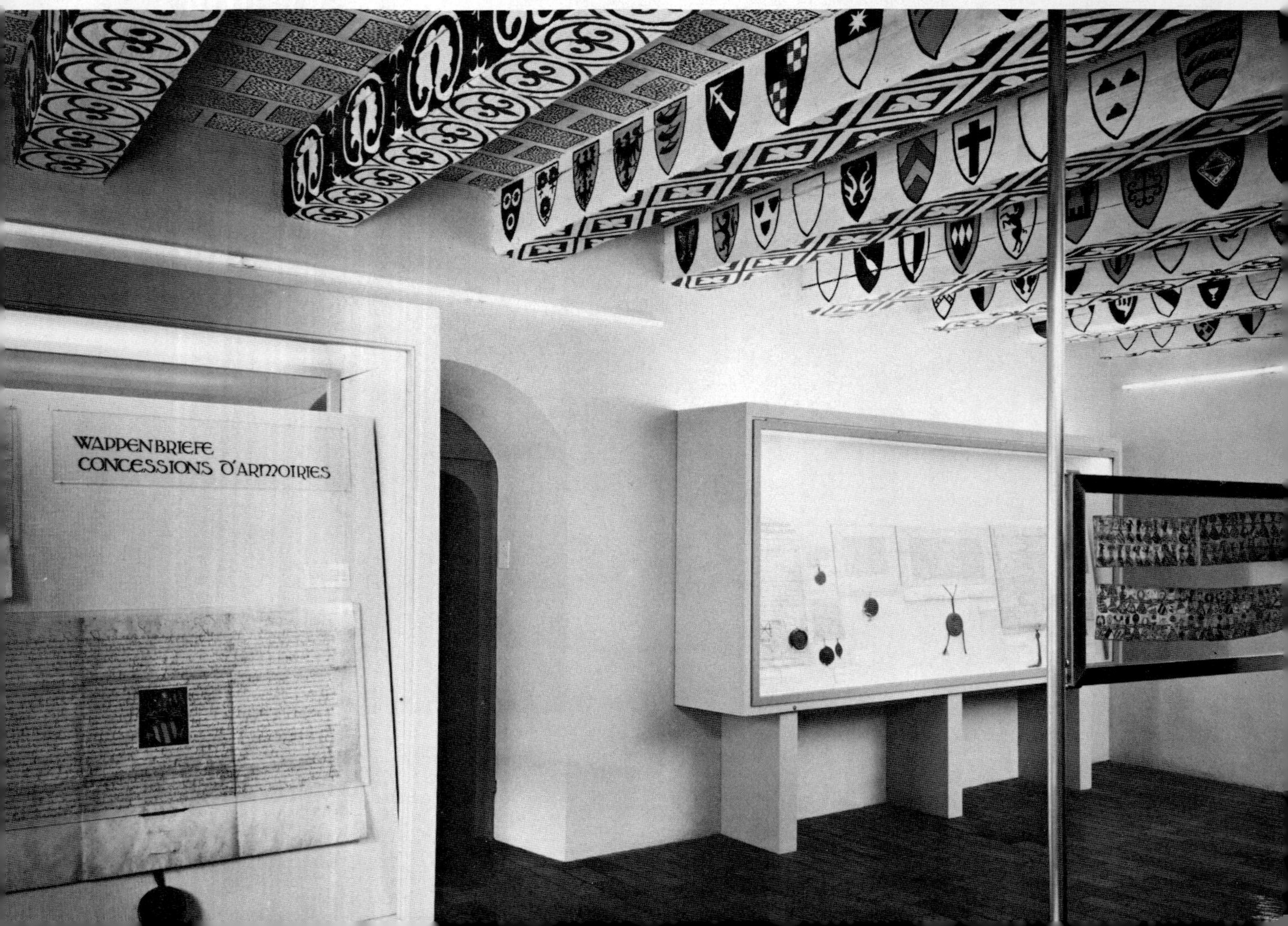
WAPPENBRIEFE
CONCESSIONS D'ARMOIRIES

Tafel 201. Das Turnier: Gestech

◄

Tafel 200. a, b) Turniersattel; c) Wappendecke aus Zürich

Tafel 202. Späthöfische Kultur: Teppich mit Gesellschaftsspielen

Tafel 203. a) Ordenswesen: Abzeichen des Drachenordens; b, d) Jagdkultur: zwei Spielkarten; c) Anfänge des Wappenwesens: Reiterschild

▼

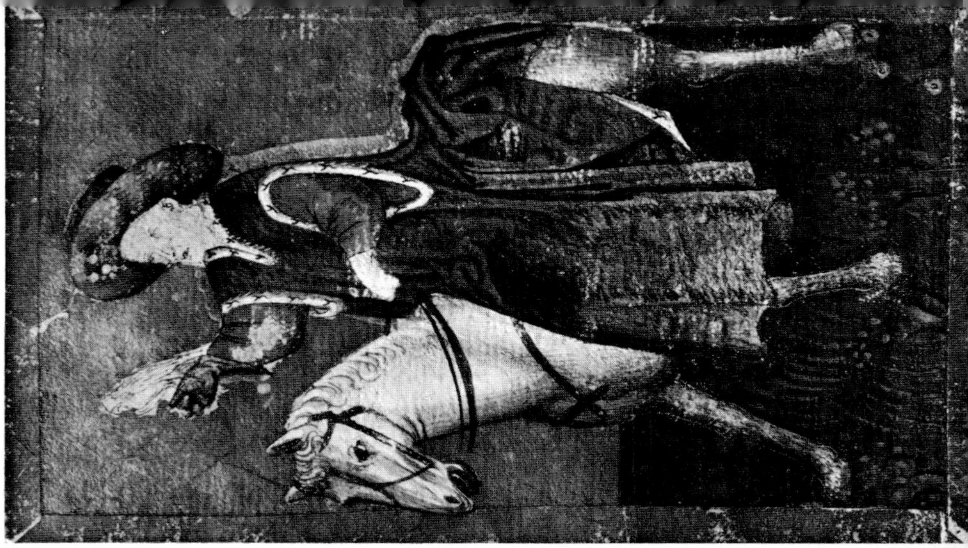

Tafel 204. Die Jagd mit Falken
◄

Tafel 205. a) Höfische Literatur in der Stadt: Tristan und Isolde im Rathaus zu Reval

Tafel 205. b) Adliger und bürgerlicher Bauernspott: Bäuerliches Turnier

Tafel 206. Landesherrliche Einkünfte: Abbildungen aus einem Einkünfteregister ◄

Tafel 207. Landesherrliche Finanzpolitik: Notizen Kaiser Friedrichs III. ►

Tafel 208/209. Landesherr und Landleute: Die Einsetzung des Herzogs von Kärnten. 208. Kärntner Herzogsstuhl. 209. Die Einsetzung des Herzogs ► ►

zegedenkchen wan ich vo der
gerabschaft wege die ich ietz
in hab oder hin fur mocht
gewine oder vo ander
nattrust wege in die land-
schran fur das landrecht
gen mues das ich dem das
selbig landrecht schaff
ze pesser in meine hine

Der sleg ist das wan ein
furst gelt bedarf so mag
er zu seine ambtleuten
schiken vo ain zu dem ander
und thus im ein jeden
leichen gelt nach seim
vermugen wie das sich
dan ain jeder vo dem
ambt zal das er in hat

Umb das das ich dem
klaster zu sand paule
in dem lafant tal gelege
mein festen mernberg
an dem trabale gelege
geben hab habent die geben
xij^c gulden

Wan ein furst in seine land
gelt wil machen zu lassen
sein gult oder gslosser
so mag er vo seine
prelaten pfarrer purger
oder juden oder furst vo
seine edlleuten gelt
entneme

1 4 7 4 in der fasten hat mir
der [illegible] aus meine gwelb
gestoln als mich gedunkcht
mer dan ij^c gulden vt schio
das gewissnatzer ij^c gulde
vo der holschal vt schio

mein diemant auch
verloren vij

auch fil gestoln

b und in den selben die in das
gelt gelihen habent die gelosten
oder die kaufen gult in dersn
umb das er das selbig gelt
wider in genome hat der er
dem fursten gelihen hat so ist
dan die gult dem fursten ledig

hie nach auch verlore vij^c fl

Zu gedenken vo der zbain prieff
wegen der verschreibung die
ich in dem land vo osterreich
hab muessen die erst fur
die zbain partein ze der
prieff dem fur partein ze der
partei ain die ander auch den
fur partein die gemaint solt
haben in dem land und der
es mir nachmals auch als
ab slueg und mir aufgab
wider die regirung das
die ander verschreibung
die erst tot und ab nimt

Zu gedenken der pesser hanlung
die die regirn an mir habent
pegangen gancz unverschult
und an al ursach

Schweren müssent die sin wisend. dar nach so nimpt der pur den stül dem hertzogen. der öch allso müss schweren von der pur der nimpt den stier und daz feld pferit. Aber der hertzög der licht miltiklich uff dem stül sitzent sin lehen. Etlich unser nüsstig zellent die gewonhait für ein torenspil die der gewonhaitt heimlichheitt nitt betrachtend. Ich hon gehöret sagen daz vil grosser sachen wardent geschoben uff den tag

nach wie ein
[…]r uff dem veld
[…]nen stein in
[…] sitzt. und ein
[…]tzög öch im pur
[…]d für jm kum
[…]t ainen stier
[…] mit ein fe[…]
[…]ssen mit zwa[…]
[…]ly hetan

Do der hertzög sitzt uff dem stül ze kernde. die sust nitt werden mugent betrachten. Daz recht hät der hertzög von Kärnden wer jm vor dem kaisser hässlich an spricht so sol er vor dem rich in windischer sprach der antwrten. daz hät hät öch allso küng Rudolff der bestätt

Wie der Zalesch um sin land kam und wie er gevangen ward. 128

Do küng Wentzläss von Bechem mütter starb do gedächt küng Wentzläss wie er sin bürg un vesten uss des Zabesch hande brächti. Där um für der selb Zabesch gen ungern und ward küng

I. VDICIO. VOME

Herr otten von Granson kampf

Tafel 210. Gottesurteile. a) Eisenprobe; b) Zweikampf
◄

Tafel 211. Die Fehde. a) Fehdeführung; b) Fehdeansage

DILIGITE IUSTICIĀ. QUI IUDICATIS TERRAM.

Tafel 213. Landfriedensbestimmungen aus dem Sachsenspiegel

◀

Tafel 212. Der König und die Stände

Tafel 215. Geistliches Recht: Bischöfliches Sendgericht und Beichtformel ▶

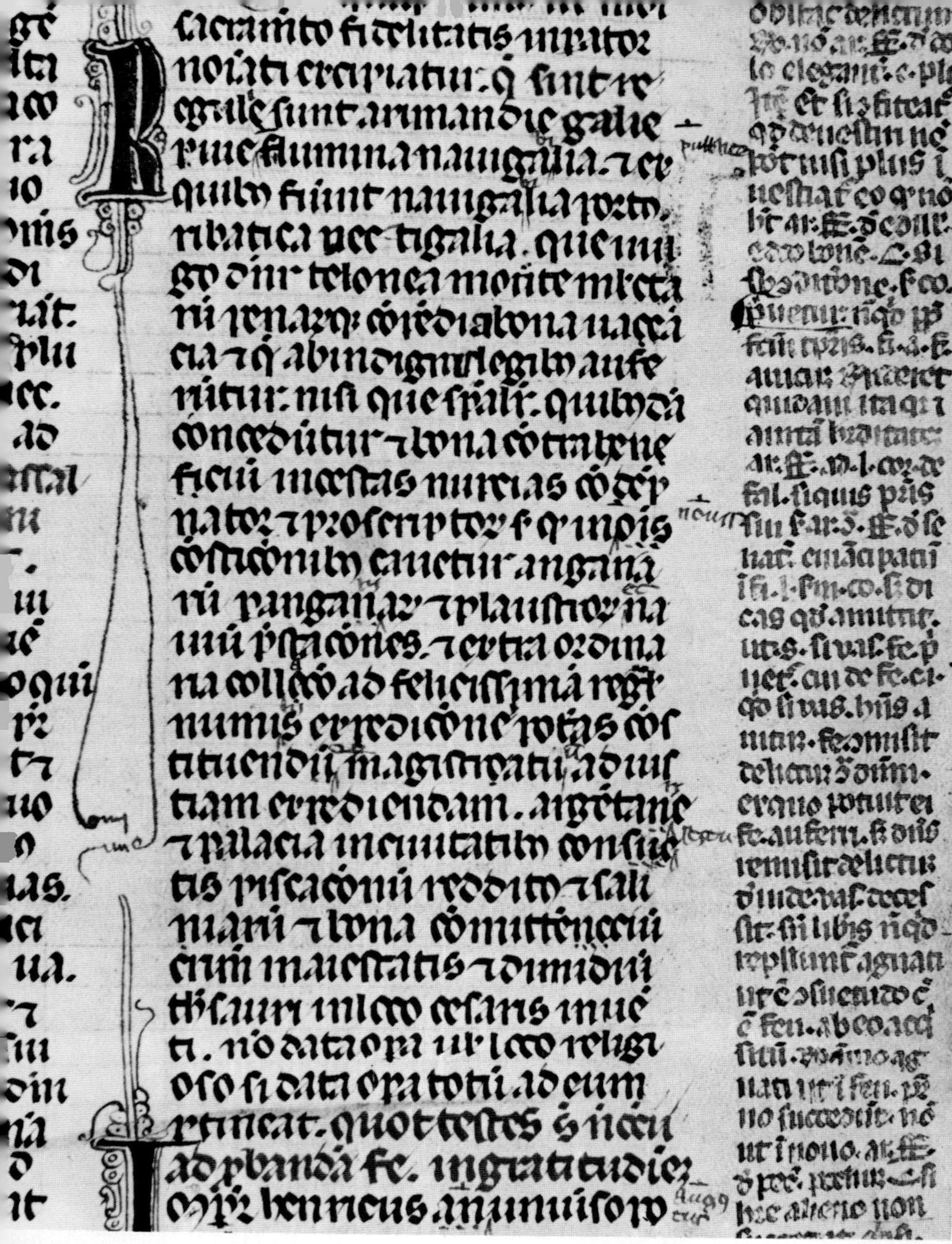

Tafel 214. Römisches Recht im Mittelalter. a) Handschrift mit einem Gesetz Friedrich Barbarossas; b) Juristische Vorlesung in Bologna

INCIPIT CONFESSIO

IH UUIRDU GOTE AL
mahtigen bigihtig. Inti
allen gotes heilagon allero
minero suntono. Unreh
tero githanco. Unrehtero
uuorto. Thes ih unrehtes
gisahi. Unrehtes gihorta.
Unrehtes gihancta. Odo an
dran gispuoni. So uuaz
so ih uuidar gotes uuillen
gitati. Meinero eido.
Ubilero fluocho. Liogan
nes. Stelannes. Huores
Manslahta. Unrehtes girates

Odo miniz thuruh min kindisgi
giburta. Odo thuruh ubar
truncani. Odo thuruh min
selbes gispensta. Odo thu
ruh anderes mannes gispensta.
Girida. Abunstes. Nides.
Bisprachido. Ubilero lusto.
Thaz ih ci chirichun ni quam
so ih mit rehtu scolta. Mina
fastun ni bihielt so ih mit rehtu
scolta. Zuuene ni gisu
onta. Sunta ni furleiz
themo ih mit rehtu scolta.
Heilaga sunnuntaga. Inti

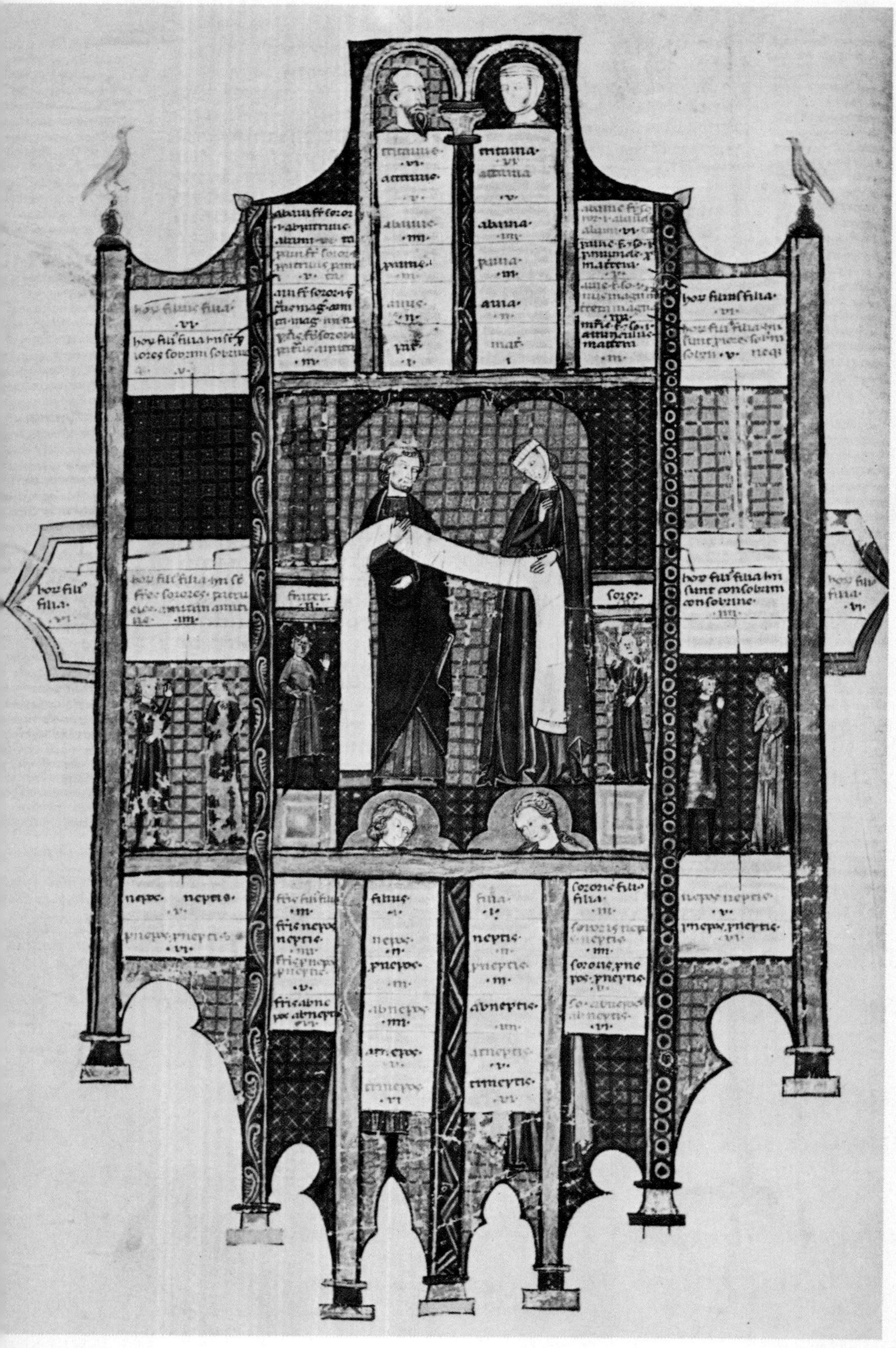

Tafel 216. Geistliches Recht: Arbor consanguinitatis

Tafel 217. Denkmäler alten Rechts.
a) Schandsteine;
b) Öffentliches Kornmaß; c) Pranger ▶

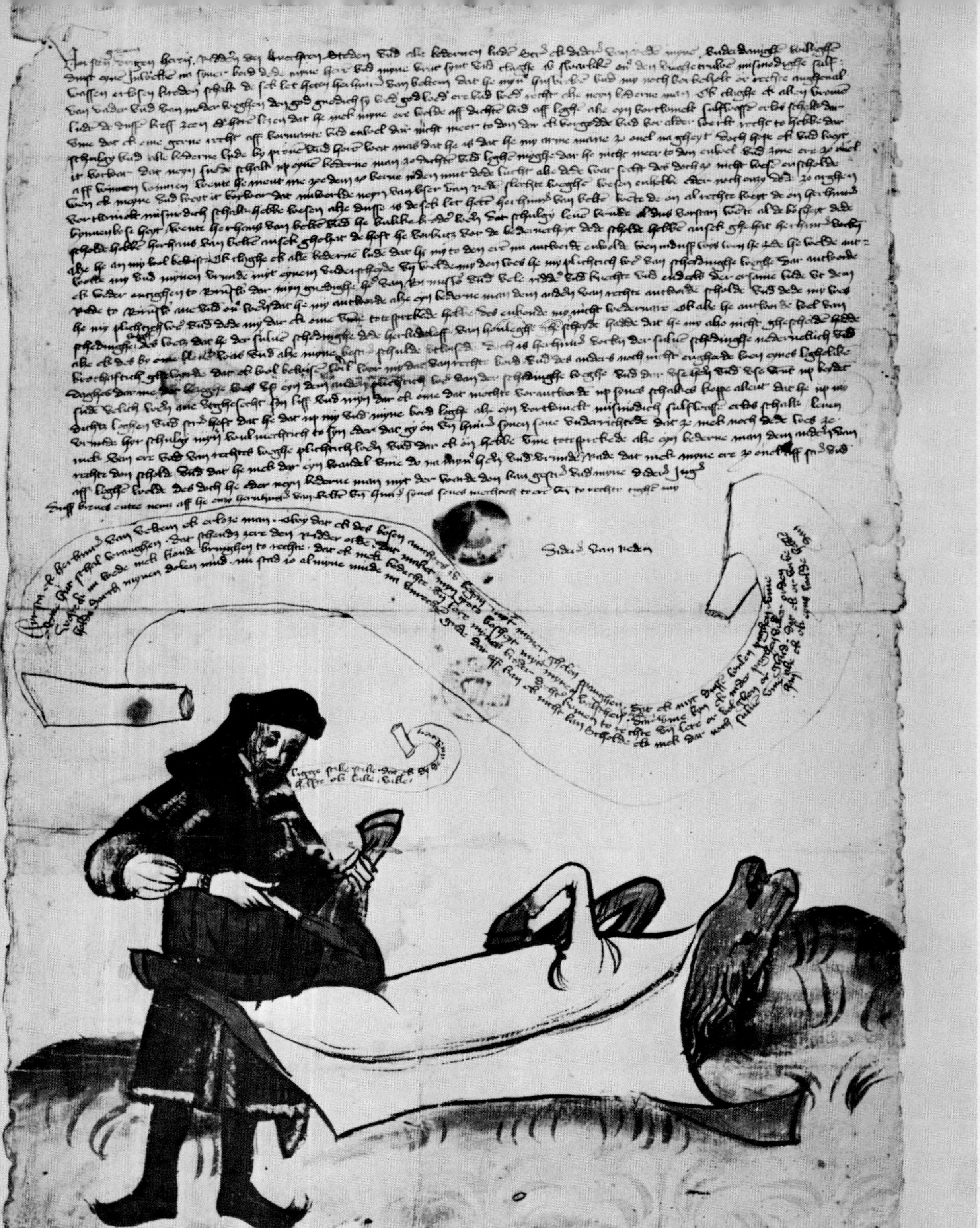

Tafel 218. Vermögensstreit und Ehrenschelte: Scheltbrief des 15. Jahrhunderts

Tafel 219. Die Eröffnung der Universität Basel

Tafel 220. a) Adel durch Geburt und Adel durch Bildung

Tafel 220. b) Die Bürgerschule: Aushängeschild eines Schulmeisters

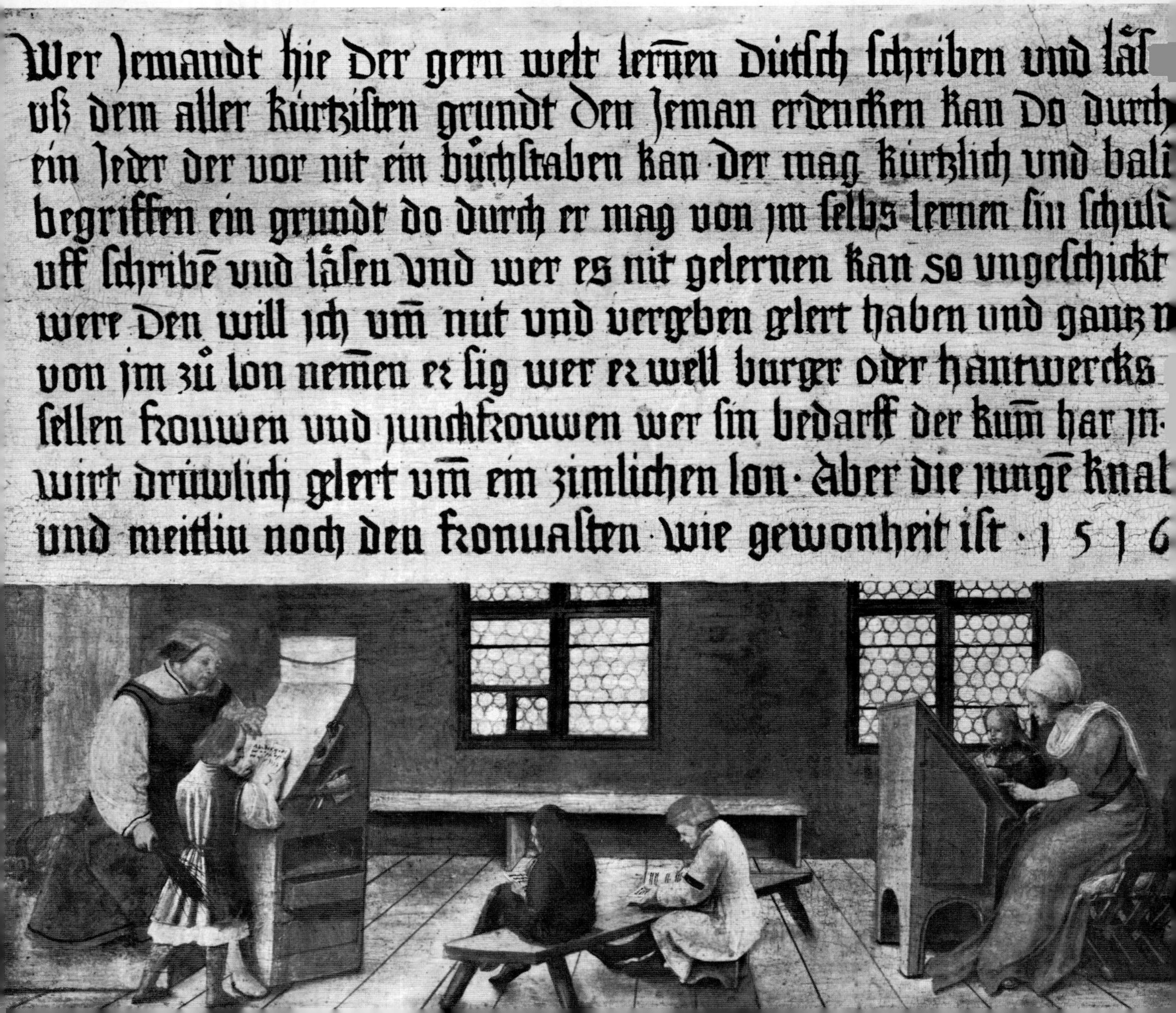

Tafel 221. Schriftlichkeit in Verwaltung und Rechtsprechung. a) Gerichtsschreiber; b) Verwaltungskarte

Tafel 222. Schriftlichkeit in Verwaltung und Rechtsprechung: Lehensvergabe

Tafel 223. Anzeige eines Buchdruckers ▶

Volētes sibi ꝯparare infrascriptos libros mag̃ cū diligētia correctos · ac in hmōi lr̃a moguntiē impssos · bn̄ ꝯtinuatos · veniāt ad locū habitatio-nis infrascriptū.

Primo pulcram bibliam in pergameno.
Jtem scd̃am scd̃e beati thome de aquino.
Jtem quartū scripti eiusdē.
Jtē tractatū eiusdē de eccl̃ie sacris ꝛ articlis fidei.
Jtē Augustinū de doctrina xp̄iana · cum tabula notabili p̄dicantibꝫ multū p̄ficua.
Jtē tractatū de rōne et ꝯsciētia.
Jtē mg̃rm iohānē gerson de custodia lingue.
Jtē ꝯsolatoriū timorate ꝯsciē venerabilis fratris iohānis nider sacre theologie p̄fessoris eximij.
Jtē tractatū eiusdē de ꝯtractibꝫ mercatorꝝ.
Jtē bullā Pij pp̄e scd̃i contra thurcos.
Jtē historiā de p̄sentacōe beate marie v̄ginis.
Jtē canonē misse cū p̄facōibꝫ ꝛ p̄paratorijs suis.
[illegible]
antiphonis in magna ac grossa littera.
Jtē iohannē ianuensem in catholicon,
Jtē sextum decretaliū. Et clemētinā cum apparatu iohannis andree.
Jtē in iure ciuili · Jnstitucōnes.
Jtē arbores de ꝯsangūitate ꝛ affinitate.
Jtē libros tullij de officijs · Cū eiusdē paradoxis.
Jtē historiā griseldis · de maxia ꝯstantia mulierū.
Jtem historiam Leonardi aretini ex bocatio de amore Tancredi filie sigismūde in Guiscardum.

hec est littera psalterij

Venditor libroꝝ reperibilis est in hospicio dicto zum willden mann

Tafel 224. Die Bürgerkirche. a) Kapellen der Lübecker Marienkirche; b) Brotmaße am Freiburger Münster

Tafel 225. Die Bettelordenskirche: Dominikanerkirche in Eßlingen ▶

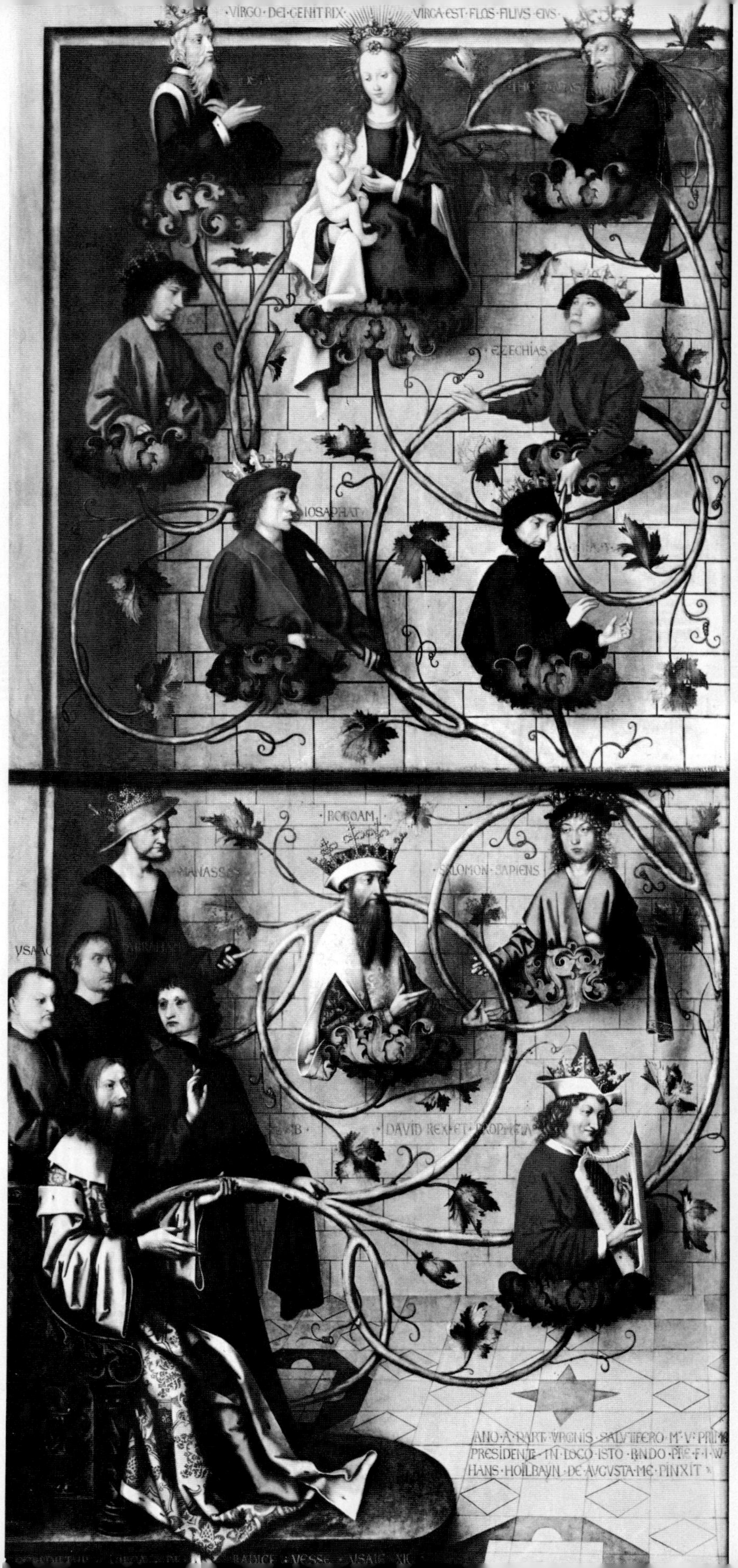

◄

Tafel 226/227. Die Gelehrten des Dominikanerordens: Stammbaum Christi (links) und Dominikanerstammbaum (rechts) ►

HUGO CARDINALIS POSTIL
LATOR BIBLIE PRIMUS
PETRUS DE THARENTASIA
PAPA INNOCENCIUS V
ALBERTUS MAGNUS RATISPON
EPS DOCTOR UNIVERSAL
PREDICATOR GRACIOSUS
DECRETALIUM COLLECTOR

Die vber tretung des ersten gbots
Darū komen
Dz antre gott eitel nemet
dan vill bluet vergiesu
Das drit sy heiligten nit u̅ fertig
Darū komē vil mucken
Dz vierd sy ertē nit vatt v̄ muter
Darū komen vill schmach
Dz fünft du solt nit dötten
vb' dz vehnget got plagen
Das sext du solt nit stelen
Darū sterb dz vich
Dz sibent nit bis vnkeusch
Darū komen heyschreckel
icht nit gib falsche zeugnus
Darū kom ein hagel

Tafel 228. »Biblia pauperum«: Zehn Gebote und Ägyptische Plagen ◄

Tafel 229. Volksfrömmigkeit: Predigt des Johannes von Capestrano

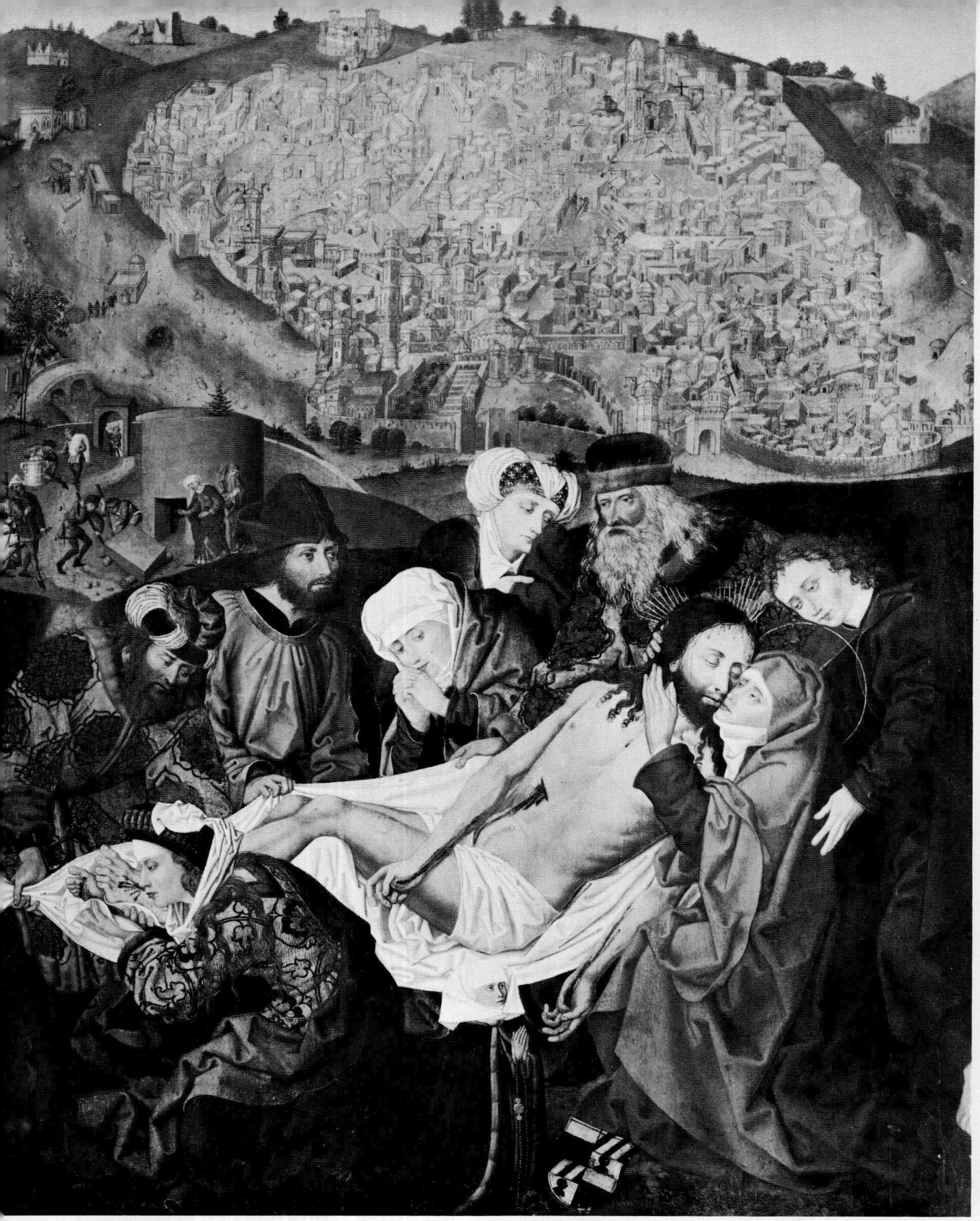

Tafel 230. Wallfahrten: Beweinung Christi mit Ansicht von Jerusalem

Tafel 231. Frömmigkeit. a) Pilger in Rom; b) Die Reliquien von Andechs ▶

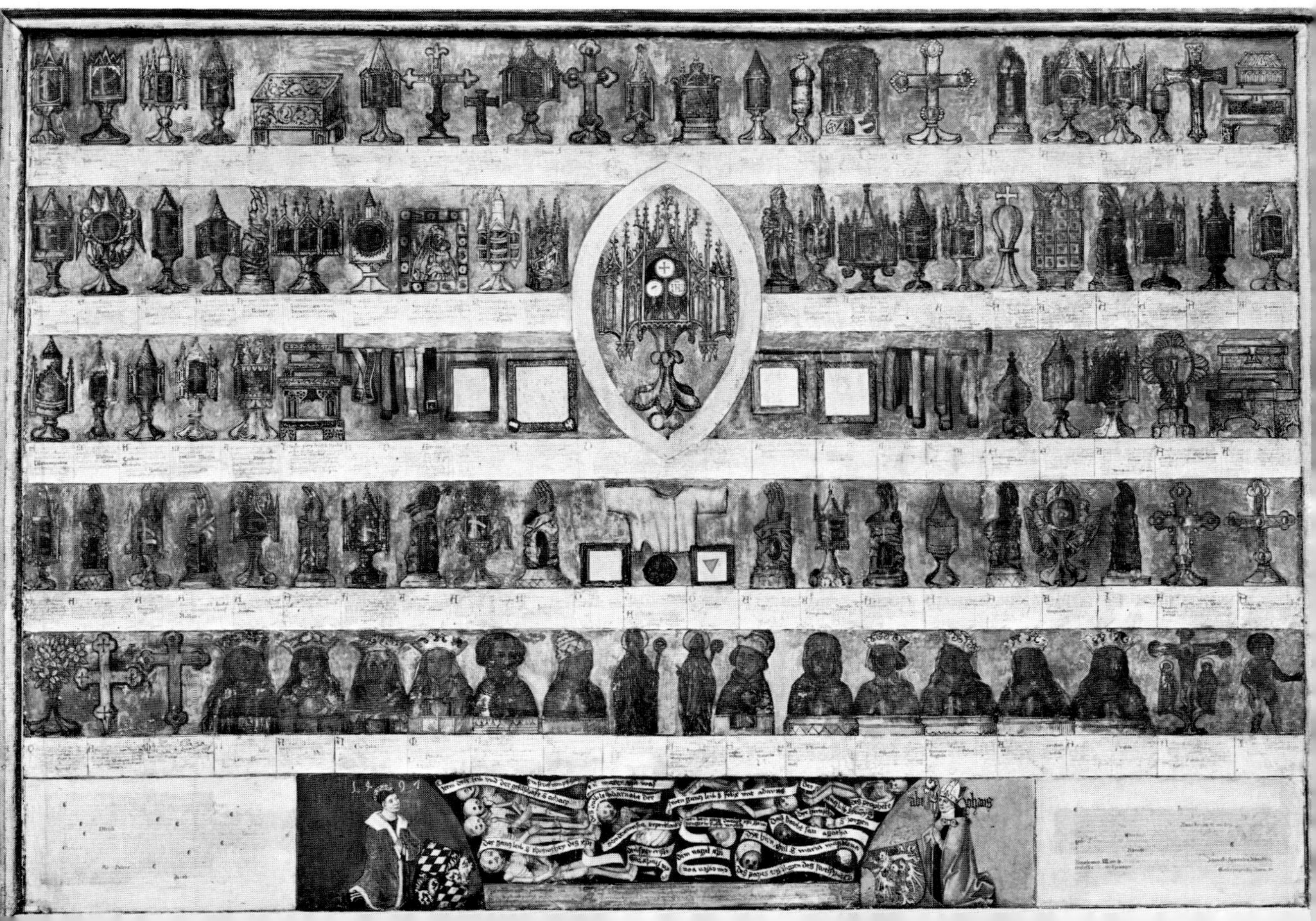

Tafel 232. Frömmigkeit des Königs: Die Reliquien Karls IV.

Tafel 233. Frömmigkeit des Königs: Das Privatoratorium Karls IV. ▶

S
O
K

Tafel 234. Die Juden im Mittelalter. a) Synagoge in Prag; b) Grabstein eines Judenmörders; c) Rechtsstellung der Juden im Sachsenspiegel

◀

Tafel 235. a) Der Kaiser und die Juden: Heinrich VII. bestätigt das jüdische Gesetz

Tafel 235. b) Die Seuchen des Spätmittelalters als Gottesgericht: Geißlerzug

Vil menschen weren d' pestelentz frey
Westen sy dar für ein rechte ertzney
Darumb so hör was ich dir sagen wil
Wañ also sterben ist gar ein kurtz zil
Des ersten halt den rat den ich meyn
Wañ d' duncket mich sicher nit kleyn
Das man in diser sach ernstlich sol
Anrůffen got das hilffet sicher wol
Sant sebastians auch nit vergiß
Wañ sein helffen ist auch gar gewiß
Das meynen all meyster weiß
Die do seind auff d' schůl zů pareiß
Darnach hab auch dem selbs acht
Es sey frů spat oder zů der nacht
Meyd dẽ lufft von meridian vñ occident
Enpfach in von septentrion vnd orient
Mit wecholter weirach spreg dein glůt
Vor bösem nebligem luft du dich behůt
Mit steuenbom wecholtẽ mach dei fewr
Das ist d' zeit in deynem hauß gehewr
Mit essig wesch hend můd vñ angesicht
Schlind seyn eyn wenig des ỏgiß nicht
Du solt hunger vñ durst nit leiden
V'brige fülle solt du auch sere meyden
Vnd übrige grobe kost solt du lassen
Vor vil trincken soltu dich auch massen
Gebratten fleisch ist besser dañ gesotten
Das schweinyn sey dir gantz verbotten
Du solt mischen den starcken weyn
Das sechßt teyl sol all zeit wasser seyn
Du solt nit mer schlaffen denn wachen
Hůt dich vor dẽ in d' pfannẽ gebachen
Ist es an dir nit ein gewonheit alt
So flüch den schläff im tag mit gewalt
Lynsen mit gůtem essig wol gesotten
Seind dir von dẽ meystern nit verbotten
Aber wiltu dich selbs nit ĩ schadẽ geben
So hůt dich auch vor vnkeüschem leben
Du solt auch gemein badstuben meiden
In einem zuber do ist schwitzen zů leiden
Flüch auch trauren zorn vnd vnmůt
Welsch nussz vñ rautẽ seind nüchtẽ gůt
Biß in deinem můt zů maß frölich
Das heilich ich dir besunderlich
Du solt auch nit zů vil fröden han
Wañ dz hertz würd zů fast auf gethan
Du solt dich halten in sollicher massen
Vnd solt alle monat einest aderlassen
Nach der weisen geleerten artzet lere
Von hitzigen dingen du dich kere
Noch vil mer sag ich dir da mite
Nyem auch all wochen pullulas vite
Sübne oder neüne die zů nacht schlick
Zwar sy seind dir eyn gůt glick
Das leret dich Rasis der meyster groß
Dem doch keyn artzet ist genoß
Alle tag schlick ein pille zů morgen
Es ist gůt vñ bringt dich auß sorgen
Auch thiriaca als ein ärbis genossen
Vnder dem weyn ist gůt auß d' mossen
Es stercket daz hertz vnmassen vast
Gifft mag nit sein bey im ein gast
Bolus armenus ist nüchter mit essig gůt
Vñ terra sigillata erfröwẽ sicher dz blůt
Vñ wañ du pullulas hast genommen
So soltu nicht zů thiriaca kommen
Sunder diß meyd bisz an den andn tag
Vnd verstand wz ich dir da sag
Noch ein meyster dir eynen rat geit
Flüch verr dauon vñ thů das bey zeyt
Wann fliehen ist gar ein sicher ding
Vnd halten doch etlich das gar gering
Flüch die siechen vnd auch die stat
Seynen rock sein gewand vñ wz er hat
Du solt auch alle tag etwas begynnen
Zethůn / mit leib vnd auch mit synnen
Emssig seyn mit fröwd in dem haus
Frů vnd auch spat in frides klaus
Es ist ausz der massen vast gůt
Wer dar ynnen ist mit frölichem můt
Dz hat meyster hans Tormanita gelert
Des selben kunst vil menschen hat ernert
Vnd auch ander hübscher meyster vil
Der ich yetz zů mal nicht nennen wil

Tafel 236. Die Seuchen des Spätmittelalters: Verhaltensregeln gegen die Pest
◄

Tafel 237. Nach der Pest. a) Wüstungskirche; b) Gegenwart des Todes: Porträt und Totenbildnis

Tafel 238. Kritik an der Kirche: Die arme Kirche Christi und der Apostel

Tafel 239. Kritik an der Kirche: Die reiche Kirche der Gegenwart

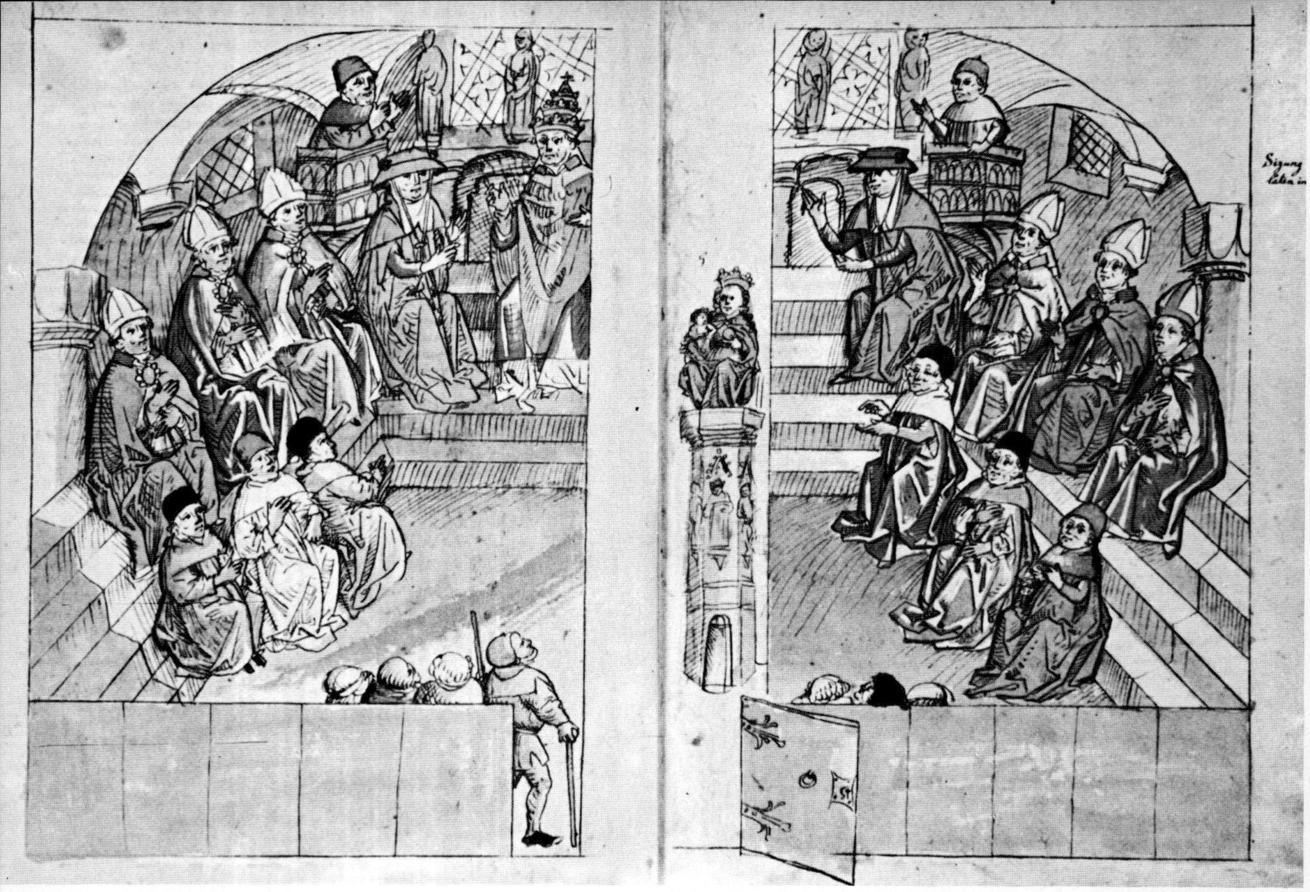

Tafel 240. a) Konzilssitzung in Konstanz

Tafel 240. b) Verfall der Klosterzucht: Eigentum der Klosterfrauen

Tafel 241. Ende des Schismas: König Siegmund leistet Papst Martin V. den Stratordienst

Tafel 243. Die Hinrichtung des Johann Hus ▶

Tafel 242. Reform und Prophetie. a) Titelblatt der Reform Kaiser Siegmunds; b) Der Pfeifer von Niklashausen

heresi
archa

Leta panie lett. cccc. xix. w Kralowstwi Czeskem Powstali su lide proti wsse duchowni pro nesslechetnost gich. Neb su se byli przielissi w sodomske hrziechy a mzdie nesmiernie wydali, panny panie manzelky wdowy smilstwie nestydmie porussugic. A kniezi chi ruffianskymi opigem kostkarzstwi lakomstwi lam zane przestupili a lide z wole bozie gim | to sie dele | trpieti nemohuc kniez byli palili topili wiezeli z ze | me | wyhnali. Gich kostely klasstery kaply domy dwory | palili bozie russili, obrazy zwony kalichi ornati knihy y wessie monstrangie spalili z skali rozmetali swatost cztiez aby byla kniez obrzi gnosta a nabozni nasse dugi welebnich swatych. Cztenie wssem lidem zali hrziechy na sebie y na lidu ustanowali. Kterzizto toho zassu lide stroyske s wozi s brani po zemi gezdili a s malem neodieneho lidu mnozstwie odiencow porazeli magic haupt mana bratra zizku slepeho a przed nim kniez nesa monstrangi.

Nepržietel se nelekaute namnozstwie nehledte pana swe wsedzi miegte proni a s nim boyugte, a przed neprzately neutiekaute, Gesto wssechni pamatugme buoh nass pan krzikmeme, a na korzistech se nezastawugme.

Piesen

Tafel 244. Die Hussitische Revolution: Žižka und sein Heer

◄

Tafel 246/247. Die Entstehung der Eidgenossenschaft: Schlacht bei Sempach ► ►

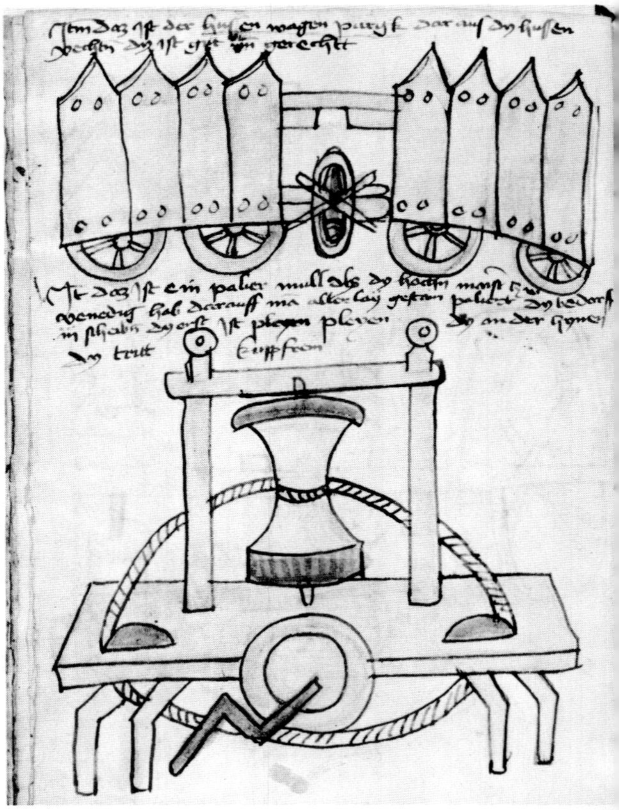

Tafel 245. a) Hussitische Kriegstechnik: Teil einer Wagenburg; b) Türkengefahr: Ludwig von Ungarn in der Schlacht

Tafel 248. a) Neue Waffen: Armbrustschütze

Tafel 249. Neue Waffen: Plattenpanzer ►

Tafel 248. b) Untergang des Ordensstaates: Belagerung Marienburgs

Tafel 250. Belagerungswaffen. a) Mechanisches Wurfgeschütz; b) Pulvergeschütz

Tafel 251. Folgen der Pulverwaffen. a) Zerstörte Burg; b) Bastionsturm; c) Erneuerte Stadtmauer

Tafel 252. Der Kriegsingenieur. a) Sein Grabstein; b) Seine Kenntnisse

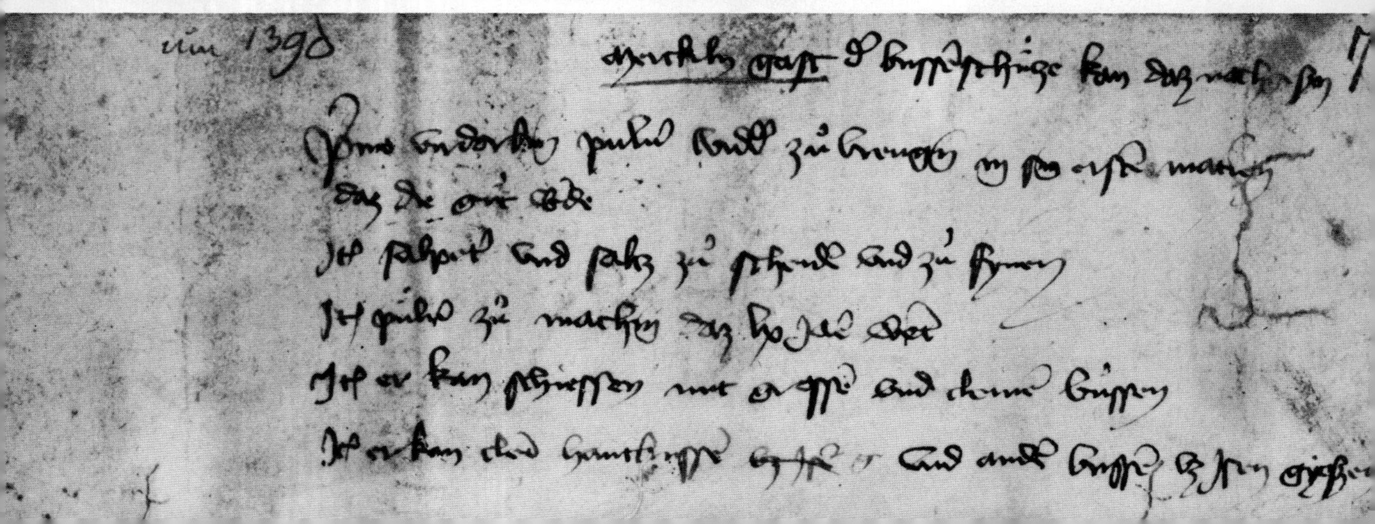

Tafel 253. Handwerkliche Technik.
a) Drahtzieher; b) Panzerhemdenmacher

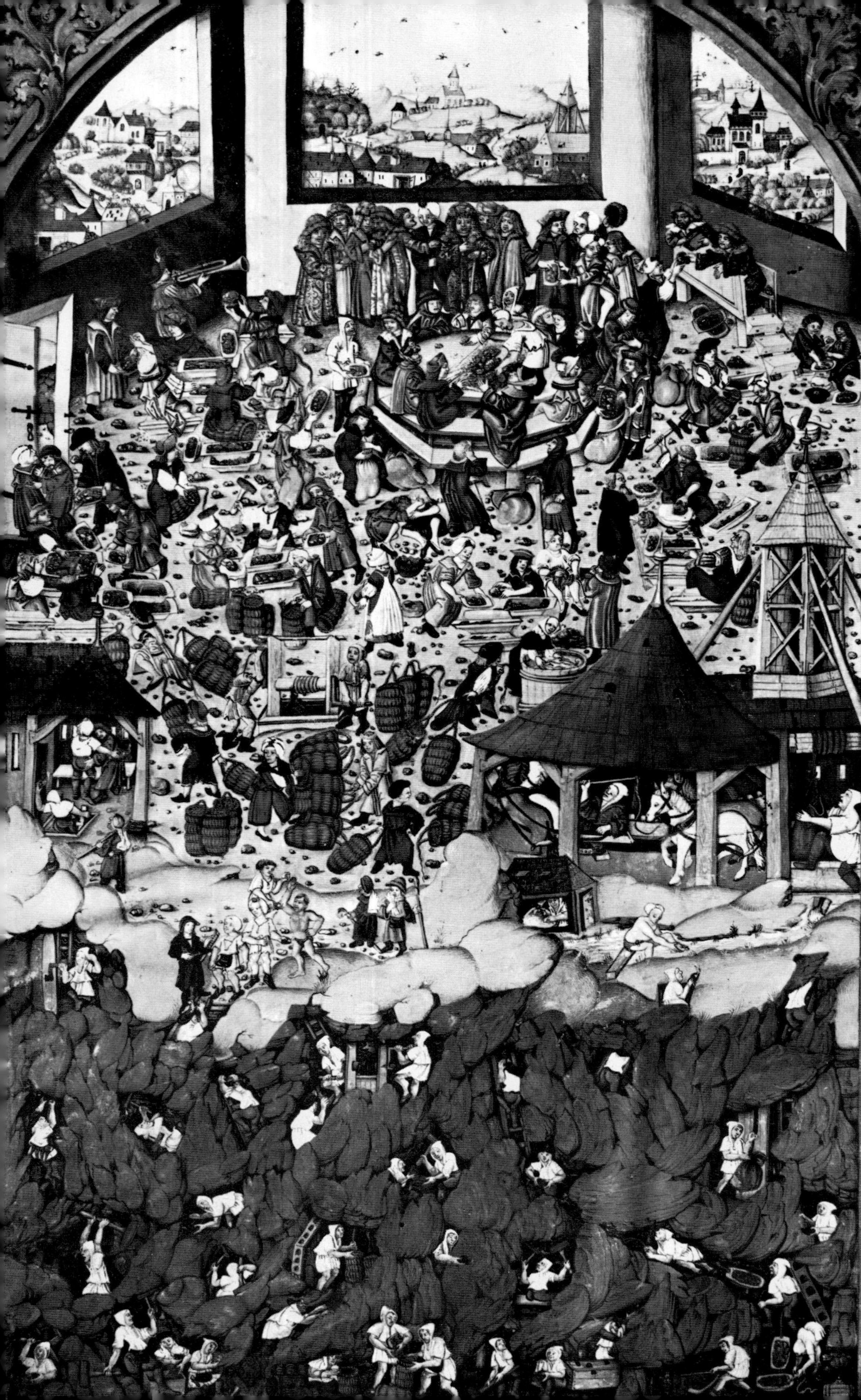

Tafel 254. Bergwerkstechnik
◄

Tafel 255. Ende des Mittelalters:
Das Denkmal irdischen Ruhms

Tafel 256. Die Sorge für den Nachruhm: Kaiser Maximilian I. diktiert

Tafel 257. Ende des Mittelalters: Geschichte als Bildung

Neuzeit

Tafel 258. Der »Letzte Ritter«: Kaiser Maximilian I., 1459—1519

D M S

FLETE PII VATES ET TVNDITE PECTORA PALMIS
VESTER ENIM HIC CELTIS FATA SVPREMA TVLIT
MORTVVS ILLE QVIDEM SED LONGV̄ VIVVS IN ĘVVM
CŌLOQVITVR DOCTIS PER SVA SCRIPTA VIRIS
CHVN·CEL·PRO·VIENNĘ LAVREĘ CVSTOS E COLLATOR
HIC IN CHRIS·QVIESCIT VIXIT AN·IXL·SAL·SESQVIMILL:
SVB DIVO MAXIMIL: AVGVST: ET VII

AETHERNA IPSE SVAE·MENTIS SIMVLACHRA LVTHERVS
EXPRIMIT·AT VVLTVS CERA LVCAE OCCIDVOS
·M·D·XX·

An den Chriſtli=
chen Adel deutſcher Nation

von des Chriſtlichen ſtandes beſſerung.

D. Martinus Luther

Tafel 259. Der Organisator des Humanismus: Conrad Celtis, 1459—1508
◄ ◄ ◄

Tafel 260. Der Reformator: Martin Luther, 1483—1546, im Jahre 1520
◄ ◄

Tafel 261. Martin Luther, Reformschrift: An den christlichen Adel deutscher Nation von des christlichen Standes Besserung, Titelseite, Wittenberg 1520
◄

Tafel 262. a) Martin Luther, Reformschrift: Von der Freiheit eines Christenmenschen, Titelseite, Wittenberg 1520 ►

Tafel 262. b) Zentrum der Reformation: Wittenberg, Universität, gegründet 1502

Von der Freyheyt eyniß Christen menschen.

Martinus Luther.

Vuittembergae. Anno Domini 1520.

BB
PROGENIES · DIVVM · QVINTVS · SIC · CAROLVS · ILLE
IMPERII · CAESAR · LVMINA · ET · ORA · TVLIT
AET · SVAE · XXXI
ANN · M · D · XXXI

Tafel 264. Humanist und Reformator: Philipp Melanchthon, 1497—1560, im Jahre 1559

◀ Tafel 263. Kaiser eines Weltreiches: Karl V., 1500—1558, im Jahre 1531

Tafel 266. Träger der Reformation: Martin Luther mit Kurfürst Johann Friedrich dem Großmütigen, Melanchthon und anderen Freunden, 1530 ▶

Tafel 265. a) Karls V. Gegenspieler: Landgraf Philipp I. von Hessen, 1504—1567, im Jahre 1534

Tafel 265. b) Die protestantische Universitätsstadt: Marburg nach einem Stich von M. Merian, um 1600

Wider die Mordischen vnd Reubischen Rotten der Bawren.

Psalm. vij.
Seyne tück werden jn selbs treffen/
Vnd seyn mutwill/ wirdt vber jn außgeen.
1525.
Martinus Luther. Wittemberg.

Tafel 267. a) Der Bauernkrieg: Luthers Schrift »Wider die Mordischen und Reubischen Rotten der Bawren«

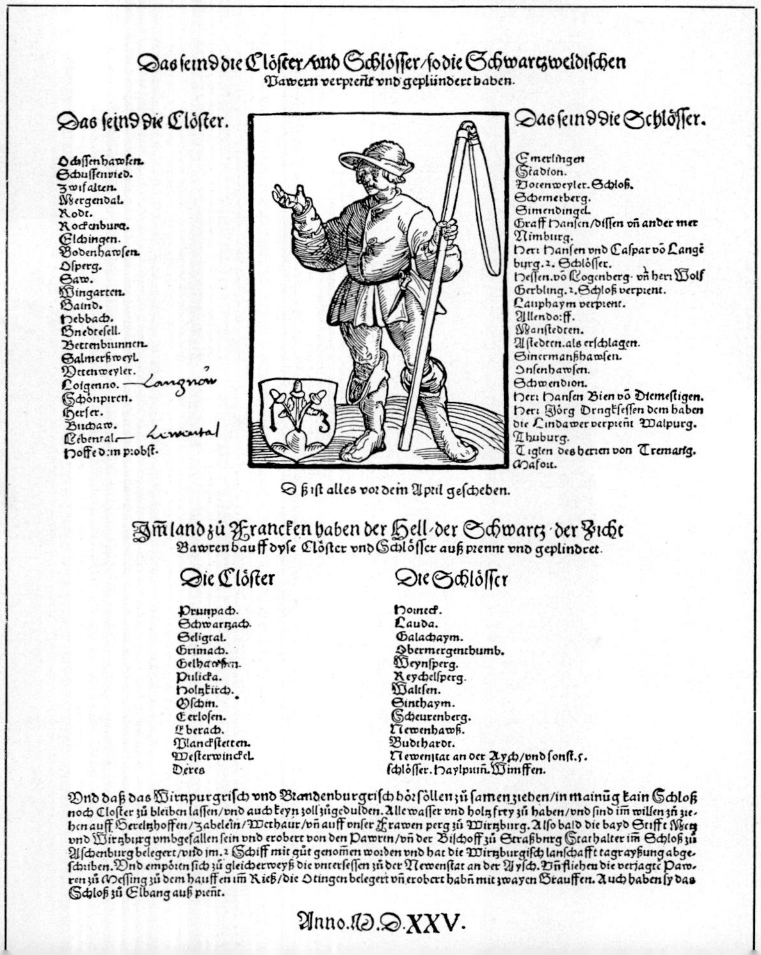

Das seind die Clöster/ vnd Schlösser/ so die Schwartzweldischen Bawern verprent vnd geplündert haben.

Das seind die Clöster.

Ochssenhawsen.
Schussenried.
Zwifalten.
Mergendal.
Rodt.
Rockenburg.
Elchingen.
Bodenhawsen.
Osperg.
Saw.
Wingarten.
Baind.
Hebbach.
Gnedtesell.
Bettenbrunnen.
Salmerßweyl.
Vttenweyler.
Loigenno.
Schönpiren.
Herser.
Buchaw.
Lebental.
Hoffe d:m p:obst.

Das seind die Schlösser.

Emerlingen
Stadion.
Vorenweyler. Schloß.
Schemerberg.
Simendingel.
Graff Hansen/ dissen vñ ander mer
Nimburg.
Herr Hansen vnd Caspar vō Langē burg. 2. Schlösser.
Hessen. vō Logenberg. vñ herr Wolf Gerbling. 2. Schloß verprent.
Lauphaym verprent.
Allendo:ff.
Manstedten.
Afstedten. als erschlagen.
Sinermanßhawsen.
Insenhawsen.
Schwendion.
Herr Hansen Bien vō Dtemestigen.
Herr Jörg Drngkessen dem haben die Lindawer verprent Walpurg.
Thuburg.
Tiglen des herren von Tremartg.
Mafou.

Dz ist alles vor dem April geschehen.

Jm land zů Francken haben der Hell/ der Schwartz/ der Zicht Bawren hauff dyse Clöster vnd Schlösser auß prennt vnd geplindret.

Die Clöster

Prunpach.
Schwartzach.
Seligtal.
Grimach.
Gelhawsen.
Pulicka.
Holtzkirch.
Oschm.
Eerlosen.
Eberach.
Planckstetten.
Westerwinckel.
Deres

Die Schlösser

Horneck.
Lauda.
Galachaym.
Obermergentbumb.
Weynsperg.
Reychelsperg.
Waltsen.
Sinthaym.
Scheurenberg.
Newenhawß.
Budthardt.
Newenstat an der Aych/ vnd sonst. 5. schlösser. Haylpunn. Wimpffen.

Vnd daß das Wirtzpurgrisch vnd Brandenburgrisch hör söllen zů samen ziehen/ in mainūg kain Schloß noch Closter zů bleiben lassen/ vnd auch keyn zoll zůgedulden. Alle wasser vnd holtz frey zů haben/ vnd sind im willen zů ziehen auff Herelzhoffen/ Zabelein/ Wethaur/ vñ auff vnser Frawen perg zů Wirtzburg. Also bald die bayd Stifft Merg vnd Wirtzburg vmbgefallen sein vnd erobert von den Pawrn/ vñ der Bischoff zů Straßburg Stathalter im Schloß zů Aschenburg belegert/ vnd im. 2 Schiff mit gůt genomen worden vnd hat die Wirtzburgisch lanschafft tagrayßung abgeschriben. Vnd empören sich zů gleicherweyß die vntersessen zů der Newenstat an der Aysch. Vñ fliehen die verjagte Pawren zů Messing zů dem hauffen im Rieß/ die Otingen belegert vñ erobert habñ mit zwayen Strauffen. Auch haben sy das Schloß zů Elbang auß prent.

Anno. M. D. XXV.

Tafel 267. b) Der Krieg der Bauern: Die von den »Schwartzweldischen« Bauern verbrannten und geplünderten Klöster und Schlösser

Tafel 268. a) Ein Reichsritter: Götz von Berlichingen, im Jahre 1547

Tafel 268. b) Ein Landsknechtsführer: Georg von Frundsberg, 1473—1528

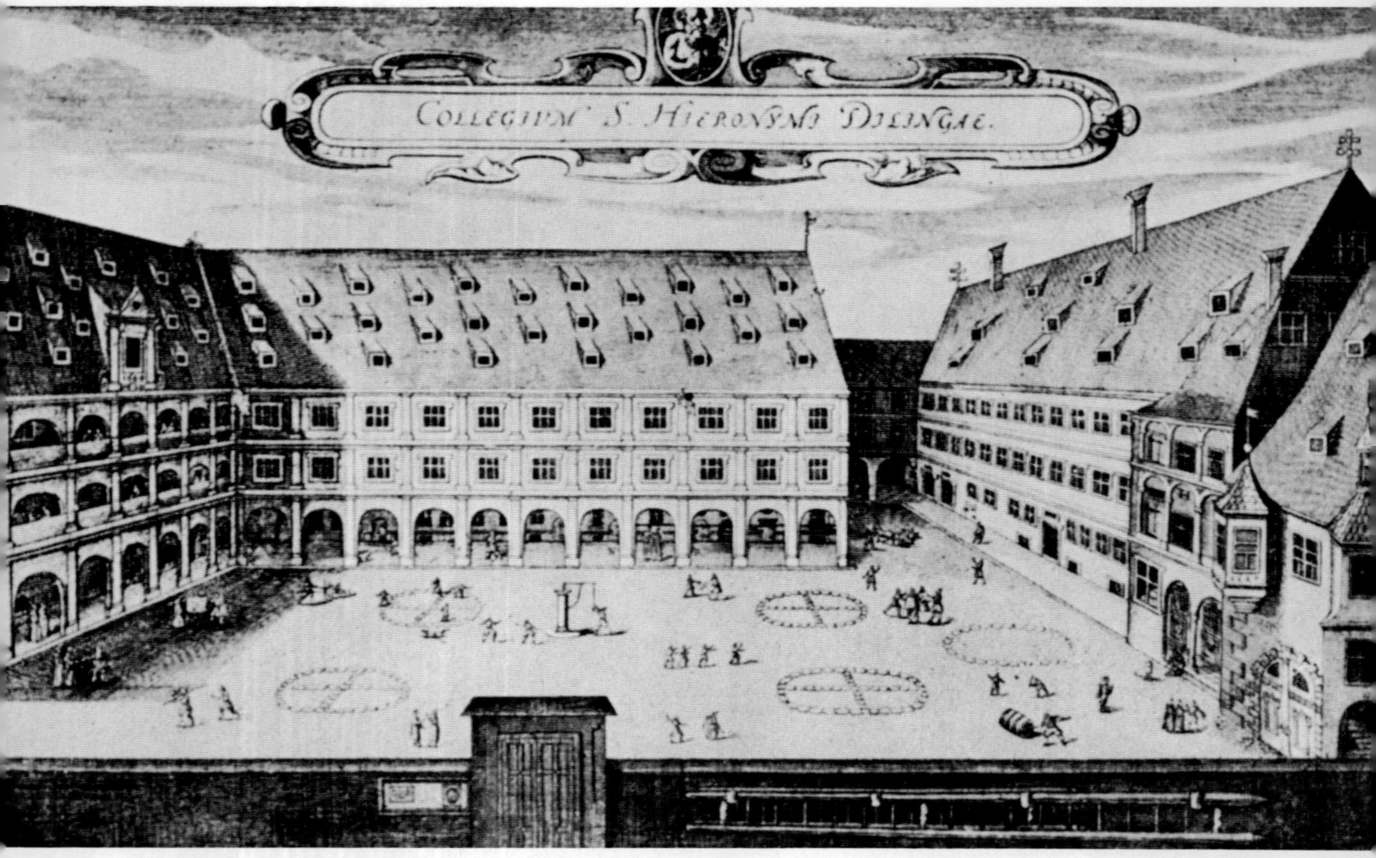

Tafel 269. Der Geist der Gegenreformation: Universität Dillingen

Tafel 270. Geistlicher Renaissancefürst: Erzbischof Albrecht von Mainz, 1490—1545 ▶

Tafel 271. a) Der Bauernkrieg: Die Plünderung des Klosters Weißenau, 1525

Tafel 272. Wiedertäufer: Bernt Knipperdolling, 1536 ▸

Tafel 271. b) Der Bauernkrieg: Aufständische Bauern mit der Bundschuhfahne

VAERHAFTICH · GEKONTERFET · BERNT · KNIPPERDOLLIOR
DER · XII · HERTOGEN · EYN · THO · MONSTER ·
IGNOTVS · NVLLIS · KNIPPERDOLLINGIVS · ORIS ·
TALIS · ERĀ · SOSPES · CVM · MIHI · VITA · FORET ·
HINRICVS · ALDEGREVER · SVSATIĒ · FACI
1536

Tafel 273. a) Der humanistische Mediziner: Paracelsus, Theophrastus Bombastus von Hohenheim, 1493/94 bis 1541

Tafel 273. b) Schöpfer eines neuen Weltbildes: Nikolaus Kopernikus, 1473—1548

Tafel 274. a) Die Türkengefahr: Türke mit Frau und Kind, um 1520

Tafel 274. b) Die Türkengefahr: Marsch Friedrichs von Bayern nach Laxenburg gegen die Türken, 1532

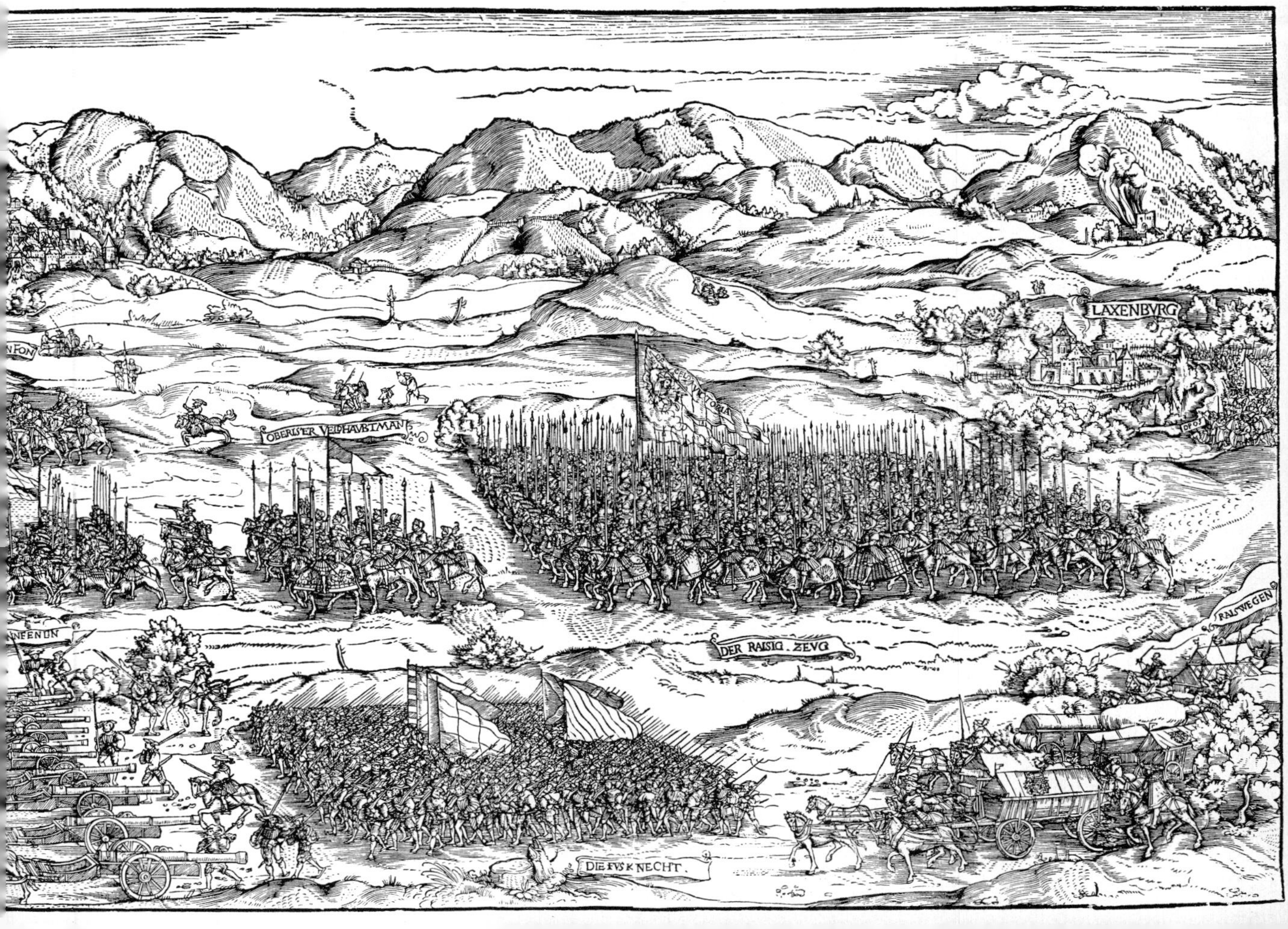

Tafel 276. a) Der deutsche Territorialherr: Abschied Kurfürst Johann Friedrichs von Sachsen von Kaiser Karl V. bei Linz am 2. September 1552 ▶

◀

Tafel 275. a) Der patrizische Politiker: Konrad Peutinger, 1465—1547

Tafel 275. b) Der Hansekaufmann: Georg Gisze, 1532

◀

Tafel 276. b) Der moderne Krieg: Heerlager um 1560 ▶

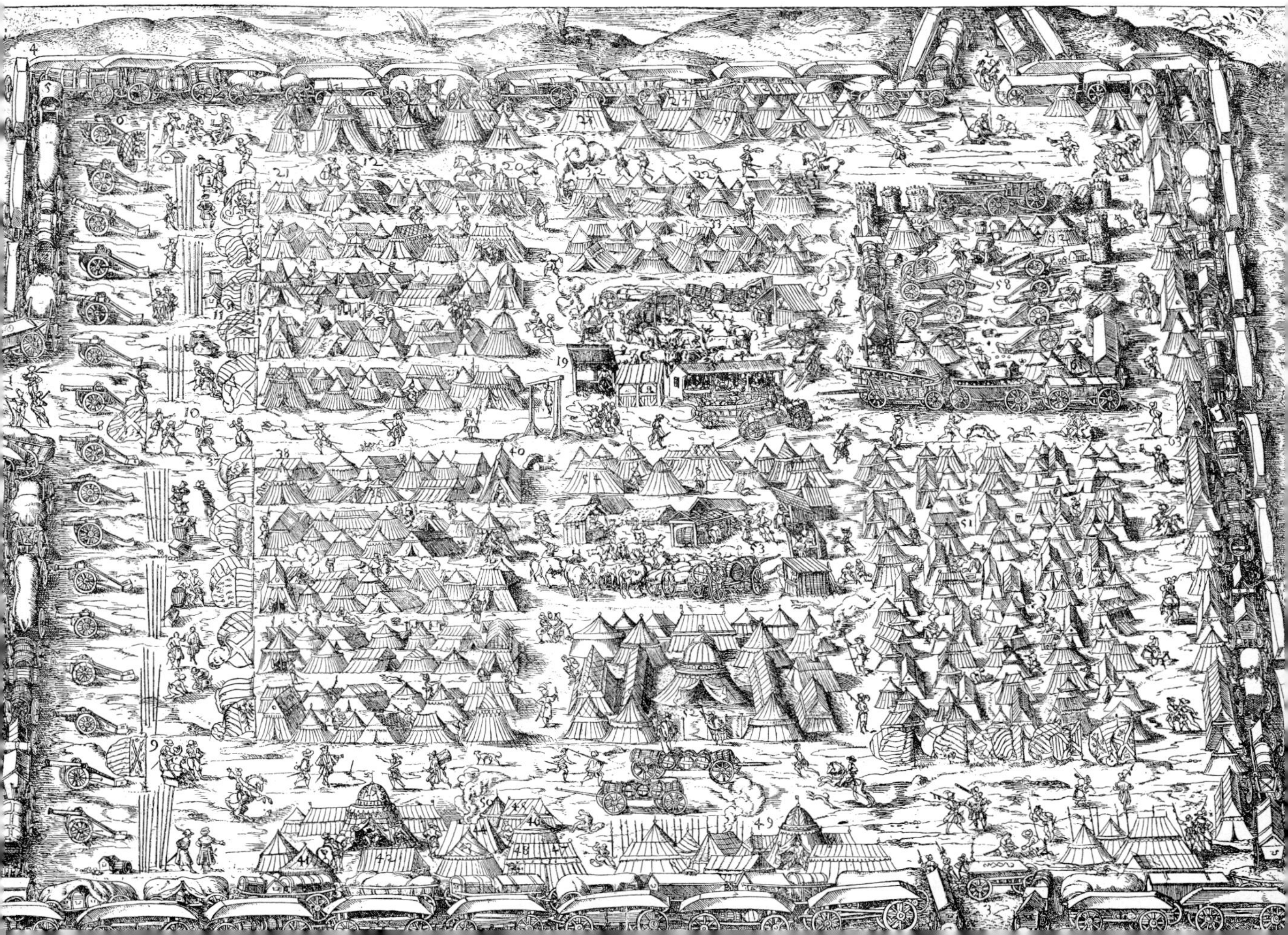

Des allerdurchleuchtig-
sten großmechtigstē vñ
überwindtlichsten Key-
ser Karls des fünfften: vnnd des

heyligen Römischen Reichs peinlich gerichts ord-
nung/ auff den Reichßtägen zů Augspurgk
vnd Regenspurgk/ iñ jaren dreissig/ vñ
zwey vnd dreissig gehalten/ auff-
gericht vnd beschlossen.

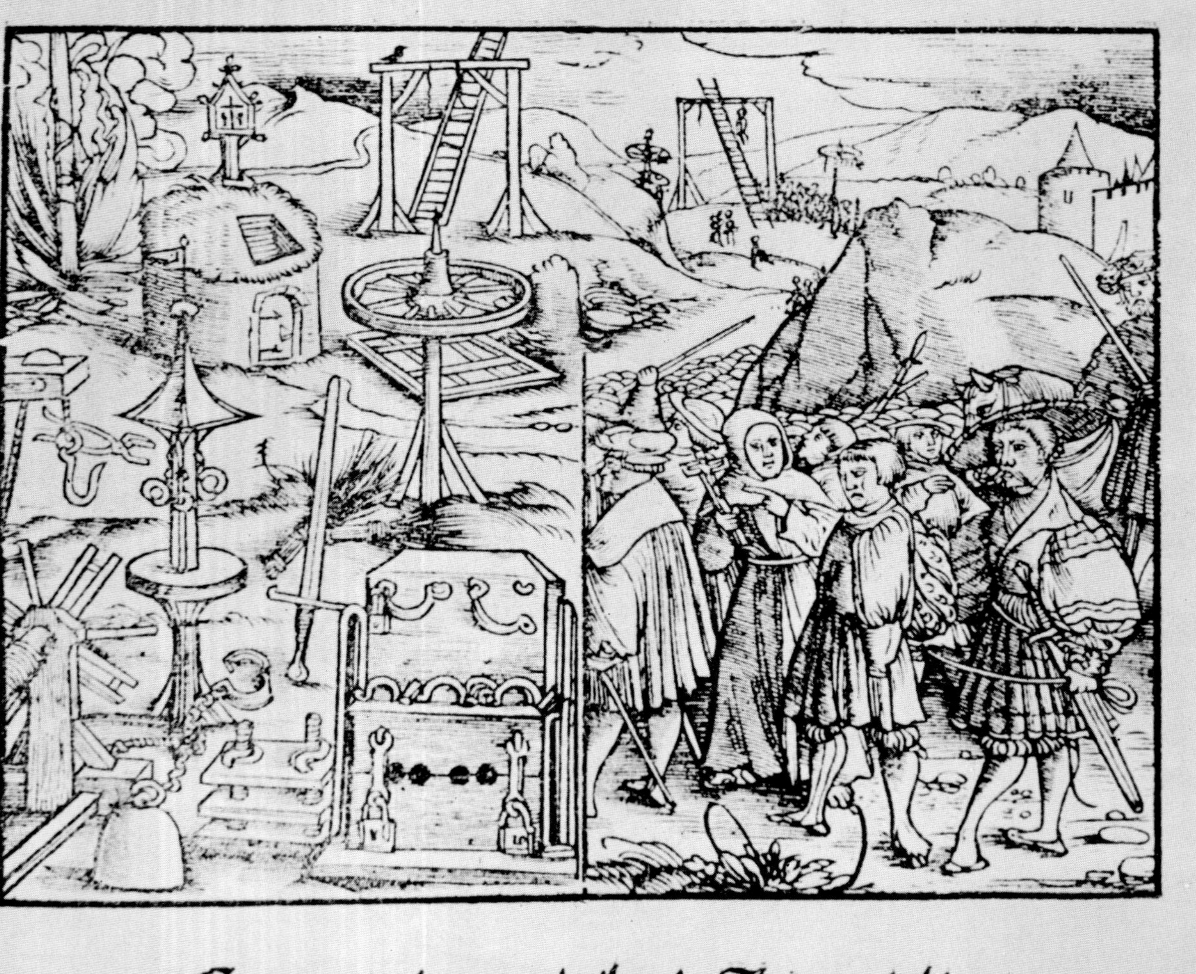

Cum gratia et priuilegio Imperiali.

Tafel 278. Der große Humanist: Erasmus von Rotterdam, 1466/69—1536

◀ Tafel 277. Justizreform: Karls V. Peinliche Gerichtsordnung 1530/32, Titelseite

Tafel 279. Teilung des Weltreichs: Kaiser Ferdinand I., 1503—1564

Tafel 280. Patrizische Stiftungen: Marquart Mendel, Pfleger der Mendel-Stiftung 1486—1510, † 1517; Conz Falck, Plattner, 291. Bruder der Stiftung, 1533; Hans Dürr, Laternenmacher, 305. Bruder der Stiftung, 1536; Michael Pfanschmidt, ein Pfannenschmied, 326. Bruder der Stiftung, 1544

Tafel 281. a) Die Reichsstadt: Augsburg, Rathaus und Perlachturm um 1610

Tafel 281. b) Die Handelsstadt: Köln von der Rheinseite, 1531

Tafel 282. Der Bergbau: Bergherr und Bergmann, 1554

Tafel 283. Der Bürgerbau: Das Knochenhauer-Amtshaus in Hildesheim ▶

Tafel 284. Weser-Renaissance: Haus des Johann Rike in Hameln, 1568/69 ▶ ▶

RATS-SCHÄNKE

Tafel 285. Die Gegenreformation: Kaiser Ferdinand II., 1578—1637
◄

Tafel 286. a) Landesfürst der Gegenreformation: Herzog Maximilian I. von Bayern, 1573—1651 ►

Tafel 286. b) Anfang des 30jährigen Krieges: Der Prager Fenstersturz, 23. 5. 1618

Deß gwesten Pfaltzgrafen Glück vnd Vnglück.

WEr Glück vnd Vnglück wissen wil/
Der seh an deß Pfaltzgrafen spil.
Sehr glücklich war er in dem Reich/
So bald hett er nit seines gleich/
Jhm manglet nit an Leit vnd Land
Regieret weißlich mit Verstand
Ein Fraw von Königlichem Stam̄/
Die mehret jhm sein hohen Nam/
War glückhafftig mit jungen Erben
Sein Stam̄ so bald nit solt absterben.
Von reich vnd arm von jung vnd alten
Ward er in grosser Ehr gehalten.
Wie solches dann auch billich gschach
Weil er die höchste Chur versach
Auß Weltlichen Churfürsten vier
Dem Römischn Reich war er ein zier.
In Summ jhm war wol allermassen
Wann er sich nur hett gnügen lassen.
O Ehrgeitz du verfluchte sucht:
Hie sicht man dein vergiffte frucht/
Die Ehr vnd Würd machst manchem süß
Biß er kompt andern vnder dFüß.

Wie ansehlich wie zierlich wol
Wie dapffer alles Glücks so vol
War Pfaltzgraf Friderich zuuor/
Ehe das jhn Hoffart hebt empor.
Die besten Maister in dem Rath
Die waren da sein höchster schad
Der Blessen/ Camerarius/
Kein Müh kein Arbeit sie verdruß/
Biß sie jhn in die höch gebracht
Vnd auß jhm einen König gmacht
Das hett doch in die läng kein bstand
Weil er sich brauchet frembder Land
Sein Reich war nit von diser Welt
Darumb er bald zu boden felt.
Wo felt er hin? Ins tieffe Möhr/
Verlassen von sein gantzen Heer/
Die Staden haben jhn auffgfangen
Thun mit dem newen Fisch jetzt prangen
Vnd halten jhn für ein Gschauessen
Das Glück hat seiner gar vergessen
Hat jhn zu spott gmacht vor der Welt
Vnd wie ein Spiegel fürgestellt

Daß sich ein jeder hinfürbaß
Am seinigen genügen laß:
Wie gern wolten jhn seine Räth
(Die das Rath zu starck vmbgedräht)
Jetzt wider in die höch auffschwingen
Es wil jhn aber alls mißlingen
Er ist zu tieff hinab gesuncken
Er wer villeicht gar wol ertruncken
Wann nit Holland geholffen hett
Da es vmb jhn noch mißlich steht
Dann als er auß dem Netz gekrochen
Hand sie jhm weiter nichts versprochen
Als daß er mög bey jhnen wohnen
Jetzt seynd hindurch vil gute Cronen.
Der hett zuuor vil Leit vnd Land
Der hat jetzund ein läre Hand
Der vor hett auff dem Haupt ein Cron
Hat jetzt kaum ein gantz Heimet an
Helff Gott dem armen Friderich
Er kompt doch nimmer vber sich.

Getruckt im Jahr/ 1621.

Tafel 288. Der Führer der Protestanten: Gustav Adolf von Schweden ▶

Tafel 287. a) Der Winterkönig: Kurfürst Friedrich V. von der Pfalz, 1596—1632

Tafel 287. b) Kriegsbeginn: Die Schlacht am Weißen Berge

GVSTAVVS ADOLPHVS D.G. REX SVEC. GOTH: ET VAND. MAGNVS PRINCEPS. FINLANDIE DVX. ETC.

Pontius sculp Ant. van Dÿck pinxit Mart. vanden Enden excudit Cum privilegio

Tafel 290. a) Tillys Niederlage: Die Schlacht bei Breitenfeld, 1631 ▶

Tafel 289. a) Heerführer im 30jährigen Krieg: Johann Tserclaes Graf von Tilly, 1559—1632 ◀

Tafel 290. b) Gustav Adolfs Tod: Die Schlacht bei Lützen, 1632 ▶

Tafel 289. b) Zerstörung im Großen Krieg: Belagerung von Magdeburg, 1631

Fur teutsche freiheit wir nun streiten
Drumb thut uns das gluck begleiten
LIPSICH
De Sweetsche Armade
Oberst Arnheym

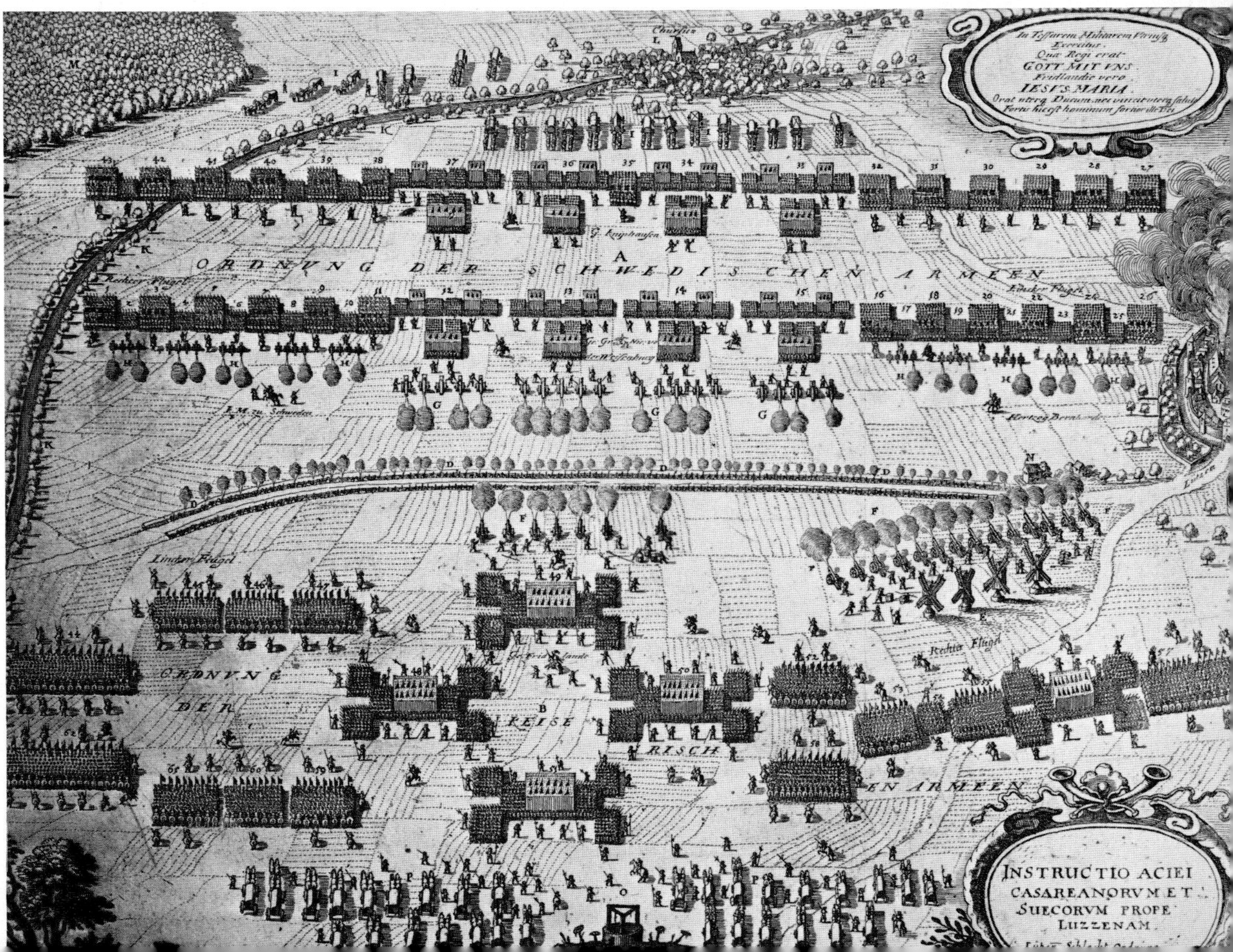
ORDNUNG DER SCHWEDISCHEN ARMEEN
GOTT MIT VNS
IESVS MARIA
INSTRUCTIO ACIEI
CASAREANORVM ET
SUECORVM PROPE
LUZZENAM

Tafel 291. Der große Feldherr: Albrecht Wenzel Eusebius von Wallenstein, 1583—1634

◄

Tafel 292. Wallensteins Ende: Die Ermordung zu Eger und sein astrologisches Amulett, 1634

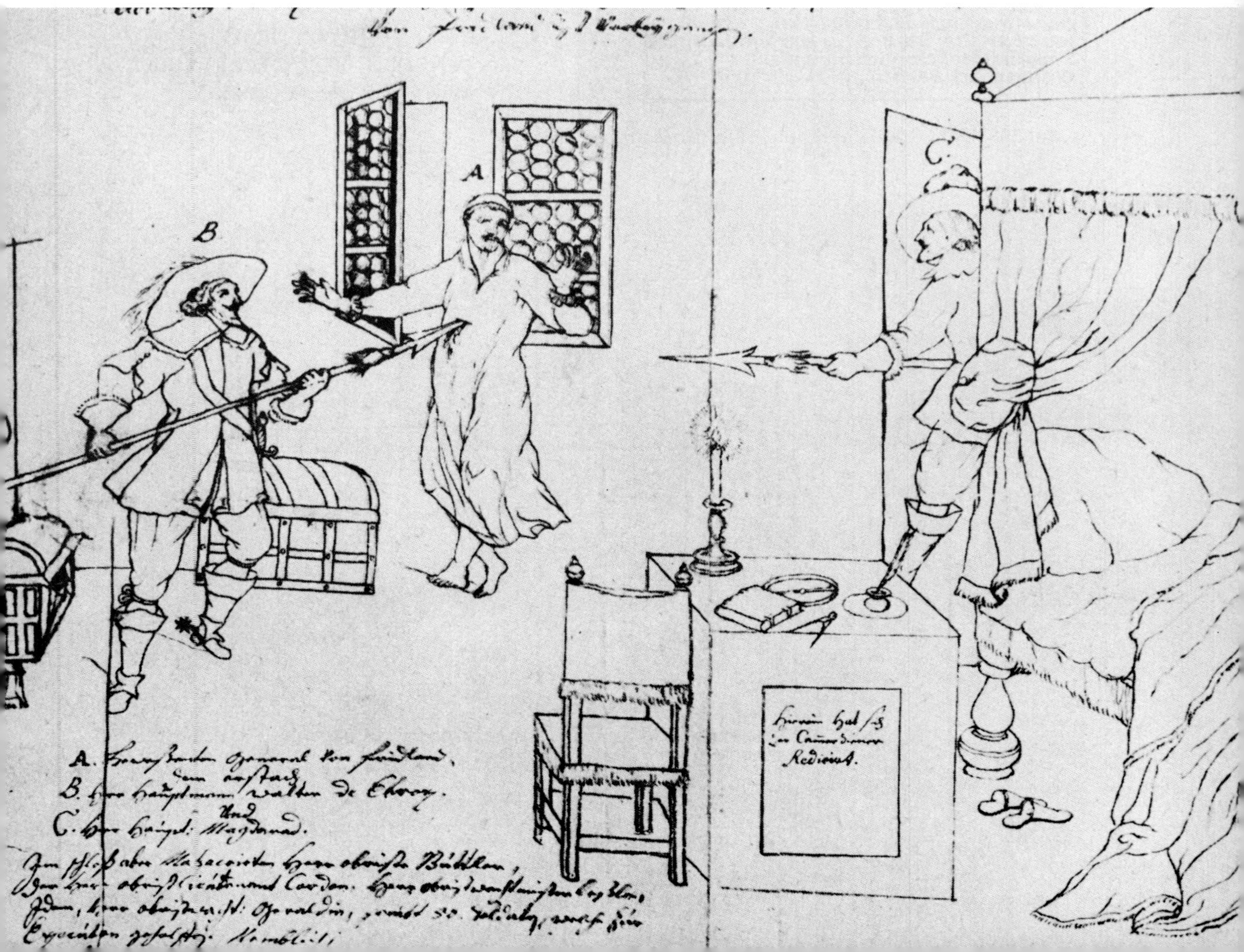

Neueingerichter und vielverbesserter
Abentheurlicher
SIMPLICISSIMUS
Das ist:
Beschreibung deß Lebens eines sel-
tzamen Vaganten/ genant Melchior Stern-
fels von Fuchshaim / wie / wo und welcher ge-
stalt Er nemlich in diese Welt kommen / was
er darin gesehen / gelernet / erfahren und auß-
gestanden / auch warum er solche wieder
freywillig quittiret hat.
Uberauß lustig/ und männiglich
nützlich zulesen.
An Tag geben
Von
GERMAN SCHLEIFHEIM
von Sulsfort.

Mompelgart/
Gedruckt bey Johann Fillion/
Im Jahr M DC LXIX.

Tafel 293. Der 30jährige Krieg: »Simplizissimus« 1669

Tafel 294. Der Westfälische Friede: Abschluß in Münster und Verkündigung ▶

PAX OPTIMA

Tafel 296. Brandenburgs Aufstieg: Kurfürst Friedrich Wilhelm von Brandenburg, 1620—1688 ▶

Tafel 295. a) Erste deutsche Kolonialpolitik: Ein brandenburgisches Fort in Guinea, 1694 ◀

Tafel 295. b) Die Haupt- und Residenzstadt: Berlin, 1688

Tafel 298. Der Wirtschaftstheoretiker: Johann Joachim Becher, 1635—1682

◀

Tafel 297. Der Barockkaiser: Leopold I., 1640—1705

Tafel 300. Sieger über die Türken: Karl von Lothringen, 1643—1690 ▶

Tafel 299. a) Der Retter Wiens: Ernst Rüdiger Graf von Starhemberg, 1635—1701 ◀

Tafel 299. b) Rettung des Abendlandes: Die Belagerung Wiens, 1683

Tafel 301. Oberbefehlshaber vor Wien: Johann von Sobieski, 1624—1696 ◄

Tafel 302. a) Liselotte von der Pfalz, 1652—1722 ►

Tafel 302. b) Heidelberg vor der Zerstörung, um 1630

Tafel 303. »Der edle Ritter«: Prinz Eugen von Savoyen, 1663—1736

◄

Tafel 304. Der erste Hohenzollern-König: Friedrich I. in Preußen, 1657 bis 1713

Tafel 305. a) Der europäische Philosoph: Gottfried Wilhelm von Leibniz, 1646 bis 1716

◄ ◄

Tafel 305. b) Die geistreiche Fürstin: Kurfürstin Sophie von Hannover, 1630 bis 1714

◄

Tafel 305. c) Der höfische Garten: Herrenhausen bei Hannover

◄

Tafel 306. Der Hannoversche König von England: Georg I., 1660—1727

Tafel 307. August der Starke: Friedrich August I., 1670—1733

Tafel 308. a) Handelsstadt am Rhein: Köln um 1660 ▶

Tafel 308. b) Das Ende der Hanse: Der Markt zu Lübeck um 1630 ▶

Cölnischer Alden Marckt wie Man aller wahr darauff verkaufft sampt dem Rhatthuß vnd Marckgang
J. Toussyn Deli. Gerhardt Altzenbach exc. Colonyæ
Aubry fecit.

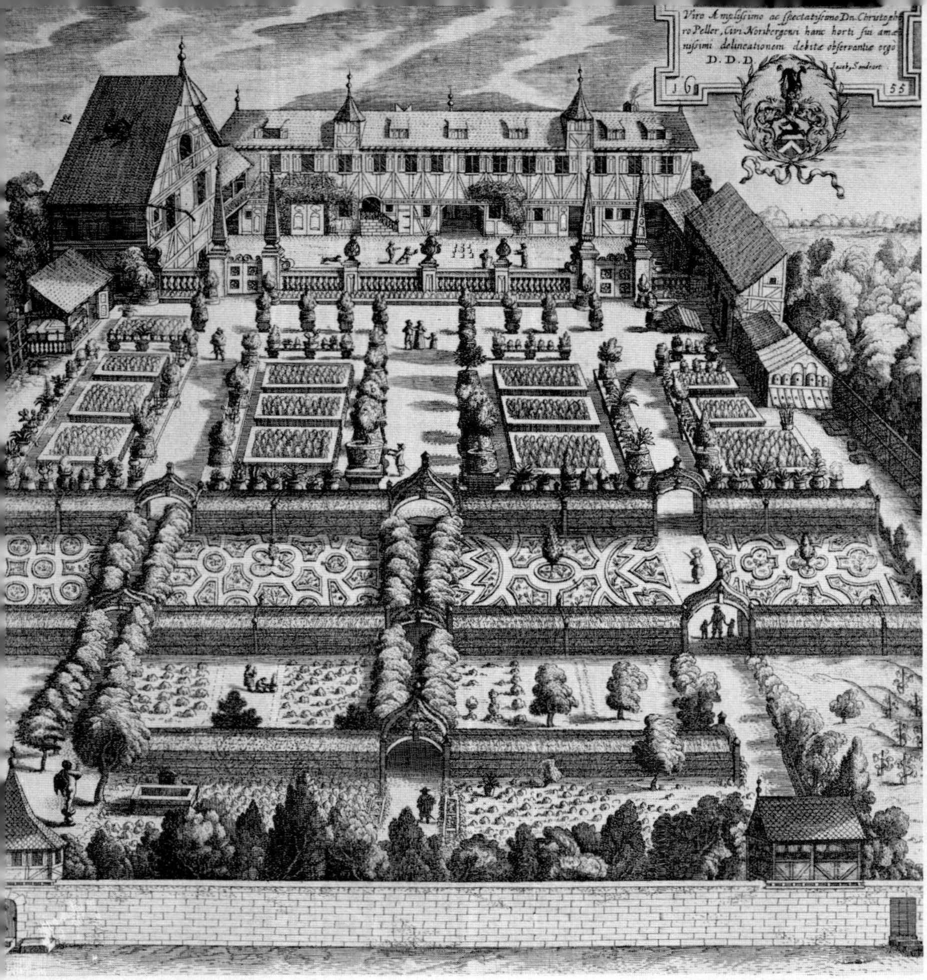

Tafel 310. a) Die Pest: Pest-Spital in Wien, 1679 ▶

Tafel 309. a) Der Bürgergarten: Christian Pellers Garten in Nürnberg, 1655 ◀

Tafel 310. b) Verlagerung des Welthandels: Der Fondaco dei Tedeschi in Venedig, 1616 ▶

Tafel 309. b) Süddeutsche Residenz: Der Marktplatz zu München um 1640

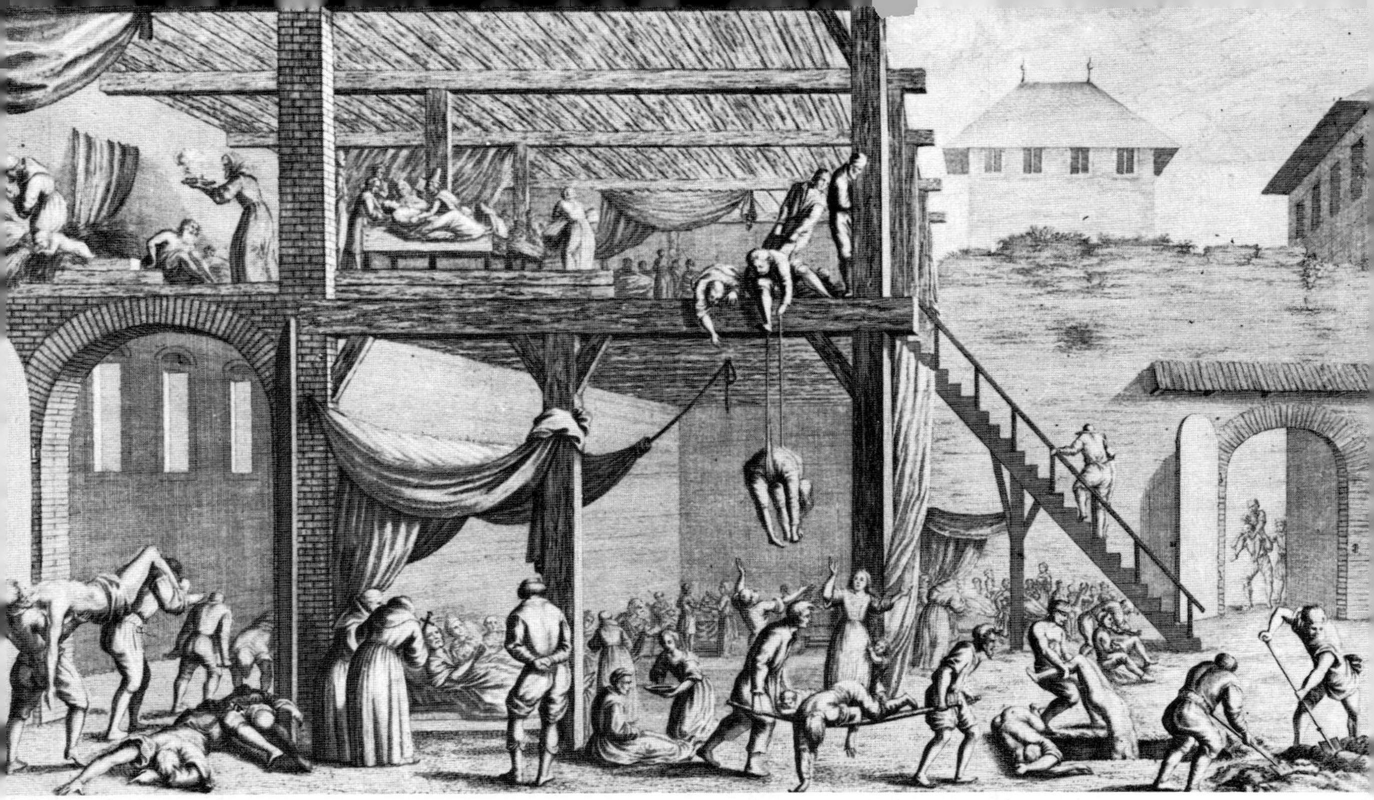

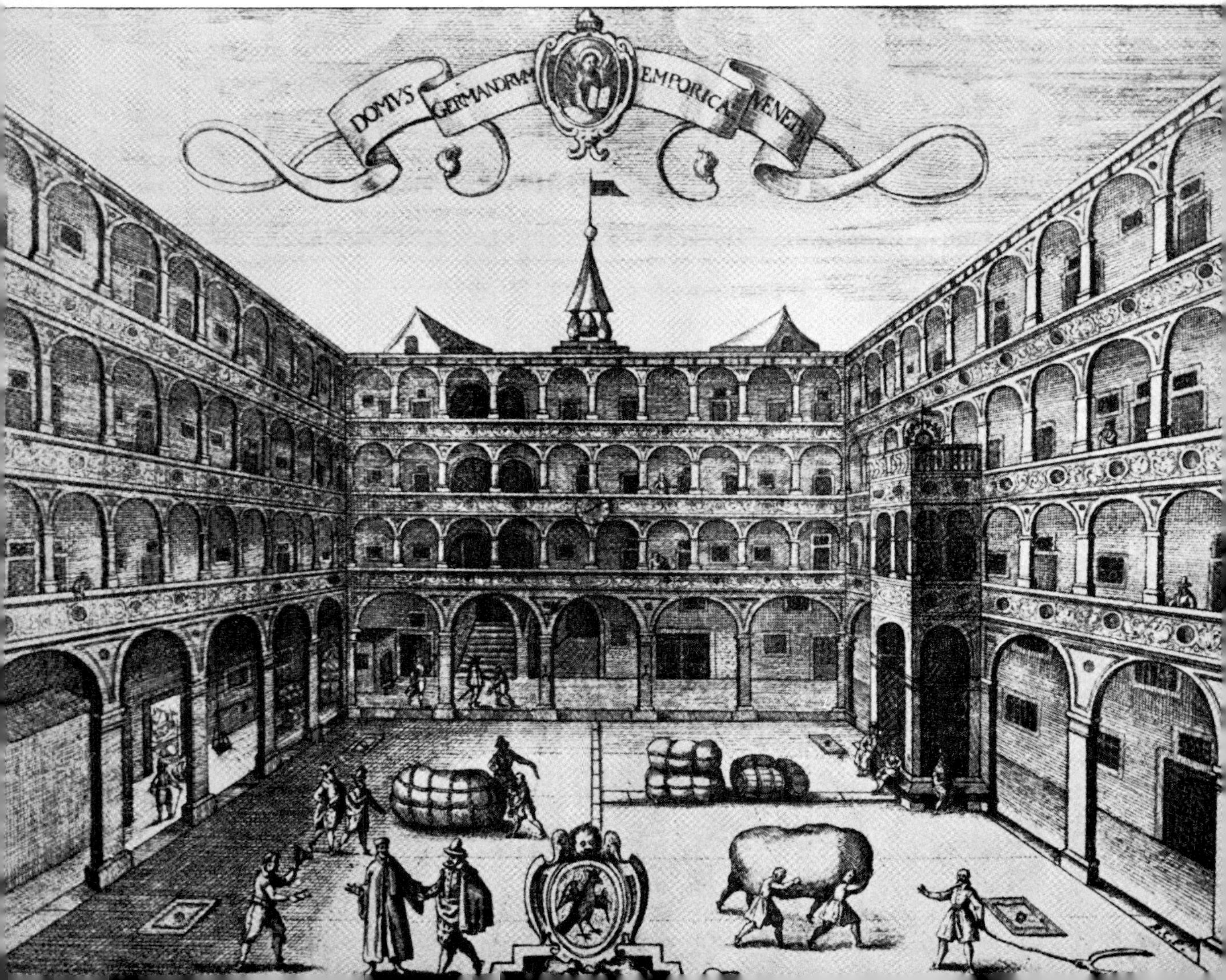
DOMVS
GERMANORVM
EMPORICA

Tafel 312. a) Der König als Maler: »Jude und Bauer«, Gemälde von Friedrich Wilhelm I. von Preußen, 1688—1740

◀ Tafel 311. Der Kaiser der Pragmatischen Sanktion: Karl VI., 1685—1740

Tafel 312. b) Der Soldatenkönig: Friedrich Wilhelm I. und Kronprinz Friedrich im Tabakskollegium

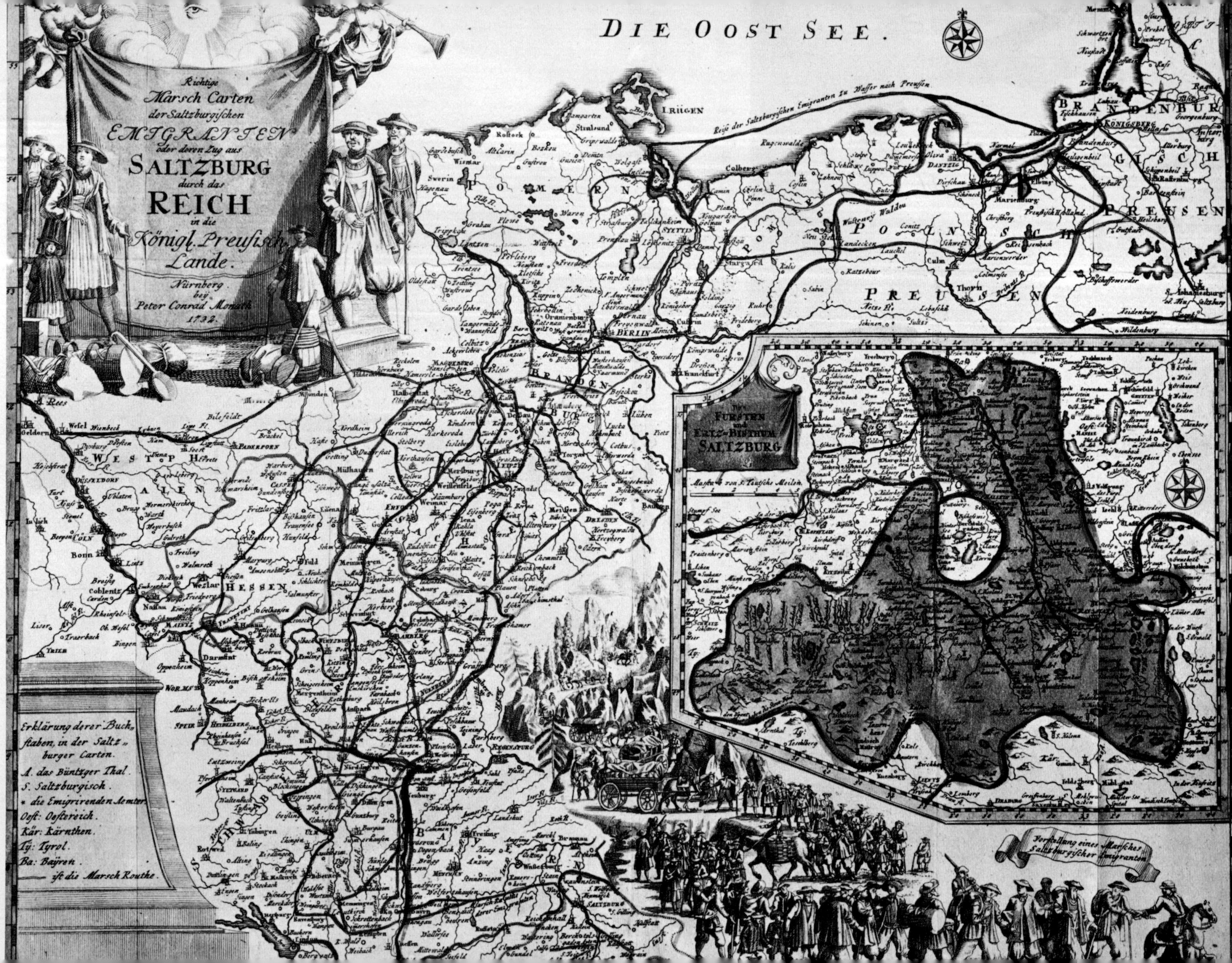
Richtige Marsch Carten der Saltzburgischen EMIGRANTEN oder deren Zug aus SALTZBURG durch das REICH in die Königl. Preusisch Lande. Nürnberg bey Peter Conrad Monath 1732.
DIE OOST SEE.
Reise der Saltzburgischen Emigranten zu Wasser nach Preussen
FÜRSTEN und ERTZ-BISTHUM SALTZBURG
Erklärung derer Buchstaben, in der Saltzburger Carten.
A. das Büntzger Thal.
S. Saltzburgisch.
∘ die Emigrirenden Aemter.
Oest: Oestereich.
Kär: Kärnthen.
Ty: Tyrol.
Ba: Baÿren.
ist die Marsch Routhe.
Vorstellung eines Marsches Saltzburgischer Emigranten
POMMERN
POLNISCH
PREUSSEN
BRANDENBURG
HESSEN
WESTPHALEN
SCHWABEN
BERLIN
KÖNIGSBERG
RÜGEN

Tafel 314. Der verfolgte Philosoph: Christian Freiherr von Wolff, 1679—1754

◄ Tafel 313. Die Glaubensflüchtlinge: Marsch-Karte der Salzburgischen Emigranten, 1732

Tafel 315. Die junge Habsburgerin: Maria Theresia, 1717—1780, 15jährig als Erzherzogin ►

Tafel 316. Der junge Hohenzoller: Kronprinz Friedrich von Preußen, 1712—1786 ► ►

Friderich Cron
Printz Von Preußen

Tafel 317. a) Der Rechtsreformer: Samuel Freiherr von Cocceji, 1679 bis 1755

Tafel 317. b) Anfang der Industriellen Revolution: Friedrich Anton Freiherr von Heinitz, 1725—1802

Tafel 318. Maria Theresias Staatsmann: Wenzel Anton Fürst Kaunitz-Rietberg, 1711—1794 ▶

ESPRIT DE LOIX

Tafel 320. a) Kaiserin und Mutter: Maria Theresia, 1717—1780, mit ihren Söhnen

Tafel 320. b) Der Mitregent: Kaiser Franz I., 1708—1765 ►

◄

Tafel 319. a) Der Alte Fritz: König Friedrich II. von Preußen, 1712—1786

Tafel 319. b) Schwester Friedrichs des Großen: Anna Amalia, Prinzessin von Preußen, 1723—1787

Tafel 319. c) Schwester Friedrichs des Großen: Wilhelmine Friederike, Prinzessin von Preußen, Markgräfin von Bayreuth, 1709—1758 ▼

Tafel 322. Der Reformkaiser: Kaiser Joseph II., 1741—1790 ▶

Tafel 321. a) Leibarzt der Kaiserin: Gerhard van Swieten, 1700 bis 1772
◀

Tafel 321. b) Die Kaiserstadt: Wien, Blick vom Graben gegen den Kohlmarkt, 1781

Joseph II. Roi des Romains et de Germanie
Prince Royal et héréditaire de hongrie et de Boheme &
Dedié à sa Majesté L'Imperatrice Reine Apostolique & en 1764.

Tafel 323. a) Die Kaiserstadt: Wien, vom oberen Belvedere aus gesehen, um 1770

Tafel 323. b) Das Kaiserschloß: Schloß Schönbrunn bei Wien, um 1770

Tafel 324. a) Die Königsstadt: Das Stadtschloß zu Potsdam. 1771

Tafel 324. b) Schloß Sanssouci

Tafel 325. Der Erbauer der Würzburger Residenz: Friedrich Carl von Schönborn, 1674—1746

Tafel 326. Das schönste Barockschloß: Die Residenz zu Würzburg ▶

Tafel 328. a) Westpreußisches Barock: Schloß Finckenstein

◀ Tafel 327. Preußischer Bauherr des Barock: Albrecht Konrad Graf Finck von Finckenstein

Tafel 328. b) Ostpreußisches Barock: Schloß Schlobitten

Tafel 329. »Elbflorenz«: Dresden, 1752

Tafel 330. a) Die geplante Stadt: Karlsruhe, um 1750 ►

Tafel 330. b) Die neue Universität: Bibliothek der Universität Göttingen, um 1750 ►

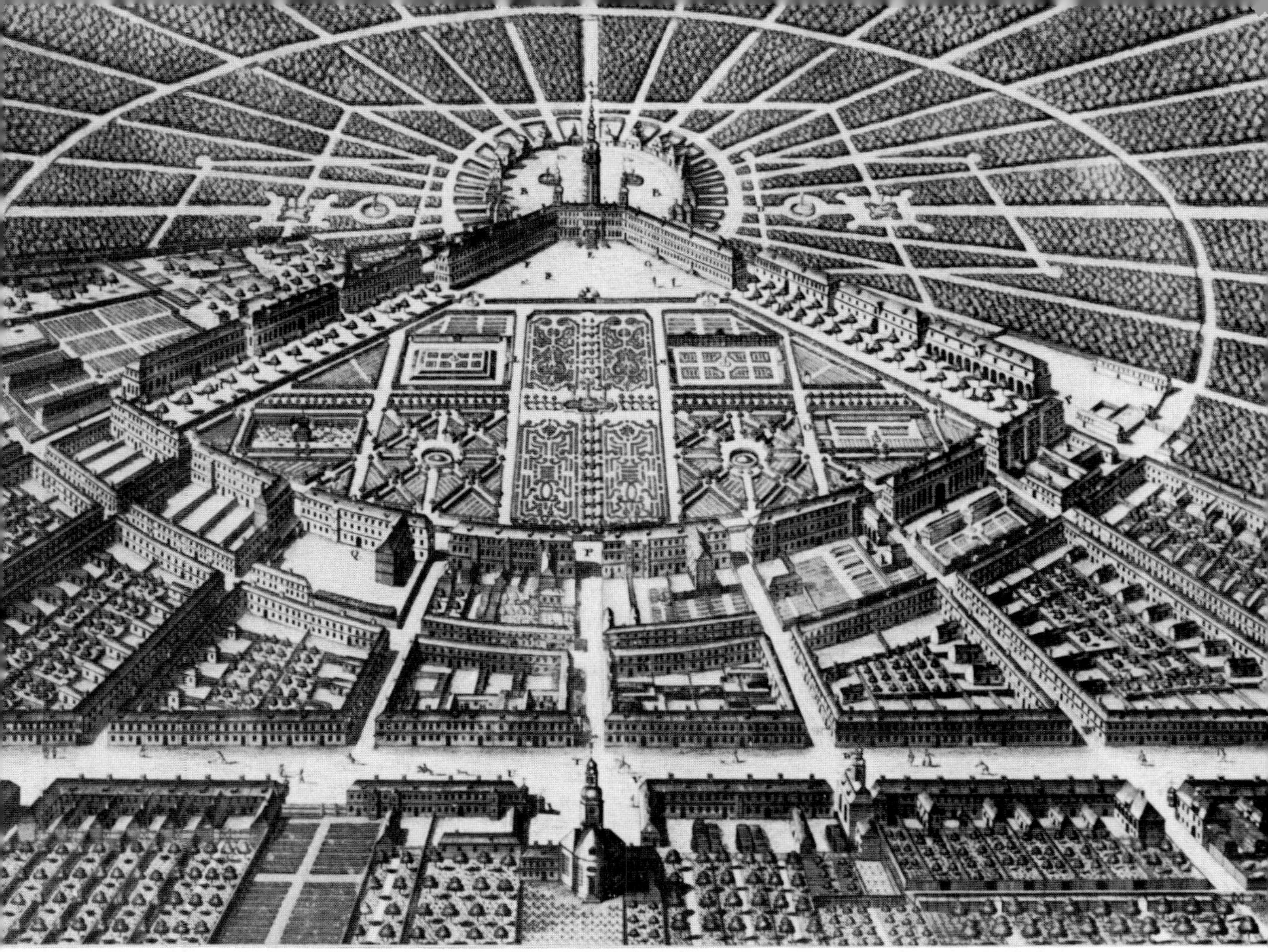

Tafel 331. Philosoph der Aufklärung: Immanuel Kant, 1724—1804
◄

Tafel 332. a) u. b) Der Hofjude: »Jud Süß«-Oppenheimer, 1692—1738

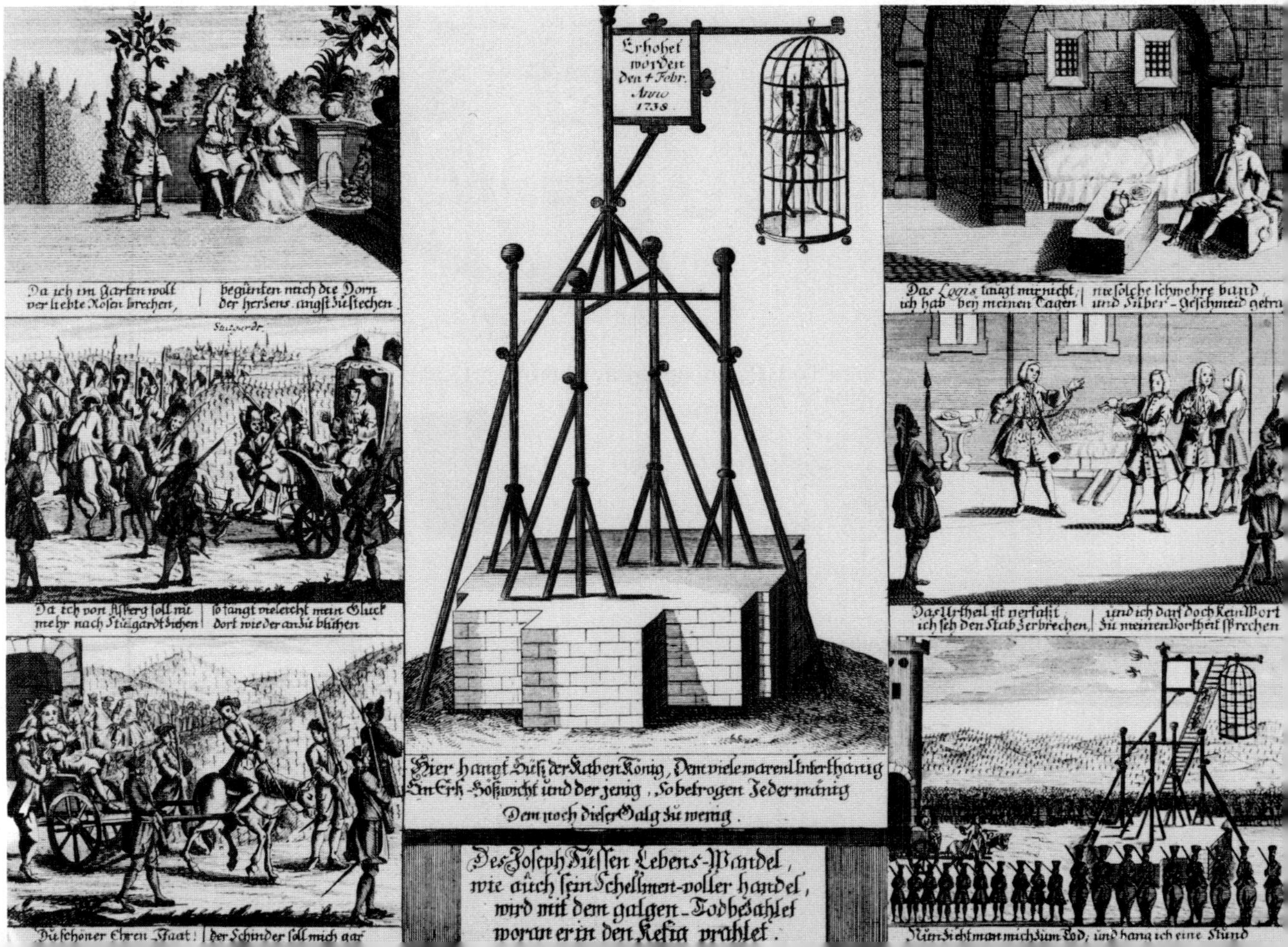

Tafel 333. Der Schwarze Tod: Pesthospital in Hamburg, 1750

Tafel 334. Die Messestadt: Am Fährtor von Frankfurt/Main, 1765 ▶

Tafel 335. Der weltgeschichtliche Seher: Johann Wolfgang von Goethe in der Campagna, 1788

Tafel 336. Heerführer bei Auerstedt: Herzog Karl Wilhelm Ferdinand von Braunschweig, 1735—1806

▶

CAROLUS. GUILIELMUS. FERDINANDUS. DUX. BRUNSVICENSIS.

Tafel 337. Erster Kaiser von Österreich: Franz I., 1768—1835
◄

Tafel 338. a) Preußischer Reformminister: Heinrich Friedrich Karl Freiherr vom und zum Stein, 1757 bis 1831

Tafel 338. b) Preußischer Staatskanzler: Karl August Fürst Hardenberg, 1750—1822

Tafel 339. Der große deutsche Naturwissenschaftler: Alexander von Humboldt, 1769—1859 ◄

Tafel 340. a) Reformer des Bildungswesens: Wilhelm von Humboldt, 1767—1835

Tafel 340. b) Die moderne Universität: Berlin, 1810

Thränen
Friese
Palm
Enghien
Schulz
Tilsitter Friede 1807
Hofer
Pichegru
Schmi
Wedel
Gabin
Schill
Neu'chatell
Dresdner Brücke

Tafel 342. a) Die preußische Königin: Königin Luise, 1776—1810

◀

Tafel 341. a) Der Fremdherrscher: Napoleon I., 1769—1821

Tafel 341. b) Die Fremdherrschaft: Die St. Petri-Kirche in Hamburg als Pferdestall, 1813/14

◀

Tafel 342. b) König zwischen Revolution und Restauration: Friedrich Wilhelm III. von Preußen, 1770—1840

Tafel 343. Neuordnung Europas: Der Wiener Kongreß 1814/15

Tafel 344. Schöpfer eines politischen Systems: Klemens Lothar Wenzel Fürst von Metternich, 1773—1859 ▶

Tafel 345. a) Europäischer Verkehrs- und Handelsplaner: Friedrich List, 1789—1846

Tafel 345. b) Der große Dichter auf der Zeitenwende: Johann Wolfgang von Goethe, 1749—1832

Tafel 346. Anfang der deutschen Einigung: Friedrich Christian Adolf von Motz, 1775—1830 ▸

Tafel 347. a) Anfang des Eisenbahnzeitalters: Borsigs Fabrik in Berlin vor dem Oranienburger Tor, 1862

Tafel 347. b) Anfang der Fabriklandschaft: Das Walzwerk bei Eberswalde, um 1835

Tafel 348. a) Der große deutsche Überseehafen: Hamburg nach dem Brand von 1842

Tafel 348. b) Naturwissenschaft und neue Industrie: Justus von Liebigs Laboratorium in Gießen, 1842

Tafel 349. a) Die Deutsche Nationalversammlung: Sitzung in der Paulskirche, 1848

Tafel 349. b) »Romantiker auf dem Thron«: König Friedrich Wilhelm IV. von Preußen, 1795—1861

Tafel 350. a) Führer der proletarischen Revolution: Karl Marx, 1818—1883

Tafel 350. b) Revolution: Die Aufbahrung der Märzgefallenen von Berlin, 1848

Tafel 351. Preußischer Ministerpräsident: Otto von Bismarck, 1815—1898 (Lithographie 1862)

Tafel 352. Deutscher Sozialist: Ferdinand Lasalle, 1825—1864 ▶

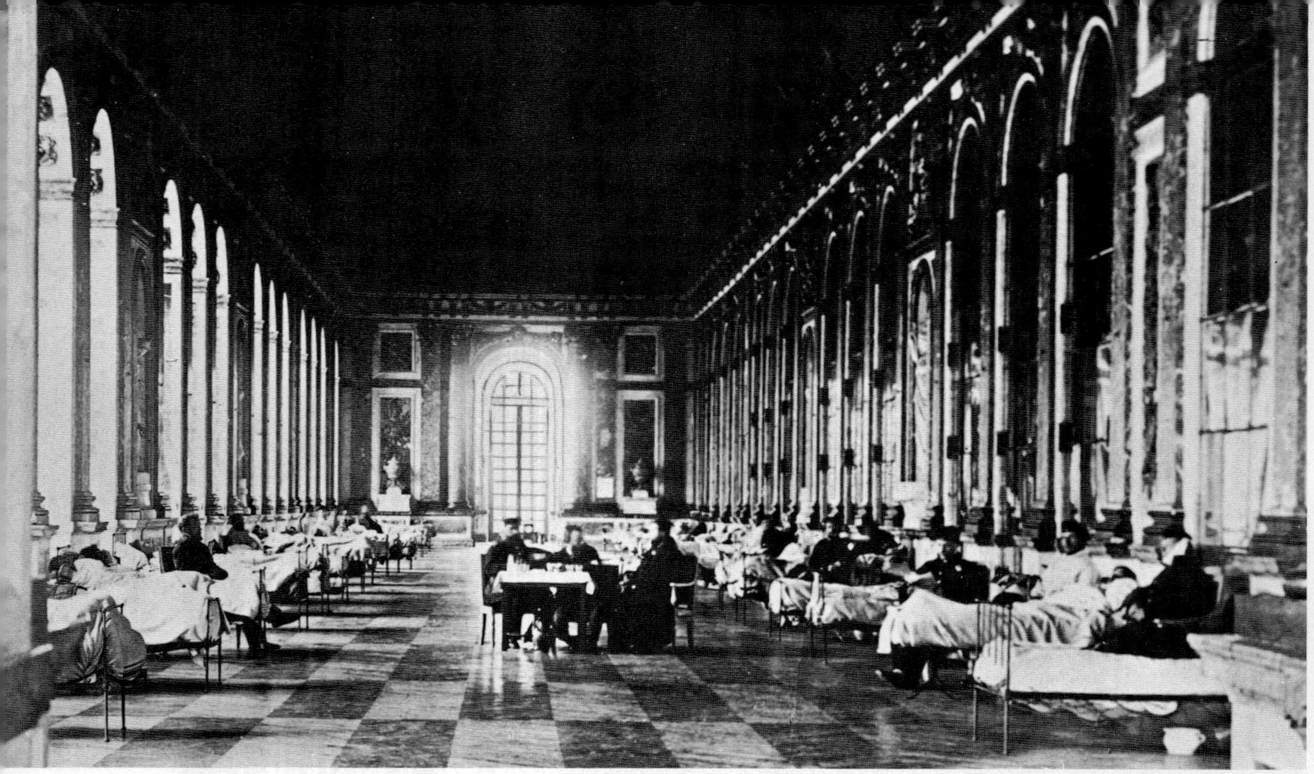

Tafel 353. a) Die Reichsgründung: Der Krieg 1870/71

Tafel 353. b) Das Kaiserreich: Die Kaiserproklamation zu Versailles, 1871

Tafel 354. a) Der Kaiser: Kaiser Wilhelm I. auf der Kurpromenade in Bad Ems, 1878

Tafel 354: b) Das Kaiserreich: Das Ballsouper, Gemälde von Adolph von Menzel, 1878

Tafel 355. a) Kolonialpolitik: Carl Peters, 1856 bis 1918

Tafel 356. a) Flottenbau und Seefahrt: Einweihung des Kaiser-Wilhelm-Kanals, 1895 ▶

Tafel 356. b) Welthandel: Teil des Hamburger Hafens um 1865 ▶

Tafel 355. b) Imperialismus: Robert Koch, 1843 bis 1910, mit einer Gruppe von Mitarbeitern in Ostafrika, 1906

Abonnements
werden beim Verlag und dessen bekannten Agenten entgegengenommen, und zwar zum voraus zahlbaren Vierteljahrspreis von:
Mk. 4,40 für Deutschland (direkt per Brief-Couvert)
fl. 2,75 für Oesterreich (direkt per Brief-Couvert)
Shill. 2,— für alle übrigen Länder des Weltpostvereins (Kreuzband).

Inserate
die dreigespaltene Petitzeile
3 Pence = 25 Pfg. = 30 Cts.

Der Sozialdemokrat

Organ der Sozialdemokratie deutscher Zunge.

Erscheint wöchentlich einmal in **London.**

Verlag der German Cooperative Publishing Co. E. Bernstein & Co., London N.W. 114 Kentish Town Road

Postsendungen franko gegen franko. Gewöhnliche Briefe nach England kosten Doppelporto.

№ 10. — 8. März 1890.

Briefe an die Redaktion und Expedition des in Deutschland und Oesterreich verbotenen „Sozialdemokrat" wolle man unter Beobachtung äußerster Vorsicht abgehen lassen. In der Regel schicke man uns die Briefe nicht direkt, sondern an die bekannten Deckadressen. In zweifelhaften Fällen eingeschrieben.

20 Mandate im ersten Wahlgang, 17 in der Stichwahl.

1,341,587 sozialdemokratische Wähler — 567,405 Zuwachs

Im ersten Wahlgang:

Glauchau-Meerane:
[illegible] **Auer**, Sattler (Schriftsteller) in München.

Hamburg I.:
A. Bebel, Drechslermeister (Schriftsteller) in Dresden.

Hamburg II.:
J. H. W. Dietz, Buchdrucker in Stuttgart.

Greiz:
C. Förster, Zigarrenarbeiter in Hamburg.

Altona:
Karl Frohme, Schlosser (Schriftsteller) in Hannover.

Leipzig-Land:
F. Geyer, Zigarrenarbeiter in Großenhain.

Nürnberg:
K. Grillenberger, Schlosser (Korrektor) in Nürnberg.

Barmen-Elberfeld:
F. Harm, Weber (Gastwirth) in Barmen.

Mülhausen i. Elsaß:
[illegible] **Hickel**, Schreiner in Mühlhausen.

Berlin VI.:
W. Liebknecht, Schriftsteller in Borsdorf.

Hamburg III.:
Wilhelm Metzger, Spengler (Journalist) in Hamburg.

Chemnitz:
Max Schippel, Schriftsteller in Berlin.

Mittweida-Limbach:
[illegible] **Schmidt**, Buchdrucker in Berlin.

Solingen:
Gg. Schumacher, Gerber in Solingen.

Schneeberg-Stollberg:
J. Seifert, Schuhmacher in Zwickau.

Berlin IV.:
P. Singer, Kaufmann in Dresden.

Zwickau-Crimmitschau:
W. Stolle, Gärtner (Gastwirth) in Gesau.

München II. und Magdeburg:
G. Vollmar, Schriftsteller in München.

Gera:
E. Wurm, Schriftsteller in Dresden.

In der Stichwahl wurden gewählt:

München I.:
J. Birk, Gastwirth in München.

Braunschweig:
W. Blos, Schriftsteller in Stuttgart.

Bremen:
J. Bruhns, Zigarrenarbeiter in Bremen.

Mannheim:
A. Dreesbach, Tischler (Kaufm.) Mannheim.

Calbe-Aschersleben:
Aug. Heine, Hutfabrikant in Halberstadt.

Naumburg a. Saale:
W. Hofmann, Zigarrenarbeiter in Chemnitz.

Mainz:
Franz Jöst, Tischler in Mainz.

Halle a. Saale:
Fritz Kunert, Lehrer (Redakteur) in Breslau.

Hannover:
H. Meister, Zigarren-Arbeiter in Hannover.

Ottensen-Pinneberg:
H. Molkenbuhr, Zig.-Arbeiter in Kellinghusen.

Frankfurt a. M.:
Wilh. Schmidt, Lithograph in Frankfurt.

Sonneberg:
P. Reißhaus, Schneider in Erfurt.

Königsberg i. Pr.:
Carl Schultze, Zigarrenarbeiter in Königsberg.

Lübeck:
Th. Schwartz, Koch (Gastwirth) in Lübeck.

Nieder-Barnim:
Arth. Stadthagen, Rechtsanwalt in Berlin.

Breslau-Ost:
Franz Tutzauer, Tischler in Berlin.

Offenbach-Dieburg:
Carl Ulrich, Schlosser (Redakteur) in Offenbach.

Siegreiche Stichwahlen:

	1890	1887	Stichwahl
München I	7,570	1,563	[illegible]
Braunschweig	13,621	10,666	15,000
Bremen	14,843	7,713	16,404
Mannheim	8,701	5,128	12,801
Calbe-Aschersleben	12,514	4,837	16,373
Naumburg	10,563	5,591	13,000
Mainz	8,060	5,526	10,000
Halle a/S	12,818	6,590	14,500
Hannover	16,570	12,210	19,000
Ottensen	10,820	6,520	13,010
Königsberg	12,327	7,967	13,138
Frankfurt a. M.	12,654	[illegible]	18,090
Lübeck	6,399	4,254	7,316
Nieder-Barnim	13,628	5,650	15,400
Breslau-Ost	9,996	7,781	12,337
Offenbach	10,334	8,024	13,000
Sonneberg	7,215	4,659	10,000

Der erste Akt.

Das war vor der Entscheidungsschlacht
In eurem Lager wüstes Lärmen!
Die Becher klangen durch die Nacht,
Musik, Geschrei und trunknes Schwärmen.
Wir sahen euch im Tanze drehn
Durch eurer Lagerfeuer Qualmen
Und ließen uns herüberwehn
Vom Wind die Melodie von Psalmen.

Da ward gebetet und geflucht,
Denn abseits von der tollen Rotte
Hat zitternd Trost und Schutz gesucht
Das Muckerthum bei seinem Gotte;
Und während auf den Knien lag
Mit Angstgeplärr der Troß der Pfaffen,
Schliff pfeifend für den „Ehrentag"
Der Uebermuth sich seine Waffen.

So habt ihr, prahlend und verzagt
Und mit geheucheltem Vertrauen,
Die Nacht verjubelt und verklagt,
Statt ernst auf's gute Recht zu bauen;
Und während still das Dunkel wich
Dem Tag und seiner Strahlenkrone
Vollzog in finsterm Schweigen sich
Der Aufmarsch uns'rer Bataillone.

Vernehmlich liefen durch die Reih'n
Geflüsterte Kommandoworte:
Ein Jeder stand im Morgenschein
Geschlossen am bestimmten Orte.
Wir wußten, wo der Gegner stand,
Und konnten nicht im Wege irren,
Und wenn ein schwacher Laut entschwand,
So war's der Waffen leises Klirren.

Wohl krampfte zornig sich die Hand,
Wohl schlug das Herz im heißen Grimme,
Doch selbst die tiefste Wallung fand
In diesen Stunden keine Stimme,
Und kaum ein Lächeln ward getauscht
Von Freunden, wie ein ernstes Mahnen,
Wenn leicht im Morgenwind gerauscht
Die ehrenreichen rothen Fahnen.

Ein Wink, dann ein Trompetenstoß,
Ein Schrei des Hasses tausendstimmig —
Und furchtbar brach das Wetter los,
Wildschön, erhaben, aber grimmig!
Das war kein zierlich Lanzenspiel,
Das war ein Kampf auf Tod und Leben,
Und wer von uns'ren Hieben fiel,
Dem wurde kein Pardon gegeben.

Und w i e sie fielen! Links und rechts
Brach's wie der Sturm in ihre Glieder,
Warf rauh die derbe Faust des Knechts
Die zarten, seid'nen Herrlein nieder.
Der Sturm zerblies ihr Heer wie Schaum —
Sie suchten sich umsonst zu sammeln,
Und selbst die Frömmsten fanden kaum
Die Zeit, ihr Stoßgebet zu stammeln.

Ward deines Gleichen je gesehn,
Gewaltigste der Niederlagen?
Um die Armada war's geschehn,
Bevor sie sich noch recht geschlagen,
Und mancher prahlerische Held
Geziert mit Federn und mit Ketten,
Irrt jammernd flüchtig über's Feld
Und sucht verzweifelnd sich zu retten.

Die sich gebrüstet und gebläht,
Als ob sie Keiner jemals schlage —
Wie Garben liegen sie gemäht
Nach diesem großen Ehrentage,
Und die voll Hochmuth uns gedroht,
Daß sie uns fesseln und bänden —
Kein Hund nimmt einen Bissen Brot
Nach diesem Tag aus ihren Händen.

Nach ihren stolzen Fahnen greift
Die Hand des Niedrigsten und Letzten;
Durch Blut und Koth der Wahlstatt schleift
Er spöttisch singend die zerfetzten;
Und was nur splitterte, nicht brach,
Entrann nicht rächenden Geschicken,
Denn unter dieser Last von Schmach
Wird es wie Rohr zusammenknicken.

Wir aber stehen stumm und dicht
In Massen wieder und Kolonnen;
Wir sind die blöden Narren nicht,
Zu glauben, Alles sei gewonnen.
Das große Schauspiel hat gepackt —
So lehrt mit einem Eisenbesen;
Doch ist's, ihr Herr'n, der erste Akt
Des Riesendramas nur gewesen!

R.

Tafel 357. Sozialismus: »Der Sozialdemokrat«, 1890
◄

Tafel 358. Sozialistenführer: August Bebel, 1840—1913

Tafel 360. Das Ende des »Zeitalters Bismarcks«: Bismarcks Abschied von Berlin, 1890

◄ Tafel 359. a) Das Dreikaiserjahr: Wilhelm II. und Bismarck, 1888

◄ Tafel 359. b) Kaiser der 99 Tage: Friedrich III., 1831—1888

Tafel 361. a) Neues Bildungswesen: F. Th. Althoff, 1839—1908

Tafel 362. a) Journalist des Wilhelminismus: Maximilian Harden, 1861 bis 1927 ▶

Tafel 362. b) National-sozialer Imperialist: Friedrich Naumann, 1860 bis 1919 ▶ ▶

Tafel 362. c) Neue Ansätze: Die Jugendbewegung, um 1910 ▶

Tafel 361. b) Kanzler des Wilhelminismus: Bernhard Fürst Bülow, 1849—1929

Tafel 363. a) Weltwirtschaft: Die Wiener Weltausstellung, 1873

Tafel 364. Verstädterung: Berliner Mietskaserne, um 1900 ▶

Tafel 363. b) Volkswirtschaft: Die Reichsbank in Berlin, 1900

Erster-Hof.
Zweiter-Hof.
dritter-Hof
Bade-Anstalt
Bad Mayershof
Holz-Kohlen & Kartoffelhandlung nächster Hof.
1337

Tafel 366. Begründer der Elektroindustrie: Werner von Siemens mit seinen Brüdern, um 1880

◄

Tafel 365: »Kanonen-König«: Alfred Krupp, 1812—1887

Tafel 368. a) Totale Vernichtung: Trichterfeld in der »Kasematten-Schlucht« bei Verdun, 1917 ▶

Tafel 368. b) Die letzte Offensive: Kampfgelände am Chemin des Dames, Frühjahr 1918 ▶

Tafel 367. a) Kriegsausbruch: Bayerische Infanterie im August 1914

Tafel 367. b) Die Politik der OHL: Wilhelm II. mit Hindenburg und Ludendorff, Anfang 1917

Tafel 368. c) Der »Kohlrübenwinter«: Die Zivilbevölkerung wird aus der Gulaschkanone versorgt, Winter 1916/17 ▶

Tafel 368. d) Der »totale Krieg«: Arbeiterinnen in einer Munitionsfabrik, 1918 ▶ ▶

Portion 35

Tafel 369. Revolution in Deutschland: Aufständische Matrosen vor dem Brandenburger Tor in Berlin, November 1918

Tafel 370. a) Spartakus: Karl Liebknecht, 1871—1919 ▶

Tafel 370. b) Die Revolutionärin: Rosa Luxemburg, 1870—1919 ▶ ▶

Tafel 371. a) Der Reichspräsident: Friedrich Ebert, 1871—1925

Tafel 372. Europäischer Staatsmann: Gustav Stresemann, 1878—1929 ▶

Tafel 371. b) Hitler-Putsch: Verhaftung der Münchener Stadträte, 9. November 1923

Tafel 373. a) Die kommunistische Alternative: Ernst Thälmann, 1886—1944

Tafel 374. Hitler, die letzte Hoffnung: Nationalsozialistisches Wahlplakat zur Reichstagswahl am 6. November 1932 ▶

Tafel 373. b) Kanzler der Mitte: Heinrich Brüning, geb. 1885, und Staatssekretär Pünder im Wahllokal, 1932

Unsere letzte Hoffnung:
HITLER

Tafel 376. a) Der »Tag von Potsdam«: Hindenburg schreitet am 21. März 1933 vor der Garnisonkirche in Potsdam eine SA-Front ab

◀ Tafel 375. Der »Führer«: Adolf Hitler, 1889—1945, während einer Rede in Nürnberg 1934

Tafel 376. b) Der »Tag von Potsdam«: Hitler vor Hindenburg am 21. März 1933

Deutsche Studenten marschieren
wider den
undeutschen Geist
12 238

Tafel 377. a) Der »undeutsche Geist«: Bücherverbrennung durch Studenten in Berlin, Mai 1933

◀

Tafel 378. KZ: In Wöbbelin bei Ludwigslust (Mecklenburg) befreite KZ-Häftlinge, April 1945

◀

Tafel 377. b) »Schutzhäftlinge«: Erste Aufnahme aus dem Sammellager Oranienburg, April 1933

Tafel 379. a) Die Wehrmacht: Reichskriegsminister von Blomberg gratuliert Generaloberst von Seeckt zum 70. Geburtstag, 1936

Tafel 380. Reichsführer SS: Heinrich Himmler, 1900—1945, mit Adolf Hitler, 20. April 1939 ▶

Tafel 379. b) Hitlers einziger Duz-Freund: Stabschef der SA Ernst Röhm, 1887—1934, mit seinem »persönlichen Adjutanten«, Graf Spreti, 1933

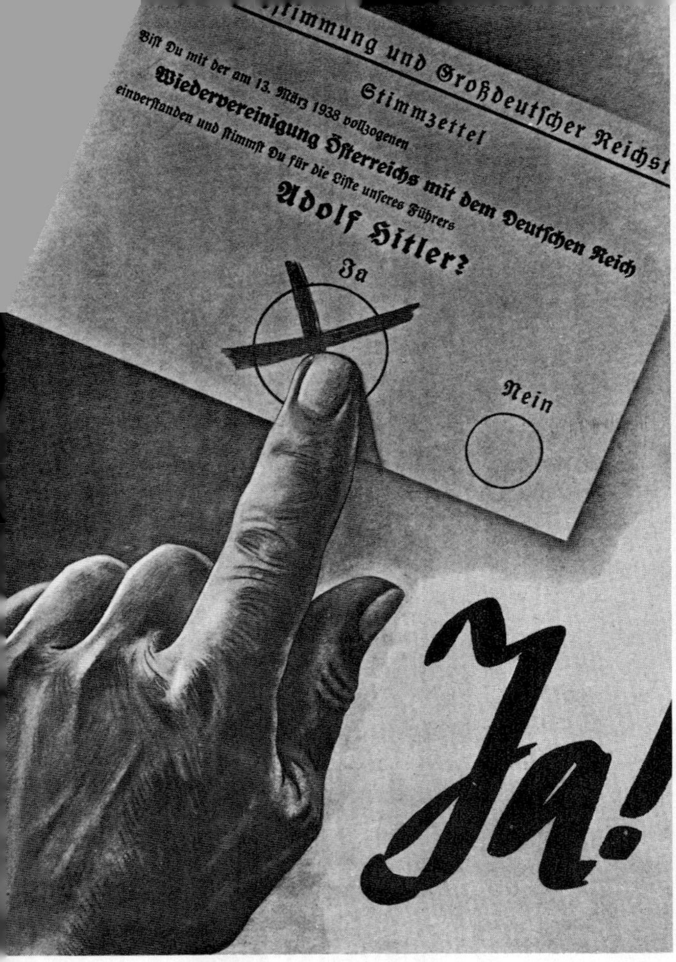

Tafel 381. a) Reichstags-»Wahl«: Volksabstimmung und Wahl, 1938

Tafel 381. b) Der Anschluß: Wiener erwarten vor der Neuen Hofburg Hitler, März 1938

Tafel 381. c) Das Sudetenland: Deutsche Truppen überschreiten die Grenze bei Sohland, 2. Oktober 1938

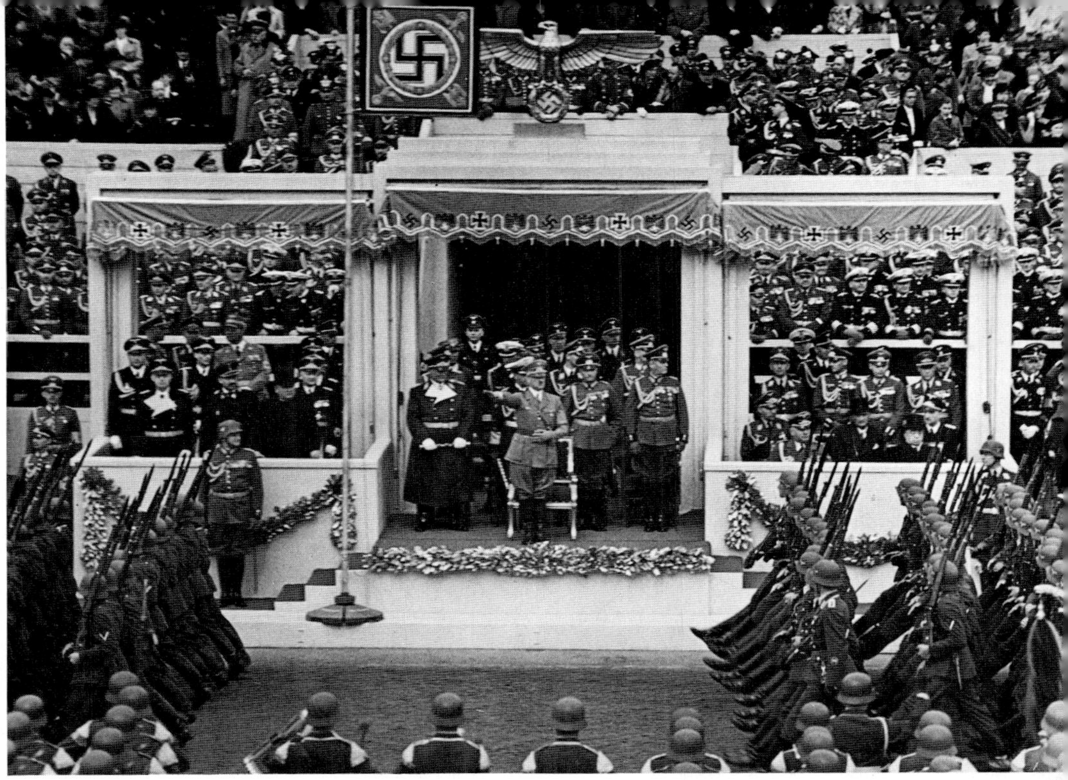

Tafel 382. a) »Führergeburtstag«: Vorbeimarsch eines Luftwaffen-Regiments bei der Parade anläßlich des 50. Geburtstages von Adolf Hitler, 20. April 1939

Tafel 382. b) »Die große Parade«: Ausländische Militärattachés beobachten den Vorbeimarsch am 20. April 1939

Tafel 383. Die »Reichskristallnacht«. a) Brennende Synagoge in Berlin am 9. November 1938. b) Jude mit »Judenstern«, Ende 1938

Tafel 384. a) Der »Hitler-Stalin-Pakt«: Unterzeichnung des deutsch-russischen Grenz- und Freundschaftsvertrages vom 28. September 1939 in Moskau

Tafel 384. b) Auf der Höhe der Macht: Hitler und seine am 19. Juli beförderten Marschälle in der Reichskanzlei, August 1940

Tafel 385. a) Die Niederlage in Afrika: Panzer des deutschen Afrikakorps, Januar 1942

Tafel 386. a) Die Niederlage im Osten: Die Überlebenden der VI. deutschen Armee ziehen von Stalingrad in die Gefangenschaft ▶

Tafel 386. b) Die Zweite Front: Die amerikanisch-englische Invasion in der Normandie, 6. Juni 1944 ▶

Tafel 385. b) See- und Luftkrieg: Heimkehrendes deutsches U-Boot im Schutz eines Flugzeugs vor der französischen Kanalküste, 1942

Tafel 387 u. 388. Widerstand und Attentat:
Julius Leber, 1891—1945

Erwin von Witzleben, 1881—1944

Sophie Scholl, 1921—1943

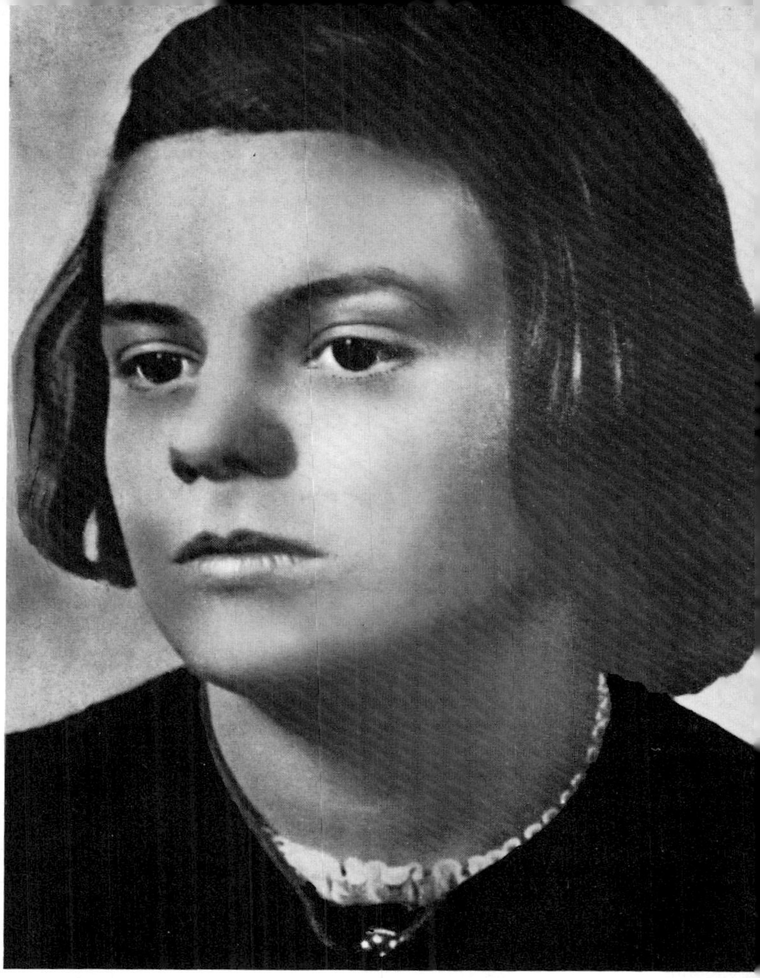

Klaus Graf Schenk von Stauffenberg, 1907 bis 1944

Tafel 389. a) Bombenkrieg: Das zerstörte Rotterdam acht Monate nach dem deutschen Luftangriff vom Mai 1940

Tafel 389. b) Das Kriegsende: Das zerstörte und menschenleere Köln, Frühjahr 1945

Tafel 390. a) Deutschland von den Siegern besetzt: Sowjetsoldaten pflanzen die Rote Fahne auf dem Reichstagsgebäude in Berlin auf, Mai 1945

Tafel 390. b) Hauptkriegsverbrecher: Prozeß gegen die Hauptkriegsverbrecher im Nürnberger Justizpalast, 1945/46

Tafel 391. a) Der Marshall-Plan: Plakat aus den Jahren 1949/50

Tafel 391. b) Die Bundesrepublik Deutschland: Der neu gewählte Bundespräsident Theodor Heuss, 1884—1963, hält seine erste Ansprache vor dem Bundestag, September 1949

Tafel 392. a) Die Opposition: Kurt Schumacher, 1895—1952, Erster Vorsitzender der Sozialdemokratischen Partei Deutschlands, beim Betreten des ersten Bundestages, September 1949

Tafel 392. b) Höhe des Wiederaufstiegs: Plenarsitzung des Vierten Deutschen Bundestages, Ende 1964

ALISTISCHE EINHEITSPARTEI

Tafel 394. Deutscher Aufstand: Volkserhebung und sowjetische Panzer in Berlin, 17. Juni 1953

◄

Tafel 393. Die Spaltung Deutschlands: Der sowjetische Ministerpräsident N. Chruschtschow spricht auf dem Parteitag der SED in Ost-Berlin, 1958; hinter ihm W. Ulbricht, O. Grotewohl und der Vertreter der Volksrepublik China

Tafel 396: Die »Mauer«: Ostberliner Bauarbeiter beim Bau der Mauer unter Bewachung durch Volkspolizisten der DDR in der Bernauer Straße, 1966

◄

Tafel 395: Eiserner Vorhang: Ostdeutscher Volkspolizist und Kind an der Grenze durch Deutschland, Europa und das Abendland, 1960

AEG

DEUTSCHLAND - DAS IST AUCH BRESLAU KÖNIGSBERG STETTIN
Schlesien ist deutsch
Wir lassen unsere Heimat von Keinem verkaufen!!
Deutschland 3 geteilt - niemals!
Bonn
Berlin
München
weg mit den roten Grenzen

Tafel 397. a) West-Berlin: Die Kaiser Wilhelm-Gedächtnis-Kirche

◀

Tafel 397. b) Flüchtlinge und Vertriebene: Schlesiertreffen, 1965

◀

Tafel 398. a) Wirtschaftswunder und Soziale Marktwirtschaft: Bundeskanzler Ludwig Erhard, geb. 1897

Tafel 398. b) »Tor zur Welt«: Hamburger Hafen mit Industriegelände, 1967

Tafel 400. Der erste Bundeskanzler: Konrad Adenauer, 1876—1967

◀ Tafel 399. Kritik an der Bundesrepublik: Der Schriftsteller Heinrich Böll, geb. 1917

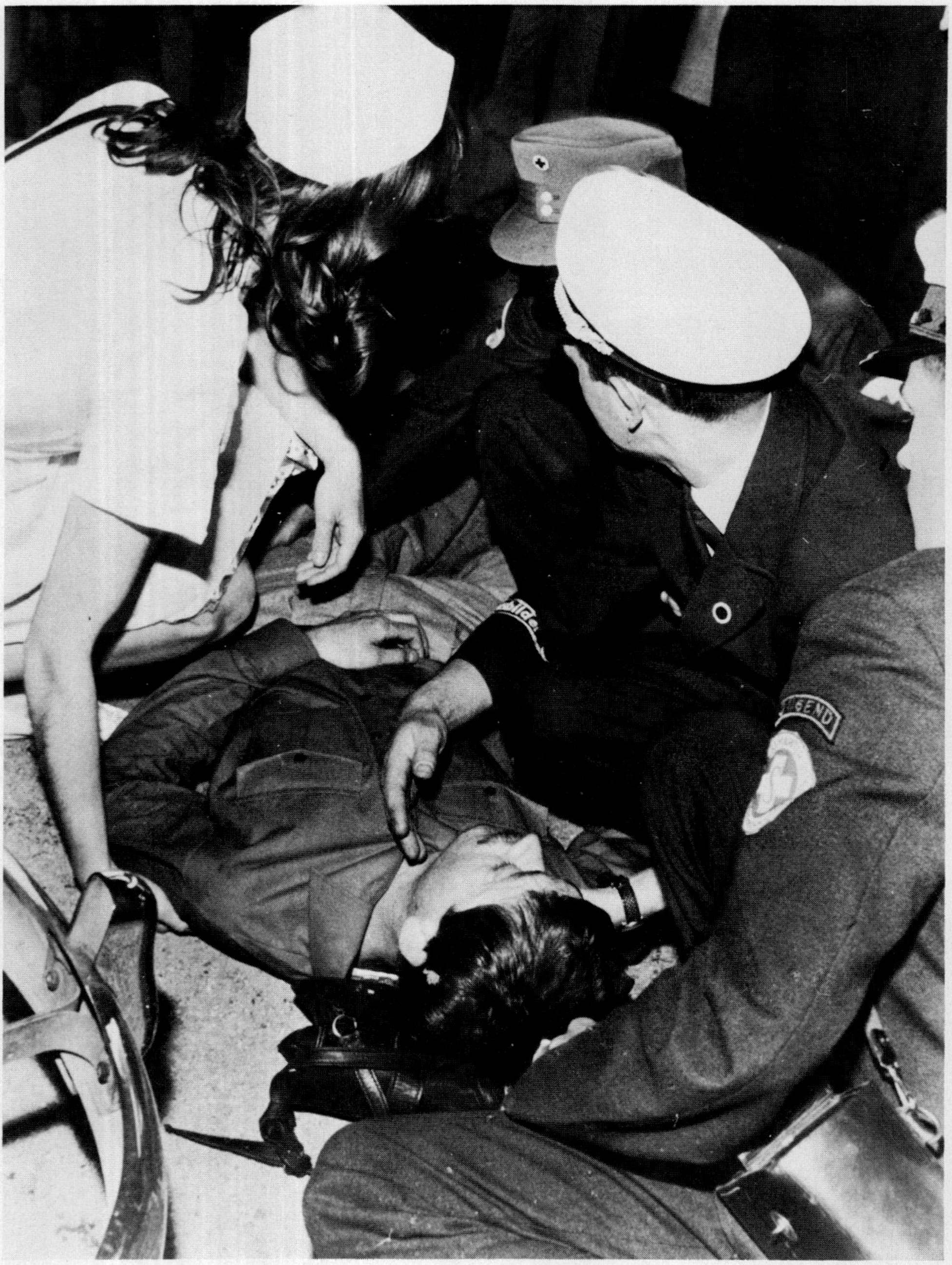

Tafel 401. Der Student Benno Ohnesorg nach dem tödlichen Schuß am 2. Juni 1967

Tafel 402. Terrorismus in der Bundesrepublik: Fahndungsplakat des Bundeskriminalamts in ▶ Wiesbaden vom 15. November 1979 mit Steckbriefen mutmaßlicher Terroristen

Terroristen
ALBRECHT
Susanne
28 Jahre
Größe: 176 cm
2 Muttermale links am Kinn, Leberfleck unter linkem Auge, Sommersprossen
HOFMANN
Sieglinde
34 Jahre
Größe: 157 cm
je ein Muttermal auf linker Wange und rechtem Mundwinkel, Narbenverdickung auf Nasenrücken
PLAMBECK
Juliane
27 Jahre
Größe: 170 cm
Tödlicher Autounfall 25.07.80
BARABASS
Ingrid, Ursula
27 Jahre
Größe: 167 cm
2 kleine Warzen auf linker Stirnseite
Festnahme 05.05.80 in Paris
KLAR
Christian
27 Jahre
Größe: 182 cm
ausgeprägter Adamsapfel, zeitweise Brillenträger
SCHULZ
Adelheid
24 Jahre
Größe: 162 cm
2 Muttermale auf rechter Wange, zeitweise Brillenträgerin
BOOCK
Peter, Jürgen
28 Jahre
Größe: 172 cm
3 Muttermale auf rechter Halsseite, kleine Narbe am Nasensteg
KRABBE
Friederike
29 Jahre
Größe: 172 cm
trägt zeitweise getönte Brille
SIEPMANN
Ingrid
35 Jahre
Größe: 171 cm
Leberfleck rechts über der Oberlippe
DÜMLEIN
Christine
30 Jahre
Größe: 172 cm
LOTZE
Werner, Bernhard
27 Jahre
Größe: 174 cm
STERNEBECK
Sigrid
30 Jahre
Größe: 169 cm
FRIEDRICH
Baptist-Ralf
33 Jahre
Größe: 181 cm
Muttermal an linker Stirn- und Wangenseite
MAIER-WITT
Silke
29 Jahre
Größe: 171 cm
VIETT
Inge
35 Jahre
Größe: 163 cm
Narbe am rechten Zeigefinger (1 cm lang, 3. Glied, Fingerunterseite), zeitweise Brillenträgerin
HELBING
Monika, Brigitte
26 Jahre
Größe: 170 cm
2 Muttermale (Warzen) oberhalb des linken Mundwinkels, Muttermal links vom Kehlkopf, trägt zeitweise getönte Brille
MOHNHAUPT
Brigitte
30 Jahre
Größe: 162 cm
Brillenträgerin
WAGNER
Rolf, Klemens
35 Jahre
Größe: 175 cm
Narbe an linkem Kinnwinkel (3 cm), Brillenträger
Festnahme 19.11.79 in Zürich
Für Hinweise, die zur Ergreifung einer der gesuchten Personen führen, sind je 50 000 DM als Belohnung ausgesetzt, die unter Ausschluß des Rechtsweges zuerkannt und verteilt werden. Die Belohnungen sind nicht für Personen bestimmt, zu deren Berufspflichten die Verfolgung strafbarer Handlungen gehört.
Vorsicht Schußwaffen!
Hinweise, die auf Wunsch vertraulich behandelt werden, nimmt jede Polizeidienststelle entgegen.
Herausgeber und Verleger: Bundeskriminalamt Wiesbaden · Druck: Bundesdruckerei · Ausgabe November 1979

Tafel 403. Das Klinikum in Berlin-Steglitz, 1969

Tafel 404. Das Kernkraftwerk Biblis, 1971

Tafel 405. a) Die Unterzeichnung des deutsch-sowjetischen Vertrages am 12. August 1970 im Katharinensaal des Kreml. Von links: Bundesaußenminister Walter Scheel, Bundeskanzler Willy Brandt, Alexej Kossygin, Vorsitzender des Ministerrats der UdSSR, Andrej Gromyko, Außenminister der UdSSR

Tafel 405. b) Die Unterzeichnung des deutsch-polnischen Vertrages im Palais des Ministerrats in Warschau am 7. Dezember 1970. Von links: Staatssekretär Egon Bahr, Bundeskanzler Willy Brandt, Generalsekretär der polnischen Arbeiterpartei, Wladislaw Gomulka, Ministerpräsident Josef Cyrankiewicz, Außenminister Stefan Jendrychowski

Tafel 408. Teil der Sammlung Ludwig im Wallraf-Richartz-Museum in Köln, 1969 ▶

Tafel 409. Künstlerischer Leiter des Studios für elektronische Musik des Westdeutschen Rundfunks: Karlheinz Stockhausen, geb. 1928

▶▶

Tafel 406. Herbert von Karajan, geb. 1908, dirigiert die Berliner Philharmoniker

Tafel 407. Ein Saal der ersten »documenta«-Ausstellung in Kassel, 1955

Tafel 410. Olympiagelände in München mit Zeltdach, 1972

Tafel 411. Messegelände in Hannover, 1980

Tafel 412. Der Zensor. Gemälde von Silvia Quandt

Tafel 413. Das Bankenviertel in Frankfurt/M., 1980

Tafel 414. a) Der letzte »Käfer« in Wolfsburg, 1974

Tafel 414. b) Die »Neue Klasse«: BMW 520. Im Hintergrund das BMW-Hochhaus in München, 1970

Tafel 414. c) Der Erfolgreiche: LKW von Daimler-Benz in Stuttgart, 1980

▲

Tafel 415. Rundfunk- und Fernseh-Übertragungswagen beim deutsch-deutschen Gipfeltreffen in Kassel am 21. Mai 1970

◀

Tafel 416. Feminismus: Plakat der »Wisconsin Alliance« zur Feier des Internationalen Jahres der Frau, 1975

Tafel 417. a) Das »Deutsche Schiffahrtsmuseum« in Bremerhaven, 1975

▶

Tafel 417. b) Der Vater des »Deutschen Schiffahrtsmuseums«, Dr. Hanswilly Bernartz, geb. 1912

▶▶

Tafel 417. c) Der Erbauer des »Deutschen Schiffahrtsmuseums«, Hans Scharoun, 1893 bis 1972

▲
Tafel 418. Ruhrfestspiele in Recklinghausen: Bergleute diskutieren mit dem Schauspieler Klaus Höhne auf der Zeche »General Blumenthal«, 1975

Tafel 419. Vom »Kulturkreis des Bundesverbandes der Deutschen Industrie« ausgezeichnet: Der Verbannte. Federzeichnung von Roger Loewig, geb. 1930

Tafel 420. Europas größter Hochofen in Schwelgern, 1980

Tafel 421. Im Bau befindliches Kraftwerk in Bergkamen, 1979

PB-132

◀
Tafel 422. a) Ansprache Bundeskanzler Adenauers vor den ersten Freiwilligen der Bundeswehr in Andernach, 1955

◀
Tafel 422. b) Zur ersten Waffengeneration gehörten der Panzer M 48 und der Hubschrauber »Alouette«

Tafel 423. a) Gesamtansicht der 1964 gegründeten Universität Konstanz

Tafel 423. b) Foyer der Universität Konstanz

Tafel 424. Durch die Wahl vom 5. Oktober 1980 bestätigt: Bundeskanzler Helmut Schmidt, geb. 1918

Teil III
Erläuterungen
zu den Bildtafeln

Farbtafeln A bis T

Farbtafel A. Schlangenfadenglas aus Köln (um 300 n. Chr.)
Unter den seit der Mitte des 2. nachchristlichen Jahrhunderts auftretenden Erzeugnissen Kölner Glasbläsereien ragen die Kölner »Schlangenfadengläser« hervor. Die der Zeit um 300 n. Chr. angehörende Glasflasche hat Goldfäden und solche in blauer, weißer und roter Farbe als Auflagen (Einleitung S. 19).
Aufbewahrungsort und Foto: Römisch-Germanisches Museum, Köln
F. Fremersdorf, Römische Gläser mit Fadenauflage in Köln, 1959

Farbtafel B. Goldfibeln mit Filigranauflage aus Sakrau, Krs. Oels, Schlesien (1. Hälfte 4. Jh.)
Bei Sakrau in Schlesien wurden drei Fürstengräber des 4. Jahrhunderts mit ungewöhnlich reichem Inventar gefunden. Zu den bekanntesten Stücken gehören Goldfibeln mit Filigran und Granulation, die eine Blüte germanischen, von südlichen Anregungen inspirierten Kunsthandwerks veranschaulichen (Einleitung S. 22).
Foto: H. Kraft, Berlin
W. Grempler, Der Fund von Sakrau. Breslau 1887; W. Grempler, Der zweite und dritte Fund von Sakrau. Breslau 1888

Farbtafel C. Römische Kerbschnittschnalle und sächsische gleicharmige Fibel (4. und 5. Jh.)
Die römischen Militärwerkstätten an Rhein und Donau produzierten für den Geschmack des zunehmend barbarisierten Heeres Schnallen und Gürtelbeschläge, die auf der Oberfläche in Kerbschnittmanier verziert waren und am Rand aufgesetzte Tiere oder Tierköpfe trugen. Diesen Zierstil übernahmen germanische Goldschmiede am Südostufer der Deutschen Bucht und bildeten ihn in germanischen Geschmack um. Sie schufen mit Kerbschnitt und stilisierten Tiermustern die Voraussetzungen für den älteren germanischen Tierstil (vgl. Tafel 80; Einleitung S. 25).
Aufbewahrungsort: Schloßmuseum Oldenburg und Museum Stade. Foto: H. Jankuhn, Göttingen
G. Behrens, Spätrömische Kerbschnittschnallen in: Schumacher-Festschrift. 1930, S. 258 ff.; A.

Farbtafel D. Sogenanntes Diadem von Kertsch (1. Hälfte 5. Jh.). Schnalle mit farbigen Einlagen (5. Jh. n. Chr.)
In der Sammlung Diergardt wird ein Golddiadem mit farbigen Einlagen aus Alamandien und Glasfluß aufbewahrt, das in den Kreis hunnischer Altertümer gehört. Die im antiken Kunstgewerbe übliche Technik der Einlage farbiger Steine wurde im 5. Jahrhundert von den Germanen zu flächendeckendem Dekor ausgebildet, wie vor allem gotische Schnallen lehren (Einleitung S. 23, 25).
Aufbewahrungsort: Sammlung Diergardt, Köln, und Rheinisches Landesmuseum, Bonn. Foto: H. Jankuhn, Göttingen
J. Werner, Beiträge zur Archaeologie des Attila-Reiches. 1956, S. 61 ff.

Farbtafel E. König Friedrich und König Heinrich. Glasgemälde aus dem Straßburger Münster (um 1200 und um 1275)
Die Reihe der Königsbilder ist in ihrem heutigen Zustand das Resultat von Veränderungen und Zusammensetzungen heterogener Teile. Die Fenster sind vor allem aus den Resten einer um 1200 entstandenen Königsreihe und etwa 1275 geschaffenen gotischen Darstellungen zusammengesetzt. Bei den abgebildeten Lanzetten aus dem siebten nördlichen Seitenschifffenster ist jeweils das Kopfpanneau gotisch, der untere Teil romanisch. Die linke Figur zeigt einen *Fridericus rex*, die rechte einen *Heinricus imperator Babinbergensis*, wohl Heinrich II. Auffälligerweise fehlen bei dieser die Insignien — vielleicht war sie ursprünglich eine Darstellung König Davids. Das zu rekonstruierende Bildprogramm, dem diese Königsreihe zugehört, zeigte Bekenner und Blutzeugen auf der einen und Apostel auf der anderen Seite um Maria versammelt. In den Seitenschiffen korrespondierten den Königen die Propheten, d. h. die Könige waren als Nachfolger der alttestamentarischen Könige aufgefaßt (Einleitung S. 21).

Foto: Alice Bommer, Straßburg
H. Kunze, Die Königsbilder im Straßburger Münster. Zeitschr. für die Gesch. des Oberrheins 66. 1912; F. Zschokke, Die romanischen Glasgemälde des Straßburger Münsters. Basel 1942; P. Ahnne und V. Beyer, Les Vitraux de la Cathédrale de Strasbourg. Strasbourg 1960

Farbtafel F. Karl der Große überreicht Herzog Widukind den Sachsenspiegel. Titelminiatur einer Sachsenspiegelhandschrift (um 1405)
Das Bild kennt zwar auch den Verfasser des Rechtsbuches, Eike von Repgow, der in der ersten Hälfte des 13. Jahrhunderts lebte, und hebt ihn als dritte Person durch die Nennung seines Namens hervor. Aber seine Verfasserschaft geht aus dem Bild nicht hervor, denn dieses läßt den Kaiser das Rechtsbuch dem Herzog überreichen, es deutet also die Kodifikation des Gewohnheitsrechts durch den »Privatmann« zu einem Akt kaiserlicher Gesetzgebung um. Der Sachsenspiegel ist zu Anfang des 15. Jahrhunderts also nicht zweihundert Jahre alt, sondern alt schlechthin, er rückt als Fundament des rechtlichen und sozialen Lebens in die Zeit der Gründung und Stiftung der eigenen Welt: Karl der Große und Eike von Repgow erscheinen also als Zeitgenossen. — Die Wappen bezeichnen Fürstentum und Stadt Lüneburg (Einleitung S. 34).
Aufbewahrungsort und Foto: Ratsbücherei Lüneburg. Ms. Jurid. 2 fol. 20^{v}
H. Reinecke, Lüneburger Buchmalereien um 1400. Diss. phil. Göttingen 1937. S. 25 ff.; Katalog: Karl der Große. Werk und Wirkung. Aachen 1965 Nr. 699

Farbtafel G. Deutschland auf der Ebstorfer Weltkarte (1. Hälfte 13. Jh.?)
Der Ausschnitt aus der nach dem gleichen T-Schema wie die abgebildete Holzschnittkarte (Tafel 110) gezeichneten Weltkarte zeigt links unten (die Karte ist von der Längsseite her zu lesen) den nordwestlichen Ozean, die Nordsee also, in welche die Elbe mündet. In der Nähe von deren erstem Nebenfluß, der Ilmenau, ganz richtig, wenn auch der Nordsee allzu nahe, Lüneburg, durch ein prächtiges Stadtbild ausgezeichnet und durch einen Mond, der *(luna)* für eine mittelalterliche Vermutung über den Ursprung des Stadtnamens steht. Daneben Ebstorf mit den eigens hervorgehobenen drei Märtyrergräbern, der Aufbewahrungsort der Karte; möglicherweise ist dieser Eintrag erst nachträglich vorgenommen worden. Daneben Bremen und Verden. Die unbenannte Stadt ein wenig oberhalb muß dem Löwen auf der Mauer zufolge Braunschweig sein. Weiter nach oben folgen Goslar und Hildesheim: hier, in der nächsten Nähe von Ebstorf, stimmt die Lage der Orte zueinander. Ein wenig weiter östlich verschwimmen aber die Relationen: Magdeburg z. B. liegt näher zu Lüneburg als Halle und Quedlinburg. Das ist ein Fehler nicht nur für die Maßstäbe modernerer Kartographie, sondern auch für diese Karte, denn sonst ordnet sie auf dem gegebenen Ausschnitt die den Verkehrssystemen der Flüsse zugeordneten Städte richtig an: Prag bildet den Endpunkt des Elbesystems, Meißen liegt davor, Bautzen im östlichen Hinterland der oberen Elbe, hinter der Einmündung der Mulde. Ebenso das Flußsystem der Donau; das Land zwischen diesen beiden Flüssen erscheint dagegen verschoben und disproportioniert. Im Vordergrund rechts bemerkenswert herausgehoben die Reichenau — allerdings als eine Art Flußinsel. Oberzell, Mittelzell und Unterzell sind vermerkt. Die Inschrift: *Augia insula, in qua nullus anguis potest homini nocere* (Insel Au, in der keine Schlange dem Menschen schaden kann). Auch hier nimmt die Karte also wie an vielen anderen Stellen Elemente der Reiseerzählung, der sagenhaften Ethnographie und Naturgeschichte auf (Einleitung S. 35).
Die Karte ist im Zweiten Weltkrieg vernichtet worden. Die Abbildung ist dem Faksimile von Miller (s. u.) entnommen. Foto: Niedersächsische Staats- und Universitätsbibliothek, Göttingen
E. Sommerbrodt, Die Ebstorfer Weltkarte. 1891; K. Miller, Mappae mundi. 1895 ff. 5: Die Ebstorfkarte; W. Rosien, Die Ebstorfer Weltkarte. 1952; P. E. Schramm, Sphaira, Globus, Reichsapfel. 1958 S. 49 ff.; W. Ohnsorge, Zur Datierung der Ebstorfer Weltkarte. Niedersächsisches Jahrbuch 33. 1961; R. Drögereit, Zur Entstehung der Ebstorfer Weltkarte. Lüneburger Blätter 13. 1962

Farbtafel H. Privilegienlade der Schleswig-Holsteinischen Ritterschaft (1504)

Die Truhe hat bis in das 20. Jahrhundert die Urkunden der Ritterschaft enthalten; so lautet z. B. der Titel der 1797 erschienenen Edition von F. C. Jensen und D. H. Hegewisch: *Privilegien der Schleswig-Holsteinischen Ritterschaft, von den in der Privilegienlade befindlichen Originalien genau abgeschrieben...* — Auf dem Deckel der Lade das Wappen des damaligen Schleswiger Bischofs (Petersschlüssel: Bistum, Wolf: Familie Pogwisch), des Herzogs von Schleswig und dänischen Königs und des Lübecker Bischofs (Kreuz: Bistum, Balken mit Hundeköpfen: Bischof Dietrich Arndes). Die Aufschrift auf dem Deckel gibt das Datum und verweist darauf, daß auf den Seiten die Wappen der damals blühenden ritterschaftlichen Familien abgebildet seien: *Anno 1504 levede noch so vele slechte in desseme lan[de].* An der Vorderseite von links nach rechts die Wappen folgender Familien: Rantzau, Ahlefeld/Rumohr, Brockdorf, Pogwisch/v. d. Wisch (obere Reihe) und Reventlow/Walstorp, Ratlow, Siggen, Blome. Insgesamt sind an der Lade 24 Wappen angebracht (Einleitung S. 58).

Aufbewahrungsort: Schleswig-Holsteinisches Landesmuseum, Schleswig (Leihgabe der Schleswig-Holsteinischen Ritterschaft). Foto: Schleswig-Holsteinische Ritterschaft, Kiel

Geschichte der Schleswig-Holsteinischen Ritterschaft 4: G. Heisch, Privilegien und Recht von 1775 bis zur Gegenwart. 1966. Vgl. Jensen-Hegewisch (oben zitiert) S. XXVI ff.

Farbtafel J. Graf Eberhard der Milde von Württemberg und seine Räte

Das Bild ist eine von fünf erhaltenen Kopien des 16. Jahrhunderts, denen ein verlorenes Original aus der Mitte des 15. Jahrhunderts zugrunde lag. (Die Kopisten haben sich verhältnismäßig eng an ihre Vorlage angelehnt, so daß sich von den Kopien her das Original z. B. nach den Kostümen datieren läßt.) Dargestellt ist in der Mitte Graf Eberhard (1392—1417). Weiter nach links dann, den Wappen und Beischriften zufolge, ein Bischof von Konstanz, ein Herzog von Urslingen, Graf Friedrich von Öttingen, Markgraf Hesso (von Hachberg), Graf Friedrich von Zollern, Graf Friedrich von Kirchberg, Graf Kraft von Hohenlohe, Graf Friedrich von Hohenberg, Graf Heinrich von Fürstenberg, Walter von Geroldseck, Hans von Zimmern, Gebhard von Rechberg, Stephan von Gundelfingen, Heinrich von Rechberg, Heinrich von Gundelfingen, Hans von Bodman, Siegfried von Züllnhardt, Georg von Wöllwart, Ulrich Speth, Hans von Freiberg, Konrad von Stammheim, Hans Thumb von Neuburg, Friedrich Sturmfeder, Friedrich von Sperberseck, Sebastian von Gültlingen, Jörg von Zimmern, Albrecht von Gültlingen, Hans Sturmfeder, Hans von Gültlingen, Diepold Speth, Ulrich von Stein, Werner von Nothaft, Hans Speth, Kaspar von Klingenberg, Albrecht von Rechberg, Schweicker von Gundelfingen, Jörg von Rechberg, Brun von Lupfen, Graf Heinrich von Löwenstein, Graf Bernhard von Eberstein, Graf Eberhard von Werdenberg, Graf Rudolf von Sulz, Graf Eberhard von Nellenburg, (ein anderer) Graf Rudolf von Sulz, Graf Friedrich von Helfenstein, ein Abt von Ellwangen, der Herzog von Teck, ein Bischof von Augsburg. Diese streng ständisch geordnete Reihe (die am weitesten vom Grafen entfernten Plätze sind die geringsten) ist allerdings nicht vollständig dargestellt: den 48 Wappen und Namen entsprechen nur 44 Personen. Über dem Grafen an der Lampe das Wappen der Grafen von Württemberg (Hirschstangen), darüber das Wappen der Herzöge von Teck, das aber durch Übermalung des bayerischen Wappens (die Mutter des Grafen war eine Herzogin von Bayern) entstanden ist. Rechts die Wappen seiner beiden Gemahlinnen, der Antonia Visconti und der Burggräfin Elisabeth von Nürnberg. Die Wappen in den Zwickeln oben sind Zutat des 16. Jahrhunderts. Neben dem linken Fenster Christus als Weltrichter: Wenn der Graf in diesem Saal Gericht hält, dann unter einem Bilde des Jüngsten Gerichts (vgl. Tafel 105 b).

Das Bild wurde im 16. Jahrhundert wahrscheinlich deshalb kopiert, weil die württembergischen Stände damit die ursprüngliche Landsässigkeit des Adels zu beweisen suchten, indem sie es für die Darstellung eines Landtages hielten. Tatsächlich scheint sein Gegenstand aber eine Darstellung des Grafen inmitten seiner »Räte und Diener« zu sein, wobei nicht geklärt ist, ob eine bestimmte Versammlung wiedergege-

ben ist, und vor allem nicht, aus welchem Grunde man in der Mitte des 15. Jahrhunderts diese vor etwa einem halben Jahrhundert zusammengetretene Gruppe abbildete (Einleitung S. 58).
Aufbewahrungsort: Württembergisches Landesmuseum, Stuttgart. Foto: Städtische Girokasse, Stuttgart
W. Fleischhauer in: Württembergische Vierteljahreshefte 40. 1935 S. 198 ff.; W. Pfeisticker, Neues württembergisches Dienerbuch 1. 1957; H. Decker-Hauff, Geschichte der Stadt Stuttgart 1. 1966 S. 254 ff. und S. 364 ff.

Farbtafel K. Legitimierung unehelicher Kinder (aus einer Handschrift 13./14. Jh.)
Im germanischen Recht bedeutete Unehelichkeit nicht zugleich Illegitimität, wenn der Vater seine Paternität an dem unehelichen Kinde anerkannte. Die Kirche bewirkte die Identität von Illegitimität und Unehelichkeit. Erst danach konnte die Notwendigkeit der Legitimierung unehelicher Kinder entstehen. Im 12. Jahrhundert wurden die einschlägigen Sätze des römischen Rechts rezipiert.
Die Abbildung gehört zu Novelle 74: *De liberis, quomodo legitimi aut naturales existimandi sint. Et de indotatis nuptiis.* Sie zeigt die im späten Mittelalter möglichen Wege der Legitimierung. Mit der thronenden Gestalt links oben ist wohl die Legitimierung *per rescriptum principis,* durch kaiserlichen Erlaß angedeutet. Sie hatte sich der Papst ursprünglich selbst vorbehalten, sie wurde jedoch bald von allen Landesherren ausgeübt. Dann die Legitimierung *per subsequens matrimonium,* die Legitimierung der vorehelichen Kinder durch nachfolgende Ehe der Eltern also. Das Bild zeigt die dabei beobachteten symbolischen Formen: die Kinder werden mit einem Tuch überdeckt, das für das Ehebett steht. Schließlich unten die Legitimierung *per oblationem monasterio,* durch die Aufnahme in ein Kloster (Einleitung S. 59).
Aufbewahrungsort und Foto: Niedersächsische Staats- und Universitätsbibliothek, Göttingen. Cod. iur. 27 fol. 127v
F. Kogler, Beiträge zur Geschichte der Rezeption und der Symbolik der legitimatio per subsequens matrimonium. Zeitschr. der Savigny-Stiftung 25. Germanistische Abteilung. 1904; A. Weitnauer, Die Legitimation des außerehelichen Kindes. Basel 1940. Vgl. auch die Tafeln 214 a und 216

Farbtafel L. Karl der Kühne und das Kapitel des Ordens vom Goldenen Vlies (aus einer Handschrift Ende 15. Jh.)
Der 1429 durch den burgundischen Herzog Philipp den Guten gestiftete Orden vom Goldenen Vlies (nach dem Vlies der griechischen Sage, das allerdings bald durch das Vlies Gideons [Richter 6,37] ersetzt wurde, welches für das mittelalterliche Bibelverständnis die Empfängnis Mariens präfigurierte) wurde zum erfolgreichsten der unzähligen spätmittelalterlichen Ritterorden, wie auch die anderen fürstlichen Gründungen ein Instrument, um den Adel in einer Gemeinschaft von scheinbar gleichen an den Souverän zu binden. Die Vorbildlichkeit der burgundischen Ritterkultur machte die Zugehörigkeit zu diesem Orden auch für den außerburgundischen Adel begehrenswert. Die einer Handschrift der etwa 1472 geschriebenen Ordensgeschichte des Bischofs und Ordenskanzlers Guillaume Filastre entnommene Miniatur zeigt diesen selbst und das Kapitel in der durch die Statuten bestimmten Tracht des Ordens, karmoisinroten Samtmänteln. An den Wandbehängen die Devise Karls des Kühnen: *Je l'ay emprins* (Einleitung S. 64).
Aufbewahrungsort und Foto: Bibliothèque Nationale, Paris. Ms. français 139 fol. 4r
L. Hommel, L'histoire du noble ordre de la Toison d'Or. Brüssel 1947

Farbtafel M. Konrad Kyeser: Warmluftdrache (um 1400)
Die lateinischen Hexameter unter dem Bilde lauten:
Draco volans iste formetur capite perga,
Medium sit lineum, cauda tamen sericea sit,
Colores diversi. fine capitis sit tripla zona
Ligno coadiuncta, medio ventilabro mota.
Capud versus ventum ponatur, quo tunc assumpto
Duo levent capud, tertius ventilabrum portet.
Equo sequatur eum corda mota movetur volatus
Sursum, deorsum, dextrorsum et sinistrorsum.
Capud sic depictum rubeo colore quod fictum
Medio lunaris coloris fine diversi.

Übersetzung: Dieser fliegende Drache werde am Kopf aus Pergament gemacht, die Mitte sei aus Leinen, der Schwanz aber aus Seide, verschiedene Farben. Am Ende des Kopfes sei ein dreiteiliges Stück, aus Holz zusammengefügt, in der Mitte durch ein Gestell bewegt. Das Haupt richte man gegen den Wind, zwei Mann müssen es ergreifen und hochheben, ein dritter trägt das Gestell. Er folgt ihm zu Pferde, durch die bewegte Schnur wird der Fliegende bewegt: vorwärts, nach unten, nach rechts, nach links. Das so bemalte Haupt sei von roter Farbe, die Mitte silberfarben, der Schwanz bunt.

Es folgt dann die Anleitung für den Brand im Maul des Drachen (ein Baumwolldocht — früheste Erwähnung! — auf einer mit Petroleum, Schwefel und Teeröl gefüllten Flasche).

Schon auf der Trajansäule begegnen Drachen als Feldzeichen (für die Daker), sie sind im Vorderen Orient im frühen Mittelalter in Europa bekannt. Dann scheint diese Kenntnis abgebrochen zu sein, bis im 13. Jahrhundert dem polnischen Chronisten Długosz zufolge die Mongolen mit Warmluft gefüllte Drachen-Feldzeichen nach Europa brachten. In welchem Umfange solche Drachen verwendet wurden, ist nicht sicher, ebensowenig ihr Zweck. Es scheint, daß sie auch zum Abwerfen von Bränden über belagerten Orten gebraucht wurden (Einl. S. 64).

Aufbewahrungsort und Foto: Niedersächsische Staats- und Universitätsbibliothek, Göttingen. Cod. phil. 63 fol. 105r

F. M. Feldhaus, Die Technik der Vorzeit usw. 1914 Sp. 198 f. und 650 ff.; ders., Die Technik der Antike usw. 1931 S. 242 u. 247 f.; L. White jr., Medieval Technology and Social Change. Oxford 1962 S. 162 f. Zum Drachen als Feldzeichen vgl. P. E. Schramm, Herrschaftszeichen und Staatssymbolik 2. 1955 S. 658 ff. Vgl. zum Autor der Handschrift Tafel 250

Farbtafel N. Martin Luther (1483—1546), Reformator (Porträt von Lucas Cranach d. Ä., 1526)

Cranachs Porträt entstand mitten in der Zeit von Luthers Kampf gegen die Gefahr der rationalistischen und politischen Auflösung. Im Jahre 1525 hatte Luther im Bereich von Glaube und Kirche gegen Erasmus und die sich immer stärker von dem kirchlichen Reformator abwendenden Humanisten die Intellektualisierung des Christentums durch die »Hure Vernunft« abgelehnt, die Bildung der Landeskirchen unterstützt, da diese der Gefahr des persönlich-subjektiven Christentums energisch entgegentraten, und den Gottesdienst in sehr konservativer Weise reorganisiert. Auf dem Felde der Politik hatte Luther zwar die fürstlichen und städtischen Obrigkeiten gedrängt, die sozialen Spannungen zu verringern, und jene sowohl wie die Bauern zur Verständigung ermahnt, schließlich aber eindeutig für die Obrigkeiten gegen die »räuberischen und mörderischen Bauern« Partei ergriffen. Mitten in dieser schweren prinzipiellen Auseinandersetzung um die geistliche und die weltliche Ordnung hatte er in Ablehnung des katholischen Zölibats im Juni 1525 Katharina von Bora geheiratet. Mit diesem Jahr war ein gewisser Höhepunkt in Luthers Wirken erreicht: Die scharfen Formulierungen zugunsten der etablierten staatlichen und gesellschaftlichen Ordnungsmächte und gegen die um Ausdruck ringenden und seine Hilfe suchenden Bestrebungen der verschiedensten Bewegungen in weiten Kreisen des Volkes erschütterten seine Popularität. Luthers innere und äußere Entwicklung in dem Jahrzehnt seit 1517 war abgeschlossen, als Cranach das abgebildete Porträt malte; der Reformator war in einen neuen, nun bis zu seinem Tode reichenden Abschnitt eingetreten (Einleitung S. 70).

Foto: Archiv für Kunst und Geschichte, Berlin

K. Holl, Luther und das landesherrliche Kirchenregiment. In: Gesammelte Aufsätze I 7 1948; E. Naujoks, Sozialpolitik im 16. Jahrhundert, Ulm und Oberschwaben 33. 1953

Farbtafel O. »Die Bußpsalmen des Orlando di Lasso«, Buchminiatur von Hans Mielich: Orlando di Lasso (1532—1594) konzertiert mit der bayerischen Hofkapelle (um 1560/70)

Orlandus Lassus (italianisiert Orlando di Lasso), zu Mons im Hennegau geboren, kam früh als Sängerknabe im Gefolge des Vizekönigs von Sizilien nach Neapel, Mailand und Rom, wo er bis um 1550 blieb und Kapellmeister im Lateran wurde. Dann bereiste er England und Frankreich, lebte in Antwerpen und wurde 1556 von

Herzog Albrecht V. von Bayern nach München berufen, wo er seit 1560 die Hofkapelle leitete. Er war, von Maximilian II. geadelt, vom Papst ausgezeichnet, nächst Palestrina der bedeutendste und — mit mehr als 2 000 nachgewiesenen Werken, darunter über 40 Messen und 1 200 Motetten — ein außerordentlich fleißiger Komponist des 16. Jahrhunderts, der letzte geniale Meister der sogenannten Niederländischen Schule. Der Späthumanismus erreichte zur Zeit Herzog Albrechts V. insbesondere im Theater und in Orlando di Lassos Musik eine außergewöhnliche Höhe, zu dessen Hauptwerken die Bußpsalmen zählen (Einleitung S. 75).
Aufbewahrungsort: Bayerische Staatsbibliothek, München. Foto: Archiv für Kunst und Geschichte, Berlin
A. Sandberer, Beiträge zur Geschichte der bayrischen Hofkapelle unter Orlando di Lasso. 1894/95; Chr. van den Borren, Orlando di Lasso. ³1930

Farbtafel P. Herzog Christian d. J. von Braunschweig-Lüneburg-Wolfenbüttel, der »Tolle Halberstädter«, Heerführer im Dreißigjährigen Kriege (Gemälde von P. Moreelse, 1619)
Christian, 1616 vom Domkapitel zum Administrator des Bistums Halberstadt gewählt, gewann freilich nicht entscheidenden Einfluß auf dessen Regierung, so daß er sich, von Neigung und Begabung Soldat, der militärischen Laufbahn zuwandte und bald ein sehr beliebter Söldnerführer auf der Seite der Protestanten wurde. 1622 erfolgreich bei Höchst und Fleurus, 1623 bei Stadtlohn vernichtend geschlagen, trat er 1625 in den Dienst Christians IV. von Dänemark, nachdem er bereits 1623 auf das Stift Halberstadt verzichtet hatte. Seine rauhe Kriegsführung mit Kontributionen und Brandschatzungen entsprach dem Brauch der Zeit (Einleitung S. 79).
Aufbewahrungsort: Herzog-Anton-Ulrich-Museum, Braunschweig. Foto: Archiv für Kunst und Geschichte, Berlin
H. Wertheim, Der tolle Halberstädter. 1929; H. v. Xylander, Herzog Christian von Braunschweig und Lüneburg. 1926

Farbtafel Q. Andreas Hofer (1767—1810), Tiroler Freiheitskämpfer (Zeitgenöss. Kupferstich)
Der Bergbauer aus der Nähe von Meran trat zum ersten Male auf dem gegen Josephs II. Maßnahmen gerichteten Tiroler Landtag als Abgeordneter der Bauern des Passeiertals in Erscheinung. Im ersten Koalitionskrieg führte er — ein politisch und militärisch mehr emotional als auf Grund von Kenntnis der Zusammenhänge aktiver Mann mit Rednergabe und Anziehungskraft — eine Schützenkompanie, im dritten wurde er mit Erzherzog Johann bekannt. Anfang Januar 1809 verabredete er mit diesem und mit Hormayr in Wien die bereits vorbereitete Organisation eines Volksaufstandes gegen die bayerische Herrschaft. Die vorzeitige österreichische Erhebung gegen Napoleon führte jedoch dazu, daß er am 2. April den Aufstand gegen Napoleon ausrief. Bei Kämpfen gegen französische und bayerische Truppen errang er den bemerkenswertesten Erfolg Ende Mai in der ersten Schlacht am Berge Isel. Sein Nationalgefühl und Treuebekenntnis zu Habsburg, zur katholischen Kirche und zur alten Verfassung Tirols bestimmten seine Aufhebung aller von der aufklärerischen bayerischen Regierung getroffenen Maßnahmen für Politik und Kirche, worin ihn Franz I. persönlich bestärkte, der keinen Frieden ohne Rückkehr Tirols schließen wollte. Nach weiteren Erfolgen bei Brixen und in der vierten Schlacht am Berge Isel anerkannte Hofer nicht den Frieden von Wien, in dem ihm und seinen Freunden Amnestie zugesichert worden war, sondern ließ sich durch einen fanatischen Geistlichen und seinen Freund Speckbacher zur sinnlosen Fortsetzung des Widerstandes gegen 50 000 Bayern und Franzosen bewegen. Am 1. November und in der fünften Schlacht am Berge Isel besiegt, unterwarf er sich am folgenden Tage und verkündete am 7. den Frieden. Durch unwahre Nachrichten über die angebliche erfolgreiche Fortsetzung des österreichischen Widerstandes ließ er sich am 12. November zur Wiederaufnahme des Kampfes bewegen und fügte den überraschten Franzosen schwere Verluste zu. Er wurde geächtet, floh in die Berge, wurde dort verraten, durch ein von Napoleon zur Eile gedrängtes Kriegsgericht trotz Fürsprache Franz' I. und Metternichs zum Tode verurteilt und am 20. Februar 1810 in Mantua erschossen. 1823 wurde seine Leiche in der Innsbrucker Kirche beigesetzt. Sein Tod machte ihn zu einer Symbolfigur

für Volksbewaffnung und Freiheitskampf nationaler Bauern (Einleitung S. 107).
Foto: Archiv für Kunst und Geschichte, Berlin
H. Kramer, Andreas Hofer. [2] 1955; H. Steinakker, Der Tiroler Freiheitskampf von 1809 und die Gegenwart. In: Volk und Geschichte. 1943

Farbtafel R. Die Neue Wache Unter den Linden in Berlin (Gemälde von Wilhelm Brücke d. J., 1842)
Karl Friedrich Schinkel (1781—1841), Schüler der beiden Gilly, seit 1810 im Staatsdienst, hatte in der Zeit des ersten Ausbaues von Berlin im 19. Jahrhundert die künstlerische Aufsicht über alle Staatsbauten Preußens sowie zahlreiche große und kleinere Bauaufträge von Staat, Krone und Privaten (Graf Redern), bei denen er häufig auch die Einzelheiten bis zu Wandverkleidung und Möbelausstattung bestimmte. Das führte dazu, daß der politisch-gesellschaftliche Stadtkern Berlins weitgehend durch ihn, seine Mitarbeiter und Nachahmer geprägt wurde (Schauspielhaus, Altes Museum, Palais mehrer Prinzen, vorwiegend in der Wilhelmstraße, Humboldt-Schloß zu Tegel, Bauakademie, Schloßkuppel, Denkmal auf dem Kreuzberg, Packhof, Sternwarte, Friedrichswerdersche Kirche), so daß er eine sehr große Wirkung in Berlin und darüber hinaus in der ganzen preußischen Monarchie ausgeübt hat. Als Symbol für seine Auffassung und Leistung gilt bis heute die — 1931 in ein »Ehrenmal« veränderte — Königliche Wache von 1817/18 (Einleitung S. 111).
Aufbewahrungsort: Niedersächsisches Landesmuseum, Hannover. Foto: Archiv für Kunst und Geschichte, Berlin
F. Kugler, K. F. Schinkel, 1842; K. O. Rave (Hrsg. d. Gesamtwerkes) Berlin I und II. 1941 und 1948

Farbtafel S. Die Erstürmung der äußeren Barrikade in der Jägerzeile zu Wien am 28. Oktober 1848 durch die k. u. k.-Truppen (Zeitgenössisch kolorierte Lithographie von C. Lanzedelli)
Am Anfang der 48er Revolution in der Donaumonarchie stand die Rede des Ungarn Ludwig von Kossuth vom 3. März, der eine konstitutionelle Verfassung für Ungarn forderte. Sie wurde zunächst abgeschlossen, als am 22. Juli in Wien von Erzherzog Johann ein konstituierender österreichischer Reichstag eröffnet wurde und der Kaiser in die Hauptstadt zurückkehrte. Bald erhob sich jedoch die revolutionäre Demokratie, vertreten durch eine radikale Intelligenz und Teile der proletarischen Massen, in einer zweiten Welle der Revolution und brachte Wien vorübergehend in ihre Hand. In Kämpfen, die bis zum 31. Oktober dauerten, wurde diese extreme Schlußphase mit militärischer Gewalt beendet: Die Armee entschied den Sieg der reaktionären Habsburgermonarchie über die demokratische und nationale Bewegung in Österreich und im Gesamtstaat (Einleitung S. 112).
Foto: Archiv für Kunst und Geschichte, Berlin
H. Meyer, 1848, Studien zur Geschichte der deutschen Revolution. 1949; H. v. Srbik, Metternich, Bd. III. 1938

Farbtafel T. Konrad Adenauer (1876—1967). (Porträt von Trudlinde Kaufhold, 1962)
Als das Gemälde 1962 von T. Kaufhold gemalt wurde, befand Adenauer sich, zum vierten Male zum Kanzler der Bundesrepublik gewählt, auf der Höhe und Wende seines politischen Lebens: Die »Spiegel-Affäre« führte zur Umbildung der Regierung, und der Kanzler erklärte sich am 7. Dezember bereit, im Herbst 1963 zurückzutreten (Einleitung S. 140).
Die Wiedergabe des Gemäldes erfolgte aus dem Buch »Adenauer — Bildnis und Deutung« (Hrsg. v. Helmut Reuther. 1963) mit freundlicher Genehmigung von Frau Trudlinde Kaufhold, Freiburg, und dem Besitzer, Herrn Staatssekretär Professor Dr. Karl Carstens, Bonn
Literatur vgl. Tafel 400

Schwarzweißtafeln 1 bis 400

Tafel 1. Sog. Venus von Willendorf, Niederösterreich (Alter: ca. 30 000 Jahre)
In der Schicht 9 des jungpaläolithischen Fundplatzes von Willendorf fand sich im Zusammenhang mit Steingeräten des Gravettiens eine kleine weibliche Statuette aus Kalkstein mit rotem Überzug. Diese Figur gehört zu einem von der Atlantischen Küste bis nach Asien verbreiteten Typ menschlicher, meist weiblicher Kleinplastiken, deren Bedeutung umstritten ist. Die körperliche Fülle und die Betonung der sekundären Geschlechtsmerkmale hat zu einer Verknüpfung dieser Figürchen mit Fruchtbarkeitsvorstellungen der Art geführt, wie sie später in der »Magna-Mater«-Vorstellung des Orients auftreten und in den Göttinnen wie Kybele oder Demeter bis in die klassische Zeit leben. Die Voraussetzung solcher Vorstellungen allerdings war der im Jungpaläolithikum noch unbekannte Ackerbau. In den Vorstellungen heutiger primitiver Jägervölker findet sich aber auch die Vorstellung von einer Göttin als Herrin der Tiere und Schützerin oder Helferin auf der Jagd. Solche schon in der Antike in der Gestalt der »Potnia Theron« (Herrin der Tiere) erkennbare und in den Gestalten der Göttinnen Artemis oder Diana weiterlebende Vorstellungen könnten ihre Wurzeln wohl in den Jägerkulturen des Eiszeitalters haben (Einleitung S. 5).
Aufbewahrungsort und Foto: Naturhistorisches Museum, Wien
K. J. Narr, Weibliche Symbolplastik der älteren Steinzeit. Antaios II, 2. 1960, 132—157; H. Müller-Karpe, Handbuch der Vorgeschichte 1 Altsteinzeit, München 1966, 216—221

Tafel 2. Wildpferd, Panther und Mammut aus einer Höhle am Vogelherd bei Stetten, Kreis Heidenheim (spät-eiszeitlich)
Aus den hoch- und spätaurignacienzeitlichen Schichten der Höhle am Vogelherd stammen kleine geschnitzte Elfenbeinfiguren, die Jagdtiere jungpaläolithischer Jäger darstellen (Einleitung S. 5).
Aufbewahrungsort: Tübingen. Foto: Prof. Dr. G. Rieck, Tübingen
G. Rieck, Die Eiszeitjägerstation am Vogelherd, im Lonetal. Tübingen 1934

Tafel 3. Äsendes Rentier von Thayngen (endeiszeitlich)
In einer Höhle von Thayngen fanden sich zahlreiche Hinterlassenschaften endeiszeitlicher Jäger aus dem Magdalénien. Bemerkenswert sind zahlreiche Ritzzeichnungen von Jagdtieren, eine z. B. mit der Darstellung eines äsenden Rens (Abb. 1), die eine vorzügliche Naturbeob-

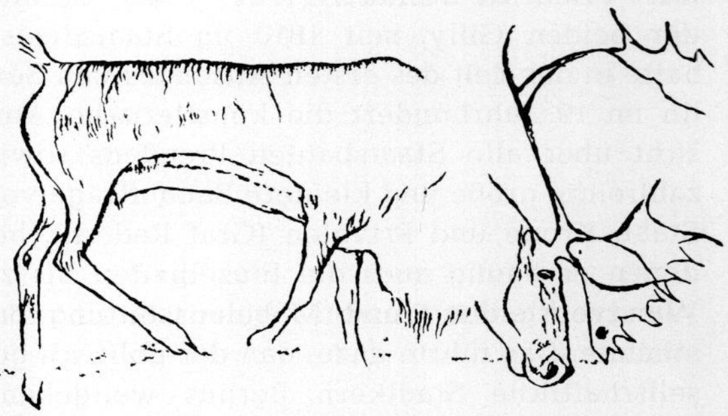

Abb. 1 (zu Taf. 3). Äsendes Rentier von Thayngen

achtung und eine großartige Kunst der Darstellung verrät (Einleitung S. 5).
Aufbewahrungsort und Foto: Rosgartenmuseum, Konstanz
H. G. Bandi, Die Schweiz zur Rentierzeit. 1947; H. Kühn, Kunst und Kultur der Vorzeit Europas I. Das Palaeolithikum, 1929; H. G. Bandi / J. Maringer, Kunst der Eiszeit. 1952; Ch. Zervos / H. Breuil, L'Art de l'époque du renne. 1959

Tafel 4. Rentierschulterblätter mit Einschußlöchern aus Meiendorf, Holstein (Ende der Eiszeit)
Auf den Rastplätzen endeiszeitlicher Jägergruppen in Holstein haben sich zahlreiche Reste der Jagdbeute erhalten. Entsprechend der Spezialisierung dieser Gruppen auf die Rentierjagd dominieren die Rentierknochen. Dieses flüchtige Wild wurde vornehmlich mit fernwirkenden Waffen wie Bogen und Pfeil oder Harpune gejagt, wenn diese Menschengruppen den im Sommer nach Norden ziehenden Wildherden für einige Monate in die baum- und strauchlose Tundra folgten (Einleitung S. 6).
Aufbewahrungsort und Foto: Landesmuseum Schleswig

A. Rust, Vor 20 000 Jahren, Rentierjäger der Eiszeit. 2. Aufl. Neumünster 1962

Tafel 5. a) Rengeweihbeile aus Stellmoor bei Ahrensburg, Holstein (9. Jt. v. Chr.)

Die endeiszeitlichen, auf Rentierjagd spezialisierten Jägergruppen besaßen neben den mit Steinspitzen und -schneiden ausgerüsteten Waffen und Geräten ein umfangreiches Inventar von Knochen- und Geweihgeräten und -waffen. Neben den Harpunen- und Pfeilspitzen sind vor allem beilartige Geräte aus Rengeweih zu nennen, bei denen die abgeschnittene Eissprosse angeschärft ist und damit einen beil- oder hackenartigen Gebrauch andeutet (Einleitung S. 6).

Tafel 5. b) Rentierschädel aus Stellmoor bei Ahrensburg, mit Einschlag einer Geweihhacke

Aufbewahrungsort und Foto: Landesmuseum Schleswig

A. Rust, Die alt- und mittelsteinzeitlichen Funde von Stellmoor. Neumünster 1943; A. Rust, Vor 20000 Jahren, Rentierjäger der Eiszeit. 2. Aufl. Neumünster 1962

Tafel 6. a) Hünengrab »Visbecker Braut« in Oldenburg nach der Ausgrabung

Das 88 m lange und 7 m breite Grab enthält eine etwa 7 m lange Steinkammer im Westende, die mit einer lang-rechteckigen Steinsetzung umgeben ist. Vielleicht war die Länge der Steinsetzung von der Absicht bestimmt, später weitere Kammern innerhalb dieser den heiligen Grabbezirk abschließenden Umfassung zu bauen, wie das bei dem Riesenbett in Kleinenknethen bei Wildeshausen offenbar der Fall war (Einleitung S. 7).

Foto: Saebens

Tafel 6. b) Wiederhergestelltes Megalithgrab von Kleinenknethen bei Wildeshausen, Oldenburg (3. Jt. v. Chr.)

Dieses 50 m lange und etwa 7 m breite Grab enthielt eine 2—3 m breite Grabkammer. Es ist in seinem ursprünglichem Zustand wiederhergestellt.

Foto: Saebens

K. Michaelsen, Großsteingräber in Oldenburg, Germanenerbe 2. 1937, 8 ff.; E. Sprockhoff, Die nordische Megalithkultur. Berlin—Leipzig 1938; K. H. Jacob-Friesen, Einführung in Niedersachsens Urgeschichte. 2. Aufl. I, 1959, 104 ff.

Tafel 7. Stollen eines neolithischen Flintbergwerkes von Hov in Jütland (2. Hälfte 3. Jt. v. Chr.)

Das Neolithikum benötigte zu den großen Rodungsvorgängen, mit denen die ältesten Bauern des Nordens die mit Eichenmischwald bestandenen besseren Böden zum Anbau in Besitz nahmen, schwere schneidende Geräte. Das Material für die großen Flintgeräte konnte man zwar als eiszeitlich verfrachtetes Geschiebe auf der Oberfläche aufsammeln, in Kreideschichten eingebettetes Flintmaterial eignete sich allerdings ungleich besser zur feineren Bearbeitung. So entstanden zur Gewinnung dieses Materials in England, Frankreich, Belgien, Dänemark, Polen und Ungarn Bergwerke, die zum Teil mit einem großen Arbeitsaufwand betrieben wurden und Gruppen spezialisierter Fachleute voraussetzten, die von der bäuerlichen Gesellschaft unterhalten werden mußten. Den Absatz bergmännisch gewonnenen Feuersteinmaterials kann man teilweise über Hunderte von Kilometern nachweisen. Die Schächte der Flintminen erreichen Tiefen bis zu 20 Metern und bieten Zugang zu weit verzweigten Stollen-

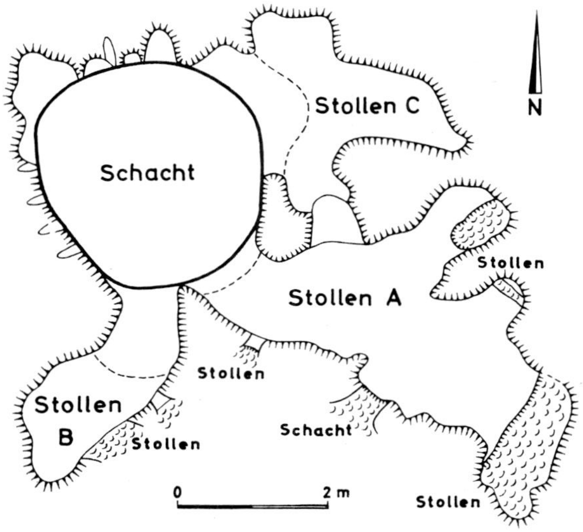

Abb. 2 (zu Taf. 7). Plan der Flintmine von Hov, Jütland, in 5 m Tiefe

systemen, die durch stehengelassene Pfeiler gegen Einsturzgefahr gesichert waren (Abb. 2; Einleitung S. 7).
Foto: Becker, Kopenhagen
C. J. Becker, 4000-aarig minedrift i Thy. Fra Nationalmuseets arbejdsmark 1958, 73 ff.; M. Jahn, Der älteste Bergbau in Europa. Berlin 1960; C. J. Becker, in Hoops Reallexikon der germanischen Altertumskunde 2. Aufl. Bd. 1 s. v. »Bergbau«

Tafel 8. Trepanierter Schädel (neolithisch)
In einem Megalithgrab von Naes in Dänemark wurde ein trepanierter Schädel gefunden. Solche chirurgischen Eingriffe sind seit der jüngeren Steinzeit in Europa bekannt und in verschiedener »Operationstechnik« ausgeführt worden. Wie die teilweise verheilten Ränder lehren, hat ein Teil der »Patienten« die Eingriffe lebend überstanden. Die entfernten Knochenscheiben sind teilweise wohl als Amulett getragen worden. Die Gründe für solche Eingriffe sind nur selten zu erkennen. In Einzelfällen scheinen sie zur Beseitigung von Verletzungsfolgen vorgenommen worden zu sein. Vermutlich waren aber auch andere Gründe maßgeblich (Einleitung S. 8).
Aufbewahrungsort und Foto: Dänisches Nationalmuseum, Kopenhagen
L. Károly, Die vor- und frühgeschichtliche Trepanation in Europa, Homo 15, 1964, 200—218

Tafel 9. Neolithische Stele von Schafstädt, Kr. Merseburg (2. Hälfte des 3. Jt. v. Chr.)
Menschengestaltige Steinfigur von heute noch 94 cm Höhe und einer Basisbreite von 49 cm aus dem schnurkeramischen Grabe Nr. 70 von Schafstädt. Die Steinfigur scheint älter als das Grab zu sein, ursprünglich frei gestanden zu haben und sekundär zum Bau einer Steinkammer benutzt worden zu sein. Die Augen sind tief eingebohrt, Augenbrauen und Nase schwach angedeutet. Scharf eingeritzte konzentrische Bögen geben wohl einen Hals-Brustschmuck an. Zwischen den Händen hält die Figur ein kammartiges Gerät; der durch drei Linien angedeutete Gürtel umspannt die ganze Figur. Solche menschengestaltigen, ursprünglich wohl frei stehenden Stelen kennzeichnen geistig-religiöse Einflüsse aus der westeuropäischen Megalithkultur. Das kammartige Gerät wird mit südöstlichen Einflüssen verbunden und ohne große Überzeugungskraft mit Regenzauber verknüpft (Einleitung S. 8).
Aufbewahrungsort und Foto: Landesmuseum Halle
W. Matthias, Neue schnurkeramische Funde und eine Menhirstatue aus der Gemarkung Schafstädt, Kreis Merseburg. Jahresschrift f. mitteldeutsche Vorgeschichte 48. 1964, 38—105; H. Kirchner, Die Menhire in Mitteleuropa und der Menhirgedanke. Wiesbaden 1955; W. Schrickel, Westeuropäische Elemente im Neolithikum und in der frühen Bronzezeit Mitteldeutschlands, Leipzig 1967

Tafel 10. Grabhügelgruppe der Bronzezeit aus Norddeutschland
Die Grabhügel der »nordischen Bronzezeit« liegen in Norddeutschland, Dänemark und Südskandinavien meist in kleinen Gruppen zusammen. Sie sind zu ihrer oft imposanten Höhe durch wiederholte, meist mit Aufhöhung verbundene Benutzung als Grabstätten emporgewachsen. Im Innern beherbergen sie entweder einen Baumsarg oder eine aus Steinplatten gebaute Grabkammer (Einleitung S. 9).
Foto: H. Jankuhn, Göttingen

Tafel 11. Männertracht der älteren Bronzezeit
In einem Grabhügel von Muldbjerg bei Ringkjöbing in Jütland wurde ein Baumsarg aus einem ausgehöhlten Eichenstamm gefunden. Darin war ein Krieger mit einem Bronzeschwert in einer Holzscheide bestattet. Der Tote war in eine Kuhhaut gewickelt, er war in einen großen Umhang eingeschlagen, der mit zwei Fibeln aus Bronze geschlossen werden konnte. Unter dem Umhang trug der Tote einen Kittel und einen Ledergürtel. Auf dem Kopf trug der Mann eine kunstvoll hergestellte dicke halbkugelige Mütze. Die Füße waren in Zeuglappen gewickelt (Einleitung S. 9).
Aufbewahrungsort und Foto: Dänisches Nationalmuseum, Kopenhagen
H. C. Broholm / Margarethe Hald, Costumes of the Bronze Age in Denmark. Kopenhagen 1940; K. Schlabow, Germanische Tuchmacher der Bronzezeit. Neumünster 1937

Tafel 12. Tracht eines jungen Mädchens der Bronzezeit (13.—12. Jh. v. Chr.)

Bei Egtved südlich von Vejle in Jütland wurde in einem Grabhügel der älteren Bronzezeit ein Baumsarg mit der Bestattung einer jungen Frau und den verbrannten Knochen eines Kindes gefunden. Die 18 bis 25 Jahre alte Frau war in eine Kuhhaut gewickelt. Sie hatte blondes, rund herum abgeschnittenes Haar. In einer kleinen Schachtel aus Birkenrinde war ihr ein alkoholisches Getränk in Art eines Fruchtbieres aus Weizen und Preisel- oder Moosbeeren, dem Porst und Honig beigesetzt waren, mitgegeben worden. Die Metallbeigaben der Frau waren nicht besonders reich. Sie trug eine Wolljacke im Kimonoschnitt, einen zweimal um den Körper geschlungenen »Schnurrock« und einen Gürtel, der an einem Ende mit einer Quaste, am anderen mit einer Schlinge schloß. Der Toten war eine Schafgarbenblüte in den Sarg gelegt, die Bestattung hatte also im Sommer stattgefunden (Einleitung S. 9).

Aufbewahrungsort und Foto: Dänisches Nationalmuseum, Kopenhagen

Literatur vgl. zu Tafel 11

Tafel 13. Sonnenwagen von Trundholm, Dänemark (13.—12. Jh. v. Chr.)

In einem Moor fand sich das kleine Modell eines bronzenen, von einem hohl gegossenen Pferd gezogenen und mit einer aufrechtstehenden, goldplattierten Scheibe versehenen Wagens. Das Gefährt war vor der Niederlegung im Moor absichtlich zerstört worden. Es stellt offenbar eine Opfergabe dar. Wahrscheinlich handelte es sich um das Modell einer großen Sonnenscheibe, die in der Tat auf einem von einem Pferd gezogenen Sonnenwagen herumgefahren wurde. Das Ganze veranschaulicht die Vorstellung der Sonne als Naturerscheinung — nicht eines personifiziert gedachten Sonnengottes —, die von einem Pferd entweder auf einem Wagen oder nur als Scheibe am Himmel entlang gezogen wurde. Darin begegnet im Norden eine ähnliche Vorstellung wie im griechischen Mythos von Phaëton. Noch für spätere Zeit überliefert Tacitus im Norden Germaniens die Existenz einer Vorstellung der von Pferden gezogene Sonne (Einleitung S. 9).

Aufbewahrungsort und Foto: Dänisches Nationalmuseum, Kopenhagen.

J. Bing, Der Sonnenwagen von Trundholm. Leipzig 1934; J. Brøndsted. Bronzealderens Soldyrkelse. 1938; H. Drescher, Neue Untersuchungen am Sonnenwagen von Trundholm, Acta Archaeologica 33, 1962, 39—62

Tafel 14. »Kesselwagen« der mittleren Bronzezeit aus Peccatel, Mecklenburg (um 1000 v. Chr.)

Der Wagen wurde in einem Grabe der mittleren Bronzezeit gefunden. Der Durchmesser des Kessels beträgt 38 cm. Vielleicht handelt es sich ebenfalls um die Nachbildung eines großen Kultwagens, wie er etwa bei Stade gefunden wurde. Ähnliche Kesselwagen sind aus Böhmen, Schweden und Dänemark bekannt. Sie kommen in etwas anderer Form in Italien vor. Welchem Zweck sie dienten, bleibt völlig unklar. Man denkt an Regenzauber (Einleitung S. 9).

Aufbewahrungsort und Foto: Landesmuseum Schwerin.

R. Beltz, Die vorgeschichtlichen Altertümer des Großherzogtums Mecklenburg-Schwerin. 1910, 193

Tafel 15. Lurenpaar von Brudevælte in Dänemark (9.—7. Jh. v. Chr.)

Sechs Lurenpaare wurden im feuchten Boden zusammen gefunden und bilden — wie übrigens auch die meisten anderen Lurenfunde — Opfergaben. Die mit höchster technischer Vollendung gegossenen Luren haben sich aus Rinderhörnern, die in der älteren Bronzezeit in Bronzeguß umgesetzt wurden, zu den kunstvollen Musikinstrumenten der jüngeren Bronzezeit entwickelt. Mit den Luren konnte man die acht Naturtöne, die einen Akkord bilden, blasen. Nur einfache Tonfolgen ließen sich wiedergeben, keine eigentlichen Melodien. So stellen die Luren Signalhörner dar, die, wie die skandinavischen Felsbilder lehren, paarweise bei Kulthandlungen Verwendung fanden (Einleitung S. 9).

Aufbewahrungsort und Foto: Dänisches Nationalmuseum, Kopenhagen

G. Schwantes, Die Vorgeschichte Schleswig-Holstein. Neumünster 1939, 565—568; H. C.

Broholm / W. P. Larsen / G. Skjerne, The Lures of the Bronze Age. Kopenhagen 1949

Tafel 16. Opferplatz (Aschenhügel) auf dem Schlern bei Völz, Südtirol

Etwa 2 500 m hoch auf der Fläche des Schlern liegt am sogenannten Burgstall ein Kultplatz der Urnenfelderzeit. In einer 40 cm starken Kulturschicht von 12 × 16 m Ausdehnung lagen sehr zahlreiche verbrannte Tierknochen und große Mengen bronzezeitlicher Tonscherben. Es handelt sich dabei um einen Opferplatz für Tieropfer. Vornehmlich wurden Rinder, Ziegen und Schafe geopfert. Ähnliche Plätze als Zeugen blutiger Tieropfer finden sich zahlreich in der Zone nordwärts der Alpen bis in das Gebiet von Fritzlar, wo unter der Missions-Kirche auf dem Büraberg aus der ersten Hälfte des 8. Jahrhunderts ein ähnlicher heidnischer Opferplatz lag. Solche Opferaltäre sind im östlichen Mittelmeer etwa bei Olympia, auf Samos und in Didyma, aber auch an anderen Stellen bezeugt, und Pausanias gibt für das Jahr 160 n. Chr. eine gute Vorstellung eines solchen Aschenaltars in Olympia. Solche Opferplätze nördlich der Alpen scheinen in einem direkten Zusammenhang mit den griechischen Plätzen der Zeit zwischen 1000 und 500 v. Chr. zu stehen. Sie bezeugen eine in Alteuropa offenbar weit verbreitete Opfersitte (Einleitung S. 9 f.).

Foto: G. Innerebner, Bozen

W. Krämer, Prähistorische Brandopferplätze. In: Helvetia Antiqua, Festschr. Emil Vogt, 1966, 111—122 (ältere Literatur S. 121, Anm. 9)

Tafel 17. Stele von Hirschlanden, Kr. Leonberg, Württemberg (um 500 v. Chr.)

Am Fuße eines späthallstattzeitlichen Grabhügels, in dessen Zentralgrab ein gut, aber nicht fürstlich ausgestatteter Mann begraben war, fand sich die etwa lebensgroße Figur eines phallisch dargestellten Mannes, die ursprünglich auf der Spitze des Grabhügels gestanden haben muß. Die Figur trägt einen kegelförmigen Helm, einen Halskragen und, in einem metallenen Gürtelring steckend, einen späthallstattzeitlichen Dolch. Es handelt sich um die älteste Großplastik nördlich der Alpen, die in dem an Fürstengräbern reichen Gebiet um den Fürstensitz auf dem »Hohenasperg« bei Ludwigsburg entstanden sein dürfte. Die Anregungen kamen letztlich aus dem griechischen Gebiet, wurden aber wohl durch italische oder etruskische Stämme nach Norden vermittelt. Den Hintergrund bilden die in dieser Zeit lebhaften Handelsverbindungen zwischen Italien und Südfrankreich (Massilia) und dem Hallstattkreis nördlich der Alpen (Einleitung S. 10).

Aufbewahrungsort und Foto: Württembergisches Landesmuseum, Stuttgart

H. Zürn, Germania 42. 1964, 27 ff.; W. Kimmig, Der Krieger von Hirschlanden. In: Huitième Comprès International d'archéologie classique, Paris 1965, 94 ff.

Tafel 18. Burgwall und Oppidum auf dem Staffelberg, Landkreis Staffelstein, Oberfranken, Bayern

Das Gipfelplateau des Staffelberges ist seit dem Neolithikum besiedelt gewesen. Stärker besiedelt war die Kuppe in der Urnenfelderzeit. Nach einer Lücke in der älteren Hallstattzeit setzt die Besiedlung und vielleicht auch der Bau der Randbefestigung in der ausgehenden Hallstatt- und der frühen Latènezeit ein. In der Spätlatènezeit wurde auf dem tieferen Plateau durch Anlage einer Abschnittsbefestigung eine Art von Suburbium geschaffen, das allerdings entgegen älterer Auffassung unbesiedelt oder doch nur ganz vereinzelt bewohnt war. Das spätkeltische Oppidum hat als Siedlung nur das obere Plateau besetzt. In spätrömischer Zeit ist die Höhe nach der Zerstörung des Oppidums erneut besetzt worden und trug 200 Jahre später wieder eine kleine Ansiedlung. Im Mittelalter entstand auf der Kuppe eine Kapelle, die nach der Zerstörung im Bauernkrieg 1653 als Adelgundis-Kirche wieder aufgebaut wurde (Einleitung S. 10).

Foto: Photogrammetrie AG., München

Kl. Schwarz, Die vor- und frühgeschichtlichen Geländedenkmäler Oberfrankens. 1955 S. 162 bis 164; Kl. Schwarz, Zum latènezeitlichen Oppidum auf dem Staffelberg. Germania 41. 1963, 108—114

Tafel 19. Bronzehydria von Grächwyl, Kanton Bern (6. Jh. v. Chr.)

Die Reste der jetzt restaurierten Hydria wurden in einem Fürstengrab der jüngeren Hallstatt-

Abb. 3 (zu Taf. 18). Heuneburg, Rekonstruktion der Bastionsmauer von Bau IV (nach W. Dehn), als Beispiel für den Festungsbau eines Fürstensitzes der späten Hallstattzeit (vgl. Einleitung S. 10)

zeit, in dem der Tote mit einem Wagen bestattet worden war, gefunden. Die Hydria, deren Fußpartie möglicherweise anders zu rekonstruieren ist, stellt eine großgriechische Arbeit des 6. Jahrhunderts dar. Die Bronzeattache wird von einer Gruppe mit der »Herrin der Tiere« im Zentrum gebildet. Das Bronzegefäß ist mit dem Strom von Handelswaren, der im 6. Jahrhundert, meist wohl von Massilia ausgehend, teilweise allerdings auch aus dem etruskischen Italien über die Alpenpässe kommend, in den nordwestalpinen Hallstattkreis gelangte (Einleitung S. 10).
Aufbewahrungsort und Foto: Schweizerisches Landesmuseum, Zürich
Neugebauer, Archaeol. Anz. 1925, 178 ff.

Tafel 20. Rüstung aus Klein-Klein, Steiermark (6. Jh. v. Chr.)
In einem Grabhügel »Kröllkogel« wurde die Rüstung eines späthallstattzeitlichen Fürsten, bestehend aus Bronzepanzer und Helm mit Doppelcrista, gefunden. Solche Ganzmetallrüstungen gehören schon zur Ausstattung einer in der Urnenfelderzeit (12.—10. Jh. v. Chr.) im südostmitteleuropäischen Raum nachweisbaren Kriegerkaste, die diese Art der Schutzrüstung in das östliche Mittelmeergebiet brachte. Der Panzer von Klein-Klein zeigt Verwandtschaft zu den griechischen Panzern des 7. Jahrhunderts. Sozialgeschichtlich gehören solche Rüstungen zu einer Gruppe von Fürsten, die auch Burgen als Fürstensitze gebaut haben (Einleitung S. 11).
Aufbewahrungsort: Landesmuseum »Joanneum«, Graz. Foto: Oberrestaurator Fritz Rath
W. Schmid, Die Fürstengräber von Klein-Klein in Steiermark. Praeh. Zeitschr. 24, 1933, 219 ff.

Tafel 21. Kultwagen von Strettweg, Steiermark (späte Hallstattzeit)
Im Jahre 1851 wurden bei Strettweg in der Nähe von Judenburg einige Brandgräber der ausgehenden Hallstattzeit (6.—5. Jh. v. Chr.) entdeckt und unsachgemäß geborgen. Unter den Funden lagen die Reste des Kultwagens, auf dem eine die anderen Figuren an Größe weit überragende weibliche Figur dargestellt ist, die eine Bronzeschale trägt und durch ihre Größe wohl als Göttin gekennzeichnet ist; sie wird von vier bewaffneten Reitern umgeben. Auf den Stirnseiten des Wagens wird je ein Hirsch von zwei Personen begleitet. Die Herkunft des Wagens ist fraglich. Wahrscheinlich stellt er eine alpine Arbeit dar. Er bezeugt wohl einen Kultumzug mit der Statue einer Göttin (Einleitung S. 11).
Aufbewahrungsort: Landesmuseum »Joanneum«, Graz. Foto: Oberrestaurator Fritz Rath
J. Bing, Der Kultwagen von Strettweg und seine Gestalten. Mannus 10. 1918, 159 ff.; W. Schmid, Der Kultwagen von Strettweg. 1925

Tafel 22. Zentrale weibliche Figur vom Kultwagen von Strettweg (6.—5. Jh. v. Chr.)
Die durch ihre Größe als Göttin oder Standbild einer Göttin gekennzeichnete Figur ist wohl in einem Kultumzug dargestellt. Wahrscheinlich handelt es sich um ein auf einem Wagen herumgefahrenes Götterbild, möglicherweise im Rahmen eines Fruchtbarkeitskultes. Die Göttin könnte die einheimische Vorgängerin der später in römischer Zeit bezeugten Göttin Noreia darstellen (Einleitung S. 11).
Aufbewahrungsort: Landesmuseum »Joanneum«, Graz. Foto: Oberrestaurator Fritz Rath

A. Barb, Noreia und Rhetia. Festschr. für R. Egger I. 1952, 159 ff.

Tafel 23. Bronze-Situla von Kuffarn, Niederösterreich (um 350 v. Chr.)
Als einer der jüngsten Ausläufer oberitalisch-ostalpiner Situlenkunst der Zeit zwischen 600 und 350 v. Chr. stellt sich die bei Kuffarn in einem Grabe gefundene Situla dar. Auf einem die Situla umziehenden Bildfries sind die für die Situlenkunst typischen, dem Leben der ostalpinen Völker und ihren Festlichkeiten entlehnten Szenen dargestellt: Trinkgelage (vgl. Tafel 24), Faustkampf mit Hanteln um einen Helm als Siegerpreis, Wettreiten und Wagenrennen (Einleitung S. 11).
Aufbewahrungsort und Foto: Naturhistorisches Museum, Wien
L. Karner, Über einen Bronzesitula-Fund bei Kuffarn in Niederösterreich. Mitt. d. anthrop. Ges. Wien 1891, 68 ff.; Situlenkunst zwischen Po und Donau. Ausstellungskatalog Wien 1962; O.-H. Frey, Die Situla von Providence; O.-H. Frey, Der Ostalpenraum und die antike Welt in der frühen Eisenzeit. Germania 44. 1966, 48 ff.

Tafel 24. Trinkszene auf der Situla von Kuffarn (vgl. Tafel 23)
Ein auf einem Lehnstuhl sitzender Mann mit breitrandigem Hut wird von zwei Personen bedient.
Literatur vgl. Tafel 23

Tafel 25. Rekonstruktion einer Inselsiedlung von Biskupin in Polen (6.—5. Jh. v. Chr.)
In der gleichen Zeit, in der im nordwestalpinen Hallstattgebiet die durch Fürstensitze und Fürstengräber gekennzeichnete Fürstenherrschaft entstand, bildeten sich im Gebiet der Lausitzer Kultur in Polen befestigte Siedlungen, von denen die von Biskupin durch Kostrzewski und später durch Rajewski fast ganz untersucht ist. Auf einer von einer Holzmauer umgebenen Halbinsel waren über 100 Häuser nach dem gleichen Schema gebaut. Sie lagen an Holzstraßen (Abb. 4). Die große systematische Anlage setzte einen einheitlichen Lenkungswillen voraus, der die 500—700 Menschen zählende Bevölkerung des Platzes beherrschte (Einleitung S. 11).

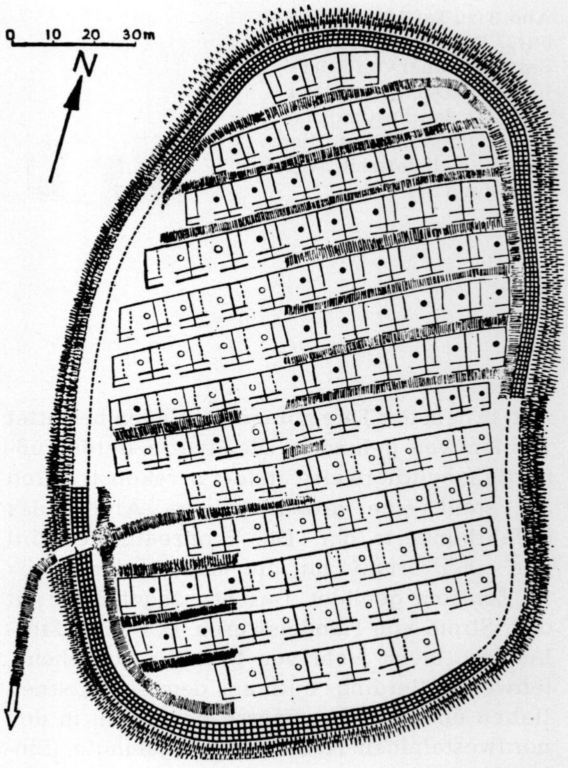

Abb. 4 (zu Taf. 25). Plan der Siedlung von Biskupin

Foto: Prof. Dr. W. Kočka
E. Rajewski, Biscupin polish excavations. Warschau 1958

Tafel 26. a) Fürstengrab »Klein-Aspergle« bei Ludwigsburg (um 450 n. Chr.)
Inmitten fruchtbaren Ackerlandes liegt der mächtige Grabhügel »Klein-Aspergle«, der ein reich ausgestattetes keltisches Fürstengrab der frühen Latènezeit beherbergte. Der dazu gehörende befestigte Fürstensitz hat vermutlich auf dem Hohen-Asperg gelegen und ist dort durch die jüngeren Festungsanlagen überbaut. In der hölzernen Grabkammer des Nebengrabes von 2 × 3 Meter Größe fand sich neben Bronzegefäßen und Körperschmuck eine rotfigurige griechische »Kylix« des sog. Amymone-Malers; das Stück ist auf seiner Rückseite im keltischen Gebiet durch gepreßte Goldbleche mit keltischer Ornamentik versehen.

Tafel 26. b) Goldene Endbeschläge eines Rhytons
In dem Grabe fanden sich auch in latènezeitlicher Manier verzierte goldene Endbeschläge eines Trinkhorns, die in Widderköpfe auslaufen. Das Hauptgrab, das wohl einen Fürsten aufnahm, hatte eine Kammer von 4 × 5 Meter Größe, die schon im Mittelalter ausgeraubt war (Einleitung S. 12).
Aufbewahrungsort und Foto: Württembergisches Landesmuseum, Stuttgart
L. Lindenschmit, Altert. unserer heidnischen Vorzeit 3. 12. Taf. 4, 5, 6; O. Paret, Das Kleinasperle, ein Fürstengrabhügel der Späthallstattzeit. Jahrb. f. praehist. u. ethnographische Kunst 17. 1943—1948 (1956), 47 ff.

Tafel 27. Steinsäule von Pfalzfeld, Hunsrück (4.—3. Jh. v. Chr.)
Die aus Buntsandstein hergestellte pyramidenförmige Säule von 1,48 Meter Höhe ist mit einer Ornamentik der älteren Latènezeit verziert. Zu dem Menschenkopf mit flügelförmigen Ansätzen gibt es weitere Parallelen unter den latènezeitlichen Steinskulpturen. Die Bedeutung der Steinfiguren ist unbekannt, eine Rolle im Kult ist sehr wahrscheinlich. Der Stein gehört in die große Gruppe westeuropäischer Menhire, die bis in die frühchristliche Zeit nachleben (Einleitung S. 12).
Aufbewahrungsort und Foto: Landesmuseum Bonn
K. Schumacher, Alt. unserer heidn. Vorzeit 5. Tafel 54, 310 f.

Tafel 28. Steinfigur von Holzgerlingen, Kr. Böblingen Württemberg (Latènezeit)
Die 2,31 Meter hohe menschliche Steinfigur hat nach Art antiker Janus-Statuen zwei Gesichter. Die abgebrochene »Blattkrone« gestattet eine Eingliederung des Bildwerkes in den keltischen Bereich der Latènekultur. Wahrscheinlich stellt die Figur eine Gottheit dar, wenn auch meist angenommen wird, daß die Kelten in der Latènezeit keine Götterbilder kannten. Caesar spricht in seinem Bericht über den Gallischen Krieg von »plura simulacra« des gallischen Gottes Merkur. Es muß also mindestens zu seiner Zeit Götterbilder gegeben haben. Nach anderer Auffassung handelt es sich um »heroisierte Verstorbene«. Daß es auch solche Darstellungen gab, legt die an einem Grabhügel gefundene Figur von Hirschlanden (vgl. Tafel 17) nahe (Einleitung S. 12).
Aufbewahrungsort und Foto: Württembergisches Landesmuseum, Stuttgart

Tafel 29. Silberring von Trichtingen, Kr. Rottweil, Württemberg (2. Jh. v. Chr.)
Ovaler Halsring von 6,75 kg Gewicht. Der Ring hat eine Dicke von 4 cm, seine größte Weite beträgt 29,4 cm. Ein Eisenkern ist mit einem dicken Silbermantel überzogen. Die beiden Enden laufen in zwei Stierköpfen aus, die gegen den Ringkörper wieder mit je einem »torques« abgegrenzt sind. Das große Gewicht spricht gegen profanen Gebrauch. Wahrscheinlich liegt ein kultisches Attribut vor, das entweder allein oder an einer Götterfigur verehrt wurde (Einleitung S. 12).
Aufbewahrungsort und Foto: Württembergisches Landesmuseum, Stuttgart
P. Goeßler, Der Silberring von Trichtingen. Berlin 1929.

Tafel 30. Keltische Viereckschanzen von Holzhausen, Landkreis Wolfrathshausen, Bayern
Die keltischen Viereckschanzen in Süddeutschland und Frankreich haben der Forschung lange Zeit hindurch Rätsel aufgegeben. Ihre Datierung in die Spätlatènezeit stand allgemein fest. Untersuchungen in Bayern haben in den letzten Jahren Klarheit geschaffen. Es handelt sich um Heiligtümer, in denen gelegentlich kleinere Holzbauten entdeckt worden sind, die aber vor allem tiefe Opferschächte bergen, auf deren Grund gelegentlich Baumstämme aufgestellt waren. Diese bis zu 20 m tiefen Schächte waren in mehreren, vielleicht längere Zeit voneinander getrennten Arbeitsgängen gebaut und enthielten Tongefäßscherben, Menschen- und Tierknochen sowie Spuren organischer Substanz, wohl von Blut und Fleisch. Diese Einfüllungen waren jeweils mit neutralen — also fundleeren Erdschichten abgedeckt. Die Schächte stellen wohl Zeugnisse von Opferhandlungen im Rahmen einer Verehrung von chthonischen Gottheiten oder den Verstorbenen dar (Einleitung S. 13)
Foto: a) Luftaufnahme der Photogrammetrie

AG., München; b) Erdansicht. Aufnahme von K. Schwarz, München
Kl. Schwarz, Zum Stand der Ausgrabungen in der spätkeltischen Viereckschanze von Holzhausen. Jahresber. d. bayer. Bodendenkmalpflege, 1962; Kl. Schwarz, Atlas der Viereckschanzen. 1965

Tafel 31. Iphigenie mit dem Götterbild, Wandmalerei vom Oppidum auf dem Magdalensberg, Kärnten
Dicht nördlich von Klagenfurt liegt auf dem 1000 Meter hohen Magdalensberg ein keltisches Oppidum des Stammes der Noriker, das im letzten vorchristlichen Jahrhundert den blühenden Mittelpunkt des norischen Eisenhandels bildete. Schon vor der Angliederung des Königreiches Norikum an Rom im Jahre 15 v. Chr. hatten sich hier römische, griechische und orientalische Kaufleute niedergelassen, die den Handel mit dem Mittelmeergebiet in der Hand hatten. Die Häuser solcher Kaufleute waren teilweise mit Wandmalereien geschmückt, die in umfangreichen Resten erhalten geblieben sind. Unter den Darstellungen befand sich auch das Bild der Iphigenie mit dem hölzernen Götterbild im Arm, eine Szene aus der Tragödie des Euripides. Der Verputz gehört zu einem vornehmen Holzfachwerkhaus der älteren Siedlungsphase und wird in das letzte Drittel des vorchristlichen Jahrhunderts datiert. Als Künstler ist ein Grieche anzunehmen, der hier in einer keltischen Bergstadt weit außerhalb des griechischen Kulturkreises arbeitete (Einleitung S. 13).
Aufbewahrungsort: Magdalensberg. Foto: Archaeologisches Institut der Universität Wien
R. Egger, Die Ausgrabungen auf dem Magdalensberg 1962 bis 1964. Carinthia I/156. Jahrg., 293—496, darin: K. Kenner, Wandmalereien aus AA/15 f., 435—447

Tafel 32. Wagen von Dejbjerg bei Ringkjøbing in Jütland (um Chr. Geb.)
In einem Moor von Dejbjerg wurden Reste von zwei vor der Niederlegung auseinandergenommenen, aber nicht zerstörten Prunkwagen gefunden. Die Räder mit 12 bzw. 14 Speichen hatten zusammengebogene »Spanfelgen« und massive, mit Bronzebuchsen armierte Naben. Die Wagenkasten trugen einen getriebenen Bronzeschmuck in keltischer Manier, wohl aber germanischer Ausführung. Die Wagen sind nicht in allen Einzelheiten sicher zu rekonstruieren. Es handelt sich bei ihnen wohl um einen Opferfund. Die fürstlich geschmückten Fahrzeuge trugen nur einen stuhlartigen Sitz. Entweder handelt es sich um Prunkwagen sozial gehobener Persönlichkeiten, wofür das Auftreten solcher Wagen gelegentlich in Männergräbern sprechen könnte, oder um Kultwagen, die zu Prozessionen mit Götterbildern benutzt wurden (Einleitung S. 15).
Aufbewahrungsort und Foto: Dänisches Nationalmuseum, Kopenhagen
H. Petersen, Vognfundene in Dejbjerg Praestegaardsmose. 1888; Ole Klindt-Jensen, Acta Archaeologica 20, 1949, 95 f.

Tafel 33. Gepflasterter Weg aus Borremose, Jütland (um Chr. Geb.)
Befestigte Wege gab es schon in der vorrömischen Eisenzeit im Norden auch in Gestalt von Pflasterstraßen. Es sind immer nur kurze Strekken, zumeist solche, die über weichen Boden führen. Woher die Anregung zu diesem Straßenbau im Norden kam, ist schwer zu sagen (Einleitung S. 15).
Foto: Dänisches Nationalmuseum, Kopenhagen
J. Brøndsted, Nordische Vorzeit Bd. 3. 1963, 87 ff.

Tafel 34. Frauentrachten aus einem Moorfund von Huldremose in Jütland (vorrömische Eisenzeit)
Neben anderen, wahrscheinlich auch der vorrömischen Zeit zuzurechnenden Textilien fanden sich zwei Frauentrachten. Die eine aus rundgewebtem Rock in einem farbig differenzierten Rautenköper ohne zugehörige Bekleidung für den Oberkörper, die andere aus einem rundgewebten Gewand nach Art des griechischem »peplos« bestehend. Ein Pelzcape mit heller Fellbahn gehört sowohl zur Männer- wie zur Frauentracht (Einleitung S. 15).
Aufbewahrungsort und Foto: Dänisches Nationalmuseum, Kopenhagen
Margrethe Hald, Olddanske Tekstiler. 1950, 181 ff.

Tafel 35. Silberkessel von Gundestrup in Himmerland, Nordjütland (2.—1. Jh. v. Chr.)
In einem Moor im nördlichen Jütland wurde ein vor seiner Niederlegung offenbar auseinandergenommener großer Silberkessel gefunden, der aus zahlreichen Silberplatten mit getriebenen figürlichen Darstellungen (teilweise vergoldet) bestand. Bei dem Kessel handelt es sich mit Sicherheit um ein kultisches Gerät, seine Niederlegung auf trockener, begehbarer Mooroberfläche entspricht wohl einem Opfer. Zeitstellung und Herkunft des Stückes sind umstritten. Es handelt sich wohl um ein kultisches Attribut, am ehesten aus dem 2. bzw. 1. vorchristlichen Jahrhundert. In der vorrömischen Eisenzeit sind wiederholt große Metallkessel aus dem keltischen Süden in den Norden exportiert worden (Einleitung S. 12, 15, 21).
Aufbewahrungsort und Foto: Dänisches Nationalmuseum, Kopenhagen
Sophus Müller, Det store Sølvkar fra Gundestrup i Jylland. 1891; Joh. Brøndsted, Nordische Vorzeit 3. 1963, 75 ff. (S. 394 mit Zusammenstellung weiterer Literatur)

Tafel 36. Darstellung eines gehörnten Gottes auf dem Silberkessel von Gundestrup
Die Bilddarstellungen des Kessels sind schwer zu deuten. In einer männlichen Figur mit Hirschgeweih glaubt man den keltischen Gott »Kernunnos« erkennen zu können.
Foto wie Tafel 35
Literatur wie Tafel 35; dazu: Jan de Vries, Keltische Religion. Stuttgart 1961, 104 ff.

Tafel 37. Grabstein des Centurio Marcus Caelius (nach 9 n. Chr.)
Grabstein eines Centurio der 18. Legion, der beim Feldzug des Varus im Jahre 9 n. Chr. — vielleicht in der Schlacht im Teutoburger Wald — im Alter von 53 Jahren fiel. Er trägt einen Offizierspanzer mit scheibenförmigen Auszeichnungen (sog. Phalerae), die mit unheilabwehrenden Darstellungen geschmückt sind. Auch die Ringe an den Schultern (sog. torques) stellen Auszeichnungen dar. Die höchste Auszeichnung des Verstorbenen bildet die Krone aus Eichenlaub (corona civica). Hinter ihm sind zwei Freigelassene dargestellt. Der Gefallene stammte aus Bologna. Die Grabkammer für ihn hatte sein Bruder errichten lassen (Einleitung S. 16 ff.).
Aufbewahrungsort und Foto: Landesmuseum Bonn
H. Schmitz, Das erste Jahrtausend 1. 1962 Abb. 1; H. v. Petrikovits in: Aus rheinischer Kunst und Kultur, Auswahlkatalog des Rheinischen Landesmuseums Bonn, 1963, 33—35, Abb. 1 (mit erschöpfenden Literaturangaben)

Tafel 38. Grabstele eines Legionssoldaten (2. Hälfte 1. Jh. n. Chr.)
Die rechteckige Grabstele ist für Q. Petilius Secundus, einen aus Mailand gebürtigen Soldaten der 15. Legion, errichtet, der im Alter von 25 Jahren nach fünf Dienstjahren starb. Der Legionär trägt in der Rechten die Wurflanze mit langer eiserner Spitze (das sog. pilum), an dem mit Metallplatten besetzten, doppelten Lederkoppel (dem sog. cingulum) hängt rechts das Kurzschwert (gladius), links der Dolch (pungio). Der zur Bewaffnung des Legionärs gehörige Schild ist nicht dargestellt, ebensowenig der Helm (Einleitung S. 16 ff.).
Aufbewahrungsort und Foto: Landesmuseum Bonn
H. v. Petrikovits in: Aus rheinischer Kunst und Kultur, Auswahlkatalog des rheinischen Landesmuseums Bonn 1963, 41 f. Abb. 6 (mit weiteren Literaturangaben)

Tafel 39. Römische Legionssoldaten im Angriff, sog. Praetoriumsschranke aus Mainz (1. Jh. n. Chr.)
Auf einer der Reliefplatten aus dem Mainzer Legionslager, die entweder als Brüstungsplatte im Praetorium angebracht war oder als Teil eines Siegesdenkmals gedient hat, sind römische Legionssoldaten im Kampf dargestellt. Sie sind mit Helm, Panzer, Schild, »gladius« und »pilum« bewaffnet und vermitteln eine gute Vorstellung von Bewaffnung und Kampfesweise römischer Fußsoldaten aus der 2. Hälfte des ersten nachchristlichen Jahrhunderts (Einleitung S. 16 ff.).
Aufbewahrungsort und Foto: Altertumsmuseum der Stadt Mainz
H. Kähler, Ein römisches Siegesdenkmal in Mainz. Germania 15. 1931, 20 ff.; Das erste Jahrtausend, hrsg. v. V. Elbern, Tafelband, 1962 Nr. 72

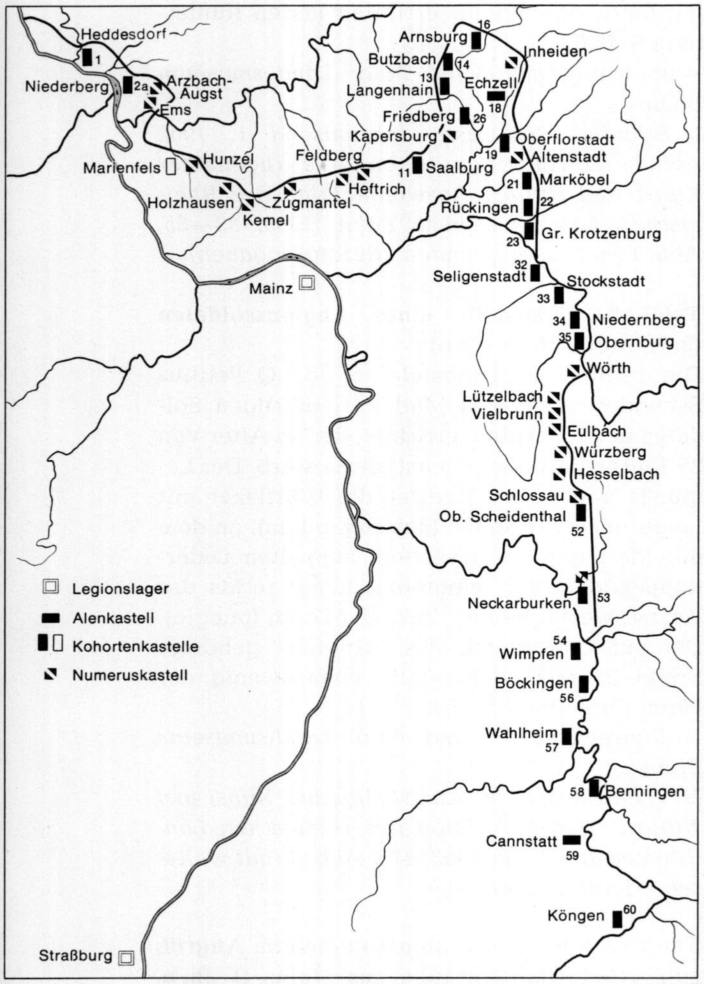

Abb. 5 (zu Taf. 43). Karte der Limeskastelle im Taunus, am Main und am Neckar mit mutmaßlicher Verteilung der Hilfstruppen unter Hadrian. Nummern der Kastelle wie im »Obergermanisch-raetischen Limes« (nach Germania 35, 1957)

Tafel 40. Gefesselte Germanen von der sog. Praetoriumsschranke des Mainzer Legionslagers (1. Jh. n. Chr.)

Auf einer der zu Tafel 39 genannten Reliefplatten sind gefesselte Germanen dargestellt.

Aufbewahrungsort und Foto: Altertumsmuseum der Stadt Mainz

Literatur wie zu Tafel 39

Tafel 41. Grabstele des Reiters Vonatorix (2. Hälfte 1. Jh. n. Chr.)

Die Grabstele ist für den Kavalleristen Vonatorix, wohl einen Mann gallorömischer Herkunft aus der Kavallerieabteilung (ala) Longiniana errichtet, der im Alter von 45 Jahren nach 17 Dienstjahren starb. Der Grabstein mit dem nach rechts sprengenden, über einen gefallenen Feind (der auf diesem Stein allerdings fehlt) hinwegreitenden Soldaten geht auf griechische Tradition zurück. Der Reiter trägt einen metallenen Schuppenpanzer und einen länglichen Schild; als Trutzwaffen führt er die Stoßlanze und das Langschwert (spatha). Der Stein wurde an der Südwestecke des Lagers Bonn auf dem Soldatengräberfeld gefunden (Einleit. S. 16 ff.).

Aufbewahrungsort und Foto: Landesmuseum Bonn

H. v. Petrikovits, in: Aus rheinischer Kunst und Kultur, Auswahlkatalog des Rheinischen Landesmuseums Bonn 1963, 43 f., Abb. 7 (mit weiteren Literaturangaben)

Tafel 42. Gemma Augustea (augusteisch)

Auf dem großen Kameo (Onyx, Weiß auf Braun, Höhe 19 cm, Breite 23 cm) ist der Sieg des Tiberius über die aufständischen Stämme in Pannonien im Jahre 9 n. Chr. dargestellt. In der oberen Zone ist Augustus neben Roma sitzend wiedergegeben. Links der siegreiche Tiberius beim Verlassen des Viergespanns. In der unteren Zone errichten römische Soldaten ein Tropaion, davor trotzig blickend ein Germane und eine Frau. Rechts ein Barbare in unterwürfiger Haltung, der Halsring zeichnet ihn vielleicht als Kelten aus (Einleitung S. 16 ff.).

Aufbewahrungsort und Foto: Kunsthistorisches Museum, Wien

F. Eichler / E. Kris, Die Kameen im Kunsthistorischen Museum. Wien 1927, 52 ff.; G. Bruns, Mitt. d. Dt. Arch. Instituts 6. 1953, 71 ff.; Das erste Jahrtausend. Tafelband, 1962 Nr. 69; H. Kähler, Die Gemma Augustea. Faltblatt 1967

Tafel 43. a) Luftbild vom Kastell Saalburg (2. und 3. Jh. n. Chr.)

Im Zuge der Sicherung ostrheinischen Gebiets als Folge der Chattenkriege Domitians entstand zusammen mit anderen Kastellen auf der Höhe des Taunus (Abb. 5) das heute »Saalburg« genannte Kastell, das auf Veranlassung von Wilhelm II. wieder aufgebaut wurde. Das Kastell nahm die 2. Raetische Kohorte auf. In Traja-

nischer Zeit entstand zunächst ein kleines Holzkastell; in Hadrianischer Zeit wurde als erstes Kohortenkastell ein aus Holz und Erde errichtetes Lager gebaut. Vermutlich 138 n. Chr. erhielt das Lager eine Steinumwehrung, zunächst ohne Mörtel mit eingezogenen Holzbalken. Im 3. Jh. wurde ein Steinbau mit Mörtelmauer aufgeführt. Die Untersuchungen erstreckten sich auch auf die Umgebung des Lagers. Dabei wurden das Militärbad, die »canabae«, also Reste bürgerlicher Siedlungen, ein Gräberfeld, ein Mithrasheiligtum, ein Dolichenusheiligtum und manches andere freigelegt (Abb. 6; Einleitung S. 18).
Foto: Luftbild Strähle, Schorndorf (Nr. 39985)
L. Jacobi, Das Römerkastell Saalburg. 2 Bde., 1897; A. Jacobi, Die Saalburg, Führer durch das Kastell und seine Sammlungen. 17. Aufl. von H. Schönberger 1953

Tafel 43. b) Luftbild des Limes bei Welzheim beim Hagdorf
Foto: Luftbild Strähle, Schorndorf (Nr. 6508)

Tafel 44. Saalburg, Südfront mit der Porta Decumana, Rekonstruktion (3. Jh. n. Chr.)
Das in seinen Resten noch gut erhaltene und untersuchte Steinkastell des 3. Jahrhunderts wurde vor dem ersten Weltkrieg wiederhergestellt. Die Steinumwehrung mit dem Doppeltor und dem doppelten Spitzgraben veranschaulicht die starke Verteidigungsanlage in ihrem letzten Stadium, in dem sie um 260 n. Chr. den germanischen Angriffen zum Opfer fiel. Das Tor ist in Einzelheiten heute verändert (Einleitung S. 18).
Foto: Saalburg-Museum
Literatur vgl. Tafel 43 a

Tafel 45. a) Modell des Brückenkopfkastells Deutz (4. Jh. n. Chr.)
Im Zuge der Sicherung der Rheingrenze durch Konstantin d. Gr. wurde auf dem Ostufer des Rheins das Brückenkastell Divitia-Deutz errichtet und mit einer 310 n. Chr. erstmalig erwähnten Rheinbrücke (vgl. Tafel 45 b) mit Köln verbunden. Die stark mit Mauern und Türmen bewehrte Festung maß 154 × 152 Meter und war, wie die Ausgrabungen der Jahre 1927—1938 gelehrt haben, im Innenraum mit dicht gestell-

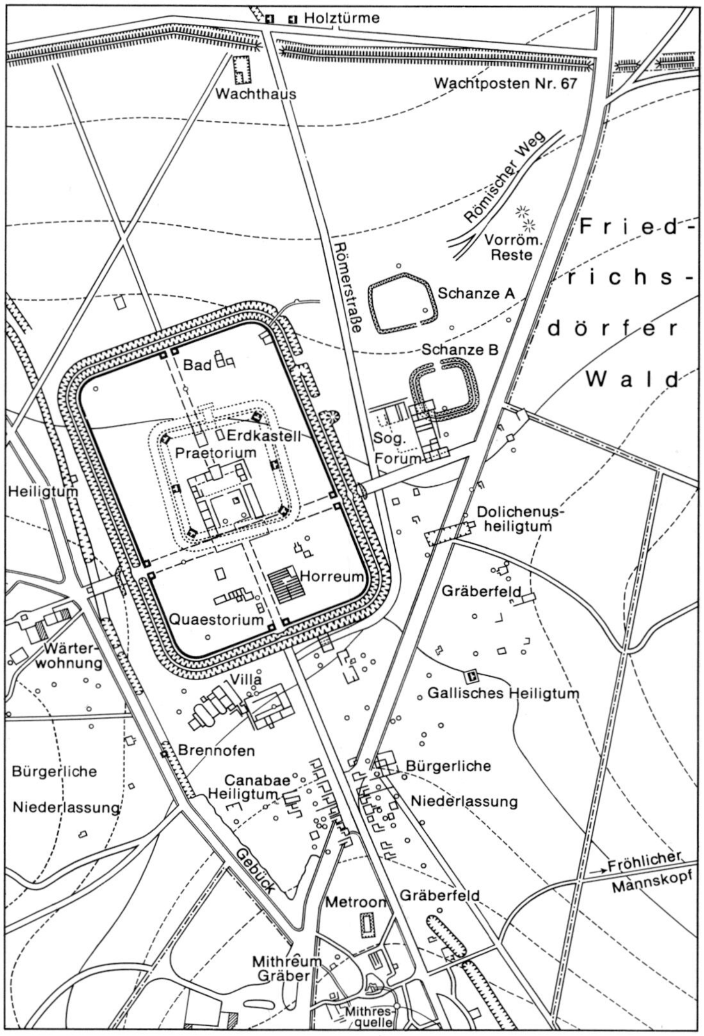

Abb. 6 (zu Taf. 43). Plan der Saalburg (nach W. Schleiermacher)

ten Gebäuden, die als Truppenunterkünfte dienten, bebaut. Das Kastell bestand bis zum Ende der Römerherrschaft und wurde noch im Mittelalter als Festung benutzt.
Foto: Römisch-Germanisches Museum, Köln
F. Fremersdorf in: Die vor- und frühgeschichtliche Besiedlung des Bergischen Landes. 1954, 159 ff.; P. La Baume, Colonia Agrippinensis. 1958, 36 ff.

Tafel 45. b) Modell der Rheinbrücke zwischen Köln und Deutz aus der Zeit Konstantin d. Gr. (um 310)

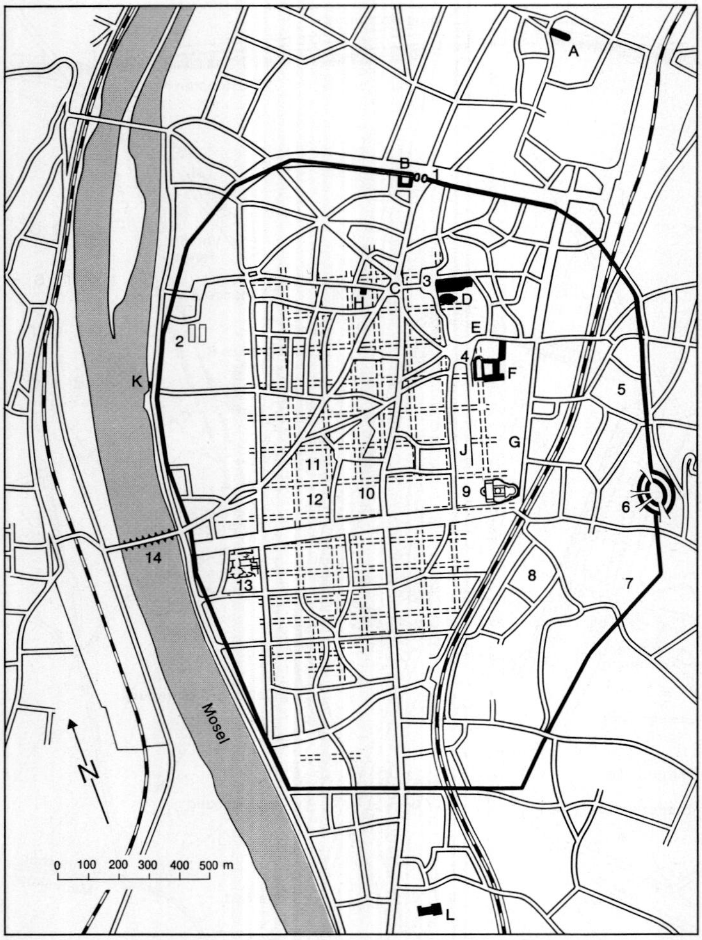

Abb. 7 (zu Taf. 46). Stadtplan von Trier (nach W. Rensch). Zeichenerklärung zum Stadtplan des heutigen Trier: 1 = Porta nigra, 2 = Horrea, 3 = Dom-Liebfrauen, 4 = Palastaula (»Basilika«), 5 = Circus maximus, 6 = Amphitheater, 7 = Tempel am Herrenbrünnchen, 8 = Tempelbezirk im Altbachtal, 9 = Kaiserthermen, 10 = Forum, 11 = Palast des Victorinus, 12 = Palast, 13 = Barbarathermen, 14 = Römerbrücke. A = Basilika St. Paulin, B = St.-Simeon-Stift, C = Marktkreuz (10. Jh.), D = Basilika St. Laurentius-Unserer Lieben Frauen, E = Bischöfliches Museum, F = Kurfürstliches Palais, G = Rheinisches Landesmuseum, H = Frankenturm, J = Stadtbibliothek, K = Krahnen, L = Abtei St. Mathiás

In den Jahren 1894—1896 wurden die Reste der konstantinischen Rheinbrücke untersucht; die 20 Brückenpfeiler erhoben sich auf Pfahlrosten und waren aus verklammerten Quadern erbaut (Einleitung S. 18).

Foto: Römisch-Germanisches Museum, Köln
O. Kraus, Die römische Rheinbrücke zu Köln. Bonn. Jahrb. 130. 1925, 232 ff.; Katalog »Werdendes Abendland an Rhein und Ruhr« 1956 Nr. 107

Tafel 46. a) Die Porta Nigra zu Trier (wohl 4. Jh.)
Das wahrscheinlich im 4. Jahrhundert erbaute Nordtor der Trierer Stadtbefestigung (vgl. Abb. 7) entstand in einer Zeit steigender Bedrohung der römischen Rheingrenze durch die Germanen. Das mächtige Doppeltor wurde von zwei bastionsartig vorspringenden Türmen flankiert. Die im Mittelalter eingebauten Kirchen wurden im 19. Jahrhundert entfernt (Abb. 7; Einleitung S. 18).
Foto: Landesmuseum Trier
W. Reusch, in: Augusta Treverorum, 1961, 16 bis 21; B. Meyer-Ploth, Die Porta Nigra in Trier. 1961

Tafel 46. b) und c) Die sog. Basilika in Trier
Aus Ziegeln gebaut, stellt die sog. Basilika mit 67 × 28 m Grundfläche und ca. 30 m Höhe ein imponierendes profanes Bauwerk dar. Sie muß als Palast Konstantins aufgefaßt werden und diente auch nach der fränkischen Eroberung als Königspalast. Später war sie im Besitz der Erzbischöfe und dient seit der Mitte des 19. Jahrhunderts als evangelische Pfarrkirche. Nach den Zerstörungen des 2. Weltkrieges ist sie sorgfältig wiederhergestellt worden.
Foto: Landesmuseum Trier
Die Basilika in Trier, Festschrift zur Wiederherstellung, 9. Dezember 1956, hrsg. vom Ministerium für Unterricht und Kultus des Landes Rheinland-Pfalz und der Evangelischen Gemeinde Trier

Tafel 47. a) Gallorömisches Bauernhaus bei Mayen (1. Jh. n. Chr.)
Einräumiges gallorömisches Bauernhaus der 1. Hälfte des 1. Jh. n. Chr.

Tafel 47. b) Nach dem Umbau zur »villa rustica« (4. Jh.)
An Stelle des alten trat ein neues, nach Art römischer Villen umgebautes Haus, bei dem der alte Kern nur noch im Zentrum erhalten blieb (Einleitung S. 19).

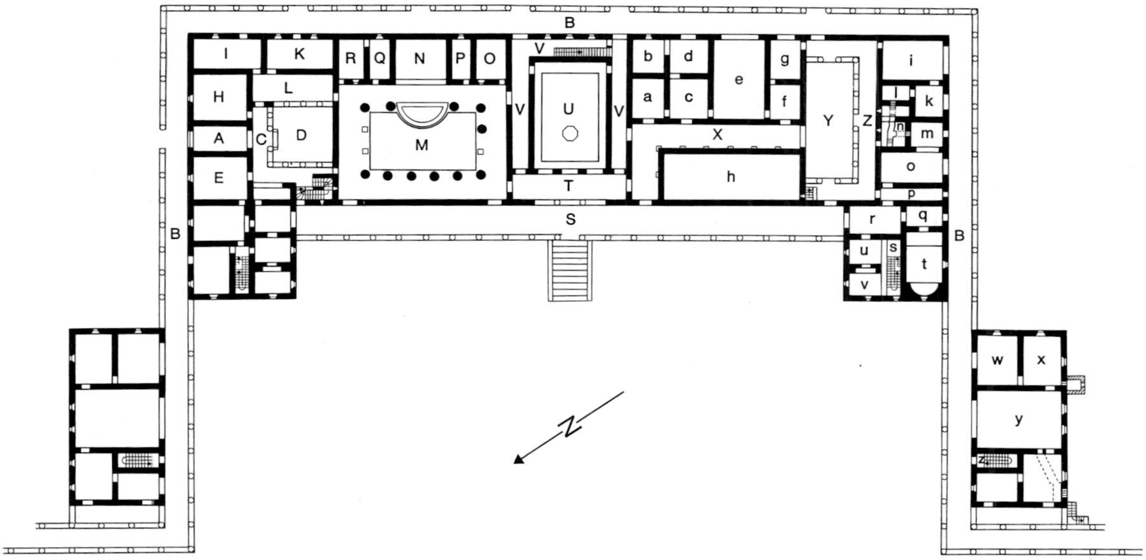

Abb. 8 (zu Taf. 48). Grundriß der »römischen Villa« in Nennig. A = Eingang, B = Umgang, C–D = Gang und Atrium, E = Küche, H–K = Wirtschaftsräume, L = Durchgang, M = Säulenhof, N = Speiseraum, O–R = Schlafräume, S = Äußere Säulenhalle, T = Innere Säulenhalle, U = Mosaiksaal, V = Umgang, X und Z = Gänge, Y = Hof. a–g = Wohnräume, h = Speiseraum, i–k = Wohnzimmer, m = heizbares Zimmer mit Mosaik, n = Heizraum und Küche, o–v = Wohnräume, w–z = Gästewohnung

Modelle und Fotos: Rheinisches Landesmuseum, Bonn
F. Oelmann und H. Mylius, Bonn. Jahrb. 133. 1928, 59 ff. und 141 ff.

Tafel 48. a) Modell der Villa von Nennig an der Mosel
Auf einer dem Steilhang der Mosel vorgelagerten Schotterterrasse erhob sich seit dem 2. Jahrhundert nach Chr. der Prunkbau eines römischen Palastes mit einem damals freien Blick auf das gegenüberliegende Moselufer. Die etwa 140 m lange Fassade der Porticus-Villa konnte rekonstruiert werden (Abb. 8). Sie stand auf einem Platz, an dem schon ältere Siedlungsreste gefunden wurden. Wer sie im 2. Jahrhundert erbaute und wem sie gehörte, wissen wir nicht, doch muß sie das Eigentum eines sehr vornehmen Römers gewesen sein (Einleitung S. 19).
Foto: Landesmuseum Saarbrücken
H. Mylius, Die Rekonstruktion der römischen Villen von Nennig und Fließen. Bonner Jahrbücher 129, 1924, 110—120

Tafel 48. b) Ausschnitt aus dem Mosaik der Villa von Nennig
In dem zentralen Saal der Villa fand sich ein etwa 16 qm großes Mosaik. Die Abbildung stellt einen Hornbläser und eine Wasserorgel dar, Musikinstrumente, die zur musikalischen Umrahmung der Spiele im Amphitheater, dem Motiv des ganzen Mosaiks, gehörten.
Foto: Landesmuseum Trier
R. Schindler, Das römische Mosaik von Nennig. Führungsblatt des Staatlichen Konservatorenamts Saarbrücken; K. Parlasca, Die römischen Mosaiken in Deutschland. 1951

Tafel 49. Pachtzahlende Bauern (?) von einem Grabdenkmal in Neumagen bei Trier
Ein Teil der kleineren Gutshöfe ist wohl — namentlich nach dem Übergang zum Anbau von Getreide — verpachtet worden. In einem der in Neumagen gefundenen Reliefs glaubt man (wenn auch nicht mit Sicherheit gedeutet) pachtzahlende Bauern zu sehen (Einleitung S. 19).
Aufbewahrungsort und Foto: Landesmuseum Trier
W. v. Massow, Die Grabmäler von Neumagen. 1932; H. Schmitz, Die Zeit der Römerherrschaft am Rhein. In: Das erste Jahrtausend, hrsg. v. V. Elbern, 1. Textband. 1962, 7 ff.

Tafel 50. Schulszene auf einem Grabdenkmal von Neumagen bei Trier

Im Hinterland der Militärgrenze spielte auch die Pflege geistiger Bildung eine große Rolle. Ein Grabrelief von Neumagen zeigt eine Schulszene mit bärtigem Lehrer und lesenden Schülern (Einleitung S. 19).

Aufbewahrungsort und Foto: Landesmuseum Trier

W. v. Massow, Die Grabmäler von Neumagen. 1932

Tafel 51. Grabdenkmal in Form eines Weinschiffes von Neumagen

Die Befriedung der Rheingrenze belebte Wirtschaft und Handel im Hinterland. Über ein entwickeltes System von Römerstraßen, aber auch auf den Flußwegen fand ein reger Güteraustausch statt. Seit der Weinbau an der Mosel Eingang gefunden hatte, wurde offenbar Wein auf Schiffen in Holzfässern (und nicht wie im Mittelmeergebiet nur in Weinamphoren) verfrachtet (Einleitung S. 19).

Aufbewahrungsort und Foto: Landesmuseum Trier

W. v. Massow, Die Grabmäler von Neumagen. 1932

Tafel 52. Athenaschale aus dem Hildesheimer Silberfund (um Chr. Geb.)

Im Jahre 1868 fand man bei Hildesheim einen umfangreichen Schatz silbernen Tafelgerätes, in dem sich etwa 60 Teile eines kostbaren Services befanden. Die sog. Athenaschale besteht aus teilweise vergoldetem Silber und ist gegossen, das Emblem getrieben. Der Durchmesser der Schale beträgt 25 cm, ihr Gewicht 2020 gr. Die Schale stellt das kostbarste Stück des Schatzfundes dar, sie diente vielleicht einer kultischen Zeremonie beim Gastmahl. Es handelt sich bei ihr wahrscheinlich um eine hellenistische Arbeit mit Beziehungen zur pergamenischen Kunst (Einleitung S. 20).

Aufbewahrungsort: Preußischer Kulturbesitz. Ehem. Staatl. Museen, Antikenabteilung, Berlin. Foto: Ausstellung »Werdendes Abendland« 1956

Pernice-Winter, Der Hildesheimer Silberfund. Berlin 1901; Katalog »Werdendes Abendland« 1956 Nr. 18

Tafel 53. Sog. gallische Humpen aus dem Hildesheimer Silberfund (Datierung umstritten)

Die Deutung des Hildesheimer Silberfundes als eventuelle Kriegsbeute aus der Varusschlacht hängt von der Datierung der sog. gallischen Humpen ab, die zum Teil ins 2. Jh. n. Chr., zum Teil in noch jüngere Zeit datiert worden sind. Neuerdings werden wieder Stimmen laut, die eine Datierung in die augusteische Zeit für möglich halten (Einleitung S. 20).

Aufbewahrungsort und Foto: Wie Tafel 52

Gerda Bruns, Fragen zu den Humpen des Hildesheimer Silberfundes. Berliner Museen, Neue Folge, 3. Jahrg. 1953; H. Küthmann, Die sog. Hildesheimer Humpen. Jahrb. d. Röm.-German. Zentralmuseums Mainz, 5. Jahrg. 1958

Tafel 54. Silberbecher mit Achilleus-Szene aus Hoby, Dänemark (1. Jh. n. Chr.)

Aus einem germanischen Fürstengrabe von Hoby auf Lolland aus der 1. Hälfte des 1. Jahrhunderts n. Chr. stammen zwei prachtvolle, in hellenistischer Manier mit Reliefs geschmückte Silberbecher, von dem der auf dieser Tafel abgebildete Priamos darstellt, der Achill um die Auslieferung der Leiche Hektors bittet. Beide Becher sind mit dem griechischen Künstlernamen Cheirosophos gezeichnet. Auf beiden Bechern ist der römische Besitzername »Silius« eingeritzt, es handelt sich dabei vielleicht um den C. Silius, der 14—21 n. Chr. Statthalter für Obergermanien in Mainz war. Möglicherweise stellen die Becher Geschenke dieses hohen römischen Beamten an einen germanischen Fürsten dar, eine Sitte, die Tacitus in Kapitel 5 der Germania bezeugt: »Man kann bei ihnen Silbergefäße sehen, die Gesandten oder Fürsten von ihnen (nämlich den Germanen) zum Geschenk gegeben wurden, die aber von ihnen ebenso geringschätzig wie Tongefäße behandelt werden« (Einleitung S. 20, 22).

Aufbewahrungsort und Foto: Dänisches Nationalmuseum, Kopenhagen

K. Friis Johansen, Hobyfundet. Kopenhagen 1923; H. J. Eggers, Der römische Import im freien Germanien. 1951; R. Much, Die Germania des Tacitus [3] 1967, 120 ff.

Tafel 55. Diatretglas aus Niederemmel a. d. Mosel (4. Jh. n. Chr.)

Die sog. Diatretgläser gehören zu den kostbarsten und technisch kompliziertesten Erzeugnissen römischer Glasmacherkunst. Der netzartige Überzug des 18 cm hohen Glases ist aus einer vollen Glasschicht herausgeschliffen. Zur Aufstellung solcher Gefäße benutzte man einen Halter aus Metall (Einleitung S. 19).
Aufbewahrungsort und Foto: Landesmuseum Trier
H. Eiden, Trierer Zeitschr. 19, 1950, 26 ff.; O. Doppelfeld, Germania 38, 1960, 403—417

Tafel 56. a) Tempelbezirk im Altbachtal bei Trier
Außerhalb von Trier entstand um Christi Geburt im Altbachtal ein Tempelbezirk mit kleinen und großen Kultbauten, in denen vor allem die einheimische, gallo-römische Bevölkerung ihre Gottheiten verehrte (vgl. Tafel 57); neben den Tempeln wurde auch ein kleines Kulttheater ausgegraben. Unter den anderen Heiligtümern fand sich auch eines für den persischen Sonnengott Mithras. Der Tempelbezirk wurde, nachdem sich das Christentum durchgesetzt hatte, in der Regierungszeit des Kaisers Theodosius (379—395) zerstört.
Foto: Landesmuseum Trier
S. Loeschke, Der Tempelbezirk im Altbachtal zu Trier. 1 und 2. 1938 und 1942

Tafel 56. b) Modell eines keltischen Umgangtempels aus dem Altbachtal bei Trier
Rekonstruktion des Tempels vom gallo-römischen Typ mit Cella und Säulenumgang, über dessen Rolle im Kult Näheres nicht bekannt ist, wahrscheinlich diente er einem Umzug. Tempel dieses Types sind auch in Holz gebaut worden (Einleitung S. 19).
Foto: Landesmuseum Trier
Fr. Oelmann, Zum Problem des gallischen Tempels, Germania 17, 169—181; J. E. A. Bogaers, Gallo-Romeinse Tempels te Elst, 1955; Jan de Vries, Keltische Religion. 1961, 192—193; S. J. de Laet, Van Grafmonument tot Helligdom. 1966, 17—26

Tafel 57. Keltische Pferdegöttin Epona aus dem Tempelbezirk vom Altbachtal bei Trier (Röm. Kaiserzeit)
Eine keltische Pferdegöttin Epona wurde vornehmlich in Gallien sowie an Rhein und Donau, vereinzelt bis nach Ungarn hin, verehrt. Ihr Name hängt mit der keltischen Bezeichnung für Pferd (verwandt mit lat. equus) zusammen. Die auf dem Pferde sitzende Göttin hält in der rechten Hand eine Schale mit Obst, bisweilen hält sie auch ein Füllhorn und wird von einem Hund begleitet. Sie wurde als Hüterin des Stalles wohl hauptsächlich von Soldaten und Angehörigen der unteren Volksschichten verehrt (Einleitung S. 19).
Aufbewahrungsort und Foto: Landesmuseum Trier
Jan de Vries, Keltische Religion. 1961, 123—127.

Tafel 58. Altar für die Aufanischen Matronen (164 n. Chr.)
Die Matronen, Göttinnen, die in der Dreizahl dargestellt sind, wurden von Kelten und Germanen verehrt. Die zwei älteren tragen große Hauben, die in der Mitte sitzende jüngere hat gewellte Haare. Der Beiname »Aufaniae« ist vermutlich germanisch, aber nicht sicher gedeutet. Steine für diese drei Göttinnen finden sich linksrheinisch zwischen Mainz und Xanten. Die Göttinnen tragen Früchtekörbe (wohl als Zeichen der Fruchtbarkeit). Es handelt sich bei den Matronen um Lokalgottheiten, die Schutz und Fruchtbarkeit spendeten, wohl auch als Schicksalsgöttinnen aufgefaßt wurden. Sie wurden hauptsächlich von den unteren Volksschichten verehrt. Der Stifter des hier abgebildeten Altars, Q. Vettius Leverius, war allerdings Quaestor in Köln. Ursprünglich stand der Stein wohl in einem heiligen Bezirk, später wurde er in das Fundament einer frühchristlichen »cella memoriae« unter dem Bonner Münster eingemauert (Einleitung S. 19).
Aufbewahrungsort und Foto: Landesmuseum Bonn
H. Schmitz in: Das erste Jahrtausend, Textband 1. 1962, Abb. 2, Tafelband, Abb. 107; Jan de Vries, Altgermanische Religionsgeschichte 2. 1957, 283 ff.

Tafel 59. Modell einer Märtyrerkapelle unter St. Severin in Köln (um 400 n. Chr.)
Außerhalb der römischen Stadt, an der Straße nach Bonn, lag dort, wo heute St. Severin steht,

ein römischer Friedhof, auf dem im 1. und 2. Jh. verbrannte Tote beigesetzt wurden; seit dem 3. Jh. setzt sich die Körperbestattung durch, und aus der ost-westlichen Richtung der Särge schließt man auf christliche Einflüsse. Wahrscheinlich in der 1. Hälfte des 4. Jhs. entstand hier eine kleine Kapelle, die wohl nicht nur Grabkapelle war, sondern auch als Märtyrerkapelle diente. Sie wurde um 400 durch je ein Seitenschiff erweitert und scheint in der ebenfalls damals zugefügten Vorhalle das Grab Severins, eines der frühesten Bischöfe Kölns, aufgenommen zu haben. Diese ursprüngliche »cella memoriae« wurde in merowingischer und karolingischer Zeit weiter ausgebaut und erhielt in romanischer und gotischer Zeit ihre heutige Gestalt. Die Reste der frühen Kirchen sind unter dem heutigen Bau noch zugänglich (Einleitung S. 19, 25).

Foto: Römisch-Germanisches Museum, Köln

F. Fremersdorf, Ältestes Christentum mit besonderer Berücksichtigung der Grabungsergebnisse unter der Severinskirche in Köln. Kölner Jahrb. f. Vor- und Frühgeschichte 2. 1956, 7 ff.; P. La Baume, Colonia Agrippinensis. 1958, 42 ff.

Tafel 60. Germanen vor Trajan, Trajanssäule, Rom (nach 110 n. Chr.)

Die zwischen 110 und 120 n. Chr. errichtete Trajanssäule enthält Darstellungen aus den Kriegen Trajans gegen Völker an der Donau. Das spiralig die Säule umlaufende Reliefband hat eine Höhe von etwa 1,20 Meter. Dargestellt sind rechts der Kaiser mit seinem Gefolge, links barbarische Gesandte, an der Spitze durch den »Swebenknoten« als Germanen gekennzeichnete Personen. Sie tragen eng anliegende Hosen, die durch einen Gürtel gehalten sind, und haben nackte Oberkörper. Der mit Fransen verzierte rechteckige Mantel wird auf der rechten Schulter durch eine Scheibenfibel zusammengehalten. Haartracht mit Swebenknoten (vgl. Tafel 64) und Kleidertracht (vgl. Tafel 65, 66) entsprechen sehr genau den Trachten, die in den Funden erhalten geblieben sind (Einleitung S. 20).

Foto: Römisch-Germanisches Zentralmuseum, Mainz

K. Schumacher, Germanendarstellungen. 4. Aufl. neubearb. von H. Klumbach, 1935, 7 f., Tafel 8

Tafel 61. Terrakotta-Büste, wahrscheinlich einen Germanen darstellend (1.—2. Jh. n. Chr.)

Das bemalte Stück stellt einen strohblonden Mann mit braunrotem Gesicht und Stupsnase dar. Es gilt seit langem als Darstellung eines Germanen (Einleitung S. 20).

Aufbewahrungsort und Foto: Landesmuseum Bonn

A. v. Salis, Ein Germanenbildnis. Bonn. Jahrb. 118. 1909, 63 ff., Das erste Jahrtausend, hrsg. v. V. Elbern, Tafelband, 1962, Nr. 77

Tafel 62. Moorleiche von Tollund, Jütland (um Chr. Geb.)

Unter den Moorleichen, Zeichen eines auch von Tacitus bezeugten kultischen Rechtsbrauchs bei den Germanen, ragt die von Tollund bei Silkeborg in Jütland durch gute Erhaltung hervor. Der Mann war erhängt worden, dann abgeschnitten und auf seiner Kleidung im Moor niedergelegt. Der noch untersuchbare Mageninhalt ließ erkennen, daß die letzte Mahlzeit des Mannes eine aus Gerste, Leinsamen, Finkensamen und Knöterich hergestellte Grütze gewesen war (Einleitung S. 20).

Foto: Dänisches Nationalmuseum, Kopenhagen. Aufbewahrungsort: Museum Silkeborg

K. Thorvildsen, Moseliget fra Tollund. Aarbøger for nordisk Oldkyndighed od Historie 1950; H. Helbæk, Tollundmandens sidste maltid. Ebenda; P. Glob, Schläfer im Moor. München 1966, 7 ff.

Tafel 63. Kopf der Moorleiche von Tollund

Der Kopf der Moorleiche von Tollund vermittelt eine gute Vorstellung vom Aussehen eines Germanen in der Zeit der Germanenkriege des Augustus.

Aufbewahrungsort, Foto und Literatur vgl. Tafel 62

Tafel 64. Moorschädel mit »Swebenknoten« von Osterby bei Eckernförde (um Chr. Geb.)

Eingehüllt in einen Pelzumhang fand sich in einem Moor bei Osterby ein vom Rumpf gewaltsam abgetrennter Schädel, dessen Weichteile zwar vergangen sind, dessen Haare aber erhalten blieben und eine Frisur nach Art sog. Swebenknoten zeigen. Tacitus schilderte im Kapitel 38 der Germania eine für die Sweben typische Haartracht. »Eine Besonderheit des Volkes (nämlich der Sweben) ist es, das Haar schräg zurückzukämmen und in einen Knoten zu binden; so unterscheiden sich die Sweben von den übrigen Germanen, so die swebischen Freien von den Sklaven. Bei anderen Völkern ist diese Haartracht mitunter auch bekannt, ...«. Auf zahlreichen Germanendarstellungen der antiken Kunst ist diese eigentümliche Haartracht dargestellt. Im Moorfund von Osterby und auch an einzelnen anderen Moorleichen ist sie in der Tat erhalten. Der Schädel von Osterby bezeugt überdies die mehrfach beobachtete Sitte, abgeschlagene Schädel getrennt von den dazugehörigen Körpern ins Moor zu senken (Einleitung S. 20).

Aufbewahrungsort und Foto: Landesmuseum Schleswig

K. Kersten, Ein Moorleichenfund von Osterby bei Eckernförde. Offa 8. 1949, 1 f.; K. Schlabow, Haartracht und Pelzschulterkragen der Moorleiche von Osterby. Ebenda, 3—7; R. Much, Die Germania des Tacitus. [3] 1967, 427 ff.

Tafel 65. Prachtmantel aus dem Moorfund von Thorsberg in Angeln (römische Kaiserzeit)

Zur Tracht des Mannes gehört, wie schon Tacitus in der Germania berichtet, der »Mantel«, das sog. sagum. Es besteht aus einer rechteckigen Decke von 2,36 × 1,68 Metern. Sie wurde um den Körper geschlagen und auf der rechten Schulter mit einer Fibel zusammengefaßt. Dieses Kleidungsstück erlaubte eine verschiedenartige Tragweise (Abb. 9). Das prunkvollste Stück dieser Gattung stammt aus dem Thorsberger Moorfund, einem Opferfund, der vom letzten vorchristlichen bis zum 4. nachchristlichen Jahrhundert reicht. Der Mantel ist aus sehr fein versponnener Wolle am senkrecht stehenden Gewichtswebstuhl in der Art des Rautenkörpers gewebt. Webekante und eine Seitenkante sind in der Technik der Brettchenweberei hergestellt und tragen Fransen, wie sie auch auf bildlichen Darstellungen von den Germanen in der antiken Kunst erscheinen (vgl. Tafel 60). Der Prachtmantel aus Thorsberg ist mit Indigo in verschiedenen Blautönen gefärbt. Darin drückt sich wohl auch die besondere Bedeutung des Stückes aus, die ebenso in der ungewöhnlich komplizierten Webetechnik — die Brettchen-

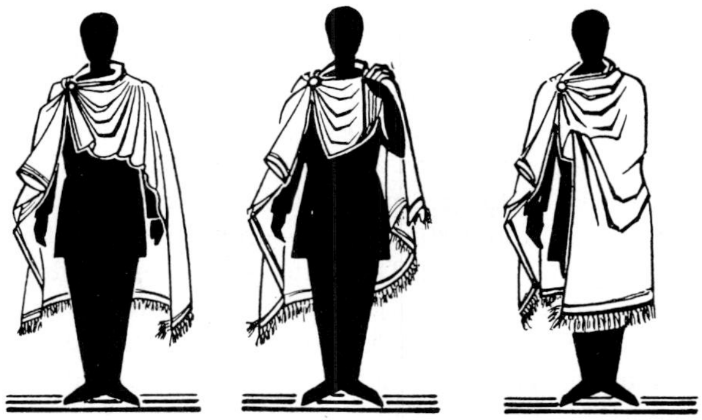

Abb. 9 (zu Taf. 65). Tragweise des germanischen Mantels (nach K. Schlabow)

webkanten wurden mit 138 und 178 Brettchen gewebt — zum Ausdruck kommt. Blau war auch die Farbe von Odins Mantel (Einleitung S. 20 f.).

Aufbewahrungsort: Landesmuseum Schleswig.
Rekonstruktion: Dr. h. c. K. Schlabow, Neumünster

K. Schlabow, Der Thorsberger Prachtmantel. Neumünster 1965

Tafel 66. Hose aus dem Thorsberger Moorfund (römische Kaiserzeit)

Die Germanen haben, wohl kurz vor Chr. Geb., die Hosentracht entweder von den Kelten oder

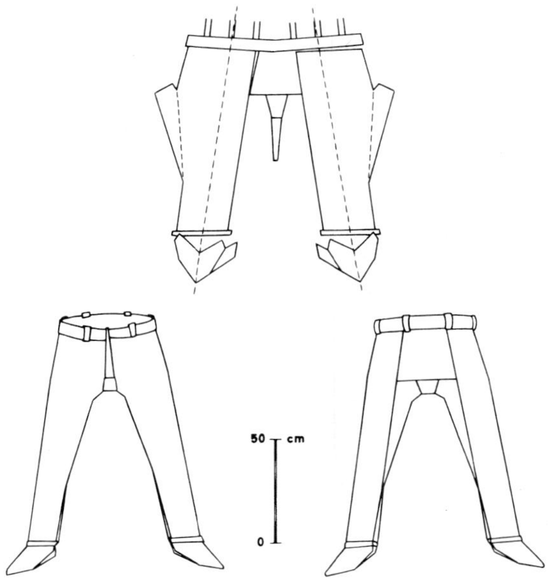

Abb. 10 (zu Taf. 66). Schnitt der germanischen Hose (nach K. Schlabow)

von den Reiternomaden übernommen. Als Stoff wurden Wollgewebe benutzt. Die Zuschneidetechnik war sehr kompliziert und läßt auf längere Tradition schließen (Abb. 10). Die Hose war eng anliegend und wurde an den Unterschenkeln durch Bindung fest zusammengehalten, der Befestigung diente ein durch Schlaufen gezogener Gürtel. Die Füße waren mit Ledersandalen bekleidet. Die gefundenen Hosen entsprachen sehr genau den antiken Bilddarstellungen (vgl. Tafel 60). Neben langen wurden auch kurze Hosen getragen (Einleitung S. 21).

Aufbewahrungsort und Foto: Landesmuseum Schleswig

Girke, Die Tracht der Germanen in der vor- und frühgeschichtlichen Zeit. 1923; K. Schlabow, Trachten der Eisenzeit. Neumünster 1961

Tafel 67. Kittel der Männertracht aus dem Thorsberger Moorfund (römische Kaiserzeit)

Nur selten scheint zur Tracht des Mannes ein kittelartiges Kleidungsstück gehört zu haben. Wie schon die antiken Darstellungen und Berichte lehren, blieb der Oberkörper des Mannes häufig unbekleidet (vgl. Tafel 60). Der Kittel aus dem Thorsberger Moorfund besteht aus feiner Wolle, die als Rautenkörper gewebt war und durch eine leichte Walke tuchartigen Charakter erhalten hatte. Die eingesetzten Ärmel werden an den Gelenken durch Bänder in Brettchenwebetechnik abgeschlossen (Abb. 11). An den Seiten war der Kittel nicht genäht, sondern zugebunden. Der Kittel zeigt Einschnitte als beabsichtigte Zerstörung, wie sie ähnlich auch bei den meisten Metallgeräten dieser Opferfunde beobachtet werden konnte (Einleitung S. 20 f.).

Abb. 11 (zu Taf. 67). Männertracht von Thorsberg (nach K. Schlabow)

Aufbewahrungsort und Foto: Landesmuseum Schleswig

K. Schlabow, Trachten der Eisenzeit. Neumünster 1961

Tafel 68. Holzschild mit Metallbeschlägen aus dem Thorsberger Moorfund (römische Kaiserzeit)

Zur gewöhnlichen Bewaffnung der germanischen Krieger gehörte neben der Lanze der meist runde Schild aus dünnen Brettern, die in die Stärke zum Rande hin abnahmen und die hier bisweilen nur eine Dicke von 4—6 mm besaßen. Die Schildbretter sind sorgfältig gehobelt. Sie bestehen meist aus Weichholz, vor allem Erle, selten aus Eiche und nur ausnahmsweise aus Kiefer. In der Mitte trug der Schild über einem ausgeschnittenem Loch einen Handgriff, der nach außen mit einem Schildbuckel aus Bronze, Eisen oder selten aus Holz abgedeckt war. Der Schildrand hatte eine Einfassung durch einen gefalzten Metallbeschlag, durch den die Bretter wohl im wesentlichen zusammengehalten waren (Einleitung S. 22).

Aufbewahrungsort und Foto: Landesmuseum Schleswig

C. Engelhardt, Thorsbjerg Mosefundet. 1863

Tafel 69. Grabstein des Lepontius aus Straßburg (4. Jh. n. Chr.)

Der Dargestellte ist durch seine Bewaffnung (Rundschild, Spatha, Lanze) als Germane gekennzeichnet. Die Fibel auf der rechten Schulter, die den Mantel zusammenhält, datiert den Stein ins 4. Jh. (Einleitung S. 22).

Foto: Römisch-Germanisches Zentralmuseum, Mainz

K. Schumacher, Germanendarstellungen. 4. Aufl. Neubearb. v. H. Klumbach, 1935. 5, Tafel 5 Nr. 18

Tafel 70. Kurzschwerter aus dem Thorsberger Moorfund (2. Jh. n. Chr.)

Nur wenige Krieger waren, wie schon Tacitus in seiner Germania berichtet, mit Schwertern

ausgerüstet. In den ersten beiden nachchristlichen Jahrhunderten existierte nur das ein- oder zweischneidige Kurzschwert, erst im 3. Jahrhundert kam wieder das zweischneidige Langschwert auf (Einleitung S. 22).
Aufbewahrungsort und Foto: Landesmuseum Schleswig
M. Jahn, Die Bewaffnung der Germanen in der älteren Eisenzeit. 1916; K. Raddatz, Die Bewaffnung der Germanen in der jüngeren römischen Kaiserzeit. 1967

Tafel 71. Germanischer Schwertgurt aus dem Thorsberger Moorfund (2.—3. Jh. n. Chr.)
Der mit dem Schwert ausgezeichnete germanische Krieger trug diese Waffe an einem Schwertgurt, der mit Metallschmuck und Beschlagplatte verziert war. Im ausgehenden 2. und 3. Jahrhundert übernahmen vornehme germanische Krieger die römische Sitte, das sog. »cingulum militare«, einen mit Metallplatten rundum besetzten Gürtel zu tragen. Ein prunkvolles Exemplar eines solchen Schwertgurtes mit silbernen Besatzplatten als Ausrüstungsstück eines besonders vornehmen Kriegers wurde im Thorsberger Moor als Opfergabe gefunden (Einleitung S. 22).
Aufbewahrungsort und Foto: Landesmuseum Schleswig
K. Raddatz, Der Thorsberger Moorfund, Gürtelteile und Körperschmuck. 1957

Tafel 72. Kettenpanzer aus dem Thorsberger Moorfund (2.—3. Jh. n. Chr.)
»Wenige tragen einen Panzer, kaum einer hat einen Helm oder eine Haube« sagt Tacitus im Kapitel 6 der Germania und kennzeichnet damit die Situation im Bereich der Schutzbewaffnung sehr treffend. Zwar lernten die Germanen schon früh, und zwar von den Kelten, Kettenpanzer kennen, importierten sie auch gelegentlich, aber wirklich in Gebrauch kamen sie nicht. Auch später nach der Begegnung mit den Römern, wo ihnen mindestens als Kriegsbeute auch römische Panzer zufielen, übernahmen sie diese Rüstung nicht. Nur in einem kleinen Zeitraum während des Markomannenkrieges in der 2. Hälfte des 2. Jahrhunderts treten im Elbgebiet und in Norddeutschland römische Kettenpanzer in einer geringen Zahl auf. Neben dem kurzen, bis zur Hüfte reichenden Kettenhemd, wie es das Thorsberger Stück darstellt, gab es auch längere Kettenpanzer, von denen ein gut erhaltenes Exemplar im Moorfund von Vimose auf Fünen erhalten geblieben ist (Einleitung S. 22).
Aufbewahrungsort und Foto: Landesmuseum Schleswig
K. Raddatz, Offa 17/18. 1959/61, 52 f.

Tafel 73. a) Umgearbeiteter römischer Reiterhelm aus dem Thorsberger Moorfund (römische Kaiserzeit)
Ähnlich wie bei den Panzern steht es mit den Helmen. Sie treten nur ganz vereinzelt auf und sind, wie das Exemplar eines römischen Reiterhelms aus dem Moorfund von Thorsberg lehrt, nachträglich umgearbeitet. Aus dem schweren, den ganzen Kopf und große Teile des Gesichtes deckenden römischen Helm ist eine leichte, Gesicht und Stirn ungeschützt lassende Haube geworden (Einleitung S. 22).
Aufbewahrungsort und Foto: Landesmuseum Schleswig

Tafel 73. b) Römischer Reiterhelm aus Heddernheim
Aus einem Helm dieser Art wurde vermutlich in einer germanischen Werkstatt der Helm auf Tafel 73a hergestellt.

Tafel 74. Bronzescheibe mit Auflage von vergoldetem Silberblech aus dem Thorsberger Moorfund (um 200 n. Chr.)
Die Scheibe stellt eine römische »phalera« dar und stammt aus einer römischen Werkstatt der Zeit um 200 aus dem Gebiet von Köln. Die sitzend dargestellte Figur mit einem Stab (Lanze?) und einem Wasservogel gibt eine germanische Gottheit wieder, die in der »interpretatio romana« als »Mars Thingsus« bezeichnet wird. Wie das Stück ins freie Germanien gelangte, ist unbekannt. Hier wurde es mit Applikationen in Gestalt einfacher aufgenieteter Tierfiguren versehen (Einleitung S. 23 f.).
Aufbewahrungsort und Foto: Landesmuseum Schleswig
J. Werner, Die beiden Zierscheiben des Thorsberger Moorfundes. 1941; J. Werner, Das Aufkommen von Bild und Schrift in Nordeuropa. München 1966

Tafel 75. Goldring und Pektorale aus dem Fund von Wolfsheim, Rheinhessen (um 420/450 n. Chr.)

In einem kostbaren, fast nur Goldschmuck enthaltenden Fund von Wolfsheim, der durch eine Goldmünze des Kaisers Valens (364—378) frühestens in das Ende des 4. Jhs. datiert wird, fand sich ein Goldring mit einer viereckigen, almandinverzierten, sassanidischen Hängeplatte, die auf der Rückseite eine Pehlevi-Inschrift mit dem Namen »Artachschartar« (evtl. Ardaschir I, 226—241) trägt. Der reiche Fund, wohl die Grabausstattung einer vornehmen Persönlichkeit der Zeit nach dem Hunneneinfall, beleuchtet die starken damals im germanischen Bereich bestehenden Beziehungen zum Südosten (Einleitung S. 22, 25).

Aufbewahrungsort: Hessisches Landesmuseum, Wiesbaden. Foto: Ausstellung »Werdendes Abendland«

G. Behrens, Mainzer Zeitschr. 17/19. 1921/24; J. Werner, Beiträge zur Archaeologie des Attila-Reiches. München 1956.

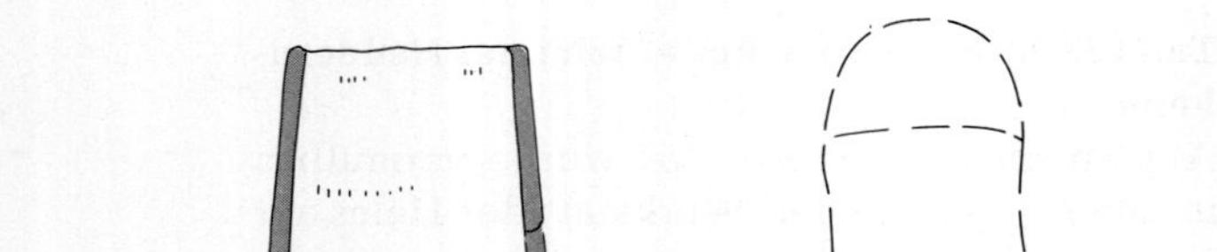

Abb. 12 (zu Taf. 77). Rennfeuerofen von Scharmbeck, Kreis Harburg (nach W. Wegewitz)

Tafel 76. Holzfigurenpaar aus dem Aukamper Moor bei Braak, Kr. Eutin, Schleswig-Holstein (Zeitstellung unsicher)

Eine männliche, fast 3 m hohe und eine etwas kleinere weibliche Figur wurden in einem Moor bei Braak gefunden. Die eingesetzten Arme fehlen. In der Nähe der Figuren fand sich noch im Moor eine etwa 7 × 12 m große Brandschicht mit Holzkohle, Gefäßscherben und geglühten Steinen. Diese Scherben weisen den Feuerplatz in die ältere vorrömische Eisenzeit, ob Holzfiguren und Feuerplatz zeitlich zusammengehören, steht nicht fest. Ähnliche Holzfiguren, die teilweise den Jahrhunderten um Chr. Geb. angehören, wurden in Dänemark, Norddeutschland und Thüringen öfters gefunden. In Thüringen standen sie auf Kultplätzen, die mit Flechtzäunen umgeben waren und auf denen Tier- und bisweilen auch Menschenopfer dargebracht wurden. Während sonst immer nur eine Holzfigur (männlichen oder weiblichen Geschlechts) gefunden wurde, steht das Holzfigurenpaar von Braak vereinzelt dar. Man wird in ihm ein Götterpaar sehen dürfen (Einleitung S. 24).

Aufbewahrungsort und Foto: Landesmuseum Schleswig, Schloß Gottorp

H. Schwabedissen, Offa 8. 1949, 65 f.; R. Much, Die Germania des Tacitus [3]1967, 182 ff. H. Meyer, Zeitschrift der Savigny-Stiftung f. Rechtsgeschichte, Germ. Alt. 58. 1938.

Tafel 77. Rennfeuerofen von Scharmbeck, Kr. Harburg, Niedersachsen (1.—2. Jh. n. Chr.)

Etwa 1 m hoher, unten 41 cm im Durchmesser messender, aus Ton aufgebauter Rennofen zur Verhüttung von Raseneisenerz (Abb. 12). Der Ofen wurde in wechselnden Schichten mit Erz und Holzkohle beschickt. Bei der erreichten Temperatur von 1080—1400° Celsius schmolz das Eisen nicht, es setzte sich vielmehr als schlackenhaltige Luppe oder als Eisenschwamm im »Herd« des Ofens unten ab und mußte nach erneuten Erhitzen auf Rotglut mechanisch von der Schlacke getrennt werden (Abb. 12; Einleitung S. 24).

Aufbewahrungsort und Foto: Helms-Museum, Hamburg-Harburg

W. Wegewitz, Die vorgeschichtliche Eisenverhüttung im Kreise Harburg. Harburger Kreiskalender 1962; R. Pleiner, Die Eisenverhüttung in der »Germania Magna« zur römischen Kaiserzeit. 45. Ber. der Röm.-Germ. Komm. 1964, 11 ff.

Tafel 78. Bohlenweg im Stapeler Moor, Oldenburg

Namentlich in Nordwestdeutschland, aber auch in anderen Gebieten Europas kommen seit dem Neolithikum fest ausgebaute Moorwege vor. Teils handelt es sich um Knüppelwege mit Gras- bzw. Heidesoden, teils um sorgfältig gebaute Straßen. Neuerdings wurden neben einem Bohlenweg der vorrömischen Eisenzeit zwei schematisierte hölzerne Menschenfiguren gefunden, bei denen es sich vermutlich um ein Götterpaar handeln wird, unter dessen Schutz der Weg stand (Einleitung S. 15, 24).

Foto: Staatliches Museum, Oldenburg

H. Hayen, in: Hoops, Reallexikon der germanischen Altertumskunde, 2. Aufl. Bd. 1 s. v. Bohlenwege

Tafel 79. Seegehendes Boot aus Eichenholz von Nydam, Amt Sonderburg, Dänemark (4. Jh.)

Das 22,84 m lange und 3,26 m breite Schiff hatte eine Höhe mittschiffs von 1,02 m und einen Tiefgang im beladenem Zustand von 0,5 m. Es ist ganz aus Eichenholz in Klinkertechnik gebaut, die Planken sind mit Eisennieten zusammengehalten. Eine Segeleinrichtung besaß das Schiff nicht, es ist zum Rudern eingerichtet. Es hatte auf jeder Seite Platz für 18 Ruderer, so daß insgesamt 36 Mann für die Fortbewegung notwendig waren. Die Anbringung des Steuerruders ist nicht gesichert. Vermutlich war es achtern auf Steuerbordseite befestigt. Das Boot faßte insgesamt 45 Mann mit dem nötigen Gepäck. Die Verbindung von Plankenwand und Spantengerüst war nicht starr, sondern erfolgte durch Zurrung, also Bindung mittels Stricken. Die hochgezogenen Steven ermöglichten auch ein Befahren bewegter Gewässer. Das Boot wurde zusammen mit zahlreichen Opfergaben des 2. bis 5. Jahrhunderts n. Chr. Geb. gefunden. Es gehört wohl dem 4. Jahrhundert an (Einleitung S. 24).

Aufbewahrungsort und Foto: Landesmuseum Schleswig, Schloß Gottorp

C. Engelhardt, Nydam Mosefund. Kopenhagen 1865; H. Shetelig / Fr. Johannssen, Das Nydamschiff. Acta Archaeologica 1. 1930

Tafel 80. Prunkschnallen aus dem Moorfund von Ejsbøl bei Hadersleben (5. Jh. n. Chr.)

Aus einem großen Opferfund des 2./3. bis 5. Jahrhunderts nach Chr. Geb., der in einem Moor am Stadtrande von Hadersleben entdeckt und systematisch untersucht wurde, stammen neben anderen Prachtfunden zwei Prunkschnallen aus Silber, die auf der Oberseite vergoldet sind und Niello-Einlagen tragen. Sie sind in einem in Germanien auf Grund römischer Anregungen entwickelten Stil des 5. Jahrhunderts in Kerbschnittmanier verziert und gehörten zweifellos zur fürstlichen Ausrüstung (Einleitung S. 25).

Aufbewahrungsort und Foto: Dänisches Nationalmuseum, Kopenhagen

M. Ørsnes, Acta Archaeologica. Kopenhagen 1964

Tafel 81. Grabstein von Niederdollendorf, Siegkreis (7. Jh. n. Chr.)

Der ursprünglich aufrechtstehende, in eine Basis eingelassene viereckige Stein, wurde in einem fränkischem Plattensarg gefunden. Auf der Vorderseite ist ein sich kämmender Mann mit Sax und Pilgerflasche dargestellt, über dem sich ein schlangenförmiges Tier mit zwei Köpfen windet. Die quadratische Oberseite trägt ein x-Zeichen. Die Rückseite zeigt einen Mann mit Lanze, vielleicht eine Darstellung Christi als Himmelskönig (Einleitung S. 26).

Aufbewahrungsort und Foto: Landesmuseum Bonn

K. Böhner, Germania 28. 1944/50, 63 ff.; Katalog »Werdendes Abendland« Nr. 198

Tafel 82. Reiterstein von Hornhausen, Anhalt (7. Jh.)

Grabstein (?) in Flachrelief von einem Gräberfeld des 7. Jahrhunderts. Der obere Teil ist abgebrochen und nicht zu rekonstruieren. Die Deutung der Bilder ist umstritten. Das Motiv des schildbewehrten Lanzenreiters mit einer Schlange, gegen die er anreitet oder über die er hinwegreitet, tritt auch sonst in der germanischen Kunst des 7. Jahrhunderts auf. Der Reiter ist als Odin oder Odinsreiter gedeutet worden, beides bleibt unsicher. Ikonographisch bestehen einige Zusammenhänge mit koptischen Reiterheiligen, die — sollten sie als Vorbild gedient haben — doch wohl mit anderem Bedeutungsgehalt versehen worden sind. Das von der ala-

mannischen Kunst aufgenommene Motiv gelangte im 7. Jahrhundert nach Mitteldeutschland und weiter nach Ostskandinavien (Einleitung S. 26).
Aufbewahrungsort und Foto: Landesmuseum Halle
W. Schulz, Eine Nachlese zu den Bildsteinen von Hornhausen. Jahresschrift für mitteldeutsche Vorgeschichte 40. 1956, 211 ff.

Tafel 83. Spangenhelm aus dem fränkischen Fürstengrabe von Morken a. d. Erft (um 600)
Auf einem größeren Friedhof von Morken fand sich in einer hölzernen Grabkammer die reich ausgestattete Beisetzung eines Fürsten mit einem gut erhaltenen Spangenhelm aus einer italischen Werkstatt. Außerdem war der Tote mit Schwert, Schild, Franzisca, zwei Lanzen und einer Menge von Gebrauchsgeräten, sowie mit Wegzehrung (Rinder-, Schweine- und Hühnerfleisch) und einem Charonspfennig im Munde (Goldmünze des byzantinischen Kaisers Tiberius Constantin 578—582) ausgestattet (Einleitung S. 25).
Aufbewahrungsort und Foto: Landesmuseum Bonn
K. Böhner, Das Grab eines fränkischen Hessen aus Morken im Rheinland. Bonn 1958.

Tafel 84. Grabstein der Rignedrudis aus Vochem, Kreis Köln (6. Jh. n. Chr.)
Aus einem römischen Gesimsstück ist der christliche Grabstein eines 16jährigen Mädchens namens »Rignedrudis« hergestellt. Er wurde auf einem merowingerzeitlichen Gräberfeld bei Vochem, Kr. Köln, gefunden. Über und unter der gut lesbaren Inschrift sind christliche Symbole angebracht (Einleitung S. 25).
Aufbewahrungsort und Foto: Rheinisches Landesmuseum, Bonn
W. Neuss, Die Anfänge des Christentums im Rheinlande. 2. Aufl. 1933, 59 Abb. 38

Tafel 85. Bügelfibel aus dem Grabe einer alamannischen Fürstin von Wittislingen (7. Jh.)
Auf einem alamannischen Friedhof von Wittislingen fand sich das reich ausgestattete Grab einer hochgestellten alamannischen Dame mit reichen Beigaben. Die große, mit Tierornamentik im Tierstil II verzierte Bügelfibel ist mit Niello, Filigran und Almandineinlagen verziert und stellt eine rheinfränkische Arbeit der Zeit um 650 n. Chr. dar. Die Inschrift auf der Rückseite ist nicht sicher zu deuten. Sie scheint einen Namen Uffila, der aber nicht der Name der Bestatteten sein kann, den Namen des Goldschmiedes Wigerig und den Hinweis auf das Christentum der Uffila zu enthalten (Einleitung S. 25).
Aufbewahrungsort und Foto: Bayerische Staatssammlungen, München
J. Werner, Das alamannische Fürstengrab von Wittislingen. 1950

Tafel 86. Scheibenfibel und koptische Bronzepfanne aus dem Grab von Wittislingen (vgl. Tafel 85) 7. Jh.
Aus dem gleichen Grabe, aus dem die Bügelfibel (Taf. 85) kommt, stammen eine goldene Scheibenfibel und eine bronzene Pfanne. Die goldene Scheibenfibel trägt auf der Oberseite eine reiche Ornamentik mit Filigran und Almandineinlage. Schmale, schlangenförmige Tierkörper aus Almadineinlagen mit je einem Tierkopf an jedem Ende sind so zusammengeordnet, daß ein Kreuzmuster entsteht. Die Bronzepfanne ist ein koptisches Erzeugnis und im Zuge des merowingerzeitlichen Fernhandels von Italien aus über die Alpen in das alamannische Gebiet gelangt (Einleitung S. 25).
Aufbewahrungsort und Foto: Bayerische Staatssammlungen, München
J. Werner, Das alamannische Fürstengrab von Wittislingen. 1950; J. Werner, Italisches und koptisches Bronzegeschirr des 6. und 7. Jhs. nordwärts der Alpen. Mnemosynon Th. Wiegand. 1938, 74 ff.

Tafel 87. Silberbulla aus dem Grabe einer Fürstin unter dem Kölner Dom (1. Hälfte d. 6. Jh.)
Unter dem Kölner Dom wurde in einem Steinplattensarg das ungewöhnlich reich ausgestattete Grab einer vornehmen fränkischen Dame, vielleicht aus königlichem Geschlecht, gefunden. Unter dem kostbaren Schmuck fand sich eine aus Silberblech getriebene, mit zwei kreuzförmig angeordneten Vierblattpalmetten und Weinranken geschmückte Amulettkapsel. Die Ornamentik und die Qualität der Arbeit sprechen für Import aus dem Mittelmeergebiet.

Ähnliche Kapseln sind auch in anderen Gräbern gefunden worden, wie etwa im Grabe von Wittislingen (Tafel 85, 86). Sie dienten, wie Werner gezeigt hat, innerhalb christlichen Brauches der Aufnahme von duftenden Kräutern, die ihren Trägerinnen offenbar als Talisman dienten. Gelegentlich sind solche Amulettkapseln auch mit Runeninschriften versehen (Einleitung S. 25).
Aufbewahrungsort und Foto: Römisch-Germanisches Museum, Köln
O. Doppelfeld, Das fränkische Frauengrab unter dem Chor des Kölner Domes. Germania 38. 1960, 87 ff.; J. Werner, Das alamannische Fürstengrab von Wittislingen. München 1950, 38 ff.; O. Doppelfeld / R. Pirling, Fränkische Fürsten im Rheinland. Düsseldorf 1966, 30 f.

Tafel 88. Reliquienkästchen aus Utrecht (2. Hälfte 7. Jh.)
Das aus vergoldetem Kupfer bestehende und mit Email und Almandineinlage verzierte kleine Reliquiar (Länge 6 cm, Höhe 4,6 cm) ist mit Kreuzen und Ranken, die zum Teil aus Kelchen herauswachsen, geschmückt. Es ist mit dem im Schatz der Stiftskirche von Beromünster bei Luzern aufbewahrten sog. Warnebertus-Reliquiar eng verwandt, das an Stelle der die Kreuze der Standseite einfassenden Ranken späte germanische Tierornamentik trägt, während die Rückseite ebenfalls mit byzantinisch inspiriertem Rankenwerk verziert ist. Das Herstellungsgebiet liegt wohl in der burgundisch-fränkischen Kontaktzone. Die Mischung germanischer und byzantinischer Schmuckelemente an einem Gerät des christlichen Kultes ist für die Übergangszeit kennzeichnend (Einleitung S. 25, 27).
Aufbewahrungsort: Erzbischöfliches Museum, Utrecht. Foto: Professor Dr. Holger Arbman, Lund
J. Baum, Das Reliquiar in Beromünster. In: Forschungen zur Kunstgeschichte und christlichen Archaeologie II. Baden-Baden 1953, 99 ff.; Katalog »Werdendes Abendland an Rhein und Ruhr«. 1956 Nr. 182; Das erste Jahrtausend, hrsg. von V. Elbern, Tafelband. 1962 Nr. 139

Tafel 89. Amöneburg, Kr. Marburg
Der steil aus der Ebene aufragende Kegel, auf dem heute das Städtchen Amöneburg liegt, trug in der Latènezeit eine — wohl auch befestigte — Ansiedlung. In merowingischer Zeit war der Platz besiedelt und wohl auch befestigt. Bonifatius begründete hier um 721 ein Kloster (Einleitung S. 27).
Foto: Landesamt für Bodendenkmalpflege, Marburg
Führer zu vor- und frühgeschichtlichen Denkmälern 1. 1964

Tafel 90. Buchdeckel von Lindau (8. Jh. n. Chr.)
Buchdeckel aus Silber, vergoldet, mit Einlage von Niello, Email und Almandinen. Die Ornamentik läßt neben byzantinisch-italischen auch süddeutsche Muster und eine auslaufende Tierornamentik erkennen. Der Deckel ist mit dem Tassilo-Kelch verwandt und stammt wohl aus einer süddeutschen Werkstatt des 8. Jhs. (Einleitung S. 27).
Aufbewahrungsort und Foto: P. Morgan Library, New York
G. Haseloff, Der Tassilo-Kelch. München 1951; Das erste Jahrtausend, hrsg. v. V. Elbern, Tafelband. 1962 Nr. 283

Tafel 91. Sächsischer Ringwall »Kaaksburg« bei Itzehoe (8.—10. Jh.)
In ihren Abwehrkämpfen gegen Franken, Slawen und Dänen sicherten die Sachsen ihre Siedlungsgebiete durch Burgen. Diese entstanden entweder neben sächsischen Adelssitzen oder als Grenzsperren um ihre Stammesgebiete. Die Kaaksburg sichert den Eingang in den Holstengau von Süden her. Die heutige, den 100 m im Durchmesser messenden Ringwall durchschneidende Bundesstraße folgt einem alten Heerweg, der neben der Burg die sumpfige Talaue durchquerte und von der Burg aus abgeriegelt werden konnte (Einleitung S. 27).
Foto: Landesmuseum Schleswig
H. Hofmeister, Urholstein. Glückstadt 1932; H. Jankuhn. In: Geschichte Schleswig-Holsteins 3. Die Frühgeschichte. Neumünster 1957, 64 ff.

Tafel 92. Ringwall von Rohden in Mecklenburg
Kleine runde Ringwälle, meist in sumpfigem Gebiet an Seeufern oder in Flußniederungen, bilden Herrschaftszentren der seit dem 7. oder 8. Jh. n. Chr. nach Ostdeutschland eingedrungenen slawischen Stämme. Sie werden im 10. und 11. Jahrhundert durch größere landesherr-

liche Burgen abgelöst. Diese sich herausbildende Landesherrschaft des 11. und 12. Jahrhunderts stützt sich dann gelegentlich wieder auf kleine Burgen örtlicher Verwalter (Einleitung S. 28).
Foto: Landesmuseum Schwerin
E. Schuldt, Mecklenburg — urgeschichtlich. 1954; H. Ludat (Hrsg.), Siedlung und Verfassung der Slawen zwischen Elbe, Saale und Oder. Gießen 1960; J. Herrmann, Kultur und Kunst der Slawen in Deutschland. Berlin 1965

Tafel 93. Rotunde mit zwei Apsiden aus Mikulčice, Mähren (9.—10. Jh.)
Den Kern der stadtartigen Anlage von Mikulčice bildet die Fürstenburg von 402 × 206 m Ausmaß und 6 ha wallumwehrter Innenfläche. Auf ihr sind bisher fünf Kirchen und ein Steinbau, den man als Palast anspricht, gefunden worden. Ihr im Norden und Süden vorgelagert liegen »Vorburgen« mit Siedlungsresten und Kirchenbauten (Abb. 13). Im Nordosten wurde 1960 in einer Vorburg eine Rotunde mit zwei Apsiden untersucht. Der Innendurchmesser des zentralen Teils beträgt 7,30 m, die Innenlänge von Apside zu Apside 16,45 m. Die Höhe muß beträchtlich gewesen sein, Innenraum und Apsiden waren wohl mit Gewölbe versehen. Die Kirche war außen und innen verputzt und im Inneren mit Fresken geschmückt. Der Bau gehört in das erste Drittel des 9. Jahrhunderts und ist wohl von ähnlichen Zentralbauten im dalmatinischen Raum abzuleiten. Die Kirche war mit einer Palisade und einem Graben umgeben, was sie vielleicht als Eigenkirche eines Fürsten ausweist. Der umfriedete Raum war mit 190 Gräbern belegt, darunter fand sich das Grab eines Fürsten mit vergoldetem Sporn, wie überhaupt viele der bestatteten Männer Sporen trugen. Auch die Frauengräber sind zum Teil reich mit Silber- und Goldschmuck ausgestattet (Einleitung S. 28).
Foto: Archaeologicke ustav, Brünn
J. Poulík, Zwei großmährische Rotunden in Mikulčice, Prag 1963 (tschechisch mit deutscher Zusammenfassung)

Tafel 94. Kirchenkomplex von Sady (Derfle) bei Ungarisch Hradiště (9.—10. Jh.)
Außerhalb von Staré Město auf einem spornartigen Geländevorsprung ins Marchtal stand ein Kirchenkomplex komplizierten Grundrisses, im Osten mit einem rechteckigen Presbyterium, im Westen mit einer Apsis abschließend. An den östlichen Teil der Anlage schließt sich im

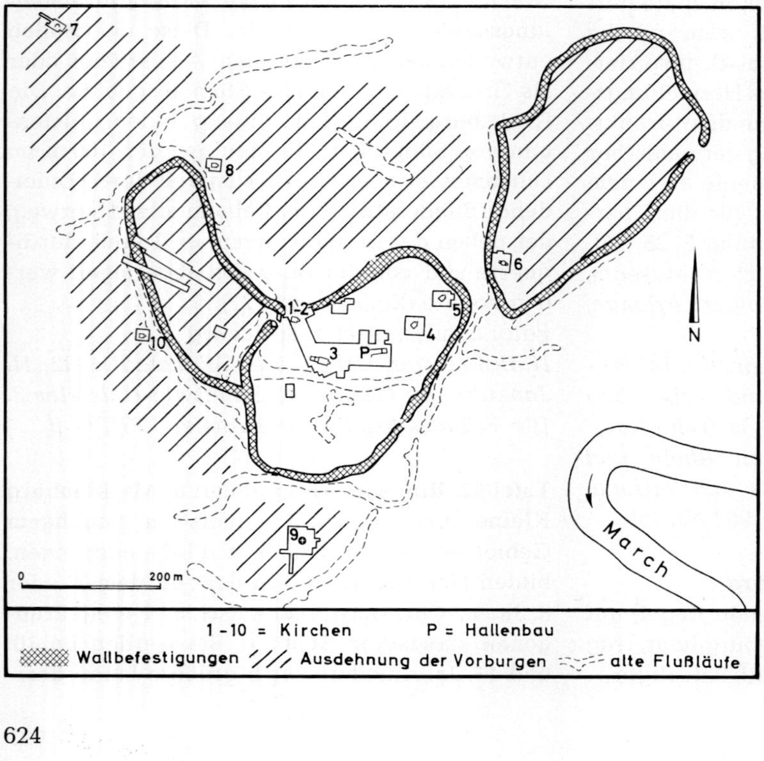

Abb. 13 (zu Taf. 93). Plan von Mikulčice (nach J. Poulik)

Norden ein kleiner Raum — vielleicht die Sakristei —, und eine Grabkapelle, die in der Mitte eine — leider ausgeraubte — Bestattung enthielt. Das um und unter der Kirche liegende Gräberfeld gehört dem 9. und beginnenden 10. Jahrhundert an, ein Grab scheint auf einen Beginn des Friedhofes im 7. oder frühen 8. Jahrhundert zu weisen. Der Bau war, wie Dachziegelreste, Fragmente grünen, geglätteten Porphyrs und grauen Marmors, Bruchstücke von Fließen und Spuren von Wandbemalung lehren, kostbar ausgebaut. Diese Kirchenanlage gehört nicht zu einer der stadtartigen Anlagen, sondern vermutlich zu einem Herrenhof. In der Nähe fanden sich Töpferöfen, in denen qualitativ gute, lange für Importware gehaltene Gefäße gebrannt wurden. Die ganze Anlage ist im 10. Jahrhundert anscheinend durch Feuer zerstört. Erst in der 2. Hälfte des 11. Jahrhunderts wurde der Ort wieder besiedelt (Einl. S. 28 f.).
Foto: Mährisches Landesmuseum, Brünn
J. Cibulka, Großmährische Kirchenbauten, in der Festschrift: Cyrillus und Methodius. Prag 1965, 49 ff.

Tafel 95. Kirche von Pohansko bei Břeclaw (9.—10. Jh.)
Auf einem slawischen Fürstenhof des 9.—10. Jahrhunderts wurde eine Steinkirche von 18,6 m Länge und 7,2 m Breite freigelegt. Sie hat Apsis und Nartex und war innen ausgemalt. Um die Kirche lagen etwa 400 Gräber, darunter vier reich ausgestattete Fürstengräber, offensichtlich Beisetzungen der auf dem Hof residierenden Häuptlinge. Die ganze Anlage war mit einem Zaun umgeben (Abb. 14) und gibt eine ungefähre Vorstellung von einem slawischen Fürstensitz der großmährischen Zeit (Einleitung S. 29).
Foto: Prof. Kalousek, Brünn
Das Großmährische Reich, tausendjährige Staats- und Kulturtradition hrsg. von J. Böhm, B. Havránek / J. Kolejka / J. Poulik / V. Vaněček. Prag 1963

Tafel 96. a) Silberscheibe mit Falkner aus Staré Město (9. Jh.)
Die Scheibe von 4,0 cm Durchmesser zeigt ein getriebenes Muster, das einen Reiter mit Falken auf der linken Hand darstellt. Anscheinend handelt es sich um einen vornehmen Mann mit prachtvoll gezäumten Pferd, der Falkenjagd betreibt. Diese wohl einheimische Arbeit wirft ein interessantes Schlaglicht auf die fürstliche Lebenshaltung einer berittenen Herrenschicht (Einleitung S. 29).

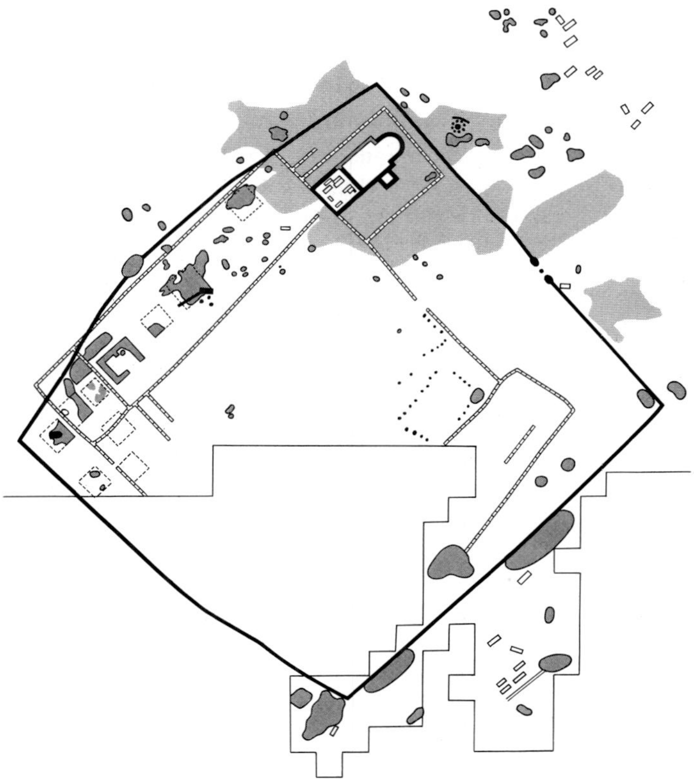

Abb. 14 (zu Taf. 95). Plan des Gehöftes von Pohansko (nach Kalousek)

Tafel 96. b) Kostbare Riemenzunge aus Staré Město (9. Jh.)
Prunkvolle, zum Teil filigranverzierte Riemenzungen, gehören zu den reich ausgestatteten Fürstengräbern. Das hier abgebildete Stück besteht aus Silber und ist auf der Vorderseite mit Silberfiligran und 12 farbigen Glassteinen geschmückt. Die Rückseite zeigt ein getriebenes Pflanzenornament. Die Vorderseite verrät deutlich Beeinflussung durch karolingisches Kunsthandwerk, doch scheint das Stück einheimische Arbeit zu sein (Einleitung S. 29).
Foto: V. Hrubý, Brünn
V. Hrubý, Staré Město, die großmährische Begräbnisstätte »Na valách«. Prag 1955 (tschechisch mit deutscher Zusammenfassung)

Herr Professor Percy E. Schramm hatte die Freundlichkeit, die folgenden Erläuterungen zum mittelalterlichen Teil dieses Bandes (97—257) durch eine Reihe von Hinweisen, insbesondere auf neueste Literatur, zu fördern. Dafür sagt ihm der Verfasser auch an dieser Stelle seinen Dank.

Tafel 97. Reiterfiguren an der Westfassade des Domes zu Regensburg (2. Hälfte 14. Jh.)

Die Figuren stehen nicht in der zeitlichen Reihenfolge der durch sie bezeichneten Weltreiche. Auf den medisch-persischen Bären (auf der Abbildung nicht sichtbar) folgt der griechische Panther und das gehörnte Tier des Römischen Reiches, dann im Süden erst der auf der Abbildung nicht mehr sichtbare chaldäische Löwe (Einleitung S. 33).

Foto: Foto Marburg

J. A. Enders, Die Reiterfiguren der Regensburger Domfaçade im Lichte mittelalterlicher Kirchenpolitik. Zeitschr. für christliche Kunst 13. 1901

Tafel 98. Apostel und Propheten. Fürstenportal am Dom zu Bamberg. Teil des linken Gewändes (1. Hälfte 13. Jh.)

(Einleitung S. 33).

Foto: Foto Marburg

Vgl. Tafel 106

Tafel 99. a) Detail aus der Reichskrone (2. Hälfte 10. Jh.)

Das abgebildete Emailbild zeigt König David; auf drei weiteren Bildern sind Ezechias, Salomon und Christus als König der Könige dargestellt. Die Worte auf dem Spruchband entstammen der Krönungsliturgie: *Honor regis iudicium diligit* (Einleitung S. 34).

Aufbewahrungsort und Foto: Kunsthistorisches Museum, Wien. Weltliche Schatzkammer

Vgl. Tafel 133

Tafel 99. b) Ulrich Riechental: König Siegmund in der Weihnachtsmesse 1414 (2. Hälfte 15. Jh.)

Siegmund feierte 1414 die Weihnachtsmesse in Konstanz, nachdem er die Stadt wegen des Konzils eben betreten hatte. Er steht auf der Zeichnung als Diakon gewandet vor dem Lesepult und liest das Evangelium. Zu seinen Seiten zwei ungarische Barone, die statt der damals noch nicht anwesenden Kurfürsten die Herrschaftszeichen, Szepter und Reichsapfel, halten. Die Krone liegt auf dem Pult. Hinter dem König steht der Herzog Rudolf von Sachsen und hält das vierte Herrschaftszeichen, das Reichsschwert, über Siegmunds Haupt — eine alte zeremoniöse Schutzgebärde, die bei Riechental mehrfach abgebildet und erwähnt wird (Einleitung S. 34).

Aufbewahrungsort und Foto: Österreichische Nationalbibliothek, Wien. Handschrift Nr. 3044 fol. 45v

Von der Chronik Riechentals sind 7 illustrierte Kopien erhalten, von denen einige als Faksimile ediert wurden, zuletzt (1964) die im Rosgartenmuseum zu Konstanz aufbewahrte. Zu den Illustrationen vgl. Lili Fischel in Zeitschr. für die Gesch. des Oberrheins 107. 1959. Zu der Bildszene vgl. H. Schmidt, Die deutschen Städtechroniken. 1958 S. 75 f. Vgl. auch die Tafeln 240 a, 241, 243

Tafel 100. »Palmesel« aus Veringenstadt (Anfang 15. Jh.)

(Einleitung S. 34).

Aufbewahrungsort und Foto: Württembergisches Landesmuseum, Stuttgart

E. Wiepen, Palmsonntagsprozession und Palmesel. 1909; L. Kriss-Rettenbeck, Bilder und Zeichen religiösen Volksglaubens. 1963 S. 58

Tafel 101. a) Johanniskapelle der Krukenburg, Helmarshausen, Kreis Hofgeismar. Handzeichnung von Johann August Nahl d. Ä. (1710 bis 1785)

Die Kirche wurde von Bischof Heinrich von Paderborn (1090—1127) an Stelle einer Wallfahrt nach Palästina und aus den dafür gesammelten Mitteln erbaut und 1126 geweiht. Der ursprünglich kuppelgewölbte Zentralbau mit vier Kreuzarmen und einer Darstellung des heiligen Grabes im Zentrum ist als Nachbildung der Grabeskirche zu Jerusalem gebaut worden. Das unmittelbare Vorbild dürfte die 1036 geweihte Busdorfkirche zu Paderborn gewesen sein, von der die Jerusalem-Nachfolge ausdrücklich bezeugt ist. Für diesen Bau war Abt Wino von Helmarshausen in das Heilige Land gesandt worden, um sich über die Gestalt der Grabeskirche

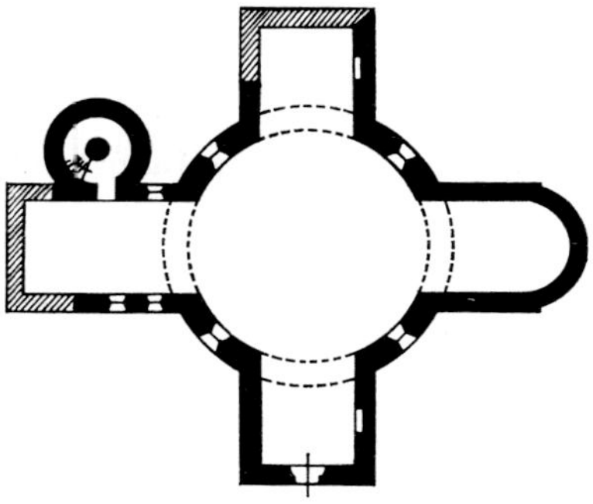

Abb. 15 (zu Taf. 101 a). Grundriß der Johanniskapelle (nach Katalog: Kunst und Kultur im Weserraum 1. 1966)

genauere Kenntnis zu verschaffen. — Die etwa auch den heutigen Bestand repräsentierende Zeichnung gibt ein deutlicheres Bild der Anlage als eine Fotografie (Einleitung S. 34).
Aufbewahrungsort: Kunstakademie, Kassel. Gesammelte Originale Fol. H 31. Foto: Landeskonservator von Hessen, Dienststelle Marburg
R. Krautheimer, Introduction to an Iconographie of Medieval Architectur. Journal of the Warburg and Courtauld Institutes 5. 1942; R. Wesenberg, Wino von Helmarshausen und das kreuzförmige Oktogon. Zeitschr. für Kunstgesch. 12. 1949; Katalog der Ausstellung: Kunst und Kultur im Weserraum. Münster i. W. 1966 Nr. 401 f. und 631

Tafel 101. b) Heiliges Grab im Kloster Wienhausen bei Celle

Ursprünglich hat das Kloster wahrscheinlich, wie viele andere Kirchen auch, einen (einfacheren) Schrein besessen, in den am Karfreitag die Christusfigur gebettet wurde, der man die Hostie in die Brustwunde legte. Daß gerade Wienhausen über eine reiche Osterliturgie verfügt hat, lehren die erhaltenen Fragmente eines Osterspiels aus dem Anfang des 15. Jahrhunderts. In der Mitte des Jahrhunderts ist der ältere Schrein durch den überlieferten ersetzt worden, aus dem die Christusfigur nicht mehr herausgenommen werden kann. Das Heilige Grab wurde also zu einem Andachtsbild. Die Monstranz mit der Hostie ist in diesem Grab am Karfreitag wohl im unteren Teil hinter den Türen beigesetzt worden. In der Nacht auf den Ostersonntag folgte in der Osterliturgie dann die Auferstehungsfeier, seit dem frühen 14. Jahrhundert ohne Teilnahme des Volkes, da Christus ohne Zeugen auferstanden sei (Einleitung S. 34).
Aufbewahrungsort: Klosterkirche Wienhausen.
Foto: H. Grubenbecher, Hamburg
A. Appuhn, Der Auferstandene und das Heilige Blut zu Wienhausen. Niederdeutsche Beiträge zur Kunstgesch. 1. 1961; Annemarie Schwarzweber, Das Heilige Grab in der deutschen Bildnerei des Mittelalters. 1940; L. Kriss-Rettenbeck, Bilder und Zeichen religiösen Volksglaubens. 1963 S. 67 f.

Tafel 102. Kalenderbild aus einem Chorbuch des Klosters Zwiefalten (zwischen 1138 und 1147)

Im Zentrum der Zeichnung ist der Jahresgott Annus abgebildet; er hält Luna und Sol in Händen, die Köpfe darunter bedeuten Tag und Nacht. Im ersten Ring sodann die Tierkreiszeichen; auf sie folgend die durch jahreszeitliche Arbeiten bezeichneten Monate, z. B. die Vogelstellerei des Mai, das Fischen (Fastenzeit!) und das Rebenschneiden des März. Als Profile an diesen Kreis gefügt die zwölf Winde; in den Ecken dann die personifizierten Jahreszeiten: der Winter z. B. wärmt sich die Füße am Feuer. Außerhalb der Randleiste die Tageszeiten (Einleitung S. 34).
Aufbewahrungsort: Württembergische Landesbibliothek, Stuttgart. Cod. hist. 415 fol. 17v
Foto: Landesbildstelle Württemberg, Stuttgart
K. Löffler, Schwäbische Buchmalerei. 1928 S. 40 ff.; Reallexikon zur deutschen Kunstgeschichte 1. 1937 Sp. 713 ff.; P. E. Schramm, Sphaira, Globus, Reichsapfel. 1958 S. 46 f.; W. v. d. Steinen, Homo Caelestis 1. 1965 S. 273. Vgl. auch A. Riegl, Die mittelalterlichen Kalenderillustrationen. Mitheilungen des Instituts für österreichische Geschichtsforschung 10. 1889

Tafel 103. Holzschnittkalender des Johannes von Gmünd (Ausschnitt) (um 1475)

Am Kopf jeder Spalte das Monatsbild, links und rechts unterhalb jeweils die durchschnittliche Länge von Tag und Nacht in diesem Monat. Die erste Spalte dient zur Berechnung des Mondalters mit Hilfe der Goldenen Zahl, die

zweite gibt die sich wiederholende Buchstabenfolge a—g zur Ermittlung der Wochentage, die dritte die Namen der Heiligen und Feste, mit Ausnahme der beweglichen Feste, da der Kalender ja nicht für ein bestimmtes Jahr gilt, die vierte eine Folge von 28 Buchstaben wiederum zur Berechnung der Mondphasen. Der Kalender bringt ferner die Tierkreiszeichen (Einleitung S. 34).
Die Abbildung ist der Reproduktion des Kalenders in: Deutsches Leben der Vergangenheit, hrsg. von E. Diederichs 1. 1908 entnommen. Foto: Germanisches Nationalmuseum, Nürnberg
P. Heitz und K. Haebler, Hundert Kalenderinkunabeln. 1895 Nr. 1; E. Zinner, Der deutsche Volkskalender des 15. Jahrhunderts. Bericht 33 der Naturforschenden Gesellschaft Bamberg. 1952. Vgl. Tafel 152

Tafel 104. Wolfgang Katzheimer (?): Abschied der Apostel (1487?)
Das von Kirchen akzentuierte Stadtbild Bambergs ist exakt wiedergegeben. Links außerhalb der Stadt die Altenburg, am rechten Rande St. Michael (Einleitung S. 34).
Aufbewahrungsort: Historisches Museum, Bamberg. Foto: E. Bauer, Bamberg
A. Stange, Malerei der Gotik 9. 1958 S. 103. Zum »Anachronismus« spätmittelalterlicher Darstellungen vgl. P. Strieder, Das Volk auf den deutschen Tafelbildern des ausgehenden Mittelalters. 1939

Tafel 105. a) Die fünfzehn Zeichen vor dem Jüngsten Gericht: das 11. und 12. Zeichen (Druck von etwa 1482)
Die auf dem apokryphen vierten Buch Esra fußende Legende von den Anzeichen des Jüngsten Gerichtes ist im Mittelalter weit verbreitet gewesen und in vielfältigen Formen überliefert. Bildliche Darstellungen der Legende sind verhältnismäßig selten. Die abgebildete Seite entstammt einem Straßburger Druck von etwa 1482 (Einleitung S. 34).
Aufbewahrungsort und Foto: Stadt- und Universitätsbibliothek, Frankfurt am Main
Der Enndkrist der Stadt-Bibliothek zu Frankfurt am Main. Hrsg. von E. Kelchner. 1891; G. und Ursula Frenzel, Die fünfzehn Zeichen vor dem Jüngsten Gericht in der S. Martha-Kirche zu Nürnberg. Festschrift für Peter Metz. 1965

Tafel 105. b) Darstellung des Jüngsten Gerichts (Ende 15. Jh.)
Christus thront in der Bildmitte, umschlossen von der Mandorla, zu seinen Füßen die Weltkugel, darunter das Buch mit den sieben Siegeln (Apokalypse 5). Zur Rechten und Linken Christi Maria und die Apostel. Unten die Auferstehung aus den Gräbern, links die Himmelspforte mit Petrus, rechts die Hölle. Das Bild stammt aus der Ratsstube des Nürnberger Rathauses, es war also auch als Gleichnis irdischen Richtertums gemeint, wie das die Inschrift am unteren Rande bezeugt: *Iuste iudicate filii hominum. Iudicium quale facis, taliter iudicaberis. Ir menschen feldt urtel uf erden, als ir dort weldt geurdeildt werden* (Einleitung S. 34).
Aufbewahrungsort und Foto: Germanisches Nationalmuseum, Nürnberg
E. Lutze und E. Wiegand, Die Gemälde des 13.—16. Jahrhunderts. Katalog des Germanischen Nationalmuseums. 1936 S. 133 f.; Ursula Lederle, Gerechtigkeitsbilder in deutschen und niederländischen Rathäusern. Diss. phil. Heidelberg 1937; G. Tröscher, Weltgerichtsbilder in Rathäusern und Gerichtsstätten. Walraff-Richartz-Jahrbuch 11. 1939

Tafel 106. Fürstenportal des Domes zu Bamberg (1. Hälfte 13. Jh.)
Das in das nördliche Seitenschiff führende Portal war der zentrale, hohen Festtagen vorbehaltene Eingang in den Dom. Seine Würde drückt sich in dem ikonographischen Programm aus. Am Gewände die das Verhältnis des Neuen zum Alten Bund repräsentierenden Apostel und Propheten (vgl. Tafel 98); an den Flanken noch einmal Alter und Neuer Bund: die Statuen der siegreichen Ecclesia und der verblendeten (Augenbinde) und überwundenen (gebrochene Lanze) Synagoge. Im Tympanon das Jüngste Gericht: die Seligen auf der Ecclesia-, die Verdammten auf der Synagogenseite. Oberhalb des linken Gewändes Abraham und sein Posaunenengel. Die Abbildung gibt den ursprünglichen, seit 1936 veränderten Zustand wieder: Ecclesia und Synagoge stehen heute im Innern des Domes. — Wahrscheinlich wurde — wie in

vielen Rathäusern — auch unter dieser Darstellung des Jüngsten Gerichts Recht gesprochen: es ist anzunehmen, daß vor diesem Portal ein geistliches Gericht zusammentrat, zumal da die Tatsache, daß der Synagogenpfeiler im Gegensatz zu dem der Ecclesia frei steht, wohl so zu deuten ist, daß dieser Pfeiler als Kirchenpranger gedient hat (Einleitung S. 34).
Foto: Foto Marburg
W. Boeck, Der Bamberger Meister. 1960; P. Bloch, Nachwirkungen des Alten Bundes in der christlichen Kunst. In: Monumenta Judaica (Ausstellungskatalog). Handbuch. 1963; W. Seifert, Synagoge und Kirche im Mittelalter. 1964; Renate Neumüller-Klauser, Der Bamberger Dom als Stätte mittelalterlicher Rechtspflege. 102. Bericht des Histor. Vereins Bamberg. 1966; F. Ohly, Synagoge und Ecclesia, in: Judentum im Mittelalter. 1966

Tafel 107. Kaiser Konstantin überreicht Papst Silvester I. das Phrygium. Fresko aus der Mitte des 13. Jahrhunderts in der Silvesterkapelle von SS. Quattro Coronati Rom.
Das Bild ist Teil eines die Silvesterlegende darstellenden Zyklus, der ebenso wie die Kapelle von Kardinal Rinaldo Conti gestiftet wurde und die Politik Gregors IX. gegen Friedrich II. dokumentiert. Die Darstellung zeigt von den kaiserlichen Herrschaftszeichen, die Konstantin dem Papst und dessen Nachfolgern überläßt, Phrygium und Baldachin. Mit der Linken deutet der Kaiser auf den gleichfalls dem Papst überlassenen Lateranpalast ... *atque de presenti contradimus palatium imperii nostri Lateranense, quod omnibus in toto orbe terrarum prefertur atque precellit palatiis, deinde diadema videlicet coronam capitis nostri simulque frigium* ..., lautet die einschlägige Stelle der Konstantinischen Schenkung. Diese, eine Fälschung der zweiten Hälfte des 8. oder der ersten Hälfte des 9. Jahrhunderts — die Datierung ist umstritten — ist im Mittelalter fast ausnahmslos für echt angesehen, allerdings auch kritisiert worden. Lorenzo Valla hat sie 1440 als Fälschung erwiesen (Einleitung S. 34).
Foto: E. Alinari, Rom
L. Bruhns, Die Kunst der Stadt Rom. Wien 1951 S. 242 ff.; W. v. d. Steinen, Homo Caelestis 1. 1965 S. 283. Der zitierte Satz aus der Konstantinischen Schenkung bei C. Mirbt, Quellen zur Geschichte des Papsttums. ⁶1967 S. 254

Tafel 108. a, b) Die Eroberung Roms durch Odoaker und die Wanderung der Franken nach Gallien. Zeichnungen zur Weltchronik des Otto von Freising (Mitte 12. Jh.)
Die wohl zeitgenössischen Kopien nach einem unter der Aufsicht des Autors hergestellten und Friedrich Barbarossa gewidmeten Original illustrieren die Epochen der Geschichte. Die abgebildeten Darstellungen — in der Handschrift einander gegenüberstehend — bezeichnen den Übergang des Römischen Reiches an die Franken. Das obere Bild zeigt die Erstürmung Roms. Odoaker ist durch eine Krone gekennzeichnet. Die Römer unterliegen: sie weichen zurück, ein Schild liegt am Boden, am Rande rechts die Ergebenheitspose. *Romuleos muros Odoacer init ruituros. Ense ferens fatum sternit cum plebe senatum* (Odoaker betritt die stürzenden Mauern des Romulus. Das Schicksal wirft mit dem Schwert Volk und Senat nieder). Für den Untergang Babylons hatte die Chronik ein ähnliches Bild gegeben, nur daß dort auf der Seite der Unterliegenden ein Krieger stürzt. Daß dies auf dem Rombild nicht geschieht, deutet vielleicht darauf hin, daß Rom nicht endgültig fällt. Das untere Bild zeigt den sagenhaften Frankenkönig Pharamundus, der die von den Troianern abstammenden Franken nach Gallien führt. *Gallia se subicit, quam victa Sicambria vicit* (Er unterwarf sich Gallien, das er nach dem Sieg über Sicambrien besiegte). In Ottos Chronik heißt es (IV, 33) hierzu: In dieser Zeit wurde Francien sozusagen ausgesät, während Rom allmählich zu sinken begann (Einleitung S. 34).
Aufbewahrungsort und Foto: Universitätsbibliothek Jena. Cod. Jen. Bose q 6 fol. 53ᵛ und 54ʳ
Die Zeichnungen sind publiziert von W. Lammers in: Otto von Freising, Chronik. Ausgewählte Quellen zur deutschen Geschichte des Mittelalters 16. 1960. Vgl. dazu W. Lammers, Ein universales Geschichtsbild der Stauferzeit in Miniaturen. In: Alteuropa und die moderne Gesellschaft. Festschr. für O. Brunner. 1963

Tafel 109. Karl der Große als Begründer der Femegerichte (Zeichnung Mitte 15. Jh.)
Die Zeichnung entstammt einer Handschrift femerechtlicher und anderer Rechtstexte. Sie steht auf der Rückseite eines Blattes, das die Sitzung eines Femegerichts darstellt. Karl der Große ist in zeitgenössischer Rüstung abgebildet, mit Krone, Schwert und Reichsapfel. Die Beischrift nennt ihn *sanctus,* und sein Haupt trägt einen Heiligenschein — Friedrich Barbarossa hatte ihn 1165 heiligsprechen lassen. Die Meinung, daß Karl die Femegerichte begründet hatte, war weitverbreitet; man nannte sie geradezu *König Karls Gericht* (Einleitung S. 34).
Aufbewahrungsort: Stadtarchiv Soest. Hs. E 14 fol. 2ᵛ. Foto: Stadtbildstelle Aachen
K. v. Amira: Das Femegerichtsbild des Soester Stadtarchivs. 1927; Katalog: Karl der Große. Werk und Wirkung. Aachen 1965 Nr. 701

Tafel 110. Weltkarte des Hans Rüst (um 1500)
Die als Holzschnitt vervielfältigte Weltkarte wiederholt das durch Isidor von Sevilla begründete und in Deutschland vor allem durch die Ebstorfer Karte (vgl. Farbtafel G) repräsentierte geographische Schema einer symmetrisch dreigeteilten scheibenförmigen Erdoberfläche zu einer Zeit, da es sowohl durch Einsichten über

Abb. 16 (zu Taf. 110). Schema einer mittelalterlichen Weltkarte. Augsburger Druck 1472 (nach A. Schramm, Der Bilderschmuck der Frühdrucke 2. 1920)

die Gestalt der Erde im ganzen (1490/92 der Globus des Martin Behaim) wie durch auf geographischer Erfahrung beruhende Landkarten überholt war. Der Text des Schriftbandes lautet: *Das ist die mapa mundi und alle land und kungkreich wie sie ligend in der gancze welt.* Auf dem unteren Band nennt sich der Holzschneider: *Channs Rüst.* Das linke Medaillon zeigt die vier Elemente; das rechte zeigt das Weltkartenschema (allerdings auf dem Kopf stehend), deutet seine drei Bestandteile aber nicht als die Erdteile, sondern als besiedeltes Land, unbesiedeltes Land (oder Stadt — Land?) und Meer (Einleitung S. 35).
Foto: Safari-Verlag, Berlin
H. Hassinger, Deutsche Weltkarteninkunabeln. Zeitschr. der Gesellschaft für Erdkunde 1927; L. Bagrow, Rüst's und Sporer's World Maps. Imago mundi 7. 1950; ders. und R. A. Skellon, Meister der Kartographie. 1963

Tafel 111. Wilder Mann und Wilde Tiere. Rückseite eines mittelrheinischen Minnekästchens (um 1420)
Dargestellt ist der Kampf zwischen einem Waldmann und einem Bären, zwischen einem Pardel und einem Greifen, die von einem Löwen bedroht werden. Das Bildprogramm des Kästchens hat den Kampf zwischen wilden Leidenschaften und Tugenden zum Gegenstand (Einleitung S. 36).
Aufbewahrungsort und Foto: Kunstgewerbemuseum (Stiftung Preußischer Kulturbesitz) Berlin
H. Kohlhaußen, Minnekästchen im Mittelalter. 1928 Nr. 76; Katalog: Die wilden Leute des Mittelalters des Museums für Kunst und Gewerbe Hamburg. 1963 Nr. 50; Katalog des Kunstgewerbemuseums Berlin: Ausgewählte Werke. 1963 Nr. 30

Tafel 112. Kalender der Tage, an denen bäuerliche Abgaben zu leisten sind. Zeichnungen aus der Heidelberger Handschrift des Sachsenspiegel (Anfang 14. Jh.)
Illustriert werden die im 58. Kapitel des 2. Buches gegebenen Bestimmungen. Am Walpurgistage, dem 1. Mai, ist der Lämmerzehnt fällig: der Zeichner gibt drei Lämmer und für das Datum einen grünen Baum. Zu St. Urban, 25. Mai,

ist der Zehnt der Obst- und Weingärten zu leisten. Zwei Bäume und zwei Weinstöcke charakterisieren die Abgabe; der Block mit dem Beil bezeichnet den Tod des Heiligen. Am Johannistag, dem 24. Juni, ist der Fleischzehnt zu leisten, den Rind, Schaf, Ziege und Hahn illustrieren. Das Gebilde am rechten Rand der Zeichnung ist wohl als Lichterkrone (oder als ein perlengeschmücktes Bündel von Feldfrüchten) aufzufassen, es gehört zum übernächsten Datum, dem Tage der *Wurzmesse.* Sodann der Kornzehnt — zwei Stapel mit Garben — am Tage der heiligen Margarethe; der Zeichner läßt die Heilige, der Legende folgend, den Teufel besiegen. Am Tage von Mariä Himmelfahrt, dem 15. August, ist der Gänsezehnt zu bezahlen; der Festtag ist zugleich der Tag der *Kräutermesse, Kräuterweihe* und wird durch die Bündel von Kräutern und Wurzeln charakterisiert. Am Bartholomäustag schließlich ist eine Reihe verschiedener Abgaben fällig. Der Zeichner bildet Geld auf einem Tisch ab, einen Korb mit Eiern und offenbar zwei Säcke mit Getreide. Da der Heilige durch Enthäutung hingerichtet wurde, zeigt ihn das Bild — mit einer im Mittelalter nicht ungewöhnlichen Drastik — als blutige Gestalt, die Haut an einem Stocke tragend (Einleitung S. 34, 37).

Aufbewahrungsort und Foto: Universitätsbibliothek Heidelberg. Cod. Pal. Germ. 164 fol 9ʳ
Der Text des Sachsenspiegel ist zuletzt ediert von K. A. Eckhardt, Monumenta Germaniae Historica. Fontes iuris. Nova series 1. Landrecht ²1955; Lehnrecht ²1956. Eine Übertragung in modernes Deutsch von H. Ch. Hirsch erschien 1936 (Landrecht) und 1939 (Lehnrecht). Von den Bilderhandschriften wurde die Dresdener durch K. v. Amira ediert (1. 1902; 2, 1. 1925; 2, 2. 1926). E. v. Künßberg gab eine Auswahl von Bildern aus der Heidelberger Handschrift (o. J.; Inselbücherei Nr. 347). Zu diesen Handschriften: A. H. Benna, Bilderhandschriften. In: Handwörterbuch zur deutschen Rechtsgeschichte. 2. Lieferung. 1965 Sp. 422 ff. Vgl. Tafel 118 b; 138; 153 b; 213; 234 c

Tafel 113. a, b) Der Burghügel Husterknupp (Frimmersdorf, Kreis Grevenbroich) vor der Ausgrabung und Modell der Anlage

An dieser Stelle wurde ca. 875 eine flache befestigte Siedlung errichtet, ein durch Graben und Palisade befestigtes, aus Holzhäusern bestehendes Gehöft, das seine Entstehung wohl den Normannenzügen dieser Zeit verdankt. Es wurde um 950 zu einer *Kernmotte* umgebaut, d. h. im Bereich der bisherigen Flachsiedlung wurde eine 1 m hohe Erdaufschüttung hergestellt, auf der zwei Holzhäuser errichtet wurden. Neben diese Befestigung trat eine Vorburg. Um 1000 wurde die Anlage durch eine *Hochmotte* ersetzt; nun wurde der abgebildete 6,5 m hohe und 54 m im Durchmesser messende Burghügel aufgeschüttet, auf dessen Höhe ein hölzernes Turmhaus errichtet wurde. Die Wirtschaftsgebäude standen in der erweiterten Vorburg (diese Periode der Burg rekonstruiert das Modell). Nach der Mitte des 12. Jahrhunderts begann der Ausbau der Vorburg in Stein. Zwischen 1192 und 1244 wurde die Anlage zerstört. Sie gehörte den 1080 zuerst erwähnten Grafen von Hochstaden; wahrscheinlich war sie ihre Stammburg. Seit 1244 ließ der Kölner Erzbischof Konrad von Hochstaden 50 m weiter nördlich eine steinerne Anlage errichten; die alte Burg, nun vorwiegend mit Ziegelbauten besetzt, diente der neuen als eines ihrer Vorwerke. Im 14. Jahrhundert wurde die neue Burg aufgegeben; seitdem war auch der Husterknupp wüst (Einleitung S. 37).

Fotos: Rheinisches Landesmuseum, Bonn
A. Herrnbrodt, Der Husterknupp. Eine niederrheinische Burganlage des frühen Mittelalters. 1958; M. Müller-Wille, Mittelalterliche Burghügel (»Motten«) im nördlichen Rheinland. 1966

Tafel 114. a) Fundament eines Rundturmes in Hamburg (1. Hälfte 11. Jh.)

Das 1962 im Zentrum Hamburgs (Speersort/Kreuslerstr.) ergrabene Fundament eines steinernen Turmes ist mit Hilfe der zugleich gefundenen Keramik in den Anfang des 11. Jahrhunderts zu datieren und also wohl mit der durch Adam von Bremen (II, 70) bezeugten steinernen Burg des Erzbischofs Bezelin Alebrand (1035—1043) zu identifizieren. Das aus Findlingen bestehende Fundament hat einen Durchmesser von 19 m; die Mauerstärke beträgt 4 m. Neben ihm der untere Teil eines gemauerten Brunnenschachtes. Die Burg — wohl ein runder Wohnturm, einer der ältesten in

Deutschland und der früheste bekannte steinerne Wehrbau nördlich der Elbe — wurde spätestens Anfang des 13. Jahrhunderts abgetragen, als die Stadt sich nach Osten ausdehnte (Einleitung S. 37).
Foto: Staatliche Landesbildstelle Hamburg
D. Bohnsack in: Führer zu den vor- und frühgeschichtlichen Denkmälern 7. 1967 S. 94 ff.

Tafel 114. b) St.-Johanniskirche Nienhagen (Krs. Northeim)
Der am oberen Dorfrande befindliche, nicht datierte, aber wohl spätmittelalterliche Bau diente mit seinem unteren Stockwerk dem Gottesdienst. Über dem Kirchenraum lag wie in vielen mittelalterlichen Kirchen als Fluchtstätte ein doppeltes Obergeschoß, das durch eine Tür, die sich an der auf dem Bild nicht sichtbaren Giebelseite über der Kirchendecke befindet, zugänglich war. Der Kirchenraum selbst war nur vom Obergeschoß her zugänglich. Die jetzt sichtbaren Spitzbogenfenster sind nachträglich eingebrochen; ursprünglich dagegen sind die Luken darüber (Einleitung S. 37).
Foto: Verfasser
K. Mayer, Schlösser, Burgen und Wehrbauten im Kreise Northeim. 1962

Tafel 115. Friedhofsburg Walldorf bei Meiningen
Die vielleicht auf eine fränkische *curtis* zurückgehende Anlage — die besterhaltene des Werratales — ist primär Befestigung; die Kirche ist sekundär, ihr Turm war ursprünglich ein Bergfried. Der jetzige Kirchenbau ist großenteils nachmittelalterlich, doch bewahrt er überwiegend einen mittelalterlichen Zustand. Die Schießscharten in den Mauern entstammen dem 16./17. Jahrhundert, die Mauern selbst sind älter (Einleitung S. 37).
Foto: K. G. Beyer, Weimar
Bau- und Kunstdenkmäler Thüringens 34. Sachsen-Meiningen 2. 1909

Tafel 116. a, b) Gerichtsstätte
Die dörfliche Gerichtsstätte (in Retterode bei Hessisch Lichtenau) hat sich als eine von vielen in ihren wesentlichen Elementen erhalten, so wie sie auch die spätmittelalterliche Luzerner Chronik des Diebold Schilling überliefert. Das Gericht findet unter freiem Himmel statt, in der Regel an einer besonders, oft durch einen Baum, markierten Stelle. Seine Stätte ist *umhegt*, nach älterem Brauch durch Stäbe und Schnüre, die dann durch ständige Brüstungen ersetzt werden (Einleitung S. 37).
Aufbewahrungsort der Handschrift: Zentralbibliothek Luzern (abgebildet ist fol. 213). Foto: Schweizerisches Landesmuseum, Zürich. Foto Retterode: Verfasser
Diebold Schilling. Luzerner Bilderchronik 1513. Bearbeitet von R. Durrer und P. Hilber. Genf 1932; W. Muschg und E. A. Gessler, Die Schweizer Bilderchroniken des 15./16. Jahrhunderts. Zürich 1941. Vgl. Tafel 246/247

Tafel 117. a) L. Hugot: Modell der rekonstruierten Pfalz Karls des Großen zu Aachen
Das Pfalzgelände wird von einer ein Torhaus durchlaufenden Straße durchquert; die Verbindungsgänge führen von dem Torhaus nach Norden zur Königshalle, nach Süden in das Atrium der Pfalzkapelle. Kapelle und Halle waren wahrscheinlich noch durch einen zweiten Gang verbunden, an den sich eine Reihe von Häusern für den Hof und der Wohnpalast des Kaisers anschlossen. Im äußeren Pfalzbezirk, westlich des Torgebäudes, die Häuser der Bediensteten. Östlich der Pfalzgebäude die Badeanlagen, die wir auch aus der schriftlichen Überlieferung kennen; ihnen benachbart die Reste römischer Thermen. Die ganze Anlage paßt sich zum Teil dem römischen Stadtplan an; ihr streng schematischer Grundriß scheint sich an römische bzw. byzantinische Kaiserpaläste anzulehnen. — Die Aufnahme von dem 1965 auf der Karlsausstellung in Aachen gezeigten Modell gibt die Westansicht mit dem Torhaus in der Mitte, der Königshalle links und der Pfalzkapelle rechts. Im Vordergrund sind von den für den äußeren Pfalzbereich anzunehmenden eingeschossigen Holzhäusern zwei ausgeführt (Einleitung S. 38).
Foto: Stadtbildstelle Aachen

Abb. 17 (zu Taf. 117 a). Grundriß der Aachener Pfalz Karls des Großen (nach L. Hugot in: Karl der Große 3. 1965). A = Kirche, B = Aula, C = Atrium, D = Verbindungsgang, E = Querbau, F = Nördlicher Annexbau, G = Südlicher Annexbau ▶

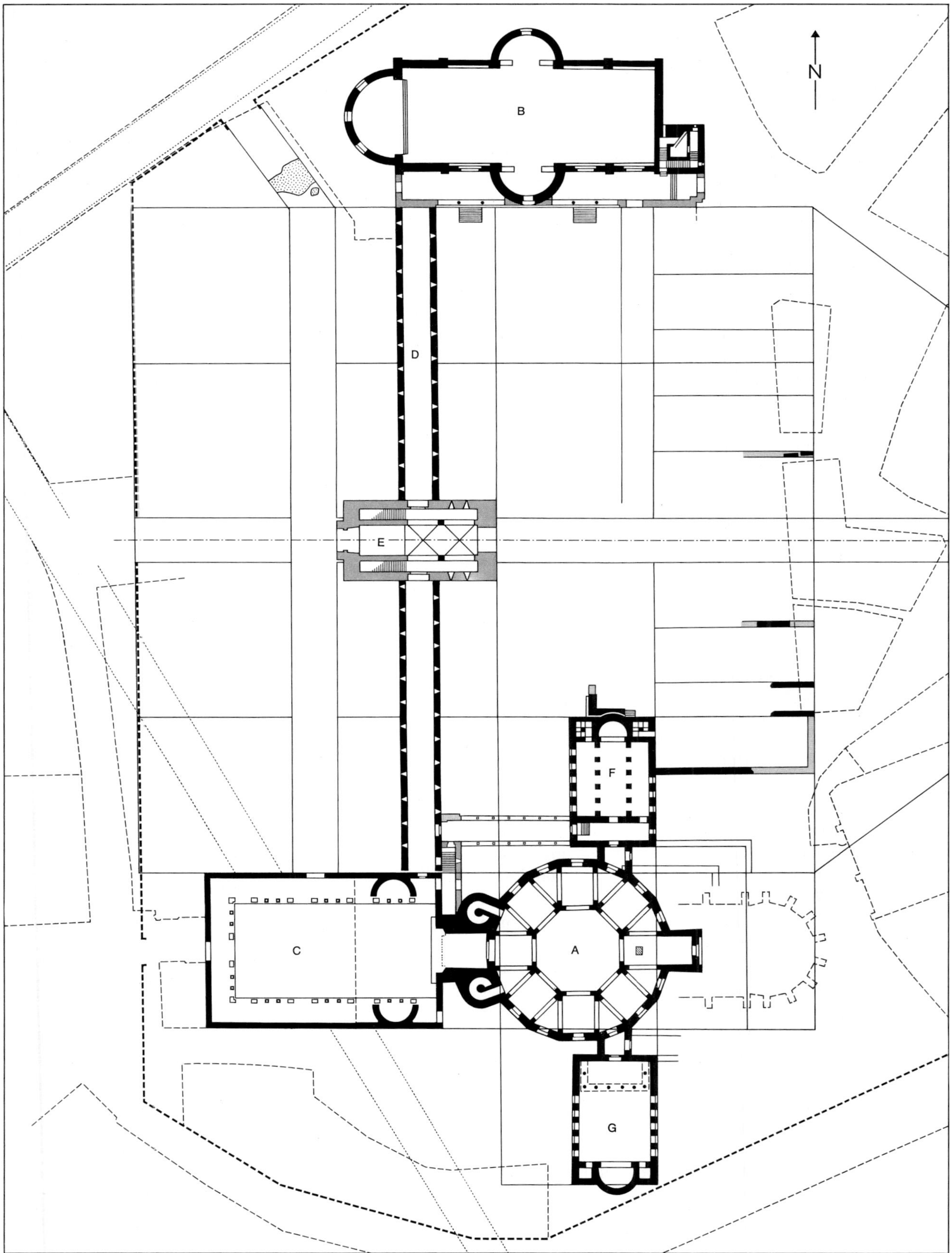

Mauerwerk gesichtet

Fundament gesichtet, aufgehendes Mauerwerk rekonstruiert

rekonstruiertes Mauerwerk

römische Straße

Pfalzbegrenzung

heutige Bebauungslinien

Katalog: Karl der Große. Werk und Wirkung. Aachen 1965 Nr. 567; L. Hugot in: Karl der Große, Lebenswerk und Nachleben 3. 1965. Dort auch die ältere Literatur. Seitdem ist erschienen: L. Falkenstein, Der »Lateran« der karolingischen Pfalz zu Aachen. 1966

Tafel 117. b) Goslar: Palas der Königspfalz und Stiftskirche (Zeichnung vor 1820)

Nach Entdeckung der Goslarer Silbererze Ende des 10. Jahrhunderts wurde die Siedlung Ort einer königlichen Pfalz. An der Stelle eines unter Heinrich II. errichteten Baus veranlaßte Heinrich III. einen Neubau, auf den der heutige Bestand zurückgeht. Goslar war unter Heinrich III. bevorzugter Aufenthaltsort des Königs. Die Intensität, mit der er gefördert wurde, ist zumal aus den reichen Stiftungen abzulesen, mit denen das 1047 gegründete Reichsstift St. Simon und St. Juda begabt wurde. Seine Kirche wurde, nach ersten Restaurationsbemühungen in der preußischen Zeit, 1819, nach dem Anfall Goslars an Hannover, auf Abbruch verkauft. Erhalten blieb nur die nördliche Vorhalle (auf der Zeichnung links neben dem Reiter). Die Pfalz selbst ist unter Heinrichs III. Nachfolgern erweitert, Ende des 12. Jahrhunderts einem umfassenden Umbau unterworfen und nach einem Brand im Jahre 1289 großenteils neu errichtet worden. Bis über die Mitte des 19. Jahrhunderts unterlag sie dann dem für mittelalterliche Bauwerke üblichen Verfallprozeß. Der Palas selbst wurde, da meist genutzt (Magazin, Gefängnis u. ä.), nicht abgebrochen. Noch der Hannoversche Staat leitete 1866 die Restauration ein, die seit 1873 verwirklicht wurde. Obwohl ihr Ergebnis mehr ein Neubau mit einigen historischen Reminiszenzen als die Erneuerung eines mittelalterlichen Gebäudes war und obwohl die salische Pfalz schon im Mittelalter mehrfach überformt ist, bietet Goslar dennoch am ehesten die Möglichkeit, sich eine vorstaufische Pfalz vorzustellen.

Die Zeichnung zeigt den Palas mit dem Querschiff (ursprünglich offen) und der sich beidseitig anschließenden Fassade von je drei Bogenstellungen (im Süden durch Fachwerk ersetzt). Im Obergeschoß dieses zentralen Bauteils die Aula, der große Versammlungssaal. Im Süden schloß sich an den kurzen Bauteil mit der Laube ein Wohnpalast an, der zu der zweistöckigen Ulrichskapelle überleitete. Im Norden an Stelle des auf dem Bild den Hauptbau fortsetzenden Baugliedes stand ein zweiter Wohnpalast, an den im rechten Winkel das Atrium der im 19. Jahrhundert abgebrochenen Liebfrauenkirche, der älteren Pfalzkapelle, anstieß (Einleitung S. 38).

Das Aquarell befindet sich im Besitz des Städtischen Museums zu Goslar. Foto: Straicher, Goslar

U. Hoelscher, Die Kaiserpfalz Goslar. 1927

Tafel 118. a) Chorstuhlwange aus der Kirche des Klosters Pöhlde mit Darstellung eines Königs Heinrich (etwa 1284)

Das Relief zeigt den König mit Adlerschild und Krone. Die Inschrift nennt *Rex Henricus,* womit wohl Heinrich I. gemeint ist, dessen Gemahlin auf dem Gelände des ihr übereigneten Königshofes Pöhlde in der Mitte des 10. Jahrhunderts ein Kloster gründete, das sich später den Prämonstratensern anschloß. Das nur fragmentarisch erhaltene Chorgestühl — es wird neben der Darstellung des Königs wohl auch eine Darstellung seiner Gemahlin Mathilde enthalten haben — bewahrt sichtbarer als die bisher ergrabenen Überreste der Pfalz die Erinnerung daran, daß Pöhlde einer der Hauptorte der sächsischen Könige war (Einleitung S. 42).

Aufbewahrungsort und Foto: Niedersächsische Landesgalerie Hannover

V. C. Habicht, Die niedersächsischen mittelalterlichen Chorgestühle. 1915 S. 3 f.; G. v. d. Osten, Die Bildwerke aus Pöhlde. O. J. [1938]; ders., Katalog der Bildwerke in der niedersächsischen Landesgalerie Hannover. 1957 Nr. 16 ff. Vgl. auch Tafel 170 b

Tafel 118. b) Heerschilde und Belehnung. Zeichnung aus der Dresdener Handschrift des Sachsenspiegel (2. Hälfte 14. Jh.)

Eike von Repgow eröffnet den Lehnrechtsteil seines Sachsenspiegels mit dem schon im Landrecht (1, 3) gegebenen Schema der Lehnsstufen. Der Zeichner exemplifiziert sie durch sächsische Lehnsträger. Die Wappen bezeichnen in der ersten Reihe von links nach rechts: den König, einen Bischof (das Wappen mit der Darstellung eines Infulierten ist wohl nach dem Vorbilde des Meißener Bischofssiegels gebildet) als Repräsentanten des 2. Schildes, den Markgrafen von Meißen als Angehörigen des 3. Schildes. In der zweiten Reihe folgt für den 4. Schild das Wappen der Burggrafen von Meißen, für den 5. das Wappen der Meißener Ritter von Colditz. Wessen Wappen das für den 6. Schild gezeichnete wiedergibt, ist unsicher. Darunter ein leeres, nur als Umriß gegebenes Wappen, dem der Fuß abgeschnitten ist: der Zeichner hat sich hier an Eikes Text im Landrecht gehalten, wo die Existenz eines 7. Schildes innerhalb der Lehnsordnung angezweifelt worden war.

Das folgende Bild zeigt die Personen, denen kein ritterliches Lehen verliehen werden kann: *Phaffen* (die dritte Figur), *koufloute* (die vierte Figur), *dorfere* (Dorfbewohner, die erste Figur), *wip* (Figur 2) *und alle, di rechtis darbin oder unelich geborn sin und alle die nicht sin von riders art, von vater und von eldir vatir, di sullen lenrechtes darben.* Die Gestalt links von dem Trennungsstrich (irrtümlich mit bäuerlichem Gewand angetan) verweigert (mit einer für den Illustrator des Rechtsbuches typischen Gebärde) den genannten Gruppen das Ritterlehen. Rechts davon findet die Belehnung eines Bauern statt, eines nicht Lehnsfähigen also, dem deswegen nicht die Erblichkeit des Lehens zugestanden wird: daher steht neben dem Belehnten sein Sohn mit trauernder Gebärde (der Zeichner hat von den streng abgegrenzten Gebärden hier nicht den Trauer-, sondern den Redegestus gewählt, doch zeigen Text wie auch andere Illustrationen dieser Stelle, daß der Knabe Trauer ausdrücken soll). Für die Veranschaulichung der Belehnung ist der Moment des »Handganges«, der *manumissio* gewählt: der Lehnsmann legt beide Hände in die des Herrn (Einleitung S. 40).

Die Abbildung ist der Tafel 113 der Faksimileausgabe der Dresdner Sachsenspiegelhandschrift entnommen. Vgl. Tafel 112. Foto: Bieling, Göttingen

K. v. Amira (wie bei Tafel 112 zitiert) 2, 1 S. 150 ff.; 2, 2 S. 148 ff. Vgl. auch Tafel 138; 153 b; 213; 234 c

Tafel 119. Anfang des Reichsregisters Albrechts II. (1438)

Albrecht II. bestätigt am 29. April die Privilegien der Kurfürsten. Das Reichsregister wird mit dem Eintrag dieser Urkunden eröffnet; denn der Goldenen Bulle zufolge soll die Bestätigung der kurfürstlichen Privilegien der erste Rechtsakt des neugewählten Königs sein. Die Eintragung ist in der Weise vorgenommen, daß nur das Privileg für den Erzbischof von Köln im Wortlaut gegeben wird; Mainz, Trier, Sachsen und Brandenburg werden als Empfänger entsprechender Urkunden darunter vermerkt. Dann folgt die Privilegienbestätigung für den Pfalzgrafen bei Rhein wiederum im Wortlaut. Am Rande jeweils eine kurze lateinische Inhaltsangabe der Urkunden (Einleitung S. 41).

Aufbewahrungsort und Foto: Haus-, Hof- und Staatsarchiv Wien. Reichsregister M fol. 1ʳ

Das Register ist ediert von H. Koller, Das Reichsregister König Albrechts II. Wien 1955

Tafel 120/21. Urkunde Heinrichs III. für das Domkapitel zu Bamberg vom 2. Oktober 1048

Der König bestätigt mit dieser Urkunde dem Bamberger Domkapitel eine Besitzung zu Ingelheim. Das Eingangszeichen (Chrismon) stellt eine monogrammatische Invokation Christi dar, welcher die Verbalinvokation folgt: *In nomine sanctae et individuae trinitatis.* »Und alles, was ihr tut, mit Worten oder Werken, das tut alles in dem Namen des Herrn Jesu«, hatte Paulus den Kolossern befohlen (3, 17). Auch die folgenden Worte sind ebenso wie die Schlußformeln (Eschatokoll) in verlängerter Schrift geschrieben. Im Monogramm des Königs (1. Zeile des Eschatokoll), das aus den Buchstaben seines Namens und Titels zusammengesetzt ist, in der Mitte quer der eigenhändige Vollziehungsstrich des Königs, der daran erinnert, daß das Monogramm ursprünglich an Stelle der Unterschrift stand. Am Ende dieser Zeile das erst unter diesem König eingeführte und bald wieder aufgegebene Beizeichen, das die eigenhändige Unterfertigung des Königs bezeugen soll; die Figur wird als *manu propria* oder *manu regis* gedeutet. In der folgenden Zeile das Rekognitionszeichen, das Symbol dafür, daß die Urkunde ordnungsgemäß durch die

Kanzlei gegangen ist. Dieses Zeichen wird in der Regel mit — nicht mehr sinnvoll angewandten — antiken Kurzschriftzeichen gefüllt (Tironische Noten); in der vorliegenden Urkunde enthält es einen sinnvollen Text (in überwiegend griechischen Buchstaben), nämlich die Aussage, daß dies das Zeichen des Schreibers Winither sei: *ΦΥΓVPA VVYNYΘHPYY KANCHΛΛAPYY*. Das Siegel zeigt den Kaiser thronend mit Reichsapfel, Stab und Krone. Die Umschrift lautet: *Heinricus Dei gratia Romanorum imperator Augustus* (Einleitung S. 40).

Aufbewahrungsort und Foto: Bayerisches Hauptstaatsarchiv München. Allgemeines Staatsarchiv. Kaiserselekt Urk. Nr. 369

Der Text der Urkunde ist gedruckt in den Monumenta Germaniae Historica. Die Urkunden der deutschen Könige 5. Die Urkunden Heinrichs III. 1931 Nr. 223. Ein Faksimile in: Kaiserurkunden in Abbildungen. Hrsg. von H. v. Sybel und Th. v. Sickel. 4, 18. Zum Siegel vgl. O. Posse, Die Siegel der deutschen Kaiser 5. 1913 S. 20 und P. E. Schramm, Die deutschen Kaiser. 1928 S. 207

Tafel 122/23. Angebliche Urkunde Heinrichs III. für Gandersheim (um 1200)

Die auf den 22. Mai 1043 datierte Urkunde spricht davon, daß Heinrich III. der bischöflichen Kirche zu Speyer das Nonnenkloster Eschwege schenkt, das er früher im Tausch gegen die Burg Brüggen mit 500 Königshufen von Gandersheim erhalten habe.

Diese Urkunde wurde wahrscheinlich um 1200 im Stift Gandersheim hergestellt als ein Beweis für den Besitz von Brüggen. Denn Brüggen wird 1206 in einer päpstlichen Bestätigung der Gandersheimischen Besitzungen zum erstenmal unter diesen aufgeführt.

Die Urkunde gibt sicherlich dort den tatsächlichen Sachverhalt wieder, wo sie davon spricht, daß ein König der Kirche zu Speyer das Kloster Eschwege geschenkt habe. Nur gehört der dabei genannte Bischof von Speyer nicht in die Zeit Heinrichs III., ebensowenig wie die als Zeugen aufgeführten Bischöfe von Mainz und Minden. Die gemeinsame Amtszeit dieser Bischöfe sind vielmehr die Jahre 1075 bis 1080, und in diesen Jahren hat möglicherweise der Rechtsakt stattgefunden. Daß man ihn in Gandersheim etwa 35 Jahre zurückverlegte, kann seine Ursache darin haben, daß man von dem ursprünglichen Vorgang eine verstümmelte oder undatierte Urkunde hatte, und vielleicht ließen sich die Fälscher dadurch in die falsche Zeit führen, daß sie schon in ihrer Vorlage die in der hergestellten Urkunde dann als weitere Zeugin fungierende Äbtissin Adelheid fanden, in ihr aber nicht die Zeitgenossin der drei Bischöfe erkannten, sondern die 1043 (allerdings schon vier Monate vor dem Datum der Urkunde) verstorbene Tochter Ottos II. (als ihr Vater wird allerdings Otto I. angegeben) vermuteten.

Von solchen Irrtümern geleitet, wollte man also eine Urkunde Heinrichs III. herstellen. Offensichtlich verfügte man aber nicht über eine Urkunde dieses Kaisers als Vorlage. So nahm man ein Diplom Heinrichs II. als Vorbild, nachdem man sich bei den äußeren Formen der Urkunde — z. B. beim Monogramm — richtete. Daß man der Urkunde eine — zudem unstimmige — Zeugenliste unten anfügte, entsprach dem Brauch um 1200, wäre aber in der Mitte des 11. Jahrhdts. noch ungewöhnlich gewesen.

Die Urkunde ist von drei verschiedenen Schreibern geschrieben. Der erste hat den Kontext geschrieben, allerdings in Zeile 9 die Niederschrift unterbrochen. In dieser Zeile wird Brüggen *(Bruggiheim)* genannt: offenbar bedurfte der Schreiber für das Weitere einer zusätzlichen Information und unterbrach seine Arbeit. Im übrigen ist diese Schrift in das 11. Jahrhundert zu datieren; sie ist entweder eine sehr geschickte Nachzeichnung, oder es handelt sich um eine alte, unvollständige Urkunde aus dieser Zeit, die nicht vollendet, aber aufbewahrt worden war. Die folgenden beiden Schriftblöcke gehören dagegen in die Zeit um 1200 (Einleitung S. 41).

Aufbewahrungsort: Staatsarchiv Wolfenbüttel (6 Urk. 24). Foto: Lichtbildarchiv älterer Originalurkunden auf deutschem Boden, Marburg

Die Urkunde ist gedruckt in den Monumenta Germaniae Historica, Die Urkunden der deutschen Könige 5. Die Urkunden Heinrichs III. 1931 Nr. 390. Die obenstehenden Erläuterungen referieren Ergebnisse eines Aufsatzes von K. A. Eckhardt, Domina Sophia. Archiv für Diplomatik 3. 1957

Tafel 124. a) Modell nach dem St. Gallener Klosterplan

In St. Gallen hat sich der Grundriß eines Klosters erhalten, der als Kopie wohl eines Anfang des 9. Jahrhunderts als verbindlich angesehenen Schemas dem Abt Gozbert zugesandt wurde, der 830 mit einem Neubau des Klosters begann. Nach diesem Plan wurde von W. Horn und E. Born ein Modell hergestellt, von dem hier der westliche Teil abgebildet ist. Im Vordergrund der Garten für Heilkräuter, dahinter (das Haus mit dem aufgedeckten Dach) das Ärztehaus, daran anschließend Aderlaßhaus, Küche, Keller und Badehaus des Abtes und — zweistöckig — dessen Wohnung, an die sich die nur noch teilweise sichtbare Schule anschließt. Der große Komplex, der sich östlich an die Kirche anschließt, ist in seiner einen Hälfte für die Novizen, in der anderen für die Kranken bestimmt; der Mittelbau enthält die beiden Kapellen für diese Bereiche. Weiter nördlich dann Friedhof und Obstgarten und der Gemüsegarten der Mönche und am nördlichen Rande der Hühnerstall (nicht sichtbar), das Haus der Hühner- und Gänsewärter und der runde Gänsestall. Südlich davon das Haus des Gärtners, dahinter (mit abgedecktem Dach) die Kornscheuer. Von der nördlich an die Kirche anschließenden Klausur ist nur der östliche Flügel sichtbar, der den Schlafsaal der Mönche birgt. Die kleineren vorgelagerten Gebäude sind der Zubereitungsraum des heiligen Brotes und Öles (links) und der Abtritt. Nördlich und westlich an die Klausur schließen sich weitere Wirtschaftsgebäude an (Einleitung S. 41).

Foto: Stadtbildstelle Aachen

H. Reinhardt, Der St. Galler Klosterplan. St. Gallen 1952; Studien zum St. Galler Klosterplan. Mitteilungen zur vaterländischen Gesch. 42, St. Gallen 1962; Katalog: Karl der Große. Werk und Wirkung. Aachen 1965. Nr. 570

Tafel 124. b) Kommende des Deutschen Ordens in Marburg

In der Nachbarschaft der Deutschordenskirche in Marburg, der Elisabethkirche, haben sich noch einige Gebäude von der Niederlassung des Ordens erhalten. In der Mitte ein Teil des »Deutschen Hauses« mit Erker aus dem 15. Jahrhundert. Rechts der Fruchtspeicher von 1515 (Einleitung S. 41).

Foto: Foto Marburg

Tafel 125. Timo von Kisteritz. Stifterfigur aus dem Westchor des Naumburger Domes (nach 1240)

Timo ist Wettiner und wahrscheinlich nach 1098 gestorben. Die Schenkungen, von denen die Umschrift seines Schildes spricht, sind auch sonst bezeugt.

Der Naumburger Westchor ist einer der spätesten Westchöre und als solcher in der Mitte des 13. Jahrhunderts schon ungewöhnlich. Ungewöhnlich ist an der bildlichen Darstellung der Stifter auch deren Ort und vor allem die Tatsache, daß sich unter ihnen nicht einer der Könige befindet, deren das Naumburger Domkapitel im Gebet gedachte. Diese Besonderheiten sind von W. Schlesinger aus der kirchenpolitischen Situation der ersten Hälfte des 13. Jahrhunderts erklärt worden. Das 968 gegründete Bistum Zeitz war 1028 nach Naumburg verlegt worden, unter wesentlicher Beteiligung der Markgrafen Hermann und Ekkehard von Meißen, die offenbar vor allem über dem Grab ihres ermordeten und ohne Sakrament aus dem Leben geschiedenen Vaters eine Bischofskirche errichten wollten. In Zeitz war ein Kollegiatstift zurückgeblieben, das sich mit dem Vorrang der Naumburger Kirche nicht abfand. 1230 kam es zu einem Kompromiß zwischen beiden Kontrahenten, der von den Zeitzer Ansprüchen aber doch so viel bestehen ließ, daß es in Naumburg geraten scheinen konnte, den eigenen Anspruch sichtbar zu dokumentieren. In einer solchen Dokumentation jedoch hatten die Könige keinen Platz. Otto I., der an seinem Todestage auch in Naumburg gefeierte Gründer des Bistums, hätte ja gerade das höhere Alter der Zeitzer Kirche bezeugt. Und der als Stifter des verpflanzten Bistums hochverehrte Konrad II. hätte nur das jüngere Alter der nach Naumburg verlegten Kirche dokumentiert, indem sein Bildnis den Vergleich zu dem Otto sämtlicher anderer Magdeburger Suffragane herausgefordert hätte. Demgegenüber waren die hochadligen Stifter ohne Konkurrenz. Ihre Plazierung an ungewöhnlicher Stelle — nicht im Kircheninnern sonst, außerhalb des Chors, oder überhaupt an

der Außenwand, sondern eben im Chor war ohne Beispiel. Die Stifter wurden damit auch sichtbar in die *generalis fraternitatis societas* des Domstifts aufgenommen, von der die zur Vollendung des Dombaus aufrufende Urkunde des Bischofs spricht (Einleitung S. 41).
Foto: Foto Marburg
W. Schlesinger, Meißner Dom und Naumburger Westchor. 1952; Die Deutschen Inschriften 6. Die Inschriften des Naumburger Domes, bearbeitet von E. Schubert und J. Görlitz. 1959 S. 17 ff.; A. Mann, Doppelchor und Stiftermemorie. Westfälische Zeitschr. 111. 1961; W. Schlesinger, Kirchengeschichte Sachsens im Mittelalter 2. 1962 S. 123 ff. und S. 612 f.; E. Schubert, Der Westchor des Naumburger Domes. Abhandl. der Deutschen Akademie der Wissenschaften zu Berlin. Klasse für Sprachen, Literatur und Kunst 1964, 1. ²1965; R. Wallrath, Die Naumburger Stifterfiguren in der Gesch. des deutschen Stiftermonuments. Wallraf-Richartz-Jahrbuch 26. 1966

Tafel 126. a, b) Stifter und Äbte des Klosters Vornbach (1127—1145)
Das linke Bild zeigt Christus und die Stifter *Odalricus* (Graf Ulrich) und seine Gemahlin *Hymildrudis*, welche Vornbach um 1040 stifteten, sowie *Eckebertus* (Graf Eckbert), der den Besitz des Klosters nach 1094 durch reiche Stiftungen erweiterte. Die Bibelworte auf den Spruchbändern lauten:
Christus: *Quod uni ex minimis meis fecistis, mihi fecistis* (Matth. 24, 40. Was ihr getan habt einem unter meinen geringsten Brüdern, das habt ihr mir getan). Odalricus: *Dominus pars hereditatis mee* (Ps. 15 [16], 5. Der Herr aber ist mein Gut). Eckebertus: *Tu es, qui restitues hereditatem meam mihi* (ebd. Du bist es, der du mir mein Gut wiedergibst). Hymildrudis: *Porcio mea domine sit in terra viventium* (Ps. 141 [142], 6. Mein Teil, Herr, sei im Lande der Lebendigen).
Das rechte Bild zeigt Maria mit dem Christuskinde und die Äbte, die das Kloster seit seiner Neustiftung und Reformation im Jahre 1094 regiert haben: *Beringarius abbas* (1094—1108), *Uverint abbas* (1108—1127) und *Dietricus abbas* (1127—1145) (Einleitung S. 41).
Aufbewahrungsort und Foto: Bayerisches Hauptstaatsarchiv München. Allgemeines Staatsarchiv. Formbach KL 1 fol. 1ᵛ und 2ʳ
S. H. Steinberg und Christine Steinberg-v. Pape, Die Bildnisse geistlicher und weltlicher Fürsten. 1931 Nr. 46 f.

Tafel 126. c) Eigenhändige Nachträge des Bischofs Thietmar von Merseburg in dem Manuskript seiner Chronik (etwa 1013)
Der in der 6. Zeile von unten beginnende Abschnitt lautet: *Interim Augustanae pastor aecclesiae Othelricus, gemma sacerdotum, L° ordinationis suae anno excedens a seculo, fructum laboris devoti Christo remunerante percepit* IIII Non. Iulii. *Heinricus autem huic succedens, parvo tempore sedebat, ut post enucleabo.* (Indessen schied Othelrich, der Hirt der Augsburgischen Kirche, ein Kleinod unter den Priestern, im 50. Jahr seiner Ordination aus der Welt; *am 4. Juli* empfing er von Christus den Lohn für sein frommes Mühen. Heinrich aber, der auf ihn folgte, regierte nur kurze Zeit, wie ich später darlegen werde.)
»Thietmar hat [in diesen wie in anderen Fällen] sorgfältig darauf geachtet, die Notizen über Todesfälle im Episcopat, die er für den ersten Teil seiner Chronik häufig den Quedlinburger Annalen entnahm, eigenhändig mit den aus dem Necrologium Merseburgense eruierten Sterbedaten zu ergänzen.« Thietmars eigenhändige Eintragung in eine ausgesparte Lücke im Text hebt sich in der vorletzten Zeile deutlich aus dem übrigen Text ab (Einleitung S. 42).
Die Abbildung ist der 1906 erschienenen Faksimileausgabe der Dresdener Handschrift von Thietmars Chronik entnommen (fol. 37)
Foto: Niedersächsische Staats- und Universitätsbibliothek Göttingen
Der Text gehört in das 8. Kapitel des 3. Buches (In der Edition von R. Holtzmann — Monumenta Germaniae Historica. Scriptores. Nova series 9. 1935 S. 106). Vgl. H. Lippelt, Thietmar von Merseburg als Reichsbischof. Diss. phil. Göttingen 1966. Dieser Arbeit ist das obige Zitat entnommen

Tafel 127. Dom zu Bamberg: Adamspforte (1215 bis 1220)
Am linken Gewände stehen von außen nach innen: Stephanus, Kunigunde und Heinrich, am

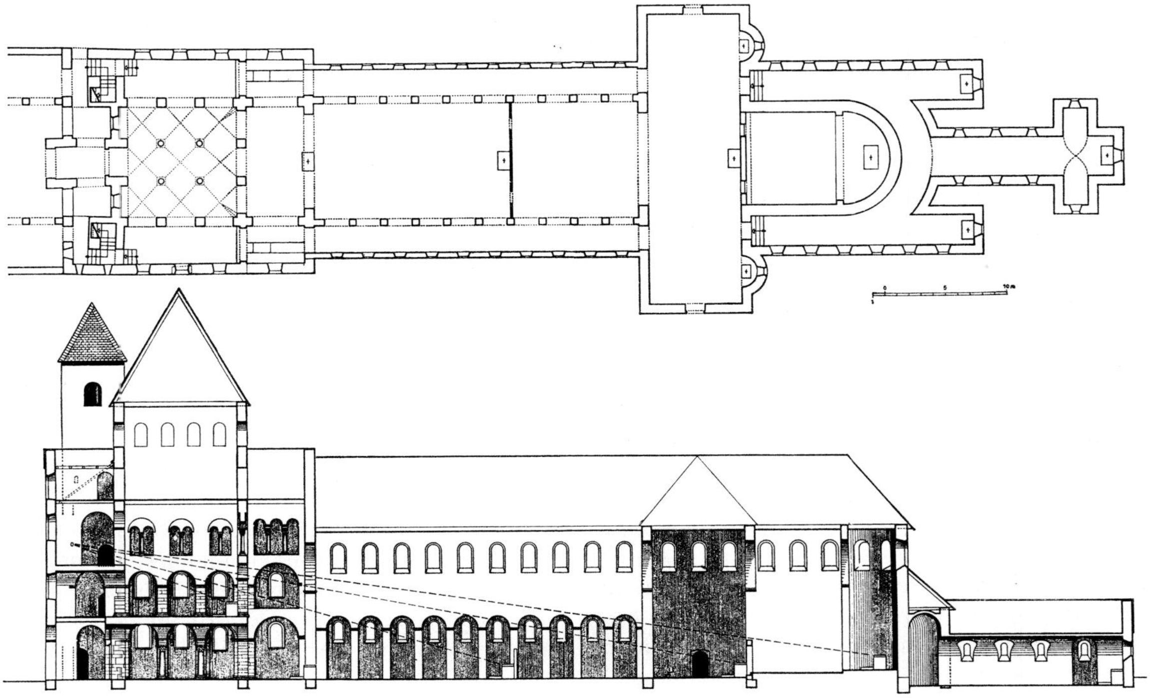

Abb. 18 (zu Taf. 128). Klosterkirche Corvey im Jahre 885. a) Grundriß, b) Längsschnitt (nach Katalog: Kunst und Kultur im Weserraum 1. 1966). Die »Sichtstrahlen« des Längsschnittes bezeichnen die Möglichkeit, von der Stelle des Westwerks aus, an welcher der königliche Thronsitz angenommen wird, auf alle Altäre der Kirche zu blicken

rechten: Eva, Adam und Petrus. Das Portal zeigt also die ersten Menschen und den ersten Märtyrer, den Gründer der römischen und die Gründer der Bamberger Kirche. — Am Aschermittwoch wurden die Büßer durch die Adamspforte — wie Adam und Eva aus dem Paradies — aus der Kirche getrieben, um am Gründonnerstag durch die Gnadenpforte wieder eingelassen zu werden. Ebenso wie vor dem Fürstenportal wurde auch vor der Adamspforte geistliches Gericht gehalten. Der Kopf des Kaisers ist nach einem Münzbildnis gearbeitet, das seinerseits — über Münzen Ottos III. und Karls des Großen — auf eine römische Vorlage zurückgeht (Schramm) (Einleitung S. 42).

Foto: Foto Marburg

Vgl. Tafel 106

Tafel 128. Ehemalige Klosterkirche Corvey (Stadt Höxter): Obergeschoß des Westanbaus mit Blick nach Westen auf die Empore (873 bis 885)

Der Westteil der Kirche zu Corvey ist das bedeutendste Beispiel jener Kirchenanbauten, in denen man seit Ende des vorigen Jahrhunderts unter dem Namen *Westwerk* Königskirchen sieht, die nach Aachener Vorbild bis zum Investiturstreit an eine Reihe von Reichskirchen im Westen angebaut worden seien. Für diese Interpretation spricht, daß ein solcher eigener königlicher Bezirk dem Verhältnis des deutschen Königs zur Reichskirche, dem sog. Ottonischen Kirchensystem also, gut entsprechen würde. Er würde auch zu der allgemeinen Vorbildlichkeit Aachens und Karls des Großen stimmen und vor allem zu der Tatsache, daß dem Mittelalter die Betonung einer politischen oder religiösen Tradition durch architektonische *imitatio* vertraut war, wie sich vor allem an den Nachfolgebauten der Grabeskirche zu Jerusalem zeigt (Tafel 101 a). Doch blieb diese Auffassung der *Westwerke* nicht unwidersprochen. Sie ist nur erschlossen und kann sich ebensowenig auf eine Nachricht aus dem Mit-

telalter stützen, wie in Deutschland, von Aachen abgesehen, ein Königsstuhl auf einer Westempore nachgewiesen werden konnte. So lautet die entgegengesetzte Auffassung, die Westwerke seien ebenso wie die Westchöre, an die sich ähnliche, wenngleich weniger überzeugende Interpretationen angeschlossen haben, ausschließlich liturgisch zu verstehen, als Pfarrkirchen an der Bischofs- bzw. Stiftskirche und vor allem aus der Notwendigkeit, einem zweiten Hauptheiligen (in Corvey also St. Veit) Platz für seinen Altar zu schaffen.
Neuere Darstellungen versuchen, beide Deutungen zu harmonisieren, indem sie den Westwerken königskirchliche wie auch rein liturgische Funktionen zuschreiben (Einleitung S. 42).
Foto: Landesdenkmalamt Westfalen-Lippe, Münster
Die wichtigste ältere Literatur im Anschluß an die Darstellung von H. Busen, Kloster u. Klosterkirche zu Corvey. In: Kunst und Kultur im Weserraum 800—1600 (Ausstellungskatalog) 1. 1966 S. 19ff. Außerdem: A. Verbeek, Zentralbauten in der Nachfolge der Aachener Pfalzkapelle. In: Das erste Jahrtausend 2. 1964; H. R. Rosemann, Das Westwerk der Corveyer Klosterkirche. Jahrb. für niedersächs. Kirchengesch. 63. 1965; J. Kunisch, Konrad III., Arnold v. Wied und der Kapellenbau von Schwarzrheindorf. 1966

Tafel 129. a) Kaisersaal der ehemaligen Benediktinerabtei Corvey (Stadt Höxter) (1. Hälfte 18. Jh.)
Der Kaisersaal ist Teil des ab 1699 errichteten neuen Abteigebäudes. Die Kaiser sind teils als antike Imperatoren, teils in einem ein mittelalterliches Bild erstrebenden Kostüm dargestellt. Die Umschriften nennen außer dem Namen auch die Zahl der Regierungsjahre und das Todesdatum, freilich nicht das Tagesdatum, das man für das Totengedächtnis wissen mußte, sondern nur das — hierfür uninteressante — Jahr. Die Angaben sind zum Teil fehlerhaft, der vom Mittelalter herfließende Traditionsstrom ist einigermaßen dünn, und die Bildnisreihe dürfte mehr als barocke Repräsentation der Reichsunmittelbarkeit zu verstehen sein denn als Ausdruck anhaltenden Gedächtnisses der Stifter. Dennoch sind dieser und ähnliche Kaisersäle ein eindrucksvolles Stück nachlebendes Mittelalter (Einleitung S. 42).
Foto: Landesdenkmalamt Münster

Tafel 129. b) Speyer: Blick auf die Maximilianstraße mit Westfassade des Domes
Konrad II. legte etwa 1030 den Grundstein zu dem erst 1125 vollendeten Domneubau als einem seine Familie verherrlichenden und ihr — statt des ursprünglich dafür vorgesehenen Limburg an der Hardt — als Grablege dienenden monumentalen Bau. Es ist sehr wahrscheinlich, daß zugleich mit dem Dom der dessen Achse verlängernde Straßenmarkt geplant worden ist, als Ort der Festprozessionen in der zumal von den ersten beiden Saliern als Aufenthaltsort bevorzugten Stadt. Ähnliche salische Marktanlagen im Zusammenhang mit Domkirchen hat man in Augsburg, Würzburg und Trier erkennen wollen. — Der Dom zu Speyer ist 1689 zumal in seinen westlichen Teilen vernichtet worden; der heutige Westbau wurde kurz nach der Mitte des 19. Jahrhunderts von Heinrich Hübsch auf den alten Fundamenten errichtet (Einleitung S. 43).
Foto: F. Klimm, Speyer
H. J. Rieckenberg, Königsstraße und Königsgut (919—1056). Archiv für Urkundenforschung 17. 1942 S. 105 f.; W. Noack, Stadtbaukunst und geistlich-weltliche Repräsentation im 11. Jahrhundert. In: Festschrift K. Bauch. 1957; E. Lehmann, Bemerkungen zu den baulichen Anfängen der deutschen Stadt im frühen Mittelalter. In: La città nell' alto medioevo. Settimane di studio del centro Italiano di stuti sull' alto medioevo 6. Spoleto 1959 S. 586 f.; E. Herzog, Die ottonische Stadt. 1964 S. 207

Tafel 130. Otto II. oder Otto III., gekrönt von Christus und umgeben von Vertretern der Großen seines Reiches. Rechte Hälfte des Dedikationsbildes eines dem Kaiser gewidmeten Evangeliars (um 990)
(Einleitung S. 43).
Aufbewahrungsort: Aachen, Domschatz. Liuthar-Evangeliar fol. 16r. Foto: Rheinisches Bildarchiv, Köln
E. H. Kantorowicz, The King's Two Bodies. Princeton 1957; W. Messerer, Zum Kaiserbild

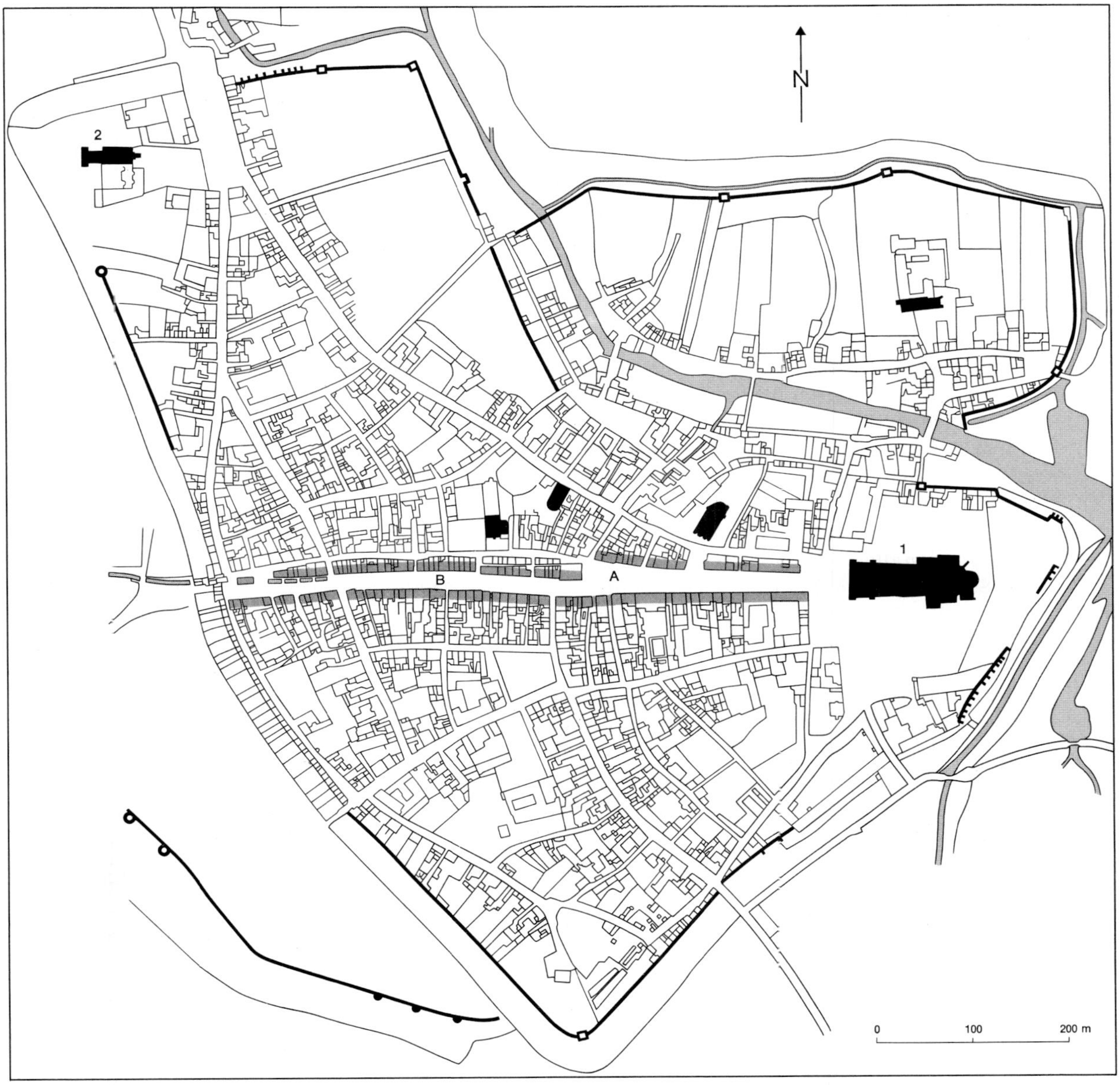

Abb. 19 (zu Taf. 129 b). Speyer in salischer Zeit nach dem Katasterplan von 1822 (nach E. Herzog, Die ottonische Stadt. 1964). 1 = Dom, 2 = St. Guidostift (Weidenstift), AB = Maximilianstraße

des Aachener Ottonencodex. In: Nachrichten der Akademie der Wissenschaften in Göttingen. Phil.-Hist. Kl. 1959; P. E. Schramm und Florentine Mütherich, Denkmale der deutschen Könige. 1962 Nr. 103; W. v. d. Steinen, Der Mensch in der ottonischen Weltordnung. Deutsche Vierteljahresschr. für Literaturwiss. und Geistesgesch. 31. 1964; Florentine Mütherich, Zur Datierung des Aachener ottonischen Evangeliars. Aachener Kunstblätter 32. 1966

Tafel 131. Heinrich II., von Christus gekrönt, von St. Ulrich und St. Emmeram geleitet (1002 bis 1014)

Die beiden Heiligen geleiten den König wie die Bischöfe auf Tafel 132. Auch sie werden von seiner Gestalt überragt, auch sie reichen nicht wie der König in die Sphäre Gottes, die Mandorla (vgl. Tafel 130). Engel reichen dem König Lanze und Schwert; die Lanze ist durch den Kruzifix an ihrer Spitze als die Heilige Lanze (vgl. Tafel 134 b) charakterisiert.

Die Umschriften lauten. Um den König: *Ecce coronatur divinitus atque beatur / Rex pius Heinricus proavorum stirpe polosus* (Siehe es wird gekrönt von der göttlichen Macht und gesegnet Heinrich, der fromme König, erlaucht durch die Reihe der Ahnen). Außen links und rechts zu den Heiligen: *Huius Odalricus cor regis signet et actus / Emmeramus ei faveat solamine dulci* (Ulrich segne das Herz und die Handlungen dieses Königs. Emmeram steh ihm zur Seite und gebe ihm sanfte Tröstung). Oben zu den Engeln: *Propulsans curam sibi confert angelus hastam / aptat et hic ensem cui praesignando timorem* (Es wehrt ab die Not und reicht ihm die Lanze der Engel. Er ergreift auch das Schwert, das die Furcht ihm voranträgt). Um die Mandorla: *Clemens Christe tuo longum da vivere christo / ut tibi devotus non perdat temporis usus* (Gnädiger Christus o gib dem Gesalbten ein langes Leben, daß er, der dir geweiht, den Ertrag der Zeit nicht verliere) (Einleitung S. 43).

Aufbewahrungsort und Foto: Bayerische Staatsbibliothek München. Clm. 4456 (Sakramentar Heinrichs II.) fol. 11ʳ

P. E. Schramm, Die deutschen Kaiser in Bildern. 1928 Nr. 85 a; ders. und Florentine Mütherich, Denkmale der deutschen Könige. 1962 Nr. 111; W. v. d. Steinen, Homo Caelestis 1. 1965 Nr. 246 (W. v. d. Steinen folgt z. T. die obige Übersetzung)

Tafel 132. Heinrich II. und zwei Bischöfe. Widmungsbild eines von Heinrich II. der Bamberger Kirche gestifteten Pontifikale (1012—1014)

Der König ist beim Betreten einer Kirche dargestellt; er geht unter der Krone, von der seitlich die Pendilien herunterhängen, die Linke hält den Reichsapfel, die Rechte hatte ursprünglich das Szepter getragen. Den König geleiten zwei Bischöfe (Einleitung S. 43).

Aufbewahrungsort: Staatsbibliothek Bamberg. Lit. 53 fol. 2ᵛ. Foto: Rheinisches Bildarchiv, Köln

P. E. Schramm, Die deutschen Kaiser und Könige in Bildern. 1928 Nr. 83; ders. und Florentine Mütherich, Denkmale der deutschen Könige. 1962 Nr. 117

Tafel 133. Die Reichskrone (2. Hälfte 10. Jh.)

Stirnkreuz und Bügel (vom Kreuz verdeckt) stammen aus der Zeit Konrads II., während der Reif selbst als ottonisch angesehen wird. Er ist wahrscheinlich Teil jener Krone, mit der Otto I. 962 zum Kaiser gekrönt wurde. Auch diese Krone besaß Bügel und Kreuz und war an Stirn-, Nacken- und Schläfenplatten mit aufgesteckten Bekrönungen und herabhängenden Pendilien geziert. Zu den Emailbildern auf den vier kleineren Platten des Reifs vgl. Tafel 99 a. Die auf der Abbildung sichtbaren Bilder zeigen Christus als König der Könige *(per me reges regnant)* und Salomon *(Time dominum et recede a malo)*. Der jetzige — wie auch der ursprüngliche — Bügel ist nicht wie üblich flach, sondern hoch

Abb. 20 (zu Taf. 133). Die Reichskrone mit Rekonstruktion der Mitra, der Pendilien und der aufgesteckten Bekrönungen (nach P. E. Schramm, Herrschaftszeichen und Staatssymbolik 2. 1955)

gewölbt, um der Mitra Platz zu geben, welche unter der Krone getragen wurde. Die alttestamentlichen Stellen, welche die Krone über der Mitra als Bestandteil des hohepriesterlichen Ornates bezeugen, finden sich Exodus 29, 6 und Ecclesiasticus 45, 14. Die bekannte Stelle aus Walthers Spruch auf Philipp von Schwaben *(die cirkel sint ze here / die armen künege dringent dich.* Lachmann 8, 28) entsprach freilich der Wirklichkeit nicht wörtlich: Auch andere Könige trugen Bügelkronen, und auch die deutschen Könige, die ja stets mehrere Kronen verwandten, verfügten über runde Diademe. Die Achtgliedrigkeit der Reichskrone ist nicht singulär, wohl aber im frühen Mittelalter die Tatsache, daß diese Glieder nicht — was den Reifen leichter tragbar gemacht hätte — gerundet waren. Diese Achteckigkeit ist wahrscheinlich als eine verdoppelte quadratische Gestalt zu verstehen (zwei schräg übereinandergelegte Quadrate ergeben ein Oktogon), wobei das eine Quadrat als Abbild Roms, das andere als das Jerusalems anzusehen war. Die Anordnung der Steine hingegen weist die Krone ebenso als Abbild des Himmlischen Jerusalem aus wie die Tatsache, daß auf der Mitte der Stirnplatte einst ein Jaspis saß, der unter den Steinen der Mauer des Himmlischen Jerusalem an erster Stelle genannt ist (Einleitung S. 43).

Aufbewahrungsort und Foto: Kunsthistorisches Museum, Wien. Weltliche Schatzkammer

P. E. Schramm, Herrschaftszeichen u. Staatssymbolik 1. 1954 S. 51 ff.; H. Decker-Hauff ebd. 2. 1955 S. 560 ff.; P. E. Schramm ebd. 3. 1956 S. 912 f.; Katalog der weltlichen u. der geistlichen Schatzkammer. ³Wien 1961 Nr. 152; P. E. Schramm und Florentine Mütherich, Denkmale der deutschen Könige. 1962 Nr. 67; H. Fillitz, Die Krone des heiligen Römischen Reiches. Zur Rekonstruktion ihrer ursprünglichen Form. In: Festschrift für K. H. Usener. 1967

Tafel 134. a) Die Heilige Lanze (8.—9. Jh.)

In das Blatt einer Flügellanze ist ein als Nagel vom Kreuze Christi verehrtes Eisenstück eingefügt. Das infolge dieser Einfügung gebrochene Lanzenblatt wird durch ein Eisenband zusammengehalten, über das zur Zeit Heinrichs IV. eine silberne Hülle gelegt wurde. Unter Karl IV. wurde über diese silberne eine goldene Hülle gelegt. Die Inschrift lautet: *lancea et clavus domini.* Die Lanze wurde später als die des Mauritius geehrt, seit dem 13. Jahrhundert sah man sie als jene an, mit der Longinus die Seite des gekreuzigten Christus geöffnet habe (Einleitung S. 43).

Aufbewahrungsort und Foto: Kunsthistorisches Museum, Wien. Weltliche Schatzkammer

Katalog der weltlichen und der geistlichen Schatzkammer. ³Wien 1961 Nr. 157; P. E. Schramm, Herrschaftszeichen u. Staatssymbolik 2. 1955 S. 501 ff. u. S. 527 ff.; ders. und Florentine Mütherich, Denkmale der deutschen Könige. 1962 Nr. 62. Zur Verehrung der Heiligen Lanze als Reliquie und zu den aus diesem Grunde hergestellten Repliken vgl. A. Bühler in: Das Münster. 16. 1963 S. 85 ff. und ders. in Mitteilungen des Vereins für Gesch. Nürnbergs 52. 1963/64 S. 428 ff.

Tafel 134. b) Der Reichsapfel (Ende 12. Jh.)

Die Kugel als Herrschaftszeichen ist antiken Ursprungs; der erste mittelalterliche Herrscher, der mit einer solchen dargestellt wurde, ist Karl der Kahle, doch wurde die mittelalterliche Tradition offenbar erst durch Otto I. begründet, der den Globus als Zeichen der universalen Herrschaft von Byzanz oder von spätantiken Vorbildern übernahm, mit Sicherheit allerdings nur als ein Attribut auf Abbildungen. Der tatsächliche Gebrauch eines Reichsapfels ist erst für Heinrich II. nachgewiesen. In den Gräbern Heinrichs III. und Lothars III. wurden Reichsäpfel gefunden. Der in der Wiener Schatzkammer aufbewahrte Reichsapfel wird in die Zeit Heinrichs VI. datiert; möglicherweise gehört er aber erst in die Jahre Ottos IV. Wenn die Datierung auf die Zeit Heinrichs VI. zuträfe, dann wäre der erhaltene Reichsapfel vielleicht sogar jenes Stück, an dem sich der bekannte Konflikt zwischen dem König und Papst Coelestin III. anläßlich der Krönung des Königs entzündete (Einleitung S. 44).

Aufbewahrungsort und Foto: Kunsthistorisches Museum, Wien. Weltliche Schatzkammer

Katalog der weltlichen und der geistlichen Schatzkammer. ³Wien 1961 Nr. 153; P. E. Schramm, Sphaira, Globus, Reichsapfel. 1958; ders. und Florentine Mütherich, Denkmale der der deutschen Könige. 1962 Nr. 185

Tafel 135. Thron auf der Empore der Pfalzkapelle zu Aachen mit Blick in das Oktogon

Widukind von Corvey beschreibt in seinem Bericht von der Wahl und Krönung Ottos I. im Jahre 936 einen Thron, auf den Otto nach der Krönung gesetzt wurde: »Und nachdem die gesetzmäßige Weihe vollbracht war, wurde er von den Bischöfen zu einem Thron geführt, zu dem er auf einer Wendeltreppe hinaufstieg, und er war zwischen Marmorsäulen von wunderbarer Schönheit errichtet, von wo aus er selbst alle sehen und von allen selbst gesehen werden konnte.« Der heutige Thron entspricht dieser Beschreibung genau. Damit ist freilich nicht gesagt, daß die mittelalterlichen deutschen Könige, wenn sie in Aachen auf dem Thron Karls des Großen Platz nahmen, dies von Anbeginn an auf diesem erhaltenen Stuhl an der heutigen Stelle taten. H. Beumann hat angezweifelt, daß der »öffentliche Königsthron« und »Erzstuhl des ganzen Reiches« (Wipo) mit dem erhaltenen Thron identisch sei. Vielmehr habe bis zu Barbarossa dieser Thron im Atrium der Kirche gestanden — vielleicht sei er mit dem heute auf der Empore erhaltenen identisch (Einleitung S. 44).

Foto: Foto Marburg

P. E. Schramm, Herrschaftszeichen und Staatssymbolik 1. 1954 S. 337 ff.; ders. und Florentine Mütherich, Denkmale der deutschen Könige. 1962 Nr. 1; H. Beumann, Grab und Thron Karls des Großen zu Aachen. In: Karl der Große Lebenswerk u. Nachleben 4. 1967

Tafel 136. Chor des Domes zu Magdeburg (1. Hälfte 13. Jh.)

Otto der Große ließ in der Kirche des Magdeburger Mauritiusklosters, dem späteren Dom, römische Säulen verbauen, die zusammen mit anderen hier verwendeten Spolien 962 aus Italien kamen. Diese Säulen wurden in dem seit 1207 errichteten Neubau des Domes im Chorhaupt wiederverwandt (Einleitung S. 44).

Foto: K. G. Beyer, Weimar

H. J. Mrusek, Drei deutsche Dome. 1963; E. Lehmann, Die Bedeutung des antikischen Bauschmucks am Dom zu Speyer. Zeitschr. für Kunstwissenschaft 5. 1951; W. Götz, Der Magdeburger Domchor. Zur Bedeutung seiner monumentalen Ausstattung. Zeitschrift des deutschen Vereins für Kunstwissenschaft 20. 1966

Tafel 137. a) Vorder- und Rückseite der Königsbulle Friedrichs Barbarossa (1154)

Seit Otto I. besiegelten die deutschen Könige und Kaiser nach byzantinischem Vorbild feierliche Urkunden statt mit einem wächsernen mit einem goldenen Siegel, einer Goldbulle, die von einem besonderen Eisenstempel geprägt wurde. Die abgebildete Bulle beglaubigt eine Urkunde des Königs für Heinrich den Löwen aus dem Juni 1154, die diesem das Recht zuspricht, östlich der Elbe Kirchen zu gründen. Die Rückseite zeigt ein stilisiertes Bild Roms — das Colosseum ist deutlich zu erkennen —, der *Aurea Roma*. Die Umschrift ist ein seit Konrad II. üblicher leoninischer (gereimter) Hexameter: *Roma caput mundi / tenet orbis frena rotundi* (Rom, das Haupt der Welt, hält die Zügel des Erdenrunds). Auf der Vorderseite ist der König mit Szepter und Reichsapfel abgebildet: *Fredericus Dei gratia Romanorum rex.* Die Figur des Königs ist von einer Stadtmauer umgeben, ähnlich wie die Goldbulle Heinrichs II. in einem Mauerring den heiligen Petrus als Stadtherrn zeigte. Hier nun ist, wie schon auf der Goldbulle Lothars III., wie vielleicht schon auf der nicht erhaltenen Goldbulle Heinrichs V., der König als Herr Roms dargestellt, da der Mauerring zweifellos auf die Stadt zu beziehen ist, im Einklang mit des Kaisers von Rahewin für 1159 überlieferten Wort: *Denn wenn ich durch göttliche Bestimmung römischer Kaiser genannt werde und bin, täusche ich nur den Schein der Herrschaft vor und trage einen leeren und substanzlosen Namen, falls die Herrschaft über die Stadt Rom mir aus der Hand geschlagen wird* (Einleitung S. 44).

Aufbewahrungsort und Foto: Niedersächsisches Staatsarchiv, Wolfenbüttel 1 Urk. 1

J. Deér, Die Siegel Kaiser Friedrichs I. Barbarossa und Heinrichs VI. in der Kunst und Politik ihrer Zeit. Festschr. H. R. Hahnloser. Basel. Stuttgart 1961

Tafel 137. b) Karl der Große als Neuer Konstantin und Leo III. von Petrus belehnt. Kupferstich des 17. Jahrhunderts nach einem im Jahre 800 oder kurz davor im Lateran angebrachten Mosaik

Das Mosaik wurde im 16. Jahrhundert beschädigt und im 18. rekonstruiert. Der ältere Zustand ist nur durch Abbildungen überliefert. Die Details sind zweifelhaft, doch darf die Konfrontation der beiden Dreiergruppen (von denen die linke vor der Restaurierung von 1625 ganz verloren war, wie die Abbildung zeigt) als gesichert angesehen werden. Die Personen der rechten Gruppe sind durch Inschriften bezeichnet: *Sanctus Petrus* (in der Mitte), *Sanctissimus dominus noster Leo papa* (links), *Dominus noster Carulus rex* (rechts). Unter der Gruppe in der Rahmung steht: *Beate Petre, donas vitam Leoni papae et bictoriam Carulo regi donas:* Heiliger Petrus, gib Leben dem Papst Leo und Sieg dem König Karl (*b* für *v* auch sonst in römischen Texten der Zeit) (Einleitung S. 44).

Foto: Niedersächsische Staats- und Universitätsbibliothek. Aus: Nicolaus Alemannus, De Lateranensibus parietinis. Rom 1625

P. E. Schramm, Die zeitgenössischen Bildnisse Karls des Großen. 1928; ders., Die deutschen Kaiser in Bildern. 1928 Nr. 4 a—m; P. Classen, Karl der Große, das Papsttum und Byzanz. In: Karl der Große, Lebenswerk und Nachleben 1. 1965; Cäcilia Davis-Meyer, Die Mosaiken Leos III. Zeitschr. für Kunstgesch. 29. 1966; G. Matthiae, Mosaici medioevali delle chiese di Roma. Rom 1967 S. 225 ff.

Tafel 138. Romfahrt und Kaiserkrönung. Zeichnungen aus der Dresdener Handschrift des Sachsenspiegel (2. Hälfte 14. Jh.)

Eike spricht (Lehnrecht 4, 1) zunächst allgemein von der Pflicht der vom Reich Belehnten zur Heeresfolge, zu der mit einer Frist von sechs Wochen aufgeboten wird. Sechs Wochen muß der Mann dem Herrn auf eigene Kosten dienen: das wird mit dem Bilde eines Essenden illustriert, über dessen Tisch eine VI schwebt. Sechs Wochen vorher und nachher soll er Reichsfrieden und *Schaftruhe* genießen, vom Aufgebot also befreit sein. Ein ruhender Krieger, dessen Schild und Lanze sich auch in einer Art Ruhestellung befinden, verdeutlicht zusammen mit einer weiteren VI diesen Satz.

Im folgenden spricht Eike von einem speziellen Reichsdienst, dem Zug zur Kaiserkrönung. Drei weltliche und drei geistliche Kurfürsten (dem siebten Kurfürsten, dem König von Böhmen, bestreitet Eike das Kurrecht) sollen den König begleiten und dem Papst die rechtmäßige Wahl des Königs bezeugen (in diesem Falle ist Eikes Aufzeichnung Theorie geblieben): der Zeichner läßt den Papst den knienden König weihen und die Kurfürsten die Wahl bezeugen.

Diese Heerfahrt soll ein Jahr, sechs Wochen und drei Tage vorher verkündet werden; die Frist ist mit Zahlen und Kreisen angedeutet. Jeder, der Lehen von Reichsgut innehat, ist ihr zu folgen verpflichtet, es sei denn, er habe seine Pflicht durch ein Zehntel seiner Einkünfte aus seinen Lehen abgelöst. Die X und die 10 Geldstücke bezeichnen diesen Betrag. Das bloße Schwert in der Hand der Gerüsteten charakterisiert die Romreise als Heerfahrt (Einleitung S. 45).

Foto nach der Faksimileausgabe der Dresdener Handschrift: Bieling, Göttingen

K. v. Amira, wie bei Tafel 112 zitiert, 2, 2 S. 160 ff. Vgl. Tafel 138; 153 b; 213; 234 c

Tafel 139. a, b) Die Überquerung der Alpen durch Heinrich VII. (Miniatur 1. Hälfte 14. Jh.)

Rex ascendit mont Senys — Heinricus rex descendit Suse anno 10 23 die octobris (Der König besteigt den Mont Cenis — König Heinrich steigt herab in Susa am 23. Oktober 1310). König und Königin werden durch die Krone aus dem Gefolge herausgehoben, dessen Mitglieder durch die Wappenbanner charakterisiert sind. Oben von rechts nach links: Wappen des Königs, des Erzbischofs von Trier, Walrams von Luxemburg (Bruder des Königs und des Erzbischofs), Friedrichs von Blankenheim (Trierischer Lehnsmann), des Grafen von Savoyen und des Herzogs von Österreich. Unten: des Marschalls Heinrich von Flandern, des Deutschen Ordens oder des Abtes von Fulda, des Königs, Walrams von Luxemburg und des Erzbischofs von Trier. Die Wagen passieren einen anderen, weniger steilen Weg, die Reiter führen während des Abstiegs ihre Pferde zu Fuß (Einleitung S. 45).

Aufbewahrungsort und Foto: Staatsarchiv Koblenz. 1 C Nr. 1 fol. 7

Die Bilderfolge ist 1881 durch G. Irmer ediert worden (Die Romfahrt Kaiser Heinrichs VII.). Eine verkleinernde Wiedergabe ist neuerdings

hrsg. von F. J. Heyen erschienen: Kaiser Heinrichs Romfahrt. 1965. Vgl. Tafel 235 a

Tafel 139. c) Die Einnahme Brescias durch Heinrich VII. (Miniatur 1. Hälfte 14. Jh.)
Rex intrat Brixiam per fossata planata (Der König betritt Brescia über die eingeebneten Gräben). Heinrich hatte die Stadt vier Monate lang belagert. Nach ihrer Kapitulation zog er am 5. September 1311 nicht durch die Tore, sondern durch die zerstörte Stadtbefestigung ein, die Bürger zogen ihm in Bußkleidern und mit Stricken um den Hals entgegen, ebenso wie das 150 Jahre früher bei der Einnahme Mailands durch Friedrich Barbarossa geschehen war. Das Bild deutet die Niederlegung der Befestigung, die typische Strafe für städtischen Ungehorsam, durch zwei einstürzende Türme an. Die Wappen auf den Bannern, von rechts nach links: des Marschalls Heinrich von Flandern, des Königs, des Erzbischofs von Trier, des Deutschen Ordens oder des Abtes von Fulda, des Grafen von Savoyen, des Gottfried von Eppstein (Trierischer Lehnsmann) und des Johannes von Braunshorn (Einleitung S. 45).
Aufbewahrungsort und Foto: Staatsarchiv Koblenz 1 C Nr. 1 fol. 15
Vgl. die zu Tafel 139 a, b genannte Literatur. Vgl. Tafel 235 a

Tafel 140. Rom gegen Ende des 15. Jahrhunderts. Zeichnung des Anonymus Escurialensis
Die Ansicht ist von der Nordspitze des Kapitols gesehen und gibt einen guten Eindruck des mittelalterlichen Rom: der Bezirk der antiken Metropole ist nicht ausgefüllt (Rom hatte im 14. Jahrhundert ca. 30 000 Einwohner, das sind 5 Prozent der Bevölkerung des antiken Rom); zwischen antiken und mittelalterlichen Bauten immer wieder Ruinen und öde Flächen. In der Mitte des Bildes die Torre dei Conti, eine der Burgen des mittelalterlichen Stadtadels (vgl. Tafel 141). Zu ihren Füßen die Ruine des Minervatempels auf dem Forum des Nerva. Links davon der Glockenturm von SS Quirico e Giulletta. Der weiter links gelegene höhere Turm gehört zu der in den Ruinen des Forum Augustanum gelegenen Kirche S. Basilico. An den Mauern die festen Häuser der Johanniter. Links oberhalb des Conti-Turmes das festungsartige Kloster S. Pietro in Vincoli, weiter links folgend S. Martino ai Monti, dann die mittelalterlichen Türme der Capocci (vgl. Tafel 141). Ganz außen links S. Maria maggiore. Rechts von der Bildmitte die Ruinen der Traiansthermen in der vigna des Klosters S. Pietro in Vincoli, weiter rechts in der Ferne die Bogen der Aqua Claudia, die Bauten auf dem Caelius und der Lateran. Am rechten Bildrande das Colosseum und die Apsis der Konstantinsbasilika (Einleitung S. 45).
Foto: Niedersächsische Staats- und Universitätsbibliothek Göttingen nach Tafel 104 des nachstehend an 2. Stelle genannten Werkes.
H. Egger, Codex Escurialensis. Wien 1905 f.; Textband S. 111 f.; ders., Römische Veduten 2. Wien 1931; P. Classen, Causa imperii. Probleme Roms in Spätantike und Mittelalter. In: Das Hauptstadtproblem in der Gesch. Jahrb. für Gesch. des deutschen Ostens 1. 1952

Tafel 141. a, b) Adelsburgen in Rom: Torre dei Conti und Torre dei Capocci
(Einleitung S. 45).
Foto: E. Alinari, Rom
E. Amadei, Le Torri di Roma. Rom 1932 S. 78. Vgl. Tafel 140

Tafel 142. a) Tino da Camaino: Tumba vom Grabmal Heinrichs VII. im Dom zu Pisa (1315)
Dem Kaiser wurde zwei Jahre nach seinem Tode in Pisa ein Denkmal im Dom errichtet. Es bestand aus der abgebildeten Tumba, auf welcher Heinrich als Verstorbener dargestellt ist (auf dem Mantel heraldische Adler und Löwen, die Wappentiere des Reiches und des Hauses Luxemburg; das Haupt wird ursprünglich von einer Metallkrone geziert gewesen sein), sowie wahrscheinlich aus einer Figurengruppe unter einem Baldachin, die den Kaiser inmitten seiner Berater zeigte. Die Figuren hiervon sind erhalten; der Typus eines solchen Grabmals, das den Verstorbenen also einmal tot und einmal als Lebenden zeigt, ist der Zeit geläufig. Da die beiden Kaiserbildnisse des Grabes untereinander unähnlich sind, ist wohl bei keinem Porträtähnlichkeit anzunehmen. Die Tumba selbst zeigt unter einer Bogenreihe die Relieffiguren von 11 Aposteln; der Sockel mit

der Inschrift stammt aus dem 20. Jahrhundert (Einleitung S. 45).
Foto: E. Alinari, Rom
F. Schneider, Kaiser Heinrich VII. 1940; Gudrun Colsman, Die Denkmale der deutschen Kaiser und Könige im 14. Jahrhundert. Diss. phil. (Maschinenschrift) Göttingen 1955 S. 78 ff.; E. Panowski, Grabplastik. 1964 S. 94 und 96

Tafel 142. b) Der heilige Adalbert bittet den Herzog Boleslav von Böhmen um die Freilassung christlicher Gefangener (Bronzerelief 12. Jh.)
Der Heilige bezeichnete als einen der Hauptgründe, derentwegen er sein Bistum Prag verließ, die Tatsache, daß christliche Gefangene und Sklaven in großer Zahl von einem jüdischen Kaufmann verkauft worden seien, ohne daß er sie loskaufen konnte. Die Szene von der Bronzetür aus Gnesen zeigt den Bischof vor dem Herzog, der in ähnlicher Weise auf einem Thron sitzend dargestellt ist wie der Kaiser (vgl. Tafel 171a). Links eine Gruppe von zwei Kaufleuten, die durch ihre Kopfbedeckung wohl als Juden gekennzeichnet werden sollen, und zwei gefesselte Sklaven (Einleitung S. 45).
Foto: Foto Marburg
A. Goldschmidt, Die Bronzetüren von Nowgorod und Gnesen. 1932; M. Walicki, Drzwi Gnieźnieńskie. Breslau 1956 ff. Vgl. zur Biographie des Heiligen H. G. Voigt, Adalbert von Prag. 1898

Tafel 143. Runenstein für Sigtrygg, bei Haithabu (Mitte 10. Jh.)
Vor dem Halbkreiswall von Haithabu (Tafel 156) standen ursprünglich vier Runensteine, von denen zwei für den Sohn eines Königs Knuba, der aus Schweden gekommen war, und seiner Frau Asfrid, einer dänischen Häuptlingstochter, errichtet waren. Der genannte Knuba wurde 934 vom deutschen König Heinrich I. besiegt. Das Schicksal seines Sohnes Sigtrygg ist unbekannt (Einleitung S. 45).
Aufbewahrungsort und Foto: Landesmuseum Schleswig
Vgl. die zu Tafel 156 genannte Literatur

Tafel 144. a) Tassilo-Leuchter (8. Jh.)
Als sich der bayerische Herzog Tassilo III. Karl dem Großen 787 zum ersten Mal unterwarf und seinen Vasalleneid erneuerte, empfing er das Herzogtum Bayern von Karl dem Großen als Lehen zurück. Bei der Verleihung wurde das Lehen durch einen Stab symbolisiert. Bei diesem handelte es sich offenbar um das Szepter des Herzogs, das er bei seiner Unterwerfung Karl dem Großen übergeben hatte. Nach einer zweiten Empörung wurde der Herzog 788 zum Tode verurteilt und in einem Kloster inhaftiert; Bayern wurde einem Präfekten unterstellt. Offenbar hat der Herzog vor seiner zweiten Unterwerfung dem von ihm gegründeten Kloster Kremsmünster wesentliche Teile seines Hortes geschenkt, den nach ihm benannten Kelch, dessen Inschrift ihn und seine Gemahlin nennt, und zwei gleichartige Leuchter. Deren Gestalt macht wahrscheinlich, daß Fuß und Lichtteller einerseits und die Schäfte andererseits ursprünglich nicht zusammengehört haben, sondern daß vielmehr die beiden Schäfte ursprünglich jenes Szepter gebildet haben, das Tassilo bei dem Akt des Jahres 787 zurückerhielt und das er dann vor seiner zweiten Unterwerfung seinem Hauskloster geschenkt hätte, um nicht auch das Symbol seiner Herrschaft in die Hand Karls fallen zu lassen. — Der abgebildete Leuchter ist 48 cm hoch (Einleitung S. 46).
Aufbewahrungsort: Stift Kremsmünster, Österreich. Foto: Stadtbildstelle Aachen
A. Gauert, Das Zepter Herzog Tassilos III. Deutsches Archiv für Erforschung des Mittelalters 18. 1962; Katalog: Karl der Große. Werk und Wirkung. Aachen 1965 Nr. 549 f.

Tafel 144. b—e) Pfennig Karls des Großen und nordische Nachprägung der Münze (um 800)
Der Pfennig des 772 bis 794 geprägten Typus zeigt auf der Vorderseite den Namen des Königs und auf der Rückseite den der Münzstätte. Die skandinavische Nachprägung gibt auf der Vorderseite den stilisierten Namen eines Königs und auf der Rückseite ein Götterbild (Einleitung S. 45).
Aufbewahrungsort und Foto: Staatliche Museen Berlin. Münzkabinett (Münze Karls) und Staatl. Münzsammlung München (Nachprägung)
Katalog: Karl der Große. Werk und Wirkung. Aachen 1965 Nr. 279 und 281

Tafel 145. Christus krönt Otto II. und Theophanu (Elfenbeintafel 982/83)

Die aus lateinischen und griechischen Buchstaben gemischten Inschriften benennen Christus und die Personen des Kaisers *(Otto imperator Romanorum Augustus)* und seiner Gemahlin *(Theophanu imperatrix Augustus)*. Die untere Inschrift bezieht sich auf die Gestalt zu Füßen des Kaisers (Herr hilf deinem Diener Johannes) und ist nicht sicher gedeutet (Einl. S. 45).

Aufbewahrungsort: Paris. Musée de Cluny.
Foto: Rheinisches Bildarchiv, Köln
P. E. Schramm und Florentine Mütherich, Denkmale der deutschen Könige. 1962 Nr. 73

Tafel 146. Tod und ewiger Lohn des Schreibers (12. Jh.)

Das Titelbild einer Handschrift der Etymologien des Isidor von Sevilla zeigt in seinem oberen Teil den Autor *Ysidorus* und den Bischof *Braulio*, der ihn zu seinem Werk veranlaßt. Beide sitzen auf einem Thron vor einem Pult, Isidor hat einen Griffel in der Hand. Die Inschrift des Bandes: *Fac mea scripta legi, quae te mandante peregi* (Mach, daß mein Buch gelesen wird, das ich auf deinen Befehl geschrieben habe). Im unteren Teil der Prüfeninger Mönch, der diese Handschrift schrieb, auf dem Totenbett. Michael wägt seine guten und bösen Taten. Ein Engel legt die Isidor-Abschrift in die Waagschale, und sie senkt sich, ein Engel führt die Seele des Mönches in den Himmel, der Teufel muß sich entfernen. Neben der Szene Christus mit einer einladenden Gebärde. Der Text darüber ein Gebet des Schreibers: *Scriptoris miseri dignare, Deus, misereri. Noli culparum pondus pensare mearum. Parva licet bona sint, super exaltata malis sint. Nox luci cedat, vite mors, iste recedat* (Laß dich herbei, Gott, dich des elenden Schreibers zu erbarmen. Wolle nicht das Gewicht meiner Sünden messen. Wenn auch die guten Werke gering sind, so sind sie doch über die schlechten gestellt. Die Nacht möge dem Licht weichen, der Tod dem Leben, jener [der Teufel] entfernte sich) (Einleitung S. 46).

Aufbewahrungsort und Foto: Bayerische Staatsbibliothek München. Clm 13031 fol. 1r
A. Boeckler, Die Regensburg-Prüfeninger Buchmalerei des 12. u. 13. Jahrhunderts. 1924 S. 15 ff.

Tafel 147. a, b) Darstellung der artes liberales (1. Hälfte 13. Jh.)

Der aus Friaul stammende Thomasin von Circlaere gibt in seinem 1215/16 geschriebenen großen Lehrgedicht, dem Wälschen Gast, eine Darstellung des mittelalterlichen Wissenschaftssystems. Die sieben freien Künste werden bildlich in der Weise dargestellt, daß sich stets die personifizierte Wissenschaft und der wichtigste Lehrer des Faches gegenübersitzen. Auf der linken Seite also *Gramatica* und *Prisci[n]ian*, der Verfasser des im Mittelalter grundlegenden grammatischen Lehrbuches (um 500). Auf dem Buch steht: *Philosophi definiunt vocem earem esse tenuem* (Die Philosophen definieren die Stimme als dünnen Lufthauch). Rechts dann *Aristoteles* und *Dyaletica*, die Dialektik. Die von beiden gehaltene Tafel soll logische Sätze verdeutlichen. Dann *Tullius*, also Cicero, und *Rethorica*, die Schild und Schwert halten, welche der Inschrift *age — deffende* zufolge ein Rededuell andeuten. Auf diese drei Elementarfächer, das Trivium, folgen die Darstellungen der vier höheren Fächer, des Quadrivium. *Euclides* und *Geometria* halten sich überschneidende Kreise, in deren Überschneidungsfläche ein Dreieck eingezeichnet ist, d. h. es soll die Konstruktion eines gleichseitigen Dreiecks mit Hilfe des Zirkels demonstriert werden, wie auch aus der Beischrift hervorgeht: *Super lineam datam triangulum equilaterum constituere.* Dann *Pythagoras* und *Arismetica* mit einer Zahlenfigur von geometrischen Reihen:

1	2	4	8	16
	3	6	12	24
		9	14	36
			37	54
				81

Allerdings hat sich der Zeichner an zwei Stellen geirrt: es muß 18 statt 14 heißen und 27 statt 37. *Musica* und eine als *Milesius* bezeichnete Gestalt halten eine Figur, auf der Intervalle dargestellt sind. *Ptolomaeus*, der Geograph und Astronom des 2. nachchristlichen Jahrhunderts, und *Astronomia* halten eine astronomische Figur. — Der zu den Zeichnungen gehörende Text des Thomasin zählt zu jedem der Fächer eine Anzahl der dem Mittelalter bekannten Gelehrten auf, z. B.: *Dyaletica hat auch ir diet / Die sint die besten, di si hiet /*

Aristotiles, Boecius / Zeno und Porphirius (Einleitung S. 47).
Aufbewahrungsort und Foto: Universitätsbibliothek Heidelberg. Cod Pal. Germ. 389 fol. 138^v u. 139^r
A. v. Oechelhaeuser, Der Bilderkreis zum Wälschen Gaste. 1890 S. 63 ff. Vgl. Tafel 165^a

Tafel 148. Traum eines mittelalterlichen Autors: Cicero disputiert mit Salomon und antiken Autoren (Anfang 13. Jh.)
Die Zeichnung leitet eine Sammlung mit Exzerpten *de virtutibus* aus den mit dem Namen Salomons verbundenen Büchern des Alten Testaments, aus den Werken Senecas, Sallusts, des Boethius und anderer Autoren des Altertums ein. Aus dem Text geht hervor, daß Cicero und andere Autoren dem Verfasser im Traum erscheinen, um ein Gespräch über die *virtus* zu führen. Wer auf der Zeichnung im einzelnen gemeint ist, ist unklar; doch ist die linke Gestalt mit dem Judenhut wohl als Salomon anzusehen (Einleitung S. 46).
Aufbewahrungsort und Foto: Österreichische Nationalbibliothek, Wien. Handschrift Nr. 858 fol. 8^r
H. J. Hermann, Die deutschen romanischen Handschriften. Beschreibendes Verzeichnis der illuminierten Handschriften in Österreich. Neue Folge 2. 1926 S. 365

Tafel 149. Trierer Venus in Ketten
Der Torso einer antiken Venusstatue wurde in Trier ursprünglich im Kirchhof von St. Matthias an Ketten aufgehängt und später auf einem Postament neben der Kirche aufgestellt, welches die Inschrift trug: *Wolt ir wissen, was ich bin? / Ich bin gewessen ein Abgottin / Da S. Eucharius zu Trier kam / Er mich zerbrach, mein Ehr abnahm / Ich war geehrt als ein Gott / Jetz stehen ich hie der Welt zu Spot.* Die Figur wurde mit Steinen beworfen, deren Spuren noch sichtbar sind. Das ursprüngliche Aufhängen (dem Gewicht zum Trotz!) erklärt sich aus der Vorstellung, daß Zauberer und Hexen durch Berührung mit der Erde Kraft gewinnen. Möglicherweise sollte damit zugleich auch eine Fesselung bezeichnet werden (Einleitung S. 46).
Aufbewahrungsort und Foto: Landesmuseum Trier
L. Radermacher, Venus in Ketten. Westdeutsche Zeitschrift 24. 1905

Tafel 150. Astrolabium des Wilhelm von Hirsau (?) (um 1060)
Auf der Vorderseite kniet auf dem Blattkapitell vor einer Scheibe eine Gestalt, welche die Umschrift *Sideros motus radio percurrit Aratus* (Die Bewegungen der Sterne verfolgt mit dem Zeichenstab Aratus) als Aratus bezeichnet, also den griechischen Verfasser eines dem Mittelalter bekannten astronomischen Lehrgedichts. Die Rückseite der Scheibe enthält eine Projektion der Himmelskreise (Einleitung S. 47).
Aufbewahrungsort: Museum der Stadt Regensburg. Fotos: W. Spitta, Regensburg
H. Wentzel in: Reallexikon zur deutschen Kunstgeschichte 1. 1937 Sp. 1161 ff.; H. Karlinger, Das Astrolabium aus St. Emmeram, Münchner Jahrb. der bildenden Kunst. Neue Folge 13. 1938/39; E. Zinner, Astronomische Instrumente. 1956 S. 167 f.; P. E. Schramm, Sphaira, Globus, Reichsapfel. 1958 S. 108 f.; R. Strobel, Romanische Architektur in Regensburg. 1965 S. 44 ff.

Tafel 151. Aus dem Physiologus (2. bis 3. Viertel 9. Jh.)
Die abgebildete Seite erzählt *de quarta natura serpentis* (von der vierten Eigenschaft der Schlange) und *de natura formicae* (von den Eigenschaften der Ameise). Die Schlange gibt, wenn ein Mensch sie töten will, den Leib preis, um das Haupt zu bewahren. Daraus wird abgeleitet: *Debemus et nos in tempore temptationis totum corpus tradere, caput autem custodire id est Christum non negantes, sicut fecerunt sancti martires. Omnis enim caput Christus est* (Auch wir müssen zur Zeit der Verfolgung den Leib aufgeben, das Haupt aber bewahren, indem wir Christus nicht verleugnen nach dem Beispiel der Märtyrer. Denn Christus ist das Haupt jedes Menschen). Von der Ameise heißt es, sie spalte die in der Erde gespeicherten Körner in zwei Hälften, damit sie nicht keimten und ungenießbar würden. Die allegorische Interpretation: Auch du mußt die Buchstaben des Alten Testaments geistlich verstehen, damit nicht der Buchstabe töte (2. Kor. 3,6). Paulus nämlich sagt, daß das Gesetz geistlich sei (Röm. 7,14). Indem die Juden es nur fleischlich ver-

standen, sind sie Hungers gestorben; und die Propheten sind getötet worden. Außerdem heißt es, die Ameise stelle, bevor sie einen Getreidehalm erklettere, durch Riechen die Getreideart fest, um die Gerste zu vermeiden. Diese aber bedeute die Lehre der Irrgläubigen, die man meiden müsse, wie die Ameise sich von der Gerste fernhalte. — Die in einer flüchtigen karolingischen Minuskel geschriebene Handschrift folgt in ihren Illustrationen einer antiken Vorlage und ist ein später Vertreter karolingischer Renaissance (Einleitung S. 47).
Aufbewahrungsort und Foto: Burgerbibliothek Bern. Cod. 318 fol. 12ᵛ
O. Homburger, Die illustrierten Handschriften der Burgerbibliothek Bern. Die vorkarolingischen und karolingischen Handschriften. Bern 1962 S. 108 f.; Der Physiologus. Übertragen und erläutert v. O. Seel. Zürich u. Stuttgart 1960

Tafel 152. Kalendarium des Klosters Corvey mit annalistischen Aufzeichnungen
Das Kalendarium bietet zunächst die üblichen Ostertafeln, d. h. die Daten, deren man zur Berechnung des Festkalenders bedurfte, so wie ihn Dionysius Exiguus im 6. Jahrhundert berechnet hatte. Jede Seite enthält 8 Spalten: 1. das Inkarnationsjahr, 2. die Indiktion, d. h. die Stellung des Jahres in dem durch Justinian eingeführten und im Mittelalter weiterbenutzten 15jährigen Jahreszyklus, 3. die *epactae lunares,* d. h. die Angabe, wieviele Tage zwischen dem letzten Neumond und dem 22. März liegen, 4. die *concurrentes,* nämlich die Bezeichnung des Wochentages (durch eine Zahl), auf den der 24. März jeweils fällt (diese in Goldbuchstaben geschriebene Spalte ist verblaßt), 5. die Stellung des Jahres in dem 19jährigen Mondzyklus, die sogenannte goldene Zahl, 6. (Spalte ist verblaßt) das Datum des Ostervollmondes, 7. das nach dem römischen Kalender bezeichnete Osterdatum selbst und 8. (Spalte ist verblaßt) die Zahl der zwischen Ostern und dem letzten Neumond liegenden Tage. Die abgebildete Seite umfaßt die Jahre 950 bis 968, also einen Mondzyklus. — Am rechten und am unteren Rand erste annalistische Aufzeichnungen: Todesfälle von Kaisern, Äbten und anderen dem Kloster verbundenen Personen und einige andere Ereignisse. So wird zum Jahre 955 die Ungarnschlacht vermerkt, für 961 der (2.) Zug Ottos I. nach Italien: *Hoc anno Oddo rex Romam profectus est,* oder für 968 eine Überschwemmung: *inundacio nimia* (Einleitung S. 47).
Aufbewahrungsort und Foto: Staatsarchiv Münster. Mscr. I 243 fol. 7ᵛ
Kunst und Kultur im Weserraum (Ausstellungskatalog) 2. 1966 Nr. 601; H. Grotefend, Taschenbuch der Zeitrechnung [10] *1960*

Tafel 153. a) Älteste Darstellung eines Kummet (8./9. Jh.)
Die Zeichnung ist Teil einer Folge, welche — sich im allgemeinen an ein Vorbild spätestens des 5. Jahrhunderts anlehnend — die Apokalypse des Johannes illustriert. Thema der abgebildeten Darstellung ist das 18. Kapitel (Einleitung S. 48).
Aufbewahrungsort und Foto: Stadtbibliothek Trier. Ms. 31 fol. 58ʳ
Zur Handschrift: Th. Frimmel, Die Apokalypse in den Bilderhandschriften des Mittelalters. Wien 1885 S. 16 ff.; M. Keuffer, Beschreibendes Verzeichnis der Handschriften der Stadtbibliothek zu Trier 1. 1888 S. 34 f.; A. Goldschmidt, Die deutsche Buchmalerei 1. 1928 Nr. 54; zur Darstellung des Kummets: L. White jr., Medieval Technology and Social Change. Oxford 1962 S. 61

Tafel 153. b) Rodung und Dorfgründung. Zeichnung aus der Heidelberger Handschrift des Sachsenspiegel (Anfang 14. Jh.)
Die Zeichnungen illustrieren die beiden ersten Abschnitte von Kapitel 79 aus dem 3. Buch des Landrechts. Das obere Bild zeigt links die Überreichung der Gründungsurkunde an den Bauermeister. Von der Urkunde hängt ein Siegel herab, auf dem Blatt selbst sind die Anfangsworte eines Urkundentextes angedeutet. In der Bildmitte roden zwei Bauern den Wald, ein dritter rechts zimmert ein Haus. Auf dem unteren Bild hält der Bauermeister Gericht vor dem Dorf, das durch die Kirche angedeutet ist. Vor ihm ein Bauer als Kläger, der sich auf das in der Urkunde fixierte Recht des Dorfes beruft. Hinter diesem wohl die Schöffen. Der Beklagte, links am Rande, weigert sich, vor dem Gericht zu erscheinen — mit Recht, denn er ist ein Aus-

wärtiger, wie durch seine andersartige Bekleidung betont wird (Beinbinden). Der dazugehörige Text lautet: *Wo gebure ein nůwe dorf besiczen von wilder worczeln, den mac des dorfes herre wol geben erbeczinsrecht an dem gůte, alleine ensin si czů deme gůte nicht geborn. Kein recht mac he aber in gegeben noch si selbe gekisen, da si des landes richtere sin recht mite brechen ader sin gewette mite geminren ader gemeren mŭgen. Kein uzwendic man en is phlichtic in deme dorfe czu antwertene nach irme sunderlicheme dorferechte me wen nach gemeineme lantrechte ...* (Einleitung S. 48).
Aufbewahrungsort und Foto: Universitätsbibliothek Heidelberg. Cod. Pal. Germ. 164 fol. 26^v
K. v. Amira (wie bei Tafel 112 zitiert) 2,2 S. 116 ff. Vgl. Tafel 118 b; 138; 213; 234 c

Tafel 154. Luftaufnahme eines Haufendorfes mit in Dreifelderwirtschaft bestellter Flur
Die Aufnahme zeigt das Dorf Hart bei Haigerloch, eine durch frühe Rodung am Rande des Altsiedellandes entstandene Siedlung, die noch als Haufendorf angelegt ist. Die durch Erbteilung stark zersplitterte Flur wird überwiegend in Dreifelderwirtschaft bebaut, im Wechsel von Sommerweizen, Wintergerste und Hackfrucht (Kartoffeln und Rüben). Daneben sind etwa 24 Prozent der Flur mit Futterpflanzen bebaut. Diese Parzellen sind an ihrer dunklen Farbe kenntlich, am deutlichsten in der rechten Bildhälfte, dem mit Hackfrüchten bebauten Drittel der Flur. Sommer- und Wintergetreide (linke Bildhälfte unten und oben) sind nur undeutlich zu unterscheiden, da die Aufnahme im Mai gemacht ist (Einleitung S. 48).
Foto: A. Brugger, Stuttgart. Freigegeben vom Innenministerium Baden-Württemberg Nr. 2/7996
A. Brugger u. Th. Hornberger, Luftbilder aus Baden-Württemberg. ²1963 Nr. 55

Tafel 155. Luftaufnahme der Waldhufenflur des Dorfes Würzberg (Kreis Erbach)
(Einleitung S. 48).
Foto: Aero Exploration, Frankfurt a. M. Freigabe 2177/65
H.-J. Nitz, Die ländlichen Siedlungsformen des Odenwaldes. 1962 S. 52 ff. und S. 84

Tafel 156. Luftbild von Haithabu (8. bis 11. Jahrhundert)
An der Schlei, Schleswig gegenüber, liegt am Westufer des sogenannten Haddebyer Noores, von einem halbkreisförmigen Wall umgeben, ein Handelsplatz, dessen Namen uns als Schleswig und Haithabu überliefert sind. Er entstand in der ersten Hälfte des 8. Jahrhunderts, vielleicht sogar etwas früher, an einem Handelsweg vom Rhein nach Schweden. Ursprünglich bestand die Ansiedlung aus mehreren offenen Siedlungsgruppen mit getrennten Friedhöfen. Offenbar hatten sich hier Kaufleute und Handwerker aus dem Norden und aus Friesland angesiedelt. Im 9. Jahrhundert konzentrierten sich die Niederlassungen in dem mittleren Siedlungskern, und diese dicht bebaute Niederlassung wurde mit einer Holzerdemauer umgeben. Kaufleute und Händler bildeten die Bewohnerschaft des Ortes, der in der Mitte des 11. Jahrhunderts zerstört und von der heutigen Stadt Schleswig abgelöst wurde (Einleitung S. 49).
Foto: Landesmuseum Schleswig
H. Jankuhn, Haithabu, ein Handelsplatz der Wikingerzeit. ⁴1963

Tafel 157. a, b) Die Kirche als Zentrum kaufmännischer Niederlassung: Sancta Maria Theutonicorum auf Visby (Gotland, Schweden) (spätes 12. Jh. und später)
Die 1225 geweihte Kirche der deutschen Gotlandfahrer war nicht nur ihr geistliches, sondern auch ihr administratives Zentrum. Hier fanden ihre Versammlungen statt, hier wurde ihr Archiv verwahrt, hier wurde in der Zeit, da die deutschen Kaufleute Novgorod verlassen hatten, deren Kasse deponiert. Darüber hinaus diente die Kirche ebenso wie die Novgoroder Peterskirche, bei der das in den Gewohnheiten des Hansekontors mit vielen Details bezeugt ist, als Warenlager, wie aus dem Kranbalken an der Westseite, vor allem aber aus dem hohen Speicher über dem Kirchenschiff geschlossen werden kann (Einleitung S. 49).
Fotos: Waldemar Falck, Visby
J. Roosval, Die Kirchen Gotlands. Stockholm 1911 S. 110 ff. P. Johansen, Die Kaufmannskirche. In: Visbysymposiet för historiska vetenskaper 1963. Visby 1965

Tafel 158. a) Vorderseite des »Bürgereidkristalls« der Stadt Lüneburg (1443)
Der Reliquienschrein wurde beim Schwur berührt, vgl. Tafel 213 (Einleitung S. 50).
Aufbewahrungsort und Foto: Kunstgewerbemuseum (Stiftung Preußischer Kulturbesitz), Berlin
Katalog des Kunstgewerbemuseums Berlin: Ausgewählte Werke. 1963 Nr. 44; R. Baumann, Eid. In: Reallexikon zur deutschen Kunstgeschichte 4. 1958 Sp. 927 ff. Zur Sache: W. Ebel, Der Bürgereid. 1958

Tafel 158. b) Roland am Rathaus zu Quedlinburg (2. Hälfte 14. Jh.)
Der erst 1460 erwähnte Roland ist der Kleidung, insbesondere dem Gürtel zufolge in der zweiten Hälfte des 14. Jahrhunderts errichtet worden, nachdem die städtischen Rechte gegenüber dem Stadtherrn nach der Jahrhundertmitte erweitert worden waren. Nach 1470, als sich die Stadt der Äbtissin von Quedlinburg wieder unterwerfen mußte, wurde die Figur umgestürzt und das Wappen durch Beilhiebe unkenntlich gemacht. Indem die Städte ihre Rechte durch die Gestalt Rolands symbolisieren, führen sie diese — im Einklang mit der »Karls-Renaissance« der 2. Hälfte des 14. Jahrhunderts — auf Karl den Großen zurück (Einleitung S. 34, 51).
Foto: Deutsche Fotothek (Kaubisch), Dresden
A. D. Gathen, Rolande als Rechtssymbole. 1960

Tafel 159. Felsberg (Kreis Melsungen)
Die Burg wurde von den wohl nach ihr benannten und 1090 zuerst erwähnten Grafen von Felsberg errichtet und kam an die Landgrafen von Thüringen, welche die erstmals 1209 erwähnte Siedlung am Fuße der Burg in der Mitte des 13. Jahrhunderts zur Stadt erhoben. Burg und Stadt waren Mittelpunkt eines hessischen Amtes. — Die wesentlichen Teile der Burg in ihrer jetzigen Gestalt stammen aus dem 14. Jahrhundert (Einleitung S. 51).
Foto: Luftaufnahme Aero-Lux, Frankfurt a. M. Freigegeben vom Hessischen Wirtschafts-Ministerium Nr. 553/57

Tafel 160. a) Ruppiner Torturm und Waldemarsbogen in Gransee (15. und Mitte 14. Jh.)
Ebenso wie eine Reihe anderer märkischer Städte hatte Gransee Ende der 40er Jahre des 14. Jahrhunderts einem gegen den rechtmäßigen wittelsbachischen Landesherrn auftretenden Usurpator gehuldigt, der sich als den letzten askanischen Markgrafen, den tatsächlich aber schon 1319 gestorbenen Waldemar ausgab. Der wittelsbachische Stadtherr erzwang als Strafmaßnahme die Vermauerung der Tore, durch die der falsche Waldemar die Stadt betreten und verlassen hatte. Statt dessen wurde die Mauer neben dem Tor geöffnet und der dann nach Waldemar benannte Bogen errichtet. — Das heute bestehende Tor ist ein Nachfolgebau des ursprünglichen aus dem 15. Jahrhundert, der Bogen jedoch der aus der Mitte des 14. Jahrhunderts (Einleitung S. 51).
Foto: Institut für Denkmalpflege, Arbeitsstelle Berlin
H. Trost, Norddeutsche Stadttore zwischen Elbe und Oder. 1959 S. 64 f., 110 f., 115

Tafel 160. b) Luftaufnahme von Villingen
Berthold III. von Zähringen gründete neben einem schon 817 genannten und seit 999 mit Marktrecht ausgestatteten Ort 1119 eine Stadt, die zusammen mit den gleichzeitigen Gründungen Freiburg und Offenburg der Erschließung des Schwarzwaldes durch die Zähringer diente. Die Luftaufnahme weist die Stadt — ebenso wie die anderen Gründungen der Zähringer — als geplante Anlage aus. An das beherrschende Achsenkreuz schließen sich die das Oval des Grundrisses gliedernden Straßenzüge in regelmäßiger Folge an (Einleitung S. 51).
Foto: Luftbild Strähle, Schorndorf. Freigegeben durch das Innenministerium von Baden-Württemberg
Th. Mayer, Der Staat der Herzoge von Zähringen. In: Mittelalterliche Studien. 1959

Tafel 161. a) Deutschordensschloß Mewe (Ende 13. Jh.)
Der Abbildung liegt ein älteres Foto zugrunde: das Schloß wurde 1921 durch Brand weitgehend zerstört. Es repräsentierte das vierflügelige Kastell mit Bergfried an der einen und schlanken Türmchen an den drei anderen Ecken in reiner Form (Einleitung S. 51).
Foto: Foto Marburg
C. Steinbrecht, Preußen zur Zeit der Landmei-

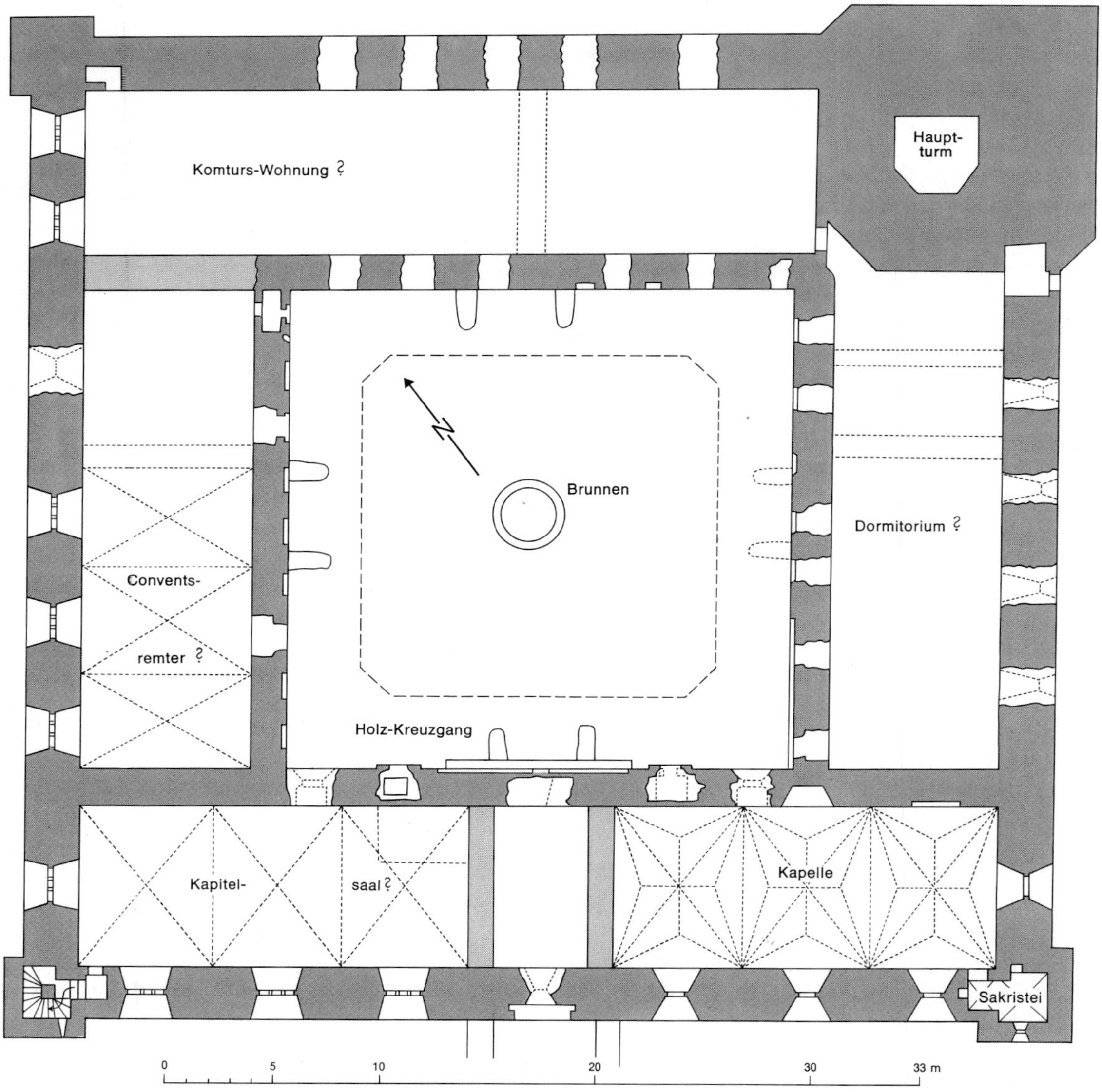

Abb. 21 (zu Taf. 161a). Grundriß des Deutschordensschlosses Mewe, Hauptgeschoß (nach C. Steinbrecht, Preußen zur Zeit der Landmeister. 1888)

ster. 1888 S. 93 ff.; K. H. Clasen, Die mittelalterliche Kunst im Gebiete des Deutschordensstaates Preußen 1. 1927 S. 62 f.; E. Lindemann, Das Problem des Deutschordensburgtypus. Diss. phil. Berlin 1938

Tafel 161. b) Schloß Arensburg auf Ösel (Estnische Sowjetrepublik) (seit 1380)
Das Schloß wurde von den Bischöfen von Ösel-Wiek in enger Anlehnung an das Vierecks-kastell-Schema des Deutschen Ordens errichtet (Einleitung S. 51).
Foto: Foto Marburg

Tafel 162. a) Ruinen der Burg Montfort (Israel; ca. 35 km nördlich von Haifa) von Süden
Die Burg, Hauptsitz des Deutschen Ordens in Palästina, wurde auf durch Kauf erworbenem

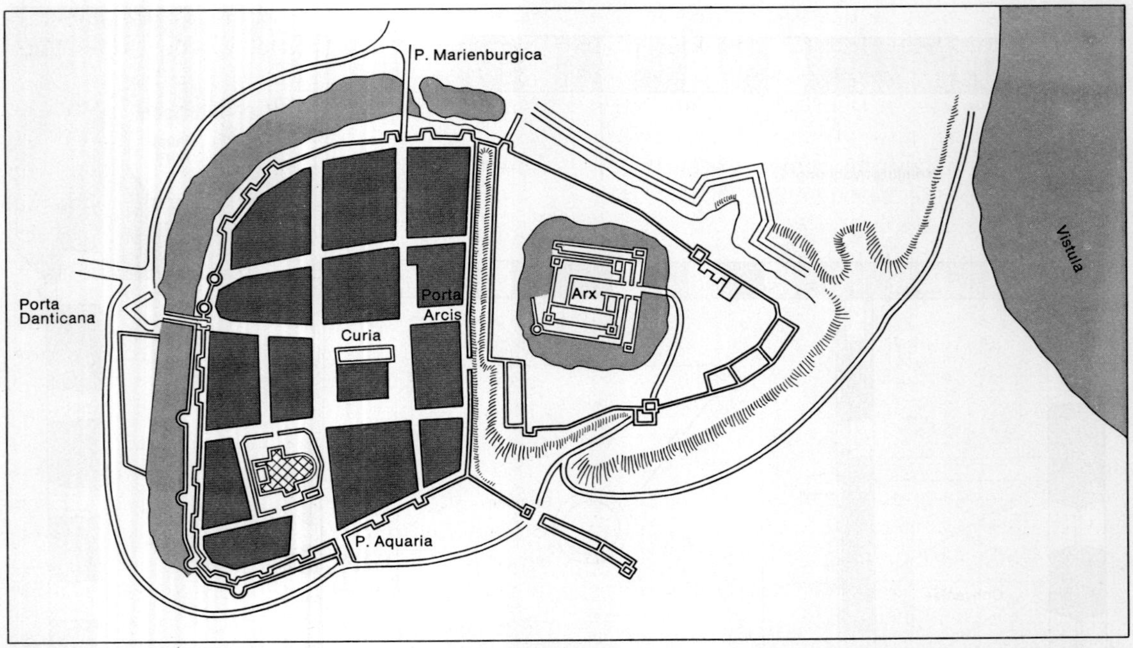

Abb. 22 (zu Taf. 161a): Stadt und Schloß Mewe nach einem Plan des 17. Jahrhunderts (nach C. Steinbrecht, Preußen zur Zeit der Landmeister. 1888)

Gebiet seit Ende der 1220er Jahre errichtet. 1271 wurde sie durch den Sultan von Ägypten erobert und zerstört (Einleitung S. 51).
Foto: A. F. Kersting, London
W. Müller-Wiener, Burgen der Kreuzritter. 1966; W. Hubatsch, Montfort und die Bildung des Deutschordensstaates im Heiligen Lande. Nachrichten der Akademie der Wissenschaften in Göttingen I. Phil.-Hist, Klasse 1966 Nr. 5 S. 186 ff.; K. Forstreuter, Der Deutsche Orden am Mittelmeer. 1967 S. 41 ff.

Tafel 162. b) Deutschordensschloß Marienburg: Südseite des Hochmeisterpalastes (etwa 1380 bis 1399)
Der an Stelle älterer Bauten im späten 14. Jahrhundert errichtete, sich an rheinische, englische und französische Bauten (Avignon) anlehnende Palast gehört zu den Teilen des Schlosses, bei denen der mittelalterliche Bestand am reinsten bewahrt ist; auch das 19. Jahrhundert hat an seinen Fassaden verhältnismäßig wenig verändert, abgesehen davon, daß zu Anfang des 20. Jahrhunderts das alte Dach durch ein größeres, auch Wehrgang und Zinnen überdeckendes ersetzt wurde. Das Foto ist vor dem zweiten Weltkrieg aufgenommen, doch unterscheidet sich der heutige Zustand nicht von dem abgebildeten (Einleitung S. 51).
Foto: Foto Marburg
C. H. Clasen, Der Hochmeisterpalast der Marienburg. 1924; B. Schmid, Die Marienburg. 1955; B. Guerquin, Zamek w Malborku. Warschau ³1965

Tafel 163. Fresko aus der Unterkirche von Schwarzrheindorf (vor 1151)
Der Freskenzyklus der 1151 geweihten Unterkirche hat, Hesekiel 39, 17 ff. folgend, die Vernichtung Israels zum Gegenstand und die Errichtung eines neuen Jerusalem. Die blutigen Szenen schließen sich durchaus an den Text des Propheten an (Einleitung S. 52).
Foto: Rheinisches Bildarchiv Köln
A. Verbeek, Schwarzrheindorf. Die Doppelkirche und ihre Wandgemälde. 1953; H. Schrade, Die romanische Malerei. 1963 S. 59 ff. Ebd. S. 71 ff. die erwähnten Fresken aus St. Gereon in Köln

Tafel 164. Statue des heiligen Mauritius (um 1245) im Dom zu Magdeburg

In Mauritius verehrte das Mittelalter den um 300 in Gallien hingerichteten Anführer jener römischen Legion, welche das heidnische Götteropfer verweigerte. Der Heilige wurde Patron des Klosters und später des Erzbistums Magdeburg, das zum Zentrum seiner Verehrung in Deutschland wurde. Seit dem Ende des 11. Jahrhunderts wurde die heilige Lanze (Tafel 134 a) mit ihm in Verbindung gebracht; seit der 2. Hälfte des 12. Jahrhunderts wurde der deutsche König in der Peterskirche vor dem Mauritiusaltar zum Kaiser gesalbt. — Aufgrund seines Namens und seiner Herkunft (Thebais) hat man den heiligen Mauritius im Mittelalter auch als Mohren dargestellt. Die Statue aus dem Magdeburger Dom, die dieser Gewohnheit folgt, dürfte dadurch veranlaßt worden sein, daß es dem Erzbischof Albrecht 1220 gelang, zu den schon vorhandenen Reliquien die Hirnschale des Heiligen zu erwerben (Einl. S. 52).
Foto: K. G. Beyer, Weimar
A. J. Herzberg, Der heilige Mauritius. 1936; A. Brackmann, Die politische Bedeutung der Mauritiusverehrung im frühen Mittelalter. In: Gesammelte Aufsätze. 1941

Tafel 165. a) Thomasin von Zirclaere: Innerer und äußerer Adel (erste Hälfte 13. Jh.)
Die Zeichnung zeigt einen Mann, dem *bosheit, luge* und *unstet* das Gewand über den Kopf ziehen: die Herrschaft der Laster hat den Verlust des Adels zur Folge: *Du must din adel lan. Zihe wir im sin adel ab.* Denn die Geburt allein konstituiert den Adel noch nicht, sie verlangt vielmehr besondere Tugenden: *Sin geburt gert* [begehrt] *zaller vrist / daz er wol und rehte tu* (3868 f.) (Einleitung S. 52).
Aufbewahrungsort und Foto: Universitätsbibliothek Heidelberg. Cod. Pal. Germ. 389 fol. 61ᵛ
A. v. Oechelhaeuser, Der Bilderkreis zum Wälschen Gaste. 1890 S. 44. Vgl. H. Teske, Thomasin von Zerclaere. 1933 S. 207 ff. Vgl. Tafel 147

Tafel 165. b) Norbert von Xanten empfängt vom heiligen Augustinus die diesem zugeschriebene Ordensregel (12. Jh.)
Die Zeichnung ist in einer Vita des Norbert von Xanten überliefert (Einleitung S. 52).
Aufbewahrungsort und Foto: Bayerische Staatsbibliothek, München. Clm 17 144 fol. 5ʳ

Tafel 166. Titelbild des Codex Aureus von St. Emmeram mit der Darstellung des Abtes Ramwold (975—1001)
Ramwold ließ dem während seiner Amtszeit restaurierten Evangeliar, das ca. 870 in der Hofschule Karls des Kahlen entstanden war, sein Bildnis voranstellen. Die Komposition stellt den Abt in die Mitte des Bildes. Die Umschrift: *Hunc librum Karolus quondam perfecit honorus, quem nunc Hemrammo Ramvoldus renoverat almo* (Dieses Buch vollendete einst der edle Karl, das nun Ramwold für den segenspendenden Emmeram erneuert hat). An den Ecken des Mittelfeldes Medaillons mit *sapientia, misericordia, prudentia* und *iustitia*. In den Ecken — als würde hier Christus dargestellt — die Symbole der Evangelisten. Zwischen ihnen: *Ramvoldus indignus abbas:* Ramwold, der unwürdige Abt (Einleitung S. 53).
Aufbewahrungsort und Foto: Bayerische Staatsbibliothek, München. Clm. 14 000 fol. 1ʳ
G. Leidinger, Der Codex Aureus der Bayerischen Staatsbibliothek in München. 1921 ff.; J. Prochno, Das Schreiber- und Dedikationsbild 1. 1929 S. 89; P. E. Schramm und Florentine Mütherich, Denkmale der deutschen Könige. 1962 Nr. 52; H. Schrade, Die romanische Malerei. 1963 S. 282 u. 291; W. v. d. Steinen, Homo Caelestis 1. 1965 Nr. 85

Tafel 167. Schatzverzeichnis des Klosters Prüfening (1165)
Oben in der Mitte Christus, dem Worte der Anerkennung für das klösterliche Leben zugeordnet sind *(tangor plantantis studiis votisque precantis).* Links von ihm Otto von Bamberg, der das Kloster gründete *(hec bona plantavi);* rechts der Patron des Klosters, der heilige Georg *(precibus plantata rigavi:* durch meine Fürbitte habe ich die Pflanzung bewässert). Am oberen Rande: *Anno domini 1108* [richtig jedoch: 1109] *constructum est monasterium sancti Georgii.* Unterhalb des linken Engels Abt Erbo der Selige (1126—62). An ihn sind die Dankesworte des von dem linken Engel gehaltenen Bandes gerichtet *(Tu cui debentur hec que digesta videntur / Gratia cui multa manet ex his, carne sepulta / Ipsa reportato modo fenore multiplicato).* Unterhalb des rechten Engels Abt Eberhard (1163—68). An ihn

richten sich die Dankverse des anderen Bandes *(Tu cuius cura vacat istis addere plura / Cum das maiora stent intemerata priora / Ut pacis iure vivas in honore future).* Unter Erbo *Eberhardus episcopus,* d. h. Bischof Eberhard von Regensburg (1165—67) oder Erzbischof Eberhard von Salzburg (1147—64). Ihm gegenüber rechts *sanctus Paulus apostolus.* Der Text unter dem Bischof richtet sich gegen einen möglichen Dieb *(Hec minuens presumptor habens minus inveniatur / Quippe Deum cum fraudat eum, quis amare putatur?).* Und: *Qui non amat dominum Jhesum, sit anathema maranata* (1. Kor. 16,22). Ganz unten ein Chor von Mönchen: *Amen fiat fiat amen fiat amen.* Das Verzeichnis selbst bringt den Besitz des Klosters an geistlichem Ornat (Einleitung S. 53).

Aufbewahrungsort und Foto: Bayerische Staatsbibliothek, München. Clm 13002 fol. 5v

S. H. Steinberg und Christine Steinberg-v. Pape, Die Bildnisse geistlicher und weltlicher Fürsten. 1931 Nr. 51. Der Text ist ediert: Neues Archiv der Gesellschaft für ältere deutsche Geschichtskunde 13. 1888 S. 559 ff. Vgl. jetzt Mittelalterliche Schatzverzeichnisse 1. 1967 Nr. 73

Tafel 168. a) Ansicht des ehemaligen Benediktinerklosters (Groß-)Komburg (Schwäbisch-Hall) von Nordwesten

1079 stiftete Graf Burkhard II., Angehöriger jener fränkischen Grafenfamilie, die sich nach Rothenburg oder ihrer in diesem Jahrhundert erbauten Burg Komburg nannte, in ebendieser Burg ein Benediktinerkloster. Der heutige Bau der Kirche bewahrt von dem Bestand des 12./13. Jahrhunderts nur die Türme. Die Ringmauer stammt aus dem 16. Jahrhundert (Einleitung S. 52).

Foto: Lala Aufsberg, Sonthofen

Tafel 168. b) Ehemaliges Zisterzienserkloster Altenberg (Gemeinde Odenthal, Rheinisch-Bergischer Kreis)

Die 1255 bis 1397 erbaute Kirche des 1133 gegründeten Klosters ist die zweite an ihrer Stelle. Sie ist in Anlehnung an das französische Kathedralsystem gebaut, jedoch unter Berücksichtigung der Bauvorschriften des Ordens: auf das Schmuckwerk ist weitgehend verzichtet, der Turm ist durch einen Dachreiter ersetzt. Die Klostergebäude sind barock umgestaltet. Vgl. Taf. 170 a (Einleitung S. 52).

Foto: Cekade Luftbild Nr. Cr 5730. Freigegeben vom Ministerium für Wirtschaft und Verkehr Nordrhein-Westfalen. Foto Cramers, Dortmund

Tafel 168. c) Ehemaliges Zisterzienserkloster Maulbronn (Kreis Vaihingen)

Das 1147 von Eckenweiher hierher verlegte Kloster erhielt rasch einen umfänglichen Grundbesitz; es war in über 100 Orten begütert. Die gut erhaltene Anlage gliedert sich in Kirche und Klausur (rechte Bildhälfte) und den großen Wirtschaftshof. Die Kirche wurde 1178 geweiht; die im Zusammenhang mit der Einwölbung des Langhauses errichteten Strebepfeiler und die großen Chorfenster, die in gewissem Gegensatz zu der mit der Regel Bernhards übereinstimmenden ursprünglichen Anlage stehen, entstammen dem 14. Jahrhundert. An den Kreuzgang schließen sich Herren- und Laienrefektorium, Kapitelsaal und eine Reihe weiterer Räume an. Die Verwaltungs- und Wirtschaftsbauten des äußeren Klosterbezirks wurden in ihrer heutigen Gestalt überwiegend im 16. Jahrhundert erbaut (Einleitung S. 52).

Foto: A. Brugger, Stuttgart. Freigegeben vom Innenministerium Baden-Württemberg Nr. 2/5820

Tafel 169. Grabplatte der Grafen Gottfried und Otto von Cappenberg in der ehemaligen Prämonstratenserkirche zu Kappenberg (Kreis Lüdinghausen) (1320—1330)

Die Cappenberger Grafen gehörten zu den Gegnern Heinrichs V. Als diese Münster eroberten, waren die beiden Grafen die eigentlichen Urheber der Einäscherung des Domes. Ihre Reue bekundet sich in reichen Schenkungen — 105 Ministerialen mit den zu diesen gehörenden Gütern. Norbert von Xanten vermittelt die königliche Vergebung und gibt der Absicht zur Weltflucht Gestalt. Gottfried von Cappenberg wandelt seine Burg in die erste rechtsrheinische Niederlassung des neuen Ordens um und nimmt selbst das geistliche Gewand; Frau, Bruder und Schwestern folgen ihm. Der Vorgang ist für den Prämonstratenserorden von ähnlicher Bedeutung wie der Eintritt Bernhards und der Seinen in den der Zisterzienser. Der Schwiegervater

Gottfrieds versucht den Entschluß des Grafen mit militärischer Gewalt rückgängig zu machen; seinen Waffen wird kein Widerstand entgegengesetzt — er fügt sich.
Die abgebildete Grabplatte, welche die Brüder als Kirchenstifter zeigt, ist etwa 200 Jahre nach den skizzierten Ereignissen entstanden; sie scheint dennoch geeignet, von dem Ethos der sich im 12. Jahrhundert erneuernden Kirche Zeugnis zu geben (Einleitung S. 52).
Foto: Foto Marburg
H. Grundmann, Der Cappenberger Barbarossakopf. 1959; R. Fritz, Die Ikonographie des heiligen Gottfried von Cappenberg. Westfälische Zeitschr. 111. 1961

Tafel 170. a) Das Zisterzienserkloster Altenberg, seine Tochtergründungen und inkorporierten Pfarreien (um 1500)
Die Zeichnung zeigt in Form eines Stammbaumes in dem mittleren Medaillon der unteren Reihe Altenberg selbst: *Anno domini 1133 fundata est abbatia Veteris Montis per Everhardum comitem de Monte et ordini Cisterciensi incorporata* (Im Jahre des Herrn 1133 wurde die Abtei Altenberg durch Graf Eberhard von Berg gegründet und dem Zisterzienserorden inkorporiert). Links die älteste Tochter, *Luckna,* d. h. Łękno in Polen mit dem Jahre 1150 als Gründungsdatum, jedoch schon 1143 gegründet. Rechts die zweite Tochter, *Lynda,* d. h. Ląd, gleichfalls in Polen, nicht 1152, sondern schon 1144 gegründet. In der nächsten Reihe von links nach rechts zunächst die dritte Tochter, Marienṭal im Kreis Helmstedt *(abbatia vallis beate Marie),* jedoch nicht 1168, sondern schon 1143 gegründet und damit tatsächlich die älteste der von Altenberg ausgegangenen Gründungen, dann die nach 1301 inkorporierte Pfarrei Bechen bei Altenberg und rechts die vierte Tochter, Aulesburg, 1188 gegründet und 1221 nach Haina im Kreis Frankenberg in Hessen verlegt. In der oberen Reihe links die fünfte Tochter, Kentrup bei Hamm mit dem wohl etwas zu frühen Gründungsdatum 1243, dann die 1374 inkorporierte Pfarrkirche in Solingen und schließlich die sechste Tochter, das Frauenkloster St. Bartholomäus in Köln, 1474 durch die Zisterzienser von den Franziskanern übernommen. — Die Wappen über dem Stammbaum von links nach rechts gehören dem Mutterkloster von Altenberg, Morimond, dem Abt, in dessen Amtszeit der Stammbaum gezeichnet wurde, und dem Kloster Altenberg selbst (Einleitung S. 52).
Aufbewahrungsort und Foto: Landes- und Stadtbibliothek Düsseldorf. Handschrift C 38 fol. 1
H. Mosler, Altenberg. 1959 S. 122; ders., Die Cistercienserabtei Altenberg. Germania Sacra. Neue Folge 2, 1. 1965 S. 72 ff.; Reallexikon zur Deutschen Kunstgeschichte 2. 1948 Sp. 89. Ein gleichzeitiger Stammbaum aus Altenberg, der die gleichen Klöster und Kirchen, aber z. T. andere Daten bietet, ist publiziert und beschrieben von E. Weise, Prussia 29. 1931 S. 297 ff. Vgl. auch F. v. d. Meer, Atlas de l'Ordre Cistercien. Paris—Bruxelles 1965 S. VI

Tafel 170. b) Schnitzender Prämonstratenser in der Werkstatt. Chorstuhlwange aus der Kirche des Klosters Pöhlde (etwa 1284)
(Einleitung S. 52).
Aufbewahrungsort und Foto: Niedersächsische Landesgalerie Hannover
Vgl. Tafel 118 a

Tafel 171. a) Otto II. übergibt dem heiligen Adalbert den Bischofsstab (Bronzerelief des 12. Jh.)
Die Darstellung ist Teil der Domtür zu Gnesen, die auf 18 Bronzetafeln das Leben des heiligen Adalbert darstellt. Der Kaiser überreicht dem aus einer Gruppe von Geistlichen heraustretenden Adalbert den Krummstab. Er sitzt auf einem Stuhl mit Löwenköpfen und -füßen und trägt Krone und Szepter. Hinter ihm der Schwertträger (vgl. Tafel 99 b) (Einleitung S. 53).
Foto: Foto Marburg
Vgl. die zu Tafel 142 b genannte Literatur

Tafel 171. b) Petrus verleiht zwei Schwerter als Sinnbilder der geistlichen und weltlichen Macht. Fresko vom nördlichen Vierungspfeiler der ehemaligen Klosterkirche in Prüfening (Regensburg) (2. Hälfte des 12. Jh.)
Das im Detail ungenau restaurierte Fresko ist in seiner Komposition jedoch gesichert (Einleitung S. 53).
Foto: Bayerisches Landesamt für Denkmalpflege, München

J. A. Endres, Romanische Malereien in Prüfening. Die Christliche Kunst 2. 1905/06 S. 160 ff.; B. H. Röttger, Kloster Prüfening (= Deutsche Kunstführer 27). 1929; H. Schrade, Die Romanische Malerei. 1963 S. 190 ff. Zum Thema vgl. W. Levison, Die mittelalterliche Lehre von den beiden Schwertern. Deutsches Archiv 9. 1952 und H. Hoffmann, Die beiden Schwerter im Mittelalter. Ebenda 20. 1964

Tafel 172. Grabmal Rudolfs von Schwaben im Dom zu Merseburg (nach 1080)

Der 1080 im Kampf gegen Heinrich IV. gestorbene König ist mit Krone, Szepter und Reichsapfel dargestellt. Das Bronzerelief war ursprünglich vergoldet und emailliert (Augen, Kronreif). Ähnlichkeit ist — Schrade zufolge — angestrebt (Einleitung S. 53).

Foto: Foto Marburg

P. E. Schramm und Florentine Mütherich, Denkmale der deutschen Könige. 1962 Nr. 162; H. Schrade, Zur Frühgeschichte der mittelalterlichen Monumentalplastik. Westfalen 35. 1957 S. 33 ff.; E. Panowski, Grabplastik. 1964 S. 57

Tafel 173. a) Büste Friedrichs I. Barbarossa (zwischen 1150 und 1171)

Die Büste wird im Testament des Grafen Otto von Cappenberg ausdrücklich als »silbernes Haupt, nach dem Bildnis des Kaisers geformt« bezeichnet. Der Graf stiftete sie dem Kloster Kappenberg als Reliquiar des Evangelisten Johannes. Darauf bezieht sich die Inschrift. Der vergoldete Bronzekopf trug ursprünglich eine silberne Imperatorenbinde. H. Grundmann hat erwiesen, daß das Bildnis des Kaisers mit den erzählenden Berichten über ihn zusammenstimmt. Der Kopf scheint nicht von Anfang an ein Reliquiar gewesen zu sein; ein anderer Zweck ist freilich nicht ersichtlich. Als zweckfreies Porträt wäre die Büste ohne Beispiel in ihrer Zeit und infolgedessen von größter Bedeutung für die Person des Auftraggebers, eben des Kaisers, der sie seinem Paten Otto von Cappenberg schenkte (Einleitung S. 54).

Aufbewahrungsort: Kappenberg. Schloßkirche. Foto: Landesdenkmalamt Westfalen-Lippe, Münster

H. Grundmann, Der Cappenberger Barbarossakopf. 1959; P. E. Schramm und Florentine Mütherich, Denkmale der deutschen Könige. 1962 Nr. 173; H. Fillitz in Münchner Jahrbuch der bildenden Kunst 3. Folge 14. 1963

Tafel 173. b) Bildnisstatue Philipps von Schwaben (Anfang 13. Jh.)

Die Statue befand sich ehemals auf der Nordseite, also der dem Fluß zugekehrten Seite des Brückenturmes der Regensburger Donaubrücke. Daß dies ihr ursprünglicher Standort gewesen sei, wird angenommen ebenso wie die Gleichzeitigkeit der Inschrift *Philippus rex Romanorum.* Der König trägt in der rechten Hand ein Gebäudemodell, das zumal mit Rücksicht auf das Kreuz an der Giebelseite als Kirche aufzufassen ist — demnach sollte man als ursprünglichen Standort eine Kirche annehmen und die Statue als Stifterfigur auffassen. Die linke Hand des Königs dürfte einen Reichsapfel gehalten haben. Man hat die Statue mit dem großen Privileg des Königs in Verbindung gebracht, das er der Stadt am 9. März 1207 verliehen hat; sie wäre dann also als Zeichen des Dankes aufgerichtet worden. Dafür gäbe es in Speyer eine literarisch überlieferte, vielleicht sogar erhaltene Parallele (Einleitung S. 54).

Aufbewahrungsort: Museum der Stadt Regensburg. Foto: W. Spitta, Regensburg

F. Mader, Die Kunstdenkmäler der Oberpfalz 22. Regensburg 3. 1933 S. 240; H. Karlinger, Das Astrolabium aus St. Emmeram in Regensburg. Münchner Jahrbuch der bildenden Kunst Neue Folge 13. 1939 S. 14 f.; H. Keller, Die Entstehung des Bildnisses. Römisches Jahrbuch für Kunstgeschichte 3. 1939 S. 256 Anm. 119. Das auf Heinrich V. oder Friedrich Barbarossa zu beziehende Relief aus Speyer bei P. E. Schramm, Die deutschen Kaiser. 1928 S. 146 und Tafel 125

Tafel 174. Burg Kyffhausen (Kreis Artern, Bezirk Halle). Oberburg mit Bergfried (2. Hälfte 12. Jh.)

Die wohl in der 2. Hälfte des 11. Jahrhunderts begründete Burg wurde nach der Zerstörung 1118 erweitert und insbesondere in der Zeit Friedrichs Barbarossa vergrößert und ausgebaut. Seit dem späten Mittelalter verfiel die vernachlässigte und als Steinbruch benutzte Burg; die Errichtung des Kyffhäuserdenkmals Ende des 19. Jahrhunderts hatte weitere Zer-

störungen zur Folge. Die aus drei Abschnitten bestehende Burg hatte eine Gesamtlänge von 600 m, d. h. sie hatte z. B. die vierfache Länge der Wartburg (Einleitung S. 54).
Foto: K. G. Beyer, Weimar
H. Wäscher, Die Baugeschichte der Burg Kyffhausen. 1959; H. Eberhardt, Die Kyffhäuserburgen in Sage und Geschichte. Blätter für deutsche Landesgesch. 96. 1960; A. Gauert in: Deutsche Königspfalzen 2. 1965 S. 50 ff.

Tafel 175. Kapelle der Pfalz Eger (frühes 13. Jh.?)
Wie eine Anzahl anderer Pfalzen (z. B. Goslar, Nürnberg) und Burgen besitzt auch die Pfalz Eger eine Doppelkapelle, d. h. eine zweistöckige Anlage, deren oberer, reicher ausgestatteter und mit dem unteren durch eine Öffnung in der Zwischendecke verbundener Raum wohl für den Gottesdienst der Herrschaft bestimmt war. Die Aufnahme zeigt die obere Kapelle mit der Bodenöffnung zur Unterkapelle hin (Einl. S. 54).
Foto: Foto Marburg
O. Schürer, Die Kaiserpfalz Eger. 1934; G. Bandmann, Doppelkapelle. In: Reallexikon zur deutschen Kunstgeschichte 4. 1958

Tafel 176. Kapitell von den Arkaden des unteren Palas-Saales der Pfalz zu Gelnhausen (um 1180)
(Einleitung S. 54).
Foto: Foto Marburg
O. E. Wülfing, Burgen der Hohenstaufen in Schwaben, Franken und Hessen. 1960; G. Binding, Pfalz Gelnhausen. 1965

Tafel 177. a, b) Burg Münzenberg (Kreis Friedberg). Ansicht von Süden (a) u. Palas (vor 1174), Bergfried u. Falkensteiner Bau (13. Jh.) (b)
(Einleitung S. 55).
Fotos: Foto Marburg
K. Bosl, Die Reichsministerialität der Salier und Staufer 1. 1950 S. 289 ff.; O. E. Wülfing, Burgen der Hohenstaufen in Schwaben, Franken und Hessen. 1960; G. Binding, Burg Münzenberg. ²1965

Tafel 178. a) Bergfried der Burgruine Kalsmunt (Stadt Wetzlar) (2. Hälfte 12. Jh.)
Die von Friedrich Barbarossa errichtete Reichsburg war Sitz des Vogtes von Wetzlar und eine der Münzstätten des Reiches (Einleitung S. 55).
Foto: Landeskonservator von Hessen. Aufnahme Wildemann
K. Bosl, Die Reichsministerialität der Salier und Staufer 1. 1950 S. 209

Tafel 178. b) Runkel (Oberlahnkreis): Alte Lahnbrücke und Burg
Die Burg wurde vor 1159 durch die Herren von Runkel zur Sicherung des Lahnüberganges errichtet. In der Mitte des 15. Jahrhunderts trat an die Stelle der bisher benutzten Furt die Brücke. Der nördliche Turm stammt wohl aus dem späten 13. Jahrhundert, die beiden anderen aus dem 12. (Einleitung S. 55).
Foto: Cekade Luftbild Nr. Cr 5553. Freig. Ministerium für Wirtschaft und Verkehr Nordrhein-Westfalen. Foto Cramers, Dortmund

Tafel 179 a. Radleuchter im Münster zu Aachen (um 1165)
Der von Friedrich Barbarossa, sicherlich im Zusammenhang mit der Kanonisation Karls des Großen Weihnachten 1165 zu Aachen und der reichen Privilegierung der Stadt zu diesem Zeitpunkt, in die Pfalzkapelle Karls gestiftete Leuchter ist ein Abbild des Himmlischen Jerusalem. *Celica Iherusalem signatur imagine tali* (das Himmlische Jerusalem wird bezeichnet durch dieses Bild), lautet die erste Zeile der Inschrift. Der aus acht geschwungenen Bögen und 16 Türmchen zusammengesetzte Leuchter ist als Stadtmauer gemeint — der Himmel wird im Mittelalter stets als Burg oder befestigte Stadt dargestellt (Einleitung S. 54).
Foto: Foto Marburg
Adelheit Kitt, Der frühromanische Kronleuchter und seine Symbolik. Diss. (masch.) Wien 1944; P. E. Schramm und Florentine Mütherich, Denkmale der deutschen Könige. 1962 Nr. 177

Tafel 179. b) Heinrich der Löwe, seine Gemahlin Mathilde und ihre Vorfahren (um 1175)
Heinrich der Löwe ließ dem von ihm dem Braunschweiger »Dom« gestifteten Evangeliar außer dem Widmungsbild noch eine Darstellung einfügen, die ihn und seine Gemahlin von den vornehmsten Verwandten beider umgeben zeigt. Die durch Überschriften bezeichneten

Personen sind (von links nach rechts): Kaiserin Richenza und Kaiser Lothar III, Heinrichs Großeltern von Mutterseite, Herzogin Gertrud, die Tochter Lothars III. und Herzog Heinrich der Stolze, seine Eltern, König Heinrich II. von England, Heinrichs des Löwen Schwiegervater, und die Mutter des englischen Königs, Mathilde, die Witwe des deutschen Kaisers Heinrich V. Die Gestalt ganz rechts ist nicht bezeichnet. Der Miniator hat bei den Verwandten des Herzogs die Könige und ihre Gemahlinnen mit Kronen dargestellt, während die Eltern des Herzogs, da nicht von königlichem Rang, barhäuptig bzw. mit einem neutralen Kopfschmuck gezeichnet sind. Heinrich der Löwe und seine Gemahlin werden jedoch, obwohl doch auch nur herzoglichen Ranges, mit Kronen gekrönt — von Gott, wie die ottonischen und salischen Könige (Einleitung S. 55).

Aufbewahrungsort: unbekannt (früher Gmunden, Welfenbibliothek). Die Abbildung ist dem Werk von Steinberg (s. u.) entnommen

P. E. Schramm, Die deutschen Kaiser und Könige. 1928 Nr. 131; S. H. Steinberg und Christine Steinberg-v. Pape, Die Bildnisse geistlicher und weltlicher Fürsten. 1931 Nr. 124; G. Swarzenski, Aus dem Kunstkreis Heinrich des Löwen. Städel-Jahrb. 7/8. 1932 S. 255 ff.; Katalog: Kunst und Kultur im Weserraum 2. Münster 1966 Nr. 192

Tafel 180. a) Krönungsmantel des Reichsschatzes (1133—1134)

Der Mantel wurde, wie die kufische Umschrift bezeugt, in einer islamischen Werkstätte für König Roger II. von Sizilien gearbeitet. Die Stickereien stellen, orientalischen Mustern folgend, rechts und links von einer Palme zwei Löwen dar, die ein Kamel schlagen. Der Mantel kam durch die Staufer (durch Heinrich VI. oder Friedrich II.) in den deutschen Kronschatz (Einleitung S. 55).

Aufbewahrungsort und Foto: Kunsthistorisches Museum, Wien. Weltliche Schatzkammer

Katalog der weltlichen und der geistlichen Schatzkammer. 3Wien 1961 Nr. 163; P. E. Schramm und Florentine Mütherich, Denkmale der deutschen Könige. 1962 Nr. 179

Tafel 180. b) Petrus de Ebulo: Heinrich VI. und sein unterlegener Gegner Tancred. Zeichnung aus dem Liber ad honorem Augusti (1195—1196)

Petrus von Ebulo wurde vom Kanzler des Kaisers beauftragt, dieses Gedicht zu verfassen, das Heinrichs VI. Kämpfe in Italien beschreibt und mit einer Verherrlichung des Kaisers endet. Text und Bilder lassen ihn ein goldenes Zeitalter eröffnen. Zu diesem Schlußteil gehört die abgebildete Seite. Der Kaiser *(Henricus VI. magnus Romanorum imperator)* thront, angetan mit Krone, Szepter und Reichsapfel, inmitten der *virtutes,* von denen zwei als *fortitudo* und *iusticia* benannt sind und die insgesamt doch wohl die drei geistlichen (links) und die vier weltlichen Tugenden (rechts) darstellen. Sie überreichen ihm Mitra, Schild und Lanze. Unter dieser Gruppe der unterlegene König Tancred: er ist unter das Rad der Fortuna geraten. *Fortuna rogat virtutes esse in consorcio earum et repulsam passa est:* Fortuna ist in den Kreis der den König umstehenden Tugenden nicht aufgenommen worden, d. h. er verdankt seinen Sieg nicht ihr. Er wird als von den Kardinaltugenden geleitet dargestellt, während Tancred sich der Fortuna anvertraute. Eine spätere Hand hat die Worte, welche die Stationen, die das Rad der Fortuna durchläuft, bezeichnen, hinzugefügt: *Glorior elatus — descendo minorificatus — infimus axe teror — rursus [ad astra feror?]* (Einleitung S. 55).

Aufbewahrungsort und Foto: Burgerbibliothek Bern. Cod. 120 fol. 146r

G. B. Siragusa, Liber ad honorem Augusti di Pietro da Eboli. Fonti per la storia d'Italia [39]. Rom 1905 f.; P. E. Schramm und Florentine Mütherich, Denkmale der deutschen Könige. 1962 Nr. 184. Zum Fortunarad vgl. A. Doren, Fortuna im Mittelalter und in der Renaissance. Vorträge der Bibliothek Warburg 2. 1924, sowie F. P. Pickering, Literatur und darstellende Kunst im Mittelalter. 1966 S. 112 ff.

Tafel 181. a) Der sächsische Kurfürst als Marschall des Reiches (1400)

Die Miniatur entstammt der Bilderhandschrift der Goldenen Bulle, die König Wenzel im Jahre 1400 anfertigen ließ, und illustriert den ersten Teil des 27. Kapitels: Von den Ämtern der Kurfürsten auf feierlichen Hoftagen der Kaiser bzw. römischen Könige. Hier wird über den sächsischen Kurfürsten gesagt: Wenn der Kaiser oder König auf dem Königsstuhl bzw. Kaiserthron sitzt, dann nehme der Herzog von Sachsen sein Amt in dieser Weise wahr: vor die Stätte, wo der Kaiser bzw. König sitzt, werde ein Haufen Hafer so hoch geschüttet, daß er bis zur Brust oder zum Brustriemen des Pferdes reicht, auf dem der Herzog sitzt. Und dieser habe in der Hand einen silbernen Stab und ein silbernes Maßgefäß, die zusammen 12 Mark Silber wiegen sollen, und auf dem Pferde sitzend soll er zuerst dieses Maß mit Hafer gefüllt entgegennehmen und es dem Diener reichen, der zuerst kommt. Danach soll er den Stab in den Hafer stecken und fortreiten, und sein Vizemarschall, nämlich der von Pappenheim, soll hinzutreten — oder in seiner Abwesenheit der Hofmarschall — und weiterhin den Hafer verteilen (Einleitung S. 56).

Aufbewahrungsort und Foto: Österreichische Nationalbibliothek, Wien. Handschrift Nr. 338 fol. 39v

J. Schlosser, Die Bilderhandschriften König Wenzels I. Jahrb. der kunsthistorischen Sammlungen 14. 1893; Katalog: Friedrich III. Wiener Neustadt 1966 Nr. 208

Tafel 181. b) Königsstuhl zu Rhens (Ansicht um 1800)

Zwischen 1376 und 1398 wurde an Stelle eines hölzernen ein steinernes Bauwerk errichtet, auf dem deutsche Könige von dem Reich Besitz ergriffen. So verspricht z. B. Siegmund dem Erzbischof von Köln, sich vor der Krönung auf dem Königsstuhl zu Rhens zum Römischen König erheben zu lassen wie frühere Könige vor ihm. Die Abbildung zeigt das dann 1803 zerstörte Bauwerk. Der heute auf der Höhe über dem Fluß stehende Königsstuhl ist eine Rekonstruktion von 1843 (Einleitung S. 56).

Foto aus L. Janscha, Fünfzig malerische Ansichten des Rheinstromes. Wien um 1800: Österreichische Nationalbibliothek. Wien

K. Frölich, Stätten mittelalterlicher Rechtspflege auf südwestdeutschem Boden. 1938 S. 14 ff.

Tafel 182. Grabmal des Erzbischofs Siegfried von Eppstein (gest. 1249) im Dom zu Mainz

Die Inschriften bezeichnen die dargestellten Personen. Sie lauteten ursprünglich: *Sifridus tercius huius sancte sedis archiepiscopus, rector Fuldensis ecclesie, legatus apostolicus.* Die linke Figur: *Henric[us] Ras[pe]*, die rechte: *Wilh[e]l[mus] Holla[ndensis]*. Der Bischof wird als die beiden Könige krönend dargestellt. Die Krönung Heinrich Raspes, des ersten Gegenkönigs gegen Friedrich II., ist nur durch diesen Grabstein bezeugt; Raspes Nachfolger Wilhelm von Holland wurde durch den Erzbischof von Köln gekrönt, der Mainzer Erzbischof wird ihm assistiert haben. Die Darstellung der beiden Vorgänge auf dem Grabstein polemisiert gegen das Krönungsrecht des Kölner Erzbischofs (Einleitung S. 56).

Foto: Foto Marburg

H. Schrohe, Reichsgeschichtliches auf Mainzer Denkmälern. Zeitschr. des Vereins zur Erforschung der rheinischen Gesch. 4. 1893—1905 S. 583 ff.; Die deutschen Inschriften 2: Die Inschriften der Stadt Mainz. 1958 Nr. 22

Tafel 183. Wiener (?) Meister: Herzog Rudolf IV., der Stifter, von Österreich (um 1364)

In das imponierende politische Programm des Herzogs, das von der Erhöhung seines Hauses durch die Erzherzogswürde gekrönt sein sollte, fügt sich dieses Porträt, das älteste in Deutschland als solches erhaltene, sinnvoll ein. Was des Herzogs gefälschte (und von Karl IV. nicht akzeptierte) Urkunden bezeugen sollten, drückt es noch einmal aus: *Rudolfus archidux Austrie* lautet die alte Inschrift, und die Erzherzogskrone wiederholt diesen Anspruch. Der Maler des Bildes hat wahrscheinlich von jenem Meister Theodoricus gelernt, der für Karl IV. die Burg Karlstein mit Heiligenporträts ausstattete. Wahrscheinlich hat Rudolf auch einige der Wiener Professoren porträtieren lassen — die Gründung der Universität sollte den Rang des Erzhauses manifestieren (Einleitung S. 56).

Aufbewahrungsort: Dom- und Diözesanmuseum Wien. Foto: Kunsthistorisches Museum, Wien

E. Buchner, Das deutsche Bildnis der Spätgotik. 1953 Nr. 1; A. Lhotsky, Die Wiener Artistenfakultät 1365/1497. Sitzungsberichte der Österreichischen Akademie der Wissenschaften. Phil.-Hist. Klasse 247. 1965 S. 6 ff.; Ursula Begrich, Die fürstliche »Majestät« Herzog Rudolfs IV. von Österreich. Wien 1965 S. 12 f. und S. 22 ff.

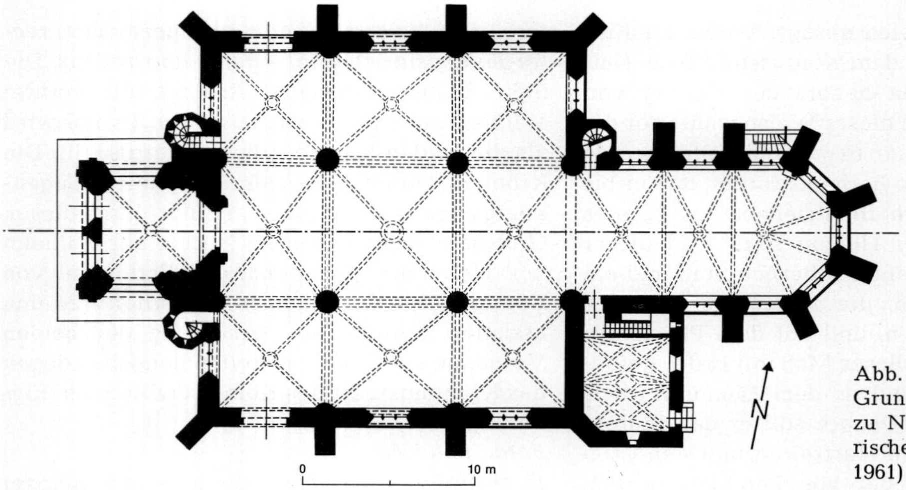

Abb. 23 (zu Taf. 186). Grundriß der Frauenkirche zu Nürnberg (nach Bayerische Kunstdenkmale 10. 1961)

Tafeln 184/185. Triforiumsbüsten vom Veitsdom zu Prag: Karl IV. und Wenzel (1374—1385)
Karl IV. ließ in dem den Chor über den Fenstern umlaufenden Gang (Triforium) des Prager Doms die Büsten seiner Familie und der am Dombau beteiligten Erzbischöfe und Domherren anbringen; da seine eigene Büste nicht nur anderen plastischen Porträts seiner Person ähnelt, sondern auch den gemalten Bildnissen, wird man den Büsten Ähnlichkeit zusprechen dürfen (Einleitung S. 56).
Foto: Foto Marburg
W. Pinder, Die deutsche Plastik des 14. Jahrhunderts. 1925; O. Kletzl, Peter Parler. 1940; K. M. Swoboda, Peter Parler. 1940

Tafel 186. Frauenkirche zu Nürnberg (1352 bis 1358)
Die charakteristischen Bauelemente der Kirche entsprechen denen der Aachener Pfalzkapelle: ein Gemeinderaum mit Zentralbautendenz, ein Westbau mit Vorhalle. Das Chörlein mit Umgang im Westen entspricht der gotischen Galerie für die Weisung der Heiltümer in Aachen. Beide Kirchen haben Marienpatrozinium, das Nürnberger Chörlein ist Michael geweiht, d. h. dem klassischen Patron der frühen kirchlichen Westanbauten. Die Nürnberger Kirche ist also als Kopie der Aachener Pfalzkapelle aufzufassen, als Kopie im mittelalterlichen, von Krautheimer beschriebenen Sinne, wie sich auch das 1350 von Karl IV. in Prag gegründete Augustinerchorherrenstift St. Karl, dem die Nürnberger Kirche inkorporiert war, als Zentralbau an die Aachener Kapelle anlehnte. Karl IV. hatte Nürnberg eine zentrale Funktion zugedacht, offenbar sollte die Frauenkirche der Heiltumsweisung, d. h. der Ausstellung der Reliquien des Kronschatzes dienen, so wie diese in Aachen seit Friedrich dem Schönen in festen Ordnungen stattfand. Tatsächlich wurde der Kronschatz später (seit 1424) zwar in Nürnberg aufbewahrt, aber in der Kirche des Spitals zum Heiligen Geist und auf einem eigens errichteten Gestell auf dem Hauptmarkt (Tafel 189) ausgestellt.
Die Kirche wurde im ehemaligen Judenviertel, dessen Zerstörung Karl IV. 1349 gestattet hatte, an Stelle der Synagoge errichtet (vgl. Einleitung S. 62). Oben im Chörlein eine Uhr aus dem frühen 16. Jahrhundert, welche die Kurfürsten um den Kaiser laufen läßt (vgl. Tafel 187 b), ihre Wappen an der Ballustrade (Einleitung S. 56).
Foto: Foto Marburg
G. P. Fehring und A. Ross, Die Stadt Nürnberg (Bayerische Kunstdenkmale 10). 1961; G. Bräutigam, Die Nürnberger Frauenkirche. Idee und Herkunft ihrer Architektur. In: Festschrift für P. Metz. 1965. Architekturkopie im Mittelalter: vgl. den bei Tafel 101 a zitierten Aufsatz von Krautheimer

Tafel 187. a) Bronzene Beischlagwange vom Lübecker Rathaus (Hauptportal) mit dem Idealbildnis eines Kaisers (1452)
(Einleitung S. 56).
Foto: W. Castelli, Lübeck

Tafel 187. b) Türbeschlag vom Rathaus zu Lübeck mit den Idealbildnissen des Kaisers und der Kurfürsten (2. Hälfte 14. Jh.)
(Einleitung S. 56).
Foto: W. Castelli, Lübeck

Tafel 188. Amtsstube des Augsburger Weberhauses (1457)
Die bedeutendste Augsburger Zunft baute sich im Jahre 1390 ihr Haus. Die Dekoration seiner Amtsstube aus dem Jahre 1457 wurde 1538 und 1601 restauriert und 1867 in das neuerrichtete Bayerische Nationalmuseum übertragen. Die Decke zeigt Darstellungen aus dem Alten Testament und (untere Reihe) aus dem Alexanderroman. Die Bilder sind von Versen in deutscher Sprache begleitet, darunter die Darstellung Adams und Evas mit dem dann im Bauernkrieg so oft zitierten Vers: *Da Adam hackt und Eva span* . . . Die 27 Felder der Wandvertäfelung zeigen von links nach rechts die Kurfürsten und den Kaiser, Friedrich III., sodann Hektor, Karl den Großen, Gottfried von Bouillon, König Artus, David (auf diesen folgen über einem späteren Türdurchbruch die Namen der Evangelisten) und Judas Makkabäus. Auf diese Reihe folgen Seneca, Platon, Sokrates, Jesaias, Ezechiel, Jeremias, Amos, Cicero, Aristoteles und Daniel. Nach der (alten), auf der Abbildung sichtbaren Tür dann Josua, Cäsar und Alexander. Die Bilderfolge gliedert sich also in die Kurfürsten mit dem Kaiser, in die 9 guten Helden (die ersten 6 anschließend an den Kaiser, die übrigen 3 am Ende der Reihe) und in je 5 heidnische Philosophen und alttestamentarische Propheten. Philosophen und Propheten halten Schriftbänder, Cicero z. B.: *Wer tugent hat, der ist woll geboren, on duget ist adl gar verloren:* ein Stück aus der nicht aussetzenden Diskussion des späten Mittelalters über den Charakter des Adels (vgl. Tafel 165 a), an dieser Stelle, wo auch der Vers über Adam und Eva (siehe oben) angeführt wird, wohl ein pointierter Ausdruck städtischen Bewußtseins. Über diesen Bildnissen noch einmal Darstellungen aus der biblischen Geschichte (Einleitung S. 56).
Aufbewahrungsort und Foto: Bayerisches Nationalmuseum, München
N. Lieb, Die Amtsstube des Augsburger Weberhauses. Alt-Augsburg 1. 1937

Tafel 189. Heiltumsweisung in Nürnberg (Holzschnitt Ende 15. Jh.)
Seitdem die Herrschaftzeichen der deutschen Könige und Kaiser in Nürnberg aufbewahrt wurden (1424), fand jährlich einmal, am Freitag nach Quasimodogeniti, dem 1354 von Innocenz VI. eingesetzten *festum lanceae et clavorum Domini, Speerfreitag, Speer- und Kronentag,* eine öffentliche Weisung statt, die von vielen Wallfahrern besucht wurde. Die abgebildete Darstellung entstammt dem 1487 und 1493 von Peter Vischer bzw. Hans Mair gedruckten Wallfahrtsführer. Sie zeigt den Heiltumsstuhl, ein zum Zweck der Ausstellung der verehrten Gegenstände auf dem Hauptmarkt errichtetes Gerüst. In der obersten Reihe unter einem Zeltdach Prälaten mit den Heiltümern und Diener mit Kerzen. Darunter Gewaffnete, unten die Wallfahrer. Die Fahnen zeigen Kreuz, Dornenkrone, Reichswappen und die Heilige Lanze als das vornehmste Stück (Einleitung S. 57).
Aufbewahrungsort und Foto: Bayerische Staatsbibliothek, München. Inc. c. a. 514 fol. 192^r
A. Schramm, Der Bilderschmuck der Frühdrucke 18. 1935 Nr. 636; A. Bühler, Die Heilige Lanze. Das Münster 16. 1963 S. 102 f. Nr. 17

Tafel 190. a) Friedrich Herlin: Rechter Flügel (Außenseite, Ausschnitt) vom Hochaltar der St.-Jakobkirche zu Rothenburg ob der Tauber (1466)
Das Bild stellt in seinem nicht abgebildeten unteren Teil dar, wie die Leiche des Heiligen in das Schloß der spanischen Königin gebracht wird: von wilden Stieren gezogen, die durch das Kreuzzeichen gebändigt wurden und den Wagen nun, ohne daß es eines Lenkers bedürfte, fortbewegen. Im Zentrum des Bildes der Marktplatz von Rothenburg, links das alte Rathaus als Palast der Königin. An dieses angebaut eine Ladenfront, ganz hinten das dem vorderen korrespondierende Stadttor. Vor dem Rathaus eine Gruppe elegant gekleideter Gestalten, die dritte von rechts in pelzverbrämtem Gewand (und also wohl Angehöriger einer Ratsfamilie) mit Hunden und einem Jagdfalken auf der Faust: das Rothenburger Patriziat bildete mit der Ministerialität der Umgegend eine Schicht, und adlige Lebensweise machte nicht vor den Stadtmauern halt. — Die Legende ist,

wie auf den spätmittelalterlichen Altartafeln üblich, simultan dargestellt: der Ochsenkarren mit dem Heiligen erscheint zweimal im Bilde (Einleitung S. 57).
Foto: Foto Marburg
A. Stange, Deutsche Malerei der Gotik 8. 1957 S. 90

Tafel 190. b) Luftansicht von Nördlingen
Nördlingen hatte im 15. Jahrhundert etwa 5000 Einwohner. Verkehrsgünstig im Zentrum des fruchtbaren Ries gelegen, hatte es große wirtschaftliche und seit 1390 als Führerin der unteren Städte des schwäbischen Städtebundes auch erhebliche politische Bedeutung. Es repräsentiert gegenüber Großstädten wie Köln oder Nürnberg und der Masse der weniger als 1000 Einwohner zählenden städtischen Siedlungen die mittelgroße Stadt des Spätmittelalters. Das Stadtbild ist im wesentlichen unversehrt und noch von den Mauern der ersten Hälfte des 14. Jahrhunderts (Bastionen aus dem 16. Jahrhundert) umschlossen. Im Zentrum die Pfarrkirche St. Georg (1427—1505), eine der größten Hallenkirchen (Einleitung S. 57, 61).
Foto: Strähle, Schorndorf

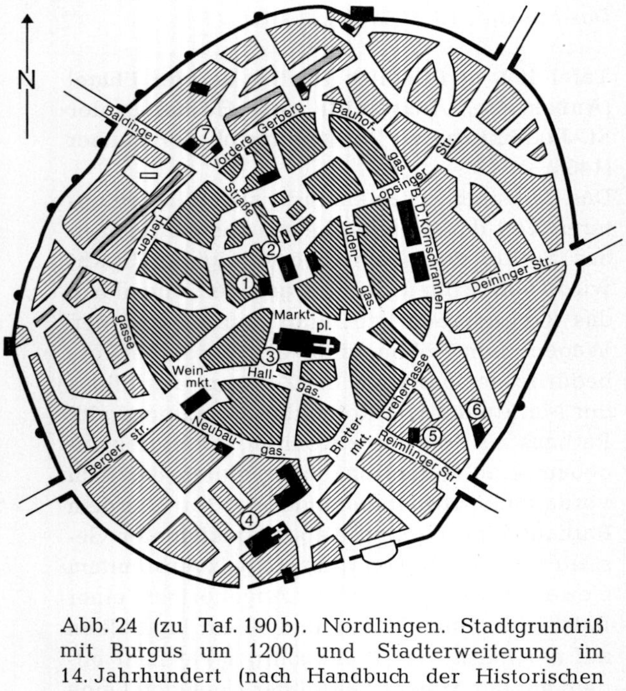

Abb. 24 (zu Taf. 190 b). Nördlingen. Stadtgrundriß mit Burgus um 1200 und Stadterweiterung im 14. Jahrhundert (nach Handbuch der Historischen Stätten 7. 1961). 1 = Tanzhaus, 2 = Rathaus, 3 = St. Georg, 4 = Karmelitenkloster, 5 = Niederlassung des Deutschen Ordens, 6 = Münzhaus, 7 = Spital

Tafel 191. Norimbergia und Brabantia (etwa 1340)
Das früher im alten Nürnberger Rathaus befindliche Relief bildet einen Rechtsakt ab, die jährliche Überreichung eines Schwertes, eines Gürtels, zweier linker Handschuhe, eines Pakkens Nähnadeln und eines Guldens durch Nürnberg in Brüssel, wodurch das Zollprivileg, das der Nürnberger Handel in Brüssel genoß, erneuert wurde. Das Zollprivileg, das Ludwig der Bayer der Stadt 1332 zuteil werden ließ, bestätigte ihre Zollfreiheit an 72 Plätzen (Einleitung S. 57).
Foto: Hauptamt für Hochbauwesen, Nürnberg
E. Mummenhoff, Das Rathaus zu Nürnberg. 1891; K. Martin, Die Nürnberger Steinplastik im 14. Jahrhundert. 1927 S. 34; L. Veit, Handel und Wandel mit aller Welt. 1960 S. 13

Tafel 192. Jakob Fugger und sein Hauptbuchhalter Matthäus Schwarz (20er Jahre 16. Jh.)
Der 1497 geborene Matthäus Schwarz trat nach in Italien verbrachter Lehrzeit 1517 in den Dienst Fuggers. 1519 verfaßte er eines der ersten Lehrbücher der doppelten Buchführung; einige Jahre später ließ er eine biographische Bilderfolge über sich selbst herstellen, aus der die abgebildete Darstellung stammt. Sie zeigt Schwarz und seinen Prinzipal im Kontor. Die Schilder auf dem Schrank (?) im Hintergrund links nennen die Orte Fuggerscher Kontore (Einleitung S. 57).
Aufbewahrungsort und Foto: Herzog-Anton-Ulrich-Museum, Braunschweig
A. Weitnauer, Venezianischer Handel der Fugger. 1931

Tafel 193. a) Siegel des Rates von Lübeck aus dem Jahre 1256
Die Umschrift lautet: *Sigillum burgensium de Lubeke.* Das Siegelbild zeigt ein Schiff mit zwei Insassen, von denen einer das Steuerruder (noch ein Seiten- und kein Stevenruder) führt und der andere einen Eid leistet. Man hat die Darstellung eines Schwörenden auf dem Siegel als einen Hinweis auf die Gründung und Ver-

fassung der Stadt interpretiert, als den bildlichen Ausdruck dafür, daß Lübeck durch die Kooperation Heinrichs des Löwen mit einer *coniuratio* (Eidgenossenschaft) von Fernhändlern gegründet worden sei. Lübeck führte schon 1226 ein Siegel des gleichen Typs; seit dem Jahre 1280 begegnet ein drittes Schiffssiegel (Einleitung S. 57).
Aufbewahrungsort und Foto: Archiv der Hansestadt Lübeck
G. Fink, Die Lübecker Stadtsiegel. Zeitschr. des Vereins für Lübeckische Gesch. 35. 1955

Tafel 193. b) Die »Bremer Kogge« (Ende 14. Jh.) während der Bergungsarbeiten im Hafen zu Bremen
Bei den Baggerarbeiten zur Erweiterung der Weser gegenüber dem Europahafen wurde im Oktober 1962 das Wrack einer Kogge gefunden. Da das Schiff keinerlei Benutzungsspuren aufwies und sich im Innern eine Tonne Holzteer sowie Schiffszimmermannswerkzeug angefunden hat, ist anzunehmen, daß die Kogge in Bremen gebaut, kurz vor ihrer Fertigstellung bei einer Sturmflut von ihrem Bauplatz geschwemmt wurde und gesunken ist.
Der Bremer Fund repräsentiert einen Schiffstyp, dessen Größe wahrscheinlich etwas über der der normalen Koggen des 13./14. Jahrhunderts liegt. Seine Länge beträgt 23,5 m, die maximale Breite 7 m. Demnach ist seine Tragfähigkeit mit über 65 Last, also (1 Last = 2000 kg) über 130 t zu veranschlagen (Einleitung S. 57).
Aufbewahrungsort und Foto: Focke-Museum, Bremen
S. Fliedner, Die Bremer Kogge. Hefte des Focke-Museums Bremen 2. o. J. Vgl. auch P. Heinsius, Das Schiff der hansischen Frühzeit. 1956 und ders., Hansische Schiffs- und Bootsfunde an Weser und Elbe. Hansische Geschichtsblätter 82. 1964 sowie Die Weser 39. 1965 S. 109

Tafel 194. a) Visby auf Gotland (Schweden): Teil der Stadtmauer (13. Jh.)
Visby wuchs im 13. Jahrhundert durch den Zuzug deutscher Kaufleute zu einer Großstadt des Mittelalters (Fläche etwa 90 Hektar) und zum Zentrum des Ostseehandels. Die Ruinen von 16 mittelalterlichen Kirchen erinnern daran ebenso wie die gut erhaltene Stadtmauer mit ihren 44 Türmen (Einleitung S. 57).
Foto: Foto Marburg
E. Eckhoff u. O. Janse, Visby Stadsmur, Stockholm 1922 u. 1936

Tafel 194. b) Bergenfahrergestühl aus der Marienkirche zu Lübeck (nach 1518)
Das an Stelle eines älteren, durch Brand vernichteten Vorgängers errichtete Gestühl dokumentiert zusammen mit den in der gleichen Kirche befindlichen Gestühlen der Schonen- und Novgorodfahrer Organisation und Entstehung der Hanse aus Kaufmannsgenossenschaften (Einleitung S. 57).
Foto: Foto Marburg
F. Hirsch u. a., Die Bau- und Kunstdenkmäler der Freien- und Hansestadt Lübeck 2. 1906 S. 269 ff. Vgl. Tafel 224 a

Tafel 194. c) Hansischer Rußlandhandel. Schnitzereien vom Novgorodfahrergestühl der Nikolaikirche zu Stralsund (um 1400)
Die beiden Szenen zeigen die Produktion russischer Handelsgüter und deren Verkauf an hansische Kaufleute. Links die Heimkehr der Jäger aus dem Walde. Die erste Gestalt scheint mit dem Stock nach einem Eichhorn zu schlagen; ein anderes Tier springt sie an. Die letzte Figur wehrt sich gleichfalls gegen ein Raubtier — mit der stumpfen Axt, wohl um den Pelz nicht zu verletzen. Ein anderer Pelz hängt schon als Jagdbeute an ihrem Gürtel, ebenso wie der erste Mann einen Pelz in der linken Hand hält und wohl auch die mittlere Gestalt ein Fellbündel mit sich führt. Das rechte Bild läßt die drei Russen aus dem Walde heraustreten und sich einer Stadt nähern; neben den Fellen tragen sie auch Wachs — in einem hochgehobenen Klumpen — als Handelsgut. Der Eintritt in die befestigte Siedlung wird ihnen offenbar verwehrt: sollte es sich um eine Darstellung der hansischen Niederlassung in Novgorod handeln, so wäre mit der Darstellung jene Bestimmung der Hofordnung, der Schra, illustriert, die den Zutritt der Einheimischen in den Hof einschränkte (Einleitung S. 49, 57).
Foto: Foto Marburg
P. Heinsius, Schnitzereien am Nowgorodfahrer-Gestühl usw. In: Rossica Externa. Festgabe für

P. Johansen. 1963 (Hier auch die Abbildung von zwei weiteren Szenen). Vgl. auch P. Johansen, Novgorod und die Hanse. In: Städtewesen und Bürgertum. Gedächtnisschr. für F. Rörig. 1953

Tafel 195. Der Hamburger Hafen (Miniatur Ende 15. Jh.)

Die Handschrift des Hamburger Stadtrechts von 1497 stellt jedem neuen Textabschnitt eine dessen Inhalt illustrierende Miniatur voran. Das letzte dieser 18 Bilder leitet das Schiffsrecht ein. Gezeigt wird rechts in der offenen Halle eines Hauses eine Szene zwischen Zollherrn und Schreiber und Schiffern und Kaufleuten: alle an- und auslaufenden Schiffe wurden hier einer Kontrolle unterworfen. Links ein Kran (wie er in Lüneburg erhalten ist) mit Bedienungspersonal und Trägern. Auf dem Wasser zunächst Flußkähne; weiter hinten Seeschiffe mit stark ausgebauten Vorder- und Hinterkastellen (Einleitung S. 57).

Aufbewahrungsort und Foto: Staatsarchiv Hamburg

H. Reincke, Die Bilderhandschrift des hamburgischen Stadtrechts von 1497. 1917

Tafel 196. a, b) Albrecht Dürer: St. Georg und St. Eustachius. (Seitenflügel vom Paumgartner-Altar) (um 1500)

Das Porträt ist im späten Mittelalter als selbständiges Genre noch selten vertreten; um so häufiger begegnet es auf Altartafeln, die neben und unter den dargestellten Szenen auch die Stifter zeigen, aber auch den Figuren der biblischen Geschichte und den Heiligen die Porträts gegenwärtiger Personen zugrunde legen. Einer Nachricht des 17. Jahrhunderts zufolge wäre der Paumgartneraltar Albrecht Dürers ein Beispiel hierfür: er habe als Heiligen Georg den Stephan und als Eustachius den Lukas Paumgartner dargestellt. In der Tat fällt die Annahme schwer, daß den beiden als Angehörigen der Nürnberger Reiterei dargestellten Heiligen keine Porträts zugrunde liegen sollten. Im Gegenteil scheint die hergebrachte Form fast schon verlassen: die Heiligenattribute scheinen nur noch notdürftig das sich in fast lebensgroßen ganzfigurigen Bildnissen äußernde Selbstbewußtsein zu verhüllen. — Die Zeitgenossen haben übrigens an dieser Form der Selbstdarstellung Anstoß genommen. 1512 tadelt Thomas Murner in seiner Narrenbeschwörung den Stifter einer solchen Darstellung: *Wa er macht eins heiligen bild / Das do glych solt syn ein man / So můß syns vatters glychnüß han / Was sy dann ein wyb gesyn / So můß syner frowen glychnüß dryn / Wy wol es was sant Katheryn.* (Einleitung S. 57).

Aufbewahrungsort und Foto: Alte Pinakothek, München

Alte Pinakothek München. Katalog 2. Altdeutsche Malerei. 1963 S. 72 ff. Vgl. auch P. Strieder, Das Volk auf den Tafelbildern des ausgehenden Mittelalters. 1939 S. 62 ff. und die Tafeln 226, 227 dieses Bandes

Tafel 197. Bildnis des Heinrich Blarer (1460?)

Das dem Hausbuchmeister zugeschriebene Porträt zeigt den Konstanzer Patrizier in reicher Kleidung (Pelzbesatz) mit den Attributen des Reichtums — die rechte Hand hält einen Bisamapfel (Moschusbehälter) mit Kette — und adliger Lebensweise: über der Schulter das Band des von Friedrich III. für Deutschland gestifteten aragonesischen Kannenordens, zu dem auch das Zeichen rechts oben im Bild gehört. Das Abzeichen darunter bezeugt die Zugehörigkeit Blarers zur Gesellschaft zum Grünen Kranze (einer Turniergesellschaft?). Links oben das Blarersche Wappen. Ob die Zahl 1460 der Aufschrift zugleich das Entstehungsdatum des Bildes ist, ist nicht sicher (Einleitung S. 57).

Aufbewahrungsort und Foto: Rosgarten-Museum, Konstanz

E. Buchner, Das deutsche Bildnis der Spätgotik. 1953 Nr. 46; A. Stange, Deutsche Malerei der Gotik 7. 1955 S. 43 f.; P. Strieder in: Bartholomäus Welser und seine Zeit. 1962 S. 65 f.

Tafel 198. Festsaal und Straßenfront des Runtingerhauses in Regensburg

Das Haus der namentlich wegen ihres erhaltenen Handelsbuches der Jahre 1383 bis 1407 bekannten Fernhändlerfamilie ist im 13. Jahrhundert errichtet worden; der Saal stammt in seiner jetzigen Gestalt aus dem 14. Jahrhundert (Boll). Stadtburgen mit Turm, Kapelle und Saal als den markantesten Bauteilen darf man auch für andere Städte in Deutschland annehmen, doch ist nur in Regensburg eine größere Zahl erhalten (Einleitung S. 57).

Fotos: W. Spitta, Regensburg

Das Runtingerbuch ist von F. Bastian ediert (1935 ff.); K. Th. Polig, Die Patrizierburgen des Mittelalters in Regensburg. Verhandlungen des Historischen Vereins für Oberpfalz 67. 1917 S. 71 f.; Die Kunstdenkmäler der Oberpfalz 22. Regensburg 3. 1933 S. 174 ff.; R. Strobel, Forschungsprobleme des mittelalterlichen Wohnbaus in Regensburg. Verhandlungen (wie oben zitiert) 103. 1963. Eine Publikation über das Runtingerhaus ist von W. Boll, Regensburg zu erwarten.

Tafel 199. Turnierszene aus dem Overstolzenhaus. Köln (Ende 13. Jh.)

Die wohl aus dem Fernhandel aufgestiegene patrizische Familie schmückte ihr Anfang des Jahrhunderts erbautes Haus ebenso mit Turnierdarstellungen, wie dies zur gleichen Zeit Patrizier in Regensburg taten (Einleitung S. 57).

Foto: Rheinisches Bildarchiv, Köln

H. Adenauer in Jahrb. d. Rheinischen Denkmalpflege 21. 1957 und 22. 1959

Tafel 200. a, b) Turniersattel (15. Jh.)

Der Sattel gibt dem Reiter mit dem erhöhten Sitzblatt — der Reiter steht bei diesem Sattel fast in den Bügeln — die Möglichkeit, ungehindert durch das Pferd mit der Waffe zu hantieren. Der vordere Bogen schützt Schenkel und Hüfte; die auch bei anderen Sattelformen ausgeprägte Konstruktion des hinteren Teils sichert gegen den Sturz durch Lanzenstoß. Der Sattel ist erhalten, weil ihn sein Besitzer in der von seiner Familie gestifteten Kapelle (Paulsdorfferkapelle der Regensburger Minoritenkirche) aufhängte. Ein ähnliches Stück im Germanischen Nationalmuseum in Nürnberg (Einleitung S. 58).

Aufbewahrungsort: Museum der Stadt Regensburg. Fotos: W. Spitta, Regensburg

W. Boeheim, Handbuch der Waffenkunde. 1890 S. 526 f.

Tafel 200. c) Rekonstruktion der Decke des Hauses zum Loch in Zürich (um 1300)

Das Haus, das die Deckenbalken mit etwa 200 Wappen ursprünglich enthielt, diente wahrscheinlich König Albrecht I. im Januar 1306 als Quartier und ist möglicherweise zu seinen Ehren mit den Wappen geschmückt worden. Dafür sprechen die Wappen selbst: auf das Wappen des Reiches folgen die Habsburgs, einiger Bischöfe und dann von Angehörigen des höheren und niederen Adels, die dem Hause Habsburg nahestanden. Wie bei den meisten spätmittelalterlichen Wappenfolgen stehen Phantasiewappen am Ende. Die abgebildete Decke ist eine moderne Kopie (Einleitung S. 58).

Aufbewahrungsort und Foto: Schweizerisches Landesmuseum, Zürich

W. Merz u. F. Hegi, Die Kunstdenkmäler des Kantons Zürich 5. Die Stadt Zürich 2. Basel 1949 S. 108 ff.; Gudrun Colsman, Die Denkmale der deutschen Kaiser und Könige im 14. Jahrhundert. Diss. phil. Göttingen 1955. 2. Teil S. 6 ff.

Tafel 201. Gestech. Aus einer Handschrift (Mitte 15. Jh.)

Die einer Handschrift des »Trojanischen Krieges« des Konrad von Würzburg und des »Wilhelm von Orlens« des Rudolf von Montfort entnommene Zeichnung zeigt ein Turnier des späten Mittelalters, d. h. nicht mehr eine in engem Zusammenhang mit der militärischen Praxis stehende Waffenübung, sondern ein Schaugefecht, das mit speziell diesem Zweck zugedachten Waffen nach komplizierten Regeln ausgetragen wurde. Eine seiner Formen ist das Gestech, d. h. der Lanzenkampf zweier Reiter (im vorliegenden Fall sind zwei Kämpfe dargestellt), während das Turnier im engeren Sinn ein Gruppenkampf ist. Die Reiter tragen die für diese Kampfform entwickelte Rüstung, das deutsche Stechzeug, und die Stechtartsche, einen kleinen Schild, der an die Brust gebunden ist. Die Lanze, die Stechstange, ist etwa 370 cm lang und trägt vorn ein drei- oder vierzackiges Eisen, ein Krönlein, welches das scharfe Lanzeneisen ersetzt. Die Ritter sitzen im »hohen Zeug«, in Turniersätteln, wie Tafel 200 a, b abgebildet. Die Pferde sind teilweise gepanzert, sie tragen Roßstirn und Fürbug (Einleitung S. 58).

Aufbewahrungsort und Foto: Germanisches Nationalmuseum, Nürnberg. Handschrift 998

E. W. Bredt in Mitteilungen aus dem Germani-

schen Nationalmuseum. 1901 S. 147 ff.; W. Boeheim, Handbuch der Waffenkunde. 1890 S. 536 ff.

Tafel 202. Wirkteppich mit höfischen Szenen (1385—1400)
Vor einer durch Burgen, Kloster und Kirche bestimmten Landschaft werden die Gesellschaftsspiele höfisch gekleideter Paare dargestellt. Ganz links wohl eine Art »Bäumchen wechsle dich«. Dann das Quintaine-Spiel: Dame und Herr versuchen mit erhobenem Fuß sich umzustoßen. Die Spruchbänder: *Din stosen gefelt mir wol. Lieber stos als es sin sol. Ich stes gern ser. So mag ich leider nit mer.* In der Mitte wohl die Königin Minne, dann »Blinde Kuh« und schließlich ein Minnegericht, gehalten wie ein Gericht nach deutschem Recht an gehegter Statt (Vgl. Tafel 116). Spruchband: *Drost und freid machent dise meid.* Im Vordergrund bindet eine Dame zwei Männer: *Von dinen handen lig ich in banden.* Dahinter zwei Bettelmönche mit dem Sack für die Almosen, vor dem Kloster ein Angler, links oben ein Jäger. Zwischen den Burgen das Spiel *La main chaude:* ein Mann legt den Kopf in den Schoß einer Dame und errät, wer ihn schlägt. — Die Wappen am rechten Rand sind nicht identifiziert. Am linken Rand dürfte ursprünglich ein entsprechender Wappenteil vorhanden gewesen sein (Einleitung S. 58).
Aufbewahrungsort und Foto: Germanisches Nationalmuseum, Nürnberg
Betty Kurth, Die deutschen Bildteppiche des Mittelalters. 1926. 1 S. 230 f., 2 Nr. 105—107; H. Göbel, Wandteppiche 3,1. 1933 S. 84 ff.; H. Kohlhaussen, Die Minne in der deutschen Kunst des Mittelalters. Zeitschr. des deutschen Vereins für Kunstwissenschaft 9. 1942 S. 150; Europäische Kunst um 1400 [Katalog]. Wien 1962 S. 459 ff.

Tafel 203. a) Abzeichen des Drachenordens (Anfang 15. Jh.)
Das 26 × 37 cm große gewebte Abzeichen des 1408 von Siegmund (dem späteren deutschen König) als König von Ungarn gestifteten Ordens war wohl bestimmt, auf der Kleidung festgenäht getragen zu werden. Der zu einem Ring zusammengeschlossene und unter einem Kreuz liegende Drache drückt die Überwindung des Unglaubens durch das Kreuz aus (Einleitung S. 58).
Aufbewahrungsort und Foto: Bayerisches Nationalmuseum, München
Europäische Kunst um 1400. [Ausstellungskatalog] Wien 1962 Nr. 536; ebd. Nr. 509 das an der Kette zu tragende Emblem des Ordens

Tafel 203. b, d) Zwei Karten aus dem Ambraser Hofjagdspiel (um 1440)
Das Spiel bestand ursprünglich aus vier Suiten zu je 14 Karten: Reihern, Falken, Hunden und Falkenludern. Die einzelnen Folgen umfassen 10 Zahlen sowie Unter, Ober, Königin und König. Thema der Darstellungen auf den Karten ist die Reiherbeize eines fürstlichen Hofes. Die Abbildungen zeigen den Hundeunter (ein Edelmann zu Pferde, einen ungehorsamen Hund strafend) und den Falkenkönig (eine vornehme Gestalt, mit dem Falken auf der Faust ausreitend). Solche Kartenspiele müssen sehr verbreitet gewesen sein; in Ulm (1402), Basel (1424) und Konstanz (1428) sind Kartenmaler bezeugt (Einleitung S. 58).
Aufbewahrungsort und Foto: Kunsthistorisches Museum, Wien
Kunsthistorisches Museum Wien. Katalog der Sammlung für Plastik und Kunstgewerbe 1. 1964 Nr. 178; H. Röttgen, Das Ambraser Hofjagdspiel. Jahrbuch der kunsthistorischen Sammlungen in Wien 57. 1961 S. 39 ff.

Tafel 203. c) Reiterschild des Landgrafen Konrad von Thüringen (um 1240)
In der Marburger Elisabethkirche war eine Reihe hochmittelalterlicher Wappenschilde aufgehängt, zu denen der abgebildete gehört (Einleitung S. 58).
Aufbewahrungsort: Universitätsmuseum, Marburg. Foto: Foto Marburg
H. Nickel, Der mittelalterliche Reiterschild. Diss. phil. Berlin (Freie Universität) 1958. S. 27 ff.

Tafel 204. Reiherjagd mit Falken, Ausschnitt aus einer Zeichnung (ca. 1500)
Die Zeichnung zeigt eine Gruppe von Jägern. Zwei Falken schlagen einen Reiher (Einl. S. 58).
Aufbewahrungsort und Foto: Graphische Sammlung der Universitätsbibliothek Erlangen

E. Bock, Die Zeichnungen in der Universitätsbibliothek Erlangen. 1929 Nr. 107. Vgl. Tafel 190 a

Tafel 205. a) Tristan, Isolde und König Marke. Bekrönung einer Gestühlwange in der Ratsstube des Rathauses zu Reval (Ende 15. Jh.)
Die Darstellung illustriert Vers 14598 ff. von Gottfrieds Roman: der König versucht, das Paar unerkannt zu belauschen (Einleitung S. 58).
Foto: Foto Marburg

Tafel 205. b) Leonard Beck: Bäuerliches Turnier (um 1523)
Der nur in seiner rechten Hälfte erhaltene Holzschnitt könnte in seiner Darstellungsweise als Vorbote manieristischer Bilder erscheinen. Sein Thema ist spätmittelalterlicher Bauernspott, indem er adliges Tun grotesk verzerrt in die bäuerliche Welt verlegt, so wie es auch die gleichzeitige Literatur tut (Einleitung S. 58).
Die Abbildung ist entnommen M. Geisberg, Der deutsche Einblattholzschnitt Blatt 136. Foto: Niedersächsische Staats- und Universitätsbibliothek, Göttingen
Eine literarische Parallele wird beschrieben von K.-H. Schirmer, Der mittelhochdeutsche Schwank vom Reiher — eine Parodie. In: Festgabe für U. Pretzel. 1963. Zum Bauern »als Gegenpol der höfischen Welt, des Ritters, aber auch des Bürgers« vgl. O. Brunner, Adeliges Landleben und europäischer Geist. Salzburg 1949 S. 92 ff.

Tafel 206. a—d) Abbildungen aus dem Zins-, Nutz- und Urbarbuch der Feste Rheinfelden (1. Drittel 15. Jh.)
Die Bilder, die jeweils eine neue Gruppe von herrschaftlichen Einkünften einleiten, zeigen die Leistung eines Schweinezinses, eine Abgabe von der Fischerei *(salmenzins)*, einen Handelszoll (der Zolleinnehmer sitzt in einem strohgedeckten Haus an der Straße mit dem Zählbrett in der Hand) und *die zins und nütz, die aus dem schwartzwald vallen,* die durch einen Heu rechenden Mönch bezeichnet werden. In ihm wird man einen Benediktiner aus St. Blasien zu sehen haben, denn die im folgenden Text an erster Stelle genannten Orte Todtnau und Schönau waren Besitz von St. Blasien, dessen Vogtei an Österreich, den Inhaber von Rheinfelden, verpfändet war. Die Zeichnung deutet Schwarzwald und Wiesental an (Einleitung S. 37, 58).
Aufbewahrungsort und Foto: Haus-, Hof- und Staatsarchiv, Wien. Handschrift Nr. 132 fol. 14^v, 20^r, 24^r und 57^r
A. Stange, Deutsche Malerei der Gotik 2. 1936 S. 197

Tafel 207. Aus dem Notizbuch Kaiser Friedrichs III. (Mitte 15. Jh.)
Friedrich III. hat das Buch schon vor seiner Wahl zum deutschen König, 1437, angelegt und bis 1456 benutzt. Dann kam es ihm abhanden. Die Masse der Eintragungen stammt von der Hand Friedrichs; einige sind — sicherlich mit seinem Willen — von anderen vorgenommen worden.
Die erste Eintragung *(Cze gedenkchen, wan ich von der gerabschaff wegen ...)* handelt von den Vormundschaften *(Gerhabschaft)* über seinen Vetter Siegmund und seinen Neffen Ladislaus und offenbar von der Absicht, solche Verhältnisse von ständischem Einfluß freizuhalten (Lhotsky). Dann Regeln für die landesfürstliche Finanzgebarung: *Umsleg ist das: Wan ein furst gelt pedarf, so mag er zu seinen abmtleuten* [verschrieben für *ambtleuten*] *schiken von ain zu dem andern und hais im ein jeden, leichen* [leihen] *gelt nach seinem vermugen, und das sich dan ein jeder von dem ambt czal, das er inhat.* Auf die Notiz über eine Verpfändung zur Erhebung außerordentlicher Steuern zum Zweck der Einlösung verpfändeter Herrschaftsrechte folgt eine ähnliche Regel: *Wan ein fürst in seinen landen gelt wil machen zu lossen* [auszulösen, was verpfändet war] *sein gult* [Einkünfte] *oder geslosser* [Schlösser], *so mag er von seinen prelaten, pfarreren, purgern oder juden oder sonst von seinen edelleuten gelt entnemen.* Dann werden Verluste notiert: ein Mann namens Kreiger (der Name ist ausradiert) hat über 2000 Gulden aus dem „Gewölbe" *(gebelb)* gestohlen, *ut schio,* d. h. *ut scio* (wie ich wohl weiß): vielleicht bezeugt die ungewöhnliche Schreibung, daß Friedrich das Wort mit einem italienischen Akzent gesprochen hat). Ein anderer hat 211 Gulden gestohlen, auch ein Diamant ging verloren. Auf die z. T. radierten Notizen über weitere Verluste und die Ver-

zeichnung eines weiteren Geldgeschäfts folgt eine Bemerkung über im einzelnen nicht zu verifizierende Zugeständnisse, die Friedrich den österreichischen Ständen machen mußte, sowie schließlich die Fixierung eines erlittenen Unrechts: *zu gedenken der posen* [bösen] *hanlung, die die Reczer* [Retz in Niederösterreich] *an mir habent pegangen gancz unverschult und an* [ohne] *all ursach* (Einleitung S. 58).
Aufbewahrungsort und Foto: Österreichische Nationalbibliothek, Wien. Handschrift Nr. 2674 fol. 6ʳ
Das Notizbuch ist gedruckt von J. Chmel, Geschichte Kaiser Friedrichs IV. 1. 1840 S. 576 ff. Auszüge bei A. Lhotsky, A E I O U. Die »Devise« Kaiser Friedrichs III. und sein Notizbuch. Mitteilungen des Instituts für österreichische Geschichtsforschung 60. 1952; ders., Quellenkunde zur mittelalterlichen Geschichte Österreichs. 1963 S. 338 ff.

Tafeln 208, 209. Kärntner Herzogsstuhl auf dem Zollfeld (bei Maria Saal, Kärnten)
Der auf dem Fürstenstein bei Karnburg (heute im Landesmuseum in Klagenfurt) eingeführte neue Herzog von Kärnten empfing auf dem Herzogsstuhl auf dem Zollfeld die Huldigung der Stände, beschwor hier die Landesfreiheiten und bestätigte die Lehen. Die Szene in Karnburg ist zuerst 1286 bezeugt; der Herzogsstuhl ist zuerst 1301 erwähnt. Das tatsächliche Alter beider Stätten ist umstritten, zumal die Sitze keine archäologischen Datierungsmöglichkeiten bieten: der Fürstenstein ist eine auf dem Kopf stehende ionische Säulenbasis, und auch der Herzogsstuhl scheint aus römischen Werkteilen zusammengefügt; der nördliche Stützpfeiler trägt eine römische Inschrift. Der Stuhl ist in seiner heutigen Gestalt ein Doppelsitz mit gemeinsamer Lehne. Der zweite Sitz geht offenbar auf Herzog Rudolf IV. zurück (1339—1365), der auch die Inschrift *Rudolfus dux* anbringen ließ (Das Gitter ist aus dem Jahre 1834). Die abgebildete Zeichnung entstammt einer Handschrift der Österreichischen Landeschronik des Leopold Stainreuter aus dem Jahre 1479 und kombiniert den am Fürstenstein stattfindenden Akt mit dem Vorgang am Herzogsstuhl. Der Text sagt, daß der älteste Bauer auf dem (Fürsten-) Stuhl Platz nehme, daß sich ihm der Herzog in bäurischer Kleidung mit Stier und Stute nähere, geleitet von zwei Vertretern des Landes. Der Bauer frage nun, ob derjenige, der Herzog werden wolle, rechten Glaubens sei, gerecht richten und die schutzbedürftigen Personen schützen wolle. Die Adligen müssen das beschwören. *Darnach so rumpt der pur den stul dem hertzogen, der och allso můss schweren, und der pur der nimpt den stier und daz feldpferit. Aber der herzog* [das ist nun schon die Szene auf dem Herzogsstuhl] *der licht* [leiht] *miltiklich uff dem stůl sitzent sin lichen* [Lehen]. *Ettlich unvernufftig zellent die gewonheit fur ein torenspil, die der gewonheit heimlichheit nitt betrachtend. Ich hon gehort sagen, daz vil grosser sachen werdent geschoben uff den tag.* Die Zeichnung zeigt die Fürstenstuhl-Szene, wie sie im Text beschrieben ist, stellt aber ganz mittelalterlich zwei Momente des Vorganges simultan nebeneinander. Denn links kommen der Herzog und die beiden Landesvertreter mit Stier und Pferd (allerdings reitet der Herzog), und auf dem rechten Stuhl sitzt der Bauer. Hier ist also die Fürstensteinszene, die Herzogseinsetzung gemeint, obwohl der Stuhl, auf welchem der Bauer sitzt, eher der Herzogsstuhl ist. Dazwischen aber der Herzog mit einem prunkvollen Gewand und dem Szepter auf einem Stuhl, der eher der Fürstenstein zu sein scheint. Doch ist mit dieser Mittelfigur zweifellos die Huldigung auf dem Herzogsstuhl, der zweite Vorgang also, gemeint. Neben der Zeichnung eine Anweisung an den Illustrator (Einleitung S. 58).
Foto des Herzogsstuhls: Lala Aufsberg, Sonthofen. Foto und Aufbewahrungsort der Zeichnung: Burgerbibliothek, Bern. Handschrift A 45 pag. 133
Zu den beiden Sitzen vgl. Handbuch der Historischen Stätten. Österreich 2. 1966 S. 228 f. u. S. 234 f. Zum Vorgang: K. Rauch, Die Kärntner Herzogseinsetzung nach alemannischen Handschriften. Festschrift A. Zycha. 1941. Vgl. auch den Beitrag von K. G. Hugelmann ebda. Der Text der Chronik ist ediert (noch unter dem Titel Österreichische Chronik von den 95 Herrschaften) Monumenta Germaniae Historica. Deutsche Chroniken 6. 1909. Dazu: A. Lhotsky, Quellenkunde zur mittelalterlichen Geschichte Österreichs. 1963 S. 312 ff.

Tafel 210. a) Eisenprobe der heiligen Kunigunde (12./13. Jh.)
Der Legende zufolge unterzog sich die der ehelichen Untreue bezichtigte Gemahlin Kaiser Heinrichs II. dem in einer Reihe von Rechten für diesen Fall als Beweismittel vorgesehenen Pflugschargang. Indem sie die glühenden Eisenplatten unverletzt (so in diesem Fall überliefert; üblicherweise wird die normale Heilung der Wunde als Unschuldsbeweis angesehen) überschreitet, erweist sie ihre Unschuld. Das Bild aus einer Vita der Kunigunde zeigt den Moment der Probe: geführt von zwei Bischöfen überschreitet die Beschuldigte die Pflugscharen. Die sich aus den Wolken herunterreckende Hand ist Zeichen der göttlichen Hilfe für die Unschuld, ebenso wie das aufgeschlagene Buch, in welchem die Heilige Schrift zu sehen ist, bezeugt, daß der Kern dieses Verfahrens das durch Gott zu bewirkende Wunder ist. Links der König, die Krone auf dem Haupt, auf einem Stuhl mit Löwenköpfen und -füßen, hinter ihm der Schwertträger (vgl. Tafel 171a). Hinter beiden wohl der Richter. Die Umschrift lautet: *Iudicio vomerum Cunigundis virgo probatur* (Durch das Pflugscharurteil wird die Keuschheit Kunigundes erwiesen) (Einleitung S. 58).
Aufbewahrungsort und Foto: Staatsbibliothek, Bamberg. R.B.Ms. 120 fol. 32v
J. Grimm, Deutsche Rechtsaltertümer 42. 1899 S. 570 ff.; H. Fischer, Katalog der Handschriften der kgl. Bibliothek zu Bamberg 3. 1912 S. 60 f.; H. Fehr, Das Recht im Bilde. 1923 S. 59 ff.; H. Nottarp, Gottesurteilstudien. 1956 S. 256 ff.

Tafel 210. b) Gerichtlicher Zweikampf. Aus Diebold Schilling, Amtliche Berner Chronik (1478)
Das Bild stellt das Ende des mit Streitkolben geführten Zweikampfes dar: der der ungerechten Tötung angeklagte Otto von Grandson unterliegt dem Gerhard von Stefiols und wird damit des ihm vorgeworfenen Verbrechens überführt. Die Stätte des Kampfes ist umhegt wie der Ort des Gerichts. Außerhalb des Zaunes Richter, Urteiler und Volk. Innerhalb noch einmal umgrenzt der eigentliche Kampfring *(mensura)*. An seinem Rande die Sekundanten mit langen Stangen (Einleitung S. 59).
Aufbewahrungsort und Foto: Burgerbibliothek, Bern. Ms. hist. helv. I,1 pag. 278
Die Chronik ist als Faksimile herausgegeben von H. Bloesch u. P. Hilber. Bern 1943—45; J. Grimm, Deutsche Rechtsaltertümer 42. 1899 S. 588 ff.; H. Fehr, Das Recht im Bilde. 1923 S. 53; E. A. Gossler, Die Schweizer Bilderchroniken. Zürich 1941; H. Nottarp, Gottesurteilstudien. 1956 S. 269 ff.

Tafel 211. a) Adlige Viehräuber. Aus dem Soester Nequambuch (1. Hälfte 14. Jh.)
Die Miniatur entstammt einem Buch, in das man in Soest von 1315 bis 1421 Achtungen, Verbannungen, Urfehdeerklärungen und eine Reihe von Vergehen eintrug, so wie man auch in anderen Städten Achtbücher führte. Der dazugehörige Text nennt die vier Ritter, die einen Anschlag auf die Stadt verübten und sie danach beraubten — die also mit der Stadt in Fehde lagen —, mit Namen (Einleitung S. 59).
Aufbewahrungsort und Foto: Stadtarchiv Soest. Soester Nequambuch Miniatur Nr. 4
Das Soester Nequambuch. 1924

Tafel 211. b) Ein Bote des Grafen Gerhard von Valingin überbringt der Stadt Bern den Fehdebrief seines Herrn. Aus der Spiezer Chronik des Diebold Schilling (1485)
Der reitende Bote trägt den Fehdebrief an einer gegabelten Stange. An dem Brief ist das Siegel angedeutet: der Fehdebrief ist eine Urkunde und seine Überbringung ein Rechtsakt (Einleitung S. 59).
Aufbewahrungsort und Foto: Burgerbibliothek, Bern. Ms. hist. helv. I, 16 pag. 298
Die Bilderhandschrift, herausgegeben von H. Bloesch, ist in Genf 1939 als Faksimile ediert worden. E. A. Gessler, Die Schweizer Bilderchroniken. Zürich 1941

Tafel 212. König Salomon und die Vertreter der Stände (Handschrift 12. Jh.)
Die Zeichnung leitet eine Handschrift der Lex Alamannorum ein, des im 8. Jahrhundert aufgezeichneten alamannischen Stammesrechts also. Die Krone des Königs erinnert von ferne an die Reichskrone (vgl. Tafel 133), die eine der ihn flankierenden Jünglingsgestalten trägt ein Schwert, so wie dies auf vielen Darstellungen der mittelalterlichen Könige bezeugt ist (vgl. Tafel 171a). Das Schriftband, das der König hält,

trägt die Worte: *Abhominatur dominus pondus et pondus, statera dolosa non est bona* (Proverbia 20, 23). *Diligite iusticiam, qui iudicatis terram* (Liber Sapientiae 1,1): Mancherlei Gewicht ist ein Greuel dem Herrn, und eine falsche Waage ist nicht gut. Liebt die Gerechtigkeit, die ihr auf Erden urteilt. Der König ist also als Richter dargestellt, wie auch die Waage über ihm bezeugt. In den Rundbogenöffnungen der ihn flankierenden Türme die Stände. Von oben nach unten: Bischof, König (weltlicher Fürst?), adliger Krieger und Geistlicher, Frau und Jude, die Stände also, die, da waffenlos, eines besonderen Schutzes bedürftig sind (Einleitung S. 59).
Aufbewahrungsort und Foto: Österreichische Nationalbibliothek, Wien. Handschrift Nr. 601 fol. 1v
H. J. Hermann, Die deutschen romanischen Handschriften. Beschreibendes Verzeichnis der illuminierten Handschriften in Österreich. Neue Folge 2. 1926 S. 84 ff.

Tafel 213. Landfriedensbestimmungen aus dem Sachsenspiegel. Dresdener Handschrift (2. Hälfte 14. Jh.)
Eike von Repgow hat in den Landrechtsteil seiner großen Kodifikation des sächsischen Gewohnheitsrechtes, des Sachsenspiegels, eine Reihe von Rechtssätzen aufgenommen, die in den meisten Landfrieden seiner Zeit und des 12. Jahrhunderts enthalten waren. Die abgebildete Seite illustriert mit dem oberen Bild die Erlaubnis für den Reisenden, notfalls seinem Pferd Korn von den an die Straße grenzenden Feldern zu schneiden, jedoch nicht mehr, als er mit einem Fuß noch auf dem Wege stehend erreichen und das Pferd an Ort und Stelle verzehren kann (Landrecht 2,68). Diese Bestimmung ist zugleich ein Beispiel für die Art, wie das alte Recht zu messen pflegte: »Ihr grundcharakter ist auffaßung des rechtlichen durch das sinnliche, weihung dessen, was festgesetzt werden soll, durch etwas unfestes, dem zufall nie ganz zu entziehendes. Meistens tritt eine handlung und gebärde des betheiligten, oft bedingt von der einfachsten verwicklung, mit ins spiel ...« (J. Grimm). Das folgende Bild illustriert Landrecht 2,69, eine Bestimmung, welche die Straflosigkeit der Tötung oder Verwundung des flüchtigen Friedensbrechers festsetzt, falls der Täter mit sechs Eideshelfern *(selb sibende)* beweisen kann, daß er unter diesen Voraussetzungen gehandelt habe. Links ist die Tat zu sehen, dann folgt die Eidesleistung vor Gericht: der Täter und seine Eideshelfer schwören auf ein Reliquiar. Der Richter hat als Zeichen seiner Gewalt ein Schwert in der Hand. Es folgt dann das während der Dauer eines Landfriedens geltende Verbot des Tragens anderer Waffen als des Schwertes, außer wenn man im Reichsdienst unterwegs sei oder zu einem Turnier reise. Die linke Gruppe stellt wohl einen zum Turnier reitenden Ritter dar, das zweite Pferd trägt die Rüstung, von welcher der Zeichner — pars pro toto — den Helm zeigt. Der folgende Reiter soll durch den Schild wohl als im Reichsdienst befindlich und daher bewaffnet dargestellt sein. Auf diesen Satz aus Landrecht 2,71 folgt eine Bestimmung des gleichen Kapitels, die das Waffentragen im Falle des »Gerüfts« gestattet, d. h. der Verfolgung des Friedensbrechers durch das mobilisierte Volk. Auf der Zeichnung hat sich der Verfolgte in seine Burg zurückgezogen und wird in ihr belagert. Seine Verfolger tragen Stangenwaffen, Waffen bäurischen Charakters also, kein Schwert, denn sie sind Dorfleute. Die Gestalt ganz links trägt einen Judenhut; denn die Pflicht, dem Gerüft zu folgen, gilt für alle Volljährigen mit Ausnahme der unter dem Text gezeichneten Gruppen: der Frauen, der Hirten (durch die Keule charakterisiert), der Kirchendiener (Schlüssel) und Geistlichen (Buch) (Einleitung S. 59).
Die Abbildung ist der Tafel 70 der Faksimileedition der Dresdner Sachsenspiegelhandschrift entnommen. Foto: Bieling, Göttingen
Das oben angeführte Zitat bei J. Grimm, Deutsche Rechtsaltertümer [4]1. 1899 S. 78. Zur Deutung der Bilder vgl. K. v. Amira (wie bei Tafel 112) 2,1 S. 445 ff. Vgl. Tafel 118 b; 138; 153 b; 234 c

Tafel 214. a) Die Regaliendefinition Friedrichs Barbarossa in einer italienischen Rechtshandschrift (13./14. Jh.)
Die Handschrift enthält die ersten vier Bücher der Institutionen, die Novellen, das 10. bis 12. Buch des Codex Justinianus und die Libri Feudorum, also das langobardische Lehnrecht des 11. Jahrhunderts. Im Anschluß an diese —

wie üblich — die Gesetze Friedrichs Barbarossa vom Ronkalischen Reichstag (1158). Auf der abgebildeten Seite beginnt mit dem Initial *R* die in Roncaglia formulierte Definition der Regalien: *Regalie sunt Arimandie* ... Am rechten Rande in kleinerer Schrift wie in der ganzen Handschrift die Glosse: diese mittelalterlichen Gesetze wurden in der Juristenschule erklärt und bearbeitet wie die der Spätantike (Einleitung S. 59).
Aufbewahrungsort und Foto: Niedersächsische Staats- und Universitätsbibliothek, Göttingen. Cod. Iur. 27 fol. 287ᵛ
Der kritische Druck dieses Gesetzes findet sich in Monumenta Germaniae Historica. Constitutiones 1. 1893 Nr. 175. In den Libri Feudorum steht das Gesetz II 56. Vgl. auch Tafel 216 und Farbtafel K

Tafel 214. b) Grabmal des Legisten Maffeo Gandoni (1330)

Das Grabmal des Bologneser Juristen zeigt den Verstorbenen bei der Vorlesung (Einleitung S. 59).
Aufbewahrungsort und Foto: Museo Civico Archeologico, Bologna
C. Ricci, Monumenti sepolcrali di lettori dello studio Bolognese. Bologna 1886; G. Zaccagnini, La vita dei maestri e degli scolari nello studio di Bologna. Genève 1926 S. 69 f.; E. Panowski, Grabplastik. 1964 S. 77 f.

Tafel 215. Darstellung eines bischöflichen Sendgerichts und deutschsprachige Beichtformel (Handschrift 10. Jh.)

Auf der linken Seite Bischof und Klerus, rechts die Männer und Frauen der Gemeinde. Unter der Miniatur eine deutschsprachige Beichtformel, die Formel eines spezialisierten, also nicht öffentlich zu leistenden Sündenbekenntnisses. *Incipit confessio. Ich vvirdu Gote almahtigen bigihtig. Inti allen Gotes heilagon allero minero suntono. Unrehtero githanco. Unrehtero vvorto. Thes ih unrehtes gisahi. Unrehtes gihorti* ... (Es beginnt die Beichte. Ich beichte Gott dem Allmächtigen und allen Heiligen Gottes alle meine Sünden, unrechte Gedanken, unrechte Worte, was ich Unrechtes sah, was ich Unrechtes hörte ...) (Einleitung S. 47, 59).
Aufbewahrungsort und Foto: Niedersächsische Staats- und Universitätsbibliothek, Göttingen. Cod. theol. 231 fol. 187ʳ
E. H. Zimmermann, Die Fuldaer Buchmalerei. Kunstgesch. Jahrb. der K.K. Zentral-Kommission 4. 1910. Der Text des Sakramentars ist ediert von G. Richter und A. Schönfelder. 1912. Vgl. Ingeborg Schröbler, Fulda und die althochdeutsche Literatur. Fuldaer Geschichtsblätter 38. 1962

Tafel 216. Arbor consanguinitatis (Aus einer Handschrift 13./14. Jh.)

Die römischen Juristen gebrauchten Schemata, um die Verwandtschaftsgrade leichter auszurechnen; Institutiones III 6,9 ist ein solches genannt. Durch Isidor von Sevilla (Etymologiae 9,6) ist diese Übung von der Kirche rezipiert worden. Man zeichnete das Schema vielfach als stilisierten Baum und sprach daher von einer *arbor consanguinitatis*, die in viele Handschriften und Drucke des kanonischen Rechts aufgenommen wurde. Das abgebildete, nicht als Baum gezeichnete Schema entstammt einer italienischen römisch-rechtlichen Handschrift. Den Bezeichnungen der Vorfahren, Nachkommen und Seitenverwandten ist jeweils eine kleine römische Zahl beigefügt, die den Grad der Verwandtschaft nennt — und damit gegebenenfalls das Vorliegen eines Ehehindernisses bzw. die Möglichkeit eines Dispenses anzeigt (Einl. S. 59).
Aufbewahrungsort und Foto: Niedersächsische Staats- und Universitätsbibliothek, Göttingen. Cod. Iur. 27 fol. 32ᵛ
W. Föhl in: Reallexikon zur deutschen Kunstgeschichte 2. 1948 Sp. 75 ff. In der modernen Ausgabe des kanonischen Rechts von Ae. Friedberg findet sich das Schema im 1. Band (1879) Sp. 1425 ff. Vgl. Tafel 214 a und Farbtafel K

Tafel 217. a) Schandsteine am Rathaus zu Spangenberg (Kreis Melsungen)

(Einleitung S. 59).
Foto: Verfasser
E. Freiherr v. Künßberg, Rechtliche Volkskunde. 1936 S. 170 ff.; ders., Rechtsgeschichte und Volkskunde. 1965 S. 42 ff.

Tafel 217. b) Öffentliches Kornmaß aus Rastenfeld bei Krems (Niederösterreich) (um 1300)

(Einleitung S. 60).
Foto: W. Reingruber, Wien

F. Eppel, Das Waldviertel. Salzburg [2]1963; E. Freiherr v. Künßberg, Rechtliche Volkskunde. 1936 S. 121 ff.

Tafel 217. c) Pranger in Schwäbisch Hall (Anfang 16. Jh.)
(Einleitung S. 59).
Foto: Landesbildstelle Württemberg, Stuttgart
Grete Bader-Weiß u. K. S. Bader, Der Pranger. 1935; E. Freiherr von Künßberg, Rechtliche Volkskunde. 1936 S. 172 ff.

Tafel 218. Scheltbrief des Dietrich von Rheden gegen Heinrich von Veltheim (15. Jahrhundert)
Der Aussteller des Briefes gibt allgemein bekannt, daß ihm Hinrik van Veltem, sein Onkel, das Erbe seiner Frau vorenthalte. Im unteren Teil der Urkunde ist dieser dargestellt, wie er einem Pferde die Haut abzieht, d. h. bei der Ausübung eines unehrlichen Gewerbes: er ist durch die Rechtsverweigerung zu einem unehrlichen Mann geworden, nicht anders als wenn er den Beruf eines Schinders ausübte. Das breite Schriftband über der Zeichnung legt ihm ein Bekenntnis seiner Ehrlosigkeit *(Hyr sta ek her Hinrik van Velten, ek erlose man . . .)* und das Bekenntnis in den Mund, adlige Ehre überhaupt verletzt zu haben *(das schendz zere den ridder orden).* Das kleine Schriftband gibt die zu dem schimpflichen Tun gesprochenen Worte: *ligge stille, stille, dat ek dy de anderen helfte* [dir, dem Pferd die andere Hälfte der Haut] *ok ville, ville* [abziehe]. Der Brief war ursprünglich gesiegelt, wie die Stelle des Siegelaufdrucks zeigt (Einleitung S. 41).
Aufbewahrungsort: Stadtarchiv Göttingen, Altes Akten-Archiv E 2. Foto: Biehling, Göttingen
O. Hupp, Scheltbriefe und Schandbilder. Ein Rechtsbehelf aus dem 15. und 16. Jahrhundert. 1930 S. 29 f.; G. Kisch, Ehrenschelte und Schandgemälde. Zeitschr. der Savigny-Stiftung für Rechtsgesch. Germanistische Abteilung 51. 1931

Tafel 219. Die Eröffnung der Universität Basel. Titelminiatur der Basler Rektoratsmatrikel (1460)
Dargestellt ist jene Feier, mit welcher am 4. April, dem Tage des heiligen Ambrosius, 1460 die Basler Universität eröffnet wurde. Die städtischen Gründer der Hohen Schule hatten sich, ebenso wie dies bei der Gründung der früheren deutschen Universitäten geschehen war, um die Autorität des Papstes für ihr Unternehmen bemüht. So wurde am 4. April nach der feierlichen Messe, die der Bischof zelebrierte, diesem im Chor des Münsters vom Rat der päpstliche Stiftungsbrief mit den dazugehörigen päpstlichen Verleihungen überreicht. Nach der Verlesung der Schriftstücke erklärten Bischof und Bürgermeister die Universität für eröffnet. Auf Bitte des Rates ernannte der Bischof als Kanzler der Universität den Dompropst Georg von Andlau zum Rektor. Dieser leistete dem Bischof kniend den Eid. — Die Miniatur zeigt in der Mitte, zwischen zwei Geistlichen, den Bischof (unter ihm sein Wappen). Links kniet — wiederum durch sein Wappen bezeichnet — der Rektor Georg von Andlau; rechts nähert sich der Altbürgermeister, wohl um die Urkunde zur Aufbewahrung durch den Rat zu empfangen. Er ist durch das Wappen der Stadt und sein eigenes bezeichnet. Um den Altar stehen Ratsboten und Zuschauer (Einleitung S. 60).
Aufbewahrungsort und Foto: Öffentliche Bibliothek der Universität Basel. Ms. AN II 3 fol. 2ᵛ
P. L. Ganz, Die Miniaturen der Basler Universitätsmatrikel. Basel 1960 S. 76 f.; E. Bonjour, Die Universität Basel. Basel 1960 S. 39 ff.

Tafel 220. a) Adel durch Geburt und Adel durch Bildung (Holzschnittillustration 1477)
Die dem 1477 bei Günter Zainer in Augsburg gedruckten Spiegel des menschlichen Lebens des Rodericus, einer Darstellung der Berufe und Stände, entnommene Illustration stellt eine disputierende Gruppe dar, welche die Frage erörtert, *ob der adel der geburt hoeher ze eeren und ze begaben seye wann die strengkeyt, kunst* [d. h. Wissenschaft] *oder tugent des unedeln von geburt* (Einleitung S. 60).
Foto nach A. Schramm, Der Bilderschmuck der Frühdrucke 2. 1920 Abb. 705: Niedersächsische Staats- und Universitätsbibliothek, Göttingen

Tafel 220. b) Ambrosius Holbein: Aushängeschild eines Schulmeisters (1516)
Das Bild zeigt den Unterricht von Kindern

durch den Schulmeister und seine Frau. Die Rückseite bietet den gleichen Text, aber eine Darstellung, wo zwei des Lesens unkundigen Männern eine Urkunde vorgelesen wird. Während früher die ganze Tafel Hans Holbein dem Jüngeren zugeschrieben wurde, gilt die abgebildete Seite jetzt als Werk seines Bruders Ambrosius. Es wird angenommen, daß die Brüder die Tafel für Oswald Geißhüsler, genannt Myconius, malten, der in Basel studierte und sich gleichzeitig durch eine Elementarschule ernährte, die er und seine Frau in Klein-Basel betrieben. Der Text lautet (modernisiert): Gäbe es hier jemanden, der gern deutsch schreiben und lesen lernen wollte in dem kürzesten Verfahren, das man sich denken kann, durch das jedermann, der vorher keinen Buchstaben kannte, in kurzer Zeit und schnell die Kenntnisse erwerben kann, durch die er lernen kann, selbst seine Schulden aufzuschreiben und zu lesen — und wer so ungeschickt ist, daß er es nicht lernen kann, den will ich umsonst und unentgeltlich unterrichtet haben, und von ihm will ich überhaupt keinen Lohn nehmen —: es sei wer es wolle, Bürger oder Handwerksgesellen, Frauen und Jungfrauen, wer solcher Kenntnisse bedarf, der komme her; er wird für einen angemessenen Lohn sorgfältig unterrichtet werden. Die Jungen und Mädchen aber sollen nach den Fronfasten (d. h. zu vier Terminen im Jahr) kommen, wie es üblich ist (Einl. S. 60).
Aufbewahrungsort und Foto: Öffentliche Kunstsammlung, Basel
W. Waetzold, Hans Holbein d. J. 1938 S. 29 f.; Die Malerfamilie Holbein in Basel. Basel 1960 [Katalog] Nr. 133

Tafel 221. a) Bildnis eines Nürnberger Stuhlschreibers

Der im Jahre 1438 verstorbene Stuhlschreiber Johannes ist wohl ein öffentlicher Schreiber gewesen, der bei gerichtlichen Auseinandersetzungen Schriftsätze für die Parteien herstellte. Sein Bildnis entstammt einer Folge von Zeichnungen, welche die Mitglieder der 1388 gegründeten Mendelschen Zwölfbrüderstiftung zu Nürnberg, eines Spitals für nicht mehr arbeitsfähige Handwerker mit Nürnberger Bürgerrecht, bei der Ausübung ihres Berufes zeigt (Einleitung S. 60).
Aufbewahrungsort: Stadtbibliothek Nürnberg. Amb. 317 2° fol. 62^r. Foto: A. Schmidt, Nürnberg
Das Hausbuch der Mendelschen Zwölfbrüderstiftung zu Nürnberg. Hrsg. von W. Treue u. a. 1965. Vgl. Tafel 253 a, b und 280

Tafel 221. b) Darstellung Nürnbergs inmitten des Reichswaldes (1516?)

(Einleitung S. 60).
Aufbewahrungsort und Foto: Germanisches Nationalmuseum, Nürnberg
F. Schnelbögl, Dokumente zur Nürnberger Karthographie. O. J. [1966] S. 56

Tafel 222. Ulrich Taler (?): Titelminiatur eines Eichstätter Lehenbuches (ca. 1503)

Die Titelminiatur aus dem Lehenbuch des Bistums Eichstätt zeigt um den Tisch vier durch die beigefügten Wappen zu identifizierende Personen: links den Bischof, Gabriel von Eyb, dann seinen Kanzler Dr. Kilian Münch und dessen Vorgänger, Wibold Fischl (beide führen ein redendes Wappen), und schließlich den bischöflichen Hofmeister, Hieronymus von Rosenberg. Fischl schreibt die Lehenbriefe. Die Gruppe links offenbar die Stände der Empfänger der Briefe: Adel, Bauer und Stadtbürger. Daneben kleiner, da nur von untergeordneter Bedeutung, der Lehenbote (Einleitung S. 60).
Aufbewahrungsort und Foto: Staatsarchiv Nürnberg. Eichstätter Lehenbuch Nr. 8
E. Steingräber in: Pantheon 19. 1961 S. 119 ff.

Tafel 223. Bücherverzeichnis Peter Schöffers von 1469/70

Der Einleitungstext fordert auf, die Ausstellung der dann aufgeführten Bücher zu besuchen. Der Buchhändler wandert und trägt seinen jeweiligen Aufenthaltsort handschriftlich auf dem Prospekt ein; im vorliegenden Fall ist es die Herberge zum Wilden Mann, wahrscheinlich in Nürnberg: *Venditor librorum reperibilis est in hospicio dicto zum wilden mann.*
Der Text der Anzeige wie der frühen Drucke überhaupt bietet Lesehindernisse: der gesetzte Text entfernt sich nur langsam vom handgeschriebenen und bewahrt noch lange Zeit — z. T. bis heute — Ligaturen und Abbreviaturen. Der einleitende Werbetext lautet aufgelöst:

Volentes sibi comparare infrascriptos libros magna cum diligentia correctos ac in huiusmodi littera Moguntie impressos bene continuatos veniant ad locum habitacionis infrascriptum (Wer sich die unten aufgeführten, mit großer Sorgfalt korrigierten und mit Buchstaben dieses Typs in Mainz gedruckten, gut zusammengestellten Bücher verschaffen will, der komme zum unten aufgeschriebenen Wohnort). Am Ende des Kataloges wird ebenso wie in der Einleitung auf die Drucktype (die der Mehrzahl der Kunden bald gleichgültig sein wird, sobald man sich an den Buchdruck gewöhnt hat) hingewiesen. *Hec est littera psalterii:* der Psalter ist in einer gotischen Letter größeren Grades gesetzt (so kann man ihn auch bei Weitsichtigkeit im Gottesdienst in würdiger Haltung lesen), die anderen Bücher in der Gotico-Antiqua der Anzeige (Einleitung S. 60).
Aufbewahrungsort und Foto: Bayerische Staatsbibliothek, München. Einblattdrucke VIII 1 m K. Burger, Buchhändleranzeigen des 15. Jahrhunderts. 1907 Nr. 3; E. Voulliéme, Die deutschen Drucker des 15. Jahrhunderts. ²1922

Tafel 224. a) Marienkirche zu Lübeck von Südosten
Die Marienkirche in Lübeck besaß, als die Reformation in Lübeck siegte, ca. 40 Nebenaltäre, die von 64 Vikaren versehen wurden, eine für die großen Bürgerkirchen durchaus übliche Zahl. Seitenschiffe und Kapellen dienten der Unterbringung dieser Altäre, die Namen der Kapellen bewahren die Namen vornehmer Stif-

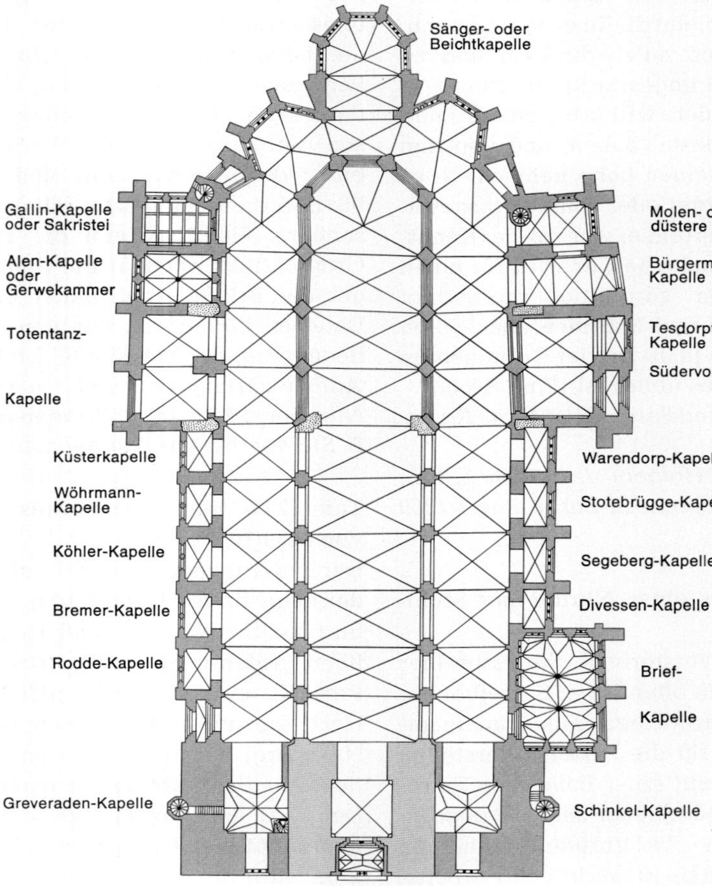

Abb. 25 (zu Taf. 224 a). Grundriß der Marienkirche zu Lübeck (nach F. Hirsch u. a., Die Bau- und Kunstdenkmäler der Freien und Hansestadt Lübeck 2. 1906)

ter. Zugleich bezeugen einige dieser Kapellen jedoch auch, daß die Ratskirche ebenso wie das Rathaus das Zentrum der Stadt bildete. Die Kapellen der kaufmännischen Korporationen (vgl. Tafel 194 b) waren nicht nur deren Bet-, sondern auch Versammlungshaus. Die Bürgermeisterkapelle barg Schatz und (bis 1939) Urkunden des Rates; in der auf der Abbildung sichtbaren, östlich des Südturms gelegenen Briefkapelle stellte der Ratsschreiber Urkunden aus, und die Kapelle war zugleich auch der Ort des Gerüfts, der (im deutschen Recht bei bestimmten Gelegenheiten geforderten) öffentlichen Klage über ein erlittenes Unrecht (Einl. S. 61).
Foto: W. Castelli, Lübeck
F. Hirsch u. a., Die Bau- und Kunstdenkmäler der Freien und Hansestadt Lübeck 2. 1906; A. v. Brandt, Geist und Politik in der lübeckischen Geschichte. 1954 S. 83 ff.

Tafel 224. b) Brotmaße am Freiburger Münster (13. u. 14. Jh.)
In der Eingangshalle des Freiburger Münsters, der Stätte des Marktgerichts, findet sich eine Inschrift, welche die Termine des Wochenmarkts nennt und Längen- und Hohlmaße angibt, darunter die abgebildeten Brotmaße, deren verschiedene Größe die wirtschaftliche Situation der Jahre 1270, 1317 und 1320 bezeichnet (Einleitung S. 61).
Foto: P. Keetmann, Breitbrunn (Chiemsee)
H. Schreiber, Gesch. und Beschreibung des Münsters zu Freiburg im Breisgau. 1820 S. 74 f.; H. Flamm in: Freiburger Münsterblätter 4. 1908, 6. 1910 und 9. 1913

Tafel 225. Ehemalige Dominikanerkirche St. Paul. Eßlingen am Neckar (um 1255—1268)
Innen- wie Außenansicht zeigen die großen, kaum unterbrochenen Formen. An die Stelle des Turms ist — wie schon bei den Zisterziensern — der einfache Dachreiter getreten. Ein Querschiff fehlt (Einleitung S. 61).
Foto: Foto Marburg
R. Krautheimer, Die Kirchen der Bettelorden in Deutschland. 1925; L. Giese in: Reallexikon zur deutschen Kunstgesch. 2. 1948 Sp. 394 ff.

Tafeln 226/227. Hans Holbein d. Ä.: Stammbaum Christi und Dominikanerstammbaum (1500/01)
Die Außenseiten der äußeren Flügel des Hochaltars der Frankfurter Dominikanerkirche konfrontieren den Stammbaum Christi (Wurzel Jesse gemäß Jesaja 11,1) und die stammbaumartig untereinander und mit dem Ordensgründer verbundenen Porträts der bedeutendsten Glieder des Dominikanerordens. Dem Stammvater Jesse der linken Tafel korrespondiert auf der rechten der Ordensgründer Dominikus (gest. 1221), auf der Stuhlwange sein Attribut, der Hund mit der Fackel im Maul. Hinter ihm stehen (von links nach rechts) der heilige Vinzenz Ferrer (gest. 1419), der heilige Thomas von Aquin (gest. 1274), der heilige Petrus Martyr, der 1252 bei Mailand als Inquisitor ermordet wurde. Auf der unteren Ranke dann Albertus Magnus (gest. 1280), Papst Benedikt XI. (1303 bis 1304), Hugo von St. Chair, der erste Dominikaner-Kardinal (gest. 1263) und Papst Innozenz V. (1276), der erste Papst seines Ordens. Links von der Madonna (von unten nach oben) der Theologe Petrus de Palude (gest. 1342), der 1875 seliggesprochene Kanonist Reginald von St. Gilles, welcher der Legende zufolge von der heiligen Jungfrau, die ihm auf dem Bilde das Skapulier überreicht, geheilt wurde, und der große Mystiker Heinrich Seuse (gest. 1366). Auf der rechten Seite: der später heiliggesprochene Kanonist Raimund von Peñafort (gest. 1275), der Enzyklopädist Vinzenz von Beauvais (gest. um 1264), Verfasser des Speculum maius, und der 1523 heiliggesprochene Erzbischof Antoninus von Florenz (gest. 1459). Den Porträts sind wohl Bildnisse der Frankfurter Dominikaner um 1500 zugrunde gelegt. Zu zwei Köpfen haben sich gezeichnete Studien erhalten: dem Dominikus liegt sicherlich das Bildnis des Frankfurter Priors zugrunde. Als Jesse auf der linken Tafel hat Holbein sich selbst dargestellt (Einleitung S. 61).
Aufbewahrungsort und Foto: Städelsches Kunstinstitut, Frankfurt a. M.
H. Weizsäcker, Die Kunstschätze des ehemaligen Dominikanerklosters in Frankfurt am Main. 1923; W. Föhl in: Reallexikon zur deutschen Kunstgesch. 2. 1948 Sp. 87 ff.; A. Auer, Bilderstammbäume zur Literaturgeschichte des Dominikanerordens. In: Liber floridus. Paul Lehmann zum 65. Geburtstag. 1950; N. Lieb u. A. Stange, Hans Holbein d. Ä. 1960; Hans Hol-

bein d. Ä. und die Kunst der Spätgotik [Ausstellungskatalog]. Augsburg 1965

Tafel 228. Zehn Gebote und Ägyptische Plagen (1520—1530?)
Die schlecht erhaltene Tafel ist offenbar z. T. später übermalt, jedenfalls auseinandergesägt und falsch zusammengesetzt worden. Eine andere Darstellung der Zehn Gebote von ca. 1480 in Danzig (früher Marienkirche, heute Museum) (Einleitung S. 61).
Aufbewahrungsort: Kirche St. Georg, Dinkelsbühl. Foto: Foto Marburg
A. Gebesseler, Stadt u. Landkreis Dinkelsbühl (Bayerische Kunstdenkmale 15). 1962 S. 27; Danzig: W. Drost, Die Marienkirche in Danzig. 1963 S. 96f.; A. Stange, Deutsche Malerei der Gotik 11. 1961 S. 115

Tafel 229. Johannes von Capestrano predigend (um 1480)
Das Sebald Bopp zugeschriebene und wohl mit den Bemühungen um die Kanonisierung des Franziskaners (der hier, unter Vorwegnahme der erst Ende des 17. Jahrhunderts erfolgten Heiligsprechung, mit Nimbus dargestellt ist) zusammenhängende Bild zeigt eine Szene, wie sie auch von den erzählenden Quellen überliefert wird: Predigt im Freien, vor einer stundenlang ausharrenden Menge, die sich auf freiem Platz und in den Fenstern der umstehenden Häuser drängt und deren Eifer nicht von der Tatsache vermindert wird, daß die lateinische Predigt übersetzt werden muß. Die Predigt endet — wie bei Capestrans Lehrer Bernhardin von Siena — mit der Verehrung des Namens Jesu; der Prediger hält ihn auf einer Tafel — auf dem Bild ein monstranzartiges Gebilde — empor. Dann folgt die Tat: die Männer bringen Karten, Würfel und Spielbretter herbei, die Frauen falsche Zöpfe und Haarschmuck, und überantworten die Gegenstände der Weltlust dem Feuer. In dem Feuer im Vordergrund des Gemäldes brennt neben den Karten das charakteristische Trick-Track-Brett (Einleitung S. 61).
Aufbewahrungsort: Gemäldegalerie in der Neuen Residenz, Bamberg. Foto: E. Bauer, Bamberg
A. Stange, Deutsche Malerei der Gotik 8. 1957 S. 98; J. Hofer, Johannes Kapistran 1. ²1964 S. 432

Tafel 230. Beweinung Christi mit Ansicht von Jerusalem (1483)
Das dem Meister des Hersbrucker Altars zugeschriebene, aus der Kollegiatkirche St. Jakob zu Bamberg stammende Gedächtnisbild für die 1482 verstorbene Adelheid Tucher enthält in seinem oberen Teil eine überraschend genaue Darstellung des spätmittelalterlichen Jerusalem. Die Ansicht ist von Westen, vom Ölberg gesehen. Im Vordergrund der Tempel Salomos; die Via Dolorosa ist durch die wiederholte kleine Gestalt eines kreuztragenden Christus bezeichnet. Vorlage dieses frühen Versuches, den Aufriß einer Stadt wiederzugeben, ist wohl eine Ansicht der Stadt (Holzschnitt oder Kupferstich), wie man sie in Venedig oder Jerusalem selbst erwerben konnte. Ganz im Vordergrund die Verstorbene mit ihrem Wappen und die Jahreszahl 1483. Links unterhalb der Stadtansicht das geöffnete Grab (Einleitung S. 61).
Aufbewahrungsort und Foto: Germanisches Nationalmuseum, Nürnberg
A. Stange, Deutsche Malerei der Gotik 9. 1958 S. 97f.; L. Grote, Die Tucher. 1961 S. 61ff.

Tafel 231. a) Hans Burgkmair d. Ä.: Rompilger vor der Basilika S. Croce in Rom (1504)
In den 80er Jahren des 15. Jahrhunderts erwarb das Dominikanerinnenkloster St. Katharina in Augsburg das Privileg, für Gebete an von der Priorin zu bestimmenden Stellen die Ablässe der römischen Wallfahrtskirchen zu vergeben. Hierauf wurden Altartafeln für den Kreuzgang des Klosters in Auftrag gegeben, aus deren einer die Abbildung ein Ausschnitt ist. Sie zeigt die römische Basilika und vor ihr eine Pilgergruppe, die von einem Führer geleitet wird. In seiner Hand offenbar einer der bekannten Führer durch die Gnadenstätten des spätmittelalterlichen Rom. Die Pilger führen Pilgerstäbe und -flaschen mit sich, an ihren Hüten die Abzeichen, die beim Besuch der Gnadenorte erworben wurden. Im Hintergrund links die Aufnahme eines Pilgers in die Herberge (Einleitung S. 61).
Aufbewahrungsort und Foto: Bayerische Staatsgemäldesammlungen, Augsburg

A. Burkard, Hans Burgkmair d. Ä. o. J. [ca. 1930] S. 18 ff.

Tafel 231. b) Abbildung des Reliquienschatzes des Klosters Andechs (Kreis Starnberg) (1497)
Das aus dem Schloß Blutenburg (heute Stadt München) stammende Gemälde wurde von Herzog Siegmund in Auftrag gegeben, der auch mit seinem Wappen im unteren Teil dargestellt ist; auf der anderen Seite der Abt von Andechs. Das Bild reiht die Behältnisse der Reliquien inventarartig aneinander und gibt zu den einzelnen Reliquiaren eine kurze Beschreibung. Der reiche Reliquienschatz von Andechs war im 12. Jahrhundert durch die Grafen von Andechs begründet worden, die von den Kreuzzügen zahlreiche Heiltümer mitgebracht hatten und sie in der Kapelle ihrer Burg Andechs aufbewahrten (Einleitung S. 61).
Aufbewahrungsort und Foto: Bayerisches Nationalmuseum, München
Katalog: Der Schatz vom Heiligen Berg Andechs. Kloster Andechs 1967 Nr. 71

Tafel 232. Fresko von der Südseite der Marienkirche auf der Burg Karlstein (bei Prag) (1356/57)
Die von Karl IV. seit 1348 erbaute Burg war im Kern Aufbewahrungsort jenes von dem König als vornehmstes Kleinod des böhmischen Staates gestifteten Kreuzes, in dem Passionsreliquien eingeschlossen waren: eine Kreuzpartikel, Teile eines Nagels vom Kreuz Christi und von dem Schwamm, mit dem Christus getränkt wurde, sowie zwei Dornen aus seiner Krone. 1357 stiftete der König ein Kollegiatkapitel zur Hut dieser Reliquien. Die Fresken zeigen den König bei der Erwerbung der Reliquien. In der linken Szene erhält er die Kreuzpartikel, wahrscheinlich von dem Dauphin, dem späteren König Karl V. von Frankreich. Auf dem mittleren Bild erhält Karl wahrscheinlich die Dornen von der Krone Christi, vielleicht von dem König von Zypern und Jerusalem, Peter von Lusignan, nach einer anderen Deutung von dem Dauphin. In der rechten Szene endlich bettet der König die Kreuzpartikel in das von ihm gestiftete Standkreuz. Karls Krone ist durch Bügel und Mitra (vgl. Tafel 133) deutlich von derjenigen der beiden anderen Könige unterschieden (Einleitung S. 61).
Foto: A. Paul, Prag
G. Pirchan, Karlstein. In: Prager Festgabe für Th. Mayer. 1953; Vlasta Dvořákova und Doboslava Menclová, Karlštejn. Prag 1965

Tafel 233. Oratorium Karls IV. in der Burg Karlstein (bei Prag) (vor 1357)
Die der heiligen Katharina geweihte Privatkapelle des Königs schließt sich an die Südseite der Marienkirche (vgl. Tafel 232) an und ist durch die links über dem Fußboden sichtbare Öffnung mit ihr verbunden (Einleitung S. 61).
Foto: A. Paul, Prag
Vgl. die zu Tafel 232 genannte Literatur

Tafel 234. a) Innenansicht der »Altneu«-Synagoge zu Prag (um 1270)
Die die Formen frühgotischer Kirchenbaukunst übernehmende Synagoge bezeugt die Integration der Juden in ihre christliche Umgebung. Hier wie andernorts wurden die Vorbilder christlicher Architektur und Bauplastik übernommen — erst das 19. Jahrhundert baut Synagogen in einem exotischen, dem maurischen Stil. Im Vordergrund oben die Fahne der Prager Judengemeinde. Das Recht der eigenen Fahne war ihr von Karl IV. 1358 verliehen worden (Einleitung S. 62).
Foto: Verlag Orbis, Prag
R. Krautheimer, Mittelalterliche Synagogen. 1927

Tafel 234. b) Grabplatte des Arnold von Uissigheim (kurz nach 1330)
Die ebenso wie die Platte auch sonst z. T. zerstörte Inschrift lautet, nach einer älteren Beschreibung ergänzt: *Anno domini MCCCXXX [vi subiit gladio Beatus Arnoldus iu]venis miles de Ussinkem XVIII k[alendas Decembris]* (Im Jahre des Herrn 1330 wurde durch Gewalt dem Schwert unterworfen der Selige Arnold von Uissigheim, der jugendliche Ritter, am 14. November). Die sich an das in einer kleinen Dorfkirche auffällige Grab knüpfende Volksüberlieferung erzählte, daß der unter der Grabplatte ruhende Ritter im Walde von Juden ermordet worden sei. Er wurde bis in das 18. Jahrhundert als Wundertäter verehrt: an seinem Grabe befand sich ein Opferstock, Wallfahrer heilten ihr Vieh mit vom Grabstein geschabtem Staub. Die

Quellen erzählen indessen von einem Pogrom, das ein Ritter von Uissigheim anführte, der eine Sakramentslästerung durch Juden erlebt haben wollte. Die Juden hätten hierauf an den Grafen von Hohenlohe eine hohe Summe bezahlt, die diesen veranlaßte, den Ritter hinrichten zu lassen. Er wurde in Uissigheim begraben. Offenbar gehören Erzählung und Grabstein zusammen. Die kleine Gestalt an ihm ist keineswegs der mörderische Jude der volkstümlichen Überlieferung, sondern der Scharfrichter, der den Ritter — das ist eine besondere Vergünstigung — mit dem eigenen Schwert hinrichtet: daher ist neben der Gestalt des Toten eine leere Scheide abgebildet. Der Ausdruck *beatus* in der Umschrift und die Tatsache des für die Zeit durchaus ungewöhnlichen Grabes weisen darauf hin, daß man den Ritter gleich oder bald nach seiner Hinrichtung zu verehren begann (Einleitung S. 62).

Aufbewahrungsort: Kirche zu Uissigheim über Lauda. Foto: Staatliches Amt für Denkmalpflege, Karlsruhe

Die deutschen Inschriften 1: Die Inschriften des badischen Main- u. Taubergrundes. 1942 Nr. 109

Tafel 234. c) Ermordung eines Juden und Hinrichtung seines Mörders im Sachsenspiegel. Aus der Dresdener Handschrift des Sachsenspiegels (2. Hälfte 14. Jh.)

Das Bild illustriert Landrecht 3, 7, 3: Wenn ein Christ einen Juden töte, dann solle man diesen wegen Bruches des königlichen Friedens verfolgen, das heißt hinrichten, was auch der Zeichner voraussetzt. Eike von Repgow führt die Tatsache, daß die Juden im Mittelalter unter Königsschutz standen, in für das Mittelalter bezeichnender Weise auf die Antike zurück: Josephus habe diesen Schutz von Vespasian erworben, nachdem er dessen Sohn von einer Krankheit geheilt habe (Einleitung S. 62).

Das Bild ist Tafel 74 der Faksimileedition der Dresdener Bilderhandschrift des Sachsenspiegels entnommen. Foto: Bieling, Göttingen

K. v. Amira (wie bei Tafel 112 zit.) 2, 1 S. 463 ff. Vgl. Tafel 118b; 138; 153b; 213

Tafel 235. a) Kaiser Heinrich VII. bestätigt den Juden ihr Gesetz. (Zeichnung 1. Hälfte 14. Jh.)

Imperator redit dans Judeis legem Moysi in rotulo: Der Kaiser kehrt (von der Krönung) zurück und gibt den Juden das Gesetz Moses' in Form einer Rolle. Der Zeichner hat diesen Rotulus durch die Andeutung von hebräischen Schriftzeichen zu charakterisieren versucht. Die Juden sind durch die ihnen im späten Mittelalter vorgeschriebenen besonderen Kopfbedekkungen bezeichnet. Der Kaiser wird von drei Kardinälen, von denen einer den Reichsapfel trägt, von seinem Bruder, dem Erzbischof von Trier und Gewaffneten geleitet. Die Szene wird mit der für Calixt II. zuerst bezeugten Übung zusammengebracht, derzufolge der neugewählte Papst den Juden ihre Privilegien bestätigte. In den Ordines für die Kaiserkrönung ist von den Juden nur insofern die Rede, als sie ebenso wie der römische Stadtklerus dem Kaiser nach der Krönung an einer bestimmten Stelle die *laudes* darbringen (Ordo Cencius II) (Einleitung S. 62).

Aufbewahrungsort und Foto: Staatsarchiv, Koblenz 1 C Nr. 1 fol. 24

Die Ordines für die Weihe und Krönung des Kaisers. Monumenta Germaniae Historica. Fontes iuris 9. 1960 S. 46. Vgl. die zu Tafel 139 gen. Literatur

Tafel 235. b) Geißlerzug des Jahres 1348. (Aus einer Handschrift Ende 14. Jh.)

Die deutschsprachige, wohl aus der Gegend von Konstanz stammende Weltchronik nimmt ebenso wie andere gleichzeitige Geschichtswerke von den Geißlerzügen Notiz. Sie erzählt, daß die Pilger *durch vil landt und stet mit creuczen und mit vanen* [zogen], *und sungen deucze* [deutsche] *lieder und predigten und gaisleten sich selber vil und vast und vielen nider auf peichten und absolvirten selber an einander* [machten sich also einer schweren Häresie schuldig] *und hielten und geputen vil an ein ander zw halten bunderliche ding und falsch weiß und articel under cristen gelauben und zugen an sich beib und man, arm und reich, das ir zu leczt gar vil bardt und maintenn etlich, ir ber bey zway und vierczig tausent person.* Eine ähnliche Darstellung in einer Brüsseler Handschrift, abgebildet in Recueil des Chroniques de Flandre, hg. v. J.-J. De Smet 2. Brüssel 1841 Tafel [4] nach S. 348 (Einleitung S. 62).

Aufbewahrungsort und Foto: Bayerische Staatsbibliothek, München. Cgm. 426 fol. 42^r

Tafel 236. Einblattdruck mit Verhaltensregeln gegen die Pest (1477)
Das von Günther Zainer in Augsburg gedruckte Blatt verbindet die Aufforderung zum Gebet zu dem heiligen Sebastian, dessen Hilfe neben der des heiligen Rochus gegen die Pest angerufen wurde, mit Regeln für Diät und Hygiene (Einleitung S. 62).
Aufbewahrungsort und Foto: Bayerische Staatsbibliothek, München. Einblattdruck I, 48
P. Heitz u. W. L. Schreiber, Pestblätter des 15. Jahrhunderts. ²1918 Tafel 20

Tafel 237. a) Kirchenruine der Wüstung Moseborn (Kreis Göttingen)
Die einfache Turmkirche gehört zu einem durch Scherbenfunde nachgewiesenen Ort, der um 1400 zugunsten des benachbarten Holzerode aufgegeben wurde. Die oberen Stockwerke des Gebäudes dienten der Verteidigung (Einleitung S. 62).
Foto: Verfasser
E. Kühlhorn, Südniedersächsische Wüstungskirchen. Göttinger Jahrbuch 1965; O. Fahlbusch, Der Landkreis Göttingen. 1960

Tafel 237. b) Bildnis des Hieronymus Zscheckenbürlin und Darstellung des Todes (1487)
Die Inschriften auf dem Rahmen lauten: *Bildtnus Ieronymus Tscheckenbürlin keiserlichen rechten licentiat* (und auf der Darstellung des Todes:) *Cartheuser ordens, seines alters 26 ior, 1487, starb letster prior der Carthus anno 1536.* Die Gleichzeitigkeit von Porträt und Todesdarstellung ist strittig. Eine spätere Wiederholung, die Zscheckenbürlin im Kartäuserhabit zeigt, im Historischen Museum zu Basel (Einleitung S. 62).
Aufbewahrungsort und Foto: Öffentliche Kunstsammlung, Basel
E. Buchner, Das deutsche Bildnis der Spätgotik. 1953 Nr. 49 (Hier auch eine Abbildung der späteren Wiederholung); A. Stange, Deutsche Malerei der Gotik 7. 1955 S. 26

Tafeln 238/239. Apostolische Armut und Reichtum der Kirche (Handschrift 2. Hälfte 15. Jh.)
Die didaktische Handschrift konfrontiert die Lebensweise Christi und der Apostel einerseits und die gegenwärtige Kirche auf der anderen Seite. Auf den abgebildeten Seiten wird dieser Kontrast pointiert, indem Christus und dem Apostel Worte aus dem Neuen Testament beigefügt sind, während dem Papst Zitate aus dem Kirchenrecht zugeordnet werden.
Die alttschechischen Zitate sind im einzelnen: Rechte Hand des Apostels: [Petrus aber sprach:] Silber und Gold habe ich nicht (Apostelgesch. 3, 6). Linke Hand des Apostels: Siehe, wir haben alles verlassen und sind dir nachgefolgt. Was wird uns dafür? (Matth. 19, 27). Christus: Ihr sollt nicht Gold noch Silber noch Erz in euren Gürteln haben (Matth. 10, 9). In dem Hause aber bleibet und esset und trinkt, was sie haben (Luk. 10, 7).
Das breite Band neben der Darstellung des Papstes enthält drei Zitate aus dem Corpus iuris canonici, die von den materiellen Voraussetzungen der höheren Weihen handeln. C 1 D LXX (Corpus iuris canonici, hg. v. Ae. Friedberg. 1879 1 Sp. 257): Übereinstimmend mit den heiligen Canones setzen wir fest, daß eine Weihe, welche vorgenommen wurde, ohne daß ein [Besitz]titel vorlag, für ungültig angesehen werde. X III 5, 4 (a. a. O. 2 Sp. 465): Ein Bischof, der jemanden, der keinen bestimmten Besitztitel hat, mit dessen Hilfe er sein Leben fristet, zum Diakon oder Priester weiht, muß ihm so lange den Lebensunterhalt gewähren, bis er ihm in irgendeiner Kirche geeignete Einkünfte zuschreibt, falls der Geweihte nicht von seinem väterlichen Erbe leben kann. X III 5, 2 (a. a. O. 2 Sp. 465): Ein Bischof darf nicht Kleriker weihen und ihnen keine Nahrung gewähren, sondern er muß von diesen beiden Möglichkeiten die eine wählen: entweder macht er keine Kleriker, oder aber, wenn er welche macht, gebe er ihnen, wovon sie leben können. Die Zeile unterhalb der Zeichnung ist eine Übersetzung aus dem 7. Psalm (Vers 17): Sein Unglück wird auf seinen Kopf kommen und sein Frevel auf seinen Scheitel fallen. — Die abgebildeten und die in ähnlicher Weise wie diese die gegenwärtige und die Urkirche gegenüberstellenden Seiten gehen zurück auf die wohl 1412 von Nikolaus von Dresden verfaßten Tabule veteris et novi coloris seu cortina de Antichristo (Einl. S. 62).
Aufbewahrungsort und Foto: Niedersächsische Staats- und Universitätsbibliothek, Göttingen. Cod. theol. 182 pag. 40 u. 41

Verzeichnis der Handschriften im Preußischen Staate I, 2, 2. 1893 S. 407 ff.; R. Urbánek, Z husitského věku. Prag 1957 S. 262 ff.; H. Kaminsky u. a., Master Nicholas of Dresden. Transactions of the American Philosophical Society N. S. 55, 1. 1965 (freundlicher Hinweis von Prof. H. Hoffmann, Göttingen). Vgl. Tafel 244. Zu den angeführten kirchenrechtlichen Bestimmungen vgl. W. M. Plöchl, Geschichte des Kirchenrechts 2. Wien-München ²1962 S. 302 f. Für freundliche Hilfe beim Verständnis der alttschechischen Texte ist Dr. Schulze und Dr. Kamiš vom Slavischen Seminar Göttingen zu danken.

Tafel 240. a) Sitzung des Konzils zu Konstanz (Handschrift 2. Hälfte 15. Jh.)
Die der Konstanzer Handschrift der Konzilschronik des Ulrich Riechental entnommene Zeichnung zeigt die Konzilsaula, das Münster zu Konstanz. Der Blick geht nach Osten (im Hintergrund der den Chor vom Schiff trennende Lettner). Dem Papst war vor dem Altar ein Thron errichtet, neben ihm hat man sich die Plätze der Patriarchen und des Königs und seiner Räte zu denken. An den Seiten rechts und links lange Sitzreihen. In der obersten die Kardinäle und Erzbischöfe sowie die Fürsten (die Zeichnung zeigt je einen Kardinal und je drei Bischöfe), dann die nicht abgebildete zweite Reihe mit Bischöfen und Äbten und schließlich drittens, hier vereinfacht als zweite Reihe, die Bank der Gelehrten. Die eine Kanzel diente der die Sitzungen eröffnenden Predigt, die andere der Verlesung der Konzilsdekrete. In der Mitte des Schiffes wären die Schreiber des Konzils hinzuzufügen. Nach Westen ist die Aula durch eine hölzerne Schranke abgeschlossen (Einleitung S. 62).
Aufbewahrungsort und Foto: Rosgartenmuseum, Konstanz. Handschrift 1 fol. 15^v und 16^r
Vgl. die zu Tafel 99 b angeführte Literatur und Tafel 241, 243

Tafel 240. b) Kloster Wienhausen bei Celle: Gang im Westflügel über dem Sommerrefektorium
Das Kloster besitzt noch insgesamt 63 solcher aus Eichenbohlen angefertigten Stollentruhen aus dem 13. bis 15. Jahrhundert, in denen die Klosterfrauen die bei ihrem Eintritt in das Kloster mitgebrachte Aussteuer bewahrten. Sie waren auch für die Kritiker einer das Armutsideal vernachlässigenden klösterlichen Lebensweise nicht zu übersehen; der Augustinerpropst Johannes Busch, der Wienhausen 1469 visitierte und reformierte, nahm Anstoß an ihnen. So vermerkt er denn auch in seinem Bericht, man habe alle Insassinnen des Klosters *in proprietate viventes* gefunden, und dieses illegale Individualeigentum bestand nicht nur aus Sachwerten. Das Geld der ehemaligen Äbtissin habe er in ihrer Truhe verschlossen gefunden. Er kündigte allen an, wer Besitz abgeschlossen habe und verberge, der werde sofort aus dem Kloster entfernt werden. Einige hätten dann ihre Truhen entleert: über 100 goldene Gefäße, über 40 aus einer Silber-Blei-Mischung seien zu Tage gekommen, abgesehen von den vorher beiseitegebrachten. Dieser Besitz sei aus den Klostereinkünften geflossen. Die Nonnen hätten ihr bares Geld in Schatullen aufbewahrt, die sie zusammen in eine große Truhe legten: so glaubten sie, die *vita communis* (auf ihre Weise) verwirklicht zu haben (Einleitung S. 62).
Foto: H. Grubenbecher, Hamburg
H. Grubenbecher u. H. Appuhn, Kloster Wienhausen. 1955. Der Bericht des Johannes Busch hrsg. von K. Grube, Geschichtsquellen der Provinz Sachsen 19. 1886 S. 629 ff.

Tafel 241. König Siegmund leistet Papst Martin V. den Stratordienst (Handschrift 2. Hälfte 15. Jh.)
An die Wahl und Krönung des Papstes auf dem Konstanzer Konzil schloß sich ein feierlicher Umritt durch die Stadt an. Das Bild zeigt Martin V. zu Pferde unter der Tiara; der König führt das Tier mit der einen Hand am Zaum. Seine andere Hand müßte dem Text der Chronik wie auch dem Typus des Vorganges zufolge eine Gerte halten, um mit ihr symbolisch den Weg frei zu räumen. Der Baldachin des Papstes wird von festlich geschmückten Jünglingen getragen. Vier Personen der Gruppe sind durch die beigefügten Wappen bezeichnet: zwei bayerische Herzoge, ein Herr von Weinsberg und ein Herr von Pappenheim. Der eine Herzog und wohl auch der nicht sichtbare Weinsberg halten die hinteren Zipfel des das Pferd bedeckenden Mantels. Der vordere Herzog scheint das Pen-

dant des Königs zu sein, was allerdings nicht korrekt wäre, da der brandenburgische Kurfürst an dieser Stelle bezeugt ist. Hinter dem Papst gehen Konstanzer Bürger mit Zunftkerzen. Den Zeitgenossen ist diese Zeremonie nicht mehr selbstverständlich, sie wird mit einem gewissen Erstaunen vermerkt. Der Regensburger Gesandte schreibt an seine Stadt: *... diemuetigte sich u[nser] h[erre] der kuenig dar zu, das er selber an ainer siet mit dem margraffen von Brandenburg an der andern seiten ze fuse u[nsern] h[eiligen] v[ater] bim zaum waisete diemuetiklichen ..., wi wol u[nser] h[eiliger] v[ater] gern geseen hiet, das er is etliche ander hiet tan lassen, und dar umb sprach u[nserm] h[erren] dem kuenig idermann gross lob und er* (Einleitung S. 54, 62).

Aufbewahrungsort und Foto: Rosgartenmuseum, Konstanz. Konzilschronik des Ulrich Riechental fol. 105ᵛ

Zur Handschrift vgl. die zu Tafel 99 b genannte Literatur. Der Regensburger Bericht bei H. Heimpel, Regensburger Berichte vom Konstanzer Konzil. In: Festschrift für K. G. Hugelmann 1. 1959 S. 263. Zum Vorgang: R. Holtzmann, Der Kaiser als Marschall des Papstes. 1928. Vgl. Tafel 240 a, 243

Tafel 242. a) Titelblatt der sogenannten Reform Kaiser Siegmunds (1497)

Der Holzschnitt illustriert die am Ende der 1439 verfaßten Reformschrift, die sich als eine Äußerung des Kaisers gibt, erzählte Vision des Kaisers: am Himmelfahrtsmorgen des Jahres 1403 sei er durch eine Stimme im Schlaf aufgefordert worden, der göttlichen Gerechtigkeit und deren Verwirklicher, dem von Gott gesandten Priester Friedrich von Lantnau, den Weg zu bereiten (Einleitung S. 63).

Aufbewahrungsort und Foto: Niedersächsische Staats- und Universitätsbibliothek, Göttingen. Druck von L. Zeissenmair. Augsburg 1497 fol. 1ᵛ

Über die Illustrationen der Reformatio Sigismundi vgl. Hildegard Zimmermann in: Zentralblatt für Bibliothekswesen 44. 1927 S. 153 ff. und 50. 1933 S. 428 ff. Die Schrift ist ediert v. H. Koller in: Monumenta Germaniae Historica. Staatsschriften 6. 1964. Vgl. L. Graf zu Dohna, Reformatio Sigismundi. 1960

Tafel 242. b) Der Pfeifer von Niklashausen (Holzschnitt 1493)

Die Illustration aus der Weltchronik Hartmann Schedels, dem 1493 gedruckten Liber chronicarum, zeigt Hans Böheim von einem Hause aus predigend. Hinter ihm der Pfarrer des Ortes, ihm, dem Ungelehrten »einblasend«, wie der dem Pfeifer feindlich gesonnene schriftliche Bericht sagt, der diese Ereignisse überliefert. In der Tat hatte sich der Pfarrer mit dem predigenden Hirten verbündet; er spendete den Wallfahrern die Sakramente. Neben einer Gruppe von Wallfahrern zeigt der Holzschnitt die Kirche. Außen ein Altar, weil die Kirche für die Menge der Pilger zu klein ist. An die Kirche gelehnt überdimensionale Kerzen, die von den Wallfahrern gespendet wurden. — Im übrigen gibt der Holzschnitt ein gutes Bild eines spätmittelalterlichen Dorfes (Einleitung S. 63).

Aufbewahrungsort und Foto: Niedersächsische Staats- und Universitätsbibliothek Göttingen

G. Franz, Quellen zur Geschichte des Bauernkrieges. 1963 Nr. 14

Tafel 243. a, b) Ulrich Riechenthal: Hinrichtung des Johann Hus (Handschrift 2. Hälfte 15. Jh.)

Die Bilder zeigen zunächst, wie der verurteilte Kleriker durch zwei Bischöfe seines geistlichen Gewandes erledigt wird. Zur Hinrichtung wird der mit einem anderen Gewand und einer hohen Spottmütze (Inschrift: *Heresiarcha)* bekleidete Verurteilte an einen Pfahl gebunden, um den dann ein Holzstoß aufgerichtet wird. Die Gruppe links stellt die weltlichen Zeugen dar. Auf dem folgenden Bilde wird die Asche des Hingerichteten in den Rhein gestreut (Einleitung S. 64).

Aufbewahrungsort und Foto: Österreichische Nationalbibliothek, Wien. Handschrift Nr. 3044 fol. 81ᵛ

Vgl. Tafel 99 b; 240 a; 241

Tafel 244. Jan Žižka an der Spitze eines hussitischen Heereszuges (Handschrift 2. Hälfte 15. Jh.)

Der alttschechische Text erzählt, daß sich das Volk im Jahre 1419 gegen die sittenlose Geistlichkeit erhoben habe, daß Kirchen aufgehoben und geistliches Gerät zerstört worden sei und daß das Volk sich bewaffnet und unter Führung des »Bruders« Žižka Ritterheere besiegt habe. Es folgt dann der Text des (noch heute gesungenen) hussitischen Kriegsliedes. Die Zeichnung zeigt den Heereszug. Ein Priester mit Monstranz geht an der Spitze. Ihm folgt zu Pferde der durch die Augenbinde charakterisierte blinde Žižka; als eine Art. Feldherrnzeichen trägt er einen als Faust gebildeten Streitkolben, mit dem er auch sonst dargestellt wird. Dann hinter der Fahne mit dem Symbol der hussitischen Revolution, dem Kelch, das hussitische Heer selbst, durch bäuerliche Kleidung und Waffen — Dreschflegel, Gabel und Morgenstern — als Volksheer charakterisiert (Einleitung S. 65).

Aufbewahrungsort und Foto: Niedersächsische Staats- und Universitätsbibliothek, Göttingen. Cod. theol. 182 pag. 75

Zur Handschrift vgl. Tafel 238/39. Zur Darstellung Žižkas: E. Wagner u. J. Durdik, Tracht, Wehr und Waffen des späten Mittelalters. Prag ²1960 Tafel 44. Vgl. auch F. G. Heymann, John Žižka and the Hussite Revolution. Princeton 1955. Die entsprechende Darstellung des mit dieser Handschrift eng verwandten sogenannten Codex von Jena (heute Bibliothek des Nationalmuseums in Prag) ist abgebildet in dem Katalog: Die revolutionäre Hussitenbewegung. Ausstellung im Museum für deutsche Geschichte. Berlin 1958 Abb. 5

Tafel 245. a) Teilzeichnung einer Wagenburg (etwa 1430)

Item daz ist der Hussen wagenpurgk, daraus dy Hussen vechten. Dy ist gut und gerecht [tauglich]. Die Zeichnung aus einem Buch mit Konstruktionszeichnungen verschiedener Maschinen gibt nicht eine ganze Wagenburg wieder, sondern nur ein Konstruktionselement: zwei miteinander verbundene Wagen, deren Längsseiten mit starken Brettern befestigt sind. Im unteren Bildteil eine Maschine zum Polieren von Gestein (Einleitung S. 64).

Aufbewahrungsort und Foto: Bayerische Nationalbibliothek, München. clm. 197 fol. 23v

Tafel 245. b) Hans von Tübingen: Votivtafel aus St. Lambrecht (vor 1438)

Das Bild zeigt links die Muttergottes, die den Schutzmantel über die Stände breitet. Vor ihr kniet die als heilig verehrte Tochter Hedwig des Königs Ludwig von Ungarn mit dem Modell der von ihr gestifteten Kapelle in Mariazell. Weiter rechts die Schlacht König Ludwigs von Ungarn gegen die Türken 1377. Daß er sich aus dieser Schlacht zu retten vermochte, galt als größtes Wunder der in Mariazell verehrten Gnadenmutter. Im Vordergrund die Ermordung und Plünderung eines Verwundeten (Einleitung S. 64).

Aufbewahrungsort: Landesmuseum Johanneum Graz (Leihgabe des Stifts St. Lambrecht). Foto: Kunsthistorisches Museum, Wien

K. Oettinger, Hans von Tübingen. 1938; A. Stange, Deutsche Malerei der Gotik 11. 1961 Nr. 14. Vgl. Taf. 274

Tafeln 246, 247. Diebold Schilling, Luzerner Chronik (1512/13): Schlacht bei Sempach

Nach Morgarten 1315 und vor Näfels 1388 fällt bei Sempach 1386 die zweite große Entscheidung zugunsten der Eidgenossen. Das österreichische Ritterheer unterliegt, obwohl es sich z. T. der neuen Taktik (ein Teil der Ritter kämpft zu Fuß) anzupassen versucht hat. Der Einbruch in die österreichische Front wird seit dem 15. Jahrhundert Arnold Winkelried zugeschrieben. — Das Bild stellt zeitlich aufeinanderfolgende Vorgänge simultan nebeneinander. Rechts die Eidgenossen, links die Österreicher, in der Mitte (kaum noch erkennbar) der Durchbruch und Winkelried. Links die Flucht der österreichischen Ritter, am rechten Rande das eidgenössische Heer auf dem Heimzug mit den erbeuteten Fahnen (Einleitung S. 64).

Aufbewahrungsort: Zentralbibliothek, Luzern. Luzerner Chronik des Diebold Schilling fol. 11v und 12r. Foto: Schweizerisches Landesmuseum, Zürich

Vgl. die zu Tafel 116 genannte Literatur sowie den Katalog Rittertum. Schweizerische Dokumente. ²1964 S. 106 ff.

Tafel 248. a) Armbrustschütze. Zeichnung (1. Hälfte 15. Jh.)

Die Figur trägt die typische Kleidung des Armbrustschützen: keine Rüstung, mit Rücksicht auf die Beweglichkeit, und einen Eisenhut. Am Gürtel ein Spannhaken für die Armbrust (Einleitung S. 64).

Aufbewahrungsort und Foto: Graphische Sammlung der Universitätsbibliothek Erlangen
E. Bock, Die Zeichnungen in der Universitätsbibliothek Erlangen. 1929 Nr. 12

Tafel 248. b) Die Belagerung der Stadt Marienburg 1460 (Ausschnitt) (1481)
Nachdem das Ordenshaupthaus den Feinden des Ordens schon 1457 in die Hand gefallen war, eroberte das Heer der abgefallenen Stände und des polnischen Königs 1460 auch die Stadt Marienburg. Die Kämpfe um die Stadt wurden in dem etwa zwanzig Jahre nach diesen Ereignissen, wohl von einem niederländisch geschulten Maler, für den Artushof in Danzig gemalten Bild festgehalten (Einleitung S. 64).
Das Gemälde ist im letzten Krieg verschollen.
Foto: F. Stoedtner, Düsseldorf
W. Hager, Das geschichtliche Ereignisbild. Habilitationsschr. Heidelberg 1939 S. 77 f.; A. Stange, Deutsche Malerei der Gotik 11. 1961 Nr. 259

Tafel 249. Rüstkammer der Churburg (Südtirol)
Die Waffenkammer der ursprünglich im Besitz der Vögte von Matsch und seit deren Aussterben 1504 der Grafen Trapp befindlichen Burg enthält Rüstungen und Waffen aus dem 14. bis 17. Jahrhundert, die bis auf wenige Ausnahmen aus dem Besitz beider Familien stammen. Im Vordergrund links der Harnisch eines Vogtes von Matsch aus dem Ende des 14. Jahrhunderts, ein noch nicht voll ausgebildeter Plattenpanzer, der über Lentner (Lederwams) und Kettenhemd getragen wurde. Die Platten des Bruststücks sind von Messingstreifen umrandet, die mehrfach die Inschrift *Jesus autem transiens per medium illorum ibat* (Luk. 4,30: Jesus aber ging mitten durch sie hinweg) tragen. Die aus einem Stück geschlagene Beckenhaube ist mit einem Absteckvisier, einer sogenannten Hundsgugel, verbunden, das an den Rändern den gleichen Spruch trägt wie das Bruststück, also zu diesem gehört. An der Haube ist ein Panzerkragen angebracht, eine aus genieteten Eisendrahtringen bestehende Halsberge. Das Armzeug stammt aus der gleichen Zeit wie die übrigen Teile, gehörte aber, da anders ornamentiert, wohl nicht von Anfang an zu dieser Rüstung. Die Handschuhe sind nicht ganz vollständig erhalten; ursprünglich waren auch die Finger durch kleine Platten gesichert. An der rechten Seite des Bruststücks der Rüsthaken zum Einlegen der Lanze. Der Schwertgürtel (Dupsing), wie die ganze Rüstung ein äußerst seltenes Stück, stammt gleichfalls aus dem Ende des 14. Jahrhunderts. — Die beiden Rüstungen im Hintergrund sind voll ausgebildete Plattenharnische aus der Mitte des 15. Jahrhunderts. Der mittlere gehörte Ulrich IX. Matsch; der Helm gehörte ursprünglich zu einer anderen Rüstung. Die Rüstung wiegt 45,43 kg. Der Harnisch rechts gehörte Graf Galeazzo von Arco. — Die drei Harnische sind Mailänder Arbeit. — An den Wänden sonst Bruststücke und Helme des 15. Jahrhunderts (Einleitung S. 64).
Foto: Eva Frodl-Kraft, Wien
O. Graf Trapp, Die Churburger Rüstkammer. London 1929. Nr. 13, Nr. 19, Nr. 21, Nr. 364

Tafel 250. a, b) Konstruktionszeichnung einer Blide und Darstellung einer Steinbüchse unter fahrbarer Schutzkonstruktion aus dem Kriegsbuch des Konrad Kyeser (um 1400)
Das schwere Wurfgeschütz ist in Deutschland seit dem frühen 13. Jahrhundert bekannt und noch lange Zeit neben dem Pulvergeschütz verwandt worden. Weiten bis zu 500 Metern überwindend und Gewichte bis zu 28 Zentnern schleudernd, diente es vor allem zum Werfen von Steinkugeln (aber auch von Bränden), die Häuser, insbesondere Dächer zertrümmerten, aber, da sie von oben fielen, keine Mauern brachen. Die Bliden waren außerordentlich treffsicher, schossen etwa zweieinhalbmal so schnell wie die Pulvergeschütze und erforderten eine kleinere Bedienungsmannschaft als diese. Dagegen waren sie schlechter zu transportieren und wegen ihrer Holzkonstruktion durch Brand gefährdet. — Die Zeichnung macht auf drei der Balken Maßangaben.
Die Zeichnung der Steinbüchse stellt den Augenblick dar, da der Büchsenmeister mit Hilfe eines glühenden Eisens durch das Zündloch die Ladung zur Explosion bringt. Die Laden der Schutzkonstruktion (welche die Bedienungsmannschaft während der langwierigen Ladearbeiten und der Reinigung des Rohres nach dem Schuß vor feindlichem Beschuß

deckte) sind für den Schuß geöffnet. Über die Wirksamkeit der sich seit der Mitte des 14. Jahrhunderts in Deutschland schnell verbreitenden Pulvergeschütze gibt es vielfältige Nachrichten. So weiß man etwa, daß bei der Brechung der Burg Tannenberg im Jahre 1399 (bei Darmstadt), also etwa zu der gleichen Zeit, aus der die abgebildete Zeichnung stammt, auch eine große Steinbüchse von 70 Zentnern Gewicht (das abgebildete Geschütz ist kleineren Kalibers) eingesetzt wurde. Sie wurde von 16 Pferden bewegt und von einem Büchsenmeister, dessen Gehilfen, acht Gesellen und einem Zimmermann bedient, der für die Balkenpackung, auf der das Rohr lag, und deren sich bei jedem Schuß lockernde Lage verantwortlich war. Zum Schutz dieser Mannschaft waren acht Mann mit großen Setzschilden eingesetzt. Das Geschütz feuerte 6 Schuß am Tage und brach mit seinen dreieinhalb Zentner schweren Kugeln Mauern von 280 cm Stärke. Da es von einer Reihe von Territorien gemeinsam eingesetzt wurde, mußten die Kosten umgelegt werden: sie betrugen 21 Pfund und 18 Schilling pro Schuß infolge des großen Bedienungspersonals, aber auch wegen der 18 Pfund Pulver, die jeder Schuß erforderte. Die Steinkugeln waren übrigens, wenn man die bestürmte Burg brach und ihrer habhaft wurde, wieder zu verwenden (Einleitung S. 64).
Aufbewahrungsort und Foto: Niedersächsische Staats- und Universitätsbibliothek, Göttingen. Ms. phil. 63 fol. 30^{v} und 108^{r}
B. Rathgen, Das Geschütz im Mittelalter. 1928; H. J. Rieckenberg, Bertold, der Erfinder des Schießpulvers. Archiv für Kulturgeschichte 36. 1954. Zu Kyeser vgl. E. A. Geßler in: Die deutsche Literatur des Mittelalters. Verfasserlexikon 2. 1936 Sp. 1003 ff. Von der Handschrift wird in Kürze eine Faksimileedition im VDI-Verlag erscheinen. Vgl. Farbtafel M

Tafel 251. a) Hans Baldung Grien: Burg Weibertreu bei Weinsberg (nach 1504)
Die Zeichnung aus dem Karlsruher Skizzenbuch Baldung Griens zeigt die Burg nach der Beschießung und Eroberung des Jahres 1504. Die größten Schäden sind an dem Bergfried rechts entstanden, in dem offensichtlich ein provisorischer Notbau errichtet worden ist, ferner an Dach und Mauern des Hauptgebäudes. Auffälligerweise zeigen die Mauern keine Spuren der Belagerung; sie sind möglicherweise sogleich ausgebessert worden oder auf dieser Seite nicht vorhanden gewesen. Die Burg wurde wenige Jahre später, im Bauernkrieg, bis auf geringe Reste zerstört (Einleitung S. 64).
Aufbewahrungsort und Foto: Staatliche Kunsthalle, Karlsruhe. Skizzenbuch Baldung Griens fol. 3^{v}
M. Rosenberg, Hans Baldung Grüns Skizzenbuch. 1889 S. 20; C. Koch, Die Zeichnungen Hans Baldung Griens. 1941 Nr. 100; H. Bauer in: Wirtembergisch Franken 8. 1869 S. 318 ff.

Tafel 251. b u. c) Stadtbefestigung von Reval. Nordwestlicher Teil mit dem Domberg im Hintergrund und Innenansicht eines Bastionsturmes (»Dicke Margarethe«, 1518—1529)
(Einleitung S. 64).
Fotos: Foto Marburg
E. v. Nottbeck u. W. Neumann, Geschichte und Kunstdenkmäler der Stadt Reval 2. Reval 1904 S. 13 ff.; N. v. Holst, Baltenland. 1940 S. 26 ff.

Tafel 252. a) Grabmal des 1501 verstorbenen Büchsenmeisters Martin Merz
Das aus Rotmarmor gearbeitete Denkmal an der Martinskirche in Amberg zeigt den Verstorbenen in reicher Kleidung, den Rosenkranz betend. Er steht auf einer Büchse, die mit Lafette auf dem rechten Wappen wiederkehrt, und auch das den Verlust eines Auges bezeichnende Pflaster mag mit dem Beruf zusammenhängen. Die lateinische und deutsche Inschrift lautet: *Stelliferi celi factor, qui cuncta gubernas / Martini miserere tui, quem sydere dignum / Anus millenus quingentenus quoque primus / Sustulit e medio, qui bombardista leonis / Magnanimi claram Rheni undam pace regentis / Oppida nobilium atque ducum subiecit et arces* (Schöpfer des gestirnten Himmels, der du alles lenkst, erbarme dich deines Martin, den himmelswürdig das 1501. Jahr wegnahm aus dem Leben, der als Artillerist des hochherzigen Löwen, welcher die berühmten Wellen des Rheins in Frieden regiert — d. h. des Pfalzgrafen bei Rhein — Städte und Burgen des Adels und der Herzöge besiegte). Auf der rechten Seite: *Anno domini 1501 iar am tag Vitalis* [d. h. am 28. April] *ist verschieden* der

erber meyster Martin Mercz, buchssenmeister, in der Kunst mathematica, buchssenschissens vor andern berumt, der seyn hercz und wergk alweg zu aufnemen der Pfalcz vor andern furstenthum bis an seyn endt geseczt und getreulich gedynet. Des sele got gnedig und barmherzig sey (Einleitung S. 64).
Foto: Bayerisches Landesamt für Denkmalpflege, München.
F. Mader, Stadt Amberg. Die Kunstdenkmäler des Königreichs Bayern 2, 16. 1909 S. 96; Quellen zur Geschichte der Feuerwaffen. 1877 S. 45 und 56 f.

Tafel 252. b) Aufzeichnung über die Kenntnisse eines Kriegsingenieurs (um 1390)

Merckiln Gast, der bussenschücze, kan das nachgeschriben: primo virdorben pulver widder zu brengen in sin ersten materien, daz die gut werde. Item salpeter und salcz zu scheiden und zu synen [verbinden]. *Item pulver zu machin, daz 60 jare weret. Item er kan schiessen mit grossen und cleinen bussen. Item er kan clein hantbussen und ander bussen uz isen gyeszen* (Einleitung S. 64).
Aufbewahrungsort und Foto: Stadtarchiv Frankfurt am Main. RS Nachträge 742

Tafel 253. a, b) Bildnisse zweier Handwerker des 15. Jahrhunderts

Die beiden Darstellungen aus dem Hausbuch der Nürnberger Zwölfbrüderstiftung (vgl. Tafel 221 a) zeigen einen Drahtzieher und einen Weiterverarbeiter des Drahtes, einen Panzerhemdenmacher. *Der 25. bruder, der do starb, der hieß Heintz und was ein salbürtt,* d. h. *sar* [= Rüstung] *würke,* ein Panzerhemdenmacher, der seine Produkte aus Drahtringen mit der Zange zusammennietete. *Der 87. bruder, der do starb, hieß Dyetrich schockentzieher;* er war also Drahtzieher, der nach einem schon für das frühe Mittelalter bezeugten Verfahren einen etwa fünf Millimeter starken geschmiedeten Draht mit Hilfe des Zieheisens bis zu einer Stärke von zwei bis drei Millimetern auszog. Zur besseren Einsetzung seines Körpergewichts saß er hierbei auf einem an der Decke befestigten Schaukelbrett, einer *Schocke,* die seinem Gewerbe den Namen gegeben hat. Gerade in Nürnberg wurde die Drahtgewinnung schon seit dem frühen 15. Jahrhundert mit Hilfe der Wasserkraft betrieben (Einleitung S. 64).
Aufbewahrungsort: Stadtbibliothek Nürnberg. Amb. 317 2° fol. 10r und 40v. Foto: A. Schmidt, Nürnberg
Das Hausbuch der Mendelschen Zwölfbrüderstiftung zu Nürnberg. Hrsg. von W. Treue u. a. 1965. Vgl. O. Johannsen, Geschichte des Eisens. ³1953 S. 172 ff.

Tafel 254. Darstellung des Grubenbetriebes (1490)

Die Miniatur, Titelblatt einer 1490 in Kuttenberg, dem Hauptort des böhmischen Silberbergbaus, angefertigten liturgischen Handschrift, stellt die Förderung und Verarbeitung des Erzes sowie seine Verteilung an die Gewerken dar. Im Vordergrund die Arbeit unter Tage: die Gewinnung des Erzes durch Hauer, sein Transport durch Schlepper. In Körben wird das Erz über eine Winde an das Tageslicht befördert. Über Tage dient eine Roßgöpelanlage der Wasserhaltung. Am Mundloch des Stollens der Steiger, der mit Hilfe eines Kerbholzes die Förderung der einzelnen Bergleute kontrolliert. Unter dem offenen Haus links am Rande wird ein Bergmann zur Verhinderung von Erzdiebstahl abgetastet. Weiter oben die Säuberung des Erzes durch Hammer und Waschen. Ganz oben um den großen Tisch wohl Erzhändler, dahinter der Berggraf und die Gewerken. (Einleitung S. 65).
Aufbewahrungsort und Foto: Österreichische Nationalbibliothek, Wien. Cod. 15 501 (Kuttenberger Kanzionale)
O. Johannsen, Geschichte des Eisens. ³1953 S. 100; Chr. Beutler in: H. Winkelmann u. a., Der Bergbau in der Kunst. 1958 S. 72 ff. Vgl. Taf. 282

Tafel 255. Denkmal des Andreas Paumkircher von der Burg Schlaining (Stadtschlaining, Burgenland) (nach 1463)

Der aus einer steirischen Familie stammende Paumkircher, der 1471 als Führer des Widerstandes gegen Kaiser Friedrich III. enthauptet wurde, ist auf dem Gedenkstein mit Rüstung, Wappen und Standarte dargestellt. Die Inschrift lautet: *Nos Andreas Pemkircher de Zolonok comes Posoniensis hoc magnificum opus fortis-*

simorum murorum erigi fecimus. Inceptum anno domini 1450 (Wir Andreas Paumkircher von Schlaining, Graf von Preßburg, haben dieses großartige, von stärksten Mauern umgebene Bauwerk errichten lassen. Begonnen im Jahre des Herrn 1450). Da Paumkircher 1463 Graf von Preßburg wurde, muß die Inschrift (und das Denkmal) danach entstanden sein (Einleitung S. 65).
Foto: Bundesdenkmalamt, Wien
Die deutschen Inschriften 3: Die Inschriften des Burgenlandes. 1953 Nr. 123; A. Schmeller, Das Burgenland. Salzburg 1965

Tafel 256. Maximilian I. diktiert seinem Schreiber Marx Treitzsaurwein 1512
Der Kaiser sitzt, mit Krone und Reichsapfel, auf einem Thron in Renaissanceformen. Auf dem eher gotischen Rankenwerk hängen Lorbeerkränze. Die Inschrift auf der oberen Thronstufe: *Die in meinem dienst haben gestritten ritterlichen unnd nach eeren, die schreib in meinen tryümpf inen zu ainer gedachtnüs hie auf erden.* Auf der unteren Stufe der Schreiber, darunter vier bekränzte Landsknechtsgestalten (Einleitung S. 65).
Aufbewahrungsort und Foto: Österreichische Nationalbibliothek, Wien. Handschrift Nr. 2835 fol. 2^v
Maximilian I. Ausstellung [Katalog]. Wien 1959 Nr. 66. Vgl. Tafel 258

Tafel 257. a, b) Saal des Abtes David von Winkelsheim im ehemaligen Kloster St. Georgen in Stein am Rhein (Kanton Schaffhausen) (1515/16)
Der 1515 errichtete spätgotische Saal wurde im gleichen und im folgenden Jahr durch Thomas Schmid und Ambrosius Holbein mit Fresken geschmückt. Die Themen der unteren Abbildung sind von links: Lucretia, Marcus Curtius (dann verdeckt St. Sebastian und darüber St. Georg), Christophorus (darüber St. Michael), Herkules (dann wieder verdeckt Virginia), Dido (?), Candace, die Eroberung Karthagos und der Tod und eine Lautenspielerin. — Das obere Bild zeigt die vorletzte der genannten Szenen, die Erstürmung Karthagos, das hier von Schweizer Landsknechten in den typischen geschlitzten Gewändern erobert wird (Einleitung S. 65).
Fotos: Gottfried-Keller-Stiftung, Bern
R. Frauenfelder, Die Kunstdenkmäler des Kantons Schaffhausen 2. Basel 1958 S. 112 ff.

Tafel 258. Kaiser Maximilian I., 1459—1519. Kohlezeichnung Albrecht Dürers vom Juni 1518
In der rechten oberen Bildecke hat Dürer handschriftlich vermerkt: Das ist keiser Maximilian, den hab ich, Albrecht Dürer, zw Augspurg hoch oben auff der pfaltz in seinem kleinen stüble kunterfett, do man tzalt 1518, am mandag noch Johannis touffer (28. Juni).
Zwischen »Mittelalter« und »Neuzeit«, auch in der Spannung zwischen habsburgischer Hausmachtpolitik und traditioneller Kaiser-Vorstellung lebend, erhielt der 1493 durch den Tod seines Vaters, Friedrichs III., zur Alleinherrschaft gelangte Kaiser weltpolitische Bedeutung durch den Erwerb Burgunds, die Gewinnung von Erbansprüchen in Spanien und im Osten sowie durch die Begründung der Weltmachtstellung des habsburgischen Hauses. Doch hatte sein Eingreifen in die Machtkämpfe der Nationalstaaten keine Erfolge, löste die »Schweizer Eidgenossenschaft« sich endgültig vom Reich, ging das Gebiet des Deutschen Ordens verloren. Es gelang Maximilian infolge des Widerstandes der Stände und durch seine eigene Unstetheit nicht, dem Reich eine neue Form zu geben. Ein humanistisch gebildeter, an Kunst (Dürer, der ihn mehrfach porträtiert hat) und Wissenschaft (Universität Wien) interessierter, sprachenkundiger, geistig beweglicher und literarisch (»Weißkunig«) tätiger bedeutender Herrscher, durchdrungen von kaiserlichem und habsburgischem Selbstbewußtsein und Ruhmesbedürfnis, gehemmt durch ständischen Widerstand und Geldmangel, war der von burgundischer Lebensform geprägte »Letzte Ritter« aber auch der »Vater der Landsknechte«, Förderer des Geschützwesens und Schöpfer einer neuen Kriegsform über das Ritterwesen hinaus (Einleitung S. 69).
Aufbewahrungsort: Albertina, Wien. Foto: Österr. Nationalbibliothek, Wien
H. Ulmann, Kaiser Maximilian I. 1884/91; W. Winkler, Kaiser Maximilian I. zwischen Wirklichkeit und Traum. 1950

Tafel 259. Conrad Celtis, 1459—1508. Holzschnitt von H. Burgkmair
Bauernsohn vom Main, Student in Köln und Heidelberg, Schüler Agricolas, fahrender Humanist in Erfurt, Rostock und Leipzig, 1486/87 einer der ersten deutschen Humanisten in Italien, wollte Celtis seine Heimat »der Barbarei entreißen« und den akademischen Unterricht aus der dienenden Rolle für die Theologie befreien. Von Friedrich III. in Nürnberg als erster deutscher Dichter gekrönt, trug der »Erzhumanist« durch die Einrichtung von gelehrten Gesellschaften nach dem Beispiel der Florentiner Akademie wesentlich zur Verbreitung des Humanismus in Deutschland bei. Maximilian ernannte ihn 1502 zum Präsidenten des ersten deutschen Poetenkollegs. Burgkmairs Holzschnitt führt seine Hauptwerke auf: vier Bücher Oden; acht Bücher Epigramme; vier Bücher über die Liebe; vier Bücher über die Germanen (Einleitung S. 70).
Aufbewahrungsort und Foto: Staatsbibliothek Berlin, Bildarchiv (Handke)
H. Rupprich, Briefwechsel. 1934; F. v. Bezold, Conrad Celtis, der deutsche Erzhumanist. In: Aus Mittelalter und Renaissance, Kulturgeschichtliche Studien. 1918; H. Drewing, Vier Gestalten aus der Zeit des Humanismus. 1946

Tafel 260. Martin Luther, 1483—1546. Kupferstich von Lucas Cranach d. Ä. (1520)
Cranach hat Luther 1520/1521 mehrfach porträtiert — den Reformator also nach der Römerbrief-Vorlesung, der Wendung gegen die Ablaßpredigt, nach den »Thesen«, der Verbrennung der Banndrohung mitsamt Thomas von Aquins »Summa theologia« und dem »Corpus iuris canonici«, den Grundbüchern der mittelalterlichen katholischen Weltordnung, in der Zeit der bedeutungsvollen Reformationsschriften und damit auf der Höhe der literarischen Produktion sowohl wie der Reichsacht und Flucht auf die Wartburg. Unsere Abbildung zeigt Luther als jungen Mönch mit der lateinischen Bildunterschrift: Die unvergänglichen Abbilder seines Geistes schafft Luther selbst, aber das Bildnis bewahrt die vergänglichen Züge (Einleitung S. 70).
Foto: Archiv für Kunst und Geschichte, Berlin
J. Lortz, Martin Luther. 1935; G. Ritter, Luther. Gestalt und Tat. [5]1949; E. W. Zeeden, Luther und die Reformation im Urteil des deutschen Luthertums. 1950; W. P. Fuchs, Neuere Luther-Literatur. In: Welt als Geschichte. 16/1956

Tafel 261. Titelblatt zu M. Luthers »An den christlichen Adel deutscher Nation« (1520)
»Die mit unheimlicher Schnelligkeit aufeinanderfolgenden seelsorgerischen Schriften (von Ablaß und Gnade, vom Bann, vom Wucher, vom ehelichen Stande, von den guten Werken, Auslegung der Zehn Gebote, der Bußpsalmen, des Vaterunsers u. a.) müssen mit ihren höchst praktischen Empfehlungen für besinnliche Naturen etwas ungeahnt Befreiendes gehabt haben, wenn sie den Unterschied zwischen heiligen und profanen Handlungen, zwischen Alltags- und Mönchsmoral verwarfen . . . und mit einer Klarheit, Anschaulichkeit und sprachlichen Kraft, die gerade dem Laien sich zuwandten, statt äußerlicher Werkheiligkeit ein inneres Frommsein um seiner selbst willen predigten. Schon hier wurden die Umrisse einer neuen Sittlichkeit erkennbar . . . An Volkstümlichkeit wurden sie nur noch überboten von den drei großen Reformschriften des Jahres 1520«. (W. P. Fuchs, Das Zeitalter der Reformation. In: B. Gebhardt, Handbuch der Deutschen Geschichte. Bd. 2 S. 40. [8]1961). Luther wandte sich in dieser Schrift auch gegen die großen Handelsgesellschaften, z. B. der Fugger, während er für die Bauern eintrat (Einleitung S. 70).
Foto: Staatsbibliothek Berlin, Bildarchiv (Handke)
W. Köhler, Luthers Schrift an den Adel im Spiegel der Kultur- und Zeitgeschichte. 1895

Tafel 262. a) Titelblatt zu Martin Luthers »Von der Freiheit eines Christenmenschen« (1520)
Auf die gelehrte Schrift »De captivitate ecclesiae Babylonica«, die sich gegen das Herzstück der alten Kirche, die Sakramentslehre, wandte, folgte die deutsche Schrift »Von der Freiheit eines Christenmenschen«, die einen letzten Versuch bildete, mit dem Papst zum Frieden zu gelangen, der freilich nach den massiven Angriffen der früheren Schriften unerreichbar geworden war.
In Luthers Schriften überwog bis 1518 das La-

teinische als Humanisten- und Gelehrtensprache. 1519 schrieb er vierzehn von 26 Büchern bereits deutsch, 1520 sechzehn von 28, 1521 dreizehn von achtzehn, danach stets mehr als 80%, 1526 alle Schriften deutsch (Einleitung S. 70).
Foto: Archiv für Kunst und Geschichte, Berlin
W. Maurer, Von der Freiheit eines Christenmenschen. 1949; A. Baur, Luthers Schrift von der Freiheit des Christenmenschen nach Entstehung, Inhalt und Bedeutung. 1876

Tafel 262. b) Die Gebäude der alten Wittenberger Universität 1644/45
Die 1502 von Kurfürst Friedrich dem Weisen gegründete, 1502 von Kaiser Maximilian, 1503 von Papst Julius I. privilegierte, dem hl. Augustinus gewidmete und dem Augustinerkloster eng verbundene Universität hatte vor der Reformation mehr als 100 Augustiner-Studenten und u. a. Luther und Staupitz zu Lehrern. Die Universität mußte mehrfach, so 1506, 1527/28, 1535 und 1552 wegen der Pest nach auswärts verlegt werden. In ihrer Frühzeit schnell führende deutsche Universität mit 1502—1518 einer, Mitte der 20er Jahre sieben, 1546 vier Druckereien, verfiel sie bald durch die inneren theologischen Kämpfe. 1813 sollte sie verlegt werden; infolge des Überganges an Preußen begann seit 1815 eine Art Selbstauflösung, doch fand 1817 die Vereinigung mit Halle statt (Einleitung S. 70).
Aufbewahrungsort: Universitätsmatrikel, Wittenberg, 1644/45. Foto: Archiv für Kunst und Geschichte, Berlin
A. Timm, Universität Halle-Wittenberg. 1960; K. Goldmann, Verzeichnis der Hochschulen. 1967

Tafel 263. Kaiser Karl V., 1500—1558. Kupferstich von B. Beham (1531)
Der Stich zeigt, wie Christoph Ambergs Gemälde von 1532, den jungen Kaiser mit der hängenden »habsburgischen Unterlippe« und dem infolge eines Wolfsrachens immer offenstehenden Munde. Tizians eleganter gemalte Porträts lassen diese Eigenart nicht so deutlich erkennen. Im Jahre 1531 herrschte Karl V., Sohn Philipps des Schönen und Johannas der Wahnsinnigen und burgundisch erzogen, seit 1516 König von Spanien und Herr über Neapel, über Mexiko und Peru. Gründer des spanischen Imperiums, sah er in Übersee mehr Missions- als Herrschaftsaufgaben: Mit Fuggers Finanzhilfe seit 1520 Kaiser, suchte er in der Verschmelzung der dynastischen mit der Kaiseridee die Möglichkeit, neben dem Papsttum die weltliche Führung der Christenheit zu stärken, den Glauben zu sichern und auszubreiten, Türken und Ketzer zu bekämpfen. In strenger mittelalterlicher Frömmigkeit lebend, verstand er Luthers Anliegen nicht und hielt, von Erasmus beeinflußt, aber seit 1530 ohne politische Berater von Format, zur Zeit des Kupferstichs von Beham den Glaubensausgleich noch für möglich. Doch scheiterten seine Bemühungen 1530 auf dem Augsburger Reichstag (Einleitung S. 72).
Foto: Archiv für Kunst und Geschichte, Berlin
P. Rassow, Die politische Welt Karls V. ²1947; ders., Die Kaiseridee Karls V. 1932; K. Brandi, Deutsche Geschichte im Zeitalter der Reformation und Gegenreformation. ²1942; G. Ritter, Die Neugestaltung Europas im 16. Jahrhundert. 1950; ders., Kaiser Karl V. ⁴1937/41

Tafel 264. Philipp Melanchthon, 1497—1560. Gemälde von Lucas Cranach d. J., signiert 1559
Melanchthon (gräzisiert durch Reuchlin aus »Schwarzert«), Großneffe von Reuchlin, seit 1514/15 in Tübingen, von den Humanisten gefeierter Lehrer und Herausgeber der klassischen Literatur (Tacitus: Germania), Verfasser einer griechischen Grammatik, 1518, von Reuchlin empfohlen, Professor des Griechischen in Wittenberg, bald der stärkeren Persönlichkeit Luthers in Verehrung zugetan, Freund und Mitarbeiter des Reformators. Er gewann Landgraf Philipp von Hessen für den neuen Glauben, stand im Bauernkrieg auf Luthers Seite der Obrigkeit, wurde Praeceptor Germaniae durch die Neugestaltung des höheren Schulwesens unter Heranziehung von Astronomie und Mathematik, Begründung des modernen Gymnasiums und des Pfarrerstandes seit 1530 (1532 Porträt von Lucas Cranach d. Ä.). Er war an allen politischen Verhandlungen der Protestanten beteiligt, nach Luthers Tod zunächst unbestritten Haupt des Protestantismus, bald aber nur noch, den theologisch-politischen Auseinandersetzungen nicht mehr gewachsen, Gelehr-

ter, der die Erlösung wünschte von der »Wut der Theologen und den Mühseligkeiten des irdischen Daseins« (Einleitung S. 72).
Foto: Archiv für Kunst und Geschichte, Berlin
K. Hartfelder, Ph. Melanchthon als Praeceptor Germaniae. 1889; H. Engelland, Melanchthon, Glauben und Handeln. 1931

Tafel 265. a) Landgraf Philipp der Großmütige (Magnanimus = der Hochgesinnte) von Hessen, 1504—1567. Gemälde von Hans Krell
Bereits 1518 von Kaiser Maximilian für mündig erklärt, besuchte er 1521 Luther in Worms, warf 1522/23 die ritterschaftliche Bewegung, 1525 die Bauern nieder, wandte sich 1524 auf Melanchthons Anregung der Reformation zu, die er 1526 in Hessen einführte und deren politischer Führer er wurde — unter den protestantischen Fürsten der einzige politische Kopf und damit Karls V. entscheidender Gegenspieler. Er vermochte 1529 beim Marburger Religionsgespräch nicht, Luther und Zwingli zur Einigung zu bewegen, erreichte aber 1562 die Unterstützung der Hugenotten von Deutschland her. Er war Schwiegervater von Moritz von Sachsen (Einleitung S. 72).
Aufbewahrungsort: Wartburg. Foto: Staatsbibliothek Berlin, Bildarchiv (Handke)
W. Sohm, Territorium und Reformation in der hessischen Geschichte 1526—1555. 1915; Chr. v. Rommel, Philipp d. Großmütige. 1830

Tafel 265. b) Ansicht von Marburg (um 1600). Stich von M. Merian
1527 wurden zu Marburg von Landgraf Philipp (Tafel 265 a) die erste protestantische Universität und ein Pädagogium als Krönung des Aufbaues eines christlichen Staatswesens für alle Landeskinder mit der theologischen Fakultät als Mittelpunkt, der juristischen auf rein römisch-rechtlicher und den anderen Fakultäten auf humanistischer Grundlage gegründet (ab 1605 reformiert; 1607 Gründung der lutherischen Gegen-Universität Gießen). Wegen der Pest wurde sie 1530, 1554/55, 1575 nach außerhalb verlegt. Tilly eroberte 1624 die Universität, die infolge des Krieges schnell an Bedeutung verlor (Einleitung S. 72).
Foto: Ullstein, Berlin
H. Hermelink und S. A. Kaehler, Die Philipps-Universität zu Marburg 1527—1927. 1927; Marburg, Die Universität und ihre Stadt. 1952

Tafel 266. Philipp der Großmütige, Luther (links), Melanchthon (ganz rechts) und andere Träger der Reformation. Ausschnitt aus einem Gemälde von L. Cranach d. Ä. (um 1530)
Das Bild vereinigt den Reformator, den Fürsten, der jenen beschützt, in seinem Lande Hessen die Reformation durchgeführt und ihr eine Stätte wissenschaftlicher Arbeit geboten hat, sowie in Melanchthon den Lehrer und Organisator in der Kleidung und im Selbstverständnis der Zeit (Einleitung S. 72).
Foto: Archiv für Kunst und Geschichte, Berlin
Literatur vgl. bei den Nummern 260 ff.

Tafel 267. a) Titelholzschnitt von M. Luthers Schrift »Wider die Mordischen und Reubischen Rotten der Bauern« (Wittenberg 1525)
Während Luther in seinen älteren Schriften (vgl. Tafel 261 und 262) und 1522 in der »treuen Vermahnung« Verständnis für sie gezeigt, selbst im April 1525 noch in der Ermahnung zum Frieden betont hatte, daß der »gemeine Mann« das Schinden und Schatzen nicht länger ertragen könne und sich empören müsse, hatte er dann im Kriege selbst gar kein Verständnis für die Art, wie jene ihre Forderungen durchzusetzen versuchten. Bereits die »Zusammenrottung« bezeichnete er als Aufruhr, der sich nicht mit Luthers Obrigkeitsbegriff vertrug und daher Unrecht war. Dieser Auffassung entsprach die »Ermahnung zum Frieden« von 1525. Danach aber unterschied Luther die Bauern »von früher«, d. h. zu Beginn der Protesterhebung, von den Bauern von heute, d. h. vom Mai 1525, und setzte nun alle mit den radikalen Elementen gleich, gegen die rücksichtslos mit dem Schwert vorgegangen werden müsse (Einleitung S. 73).
Foto: Ullstein, Berlin
A. Waas, Die Bauern im Kampf um Gerechtigkeit 1300—1525. 1964

Tafel 267. b) Flugblatt mit einer Aufzählung der Klöster und Schlösser, welche die Schwarzwald-Bauern 1525 niedergebrannt und geplündert haben

Im südlichen Schwarzwald war es bereits vor Beginn des eigentlichen Bauernkrieges zu Unruhen gekommen, denen ergebnislose Verhandlungen gefolgt waren. Führer der Bewegung von 1525 war Hans Müller von Bulgenbach, der die christliche Vereinigung gründete und — wie auch an anderen Orten die Bauern — zunächst ohne Waffengewalt gegen Klöster und Burgen vorgehen wollte. Aber bald wurde man von den Umständen in die Gewalttat hineingezwungen, und nach der »Schrekkenstat von Weinsberg« am 6. 4. 1525 (achtzig Ritter und ihre Knechte wurden gefangen, etwa fünfzehn besonders schimpflich wie Landsknechte durch Spießlaufen getötet, eine [natürliche] Tochter Kaiser Maximilians mit ihren Kindern auf einem Mistwagen nach Heilbronn gefahren) wandte sich das Volk gegen die Bauern, nahm der Krieg schnell sehr grausame Formen an; im September zwang die österreichische Regierung ihre vorderösterreichischen Untertanen im Südschwarzwald zur Unterwerfung auf Gnade und Ungnade (Einleitung S. 73).

Foto: Archiv für Kunst und Geschichte, Berlin

G. Franz, Der deutsche Bauernkrieg. [4]1956; dazu Aktenband 1934 und Quellen zur Geschichte des Bauernkrieges. 1963; auch Waas (vgl. Tafel 267 a)

Tafel 268. a) Götz von Berlichingen, 1480—1562. Glasbild eines unbekannten Meisters (1547)

Götz, der im Bayerischen Erbfolgekrieg 1504 die rechte Hand verloren und sich selbst eine ausgezeichnete Prothese konstruiert hatte, führte große Fehden gegen Städte und Bischöfe, wurde — zweimal geächtet — Amtmann des Herzogs Ulrich von Württemberg und bei dessen Sturz 1519 für drei Jahre gefangengesetzt. Er schloß sich früh der Reformation an. Im Bauernkrieg übernahm er, gedrängt und mehr im Interesse des Adels als der Aufständischen, die Führung der Odenwälder Bauern, ließ sie in der Entscheidungsschlacht im Stich, wurde 1528—1530 gefangengesetzt. Später zog er für Karl V. gegen die Türken und Franzosen — ein nur mäßig begüterter Reichsritter, der nach dem Brauch seiner Zeit erst für den Ruhm kämpfte und dann in Fürstendienste trat. Seine historisch sehr zuverlässige Lebensbeschreibung, eine der frühesten deutschen Autobiographien, diente Goethe als Quelle für sein Schauspiel (Einleitung S. 74).

Aufbewahrungsort: Schloß Jagsthausen. Foto: Landesbildstelle Württemberg, Stuttgart

Götz von Berlichingen, Lebensbeschreibung, hrsg. A. Leitzmann. 1916; R. Weimann, Götz von Berlichingen. 1930

Tafel 268. b) Georg von Frundsberg, 1473 bis 1528. Gemälde (2. Hälfte 16. Jahrhundert)

Frundsberg begann seine kriegerische Laufbahn neunzehnjährig; der Schweizer Krieg wurde ihm 1499 zum entscheidenden Erlebnis der kriegstechnischen Wandlung vom ritterlichen Einzelkampf zum Massenkampf lanzenbewehrter Landsknechte. Er wurde selbst Landsknecht und »Vater der deutschen Landsknechte«, 1502 von Maximilian zum Ritter geschlagen, 1512 zum obersten Feldhauptmann von Tirol ernannt. Höhepunkte seiner Karriere waren die Siege mit selbst angeworbenen Landsknechten bei Bicocca (1522) und Pavia (1525). Im Bauerkrieg erreichte er mehr durch umsichtiges Verhandeln als durch Kampf. Bei einer Meuterei hungernder Soldaten 1527 bei Bologna erlitt Frundsberg einen Schlaganfall. Ohne Feldherrnbegabung, war er ein sehr guter Unterführer. Sein Geheimschreiber A. Reißner veröffentlichte 1568 eine Biographie Frundsbergs (Einleitung S. 74).

Aufbewahrungsort und Foto: Österreichische Nationalbibliothek, Wien

F. Zoepfl, Georg von Frundsberg. In: Lebensbilder aus dem Bayerischen Schwaben I, 1952; O. Bucher, Adam Reißner. 1957

Tafel 269. Die Universität Dillingen um 1560. Zeitgenössischer Kupferstich

Als Fortsetzung der 1546 verwüsteten Benediktiner-Universität Elchingen, deren Studenten nach Dillingen übersiedelten, gründete 1549 Kardinal und Fürstbischof Otto von Waldburg ein Collegium litterarum, das durch Privilegien von Papst Julius III. (1551) und Kaiser Karl V. (1553) zur Universität Dillingen erhoben wurde. Die ersten Professoren kamen vorwiegend aus Löwen und dem niederländischen Raum. 1563 übergab der Bischof auf Rat seines Dompredigers Canisius — eines Jesuiten aus Nimwegen,

der in bewußter Parallele zur Sendung des hl. Bonifatius von seinen Studien in Bologna nach Deutschland zurückgeschickt worden war, dort (zunächst in Ingolstadt, später in Wien und Prag, Augsburg und Innsbruck) bald in der ersten Reihe der katholischen Reformer stand und 1556 erster Provinzial der neu errichteten oberdeutschen Provinz des Jesuitenordens wurde — die Universität »für immer« den Jesuiten. Sie gewannen starken Einfluß auf die Durchsetzung der Gegenreformation in Oberdeutschland (Einleitung S. 77).
Foto: Ullstein, Berlin
Th. Specht, Geschichte der Universität Dillingen. 1902; R. Haaß, Die geistige Haltung der katholischen Universitäten Deutschlands im 18. Jahrhundert. 1952; W. Schäfer, Petrus Canisius, Kampf eines Jesuiten um die Reform der katholischen Kirche Deutschlands. 1931

Tafel 270. Erzbischof und Kardinal Albrecht von Mainz, 1490—1545. Zeichnung von Albrecht Dürer (um 1540)
Mit seinem Bruder Kurfürst Joachim I. von Brandenburg begründete Albrecht 1506 die Universität Frankfurt/O. 1513 wurde er Erzbischof von Magdeburg und Administrator des Bistums Halberstadt, 1514 Erzbischof und Kurfürst von Mainz, 1518 Kardinal. Diese Pfründenhäufung war nur durch die vom Hause Fugger finanzierte Zahlung bedeutender Pallien- und Dispensgelder und den für den Bau von St. Peter in Rom bewilligten Ablaßhandel möglich, dessen Auswüchse Luthers Thesen von 1517 anprangerten und damit einen der bedeutendsten weltgeschichtlichen Konflikte auslösten. Albrecht war daran nicht unmittelbar schuld; der Ablaßhandel war von der Kurie selbst ins Leben gerufen. Für seine Stimme bei Karls V. Wahl zum Kaiser erhielt Albrecht 100 000 Gulden. In seinem Dienst standen Hutten und Capito; mit Erasmus befand er sich in politisch wichtiger Verbindung. Der mäzenatisch aktive, kunstsinnige, dem Bauen, der Malerei und Musik, auch der Verschwendung zuneigende Fürst, der an der Universitätsreform interessiert war, wurde Auftraggeber von Peter Vischer, Lucas Cranach, Matthias Grünewald, Albrecht Dürer, Sebald Behaim; ihm schwebte die Schaffung eines Minnehofes nach italienischem Vorbild vor (Einleitung S. 75).
Aufbewahrungsort: Louvre, Paris. Foto: Archiv für Kunst und Geschichte, Berlin
G. Hartmann, Reichskanzler, Kurfürst und Kardinal Albrecht von Brandenburg. 1937

Tafel 271. a) Die Plünderung des Klosters Weißenau (1525). Aus der »Weißenauer Chronik«
Georg von Waldburg hatte 1480 mit den Bauern von Ummendorf, wo er die Vogtei über Kloster Weißenau innehatte, und 1515 mit eigenen bäuerlichen Untertanen Schwierigkeiten kampflos durch Verträge zu lösen verstanden. Auch nach dem Bauernkrieg schloß er 1526 einen entsprechenden Vertrag mit ihnen ab. Als er aber im Kriege mit bewaffneter Faust zuschlug, kam es zwar am 17. 4. 1525 zum Weingartner Vertrag, doch plünderten die Bauern Kloster Weißenau (Einleitung S. 74).
Aufbewahrungsort und Foto: Fürstl. Waldburg-Zeil'sches Gesamtarchiv, Schloß Zeil
A. Waas, Die Bauern im Kampf um Gerechtigkeit 1300—1525. 1964

Tafel 271. b) Aufständische Bauern mit der Bundschuh-Fahne nehmen einen Ritter gefangen. Holzschnitt von Hans Burgkmair (1525)
Das Leben und die Aufstände der Bauern sind von vielen Künstlern, darunter den größten, wie Dürer, H. B. Grien, Hirschvogel, Altdorfer, V. Graf, den Holbein so häufig und vielfältig in Schnitten und Stichen geschildert worden, wie um die gleiche Zeit nur der Komplex der Reformation: Beide sind die wichtigsten Ereignisse der deutschen Geschichte auf der Wende vom Mittelalter zur Neuzeit gewesen (Einl. S. 74).
Foto: Archiv für Kunst und Geschichte, Berlin
A. Waas, Die Bauern im Kampf um Gerechtigkeit 1300—1525. 1964

Tafel 272. Bernt Knipperdolling, Führer der Wiedertäufer in Münster. Kupferstich von Heinrich Aldegrever (1536)
Die niederdeutsche Bildüberschrift lautet: Wirkliches Abbild des Bernt Knipperdolling, eines der 12 Herzöge zu Münster. (Die Stadt wurde von 12 »Herzögen« regiert.) Der Text der lateinischen Bildunterschrift besagt: »Der niemandem unbekannte Knipperdolling war

von solchem Antlitz. Gleichbrigend (?) sei nur das Leben. Heinrich Aldegrever stach dies zu Soest 1536.« Das Wappenschild in der rechten oberen Ecke weist darauf hin, daß Knipperdolling nach der Erhebung Johanns von Leiden zum Wiedertäuferkönig dessen Scharfrichter und Statthalter war.
Die Wiedertäufer, die nicht eine zweite, sondern die Erwachsenentaufe forderten, traten zuerst 1525 in Zürich, aber auch in den Wittenberger Unruhen in Erscheinung. Sie machten die Bibel zum Maßstab auch für das wirtschaftliche und soziale Leben und wollten die urchristliche Gemeinde der Heiligen verkörpern, lehnten Luthers Rechtfertigungslehre und die Unfreiheit des Willens ab. Erasmus und Zwingli beeinflußten ihr Gedankengut. Meist den unteren Schichten angehörend, beteiligten sich die Wiedertäufer am Bauernkrieg. Luther bejahte die 1528 in Deutschland eingeführte Drohung mit der Todesstrafe. Besonders radikal wurde das kämpferische, ekstatische Täufertum, das wie Müntzer das Reich Gottes gewaltsam herstellen wollte, in den Münsterer Wirren 1534/1535, wo es seinen Untergang fand. Dort war Knipperdolling, ein Kaufmann, 1533 Bürgermeister der Stadt, nach Johann Bockelsons aus Leiden Erhebung zum König von Zion dessen Statthalter. Die Leichen Johanns, seines Schwiegervaters Knipperdolling und anderer wurden am Turm der Lamberti-Kirche in eisernen Käfigen aufgehängt (Einleitung S. 74).
Foto: Archiv für Kunst und Geschichte, Berlin
H. Penner, Weltweite Bruderschaft. 1956

Tafel 273. a) Theophrastus Bombastus von Hohenheim, gen. Paracelsus, 1493—1541. Kupferstich seines Epitaphs in Salzburg. Unbekannter Meister (1542)

Als Arztsohn in Einsiedeln geboren, studierte Paracelsus in Ferrara, wanderte durch Europa, bevor er 1524 versuchte, in Salzburg seßhaft zu werden. Vor den Bauern fliehend, zog er die Donau entlang zum Rhein, erwarb 1526 das Bürgerrecht in Straßburg, nahm Beziehungen zu Basels Humanisten auf, wo er 1527 Stadtarzt wurde und Vorlesungen in deutscher Sprache hielt. Er zog dann durch Oberdeutschland, die Schweiz, das Alpenland, Mähren und Kärnten und kehrte nach Salzburg zurück, wo er starb. Er vertrat ein Christentum eigener Prägung, trat für Zwingli und gegen Luther auf und hinterließ ein umfangreiches Werk vorwiegend ungedruckter Schriften. Seine medizinisch-naturwissenschaftlichen Auffassungen und seine Pharmakologie stammten mehr aus der mittelalterlichen Alchemie, in die sein Vater ihn eingeführt hatte, als vom Humanismus. Lange Zeit als anmaßend und gottlos betrachtet, übte er durch seine Schriften Einfluß auf den jungen Goethe und Wieland, besonders aber auf die Romantiker aus. Der Stich zeigt einen Mann in mittlerem Alter, reich gekleidet und mit einem Schwert in der Hand und dem Wappen seines Geschlechtes in der linken oberen Ecke. Die Bildumschrift lautet (von links): »Lob sei Gott, Friede den Lebenden, ewige Ruhe den Toten. Eines anderen sei nicht, wer sein eigen sein kann. Die vollkommene Gabe von Gott, die unvollkommene vom Teufel. Der goldene Philippus Theophrastus.«
Die Bildunterschrift heißt: »Epitaph des Herrn Theophrast Paracelsus, der in Salzburg im Hospital bei St. Sebastian an der Kirchenmauer aus Stein errichtet ist.«
Die Inschrift des Grabsteins lautet: »Hier liegt Philippus Theophrastus, der berühmte Doktor der Medizin, der jene schrecklichen Wunden, Lepra, Podagra, Wassersucht und alle anderen Krankheiten des Körpers mit wunderbarer Kunst heilte und seine Güter an die Armen verteilte. Im Jahre 1541 am 24. September vertauschte er das Leben mit dem Tode« (Einleitung S. 74).
Foto: Archiv für Kunst und Geschichte, Berlin
K. Bittel, Paracelsus, Leben und Lebensweisheit in Selbstzeugnissen. 1944; K. Goldammer (Hrsg.), Sozialethische und sozialpolitische Schriften. 1952; ders., Paracelsus, Natur und Offenbarung. 1953

Tafel 273. b) Nikolaus Kopernikus, 1473—1543. Gemälde von Tobias Stimmer

In Thorn geborener Sohn eines aus Krakau zugewanderten Großkaufmanns, wurde Kopernikus an der Universität Krakau für den Humanismus gewonnen. 1495 wurde er durch Vermittlung seines Onkels, des Bischofs von Ermland, Domherr zu Frauenburg und erhielt damit die Möglichkeit zu langjährigen Studien in

Bologna und Padua. Seit 1503 lebte er im Ermland, wo sein Hauptinteresse astronomischen Studien galt. Seit 1510 war er mit der Formulierung seines 1523—1532 abgeschlossenen Hauptwerks »De revolutionibus orbium coelestium« beschäftigt. Darin setzte er an die Stelle des geozentrischen Systems des Ptolemäus die Lehre, daß Erde und Planeten sich um die Sonne drehen. Luther fand die Lehre, die einen völligen Umschwung der Weltauffassung, eine »Revolution der Denkart« (Kant), eine Hauptleistung des Humanismus bedeutete, vereinbar mit seinen eigenen Himmels- und Gottesvorstellungen, Calvin lehnte sie ab; 1616 bis 1757 stand sie auf dem Index der katholischen Kirche. Tycho Brahe, Kepler und Galilei bauten auf seinen Gedanken auf. Das Bild zeigt einen betenden dunkelhaarigen Mann im besten Mannesalter. In der rechten oberen Ecke sind astronomische Instrumente abgebildet, auf der linken Seite erinnern ein Kruzifix und ein Totenschädel an die Vergänglichkeit des Lebens. Die Schrifttafel unter dem Bild besagt, daß der Betende um die gleiche Gnade bittet, wie sie dem Schächer am Kreuz gewährt wurde (Einleitung S. 74).

Aufbewahrungsort: Johanniskirche zu Thorn, gestiftet von dem Thorner Arzt Pirnesius. Foto: Ullstein, Berlin

J. Papritz und H. Schmauch, Kopernikus-Forschungen. 1943

Tafel 274. a) Türke und Frau mit Kind. Kupferstich von Albrecht Dürer (um 1526)

Sultan Suleimans II. Sieg bei Mohacs 1526 ließ die Türken 1529 über Ofen zur Belagerung Wiens vorrücken. 1532 erfolgte eine Wiederholung dieses Triumphzuges. Der Erste Türkenkrieg zog sich mit vielen Wechselfällen bis 1555 hin. Die Türkengefahr, die für Deutschland zeitweise sehr groß war, veranlaßte viele Künstler, dieses Volk und seine Sitten zu schildern. Neben Dürers Kupferstich sei besonders Hans Guldemundts Holzschnitt aus der gleichen Zeit hervorgehoben, der zeigt, wie reitende türkische Soldaten mit einem aufgespießten Kind ein Bauernpaar in die Gefangenschaft führen (Einleitung S. 75).

Aufbewahrungsort und Foto: Staatliche Graphische Sammlung, München

F. Salamon, Ungarn im Zeitalter der Türkenherrschaft. 1883

Tafel 274. b) Marsch Friedrichs von Bayern nach Baden bei Wien gegen die Türken (1532). Holzschnitt von Michael Ostendorfer, gest. 1559

Nachdem 1529 die Aufstellung eines deutschen Reichsheeres aus Geldmangel, 1530 wegen der Konflikte auf dem Augsburger Reichstage unterblieben war, wurden König Ferdinands I. Truppen am 17. 12. 1530 zur Aufgabe der Belagerung Ofens gezwungen. Gegen den für 1532 erwarteten türkischen Vorstoß auf Wien wurde ein Reichsheer mit 35 000 Mann Infanterie und 6 000 Mann Kavallerie sowie 35 000 spanischen, italienischen und niederländischen Truppen aufgestellt. Es schlug die türkischen Truppen u. a. bei Baden bei Wien, errang aber keine entscheidenden Erfolge. Der Holzschnitt zeigt links im Hintergrund Baden, auf das Kavallerie, Artillerie und Infanterie ziehen (Einl. S. 75).

Foto: Archiv für Kunst und Geschichte, Berlin

F. Salamon, Ungarn im Zeitalter der Türkenherrschaft. 1883

Tafel 275. a) Conrad Peutinger, 1465—1547. Stich von Joh. Jac. Haid (nach der Porträtmedaille Peutingers von Friedrich Hagenauer, 1527)

Als studierter Jurist trat Peutinger 1490 in den Dienst seiner Vaterstadt Augsburg, deren Stadtschreiber er 1497—1534 war. Mit der Kaufmannsfamilie der Welser durch seine Eltern verbunden, von den Fugger finanziert, leitete er die städtische Politik im Sinne der großen Handelshäuser, war als Lobbyist erfolgreich und wurde von Maximilian I. zum Kaiserlichen Rat ernannt, von Karl V. als Repräsentant des neuen Wirtschaftsdenkens mit Zustimmung bedacht. Er trat in großen Gutachten zum Augsburger Reichstag von 1530 für Zinsen und Monopole ein. Daneben war er Humanist, Historiker und Sammler von Antiquitäten (Besitzer der antiken »Peutingerschen« Straßenkarte). Als die Reformation 1534 in Augsburg eingeführt wurde, legte er sein Amt als Stadtschreiber nieder (Einleitung S. 75).

Foto: Süddeutscher Verlag, München

H. Lutz, Conrad Peutinger. In: Lebensbilder aus dem Bayerischen Schwaben 2, 1952; Cle-

mens Bauer, Conrad Peutingers Gutachten zur Monopolfrage. In: Archiv für Reformationsgeschichte 45. 1954

Tafel 275. b) Bildnis des Danziger Kaufmanns am Londoner Stahlhof Georg Gisze. Gemälde von Hans Holbein d. J. (1532)

Seit der Wende vom 15. zum 16. Jahrhundert wurde der Verfall der Hanse aus innerer Uneinigkeit, nationalstaatlicher Entwicklung in Europa und weltwirtschaftlichen Veränderungen immer deutlicher. Wullenwebers Bewegung und Außenpolitik in Lübeck trug wesentlich dazu bei in den Jahren, da Holbein Gisze malte. Nachdem bereits 1487 das Hansekontor in Nowgorod am Ilmensee unter russischem und das zu Brügge unter burgundischem Druck hatte aufgegeben werden müssen, setzte um 1530 eine ähnliche Bewegung gegen die Hanse im Stahlhof zu London ein, während sie in Schweden bereits seit 1523 lahmgelegt worden war. In Dänemark geschah das gleiche gegen Ende des Jahrhunderts. Danzig aber fand einen Ausgleich für die Verluste der Hanse im Handel mit pommerschem und polnischem Getreide und wurde nach dem Fall Nowgorods auch Umschlagplatz für den Rußlandhandel. Die Einführung der Reformation 1523 hatte die Intensivierung der Beziehungen zu den Niederlanden zur Folge, deren Calvinismus auch in Danzig Fuß faßte. Holbeins Porträt stellt also einen Danziger Kaufmann auf der Wende von der Hansezeit zu der Zeit der stadtstaatlichen Selbständigkeit und der Verlagerung der Haupthandelsrichtungen, nicht dagegen des wirtschaftlichen Abstiegs dar, der andere Hansestädte so schwer traf (Einleitung S. 78).

Foto: Archiv für Kunst und Geschichte, Berlin

P. Simson, Geschichte der Stadt Danzig. 1913 bis 1918; K. Pagel, Die Hanse. [2] 1952; M. Weinbaum, Stahlhof und deutsche Gildhalle in London. In: Hansische Geschichtsblätter. 1928; R. Häpke, Der Untergang der hansischen Vormachtstellung in der Ostsee 1531—1544. In: Hansische Geschichtsblätter 18. 1912; H. Fiedler, Danzig und England. In: Zeitschr. d. Westpreuß. Geschichtsvereins 68. 1928

Tafel 276. a) Abschied Kurfürst Johann Friedrichs des Großmütigen von Sachsen, 1503 bis 1554, von Kaiser Karl V. am 2. 9. 1552 bei Linz. Anonymer Holzschnitt, 16. Jahrhundert

Im Schmalkaldischen Krieg zog Johann Friedrich, der zweite Gründer der Universität Wittenberg, mit seinem Vetter Moritz von Sachsen verfeindet und von Karl V. geächtet, an der Spitze eines Heeres des Schmalkaldischen Bundes gegen den Kaiser zu Felde. Nach anfänglicher Eroberung der albertinischen Lande wurde er am 24. 4. 1547 auf der Lochauer Heide bei Mühlberg von Karl V. und Moritz geschlagen und gefangengenommen. In der Wittenberger Kapitulation mußte er am 19. 5. 1547 zugunsten der Albertiner auf die Kur verzichten und die ernestinischen Länder seinen Söhnen übergeben. Gleichwohl blieb er mit seinem Hofmaler Lucas Cranach d. Ä., Bitten und Vorstellungen der Stände zum Trotz, die sich vom Kaiser verachtet fühlten, jahrelang in niederländischer Haft, in der er durch seine Standhaftigkeit historische Bedeutung gewann. Trotz Haftverschärfung lehnte er jedes Zugeständnis in Glaubensfragen ab und wurde damit zum Märtyrer des Protestantismus. Durch die Fürstenverschwörung des Herzogs Moritz wurde er, der im Gefolge des Kaisers war, 1552 in Linz befreit, während Karl nach Innsbruck floh, nachdem die Universität Jena auf seinen Rat noch während seiner Gefangenschaft als Ersatz für das verlorene Wittenberg gegründet worden war. Er residierte fortan in Weimar. Im Naumburger Vertrag verständigte er sich kurz vor seinem Tode mit den Albertinern. Das Bild zeigt zwei typische Beförderungsmittel der Zeit: den ungefederten Wagen mit starker Bespannung und die Sänfte, worin der Kaiser viele seiner langen Reisen durch Europa zurückgelegt hat (Einleitung S. 76).

Foto: Archiv für Kunst und Geschichte, Berlin

G. Mentz, Johann Friedrich der Großmütige. 1904—1908

Tafel 276. b) Modernes großes deutsches Kriegslager. Radierung von Jost Amman aus Frundsbergs Kriegsbuch (1565)

Die Entstehung der großen Massenheere, deren Schlagkraft durch den Eintritt von Edelleuten in ihre Reihen, straffe Gemeinschaftsdisziplin und Selbstverwaltung in Frundsbergs Zeit wuchs, machte große Lager und weitverzweigte

Versorgungseinrichtungen notwendig. Schnell spielte in den Heeren Frankreichs und Italiens der ausländische, vielfach deutsche Söldner eine wichtige Rolle. Maximilian vergrößerte die Artillerie zur Intensivierung der Belagerungstechnik, doch drang die Verwendung von Feuerwaffen erst allmählich vor. Im Heere Karls V. wurde eine Mischung von Rittern und Gefolge zur Kavallerie, die, wie die Landsknechte bei der Schlacht in tiefer Ordnung aufgestellt, mehr durch den Druck der Masse als durch die Kampfkraft des einzelnen wirkte. Durch die Bildung großer Heere entstanden Führungs- und Aufstellungsprobleme für Infanterie und Kavallerie, die eng und locker, in zwei oder drei Linien schachbrettförmig gemischt aufgestellt wurden. Nach 1631 kam es erneut zu Änderungen in diesem Bereich. Disziplin, Bereitschaft zur Schanzarbeit usw. hingen von der Regelmäßigkeit der Soldzahlung und Versorgung ab (Einleitung S. 75).

Foto: Archiv für Kunst und Geschichte, Berlin

E. v. Frauenholz, Deutsche Kriegsgeschichte. 1942; ders., Entwicklung des deutschen Heerwesens. 1935—1941

Tafel 277. Kaiser Karls V. Peinliche Gerichtsordnung »Constitutio Criminalis Carolina« (CCC) von 1532. Titelseite

Der Reichstag von Augsburg beauftragte 1500 Reichsregiment und Reichskammergericht mit der Ausarbeitung einer Halsgerichtsordnung. Da sie nicht zustande kam, setzte der Wormser Reichstag 1521 eine Kommission ein. Sie legte 1522 einen Entwurf vor, der auf den folgenden Reichstagen beraten und verändert, vom Regensburger Reichstag 1532 genehmigt und 1533 publiziert wurde: die »Carolina«. Sie bildete ein für alle Reichsglieder — mit landesrechtlichen Vorbehalten — verbindliches Strafgesetzbuch. Ein entsprechendes Zivilgesetzbuch gab es nicht, doch wirkte das Reichskammergericht vereinheitlichend. Die CCC »entsprach ideal dem Geist ihrer Zeit, der Verbindung von Gerechtigkeit und Sozialnutzen durch Humanismus, Reformation und Obrigkeitsdenken, und erhielt deshalb eine gemeinverständliche Prägung von Worten und Begriffen« (Rößler). In der Durchführung der CCC wie anderer Gesetze war der Reichstag auf Territorien und Reichskreise angewiesen. Die CCC behielt allgemeine Geltung und Anerkennung bis ins 18. Jahrhundert; doch wurden in den Hexenprozessen, die nach 1550 stark anwuchsen, allgemein ihre Verfahrens- und Urteilsbestimmungen überschritten (Einleitung S. 75).

Aufbewahrungsort und Foto: Niedersächsische Staats- und Universitätsbibliothek, Göttingen

F. Güterbeck, Die Entstehungsgeschichte der Carolina. 1876; J. Kohler und W. Scheel, Die Carolina und ihre Vorgängerinnen. 1900 bis 1915; H. Planitz, Deutsche Rechtsgeschichte. 1956

Tafel 278. Erasmus von Rotterdam, 1465 oder 1466—1536. Radierung von Albrecht Dürer (1526)

Der lateinische Teil der Schrifttafel lautet: »Bildnis des Erasmus von Rotterdam von Albrecht Dürer nach dem Leben gezeichnet.« Die griechische Devise spricht von der Macht des geschriebenen Wortes.

»Obwohl Erasmus seiner geistigen Herkunft nach außerhalb der deutschen Entwicklung steht, ist er doch zur Zentralfigur des deutschen Humanismus und darum auch für die Reformation von Bedeutung geworden. Als der bald Fünfzigjährige 1514 zum erstenmal mit Deutschland in Berührung kam, war seine geistige Entwicklung bereits abgeschlossen ... Sicher ist, daß auf den Schulen zu Deventer und Herzogenbusch der Einfluß der Brüder vom Gemeinsamen Leben sowie erste humanistische Anregungen auf ihn wirkten« (Schottenloher). In Paris geriet er in den Gegensatz zur Scholastik. Nach Paris reichen auch fast alle seine Werke zurück, die seinen humanistischen Ruhm begründeten. In England gelang ihm die Zusammenfügung dieser beiden Elemente zu einem einheitlichen Wertmaßstab. Luther erkannte 1517 bereits deutlich, daß es Erasmus mehr um das Menschliche als um das Göttliche zu tun war (Einleitung S. 75).

Aufbewahrungsort und Foto: Stiftung Preußischer Kulturbesitz, Staatliche Museen, Gemäldegalerie, Berlin

Otto Schottenloher, Erasmus von Rotterdam. In: Neue Deutsche Biographie IV. 1959; A. Flittner, Erasmus im Urteil seiner Nachwelt. 1552

Tafel 279. Kaiser Ferdinand I., Bruder Karls V., 1503—1564. Kupferstich von H. S. Lautensack, (1556)

Sohn Philipps des Schönen und Johannas der Wahnsinnigen, Enkel Maximilians I. und Bruder Karls V., in Spanien geboren und in der strengen Tradition der spanischen Scholastik erzogen, zum Erben Ferdinands von Kastilien bestimmt, wurde Ferdinand nach Karls Regierungsantritt 1518 nach den Niederlanden gesandt, wo er mit Erasmus bekannt wurde, der ihm die zweite Auflage seiner »Institutio Principis Christiani« widmete, und auf die Stellung von Karls erstem Diener beschränkt. Nach der Kaiserwahl von 1519, bei der Karl sich ihm gegenüber eifersüchtig und energisch durchsetzte, erhielt er im Teilungsvertrag von 1521 die österreichischen Erblande, Tirol, den schwäbischen Besitz und Württemberg. Er sollte Karl V. in dessen Abwesenheit im Reich vertreten. 1526 wurde er König von Ungarn, wodurch die Abwehr der Türken 1529 und danach (starke Befestigung Wiens) 1531 und 1541 seine Aufgabe wurde; zu ihrer Erfüllung machte er Zugeständnisse in Europa und Deutschland. 1531 wurde er zum Römischen König gewählt. Er suchte durch Religionsgespräche und Konzil nach einem Ausgleich mit dem Luthertum, wofür er sogar Priesterehe und Laienkelch zugestehen wollte. Zu seinem Bruder geriet er in Gegensatz, als dieser seinen Sohn Philipp II. zu Ferdinands Nachfolger in Deutschland machen wollte. Nach Karls V. Rücktritt 1556 wurde Ferdinand 1558 in Frankfurt zum Kaiser gewählt. Ferdinand förderte das Konzil zu Trient, berief die Jesuiten ins Land, setzte sich aber nicht energisch für die Gegenreformation ein. In seinen Erblanden schuf er Zentralbehörden (Hofkriegsrat, 1556; Reichshofrat, 1522; Hofkammer), da er den modernen Gesamtstaat herstellen wollte. Er ist durch die 1526 abgeschlossene Vereinigung der österreichischen Ländergruppe mit den Ländern der Wenzels- und der Stephanskrone der Begründer der österreichisch-ungarischen Donaumonarchie. Ferdinand I. hatte nicht wie Karl V. welthistorische Bedeutung, übertraf ihn aber an politischem Realismus. Durch seine zahlreiche Nachkommenschaft wurde er zum Ahnherrn fast aller späteren europäischen Herrschergeschlechter. Der Kupferstich zeigt den Kaiser vor einer Stadtansicht, geschmückt mit der Kette vom Goldenen Vlies. Auch das kaiserliche Wappen am oberen Rand des Bildes ist mit derselben Kette umschlungen. Der lateinische Text unter dem Bild besagt: »Dies ist das Bildnis des Römischen Königs Ferdinand. Gib diesem, was Du schuldest und Gott das Seine« (Einleitung S. 76).

Foto: Archiv für Kunst und Geschichte, Berlin

F. B. v. Bucholtz, Geschichte der Regierung Ferdinands I. 1831—1838; W. Bauer, Die Anfänge Ferdinands I., 1907; außerdem die gesamte Literatur über Karl V.

Tafel 280. Das Mendelsche Zwölfbrüderhaus zu Nürnberg (1388/1425—1549)

Im späten Mittelalter sind im Rahmen der Frömmigkeit und des Gemeinschaftsgefühls viele kleine und große Stiftungen zugunsten der Kirche, der Heimatgemeinde und einzelner Bevölkerungsgruppen gemacht worden, die häufig über Jahrhunderte Bedeutung behielten. 1388 stiftete der Nürnberger Großkaufmann Konrad d. Ä. Mendel, Mitglied eines im Italiengeschäft reich gewordenen, ratsfähigen Geschlechtes, das »Zwölfbrüderhaus«, in dem nach dem Vorbild der niederländischen Beginenhäuser zwölf arme alte oder invalide Männer unter seiner (später des Rates) Pflege unentgeltlich leben durften. Sie sollten zu Ehren der heiligen zwölf Apostel ein frommes Leben führen mit der Verpflichtung zum Besuch einer für diesen Zweck errichteten Kapelle. Die Stiftung war eine für Nürnberg neue Art von Versorgungsanstalt, deren Gründung z. T. mit der Wirtschaftskrise und Währungsumstellung in jener Zeit zusammenhing. Damals zogen viele kleine Leute in die Vorstädte Nürnbergs, dessen Bevölkerung ohnehin — wie die der meisten mittelalterlichen Städte — zu mindestens 50% eine stets dem Hunger ausgesetzte Unterschicht bildete. Mendels Stiftung wirkte in Süddeutschland als Vorbild: in Augsburg, Regensburg, Neumarkt, Wunsiedel, Eger, Eichstätt und dreizehn weiteren Orten wurden bis 1516 ähnliche Stiftungen gemacht.

Seit etwa 1425 wurde ein »Hausbuch« der Stiftung geführt, in dem alle »Brüder« nach ihrem Tode mit Werkzeug, häufig bei der Arbeit oder

mit deren Erzeugnissen abgebildet und mit einem kürzeren oder längeren Text charakterisiert wurden. Dieses Hausbuch, das bis 1806 rund 1000 Bilder erhielt, bildet eine sehr wichtige sozial-, wirtschafts- und technikgeschichtliche Quelle, besonders bis in das 17. Jahrhundert. Die hier neben einem »Pfleger«paar abgebildeten Brüder, die im 16. Jahrhundert im Hause lebten, waren Plattner, also Harnischmacher (an der Rückwand ein Maximiliansharnisch mit Stahlhelm), Laternenmacher (mit Lötkolben und Lötzinn neben dem Hammer) und Pfannenschmied mit dem Treibhammer (Einleitung S. 78).
Aufbewahrungsort und Fotos: Stadtbibliothek, Nürnberg
Wilh. Treue und andere, Das Hausbuch der Mendelschen Zwölfbrüderstiftung zu Nürnberg. 1965

Tafel 281. a) Rathaus und Perlachturm der Reichsstadt Augsburg. Kupferstich von M. Merian (1643)
In römischer Zeit Augusta Vindelicorum und Provinzhauptstadt am Schnittpunkt von sechs Straßen, im Mittelalter mehrfach Sammelplatz für Romzüge, gewann Augsburg mit der Entwicklung des deutschen Städtewesens und mit der Italienpolitik besonders der Staufer immer größere Bedeutung durch die günstige Lage zu den Alpenpässen. 1276 wurde Augsburg Reichsstadt. Schnell nahm sein Textilgewerbe einen starken Aufschwung, seitdem ab 1350 ägyptische Baumwolle über Venedig zur Barchentherstellung importiert wurde. Seit 1450 wurde Augsburg die bedeutendste Handelsstadt mit weitreichenden Verbindungen von Familienunternehmen der Fugger, Welser und anderer, die — wie das Patriziat überhaupt — starken politischen Einfluß ausübten und als Stifter sowie durch Kunst- und Bildungsinteressen kulturell große Bedeutung gewannen (Humanismus, Silber- und Goldschmiede). Kaiser Maximilian I. machte Augsburg fast zur zweiten Residenz; es wurde Stätte vieler wichtiger Reichstage. In der zweiten Hälfte des 16. Jahrhunderts begann der Rückgang des deutschen Außenhandels, der die Fugger und Welser schwer traf und die politische Bedeutung der Stadt minderte. Dennoch ließ die Kunstpflege nicht nach, die italienische und niederländische Anregungen aufgriff und im deutschen Frühbarock entwickelte, besonders eindrucksvoll durch den Baumeister Elias Holl. »Dieser außerordentliche Baumeister hat Augsburg zu Beginn des 17. Jahrhunderts neuerstehen lassen. Er baute den Perlachturm um, ihm verdankt die Stadt das großartige Rathaus (1615—1620) . . ., er baute die Stadtmetzig, das ehemalige Kaufhaus in der Heiliggrabgasse . . ., das Gymnasium St. Anna, das Gießhaus und das Zeughaus« (Sayn-Wittgenstein) (Einleitung S. 78).
Foto: Staatsbibliothek Berlin, Bildarchiv (Handke)
F. Prinz zu Sayn-Wittgenstein, Reichsstädte. Patrizisches Leben von Bern bis Lübeck. 1965; H. Rinn (Hrsg.), Augusta 955—1955. 1955

Tafel 281. b) Köln von der Rheinseite. Holzschnitt von Anton von Worms (1531)
In spätrömischer Zeit Colonia Claudia Ara Agrippinensis, 313 als Bischofssitz genannt, gewann Köln, dessen Kirchen vorwiegend im 10. bis 13. Jahrhundert gebaut wurden und die Stadt zum »deutschen Rom« machten, seit 1389 vierte deutsche Universitätsstadt (erste städtische Gründung) — bereits Ende des 10. Jahrhunderts trieben Kölner Kaufleute Handel mit England —, mit dem Aufstieg des Städtewesens in verkehrsgünstiger Lage, als Mitglied der Hanse (1369 Hansetag im Rathaus) große Handelsbedeutung und entwickelte eine reiche Kaufmannschaft. Seit der Mitte des 13. Jahrhunderts wurde das lukrative Stapelrecht streng gehandhabt. Die Goldene Bulle erkannte 1356 die Kurwürde des Kölner Erzbischofs an. Das Stadtpatriziat setzte sich 1374 erfolgreich mit dem geistlichen Stadtherrn auseinander, der nach Bonn übersiedelte. Das aristokratische Stadtregiment unterlag den Zünften 1396; als Denkmal ihres Sieges wurde der Rathausturm errichtet. Das Patriziat setzte sich aus grundbesitzenden und aus handeltreibenden Großbürgern, später auch aus bischöflichen Beamten und aufsteigenden Handwerkern zusammen. Im 16. Jahrhundert wurde Köln ein Zentrum des Großhandels mit bergischem Eisen und westfälischen Agrarerzeugnissen. Die lateinischen Unterschrift zu dem Holzschnitt lautet:

»Die glückliche Agrippina, die edle Kolonie der Römer« (Einleitung S. 78).
Foto: Archiv für Kunst und Geschichte, Berlin
F. Prinz zu Sayn-Wittgenstein, Reichsstädte. Patrizisches Wesen von Bern bis Lübeck. 1965; E. Ennen, Frühgeschichte der deutschen Stadt. 1953; L. Ennen, Geschichte der Stadt Köln. 1863 bis 1872; L. v. Winterfeld, Handel, Kapital und Patriziat in Köln. 1925

Tafel 282. Bergherr und Bergmann mit Erzstufe. Miniatur aus dem Schwazer Bergbuch (1554)
Bergbau, Hüttenwesen, Erz und Metallhandel bildeten in Deutschland seit dem Ende des 15. Jahrhunderts neben Land- und Textilwirtschaft den bedeutendsten Wirtschaftszweig, die wichtigste »Gabe und Nutzbarkeit Gottes« in Deutschland (Karl V. 1525) mit etwa 100 000 Arbeitnehmern. Die jährliche deutsche Silbererzeugung stieg 1493—1560 von 31 500 auf 53 200 kg, die im übrigen Europa von 10 000 auf 11 500 kg, der Import aus Amerika von 149 kg im Jahresdurchschnitt 1521—1530 auf 2,7 Millionen kg im Jahrzehnt 1591—1600. Bis etwa 1557 (Entwicklung des Amalgamierungsprozesses in Amerika) übertraf die deutsche Silberproduktion die der gesamten übrigen Erde; verhältnismäßig noch stärker war die Kupfergewinnung bei enormen Preissteigerungen. Ähnlich war die Entwicklung bei sächsischem und böhmischem Zinn sowie Quecksilber von Idria und Almaden. Die Blüte einzelner Landschaften, Fürstentümer, Städte und Personenkreise beruhte ganz auf dem Bergbau: Tiroler Kupfer und Silber; Silber, Kupfer, Zinn, Blei und Eisen in Sachsen und im Harzgebiet; Eisenstein von Leoben; Eisengewerbe in der Grafschaft Mark. Auf bergbaulichem Reichtum beruhte vielfach politische Fürstenmacht (Sachsen, Österreich; die Habsburger). Im Bereich des Bergbaues erfolgten viele Städtegründungen und hob sich der Handel allgemein. Hinter das Geschäft im Rahmen von Berg- und Hüttenwesen trat bei vielen großen Nürnberger, Augsburger und Leipziger Handelsgesellschaften das übrige Warengeschäft zurück. Ober- und niederdeutsches Kapital war stark im böhmischen, polnischen und ungarischen Bergbau und Erzhandel vertreten. Grundlage des deutschen Bergrechts war das Iglau-Freiberger Bergrecht; vorbildlich wurden die sächsischen Bergordnungen. Im Bergbau traten besonders früh und stark die kapitalistische Wirtschaftsform, die Kapitalballung, die Spekulation, der Gegensatz von reichen Herren und besitzlosem Proletariat, das Trucksystem und die Koalition (Knappschaften) auf (Einleitung S. 78).
Aufbewahrungsort und Foto: Bergbau-Museum, Bochum
Wilh. Treue; Wirtschafts- und Sozialgeschichte vom 16. bis zum 18. Jahrhundert. In: B. Gebhardt, Handbuch der Deutschen Geschichte. [8]1961, Bd. 2, S. 366 ff. (dort viel Spezialliteratur); J. Strieder, Die deutsche Montan- und Metallindustrie im Zeitalter der Fugger. 1931; O. Johansen, Geschichte des Eisens. [2]1953; W. Kuhn, Das Spätmittelalter als technisches Zeitalter. In: Jahrb. des Ostdeutschen Kulturrates I. 1954

Tafel 283. Das Knochenhaueramtshaus zu Hildesheim (16. Jahrhundert)
Das Bistum Hildesheim wurde durch Ludwig den Frommen als Missions- und Kulturmittelpunkt Ostfalens begründet. Das 11. Jahrhundert brachte unter den großen Bischöfen Bernward, Godehard und Hezilo die künstlerische Blütezeit der Stadt. Der bischöflichen Altstadt schloß sich nach Osten ein betont bürgerlicher Stadtteil an mit eigenem Markt, dem späteren Rathaus und der Andreaskirche. Damit ergab sich zwischen dem Erzbischof und dem Rat der Stadt allmählich ein Rivalitätsverhältnis, das bis zur Zerstörung der Dammstadt durch Feuer 1322 ging. Die Auseinandersetzungen wegen des bürgerlichen Anspruchs auf städtische Selbstverwaltung dauerten bis zur Hildesheimer Stiftsfehde 1519—1523: Die umstrittenen Privilegien wurden nun anerkannt. Das Rathaus, dessen Kern bis ins 13. Jahrhundert zurückreicht und das 1443 erheblich umgebaut wurde, mit Rolandsbrunnen von 1540, und das »Templerhaus« von 1457 auf dem Gelände der abgebrochenen Synagoge (der Name ist nicht zu erklären) bilden Reste eines der bedeutendsten deutschen Marktplätze. Auf seiner Westseite stand das 1529 errichtete Knochenhaueramtshaus, also Zunft-, Lager- und Verkaufshaus der »Knochenhauer«, »unter allen Holzhäusern Deutschlands das monumentalste, dabei noch streng in den

Bedingungen des Materials« (G. Dehio). Die Einfahrt erinnerte an ein Bauernhaus, an seiner Seite waren über Kellern die Fleischscharren errichtet. In den Schmuckteilen war das erste Eindringen der neuen Renaissancekunst zu bemerken. Das Bauwerk war Ausdruck des Lebensgefühls des niederdeutschen Bürgertums im Zeitalter der Reformation und ist 1945 durch Bomben zerstört worden (Einleitung S. 78).
Foto: Archiv für Kunst und Geschichte, Berlin
J. Gebauer, Geschichte der Stadt Hildesheim. 1922/24; J. Gebauer, Ausgewählte Aufsätze zur Hildesheimer Geschichte. 1938; R. Doebner, Studien zur hildesheimischen Geschichte. 1901

Tafel 284. Hameln, Haus des Johann Rike (Bäckerstraße 16). Erbaut von Cord Tönnis (1568/69)

Das Haus des Patriziers Johann Rike wurde von Cord Tönnis erbaut, »dem Baumeister, der die entscheidenden Impulse für die Hochblüte der Baukunst der Weserrenaissance gegeben hat« (Kreft-Soenke). Das Haus bildete mit seiner Raumeinteilung für seine Zeit eine Neuheit und wirkte als Vorbild: Man wandte sich ab vom Großraumwohnen des Mittelalters und teilte das Haus in viele Stuben ein. Die Steilheit des gotischen Giebels wurde durch ein scheinbares Sockelgeschoß gemildert. Eine weitere Neuerung im Bürgerhausbau war die hohe, schmale, zweigeschossige Auslucht, die — die Gesamtfassade verkleinert wiederholend — erst durch das neue Wohnbedürfnis möglich war, besonders durch die Verlagerung der Stube von einem »Saal«-Anbau am hinteren Ende des Hauses nach vorn an die Straßenfront. »Die Auslucht des Hauses ist eine der frühesten Beispiele ihrer Art im Weserraum, und Cord Tönnis hat damit eines der Merkmale der Weserrenaissance geschaffen« (Kreft-Soenke) (Einleitung S. 78).
Foto: Ullstein, Berlin
H. Kreft-J. Soenke, Die Weserrenaissance. ²1964; A. Neukirch, Hamelner Renaissance. 1950

Tafel 285. Kaiser Ferdinand II., 1578—1637. Anonymer zeitgenössischer Stich

Landesfürst, deutscher Kaiser und Hauptpersönlichkeit der europäischen Politik im Zeitalter des sinkenden Reiches und der Religionskriege, stand Friedrich II. gleichzeitig so vielen Aufgaben gegenüber, daß er in innere Konflikte geraten mußte. Er wurde in Ingolstadt von Jesuiten erzogen, machte zwanzigjährig eine Wallfahrt nach Loreto und Rom, führte 1598/1600 als Landesfürst die Gegenreformation ein, bei der die 1579 gegründete Universität Graz den geistigen Mittelpunkt bildete. Als er 1617 zum König von Böhmen und 1618 von Ungarn gewählt worden war, begann er auch dort sofort mit der Gegenreformation. Trotz der böhmischen Rebellion wurde Ferdinand am 26. August 1619 zum Kaiser gewählt. Ein Vertrag mit Maximilian von Bayern und der Liga festigte 1619 die Stellung des Kaisers. Am 8. November 1620 wurde am Weißen Berge das Heer des Winterkönigs geschlagen, am 21. Juni 1621 in Prag die Hinrichtung von 28 Führern des Aufstandes vollzogen. Anschließend erfolgte sehr energisch die umfassende Rekatholisierung in Böhmen und Mähren. Nach Siegen von Tilly und Wallenstein erließ Ferdinand am 6. März 1629 das Restitutionsedikt. Es erwies sich als ein schwerer Fehlgriff, da der heftige Absolutismus die fürstliche Libertät verletzte, die Calvinisten und die Lutheraner einigte, Wallensteins Politik durchkreuzte sowie Sachsen und Hessen zu Ferdinands Gegnern machte. Als es durch den Mantuanischen Erbfolgekrieg auch zu Spannungen mit dem Kaiser kam, vereinigte Richelieu sich mit Gustav Adolf zum Angriff auf den Kaiser, während 1630 die katholischen Stände Wallensteins Entlassung forderten. Ferdinand ernannte Tilly zu dessen Nachfolger, der 1631 bei Breitenfeld geschlagen wurde. Nach weiteren Mißerfolgen berief Ferdinand erneut Wallenstein, der Prag und Sachsen eroberte und nach Lützen Herr der Lage schien. Da er aber 1633 ganz passiv blieb und den Verdacht der Konspiration mit den Schweden erweckte, ließ Ferdinand ihn formell verurteilen und am 25. Februar 1634 ermorden. Ferdinand verzichtete im Prager Frieden von 1635 auf die Durchführung des Restitutionsedikts, womit für Deutschland der Konfessionskrieg beendet war; fortan galt der Kampf Schweden und Frankreich (Einleitung S. 79).
Foto: Staatsbibliothek Berlin, Bildarchiv (Handke)

F. v. Hurter, Geschichte Ferdinand I, 1850 ff.; H. Sturmberger, Kaiser Ferdinand II. und das Problem des Absolutismus. In: Österreich-Archiv 2. 1957; K. Eder, Rahmen und Hintergrund der Gestalt Ferdinands II. In: Festschr. für J. F. Schütz. 1954; A. Wandruszka, Reichspatriotismus und Reichspolitik zur Zeit des Prager Friedens von 1635. 1955

Tafel 286. a) Maximilian I., Herzog von Bayern, 1573—1651. Kupferstich von Peter Iselburg

Wie Ferdinand II., wurde auch Maximilian von den Jesuiten in Ingolstadt erzogen und mit gegenreformatorischer Energie erfüllt; Romreise und Ehe bestärkten ihn in dieser Absicht. Als er 1595 die Regierung in Bayern antrat, gelobte er eine Politik nach religiösen Grundsätzen von dogmatischer Strenge, zu denen ein starker bayerischer Patriotismus trat. Das hinderte ihn nicht, die herzoglichen Interessen bei der Besetzung der Bistümer Freising, Regensburg und Salzburg durch Eingriffe in das Kirchenvermögen und die geistliche Gerichtsbarkeit wahrzunehmen sowie den Klerus durch Beamte zu überwachen. Diese Beamtenschaft wurde nach 1620 von ausländischen Elementen befreit, regelmäßig besoldet, der Ämterkauf abgeschafft, das Bauerntum in der Gesetzgebung gegen Adel und Gesindeforderungen unterstützt. Die kameralistische Wirtschaftspolitik beachtete das französische Vorbild (Seidenweberei, Glasmacherei, Salzhandel mit München als Mittelpunkt). Tilly baute seit 1610 ein schlagkräftiges Heer auf, das den bayerischen Katholizismus durchsetzen konnte, wobei Maximilian nach dem Stand von 1555 strebte. Sobald Maximilian mit gesamtdeutschen und europäischen Problemen konfrontiert wurde, zeigte er einen engen Horizont, wodurch Spannungen u. a. mit den Habsburgern entstanden; doch ermöglichte er Ferdinands II. Kaiserwahl. Tillys Siege von 1620 vollendeten u. a. den politischen Sturz der pfälzischen Wittelsbacher zugunsten der bayerischen: 1623 erhielt Maximilian offiziell die Pfälzische Kur, 1628 die Unterpfalz. Auf ihn, der Habsburgs Absolutismus und die Ausweitung des Großen Krieges verhindern wollte, gehen Restitutionsedikt von 1629 und Wallensteins Entlassung 1630 zurück. Nach Tillys Tod besetzten die Schweden fast ganz Bayern, das ihm der erneut berufene Wallenstein zurückgewann. Bei den Vorverhandlungen zum Westfälischen Frieden arbeitete Maximilian zwecks Sicherung seiner pfälzischen Eroberungen eng mit Frankreich zusammen und trug zu dessen Gewinnung des Elsaß bei, festigte aber auch die Stärkung Bayerns.

Der Stich zeigt den Herzog in einer prächtigen Rüstung, ordensgeschmückt (Goldenes Vlies), mit Schwert und Marschallstab. Auf der rechten Seite sind sein Wappen und sein Helm abgebildet. Die lateinische Unterschrift lautet: »Von diesem erhabenen Antlitz ist der Herzog Maximus Aemilianus, der die boischen (= bayerischen) Szepter führt. Die göttlichen Gaben des Helden und die berühmten Taten verewigt die lebendige Tochter der Mnemosyne. Der gnädigste Fürst und Herr, Herr Maximilian, Pfalzgraf bei Rhein, beider Bayern Herzog etc.« (Einleitung S. 79).

Foto: Staatsbibliothek Berlin, Bildarch. (Handke)

S. Riezler, Geschichte Bayerns. 1903; M. Doeberl, Geschichte Bayerns. 1906

Tafel 286. b) Der Prager Fenstersturz am 23. Mai 1618. Stich in M. Merians »Theatrum Europaeum« (1643)

Die Rechtslage zwischen Herrscherhaus und Ständen sowie zwischen den Konfessionen war in Böhmen im Jahre 1600 sehr unklar. Kaiser Rudolfs Majestätsbrief brachte keine Besserung; Zusammenstöße zwischen Katholiken und Protestanten zu Braunau 1611 und Klostergrab 1614 gaben den »Defensoren« des protestantischen Glaubens Anlaß, einen Protestantentag für 1618 nach Prag einzuberufen. Teilnehmer dieser Versammlung warfen am 23. Mai 1618 die kaiserlichen Statthalter aus ihren Büros im Hradschin durch das Fenster in den nicht sehr tiefen, mit Mist angefüllten Burggraben, aus dem sie sich wenig verletzt retten konnten. Damit wurde der Aufstand des eingesessenen, vorwiegend protestantischen tschechischen und deutschen Adels (ohne die nationalen und sozialen Triebkräfte der hussitischen Bewegung) gegen das katholische Landesfürstentum eröffnet, der wiederum den Großen Krieg entfachte (Einleitung S. 79).

Foto: Ullstein, Berlin

E. W. Zeeden, Das Zeitalter der Glaubens-

kämpfe. In: B. Gebhardts Handbuch der deutschen Geschichte. [8] *1961 Bd. 2 § 41*

Tafel 287. Die Schlacht am Weißen Berge bei Prag am 7. November 1620. Kupferstich von M. Merian

Die böhmischen Aufständischen faßten in Anwesenheit von Abgesandten der österreichischen Stände, die sich als wahre Volksvertreter empfanden, am 31. März 1619 den Entschluß, sich eine ständische Verfassung zu geben. Nachdem beide Gruppen sich am 16. August in aller Form verbündet hatten, sprachen sie am 22. August die Absetzung Ferdinands aus und wählten am 26./27. August den Führer der Union, Kurfürst Friedrich V. von der Pfalz, einen Calvinisten, zum König. Dieser ließ sich auf das Abenteuer ein und nahm nach der Krönung in Prag dort seine Residenz. Er unterlag aber schnell dem von Ferdinand mit dem Ziel eines starken katholischen Einheitsstaates Österreich aufgebauten Widerstand. Da auch Maximilian von Bayern sowie Kursachsen Ferdinand unterstützten, während die Union Friedrich im Stich ließ, war der Kurfürst bald isoliert, zumal er durch Bevorzugung der Calvinisten die übrigen Protestanten verärgerte. Die Truppen des Kaisers und der Liga schlugen ihn leicht am 8. November 1620 am Weißen Berge. Die Niederlage führte zum Zusammenbruch des Aufstandes: Der »Winterkönig« flüchtete, die ständische Regierung löste sich auf — die zweistündige Schlacht bildete ein entscheidendes Ereignis in der deutschen Geschichte: Sie eröffnete den Großen Krieg und begründete für das folgende Jahrzehnt die Vorherrschaft der katholischen Partei im Reich (Einleitung S. 79).

Fotos: Akademische Verlagsgesellschaft Athenaion, Frankfurt (oben); Archiv für Kunst und Geschichte, Berlin (unten)

A. Tecke, Die kurpfälzische Politik und der Ausbruch des 30jährigen Krieges. 1931; J. G. Weiß, Die Vorgeschichte des böhmischen Abenteuers Friedrichs v. d. Pfalz. In: Zeitschr. für die Gesch. des Oberrheins 93. 1940; ders., Beiträge zur Beurteilung des Kurfürsten Friedrich v. d. Pfalz. Ebenda 85. 1932; F. H. Schubert, Die Pfälzische Exilregierung im Dreißigjährigen Krieg. Ebenda 102. 1954

Tafel 288. Gustav Adolf II., König von Schweden, 1594—1632. Gemälde von Anton van Dyck

Gustav Adolf wuchs in seiner Heimat auf und erhielt dort eine gründliche Bildung. Die religiöse Unterweisung erfolgt im Geiste eines gemäßigt lutherischen und der protestantischen Religionsvergleichung nahestehenden Calvinismus; sofort nach seinem Regierungsantritt forderte er 1611 — allerdings vergeblich — die Gleichberechtigung des Calvinismus in Schweden. Nachdem er im Polnischen Krieg von Estland aus Livland und Kurland erobert und damit sein militärisches Potential erheblich gestärkt hatte, wandte er sich zur Sicherung der Eroberungen gegen die Liga und die Habsburger in Norddeutschland. Angesichts der bedrohlichen Ostseepläne Wallensteins und der Haltung Richelieus entschloß er sich, seit 1629 im Besitz von Stralsund, zur Teilnahme am Großen Krieg und landete am 4. Juli 1630 mit 13 000 Mann auf der Nordspitze von Usedom. In untrennbarer Verbindung von religiösen und politischen Motiven nahm er am deutschen Kampf teil. Er besetzte Pommern, das er zur Sicherung seiner Ostseeherrschaft behalten wollte. Sobald er 40 000 Mann aus den baltischen Provinzen nachgeführt und französische Subsidien erhalten hatte, zwang er Brandenburg zur Unterstützung seiner Aktionen, eroberte und zerstörte Magdeburg, schlug Tilly (mit seiner Kavallerie, Infanterie und Artillerie zusammenfassenden Taktik) mit zahlenmäßiger Überlegenheit am 17. September 1631 bei Breitenfeld, überrannte Bamberg und Würzburg, eroberte Hanau, Frankfurt und Mainz, während seine Verbündeten und Generäle für ihn ganz Südwestdeutschland, das Elsaß, die Pfalz sowie Teile des Rheinlands und Westfalen besetzten. Er wollte nun durch Eroberung Österreichs die Herrschaft in Deutschland gewinnen. Wallenstein aber zwang ihn vor Nürnberg, sich gegen ihn zu wenden. Gustav Adolf versuchte, ihn zum Frontwechsel gegen die Habsburger zu überreden, mußte aber schließlich nach mancherlei Märschen zur gegenseitigen Ausmanövrierung am 16. November 1632 gegen ihn kämpfen. Dort bei Lützen geriet er nach wechselvollem Kampf infolge seiner Kurzsichtigkeit unter kaiserliche Kavallerie und fiel auf dem Schlachtfeld. Sein endgültiges Ziel nach 1630

mit den Beratern des Kaisers verfeindet hatte. Wallenstein nutzte die Zeit seiner Kaltstellung zur Rationalisierung seiner Verwaltung, Schaffung einer Volkswirtschaft in seinem Herzogtum, Planung einer Ritterakademie, zu großen mäzenatischen Leistungen sowie zur Vorbereitung seiner Rache an dem undankbaren Kaiser, wobei er bis zu Verhandlungen mit Gustav Adolf und zur Sabotage gegen Tillys Nachschub ging, was zu dessen Niederlage bei Breitenfeld beitrug. Nach Tillys Tod erzwang er am 13. April 1632 seine Rückberufung und Ernennung zum General-Obersten-Feldhauptmann. Bald wandte er sich immer mehr gegen den Kaiser. Am 12. Januar 1634 verpflichtete er seine Obersten und Regimentskommandeure im Pilsener Revers zur Treue gegen ihn, auch wenn der Kaiser ihn entließe; er wußte aber nicht, daß der Kaiser sich bereits der Generale Gallas, Aldringer und Piccolomini versichert hatte. Durch des letzteren Bericht alarmiert, beschloß der Kaiser am 24. Januar 1634 Wallensteins Tod. Am 25. Februar 1634 wurde er in Eger umgebracht. Sein riesiges Vermögen gab der Kaiser hauptsächlich den drei Generalen. Genialer Stratege, glänzender Organisator von Staat, Wirtschaft und Heer, religiös-moralisch ohne feste Bindung, der Astrologie ungewöhnlich stark zugeneigt, ist Wallenstein schwierig zu beurteilen. Die Protestanten erklärten ihn für schuldlos, der Hof verurteilte ihn. Schiller schloß sich dieser Kritik weitgehend an. Im 19. Jahrhundert geriet das Urteil über Wallenstein in die deutsch-tschechische Auseinandersetzung. Seit 1937 (Pekař) gilt als gesichert, daß Wallenstein die Habsburger stürzen wollte (Einleitung S. 79).
Foto: Archiv für Kunst und Geschichte, Berlin
J. Pekař, Wallenstein. 1937 (deutsch); A. Ernstberger, Wallenstein als Volkswirt. 1929; ders., Hans de Witte, Finanzmann Wallensteins. 1954

Tafel 292. Wallensteins Ermordung in Eger am 25. Februar 1634. Zeitgenössische Federzeichnung; Wallensteins astrologisches Amulett
Am 24. Januar 1634 beschloß Kaiser Ferdinand gemeinsam mit seinen nächsten Ratgebern, die vorwiegend Wallensteins Freunde waren, angesichts der Gefahr und der Unmöglichkeit eines ordentlichen Gerichtsverfahrens die Verhaftung Wallensteins und seiner wichtigsten Anhänger — bei Unmöglichkeit seiner Überführung nach Wien seine Tötung; er wurde entlassen, der Erlaß aber vorerst geheimgehalten. Gallas, Aldringer und Piccolomini wurden insgeheim an Wallensteins Stelle mit dem Kommando über die kaiserliche Armee betraut und zogen diese an sich. Am 18. Februar erging ein Proskriptionspatent gegen ihn. Wallenstein verlangte am 24. Februar von seinen Obersten ein zweites Treueversprechen unter Zurückweisung des Verdachts der Untreue gegen den Kaiser. Als seine Befehle von den Regimentern nicht mehr befolgt wurden, zog er sich am 24. Februar mit wenigen zuverlässigen Truppen nach Eger zurück, wo es mit den Gegnern des Kaisers zu einer Übereinkunft kommen sollte. Doch wurde er am folgenden Tage von dem irischen Hauptmann Devereux umgebracht. Mit ihm fand das Condottieretum und politische Abenteurertum großen Stils ein Ende, das in der absoluten Monarchie keinen Platz mehr hatte. Es ist aber festzustellen, daß der Kaiser Wallenstein bis 1630 seine starke Position und auch danach die Qualität seines Heeres verdankte (Einleitung S. 79).
Aufbewahrungsort der Zeichnung: Eger, Museum. Foto: Ullstein, Berlin. Aufbewahrungsort des Amuletts, das Wallenstein bis zu seinem Tode auf der Brust trug: Kunsthistorisches Museum, Wien. Foto: Staatsbibliothek Berlin, Bildarchiv (Handke)
J. Pekař, Wallenstein. 1937

Tafel 293. Titelseite der ersten Ausgabe des »Simplicissimus« von Hans Jakob Christoph v. Grimmelshausen (1669)
Grimmelshausen (etwa 1624—1676) war während des Großen Krieges Troßbube, Musketier und Schreiber in mehreren Heeren, nach 1648 Beamter, seit 1667 Schultheiß des Bischofs von Straßburg in Renchen (Schwarzwald), wo er konvertierte. Er wurde der große Schilderer des Krieges durch seinen Roman »Simplicius Simplicissimus«, d. h. durch realistische Darstellung unter großen Gesichtspunkten der überkonfessionellen deutschen Kultur und Politik in einem Staat der Volkssouveränität unter aristokratischer Führung (Einleitung S. 79).

Foto: Archiv für Kunst und Geschichte, Berlin
J. Alt, Grimmelshausen und der Simplizissimus. 1936; R. Brie, Die sozialen Ideen Grimmelshausens. 1938

Tafel 294. a) Die Gesandten der am Kriege beteiligten Nationen und Staaten beim Eid auf den Westfälischen Frieden im Rathaussaal zu Münster, 1648. Stich von Syderhoff nach einem Gemälde von Gerard Terborch, der in Münster lebte
An dem Abschluß des Westfälischen Friedens vom 24. Oktober 1648, zu dem Verhandlungen seit 1641 führten, waren Legationen von Frankreich und Schweden, die deutschen Reichsstände sowie der Kaiser beteiligt. Das »Instrumentum pacis« regelte territoriale und konfessionelle Fragen. Das Hauptergebnis bestand darin, daß alle Versuche der Gegenreformation und des Calvinismus, im Reiche die Alleinherrschaft zu erringen und dem Reich eine rein monarchische oder aristokratische Verfassung zu geben, zum Vorteil des Luthertums in einem Kompromiß endeten. »In der politischen Geschichte des Reichs und der Territorien bildete der Friede eine Art Epochengrenze« (Zeeden). Das Reich blieb als Einheit, das Kaisertum den Habsburgern erhalten, deren österreichische Machtgrundlage gestärkt wurde. Die von Schweden und Frankreich durchgesetzte Landeshoheit der Reichsstände (keine volle Souveränität) und ihr Bündnisrecht lockerten das kaiserliche Reichslehensrecht. Das Reich verlor die Mündungen von Oder, Elbe und Weser und die Herrschaft über den Niederrhein, Frankreich gewann Zutritt zum Reich. Die politische Entwicklung verlagerte sich in die Territorien. Brandenburg tat den ersten Schritt zur Großmacht in Norddeutschland, Österreich das gleiche im Südosten. Die konfessionellen Grenzen wurden fixiert (Einleitung S. 79 f.).
Aufbewahrungsort (Besitz): Herzog von Wellington, London. Foto: Staatsbibliothek Berlin, Bildarchiv (Handke)
E. Hövel (Hrsg.), Pax optima rerum. In: Beiträge zur Geschichte des Westfälischen Friedens. 1948; M. Braubach, Der Westfälische Friede. 1948

Tafel 294. b) Die Verkündung des Friedens zu Münster, 1648. Kupferstich von C. Luyken. (um 1670)
Der Krieg und der Westfälische Friede bildeten einen Hauptgegenstand der deutschen Dichter Opitz, Gryphius, Paul Gerhard, Fr. v. Logau. Beim Friedensschluß befand sich Deutschland in wirtschaftlicher, kultureller und politischer Verwirrung. Das Ausmaß der Verluste an Menschenleben und der Zerstörungen in den Städten und auf dem Lande war in den einzelnen Teilen Deutschlands sehr verschieden, insgesamt sehr groß. Während die westeuropäischen Staaten im 17. Jahrhundert einen starken Aufschwung nahmen, ging man in Deutschland, unter Mangel an Kapital und Menschen, an Erfindungskraft und Unternehmungsgeist leidend, nur langsam an den Wiederaufbau, der Jahrzehnte in Anspruch nahm und lange Zeit einen beträchtlichen Abstand von der Entwicklung in England, Frankreich und den Niederlanden nicht überwinden konnte (Einleitung S. 80).
Foto: Archiv für Kunst und Geschichte, Berlin
G. Franz, der Dreißigjährige Krieg und das deutsche Volk. ²1941; P. Hankamer, Deutsche Gegenreformation und deutsches Barock. 1935; L. Bäte, Der Friede in Osnabrück. 1948

295. a) Der »große Friedrichsberg«, brandenburgisches Fort an der Küste von Guinea. Kupferstich aus O. F. v. d. Groeben: »Guinesische Reisebeschreibung« (1694)
Nach dem Vorbild der großen bedeutenden absolutistischen und merkantilistischen Fürsten und Staaten seiner Zeit, insbesondere der Niederlande, aber auch Kurlands, ging Friedrich Wilhelm, der Große Kurfürst von Brandenburg, um des politischen Prestiges willen sowie mit dem Ziel wirtschaftlichen Gewinnes und dem »Zeitgeist« entsprechend, seit 1680 an den Aufbau einer Kriegsflotte und an eine Kolonialpolitik. 1680 sandte er erstmals zwei Schiffe nach Guinea, von denen eines verlorenging, das andere aber mit Landerwerbs»verträgen« und Kolonialwaren heimkehrte. 1682 gründete der Kurfürst im Schatten der Großen Politik insbesondere Frankreichs und der Niederlande eine Afrikanische Handelskompanie. 1683 erwarb er von den Landständen Ostfrieslands Emden als günstig gelegenen Überseehafen an

Stelle von Pillau; anschließend ließ er von Major O. F. v. d. Groeben an der Guinea-Küste eine Kolonie begründen. Die Kompanie handelte wenige Jahre mit Gummi, Gold, Elfenbein, Straußenfedern und Negersklaven, brach nach Raules Rücktritt von der Leitung 1697 aber schnell zusammen, so daß 1711 König Friedrich I. als Hauptgläubiger die Geschäfte übernahm. Friedrich Wilhelm I., der an einem starken Heer und mitteleuropäischer Politik, nicht aber an Flotte und Seepolitik, interessiert war, auch die internationale Position und die Finanzen seines Staates nüchtern einschätzte, verkaufte die »Chimäre« der Kompanie 1721 an die Generalstaaten. Die See- und Kolonialpolitik des Großen Kurfürsten hat nach der Gründung des Bismarck-Reiches, vollends aber seit dem Beginn seiner Kolonial- und Flottenpolitik, meist eine die Tatsachen und Motive übertreibende Darstellung in dem Sinne gefunden, daß sie Bindeglied zwischen Hanse und Imperialismus gewesen sei. Solche Verbindungen hat es jedoch tatsächlich nicht gegeben (Einleitung S. 82).
Foto: Staatsbibliothek Berlin, Bildarchiv (Handke).
H. v. Petersdorff, Der Große Kurfürst [2]1939; R. Schück, Brandenburg-Preußens Kolonialpolitik unter dem Großen Kurfürsten und seinen Nachfolgern. 1889; R. Koser, Der Große Kurfürst und Friedrich d. Gr. in ihrer Stellung zu Marine und Seehandel. In: Marine-Rundschau. 1904

Tafel 295. b) Der Stadtplan von Berlin des kurfürstlichen Architekten Johann Bernhard Schultz (Ausschnitt). Kupferstich (1688)
Von Johann I. gegründet, wurde Berlin seit 1613 durch die Heranziehung von westdeutschen Familien, Hugenotten und Juden in seiner Bevölkerungs- und Wirtschaftsstruktur im Sinne stärkerer gewerblicher Tätigkeit schnell verändert — zeitweise freilich behindert durch die Auswirkungen (1627—1643) und Folgen des Großen Krieges. Die Bevölkerung sank von 14 000 im Jahre 1600 auf 8 000 im Jahre 1650; 1640/41 wurden die Vorstädte zur Erleichterung der Verteidigung zerstört. Der Große Kurfürst sorgte für Pflasterung und Beleuchtung der Straßen, Bebauung der wüsten Stellen, Anlage des Lustgartens, Bau von Privatpalais, erleichterte die Steuerlast der Hausbesitzer durch Einführung der Akzise 1667 sowie der Kopf- und Stempelsteuer neben der alten Bierzise. Seit 1683/85 wanderten viele Hugenotten, 1689 und 1697 viele Pfälzer und Schweizer ein. Im Jahre 1658 begann die Vergrößerung der Stadt auf dem Werder, 1670 der Bau der Spandauer Vorstadt. 1674 entstand eine neue Vorstadt vor dem Tor Friedrichswerders, seit 1676 nach ihrer Gründerin, der Kurfürstin Dorothea, Dorotheenstadt genannt. Seit 1680 wurden weitere Vorstädte (Friedrichsstadt und Neu-Cölln) angelegt. 1688 betrug die Einwohnerzahl 20 000. Das Aussehen der Stadt wurde sehr verändert durch die 1658 begonnene Befestigung, nachdem 1657 eine auf 2 000 Mann steigende Garnison geschaffen worden war (Einleitung S. 82).
Foto: Archiv für Kunst und Geschichte, Berlin
Nicolai, Beschreibung von Berlin und Potsdam. [3]1786; Th. Fontane, Wanderungen durch die Mark Brandenburg. Teile I, III, IV. 1864, 1873, 1882; M. Krammer, Berlin und das Reich. 1935; J. J. Hässlin, Berlin. 1955

Tafel 296. Kurfürst Friedrich Wilhelm von Brandenburg, 1620—1688. Gemälde von Govaert Flinck (1653)
»Den ersten Grundstein für den brandenburgisch-preußischen Staat hat Friedrich Wilhelm, der Große Kurfürst, getan. Hineingestellt in eine der kriegerischsten Perioden europäischer Geschichte, erfüllt von dem Willen zu politischer Selbständigkeit und von stürmischem Schaffensdrang, verwurzelt in seinem reformierten Glauben, schuf er unter gleichbleibender äußerer Bedrohung seiner weit verstreuten Herrschaftsteile die innere Machtstellung des Fürstentums und erzwang die europäische Reputation Brandenburgs auf Grund starker militärischer Kräfte ... Er schuf einen innenpolitisch fest gefügten, im Konzert der großen Mächte allseitig umworbenen Staat. Der Plan, die ererbten und erworbenen Territorien als ›membra unius corporis‹ zusammenzuschweißen, war erfolgreich in Angriff genommen worden. ... Folgte er zunächst dem holländischen Vorbild bei dem bedeutenden Wiederaufbau nach dem Dreißigjährigen Kriege in seiner Siedlungs- und Einwanderungstätigkeit wie auch in

seiner Wirtschafts-, Verkehrs-, ja Kolonialpolitik, im Bau eines Oder-Spree-Kanals wie in der Gründung von Großfriedrichsburg, so übernahm er am Ende seiner Regierung die Grundsätze des französischen Merkantilismus zur planmäßigen Förderung der Manufakturen« (G. Oestreich) (Einleitung S. 82 f.).
Foto: Archiv für Kunst und Geschichte, Berlin
G. Oestreich, Friedrich Wilhelm von Brandenburg. In: Neue Deutsche Biographie 5. 1961; O. Hintze, Die Hohenzollern und ihr Werk. 1915; H.v.Petersdorff, Der Große Kurfürst. ²1939; H. Rosenberg, Bureaucracy, Aristocracy and Autocracy, The Prussian Experiment 1660 bis 1815. 1958

Tafel 297. Kaiser Leopold I., 1640—1705. Marmorbüste von David Grupello (etwa 1678)
Von Jesuiten erzogen, bereits 1655 zum König von Ungarn, 1656 von Böhmen, 1658 in Frankfurt gegen Ludwig XIV. zum Kaiser gewählt, war Leopold einer der gebildetsten deutschen Kaiser. Neben Kenntnissen in Theologie, Philosophie, Rechtswissenschaft, Geschichte, Literatur, Naturwissenschaften und Astronomie beherrschte er die deutsche, italienische und spanische Sprache und komponierte und inszenierte Theaterstücke. Religion und Staatsauffassung verbanden sich mit dem Willen zur Führung des Abendlandes im Sinne der übernationalen mittelalterlichen Kaiseridee in Verbindung mit heftiger Abneigung gegen den einsetzenden französischen Rationalismus und die Aufklärungstendenzen. In das von ihm stark geformte Wien strömte der Adel der habsburgischen Einflußgebiete, der sich in großen Palais neben Leopolds mächtiger Hofburg ansiedelte. Die prunkvolle barocke Würde des Wiener Kaiserhofes und seine spanische Etikette entsprachen dem Wesen von Leopolds Persönlichkeit und Politik. Seine Berater kamen anfangs aus Adel und Kirche, später immer häufiger aus dem Bürgertum. Er faßte 1669 die höchsten Staatsstellen in der Geheimen Konferenz zusammen und schuf damit den absolutistischen Zentralismus, während die bürgerliche Beamtenschaft kameralistisch und merkantilistisch (Becher, Schröder, Hornigk) Wirtschaft und Finanzen zu stärken suchten. Seine Politik zielte auf die Bildung und Festigung der österreichischen Großmacht. Während er im Westen schwere Auseinandersetzungen mit dem Frankreich Ludwigs XIV. zu überstehen hatte, wehrte er vor Wien die Türken ab. Das ermöglichte ihm die Rückgewinnung Ungarns und Siebenbürgens und verstärkte damit die Wendung der Habsburger aus Deutschland nach dem Südosten. Die Einheit der habsburgischen Herrschaft unter seinen Söhnen Joseph I. und Karl VI. sicherte er durch die Grundlegung der Pragmatischen Sanktion (Einleitung S. 83 ff.).
Foto: Archiv für Kunst und Geschichte, Berlin
O. Redlich, Österreichs Großmachtbildung in der Zeit Kaiser Leopolds I. 1922

Tafel 298. Johann Joachim Becher, merkantilistischer Wirtschaftstheoretiker, 1635—1682. Kupferstich von Johann Gottfried Krügner d. Ä.
Pfarrerssohn aus Speyer, wanderte Becher in Deutschland, Schweden, Italien und Holland, dem Lande seines wirtschaftspolitischen Ideals, konvertierte in Mainz, wo er Leibarzt des Kurfürsten wurde, trat als solcher 1664 in bayerischen Dienst, gründete in München die erste Seidenmanufaktur, schrieb 1668 in Wien seinen »Politischen Diskurs« und wurde wirtschaftlicher und alchemistischer Berater Leopolds I. Er gewann sich eine glänzende, doch stark angefeindete Stellung am Kaiserhof, schuf Musterwirtschaften und Handelskompanien, wurde aber durch seine Übertreibungen, geschäftliche Unklarheiten und Maßlosigkeiten zum Verlassen Wiens gezwungen und verbrachte seine letzten Jahre in Holland und England. Als Wirtschaftspolitiker war Becher ein gedankenreicher Anreger. »In der Vorgeschichte der Nationalökonomie steht der führende deutsche Merkantilist am Übergang von der Ökonomik zur Auffassung des Staates als Wirtschaftsgemeinschaft; der Politische Diskurs ist vor allem den neuen, zur Marktwirtschaft treibenden Kräften gewidmet und enthält wertvolle theoretische Ansätze« (Hassinger) (Einleitung S. 83 f.).
Aufbewahrungsort und Foto: Österreichische Nationalbibliothek, Wien
H. Hassinger, Johann Joachim Becher 1635 bis 1682. Ein Beitrag zur Geschichte des Merkantilismus. 1951

Tafel 299. a) Ernst Rüdiger Graf von Starhemberg, 1635—1701. Radierung von F. Jollain d. Ä.

Die Familie Starhemberg stammt aus dem oberösterreichischen Uradel, den zwölf »Apostelfamilien«, d. h. den angeblich ersten zwölf adligen Siedlern des Landes, die bereits zur Zeit der Babenberger ansässig waren. Ernst Rüdiger Graf Starhemberg zeichnete sich 1659 im Schwedisch-Polnischen Krieg bei der Einnahme von Stettin sowie 1663/64 im Türkenkrieg aus. Nach großen Erfolgen gegen Frankreich wurde er 1680 Kommandant von Wien, 1682 Feldzeugmeister. Als solcher leitete er die Verteidigung Wiens gegen die Türken mit großer Organisationsgabe, zäh und tapfer. Auch nach dem Entsatz der Stadt zeichnete er sich im Türkenkrieg bei Gran und in anderen Schlachten aus, so daß er 1691 zum Präsidenten des Hofkriegsrates ernannt wurde. Er sorgte für die Ernennung Eugens von Savoyen zum Adlatus von August I. von Sachsen und zum Oberbefehlshaber in Ungarn, was den durch ihn bei Wien eingeleiteten Erfolg über die Türken sicherte (Einleitung S. 87).

Foto: Archiv für Kunst und Geschichte. Berlin

A. Graf von Thürheim, Rüdiger Graf von Starhemberg. 1882

Tafel 299. b) Die Belagerung Wiens durch die Türken und die Entsatzschlacht, 1683. Radierung von Romeijn de Hooghe

Nachdem Ludwig XIV. versichert hatte, er werde Polen und Venedig, nicht aber Österreich zu Hilfe kommen, entschlossen der Sultan und sein kampfbegeisterter Großwesir Kara Mustafa sich zum Angriff — von Belgrad aus über Ungarn — auf Wien als Zentrum der Habsburgermonarchie und Bollwerk des Christentums. Doch hat Ludwig XIV. die Türken nicht zum Kriege veranlaßt und nicht den Fall Wiens einkalkuliert, um dann als Retter der Christenheit auftreten zu können. Anfangs verfügte Kaiser Leopold nur über 40 000 Mann eigene Truppen, deren Oberbefehl sein Schwager Herzog Karl von Lothringen übernahm — gegenüber den 200 000 Türken. Karl zog sich unter Sicherung des nördlichen Donauufers über Wien nach Westen zurück. Infolgedessen mußten seit Mitte Juli 1683 Garnison und Bürgerschaft Wiens unter der umsichtigen Leitung des Grafen Starhemberg den Stürmen des Belagerungsheeres widerstehen, bis im letzten Augenblick, als Minenkrieg und Angriffe die Türken dem Erfolg nahe brachten, der Entsatz anrückte: die Kaiserlichen sowie Bayerns Kreistruppen, Sachsen, 14 000 Polen — insgesamt 65 000 Mann, deren Aufstellung Johann Sobieski vornahm. Der eigentliche Sieger in der Schlacht vom Kahlenberg am 12. November 1683 war jedoch der Lothringer, der in der Anlage des Feldzuges und in der Durchführung der Schlacht sein Meisterstück vollbrachte, nachdem er ohne Rücksicht auf Ansehen und Popularität zunächst ausgewichen und zum Gegenstoß erst angetreten war, als im Zusammenspiel mit der umsichtig einkalkulierten Kraft der Wiener Verteidigung die Voraussetzungen für den Erfolg gegeben schienen. Neben ihm wirkten mit: Max Emanuel von Bayern, Markgraf Ludwig Wilhelm von Baden und der zwanzigjährige Prinz Eugen, der erst jüngst von Ludwig XIV. zum Kaiser geflüchtet war. Die Entsetzung Wiens schuf eine ganz neue Lage in Südosteuropa, wo Habsburg nun von der Verteidigung zum Angriff überging, der 1687 zur Einnahme Belgrads führte (Einleitung S. 87).

Foto: Niedersächsische Staats- und Universitätsbibliothek, Göttingen

R. Lorenz, Türkenjahr 1683. 1933; G. A. Kittler, Georg Rimpler, Kaiserlicher Oberstleutnant und Oberingenieur im Türkenkrieg, 1683. In: Zeitschr. f. d. Geschichte des Oberrheins 99. 1951; W. Platzhoff, Ludwig XIV., das Kaisertum und die europäische Krise. In: Historische Zeitschr. 121. 1920

Tafel 300. Herzog Karl V. Leopold von Lothringen, 1643—1690. Kupferstich von A. de Blois

Karl sollte eigentlich eine Bourbonin heiraten oder die polnische Krone erwerben. Nachdem beides gescheitert war, zeichnete er sich 1664 in der Schlacht von St. Gotthard aus; 1675 kämpfte er am Oberrhein und im Elsaß. Leopold I. versprach ihm die Wiedereinsetzung in Lothringen. Karl ermöglichte 1676 die Einnahme von Philippsburg, heiratete 1678 die Schwester Kaiser Leopolds I., erhielt jedoch infolge des Widerstandes von Ludwig XIV. nicht

Lothringen, sondern wurde Statthalter von Ober- und Vorderösterreich. Von dieser Stellung her wandte er sich gegen die Türkengefahr und wurde 1683 Oberbefehlshaber des kaiserlichen Heeres. Sein strategischer Rückzug bis hinter Wien war so meisterhaft wie sein Zusammenwirken mit den Verteidigern der Stadt zu deren Befreiung von der türkischen Umzingelung. Auch in den folgenden Jahren erzielte er bedeutende Siege über die Türken, bis Max II. Emanuel die Übertragung des Oberbefehls erzwang und Karl daher 1689 zum Oberbefehlshaber des kaiserlichen Heeres am Oberrhein zum Kampf gegen Ludwig XIV. ernannt wurde, wo er 1689 Mainz und Bonn eroberte. Er war aufgrund seiner Ruhe, Würde und Zurückhaltung ein glänzender Führer von Koalitionsheeren mit schwierigen Kommandoverhältnissen und politischen Komplikationen (Einleitung S. 87).
Foto: Archiv für Kunst und Geschichte, Berlin
P. Wentzcke, Feldherr des Kaisers, Leben und Taten Herzog Karls V. von Lothringen. 1943

Tafel 301. Johann III. Sobieski, 1624—1696. Gemälde von Rembrandt
Aus alter polnischer Adelsfamilie stammend, wurde Johann Sobieski 1665 polnischer Kongreßmarschall, 1667 Kongreßfeldherr und 1674 zum König von Polen gewählt. Sein Leben wurde im wesentlichen durch die Beziehungen zur Türkei bestimmt: Er besiegte die Türken 1673 am Dnjestr und 1675 bei Lemberg, wodurch er ihnen den größeren Teil der Ukraine entriß. Ludwig XIV. bewog ihn zur Wendung gegen Leopold I. und damit zur Verständigung mit der Türkei. Als diese jedoch zur Großmacht anwuchs und Polen bedrohte, wechselte er 1683 unter päpstlicher Vermittlung zum Bündnis mit Österreich über, dem er 40 000 Mann zusagte. Johann führte 14 000 Mann nach Niederösterreich, beanspruchte aber, um als Retter Europas und der Christenheit auftreten zu können, den Oberbefehl über das Gesamtheer von 65 000 Mann, den er in der Not Wiens auch erhielt. Doch leitete Karl von Lothringen siegreich die Schlacht um Wien am 12. September 1683. Obgleich Johann nur mit Hilfe anderer Truppen auf seinem Flügel die Türken bezwingen konnte, forderte und erhielt er den Hauptteil der Beute. Anschließend kämpfte er zunächst weiter mit Karl von Lothringen gegen die Türken. Als er erfolglos blieb, schloß er sich wieder an Frankreich an. Dennoch wurde in Polen nicht sein Sohn Jakob, sondern August I. von Sachsen zum König gewählt (Einleitung S. 87).
Foto: Archiv für Kunst und Geschichte, Berlin
R. Lorenz, Türkenjahr 1683. Das Reich im Kampf um den Ostraum. 1933; O. Forst de Battaglia, Johann Sobieski. 1946

Tafel 302. a) Elisabeth Charlotte (Liselotte), Herzogin von Orléans, 1652—1722. Gemälde von Hyazinth Rigaud (1713)
Von Sophie von Hannover erzogen, heiratete Elisabeth nach dem Konfessionswechsel von 1671 Herzog Philipp von Orléans, einen Bruder Ludwigs XIV. Doch versicherte ihr Vater sich damit nicht der französischen Neutralität gegenüber der Pfalz; vielmehr erhob Ludwig nach dem Tode von Elisabeths Vater und Bruder (1680, 1685), mit dem die Manneslinie erlosch, Ansprüche auf Teile der Pfalz, besetzte diese und entfesselte damit den dritten französischen Eroberungskrieg. Elisabeth, die man über die Zusammenhänge im unklaren hielt, stand auf Ludwigs Seite. Ihr gutartiger, aber unbegabter und moralisch haltloser Mann, der homosexuelle Neigungen und »mehr weibliche als Manns-Manieren« hatte, bewirkte bei ihr die Verstärkung der von Anfang an vorhandenen männlichen Züge ihres Wesens einer biederen, derben Kleinstädterin, die dem intrigierenden Hofleben im Grunde geistig nicht gewachsen war. Sie bewunderte nach dem Tode des geliebten Vaters zunehmend Ludwig XIV., dem sie durch ihr gesundes Urteil, ihre Theater- und Jagdliebhaberei sowie den Sinn für Repräsentation so gefiel, daß er sie eine führende Rolle an seinem Hof spielen ließ. Die Reunionen, die Widerrufung des Edikts von Nantes 1685, Ludwigs Beanspruchung der Pfalz und deren Verwüstung durch französische Generale ließen sie Versuche machen, die Politik zu beeinflussen, die jedoch an Ludwigs Staatsräson und seiner Vorliebe für die Maintenon scheiterten, zumal Elisabeth sich abfällig über diese Mätresse äußerte. Dennoch steigerte sich ihre Bewunderung für Ludwig über Freundschaft zur Liebe und damit zur Eifersucht auf »die alte

Zot«, die sie als ihre Erzfeindin betrachtete. Elisabeth starb an den Folgen der Anstrengung bei der Krönung Ludwigs XV. in Reims. Ihre riesige, vorwiegend derb deutsche Korrespondenz von etwa 50 Briefen pro Woche und rund 4 000 erhaltenen insgesamt — zum großen Teil mit Sophie von Hannover — hat sie trotz viel Ungenauigkeit, Boshaftigkeit und Ungerechtigkeit zu einer legendären Gestalt gemacht. Mit ihrer pfälzischen Heimatliebe und ihrem deutschen Vaterlandsstolz wurde sie im 19. Jahrhundert fälschlich umgedeutet zu einer Art Nationalheldin gegenüber Ludwig XIV., dem »sittenlosen« französischen Hof und den Franzosen überhaupt. In Wirklichkeit war sie eine ganz den Interessen des europäischen Hochadels hingegebene Französin geworden mit stark aufklärerischen Ansätzen. Ihr Urenkel war Philipp Egalité, der Bürgerkönig von Frankreich (Einleitung S. 88).

Aufbewahrungsort: Musée d'Art et d'Histoire, Genf. Foto: Archiv für Kunst und Geschichte, Berlin

P. Fuchs, Elisabeth Charlotte, Herzogin von Orleans. In: Neue Deutsche Biographie IV. 1959 S. 448 ff.; M. Knoop, Madame, Liselotte von der Pfalz. 1956

Tafel 302. b) Stadt und Schloß Heidelberg vor der Zerstörung. Kupferstich von Matthäus Merian d. Ä. (um 1630)

Heidelberg, dessen Universität 1386 gegründet wurde, um damit ein Gegengewicht zu der einzigen westeuropäischen Universität in Paris zu schaffen, litt schon im Dreißigjährigen Kriege: Es wurde 1622 lange von Tilly belagert, erobert und geplündert, 1633 von den Schweden eingenommen und 1635 von den Kaiserlichen besetzt. Infolge des Zusammenbruchs der Pfalz wurde die Universität geschlossen und ihre berühmte Bibliothek, die Palatina, vom siegreichen Bayernherzog Maximilian I. von der Pfalz mit 3 550 Handschriften dem Papst geschenkt. Zwei Jahrzehnte lang wurde kein Student immatrikuliert; dann restaurierte Herzog Karl Ludwig u. a. die Universität, die eine interkonfessionelle Vermittlerin westeuropäischen Geistes werden sollte, 1685 aber unter jesuitischen Einfluß geriet. Auch das Schloß wurde prächtig wiederaufgebaut und der Schloßgarten eingerichtet. Im Jahre 1688 wurde Heidelberg nach langer Belagerung von den Franzosen genommen, am 2. März 1689 von Mélac zerstört, das Schloß teilweise gesprengt. Noch ärgere Verwüstungen erlitten Stadt und Schloß 1693 infolge abermaliger Eroberung durch die Franzosen. Die Universität flüchtete 1693—1700 nach Weinheim und Frankfurt (Einleitung S. 89).

Foto: Archiv für Kunst und Geschichte, Berlin

W. Oncken, Stadt, Schloß und Hochschule Heidelberg. ³1885; W. Öchelhäuser, Das Heidelberger Schloß. ³1902; W. Salzer, Zur Gesch. Heidelbergs in den Jahren 1688 und 1689. 1878; K. v. Raumer, Die Zerstörung der Pfalz von 1689 im Zusammenhang der französischen Rheinpolitik. 1930

Tafel 303. Prinz Eugen von Savoyen, 1663 bis 1736. Gemälde von J. van Schuppen (1736)

Urenkel eines Herzogs von Savoyen und Philipps II. von Spanien, Enkel des Grafen von Soissons, Großneffe von Mazarin, in Paris in ungünstigem Familienmilieu aufgewachsen, von Ludwig XIV. für die geistliche Laufbahn bestimmt und von der militärischen Karriere ausgeschlossen, flüchtete Eugen 1683 über Passau zu Kaiser Leopold I. Als Freiwilliger bewährte er sich im Heere Karls von Lothringen bei der Befreiung von Wien und der Verfolgung der Türken, so daß er Ende 1683 Oberst eines neuen Dragonerregiments wurde. Damit begann sein rascher Aufstieg im kaiserlichen Heer: Bereits 1688 war er Feldmarschalleutnant, 1697 erhielt er den Oberbefehl im Türkenkrieg. Der Sieg bei Zenta begründete seinen Ruf als großer Feldherr. Seit 1700 war er Mitglied des Geheimen Rates und einer der ersten Paladine des Kaisers. In Wien erwarb er ein Palais und ließ das Schloß Belvedere von Fischer v. Erlach und L. v. Hildebrandt bauen. Es folgten weitere Kriegsjahre in Italien und 1703 seine Ernennung zum Hofkriegsratspräsidenten, womit ihm die Verfügung über das gesamte Heerwesen gegeben war und er eine zentrale Stellung auch bei politischen Entscheidungen innehatte. Die Siege bei Höchstädt 1704, Turin 1706, Oudenaarde 1708 und Malplaquet 1709 steigerten noch sein Ansehen; den Gipfel des Ruhmes erreichte er im neuen Türkenkrieg (Peterwardein 1716,

Belgrad 1717), in dem er — inzwischen auch an der Spitze der Geheimen Staatskonferenz — der eigentliche Führer Österreichs war. Danach kurze Zeit Statthalter in Mailand und anschließend bis 1725 in den Niederlanden, verlor er allmählich an Einfluß auf die Politik. Er gilt als Lehrer und Vorbild Friedrichs d. Gr. und Napoleons, als der größte Feldherr seiner Zeit und als hervorragender Heeresorganisator. Prinz Eugen besaß höhere politische und diplomatische Einsicht als die drei Kaiser, denen er diente; er urteilte klar über die großen Zusammenhänge, hatte zukunftweisende Ideen, wollte Österreich nach den Prinzipien der Staatsraison führen und zur Großmacht in Südosteuropa, Norditalien und Bayern machen. Doch war er kein origineller Staatsmann. Er war ein großer Bauherr, ein Liebhaber der Künste und der Naturwissenschaften (Einleitung S. 89 f.).

Aufbewahrungsort: Reichsmuseum, Amsterdam. Foto: Archiv für Kunst und Geschichte, Berlin

Max Braubach, Prinz Eugen. 1963—1966

Tafel 304. Friedrich I., König in Preußen (als Kurfürst von Brandenburg Friedrich III.), im Ornat des Schwarzen Adlerordens. Gemälde von Weidemann

Sohn des Großen Kurfürsten, verwachsen, geistig nicht bedeutend, wurde Friedrich stark beeinflußt (bis 1697) durch seinen Erzieher und Premierminister Eberhard Danckelmann und seit 1684 durch seine zweite Gemahlin Sophie Charlotte von Hannover, auch durch Kolbe v. Wartenberg. Bald nach dem Regierungsantritt begann er die Königswürde für das souveräne Preußen außerhalb des Reichsgebietes anzustreben, was angesichts der politischen Gesamtlage und der Rangverhältnisse in Deutschland und Europa durchaus berechtigt war. Die erlangte bzw. in Aussicht stehende Königskrönung in Sachsen und Hannover wies Friedrich ebenso auf die Erhöhung der eigenen Würde wie die Ereignisse auf dem Friedenskongreß zu Rijswijk, wo seine Gesandten als nicht gleichberechtigt von den rangüberlegenen Mächten zurückgewiesen wurden. Die prunkvolle Krönungszeremonie in Königsberg am 18. Januar 1701 brachte den Aufstieg in der völkerrechtlichen Ordnung und war zugleich das Symbol für einen festeren Zusammenschluß der Herrschaftsgebiete. Anschließend erreichte der König 1702 durch das Privilegium de non appellando für die nicht zur Kur gehörenden Landesteile die Stärkung der Reichseinheit seiner Territorien. Weder in der Außenpolitik noch in der Kriegführung glücklich, war Friedrich ein Liebhaber der Künste und Wissenschaften (Einleitung S. 90).

Foto: Archiv für Kunst und Geschichte, Berlin

C. Hinrichs, Friedrich I., König in Preußen. 1941; Th. Schieder, Die preußische Königskrönung von 1701 und die politische Ideengesch. In: Altpreußische Forschungen 12. 1935; wichtige Aufsätze im Hohenzollern-Jahrb. 4. 1900

Tafel 305. a) Gottfried Wilhelm von Leibniz, (1646—1716). Porträt eines unbekannten Malers

Zu Leipzig als Sohn eines Professors für Moralphilosophie geboren, fand Leibniz in sehr frühen Jahren Beschäftigung an deutschen Höfen und die Bekanntschaft mit führenden Gelehrten seiner Zeit. Beides bestimmte fortan seinen Kreis und die Gesellschaft, in der er lebte und wirkte: in Nürnberg, Mainz, Paris, London, Hannover, Hamburg, Wien, Italien und Sachsen. Seit 1676 war er Bibliothekar und Rat Ernst Augusts und Georgs I. von Hannover, seit 1685 braunschweigisch-lüneburgischer Hofhistoriograph, 1691 Leiter der Bibliothek Anton Ullrichs von Braunschweig-Wolfenbüttel, 1700 Präsident der Berliner Akademie der Wissenschaften. Aus den juristisch geprägten Vorstellungen seiner Philosophie und Theologie begriff Leibniz auch die politische Welt als bestimmt durch das Naturrecht und seine Stufenfolge von Gleichheit, Gerechtigkeit, Billigkeit und Frömmigkeit. Seine naturwissenschaftlich-mathematischen Studien gingen von italienischen Anregungen aus, reichten aber bald über diese weit hinaus. Er betrachtete die habsburgische Großmacht als Seelenkraft des deutschen Volkes und ermahnte die deutschen Territorien zur Mitwirkung an einer Reform von Reichsführung, Reichssteuern und Reichsheer, zu fürstlichem Zentralismus usw. Von der Europäisierung Rußlands erwartete Leibniz eine Verbindung zur asiatischen Hauptmacht China

und eine Bereicherung und Mäßigung Europas, in dessen Mitte das Reich mit seinen Akademien in Verbindung mit Frankreich, England und Italien großartige politische und kulturelle Leistungen anregen und vollbringen sollte (Einleitung S. 90).
Aufbewahrungsort: Niedersächsische Landesbibliothek, Hannover. Foto: Akademische Verlagsgesellschaft Athenaion, Frankfurt/M.
W. Dilthey, Leibniz und sein Zeitalter. [2]*1942; R. W. Meyer, Leibniz und die europäische Ordnungskrise. 1948; O. Franke, Leibniz und China. 1946; A. Salz, Leibniz als Volkswirt. In: Schmollers Jahrb. 34. 1910*

Tafel 305. b) Sophie, Kurfürstin von Hannover, 1630—1714. Ölbild
Tochter des Winterkönigs Friedrich v. d. Pfalz, in Leiden in Mathematik, Geschichte und Recht unterrichtet, beherrschte Sophie bald alle europäischen Kultursprachen und das Lateinische. 1658 heiratete sie Ernst August von Hannover, mit dessen Bruder Georg Wilhelm sie zuvor verlobt gewesen war. Als seit 1682 eine Entfremdung eintrat, entwickelte sie immer stärker geistige Interessen und wandte sich den Ideen von Leibniz zu. Seit 1698 machte sie ihren Witwensitz, Schloß Herrenhausen, bei Hannover, das im folgenden Jahrzehnt umgebaut wurde, zu einem Musensitz mit Leibniz und Händel als geistigen Anregern. Sie führte zwar die französische Kultur am Hofe von Hannover ein, förderte aber die Wendung Ernst Augusts zu Leopold I. und beeinflußte auch ihren Schwiegersohn Friedrich I. in Preußen in dieser Richtung, die der Auffassung von Leibniz entsprach. Ihn schätzte sie als klugen, welterfahrenen, zuverlässigen Freund und Gesprächspartner bei Themen über Philosophie, Geschichte, Naturwissenschaften, Literatur und Münzkunde. Seine Ideen wollte sie in England verwirklichen, doch starb sie zwei Monate vor dem Erbfall, der sie auf den englischen Thron gebracht hätte (Einleitung S. 90).
Aufbewahrungsort und Foto: Historisches Museum, Hannover
G. Schnath, Die Kurfürstin Sophie und ihr Kreis. In: Hannoversche Geschichtsblätter I. 1931; derselbe, Gartenfreude und Politik in Herrenhausen 1666 bis 1866. Ebenda 20. 1966; M. Knoop, Kurfürstin Sophie von Hannover. 1964

Tafel 305. c) Schloß und Garten Herrenhausen um 1714. Kupferstich eines unbekannten Meisters
Auf der Wende vom 17. zum 18. Jahrhundert entstanden in Norddeutschland fürstliche, an Wasserläufen gelegene Gärten unter niederländisch-französischem Einfluß. Einer der ersten (seit 1638) und bedeutendsten dieses Bereiches ist der Große Garten zu Herrenhausen. Er wurde mehrfach, insbesondere seit 1674 und 1696, großartig erweitert, doch ging die Bindung an barocke Vorbilder nie ganz verloren. Die große Zeit des Gartens begann, als Kurfürstin Sophie seine Schutzherrin und Gestalterin wurde. Von etwa 1696 bis zu ihrem Tode 1714 war sie, nicht selten beraten durch Leibniz, die planende und treibende Kraft aller Veränderungen und Erweiterungen. 1713 schrieb sie: »Nur mit dem Herrenhäuser Garten können wir prunken, der in der Tat schön und wohl gehalten ist.« Sie liebte die gebändigte Natur des Gartens so sehr, daß sie ihre Wohnräume in die 1694 bis 1700 gebaute Galerie verlegte, um in der Nachbarschaft edler Gewächse zu leben. Sie berief 1682 den Gärtner Charbonnier, der Herrenhausen die heutige Gestalt gab. Als 1696 der große Ausbau begann, sorgte sie für die Geldmittel, für Studienreisen und die Sachverständigen. 1710 war der Große Garten vollendet, das Schloß seit 1698 Witwensitz. Der Garten wurde Anregung und Vorbild für eine Reihe anderer Gärten (Einleitung S. 90).
Foto: Historisches Museum, Hannover
U. v. Alvensleben / Reuther, Herrenhausen. 1966; D. Hennebo / A. Hoffmann, Der architektonische Garten. 1965; G. Schnath, Herrenhausen in der deutschen Gesch. In: Niedersach. 42. 1937

Tafel 306. Georg Ludwig, Kurfürst von Hannover, seit 1714 als König von Großbritannien und Irland Georg I., 1660—1727. Stich von Bernhard Picart (1714)
Georg, der 1714 der erste König aus dem Hause Hannover wurde, war zum Soldaten erzogen. Er erreichte die Anerkennung der hannoverschen Kurwürde und bewirkte die Vereinigung des Fürstentums Lüneburg mit Hannover. Der

durch seine Mutter dem Hause Braunschweig zugebrachten englischen Sukzession stand er zurückhaltend, zeitweise ablehnend gegenüber; 1714 ging er nur ungern nach England, dessen Sprache und Art ihm fremd blieben. Doch bewährte er sich insbesondere nach der Trennung von seinen deutschen Ratgebern. »Das durch die britische Publizistik und Gerichtsschreibung vielfach verzerrte Bild Georgs ist neuerdings durch vertiefte Forschung in günstigeres Licht gerückt worden. Den unleugbaren Schwächen seines Wesens — Steifheit, Schwerfälligkeit, Ideen- und Gefühlsarmut — stehen Eigenschaften gegenüber, die sich vorteilhaft für seine Regententätigkeit auswirkten: Sparsamkeit, Ordnungsliebe, Gerechtigkeit und Beständigkeit in der Durchführung neuer Pläne ... Kein Verhältnis hatte Georg zu Leibniz, der zum Verdruß seines Herrn mit der ihm aufgetragenen Geschichte des Welfenhauses nicht fertig wurde« (Schnath) (Einleitung S. 90).
Foto: Ullstein, Berlin
G. Schnath, Gesch. Hannovers im Zeitalter der neunten Kur und der englischen Sukzession. 1938; R. Drögereit, Das Testament Georgs I. und die Frage der Personalunion. In: Niedersächs. Jahrb. f. Landesgesch. 14. 1937; J. Lampe, Aristokratie, Hofadel und Staatspatriziat in Kurhannover. 1963

Tafel 307. Friedrich August I., August der Starke, Kurfürst von Sachsen, als August II. König von Polen, 1670—1733. Büste von J. Coustou

In jungen Jahren ein schöner Mann mittlerer Größe mit bedeutenden Körperkräften, erhielt Friedrich August schon früh den mehrdeutigen Zunamen »der Starke«. Die polnische Krone verdankte er mehr beträchtlichen Bestechungsgeldern und den Auswirkungen eines kaum überschaubaren Ringens der großen europäischen Mächten als eigenen militärischen oder diplomatischen Erfolgen. Der Tod seines Bruders, Kurfürst Johann Georg IV., brachte ihn bereits 1694 unerwartet auf den Thron. Politisch war er stark durch Phantasie bestimmt; Peter d. Gr. von Rußland und Karl XII. von Schweden beeinflußten seine Herrschervorstellungen. Die Angleichung der sehr verschiedenen Staatsgebilde Sachsen und Polen gelang ihm nur oberflächlich. 1706 verzichtete er auf die polnische Krone. Sein Übertritt zum Katholizismus und noch mehr der von ihm veranlaßte Übertritt seines Sohnes übten kaum Einfluß auf sein Stammland aus. Für den Erfolg seiner Politik spricht, daß er seinen Sohn mit der Tochter Kaiser Josephs I. verheiraten und damit den Zugang zur höchsten Aristokratie Europas erreichen, sowie auch, daß er die polnische Krone auf seinen Sohn vererben konnte. Bedeutsamer als die politische Seite seines Lebens war die kulturelle. »Im Dienste seiner Feste und Stimmungen hat die Kunst in Sachsen, zumal in Dresden und dessen Umgebung, Werke geschaffen, die unvergänglich sind. Diese haben den Charakter seiner Hauptstadt bleibend bestimmt und sie für immer in die Reihe der großen Kunststädte eingereiht ... Gleichzeitig schmückte Friedrich August auch seine polnische Hauptstadt mit dem Sächsischen Palais und mit großartigen Park- und Straßenanlagen« (Kretzschmer). Auch andere Künste, wie Kleinplastik, Orgelbau, Oper, Porzellan und die Sammlungen (Grünes Gewölbe) wurden von ihm verständnisvoll und großzügig gefördert. Dabei gelang ihm eine einzigartige Mischung von katholischem Barock und protestantischem Klassizismus, die auch für seine geistige Haltung bezeichnend war (Einleitung S. 90).
Foto: Archiv für Kunst und Geschichte, Berlin
C. Gurlitt, August der Starke. 1924; R. Kötzschke / H. Kretzschmer, Sächsische Gesch. 1935

Tafel 308. a) Der Altermarkt zu Köln um 1660 mit Verkaufsständen. Kupferstich von J. Toussaint

Im 17. Jahrhundert zählte Köln zu den Stützpunkten der Habsburger, nachdem Ernst von Bayern (1583—1612), ein Sohn Wilhelms V. von Bayern, vom Domkapitel zum Erzbischof gewählt worden war. Unter ihm gewannen die Jesuiten Köln der Gegenreformation, das nun bis 1761 eine Sekundogenitur der bayerischen Wittelsbacher blieb, die sich eifrig um die Ausbreitung der Gegenreformation in Westfalen bemühten, im Großen Kriege die bayerische Politik unterstützten und danach parallel zu ihr die Verbindung zu Ludwig XIV. pflegten, bis Leopold I. 1674 einen Wechsel erzwang. Inzwischen verlor die Stadt Köln so sehr an wirtschaftlicher Bedeutung, daß ihr die Mittel für die Universität fehlten, so daß diese kaum mehr als örtliche Bedeutung behauptete, wenngleich sie nach 1648 — gemessen an den Studentenzahlen — zu den großen gehörte. Als 1655 die Universität Duisburg gegründet wurde, schädigte das die Kölner so empfindlich wie 1786 die Gründung der Bonner Universität. Die religiöse Unduldsamkeit, die schon 1424 zur Austreibung der Juden geführt hatte und seit dem Ende des 16. Jahrhunderts auf Drängen der Jesuiten den Erwerb des Bürgerrechts an den Nachweis streng katholischer Religionsübung knüpfte, Protestanten den Gottesdienst untersagte, ihnen die wirtschaftliche Existenz erschwerte und sie 1608 ganz vertrieb, trug wesentlich zu Kölns wirtschaftlichem Niedergang bei, da es von unternehmenden Protestanten gemieden wurde. Auch schlug der Handel andere Wege ein, erstarkten die Zünfte; Kriegswirkungen traten hinzu. Zwar wurde die Stadt nie vom Feind besetzt, aber das umliegende Gebiet, die Basis des Wohlstandes, mehrfach schwer getroffen.

Der Altermarkt, ein Wochenmarkt, bildete das nördliche Drittel des Großen Marktes, der bis gegen das Jahr 1000 auch den Heumarkt umfaßte. An der Westseite des Altermarktes lag das Leinenkaufhaus, wie die anderen städtischen Kaufhäuser Umschlag-, Schau- und Kontrollplatz in bezug auf Maß, Gewicht und Preis für die Stapelgüter, denn Köln lieferte dem Handel im weiten Umkreis die Normen für Geld, für Längen-, Gewichts- und Hohlmaße sowie für die Beurteilung der Qualität (Einleitung S. 91).

Aufbewahrungsort: Stadtmuseum Köln. Foto: Rheinisches Bildarchiv, Köln

F. Brill / W. Jüttner, Kölnisches Stadtmuseum im Zeughaus. 1960; L. Ennen, Gesch. der Stadt Köln. 1863—1880; Th. Bützler, Kleine Illustrierte Gesch. der Stadt Köln. [8]1950; A. Keussen, Die alte Universität Köln. 1934

Tafel 308. b) Der Marktplatz zu Lübeck um 1630. Kupferstich

Bereits im 16. Jahrhundert machten die meisten deutschen Territorialherren die Hansestädte zu Landstädten, die von ihnen abhängig waren, was die Bedeutung Lübecks als Führerin der Hanse sehr beeinträchtigte. Auch sein Handel litt sehr durch die Bildung der nationalstaatlichen Volkswirtschaften in Skandinavien und England. Für die starke Konkurrenz der Niederlande suchte das Patriziat Ausgleich im Spanienhandel, bis es 1613 die Verbindung zu den Generalstaaten selbst aufnahm und die Ansiedlung calvinistischer Kaufleute förderte, was freilich zu ständigen Auseinandersetzungen mit der lutherischen Orthodoxie führte. Schließlich mußte der Rat 1673 den öffentlichen Gottesdienst der Calvinisten verbieten und Juden wie Katholiken ganz ausschließen. Innen- und außenpolitisch geschwächt und behindert, lehnte Lübeck 1628 Wallensteins Plan ab, gemeinsam mit der Hanse eine kaiserliche Flotte zum Kampf gegen Schweden zu bilden. Die schwere Schädigung des Handels durch den Großen Krieg verursachte den wirtschaftlichen Niedergang des Patriziats, dessen Sturz durch die Bürgerunruhen nur verhindert wurde, als Leopold I. die Rezesse von 1665 und 1669 vermittelte, welche die Bürgerschaft an der Stadtregierung beteiligten. Trotz des Nordischen Krieges kam es zu einem gewissen wirtschaftlichen Aufstieg (Einleitung S. 91).

Aufbewahrungsort: St. Annen-Museum, Lübeck. Foto: W. Castelli, Lübeck

A. v. Brandt, Geist und Politik in der Lübecker Gesch. 1954

Tafel 309. a) Der Garten des Nürnberger Patriziers Christoph Peller (1655). Kupferstich von J. Sandrart

Viele Stadtansichten zeigen im 16. und 17. Jahrhundert Gärten des städtischen Mittelstandes, wie sie seit dem späten Mittelalter bekannt sind und auch innerhalb der Städte üblich waren. Von diesen einfachen Bürgergärten unterschieden sich die der Patrizier durch Größe, bewehrte Mauern und Ausstattung, z. B. edle, fremdartige Bäume, Sträucher und Blumen, Lusthäuser mit rieselnden und spritzenden Brunnen, mit Bildern und Figuren. Bereits Eoban Hesse schrieb 1522 ein Lobgedicht über die Nürnberger Gärten, die er mit denen des Alkinoos bei Homer verglich. Mit den Gärten der Fugger, deren Anfänge seit 1517 bekannt sind, gewann die bürgerliche Gartenkunst einen Höhepunkt — ihr Gartenprunk wurde wie ihr

Reichtum mit dem der Medici verglichen. Tatsächlich sind italienische Anregungen und Modelle seit dem Ende des 16. Jahrhunderts mehrfach nachgewiesen. Die Fuggerschen Gärten erreichten eine solche Ausdehnung, daß die Augsburger sich über die Beengung ihrer Wohnstätten beklagten. Die Tradition mittelalterlicher Anlagen und das Vorbild italienischer Humanistengärten spiegelten sich im Gartenideal des Erasmus von Rotterdam, der in mehreren seiner Schriften einen Idealgarten beschrieben und »die Grundzüge des in Deutschland noch längere Zeit typischen Bürgergartens skizziert« hat (Hennebo-Hoffmann). Große Bedeutung für die Gartenarchitektur gewann dann der Ulmer Architekt Jos. Furttenbach mit seiner »Architectura Recreationis«, 1640, und seiner »Architectura Privata«, 1641. Einen gewissen Abschluß findet der bürgerliche Garten mit den »Nürnbergischen Hesperides« des Joh. Chr. Volkamer von 1708 (Einl. S. 91).

Aufbewahrungsort und Foto: Germanisches Nationalmuseum, Nürnberg

D. Hennebo / A. Hoffmann, Der architektonische Garten, Renaissance und Barock. 1965; M. L. Gothein, Gesch. der Gartenkunst. ²1926; Fließ, Das Hauswesen der Nürnberger Handwerker. 1957; K. Schröder, Studien über Renaissance — Gärten in Oberdeutschland. 1912

Tafel 309. b) Der Marktplatz zu München um 1630. Kupferstich von Matthäus Merian d. Ä.

Etwa seit 1570 stieg München nach dem Vorbild der großen Hofkultur der Habsburger in Prag zum kulturellen und politischen Mittelpunkt der deutschen Gegenreformation auf. Die jesuitische Michaelshofkirche und das Jesuitenkolleg sowie die Maxburg bildeten die Einleitung für die bedeutende Barockkunst der Stadt.

Große Sammlungen von Gemälden und Raritäten, auch in Schleißheim, unterstrichen Münchens kulturelle Bedeutung, während die Musikpflege und das Jesuitendrama sowie das volkstümliche Theater- und Musikwesen auch auf diesen Gebieten Fortschritte aufwiesen. Wilhelm V. und Maximilian I. erbauten eine mächtige, im Innern kostbar geschmückte Residenz, die dem Bürgertum gegenüber die fürstliche Autorität betonte, während das mittelalterliche Wesen der Bürgerstadt sich weitgehend behauptete. 1632 mußte München, dessen Befestigung nicht standhielt, unter Gustav Adolf, 1634 unter den Spaniern leiden. Nach 1648 machte sich, insbesondere unter Maximilian II. Emanuel (1679—1726), ein beträchtlicher italienisch-französischer Einfluß geltend. Unter Ferdinand Maria (1652—1679) wurden die Theatinerkirche und Schloß Nymphenburg gebaut (Einleitung S. 91)

Foto: Archiv für Kunst und Geschichte, Berlin

J. Kronegg, Illustrierte Gesch. der Stadt München. 1903; K. Aufleger / M. Trautmann, Alt-München in Bild und Wort. 1895; G. J. Wolf, Das kurfürstliche München. 1930; H. L. Held, München, Ausflug durch acht Jahrhunderte. ²1949

Tafel 310. a) Das Innere des Pest-Hospitals zu Wien (1679). Zeitgenössischer Kupferstich

Aussatz (Lepra), Malaria und Pest waren die Hauptseuchen vom Mittelalter bis tief in die Neuzeit. Ihre weiteste Verbreitung erreichte die Lepra in Deutschland im 13. Jahrhundert; als Volksseuche klang sie im 15. Jahrhundert ab. Die Malaria hat die Italienpolitik der deutschen Kaiser sehr behindert, ganze Heere fielen ihr zum Opfer. Seit der »Pest des Justinian« ist diese Krankheit in Europa mit Sicherheit nachweisbar. Der »Schwarze Tod« des Mittelalters trat 1348/51 zum ersten Male, seitdem immer wieder durch den Kontinent wandernd, in vollem Umfang auf, und verursachte zumeist so schwere Verluste, daß davon das politische, wirtschaftliche und kulturelle Leben des ganzen Abendlandes in Mitleidenschaft gezogen wurde und große Flucht- und Auswanderungswellen entstanden. Die Abwehreinrichtungen, wie Isolierung von Personen und Städten, Sperrung von Häfen (Venedig erstmals 1374) oder Ausräuchern hatten nur einen sehr begrenzten Erfolg. Besonders intensiv trat die Pest im 17. Jahrhundert auf, in Deutschland noch einmal seit 1708 von Süden nach Osten vorrückend. Den Lepra-Hospitälern entsprechend richtete man Pest-Hospitäler ein. Zu den schwersten Pest-Epidemien gehört die von 1666 in London, die Defoe eindrucksvoll beschrieben hat (Einleitung S. 91).

Aufbewahrungsort: Historisches Museum der

Stadt Wien. Foto: Österreichische Nationalbibliothek, Wien
G. Sticker, Die Pest. 1908/10; G. Rath, Die Pest. In: Ciba-Zeitschr. 73. 1955; E. Woehlkens, Pest und Ruhr im 16. und 17. Jahrhundert. 1954

Tafel 310. b) Der Fondaco dei Tedeschi in Venedig 1616. Kupferstich von Raphael Custos
Bald nach der Entdeckung des Seeweges nach Indien begann die Verlagerung der Handelsroute auf das Meer um Afrika herum, so daß die Bedeutung Venedigs für die Zufuhr asiatischer Güter nach Europa schnell zurückging. Im 17. Jahrhundert lag die berühmte Adelsrepublik bereits im Winkel eines Nebenmeeres, während der Welthandel sich auf dem Atlantik abspielte, die großen überseeischen Handelskompanien gegründet wurden und die Kolonialpolitik der westeuropäischen Staaten ihren Anfang nahm, gleichzeitig vom Osten der Druck des Islam, von Norden der der Habsburger wuchs, so daß die Stadt sich der Union und überhaupt den protestantischen Gegnern Österreichs sowie Frankreichs näherte, was Wallenstein 1629 Eroberungspläne entwerfen ließ. Venedig gestattete den Fremden nicht, von seinem Hafen aus oder selbst in diesem mit dem Orient unmittelbar in Verbindung zu treten. Die Kaufleute — z. B. die deutschen — boten ihre Ware in ihrem Fondaco, in dem Jacob Fugger die doppelte Buchführung kennengelernt hatte, venezianischen Mittelsmännern zum Kauf an und erwarben durch diese Orientwaren. Von dieser Erschwerung des Handels ließ man in mittelalterlicher Befangenheit in Venedig so wenig ab wie z. B. vom Stapel in Köln, obgleich die dadurch verursachte Schädigung offenkundig war. Schließlich zogen die deutschen Kaufleute sich fast ganz aus Venedig zurück und orientierten sich nach Hamburg, Bremen und Amsterdam (Einleitung S. 91).
Foto: Archiv für Kunst und Geschichte, Berlin
E. Samhaber, Das Geld. 1964; H. Kretschmayr, Gesch. von Venedig. 1905—1934; H. Simonsfeld, Der Fondaco dei Tedeschi in Venedig und die deutsch-venetianischen Handelsbeziehungen. 1887

Tafel 311. Kaiser Karl VI., 1685—1740. Ölporträt um 1720

Karl, zunächst seit 1703 König von Spanien, wurde nach seiner Rückkehr 1711 einstimmig zum Kaiser gewählt und gekrönt. Aus spanischer Reichsauffassung unterschätzte er beim Friedensschluß zu Rastatt 1714 die Bedeutung Straßburgs und des Elsaß und bevorzugte Italien. Auch der günstige Ausgang des Türkenkrieges seit 1715 im Frieden (1718) zu Passarowitz veränderte zunächst seine Politik nicht, zumal er 1720 durch die Erwerbung von Neapel-Sizilien Nachfolger der spanischen Herrschaft über Italien wurde. Dann aber gewann die »deutsche Partei« um den Prinzen Eugen allmählich Einfluß auf ihn und damit auf das Verhältnis der Habsburger-Monarchie zu Deutschland. Seine Vorliebe für Spanien beeinflußte auch seinen künstlerischen Geschmack: Klosterneuburg sollte ein deutscher Escorial sein, bekrönt durch die Kaiserkrone, flankiert vom österreichischen Erzhut und der spanischen Königskrone. Andererseits sollte Wien Wirtschafts- und Kulturzentrum Deutschlands und Mitteleuropas werden. Seine Reichsvorstellung verhinderte die absolutistische Konzentration Österreichs im Sinnen der Staatsraison, so daß die Planung großer Handelsverbindungen Konstantinopel — Belgrad — Wien — Nürnberg — Antwerpen sowie Triest — Wien — Breslau — Stettin trotz Gründung einer orientalischen und einer Ostende-Kompanie mit dem Ziel großer Handels- und Kolonialpolitik, auch trotz Ausbau von Triest und Fiume sowie der Semmeringstraße, nicht in die Wirklichkeit umgesetzt werden konnte. Nachdem Karls Sohn Leopold 1716 gestorben war, suchte der Kaiser, der seit 1720 eine wahrhaft kaiserliche Stellung in Deutschland einnahm, den Fortbestand des habsburgischen Hauses durch die Pragmatische Sanktion zu sichern, die seine Tochter Maria Theresia als Erbin aller habsburgischen Länder einsetzte. Damit erst kam es zur rechtlichen Zusammenfassung des gesamten Staatsgebietes, aus der allmählich eine österreichische Reichs- und Staatsidee erwuchs. Nachdem Karl im Jahrzehnt 1720 bis 1730 durch unglückliche Politik viel Macht und Ansehen verloren hatte, bemühte er sich in seinen letzten Regierungsjahren hauptsächlich um die internationale Anerkennung der Pragmatischen Sanktion, während die übrigen politischen Aufgaben nach

dem Tode des Prinzen Eugen in den Hintergrund gerieten (Einleitung S. 91).
Foto: Archiv für Kunst und Geschichte, Berlin
O. Redlich, Das Werden einer Großmacht. [2] 1942; H. Benedikt, Das Königreich Neapel unter Kaiser Karl VI. 1927

Tafel 312. a, b) Gemälde von König Friedrich Wilhelm I. in Preußen, 1688—1740, bezeichnet »Jude und Bauer«, sowie das Tabakskollegium des Königs. Ölbild eines unbekannten Malers (18. Jahrhundert)
Die Persönlichkeit Friedrich Wilhelms I., des Sohnes des ersten Hohenzollernkönigs und Vaters Friedrichs d. Gr., ist charakterisiert durch tiefe Religiosität, Begabung auf den Gebieten der Verwaltungs-, Finanz- und Wirtschaftsorganisation sowie starkes Interesse an Militärfragen: die Zeitgenossen nannten ihn den »Soldatenkönig«, O. Hintze »Preußens größten inneren König«. »Das große Werk Friedrich Wilhelms ist aufs engste mit seiner widersprüchlichen Person verbunden. Er ist ein von christlicher Verantwortung getragener, fanatisch arbeitender und dämonisch fordernder Selbstherrscher, ein Fachmann des Militärs, der Bürokratie und der Ökonomie gewesen, der das individuelle Glück seiner Untertanen dem Aufbau staatlicher Macht und Wohlfahrt unterordnete. Sein puritanisch-praktischer Sinn verachtete nicht unmittelbar anwendbare Künste und Wissenschaften; er vertrieb Christian Wolff aus Halle aufgrund falscher Anschuldigungen und bemühte sich spät um eine breitere Ausbildung seiner geistigen Persönlichkeit, wie er dann auch Wolff zurückzugewinnen suchte. Er verspottete die Akademie der Wissenschaften, weil er sie nicht in seine praktisch-politischen Anstrengungen einordnen konnte. Er malte (s. 312 a: Jude und Bauer) nur, um sich von seinen Schmerzen abzulenken; seine Geselligkeiten blieben rauh, die Umgangsformen und Späße der Genossen des Tabakskollegiums (s. 312 b, im Vordergrund der König selbst, rechts neben ihm Kronprinz Friedrich, am Tischende neben dem Hasen Jakob Paul von Gundling, offiziell Historiograph, praktisch der Spaßmacher dieser Runde) waren derb und grob, das geistige an sich konnte bei ihm niemals als zarte Pflanze gedeihen. Todesahnungen quälten ihn ebenso früh wie die schweren Schmerzen der Gicht und trieben ihn weiter auf der Bahn fanatischer Staatsbildung und Menschenerziehung. Von ungeheurer Reizbarkeit, konnte sein Mißtrauen sich ins Krankhafte steigern bis zu Wahnideen. Wie er sein Persönliches in dem von ihm geformten Staat einbrachte, forderte er von anderen die inhumane Versachlichung der Person, den äußersten Gehorsam — auch in der Familie —, übertrug er militärisches Ordnungsdenken auf das gesamte zivile Leben. Er sorgte auch für andere, konnte sie aber nur nach seinem christlichen Bilde und sittlichen Rigorismus werden und leben sehen« (Oestreich) (Einleitung S. 92).
312 a) Foto: Ullstein, Berlin. 312 b) Foto: Archiv für Kunst und Geschichte, Berlin
G. Oestreich, Friedrich Wilhelm I. In: Neue Deutsche Biographie V. 1961; C. Hinrichs, Friedrich Wilhelm I., Eine Biographie. 1941; J. Klepper, In Tormentis pinxit, Bilder und Briefe des Soldatenkönigs. 1938; F. Hartung, König Friedrich Wilhelm I., der Begründer des preußischen Staates. 1942

Tafel 313. »Richtige Marsch Carten der Saltzburgischen Emigranten oder deren Zug aus Saltzburg durch das Reich in die königl. Preußisch. Lande. Nürnberg bey Peter Conrad Monath« (1732)
Vertreibung und Flucht um des Glaubens willen ist ein historisches Faktum, seitdem es »Glauben«, Überzeugung im allgemeinsten und im speziellen religiösen Sinne gibt. Im Bereich von Reformation und Gegenreformation sind Emigrationen in Europa vom 16. bis zum 18. Jahrhundert besonders häufig und zahlreich gewesen. Für Deutschland am bedeutungsvollsten war die Einwanderung der Hugenotten infolge der absolutistischen Konfessionspolitik Ludwigs XIV. und die der »Salzburger Exulanten« im Jahre 1732. Nachdem bereits 1684 der Erzbischof von Salzburg die Protestanten als politische Rebellen bezeichnet und behandelt hatte, ging sein Nachfolger Leopold Anton von Firmian seit 1728 mit Gewalt gegen das Luthertum vor, verhaftete dessen Führer, verstärkte die jesuitische Mission und bezeichnete den Protest von 19 000 Bauern als politischen Aufstand, gegen den Kaiser Karl VI. mit Militär vorging.

Das Emigrationspatent vom 31. Oktober 1731 verfügte die Ausweisung der Lutheraner, die am 24. Februar 1732 Salzburg verließen und von Friedrich Wilhelm I. von Preußen — in Erinnerung an seines Großvaters »Edikt von Potsdam« im Jahre 1685 — aufgrund eines Einladungspatents in Ostpreußen angesiedelt wurden (etwa 14 000 Personen), das kurz zuvor durch Pest und Hungersnot heimgesucht worden war. Der Zug der annähernd 21 000 — von denen kleinere Gruppen sich in Franken und Schwaben niederließen, andere nach Nordamerika (Südkarolina) auswanderten — durch Deutschland führte zu zahlreichen, politisch bedeutungslosen Kundgebungen des protestantischen Gemeinschaftsgefühls (Einleitung S. 92).
Foto: Archiv für Kunst und Geschichte, Berlin
L. Mecenseffy, Gesch. des Protestantismus in Österreich. 1956

Tafel 314. Christian Freiherr von Wolff, 1679 bis 1754. Kupferstich von J. M. Bernigeroth (1755)
Sowohl vom Luthertum wie von der Gegenreformation beeindruckt, von Descartes und vom Calvinismus beeinflußt, studierte Wolff anfangs Theologie, insbesondere aber Recht und Mathematik, um mit deren Beweiskraft die Religionsstreitigkeiten beenden zu können. 1706 wurde er in Halle Professor für Mathematik und Naturwissenschaften, seit 1709 auch für Philosophie. 1719 schrieb er »Vernünftige Gedanken von den Kräften des menschlichen Verstandes«, 1720 »Vernünftige Gedanken von Gott, der Welt und der Seele des Menschen, auch allen Dingen überhaupt«, 1721 »Vernünftige Gedanken von dem gesellschaftlichen Leben des Menschen, in Sonderheit dem gemeinen Wesen«. Er wurde, in deutscher Sprache lehrend, berühmt und Mitglied mehrerer Akademien, hatte viele Schüler, genoß die Gunst seines Landesherrn Friedrich Wilhelms I. und der Pietisten sowie die Freundschaft von Thomasius. Aber 1723 griff die theologische Fakultät ihn an, weil er behauptete, man könne auch ohne göttliche Offenbarung zur Glückseligkeit gelangen. Der König entzog ihm aufgrund ungenauer Kenntnis der Zusammenhänge den Lehrstuhl, verwies ihn des Landes und verbot den Gebrauch seiner Schriften. Wolff ging nach Marburg und wandte sich in lateinischer Sprache an die europäische Öffentlichkeit. Der König versuchte seit 1730 ihn zurückzugewinnen, doch folgte Wolff erst 1740 dem Ruf Friedrichs II. Er beeinflußte stark die Lehre der Philosophie und diese selbst sowie die Staatsphilosophie in Deutschland; auch Kant verwandte anfangs seine glänzend kompilierten Werke (Einleitung S. 92).
Foto: Ullstein, Berlin
W. Frauendienst, Christian Wolff als Staatsdenker. 1927; E. Wolf, Große Rechtsdenker. ³1951

Tafel 315. Maria Theresia, 1717—1780, als Erzherzogin im Alter von 15 Jahren. Gemälde von J. van Schuppen (1732)
Im Gegensatz zu Friedrich II. gab es in der Jugendentwicklung Maria Theresias, der Tochter Karls VI. und Elisabeths von Braunschweig-Wolfenbüttel, keinen Zwang oder Bruch. Zwar bestimmte die Pragmatische Sanktion sie zur Erbin Österreichs, doch hoffte ihr Vater bis zuletzt auf einen männlichen Erben, so daß die Tochter ohne Vorbereitung auf politische Tätigkeit im Familienkreis warmherzig und einfach mit guter Unterweisung in Deutsch, Französisch, Italienisch, Spanisch und Lateinisch im Rahmen des spanischen Zeremoniells erzogen wurde. Ihr Jugendgespiele Franz (I.) Stephan von Lothringen wurde auf ihren eigenen Wunsch 1736 ihr Gemahl, nachdem sie eine politische Eheschließung zur Sicherung Bayerns abgelehnt hatte (Einleitung S. 94).
Foto: Archiv für Kunst und Geschichte, Berlin
A. v. Arneth, Maria Theresia. 1863—1897; H. Kretschmayr, Maria Theresia. ² 1938; W. Andreas, Das theresianische Österreich und das 18. Jahrhundert.

Tafel 316. Friedrich d. Gr., 1712—1786, als Kronprinz. Zeitgenössischer Stich
In äußerster Strenge von seinem jähzornigen, geistig labilen Vater unter Mißhandlungen erzogen, wie seine Lieblingsschwester Wilhelmine im Gegensatz des Vaters zur Mutter auf deren Seite gezogen und in geheimpolitische Pläne verwickelt, durch Unterdrückung seiner Individualität, durch Zwang zum Soldatischen und Verbot des Musischen zum Widerstand

herausgefordert, fand Friedrichs Jugend ihren traurigen Höhepunkt und ihr Ende im unüberlegten Fluchtversuch vom August 1730 mit der Gefangensetzung, der Bedrohung seines Lebens durch den Vater, der Hinrichtung seines Freundes Katte und der Festungshaft. Den vom Vater geforderten Thronverzicht lehnte er ab (Einleitung S. 92).

Foto: Staatsbibliothek Berlin, Bildarch. (Handke)

R. Koser, Gesch. Friedrichs d. Gr. 1912; C. Hinrichs, Der Kronprinzenprozeß Friedrich und Katte. 1936; G. B. Volz, Der Kronprinzenprozeß von 1730. In: Forschungen zur Brandenburgischen und Preußischen Gesch. 50. 1937

Tafel 317. a) Samuel Freiherr von Cocceji, preußischer Großkanzler, 1679—1755. Porträt von Antoine Pesne

Von Grotius beeinflußt, aber schon früh der Rechtspraxis zuneigend, reformierte Cocceji seit 1718 die ostpreußische Justiz, modernisierte 1721 das preußische Landrecht und wurde 1738 mit grundsätzlichen Reformarbeiten für die Justiz der ganzen Monarchie beauftragt. Später erhielt er auch von Friedrich d. Gr. Vollmachten zur allgemeinen Justizerneuerung und Verbesserung des Justizpersonals, wobei er u. a. Konzentration und Vereinfachung anstrebte. Er mußte den Widerstand derer überwinden, die wirtschaftlich und ideell an der Beibehaltung der Verhältnisse interessiert waren. Nach der Umgestaltung der Justizorganisation führte er die Neuordnung des Prozeßrechts durch. Seine Reformen bildeten, wie die Befreiung der Domänenbauern, die Vorstufe zu den großen Maßnahmen der Reformzeit von Carmers und Suarez' Schaffung des Allgemeinen Preußischen Landrechts bis zur Bauernbefreiung, Städteordnung und Militärreform auf der Wende vom 18. zum 19. Jahrhundert (Einleitung S. 95).

Foto: Ullstein, Berlin

M. Springer, Die Coccejische Justizreform. 1914; E. Döhring, Gesch. der deutschen Rechtspflege. 1953

Tafel 317. b) Friedrich Anton Freiherr von Heinitz, preußischer Minister und Generalberghauptmann, 1725—1802. Ölporträt von Carl Anton Graff

Heinitz wurde nach Studien, praktischer Arbeit und Reisen nach Schweden und Ungarn 1763 als Generalbergkommissarius an die Spitze des sächsischen Bergwesens gestellt. Als solcher rief er die bald berühmte Bergakademie Freiberg ins Leben. 1774 nahm er seinen Abschied und lebte zwei Jahre in Paris und London unter dem Eindruck der Reformen und der Industriellen Revolution; 1777 wurde er als Minister und Berghauptmann an die Spitze des preußischen Bergwerks- und Hüttendepartements gestellt. In diesem Amt erwarb er sich große Verdienste um die Modernisierung von Preußens Berg- und Hüttenwesen im Sinne der englischen Fortschritte, besonders in Schlesien, wo Freiherr von Reden seine rechte Hand war, in Westfalen und der Grafschaft Mansfeld. In Schlesien bewirkte er einen außerordentlichen Aufschwung der Eisenindustrie, des Kohlen- und des brachliegenden Blei- und Silberbergbaues, in der ganzen Monarchie die angemessene Beachtung des Salinenwesens. 1782 stellte Friedrich d. Gr. ihn an die Spitze des Handels- und Fabriken-, 1783 auch des Zoll- und Akzisedepartements. Wegen seiner kritischen Haltung gegenüber dem Regiebetrieb wurde er 1784 vom König zur Aufgabe seiner Ämter veranlaßt. Friedrich Wilhelm II., der seine Fähigkeiten zu schätzen wußte, gab ihm sofort nach seiner Thronbesteigung das Ministerium der rheinisch-westfälischen Lande, das Münz- und das Salzdepartement. Heinitz war in Deutschland während des 18. Jahrhunderts der bedeutendste Mann im Bereich des Bergwesens, wichtig auch bei der Mäßigung der friderizianischen Merkantilpolitik. Er legte in der Anfangsphase der großen Reformen in der industriewirtschaftlich wichtigsten Provinz Preußens den Grund auch für manche Maßnahmen im Rahmen der Industrialisierung in späteren Jahrzehnten. Das Porträt zeigt ihn in der eleganten bergmännischen Paradetracht des Rokoko, nachdem er selbst 1768 bereits eine Trachtenreform im Sinne der Vereinfachung angeordnet hatte, mit der »Prunk-Barte« in der Rechten (Einleitung S. 95).

Aufbewahrungsort und Foto: Bergakademie Freiberg/Sachsen

H. Steinecke, F. A. von Heinitz. In: Forschungen zur Brandenburgischen und Preußischen

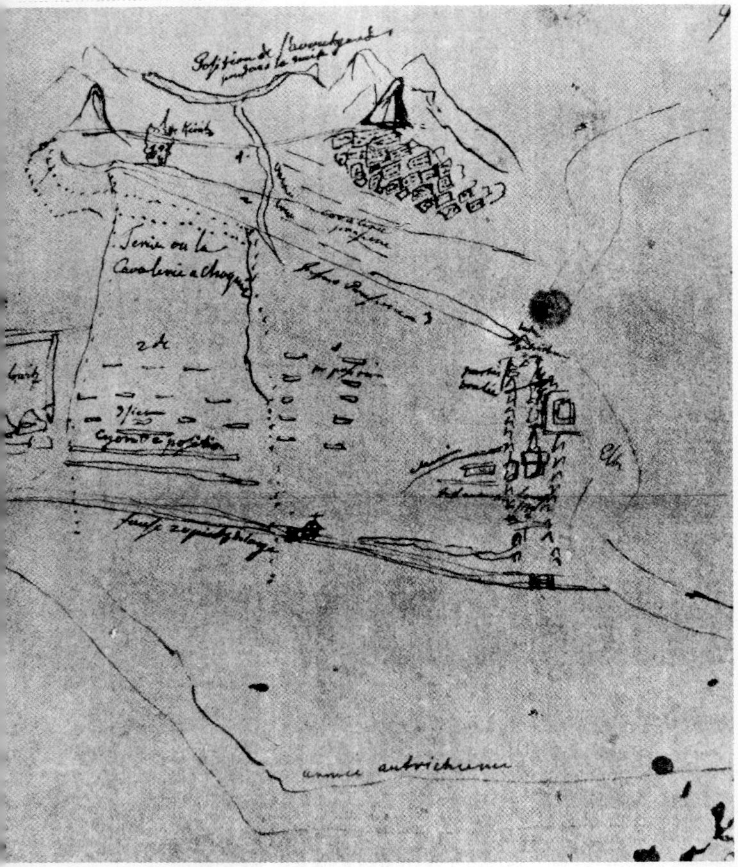

Abb. 28 (zu Taf. 319 a). Friedrichs des Großen Skizze von der Schlacht von Lobositz. 1. Oktober 1756 (nach G. Freytag, Bilder aus der deutschen Vergangenheit. Band V, o. J.)

Gesch. 15. 1902; A. Schwemann, F. A. Freiherr von Heinitz. In: Beiträge zur Gesch. der Technik und Industrie 12. 1922; K. Tanzer, Wegbereiter der oberschlesischen Industrie. Ebenda 22. 1933; O. Perlick, Oberschlesische Berg- und Hüttenleute. 1958

Tafel 318. Wenzel Anton Dominik Fürst Kaunitz-Rietberg, 1711—1794. Ölporträt von J. Steiner

Anfänglich Domherr in Münster, studierte Kaunitz nach dem Verzicht in Wien, Leipzig und Leiden, wurde 1735 Hofrat und kaiserlicher Kommissar beim Reichstag in Regensburg, 1741 außerordentlicher Gesandter an italienischen Höfen, 1743 Minister in den österreichischen Niederlanden und 1748 von seinem Freund, dem Leibarzt van Swieten (vgl. Tafel 321 a), nach Wien geholt. 1750 ernannte Maria Theresia ihn zum Gesandten in Paris, wo er meisterhaft für ein Bündnis der beiden Staaten mit Rußland gegen Preußen eintrat. Während des Siebenjährigen Krieges gingen aus seiner Staatskanzlei — er war seit 1753 Staatskanzler und Leiter der Auswärtigen Angelegenheiten —, nicht vom Hofkriegsrat, die meisten militärischen Offensivbefehle aus. Seit 1758 empfahl er die Zentralisierung der österreichischen Verwaltung, Finanz und Wirtschaft, so daß 1761 der österreichische Staatsrat als oberste beratende Zentralbehörde geschaffen wurde, in der Kaunitz, besonders nach dem Tode von Franz I., die entscheidende Stimme hatte und von Joseph II. unterstützt wurde. Er trat für die Bauernbefreiung und andere Reformen ein und kritisierte das Strafgesetzbuch »Nemesis Theresiana« von 1769 als antiquiert. Seit 1763 betrieb er die Aussöhnung mit Preußen als Voraussetzung für eine aktive österreichische Außenpolitik und vermittelte Josephs II. Begegnungen mit Friedrich d. Gr., bis er 1779 Friedrichs Unversöhnlichkeit erkannte. Nach 1780, vollends seit 1790 verlor er an Einfluß (Einleitung S. 96).

Foto: Archiv für Kunst und Geschichte, Berlin

A. v. Arneth, Die Biographie des Fürsten Kaunitz bis 1753. In: Archiv für Österreichische Gesch. 88. 1900; A. v. Novotny, Staatskanzler Fürst Kaunitz als geistige Persönlichkeit. 1947; S. K. Padover, Prince Kaunitz and the first partition of Poland. In: Slavonic and easteurop. Review 13. 1935

Tafel 319. a) König Friedrich II. von Preußen, Der Alte Fritz, 1712—1786. Ölporträt von Heinrich Franke, der auch das berühmte Dreiviertelporträt von 1764 gemalt hat (Schloß Charlottenburg)

Nach der Thronbesteigung, der Eroberung Schlesiens und den Kämpfen um diese neue, sehr wertvolle Provinz sowie dem wirtschaftlichen und administrativen Wiederaufbau zwischen den Kriegen und nach 1763 galt Friedrich beim Volke als der »Alte Fritz«. Für die geistigen Bewegungen, die seit den fünfziger Jahren von Westeuropa übergriffen oder in Deutschland selbst in Gang kamen, hatte er nur gerin-

ges Verständnis — er sah in ihnen hauptsächlich überhebliche Gesellschafts- und subjektivistische Systemkritik. D'Alembert schätzte er zwar, aber Rousseau erklärte er für einen Narren, der die überkommene aristokratische Ordnung gefährdete. Seine Entfremdung gegenüber den neuen Kräften wurde um so stärker, als es in seiner eigenen Umgebung keine Jugend, auch keine eigene Familie gab. Durch die Anstrengungen der vielen Kriegsjahre vorzeitig gealtert, verschloß er sich schroff gegenüber unbequemen, in ihren Gedanken von ihm abweichenden Menschen, die er ungerecht behandelte. Seine Sozialpolitik sollte der Erhaltung und Stärkung des Staates, nicht dem einzelnen Menschen dienen, was jedoch überraschende, den Zauber der Persönlichkeit bezeugende und vielbewunderte Einzelfälle von erstaunlicher, auch die Gesetze beiseiteschiebender Freundlichkeit, Milde und Hilfsbereitschaft nicht ausschloß. Zwischen zwei Epochen stehend, hat er die Spätzeit der einen wesentlich geprägt, die Frühzeit der anderen ahnend gefürchtet und behindert, so daß von vielen, die neue Lebensformen für nötig hielten, der Tod des großen Fürsten doch auch als Befreiung von einer schweren Belastung des Fortschritts empfunden wurde (Einleitung S. 98).
Aufbewahrungsort: Schloß Sanssouci, Potsdam.
Foto: Ullstein, Berlin
R. Koser, König Friedrich d. Gr. [7] 1925; W. Bussmann, Friedrich d. Gr. im Wandel des Urteils in Deutschland und Europa. In: Rothfels-Festschr. 1951; K. E. Born, Der Wandel des Friedrich-Bildes in Deutschland während des 19. Jahrhunderts. 1959; G. B. Volz, Friedrich d. Gr. im Spiegel seiner Zeit. 1926/27; E. v. Campe, Die graphischen Porträts Friedrichs d. Gr. aus seiner Zeit und ihre Vorbilder. 1956

Tafel 319. b) Anna Amalia, Prinzessin von Preußen, Äbtissin von Quedlinburg, 1723 bis 1787. Ölporträt von A. Rosina de Gase-Matthieu
Friedrich d. Gr. führte sein Leben ohne eigene Familie, in engerem gedanklichen Korrespondenz-Austausch mit seinen Schwestern als mit seinem Bruder Heinrich. Anna Amalia war seit 1744 Koadjutorin, seit 1755 Äbtissin des protestantischen Stifts Quedlinburg und hat nicht das von Trenck in seinen Memoiren behauptete Liebesverhältnis mit ihm gehabt. Wissenschaftlich interessiert, musikalisch ausgebildet, als Komponistin jedoch nicht überdurchschnittlich begabt, brachte sie seit 1740 eine große Musikaliensammlung zusammen (J. S. und C. Ph. E. Bach, Händel, Hasse, Brüder Graun), die nach ihrem Tode über das Joachimsthalsche Gymnasium in Berlin als »Amalien-Bibliothek« an die Preußische Staatsbibliothek gelangte und dort den Mittelpunkt der Bachpflege um Zelter und die Singakademie zu Beginn des 19. Jahrhunderts bildete (Einleitung S. 98).
Foto: Archiv für Kunst und Geschichte, Berlin
C. Sachs, Prinzessin Anna Amalia von Preußen als Musikerin. In: Hohenzollern-Jahrb. 1910; G. v. Dadelsen, Anna Amalia. In: Neue Deutsche Biographie I. 1953

Tafel 319. c) Wilhelmine Friederike, Prinzessin von Preußen, Markgräfin von Bayreuth, 1709 bis 1758. Ölporträt von Antoine Pesne
Drei Jahre älter als ihr Bruder Friedrich, war Wilhelmine in der gemeinsamen Kinder- und Jugendzeit auf engste mit ihm und ihrer Mutter Sophie Dorothea gegen den Vater Friedrich Wilhelm I. verbunden, der sie häufig schwer mißhandelte. Nach Friedrichs Fluchtversuch wurde auch sie verhaftet, dann zur Ehe mit dem geistig unbedeutenden Markgrafen Friedrich von Brandenburg-Bayreuth gezwungen. Sie suchte Ersatz für die Leere ihrer Ehe in der Pflege der Wissenschaften und Förderung der Gründung der Universität Erlangen. Doch wurde ihr Leben im wesentlichen ausgefüllt durch ihren umfangreichen Briefwechsel mit dem sehr geliebten und verehrten Bruder, der ihren Tod 1758 nach der Niederlage von Hochkirch (und den Tod der Mutter nach Kolin) zu den schwersten Schlägen seines Lebens zählte. Durch diese Verluste wurde er in tiefe Einsamkeit gestürzt. Wilhelmines erstmals 1810 erschienenen »Mémoires« geben ein von Haß, Spitzzüngigkeit und Klatsch verzeichnetes Bild des Vaters (Einleitung S. 98).
Foto: Archiv für Kunst und Geschichte, Berlin
Korrespondenz mit Friedrich d. Gr., hrsg. von G. B. Volz, 1924/26; R. Fester, Die Bayreuther Schwester Friedrichs d. Gr. 1902; E. Bracker, Markgräfin Wilhelmine von Bayreuth und die geistige Welt Frankreichs. 1940

Tafel 320. a) Maria Theresia, 1717—1780, als Witwe mit ihren Söhnen Leopold II., Ferdinand, Joseph II. und Maximilian Franz. Gemälde von J. Maurice

Eine — vom Verlust Schlesiens abgesehen — erfolgreiche Regentin, die durch die Neuordnung von Verwaltung, Armee und Bildungswesen, durch soziale und kirchenpolitische Maßnahmen mit Erfolg Spannungen zu verringern bestrebt war und Ansätze zu Neuem schuf, festigte Maria Theresia zugleich die Einheit des ihr überlieferten vielgestaltigen Habsburger Reiches und modernisierte es. Ihr reiches und glückliches Ehe- und Familienleben trug wesentlich dazu bei, daß sie vom Volke geliebt, verehrt und als Vorbild bewundert wurde. Ihre Söhne Joseph und Leopold wurden ihre Nachfolger; Ferdinand heiratete die Erbin von Modena, Maximilian Franz wurde 1769 zum Hoch- und Deutschmeister des Deutschen Ritterordens, 1780 zum Koadjutor von Köln und Münster gewählt, was zum Vordringen der Habsburger in Deutschland beitrug; ihre Töchter Marie Antoinette und Marie Caroline wurden Königinnen von Frankreich bzw. von Neapel und Sizilien. Doch auch ihr Tod wurde, wie wenige Jahre später noch mehr derjenige Friedrichs d. Gr., nicht nur betrauert, sondern ebenso als Befreiung und Ermöglichung von Reformen angesehen, die angesichts der Ereignisse in Westeuropa dringend nötig erschienen. Als schöne Erzherzogin, Kaiserin und Ehefrau, als glückliche Mutter von sechzehn Kindern, von denen zehn am Leben blieben, wurde Maria Theresia sehr häufig auf Gemälden und Kupferstichen, nicht zuletzt auch auf dem nach ihr genannten Maria-Theresien-Thaler dargestellt, der ihr Bild bis heute im Orient und in den nordöstlichen Teilen Afrikas als das einer eindrucksvollen und bedeutenden Frau zeigt. Sie ist gemalt worden u. a. von Liotard, G. Mattei (Matthieu), Pahl, Voghuet, Füger, Maurice, van Meytens und du Greue; das Grabmal Maria Theresias und Franz' I. in der Kapuzinergruft in Wien stammt von Balthasar Moll (Einleitung S. 98).

Aufbewahrungsort und Foto: Kunsthistorisches Museum, Wien

H. Kretschmayr, Maria Theresia. [2]1938; A. v. Arneth, Maria Theresia. 1863—1879

Tafel 320. b) Kaiser Franz I., 1708—1765, Gemahl Maria Theresias, in seinem Naturalienkabinett. Ölgemälde eines unbekannten Meisters

Franz, 1723 am Wiener Hof aufgenommen, trat nach dem Tode seines Bruders Clemens an dessen Stelle als Freier Maria Theresias. 1729 übernahm er die Regierung in Lothringen, auf das er 1736 unfreiwillig zugunsten von Stanislaus Leszczynski, und damit von Frankreich, im Tausch gegen Toscana verzichtete, und in Teschen. Maria Theresia berief ihn offiziell zum Mitregenten; zwar blieb er, seit 1745 auch als Kaiser, ohne unmittelbaren Einfluß auf die Staatsgeschäfte, doch machte er sich, seit 1763 oberster Leiter der Finanzen und des Staatsschuldenwesens, um die österreichische Landwirtschaft, um die Vergrößerung des habsburgischen Vermögens und um die Sanierung der Staatsfinanzen sehr verdient. Mit Jean de Baillou baute er gemeinsam das Naturalienkabinett auf, die Keimzelle des Naturhistorischen Museums in Wien. Auch die kaiserlichen Sammlungen sowie die Wissenschaften und Künste verdanken ihm viel (Einleitung S. 98).

Foto: Archiv für Kunst und Geschichte, Berlin

A. Heer, Die Finanzverwaltung Österreichs 1749—1816. In: Mitteilungen des Instituts f. Österreichische Geschichtsforschung 15. 1894; G. Turba, Neues über lothringisches und habsburgisches Privateigentum, 1925; H. L. Mikoletzky, Kaiser Franz I. Stephan und der Ursprung des habsburgisch-lothringischen Familienvermögens. 1961

Tafel 321. a) Gerhard van Swieten, 1700—1772, Leibarzt und kulturpolitischer Berater Maria Theresias. Schabkunstblatt von J. J. Haid

In Leiden geboren, studierte und lehrte van Swieten in Löwen als Schüler Boerhaaves Medizin. Auf Empfehlung von Karl von Lothringen und Kaunitz wurde er Leibarzt Maria Theresias und geriet damit in die große Zahl der fürstlichen Leibärzte, die in der neueren europäischen Geschichte Vertraute ihrer Patienten geworden sind, politischen Einfluß ausgeübt und Aufzeichnungen von historischem Quellenwert hinterlassen haben. Seine Hilfsbereitschaft und menschliche Sicherheit machten ihn bald zum intimen Berater und Freund der Herrsche-

rin, die er für die Aufklärung zu gewinnen trachtete. Ihm verdankt die Wiener Universität, insbesondere deren medizinische Fakultät, wichtige Neuerungen; er gründete in Wien einen Botanischen Garten, ein chemisches Laboratorium, wandte erstmals das Fieberthermometer an, bewog Joseph II. zum Bau eines allgemeinen Krankenhauses in Wien und hatte als Begründer der Wiener Schule mehrere bedeutende Schüler und Fortsetzer seiner Arbeit. Seine Erfolge bewogen Maria Theresia zur Ausdehnung seiner wissenschaftlichen Neuerungen auch auf die anderen Fakultäten und Universitäten, wobei er den Einfluß der Jesuiten und ihr Monopol als Hofbeichtväter einschränken und die Aufsicht der geistlichen Orden über die Schulen und Universitäten abschaffen konnte (Einleitung S. 96).
Foto: Archiv für Kunst und Geschichte, Berlin
H. E. Sigerist, Große Ärzte. 1932; M. Neuburger, Die Entwicklung der Medizin in Österreich. 1918; A. Gigl, van Swietens Berufung als Leibarzt der kaiserlichen Familie. In: Österr.-Ungar. Revue 1888/89; Ch. Lesky, Die Wiener Schule. 1965; W. Treue, Mit den Augen ihrer Leibärzte. 1957; E. Winter, Der Josephinismus und seine Gesch. 1943

Tafel 321. b) Wien, Blick vom Graben gegen den Kohlmarkt. Kupferstich nach eigener Zeichnung von Karl Schütz (1781)
Das Anwachsen der Behörden, die große Pest von 1679 (Errichtung der Pestsäule am Graben aufgrund eines Gelübdes des Kaisers) und die Kämpfe gegen die Türken 1683, bei denen das Bürgertum sich auszeichnete, führten zur Verdrängung des mittelalterlichen Wien insbesondere nach der wirtschaftlichen Erholung und Friedenssicherung im Frieden von Karlowitz 1699. Sowohl in der Altstadt wie in den neu von Adel und Bürgertum bebauten Vorstädten mit zahlreichen Gartenpalais kam es zu moderner Prachtentfaltung. Gefördert von Joseph I. und Karl VI., erwuchs aus der Verbindung von höfischer Kunstauffassung in spanisch-italienisch-französischer Mischung und österreichischem Volkstum eine große Kunst, die die Kaiserstadt mit europäischer Geltung in der Architektur wie in anderen Künsten zur Hauptstadt nicht nur des katholischen Deutschland und neben Paris zum zweiten Kultur- und Zivilisationszentrum mit starkem kirchlichem Anteil (1723 Erhebung zum Erzbistum) heranwachsen ließ. Dabei spielte der Ausbau der Wirtschaft ebensosehr eine Rolle wie die Fülle der Anregungen durch Fischer v. Erlach, L. v. Hildebrandt und ausländische Künstler wie neben den staatlichen Repräsentations-, Regierungs- und Verwaltungsbauten das Mäzenatentum von Hof, Adel und Großbürgertum, das sich mit wachsendem Bewußtsein seiner Bedeutung und seiner Standesformierung neben den Adelspalais seine eigenen stattlichen Wohn- und Geschäftsbauten errichten ließ (Einleitung S. 98).
Foto: Österreichische Nationalbibliothek, Wien
F. Walter, Wien. 1940/44; H. Tietze, Wien, Kunst, Kultur, Geschichte. 1931; G. Dehio, Wien. ²1954

Tafel 322. Kaiser Joseph II., 1740—1790. Kupferstich von Anton Tuchler (1764)
Von der Mutter mit genauem Blick für die Wirklichkeit begabt, vom Vater rationalistisch, von Jesuiten im Sinne des katholischen Kaisertums beeinflußt, bildete sich Joseph eine Kaiseridee, die aufklärerisch-naturrechtlich bestimmt war und dadurch wesentlich von der seiner Mutter und Vorgänger abwich. Er wurde 1764 König, 1765 Kaiser und Mitregent, stand unter Kaunitz' Einfluß und entfernte sich in seinen Anschauungen bald sehr von denen seiner sehr geliebten Mutter, so daß er zunehmend schärfere Reformforderungen stellte und Kritik übte — besonders intellektualistisch gefärbt seit dem Tode seiner ersten Gemahlin 1763, durch Einsamkeit verstärkt seit dem Tode der zweiten 1767. Auf anschließenden langen Reisen lernte er die sich schnell steigernden sozialen Probleme in der Landwirtschaft, die Lehren der Physiokraten sowie die Notwendigkeit von Agrarreformen und der Abschaffung der Tortur kennen. Nachdem er bis 1780 mit seinen expansionistischen außenpolitischen Bemühungen, den Begegnungen mit Friedrich d. Gr. und dem Streben nach Führung im Reich keinen Erfolg gehabt hatte, versuchte er im Jahrzehnt der Alleinherrschaft 1780—1790, den österreichischen Einheitsstaat zu bilden, eine neue Außenpolitik aufzubauen und das Reich von

Österreich her zu aktivieren, wobei er die Traditionen des Föderalismus ebensosehr unterschätzte, wie er überhaupt keinen Blick für Stärke und Recht des historisch Gewachsenen hatte und von dieser Haltung her auch religionspolitisch unglücklich verfuhr. Über solche Schwächen und die Tatsache, daß er selbst manche seiner fortschrittlichen Maßnahmen wieder einschränkte oder aufhob, darf nicht vergessen werden, daß sein scharfer Geist Reformprobleme erkannt und auf Jahrzehnte hinaus formuliert hat und daß die wesentlichen Prinzipien seines liberalisierenden Regierungssystems sich als richtig und fruchtbar erwiesen haben (Einleitung S. 98).
Foto: Archiv für Kunst und Geschichte, Berlin
E. Winter, Der Josephinismus und seine Gesch. 1943; F. Valjavec, Der Josephinismus. ²1945; F. Maaß, Der Josephinismus, Quellen 1760 bis 1790. 1951—1953

Tafel 323. a) Wien vom Oberen Belvedere aus gesehen. Gemälde von Bernardo Bellotto, gen. Canaletto (1760)
In den Jahren 1693—1724 ließ Prinz Eugen nach Plänen von L. v. Hildebrandt das »Lustschloß Belvedere« als Sommerschloß erbauen, in dem er bis 1736 wohnte. Das Obere Belvedere, vom Stephansplatz etwa eine halbe Stunde entfernt und für Empfänge und Feste errichtet, war als das eigentliche Schloß geplant. Doch wurde bereits im Jahre 1776 mit der Zusammenführung und Aufstellung der Gemäldegalerie begonnen, deren ältester Bestandteil die »Rudolfinische Kunst- und Wunderkammer« aus Prag war, soweit diese nicht 1648 von den Schweden geraubt oder veräußert worden war. Das Untere Belvedere, das eigentliche Wohnschloß mit Wirtschaftsgebäuden und Orangerie, entstand 1714 bis 1716. Das zunächst glatte Parkgelände wurde in der Mitte durch eine terrassenförmige Aufmauerung mit Brunnen und Treppe überhöht, wodurch das Obere Belvedere, seit 1693 nach Plänen von Hildebrandt angelegt, für den Blick von unten eine besonders elegante Erscheinung gewann. Die Gesamtanlage gilt als die »vielleicht geistvollste und eleganteste Schöpfung des profanen Barockbaues« (Dehio). »Über Wien südlich steigt eine sanfte Anhöhe auf; da lag zu alten Römerzeiten die Zivilstadt Vindobona. Eben auf dieser Höhe ließ sich Prinz Eugen von dem besten Baumeister seiner Zeit ... seine Sommerresidenz, das Belvedere, erbauen. So stand auf dem alten Kriegshügel, von wo die römischen Adler gegen Osten Wacht gehalten hatten, wiederum das Gezelt eines Feldherrn; an dieses sollte nach des Baumeisters Willen der Palast gemahnen ... Die Stadt seines Kaisers, dem er gehorsam und glorreich diente, sollte sich vor den Fenstern seines Ruhegemaches ausbreiten und der uralte ehrwürdige Dom zu ihm hinaufgrüßen« (Hugo v. Hofmannsthal, 1913). Um die gleiche Zeit, 1695 bis 1724, ließ Prinz Eugen von Fischer v. Erlach d. Ä. und Lucas v. Hildebrandt sein Winterpalais in der Himmelpfortgasse errichten mit einer Eingangshalle und einem Treppenhaus, die als »die glanzvollste Lösung dieser Art« (Dehio) gelten. Dort starb Prinz Eugen 1736; 1752 erwarb das Kaiserhaus das Belvedere. — Bernardo Bellotto, genannt Canaletto, 1720 bis 1780, Schüler und Neffe des Antonio da Canal oder Canale, hat außer in Wien auch in Rom, Mailand, London, München, namentlich aber in Dresden und Warschau zahlreiche Stadt- und Landschaftsansichten sowie Architekturbilder gemalt, die zwar handwerksmäßig routiniert erscheinen, durch die Korrektheit ihrer Wiedergabe aber historischen Wert besitzen, da sie einen guten Eindruck der Situation ihrer Zeit vermitteln (Einleitung S. 98).
Aufbewahrungsort und Foto: Kunsthistorisches Museum, Wien
P. O. Rave, Belvedere. In: Reallexikon zur deutschen Kunstgeschichte II. 1948; R. Meyer, Die beiden Canaletto. 1878; W. Hager, Die Bauten des deutschen Barocks. 1942

Tafel 323. b) Schloß Schönbrunn bei Wien. Gemälde von Bernardo Bellotto, gen. Canaletto (1760)
Fischer v. Erlach d. Ä. begann, an der Stelle eines Jagdschlosses des Kaisers Matthias 1694 für Kaiser Leopold I. mit dem Bau des Schlosses, der 1749 nach wesentlichen Änderungen am Entwurf, weil Maria Theresia dort — etwa anderthalb Stunden von Wien entfernt — im Sommer leben wollte, von Paccassi abgeschlossen wurde. Von den mehr als 1 400 Räumen, deren Zahl und Größe wie die Weite des zwei

Quadratkilometer großen Parks der barocken Vorliebe für Geräumigkeit entsprach, galten 44 im Rokokostil als Prunk- und Repräsentationsräume, darunter das »Millionenzimmer« mit persischen Miniaturen. Der große Park ist ein vorzügliches Beispiel österreichischer barocker Gartenkunst. In ihm befindet sich der »Schöne Brunnen«, nach dem das Schloß genannt ist. »Nirgends, wie ich selbst von Personen höre, die in England gewesen, sind die Gewächshäuser so hoch, daher man nirgends in Europa große südliche Pflanzen von solcher Schönheit sieht wie in Schönbrunn« (F. L. Graf zu Stolberg, 1792). Der Tiergarten, 1752 angelegt, ist einer der ältesten und »gehört zu den berühmten in Europa« (Ernst Moritz Arndt, 1798). Die Gloriette wurde 1775, die künstliche Ruine 1778 errichtet (Einleitung S. 98).
Aufbewahrungsort: Kunsthistorisches Museum, Wien. Foto: Archiv für Kunst und Geschichte, Berlin
W. Hager, Die Bauten des deutschen Barocks. 1942; M. Kronfeld, Park und Garten von Schönbrunn. 1922; K. Kobald, Schloß Schönbrunn. 1924

Tafel 324. a) Das Potsdamer Stadtschloß, vom Markt her gesehen. Ölgemälde von Joh. Friedrich Meyer (1771); 1945 zerstört

Das königliche Schloß zu Potsdam, einem 993 in einer Schenkungsurkunde Ottos III. genannten, seit 1415 mit der Geschichte der Hohenzollern verbundenen Ort, wurde 1667 bis 1701, das Rathaus 1753 nach dem Vorbild desjenigen von Amsterdam erbaut. Friedrich Wilhelm I. gab Potsdam, das bis dahin eine unscheinbare, dorfähnliche Stadt gewesen war, bei planmäßiger Vergrößerung den bis ins 20. Jahrhundert bewahrten holländischen Einschlag durch Kanäle, backsteinrote Straßen und mehrere Kirchen sowie den Charakter als Fürsten- und Garnisonstadt. Durch Friedrich d. Gr. erhielt das Stadtschloß, ein Hauptwerk (1744—1751) G. W. v. Knobelsdorffs, der für Friedrich schon Rheinsberg gebaut hatte, seine endgültige Gestalt. »Dem Klassizismus des deutschen Rokoko ist hier eine der edelsten Außenarchitekturen gelungen« (K. Scheffler).
»Abends kamen wir in Potsdam an, welches eine überaus hübsche Stadt ist. Vom König erbaute Wohnhäuser, wie sie in London von Standespersonen bewohnt werden, sind hier an Schneider, Schuster und andere Handwerker vermietet« (Boswell, 2. Juli 1764). »Wer in Berlin gewesen ist und hat Potsdam nicht besucht, kommt mir geradeso vor wie der Reisende, der in Rom gewesen und den Papst nicht gesehen oder der in Paris gewesen und nicht der Großen Oper oder einer Sitzung der Deputiertenkammer beigewohnt hat« (Berghaus, Sichrer Führer in Deutschland, 1845) (Einleitung S. 98).
Foto: Ullstein, Berlin
K. Scheffler, Berlin, Wandlungen einer Stadt. 1931; A. R. (Hrsg.), Die Gesch. der königlichen Residenzstadt Potsdam. 1883; F. Bethge, Die Hohenzollernanlagen Potsdams. 1889; Th. Fontane, Wanderungen durch die Mark Brandenburg, 3. Teil (mehrfach erschienen); H. Kania, Potsdamer Baukunst. 1926; E. Redslob, Barock und Rokoko in den Schlössern von Berlin und Potsdam. 1954

Tafel 324. b) Schloß Sanssouci bei Potsdam, Blick auf die Terrassen der Gartenfront

Der Bau des einstöckigen königlichen Lustschlosses Sanssouci, in dem Friedrich d. Gr. mit Vorliebe wohnte, wurde 1745 auf der Höhe einer »Terrasse«, zwanzig Meter über dem Gelände, begonnen und 1747 nach einem Plan von Knobelsdorff vollendet. »Im Innern ist der schönste Raum ein reiner Rundraum ... kein Festsaal, sondern ein abgeschiedenes, den Menschen ganz in sich konzentrierendes Rundgemach. Seine Möbel bilden Bücherschränke, und selbst die Tür, durch die man hineintritt, wandelt sich, wenn sie geschlossen ist, wieder zum Bücherschrank. Man ist ganz abgeschlossen und ganz allein« (R. Hamann). Der Garten wurde nach französischem Geschmack angelegt, später aber von Lenné um einen englischen Teil erweitert. Unterhalb der Schloßterrasse befindet sich eine Fontäne, die bis zu 36 Meter hochsteigen kann, deren Betrieb aber wie der aller ähnlichen Wasserkünste (Versailles, Herrenhausen) viel Sorgen und Kosten verursacht hat. Der Chinoiserie entsprechend, baute man ein »Japanisches Haus«; der »Tempel der Freundschaft« wurde Friedrichs Lieblingsschwester Wilhelmine gewidmet. Am westlichen Ende des Gartens ließ Friedrich im Rahmen der

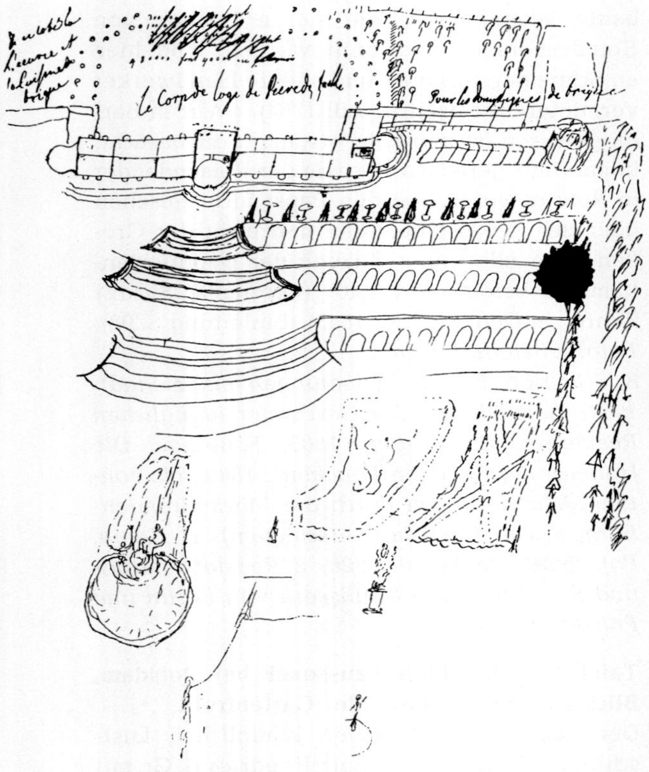

Abb. 29 (zu Taf. 324 b). Eigenhändiger Entwurf Friedrichs des Großen für die Gartenterrassen von Sanssouci

Arbeitsbeschaffung während der nordeuropäischen Wirtschaftskrisis und als Beweis für die Finanzkraft Preußens nach dem Siebenjährigen Kriege seit 1763 das Neue Palais errichten (Einleitung S. 98).
Foto: Archiv für Kunst und Geschichte, Berlin
Literatur vgl. Taf. 324 a; H. Höckendorf, Sanssouci zur Zeit Friedrichs d. Gr. und heute. 1903; A. Streichhan, Knobelsdorff und das friderizianische Rokoko. 1932

Tafel 325. Friedrich Carl von Schönborn, 1674 bis 1746. Gemälde eines unbekannten Malers

Der Aufstieg der von der unteren Lahn stammenden Reichsministerialen-Familie begann mit Johann Philipp, Bischof von Würzburg und Kur-Erzbischof von Mainz, der seinem Bruder Erwein 1663 die Reichsfreiherrenwürde verschaffte. Erbschenkenamt von Mainz, Erbtruchsessenamt von Würzburg, wachsender Grundbesitz, Bistum Bamberg und hohe geistliche Würden bis zum Kardinalat führten dazu, daß die Schönborn 1700—1740 die meisten geistlichen Fürstentümer in Deutschland beherrschten — und auch danach noch eine große Zahl, u. a. Bamberg, Würzburg, Speyer, Konstanz, Trier und Worms. Sie gaben damit dem deutschen Episkopat noch einmal seine alte Stellung als Stütze des Kaisertums der Habsburger, deren Reichsidee sie durch ihr großartiges Mäzenatentum im Geiste des barocken Reichsstils Ausdruck verliehen, während sie gleichzeitig Verwaltung und Wirtschaft ihrer geistlichen Fürstentümer rationalisierten und stärkten (Einleitung S. 99).
Aufbewahrungsort: Residenzschloß Würzburg.
Foto: Ullstein, Berlin
W. Wild, Staat und Wirtschaft in den Bistümern Würzburg und Bamberg. 1906; H. Göring, Die auswärtige Politik des Kurfürstentums Trier im 18. Jahrhundert. 1922; H. Hantsch, Reichsvizekanzler Friedrich Carl Graf von Schönborn 1929

Tafel 326. Treppenhaus der bischöflichen Residenz zu Würzburg, erbaut von Balthasar Neumann, mit einem Deckengemälde von G. B. Tiepolo (1752/53)

Die Bischöfe von Würzburg residierten seit 1253 auf der Festung Marienberg. Joh. Philipp Franz von Schönborn verlegte die Residenz in die Stadt. Dort begannen 1719 die Planungen von Balthasar Neumann. »Die Würzburger Residenz muß eigentlich so recht als ein Schönbornsches Familienunternehmen bezeichnet werden« (Sayn-Wittgenstein). Durch Lothar Franz von Schönborn wurden M. v. Welsch und J. Dientzenhofer hinzugezogen, durch seinen Bruder Friedrich Carl von Schönborn in Wien auch L. v. Hildebrandt. Später traten auch noch G. Boffrand und R. de Cotte hinzu, so daß der Residenzbau zu einem internationalen Unternehmen wurde, dessen Führung bei Neumann lag, auf den die Planung der Gesamtkonzeption zurückging, während der Mittelbau des Ehrenhofes und die Gartenfront wesentlich durch Hildebrandt beeinflußt wurden. Als 1724 der nordwestliche Anbau vollendet war, trat eine Baupause ein; 1729 begann der Weiterbau unter Friedrich Carl von Schönborn; 1741 war die Gartenfront, 1744 die Residenz insgesamt vollendet — der »schönste und bedeutendste

Schloßbau des deutschen Barock« (Hootz). Im Jahre 1771 wurde der »Gesandtenbau« als Kopie des nördlichen »Rosenbachhofes« von etwa 1695 erbaut. Das Treppenhaus gilt als eine der gelungensten Schöpfungen Neumanns; Tiepolos berühmtes Deckenfresko entstand 1752/53, L. Bossis Stuckarbeit nach 1755. Die Anlage des Hofgartens begann 1732, der Figurenschmuck von Peter Wagner stammt aus den siebziger Jahren. Zu den ersten großartigen Veranstaltungen im Rahmen der Residenz gehörte Friedrich Carl von Schönborns Einzug am 7. November 1731 (Einleitung S. 99).
Foto: Archiv für Kunst und Geschichte, Berlin
F. Prinz zu Sayn-Wittgenstein, Fürstenhäuser und Herrensitze. 1956; W. Hager, Die Bauten des deutschen Barocks, 1690—1770. 1942; K. Lohmeyer, Schönbornschlösser. 1927; R. Sedlmaier und R. Pfister, Die fürstbischöfliche Residenz zu Würzburg. 1923; R. Hootz, Deutsche Kunstdenkmäler, Bayern nördlich der Donau. 1960

Tafel 327. Albrecht Konrad Graf Finck von Finckenstein, 1660—1735. Gemälde von Antoine Pesne
Die Familie Finckenstein gehört wie die der Dohna zu den von jeher den Hohenzollern ergebenen calvinistischen Herrenfamilien. Albrecht Konrad Finck von Finckenstein, 1710 zum Reichsgrafen erhoben, war preußischer Generalfeldmarschall, Erzieher Friedrich Wilhelms I. und bis 1729 Gouverneur des Kronprinzen Friedrich (II); 1735 wurde er preußischer Gesandter in Stockholm und war seit 1740 einer der geistesverwandten Berater des jungen Königs, der in seinem Gedicht über die Kriegskunst auf ihn als Vorbild hinwies. Er begann 1716 mit dem Bau des Schlosses Finckenstein in Westpreußen, des am 22. Januar 1945 niedergebrannt wurde. Der Name des Architekten ist nicht bekannt, der des Baumeisters unsicher. Als erstes war 1718 die Kirche fertig, die in Anwesenheit des Königs eingeweiht wurde. Im Laufe der Zeit wuchs der zum Schloß gehörige Grundbesitz auf annähernd 9 000 ha. Albrecht Konrads zweiter Sohn Friedrich Ludwig, 1709 bis 1785, gewann für das Schloß die größte Bedeutung; durch ihn ging 1782 der Besitz an Friedrich Alexander Burggraf und Graf zu Dohna-Schlobitten über (Einleitung S. 100).
Foto: Wolfgang Weidlich, Frankfurt/M.
C. E. L. v. Lorck, Schloß Finckenstein. 1966

Tafel 328. a) Schloß Finckenstein, Ehrenhof von Westen
Foto: Alfred Graf zu Dohna, München
Text und Literatur vgl. Tafel 327

Tafel 328. b) Das Dohnasche Schloß Schlobitten in Ostpreußen
Die Familie Dohna gehört zum deutschen Uradel, sie wurde 1152 von Kaiser Friedrich I. mit der Burggrafschaft Dohna bei Pirna belehnt, breitete sich im 13. und 14. Jahrhundert nach Böhmen, der Lausitz und Schlesien aus und gründete eine preußische Linie im 15. Jahrhundert. 1525 übernahm diese den Hof Schlobitten, 1589 übersiedelte sie dorthin, wo bald ein erstes »Schloß« gebaut wurde. Alexander Graf von Dohna-Schlobitten, 1661—1728, ließ es zunächst renovieren. Er stieg seit 1677 schnell in der brandenburgischen Armee auf und wurde 1694 mit der Erziehung des Kurprinzen Friedrich beauftragt, dem er seinen eigenen Calvinismus einprägte und Selbstdisziplin beibrachte. 1704 wurde er von Wartenberg verdrängt und mußte sich nach Ostpreußen zurückziehen. Dort führte er als Gouverneur von Pillau die Verteidigung des Landes durch und wurde 1713 von Friedrich Wilhelm zum Generalfeldmarschall ernannt. Der Pillauer Festungsingenieur Broebe machte den ersten Entwurf für ein neues Schloß, das nach 1697 unter seiner Leitung gebaut wurde. Broebe wurde 1699 Professor für Militär- und Zivilarchitektur an der Akademie der Künste Berlin und ging 1720 zur Vollendung des Schloßbaues nach Barby, nachdem bereits 1704 Joh. Caspar Hindersin in Schlobittener Dienste getreten war. Mit Alexander zu Dohnas Tod fand die Blüte des künstlerischen Bauschaffens in Schlobitten ihr Ende. Nach Kampfhandlungen des Zweiten Weltkrieges wurde Schloß Schlobitten Ende März 1945 von sowjetischen Besatzungstruppen in Brand gesteckt und vernichtet, nachdem das Innere bereits seit dem Frühjahr 1944 durch den Krieg sehr in Mitleidenschaft gezogen worden war.
Den großen Bauleistungen der Schönborn und

anderer weltlicher und geistlicher Herrscher in Süd- und Westdeutschland sowie in Sachsen stehen mit den gleichzeitig entstandenen Schlössern, Parks, Kirchen usw. insbesondere der Dohna und Finck von Finkenstein, aber auch anderer ost- und westpreußischer Großgrundbesitzer- und Offiziersfamilien entsprechende ostdeutsche Kulturleistungen zur Seite, deren Existenz und historische Position in den kultur- und kunstgeschichtlichen Darstellungen häufig übergangen oder unterschätzt wird (Einleitung S. 100).

Foto: W. Kohlhammer Verlag, Stuttgart
C. Grommelt / Christine v. Mertens, Das Dohnasche Schloß Schlobitten in Ostpreußen. ²1962

Tafel 329. Ansicht von Dresden. Gemälde von Canaletto (1752)

Schon Johann Georg II. verschönerte das Schloß zu Dresden, errichtete 1678 das erste Opernhaus, in dem die große italienische Barockoper gepflegt wurde, und schuf im gleichen Jahre den Neuen Garten. Die glänzendste Periode Dresdens, das »augusteische Zeitalter« dieser Stadt von etwa 60 000 bis 65 000 Einwohnern, begann mit der Regierung Augusts des Starken, 1694—1733. Das 1685 abgebrannte Alt-Dresden wurde nach einem großzügigen Plan unter Verwendung von Anregungen aus Hanau, Mannheim und Freudenstadt wieder aufgebaut und fortan Neustadt-Dresden genannt. Ritterakademie, Kaserne, Japanisches Palais, Zwingergebäude, Frauenkirche, das Alte und das Neustädter Rathaus, die Brühlsche Terrasse und andere hervorragende Bauwerke wurden errichtet. Die Gemäldegalerie entstand 1722 und wurde besonders von Friedrich August II. 1746/47 sowie 1753/54 (Sixtinische Madonna) bereichert, der auch die Bibliothek reich ausstattete. Dazu kamen zahlreiche prächtige Häuser und Schlösser des aus Deutschland und Polen zuströmenden Adels sowie des durch Hof- und Adelsaufträge reich werdenden Bürgertums in Dresden selbst und in seiner Umgebung (Pillnitz). Der Siebenjährige Krieg unterbrach Dresdens Blüte für längere Zeit, nachdem Friedrich d. Gr. bereits am 9. September 1756 in die Stadt eingezogen war. Besonders schwer litt sie 1760 durch Belagerung und Bombardement, das zwei Drittel der Altstadt zerstörte. Nach 1763 begann unter starkem Einfluß des aufgeklärten Absolutismus und preußischer Vorbilder eine zweite, stärker bürgerlich betonte Periode lebhaften Aufbaues. Die große, 1727/31 errichtete Elbbrücke galt als die schönste Brücke in Deutschland, »Elbflorenz« als das künstlerisch bestimmende Zentrum von Deutschlands protestantischer Mitte und dem Norden. Am 13. Februar 1945 wurde das weltberühmte Stadtbild durch zwei Luftangriffe zerstört (Einleitung S. 100).

Foto: Staatsbibliothek Berlin, Bildarch. (Handke)
L. Lindau, Gesch. der Haupt- und Residenzstadt Dresden. ²1884/85; E. Kesting / W. Grohmann, Dresden wie es war. 1955; W. v. Seidlitz, Die Kunst von Dresden. 1920/22

Tafel 330. a) Plan der Stadt Karlsruhe. Anonymer Kupferstich (um 1750)

Karlsruhe ist eine Gründung aus dem Anfang des 18. Jahrhunderts und als solche ein typisches Beispiel absolutistisch-barocker planvoller Städtegründung in der üblichen sternförmigen, am Schloß orientierten Anlage, eine »fürstliche Galavorstellung«, die vom Beschauer mit einem Blick übersehen werden kann und nicht wie die frühere gewachsene Stadt durchwandert zu werden braucht. Anregungen zu dieser Bauweise kamen aus dem Festungsbau und aus den fürstlichen Jagdparks mit ihren Schneisen. Nachdem 1689 Durlach und Mühlberg sowie zahlreiche Siedlungen in der Umgebung von den Franzosen vernichtet worden waren, kam 1709 Markgraf Carl Wilhelm von Baden-Durlach zur Regierung. Als die Bauern sich weigerten, Ackerland für den Bau eines neuen Schlosses abzutreten, und da der Fürst Freiheit für seinen leichtsinnigen Lebenswandel haben wollte, verließ er das an einer Berglehne gelegene Durlach, um als »Petit roi soleil« in der Ebene ein Schloß zu bauen, Karlsruhe. Daran schloß sich die Entwicklung der Stadt Karlsruhe an, der einzigen neu angelegten Residenzstadt des 17. und 18. Jahrhunderts, die später zur Großstadt herangewachsen ist. Mit einem Staatsakt wurde am 15. Juni 1715 die Gründung des neuen Residenzschlosses und einer neuen Stadt »Carlsruhe« nach einem Plan vollzogen, der vom Markgrafen selbst stammte. Seinen Mittelpunkt bildete der Schloßturm; von Schloß und Schloßplatz gingen 32 Straßen strahlenförmig aus. Ansiedler waren privilegiert. Das Schloß war, um der Eile willen zum Teil in Fachwerkbau errichtet, 1717 bezugsreif, der erste Markttag der von einem Palisadenzaun umgebenen Stadt fand am 8. November statt. Beim Tode Carl Wilhelms im Jahre 1736 zählte sie 2 700 Einwohner. In der zweiten Phase der Stadtentwicklung nahm Markgraf Karl Friedrich den verkehrsmäßigen Anschluß dieser neuen Stadt an die Umgebung vor — unter gleichzeitiger Verbesserung des Schloßbaues, wobei sich der Architekt und Städtebauer Friedrich Weinbrenner auszeichnete, der Karlsruhe als »Meister der Gruppierung« mit einer Via Triumphalis, Hoftheater und Gymnasium, Rathaus, Stadtkirche, Bürgerhäusern und Palais zu einem großartigen Gesamtwerk entwickelte (Einleitung S. 100).

Foto: Archiv für Kunst und Geschichte, Berlin

L. Mumford, Die Stadt. 1961; F. v. Weech, Karlsruhe. 1885; G. Dehio, Baden-Württemberg. 1964; H. Meininger / H. Doerrschuck, Die Chronik der Stadt Karlsruhe. 1965

Tafel 330. b) Die Bibliothek der Universität Göttingen. Kupferstich von G. D. Heumann (etwa 1750)

Nachdem Leibniz vergeblich vorgeschlagen hatte, in Göttingen eine Adelsakademie zu gründen, schuf Georg II., Kurfürst von Hannover und König von England, mit Unterstützung von Gerlach Adolf Freiherr von Münchhausen eine Universität mit Stiftungsurkunde vom 7. Dezember 1736. Wenngleich der Betrieb bereits 1734 begonnen hatte, fand ihre Einweihung erst 1737 statt. Sie sollte eine moderne Hochschule werden, in der an Stelle einer dogmatischen und antiquarischen Wissenschaft die freie Forschung herrschen und eine auf die Gegenwart gerichtete allgemeine Bildung vermittelt werden sollte. Haller, Gesner, Heyne, der die Bibliothek betreute und sie zu einer der besten der Welt machte, Pütter, Schlözer, Kästner, Lichtenberg und Blumenbach bestimmten den Geist der neuen Gründung — einer von acht im 18. Jahrhundert —, die um 1750 etwa 670 Studenten hatte, darunter Prinzen und zahlreiche Adlige, und schnell zu den bedeutendsten deutschen Universitäten aufstieg (Einleitung S. 100).

Foto: Germanisches Nationalmuseum, Nürnberg

G. v. Selle, Die Georg-August-Universität zu Göttingen 1737—1937. 1937; W. Ebel, Catalogus professorum Gottingensium 1734—1962. 1962

Tafel 331. Immanuel Kant, 1724—1804, im Alter von 44 Jahren. Gemälde von G. Becker (1768)

Pietistischer Herkunft, studierte Kant in Königsberg Naturwissenschaften, Mathematik und Philosophie, wobei er von Wolff beeinflußt wurde. 1755 wurde er Privatdozent, 1770 Professor für Logik und Metaphysik in Königsberg. Er übte schon früh, u. a. über Herder, Schiller und Goethe, einen starken Einfluß auf die deutsche und europäische Philosophie aus. Bereits 1755 erschien die »Allgemeine Naturgeschichte und Theorie des Himmels«, die Vorbereitung auf die Kant-Laplacesche Theorie; dann folgte die Auseinandersetzung mit der überkommenen Metaphysik in den »Träumen eines Geistersehers« (1766), schließlich die Gruppe der Hauptwerke, die »Kritik der reinen Vernunft« (1781), die »Prolegomena zu einer jeden zukünftigen Metaphysik, die als Wissenschaft wird auftreten können« (1783), die »Idee zu einer allgemeinen Geschichte in weltbürgerlicher Absicht« (1784), die »Grundlegung der Metaphysik der Sitten« (1785) und die »Kritik der praktischen Vernunft« (1788). Kant war also in der Zeit seiner wichtigsten Publikationen ein verhältnismäßig junger Gelehrter, auf den die revolutionären Ereignisse in Frankreich noch nicht gewirkt hatten. Er sah daher den Menschen noch nicht als Individuum, sondern innerhalb der staatlichen Gemeinschaftsordnung des aufgeklärten Absolutismus. Der Zweck des Staates war ihm nicht das individuelle Glück, sondern die Verwirklichung der sittlichen Idee. Die »regulative Idee« der Freiheit wird in der praktischen Vernunft zum »Postulat«, zu einer Forderung a priori. Das sittliche Grundgesetz lautet: Handle so, daß die Maxime deines Willens jederzeit zugleich als Prinzip einer allgemeinen Gesetzgebung gelten könnte (Kategorischer Imperativ). Das Handeln nach diesem Gesetz heißt Pflicht; ihre Wurzel ist die »Persönlichkeit«, d. h. die Freiheit und Unabhängigkeit von der Natur, nicht der individuelle Mensch. Zu den

Ideen der Revolution von 1789 nahm er erst 1795 in seiner Schrift »Zum ewigen Frieden« Stellung. Während die Konservativen unter den führenden Männern der Reform- und Restaurationszeit — Stein, Stadion, Gentz, Marwitz — ihn ablehnten, galt er den Liberalen — Schön, Altenstein und W. v. Humboldt — als ihr Wegbereiter (Einleitung S. 101).

Foto: Staatsbibliothek Berlin, Bildarch. (Handke)

M. Aebi, Kants Begründung der deutschen Philosophie. 1947; E. Cassirer, Kants Leben und Lehre. 1921; K. Reich, Die Vollständigkeit der Kantischen Urteilstafel.[2] 1948; Kant-Studien der Kant-Gesellschaft. 1896 ff.

Tafel 332. a, b) Joseph Süß-Oppenheimer, genannt Jud Süß, 1692—1738. Anonymer Kupferstich (1738). Der Galgen mit dem erhängten Jud Süß im Käfig. Anonymer Kupferstich (1738)

Zwischen dem Niedergang der christlich-bürgerlichen Großkaufleute und Unternehmer des 16. Jahrhunderts, die sowohl der kapitalistischen Entwicklung wie den Fürsten gedient, aber bereits nach wenigen Jahrzehnten ihre einzigartige Stellung eingebüßt hatten, und dem Aufstieg des wieder zumeist christlich-bürgerlichen Großkaufmanns, Großindustriellen, Großbankiers und Großreeders im 19. Jahrhundert entsprachen den Anforderungen der fürstlichen Friedens- und Kriegswirtschaft in Mitteleuropa und besonders in Deutschland mit seinen vielen Territorien die Hofjuden, offiziell Hoffaktoren genannt. »Es gibt schlechterdings keinen deutschen Staat, der in jenen Jahrhunderten nicht Hofjuden in seinem Dienst hatte« (Schnee). Sie waren Finanziers, Händler und Fabrikanten, beschafften Soldaten und deren Ausrüstung, betrieben Münzmanipulationen, vermittelten Subsidien, bauten Schlösser, waren als diplomatische Agenten, Leibärzte und Spione tätig und genossen dafür einen sehr beschränkten Schutz ihrer Auftraggeber. — Zu den bekanntesten Hofjuden gehört Joseph Süß Oppenheimer, der, durch Steuerpachtung, Münzbetrieb und Juwelenhandel bereits reich, 1732 mit Karl Alexander von Württemberg bekannt, 1733 dessen Geheimer Finanz- und Staatsrat wurde. Er beriet den Herzog finanziell beim Kampf gegen die Landstände, bei der Geldvermehrung durch Münzverschlechterung, bei Ämter-, Titel- und Privilegienhandel, übernahm die Kriegslieferungen für Kreistruppen und machte sich durch Lebensstil und Härte gegenüber Untergebenen, Bevorzugung von Glaubensgenossen sowie durch Steuererhöhungen so unbeliebt, daß der Herzog, nicht zuletzt zur Ablenkung der Volkswut von sich selbst, seine Verhaftung anordnete. Süß-Oppenheimer wurde am 12. März 1737 verhaftet, in einem nicht korrekten Verfahren am 13. Dezember wegen Amtserschleichung, Betrug, Hochverrat und Majestätsbeleidigung zum Tode verurteilt, im Februar 1738 durch den Strang hingerichtet und dabei öffentlich ausgestellt (Einleitung S. 102).

Fotos: Germanisches Nationalmuseum, Nürnberg

H. Schnee, Die Hoffinanz und der moderne Staat. 1953—1965; Novelle von W. Hauff. 1927; Roman von L. Feuchtwanger. 1925

Tafel 333. Inneres des Pesthospitals zu Hamburg im Jahre 1750. Kupferstich von J. Haas

Auch im 18. Jahrhundert galt die Pest noch als gefährlichste, häufigste und am weitesten verbreitete Seuche. In den Jahren 1708—09 gab es, von Osten fortschreitend, eine schwere Pestepidemie in Deutschland und Skandinavien, die über die Weichsel und Oder bis zur Elbe vordrang, in einzelnen Bezirken Nordostdeutschlands auch noch in der Folgezeit wiederholt auftrat und auch Dänemark und Schweden erneut überzog. Dauersitze der Pest in Europa bildeten der Osten, vorzugsweise die Türkei, Dalmatien, Siebenbürgen, Ungarn, die Balkanländer, außerdem Ägypten, Nordafrika und Vorderasien. Die von ihr verursachten Menschenverluste trugen mehrfach dazu bei, daß in einigen Ländern, so in den östlichen Provinzen Preußens, gerne Gruppen von Glaubens- und anderen Flüchtlingen aufgenommen und privilegiert angesiedelt wurden. Verhältnismäßig häufig trat die Pest in Hafenstädten, z. B. in Hamburg, und in deren Hinterland auf, wie denn auch der letzte besonders heftige Ausbruch 1720/21 in Marseille erfolgte und auf die Provence übergriff. Im Volksglauben wurde die Pest vielfach als übelriechendes Geisterwesen angesehen, das sich durch Sonnenfinsternis oder einen Kometen ankündigte und

durch Niesen (»zur Gesundheit«) bemerkbar machte, und durch Kräuterverbrennung, Schießen und Gebete sowie Anrufung besonderer Heiliger vertrieben werden könne. Anläßlich der Pest gemachte Gelübde führten in der Barockzeit zur Errichtung von Pestkreuzen, Pestsäulen (auf dem Wiener Graben), Dreifaltigkeitssäulen und zur Aufführung von Pest- und Leichenspielen religiösen Inhalts (Pesttanz zu Immenstadt), zu Passionsspielen (Oberammergau). Der Hamburger Kupferstich von 1750 zierte den Kopf eines Spendenaufrufs, der in jedem Jahr vom Prokurator des Pesthofes ausgegeben wurde (Einleitung S. 101 f.).
Foto: Museum für Hamburgische Geschichte, Hamburg
J. Nohl, Der Schwarze Tod. 1924; vgl. Tafel Nr. 310 a

Tafel 334. Am Fährtor von Frankfurt am Main. Ölgemälde von W. F. Hirt (1765)

Nachdem Frankfurt im Dreißigjährigen Kriege zwar die Neutralität hatte behaupten können, aber doch durch die Unruhe der Zeit und durch die Pest viel hatte leiden müssen, wurde es durch den Westfälischen Frieden als Reichsstadt bestätigt. Als die Bürger sich wegen der drückenden Abgaben und des willkürlichen Regiments an den Kaiser wandten, gab dieser nach Einsetzung von Kommissaren 1726—32 der städtischen Verfassung insbesondere durch Einschränkung der patrizischen Vetternwirtschaft und Einsetzung des Bürgerausschusses eine zeitgemäße Änderung. Seitdem bildeten sich in Frankfurt viele Kreise geistig Interessierter mit Kunstsammlungen und Bibliotheken, bei denen der Einfluß der Aufklärung aus den nahe gelegenen Universitäten aufgegriffen wurde. Vom 2. Januar 1759 bis zum Ende des Siebenjährigen Krieges besetzten die Franzosen die Stadt — Goethe hat dieses Ereignis beschrieben. Nach 1763 verschmolz sich die Reichstradition mit einer gewissen »fritzischen« Begeisterung zur Deutschen Bewegung und zum »Sturm und Drang«. Auch auf der Wende vom 18. zum 19. Jahrhundert hatte die Stadt verschiedentlich unter Durchzügen und Besatzungen zu leiden. Die Frankfurter Frühjahrs- und Herbstmessen verloren im 18. Jahrhundert an Bedeutung, dagegen gewann die Stadt neues Ansehen als West- und Süddeutschlands Haupt-Geld- und Umschlagplatz. Seit 1356 Wahlstadt fast aller deutschen Kaiser (als letzter Franz II. 1792), wurde Frankfurt nach Auflösung des Reiches 1806 dem Fürsten-Primas des Rheinbundes, Karl von Dalberg, übergeben und 1810 Hauptstadt des Großherzogtums Frankfurt (Einleitung S. 102).
Foto: Archiv für Kunst und Geschichte, Berlin
R. Bothe, Gesch. der Stadt Frankfurt. [3]1929; H. Voelcker, Die Stadt Goethes, Frankfurt im 18. Jahrhundert. 1932; R. Schwemer, Gesch. der Freien Stadt Frankfurt 1814—1866. 1910/18; A. Dietz, Frankfurter Handelsgesch. 1910/25

Tafel 335. Johann Wolfgang von Goethe in der Campagna. Gemälde von Tischbein, begonnen in Italien (Herbst 1786)

Goethes Italienreise war mehr als die übliche Bildungsreise jener Zeit. Sie unterschied sich von ihr durch die individuelle Bedeutung und dadurch, daß Goethe auch sofort die gegenwärtigen politischen und gesellschaftlichen Probleme Italiens und der mediterranen Welt, die Geschichte als Element der Gegenwart begriff und damit die Möglichkeit einer ungewöhnlich tiefen Einsicht in die europäische Situation gewann. Das Weltbild, das er sich in Italien schuf, war also ein doppeltes: ein geistig-ästhetisches und ein politisches, mochte dieses auch im Augenblick noch unbewußt bleiben. Wie sehr er über die »Bildung« hinaus weltläufig geworden war, erkannte er sofort an der Enge, die ihn bei der Rückkehr empfing. Abbruch alter Freundschaften, Vereinsamung und Leidenszustände nach der zweiten Italienreise 1790, die ihm das Hauptergebnis der ersten schmerzlich bestätigte, waren die charakteristische Folge dieser in Jahren fortschreitenden Öffnung für die Gegenwart; sie gingen über in die Epoche, die durch den revolutionären, von Paris ausgreifenden Umbruch der Gesellschaft Europas und durch die weltgeschichtlichen kriegerischen Ereignisse zwischen 1792 und 1814 gekennzeichnet war. Jetzt entstand auf der Basis des Italienerlebnisses die Welt-, Kunst- und Sittenauffassung der mittleren Jahre Goethes — symbolisiert durch die blitzartig erscheinende, in den Erlebnissen der letzten Jahre aber zutiefst vorbereitete Einsicht am Abend nach der

Kanonade von Valmy, daß er nicht einem beiläufigen Artillerieduell, sondern einem weltgeschichtlichen Ereignis als Zuschauer beigewohnt habe. Die Formulierung dieses Erlebnisses, seitdem zum geflügelten Wort geworden, war also nicht so sehr ein genialer Blitz als das Ergebnis von Welterfahrung seit dem heimlichen Aufbruch aus Karlsbad und der Trennung von dem sozialen und politischen Milieu der deutschen Kleinstaaterei des 18. Jahrhunderts (Einleitung S. 103).
Aufbewahrungsort: Städelsches Kunst-Institut, Frankfurt/M. Foto: Ullstein, Berlin
K. Vietor, Goethe, Dichtung, Wissenschaft, Weltbild. 1949; H. Mayer (Hrsg.), Spiegelungen Goethes in unserer Zeit. 1949; F. Meinecke, Die Entstehung des Historismus. 1936; W. Mommsen, Die politischen Anschauungen Goethes. 1948; R. Payer-Thurn, Goethe, ein Bilderbuch in 444 Bildern. 1931; J. H. W. Tischbein, Aus meinem Leben. 1861

Tafel 336. Karl II. Wilhelm Ferdinand, Herzog von Braunschweig, 1735—1806. Stich von Cl. Kohl nach Anton Graff

Herzog Karl galt trotz seiner von Friedrich d. Gr. kritisierten unentschlossenen Truppenführung im Bayerischen Erbfolgekrieg nach dem Tode des Königs als bester Feldherr seiner Zeit, wozu beitrug, daß er als guter und aufgeklärter Regent Ansehen genoß. Der Französischen Revolution stand er zunächst sympathisierend gegenüber: 1792 verhandelte er mit den Girondisten, deren Heer er reorganisieren sollte. Als er jedoch im Ersten Koalitionskrieg den Befehl über die preußischen Truppen übernehmen mußte, redigierte er unverständlicherweise ein maßloses Manifest gegen die Revolutionäre. Wenig später kam es zur Begegnung mit den Revolutionstruppen bei Valmy, wo Karl zunächst der Schlacht auswich und den Angriffsbefehl unterließ. 1794 legte er den Oberbefehl nieder, 1806 übernahm er ihn erneut auf Drängen der Königin Luise. Bei Auerstedt wurde er von Davoust besiegt und verlor beide Augen; er starb auf der Flucht in Ottensen bei Hamburg (Einleitung S. 103).
Foto: Archiv für Kunst und Geschichte, Berlin
K. Th. v. Heigel, Das Manifest des Herzogs von Braunschweig. 1896; S. Stern, Karl Wilhelm Ferdinand, Herzog zu Braunschweig und Lüneburg. 1921

Tafel 337. Kaiser Franz II. — Franz I. als Kaiser von Österreich seit 1806 —, 1768—1835. Ölporträt von Th. Lawrence

Vierundzwanzigjährig wurde Franz, beeinflußt durch Josephs II. Persönlichkeit, Nachfolger seines Vaters Leopold. Bereits wenige Wochen später begann der erste der vier Koalitionskriege, die sämtlich mit Niederlagen durch Napoleon endeten: Jeder Friedensschluß verringerte das österreichische Territorium und verschob das Schwergewicht des Staates nach Osten, so daß schließlich Ungarn, Böhmen, die Donauprovinzen und Steiermark die territoriale Grundlage des 1806 im Anschluß an die Erhebung Napoleons zum Kaiser der Franzosen zwecks Wiederherstellung der Rang- und Würdegleichheit geschaffenen Kaiserreiches Österreich bildeten — ohne Rücksicht auf die Konsequenzen für die deutsche Kaiser-Tradition: »Das universale abendländische römische Kaisertum verlor damit seine reale Existenzbasis, die vollends zerbrach, als Napoleon den unter seinem Protektorat stehenden Rheinbund ins Leben rief. In der Erkenntnis, daß er nicht mehr imstande war, die Pflichten seines Reichsoberhauptes zu erfüllen, legte Franz die römische Kaiserkrone nieder; und um zu verhindern, daß Napoleon sie sich selbst aufs Haupt setzte, erklärte er am 6. August 1806 das Reich für aufgelöst und die römische Kaiserwürde für erloschen« (Hantsch). Seit 1809 war Metternich österreichischer Außenminister und übte sein Amt in voller Übereinstimmung mit den Ideen des Kaisers aus. Beide empfanden den Sieg über Napoleon als Sieg über die Revolution und als Möglichkeit, die »legitime« politische und soziale Ordnung zu »restaurieren«. Bei der Neuordnung Europas in Wien verzichtete Franz auf seine Reichsaufgaben, machte aber Österreich zur Prinzipalmacht des Deutschen Bundes mit Vorsitz im Reichsrat und Führungsposition in Mitteleuropa sowie zur Hauptmacht in Italien. In diesem Rahmen richtete sich seine Aufmerksamkeit auf die Bekämpfung der liberalen und nationalen Bestrebungen als Hauptgefahren für seinen Vielvölkerstaat, der nach seiner Auffassung der Autorität des Herrschers unterstellt und zu Gehorsam im Interesse von Frieden und Ordnung verpflichtet war. Der volonté générale der Revolution stellte Franz den in gerechten Gesetzen ausgedrückten Willen des Fürsten, seinen Wahlspruch »Justitia regnorum Fundamentum« gegenüber, der in einer Zeit stärkster sozialer, wirtschaftlicher und kultureller Entwicklungen in Westeuropa der Ausdehnung solcher Ereignisse und Ideen in »väterlicher Fürsorge« energisch entgegengestellt und durch ein System sorgfältigster bürokratischer Überwachung behauptet wurde. »Was Franz unter Reformen zu verstehen imstande war, waren Änderungen der Verfahrensweisen, aber keine grundsätzlichen Neuerungen, keine Änderung im Staatsaufbau, in der sozialen Gliederung und in den Abhängigkeitsverhältnissen, in den Beziehungen von Staat und Kirche, von Staat und Gesellschaft. Was man als ›System Metternich‹ zu bezeichnen pflegte, war in erster Linie das System Franz, ein System der Statik und Stabilität, ein System geordneter und geschäftiger Beharrlichkeit« (Hantsch). Das Volk sprach vom »guten Kaiser Franz« und meinte damit richtig sein Alltagsverhältnis zum Untertanen, seine Einfachheit, Hilfsbereitschaft und Herablassung im Bereich des Unwesentlichen. Seinem Sohn hinterließ er im Testament die Maxime »Regiere und ändere nichts!« (Einleitung S. 103).

Aufbewahrungsort: Windsor Castle. Foto: Staatsbibliothek Berlin, Bildarchiv (Handke)

H. Hantsch, Franz II. In: Neue Deutsche Biographie V. 1961; H. v. Srbik, Kaiser Franz. 1937; F. Walter, Die österreichische Zentralverwaltung II^2 1956

Tafel 338. a) Heinrich Friedrich Karl Reichsfreiherr vom und zum Stein, 1757—1831. Zeichnung von Julius Schnorr von Carolsfeld (1882)

Aus nassauischer Ministerialen-Familie stammend, war Stein orthodoxer Lutheraner. Er studierte Jura bei modernen, politisch interessierten Gelehrten in Göttingen, die ihn in der Wertschätzung überlieferter Institutionen bestärkten. Es folgten Tätigkeit beim Reichskammergericht und Wiener Reichshofrat sowie Reisen durch Deutschland, bei denen er das Unwesen der Kleinstaaterei beobachtete. 1780 trat er in die preußische Bergverwaltung unter Heinitz ein und stieg dort schnell bis 1784 zum Leiter des Bergwesens in den westlichen Provinzen auf. Es folgten weitere Verwaltungsaufgaben im Westen der Monarchie, wobei er bergtechnische Verbesserungen, Straßenbauten und Steuerreformen vornahm und den Absolutismus milderte. Als preußischer Finanzminister seit 1804 baute er, ein eifriger Leser der Werke von Adam Smith und anderen Reformschriftstellern, den Merkantilismus ab zugunsten einer modernen Wirtschafts- und Sozialauffassung. Das Erlebnis der fortschrittlichen und gefährlichen Seite der Französischen Revolution vertiefte seine Gedanken über Reformbedürftigkeit sowie Gefahren und Grenzen von Veränderungen in labiler Zeit. 1807 trat er zurück, weil der König, der ihn als einen »widerspenstigen, trotzigen, hartnäckigen und ungehorsamen Staatsdiener« bezeichnete, die Bildung eines verantwortlichen Ministeriums verweigerte, und schrieb die Nassauer Denkschrift »Über die zweckmäßige Bildung der Obersten und der Provinzial-, Finanz- und Polizeibehörden in der preußischen Monarchie«. Sie leitete den Neuaufbau Preußens ein, nachdem Stein am 4. Oktober 1807 auf Vorschlag von Hardenberg und mit Billigung Napoleons in Preußen die gesamte Innen- und Finanzverwaltung sowie den Vorsitz in der außenpolitischen Konferenz übernommen hatte und Mitglied der Militärreorganisationskommission geworden war, so daß er die gesamte preußische Politik leitete. Im Laufe eines Jahres erfolgten die Bauernbefreiung, die Erleichterung der gewerblichen Wirtschaft auf dem Lande, die Einführung einer Einkommensteuer, die Städteordnung, die Lockerung der Zunftschranken und die Neuorganisation der Provinzialbehörden; dagegen kam es nicht zur Bildung einer Nationalrepräsentation. Ziel aller dieser Maßnahmen war die seit zwanzig Jahren fällige Modernisierung des preußischen Staates — nun aber zugleich mit der Wendung gegen Napoleon und Frankreich. Dabei verkannte er deren Stärke, das Verhältnis Napoleons zu Alexander von Rußland und die Schwäche der österreichischen Befreiungsversuche und ging vorzeitig an Befreiungsvorbereitungen. Als sie Napoleon bekannt und im »Moniteur« veröffentlicht wurden, mußte Stein am 24. November

1808 — zur Befriedigung auch des Königspaares, der Altpreußen und anderer, die er verletzt hatte oder denen er zu radikal erschien — seinen Abschied nehmen; Napoleon ächtete ihn, so daß er fliehen mußte. Der Kampf gegen Napoleon erfüllte Stein auch in den folgenden Jahren, doch war sein politischer Einfluß trotz vieler Aufsätze und Denkschriften gering, da er, in Grundsätzen befangen, die politische Realität in Europa immer weniger zu beurteilen vermochte. Ursprünglich Metternich ablehnend gegenüberstehend, näherte sich seine Auffassung von Politik und Gesellschaft seit der Revolution von 1830 allmählich dessen Standpunkt (Einleitung S. 106).
Foto: Archiv für Kunst und Geschichte, Berlin
G. H. Pertz, Das Leben des Ministers Freiherrn vom Stein. 1848/52; E. Botzenhart, Die Staats- und Reichsideen des Freiherrn vom Stein. [3] 1952; G. Ritter, Stein, eine politische Biographie. [3] 1958; H. Scheel / D. Schmidt, Das Reformministerium Stein (Vorwort). 1966; Graf Kielmannsegg, Steins Zentralverwaltungsrat für die eroberten Gebiete. 1964

Tafel 338. b) Karl August Fürst Hardenberg, 1750—1822. Porträt von F. J. Kinson (1816)
Hardenberg studierte wie Stein in Göttingen, öffnete sich aber stärker als dieser der Aufklärung. Erst hannoverscher Beamter, dann nach langen Bildungsreisen durch die deutsche Kleinstaaterei und mehrmals nach England, in Braunschweig-Wolfenbüttel und seit 1790 in Ansbach-Bayreuth im Staatsdienst, seit 1792 ebenda als preußischer Minister, begann er dort auf kleinem, leicht überschaubarem Raum mit Verwaltungs- und Wirtschaftsreformen, deren Ergebnisse er später für die Gesamtmonarchie berücksichtigen konnte. Friedrich Wilhelm III. berief ihn unter dem Vorwurf der Verschwendung nach Berlin und zwang ihn zur Einschränkung seiner Reformen. Allmählich gewann er aber das Vertrauen des Königs, der ihn 1803 zum Außenminister machte. Als er die französische Gefahr für Preußen erkannte und dessen Politik nicht darauf einrichten durfte, trat er 1806 zurück. Nach dem Zusammenbruch wurde er im April 1807 leitender Minister, aber schon im Herbst auf Napoleons Verlangen wieder entlassen, nachdem er noch Steins Berufung hatte durchsetzen können. In Riga entwarf er im September 1807 einen Plan für die Neuordnung des Staates (wie Stein seine Nassauer Denkschrift) nach »demokratischen Grundsätzen in einer monarchischen Regierung« unter Schaffung einer »Repräsentation des Volkes« Er trug 1808 wesentlich zur Entlassung Steins bei, wurde selbst aber erst 1810 mit Billigung Napoleons preußischer Staatskanzler, womit ein neuer Reformabschnitt in Preußen einsetzte, der an Steins Werk anknüpfte und keine geringere Bedeutung für Preußens Entwicklung gewann. Er begann mit dem Finanzedikt und fand seine Fortsetzung 1811 im Regulierungsedikt zur Bauernbefreiung mit dem Ziel der Produktionssteigerung im Gewerbesteuergesetz von 1811 und in der Judenemanzipation von 1812. Nach den Befreiungskriegen wurde Preußen durch das Verdienst Hardenbergs, der dem König 1815 auch ein — freilich nicht eingelöstes — Verfassungsversprechen abrang, gleichberechtigter Teilnehmer der Heiligen Allianz und des Vierbundes der Siegermächte. Er vertrat Preußen auf den Kongressen zu Aachen, Troppau, Laibach und Verona; bald nach dem letzten starb er, fast entmachtet. Seit 1816 stand er unter wachsendem Druck der restaurativen Kräfte, der sich in der »Deklaration« zum Regulierungsedikt bemerkbar machte. Einen für die Zukunft Preußens und Deutschlands wichtigen Schritt bildete das Zollgesetz von 1818, »das Preußen wirtschaftlich zu einem Gesamtstaat zusammenfaßte ... bis heute ist Hardenberg eine umstrittene Persönlichkeit geblieben ... Dennoch hat kaum ein anderer Staatsmann den Gang der preußischen Geschichte so nachhaltig beeinflußt. Seine überlegene diplomatische Kunst, seine flexible Haltung und seine maßvolle Zurückhaltung haben ein großes Verdienst daran, daß Preußen die Zeit der napoleonischen Herrschaft überdauert hat. Nicht geringer ist sein Anteil an der Befestigung und Wiederherstellung der preußischen Selbständigkeit. Die von Stein begonnenen Reformen hat er mit nüchternem Sinn für das Mögliche so fortgesetzt, daß er neben seinem großen Vorgänger gestellt zu werden verdient« (Hausherr) (Einleitung S. 107).
Foto: Archiv für Kunst und Geschichte, Berlin
H. Hausherr, Hardenberg. In: Neue Deutsche

Biographie VII. 1966; ders., Die Stunde Hardenbergs. 1943; ders., Hardenberg, eine politische Biographie. 1963; K. E. Born, Hardenbergs Pläne und Versuche zur Neuordnung Europas und Deutschlands 1813—1815. In: Geschichte in Wissenschaft und Unterricht 8. 1957; P. G. Thielen, Karl August von Hardenberg. 1967

Tafel 339. Alexander von Humboldt, 1769 bis 1859. Stich in Schabmanier von J. J. Freidhoff nach einem Gemälde von F. G. Weitsch (1806)
Nach dem Studium in Frankfurt/Oder und Göttingen unternahm Humboldt mit G. Forster eine Reise in das ihm durch die Revolution anziehende Frankreich und nach dem wirtschaftlich interessanten England. Es folgten Studium an der Bergakademie Freiberg, Oberbergmeisterzeit unter Hardenberg in Ansbach-Bayreuth, Verkehr mit Goethe und Schiller, seit 1797 Reise nach Frankreich, Spanien, Teneriffa, Erforschung von Venezuela, Orionoco-Gebiet, Kuba, Bajota, Quita (Erstbesteigung des Chimborasso bis 5 760 Meter), Mexiko, Habana sowie 1804/05 Rückkehr nach Paris und 1806 nach Berlin. Von 1807 bis 1827 lebte Humboldt in dem geistig-naturwissenschaftlich regen und fortschrittlichen Gelehrtenmilieu von Paris. 1829 unternahm er in Nikolaus' I. Auftrag eine Expedition nach dem Ural, nach China hinein und zum Kaspischen Meer; danach hielt er sich bis 1847 wieder vielfach in Paris auf. Neben umfangreichen, überaus wichtigen Reisebeschreibungen, zahlreichen Spezialuntersuchungen und Tausenden von wissenschaftlichen Briefen schrieb er 1845—1862 sein fünfbändiges Hauptwerk »Kosmos«. Seinem Bruder an geistiger Beweglichkeit und Sinn für die Verbindung des Geistes- mit dem Naturwissenschaftlichen sowie für die wirtschaftlichen und sozialen Grundgehalte der Gegenwart überlegen, stand er doch in der Wertschätzung durch die klassisch-literarisch gebildete, den Naturwissenschaften und der Technik gegenüber mit hochmütiger Unkenntnis und schulmäßigem Hochmut sich reserviert verhaltende deutsche Oberschicht weit niedriger als jener, zumal er auch aufgrund seiner Erlebnisse in Frankreich und England über die preußische Norm hinaus fortschrittlich war. Gleichwohl haben Friedrich Wilhelm III. und Friedrich Wilhelm IV. den offen erst zu Napoleons Ideen und dann zum Liberalismus sich Bekennenden immer wieder zur Beratung herangezogen. Die Natur- und Kulturwissenschaften (Meteorologie, Geologie, Physik, Geographie, Botanik, Völkerkunde, Geschichte) verdanken ihm eine Reihe grundlegender Ideen, die zum Teil auf französische Anregungen zurückgingen, die Förderung bedeutender junger Gelehrter (Bopp, Liebig) und einen energischen Hinweis auf die Notwendigkeit ingenieurwissenschaftlicher Hochschulen neben den traditionellen geisteswissenschaftlichen. Der »Kosmos«, mit künstlerischer Kraft in romantisch beeinflußter Sprache mit Anschaulichkeit und der Beherrschung eines riesigen Materials geschrieben, bildete die große Synthese des Weltbildes jener Zeit, das er nicht nur den Gebildeten vorbehalten, sondern auch der Allgemeinheit, z. B. in öffentlichen Vorlesungen 1827/28 und Vorträgen bei Arbeiterbildungsvereinen, nahebringen und verständlich machen wollte. Sein Wunsch war es, den Geist des klassischen Idealismus mit dem der aufblühenden exakten Naturwissenschaften zu einer Einheit zu verschmelzen und damit eine höhere Form der Erkenntnis und der »Bildung« zu ermöglichen. Das Porträt von 1806 zeigt ihn vor dem Hintergrund einer französischen Ideallandschaft beim Bestimmen von Pflanzen (er entdeckte über die bis dahin bekannten 8 000 Arten hinaus 5 000 weitere) (Einleitung S. 107).
Foto: Archiv für Kunst und Geschichte, Berlin
K. Bruhns, Alexander von Humboldt. 1872; H. Klencke, Alexander von Humboldts Reisen. In: Leben und Wissen. [7] 1882; A. Dove, Die Gebrüder Humboldt, Ausgew. Aufsätze. 1925; E. Banse, Alexander von Humboldt. 1953; A. Beck, Alexander von Humboldt. 1961/66

Tafel 340. a) Wilhelm von Humboldt, 1767 bis 1835. Zeichnung von P. E. Stroehling (1814)
Nach den Studien mit seinem Bruder in Frankfurt/Oder und Göttingen sowie einer Bildungsreise nach Westdeutschland und Frankreich lebte Humboldt im Kreis von Goethe und Schiller, reiste nach Frankreich und Spanien, fand sich aber lange Zeit nicht im Alltag des Lebens zurecht. Seine eigentliche Aufgabe fand er seit 1791, als er sich der Bildung des Menschen und

der Geschichte als überindividueller Kraft zuwandte. Nun erkannte er die Bedeutung von Staat und Gesellschaft im revolutionär veränderten Frankreich, während er sich zugleich ein Bild machte von der kulturellen Bedeutung Deutschlands, das er als Nachfolger des idealisierten antiken Griechenland betrachtete. Nach freiem Leben in lockerer beruflicher Bindung wurde er 1807 von Stein als Leiter des Kultur- und Unterrichtswesens im Innenministerium zur Mitarbeit an den preußischen Reformen berufen. Hier widmete er sich, vorsichtig jede politische Stellungnahme vermeidend, der Erziehung des Volkes durch Sittlichkeit und Aufklärung der Persönlichkeit. Er schuf ein neues Schulwesen mit dem neuhumanistischen Gymnasium als Spitze und sicherte es durch finanzielle Verselbständigung. Die in diesem Rahmen gegründete neue Universität Berlin sollte die physischen Verluste Preußens 1806/07 und den Ausfall der Universität Halle durch geistige Kräfte ersetzen — eine Universitas litterarum für Forschung und Lehre, an der z. B. Adam Smiths Lehren der Berliner Oberschicht und den künftigen preußischen Beamten vermittelt wurde. Bereits 1810 hörte seine bildungspolitische Wirkung, die auf Charakterbildung im Gegensatz zum Wortwissen zielte, auf, wenngleich er, zum Staatsminister ernannt, als Gesandter weiter wichtige Aufgaben innehatte und seit 1817 versuchte, sich an Hardenbergs Stelle zu drängen. 1819 wurde er zum Minister für die ständischen und kommunalen Angelegenheiten ernannt, doch trat er bald wegen seines immer unglücklicher werdenden Verhältnisses zu Hardenberg und seiner Ablehnung der Karlsbader Beschlüsse zurück und widmete sich fortan in Tegel vorwiegend großartig konzipierten sprachwissenschaftlichen und geschichtsphilosophischen Studien. »An Tegel hänge ich aus vielen Gründen, unter denen doch aber der hauptsächlichste die Bildsäulen sind, teils Antiken in Marmor, teils Gipse von Antiken, die in den Zimmern stehen und die ich also immer um mich habe. Wenn man Sinn für die Schönheit einer Bildsäule hat, so gehört das zu den reinsten, edelsten und schönsten Genüssen ...« (W. v. Humboldt, 8. November 1825) (Einleitung S. 107).

Foto: Archiv für Kunst und Geschichte, Berlin

R. Hayn, Wilhelm von Humboldt. 1856; K. Grube, W. von Humboldts Bildungsphilosophie. 1935; J. v. A. Rantzau / W. von Humboldt, Der Weg seiner geistigen Entwicklung. 1939; H. Kessel, Wilhelm von Humboldt. 1967

Tafel 340. b) Das Palais des Prinzen Heinrich von Preußen, erbaut 1754—1764 von Boumann d. Ä., seit 1810 Universität

Nach der Gründung des Gymnasiums zum Grauen Kloster 1547, des Joachimsthaler Gymnasiums 1607, des Französischen Gymnasiums 1689, der Fürsten- und Ritterakademie 1705, des anatomischen Theaters für Militärchirurgen 1713, der Bergakademie 1770, der Ingenieurakademie 1776, der Tierarzneischule 1790, der Pepinière, der Akademie für das Militär 1797 und der Bauakademie 1799 wurde als Ersatz für die 1806 verlorengegangene und trotz der Bitten vieler Professoren nicht nach Berlin verlegte Universität Halle und unter Preisgabe von Plänen zur Erweiterung der Akademie der Wissenschaften oder der Charité auf Vorschlag Wilhelm von Humboldts 1810 die (Friedrich-Wilhelm-)Universität Berlin mit einem Stiftungsbrief des Königs von 1809 eröffnet. Während es in Preußen nur noch die Universitäten Königsberg und Frankfurt/Oder gab, sollte die neue Universität eine vom Geist der Deutschen Bewegung getragene Hohe Schule der Forschung und Lehre werden. Die Vorlesungen begannen sofort nach der Eröffnung, Fichte wurde ihr erster Rektor (Einleitung S. 107).

Foto: Ullstein, Berlin

Idee und Wirklichkeit, Dokumente zur Geschichte der Friedrich-Wilhelm-Universität zu Berlin. 1960; M. Lenz, Die Friedrich-Wilhelm-Universität. 1910/18

Tafel 341. a) Napoleon I., 1769—1821, als Universalmonarch. Farbstich eines unbekannten deutschen Künstlers (Oktober 1813)

Als der Farbstich im Herbst 1813 veröffentlicht wurde, befand sich Napoleon nach dem Rußlandfeldzug unter der Ablehnung eines Bündnisses durch Metternich trotz militärischer Erfolge in der Zwangslage, den Krieg weiterzuführen, da er überzeugt war, als Usurpator Frankreich einen Frieden mit Abtretungen nicht zumuten zu können. Diese Überlegung hinderte ihn bis zum März 1814 daran, Metter-

nichs Bemühungen um die Gewinnung Frankreichs gegen die Expansion Rußlands und für die Einordnung in ein den napoleonischen Intentionen widersprechendes europäisches Konzert entgegenzukommen. Zwar siegte er 1813 bei Dresden, doch nutzte er den Erfolg nicht aus. Die Niederlage bei Leipzig kostete ihn dann Deutschland, an dessen Rückeroberung angesichts der politischen Gesamtlage und der Schwächung Frankreichs nicht mehr zu denken war. Deutschland war wieder und blieb von feindlicher Besatzung länger als ein Jahrhundert frei: bis zur Niederlage im Ersten Weltkrieg (Einleitung S. 107).
Foto: Archiv für Kunst und Geschichte, Berlin
Ch. Lesage, Napoleon I créancier de la Prusse 1807—1814. 1924; E. Driault, Napoleon I et l'Europe. 1911—1927; F. Kircheisen, Napoleon I., Ein Lebensbild. 1911/34; F. Stählin, Napoleons Glanz und Fall im deutschen Urteil. 1952

Tafel 341. b) Die von den Franzosen während der Belagerung Hamburgs, 1813—1814, durch die Alliierten als Pferdestall benutzte St. Petri-Kirche. Lithographie der Brüder Suhr
Im November 1806 rückten die Franzosen in Hamburg ein. Als sie die Stadt am 12. März 1813 räumten und der russische General Tettenborn einzog, wurde er mit Begeisterung empfangen, aber von dem bedächtigen Senat so nachlässig unterstützt, daß er Ende Mai Hamburg wieder räumen mußte. Davoust, der es am 30. Mai wieder besetzte, behandelte die Stadt als Rebellin, konfiszierte, da sie die auferlegte Kontribution nicht zahlen konnte, alle Kassen sowie die Geldvorräte der Bank, verbannte oder verhaftete die angesehensten Bürger, erneuerte und erweiterte die Befestigungen durch Zwangsarbeit der Bewohner, vertrieb bei Wintersanfang 20 000 Einwohner und verteidigte Hamburg unter schweren Lasten für die Einwohnerschaft bis zum Mai 1814 (Einleitung S. 108).
Aufbewahrungsort und Foto: Museum für Hamburgische Geschichte, Hamburg
P. E. Schramm, Kaufleute während Besatzung, Krieg und Belagerung 1806—1815. In: Tradition IV. 1959; H. Thomsen, Hamburg. 1962; Michaelis, Hamburgs denkwürdige Schicksale. 1855; P. E. Schramm, Hamburg, Deutschland und die Welt. 1943

Tafel 342. a) Königin Luise von Preußen, 1776 bis 1810. Gemälde von Gerhard von Kügelgen (1816)
Die gemütvolle, sehr fromm lutherische Tochter Herzog Karls von Mecklenburg-Strelitz heiratete 1793 den Kronprinzen Friedrich Wilhelm (III.) von Preußen, der in menschenscheuer Schwäche bald ihr allein vertraute. Beide führten ein inniges Familienleben in bürgerlicher Einfachheit und Anmut, während Luise allmählich begann, sich unter dem Einfluß der Hofdamen mit der zeitgenössischen deutschen Literatur zu beschäftigen und dabei Wieland, Herder und Schiller bevorzugte. Ihr Bedürfnis nach Freundschaft und Tugend ließ sie Alexander I. zu Beginn des dritten Koalitionskrieges als Idealherrscher ansehen. Sie sympathisierte ohne politische Kenntnisse mit Prinz Louis Ferdinand und deutschen Enthusiasten, nicht aber mit deren Reformforderungen. Nach der Niederlage von 1806 blieb sie unbeugsam und verließ sich auf die russische Hilfe. Zart, kränklich, durch zehn Wochenbetten geschwächt, wurde sie durch die Flucht erschöpft. Trotzdem ließ sie sich durch Alexander I. 1807 bei den Tilsiter Verhandlungen zu dem Versuch bewegen, den angeblich zu erwartenden Eindruck ihrer blassen Schönheit auf Napoleon zur Bitte um Milderung der Friedensbedingungen zu benutzen, obwohl Napoleon sich kurz zuvor abfällig über sie geäußert hatte. Er behandelte sie nun nicht schlecht, blieb aber bei seinen politischen Absichten, während sie selbst meinte: »Es wäre Lästerung zu sagen, Gott sei mit ihm; aber offenbar ist er ein Werkzeug in des Allmächtigen Hand, um das Alte, welches kein Leben mehr hat . . . zu begraben. Dabei ist er ohne alle Mäßigung, und wer nicht maßhalten kann, verliert das Gleichgewicht und fällt . . .« Ein Aufenthalt in Petersburg 1809 vollendete ihre Enttäuschung über Alexander I.; Friedrich Wilhelms III. Stellungnahme zur österreichischen Erhebung im gleichen Jahre ließ sie dessen Schwäche erkennen. Sie trug bei zur Berufung des ihr seit der Jugendzeit sympathischen Hardenberg; bald danach starb sie. Das tragische Schicksal voller Mißerfolge an der Seite eines unbedeutenden Fürsten in einer Zeit des Unglücks, die Bereitschaft der darstellenden Künstler (Schadow), Dichter und Schriftsteller zur Verehrung einer

unglücklichen Königin (Kleist: »Du bist der Stern, der voller Pracht erst flimmert, wenn er durch finstre Wetterwolken bricht!«) und unkritische Hohenzollernbegeisterung deutscher Historiker im 19. Jahrhundert verklärten das Andenken an sie, die allerdings 1810—1813 als Schutzgeist des nationalen Widerstandes und der künftigen Erhebung gegolten hatte, weit über die historische Wirklichkeit hinaus. Sie und die Kaiserin Auguste Viktoria waren die beiden einzigen populären Hohenzollern-Fürstinnen. Friedrich Wilhelm III. stiftete 1814 einen später mehrfach erneuerten Luisenorden; nach dem ersten Weltkrieg bildete sich ein monarchistisch-nationalistischer Luisenbund. Das Gemälde von Kügelgen läßt die romantisierende Bewunderung der »reinen«, gemütvollen, dem Alltag fernen Frau erkennen (Einleitung S. 108).

Foto: Archiv für Kunst und Geschichte, Berlin
P. Bailleu, Königin Luise. [3] 1926; T. Klatt, Luise in der Zeit der napoleonischen Kriege. 1937; K. Griewank, Königin Luise, Ein Leben in Briefen. 1943

Tafel 342. b) Friedrich Wilhelm III. von Preußen, 1770—1840. Ölporträt von Th. Lawrence

»Obwohl Friedrich Wilhelm den Geist der Reformzeit nicht begriff und ihm das ungestüme Drängen der Patrioten unheimlich war, bleibt es sein Verdienst, daß er die tiefgehende Wandlung, die sich damals in Preußen vollzog, mit seiner Autorität deckte ... In der Außenpolitik war er sehr vorsichtig. Er ließ Stein fallen, als dieser ihn auf die Bahn des Volksaufstandes gegen Napoleon drängte. 1809 ließ er Österreich allein Krieg führen, denn er blieb überzeugt, daß sich Preußen nur mit Österreich und Rußland zusammen vorwagen dürfte ... Grollend sah er zu, wie eine Anzahl preußischer Offiziere nach Rußland ging und wie der General Yorck ... auf eigene Faust ein Neutralitätsabkommen mit den Russen schloß. Auch in den Befreiungskriegen ließ er sich mehr von den Ereignissen treiben. Der patriotische Aufschwung ließ ihn kalt ... Nach Abschluß des Krieges setzte sich die konservative Grundhaltung des Königs wieder voll durch ... Die Demagogenverfolgungen wurden in Preußen besonders scharf durchgeführt ... Auf diese Weise wurde die Minderheit von vorwärtsdrängenden Kräften in Preußen einem Staate entfremdet, der weder die Mehrheit der Bevölkerung in den westlichen Provinzen noch die polnischen Einwohner für sich zu gewinnen vermochte« (Hausherr) (Einleitung S. 108).

Foto: Archiv für Kunst und Geschichte, Berlin
H. Hausherr, Friedrich Wilhelm III. In: Neue Deutsche Biographie 5. 1961

Tafel 343. Der Wiener Kongreß, 1815. Sitzung der Bevollmächtigten der acht Signatarmächte des Pariser Friedensvertrages. Stich nach einer farbigen Zeichnung von J. B. Isabey, 1815, von J. Godefroy (1819)

Der Kupferstich zeigt vorn von links stehend: Wellington, da Silveira, da Gama, Lowenhjelm, Noailles, Metternich, La Tour du Pin, Nesselrode, Dalberg, Razumowsky, Steward, Clancarty, Wacken, Gentz, W. v. Humboldt, Cathcart; sitzend: Hardenberg, Palmella, Castlereagh, Wesenberg, Labrador, Talleyrand, Stackelberg.

Der im Frieden von Paris vorgesehene Wiener Kongreß entschied vom September 1814 bis zum Juni 1815 über das Schicksal des außerfranzösischen Europa, eingeladen von Franz I. von Österreich und Metternich. Außer dem englischen Prinzregenten erschienen dauernd oder vorübergehend fast alle europäischen und deutschen Fürsten sowie viele Diplomaten, Offiziere, Publizisten usw. Am 9. Mai 1815 kam es zur Wiener Schlußakte; das Hauptergebnis war eine Friedenszeit von einer früher nie gekannten Dauer, deren Annehmlichkeit freilich wiederum dazu führte, daß man häufig diese Hauptleistung des Kongresses überschätzte, der durch Restaurierung und Konservierung von politischen und sozialen Verhältnissen zweifellos auch Evolutionen behindert und verhindert und damit zum Ausbruch von Revolutionen beigetragen hat. »Gegenüber der im 19. Jahrhundert vorherrschenden Verurteilung des Werkes des Wiener Kongresses und seiner Schöpfer, die von den liberalen und nationalen Strömungen der Zeit beeinflußt war, hat sich in wachsendem Maße die Anerkennung der technischen, aber auch der politischen Leistung der Wiener Staatsmänner und Diplomaten durchgesetzt« (Braubach). Das Bild zeigt die Dele-

gierten in einer Verhandlungspause im Verhandlungssaal des Palais am Ballhausplatz, in der Wellington (ganz links) eintritt, um Castlereagh (Mitte vorn sitzend) abzulösen und von Metternich (stehend) vorgestellt wird. An der Wand ein unzeitgemäßes Gemälde von Franz I. im Krönungsornat als deutscher Kaiser; rechts eine Büste von Kaunitz, im Nebenzimmer ein Porträt von Maria Theresia. Die Medaillons zeigen Fürsten und Wappen (Einleitung S. 108).
Foto: Archiv für Kunst und Geschichte, Berlin
K. Griewank, Der Wiener Kongreß und die europäische Restauration 1814/15. [2]1954; ders., Die europäische Neuordnung. In: Historische Zeitschr. 168. 1943; H. v. Srbik, Metternich. [2]1954; J. de Bourgoing, Vom Wiener Kongreß, Zeit- und Sittenbilder. 1943; H. Spiel, Der Wiener Kongreß. 1965; Der Wiener Kongreß, Ausstellungskatalog. 1965

Tafel 344. Clemens Lothar Wenzel Fürst von Metternich, 1773—1859. Porträt von Th. Lawrence (1814/15 Atelierreplik in Windsor Castle)
Bereits während seines Studiums in Straßburg wurde Metternich die Idee des europäischen Gleichgewichts nahegebracht. Deutschland in der dualistischen Spannung zwischen Österreich und Preußen wurde ihm damit zur Mitte und zum Vorbild des europäischen Gleichgewichtssystems der fünf Großmächte. 1795 trat er durch die Ehe mit einer Enkelin von Kaunitz in Verbindung mit Österreich; 1803 wurde er österreichischer Gesandter in Berlin, 1806 in Paris, 1810 übernahm er das Außenministerium. Beim Wiener Kongreß trat er zuerst für eine straffe deutsche Verfassung, später für einen lockeren deutschen Bund ein. Sein Ziel war die Bannung der russischen Gefahr, weswegen er zunächst den französischen Thron für Napoleon retten und später die Bourbonen wiedereinsetzen wollte. Doch zwang ihn das enge russisch-preußische Verhältnis zu großen politischen Konzessionen an Rußland. In der Heiligen Allianz suchte er Rußland durch ein Bündnis mit Preußen und Österreich zu neutralisieren. Nach 1815 baute er, seit 1821 als Staatskanzler, das »System Metternich« auf und behauptete es bis zur Revolution von 1848. Aus der Zeit der Aufklärung stammend, glaubte er an die überzeitliche Gültigkeit politischer Prinzipien, an die Notwendigkeit des Gleichgewichts und des Europäischen Konzils, als deren Hauptfeinde ihm Volkssouveränität und Nationalismus erschienen. Unter dem Druck der Revolution, in der die von ihm jahrzehntelang unterdrückten Ideen explodierten, floh er am 14. März 1848 nach England; 1851 kehrte er zurück. Seine Bedeutung für die Geschichte Deutschlands und Europas liegt im Kampf gegen Napoleon. Nach den leidenschaftlichen Anklagen Frankreichs gegen Metternich als reaktionären Gegner der nationalen und liberalen Bewegungen hat die Biographie Srbiks zu einem entscheidenden Wandel des Metternich-Bildes geführt, die den universalistischen Zug seines Kampfes gegen die Revolution mit dem Ziel einer vernünftigen Ordnung in Europa und seine geistige Konzeption wie die Gegebenheiten der Zeit hervorhebt und Metternich nicht als glänzenden Diplomaten, sondern als bedeutenden Staatsmann — allerdings des alten Europas und des Konservatismus — hinstellt (Einleitung S. 108).
Aufbewahrungsort: Bundeskanzleramt, Wien.
Foto: Bildarchiv der österreichischen Nationalbibliothek, Wien
H. Srbik, Metternich der Staatsmann und Mensch. 1925/34; A. O. Meyer, Fürst Metternich. 1924; C. de Grunwald, La vie de Metternich. [2]1947; M. Botzenhart, Metternichs Pariser Botschafterzeit. 1967

Tafel 345. a) Friedrich List, 1789—1846. Lithographie von Kriehuber (1845)
Seit 1806 württembergischer Staatsbeamter, 1817—1819 Professor der Staatswirtschaft und Staatspraxis in Tübingen, 1819 Gründer des »Deutschen Handels- und Gewerbevereins«, der sich aussichtslos an den Deutschen Bundestag, eine deutsche Zentralinstanz, mit der Bitte um Aufhebung der (einzelstaatlichen) deutschen Binnenzölle wandte und unter seiner Führung eine lebhafte handelspolitische Agitation entfaltete. Lists Heftigkeit politischer Kritik führte zu Gefängnisstrafe, Flucht und Auswanderung nach den USA, wo er als Farmer und Bergwerksbesitzer die moderne Industrie- und Verkehrswirtschaft kennenlernte. Er trat, 1833 wohlhabend als amerikanischer Konsul zurückgekehrt, immer nachdrücklicher für Eisenbahnen und (Erziehungs-)Schutzzoll ein,

veröffentlichte in Dresden seine erste große Denkschrift »Über ein sächsisches Eisenbahnsystem als Grundlage eines allgemeinen deutschen Eisenbahnsystems«, beteiligte sich am Eisenbahnbau Leipzig–Dresden, entwarf große Eisenbahnpläne u. a. für Frankreich und veröffentlichte 1841 sein Hauptwerk »Das nationale System der politischen Ökonomie«. Seine Eingabe an den Bundestag verkannte die politischen Gegebenheiten in Deutschland, seine Eisenbahnpläne ließen die staatliche Zerrissenheit Deutschlands unberücksichtigt, seine volkswirtschaftlichen Ideen stießen auf den Widerstand der herrschenden Freihandelslehrer, wurden aber nach 1879 in der Zeit der nationalwirtschaftlichen Erneuerung und Schutzzollbewegung sowie später im Rahmen der Mitteleuropa-Ideen vielfach aufgegriffen. Er war, wenn auch nicht einer der Schöpfer des Zollvereins, gleichwohl doch ein prophetischer Denker im Bereich von Wirtschafts- und Verkehrspolitik, der von seinen Zeitgenossen, denen er die rechte Würdigung nicht leicht machte, vielfach verkannt wurde (Einleitung S. 109).
Foto: Archiv für Kunst und Geschichte, Berlin
P. Gehring, Friedrich List, Jugend und Reifejahre. 1964; F. Lenz, Friedrich List. 1936; G. Weipert, Der späte List. 1956

Tafel 345. b) Johann Wolfgang von Goethe, 1749—1832. Zeichnung von Vogel von Vogelsheim (1824)

Nachdem Goethe 1821 in seinem 72. Jahr in Marienbad die 15jährige Ulrike von Levetzow kennengelernt, sie 1822 und 1823 wiedergesehen und eine Ehe mit ihr geplant hatte, schließlich aber verzweifelt nach Weimar zurückgekehrt war, hat er in den folgenden Jahren, unterstützt von einem Mitarbeiterstab, mit einer Intensität gearbeitet, die er selbst 1828 als »grenzenlos, ja fast lächerlich« bezeichnete. Die Naturwissenschaften und die moderne Technik traten dabei in den Vordergrund: Er sah eine neue, ihm unabwendbar und notwendig erscheinende Zeit der »Maschine« ebenso heraufziehen wie ein entscheidendes Gewicht der USA in der Zukunft. Die politisch-sozialen, auch wirtschaftlichen Bereiche traten im »Faust II« in den Vordergrund. Deutlich wurde das Industrie- und Verkehrszeitalter mit seiner technischen Grundlage in den Gedanken- und Arbeitskreis des großen Dichters einbezogen und damit der Bogen geschlagen vom Zeitalter der Aufklärung zu dem der Naturwissenschaften (Einleitung S. 108).
Foto: Staatsbibliothek Berlin, Bildarch. (Handke)
P. Hankamer, Spiel der Mächte. 1943; W. Flitner, Goethe im Spätwerk. 1947; P. Stöcklein, Wege zum späten Goethe. 1949; H. J. Schrimpf, Das Weltbild des späten Goethe. 1956; H. Schmitz, Goethes Altersdenken im problemgeschichtlichen Zusammenhang. 1959; Th. Mann, Goethe als Repräsentant des bürgerlichen Zeitalters. 1932

Tafel 346. Friedrich Christian Adolf von Motz, 1775—1830. Stich nach F. Krüger

Die wirtschaftliche Einigung Deutschlands neben der politischen und durch sie war ein Ziel der deutschen Staatsmänner von Steins Art, doch ließ der Deutsche Bund die wirtschaftlichen Aufgaben der Zukunft wie die politischen im Bereich einzelstaatlicher Lösungen. Das relativ industriestarke Reformpreußen war der erste Staat, der an ihre Erledigung ging und damit die wirtschaftspolitische wie die wirtschaftliche Führung in Deutschland übernahm. Das Zollgesetz von 1818, das die Binnenzölle abschaffte und mit der Liberalisierung der Außenzölle begann, wurde — ohne eine klare Zielsetzung in dieser Richtung — Kristallisationskern des Deutschen Zollvereins und in vieler Hinsicht auch des kleindeutschen Reiches von 1862/66 und 1870/71. Von wesentlicher Bedeutung auf diesem Wege war die Arbeit preußischer Beamter wie Maaßen und des — seit 1825 — preußischen Finanzministers Motz, der freilich zunächst vergeblich versuchte, auch Hannover auf die preußische und damit gegen Österreich gerichtete Seite zu ziehen. Gleichwohl konnte er sich in seinen letzten Monaten als Urheber einer der bedeutendsten politischen Ideen empfinden: Er blickte weit über die Begriffe des »Handels«- oder »Zoll«-Vereins hinaus in die Machtsphäre und sah dort eine Revision der Bundesverfassung und die Stärkung der nationalen deutschen Kraft nach außen sich anbahnen. Seine staatsmännische Phantasie berührte auch in den Zeiten kleinster Verhandlungsthemen das, was dann Bismarcks Werk wurde.

Deutlicher als viele spätere Politiker und Historiker erkannte er, daß für die deutsche Einigung die Wirtschaft (in Verbindung mit ihren sozialen Wirkungen) nicht weniger wichtig war als Politik und Diplomatie. Sein Nachfolger Maaßen vollendete das Werk des Zollvereins auf der von Motz geschaffenen Grundlage (Einleitung S. 109).
Foto: Ullstein, Berlin
H. v. Petersdorff, F. Chr. v. Motz. 1913; F. Facius, Wirtschaft und Staat, die Entstehung der staatlich-wirtschaftlichen Verwaltung in Deutschland vom 17. Jahrhundert bis 1945. 1959; Wilh. Treue, Wirtschafts- und Sozialgeschichte Deutschlands im 19. Jahrhundert. In: B. Gebhardts Handbuch der Deutschen Geschichte, Bd. III, Abschnitt IV. [8]1960; ders., Allgemeine Wirtschaftsgeschichte 1700—1965. [2]1966

Tafel 347. a) Die Borsigsche Maschinenfabrik in Berlin am Brandenburger Tor. Farblithographie von J. H. Strack (1862)
August Borsig, 1804—1854, ein Zimmermann, der in Breslau und Berlin fortschrittliche Fachschulen besucht hatte, erbaute 1837, nachdem er aus der Eisengießerei von Egells, einer Pflanzstätte des aufblühenden Maschinenbaues, ausgeschieden war, eine Eisengießerei, die 1838 eine Dampfmaschine erhielt und zum Ausgangspunkt seiner großindustriellen Tätigkeit wurde. Gleichfalls 1837 wurde die Berlin-Potsdamer Eisenbahn gebaut: Das Eisenbahnzeitalter begann. Schnell folgten Strecken von Berlin nach Jüterbog und Stettin. Borsig reparierte zunächst englische und amerikanische Lokomotiven, begann 1841 selbst mit dem Lokomotivbau, brachte es 1842/43 auf 18, bis zu seinem Todesjahr, in dem er seine Unternehmungen auf Kohle und Halbzeug in Oberschlesien auszudehnen beschloß, auf 481 Lokomotiven; die Tausendste war 1858 fertig. In diesem Jahr begann der 1869 vollendete Bau der neuen Fabrik durch seinen Sohn Albert (1829—1878; der Enkel Ernst wurde 1909 geadelt). Die Fabrik erhielt einen Eingangsportikus nach dem Vorbild der italienischen Renaissance. Ein Teil des Portikus wurde später im Hof der Technischen Hochschule in Berlin-Charlottenburg aufgebaut (Einleitung S. 110).
Foto: Staatsbibliothek Berlin, Bildarch. (Handke)
H. Schmitz, Der Berliner Eisenguß. 1917; M. Krause, A. Borsig, Berlin 1837—1902. 1902; 100 Jahre Borsig-Lokomotivbau. 1937; F. Pachtner, August Borsig. 1943; (R. Fritz): Das Bild der deutschen Industrie 1800—1850. Ausstellungskatalog 1958

Tafel 347. b) Walzwerk bei Eberswalde. Ölgemälde von Karl Eduard Ferdinand Blechen (um 1835)
Um 1835 befand sich die Hütten- und Eisenindustrie in Preußen in ihren Anfängen. »Karl Blechens realistisch gesehenes und romantisch empfundenes Gemälde unterscheidet sich vom zeichnerischen Kolorismus der deutschen Zeitgenossen vor allem durch die malerische Auffassung, die als Vorbereitung des Impressionismus gewertet worden ist. In seinem Bilde ist die Fabrik mehr als nur eine Ausstaffierung der Landschaft; sie ist kein Versatzstück im bühnenartigen Bildraum, auch keine Sehenswürdigkeit im Sinne des Kuriosen oder gar eine symbolische Hephaistos-Werkstatt: Mitten und mächtig steht sie in der Landschaft, als gehöre sie zu ihr. Hallen und Schlote am Ufer des Finowkanals sind sachlich und ohne Scheu vor dem ›gewöhnlichen‹ Sujet dargestellt, aber auch nicht so hart, als sei das Walzwerk ein Fremdkörper in der Landschaft. Blechen hat vielmehr Natur und Technik malerisch zur Einheit verschmolzen, so daß letztere nahezu als Teil der Natur erscheint. Auch das ist eine romantische Auffassung, in der noch nichts von der landschaftsverwandelnden Gewalt der Industrie spürbar wird« (E. Trier). Den Eingriff der Industrie in die Landschaft machte dann erstmals Alfred Rethel etwa in seinem Jugendgemälde »Die Harkortsche Fabrik auf Burg Wetter« sichtbar. In Blechen verschmelzen nach seiner Italienreise von 1828 »Elemente romantischer Bildschau in ganz einzigartiger Weise mit einem neuen Gefühl für Sachlichkeit und Dinglichkeit« (Rave) (Einleitung S. 110).
Aufbewahrungsort: Ehem. Staatl. Museen Berlin, Nationalgalerie. Foto: W. Steinkopf, Berlin
E. Thier, Der Bergbau im Bild des industriellen Zeitalters. In: Der Bergbau in der Kunst. 1958; (R. Fritz:), Das Bild der deutschen Industrie 1800–1850. Austellungskatalog 1958; P. O. Rave, Karl Blechen. 1940

Tafel 348. a) Die Ruinen der Alstergegend in Hamburg nach dem großen Brand vom 5. bis 8. Mai 1842, vom Dach der neuen Börse gesehen. Daguerreotypie von F. Stelzner (1842)

Wie London 1666 durch eine große Brandkatastrophe wichtigste Teile seiner Innenstadt verlor, dadurch schwere wirtschaftliche Verluste erlitt, den zerstörten Stadtteil aber um so prächtiger wiederaufbaute, so geschah es 1842 in Hamburg. In 75 Straßen wurden 4219 Gebäude in Asche gelegt und 20 000 Menschen obdachlos. Der Gesamtverlust belief sich auf 40 Millionen Mark. Nicht allein aus Deutschland, sondern aus aller Welt, insbesondere — politisch begründet — aus Österreich, wurde Hilfe für die Überwindung der entstandenen Schwierigkeiten angeboten. Dadurch und durch eine große Staatsanleihe wurde der sofortige Wiederaufbau unter gewichtiger Beratung durch den englischen Architekten Lindsay ermöglicht. »Hamburgs großer Brand war natürlich ein hervorragendes und unvergeßlich aufregendes Ereignis in unserem Dasein, und war ich die vier schrecklichen Tage fast ununterbrochen in Tätigkeit ... Die ungeheuerlichen Bilder der Vergangenheit standen vor meinem Blick, ich sah Karthago mit dem zerschmelzenden Moloch, ich sah Persepolis und die tanzende Thais, ich sah Moskau und den Imperator ... Aber das brennende Hamburg verwandelte sich in ein niedergebranntes ... und bei dem nüchternen Tageslicht besah man sich mit Schauder und Entsetzen den Leichnam der Stadt« (Hebbel 1846). Ein Jahrhundert später schloß der »Feuersturm« des Bombenkrieges alle Möglichkeiten historischer Vergleiche aus (Einleitung S. 111).

Foto: Staatsbibliothek Berlin, Bildarch. (Handke)

F. Faulwasser, Der große Brand und der Wiederaufbau von Hamburg. 1892; P. E. Schramm, Neun Generationen 1648—1948. 1963/64

Tafel 348. b) Ansicht des Laboratoriums von Justus von Liebig, 1803—1873, in Gießen. Zeichnung von Trautschold (1842)

Zunächst Apothekerlehrling, studierte Liebig in Bonn, Erlangen und Paris, erwarb dort durch eine Arbeit über die Knallsäure A. v. Humboldts Gunst, auf dessen Empfehlung er 1824 Professor in Gießen wurde. Dort errichtete er das erste chemische Laboratorium für experimentellen Unterricht und machte als ein sehr begabter Lehrer mit vielen Schülern auch aus dem Ausland die Universität zu einem Mittelpunkt des chemischen Studiums: Liebig bildete eine Generation von Chemikern aus allen Ländern aus. Er errang der Chemie eine bedeutende Stellung in Deutschland und brach der Erkenntnis Bahn, daß sie als Wissenschaft studiert und gelehrt werden müsse und für die Landwirtschaft wie für die Industrie größte Bedeutung habe. Neben den großen wissenschaftlichen Leistungen im engeren Sinne des »fruchtbarsten Chemikers seiner Zeit« u. a. bei der Entwicklung des modernen Studiums stehen also die für die Landwirtschaft, der »größten Reformation des Feldbaues im 19. Jahrhundert ... Auch für die Lehre von der Ernährung der Tiere schuf er eine neue Basis.« 1852 folgte er, der inzwischen durch mehrere Schriften den schlechten Stand der chemischen Wissenschaft in Österreich und Preußen energisch dargestellt hatte, einem Ruf nach München, wo er fortan vorwiegend seine Forschungsergebnisse in Aufsätzen und Büchern darstellte. Auch für den Aufbau der chemischen Industrie, einer neuen Industrie, seit den 50er Jahren, haben seine Anregungen grundlegende Bedeutung gewonnen (Einleitung S. 110).

Foto: Deutsches Museum, München

J. Volhard, Justus v. Liebig. 1909; H. v. Dechend, J. von Liebig in eigenen Zeugnissen. 1953; J. v. Liebig im Lichte der Forschung des 20. Jahrhunderts. Vorträge. 1953

Tafel 349. a) Sitzung der Deutschen Nationalversammlung in der Paulskirche. Lithographie (1848)

Auf die erste Nachricht vom Sturz des Julikönigtums in Paris stellte Heinrich von Gagern am 27. Februar 1848 in der darmstädtischen Kammer den Antrag auf Errichtung einer deutschen Zentralgewalt mit Volksrepräsentation. Es folgte der Heidelberger Beschluß vom 5. März, die Aufforderung der Siebener-Kommission am 12. März, der Zusammentritt des Vorparlaments mit 500 Mitgliedern in Frankfurt am 30. März, schließlich die Eröffnung der ersten deutschen Nationalversammlung mit 568 Mitgliedern und H. von Gagern als Präsidenten am 18. Mai 1848 in der Paulskirche. Diese Eröffnung bildete einen der großen Momente der neuen deutschen Geschichte. Die Stunde einer von der Nation selbst geschaffenen Staats- und Reichsgründung auf der Grundlage von nationaler Einheit und liberaler Freiheit schien gekommen. Höhepunkte ihrer Tätigkeit waren die Wahl des Reichsverwesers Erzherzog Johann von Österreich am 29. Juni, die Schaffung eines Reichsministeriums, die Beratung der Grundrechte, die Beschäftigung mit der schleswig-holsteinischen Frage, die Beratung der Verfassung nach dem Entwurf vom 8. Oktober, das Programm der kleindeutschen Partei vom 18. Dezember 1848 und die Wahl Friedrich Wilhelms IV. von Preußen zum erblichen Kaiser von Deutschland am 28. März, die dieser am 3. April ablehnte. Als danach die radikalen Elemente das Übergewicht erhielten und ein regional begrenzter Bürgerkrieg entstand, führte das zur Auflösung des Parlaments, nachdem bereits viele Abgeordnete abgerufen worden waren, durch den Beschluß vom 30. Mai, die nächste Sitzung in Stuttgart abzuhalten (Rumpfparlament). Damit scheiterte das unter großen Hoffnungen begonnene Werk am Widerstand der einzelnen deutschen Regierungen und des erstarkenden Österreich; es wäre in einer späteren Phase wohl auch auf stärksten Widerstand des Auslandes gestoßen. Eine wirklich revolutionäre Bewegung, die auf einer anderen Ebene den Ansatz der »Paulskirche« hätte fortsetzen können, kam nicht zustande. Übrig blieb der preußisch-österreichische Gegensatz als konstituierendes Element für eine künftige Lösung. Die Paulskirche, der Ort aller dieser Geschehnisse, war 1786—1833 in klassizistischem Stil für den evangelischen Gottesdienst gebaut, aber nie benutzt worden; im Zweiten Weltkrieg wurde sie zerstört, danach als Tagungsstätte wiederaufgebaut (Einleitung S. 111).

Aufbewahrungsort und Foto: Historisches Museum, Frankfurt am Main

V. Valentin, Geschichte der deutschen Revolution. 1930/31; F. Meinecke, 1848, eine Säkularbetrachtung. 1948; W. Mommsen, Größe und Versagen des deutschen Bürgertums, 1848/49. 1949; P. Wentzcke, 1848, die unvollendete Revolution. 1938

Tafel 349. b) König Friedrich Wilhelm IV. von Preußen, 1795—1861. Fotografie

Reich begabt, sprunghaft und unkonzentriert, am Soldatischen wenig interessiert — er hat als einziger Hohenzoller nie einen Krieg geführt —, begann Friedrich 1840 nicht, der allgemeinen Hoffnung entsprechend, eine »neue Ära«, sondern unternahm den Versuch, gemäß seiner Neigung zur Synthese von Antike und Christentum in der Kunst, auch in der Politik das Gewaltsame und Umstürzlerische zu vermeiden und zu verhindern sowie das organisch Gewachsene schonend fortzubilden. Außerdem hatte er ein sehr hohes, häufig überheblich auftretendes Bewußtsein seines von Gott ihm verliehenen Amtes. Bismarcks drängende Dynamik war ihm unheimlich, während er von seiner eigenen Fähigkeit, bewußt in die Zukunft wirken zu können, überzeugt war. In der christlich-germanischen Gedankenwelt der Romantik der vergangenen Generation befangen, verhinderte er den politischen Durchbruch des Liberalismus in Preußen nach seinem Regierungsantritt. Hallers Staatslehre in Stahls Umprägung formte seine Vorstellung vom idealen (Stände-)Staat, so daß er auch die konstitutionelle Monarchie ablehnte. Vor diesem Hintergrund war seine Ablehnung der Kaiserkrone durchaus konsequent, zumal er auch die Wiederherstellung des mittelalterlichen Kaisertums unter habsburgischer Führung für die beste Lösung der deutschen Frage hielt. Innenpolitisch vertrat er die Auffassung, daß dem Volke das Recht auf Mitregierung und Selbstverwaltung nicht grundsätzlich, sondern nur als Geschenk aus der Fülle der königlichen Gnade zugestanden werden könne. Er war bereit, aus den Provinziallandtagen eine reichsständische Versammlung zu bilden und dieser eine beratende Funktion bei der Aufstellung des staatlichen Haushaltsplanes einzuräumen; alle weiteren Zugeständnisse — Periodizität der Sitzungen, Steuerbewilligungsrecht und damit Einschränkung der königlichen Rechte — lehnte er ab. So wurde der Konflikt von 1848 schließlich unausweichlich. Sein Manifest vom 21. März 1848, in dem er sich als »konstitutioneller Fürst an die Spitze des Gesamtvaterlandes« stellte, führte zu einem allgemeinen Mißverständnis: Er versuchte nicht eine opportunistische, preußische Hegemonialpolitik und bekannte sich nicht zur »Konstitution«. Während der Revolutiontage verhielt er sich in der unlösbaren Spannung zwischen eigener Idee und politischer Realität widerspruchsvoll, erkannte das Ende des Absolutismus, oktroyierte aber nach der Einführung des Dreiklassenwahlrechts eine Verfassung (die wiederaufzuheben er seinen Nachfolger testamentarisch zu verpflichten suchte) und führte eine Erste Kammer ein, die 1854 in das »Herrenhaus« umgewandelt wurde. Zur Erstarrung seiner politischen Auffassung trug der Einfluß der Kamarilla wesentlich bei. Im Sommer 1857 erlitt er einen Schlaganfall; 1858 erkrankte er an einer Gesichtsrose, die eine partielle Gehirnlähmung zur Folge gehabt und ihn sprachunfähig gemacht hat, so daß sein Bruder Wilhelm als Regent eingesetzt werden mußte. Rankes berühmtes Wort: »Er hatte vielleicht mehr Gemüt, als der Staat ertragen kann«, war eine hofhistoriographische Reverenz vor einem Schwärmer, Theoretiker und Dogmatiker. »Der ungeheure Fehler des so klugen und auf seine Art so aufrichtig freisinnigen Königs bestand darin, daß er diesen Wandel der Zeiten nicht begriff und einer vorgefaßten Meinung zuliebe nur sein Ideal, aber nicht die Ideale seines Volkes verwirklichen wollte«, schrieb Fontane richtiger über die Haltung des Königs in der Revolutionszeit (Einleitung S. 111).

Foto: Staatsbibliothek Berlin, Bildarch. (Handke)

E. Lewalter, Friedrich Wilhelm IV. Das Schicksal eines Geistes. 1938; F. Rachfahl, Die deutsche Politik Friedrich Wilhelms IV. im Winter 1848/49. 1919; H. J. Schoeps, Das andere Preußen. 1952

Tafel 350. a) Karl Marx, 1818—1883. Fotografie (um 1875)

Als die Revolution von 1848 in Paris ausbrach und sich in wenigen Wochen über West- und Mitteleuropa ausbreitete, hatte sich Marx, 1845 auf Betreiben der preußischen Regierung aus Paris ausgewiesen, zunächst, gefolgt von Engels, nach Brüssel geflüchtet. Dort hat er »La misère de la philosophie« gegen Proudhons »Bourgeois-Sozialismus« geschrieben, die Verbindung zu Weitlings »Bund der Gerechten« aufgenommen und in dessen Auftrag zwecks Umgründung in einen »Bund der Kommunisten« mit revolutionärem Elan in London die Ausarbeitung einer Propagandaschrift, des »Kommunistischen Manifests«, begonnen. Diese im einzelnen schwer und für den Proletarier damals kaum verständliche radikale Kritik der bürgerlichen Gesellschafts- und Wirtschaftsordnung, die zunächst die großartigste Beschreibung der wirtschaftlichen, technischen und zivilisatorischen Leistungen des Bürgertums brachte, schließlich aber im Aufruf zum Klassenkampf des internationalen Proletariats gipfelte (»Proletarier aller Länder, vereinigt euch!«) und die am stärksten verbreitete Flugschrift der Welt wurde, hat er gemeinsam mit Friedrich Engels geschrieben, im Februar 1848 abgeschlossen und erstmals veröffentlicht; sie stellte mit dem Bewußtsein der missionarischen Sicherheit und Aufgabe den Kommunismus als unabwendbare, notwendige Folge aus der wirtschaftlichen Erkenntnis der ökonomischen Struktur der bürgerlichen Gesellschaft dar. Die französische Regierung rief Marx nach Paris, wo er nun eine Zentralstelle des kommunistischen Bundes gründete. Nach Ausbruch der März-Revolution in Deutschland übersiedelte Marx nach Köln und gründete dort die »Neue Rheinische Zeitung«. Als er im Sommer 1849 wegen der darin vertretenen Auffassung ausgewiesen und seine Zeitung verboten wurde, zog er wieder nach Paris und, bald auch dort ausgewiesen, nach London. Dort lebte er, von Engels in bescheidenem Ausmaß unterstützt, fern der praktischen Politik mit wissenschaftlicher Arbeit beschäftigt, deren Hauptergebnis die »Erste Internationale« von 1864 und der 1867 veröffentlichte erste Band des »Kapital, Kritik der politischen Ökonomie« war, nachdem er in »Zur Kritik der politischen Ökonomie« 1859 die materialistische Geschichtsauffassung dargestellt hatte (Einleitung S. 112).

Foto: Ullstein, Berlin

R. Dahrendorf, Marx in Perspektiven. 1953; L. Schwarzschild, Der rote Preuße. 1954; N. Rjazanow, (D. B. Goldenbach), Karl Marx als Denker, Mensch und Revolutionär. 1928; F. Mehring, Karl Marx. Neuausgabe 1946; F. Lenz, Staat und Marxismus. 1922/24; O. Spann, Der wahre Staat. [3]1931; Th. Geiger, Die Klassengesellschaft im Schmelztiegel. 1949.

Tafel 350. b) Die Aufbahrung der Märzgefallenen in Berlin. Unvollendetes Ölgemälde von Adolph Menzel

In Berlin führte die Märzrevolution von 1848 vom 18. bis zum 20. März zum Bau von Barrikaden und zu blutigen Kämpfen, wobei vom Volke 138 Personen, von den Truppen 20 Mann fielen. Friedrich Wilhelm IV. (vgl. Tafel 349 b) kapitulierte vor dem Volksaufstand und befahl den Rückzug der Truppen. Durch die Räumung des Schlosses geriet er in die Gewalt der Menge, vor der er sich überraschend durch einen Umzug mit der deutschen Kokarde und andere Handlungen demütigte. — Der Maler Menzel hatte die Unruhe in Berlin seit langer Zeit verspürt und die Aufstände im April 1847 miterlebt: »Man hat denn hier einmal erlebt, wieweit es kommen kann, wenn die eine Hälfte der Bevölkerung der brutalen Habsucht der Anderen überlassen wird.« Er bemerkte die Schwächen und Fehler der Regierung: »Sein Gerechtigkeitssinn führte ihn in entscheidender Stunde zu objektiver Stellungnahme ... in dem wahrhaftigsten, sachlichsten und ergreifendsten Bericht über die blutigen Ereignisse« (Wirth), einem Brief an seinen Kasseler Freund Arnold. Als Künstler hielt er den traurigen Höhepunkt der Revolution in Berlin in einem (auf eine Zeichnung von den Stufen des Französischen Domes aus zurückgehenden) unvollendet gebliebenen Gemälde fest, das die Aufbahrung und Feier vor der Neuen Kirche auf dem Gendarmenmarkt zeigt: das Geleit eines Sarges durch die Bürgerwehr, die leidenschaftliche Diskussion, die Menge der Teilnehmenden. Aber er schrieb auch ein halbes Jahr nach diesen Ereignissen: »Zur (gerechten) Indignation über Oben ist nun nur die Indignation über Unten gekommen. Nichts als der Schwung von einer Schulbank auf die andere.« Schon wenige Monate später begann er, seine Friedrich-Bilder zu malen (Einleitung S. 112).

Aufbewahrungsort: Hamburger Kunsthalle.
Foto: Ullstein, Berlin

Karl Scheffler, Adolph Menzel. 1938; Irmgard Wirth, Mit Adolph Menzel in Berlin. 1965; P. O. Rave, Menzel 1848. In: Berliner Almanach, 1948; W. Wolff, Berliner Revolutionschronik. [2]1897; B. Busch, Die Berliner Märztage von 1848. 1899

Tafel 351. Otto von Bismarck, 1815—1898, als preußischer Ministerpräsident. Lithographie (1862)

Als Bundestagsgesandter in Frankfurt seit 1851 lernte Otto von Bismarck-Schönhausen das Wesen des Deutschen Bundes aus eigener Anschauung kennen und das Verhältnis Österreichs und der Mittelstaaten realistisch beurteilen. Als er 1859 die Zeit für die Auseinandersetzung mit Österreich für gekommen hielt, wurde er als Gesandter in Petersburg kaltgestellt. Dort blieb er drei Jahre, beobachtete aber die Entwicklung in Preußen und Deutschland genau und überreichte 1861 in Baden-Baden dem König Wilhelm I. eine Denkschrift über die Verfassungsfrage. In dieser Zeit trennte er sich vom Konservatismus seiner Freunde und wandte sich einer »Realpolitik« zu, die nur das Interesse des eigenen Staates, nicht jedoch weltanschauliche Bindungen als Grundlage des politischen Handelns anerkannte, ohne freilich auf die ethische Verpflichtung des Christen zu verzichten. Im Frühjahr 1862 wurde er zunächst nicht, wie erwartet, nach Berlin gerufen, sondern Gesandter in Paris, wo er die großen Linien der europäischen Politik kennenlernte. Auf dem Höhepunkt des preußischen Verfassungskonflikts, als Wilhelm I. an Abdankung dachte, wurde Bismarck auf Betreiben des preußischen Kriegsministers von Roon am 8. Oktober 1862 zum Ministerpräsidenten und Minister des Auswärtigen berufen. Er führte nun im Interesse der Krone den »Konflikt« mit größter Schärfe gegen die liberale Majorität des Abgeordnetenhauses durch, regierte ohne Budget, sicherte die Heeresreform und begann eine unabhängige Außenpolitik (Einleitung S. 113).

Foto: Süddeutscher Verlag, München

A. O. Meyer, Bismarck. 1944; E. Eyck, Bismarck, Leben und Werk. 1941/43; A. J. P. Taylor, Bismarck. 1955; W. Mommsen, Bismarck, ein politisches Lebensbild. 1959; Wilh. Treue, Wollte König Wilhelm 1862 zurücktreten? In: Forschungen zur brandenburgischen und preußischen Geschichte, 51/1939

Tafel 352. Ferdinand Lassalle, 1825—1867. Fotografie (um 1860)

Lassalle studierte in Breslau und Berlin Philologie, Geschichte und Philosophie, konnte als Jude jedoch nicht Universitätsgelehrter werden. Er lernte in Paris Louis Blanc kennen und wurde fortan ein radikaler Demokrat und Sozialist und arbeitete als solcher mit an der »Neuen Rheinischen Zeitung« von Marx. Im Mai 1849 wurde er wegen Aufreizung zum Widerstand gegen die Staatsgewalt zu sechs Monaten Gefängnis verurteilt. Die Haft hinderte ihn an stärkerer politischer Betätigung, die wahrscheinlich zur Ausweisung geführt hätte. In seinem politischen Hauptwerk »Das System der erworbenen Rechte«, zwei Bände, 1861, vertrat er das Recht zur Revolution gegen die erworbenen Rechte. Er trat in nationaler Gesinnung für die demokratische kleindeutsche Einigung im Sinne der 48er auf. In der »Konfliktszeit« schuf er sich aufgrund seines »Arbeiterprogramms« (1862) im »Allgemeinen deutschen Arbeiterverein«, dessen Präsident er 1863 wurde, eine eigene, allerdings sehr schmale politische Basis, von der aus er gegen die kapitalistische Gesellschaft und ihr »ehernes Lohngesetz«, für staatlich geförderte »Produktivassoziationen« und für das allgemeine und gleiche Wahlrecht eintrat. Bei der Ablehnung des liberalen »Nachtwächterstaates« begegnete er sich mit Bismarck, mit dem er vom Oktober 1863 bis Januar 1864 einige Besprechungen hatte und Briefe wechselte. Der preußische Ministerpräsident schätze seine Intelligenz, seinen politischen Ehrgeiz und einen Teil seiner politischen Auffassung, ging aber als Außenpolitiker auf den Gedanken des sozialen und demokratischen Königtums nur aus parteipolitischen Überlegungen ein und ließ Lassalle in Verkennung der innenpolitisch-sozialen Situation auch schon in den Anfängen der Industriegesellschaft und der potentiellen Bedeutung eines nationalen Sozialisten für die feudalbürgerliche Gesellschaft und die Monarchie fallen, als sich eine neue preußisch-österreichische, also außenpolitische Konstellation abzeichnete. Gleichzeitig trennte sich auch der viel radikaler antibürgerliche und -staatliche Marx von ihm. Als Lassalle in einem Duell tödlich verwundet wurde, zählte seine Anhängerschaft kaum mehr als 5000 Menschen. Er hatte es als erster verstanden, in Deutschland eine nachhaltige Arbeiterbewegung ins Leben zu rufen; freilich folgte diese schon bald nicht mehr seinen staatsbejahenden und nationalen Gedanken, sondern der internationalen marxistischen Lehre (Einleitung S. 114).

Foto: Staatsbibliothek Berlin, Bildarch. (Handke)

E. Bernstein, Ferdinand Lassalle und seine Bedeutung für die Arbeiterklasse. [2]1919; G. Mayer, Bismarck und Lassalle, ihr Briefwechsel und ihre Gespräche. 1928; H. Oncken, Ferdinand Lassalle, eine politische Biographie. [4]1923; Th. Ramm, Ferdinand Lassalle als Rechts- und Sozialphilosoph. 1953

Tafel 353. a) Der Spiegelsaal im Schloß von Versailles als deutsches Lazarett. Fotografie (1870)

Im Kriege von 1870/71 fand die Reichsgründung ihren Abschluß. Nachdem bereits Anfang September 1870 Baden, Württemberg und Hessen sich bereit erklärt hatten, in den norddeutschen Bund einzutreten, kam es auf Bismarcks Anregung am 22. bis 24. September zu den Münchener Konferenzen, bei denen Preußen mit Bayern und Württemberg über die zu gewährenden Sonderrechte verhandelte. Im Oktober beantragten Baden und Hessen die Aufnahme in den Norddeutschen Bund. Nun lud Bismarck die süddeutschen Regierungen zu Verhandlungen nach Versailles ein, die mit Baden und Hessen am 15. November schnell ohne Gewährung von Sonderrechten, mit Württemberg unter Gewährung finanzieller und militärischer Sonderrechte am 25. November zum Abschluß kamen. Damit veranlaßte Bismarck König Ludwig II. von Bayern zur Absendung des von ihm aufgesetzten Kaiserbriefes, der die Annahme des Titels »Deutscher Kaiser« anregte. Die Fürsten stimmten zu; darauf empfing Wilhelm I. am 18. Dezember die Reichsdeputation mit der gleichen Bitte. Am 1. Januar 1871 traten die November-Verträge in Kraft (Einleitung S. 115).

Foto: Staatsbibliothek Berlin, Bildarch. (Handke)

O. Becker, Bismarcks Ringen um Deutschlands Gestaltung. 1958; Th. Schieder, Das deutsche Kaiserreich von 1871 als Nationalstaat. 1961; H. Goldschmidt / H. Kaiser / F. Thimme, Ein Jahrhundert deutscher Geschichte. 1929

Tafel 353. b) Die Kaiserproklamation zu Ver-

sailles am 18. Januar 1871. Gemälde von Anton Werner

Am 18. Januar 1871, dem preußischen Krönungstag, fand im Spiegelsaal des Versailler Schlosses die Kaiserproklamation statt, nachdem Wilhelm I. sich bis zuletzt gegen den Titel »Deutscher Kaiser« gesträubt hatte, da er »Kaiser von Deutschland« sein wollte. Großherzog Friedrich von Baden brachte sein Hoch auf »Kaiser Wilhelm« aus. Diese Kaiserproklamation gilt im Bewußtsein der Deutschen als der eigentliche Akt der Reichsgründung. »Der Wille der Nation kam in dieser Zeremonie im fremden, besetzten Lande nur mittelbar zu Worte: militärische und diplomatische Kräfte, Fürsten und Fürstendiener waren die Schöpfer des Reiches, in dem aber die Mehrheit der Nation eine Erfüllung ihrer nationalen Wünsche und zugleich der deutschen Geschichte überhaupt sah« (Schieder). Der Maler Anton von Werner (1843—1915), der bereits durch die Illustration von beliebten Werken der leichteren Literatur und durch Historienmalerei (Luther vor Cajetan, Konradin im Gefängnis, Götz von Berlichingen in Heilbronn) populär geworden war, erhielt durch Fürsprache des Großherzogs von Baden die Gelegenheit, im Hauptquartier der Dritten Armee dem letzten Teil des Deutsch-Französischen Krieges in Versailles beizuwohnen, wo er sein auf schnelle, charakteristische Erfassung des Gegenständlichen gerichtetes Talent in zahlreichen Bildern und Zeichnungen, Ölstudien und Skizzen erprobte. Den ersten großen Erfolg erzielte er 1871 in Berlin mit einem für den Einzug der siegreichen Truppen gemalten »Felarium«: Kampf und Sieg, einer symbolischen Darstellung der Schlacht bei Sedan. Darauf erhielt er den Auftrag, für die Siegessäule in Berlin ein Glasmosaik »Einzug der deutschen Stämme und Huldigung vor den Thron Germanias« zu schaffen. 1876 war sein Gemälde der Kaiserproklamation für das Schloß in Berlin fertig; das Hilfsmodell dazu ging in Bismarcks Besitz über, für das Zeughaus malte er eine ähnliche Fassung. Das Bild, ein Stück »richtiger« Historienmalerei, hat in unzähligen Reproduktionen die Vorstellung des deutschen Volkes von einem Hauptereignis seiner Geschichte halbrichtig bestimmt als eine Veranstaltung von Fürsten und Offizieren. Der »Reichsgründer« Bismarck ist auf dem Bild die eigentliche Zentralfigur, die erhobene Hand des Großherzogs scheint wie ein Strahlenbündel über dem Kaiser; links neben dem Kaiser steht der Kronprinz als edler Garant der Zukunft (Einleitung S. 115).

Foto: Archiv für Kunst und Geschichte, Berlin

E. Brandenburg, Die Reichsgründung. [2]1923; G. A. Rein, Die Reichsgründung in Versailles. 1958; A. v. Werner, Erlebnisse und Eindrücke 1870—1890. 1913; A. Rosenberg, Anton von Werner. 1895; G. Stoltenberg, Der deutsche Reichstag 1871—1873. 1965

Tafel 354. a) Wilhelm I., 1797—1888, Deutscher Kaiser, König von Preußen, auf der Kurpromenade in Bad Ems. Fotografie (1878)

Wilhelm I. ist mehrmals zur Kur in Bad Ems gewesen. Dort forderte ihn der französische Botschafter Benedetti seit dem 9. Juli 1870 mehrfach, zuletzt am 13. Juli auf der Kurpromenade »in fast impertinenter Form« dreimal auf, sich dafür zu verbürgen, daß kein Hohenzoller den spanischen Thron besteigen werde. An dieses Ereignis knüpfte Bismarcks Emser Depesche an, die den auf beiden Seiten bereits für unvermeidbar gehaltenen französisch-deutschen Krieg auslöste, sowie das sehr populäre Gedicht »eines Füseliers«: »König Wilhelm saß ganz heiter jüngst zu Ems, dacht' gar nicht weiter an die Händel dieser Welt. Friedlich, wie er war gesonnen, trank er seinen Kränchenbronnen als ein König und ein Held.« Dort wurden am 11. Mai 1878 von Hödel und am 2. Juni 1878 von Nobiling Attentate auf den Kaiser unternommen. Bei dem ersten wurde er nicht getroffen, beim zweiten so schwer verwundet, daß er den Kronprinzen zum Stellvertreter ernennen ließ. Bismarck nutzte die Gelegenheit zum Gesetz vom 21. Oktober 1878 »wider die gemeingefährlichen Bestrebungen der Sozialdemokratie«, dem »Sozialistengesetz« (Einleitung S. 118).

Foto: Staatsbibliothek Berlin, Bildarchiv (Handke)

E. Walder, Die Emser Depesche. 1959; G. Schümer, Die Entstehung des Sozialistengesetzes. 1930; J. Jensen, Hamburgs Zeitungen unter dem Sozialistengesetz. 1957; G. A. Rein, Die Revolution in der Politik Bismarcks. 1957

Tafel 354. b) Das Ballsouper. Gemälde von Adolph von Menzel (1878)
In den 70er Jahren erschloß sich Menzel die Gesellschaft des Kaiserhofes, zu dessen festlichen Veranstaltungen auch Gelehrte und Künstler eingeladen wurden. Menzel erlebte Pracht und Glanz der Empfänge und Feste der herrschenden Schicht, die für ihn zu malerischen Ereignissen wurden. Als Mitglied der Akademie eingeladen, wurde er in künstlerischer Besessenheit zum Reporter und scheute sich nicht, auf Stühle und Tische zu steigen, um sein Skizzenbuch zu füllen. Wilhelm I. gewährte dem die Volkstümlichkeit des Kaisertums fördernden berühmten Maler alle für das Werk nötigen Freiheiten. Das Ergebnis waren die »Gesellschaftsstücke«: die »Ballpause« von 1871 als glänzender Auftakt für eine Reihe von Schilderungen der Hoffeste bis zum Tode Wilhelms I, und besonders das »Ballsouper« von 1878 (dem Jahr auch des Sozialistengesetzes) — das größte und bedeutendste dieser Serie mit einer bewegten Menschenmenge aus vielen Einzelszenen glänzend komponiert in einem ganz persönlichen Stil. »Es gibt kein Haupt- und kein Nebeninteresse in dem Bild. Es ist durch und durch erstaunlich, es ist der Menzel aller Lebensalter in Teilen darin, das Genie und der Fertigmaler« (K. Scheffler). Degas machte sich 1885 auf einer Ausstellung in Paris eine Skizze von diesem Bild. Den Abschluß dieser Gesellschaftsstücke bildete — nach dem »Cercle-Bild« von 1879 — der »Hofball im Weißen Saal des Berliner Schlosses« (1888), das Menzel als 73-jähriger malte (Einleitung S. 118).
Foto: Archiv für Kunst und Geschichte, Berlin
E. Marcks, Kaiser Wilhelm I. [9] 1943; K. Scheffler, Adolph Menzel, Der Mensch, das Werk. [2] 1955; E. Waldmann, Der Maler Adolph Menzel. 1941

Tafel 355. a) Carl Peters, 1956—1918. Fotografie
Mit der Besetzung Tunesiens durch Frankreich und Ägyptens durch England begann die letzte Welle der europäischen Kolonialpolitik, die alsbald schwere politische Spannungen zur Folge hatte. Ein Jahrzehnt später ging, wie Italien und Leopold II. von Belgien, auch Deutschland zum Erwerb von Kolonien über: 1884 in Südwestafrika, Togo und Kamerun, 1885 in Ostafrika, Nord-Neuguinea und auf dem Bismarck-Archipel. Carl Peters, der als politischer Journalist 1881 bis 1883 in London lebte, entwarf unter dem Eindruck der englischen Kolonial- und Weltpolitik entsprechende Pläne für Deutschland, gründete 1884 die »Gesellschaft für deutsche Kolonisation« und erwarb, von Bismarck nicht unterstützt, von England angefeindet, 1884 das Hinterland von Deutsch-Ostafrika, für das die deutsche Regierung ihm dann doch einen Schutzbrief ausstellte. Er selbst wurde Reichskommissar, versuchte 1889/91 Uganda für Deutschland zu gewinnen und ein großes deutsches Kolonialreich zu bilden, scheiterte aber am Abschluß des Helgoland-Sansibar-Vertrages. Im Protest dagegen gründete er 1891 den Alldeutschen Verband, um durch ihn eine deutsche Weltpolitik vorzubereiten. Wegen Grausamkeit gegen Eingeborene wurde er von Gegnern der Kolonialpolitik und seiner Person in ein Disziplinarverfahren verwickelt, das ihn Titel und Amt kostete. Er ging nach England, arbeitete für ein englisch-deutsches Wirtschaftsunternehmen, lehnte aber den Eintritt in den englischen Kolonialdienst ab. 1914 zurückgekehrt, wurde er vom Kaiser rehabilitiert. Peters war der bedeutendste deutsche Kolonialpionier und ein englischen imperialistisch-kolonialpolitischen Vorbildern nacheifernder Kolonialpolitiker (Einleitung S. 117).
Foto: Staatsbibliothek Berlin, Bildarch. (Handke)
P. E. Schramm, Deutschland und Übersee. 1950; P. Leutwein, Carl Peters. 1943; C. Peters, Die Gründung von Deutsch-Ostafrika. 1906; ders., Lebenserinnerungen. 1918; D. Oncken, Das Problem des Lebensraumes in der deutschen Politik vor 1914. 1948; F. Fischer, Griff nach der Weltmacht. [3] 1964

Tafel 355. b) Robert Koch, 1843—1910. Der Begründer der Bakteriologie, mit einer Gruppe von Mitarbeitern in Ostafrika. 1906 (Sanitäts-Feldwebel Saecker, Stabsarzt Panse, Reg. Rat Beck, Prof. Kleine, Oberarzt Kusicke, sitzend Robert Koch). Fotografie
Nach Studium, Assistentenarzt-Tätigkeit und Teilnahme am Kriege 1870/71 wurde Koch zunächst Landarzt. Als solcher überprüfte er in Wollstein, Kreis Bomst/Posen, Henles Lehre von

den Infektionskrankheiten und wies 1876 die Existenz des Milzbrandbazillus nach. Das bildete den überaus anregenden Anfang der Bakteriologie. Koch wurde 1880 in das Reichsgesundheitsamt berufen (bis 1904), entdeckte 1882 den Tuberkelbazillus, 1883 als Leiter der deutschen Cholera-Expedition nach Ägypten und Indien den Cholerabazillus, wurde 1885 Direktor des neugeschaffenen Hygienischen Instituts, studierte mit Unterstützung der Reichsregierung in Afrika und Asien Rinder- und Beulenpest, Schlafkrankheit und Malaria sowie die Bekämpfung und Verhütung dieser Krankheiten. Für ihn wurde ein Institut für Infektionskrankheiten gegründet, später nach ihm benannt. 1903 erhielt er den Nobelpreis für Chemie. Koch wurde mit seinen Entdeckungen und seinen insbesondere nach 1884 vom Reich geförderten Forschungen schulebildend zum Vater moderner Tropenhygiene und -medizin — einer der entscheidenden Voraussetzungen für die Kolonialpolitik und imperialistische Erschließung und Ausbeutung, aber auch für die human- und veterinärmedizinische Sanierung der von Weißen erschlossenen Gebiete in den folgenden Jahrzehnten (Einleitung S. 117).
Foto: Ullstein, Berlin
B. Möllers, Robert Koch. 1950; R. Bochalli, Robert Koch. 1954; F. O. Höring, Exotische Krankheiten. 1950; Archiv für Schiffs- und Tropenhygiene, seit 1897; E. Rodenwaldt, Tropenhygiene. [4]1945.

Tafel 356. a) Einweihung des Kaiser-Wilhelm-Kanals, 1895, durch Kaiser Wilhelm II. auf seiner Yacht »Hohenzollern«. Fotografie
Der Bau des annähernd 99 Kilometer langen Kanals zwischen Brunsbüttel im Mündungsgebiet der Elbe und Holtenau, nordöstlich von Kiel, wurde nach langen Diskussionen über den militärischen Wert und die Finanzierung einer solchen Einrichtung 1886 beschlossen. Kaiser Wilhelm I. legte 1887 den Grundstein, Wilhelm II. 1895 den Schlußstein. Der Kanal, der 1909—1914 erweitert werden mußte, bot eine sicherere, kürzere und billigere Fahrt zwischen Ost- und Nordsee als der Weg durch das Skagerrak. In militärischer Hinsicht rechnete man mit der Möglichkeit, Schiffe schnell und vom Feinde ungesehen verlegen zu können. Um 1906 konnte die gesamte deutsche Kriegsflotte in 16 Stunden von Kiel nach der Helgoländer Bucht gelangen. Die Handelsschiffahrt erfuhr durch den Kanal, der neben Suez- und Panama-Kanal eine der wichtigsten Welt-Seeverkehrsstraßen wurde, beträchtliche Veränderungen zum Nachteil mancher Ostseehäfen, da Hamburg durch die günstige Verbindung zum »größten Ostseehafen« wurde. Mit der technischen Vorbereitung und der Oberleitung beim Bau war O. F. B. Baensch betraut (Einleitung S. 117).
Foto: Ullstein, Berlin
B. Beseke, Der Nordostseekanal, seine Entstehungsgeschichte, sein Bau. 1893; F. Fülscher, Der Bau des Kaiser-Wilhelm-Kanals. 1898; L. Sympher, Die Vollendung des Nord-Ostsee-Kanals. In: Zentralblatt der Bauverwaltung 15/1895

Tafel 356. b) Hamburg, Holländischer Blook. Fotografie (um 1865)
Im Jahre 1847 gründeten A. Godefroy, H. J. Merck & Co. und F. Laeiß die Hapag, die zunächst vier Segelschiffe zwischen Hamburg und New York einsetzte (1857 folgte in Bremen die Gründung des Norddeutschen Lloyd). 1854 konnten nach einer Vergrößerung der Gesellschaft zwei Dampfschiffe, »die ersten unter einer deutschen Flagge« (Laeiß), die Fahrt aufnehmen. »Jahre des Aufschwungs für die deutsche Seeschiffahrt waren angebrochen. Wohl hatte das unruhevolle Drängen der Deutschen nach einem geeinten Vaterland durch seine innenpolitischen Spannungen die Kaufmannschaft zu vorsichtigem Abwarten bewogen. Dann aber war es der nach 1848 einsetzende Strom von Auswanderern, der ständig neuen Schiffsraum erforderte. In Übersee führte der Zustrom frischen Blutes zum Aufblühen weiter, bisher dem Weltverkehr verschlossener Gebiete. Neue Absatzländer für die Erzeugnisse Europas taten sich auf, neue Rohstoffquellen begannen sich zu öffnen . . . Noch ermutigender aber hatte sich die Aufhebung von Cromwells Navigationsakte [1651] in England ausgewirkt; seit 1849 war der Weg frei zum direkten Güteraustausch mit den überseeischen Kolonien Englands. Nun trugen auch deutsche Schiffe, westwärts segelnd, in ihren Zwischendecks ganze

Bataillone von Auswanderern aus kontinentalen und irischen Häfen zur Küste von Kanada, Neu-England und der USA und kehrten immer häufiger mit Ladungen kanadischen Holzes zurück. Die Kunde vom Gold im australischen Sand wirkte wie Zauber. Im Jahre 1852 wurden 8 Hamburger Schiffe nach dem europafernsten der Kontinente abgefertigt: zwei Jahre später waren es bereits 42. Sogar in den Häfen Britisch-Indiens tauchte die rote Flagge mit den drei weißen Türmen regelmäßig auf« (Rohrbach). Einen schweren, kurzen Rückschlag brachte die durch die Wasserleitung über die ganze Stadt ausgebreitete Cholera-Epidemie 1892, der 8605 Personen zum Opfer fielen und durch die Handel und Verkehr schwere Einbußen erlitten. In Hamburg waren beheimatet 1836: 146 Seeschiffe mit 26 000 BRT, 1903: 979 Seeschiffe mit 1,2 Millionen BRT. Die größte Segelschiffreederei, F. Laeiß, hatte 1903 noch 17 Schiffe mit 37 000 BRT, die größte Dampfschiffsreederei, die Hapag, 129 Seedampfer mit 622 000 BRT; sie stand damit an der Spitze aller Reedereien der Welt. Nach Hamburg liefen 1870: 5100 Schiffe = 1,3 Millionen BRT, 1903: 14 028 Schiff = 9,2 Millionen BRT ein. Der Hauptverkehr richtete sich nach Großbritannien und den USA (Einleitung S. 117).

Foto: Museum für Hamburgische Geschichte, Hamburg

M. Melhop, Historische Topographie von Hamburg 1880—1895. 1895. W. Wolter, Das Auftreten der Cholera in Hamburg 1831—1893. 1898; H. Thomsen, Hamburg. 1962; F. Laeiß, Erinnerungen aus dem Leben eines alten Hamburgers. [2]1951; P. E. Schramm, Hamburg, Deutschland und die Welt. [2]1952

Tafel 357. Erste Seite des auf rotem Papier in London gedruckten »Sozialdemokrat« vom 8. März 1890 mit dem Bericht über den sozialdemokratischen Erfolg bei der Reichstagswahl vom 20. Februar 1890

Nach Lassalles Tod wurde v. Schweitzer sein Nachfolger in der Leitung des »Allgemeinen deutschen Arbeitervereins«. Er gab auch seit 1864 die Zeitung »Der Sozialdemokrat« heraus. Liebknecht und Bebel lehnten das Bismarck-Reich ab, bekannten sich zum Klassenkampf, forderten den Sturz der bestehenden Ordnung und gründeten 1869 in Eisenach die Sozialdemokratische Arbeiterbewegung auf der Grundlage des internationalen Sozialismus, aus der 1875 in Gotha die Sozialdemokratische Arbeiterpartei Deutschlands hervorging, die nun ihre Ziele nur mit gesetzlichen Mitteln erreichen wollte, den Umsturz also ablehnte. Sie nahm einen schnellen Aufschwung, errang 1875 (als sie über 41 politische Presseorgane mit 150 000 Abonnenten sowie 54 voll, 14 zum Teil besoldete und etwa 80 unbesoldete »Agitatoren« verfügte) bei den Reichstagswahlen 12 Sitze. Sie wurde vom Sozialistengesetz in ihrer Entwicklung kaum behindert; 1880 strich sie zwar das Wort »gesetzlich« aus ihrem Programm, lehnte aber nach wie vor den Anarchismus ab. Bei den Reichstagswahlen 1890 erhielt sie die höchste Stimmenzahl aller Parteien (19,7 %), aber nur 35 Sitze im Reichstag; sie bewies damit die Stärke der von ihr vertretenen Idee und fügte Bismarcks Innenpolitik eine schwere Niederlage zu. Unmittelbar danach wurde das am 30. September 1890 auslaufende Sozialistengesetz nicht mehr erneuert. Zwar siegte in der nun neu gegründeten Sozialdemokratischen Partei Deutschlands (SPD) offiziell die marxistische Tendenz, doch machte sich, auch unter dem sozialpolitischen Einfluß der Gewerkschaften, bald die Tendenz zur praktischen Mitarbeit im Parlament immer stärker bemerkbar (Einleitung S. 118).

Foto: Ullstein, Berlin

F. Mehring, Geschichte der deutschen Sozialdemokratie. [12]1922; W. Schröder, Handbuch der sozialdemokratischen Parteitage 1863—1909. 1910; ders., Geschichte der sozialdemokratischen Parteiorganisation in Deutschland. 1912; K. Brandis, Die deutsche Sozialdemokratie bis zum Fall des Sozialistengesetzes. 1931; W. Wacker, Die Entstehung der Sozialdemokratie in den 10 ersten Reichstagswahlen 1871—1898. 1903; W. Pack, Das parlamentarische Ringen um das Sozialistengesetz Bismarcks 1878—1890. 1965

Tafel 358. Ferdinand August Bebel, 1840—1913. Fotografie (1911)

Bebel war Sohn eines Unteroffiziers, verlor früh seine Eltern durch Tuberkulose und besuchte die Armenschule in Wetzlar. Er lernte

das Drechslerhandwerk, wurde nach der Gesellenwanderung in Leipzig 1860 Mitglied des Arbeiterbildungs-Vereins (1865 Vorsitzender), 1864 selbständiger Meister und gründete mit Wilhelm Liebknecht gemeinsam 1866 die sächsische demokratische Partei. Für diese wurde er 1867 in den Reichstag gewählt, dem er bis zu seinem Tode angehörte. In diesen Jahren wandelte er sich vom Lassalleaner zum Marxisten und wurde 1869 in Eisenach einer der Gründer der Sozialdemokratischen Arbeiterpartei; 1875 vereinigte er im Gothaer Programm Marxisten und die Anhänger Lassalles. Durch sein Bekenntnis zur Pariser Kommune und zur Internationale zog er sich Bismarcks Feindschaft zu. Während der Herrschaft des Sozialistengesetzes war er führend am Aufbau der Geheimorganisation beteiligt und wurde deswegen verurteilt. 1890 gab er sein Handwerk auf und widmete sich ganz der Organisationsarbeit, mit der er die SPD zu einer Massenpartei mit starkem Ansehen auch bei den ausländischen Sozialisten machte. Er vertrat gegen die Obstruktions-Anhänger energisch den Gedanken der Mitarbeit in den Parlamenten und gewann durch diese erheblichen Einfluß auf die Arbeiterschutzgesetzgebung. Da er an den schnellen Zerfall der kapitalistischen Gesellschaft glaubte, war er ein Gegner des Revisionismus. Er wurde — mehrfach vor Gericht und im Gefängnis, was seine Popularität förderte — durch seine einfache, überlegene und kluge Art, die derjenigen Eberts ähnlich war, sowie durch seine natürliche, eindrucksvolle Beredsamkeit der anerkannte Führer der deutschen Sozialdemokratie und gewann auch bei seinen Gegnern hohe Achtung. Sein Werk »Die Frau und der Sozialismus« (1883) wurde das meistgelesene sozialistische Buch in deutscher Sprache; bis 1903: 33 Auflagen (Einleitung S. 118).
Foto: Ullstein, Berlin
A. Bebel, Aus meinem Leben. 1910/14; H. Wendel, August Bebel. 1918; F. Klüss, August Bebel. 1923; A. Bebel, Politik als Theorie und Praxis. Ausgewählte Texte. 1967

Tafel 359. a) Kaiser Wilhelm II., 1857—1941, am 30. Oktober 1888 bei Bismarck im Park von Friedrichsruh. Fotografie (1888)
Nach dem Tode Wilhelms I. blieb Bismarck während der 100tägigen Regierung Friedrichs III. bei straffer Führung der Geschäfte im Amt, wodurch er unter heftigen Auseinandersetzungen mit der Kaiserin Viktoria einen Kurswechsel verhinderte, der nur von kurzer Dauer sein konnte. Wilhelm II. war seit seiner Jugend ein Bewunderer des Kanzlers, während dieser der jugendlichen Unausgeglichenheit des Kaisers zurückhaltend und mißtrauisch gegenüberstand; auch R. Gneist, der ihn als Prinzen in die Probleme der Staatswirtschaft hatte einführen sollen, sowie Waldersee beurteilten ihn ungünstig. Im September 1888 erschien in der »Deutschen Rundschau« die Veröffentlichung »Aus Kaiser Friedrichs Tagebuch«, gegen die und deren Herausgeber Geffken Bismarck sofort aufs energischste und unter falschen Beschuldigungen vorging, da er staatspolitischen und persönlichen Schaden befürchtete. Er erlitt dabei eine schwere Niederlage. »Daß ihn, von moralischen Bedenken ganz zu schweigen, staatsmännische Überlegung nicht mehr in Schranken hielt, zeigt, daß die Tage von Bismarcks Meisterschaft vorüber waren« (Eyck). Bismarck war vom Juli 1888 bis Januar 1889, vom Mai 1889 bis Januar 1890 mit wenigen Tagen Unterbrechung in Friedrichsruh. In dieser Zeit ging Bismarcks Einfluß — wie z. B. Stöckers »Scheiterhaufenbrief« in der »Kreuzzeitung« am 14. August 1888 zeigt, ein rechtes Programm zur Beseitigung Bismarcks, das sich an den Kaiser wandte — auf Wilhelm II. ständig zurück, entstanden die ersten Meinungsverschiedenheiten über das Verhältnis zu Rußland und England sowie über die Fragen des Verhältnisses Wilhelms II. zu den deutschen Fürsten und solche der Innenpolitik (Einl. S. 119).
Foto: Archiv für Kunst und Geschichte, Berlin
E. Eyck, Bismarck Bd. III. 1944; H. Geffken und seine Veröffentlichung des Tagebuchs Kaiser Friedrichs. In: Bollert-Festschrift. 1936; M. Balfour, Der Kaiser Wilhelm II. und seine Zeit. 1967

Tafel 359. b) Kronprinz Friedrich (III.), 1831 bis 1888, schwer erkrankt in San Remo. Neben ihm die Kronprinzessin, auf der Treppe seine Töchter Margarete (später Großherzogin von Hessen), Sophie (später Königin von Griechenland) und Viktoria (später Prinzessin von Schaum-

burg-Lippe, danach Frau Zoubkow), der jüngste Sohn Prinz Heinrich, sowie Ärzte
Sorgfältig erzogen und ausgebildet, unter dem Einfluß von Reaktion und Revolution sowie seiner Gemahlin Victoria, einer Tochter der englischen Königin, »freisinnig« und »wahrhaft konstitutionell« im Sinne der Liberalisierung des politischen, kommunalen, wirtschaftlichen, sozialen und kirchlichen Lebens, war Friedrich aus Tradition gegen den Parlamentarismus. Früh geriet er zu Bismarck in einen Gegensatz, der durch die Kronprinzessin ständig geschürt wurde, die ihrerseits unter hochmütig-überlegenem Einfluß ihrer Mutter und deren Hofmilieus stand. Nach 1871 befürwortete er als beste Abwehr der sozialistischen Gefahr die Schaffung eines »freien deutschen Kaiserstaates, der an der Spitze der Zivilisation schritte«. Die Abwendung vom Freihandel verstieß nach seiner Auffassung gegen die praktische Vernunft und wissenschaftliche Einsicht in das Wesen der politischen Ökonomie. Seine außenpolitischen Vorstellungen waren — ihm selbst nicht immer bewußt — stärker von englischen als von deutschen Interessen bestimmt. Wegen seiner von den eigenen und Bismarcks Prinzipien abweichenden Auffassung übertrug Wilhelm I. ihm 1878 nicht die Regentschaft, sondern nur die Stellvertretung »unter Verzicht auf jede Selbständigkeit«, so daß er das Sozialistengesetz vollziehen und, enttäuscht über die schnelle Gesundung des Kaisers, 47jährig für weitere zehn Jahre wieder in die leere Thronfolgerwartestellung zurücktreten mußte. 1887 zeigte sich ein Halsleiden, das die deutschen Ärzte bald als Kehlkopfkrebs diagnostizierten, während der englische Arzt Mackenzie es für nicht bösartig hielt. Die Meinungsverschiedenheiten verzögerte eine Operation, die freilich das Leben kaum hätte sehr verlängern können. Todkrank wurde Friedrich am 9. März 1888 König und Kaiser. Er behielt Bismarck als Kanzler, zeichnete einige liberale Anhänger und Freunde aus, entließ den konservativen preußischen Innenminister und starb unter schwerem Leiden nach 99tägiger Herrschaft. Mit ihm wurden die Hoffnungen des Liberalismus zu einer Zeit begraben, die diesem in der Welt des Imperialismus ohnehin nicht mehr günstig war (Einleitung S. 119).

Foto: Staatsbibliothek Berlin, Bildarch. (Handke)

G. Freytag, Der Kronprinz und die Kaiserkrone. 1899; M. Philippson, Das Leben Kaiser Friedrichs. [3]1913; H. J. Wolf, Die Krankheit Friedrichs III. und ihre Wirkung auf die deutsche und englische Öffentlichkeit. 1958

Tafel 360. Bismarcks Abreise von Berlin nach seiner Verabschiedung. Fotografie (1890)
»Bismarck hatte die Monarchie so sehr gestärkt, daß der junge Kaiser Wilhelm II. ... nicht mehr willens war, den ihm unbequem gewordenen Minister weiter zu dulden. So mannigfach auch die Gründe waren, die Bismarcks Sturz herbeiführten, die tiefere Ursache lag in einem persönlichen Machtkampf« (Graf Stolberg-Wernigerode). Am 18. März reichte Bismarck seine zweimal geforderte Entlassung ein. In dem Gesuch beurteilte er natürlich die jüngstvergangene Zeit ganz persönlich und schloß das bedeutsame Dokument nicht mit einem der in Bismarck Formulierungen so großartigen Rück- und Ausblicke, wie es fast nach drei Jahrzehnten der Staatsführung zu erwarten gewesen wäre, sondern mit einer allerdings verständlichen Anklage gegen Wilhelm II. Am 19. März wurde sein Gesuch genehmigt; am 20. erhielt Bismarck die beiden kaiserlichen Entlassungsorders: Die eine verlieh ihm die Würde eines Herzogs von Lauenburg, die andere ernannte ihn zum Generalobersten der Kavallerie mit dem Rang eines Generalfeldmarschalls. Von den beiden Kontrahenten hatte der Kaiser die würdigere Form des Abschlusses gefunden. Das »Zeitalter Bismarcks« war beendet, doch folgte ihm kein »Zeitalter Wilhelms II.«. Die Jahre bis zu Bismarcks Tod waren erfüllt von Spannungen mit dem Kaiser und Versöhnungsversuchen von dessen Seite. Das Volk jubelte ihm unermüdlich zu; aber der Reichstag verweigerte ihm den Glückwunsch zum 80. Geburtstag, und bei der Enthüllung des Nationaldenkmals für Wilhelm I. (1897) wurde Bismarcks offiziell überhaupt nicht gedacht. Der Kaiser bot die Beisetzung im Dom zu Berlin an, die jedoch auf Bismarcks eigenen Wunsch in Friedrichsruh erfolgte (Einleitung S. 119).

Foto: Staatsbibliothek Berlin, Bildarchiv (Handke)

E. Gagliardi, Bismarcks Entlassung. 1927/41;

H.-G. Zmarzlik, Das Bismarckbild — gestern und heute. 1967

Tafel 361. a) Friedrich Theodor Althoff, 1838 bis 1908. Fotografie (um 1900)

Als Jurist trat Althoff 1871 in die Verwaltung der neu erworbenen Reichslande ein und führte die Vorarbeiten und Berufungen für die neue deutsche Universität Straßburg durch, in deren Lehrkörper auch er 1871 auf genommen wurde. 1882 wurde er als Geh. Regierungsrat und Vortragender Rat in das preußische Kultusministerium berufen und mit dem Hochschulreferat, seit 1897 als Ministerialdirektor auch mit dem Referat für höhere Schulen betraut. Althoff hat nicht wie W. v. Humboldt den Ruf gewonnen, der Reformator des deutschen Universitätswesens geworden zu sein, wenngleich er dafür im Zeitalter der Technik und des Hochkapitalismus mindestens nicht weniger geleistet hat als der humanistische Reformer zu Beginn des 19. Jahrhunderts. Mit starkem und unbestechlichem Urteil hat er im größten deutschen Bundesstaat, dessen Bildungspolitik ein ähnliches Gewicht hatte wie seine Wirtschaftspolitik, den Universitäten das Berufungswesen, dem sie unter dem Gesichtspunkt der politischen und sozialen Bedeutung der Hochschulbildung und -ausbildung als Selbstverwaltungskörperschaften allein nicht mehr gewachsen waren, zu einem entscheidenden Teil zugunsten des Staates abgenommen und in großartiger Personenkenntnis unter besonderer Förderung junger Gelehrter mit neuen Ideen (F. Klein, Harnack, Koch, Behring) einen maßgeblichen Einfluß auf die preußische Kulturpolitik ausgeübt. Wilhelms II. Neigung und Verständnis für die Technik hat er, der unmittelbaren Vortrag beim Kaiser besaß, in Erkenntnis der Bedeutung der technischen Bildung neben dem erstarrenden, falsch verstandenen Neuhumanismus mit dem Ergebnis genutzt, daß auf der Wende vom 19. zum 20. Jahrhundert in Breslau und Danzig Technische Hochschulen gegründet wurden und diese insgesamt mit Rektoratsverfassung und Promotionsrecht — ihrer wissenschaftlichen Qualität und Bedeutung für das Kulturleben entsprechend — den Universitäten trotz deren heftiger Proteste aus Furcht vor Prestigeverlust angeglichen wurden. Bei den Universitäten galt sein besonderes Interesse der Medizin, den Naturwissenschaften und der Mathematik. Er hatte lebhaftes Verständnis für einen Mann wie den großen Mathematiker Felix Klein, der als Gelehrter die Zusammenarbeit mit der kapitalkräftigen, am Fortschritt der Naturwissenschaft und Technik wirtschaftlich interessierten und aus diesem Gewinn ziehenden Industrie für nötig hielt, diese zu organisieren begann und — seiner Zeit bis heute voraus — die Vereinigung von Universität und Technischer Hochschule erstrebte. Auf Althoffs Ideen beruhte auch die nächste Stufe der staatlich-wirtschaftlichen Zusammenarbeit im Bereich der Forschung: die 1910/11 mit starker Förderung durch Wilhelm II. von Adolf von Harnack gegründete Kaiser-Wilhelm-Gesellschaft zur Förderung der Wissenschaften (seit 1948 Max-Planck-Gesellschaft zur Förderung der Wissenschaften) mit dem Ziel, durch die vorwiegend von der Privatwirtschaft finanzierte Errichtung und Unterhaltung von naturwissenschaftlichen, medizinischen und ingenieurwissenschaftlichen Instituten hervorragenden Gelehrten großzügig Gelegenheit zur Forschung ohne Lehrverpflichtung an einer Universität zu bieten (Einleitung S. 120).

Foto: Süddeutscher Verlag, München

L. R. Lüdicke, Die preußischen Kultusminister und ihre Beamten 1817—1917. 1918; A. Sachse, Friedrich Althoff und sein Werk. 1928

Tafel 361. b) Reichskanzler Bernhard Heinrich Martin Graf und Fürst Bülow, 1849—1929. Fotografie (um 1900)

Sohn eines mit Bismarck befreundeten Diplomaten, der von jenem 1873 zum Staatssekretär des Auswärtigen Amtes gemacht wurde, und einer Frau aus dem Hamburger Großbürgertum, formal hochbegabt und ehrgeizig, trat Bülow 1874 in den diplomatischen Dienst, in dem er sich in wichtigen westeuropäischen Hauptstädte so bewährte, daß er, ein geistreicher und gewandter Höfling, glänzender Stilist und Redner sowie geschickter Verhandler mit Abgeordneten, auf Betreiben seiner Freunde Graf Philipp zu Eulenburg und Geheimrat Holstein 1897 zum Staatssekretär des Auswärtigen Amtes ernannt wurde. Alsbald unentbehrlicher Ratgeber des Kaisers, löste er 1900 Hohenlohe als Reichskanzler und preußischen Ministerpräsident ab. Er gab der deutschen Außenpolitik wieder einen eindeutigen Großmachtkurs, forderte für die wachsende und selbstbewußte Nation einen »Platz an der Sonne«, die Gleichberechtigung mit den anderen imperialistischen Mächten sowie einen »angemessenen« Anteil an überseeischen Stützpunkten; er unterstützte Tirpitz' Flottenpolitik, förderte den Bau der Bagdad-Bahn und nahm die dabei entstehenden Spannungen mit England und Rußland sowie die Verständigung dieser Großmächte mit Frankreich selbstbewußt hin. Als es zu spät zur Mäßigung war, begann ein politisches Schwanken zwischen Rußland und England, dessen Fruchtlosigkeit sich seit 1900 immer deutlicher in der Vereinsamung des Reiches zeigte. Die »Nibelungentreue« gegenüber Österreich-Ungarn wurde seit 1908 zu einer erheblichen zusätzlichen Belastung. Schließlich hinterließ er, der 1908 auch bei der Daily-Telegraph-Affäre einen schweren Verlust an Prestige und an Vertrauen des Kaisers erlitt, seinem Nachfolger Aufgaben, die kaum noch zu lösen waren, da sich gegen seine Politik, die als die deutsche Politik schlechthin aufgefaßt wurde, eine festgefügte Front der Großmächte und ihrer Anhänger gebildet hatte. Ein Jahr später verlor er auch sein innenpolitisches Fundament und damit die Zustimmung zu der beabsichtigten Reichsfinanzreform. Er reichte sein Abschiedsgesuch ein, und der Kaiser, der ihm nicht vergessen konnte, daß er ihn 1908 im Stich gelassen hatte, ließ ihn ohne Zögern fallen. Zum ersten Male war ein deutscher Reichskanzler auch nach außen hin wegen einer parlamentarischen Niederlage zurückgetreten. Seine Werke »Deutsche Politik« (1916) und »Denkwürdigkeiten« (4 Bde., 1930/31) enthalten viel interessantes Material, enthüllen aber insbesondere Bülow selbst: kalte Machtgier, Opportunismus, Verschlagenheit, Taktlosigkeit und Undankbarkeit gegenüber allen, denen er zu Dankbarkeit und Loyalität verpflichtet gewesen wäre. Bei ihm entartete die klassische Diplomatie zum konzeptionslosen Finassieren (Einleitung S. 121).

Foto: Staatsbibliothek Berlin, Bildarch. (Handke)

F. Fischer, Griff nach der Weltmacht. [3]1964; J. Haller, Die Ära Bülow. 1922; F. Thimme (Hrsg.), Front wider Bülow. 1931; W. Schüssler, Die Daily-Telegraph-Affäre. 1952; E. Eyck, Das persönliche Regiment Wilhelms II. 1948; H.-G. Zmarzlik, Bethmann Hollweg als Reichskanzler 1909—1914. 1965

Tafel 362. a) Maximilian Felix Ernst Harden (Ursprünglich Felix Ernst Witkowski), 1861 bis 1927. Fotografie (1903)

In erschüttertem Familienmilieu aufgewachsen, aus der väterlichen Bestimmung zum Kaufmann ausgebrochen und länger als zehn Jahre Schauspieler, dann Mitbegründer der Freien Bühne (1889) und des Deutschen Theaters, Berlin, wichtiger Berater Max Reinhardts, ging Harden allmählich zur politischen und kulturpolitischen Tagesschriftstellerei über. Als intellektueller Monarchist bot er 1889 seine Feder Wilhelm II. an; er wurde jedoch »mit militärischer Schroffheit abgewiesen« (Rogge), was bei seiner Eitelkeit zu seiner Einstellung gegen den Kaiser nach Bismarcks Entlassung beitrug. Bismarck zeichnete ihn seit 1892 aus, was ihn fortan zu dessen nicht unkritischem Bewunderer und Verteidiger machte. 1892 gründete er die Wochenschrift »Die Zukunft«, die er besonders durch seine eigenen geistvollen, stilistisch an Heine angelehnten Beiträge in weiten Kreisen beliebt und gefürchtet machte. Er bekämpfte Wilhelms II. »Neuen Kurs« und insbesondere Bülows Politik, weniger Bethmann Hollweg, lehnte die Sozialdemokratie und ihre »roten Primadonnen« ab, trat aber, zeitweise mit Naumann verbunden, energisch für die Besserstellung des Industrieproletariats und gegen das Großkapital in Wirtschaft und Politik ein. 1906 verband er sich, nun bereits eine öffentliche Macht, mit Holstein gegen die reaktionäre Hofclique, die er nach einer Warnung rücksichtslos angriff. Als Patriot bekämpfte er seit 1914 das persönliche Regiment des Kaisers, sehr bald auch die Politik überhaupt, da er den Krieg für verloren hielt. Nach dem Umsturz erwartete er vergeblich ein Amt, griff enttäuscht das neue Regime noch schärfer an als das alte, brach mit der Vergangenheit und geriet in den Ruf eines »jüdischen Volksschädlings«. Bald nach der Ermordung seines Freundes Rathenau wurde auch auf ihn ein Attentat unternommen (Einleitung S. 121).

Foto: Archiv für Kunst und Geschichte, Berlin

H. Rogge, Holstein und Harden, politisch-publizistisches Zusammenspiel zweier Außenseiter des wilhelminischen Reichs. 1959; ders.: Aus M. Hardens politischer Publizistik. In Publizistik, 1961; H. Pross, Literatur und Politik. 1953

Tafel 362. b) Friedrich Naumann, 1860—1919. Fotografie (etwa 1912)

Pfarrerssohn und Theologe, der seit 1883 in Wicherns »Rauhem Haus« in Hamburg, seit 1890 als Geistlicher der Inneren Mission arbeitete, schloß Naumann sich unter Stöckers Einfluß der christlich-sozialen Bewegung an. Er wurde dort zum Führer der »Jungen«, bemühte sich um einen christlichen Sozialismus, schuf sich 1893 in der Zeitschrift »Die Hilfe« ein eigenes Organ und gründete unter dem Einfluß von Max Weber den Nationalsozialen Verein, dessen Programm verschwommen prophetisch, aber gut formuliert und daher attraktiv Machtstaat, Demokratie und soziales Kaisertum zu vereinen suchte. Da der Verein nicht parlamentarisch wirken konnte, löste Naumann ihn 1903 auf, schloß sich der Freisinnigen Vereinigung an, war um deren Zusammenschluß zur Fortschrittspartei bemüht und strebte die Verbindung zur Sozialdemokratie an, die er für praktische Mitarbeit im Staate gewinnen wollte. Im Ersten Weltkrieg suchte er in »Mitteleuropa«, einem der meistgelesenen politischen Bücher, unrealistisch nach einer wirtschaftlich-politischen Konzeption für diesen Raum unter deutscher Herrschaft. Nach dem Zusammenbruch war er 1918 Mitbegründer der Deutschen Demokratischen Partei, deren Vorsitzender er wurde, sowie im Verfassungsausschuß der Nationalversammlung tätig. Sein Lebensziel, die Verbindung von Nationalismus und Sozialismus mit dem Christentum, hat er nicht erreicht; doch hat er durch seinen ein wenig weltfremden, idealistischen politischen Modernismus auf die junge Generation um die Jahrhundertwende stark gewirkt. Die Naumann-Renaissance nach 1945, nicht viel realistischer als Naumann selbst, knüpfte u. a. an die Tatsache an, daß Th. Heuß zeitweise Naumanns Mitarbeiter gewesen ist (Einleitung S. 122).
Foto: Ullstein, Berlin
Th. Heuß, Friedrich Naumann, der Mann, das Werk, die Zeit. ²1949

Tafel 362. c) Volkstanzfest des »Wandervogels« in Berlin. Fotografie (um 1910)

Die Jugendbewegung, eine spezifisch deutsche Erscheinung, wandte sich zunächst als Vereinigung vorwiegend höherer Schüler aus Steglitz bei Berlin seit 1896 unter der Leitung von Karl Fischer, seit 1901 als »Wandervogel« gegen den Lebensstil der bürgerlichen Gesellschaft und deren Rationalisierung und Intellektualisierung, gegen die offizielle Kunst- und Kulturauffassung der Zeit, gegen die politische und private Unmoral und unaufrichtige Künstlichkeit. Die Bewegung breitete sich schnell über das ganze Reichsgebiet aus. Wanderungen, »Fahrten«, sollten den neuen Menschen, der auf Alkohol und Nikotin verzichtete, unter charismatischen Führern aus der bürgerlichen Plüsch-Atmosphäre befreien. 1908 kam es zur Aufgliederung der Bewegung, die jedoch 1913 anläßlich der Jahrhundertfeier der Völkerschlacht bei Leipzig auf dem Hohen Meißner die »Freideutsche Jugend« auf der Grundlage der »Meißner Konfession« schuf. Im Ersten Weltkrieg fielen 7 000 der 12 000 Soldat gewordenen Mitglieder des »Wandervogel«, meist als Kriegsfreiwillige. Die Daheimgebliebenen machten eine scharfe Schwenkung nach rechts. Die proletarische Jugend hat an der bürgerlich-antibürgerlichen Bewegung nicht teilgenommen. Der 1904 gegründete Verein der Lehrlinge und jugendlichen Arbeiter Berlins erstrebte die Verbesserung der wirtschaftlichen und sozialen Lage der Arbeiter; 1906 ging aus ihm die Vereinigung der freien Jugendorganisationen Deutschlands hervor, die sich an die Gewerkschaften anlehnte. Die konfessionell orientierte Jugend war nicht in der Form einer Jugendbewegung organisiert. Seit 1912 gab es bis 1933 in Deutschland auch eine jüdische Jugendbewegung (Einleitung S. 122). *Foto: Ullstein, Berlin*
H. Blüher, Wandervogel, Geschichte einer Bewegung. 1912; H. Becker, Vom Barette schwankt die Feder. 1949; P. Nasarski, Deutsche Jugendbewegung in Europa. 1967; R. Krämer-Badoni, Die Zweite Jugendbewegung. Beilage zu »das parlament«. B 44/67, 1. Nov. 1967; R. Markel, Brith Haolim. In: Bulletin des Leo Baeck Instituts, 9. 1966

Tafel 363. a) Blick in die Ausstellungshalle des Deutschen Reiches auf der Wiener Weltaus-

stellung. Zeitgenössischer Illustrationsholzschnitt (1873)
Industrieausstellungen gab es in London seit 1756/57, in Deutschland seit März 1824. Bedeutsam für die Entwicklung des wirtschaftlichen Ausstellungswesens wurden die wiederkehrenden nationalen Industrieausstellungen in Paris seit 1789, in Deutschland seit 1834. Die erste Weltausstellung fand im Glaspalast zu London 1851 mit 17 000 Ausstellern (7 387 aus England und Kolonien, 1 270 aus Deutschland, mit 6 Millionen Besuchern) statt, der schnell weitere in New York, Paris, London und 1873 in Wien folgten, die man als die erste wirkliche Weltausstellung bezeichnete (42 000 Aussteller, davon 7 524 deutsche, und 7,2 Millionen Besucher); ihr Besuch und Ergebnis litt unter der gleichzeitig ausbrechenden zweiten Weltwirtschaftskrisis. Seitdem fanden zahlreiche Weltausstellungen in Europa, Amerika und Australien statt: immer größere Schaustellungen der gewerblichen und künstlerischen Tätigkeit, der weltwirtschaftlichen Zusammenarbeit und des Weltverkehrs besonders der großen Staaten im Zeitalter des Imperialismus. Schließlich wurde der Bereich der Wirtschaft so groß, daß man daneben schon seit 1871 zu internationalen Spezialausstellungen zurückzukehren begann (Einleitung S. 122).
Foto: Ullstein, Berlin
L. Lessing, Das halbe Jahrhundert der Weltausstellungen. 1900; A. Paquet, Das Ausstellungsproblem in der Volkswirtschaft. 1908; H. Rosenberg, Große Depression und Bismarckzeit. 1967

Tafel 363. b) Die von Hitzig erbaute Reichsbank in Berlin. Fotografie (um 1900)
Im Jahre 1871 wurde die Mark zur Währungseinheit bestimmt: 1873 ging das Reich vom Silber- zum Goldstandard über, den bis dahin nur Großbritannien hatte, und betrat damit den Weg zur internationalen Währung. Durch das Bankgesetz von 1875 wurde die Preußische Bank in die Deutsche Reichsbank als Zentralnotenbank des Deutschen Reiches in Berlin umgewandelt (bis dahin gab es sieben Währungsgebiete und 33 Notenbanken). Ihre Leitung lag beim Reichskanzler als der obersten politischen Instanz und beim Reichsbankdirektorium, das der Privatwirtschaft verbunden war und dessen Präsident vom Kaiser ernannt wurde. Die Reichsbank hatte das Recht zur Ausgabe von Banknoten, die zu mindestens einem Drittel durch deutsches kursfähiges Geld, Barrengold, Devisen und Reichskassenscheine gedeckt sein mußten (»Bardeckung«) und seit 1910 gesetzliche Zahlungsmittel waren. Die Reichsbank wurde schnell eine »mächtige letzte Geldinstanz des nationalen Kreditverkehrs«, übte aber eine nachteilige Wirkung auf die Länderbanken aus (Einleitung S. 122).
Foto: Ullstein, Berlin
H. G. Schachtschabel, Die Entwicklung der deutschen Währungsgesetzgebung seit der Reichsgründung. In: Deutsche Geldpolitik, 1941; K. R. Bopp, Die Tätigkeit der Deutschen Reichsbank von 1876 bis 1914. In: Weltwirtschaftl. Archiv 72. 1954; R. Stucken, Deutsches Geld- und Kreditpolitik 1914—1953. ³1963; J. Lienhart, Die Reichsbank von 1876 bis 1933. 1936

Tafel 364. Berliner Mietskaserne in der Ackerstraße. Fotografie (um 1900)
Berlin hatte 1786 145 000 Einwohner, 1852 421 000, 1905 3,2 Millionen, 1910 3,7 Millionen (auch infolge von Eingemeindungen). Seit 1825 stieg die Wohnungsnot sehr schnell, 1858—1862 schuf der Berliner Straßenplan von J. Hobrecht die gesetzliche Grundlage für das Berliner Mietskasernenwesen, so daß Häuser in beliebiger Höhe mit beliebig vielen Hinterhäusern und Höfen von 5,3 × 5,3 m Mindestgröße gebaut werden konnten und auf einem Grundstück von 20 × 56 m Größe bei 1,5 Personen je Raum in einem sechsstöckigen Häuserblock mit Keller- und Dachgeschoß 325 Personen untergebracht werden konnten (1887 gesetzlich auf 167 reduziert). Seit 1863 kam es zu Mietrevolten: 1874 gab es Häuser mit 250 Familien. Besonders gesundheitsschädlich waren Keller- und Dachwohnungen, in denen es eine weit überdurchschnittliche Sterblichkeit gab. Seit dem Ende der 80er Jahre wurden die Wohnungen komfortabler, größer und billiger, stiegen die Ansprüche und finanziellen Möglichkeiten auch der Arbeiter, kleinen Angestellten und unteren Beamten. Doch dienten die in bezug auf das Mauerwerk solide gebauten Mietskasernen bis tief in das 20. Jahrhundert hinein weiter zu Wohnzwecken. Eine gewisse Besserung wurde

seit 1848, stärker seit dem Ende des Jahrhunderts erreicht durch gemeinnützige Baugesellschaften vieler Typen, Werkswohnungen und -siedlungen. Zweifellos bildete die Mietskaserne eines der negativsten Ergebnisse der privatkapitalistischen Gesellschaft, die auch Regierung und Verwaltung so stark zu beeinflusen vermochte, daß das Wohnungswesen erst etwa gleichzeitig mit dem Beginn der Sozialpolitik seit den 80er Jahren allmählich humanisiert wurde. Die Sozialdemokratie hatte im Wohnungselend der Arbeiter ein vorzügliches Agitationsmittel (Einleitung S. 121 f.).

Foto: Ullstein, Berlin

S. Ascher, Die Wohnungsmieten in Berlin 1880 bis 1910. 1918; L. Diestelkamp, Die Wohnungsverhältnisse unserer ärmeren Klassen. 1886; R. Hartog, Stadterweiterungen im 19. Jahrhundert. 1962; W. Hegemann, Das steinerne Berlin. 1930; H. Wasserführ, Gesundheitsschädlichkeit der Bevölkerungsdichte in den modernen Mietshäusern. In: Deutsche Vierteljahrsschr. für öffentliche Gesundheitspflege 18. 1886

Tafel 365. Alfred Krupp, 1812—1887. Ölporträt in der Villa Hügel, Essen

Aus der seit dem 16. Jahrhundert in Essen nachgewiesenen protestantischen Kaufmannsfamilie stammend, gründete der 1787 geborene Friedrich Krupp 1811 in Essen eine Gußstahlfabrik. Als er 1826 starb, übernahmen den Betrieb seine Witwe und der 14jährige Alfr(i)ed, der 1848 Alleininhaber wurde. Er entwickelte einen dem englischen gleichwertigen Stahl, sammelte in England und Frankreich Erfahrungen, stellte 1851 auf der Londoner Weltausstellung und 1862 auf der Pariser große Stahlblöcke aus, die ihn berühmt machten. Er führte in Deutschland das Bessemer- und das Martinverfahren ein, ging damit zur Massenerzeugung über und setzte sich seit 1850 insbesondere durch den von ihm erfundenen nahtlosen Radreifen und gute Schienen im Eisenbahnbau durch. Weltberühmt wurde er durch seine Gußstahlkanone, die allmählich die seit dem 16. Jahrhundert üblichen Gußeisen- und Bronze-Kanonen verdrängte und eine Voraussetzung für die moderne artilleristische Entwicklung wurde. Sie machte ihn in den 60er Jahren zum erfolgreichen Rüstungsindustriellen und größten deutschen Industriellen, zum »Kanonenkönig«, der seit 1858 in alle Welt lieferte und dem ein Verdienst um den deutschen Sieg 1870/71 zugeschrieben wurde. Krupp erreichte, daß die junge deutsche Flotte nicht mit englischen, sondern mit seinen Geschützen armiert wurde. 1876, im Jahr seines Entwurfs für die »Villa Hügel«, legte er einen eigenen Schießplatz in Meppen an. Als einer der ersten baute er unter Erwerb von Kohle- und Erzgruben einen Großkonzern auf, der vom Erz bis zur fertigen Maschine reichte. Er lehnte, ein Gegner der Industriefinanzierung durch Banken, trotz mancher Schwierigkeiten die Umwandlung seines Unternehmens in eine Aktiengesellschaft ab, blieb gegenüber der Arbeiterschaft patriarchalischer »Herr im Hause«, kritisierte die staatliche Sozialpolitik, trieb aber für die 21 000 Arbeiter und »Beamten« seiner Betriebe eine sehr weitreichende private Wohlfahrtspolitik durch Krankenkasse, Siedlungen, Konsumanstalt usw. Sein Nachfolger wurde bis 1902 sein Sohn Friedrich Alfred Krupp, der das Unternehmen testamentarisch in eine Aktiengesellschaft unter der Leitung seiner Tochter Bertha umwandelte (1903 mit 160 Millionen Mark Grundkapital und 45 000 Beschäftigten). Sie war nächst dem Kaiser die reichste Person in Deutschland (Einleitung S. 122).

Foto: Staatsbibliothek Berlin, Bildarch. (Handke)

A. Bädeker, Alfred Krupp und die Entwicklung der Gußstahlfabrik zu Essen. 1888; Krupp 1812 bis 1912; A. Berdrow, Alfred Krupp. [2]1928 (2 Bde., in einem Band 1936); ders., Friedrich Krupp. 1929; O. Johannsen, Geschichte des Eisens. [3]1953

Tafel 366. Werner von Siemens, 1816—1892, mit seinen Brüdern Friedrich, Ferdinand und Carl. Fotografie (um 1880)

Landwirtssohn, der aus finanziellen Gründen preußischer Artillerieoffizier wurde, um auf der Artillerie- und Ingenieursschule studieren zu können, und sich mit Erfolg dem Erfindungswesen zuwandte, gründete Werner Siemens 1847 mit dem Mechaniker Halske eine eigene Werkstatt. Seit 1848 hatte er durch zahlreiche Erfindungen, sorgfältige Ausführung und umsichtige Vertragsabschlüsse große Erfolge bei der Entwicklung des Telegraphenwesens, besonders in Rußland während des Krimkrieges,

wobei er von seinen Brüdern Wilhelm (in England), Carl (in Rußland) und Friedrich (in Deutschland) stark unterstützt wurde. Ähnliche Erfolge im Unterseekabelwesen traten später hinzu. Seine bedeutungsvollste Erfindung war 1866 die der elektrischen Dynamokraftmaschine, durch die die industrielle Ausnutzung der Elektrizität ermöglicht wurde. An diese Erfindung schloß eine großartige Entwicklung seines eigenen Unternehmens und eines schnell sich ausdehnenden Industriebereiches an. Realistisch auswertender Forscher und Anreger mit geschäftlichem Weitblick, war Siemens nicht allein einer der führenden privatkapitalistischen Unternehmer des 19. Jahrhunderts, sondern auch ein Althoff (vgl. Tafel 361 a) verständnisvoll nahestehenden Förderer der wissenschaftlichen Forschung. In diesem Rahmen wurde er 1874 Mitglied der Akademie der Wissenschaften und ermöglichte 1886 die Gründung der Physikalisch-Technischen Reichsanstalt. Seine glänzend geschriebenen Lebenserinnerungen bilden eine der wichtigsten Quellen zur Geschichte des deutschen Unternehmertums (Einleitung S. 122).
Foto: Staatsbibliothek Berlin, Bildarch. (Handke)
C. Matschoss, Werner Siemens. [2] 1925; W. Pole, Wilhelm Siemens. 1890; G. Siemens, Die Geschichte des Hauses Siemens. 1952

Tafel 367. a) Mobilmachung zum Ersten Weltkrieg: Bayerische Infanterie mit Bergstöcken und Gebirgsstiefeln, bereit zum Abmarsch an die Front im August 1914. Fotografie
Über die Ursachen des Ersten Weltkrieges — das Verhältnis Deutschlands zu den Westmächten und das österreichische Staatsproblem — existiert eine sehr umfangreiche Literatur. Zahlreiche Staatsverträge — der Zweibundvertrag zwischen Deutschland u. Österreich-Ungarn, der Dreibundvertrag beider Mächte mit Italien (aber auch ein italienisch-französischer Vertrag), ein Bündnisvertrag mit Rumänien, ein französisch-russischer sowie die Entente-Verträge, militärische und maritime Vereinbarungen zwischen England und Frankreich — hatten zwar alle ihrem Wortlaut nach keinen offensiven Inhalt, bedeuteten aber zumeist eine starke moralische Bindung und eine erhebliche Einschränkung der Entscheidungsfreiheit insbesondere auf der englischen und auf der deutschen Seite. Nach der Ermordung des Erzherzogs Franz Ferdinand und seiner Gemahlin am 28. Juni 1914 in Sarajewo trat Wilhelms II. Versicherung unbedingter Bündnistreue gegenüber Kaiser Franz Joseph hinzu, während auch Poincaré bei seinem Besuch in St. Petersburg vom 20. bis zum 23. Juli 1914 feierlich versicherte, daß Frankreich »alle Verpflichtungen des Bündnisses erfüllen werde«. So steigerten sich die Bündnisse und Verträge über Beteuerungen ihrer Gültigkeit zu anfangs partiellen, dann umfassenden, nicht mehr aufzuhaltenden, Mobilmachungen, nachdem britische Vermittlungsversuche von einer Teilmobilmachung der englischen Flotte begleitet worden waren, zu Ultimaten, zu Kriegsbündnissen der Zweibundmächte mit der Türkei und mit Bulgarien, schließlich zu Kriegserklärungen, die Österreich gegenüber Serbien einleitete. Während so die diplomatische und militärische Entwicklung eine deutliche Eskalation zeigte, wurde der wirtschaftlich-technischen Vorbereitung auf einen großen Krieg zumindest bei den Zweibundstaaten weit weniger logische Überlegung und Vorbereitung gewidmet. Als der Krieg wirklich ausbrach, war man bei allen Völkern überzeugt, daß die Gegenseite der eigentliche Angreifer sei und damit die »Kriegsschuld« trüge. »Hätte es in Deutschland einen Bismarck, in Großbritannien einen Palmerston, in Amerika einen (Th.) Roosevelt oder in Paris einen Clémenceau an der Macht gegeben, dann hätte die Katastrophe vermieden werden können und wäre meiner Überzeugung nach vermieden worden. Aber in keinem der großen Staaten sah man einen Mann von dieser Qualität am Ruder ... Keiner der führenden Männer dieser Zeit hat den Krieg tatsächlich gewollt. Sie glitten gewissermaßen hinein, oder besser: sie taumelten oder stolperten hinein, vielleicht aus Torheit« (Lloyd George). »So scheint der angemessene Weg zur Beurteilung des Kriegsschuldproblems von dem englischen Historiker Gooch gezeichnet zu sein, wenn er an das Hegelwort erinnert, daß die Tragödie ein Konflikt sei, in dem nicht Recht gegen Unrecht, sondern Recht gegen Recht stehe« (Erdmann) (Einleitung S. 122).
Foto: Ullstein, Berlin
K. D. Erdmann, Die Zeit der Weltkriege. In:

B. Gebhardt, Handbuch der Deutschen Geschichte, Band IV. 1959; F. Fischer, Griff nach der Weltmacht. Die Kriegszielpolitik des kaiserlichen Deutschland 1914—1918. [3] 1964; K.-H. Janssen, Macht und Verblendung, Kriegszielpolitik der deutschen Bundesstaaten 1914/18. 1963; Kriegsausbruch 1914. In: Journal of Contemporary History, 1967; G. Ritter, Staatskunst und Kriegshandwerk. 1965—67

Tafel 367. b) Kaiser Wilhelm II. mit Generalfeldmarschall von Hindenburg und General Ludendorff im Großen Hauptquartier, Anfang 1917. Fotografie

Die deutsche Oberste Heeresleitung unterlag, im Gegensatz zu den parlamentarisch regierten Gegnern Deutschlands im Westen, von vornherein keiner Kontrolle durch Regierung oder Parlament. Die erste (Moltke) und zweite (Falkenhayn) Oberste Heeresleitung haben nicht versucht, von der militärischen Position her die Führung der Politik an sich zu ziehen. Nachdem am 29. August 1916 Hindenburg zum Generalstabschef und Ludendorff zu seinem Generalquartiermeister ernannt worden waren, war Hindenburg faktisch Oberbefehlshaber des Heeres und Ludendorff sein Generalstabschef. »Mit diesem Tage und diesem Entschluß war das deutsche Reich verloren« (Delbrück). Sie erzielten schnell beträchtliche militärische Erfolge, auf deren Basis Ludendorff, ein sehr energischer Offizier mit großer organisatorischer Begabung und ohne Empfinden für die Stärke der Demokratie, wie Clemenceau und Lloyd George sie vertraten, seine Überzeugung verwirklichen konnte, daß im totalen Kriege der militärischen Führung das entscheidende Wort auch in Fragen der äußeren und inneren Politik zustehe. Er konnte die politische Führung um so leichter und vollständiger an die OHL ziehen, als der Reichskanzler Bethmann Hollweg ihm an Willen zur politischen Macht und an Klarheit der Auffassung nicht gewachsen war. Das Hindenburg-Programm, der unbeschränkte U-Boot-Krieg, die Errichtung des Königsreichs Polen, schließlich der Sturz des Kanzlers und die Gestaltung des Friedens von Brest-Litowsk wurden so sehr durch Ludendorff bestimmt, daß man von der Diktatur der OHL und, da Hindenburg sich von Ludendorff leiten ließ, sogar von der »Diktatur Ludendorff« sprach, die, den »Mythos Hindenburg« geschickt ausnutzend, zur Verlängerung des Krieges und zur Verschärfung der innenpolitischen Verhältnisse führte. Das Bild symbolisiert also nicht die Beratung des Kaisers mit seinen wichtigsten Generalen, sondern das Übergewicht der dritten OHL über den Kaiser und den Kanzler (Einleitung S. 125).

Foto: Staatsbibliothek Berlin, Bildarch. (Handke)

H. Delbrück, Ludendorff, Tirpitz, Falkenhayn. 1920; E. Dirkenberger, Die Beziehungen zwischen Oberster Heeresleitung und Reichsleitung von 1914—1918. 1936; K.-H. Janssen, Der Kanzler und der General. Die Führungskrise unter Bethmann-Hollweg und Falkenhayn 1914 bis 1916. 1967; G. Ritter (vgl. Bibliographie 367 a)

Tafeln 368. a) und b) Trichterfeld in der »Kasematten-Schlucht« bei Verdun, 1917; Kampfgelände am Chemin des Dames, Frühjahr 1918. Fotografien

Bereits im Herbst 1914 kündigte sich im Artois und in der Champagne der Übergang vom Krieg herkömmlicher Art zur Materialschlacht an. Seit 1916 kam es zu einem immer stärkeren Einsatz von Kriegsmaterial, wobei sich deutlich das um das amerikanische Industriepotential verstärkte Übergewicht der Entente abzeichnete, so daß Falkenhayns Versuch, bei der Festung Verdun die Kriegswende zu erzwingen, scheiterte. Fortan stand fest, daß Deutschland mit seinen sehr begrenzten Mitteln nicht in der Lage sein würde, einen »Abnutzungskrieg« zu gewinnen, und daß die artilleristische Überlegenheit der Engländer, Franzosen und — seit dem 6. April 1917 — der Amerikaner ständig wachsen würde. Die am 21. März 1918 begonnene letzte große deutsche Offensive erzwang zwar den Durchbruch durch die feindlichen Linien bei St. Quentin und stieß 50—60 Kilometer tief ins feindliche Hinterland, doch verzehrte sie auch die Kräfte der Angriffsarmeen, hinter denen keine Reserven mehr zur Verfügung standen. Erneut erstarrte der Kampf in verlustreichem Grabenkrieg, bis am 18. Juli 1918 der französische und amerikanische, am 8. August — dem »Schwarzen Tag« nach Ludendorffs Ausspruch — mit Panzerverbänden der englische Gegenangriff begann und entscheidende Erfolge erzielte. »Das Kriegführen nahm . . . den

Charakter eines unverantwortlichen Hasardspiels an« (Ludendorff) (Einleitung S. 126).
Fotos: Süddeutscher Verlag, München; Staatsbibliothek Berlin, Bildarchiv (Handke)
E. v. Falkenhayn, Die Oberste Heeresleitung 1914—1916 in ihren wichtigsten Entschließungen. 1920; E. Kabisch, Verdun, Wende des Krieges. 1935; B. Schwertfeger, Das Weltkriegsende. 1937; A. v. Thaer, Generalstabsdienst an der Front und in der OHL 1915—1919. 1958

Tafel 368. c) Die erste »Gulaschkanone« für die Zivilbevölkerung in Berlin zur Verteilung von warmem Essen im »Kohlrüben-Winter« 1916/17, Berlin-Lichtenberg. Fotografie
Rationierung, Zwangsbewirtschaftung aller Rohstoffe (Textilien) und Lebensmittel (Getreide, Kartoffeln, Fett, Zucker, Gemüse, Brot, Kohle, Holz, Torf usw.) konnten nicht verhindern, daß 1916/17 der erste Hunger- und Frierwinter eintrat, der die körperliche und geistige Leistungsfähigkeit der durch hohe und ständig steigende Verluste an der Front schwer getroffenen Zivilbevölkerung sehr hart mitnahm. 1917 gelangte man nur zur Hälfte einer normalen Getreideernte, da es an menschlichen und tierischen Arbeitskräften, an Maschinen und künstlichem Dünger fehlte. Die Lebensmittelrationen teilten seit dem Sommer 1917 durchschnittlich 1 000 statt der für nötig gehaltenen 2 800 Kalorien zu. In den Jahren 1914 bis 1918 starben in Deutschland mehr als 750 000 Menschen an Hunger, ungerechnet die vielen Todesfälle durch Tuberkulose, Grippe und andere Krankheiten (Einleitung S. 126).
Foto: Ullstein, Berlin
A. Skalweit, Die deutsche Kriegsernährungswirtschaft. 1927; G. Michaelis, Für Staat und Volk. 1922; F. Aereboe, Der Einfluß des Krieges auf die landwirtschaftliche Produktion in Deutschland. 1927

Tafel 368. d) Arbeiterinnen in einer deutschen Munitionsfabrik. Fotografie (1918)
Deutschland war wirtschaftlich schlecht auf den Krieg vorbereitet, da die unter dem starken Einfluß veralteten militärischen Denkens stehende Reichsleitung der Bevorratung mit Erzen, Kohle, Getreide, Fett usw., der Kriegsfinanzierung und der Versorgung der Zivilbevölkerung nicht genug Interesse widmete. Militärisch zum Kriege drängend, politisch nicht energisch und geradlinig gegen seinen Ausbruch tätig, ließ man seine wirtschaftliche Seite praktisch — abgesehen von Annexionsplänen — vor und auch lange Zeit nach Ausbruch der Kämpfe fast unbeachtet. Schon bald nach Kriegsausbruch, der zunächst eine Stockung der wirtschaftlichen Produktion mit sich brachte, entwickelte sich die Beschaffung von Arbeitskräften für die »kriegswichtigen« Gewerbe, zu denen auch die Landwirtschaft zählte, zu einem der schwierigsten Probleme. Arbeitsreserven konnten durch die Heranziehung von Frauen, Jugendlichen, Invaliden und Kriegsgefangenen gewonnen werden. Doch fehlte es zunehmend an Facharbeitern, so daß man diese in wachsender Zahl aus der Front zurückziehen mußte: bis zum Sommer 1918 mehr als eine Million. Der Verbrauch in den »Materialschlachten« an der Somme und bei Verdun, der Bedarf an Flugzeugen und U-Booten führte zum »Hindenburgprogramm« und zum »Hilfsdienstpflichtgesetz« (Dienstpflicht für alle Männer bis zum 60. Lebensjahr und für Frauen). Beide bildeten Teile des von Ludendorff angestrebten »Totalen Krieges« (Einleitung S. 126).
Foto: Ullstein, Berlin
A. Dix, Wirtschaftskrieg und Kriegswirtschaft. 1920; O. Goebel, Deutschlands Rohstoffwirtschaft im Weltkrieg. 1930; K. Umbreit / Ch. Lorenz, Der Krieg und die Arbeitsverhältnisse. 1928; K. Helfferich, Der Weltkrieg. 1919

Tafel 369. Aufstand der Matrosen vor dem Brandenburger Tor in Berlin, November 1918. Fotografie
Nach vereinzelten Meutereien in der Flotte 1917 und an jenem »Schwarzen Tag des deutschen Heeres« am 8. August 1918 ließen Kampfkraft und -moral in Heer und Flotte stark nach, fand die revolutionäre Propaganda durch Agenten, Ersatzmannschaften und zurückkehrende Urlauber schnell Widerhall — besonders bei der Hochseeflotte, die unter Entbehrungen, Eintönigkeit des Lebens und tiefer Kluft zwischen Mannschaften und Offizieren sehr litt. Am 29. Oktober kam es zu Meutereien in Wilhelmshaven, am 4. November in Brunsbüttel, Kiel und Lübeck, am 6. in Hamburg, Altona und

Cuxhaven gegen den Kaiser, den man als Kriegsverlängerer betrachtete. Wilhelm II. wich dem Problem der Abdankung, wodurch vielleicht die Monarchie hätte gerettet werden können, aus, indem er am 29. Oktober ins Hauptquartier nach Spa reiste. Dort überraschte ihn die Ausrufung der Republik in München am 7. November. Am gleichen Tage forderten die SPD-Mitglieder in der Reichsregierung seinen Rücktritt zur Erleichterung des Zustandekommens eines Waffenstillstandes. Wilhelm II. zögerte auch noch am 9. vormittags. Schließlich riet Hindenburg ihm, nach Holland zu reisen; gleichzeitig drängte der Kanzler Prinz Max von Baden von Berlin aus zur Abdankung und gab, als er damit keinen Erfolg hatte, um 12.00 Uhr zur Beschwichtigung der Massen die Thronentsagung bekannt, ohne von Wilhelm II. autorisiert zu sein. Um 14.00 Uhr rief Scheidemann — gegen Eberts Willen — die »deutsche Republik« aus, um den Radikalismus der linkssozialistischen Gruppen, die eine »freie sozialistische Republik« anstrebten, aufzufangen und den Weg zum Verfassungsstaat offenzuhalten (Einleitung S. 128).

Foto: Staatsbibliothek Berlin, Bildarchiv (Handke)

K. Graf von Westarp, Das Ende der Monarchie am 9. 11. 1918. 1952; F. Meinecke, Die Revolution, Ursache, Tatsachen. In: Handbuch des deutschen Staatsrechts, Band I. 1929; R. Patemann, Der Kampf um die preußische Wahlreform im Ersten Weltkrieg. 1966; E. Kolb, Die Arbeiterräte in der deutschen Innenpolitik 1918/19. 1966. P. v. Oertzen, Betriebsräte in der Novemberrevolution. 1964

Tafel 370. a) Karl Liebknecht, Radikalsozialist, 1871—1919, Leiter des Spartakus-Bundes. Fotografie

Wilhelm Liebknecht, 1826—1900, aus einer Theologen- und Beamtenfamilie stammend, Korpsstudent, der nebenher das Tischlerhandwerk lernte, war bereits als Schüler am Sozialismus interessiert, bekannte sich seit 1845 zum Kommunismus, nahm 1848 an Struves September-Aufstand und 1849 am badischen Mai-Aufstand teil. Danach floh er in die Schweiz, organisierte dort die deutschen Arbeitervereine, schloß sich nach 1850 in London an Marx an, lernte 1866 in Leipzig Bebel kennen, den er für den Marxismus gewann. Er wurde, wie jener, 1867 in den Reichstag gewählt und gründete 1869 gemeinsam mit ihm die Sozialdemokratische Partei. Beide waren Gegner der Reichsgründung. 1871 wurde sein Sohn Karl geboren, der einer der Schöpfer der sozialistischen Jugendbewegung in Deutschland wurde — 1907 Leiter der Jugendinternationale — und sich im Rahmen des Kampfes gegen die bürgerliche Gesellschaft mit besonderem Nachdruck gegen den Militarismus wandte. Seit der russischen Revolution 1904/05 stand er in Kontakt mit den Bolschewisten und wurde deren wichtigster Verbindungsmann in Deutschland. Er war ein entschiedener Gegner der Kriegskredite seit 1914 und des Krieges überhaupt. Im Januar 1915 aus der Reichstagsfraktion ausgeschlossen, begann er mit dem Aufbau einer eigenen radikalsozialistischen Partei und beschloß die Herausgabe der hauptsächlich von ihm und Rosa Luxemburg verfaßten Spartakusbriefe, die der Gruppe den Namen gaben. Im Mai 1916 verhaftet und zu Zuchthaus verurteilt, wurde er im Oktober 1918 freigelassen. Vergeblich versuchte er, die Leitung der Revolution an sich zu reißen und nach russischem Vorbild eine Räterepublik auszurufen. Seine Proklamation der »freien sozialistischen Republik« am 9. November fand aber keinen Widerhall. Gemeinsam mit R. Luxemburg wandelte er den Spartakusbund in die Kommunistische Partei um und unternahm den Januar-Aufstand 1919 in Berlin. Bei dessen Niederschlagung wurde er wie R. Luxemburg von Offizieren eines Freiwilligenkorps am 15. Januar 1919 gefangen genommen und ermordet. Die Morde an Liebknecht, Luxemburg und Eisner bildeten den Anfang der langen Reihe von nationalistischen politischen Attentaten, zu denen auch die Fememorde gehörten und denen unter anderem Erzberger und Rathenau zum Opfer fielen (Einleitung S. 128).

Foto: Ullstein, Berlin

F. Burns, Karl Liebknecht. 1934; O. K. Flechtheim, Die KPD in der Weimarer Republik. 1948; F. W. v. Oertzen, Die deutschen Freikorps 1918 bis 1923. 1939; R. G. L. Waite, Vanguard of Nazim, The free corps Movement in postwar Germany. 1952; W. Rathenau, Tagebuch 1907 bis 1922. 1967

Tafel 370. b) Rosa Luxemburg, 1870—1919, Spartakistin. Fotografie
Aus einer wohlhabenden jüdischen Kaufmannsfamilie in Russisch-Polen stammend, mußte R. Luxemburg als aktive Sozialrevolutionärin bald nach dem Abitur in die Schweiz flüchten. 1893 gründete sie die polnische sozialistische Partei, seit 1897 errang sie sich schnell in der deutschen Sozialdemokratie eine führende Stellung, besonders im Kampf gegen den Revisionismus. Sie nahm an der russischen Revolution 1905 teil, kehrte nach Deutschland zurück und entwickelte in Fortsetzung von Marx' Lehre eine kommunistische Theorie des Imperialismus. Mit K. Liebknecht stand sie an der Spitze der Linksextremisten, mit ihm und Klara Zetkin immer radikaler auch bei der Bekämpfung des Krieges. Die Kriegsjahre verbrachte sie zumeist im Gefängnis; dort schrieb sie das »Kienthaler Manifest«, mit Liebknecht gemeinsam die Spartakusbriefe. Die Revolution befreite sie aus der Haft in Breslau. In Berlin gab sie sofort mit Liebknecht die »Rote Fahne« heraus; beide schufen aus dem Spartakusbund die Kommunistische Partei Deutschlands. Gemeinsam mit ihm wurde sie verhaftet und wie er ermordet (Einleitung S. 128).
Foto: Ullstein, Berlin
L. Kautsky, Rosa Luxemburg. 1929; P. Fröhlich, Rosa Luxemburg. 1949; F. Oelssner, R. Luxemburg. [2]1952; P. Nettl, Rosa Luxemburg. 2. Bd. 1967

Tafel 371. a) Reichspräsident Friedrich Ebert, 1871—1925, bei der Eröffnung der Frühjahrsausstellung der Akademie der Künste in Berlin, 1923; an seiner linken Seite der Maler und Präsident der Akademie Max Liebermann, an der rechten Staatssekretär Meißner. Fotografie
Handwerkersohn, selbst Sattler, schloß Ebert sich 1889 der Gewerkschaftsbewegung an. 1893 gab er seinen Beruf auf und wurde Redakteur der »Bremer Bürger-Zeitung«, 1900 Mitglied der dortigen Bürgerschaft, 1905 Sekretär des Vorstandes der SPD in Berlin. Seine politische Auffassung war von Lassalle beeinflußt und führte ihn dem Revisionismus zu; doch spielte er in der theoretischen Auseinandersetzung der Partei keine Rolle, während er stark in der sozialistischen Jugendbewegung tätig war. Seit 1912 war er Mitglied des Reichstages, seit dem Tode Bebels 1913 dessen Nachfolger als Vorsitzender der Partei, seit 1916 neben Scheidemann Leiter der Reichstagsfraktion. Den Krieg betrachtete er als Verteidigung gegen den Zarismus; er unterstützte ihn daher und beeinflußte mit Scheidemann die Partei in diesem Sinne, was ihm die Achtung der bürgerlichen Parteien eintrug. Auf die Friedensresolution des Reichstages hatte er entscheidenden Einfluß, im Oktober 1918 sorgte er dafür, daß seine Partei sich an der Regierung des Prinzen Max von Baden beteiligte, blieb selber aber ohne Amt, um die Führung der Reichstagsmehrheit übernehmen zu können. Am 9. November übertrug ihm, der versucht hatte, die Revolution zu verhindern, Prinz Max von Baden das Reichskanzleramt; am 11. November wurde er einer der beiden Vorsitzenden des Rates der Volksbeauftragten. Als solcher erreichte er, daß Deutschland nicht eine Räterepublik wurde, setzte Wahlen zur Nationalversammlung durch und wurde am 11. Februar 1919 von dieser zum »Vorläufigen Reichspräsidenten« gewählt. Der Reichstag verlängerte durch Verfassungsänderung in der Zeit des Ruhrkampfes und der Inflation 1922 seine Amtszeit bis zum 30. Juni 1925. Er starb am 28. Februar 1925. »Mit Ebert war ein Sohn des Arbeiterstandes an die höchste Stelle des Reiches gelangt. Er ist in diesem Amt über die Grenzen seiner Partei weit hinausgewachsen. Auch seine Gegner haben anerkannt, mit welcher Redlichkeit, Umsicht und staatsmännischen Begabung er sein Amt versah. Seine Bemühungen, die verschiedenen Parteien, soweit es irgend ging, zu positiver Mitarbeit am Staat heranzuziehen, dienten dem doppelten Ziele, die Staatsordnung für eine demokratische Entwicklung im Innern zu sichern und nach außen hin Deutschland vom Druck der Versailler Belastungen zu befreien« (Erdmann). Sein Nachfolger wurde Generalfeldmarschall von Hindenburg (Einleitung S. 128).
Foto: Ullstein, Berlin
K. Kampffmeier, Friedrich Ebert. [4]1926; W. Besson, Friedrich Ebert, Verdienst und Grenze. 1963; O. Meißner, Staatssekretär unter Ebert, Hindenburg, Hitler. 1950

Tafel 371. b) Hitler-Putsch am 9. November

1923; Verhaftung der Stadträte in München. Fotografie

Nach dem Zusammenbruch des Ruhrkampfes kam es in Bayern zu einer gegen die Reichsregierung gerichteten Bewegung. Der Kommandeur der Siebenten Reichswehrdivision in Bayern, v. Lossow, rebellierte, indem er sich von der bayerischen Regierung »in Pflicht nehmen« ließ, statt gegen den »Völkischen Beobachter«, die Zeitung der NSDAP, einzuschreiten. Generalstaatskommissar von Kahr wandte sich im Interesse bayerischer Sonderrechte gegen das Reich, und Hitler wollte sich über eine Machtergreifung in Bayern der Zentralgewalt des Reiches bemächtigen. Gegen diese aus Bayern drohende Gefahr beauftragte der Reichspräsident am 3. November General von Seeckt, die Reichswehr aufmarschieren zu lassen. Seeckt, der Lossows Insubordination scharf verurteilte, verweigerte gleichwohl die Durchführung, da er, wie 1920 beim Kapp-Putsch, die Spaltung der Reichswehr vermeiden und mit ihr die Einheit des Reiches gegebenenfalls auch in der Form einer Militärdiktatur, unter seiner Leitung sichern wollte. Am 8. November überrumpelte Hitlers SA eine Versammlung der Anhänger Kahrs im Bürgerbräukeller zu München, konnte jedoch Kahr und Lossow nicht in ihre Gewalt bringen. Als am 9. November die SA mit Hitler und Ludendorff an der Spitze durch München marschierte, wurde sie an der Feldherrnhalle durch Polizeifeuer aufgehalten — der Putsch war am Ende. Dem revolutionären Nationalismus gelang es im November 1923 noch nicht, den bürgerlichen Konservatismus zum gemeinsamen Angriff auf die demokratische Republik zu gewinnen. Die Republik wurde dadurch gerettet, Seeckt vor der Probe auf seine Staatsgesinnung, die Reichswehr vor der Spaltung bewahrt. Die Rechtsparteien erkannten die Gefahr im Nationalsozialismus und den Wert der Republik für sie selbst (Einleitung S. 129).

Foto: Ullstein, Berlin

Th. Vogelsang, Die Reichswehr in Bayern und der Münchener Putsch 1923. In: Vierteljahrshefte f. Zeitgesch. 5. 1957; K. Schwend, Bayern zwischen Monarchie und Diktatur. In: Beiträge zur Bayerischen Frage 1918—1933. 1954; A. Bullock, Hitler. Neue Fassung 1967; J. Roth, Das Spinnennetz (1923). 1967; J. Erger, Der Kapp-Lüttwitz-Putsch. 1966; H. Meier-Welcker, Seeckt. 1967

Tafel 372. Gustav Stresemann, 1878—1929, als Reichsaußenminister im Jahre 1928. Fotografie

Sohn eines kleinen Flaschenbierverlegers, 1902 bis 1908 Industriellen-Verbands-Sekretär in Sachsen, 1907 bis 1912 und seit 1914 nationalliberales Mitglied des Reichstages, im Kriege Annexionist und auf Ludendorffs Seite gegen Bethmann Hollweg und die Friedensresolution von 1917, gründete Stresemann im Dezember 1918 die Deutsche Volkspartei, die er von der Opposition zur Mitarbeit im Staate führte, war 1923 drei Monate Reichskanzler und bis zu seinem Tode Reichsaußenminister. Er beendete den passiven Widerstand an der Ruhr, führte 1923 die Währungsreform durch und begann mit der Stabilisierung der Reichsfinanzen. Unter ständig wachsenden Angriffen der Rechtsparteien bemühte er sich nachdrücklich um die Verständigung mit Frankreich, um die Annahme des Dawes-Planes 1924 und den Abschluß des Locarno-Vertrages 1925 und erreichte die Aufnahme Deutschlands in den Völkerbund 1926. Mit der Sowjetunion schloß er 1926 einen Freundschaftsvertrag, der den Rapallo-Vertrag aufrechterhielt. Die von ihm 1929 erreichte Annahme des Young-Planes bildete die Voraussetzung für die vorzeitige Beendigung der französischen und belgischen Besetzung des Rheinlandes Mitte 1930. Als diese vorauszusehen war, entwickelte der französische Außenminister Briand am 5. September 1929 vor der Völkerbundsversammlung in Genf einen Plan für die Vereinigung Europas, bekannte Stresemann sich in seiner letzten Völkerbundsrede am 9. September, einen Monat vor seinem Tode, zu dieser Vision. Gemeinsam mit Briand, dessen Vertrauen er gewann, erhielt er 1926 den Friedensnobelpreis (Einleitung S. 129).

Foto: Staatsbibliothek Berlin, Bildarchiv (Handke)

A. Valentin, Gustav Stresemann. Vom Werden einer Staatsidee. ²1948; A. Thimme, Gustav Stresemann. 1957; F. Hirsch, Stresemann, Patriot und Europäer. 1964; W. Hartenstein, Die Anfänge der Deutschen Volkspartei 1918 bis 1920. 1965

Tafel 373. a) Ernst Thälmann, 1886—1944, spricht auf einer Massenversammlung in Berlin vor dem Schloß, 1932. Fotografie

Thälmann schloß sich früh der Sozialdemokratie und der Gewerkschaft an, trat sofort nach ihrer Gründung zur Unabhängigen Sozialdemokratischen Partei (USPD), dann zur KPD über und forderte 1920 auf dem Parteitag der KPD in Halle den Anschluß an die Kommunistische Internationale. 1919 Mitglied der Hamburgischen Bürgerschaft, befürwortete er 1923 im Gegensatz zur Parteiführung den Oktober-Aufstand in Hamburg. 1924 wurde er in den Reichstag gewählt, 1925 Vorsitzender des kommunistischen Rotfrontkämpferbundes und erster Vorsitzender der KPD, in der er unter heftigen Auseinandersetzungen erfolgreich kompromißlos die leninistisch-stalinistische Generallinie festlegte und den Ausschluß der Intellektuellen wie Ruth Fischer sowie der Gruppe Brandler durchsetzte. Dagegen scheiterten seine Bemühungen, die Gewerkschaften unter kommunistische Kontrolle zu bringen. Während der Weltwirtschaftskrisis wuchs sein Ansehen bei den erwerbslosen Arbeitermassen; 1930 veröffentlichte die KPD ein Bauernhilfe- und Arbeitsbeschaffungsprogramm; auch versuchte man, mit nationalen Formulierungen den Rechtsradikalen Anhänger abzuwerben (»Forderungen zur nationalen und sozialen Befreiung des deutschen Volkes«). Thälmann erhielt 1925 und 1932 bei der Reichspräsidentenwahl 1,9 bzw. 4,9 Millionen Stimmen im ersten, 3,7 Millionen im zweiten Wahlgang, was zwar der Energie seiner Parteiführung, aber auch der Verzweiflung der Millionen von radikalisierten Arbeitslosen und im zweiten Wahlgang 1932 der Anziehungskraft der nationalsozialistischen Parolen entsprach. Hindenburgs Wahl 1925 war das Ergebnis der Spaltung sowohl der Arbeiterbewegung (Marx erhielt 13,7, Hindenburg 14,6 Millionen Stimmen) wie des politischen Katholizismus. Sofort nach Hitlers »Machtergreifung« 1933 wurde Thälmann verhaftet, 1944 in Buchenwald ermordet und sein Tod als Folge eines Luftangriffs vorgetäuscht (Einleitung S. 129).

Foto: Ullstein, Berlin

W. Bredel, Ernst Thälmann. [3]1950; K. Rohe, Das Reichsbanner Schwarz-Rot-Gold. Ein Beitrag zur Geschichte und Struktur der politischen Kampfverbände zur Zeit der Weimarer Republik. 1966; V. R. Berghahn, Der Stahlhelm. Bund der Frontsoldaten 1918—1935. 1967

Tafel 373. b) Heinrich Brüning, geboren 1885, und sein Staatssekretär Pünder im Wahllokal anläßlich des zweiten Wahlganges bei der Wahl des Reichspräsidenten am 10. April 1932 in Berlin. Fotografie

Nach Philosophie- und Volkswirtschaftsstudium war Brüning 1920—1930 Geschäftsführer der christlichen Gewerkschaften, 1924—1933 Zentrumsmitglied des Reichstages (seit 1929 als Fraktionsführer). Am 28. März 1930 wurde er Reichskanzler; er bildete ein Kabinett der bürlichen Mitte und suchte bei steigender Wirtschaftskrisis und Arbeitslosenzahl auf konservative Art die Reichsfinanzen zu sanieren und Preise, Löhne und Gehälter der allgemeinen deflationistischen Entwicklung in der Welt gegen den Reichstag durch Notverordnungen des Reichspräsidenten von Hindenburg anzupassen. Der Versuch, durch eine Zollunion mit Österreich nationalen Gefühlen und wirtschaftlichen Überlegungen zu entsprechen, schlug fehl und führte über die französische Abwehr zur Verschlechterung der Wirtschaftslage durch die Bankenkrisis vom Sommer 1931. Durch zähe und geschickte Verhandlungen gelang es ihm in seiner zweiten Kanzlerschaft seit Oktober 1931, die Lösung des Reparationsproblems so weit zu bringen, daß es unmittelbar nach seinem Sturz in Lausanne erledigt werden konnte. Hindenburg menschlich wie als Reserveoffizier ergeben, vertraute er dem Reichspräsidenten so sehr, daß er dessen Charakter sowohl wie die Bedeutung der Kamarilla um ihn falsch einschätzte. Wenige Wochen nach Hindenburgs Wiederwahl, für die Brüning sich mit allem Nachdruck eingesetzt hatte, ließ Hindenburg ihn unerwartet am 30. Mai 1932 unter dem Druck der Großgrundbesitzer, die Brünings und Schlange-Schöningens Siedlungspolitik bekämpften, sowie unter Schleichers, vielleicht auch Meißners Einfluß überraschend fallen. Damit war das Ende der parlamentarisch tolerierten Präsidialregierung und der Übergang zur reinen parlamentarisch getarnten Diktatur erreicht. Außenpolitisch in der Reparationsfrage dem Erfolg nahe, im Verhältnis zu

Österreich erfolglos, zeigte Brüning in seiner Innenpolitik gefährliche Schwächen: In der Wirtschaftskrisis versagte er ebenso, wie er weder den Methoden des Rechts- und Linksradikalismus gewachsen war, noch die Politik der Landwirtschafts- und der Reichswehrführung durchschaute. In einer Zeit wachsender radikaler und extremer Massenbewegungen war Brüning nicht ein Kanzler der Massen, sondern der Regierung aus dem Kabinett und des politischen Kompromisses. Im Mai 1933 übernahm er die Führung der Zentrumspartei, die jedoch im Juli bereits aufgelöst werden mußte. Als ihm 1934 Verhaftung und Konzentrationslager drohten, emigrierte er in die USA — Hitler entzog ihm 1938 die deutsche Staatsangehörigkeit. 1952 kehrte er für kurze Zeit nach Deutschland zurück und übernahm eine Professur in Köln (Einleitung S. 129).
Foto: Ullstein, Berlin
H. Schlange-Schöningen, Am Tage danach. 1946; Wilh. Treue, Deutschland in der Weltwirtschaftskrise in Augenzeugenberichten. 1967; H. Pünder, Politik in der Reichskanzlei. Aufzeichnungen aus den Jahren 1929—1932. 1961; Staat, Wirtschaft und Politik in der Weimarer Republik. Festschrift für Heinrich Brüning, Hrsg. A. Hermens und Th. Schieder. 1967; H. Timm, Die deutsche Sozialpolitik und der Bruch der Koalition im März 1930. 1964; J. Kurucz, Struktur und Funktion der Intelligenz während der Weimarer Republik, 1967

Tafel 374. »Unsere letzte Hoffnung: Hitler«. Nationalsozialistisches Wahlplakat zur Reichstagswahl am 6. November 1932

Ende Oktober 1932 stellte das Institut für Konjunkturforschung in Berlin erste Anzeichen einer konjunkturellen Besserung der Wirtschaft fest. Doch wirkte sie sich in dieser Jahreszeit noch nicht auf die Beschäftigungslage in Deutschland aus, so daß die Nationalsozialisten sich von der Reichstagswahl am 6. November einen entscheidenden Erfolg erhofften. Die Wahl brachte ihnen aber nur 196 von 548 Sitzen und damit gegenüber der vorigen einen Verlust von 34 Mandaten. Der Reichspropagandaleiter der NSDAP, Josef Goebbels (1897—1945), hielt am Wahltag und an den Tagen danach die Enttäuschung über diesen Ausgang, die »Verzweiflung« der Wähler und die Trostlosigkeit der Kassenlage fest: »Nur Ebbe, Schulden und Verpflichtungen , dazu die vollkommene Unmöglichkeit, nach dieser Niederlage irgendwo Geld in größerem Umfang aufzutreiben« (11. November 1932). Am 17. November 1932 trat das Kabinett Papen zurück. Ende November 1932 meldete der Vierteljahrs-Wirtschaftsbericht der Industrie- und Handelskammer Essen eine »freundlichere Grundfärbung«. Anfang Dezember bezeichnete Goebbels die Lage der NSDAP im Reich als »katastrophal«. Am 15. Dezember, dem Tage, an dem Schleicher im Rundfunk sein Regierungsprogramm bekanntgab, schrieb er: »Es wird höchste Zeit, daß wir an die Macht kommen. Vorläufig bietet sich allerdings nicht die geringste Aussicht.« (Einleitung S. 129).
Foto: Langewiesche-Brand Verlag, Ebenhausen, aus: Anschläge. Deutsche Plakate als Dokumente der Zeit 1900—1960. Hrsg. F. Arnold. 1963
Wilh. Treue, Deutschland in der Weltwirtschaftskrise in Augenzeugenberichten. 1967; J. Goebbels, Vom Kaiserhof zur Reichskanzlei. [6]1934; E. Matthias u. R. Morsey, Das Ende der Parteien 1933. 1960

Tafel 375. Der »Führer« Adolf Hitler, 1889 bis 1945 während einer Rede 1934 in Nürnberg. Fotografie

Nach dem Putsch von 1923 am 1. April 1924 zu fünf Jahren Festungshaft verurteilt, am 24. Dezember 1924 freigelassen, nahm Hitler am 27. Februar 1925 die Neugründung der NSDAP vor. Sie hatte Ende 1932 mehr als 1,4 Millionen »Parteigenossen«. Nach der »Machtergreifung« am 30. Januar 1933 bildete Hitler eine Koalitionsregierung des »Nationalen Zusammenschlusses« mit einer bürgerlichen Mehrheit. Durch die Reichstagswahl vom 5. März 1933 erhielt die Koalition der Nationalsozialisten und Deutschnationalen mit 288 und 52 Mandaten von 647 insgesamt eine einfache Parlamentsmehrheit. Bereits am 28. Februar waren durch Notverordnung die Grundrechte aufgehoben und damit die Grundlagen des Rechtsstaates verlassen worden. Das Ermächtigungsgesetz vom 23. März 1933 bot unter der Maske der Legalität die Möglichkeit zur Errichtung der Parteidiktatur und zum »Führerstaat«. Der »Reichspartei-

tag der Freiheit« unterstrich die Wiederherstellung der »Wehrfreiheit« und verabschiedete in einer Reichstagssitzung, die nach Nürnberg einberufen war, am 15. September die »Nürnberger Gesetze«: das »Reichsflaggengesetz«, das die Hakenkreuzfahne zur alleinigen Nationalflagge Deutschlands erklärte, das »Reichsbürgergesetz«, das kaum Bedeutung erlangte, und das »Gesetz zum Schutz des deutschen Blutes und der deutschen Ehre« — eine Etappe auf dem Wege zur Verdrängung und Vernichtung der Juden (Einleitung S. 129).
Foto: Süddeutscher Verlag, München
M. Domarus, Hitlers Reden und Proklamationen 1932—1945. 1962/63; A. Bullock, Hitler. Neufassung 1967; B. Gisevius, Adolf Hitler, Versuch einer Deutung. 1963

Tafeln 376. a) und b) Der »Tag von Potsdam«. Der Reichspräsident von Hindenburg schreitet nach der Eröffnung des Reichstages in der Uniform eines Generalfeldmarschalls am 21. März 1933 die Front von SA-Verbänden ab. Im Anschluß an den hier dargestellten Akt fand ein Vorbeimarsch der Potsdamer Garnison und »nationaler Verbände« statt. Das Bild 376 a zeigt von links nach rechts Admiral Raeder, Chef der Marine, General von Hammerstein-Equord, Chef der Heeresleitung, Reichswehrminister von Blomberg, Graf Wedel, Oberführer der SA in Brandenburg, und Hindenburg; hinter Raeder Staatssekretär Meißner, hinter Graf Wedel Oberst Oskar von Hindenburg, Adjutant seines Vaters. Das Bild 376 b zeigt Hitler bei der Begrüßung Hindenburgs. Fotografien
Am 20. März hatte das gesamte Kabinett dem Ermächtigungsgesetz zugestimmt. Die Veranstaltung am folgenden Tage sollte am Frühlingsanfang, dem, wie Hitler erklärte, Beginn eines neuen Frühlings für das deutsche Volk, und am Jahrestag der Eröffnung des ersten deutschen Reichstages durch Bismarck 1871 nach Gottesdiensten in der evangelischen Nikolai- und der katholischen Pfarrkirche im traditionserfüllten preußisch-deutschen Milieu Potsdams und seiner Garnisonkirche mit den Sarkophagen Friedrich Wilhelms I. und Friedrichs d. Gr. sowie dem Glockenspiel »Üb immer Treu und Redlichkeit« den politisch zurückhaltenden Kreisen die Verbindung der Reichswehr mit den Gliederungen der Partei sowie die von Hitler und Hindenburg öffentlich vor Augen führen. Hitler sagte u. a.: »Heute, Herr Generalfeldmarschall, läßt Sie die Vorsehung Schirmherr sein über die neue Erhebung unseres Volkes. Dies Ihr wundersames Leben ist für uns alle ein Symbol der unzerstörbaren Lebenskraft der deutschen Nation. So dankt Ihnen des deutschen Volkes Jugend und wir alle mit, die wir Ihre Zustimmung zum Werk der deutschen Erhebung als Segnung empfinden.« Hindenburg durchschaute nicht, welche Rolle er spielte, glaubte vielmehr, das Verhältnis zum Gefreiten Hitler ebenso bestimmen zu können, wie er das zum Reserveoffizier Brüning abgebrochen hatte (Einleitung S. 129).
Foto: a) Ullstein, Berlin. b) Süddeutscher Verlag, München
M. Domarus, Hitlers Reden und Proklamationen 1932—1945. I 1962; W. Schwipps, Die Garnisonkirchen von Berlin und Potsdam. 1965

Tafel 377. a) Bücherverbrennung durch nationalsozialistische Studenten in Berlin auf dem Opernplatz, Mai 1933. Fotografie
Zu den ersten »kulturpolitischen« Maßnahmen im Dritten Reich gehörte die »spontane« öffentliche Verbrennung von Büchern auf dem Opernplatz in Berlin durch Studenten. Die davon betroffenen Autoren waren vorwiegend Juden, wie Arthur Schnitzler, Stefan Zweig und Alfred Döblin, oder liberale und kosmopolitische Autoren wie Thomas und Heinrich Mann. Dieses Vorgehen wurde bereits nach kurzer Zeit in der »Reichskulturkammer« und anderen Einrichtungen institutionalisiert und reichte schließlich über Berufs-, Mal- und Schreibverbote bis zur Ausstellung, Verschleuderung und Vernichtung sogenannter »entarteter Kunst« etwa von Nolde, während gleichzeitig eine nationalsozialistische »Kulturpolitik«, die dem Geschmack sowie den politischen und rassischen Vorstellungen des »Führers« und der NSDAP entsprach, eine neue »Kultur« zu schaffen suchte (Einleitung S. 130).
Foto: Ullstein, Berlin
I. Pietsch, Das Theater als politisch-publizistisches Führungsmittel im Dritten Reich. 1952; F. Terveen, Das Filmdokument der Nazis und

sein Wahrheitsgehalt. In: Parlament 21, 1955; H. Brenner, Die Kunstpolitik des Nationalsozialismus. 1963; J. Wulf, Die bildenden Künste im Dritten Reich. 1963

Tafel 377. b) Erste Aufnahme aus dem Sammellager Oranienburg, in dem »Schutzhäftlinge«, d. h. politisch, kulturell oder persönlich mißliebige Personen, festgehalten wurden, 7. April 1933. Fotografie

Sehr bald nach der »Machtergreifung«, insbesondere nach dem Reichstagsbrand, entwickelte sich neben der Polizei die insbesondere von der NSDAP und ihren Gliederungen, aber auch unter Mitwirkung des »Stahlhelms« gebildete »Hilfspolizei«, die Verhaftungen, Folterungen und Morde vornahm und ihre eigenen Sammel-, Schutzhaft-, schließlich Konzentrationslager anfangs improvisierte, dann für die Dauer einrichtete. Inhaftiert wurden zunächst vorwiegend politische Gegner, später auch Gewohnheitsverbrecher, danach immer mehr Juden (Einleitung S. 130).

Foto: Ullstein, Berlin

H. Bennecke, Hitler und die SA. 1962; V. R. Berghahn, Der Stahlhelm, Bund der Frontsoldaten, 1918—1935. 1967

Tafel 378. In Wöbbelin bei Ludwigslust (Mecklenburg) befreiter KZ-Häftling, April 1945. Fotografie

Bereits vor dem Ausbruch des Zweiten Weltkrieges, insbesondere aber in dessen Verlauf entstanden im Rahmen der nationalsozialistischen Gewaltherrschaft über Europa zahlreiche Konzentrationslager, unter denen Dachau wie Oranienburg von Anfang an bekannt waren — Lager, in denen sich schließlich ständig insgesamt mehr als 0,5 Millionen Häftlinge befanden, von denen ununterbrochen Transporte zu den »Vernichtungslagern« gingen. Die Gesamtzahl der deutschen und ausländischen Konzentrationslagerhäftlinge wird auf 7 bis 8 Millionen geschätzt. Die Konzentrationslager unterstanden Himmler und seiner SS; deren Opfer waren in erster Linie Juden, aber auch zahllose andere Menschen, die sich dem Regime nicht unterwerfen wollten oder ihm aus rassischen, politischen oder anderen Gründen nicht genehm waren. Die Konzentrationslager-Geschichte ist ein wesentlicher Teil der Geschichte des Widerstandes gegen das Dritte Reich. Eine Art Ergänzung zu den Konzentrationslagern bildeten die Tätigkeit der »Einsatzkommandos« im Osten und die Vernichtung »unwerten« Lebens. »Von Euch werden die meisten wissen, was es heißt, wenn hundert Leichen beisammenliegen, wenn fünfhundert daliegen, oder wenn tausend daliegen. Dies durchgehalten zu haben und dabei — abgesehen von Ausnahmen menschlicher Schwäche — anständig geblieben zu sein, das hat uns hart gemacht. Dies ist ein niemals geschriebenes und ... niemals zu schreibendes Ruhmesblatt unserer Geschichte« (Himmler 1944 zu SS-Führern) (Einleitung S. 130).

Foto: Süddeutscher Verlag, München

E. Kogon, Der SS-Staat. [2]1958; H. G. Adler, Theresienstadt 1941—1945. 1955; E. Wiechert, Der Totenwald. 1946; E. Kupfer-Koberwitz, Die Mächtigen und die Hilflosen. Als Häftling in Dachau. 1957/60; E. Kolb, Bergen-Belsen, Geschichte des »Aufenthaltslagers« 1943—1945. 1962

Tafel 379. a) Reichskriegsminister Generalfeldmarschall von Blomberg gratuliert Generaloberst von Seeckt zum 70. Geburtstag, 23. April 1936. Fotografie

Zu diesem Zeitpunkt befand die Wehrmacht sich auf einem ihrer Höhepunkte in der Friedenszeit. Seeckt hatte zwar zehn Jahre zuvor in der Rivalität mit dem Feldmarschall-Präsidenten von Hindenburg um die Führung der Reichswehr den kürzeren gezogen und war verabschiedet worden; aber er galt nun, nach Hindenburgs Tod, als der eigentliche Traditionsträger des Offizierkorps und der militärischen Auffassung von Politik, insbesondere von Parteipolitik. Nach der Ermordung Röhms und der Ausschaltung der SA im Sommer 1934, an der die Reichswehrführung stark interessiert und nicht unbeteiligt gewesen ist, galt die Reichswehr beim »Führer« als der einzige »Waffenträger der Nation«: Noch waren Zahl und Bewaffnung der SS, die am 30. Juni 1934 absolute Zuverlässigkeit bewiesen hatte und von Hitler dafür ausgezeichnet worden war, zu gering, als daß sie als künftige Rivalin der Wehrmacht mit dem Ziel des SS-Staates betrachtet werden konnte. Zwei Jahre später büßte die Wehr-

macht diese Vormachtstellung gegenüber der Partei ein, weil Hitler sich stark genug zu ihrer Verdrängung fühlte und Göring und Himmler gemeinsam Blomberg durch eine nicht standesgemäße Eheschließung und Fritsch durch eine gefälschte Anklage, gegen die er sich nicht energisch genug wehrte, zu stürzen vermochten. Hitler — unterstützt von dem ihm ganz ergebenen Keitel —, zunächst Göring und dann immer stärker Himmler setzten schließlich auch in diesem Bereich prinzipiell die Parteidiktatur durch, mochte auch das Offizierkorps einen Schein von Exklusivität aufrechtzuerhalten versuchen (Einleitung S. 130).
Foto: Ullstein, Berlin
J. A. Graf von Kielmannsegg, Der Fritsch-Prozeß 1938. 1949; H. Foertsch, Schuld und Verhängnis, Die Fritsch-Krise im Frühjahr 1938 als Wendepunkt der Geschichte der nationalsozialistischen Zeit. 1951; F. Hoßbach, Zwischen Wehrmacht und Hitler 1934—1938. ²1965; J. A. Wheeler-Bennett, Die Nemesis der Macht. Die deutsche Armee in der Politik 1918—1945. 1954

Tafel 379. b) Stabschef der SA Ernst Röhm, 1887 bis 1934, nach seiner Ernennung zum Reichsminister ohne Geschäftsbereich mit seinem persönlichen Adjutanten Graf Spreti in seinem Dienstzimmer, 1933. Fotografie
Röhm wurde während des Ersten Weltkrieges Offizier, gehörte danach dem Freikorps Epp an, hatte seit 1925 in der NSDAP führenden Anteil am Aufbau der »Sturm-Abteilungen« (SA) und ging dann als Abenteurer nach Bolivien. Anfang 1931 übernahm er die Führung der SA als »Stabschef«, wurde als solcher im Dezember 1933, als Hitler nach Verbot und Auflösung der anderen Parteien im Sommer 1933 am 1. Dezember die Monopolstellung der NSDAP durch das »Gesetz zur Sicherung der Einheit von Partei und Staat« (das die Partei vor dem Staat nannte) »legalisierte«, im Rahmen der Auseinandersetzung mit den bürgerlich-konservativen Kräften Reichsminister ohne Portefeuille und war durch seine Herrschaft über die SA sowie die Hilfspolizei 1933/34 Hauptträger der nationalsozialistischen Willkür- und Gewaltherrschaft. Röhm war zwar Hitlers einziger Duzfreund, außerdem aber auch sein energischster Rivale. Zwar begnügte er sich nach seiner Rückkehr aus Südamerika mit der Stellung des »Stabschefs«; aber nach Hitlers »Machtergreifung« betrieb er alsbald die Fortsetzung und Radikalisierung der »Revolution«, womit er in den alten, nun wachsenden Gegensatz zu Hitler geriet. Dieser benutzte die SA als Parteiinstrument, während Röhm ihre militärischen Aufgaben über die politischen stellte. Er wurde daher nun auch von der Reichswehrführung mit Mißtrauen angesehen, die die Aufwertung der SA zum zweiten ideologisch führenden »Waffenträger der Nation« sowie Röhms Milizideen ablehnte und ihn selbst als moralisch minderwertig verachtete. Hitler gab Röhm nach der »Machtergreifung« zunächst freie Hand, erklärte aber am 6. Juni die Revolution für beendet. Darauf erhob sich in der NSDAP die Forderung nach einer zweiten Revolution unter Führung der etwa 400 000 Mann starken, zum Teil bewaffneten SA, die Röhm unter seiner Führung mit der Reichswehr vereinigen wollte, wodurch er selbst — nach G. Strassers Ausscheiden Hitlers gefährlichster Rivale — die beherrschende Stellung im Reich gewonnen hätte. Während Hitler zögerte, formierte sich die Front der Reichswehr (Blomberg, Reichenau, Fritsch) gegen Röhm, vereinigten sich Göring und Goebbels mit Himmler und Heydrich, den SS-Führern, die sich von der politischen Polizei her eine Machtstellung aufbauten. Als Hitler sich für die Reichswehr, mit deren Loyalität er rechnen konnte, und damit gegen die SA entschied, war Röhms Schicksal entschieden. Es kam zur gegenseitigen Steigerung des Mißtrauens und Alarmierung von Reichswehr und SA (mit der Röhm nicht einen Putsch beabsichtigte), so daß zielbewußt eine Situation geschaffen wurde, die es Hitler nahelegte, gegen Röhm vorzugehen. Dieser wurde am 30. Juni in Bad Wiessee erschossen, gefolgt von seinen homosexuellen Freunden, zahlreichen höheren SA-Führern und vielen politisch unliebsam gewordenen Personen im Laufe einer mehrtägigen Mordaktion der SS unter indirekter Hilfestellung der Reichswehrführung. Der Reichstag, vor dem Hitler die höchste richterliche Gewalt in Anspruch nahm, und das Kabinett erklärten die Gewaltakte durch Gesetz vom 3. Juli als »Staatsnotrecht« für rechtens und begrüßten Hitler am 30. Juli als Wah-

rer der deutschen Ehre und Sittenreinheit; Hindenburg beglückwünschte ihn. Hitler hatte nun, bis gegen Ende des Zweiten Weltkrieges, keinen Rivalen mehr, übernahm nach Hindenburgs Tod am 2. August 1934 auf Grund des am Vortage von ihm erlassene Gesetz über das »Staatsoberhaupt des Deutschen Reiches« das Amt des Reichspräsidenten und ließ als »Führer und Reichskanzler« die Reichswehr auf seine Person, nicht auf den Staat vereidigen (Einl. S. 130).
Foto: Ullstein, Berlin
E. Röhm, Geschichte eines Hochverräters.[5] 1934; M. Mau, Die »zweite Revolution«, der 30. Juni 1934. In: Vierteljahreshefte f. Zeitgesch. 1. 1953; H. Bennecke, Die Reichswehr und der »Röhm-Putsch«. 1964

Tafel 380. »Reichsführer ϟϟ« Heinrich Himmler, 1900—1945, mit Adolf Hitler beim Vorbeimarsch der »Leibstandarte Adolf Hitler« anläßlich von Hitlers 50. Geburtstag am 20. April 1939, Berlin, Wilhelmstraße. Fotografie
Diplom-Landwirt, seit 1919 Angehöriger von Freikorps und nationalistischen Verbänden, nahm Himmler 1923 am Hitler-Putsch teil, stieg in der NSDAP schnell auf, war am 30. Juni 1934 führend an der Beseitigung der Machtstellung der SA beteiligt, der die SS bis dahin unterstellt gewesen war, setzte sich zum Ziel, alle bewaffneten Kräfte in Deutschland in seine Hand zu bekommen und von dieser Machtstellung aus Deutschland zu regieren. Die SS machte er zu einer schlagkräftigen Bürgerkriegstruppe, die Waffen-SS neben der Wehrmacht zu einem selbständigen Truppenkörper, der durch Härte gegen sich selbst bekannt und durch Grausamkeit gegen seine Feinde gefürchtet wurde. Nach dem Attentat vom 20. Juli 1944 erreichte Himmler als »Chef des Ersatzheeres« den entscheidenden Einfluß in der Wehrmacht. 1933 wurde er Polizeipräsident von München, dann Kommandeur der politischen Polizei in Bayern, anschließend der gesamten Geheimen Staatspolizei, 1936 schließlich »Chef der deutschen Polizei«. Als solcher führte er mit größter Härte den Kampf gegen alle, die er als Gegner des Regimes bezeichnete. Seit 1936 unterstanden die Konzentrationslager der Verwaltung der Geheimen Staatspolizei, die in den SS-Totenkopfverbänden eine eigene Wachtruppe aufstellte. Er organisierte die Vernichtung der Juden, die Ausrottung der Geisteskranken und die Deportation aus den besetzten Gebieten sowie die gewaltsame Umsiedlungs- und Eindeutschungsaktion seit 1939. Der »Sicherheitsdienst« war der für seine Machtstellung wichtige geheime Nachrichtendienst. Als er 1943 Reichsinnenminister und damit innerhalb von 10 Jahren die nächst Hitler wichtigste Person im Dritten Reich geworden war, zielte er unmittelbar darauf, Göring zu verdrängen und Nachfolger Hitlers zu werden, den er wahrscheinlich seit 1944 mit Gewalt ausschalten wollte. Als er 1945 mit Graf Bernadotte verhandelte, erklärte Hitler ihn für einen Verräter. Nach der Niederlage versuchte er unterzutauchen, wurde erkannt und verhaftet und beging Selbstmord durch Gift. »Man wird vergeblich bei ihm nach einem originalen Gedanken suchen. Das Kennzeichen seines Wesens war vielmehr die hemmungslose Konsequenz, mit der er die Grundideen Hitlers sich zu eigen machte: Raum für die Herrenrasse, Züchtung der Herrenrasse, Vernichtung der Juden« (Erdmann) (Einleitung S. 130).
Foto: Ullstein, Berlin
K. O. Paetel, Die SS, ein Beitrag zur Soziologie des Nationalsozialismus. In: Vierteljahrshefte f. Zeitgesch. 2. 1954; G. Ritter, Wunschträume Heinrich Himmlers am 21. Juli 1944. In: Gesch. in Wissenschaft und Unterricht 5. 1944; F. Kersten, Totenkopf und Treue. 1953; ders., Himmler und das Dritte Reich. 1960; J. Wulf, Heinrich Himmler. 1960; G. H. Stein, Geschichte der Waffen-SS. 1967; J. Delarue, Geschichte der Gestapo. 1965; H. Höhne, Der Orden unter dem Totenkopf. 1967

Tafel 381. a) Plakat mit einem Stimmzettel »Volksabstimmung und Großdeutscher Reichstag«, 10. April 1938. b) Wiener erwarten vor der Neuen Hofburg Hitlers Vorbeifahrt. Fotografie
Die Vereinigung der bei der Zerschlagung der Habsburger Monarchie Österreich-Ungarn entstandenen Republik Österreich, die wirtschaftlich nicht lebensfähig erschien, mit dem Deutschen Reich wurde 1918/19 insbesondere von Frankreich verhindert, das Österreich in seinen Cordon sanitaire eingliedern wollte. Der Versuch, 1931 zur Erleichterung der Wirtschafts-

krisis eine deutsch-österreichische Zollunion herauszustellen, war auf der deutschen Seite ungeschickt vorbereitet und wurde erneut von Frankreich unterbunden. Hitler belebte die »Anschluß-Idee« sofort nach seiner »Machtergreifung« in Österreich im Sommer 1934. Als der österreichische Bundeskanzler Kurt von Schuschnigg im Frühjahr 1938 die Eigenstaatlichkeit Österreichs durch Volksbefragung bezeugen und international stärken wollte, griff Hitler ein und führte am 12./13. März die militärische Besetzung, den von der großen Mehrheit der Bevölkerung begrüßten »Anschluß«, durch. Sofort danach wurden in Wien 67 000 Menschen verhaftet, Pogrome durchgeführt, die Gold- und Devisenvorräte nach Deutschland transportiert und die Grundrechte beseitigt. Die »Volksabstimmung« vom 10. April 1938 über den Anschluß, deren überwältigend positiver Ausgang vorausgesetzt werden konnte, wurde auf dem gleichen Stimmzettel vollzogen wie die Neuwahl des Reichstages durch eine Einheitsliste: Wer für den »Anschluß« stimmte, mußte auch die Regierung der NSDAP wählen. Wahlergebnis: 99,7% Ja-Stimmen. In Österreich wich der großdeutsche Jubel nach wenigen Monaten bitterer Enttäuschung (Einleitung S. 130).
Fotos: a) Langewiesche-Brandt Verlag, Ebenhausen, aus: Anschläge. Deutsche Plakate als Dokumente der Zeit 1900—1960. Hrsg. J. Arnold. 1963. b) Süddeutscher Verlag, München
D. Ross, Hitler und Dollfuß, Die deutsche Österreich-Politik 1933—1934. 1966; K. v. Schuschnigg, Ein Requim in Rot-Weiß-Rot. 1946; U. Eichstädt, Von Dollfuß zu Hitler, Geschichte des Anschlusses Österreichs 1933—1938. 1955; K. Stadler, Österreich 1938—1945. 1966

Tafel 381. c) Deutsche Truppen überschreiten die deutsch-tschechoslowakische Grenze bei Sohland (Amtsh. Bautzen) am 2. Oktober 1938. Fotografie
Nach dem »Anschluß« Österreichs wandte Hitler sich national- und machtpolitisch dem »tschechischen Problem«, dem vom Nationalsozialismus verstärkten Drängen der sudetendeutschen Volksgruppe nach Verbesserung ihrer Lage unter Henleins Parole »Heim ins Reich« zu. Dabei ging es Hitler freilich nicht so sehr um das Schicksal der Sudetendeutschen, sondern um die Zerschlagung der Tschechoslowakei, die er politisch und militärisch systematisch vorbereitet. Über Chamberlains Besuche bei Hitler auf dem Obersalzberg und in Godesberg am 15. und 23. September 1938 kam es zur Kriegsgefahr, da Hitler nicht allein das Sudetenland, sondern ganz Böhmen und Mähren besetzen wollte. Am 29. September trafen sich nach Vermittlung Mussolinis dieser, Chamberlain und Daladier mit Hitler in München und vereinbarten, daß der deutsche Einmarsch am 1. Oktober beginnen und am 10. Oktober abgeschlossen sein sollte. England und Frankreich gaben eine Garantieerklärung für die Tschechoslowakei ab, der Hitler zu folgen versprach. Doch gab er statt dessen am 21. Oktober 1938 die »Weisung« zur militärischen Vorbereitung der »Erledigung der Resttschechei« unter Benutzung slowakischer Unabhängigkeitsbestrebungen. (Einleitung S. 130).
Foto: Süddeutscher Verlag, München
K. D. Erdmann, Die Zeit der Weltkriege. In: B. Gebhardts Handbuch der Deutschen Geschichte, Bd. 4. 1959; J. W. Brügel, Tschechen und Deutsche 1918—1938, 1967

Tafel 382. a) Vorbeimarsch eines Luftwaffenregiments vor Adolf Hitler im Rahmen der großen Parade anläßlich des 50. Geburtstages des »Führers« am 20. April 1939. Berlin, Ost-West-Achse. Fotografie
In der Loge hinter Hitler mit dem »Deutschen Gruß« von links: Generalfeldmarschall Göring als ranghöchster Offizier der Wehrmacht, Großadmiral Raeder, Generaloberst von Brauchitsch, Generaloberst Keitel; in der linken Loge Reichsaußenminster von Ribbentrop, der slowakische Innenminister Durcanski und der slowakische Ministerpräsident Tiso; in der rechten Loge der Reichsprotektor in Böhmen und Mähren Freiherr von Neurath sowie der Staatspräsident des Reichsprotektorats Böhmen und Mähren, Dr. Hacha. Die Parade bildete die letzte große Waffenschau und Machtdemonstration Hitlers vor dem Ausbruch des Zweiten Weltkrieges (Einleitung S. 130).
Foto: Süddeutscher Verlag, München
H. Hoffmann (Professor, »Reichsbildberichterstatter der NSDAP«), Ein Volk ehrt seinen Führer, der 20. April 1939 im Bild. 1939

Tafel 382. b) Die Militärattachés der Sowjetunion, Frankreichs, Großbritanniens und anderer Staaten beobachten die Geburtstagsparade vor Hitler am 20. April 1939. Berlin, Ost-West-Achse. Fotografie

»Artillerie und die Waffengattungen aller Kampfwagen (sic!) demonstrieren den gewaltigen Ausbau und die Erweiterung der technischen Mittel des Heeres. Staunend und voll Stolz verfolgen Hunderttausende Berliner das spannende, großartige militärische Schauspiel. Auch die Militär-Attachés von Rußland, Frankreich und England sind gebannt von diesem einzigartigen Vorbeimarsch« (Hoffmann). Aufrüstung und militärische Kriegsvorbereitung neben der wirtschaftlichen und als Basis für die in Hitlers programmatischer Rede vor der Wehrmachtsführung am 5. November 1937 (Hoßbach-Protokoll) formulierte und im Herbst 1938 gegenüber der Tschechoslowakei bereits begonnene Unterwerfungs- und Eroberungspolitik wurden hier zum ersten Male mit aller Offenheit vorgeführt. »Wenn aber ein Deutscher jetzt oder in späteren Zeiten die Blätter dieses Buches wendet, so mögen ihm diese Bilder ein Beweis der Liebe und der Verbundenheit unseres Volkes zu seinem Führer sein, der für seine unermüdliche Arbeit von uns nur eines verlangt: Treue zu Deutschland!« (Aus dem Geleitwort des »Reichsorganisationsleiters der NSDAP«, Dr. R. Ley, zu dem Buch von H. Hoffmann) (Einleitung S. 130).

Foto: Ullstein, Berlin

H. Hoffmann, Ein Volk ehrt seinen Führer, der 20. April 1939 im Bild. 1939

Tafeln 383. a) und b) Die »Reichskristallnacht«: Die brennende Synagoge in Berlin, Oranienburger Straße, am 9. November 1938. Jude mit Judenstern, Ende 1938. Fotografien

Die Rassenideologie, d. h. die Verherrlichung des »arischen Menschen« und die Verfolgung der Juden, bildete das Kernstück von Hitlers Weltanschauung. Bei Hitlers Machtübernahme lebten in Deutschland etwa 500 000 Juden (in Österreich 185 000); ihre Geburtenzahl lag unter der Sterbeziffer. Obwohl also die Juden weniger als 1% des deutschen Volkes ausmachten und ein aussterbender Bevölkerungsteil waren, begannen nach dem 30. Januar 1933 alsbald Boykottmaßnahmen. Die Nürnberger Gesetze von 1935 bildeten den Anfang der systematischen Vertreibung der Juden aus dem deutschen Kultur- und Wirtschaftsleben, aus der deutschen Gesellschaft. Die Ermordung eines deutschen Diplomaten durch den Sohn eines jüdischen Zwangsdeportierten wurde als Anlaß für eine große Gewaltaktion gegen die jüdischen Bürger am 9. und 10. November 1938 benutzt: Synagogen wurden eingeäschert, Friedhöfe geschändet, große Vermögenswerte vernichtet, viele Menschen ermordet, die Juden gezwungen, eine Milliarde Reichsmark als »Sühne« zu zahlen und alle Sachschäden auf eigene Kosten zu beseitigen. Die wirtschaftlich-beruflich-gesellschaftlichen Vertreibungs- und Isolierungsaktionen wurden verschärft, die höheren Schulen für Juden gesperrt, diese zum Tragen des gelben »Judensterns« verpflichtet. Die SS-Zeitung das »Schwarze Korps« kündigte für den Fall eines Krieges am 24. November 1938 die Vernichtung der deutschen Juden, Hitler in einer Reichstagsrede am 30. Januar 1939 für den gleichen Fall die »Vernichtung der jüdischen Rasse in Europa« an. Am Vorabend des Zweiten Weltkrieges und damit der »Endlösung« gab es nach Mord, Selbstmord und Emigration in Deutschland noch etwa 275 000 Juden. Mit Beginn des Überfalls auf Polen begann dann auch die Verfolgung der nichtdeutschen und nichtösterreichischen Juden. Am 31. Juli 1941 beauftragte Göring Heydrich mit der »Endlösung der Judenfrage«; dieser führte am 20. Januar 1942 die Wannsee-Konferenz durch, auf der das endgültige Programm für die Vernichtung des europäischen Judentums festgelegt wurde. Sie erfolgte vorwiegend durch Massenerschießungen und Massenvergasungen in sogenannten Vernichtungslagern. Die Zahl der Opfer ist nicht genau festzustellen, die Angaben und Berechnungen schwanken zwischen 5 710 800 (World Jewish Council) und 6 Millionen (Eichmann). Zweifellos liegt die Zahl der Opfer über 4 Millionen (Blau). In Europa lebten 1939 9,2 Millionen, 1945 3,1 Millionen Juden. »Über 6 Millionen Juden wurden durch Foltern, Hunger, Massenhinrichtungen und Vergasungen ums Leben gebracht; viele wurden verbrannt und lebendig begraben. In Polen und in den besetzten Gebieten von Rußland allein kamen 4 Mil-

lionen um ... Ihre Ausrottung stellt eines der grauenvollsten Kapitel in den Annalen der menschlichen Geschichte dar. Das Morden war von Raub in erschreckendem Ausmaß begleitet. Nach konservativen Schätzungen wurde jüdisches Eigentum im Werte von über 6 Milliarden Dollar in Deutschland und in den anderen europäischen Ländern, die in seine Gewalt fielen, durch die Nazis geraubt. Dies schließt eine Milliarde Mark Kollektivstrafe ein, die den Juden in Deutschland im Zuge des regierungsseitig organisierten Pogroms im November 1938 auferlegt wurde« (aus der Note des israelischen Außenministeriums an die vier Besatzungsmächte vom 12. März 1951) (Einleitung S. 130).
Fotos: Süddeutscher Verlag, München
F. E. Shinnar, Bericht eines Beauftragten, die deutsch-israelischen Beziehungen 1951—1965. 1967; H. Graml, Der 9. November 1938. 1962; G. Reitlinger, Die Endlösung. 1956; L. Poliakov / J. Wulf, Das Dritte Reich und die Juden. 1956; Eva Reichmann, Die Flucht in den Haß. Die Ursachen der deutschen Judenkatastrophe. 1956; H. Genschel, Die Vertreibung der Juden aus der Wirtschaft im Dritten Reich. 1966; I. Elbogen / E. Sterling, Die Geschichte der Juden in Deutschland. 1966

Tafel 384. a) Regierungschef und Außenkommissar Molotow unterzeichnet die gemeinsame Erklärung der deutschen und der sowjetrussischen Regierung, den deutsch-russischen Grenz- und Freundschaftsvertrag und ein Schreiben zur deutsch-russischen Wirtschaftsplanung vom 28. September 1939 in Moskau. Fotografie
Nach dem gegen die Sowjetunion gerichteten »Antikominternpakt« mit Japan vom 25. November 1936, der Bildung der »Achse Berlin—Rom« 1936/37 während des Krieges in Spanien, dem Beitritt Italiens zum »Antikominternpakt« am 6. November 1937 sowie Hitlers Erklärung vor der Wehrmachtsspitze am 5. November 1937 (Hoßbach-Protokoll) mit Terminierung des Angriffs nach Osten auf 1943/45 überraschte Hitler am 23. August 1939 die Welt durch den Abschluß eines Paktes Deutschlands mit der Sowjetunion, die sich seit dem 15. April in Verhandlungen mit England befand, die gegen das Dritte Reich gerichtet waren. Hitler und Ribbentrop brachten damit die überlegene Mächtekonstellation zustande, die England daran hinderte, ihrer gegen Polen gerichteten Politik entgegenzutreten. Der »Nichtangriffspakt« knüpfte an den Berliner Vertrag von 1926 (Taf. 372) und damit an Rapallo an, unterschied sich aber von jenen Verträgen grundsätzlich dadurch, daß er nicht den Frieden festigen, sondern den gemeinsamen Krieg gegen Polen ermöglichen sollte. In einem geheimen Zusatzprotokoll wurden »Interessensphären« abgegrenzt, wobei Finnland, Estland, Lettland und Polen östlich von Narew, Weichsel und San in das sowjetrussische Interessengebiet fielen und Rußland sein Interesse an Bessarabien unterstrich. Der Pakt bedeutete das Ende Polens, die Öffnung des baltischen Raumes, des östlichen Mitteleuropas und Südosteuropas für den Bolschewismus und die Schaffung einer entscheidenden Position für Stalin bei dem von ihm erwarteten Krieg der »kapitalistischen Mächte« gegeneinander. Das Bild zeigt den sitzenden Molotov mit Stalin, daneben Reichsaußenminister von Ribbentrop und den Generalstabschef der Roten Armee Schaposchnikoff. Es trug im »Völkischen Beobachter« die Unterschrift »Die gemeinsame Front gegen die Kriegshetzer in Westeuropa geschaffen.« (Einleitung S. 130).
Foto: Ullstein, Berlin
G. Gafencu, Vorspiel zum Krieg im Osten. 1944; H. G. Seraphim, Die deutsch-russischen Beziehungen 1939—1941. 1949; A. Rossi, Zwei Jahre deutsch-sowjetisches Bündnis. 1954; H. v. Rimscha, Die Baltikumpolitik der Großmächte. In: Historische Zeitschr. 177/1954

Tafel 384. b) Der »Führer und Oberbefehlshaber« überreicht im August 1940 in der Reichskanzlei den am 19. Juli 1940 im Reichstag beförderten Generalfeldmarschällen die Marschallstäbe. Von links: Keitel, v. Rundstedt, v. Bock, Reichsmarschall Göring, Hitler, v. Brauchitsch, Ritter v. Leeb, List, v. Kluge, v. Witzleben, v. Reichenau. Fotografie
Nach dem kurzen Polenfeldzug im September 1939 begann am 10. Mai der nationalsozialistische Angriff im Westen. Die Niederlande wurden in wenigen Tagen überrannt, Belgien kapitulierte am 28. Mai. Für den Abschluß des Waffenstillstandes am 24. Juni 1940 mit Frankreich, dem Mussolini nach der Sicherung des

vollen Erfolges durch deutsche Truppen am 16. Juni den Krieg erklärt hatte, wurde im Walde von Compiègne der gleiche Eisenbahnwagen wie am 11. November 1918 benutzt. Ein Friedensvertrag wurde jahrelang vorbereitet, aber nicht abgeschlossen. Während die deutsche Wehrmacht im Westen gebunden war, erzwangen sowjetische Ultimaten zwischen dem 4. und dem 17. Juni die Bildung kommunistischer Regierungen in den baltischen Staaten. Anschließend wurden im Juni und August Estland, Lettland und Litauen in die Sowjetunion eingegliedert, Bessarabien und die Bukowina den Rumänen entrissen. Äußerlich also auf der Höhe der Macht im Westen — wo Englands Position erhalten blieb und bald gestärkt wurde —, verschlechterte sich Hitlers Stellung erheblich im Osten, den alsbald angreifen zu wollen er zum ersten Male am 25. Juni, dem Tage des Feldzugendes in Frankreich, in seinem Hauptquartier erklärte (Einleitung S. 130).
Foto: Ullstein, Berlin
H. G. Dahms, Geschichte des Zweiten Weltkrieges. 1967; H. A. Jacobsen / J. Rohwer, Entscheidungsschlachten des Zweiten Weltkrieges. 1960; H. Böhme, Entstehung und Grundlagen des Waffenstillstandes von 1940. 1966; J. Benoist-Méchin, Der Himmel stürzt ein. 1958; W. A. Boelcke, Kriegspropaganda 1939—1941. 1967

Tafel 385. a) Die Niederlage in Afrika: Panzer des deutschen Afrikakorps, Januar 1942
Als das deutsche Afrikakorps im Juli und August 1942 El Alamein, die letzte britische Verteidigungsstellung vor Alexandria, vergeblich berannte, bedeutete dies die Wende für den Krieg in Afrika. Am 25. Februar 1943 wurde der lange Zeit sehr erfolgreiche Generalfeldmarschall Erwin Rommel zum Oberbefehlshaber der Heeresgruppe Afrika ernannt, der sich darüber klar war, daß er die Vereinigung der unter einheitlichem Kommando aus zwei Richtungen kommenden anglo-amerikanischen Operationen in Tunesien nicht verhindern konnte. In der Nacht vom 4. zum 5. Mai 1943 begann die letzte Schlacht, in der Hitler wenige Monate nach Stalingrad durch Funkspruch den Kampf »bis zur letzten Patrone« verlangte. Generaloberst H. J. v. Arnim entschied im Einvernehmen mit seinem Stab, daß bei feindlichen Panzerangriffen die »letzte Granate« als »letzte Patrone« gelten sollte. Damit ergab sich das Ende am 12. Mai 1943 — 275 000 deutsche und italienische Soldaten zogen in die Gefangenschaft: der Kulminationspunkt des Krieges war überschritten. Durch die Vernichtung oder Gefangennahme der deutsch-italienischen Afrika-Armeen, darunter Divisionen von größtem Kampfwert, verlor die »Achse« die Möglichkeit, den Kampf um die europäischen Mittelmeerküsten erfolgreich zu führen. Der Krieg wurde also auf Hitlers »Festung Europa« beschränkt, ohne daß dieser einen umfassenden, langfristigen Plan besaß. Rommel schloß sich bereits vor der Invasion in der Normandie 1944 dem Widerstand gegen Hitler an; er nahm sich, am 17. Juli 1944 durch einen britischen Tiefflieger schwer verletzt und nach dem Attentat am 20. Juli auf Hitlers Befehl vor die Wahl zwischen Volksgerichtshof und Freitod gestellt, das Leben durch Gift. Er erhielt ein Staatsbegräbnis, um den wirklichen Vorgang zu verschleiern (Einleitung S. 130).
Foto: Süddeutscher Verlag, München
H. G. Dahms, Geschichte des Zweiten Weltkrieges. 1965; H. A. Jacobsen / J. Rohwer, Entscheidungsschlachten des Zweiten Weltkrieges. 1960

Tafel 385. b) Heimkehrendes deutsches U-Boot im Schutz eines Flugzeugs vor der französischen Kanalküste, 1942. Fotografie
Der Handelskrieg mit U-Booten erwies sich wie im Ersten Weltkrieg auf lange Sicht als ein Fehlschlag: Die Neubautonnage und Abwehrkraft der Alliierten übertraf seit 1943 trotz großer Versenkungserfolge (1942: 7,7 Millionen BRT) schließlich die menschliche und materielle Leistungsfähigkeit der deutschen U-Boot-Waffe. Auch die deutsche Luftwaffe konnte sich insbesondere personell von den Verlusten in der »Schlacht um England« nicht wieder erholen und blieb gleichfalls seit 1942/43 zahlenmäßig und in bezug auf die technische Entwicklung hinter den Leistungen ihrer Gegner zurück (Einleitung S. 130).
Foto: Süddeutscher Verlag, München
H. G. Dahms, Geschichte des Zweiten Weltkrieges. 1965

Tafel 386. a) Abmarsch der 90 000 Überlebenden der Sechsten Armee nach deren Niederlage

und Vernichtung bei Stalingrad in die Gefangenschaft. Februar 1943. Fotografie
Nachdem im Oktober 1941 der Angriff auf Moskau gescheitert war und der Rückzug im Winter sehr hohe Verluste an Menschen, Material und Moral verursacht hatte, kam es zu einer ersten schweren Krise im deutschen Heer. Am 19. Dezember 1941 übernahm Hitler selbst die Führung des Heeres. Am 24. August 1942 erreichten Truppen der Sechsten Armee die Wolga bei Stalingrad, doch gelang es ihnen in monatelangen sehr schweren Kämpfen nicht, die Stadt zu erobern. Zwischen dem 31. Januar und dem 2. Februar 1943 ergaben sich die deutschen Truppen den Russen. »Erst mit dem Scheitern der Sommeroffensive ›Zitadelle‹ ... ging die Initiative an der Ostfront endgültig und für immer an den Gegner über. Dennoch bedeutete Stalingrad einen Wendepunkt im Zweiten Weltkrieg ... Bei den Sowjets rief dieser Sieg eine große Steigerung des Selbstvertrauens hervor. Bei den Neutralen wie bei den Satelliten des Dritten Reiches schwand das Vertrauen in die Führungskunst Hitlers ... Die außenpolitischen Rückwirkungen der Niederlage bei Stalingrad sind außergewöhnlich groß gewesen. ... Einschneidender noch dürften die seelischen Folgen der Niederlage im deutschen Volk gewesen sein. Seit Stalingrad begann ... das Vertrauen zu verblassen, daß der ›Führer‹ ein Genie sei, dem nichts mißglücken könne ... So ist Stalingrad in seinen Auswirkungen mehr als nur eine militärische Niederlage gewesen. Es ist zum Politicum geworden« (Jacobsen/Rohwer) (Einleitung S. 130).
Foto: Süddeutscher Verlag, München
H. A. Jacobsen / J. Rohwer, Entscheidungsschlachten des Zweiten Weltkrieges. 1965; Th. Plivier, Stalingrad. 1946; A. Dallin, Deutsche Herrschaft in Rußland 1941—1945. 1958

Tafel 386. b) Die Zweite Front: Die amerikanisch-englische Landung in der Normandie am 6. Juni 1944; im Hintergrund eine Reihe von Schiffen, die als Wellenbrecher für einen Behelfshafen dienen. Fotografie
Von Stalin neben den ständig wachsenden Hilfslieferungen durch zahlreiche Geleitzüge seit dem Winter 1941/42 immer dringender gefordert, von seinen westlichen Alliierten ständig versprochen, von Churchill in Südosteuropa gewünscht, um dort der Ausbreitung des Kommunismus entgegenzutreten, und von F. D. Roosevelt und Churchill mehrfach kontrovers erörtert, wurde die Bildung der Zweiten Front im Dezember 1943 in Teheran unter Roosevelts Initiative ganz Stalins Forderung entsprechend geplant, der verlangte, daß Südosteuropa sowjetischen Operationen überlassen blieb: »Mir ist so, als ob Stalin nichts anderes wünscht, als Sicherheit für sein Land, und ich sage mir, wenn ich ihm nun alles gebe, was in meiner Macht steht, und keine Gegenleistung verlange, dann wird er sich — noblesse oblige — nichts einzuverleiben versuchen und für eine Welt der Demokratie und des Friedens arbeiten« (Roosevelt). Auf der deutschen Seite war es Rommel im Gegensatz zu Hitlers Fanatismus und Illusionismus klar, daß der Krieg militärisch nicht mehr gewonnen werden konnte und trotz des Verlangens der bedingungslosen und der Verweigerung einer einseitigen Kapitulation im Westen ein möglichst günstiger Friedensschluß angestrebt werden mußte. Dazu erschien ihm Hitlers Festnahme und Absetzung nötig. Am 6. Juni 1944 begann unter stärkstem Einsatz von technischen Mitteln und schweren Waffen sowie unter glänzendem Zusammenwirken von Heer, Luftwaffe und Marine der USA, Großbritanniens und Kanadas die Invasion und damit die Bildung der Zweiten Front überraschend an besonders schwachen Stellen des sogenannten Atlantikwalls. Innerhalb von sechs Tagen wurden 300 000 Mann gelandet und damit die Voraussetzungen für die Niederlage der deutschen Wehrmacht im Westen geschaffen. Diese Invasion war die größte amphibische Operation, die jemals unternommen worden ist; sie demonstrierte, basierend auf den Kriegserfolgen in Italien, den Höhepunkt alliierter Machtentfaltung und Führungskunst im Abendland und war für den Sieg in Nordwesteuropa so entscheidend wie El Alamein für den Sieg in Afrika und Stalingrad für den Sieg in Rußland. Bei der Invasion war und bei den weiteren Operationen blieb die Luftwaffe ein dominierender Faktor und schuf damit einen neuen Kriegstyp (Einleitung S. 132). *Foto: Ullstein, Berlin*
H. G. Dahms, Geschichte des Zweiten Weltkrieges. 1965; Wilh. Treue, Invasion 1066—1944,

eine Studie zur Geschichte des amphibischen Krieges. In: Wehrwissenschaftl. Rundschau, Beiheft 1, 1955

Tafeln 387 und 388. Widerstand und Attentat: Julius Leber, 1891—1945; Erwin von Witzleben 1881—1944; Sophie Scholl, 1921—1943; Klaus Graf Schenk von Stauffenberg, 1907—1944

Während sich in Westeuropa seit dem 6. Juni 1944 die zweite Front stetig ausdehnte und sich die Vernichtung des Dritten Reiches und des Nationalsozialismus abzeichnete, führte der Chef des Stabes beim Oberbefehlshaber des Ersatzheeres, Oberst Graf Schenk von Stauffenberg, nachdem Rommel am 17. Juli auf der Fahrt nach Deutschland schwer verwundet worden war, am 20. Juli 1944 im Führerhauptquartier ein Attentat gegen Hitler durch, das das Ende des Tyrannen bringen und den Anfang des Sturzes des Nationalsozialismus aus eigener Kraft schaffen sollte. Ablehnung und Opposition gegen Hitler und den Nationalsozialismus hatte es bereits zwischen der Zeit der Freikorps und der Fememorde und dem 30. Januar 1933 in vielen Kreisen des Volkes gegeben. Seit 1937/38, als der sozialdemokratische Chefredakteur in Lübeck, Julius Leber, nach jahrelanger Haft freigelassen, sich alsbald dieser Gegenbewegung (Kreisauer Kreis) aktiv anschloß — er wurde bereits am 5. Juli 1944 verhaftet, am 20. Oktober zum Tode verurteilt, am 5. Januar 1945 hingerichtet —, insbesondere nach Ausbruch des Krieges verdichtete sich in verschiedenen Kreisen die Ablehnung immer stärker zum Widerstand und zu Plänen, Hitler durch Gefangennahme und Gerichtsurteil oder durch Attentat auszuschalten, um dem Nationalsozialismus ein Ende zu machen. Dahin gehört, gewissermaßen die Jugend der akademischen Intelligenz im Widerstand repräsentierend, die Aktion von Hans und Sophie Scholl, die seit 1941 an der Münchener Universität in Verbindung mit Professor Huber und anderen Gelehrten und Künstlern die Widerstandsgruppe »Weiße Rose« bildeten, bei einer Flugblattverteilung am 18. Februar 1943 verhaftet und bereits vier Tage später zum Tode verurteilt und hingerichtet wurden. Unter den Qualitäten und Tendenzen der einzelnen Oppositionsgruppen (um Goerdeler, Graf Moltke, Popitz, Leuschner und Kaiser, Stauffenberg, Leber usw.) sind etwa die folgenden am stärksten gewesen: Die Bindung an überlieferte Ehrbegriffe und Gesellschaftsauffassungen war besonders intensiv bei den Angehörigen des Adels und des Offizierkorps, das rechtsstaatliche Denken im Gegensatz zur Parteiherrschaft am lebhaftesten vertreten unter den Beamten; der kämpferische Glaube gegen die aggressive Glaubenslosigkeit und Glaubensfeindlichkeit spielte bei den Geistlichen beiden christlichen Konfessionen und bei den Angehörigen vieler Sekten, der revolutionäre Fanatismus bei Sozialisten und Kommunisten die entscheidende Rolle. Die Stärke der Gruppen, die am »20. Juli« aktiv beteiligt waren, lag vor allem im Gemeinsamen des Willens zur Ausschaltung oder Beseitigung Hitlers — nicht unbedingt auch des Nationalsozialismus —, ihre Schwäche im Fehlen eines ebenso gemeinsamen und große Massen anziehenden, in eine neue Zukunft zielenden Staats- und Gesellschaftsgedankens und -planes. Was Goerdeler und andere Widerstandskämpfer nach Hitlers Machtenthebung unter Anlehnung an preußisches Reformdenken der Zeit nach 1806 und reichspolitische Vorstellungen aus der wilhelminisch-imperalistischen Epoche realisieren wollten, war im Sinne der bürgerlichen Gesellschaft jener Zeit und der Weimarer Republik idealistisch, wäre aber im Sommer 1944 wie mancher andere Gedankenkomplex von Widerstandsgruppen den Massen als überholt, reaktionär, militärisch unrealistisch-verstiegen erschienen. Viele der in den letzten Jahren bekanntgewordenen Aufzeichnungen, Denkschriften und Entwürfe lassen zwar den ernsten sittlichen Willen erkennen, unter Opferung der eigenen Existenz das unsittliche und ehrlose NS-Regime zu beseitigen, aber auch vermuten, daß beim Versuch der Verwirklichung solcher Auffassungen innen- und außenpolitisch ernste Komplikationen für den Neubau eines Staates entstanden wären. Stauffenbergs Attentat schlug fehl; er selbst, ein Vertreter des jungen Offiziertums, wurde am gleichen Tage in Berlin »standrechtlich« erschossen. Goerdeler, ein hoher Beamter mittleren Alters, und die meisten Teilnehmer an der Erhebung, wie General von Witzleben, ein Repräsentant der älteren Offiziersgeneration, sowie viele weitere

Oppositionelle im allgemeinsten Sinne wurden meist nach schweren psychischen und physischen Folterungen umgebracht. Hitler ließ eine Reihe von Hinrichtungen für sich filmen. Himmler hat von den Vorbereitungen für ein Attentat gewußt, jedoch absichtlich nicht eingegriffen, weil er sich über die Kriegslage im klaren war und die Beseitigung Hitlers nicht ungern gesehen hätte, um dann selbst das weitere Handeln bestimmen zu können. Für die Bildung der Bundesrepublik als Rechtsstaat im abendländischen Sinne hat das Vermächtnis des »Widerstandes« ähnlich wie die »Wiedergutmachung« gegenüber den Juden und anderen Verfolgten des Naziregimes ein konstituierendes Element gebildet (Einleitung S. 136).
Fotos: Ullstein, Berlin (Witzleben, Scholl, Stauffenberg) und Süddeutscher Verlag, München (Leber)
W. Schmitthenner / H. Buchheim (Hrsg.), Der deutsche Widerstand gegen Hitler. 1967; G. Binder, Die wichtigsten Ereignisse und hauptsächlichsten Probleme zum Widerstand in Deutschland. 1967; F. Zipfel / Th. Vogelsang, Widerstand in zeitgeschichtlicher Forschung und Darstellung. In: Beilage zur Wochenzeitung »das parlament« B 28/65; Wilh. Treue, Deutsche Geschichte. [3]1965; H. Mommsen, Pläne und Träume zum Tag X. In: Der Spiegel, 28. August 1967; H. Maier, Die SS und der 20. Juli. In: Vierteljahrshefte für Zeitgesch. 14/1966

Tafel 389. a) Der Bombenkrieg: Das zerstörte Rotterdam acht Monate nach dem deutschen Luftangriff vom 14. Mai 1940. Fotografie (Anfang 1941)
Der Bombenkrieg ohne Rücksicht auf die Zivilbevölkerung begann mit den Angriffen auf Warschau und Rotterdam. Die Bahnhöfe von Warschau wurden bei Kriegsbeginn angegriffen; vom 8. bis zum 13. September 1939 folgten im Zusammenwirken mit den Bodentruppen Luftangriffe, nach der vollständigen Einschließung am 24. September der damit zur Kapitulation in absehbarer Zeit gezwungenen Stadt zur Beschleunigung ihrer Eroberung schwere Bombenangriffe, so daß Warschau am 27. September kapitulierte. — Nach Ausbruch der Kämpfe im Westen am 10. Mai 1940 bildete Rotterdam ein wichtiges Angriffsziel. Es sollte am 14. Mai nach einem »kurzen wuchtigen Bombenschlag auf eine begrenzte Zone jenseits des Überganges« (Dahms) über die Willem-Brücke erobert werden. Als Kapitulationsverhandlungen begannen, wurde der bereits befohlene und eingeleitete Angriff abgesagt, doch gelang es nicht mehr, das ganze schon gestartete Luftgeschwader (100 Flugzeuge) zurückzurufen. Die nahe der Brücke gelegene Altstadt wurde schwer getroffen; dort entstandene Brände breiteten sich schnell aus und zerstörten bis auf Randbezirke und Vororte nahezu ganz Rotterdam, wobei etwa 700 Zivilisten den Tod fanden. Dieses Ereignis wurde gleich zu Beginn des Feldzuges ein Wahrzeichen für die Grausamkeit nationalsozialistischer Kriegführung auch im Westen. Bald folgten vom 5. September ab im Rahmen der »Schlacht um England« die Großangriffe mit schweren Verlusten der Zivilbevölkerung und ihrer Wohnviertel in London und anderen Industrie- und Hafenstädten, besonders am 14./15. November in Coventry. Andererseits flog das britische Bomber Command immer mehr Angriffe gegen Berlin und das Rhein-Ruhr-Gebiet (Einleitung S. 136). *Foto: Ullstein, Berlin*
H. G. Dahms, Geschichte des Zweiten Weltkrieges. 1965; K. v. Tippelskirch, Operativer Überblick über den Feldzug in Polen 1939. In: Wehrwissenschaftl. Rundschau 4. 1954; N. v. Normann, Der Feldzug 1939 in Polen. 1958; C. T. de Jong, La Hollande pendant la guerre. In: Revue Historique de la deuxième guerre mondiale 3. 1953; Th. Weber, Die Luftschlacht um England. 1956

Tafel 389. b) Das Kriegsende: Das zerstörte und menschenleere Köln im Frühjahr 1945. Fotografie
Am 15. April fiel Wien an die Russen; am 2. Mai kapitulierte Berlin, nachdem Hitler sich dort am 30. April das Leben genommen hatte. Fünf Tage später — Großadmiral Dönitz hatte die durch Hitler testamentarisch festgelegte Einsetzung als nationalsozialistisches Staatsoberhaupt durch zwei Erklärungen an das deutsche Volk und an die deutsche Wehrmacht angenommen — endete der Krieg mit der am 9. Mai in Kraft tretenden Gesamtkapitulation des Großdeutschen Reiches. Das Ergebnis des Krieges für Deutschland war die schwerste politisch-

militärische Niederlage in seiner Geschichte, die mit einem außerordentlichen Schwund seines moralischen Ansehens in der Welt verbunden war. Im Luftkrieg, der jüngsten und in der Anwendung gegen Deutschland wirkungsvollsten Kriegsform, hatte das deutsche Volk hohe Menschenverluste und sehr schwere materielle und kulturelle Einbußen erlitten. Städte wie Köln, Frankfurt, München, Dresden, Berlin, Potsdam, Würzburg und Freiburg hatten durch Spreng- und Brandbomben unvergleichliche und unersetzliche abendländische Kulturschätze eingebüßt. Weite Bereiche der älteren und neueren adligen und bürgerlichen Wohnkultur waren verlorengegangen. Bei Kriegsende waren allein im Raum der heutigen Bundesrepublik Deutschland 2,25 Millionen Wohnungen, mehr als 4 750 Brücken, über 4 300 km Eisenbahngeleise und 95% aller Handelsschiffe vernichtet, zahllose Produktions- und Handelsbetriebe zerstört oder schwer beschädigt und auch die Energieversorgungsnetze vielfach unterbrochen (Einleitung S. 136).
Foto: Süddeutscher Verlag, München
Wilh. Treue, Deutsche Geschichte. [3]1965; ders. Wirtschaftsgeschichte der Neuzeit. [2]1966; F. Zipfel, Krieg und Zusammenbruch. 1962; P. E. Schramm, Die Niederlage 1945. 1962

Tafel 390. a) Deutschland von den Siegern besetzt: Sowjet-Soldaten mit der Roten Fahne auf dem Dach des Reichstagsgebäudes, Berlin, Mai 1945. Fotografie
Am 25. April 1945 schlossen sowjetische Armeen den Ring um Berlin; am gleichen Tage begegneten einander russische und amerikanische Truppen an der Elbe: Das Großdeutsche Reich Hitlers war einige Tage vor dessen Selbstmord in Berlin von seinen Gegnern besiegt und besetzt. Während Hitler in Frieden und Krieg die Hegemonie des Nationalsozialismus in Europa, die Bildung eines Großwirtschaftsraumes und die Neugestaltung Europas entsprechend seiner Rassenideologie, d. h. die physische Vernichtung oder Dezimierung anderer europäischer Völker angestrebt hatte, um eine den USA gewachsene nationalsozialistische Weltmacht errichten zu können, während Mussolini ein neues römisches Mittelmeer-Imperium erträumt und Japan sich einen diktatorisch geführten ostasiatischen Großraum zum Ziel gesetzt hatte, waren in der UdSSR, den USA und Großbritannien die Pläne zur Pazifizierung der Aggressoren entwickelt worden. Sie hatten ihre Grundlage in der Forderung nach »bedingungsloser Kapitulation« durch Roosevelt und Churchill im Januar 1943, der Stalin sich am 1. Mai 1943 angeschlossen hatte. Ganz Deutschland wurde nun besetzt, einem »Kontrollrat zur Ausübung der obersten Gewalt« unterstellt und am 26. Juli 1945 definitiv in Besatzungszonen aufgeteilt, während vom 17. Juli bis zum 2. August die Potsdamer Konferenz der Regierungschefs und Außenminister der drei Hauptalliierten stattfand (Einleitung S. 137).
Foto: Ullstein, Berlin
R. Hansen, Das Ende des Dritten Reiches, die deutsche Kapitulation 1945. 1966; W. Cornides, Die Weltmächte und Deutschland. Geschichte der jüngsten Vergangenheit 1945—1955. [2]1961; M. Rexin, Die Jahre 1945—1949. 1962; N. Balabkins, Germany under direct controls 1945—1948. 1964; F. Faust, Das Potsdamer Abkommen und seine völkerrechtliche Bedeutung. [3]1964

Tafel 390. b) Das Internationale Militär-Tribunal in Nürnberg 1945/46. In der Anklagebank stehend Hermann Göring. Fotografie
Ein am 8. August 1945 eingesetztes »Internationales Militär-Tribunal« (IMT) führte vom 20. November 1945 bis 30. September 1946 den »Prozeß gegen die Hauptkriegsverbrecher«, gegen 24 Männer des nationalsozialistischen Regimes wegen Verbrechen gegen den Frieden, Kriegsverbrechen und Verbrechen gegen die Menschlichkeit durch. Bis 1950 folgten in Nürnberg ausschließlich von den USA durchgeführte Prozesse gegen Ärzte, Juristen, SS-Behörden-Angehörige, den Flick-Konzern, die IG-Farbenindustrie AG, Krupp und seine Direktoren, Einsatzgruppen, hohe Beamte des Auswärtigen Amtes, Wirtschaftsführer und Generale. Diese Prozesse bildeten keine Selbstreinigung des deutschen Volkes. Sie waren nicht im eigentlichen Sinne international — es gehörten ihnen weder Neutrale noch Deutsche an —, ihre Urteile waren von Siegern über Besiegte gefällt. Während gleichzeitig die Vertreibungen und Gewalttaten der Sieger im Osten stattfanden, wurde die Problematik eines solchen Gerichts-

hofes deutlich, als er auf Verlangen des sowjetischen Anklägers die Berücksichtigung des von der Verteidigung vorgelegten Geheimen Zusatzabkommens zum Hitler-Stalin-Pakt (Taf. 384 a) ablehnte (Einleitung S. 137).
Foto: Süddeutscher Verlag, München
W. Cornides, Die Weltmächte und Deutschland, Geschichte der jüngsten Vergangenheit 1945 bis 1955. [2] 1961; A. v. Knierim, Nürnberg — rechtliche und menschliche Probleme. 1953

Tafel 391. a) Der Marshall-Plan. Plakat aus den Jahren 1949/50
Während des Krieges hatte im Zusammenhang mit der Forderung nach bedingungsloser Kapitulation im Rahmen der Diskussionen der Politiker in den USA Staatssekretär Henry Morgenthau jr., ein Bekannter des Präsidenten, im Anschluß an zwei Denkschriften seines wichtigsten Mitarbeiters H. D. White einen Plan entwickelt (»Germany is our Problem«), der die Vernichtung der deutschen Industrie, die Ersäufung der deutschen Bergwerke und die Umwandlung Deutschlands in einen Agrarraum empfahl — einen Plan, der zwar auch Roosevelts eigener Auffassung entsprach, aber niemals amtlich veröffentlicht oder gar offizielle Richtlinie der amerikanischen Politik wurde. Allerdings forderten die Sieger Sach-Reparationen und führten darüber hinaus Industrie-Demontagen durch, die die Kriegsindustrie vernichten und das Wirtschaftspotential sowie dadurch die Lebenshaltung des deutschen Volkes auf den Stand des Wirtschaftskrisen-Jahres 1932, also auf 50—55% des Standes von 1938, reduzieren sollten. Während die Demontage im Gange war, die schließlich in Westdeutschland insgesamt etwa 8% des vielfach veralteten Industriepotentials vernichtete, und die »Entflechtung« der Konzerne begann, trat in Deutschland 1946 ein schwerer Mangel an Nahrungsmitteln und Kohle ein, dessen politische Gefährlichkeit Anfang 1947 zuerst von der amerikanischen Besatzungsmacht erkannt wurde. Sehr schnell setzten wirkungsvolle private und halböffentliche Hilfsaktionen ein. Sie fanden eine Erweiterung und Fortsetzung im Marshall-Plan, einem der größten Pläne der Weltgeschichte (Bevin) als Anfang einer neuen positiven Politik für Europa und dessen Behauptung gegen die sowjetischen Expansionstendenzen, an der auch das westliche Deutschland stark partizipierte. Bis zum 30. Juni 1951 stellten die USA Westdeutschland für den Aufbau etwa 1,5 von 14,7 Milliarden Dollar für 18 europäische Staaten insgesamt zur Verfügung, die eine starke Baukonjunktur und anschließende Belebung der gesamten Wirtschaft bewirkten (Einleitung S. 138).
Foto: Langewiesche-Brandt Verlag, Ebenhausen, aus: Anschläge. Deutsche Plakate als Dokumente der Zeit 1900—1960. Hrsg. J. Arnold. 1963
Wilh. Treue / Käte Schrader, Die Demontage der Westmächte nach dem Zweiten Weltkrieg. 1967; G. W. Hamman, Am Abend der Demontage. 1951; K. Schmücker / H. Cleveland / K. Koppe / H. Brugmans, 20 Jahre Marshall-Plan. In: Beilage zur Wochenzeitung »das parlament« 22. 1967; Bundeswirtschaftministerium für den Marshallplan, Wiederaufbau im Zeichen des Marshall-Planes 1948—1952. 1953

Tafel 391. b) Bundesrepublik Deutschland. Der neugewählte Bundespräsident Theodor Heuss, 1884—1963, hält seine erste Ansprache vor dem Bundestag im September 1949. Fotografie
Nach dem Studium der Kunstgeschichte und Staatswissenschaften wurde Heuss Schriftsteller, schloß sich Friedrich Naumann an, war 1905 bis 1912 Schriftleiter von dessen »Hilfe«, Geschäftsführer des »Deutschen Werkbundes«, 1920—1933 Dozent an der Hochschule für Politik in Berlin, 1924—1928 und 1930—1933 Mitglied des Reichstages für die Deutsche Demokratische Partei. Im Dritten Reich war er ein politisch mißliebiger freier Schriftsteller, wegen Publikationsverbot zuletzt unter einem Decknamen. 1945 wurde er Kultusminister von Württemberg-Baden, 1947 Professor für neuere Geschichte und politische Wissenschaften in Stuttgart. Er gehörte 1946 zu den Gründern der FDP (Freie Demokratische Partei) und war bis 1949 deren Abgeordneter in Württemberg. Als solcher gehörte er dem einen Monat nach der Währungsreform (22. Juni 1948) als Gesamtvertretung der drei westlichen Besatzungszonen gebildeten Parlamentarischen Rat an, wirkte bei der Formulierung des am 8. Mai 1949 angenommenen Grundgesetzes entscheidend mit — einer Verfassung, die am 23. Mai 1949 in

Kraft trat. Nach dem Erlaß des Besatzungsstatuts am 21. September 1949 wurde am 14. August der Bundestag gewählt, der sich nach heftigen Auseinandersetzungen über den Ort seines Sitzes am 7. September konstituierte. Am 12. September 1949 wurde Theodor Heuss zum Bundespräsdenten gewählt. Es gelang ihm, der 1954 wiedergewählt wurde und bis 1959 amtierte — einem mit der deutschen Geschichte vertrauten, im tiefsten Sinne gebildeten Manne —, dem neuen Staat in seinem Amt im In- und Ausland trotz der jüngsten Vergangenheit Tolerierung und Ansehen zu erwerben. (Einleitung S. 138).
Foto: Ullstein, Berlin
H. Bott / H. Leins, Begegnungen mit Theodor Heuss. 1954; M. Boveri / W. Prinzing, Theodor Heuss. 1954

Tafel 392. a) Kurt Schumacher, 1895—1952, Erster Vorsitzender der SPD, gestützt auf Franz Neumann, beim Betreten des ersten Bundestages, September 1949. Fotografie
Nach volkswirtschaftlichem Studium wurde Schumacher 1920 Redakteur der »Schwäbischen Tagwacht«. 1924—1931 war er Mitglied des württembergischen Landtages, 1930—1933 des Reichstages. Von 1933 bis 1945 war er mit einer kurzen Unterbrechung im Jahre 1943 als unbeugsamer Vertreter des sozialistischen Humanismus in nationalsozialistischen Konzentrationslagern inhaftiert. Nach dem Zweiten Weltkrieg wurde er maßgeblicher Mitbegründer und seit 1946 Erster Vorsitzender der SPD. Hier bestimmte er die scharfe Frontstellung gegen den Kommunismus; er hatte heftige, durch sein Temperament verschärfte Auseinandersetzungen nicht nur mit den Vertretern anderer politischer Auffassungen, sondern auch mit Ernst Reuter und anderen Parteifreunden. Dem ersten Bundestag, in dem die SPD 29,2% aller Wähler = 6,93 Millionen Stimmen vertrat, gehörte er als bedeutende politische Persönlichkeit und profilierter Führer der Opposition an. Seine Wahl zum Bundeskanzler und damit eine sozialdemokratische Richtung der Entwicklung der Bundesrepublik in deren ersten grundlegenden Jahren scheiterte nur an einer sehr geringen Mehrheit für Adenauer (Einl. S. 138).
Foto: Ullstein, Berlin
L. J. Edinger, Kurt Schuhmacher, Persönlichkeit und politisches Verhalten. 1967

Tafel 392. b) Der Vierte deutsche Bundestag. Plenarsitzung, Ende 1964. Fotografie
Foto: Süddeutscher Verlag, München
Wolfgang Treue, Deutsche Parteiprogramme 1861—1967. [4] 1968; H. G. Wieck, Die Entstehung der CDU und die Wiedergründung des Zentrums im Jahre 1945. 1965; H. Meyn, Die Deutsche Partei. Entwicklung und Problematik einer national-konservativen Rechtspartei nach 1945. 1965

Tafel 393. Spaltung Deutschlands: Der sowjetische Ministerpräsident N. Chruschtschow spricht auf dem Parteitag der SED in Ostberlin, 1958; hinter ihm Walter Ulbricht, Otto Grotewohl und der Vertreter der Volksrepublik China. Fotografie
In der sowjetischen Besatzungszone begann Ende Mai 1945 die Wiederbelebung der deutschen Verwaltung und Wirtschaft unter der Leitung der sowjetischen Militäradministration, seit dem 11. Juni 1945 die Bildung antifaschistischer Parteien und Gewerkschaften, zuerst der KPD unter W. Pieck und W. Ulbricht. Ihr Programm erklärte jeden Versuch, »Deutschland das Sowjetsystem aufzuzwingen«, für falsch und empfahl »den Weg zur Aufrichtung eines antifaschistischen demokratischen Regimes, einer parlamentarischen demokratischen Republik mit allen demokratischen Rechten und Freiheiten für das Volk«. Die Sowjetunion zeigte zunächst Interesse an der Erhaltung des Deutschen Reiches, da sie als Siegermacht auf diese Weise Einfluß auf ganz Deutschland, auch auf das Ruhrgebiet, erhalten wollte. Doch wurde die von der Potsdamer Konferenz vorgesehene zentrale deutsche Verwaltung nicht gebildet. Vielmehr folgte den sozialen Umwälzungen nach sowjetischem Vorbild in der östlichen Besatzungszone (etwa 25% des Reichsgebietes) allmählich die Bildung eines bolschewistischen Staates unter der Leitung der SED. Am 20. März 1948 stellte der Kontrollrat seine Arbeit ein. Der Staatsbildung in Westdeutschland folgend, beschloß am 22. Oktober 1948 der »Deutsche Volksrat« der sowjetischen Besatzungszone, der sich als »die einzige legitime Repräsenta-

tion des deutschen Volkes« bezeichnete, den Entwurf einer Verfassung der »Deutschen Demokratische Republik«, die im Gegensatz zum Bonner Grundgesetz Geltung für Gesamtdeutschland beanspruchte. Am 7. Oktober 1949 trat auf Grund einer manipulierten Abstimmung über den Verfassungsentwurf ein neuer Volksrat zusammen, der sich als Provisorische Volkskammer konstituierte. Zugleich wurde Otto Grotewohl mit der Bildung der ersten Regierung beauftragt, am 11. Oktober 1949 W. Pieck zum Präsidenten der Deutschen Demokratischen Republik gewählt. Die Hoheitsrechte und Verwaltungsaufgaben der Sowjetischen Militärischen Administration Deutschlands wurden, nachdem die im Sinne der östlichen Demokratie demokratische Verfassung am 7. Oktober in Kraft getreten war, am 11. November 1949 offiziell den deutschen Staatsorganen übertragen. Die erste Wahl am 15. Oktober 1950 fand gemäß einer Einheitsliste statt (Einleitung S. 138). *Foto: Ullstein, Berlin*

R. Lukas, 10 Jahre sowjetische Besatzungszone Deutschlands. 1955; A. Draht, Verfassungsrecht und Verfassungswirklichkeit in der sowjetischen Besatzungszone. [4] *1956; S. Mampel, Die Verfassung der sowjetischen Besatzungszone Deutschlands. 1962; H. Weber, Von Rosa Luxemburg zu Walter Ulbricht. 1961; Wilh. Treue, Deutsche Geschichte.* [3] *1965; N. Mattedi, Gründung und Entwicklung der Parteien in der sowjetischen Besatzungszone 1945/49. 1966*

Tafel 394. Deutscher Aufstand: Volkserhebung und sowjetische Panzer in Berlin am 17. Juni 1953. Fotografie

Im Zuge der Konsolidierung einer deutschen Verwaltung und Politik in den östlichen und westlichen Besatzungsräumen und der Verschärfung des sowjetisch-amerikanischen Gegensatzes kam es seit 1945 zur Bildung und Verdichtung des »Eisernen Vorhanges«, 1948 zur Blockade Berlins durch die Sowjets, in der DDR zur Entwicklung einer Politik, Wirtschaft und Kultur nach dem Vorbild und unter der Kontrolle der Sowjetunion. Doch erhielt Mitteldeutschland für seinen Aufbau keine dem Marshall-Plan im Westen entsprechende ausländische Hilfe, sondern mußte 1950 in den »Rat für gegenseitige Wirtschaftshilfe« (Comecon) eintreten und bis 1953 beträchtliche Wiederaufbauleistungen zugunsten der Oststaaten sowie 1945—1953 mindestens 40 Milliarden Mark für die UdSSR aufbringen. Mit seinem Außenhandel war es im wesentlichen an die Ostblockstaaten mit gegenüber dem Weltmarkt geringerer Qualität und höheren Preisen gebunden. Es verlor schließlich bis Mai 1953 durch Abwanderung (»Republikflucht«) 1,3 Millionen Menschen, zumeist qualifizierte Arbeitskräfte, die Westdeutschlands Vorsprung also in doppelter Weise stärkten. Im Frühjahr 1953 wurden aus sozialrevolutionären Ursachen etwa zwei Millionen Menschen, vorwiegend Angehörigen der freien Berufe und der Großbauernschaft, die Lebensmittelkarten entzogen. Die weitverbreitete Unzufriedenheit mit dem Regime führte am 17. Juni 1953 zu einem mit Demonstrationen von Arbeitern beginnenden Aufstand, der sich von Berlin schnell auf andere Städte ausbreitete, jedoch die von der sowjetischen Besatzungsmacht mit Nachdruck gestützte Regierung nicht gefährden konnte. Er wurde unter Einsatz sowjetischer Panzer blutig niedergeschlagen, hatte aber zur Folge, daß die 1952 angekündigte »Verschärfung des Klassenkampfes« nicht in dem vorgesehenen Umfange durchgeführt wurde (Einleitung S. 138). *Foto: Ullstein, Berlin*

A. Baring, Der 17. Juni 1953. [4] *1959; I. Brant, Der Aufstand. 1954*

Tafel 395. Eiserner Vorhang: Mitteldeutscher Volkspolizist und Kind an der Grenze durch Deutschland, Europa und das Abendland. Fotografie

Anfang Juli 1945 begann die territoriale Umgliederung des sowjetischen Besatzungsgebietes, die am 27. Juli den Abschluß im Befehl zur Bildung »deutscher Verwaltungen« auf dem Territorium der sowjetischen Besatzungszone fand, nachdem Sachsen und Thüringen aus der amerikanischen in die sowjetische Gewalt übergeben worden waren. Die Bestrebungen der westlichen Allierten, in ganz Deutschland gleichzeitig und gemeinsam eine Währungsreform durchzuführen, scheiterten am Widerstand der Sowjetunion, die vielmehr für ihren Besatzungsraum eine neue Mark — »Ost-Mark« — schuf und damit das letzte Verbindungsglied für die Wirtschaft aller vier Zonen und Berliner zerstörte. Als man 1949 die Bildung der »Deutschen Demokratischen Republik« der Gründung der »Bundesrepublik Deutschland« entgegenstellte, wurde damit die Zonengrenze zur Staatsgrenze und nun wirklich zu dem im Laufe der Jahre — insbesondere seit 1961 — immer weniger durchlässigen »Eisernen Vorhang«, der die nach der Niederlage des Dritten Reiches 1945 vorgenommene Teilung Deutschlands, den Staatsanspruch der DDR (»Staatsgrenze West«) und darüber hinaus von der Ostsee bis zur Adria den Gegensatz von Ost und West markiert (Einl. S. 138). *Foto: Thomas Höpker, Hamburg K. Pritzel, Die wirtschaftliche Integration der sowjet. Besatzungszone Deutschlands in den Ostblock und ihre politischen Aspekte. 1962; H. Weber, Der deutsche Kommunismus. 1962*

Tafel 396. Die »Mauer«, Ostberliner Bauarbeiter bei der Arbeit unter Bewachung durch Volkspolizisten der DDR in der Bernauer Straße. Fotografie

In Berlin wurde, beginnend am 13. August 1961, die Sektorengrenze zwischen Ost- und West-Berlin und die Zonengrenze zwischen der DDR und Westberlin widerrechtlich, aber ohne Widerstand der westlichen Schutzmächte durch Stacheldraht, später durch stärkere Befestigungen geschlossen, die Sektorengrenze zur »Mauer« ausgebaut, nachdem durch die »Republikflucht« sehr vieler, vorwiegend arbeitsfähiger Menschen aus Mitteldeutschland einerseits dort die wirtschaftliche Entwicklung verzögert und das Prestige der Parteiregierung beeinträchtigt, andererseits die Aufbaukraft in der Bundesrepublik erheblich gestärkt und die Bevölkerung Westberlins 1950—1961 trotz einer natürlichen Abnahme um 6,4% insgesamt um 2,3% gewachsen war. Rigorose Schießbefehle, denen in Berlin mehr als 100 Flüchtlinge zum Opfer fielen, ergänzten diese Grenzmauer. Während sich hinter der Mauer ein Staatswesen politisch, wirtschaftlich und gesellschaftlich als stärkste kommunistische Macht in Europa nächst der Sowjetunion konsolidiert und zunehmend internationale Beachtung findet, wird die Mauer auf der westlichen Seite immer häufiger ein als machtpolitisches Faktum hingenommenes Objekt politischer Pflicht- und touristischer Besichtigungsreisen (Einleitung S. 138). *Foto: Süddeutscher Verlag, München Schriftenreihe zur Berliner Zeitgesch., seit 1957; H. W. Richter, Die Mauer oder der 13. August. 1962*

Tafel 397. a) Die Kaiser-Wilhelm-Gedächtniskirche in West-Berlin, Neubau seit 1959 von E. Eiermann. Fotografie

Das Gebiet von Groß-Berlin, das sowohl im Kaiserreich wie in der Weimarer Republik einen rechtlichen Sonderstatus genossen hatte, wurde 1945 in vier Besatzungssektoren aufgeteilt, die seit 1946 eine Stadtverordneten-Versammlung und den Oberbürgermeister Ernst Reuter gemeinsam hatten. Daß dieser von den Sowjets nicht anerkannt wurde, bildete den Anfang der Teilung der Stadt in zwei autonome Gebilde im Jahre 1948, als die Sowjetunion versuchte, sie mit Hilfe einer Blockade vom 24. Juni 1948 bis zum 4. Mai 1949 vom Westen zu trennen und ihrer eigenen Besatzungszone einzuverleiben. West-Berlin wurde mit Hilfe der amerikanisch-englischen Luftbrücke gerettet und dem Westen erhalten. Nach Gründung der Bundesrepublik Deutschland galt West-Berlin de facto als ein Bundesland. Es war zwar an der wirtschaftlichen Entwicklung der Bundesrepublik stark beteiligt, unterlag aber doch auch erschwerenden Sonderbestimmungen: Bei Kriegsende hatte es seine zentrale öffentliche und private Regierungs- und Verwaltungsposition, danach durch Demontage zwei Drittel seiner Industrie und schließlich durch die Blockade 1948/49 viel von seiner für den Wiederaufbau nötigen Kraft verloren und blieb dadurch mit diesem Prozeß stets hinter dem Tempo und Ausmaß der Bundesrepublik zurück, so daß z. B. die Arbeitslosigkeit länger (bis 1959 5%, 1960 weniger als 2%) anhielt und die vom Marshall-Plan gebotene Hilfe sowie Steuerbegünstigungen und Frachtermäßigungen für den Wiederaufbau der Industrie, für Wohnungsbau und Verkehrswesen hier eine besonders große Bedeutung erhielten. Zehn Jahre nach der Blokkade mußte die Stadt durch Chruschtschows Ultimatum eine neue politische Krise überstehen, die zwar wieder gemeistert wurde, doch aber auch daran erinnerte, daß diese Insel der Demokratie im Meer des Bolschewismus ständig — und seit der Errichtung der »Mauer« am

13. August 1961 besonders stark — gefährdet ist und sich in einer einzigartig ungünstigen Lage befindet (Einleitung S. 138).
Foto: Süddeutscher Verlag, München
Wilh. Treue, Deutsche Geschichte. [3]1965; Heimatchronik Berlin. 1962; Berlin in Vergangenheit und Gegenwart, Tübinger Vorträge. 1961; H. Speier, Die Bedrohung Berlins. 1962; W. Brandt / R. Loewenthal, Ernst Reuter. 1957

Tafel 397. b) Flüchtlinge und Vertriebene: Schlesiertreffen 1965. Fotografie
Auf den Konferenzen in Teheran und Yalta wurde beschlossen, die Deutschen aus den Gebieten östlich der Oder-Neiße-Linie zu vertreiben. Die erste Vertreibungswelle setzte, nachdem große Mengen von Flüchtlingen vor dem Siegeszug der Roten Armee und während desselben ihre Heimat verlassen hatten, im Juni/Juli 1945 insbesondere aus dem Hinterland und aus der Tschechoslowakei ein: eine grausame, ungeregelte Reaktion auf nationalsozialistische Greuel — eine Folge auch des neu aufbrausenden Nationalismus unter der nationalsozialistischen Besatzung sowie der bolschewistischen Propaganda. Artikel VIII des Potsdamer Abkommens verfügte die »Überführung« der ostdeutschen Bevölkerung, der Sudetendeutschen und der übriggebliebenen Deutschen in Ungarn in »geordneter und humaner Weise« erst nach Aufstellung eines Ausweisungsplanes durch den Kontrollrat. Die ungeregelten Vertreibungen wurden jedoch fortgesetzt und ausgedehnt, z. B. auf Süd-Ostpreußen. Ein Plan des Kontrollrates zur »Überführung der deutschen Bevölkerung« vom 17. Oktober 1945 und weitere Abkommen regelten allmählich die Vertreibung in geschlossenen Transporten und in mehreren Zeitabschnitten. Daneben gab es jedoch weiterhin Einzelabwanderungen unter dem Druck der Verhältnisse. Die systematischen Massenausweisungen aus Ostpreußen und Schlesien dauerten im allgemeinen bis 1947; später kam es noch zur Vertreibung Volksdeutscher aus dem ehemaligen polnischen Staatsgebiet und Deutscher aus dem sowjetisch verwalteten nördlichen Ostpreußen. Seit 1950/51 begann die »Familienzusammenführung« zurückgebliebener Familienangehöriger. Die Gesamtzahl der aus den ostdeutschen Gebieten, Polen und der Tschechoslowakei vertriebenen Deutschen wird auf 13,6 Millionen Menschen, die der dabei Umgekommenen auf mehr als 2 Millionen Menschen geschätzt. Die Eingliederung der Vertriebenen in der Bundesrepublik bereitete zunächst Schwierigkeiten, schritt dann aber um so schneller voran, als sich erwies, daß die Millionen von Flüchtlingen und Vertriebenen nach anfänglicher Belastung durch sie wesentlich zum schnellen wirtschaftlichen Aufstieg der Bundesrepublik beitrugen und dabei auch mit Hilfe von Lastenausgleich, Umsiedlungsprogrammen usw. ihre eigene wirtschaftliche und gesellschaftliche Position wieder verbessern konnten. In der Deutschen Demokratischen Republik gibt es in der amtlichen Terminologie nur eine »Umsiedlung«, die bis 1950 etwa 4,4 Millionen Menschen betraf. Die »Charta der deutschen Heimatvertriebenen«, Stuttgart 1950, bekennt sich unter Verzicht auf Rache und Vergeltung zum »Recht auf die Heimat als einem der von Gott geschenkten Grundrechte der Menschheit«. Seit 1948 gibt es überparteiliche, meist landsmannschaftliche Zusammenschlüsse der Heimatvertriebenen: Selbsthilfe-, kulturelle und heimatgeschichtliche, aber auch Berufsorganisationen sowie den politischen »Bund der Heimatvertriebenen und Entrechteten« (BHE). Die zumeist jährlich stattfindenden, an Teilnehmerzahl abnehmenden landsmannschaftlichen Treffen haben durch Reden, progammatische Veröffentlichungen und Entschließungen nicht selten zu innenpolitischen Auseinandersetzungen und außenpolitischen Schwierigkeiten geführt (Einl. S. 138).
Foto: Stefan Moses, München
W. Köllmann, Bevölkerung und Raum in neuerer und neuester Zeit. In: Bevölkerungs-Ploetz. [2]1955; B. Pfister, Untersuchungen zum deutschen Vertriebenen- und Flüchtlingsproblem. 1954 ff.; F. Edding, Die Flüchtlinge als Belastung und Antrieb der westdeutschen Wirtschaft 1952; E. Pfeil, Der Flüchtling. 1948

Tafel 398. a) Bundeskanzler Ludwig Erhard, geb. 1897. Fotografie
Erhard war 1928—1942 am Institut für Wirtschaftsbeobachtung der Handelshochschule Nürnberg tätig und wurde 1945 Professor an der Universität München. 1945/46 war er Wirt-

schaftsminister in Bayern, 1948/49 Direktor der Verwaltung für Wirtschaft des Vereinigten Wirtschaftsgebietes und auf der deutschen Seite maßgeblich an der Währungsreform sowie deren Durchführung im Rahmen der westdeutschen Wirtschaft beteiligt. Er übernahm die Verantwortung dafür, den verhängnisvollen Zirkel Armut-Rationierung-Zwangswirtschaft-niedrige Produktion zu durchbrechen, und leitete damit das »Wirtschaftswunder« ein, mit dem er selbst bald identifiziert und somit als Hauptträger des wirtschaftlichen Wiederaufstiegs in Westdeutschland angesehen wurde. Seit 1949 gehörte er dem Bundestag als Mitglied der CDU an und wurde am 20. September 1949 erster Bundeswirtschaftsminister. Als solcher trat er entschieden für die vom Ordo-Kreis — darin maßgeblich von Müller-Armack — formulierte, aus dem Liberalismus des 19. Jahrhunderts entwickelte Soziale Marktwirtschaft ein. Er blieb auch im zweiten, dritten und vierten Kabinett Adenauer Bundeswirtschaftsminister, seit 1957 als Stellvertreter des Bundeskanzlers. Am 23. April 1963 wurde er zum Nachfolger Adenauers als Bundeskanzler nominiert. Seit 1956/57 geriet seine Politik unter dem Einfluß von Strukturproblemen und dem Druck von Interessenten-Ansprüchen zunehmend in Schwierigkeiten. 1966 trat er zurück. »1949 hat Franz Etzel gemeinsam mit Franz Böhm und Bernhard Pfister in den Düsseldorfer Leitsätzen der CDU den Gedanken der Sozialen Marktwirtschaft aufgenommen und damit zur offiziellen Leitidee der neuen Wirtschaftspolitik gemacht. Ihm kommt unstrittig das Verdienst zu, nun von den politischen Instanzen her den Gedanken der Sozialen Marktwirtschaft in die Phase einer progressiven Realisierung hineingeführt zu haben ... Was sich im deutschen Wiederaufbau vollzog, war nicht, wie es gelegentlich vom Ausland her empfunden und genannt wurde, ein deutsches Wirtschaftswunder, sondern die Frucht einer aus einer engen Zusammenarbeit von Wissenschaft und Wirtschaftspolitik geschaffenen Synthese, die sich als fruchtbar erwies« (Müller-Armack) (Einl. S. 138).
Foto: Thomas Höpker, Hamburg
A. Müller-Armack, Wirtschaftslenkung und Marktwirtschaft. 1946; ders., Wirtschaftsordnung und Wirtschaftspolitik 1966; ders., Wissenschaft und Wirtschaftspolitik — Erfahrungen im Laufe ihrer Zusammenarbeit. Etzel-Festschrift, 1967; E. Salin, Politische Ökonomie. 1967; T. Pünder, Das Bizonale Interegnum. Geschichte der Verwaltung des Vereinigten Wirtschaftsgebietes. 1967; K. Adenauer, Erinnerungen. 1965/67.

Tafel 398. b) Hamburg, Hafen mit Industriegelände, 1967. Fotografie
Im Mittelalter neben Lübeck die bedeutendste Vertreterin der Hanse, nach 1648 »die einzige Luftröhre des Deutschen Reiches«, im 19. Jahrhundert »Deutschlands Tor zur Welt«, wurde Hamburg seit 1942 durch Luftangriffe so schwer getroffen, daß Schiffahrt, Industrie und Handel bei Kriegsende gänzlich zerstört zu sein schienen. Die Energie des Stadt-Staates führte zwar zu einem schnellen, eindrucksvollen Wiederaufbau, doch wurde er behindert und eingeengt durch die Zonengrenze, die Hamburg sein Hinterland und den Elbe-Verkehr nahm, durch den Ausbau der mitteldeutschen Ostseehäfen und später durch die Umstrukturierung des Überseeverkehrs: den Übergang zu den sehr großen Tankschiffen, den Bau des »Europort« in Rotterdam, die Intensivierung der Rheinschiffahrt und die immer stärkere Benutzung von Pipelines. Dadurch geriet Hamburg — das Bild zeigt den Hafen, eine Raffinerie, das Verwaltungsgebäude eines Industriekonzerns sowie den »Michel«, das alte, und den Fernsehturm, das neue Wahrzeichen der Stadt — bereits während des Wiederaufbaues wie die anderen deutschen Nordseehäfen zusätzlich zu den vom Kriegsausgang verursachten Schwierigkeiten in neue Probleme, die aus der Vergangenheit in die Zukunft weisen (Einl. S. 138).
Foto: Thomas Höpker, Hamburg
C. A. Andreae / D. Schoen, Der größere Markt, Wirtschaftsintegration vom Atlantik bis zum Ural. 1966

Tafel 399. Kritik an der Bundesrepublik: Heinrich Böll, geb. 1917. Fotografie
Während von der großen Mehrheit ihrer Bürger die Errichtung und der wirtschaftliche Aufstieg der Bundesrepublik sowie deren politische Anerkennung begrüßt wurden, fanden immer mehr Kritiker an ihr Schwächen der nachbis-

marckischen Zeit, des wilhelminischen Reiches: außenpolitische Selbstüberschätzung und Einseitigkeit, innenpolitische Erstarrung, Unterbewertung der politischen, religiösen, sozialen und landsmannschaftlichen Minderheiten, sozialpolitische Rückständigkeit, privatkapitalistische Übersteigerungen, Überschätzung des wirtschaftlichen Wohlstandes, Vernachlässigung der Kultur- und Bildungsaufgaben und anderes mehr. Diese bei vielen Gelegenheiten in den Massenmedien und in der Literatur formulierte Kritik fand ihre eindrucksvollsten und umstrittensten Vertreter in Schriftstellern wie Enzensberger, Grass, Hochhut, Lenz, Weiß und Heinrich Böll. Dieser stellte zunächst in seinen Werken mit der Gesinnung eines christlichen Moralisten die materiellen und seelischen Nöte und Probleme der Menschen besonders in der Nachkriegszeit dar, ging aber in Rundfunkvorträgen, Reden, Rezensionen usw. auch zur unmittelbaren Kritik an der Bundesrepublik, ihrer Politik und Gesellschaft über: »Der Zeitgenosse und die Wirklichkeit«, »Brief an einen jungen Katholiken«, »Die Sprache als Hort der Freiheit«, »Lämmer und Wölfe«, »Die Verantwortung des Schriftstellers«, »Zum 1. Mai«. »Von einigen Ausnahmen abgesehen, sind die Angehörigen meiner Altersklasse gar nicht dazu gekommen, Kommunisten zu werden. Sie haben diesen, wie ich finde, notwendigen geistigen Prozeß versäumt, einen Prozeß, den ich aber nicht etwa als Turnübung verstehe, sondern der so vonstatten geht, daß einer tatsächlich Kommunist wird und es möglicherweise auch bleibt. Und ich führe das miserable politische Leben in der Bundesrepublik darauf zurück, daß nicht wenigstens einige von uns Kommunisten geworden und es auch geblieben sind. Dann gäbe es diese linken Flügelchen nicht, diese widerwärtige, schon etablierte Denunziation. Aber meiner Altersklasse ist die Auseinandersetzung mit dem Kommunismus, die Chance und Gefahr, möchte ich sagen, durch Hitler und Stalin zu sehr erleichtert und zu häufig erspart worden. Wahrscheinlich wäre ich — solche hypothetischen Spielereien erlaubt sich ja jeder hin und wieder — Kommunist geworden. Aber ich war nie einer und bin keiner. Vielleicht bin ich ein Verhinderter Kommunist« (H. Böll, 11. 8. 1967 in »DIE ZEIT«) (Einl. S. 139). *Foto: Stef. Moses, München*

Der Schriftsteller Heinrich Böll, ein biographisch-bibliographischer Abriß. [3]*1962; W. J. Schwarz, Der Erzähler Heinrich Böll. 1967; R. Allemann, Bonn ist nicht Weimar. 1956; R. W. Leonhardt, X-mal Deutschland.* [6]*1962; R. Altmann, Das Erbe Adenauers. 1960; O. H. von der Gablentz, Die versäumte Reform. 1960*

Tafel 400. Erster Bundeskanzler: Konrad Adenauer, 1876—1967, in seinem Gartenhaus beim Aktenstudium für seine »Erinnerungen«
1906 Beigeordneter, 1909 Erster Beigeordneter, 1917 Bürgermeister der Stadt Köln; 1933 von den Nationalsozialisten aus dem Amt entfernt, 1934 vorübergehend sistiert, dann aus dem Regierungsbezirk Köln ausgewiesen, 1944 vorübergehend in Konzentrationslager und Zuchthaus; 1945 Oberbürgermeister von Köln, am 6. Oktober von den Engländern entlassen; 1948 Präsident des Parlamentarischen Rates, 15. September 1949 erster Kanzler der Bundesrepublik Deutschland. Adenauer schlug 1950 die Bildung einer deutsch-französischen Union vor. 1951 Unterzeichnung des Schuman-Planes, 1952 des deutsch-israelischen Wiedergutmachungsabkommens. 1953 zweites Kabinett Adenauer. 1955 wird die Bundesrepublik ein souveräner Staat. 1957 drittes, 1961 viertes Kabinett Adenauer. Am 15. Oktober 1963 tritt Adenauer nach mehr als 14jähriger Amtsführung zurück: Ende der »Ära Adenauer« für die Bundesrepublik. Am 19. April 1967 Tod Dr. Konrad Adenauers. »Hier in unserer Versammlung wird der Name Konrad Adenauers stets mit denen Alcide de Gasperis und Robert Schumans verknüpft sein. Was diese Männer verband, war vor allem ihre gemeinsame Herkunft: Sie alle stammten aus Grenzländern, aus Trient, Lothringen und dem Rheinland. Alle drei waren erfüllt von dem brennenden Wunsch, alles Übel, das der Nationalismus über Deutschland gebracht hatte, für immer zu beseitigen. Keiner dieser drei Väter Europas hat allerdings die Erfüllung ihrer Bestrebungen erleben dürfen« (Sir Geoffrey de Freitas, Präsident der Beratenden Versammlung des Europarates am 25. 4. 1967) (Einl. S. 140).
Foto: Georg Munker, Bonn
P. Weymar, Konrad Adenauer. 1955 (autorisierte Biographie); Bulletin d. Presse- u. Informationsamtes d. Bundesregierung Nr. 41—44, 1967

Tafel 401. Der Student Benno Ohnesorg nach dem tödlichen Schuß am 2. 6. 1967. Fotografie

Der Tumult anläßlich des Schah-Besuchs am 2. Juni 1967 in Berlin, bei dem der Student Benno Ohnesorg den Tod fand, hat eine lange Vorgeschichte. Sie begann mit der Trennung des Sozialistischen Deutschen Studentenbundes (SDS) von der SPD, weil diese sich 1959 in ihrem Godesberger Programm vom orthodoxen Marxismus losgesagt hatte, um eine »Volkspartei« werden zu können, und führte über die gewalttätige Demonstration gegen den Besuch des kongolesischen Premiers Moise Tschombé in Berlin, Aktionen radikaler Studentengruppen in Stuttgart, München und Frankfurt, das »Manifest« einer Gruppe »Subversive Aktion« anläßlich der Ermordung von John F. Kennedy, Auseinandersetzungen in der FU Berlin im Jahre 1965, bei denen sich erstmals die gesamte Studentenschaft einer Universität gegen deren Senat stellte, Angriffe auf die »Konsumgesellschaft« im Dezember 1966 in Berlin, Proteste gegen den Vietnamkrieg, Sit-ins gegen die Große Koalition in Bonn schließlich zu jener Schlacht links- und rechtsradikaler Studentengruppen gegeneinander und zum harten Einsatz der Polizei gegen beide. Seit dem Winter 1968/69 gab es Zeichen der Resignation, nicht zuletzt, weil es keinem Teil der »Außerparlamentarischen Opposition« (APO) gelang, größere Kreise der Arbeiterschaft zu aktivieren und die »Revolution des Proletariats« in Gang zu bringen. Der SDS zerfiel ebenso wie die »Neue Linke«, deren Hauptleistung darin bestand, daß sie auf wichtige, bis dahin unterschätzte Probleme aufmerksam gemacht hatte: die Verteilung von Eigentum und Macht, die öffentliche Mitbestimmung, die Frage der Herrschaft über die Medien, den Pazifismus, die Verteidigung nach innen und außen. Die antiautoritäre Protestbewegung, die nur zum Teil studentischer Aktivität entstammt, bildete auch eine Wurzel des Terrorismus in Deutschland (Einleitung S. II).

Foto: dpa, Frankfurt/M.

G. Statera, Death of Utopia. 1975; G. Langguth, Die Protestbewegung in der Bundesrepublik Deutschland 1968/76. 1977

Tafel 402. Terrorismus in der Bundesrepublik: Fahndungsplakat des Bundeskriminalamts in Wiesbaden vom 15. 11. 1979 mit Steckbriefen mutmaßlicher Terroristen

Der Terrorismus ist so alt wie der Protest gegen gesellschaftliche Ordnungen und Regeln. »Feme« mit »Fememorden« sowie »Werwolf«-Gruppen hat es in Deutschland mehrfach, ähnliche Erscheinungen (z. B. Lynchjustiz) in vielen anderen Ländern gegeben. Von den — nicht nur studentischen — Organisatoren und Teilnehmern »außerparlamentarischer« Protestaktionen seit 1967 gab es schon früh Verbindungen zu Terroristen, die sich anfangs südamerikanische Stadtguerillas (Tupamaros) zum Vorbild nahmen, sich aber auch bald von der PLO ausbilden ließen. Der 14. Mai 1970, an dem Andreas Baader, der 1968 mit Gudrun Ensslin wegen Kaufhausbrandstiftung verurteilt worden war, gewaltsam aus dem Gefängnis befreit wurde, gilt als »Geburtstag« der ersten deutschen Terroristengruppe, der Baader-Meinhof-Bande, die sich »Rote Armee-Fraktion« (RAF) nannte. Daneben gab es bald weitere Gruppen. 1972 ging aus den »Schwarzen Zellen« in Berlin die »Bewegung 2. Juni« (1967: Tag des Schah-Besuches in Berlin) hervor, die später mit der RAF fusionierte (Einleitung S. IV).

Foto: Bundeskriminalamt, Wiesbaden

R. Tophoven, Der internationale Terrorismus, beilage zur wochenzeitung »das parlament«. 12. 2. 1977; Gewerkschaft der Polizei (Hg.), Innere Sicherheit — Terrorismus. 1977; A. Jeschke u. a., Der Minister und der Terrorist, Gespräche zwichen Gerhart Baum und Horst Mahler. 1980

Tafel 403. Das Klinikum in Berlin-Steglitz, 1969. Fotografie

Da das vor mehr als einem Jahrhundert entwickelte Pavillonsystem sich als nachteilig für die heute nötige enge Zusammenarbeit der immer zahlreicher werdenden diagnostischen und therapeutischen Fächer, Laboratorien und Installationen erwies, lag es angesichts der Erfahrungen mit Hochhausbauten z. B. in Industrie und Hotellerie nahe, Gruppen von Fachkliniken in einem Baukomplex zusammenzufassen.

Das erste Großkrankenhaus in Deutschland entstand unter der wissenschaftlichen Leitung von Universitätsprofessor Dr. med. h. c. Heinz Goerke in Berlin-Steglitz für die 1948 gegründete Freie Universität Berlin. Im Jahre 1958 stellte die Regierung der USA die Mittel für ein Klinikum mit 1 400 Betten zur Verfügung. 1961 begannen die Rohbauarbeiten, am 9. 10. 1968 wurde der fertiggestellte Bau, dessen Kosten in Höhe von 302 Millionen DM hauptsächlich die Bundesrepublik und Berlin getragen hatten, dem Land Berlin und von diesem der FU übergeben, im März 1969 trafen die ersten Patienten ein. Von den Patienten und von den Ärzten und deren Mitarbeitern verlangt die Einordnung in einen solchen Großbetrieb eine schwierige Umstellung, doch wird man aus Kostengründen, wegen steigender Patientenzahlen und der erreichbaren Qualität der ärztlichen Versorgung nicht mehr darauf verzichten können (Einleitung S. I).
Foto: Hans Weidemann, Berlin
H. Goerke u. a., Der Weg zur medizinischen Inbetriebnahme des Klinikums Steglitz. Berliner Medizin 19/1968; ders., Die ersten dreißig Monate im Klinikum Großhadern, in: Klinikum Großhadern der Ludwig-Maximilians-Universität München, Festschrift Bd. II. 1977; O. Pahl u.a., Klinikum Großhadern — Baubeschreibung der Gesamtanlage, ebda Bd. I

Tafel 404. Das Kernkraftwerk Biblis, 1971. Fotografie

1958, drei Jahre nach der ersten internationalen Konferenz über die friedliche Nutzung der Kernenergie, gründeten die Rheinisch-Westfälische-Elektrizitätswerk AG und die Bayernwerk AG die Versuchsatomkraftwerk GmbH Kahl. Sie widmete sich in erster Linie der Forschung und der Ausbildung von Personal. Ihre guten Ergebnisse führten zum Bau des ersten Großkraftwerks auf Kernenergiebasis in Großremmingen, das ab 12. November 1966 seinen Strom an das Netz abgab. Zehn Jahre später legte man dort den Grundstein für zwei weitere Kraftwerksblöcke. 1969 folgte der Auftrag für ein Kernkraftwerk in Biblis, 1971, angesichts des ständig wachsenden Strombedarfs der für einen zweiten Block dieses Kraftwerks, das mit einer Gesamtleistung von 2 500 Megawatt einen Meilenstein in der Entwicklung der deutschen Elektrizitätswirtschaft und der deutschen Kraftwerkstechnik darstellen soll. Weitere Kernkraftwerke befanden sich nicht nur in Industrieländern, sondern z. B. auch in Erdöl fördernden Staaten in verschiedenen Entwicklungsphasen von der Planung bis zur Fertigstellung, als es in der Bundesrepublik zu Protesten gegen den Gesamtkomplex der Kernenergieerzeugung und -verwendung kam: Sie führten bis zu Baustellenbesetzungen, Materialvernichtung und gewaltsamen Auseinandersetzungen mit der Polizei. Die im März 1979 vom Bundestag eingesetzte Kommission »Zukünftige Kernenergie-Politik« legte im Juni 1980 einen Bericht vor. Die Stellungnahmen ihrer Mitglieder reichten von der Empfehlung, ab 1990 allmählich auf Kernenergie zu verzichten, bis zum Vorschlag, ab sofort bis 1990 jährlich zwei Kernkraftwerke zu errichten (Einleitung S. IV).
Foto: Luftaufnahme Aero-Lux, Frankfurt/Main, Freigegeb. Reg.-Präs. Darmstadt Nr. 1917/79
E. Scheuten u. a., Das Recht der öffentlichen Energieversorgung. 1980; ETV-Schriftenreihe. Bde. 8, 1979, und 10, 1980; E. Häckel u. a., Nuclear Policy in Europe, France, Germany . . . 1980

Tafel 405. a) Die Unterzeichnung des deutsch-sowjetischen Vertrags am 12. August 1970 im Katharinensaal des Kreml. Von links: Bundesaußenminister Walter Scheel, Bundeskanzler Willy Brandt, Alexej Kossygin, Vorsitzender des Ministerrates der UdSSR, Andrey Gromyko, Außenminister der UdSSR. b) Die Unterzeichnung des deutsch-polnischen Vertrags im Palais des Ministerrats in Warschau am 7. Dezember 1970. Von links: Staatssekretär Egon Bahr, Bundeskanzler Willy Brandt, der Generalsekretär der polnischen Arbeiterpartei, Wladislaw Gomulka, Ministerpräsident Josef Cyrankiewicz, Außenminister Stefan Jendrychowski. Fotografien

Die Regierung Adenauer nahm 1955 diplomatische Beziehungen zur Sowjetunion auf. Wenige Tage nach seinem Rücktritt am 11. Oktober 1963 äußerte Adenauer seine Zuversicht, daß die Beziehungen der Bundesrepublik zur UdSSR auf dem Wege über wirtschaftliche Zusammenarbeit verbessert werden würden, nachdem er selbst seit 1957 bei wachsendem Zweifel am Dauererfolg seiner Westorientierung und der Politik der Stärke um den Dialog mit der UdSSR bemüht gewesen sei. Ludwig Erhard betrieb als Bundeskanzler eine glücklose Ostpolitik. Die ihm folgende »Große Koalition« tat den Schritt zu einer vom Vizekanzler und Außenminister Willy Brandt, seinem Berater Egon Bahr und dem Bundesminister für Gesamtdeutsche Fragen, Herbert Wehner, konzipierten »Bonner Ostpolitik«.

Seit der Bundestagswahl im September 1969 konnten SPD und F.D.P. ihre Ostpolitik beschleunigen und intensivieren. Sie führte nach dem Bahr-Papier vom 22. Mai 1970, das eine Vorausregelung mit Breschnew ermöglichte, am 12. August 1970 zu dem fünf Artikel umfassenden »Normalisierungsvertrag« von Moskau. Er wurde mit dem Bekenntnis zum Gewaltverzicht, zur Unverletzbarkeit der Grenzen und zur De-facto-Anerkennung des territorialen Status quo in Europa geschlossen. In einem bei der Unterzeichnung übergebenen »Brief zur deutschen Einheit« stellte die Bundesregierung fest, daß der Vertrag nicht im Widerspruch stehe zu ihrem Ziel der friedlichen Wiedervereinigung Deutschlands in freier Selbstbestimmung.

Der Moskauer Vertrag bildete die Voraussetzung für die Abkommen mit anderen Ostblockstaaten. Außerdem besteht ein Zusammenhang zwischen ihm und dem Viermächteabkommen über Berlin von 1971 sowie dem innerdeutschen Grundlagenvertrag von 1972, der die gegenseitige De-facto-Anerkennung der Bundesrepublik und der DDR bedeutet.

Der »Warschauer Vertrag« zwischen der Bundesrepublik und der Volksrepublik Polen über die Normalisierung ihrer gegenseitigen Beziehungen folgte am 7. Dezember 1970. Er enthält u. a. die Anerkennung der »westlichen Staatsgrenze der Volksrepublik Polen«. An ihn schlossen sich im Dezember 1973 ein entsprechender Vertrag mit der Tschechoslowakei sowie die Aufnahme diplomatischer Beziehungen zu Bulgarien und Ungarn an. Mit diesen Vereinbarungen wurde die Ostpolitik der Bundesrepublik formell abgerundet.

Der Berlin-Vertrag geht auf seiten der Westmächte von der Auffassung aus, daß diese im westlichen Teil der Stadt die volle Souveränität ausüben. Die Sowjetunion behauptet dagegen, als Erobererin Berlins habe sie dort als einzige Macht originäre Rechte und den Westmächten nur Verwaltungsrechte in ihren Sektoren unter einer Art sowjetischer Oberhoheit eingeräumt. Über die Art der Beziehungen West-Berlins zur Bundesrepublik gibt es unter den Vertragspartnern Meinungsverschiedenheiten (ties und liens = »Bande«, svjazi = Kommunikations-»Verbindungen«) (Einleitung S. III).

Fotos: Presse- und Informationsamt der Bundesregierung, Bonn

W. Scheel (Hg.), Nach dreißig Jahren, die Bundesrepublik Deutschland — Vergangenheit, Gegenwart, Zukunft. 1979; P. Noack, Deutsche Außenpolitik seit 1945. 1977; H.-A. Jacobsen (Hg.), Bundesrepublik Deutschland — Volksrepublik Polen, Bilanz ihrer Beziehungen. 1980; B. Zündorf, Die Ostverträge. 1980

Tafel 406. Herbert von Karajan, geb. 1908, dirigiert die Berliner Philharmoniker. Fotografie

Karajan, geboren 1908 in Salzburg, dirigierte in Berlin erstmals 1937 an der Staatsoper. Anschließend erhielt er einen Gastvertrag. 1941 berief man ihn als Staatskapellmeister an die Berliner Staatsoper und zum Leiter der Symphoniekonzerte der Staatskapelle. 1953 und 1954 wurde er zu den Berliner Philharmonikern eingeladen, deren Leitung zu erhalten er sich seit seinem ersten Auftreten in der Reichshauptstadt gewünscht hatte, da er in diesem Klangkörper eine »fast ideale Basis« für seine Arbeit sah. 1955, nach Furtwänglers Tod, wurde er auf Lebenszeit zum Leiter des Berliner Philharmonischen Orchesters berufen. 1968/69 gründete er die »Herbert-von-Karajan-Stiftung«, die in zweijährigem Turnus internationale Wettbewerbe für junge Dirigenten und Jugendorchester durchführt, und 1972 die »Orchester-Akademie«. 1973 wurde Herbert von Karajan Ehrenbürger von Berlin (Einleitung S. I).

Foto: Reinhard Friedrich, Berlin
E. Haeussermann, Herbert von Karajan. 1978; S. Walther (Hg.), Mensch und Musik, Festschrift für Herbert von Karajan. 1978

Tafel 407. Ein Saal der ersten »documenta«-Ausstellung in Kassel, 1955. Fotografie

Im Jahre 1955 fand nach einer Idee und unter der Leitung von Professor Arnold Bode in dem vom Kriege zu 80 % zerstörten Stadt Kassel die erste »documenta«-Ausstellung statt. Sie sollte einen umfassenden Überblick über Entwicklungen und Tendenzen der Kunst in der ersten Hälfte des 20. Jahrhunderts, nicht zuletzt in der Zeit von 1933 bis 1945, geben. 670 Werke von 148 Künstlern aus sechs Nationen fanden international begeisterte Zustimmung (130 000 Besucher) und wurden, auch in den Medien, aufs lebhafteste diskutiert. Seitdem bekam die »documenta« eine Art Eigenleben: In jedem vierten Jahr fanden in Kassel weitere Ausstellungen statt. Im Jahre 1977 stand die »documenta 6« unter der Leitung von Max Schneckenburger. Zum erstenmal wurden drei Generationen technischer Medien gezeigt: Fotografie, Film und Video. Die Malerei wurde in einem dialektischen Verhältnis zur Fotografie gesehen (Einleitung S. I).
Foto: Günther Becker, Kassel
Kataloge; D. Westecker / C. Eberth / W. Lengemann / E. Müller, documenta — Dokumente 1955—1968. 1972; Informations-Sonderheft der documenta 6, 1977

Tafel 408. Teil der Sammlung Ludwig im Wallraf-Richartz-Museum in Köln, 1969. Fotografie

Am 30. Oktober 1968 entschloß sich der Aachener Sammler und Vorsitzende des dortigen Kunstvereins, Dr. Peter Ludwig, in einem Gespräch mit dem Generaldirektor der Kölner Museen, Professor Dr. Gert von der Osten, den größten Teil seiner Sammlung »Kunst der unmittelbaren Gegenwart«, die er mit seiner Frau zusammengetragen hatte, im Umfang von neunzig bis einhundertvierzig zum Teil sehr großformatigen Objekten dem Wallraf-Richartz-Museum als Dauer-Leihgabe zu überlassen. Das Ehepaar Ludwig wurde damit ein Glied der langen Kette großer Mäzene dieses Museums, die mit Franz Wallraf 1824 begann und, nach der Leibl-Stiftung von 1911, der Carstanjen-Sammlung sowie vielen anderen Stiftungen, im Jahre 1946 von Dr. Josef Haubrich fortgesetzt worden war (Einleitung S. I).
Foto: Rheinisches Bildarchiv, Köln
Katalog: Kunst der sechziger Jahre. Sammlung Ludwig im Wallraf-Museum. 41970: mit Beiträgen von G. von der Osten, P. Ludwig und H. Keller

Tafel 409. Künstlerischer Leiter des Studios für Elektronische Musik des Westdeutschen Rundfunks: Karlheinz Stockhausen, geb. 1928. Fotografie

Herbert Eimert (1897—1972), der 1923, unabhängig von Arnold Schönberg, ein eigenes Zwölfton-System aufgestellt hatte, gründete am 18. Oktober 1951 am Kölner Studio des damaligen NWDR das »Studio für Elektronische Musik«, das ihm schnell Weltruhm eintrug. Als einer der führenden Musikerzieher berief er viele hochbegabte Musiker nach Köln — an ihrer Spitze Karlheinz Stockhausen. Seit 1953 ist dieser ständiger Mitarbeiter des Studios für Elektronische Musik des WDR, Köln, seit 1963 dessen künstlerischer Leiter (Einleitung S. I).
Foto: WDR Köln / Gisela Scholz, Köln
Beilage zur Schallplatte »Herbert Eimert, Elektronische Musik«; W. Reich, Gespräche mit Komponisten. 1965; H. Eimert u. a., Lexikon der Elektronischen Musik. 1973; K. Stockhausen, Texte zur Musik. 1962/78

Tafel 410. Olympiagelände in München mit Zeltdach, 1972. Fotografie

Die XX. Olympiade fand vom 26. August bis zum 11. September 1972 in München (und Kiel) statt. Ihr äußerer Rahmen wurde aufgrund des in einem Preisausschreiben erwählten Entwurfs von Günter Behrens geschaffen. Den kritischen Teil des Entwurfs bildete das Zeltdach, das sich in vielen Wellen und Falten fast über die ganze Anlage wölbt.
Die Olympischen Spiele wurden überschattet durch den Überfall arabischer Terroristen auf die elfköpfige israelische Olympiamannschaft in der Nacht vom 4. zum 5. September 1972. Durch die Geiselnahme der Israelis, bei der zwei Sportler sofort ums Leben kamen, woll-

ten die Terroristen der Gruppe »Schwarzer September« die Freilassung von etwa 200 in israelischen Gefängnissen befindlichen arabischen politischen Gefangenen erzwingen. Die israelische Regierung lehnte die Freigabe aller oder einiger Gefangener ab. Nach 16 Stunden ergebnisloser Verhandlungen entschlossen sich die Regierungen der Bundesrepublik Deutschland und des Freistaates Bayern zum Versuch einer gewaltsamen Befreiung. Während bei dieser Aktion ein deutscher Polizeibeamter ermordet, fünf Terroristen getötet und drei verwundet wurden, warfen die Araber Handgranaten in die Hubschrauber und ermordeten alle neun Geiseln (Einleitung S. IV).
Foto: Münchner Olympiapark GmbH
Offizieller Bericht über die Olympiade. 1973/74

Tafel 411. Messegelände in Hannover, 1980. Fotografie

Im Jahre 1946 stellten die USA und Großbritannien fest, daß die Besetzung Westdeutschlands sie ständig sehr viel Geld kosten werde, wenn das Land nicht in die Lage versetzt würde, durch Exporte Devisen einzunehmen und mit diesen die nötigen Einfuhren zu finanzieren. Am 18. August 1947 wurde daraufhin die auf Anordnung der britischen Militärregierung ins Leben gerufene »Exportmesse Hannover« eröffnet. 740 000 Besucher bestaunten das Nachkriegswunder, bei dem 1 300 Firmen aus der »Bi-Zone«, die eine strenge Prüfung auf »Exportfähigkeit« und »Auftragserledigung in höchstens zwei Jahren« bestanden hatten, in vier ehemaligen Fabrikhallen ihre Leistungsfähigkeit demonstrierten. Die 3 000 einkaufsberechtigten ausländischen Besucher erteilten zum allgemeinen Erstaunen Aufträge für mehr als 31,5 Millionen harte Dollar und legten damit den Grundstein für Westdeutschlands Exportgeschäft. Nach Währungsreform, Marshall-Plan und Staatsbildung boten 1950 bereits etwa 230 ausländische Aussteller vorwiegend kurzlebige Verbrauchsgüter an. 1952 verwandelte sich die Deutsche Exportmesse durch 1 218 Auslandsfirmen aus 59 Ländern gegenüber 1 362 deutschen Firmen in eine weltweite Importmesse. Allgemeiner technologischer Fortschritt, deutscher Exportboom und beginnende europäische Integration ließen daraus — bei immer stärkerer Beteiligung amerikanischer und asiatischer Staaten in den sechziger und siebziger Jahren — eine Weltmesse der Industrie werden. Sie verfügt über das größte Messegelände der Bundesrepublik: 970 000 m² mit 23 Hallen mit 452 000 m² Ausstellungsfläche und einem Freigelände von 300 000 m² (Einleitung S. 140).
Foto: Gerhard Dierssen, Hannover. Luftbild Freigegeb. RP Braunschweig Nr. 27/662-08; Messe-AG
Messe-Nachrichten, Offizielles Organ der Deutschen Messe- und Ausstellungs-AG., 1947 bis 1972, 25 Jahre Deutsche Messe- und Ausstellungs-AG. 1972

Tafel 412. Der Zensor. Gemälde von Silvia Quandt. Fotografie

Silvia Quandt ist eine intellektuelle Gedanken-Malerin, deren Bilder häufig Kritik an Verhältnissen unserer Gegenwart zu üben scheinen. Durchdringend blickende Augen sind ein vielfach wiederkehrendes Element in Gemälden und Collagen. Vögel symbolisieren sich verbindende und lösende Gedanken in Bildern, deren flächige Farbgebung immer kühler und zurückhaltender wirkt.
Steins »Kulturfahrplan« hob 1971 ihr Gemälde »Allegorie des Abschieds« neben Schmidt-Rottluffs »Schwarzem Haus«, Trökes »Vogelparadies« und Wunderlichs »Daniela verhüllt« als eines der Gemälde des Jahres hervor (Einleitung S. II).
Foto: R. Nohr, München
H. Kiessling (Hg.), Begegung mit Malern, Die Münchner Kunst 1955—1980. 1980

Tafel 413. Das Bankenviertel in Frankfurt/M., 1980. Fotografie

Zu den Maßnahmen, welche die westlichen Siegermächte 1945 ergriffen, um in Deutschland für alle Zeiten die Bildung wirtschaftlicher Großmacht zu verhindern, gehörte die »Entflechtung« der Großbanken. Für den Wiederaufbau, den die Besatzungsmächte nach einigen Jahren im eigensten Interesse betrieben, waren sie unerläßlich. In einem »Vorschlag, betreffend die zukünftige Struktur der deutschen Aktienbanken« wandte sich Hermann J. Abs, der seit 1937 dem Vorstand der

Deutschen Bank AG angehört hatte, zusammen mit Marx (Commerzbank AG) und Götz (Dresdner Bank AG) an die Alliierten, um aus den vielen Teilinstituten wieder funktionierende Aktienbanken zu schaffen. Das gelang 1952 bei der Deutschen Bank durch die Zusammenfassung in drei Regionalinstitute in Hamburg, Düsseldorf und München. Diese konnten 1957 wieder zur Deutschen Bank AG verschmolzen werden. Ähnlich verlief der Weg der anderen westdeutschen Großbanken. Während bis 1945 die Reichshauptstadt Berlin ihr Sitz gewesen war, fanden sie sich nun mit ihren Hochhäusern in Frankfurt am Main zusammen (Einleitung S. 140).
Foto: dpa, Frankfurt/M.
Jubiläumswerke 1970 der Commerzbank AG und der Deutschen Bank AG (Fritz Seidenzahl); H. Wolf, 30 Jahre Nachkriegsentwicklung im deutschen Bankenwesen. 1980

Tafel 414. a) Der letzte »Käfer« in Wolfsburg, 1974. b) Die »Neue Klasse«: BMW 520. Im Hintergrund das BMW-Hochhaus in München, 1970. c) Der Erfolgreiche: Lkw von Daimler-Benz in Stuttgart, 1980. Fotografien

Den von Ferdinand Porsche am 17. Januar 1934 dem Reichsverkehrsminister vorgestellten, im Dritten Reich aber nur an die Wehrmacht ausgelieferten «Volkswagen« wollte Hitler für RM 1 000,— äußerlich im Rahmen der Sozialpolitik, in Wirklichkeit als innenpolitisches Polizeiinstrument verwenden. 1944 wurden zwei Drittel des Volkswagenwerkes zerbombt. Auf Veranlassung der britischen Militärregierung begann 1945 erneut die Produktion. Anfang 1948 übernahm Heinrich Nordhoff die Leitung und begann mit dem Ausbau der bald berühmten Vertriebs- und Kundendienstorganisation. Vier Jahre nach Nordhoffs Tod (1968) wurde der »Käfer« Weltmeister, indem er den Absatzerfolg des Ford-T-Modells übertraf. Gleichzeitig begann eine neue Modellpolitik. Am 19. Januar 1978 lief im Werk Emden der letzte in der Bundesrepublik produzierte »Käfer« vom Band. Er trug die Nummer 16 255 500 und gelangte sofort ins Werksmuseum, während die Produktion weltweit 19,3 Millionen erreicht hatte.

Im Jahre 1917 entstanden durch Fusion die Bayerischen Motoren-Werke (BMW). Sie wurden weltberühmt durch Höhen- und Geschwindigkeitsrekorde von Flugzeugen, Motorrädern und -booten. Nach der Zerstörung großer Teile des Werks im Zweiten Weltkrieg wurden weitere Anlagen demontiert. Erst 1948 begann die Produktion von Motorrädern und Pkw für den Markt wieder. Seit 1956 führte die bisherige Modell- und Preispolitik zu großen Absatzschwierigkeiten; 1959 stand der Zusammenbruch bevor. Dr. Herbert Quandt, einer der Hauptaktionäre von Daimler-Benz, rettete Ende 1959 — als Borgward zusammenbrach — durch den Einsatz seines Vermögens und seines unternehmerischen Ansehens, auch entgegen dem Rat vieler Fachleute und Bankiers, BMW und 6 000 Arbeitsplätze vor dem Untergang. 1961 konnte mit dem BMW 1500 eine neue Modell- und Preispolitik eingeleitet, 1970 mit der »Neuen Klasse« (Modell BMW 520) erfolgreich fortgesetzt werden.

Im Jahre 1926 entstand durch Fusion der beiden ältesten und für die autotechnische Entwicklung bedeutendsten Kraftfahrzeugunternehmen der Welt, der Daimler-Motoren-Gesellschaft und der Firma Benz & Cie., die Daimler-Benz AG. In der großen Wirtschaftskrise 1928—1932 sank die Produktion auf 25 % von 1927. Neben wirtschaftlichem Aufschwung seit 1932 gab es zahlreiche Motorsport- und Wirtschaftlichkeitserfolge, die den »Mercedes« weltberühmt machten. Der Bombenkrieg zerstörte zwar große Werkteile, doch von Demontage und Entflechtung wurde Daimler-Benz verschont. Hatte die AG vom Januar bis zum April 1945 aufgehört zu produzieren und fast auch zu existieren, so konnte sie bald darauf nicht nur mit dem Kraftwagenbau, sondern auch wieder mit Forschung und Entwicklung beginnen. 1959 wurden erstmals mehr als 40 % des Gesamtumsatzes exportiert, 1979 waren es fast 55 % des Konzern- und nahezu 45 % des Daimler-Benz-AG-Umsatzes. Unter dem Einfluß von Professor Dr. Joachim Zahn, der bis 1979 Vorsitzender des Vorstandes war, wurden die Kapazitäten des Unternehmens so erweitert, daß die Pkw-Produktion in den zehn Jahren nach 1965 um 240 % stieg. Insbesondere aber erhielt der Nutzfahrzeugbereich durch

Schaffung von Großserien bei Fahrzeugen und Aggregaten sowie durch technische Entwicklungen bis 1977 beste Konkurrenzfähigkeit auf den internationalen Märkten: Daimler-Benz war 1979 der größte westeuropäische Hersteller von Lkw über sechs Tonnen (Einleitung S. 140).
Fotos: a) Volkswagenwerk AG, Wolfsburg b) BMW München, Werkfoto 001 SA c) Daimler-Benz AG, Stuttgart-Untertürkheim
Geschäftsberichte der Unternehmen, Veröffentlichungen ihrer Archive und Museen

Tafel 415. Rundfunk- und Fernseh-Übertragungswagen beim deutsch-deutschen Gipfeltreffen in Kassel am 21. Mai 1970. Fotografie

Diskussionen über Ausgewogenheit und Objektivität, über Staats-, Monopol- und Privatfunk hängen eng mit dem Problembereich der politischen Information zusammen. Das wird besonders deutlich an den unterschiedlichen Rundfunk- und Fernsehverhältnissen in der Bundesrepublik und in der DDR. Diese Unterschiede zeigen sich sehr kraß bei der Berichterstattung über deutsch-deutsche Begegnungen. Am 19. März 1970 kamen in Erfurt, am 21. Mai in Kassel Bundeskanzler Brandt und der Vorsitzende des Ministerrats der DDR, Stoph, zu Gesprächen zusammen, die über Deutschland hinaus politische Bedeutung hatten. Nach Erfurt hatten etwa 150 Journalisten reisen dürfen. Die dortigen technischen Möglichkeiten (Telefon, Fernschreiber, Übertragungsleitungen) hätten auch — ganz abgesehen von den hinderlichen »Sicherheitsvorkehrungen« — nicht ausgereicht, um umfangreicheren Ansprüchen der Medien zu genügen. Die zugelassenen Journalisten fanden schließlich ihren Stoff hauptsächlich »auf der Straße«. In Kassel waren es 1 500 Journalisten, die mit einer Flut von Informationen überschüttet wurden. Für die Vertreter der verschiedenen Medien wurde eine besondere Großveranstaltung organisiert (Einleitung S. III).
Foto: Westdeutscher Rundfunk, Köln
A. J. Goss, Deutschlandbilder im Fernsehen, Eine vergleichende Analyse politischer Informationssendungen in der Bundesrepublik Deutschland und in der DDR. 1980; L. Döhn u. a., Medienlexikon. 1979; Mitteilungen des Studienkreises Rundfunk und Geschichte; Zehn Jahre Deutschlandpolitik 1969—1979, Bericht und Dokumentation des Bundesministers für innerdeutsche Beziehungen. 1980; ARD-Jahrbuch, Auskünfte der Anstalten

Tafel 416. Feminismus: Plakat der »Wisconsin Alliance« zur Feier des Internationalen Jahres der Frau, 1975

Im Zuge »moderner« Frauenbewegung trat Jean de Condorcet 1789 nachdrücklich für die »Zulassung der Frauen zum Bürgerrecht« ein. Zwei Jahre später veröffentlichte Olympe Marie de Gonges eine »Deklaration der Rechte der Frau und Bürgerin«. In dieser sind die noch heute wesentlichen Postulate aufgestellt: Recht auf Freiheit, Eigentum, Beruf und Wahlrecht. Aus diesen im Rahmen der großen Menschheits-Revolution formulierten Grundforderungen wuchsen nationale Bewegungen hervor: 1848 bei den Frauen von Seneca Falls in den USA; 1866 in England durch eine Rede von John Stuart Mill vor dem Unterhaus und 1869 durch sein Buch über die »Hörigkeit der Frau«; in Österreich durch Marianne Hainisch und ihren »Bund österreichischer Frauenvereine« (1902). In Deutschland folgte auf Theodor von Hippels Buch »Über die bürgerliche Verbesserung der Weiber« (1792) die deutsche Frauenbewegung mit Louise Ottos und Henriette Goldschmidts Gründung des »Allgemeinen Deutschen Frauenvereins« (1865), der ein organisatorisches Zentrum für zahlreiche Vereine, Bestrebungen, Veranstaltungen sehr verschiedener Art wurde. Kriege und Nationalsozialismus warfen die Bewegung weit zurück, und erst in den sechziger Jahren unseres Jahrhunderts gab es wieder Aktivitäten von Bedeutung — u. a. solche »linker« Studentinnen (nicht zuletzt als Reaktion auf die Zurücksetzung durch marxistische »Genossen«). Sie vereinten sich erstmals bei der Abtreibungskampagne am Anfang der siebziger Jahre (Einleitung S. II).
Foto: Wisconsin Alliance, Madison (USA)
G. Dietze (Hg.), Die Überwindung der Sprachlosigkeit. 1979; M. Janssen-Jurreit (Hg.), Frauenprogramme gegen Diskriminierung. 1979; H. Schenk, 150 Jahre Frauenbewegung in Deutschland. 1980

Tafel 417. a) Das »Deutsche Schiffahrtsmuseum« in Bremerhaven, 1975. b) Der Vater des »Deutschen Schiffahrtsmuseums«, Dr. Hanswilly Bernartz, geb. 1912. c) Der Erbauer des »Deutschen Schiffahrtsmuseums«, Hans Scharoun, 1893 bis 1972. Fotografien

Im Jahre 1970 beauftragte Bremerhaven Hans Scharoun (1893—1972), der in dieser Stadt aufgewachsen und seit den zwanziger Jahren durch originelle Bauten, nach dem Kriege insbesondere durch die Berliner Philharmonie berühmt geworden war, mit der Errichtung eines großen Schiffahrtsmuseums mit einer Abteilung für wissenschaftliche Forschung sowie mit einem Archiv neben dem »Alten Hafen«, der ein Freilicht-Schiffsmuseum wurde. Dieses »Deutsche Schiffahrtsmuseum« hatte der Kölner Rechtsanwalt Dr. Hanswilly Bernartz in jahrzehntelanger Arbeit konzipiert. Er stiftete ihm nun auch seine große schiffahrtsgeschichtliche Sammlung, während der Leiter des »Kuratoriums Freilichtmuseum Alter Hafen«, Dr. August Dierks, sich um die Finanzierung des Gesamtkomplexes verdient machte und historisch interessante Schiffe für das Museum erwarb. Das Deutsche Schiffahrtsmuseum mit Hansekogge von 1380, das 1975 eröffnet wurde, bildet mit dem Deutschen Museum in München (seit 1925) und dem Deutschen Bergbaumuseum in Bochum (seit 1930) die Spitzengruppe der naturwissenschaftlich-technischen Museen in Deutschland (Einleitung S. I).

Fotos: a) Stiftung Deutsches Schiffahrtsmuseum, Bremerhaven b) Elwira Kammerscheid, Köln c) Margit Scharoun, Berlin

P. Pfankuch, Hans Scharoun, Entwürfe, Bauten, Texte. 1976

Tafel 418. Ruhrfestspiele in Recklinghausen: Bergleute diskutieren mit dem Schauspieler Klaus Höhne auf der Zeche »General Blumenthal«, 1975. Fotografie

Die Zeche »König Ludwig 4/5« in Recklinghausen wurde die »Gründungszeche« der Ruhrfestspiele. Dort überließen Direktor und Betriebsrat Hamburger Schauspielern und Bühnentechnikern — unter Umgehung der Besatzungsmacht und daher auch ohne Bezahlung — genügend Kohle für den Winter. Einige Monate später bedankte sich das Hamburger Schauspielhaus mit Aufführungen, die großen Erfolg hatten. Der Vorstand des DGB in Düsseldorf sorgte dafür, daß die »Arbeiterfestspiele« 1949 institutionalisiert wurden. Mit Rock-Comics, Action-Shows, Polit-Songs und Arbeitertheater spricht das »junge forum« die Jugend an. Eine Woche ist der Vermittlung ausländischer Kultur vorbehalten. Alle Veranstaltungen orientieren sich an Leben und Interessen der Arbeiterschaft. Die Ruhrfestspiele, jährlich am 1. Mai als umfangreichstes Kulturfest der Bundesrepublik auf vierzehn Bühnen eröffnet, verstehen sich als »Mittel- und Höhepunkt gewerkschaftlicher Kulturarbeit« (Einleitung S. I).

Foto: Daisy Steinbeck, Datteln

Ruhrfestspiele Recklinghausen GmbH, Pressestelle; Carlo Schmid, Vom Sinn der Ruhrfestspiele. 23. Mai 1959; Ein Fest und ein Zeichen — Zehn Jahre Ruhrfestspiele. 1956

Tafel 419. Vom »Kulturkreis des Bundesverbandes der Deutschen Industrie« ausgezeichnet: Der Verbannte. Federzeichnung von Roger Loewig, geb. 1930

Wenige Jahre nach den Ruhrfestspielen schuf Dr. Gustav Stein (1903—1979), der gemeinsam mit Fritz Berg den Bundesverband der deutschen Industrie (BDI) gegründet hatte und dessen Syndikus geworden war, 1951 in Köln den Kulturkreis dieser Institution zur »Begegnung von Wirtschaft und Kultur«, den Verein »Industrieform« und 1965 im Zusammenhang mit dem »Rat für Formgebung« für einen Teilbereich den »Gestaltkreis im BDI«, schließlich das »Internationale Design-Zentrum Berlin«. Durch den »Kulturkreis« sollte das industrielle Unternehmertum lebende Künstler und zeitgenössische Kunst aller Bereiche fördern. Ein Vierteljahrhundert nach seiner Gründung zählte er mehr als 400 Mitglieder (Einleitung S. I).

Foto: Kulturkreis im Bundesverband der Deutschen Industrie e.V., Köln

G. Stein, Weder dienen noch herrschen — nur vermitteln, Gedanken zur Aufgabe des Künstlers in unserer Gesellschaft, 1968; Bericht über die Jubiläumstagung 1976; Jahrbuch »Jahresring«; BDI, Gustav Stein zum Gedenken. 1979

Tafel 420. Europas größter Hochofen in Schwelgern, 1980. Fotografie

Daß wir uns noch lange in einem »Zeitalter des Stahls« befinden werden, steht außer Frage. Grundlage der Stahlerzeugung bilden die Erfindung des Hochofens und die Verhüttung von Eisenerz in ihm mit Hilfe von Steinkohlenkoks. Der Hochofen Schwelgern in Duisburg, Teil der Thyssen AG, während der Bauzeit größtes Hochofenprojekt der Welt, zählt heute, gemeinsam mit japanischen und russischen, zu den Hochofen-Großaggregaten. Seine Abmessungen sind riesig: Höhe 110 m, Gestelldurchmesser 13,6 m, Ofeninhalt 3 600 t, Tageskapazität 9 500 t. Wenn auch der Koksverbrauch je Tonne Roheisen auf 425 kg und 25 kg Öl reduziert werden konnte, so müssen für den Betrieb eines solchen Aggregats doch gewaltige Massen bewegt werden: Je Tag 18 000 t Erz und »Zuschläge«, rund 4 000 t Koks sind heran-, 9 500 t Roheisen, rund 3 500 t Hochofenschlacke sind fortzuschaffen. Hochöfen dieser Leistungsklasse wären ohne rechnergesteuerte Regel- und Kontrolleinrichtungen nicht zu betreiben. Diese sorgen sogar für den Gewichtsausgleich zwischen Erz, Koks und Zuschlägen entsprechend deren chemischer Zusammensetzung, so daß der Hochofenprozeß gleichmäßig abläuft und stets die geforderte Roheisenqualität erbringt (Einleitung S. IV).

Foto: Thyssen AG, Fotoarchiv

E. Heynert u. a., Die neuen Anlagen für die Roheisenerzeugung mit dem 14 m-Hochofen in Schwelgern. In: Stahl & Eisen, 94/1975

Tafel 421. Das Kraftwerk in Bergkamen im Bau, 1979. Fotografie

Die Steinkohlenförderung in Westdeutschland betrug 1927 138 Millionen t. Sie sank in der Wirtschaftskrise 1932 auf 92 Millionen t. Wirtschaftlicher Aufschwung, Rüstung und Export ließen im Dritten Reich die Förderung auf 144 Millionen t (im Jahre 1941) steigen, womit die maximale Leistung erreicht wurde. 1945 betrug die Förderung 39 Millionen t. In der Bundesrepublik Deutschland erzielte sie 1956 mit 151 Millionen t ihre bis heute geltende Höchstleistung. Dann machte sich die Verwendung des fast ausschließlich importierten Erdöls und Erdgases bemerkbar: Die Steinkohlenförderung sank bis auf 84 Millionen t im Jahre 1978.

Von 1973/74 an sprang der Rohölpreis auf mehr als das Dreifache; er stieg dann ständig weiter. Weltpolitische Ereignisse und das Geschehen in Iran demonstrierten die Unsicherheit der Ölversorgung. Die Auseinandersetzung in der deutschen Öffentlichkeit um die Erzeugung von Kernenergie wurde durch den Unfall in Harrisburg und die Störanfälligkeit der Kernkraftwerke so intensiv und innenpolitisch belastend, daß zumindest mit einer verzögerten Steigerung der Kernkraftversorgung gerechnet werden muß. Durch diese Faktoren trat das Interesse an der Verwendung von Steinkohle für die Primärenergieversorgung wieder sehr stark in den Vordergrund: 1979 stieg zum erstenmal seit 1961 die Steinkohlenförderung; sie erreichte 86 Millionen t (Einleitung S. IV).

Foto: RAG-Bild Martin Frank

Veröffentlichungen des Gesamtverbandes des deutschen Steinkohlenbergbaus; Vorträge auf dem Steinkohlentag 1979; Geschäftsberichte (z. B. der Ruhrkohle AG und der Rheinisch-Westfälischen Elektrizitätswerk AG)

Tafel 422. a) Ansprache Bundeskanzler Adenauers vor den ersten Freiwilligen der Bundeswehr in Andernach, 1955. b) Zur ersten Waffengeneration gehörten der Panzer M 48 und der Hubschrauber »Alouette«. Fotografien

Der Niederlage des Dritten Reiches und der bedingungslosen Kapitulation seiner Wehrmacht folgten u. a. die Entmilitarisierung und — in Verbindung mit der Demontage — das Verbot der Waffenproduktion. Das Grundgesetz der Bundesrepublik von 1949 kennt keine Pflicht zur Wahrung der äußeren und inneren Sicherheit, sondern nur das Recht der Wehrdienstverweigerung. Alle im Bundestag vertretenen Parteien lehnten im Dezember 1949 eine Beteiligung der Bundesrepublik an der Schaffung einer europäischen Armee ab. Noch am 1. Juni 1950 stellte ein Wehrverbotsgesetz der Alliierten alle Vorbereitungen für eine mögliche Verteidigung unter Strafe. Nachdem jedoch im Herbst 1949 in der Sowjetunion Atombombentests vorgenommen worden waren und in der Sowjetischen Besatzungszone

»Kasernierte Bereitschaften« in Stärke von mehr als 50 000 Mann aufgestellt und in Ostasien aus dem »Kalten Krieg« am 25. Juni 1950 der für die USA sehr schwierig verlaufende Korea-Krieg geworden war, übergab am 29. August 1950 Bundeskanzler Adenauer den Alliierten Hohen Kommissaren ein »Sicherheitsmemorandum«, in dem er die Bereitschaft der Bundesrepublik erklärte, einen militärischen Beitrag zu einer internationalen westeuropäischen Verteidigungsarmee zu leisten. Adenauers Angebot und die von ihm veranlaßte »Himmeroder Denkschrift« vom Oktober 1950 bildeten die Grundlage für Verhandlungen mit den Westmächten. Bevor diese Ergebnisse zeitigten, wurde im März 1951 vom Bundestag das Gesetz über die Bildung eines »Bundesgrenzschutzes« (BGS) verabschiedet, der das erwartete Eindringen von Teilnehmern der »III. Weltfestspiele der kommunistischen Jugend und Studenten für den Frieden« in die Bundesrepublik verhindern sollte. Die Angehörigen des BGS erhielten Beamtenstatus. Nachdem die von Frankreich vorgeschlagene Bildung einer Europäischen Verteidigungs-Gemeinschaft (EVG) am 30. August 1954 am Votum der französischen Nationalversammlung gescheitert war, ging man einen Schritt weiter: Am 5. Mai 1955 erhielt die Bundesrepublik die volle Souveränität, vier Tage später wurde sie Mitglied der NATO. Am 7. Juni wurde die seit Anfang 1951 bestehende »Dienststelle Blank« zum »Bundesministerium für Verteidigung« mit Theodor Blank als Minister. Am 2. Januar 1956 rückten die ersten tausend Freiwilligen in Kasernen in Andernach (Heer), Nörvenich (Luftwaffe) und Wilhelmshaven (Marine) ein (Einleitung S. IV).
Fotos: Bundesminister der Verteidigung, Pressereferat, Bonn
Weißbücher zur »Sicherheit der Bundesrepublik Deutschland und zur Lage der Bundeswehr«; Jahresberichte des »Wehrbeauftragten des Deutschen Bundestages«; H. Heinrichs, Land wird zu Land verteidigt, Europäische Wehrkunde. 1980; H.-J. Rautenberg, Die Himmeroder Denkschrift. 1979; K. v. Schubert (Hg.), Sicherheitspolitik in der Bundesrepublik. 1978/79; R. Zoll, Wie integriert ist die Bundeswehr? 1979; 25 Jahre Bundeswehr. In: »Truppenpraxis«. 1980

Tafel 423. a) Gesamtansicht der 1964 gegründeten Universität Konstanz. b) Foyer der Universität Konstanz. Fotografien
Zwischen 1961 und 1975 wurden in der Bundesrepublik Deutschland fast jedes Jahr neue Universitäten und Hochschulen gegründet. Nicht nur vor 1933 bewährte Universitätsformen sollten wiederbelebt, sondern es sollten auch ältere Konzepte verwirklicht, neue Studien-, Forschungs- und Lehrformen entwickelt sowie, entsprechend den Empfehlungen des Wissenschaftsrates, »Forschungsuniversitäten« geschaffen werden. Drei »Entlastungs«-Universitäten sollten es nach den Vorstellungen des Wissenschaftsrates von 1960 werden, 24 wurden es im Laufe von 15 Jahren — mit mehr als 70 angebotenen Studiengängen und über 146 000 Studienplätzen (Einleitung S. I).
Fotos: Pressebildarchiv Heinz Finke, Konstanz
Informationen der Westdeutschen Rektorenkonferenz Bonn; Veröffentlichungen der Universitäten, z. B. Jubiläumsschrift Konstanz; R. Schwarz, Situation und Krise der heutigen Universität. In: politik und zeitgeschichte, Beilage zur Wochenzeitung »das parlament« B 39/64, 23. September 1964

Tafel 424. Durch die Wahlen vom 5. Oktober 1980 im Amt bestätigt: Bundeskanzler Helmut Schmidt, geb. 1918. Fotografie
Nach einem mehr gegen und für Personen als unter thematischen Gesichtspunkten geführten Wahlkampf errangen bei der Wahl zum neunten Deutschen Bundestag am 5. Oktober 1980, für deren Ausgang die Zweitstimmen eine sehr große Bedeutung erlangten, die CDU/CSU 248, die SPD 218 und die F.D.P. 53 Sitze. Da vor der Wahl vereinbart worden war, daß die SPD/F.D.P.-Koalition im Falle eines Sieges fortbestehen solle, blieben Helmut Schmidt Kanzler und Hans Dietrich Genscher Vizekanzler (Einleitung S. V).
Foto: Presse- und Informationsamt der Bundesregierung, Bonn

Ausgewählte Literatur

I. Allgemeine Literatur

A. Bibliographien

International Bibliographie of Historical Sciences. 1930 ff.
Dahlmann-Waitz, Quellenkunde der deutschen Geschichte. [9]1931 f., [10]1965 ff.
G. Franz, Bücherkunde zur deutschen Geschichte. 1951.
G. Franz, Bücherkunde zur Weltgeschichte. 1956.

B. Handbücher und Nachschlagewerke zur allgemeinen und deutschen Geschichte

1. Handbücher zur allgemeinen Geschichte

The Cambridge Medieval History. Cambridge 1911 ff.
The New Cambridge Modern History. Cambridge 1957 ff.
Historia Mundi. Ein Handbuch der Weltgeschichte. Herausgeg. v. *F. Kern* und *F. Valjavec*. 1952 ff.
Propyläen-Weltgeschichte. Eine Universalgeschichte. Herausgeg. v. *G. Mann*. 1960 ff.

2. Handbücher zur deutschen Geschichte

Deutsche Geschichte im Überblick. Herausgeg. v. *P. Rassow*. [2]1962.
B. Gebhardt, Handbuch der deutschen Geschichte. Herausgeg. v. *H. Grundmann*. [8]1954 ff.
Handbuch der deutschen Geschichte. Begründet v. *O. Brandt*. Neu herausgeg. v. *L. Just*. 1956 ff.

3. Biographische Lexika

Allgemeine Deutsche Biographie. 1875 ff.
H. Rössler u. *G. Franz*, Biographisches Wörterbuch zur deutschen Geschichte. 1952.
Neue deutsche Biographie. 1953 ff.
Die großen Deutschen. Deutsche Biographie. Herausgeg. v. *H. Heimpel*, *Th. Heuss*, *B. Reifenberg*. 1956 f.

4. Sachlexika

H. Rössler u. *G. Franz*, Sachwörterbuch zur deutschen Geschichte. 1956 ff.
E. Bayer, Wörterbuch zur Geschichte. 1960.
E. Haberkern u. *J. Fr. Wallach*, Hilfswörterbuch für Historiker. Bern, München [2]1964.

5. Atlanten

Großer Historischer Weltatlas. Herausgeg. v. Bayerischen Schulbuchverlag. 1954 ff.
Westermanns Atlas zur Weltgeschichte. Herausgeg. v. *H.-E. Stier* u. a. 1963.
F. W. Putzger, Historischer Schulatlas. [84]1963.

6. Stammtafeln

W. K. Prinz v. Isenburg, Stammtafeln zur Geschichte der Europäischen Staaten. [2]1953 ff.

II. Literatur zur Ur- und Frühgeschichte

1. Jäger und Sammler

H. Müller-Karpe, Handbuch der Vorgeschichte Bd. 1, Altsteinzeit. 1966.
K. J. Narr (Hrsg.), Handbuch der Urgeschichte Bd. 1, Ältere und mittlere Steinzeit. Jäger- und Sammlerkulturen. 1966.
H. Kühn, Kunst und Kultur der Vorzeit Europas. 1929.
P. Graziosi, L'arte dell'antica età della pietra. 1956.
H. G. Bandi / *J. Maringer*, Kunst der Eiszeit. 1952.

2. Die ältesten Bauern

G. Smolla, Neolithische Kulturerscheinungen. 1960.
Sonia Cole, The neolithic revolution. 1959.
K. J. Narr, Urgeschichte der Kultur. 1961.
R. Pittioni, Die urgeschichtlichen Grundlagen der europäischen Kultur. 1949.
J. Brøndsted, Nordische Vorzeit, Bd. 1. 1960.

3. Die älteste Metallzeit

K. Zschocke / *E. Preuschen*, Das urzeitliche Bergbaugebiet von Mühlbach-Bischofshofen. 1932.
R. Pittioni, Ergebnisse und Probleme des urgeschichtlichen Metallhandels. 1964.
J. Brøndsted, Nordische Vorzeit, Bd. 2. 1962.
S. Junghans / *E. Sangmeister* / *M. Schröder*, Metallanalysen kupferzeitlicher und frühbronzezeitlicher Bodenfunde aus Europa. 1960.

4. Die Fürstengräber der Hallstattzeit

S. Schiek, Fürstengräber der jüngeren Hallstattkultur in Südwestdeutschland, (ungedr.) Phil. Diss. Tübingen 1956.
W. Kimmig / *H. Hell*, Vorzeit an Rhein und Donau. 1958.
K. Jażdżewski, Poland. 1965.
E. Rajewski, Biskupin Polish excavation. 1959.

5. Die keltische Kultur des letzten halben Jahrtausends vor Christi Geburt

J. Filip, Die keltische Zivilisation und ihr Erbe. 1961.

T. G. E. Powell, Die Kelten, 1959.

J. Moreau, Die Welt der Kelten. 1958.

O. H. Frey, Der Ostalpenraum und die antike Welt in der frühen Eisenzeit. Germania 44, 1966.

W. Kimmig, Bronzesitulen aus dem Rheinischen Gebirge, Hunsrück-Eifel-Westerwald, 43./44. Bericht der Römisch-Germanischen Kommission. 1962—1963 (1964).

R. Egger, Die Stadt auf dem Magdalensberg, ein Großhandelsplatz. 1961.

6. Die Römer an Rhein und Donau

F. Köpp, Die Römer in Deutschland. 1926.

V. v. Massow, Die Denkmäler von Neumagen. 1932.

H. v. Petrikovits, Das römische Rheinland, Archäologische Forschungen seit 1945. 1960.

H. Schmitz, Die Zeit der Römerherrschaft am Rhein, in: Das erste Jahrtausend. Herausgeg. v. *V. Elbern*, Bd. 1. 1962.

W. Schleiermacher, Der römische Limes in Deutschland, 1959.

E. Swoboda, Carnuntum, [4]1964.

7. Die germanischen Stämme in Mitteleuropa

J. Brøndsted, Nordische Vorzeit, Bd. 3. 1963.

H. J. Eggers, Der römische Import im freien Germanien. 1951.

R. Much, Die Germania des Tacitus. [3]1967.

R. Pleiner, Die Eisenverhüttung in der »Germania Magna«. 45. Ber. d. Röm.-Germ. Komm. 1964 (1965).

J. Hoops, Reallexikon der germanischen Altertumskunde. [2]1968 ff.

8. Völkerwanderung und Konsolidierung. Das Christentum

F. Petri, Der Rhein in der europäischen Geschichte und den europäischen Raumbeziehungen von der Vorzeit bis zum Hochmittelalter. Das erste Jahrtausend. Herausgeg. v. *V. Elbern*, Bd. 2. 1965.

E. Hegel, Die rheinische Kirche in römischer und frühfränkischer Zeit, a. a. O., Bd. 1. 1962.

O. Doppelfeld / R. Pirling, Fränkische Fürsten im Rheinland. 1966.

9. Die Westslawen

J. Herrmann, Kultur und Kunst der Slawen in Deutschland. 1965.

J. Böhm u. a. (Hrsg.), Das großmährische Reich. 1963.

J. Filip u. a. (Hrsg.), Das großmährische Reich. 1966.

Ausstellungskatalog »Groß Mähren« Mainz. 1966.

III. Literatur zur mittelalterlichen Geschichte und zu den Bildquellen des Mittelalters

A. Literatur zur mittelalterlichen Geschichte

1. Einführungen

Th. Mayer, Der Wandel unseres Bildes vom Mittelalter. Stand und Aufgaben der mittelalterlichen Geschichtsforschung. Blätter für deutsche Landesgesch. 94. 1958.

A. v. Brandt, Werkzeug des Historikers. Eine Einführung in die historischen Hilfswissenschaften. 1958.

H. Quirin, Einführung in das Studium der mittelalterlichen Geschichte. [2]1961.

O. Meyer u. *Renate Klauser*, Clavis medievalis. Kleines Wörterbuch der Mittelalterforschung. 1962.

R. C. v. Caenegem, Kurze Quellenkunde des Westeuropäischen Mittelalters. Eine typologische, historische und bibliographische Einführung. 1964.

2. Deutungen

H. Aubin, Vom Altertum zum Mittelalter. 1949.

P. E. Hübinger, Spätantike und frühes Mittelalter. Ein Problem historischer Periodenbildung. Deutsche Vierteljahrsschrift für Literaturwissenschaft und Geistesgeschichte 26. 1952.

H. Heimpel, Der Mensch in seiner Gegenwart. Acht historische Essais. [2]1957.

W. v. d. Steinen, Der Kosmos des Mittelalters. Bern, München 1959.

H. Grundmann Über die Welt des Mittelalters. In: Summa Historica. Herausgeg. v. *G. Mann*. 1965.

M. Seidlmayer, Das Mittelalter. Umrisse und Ergebnisse des Zeitalters. Unser Erbe. [2]1967.

3. Darstellungen der allgemeinen Geschichte

H. Dannenbauer, Die Entstehung Europas. Von der Spätantike zum Mittelalter. 1959 u. 1962.

Jahrbücher der deutschen Geschichte. 1866 ff. [Ausführlichste, nach Königen gegliederte Darstellung der mittelalterlichen deutschen Geschichte. Bearbeitet bis zu den ersten Jahren Friedrichs Barbarossa, für Heinrich VI., Philipp v. Schwaben, Otto IV., Friedrich II. bis 1233 und Albrecht I.]

Karl der Große. Lebenswerk und Nachleben. 1965 ff.

G. Tellenbach, Die Entstehung des Deutschen Reiches. [3]1946.

Die Entstehung des Deutschen Reiches. Ausgewählte Aufsätze. Mit einem Vorwort von H. Kämpf. 1956.

R. Holtzmann, Geschichte der sächsischen Kaiserzeit. [3]1955.

K. Hampe, Deutsche Kaisergeschichte in der Zeit der Salier und Staufer. [10]Bearbeitet v. *F. Baethgen*. 1949.

G. Tellenbach, Libertas. Kirche und Weltordnung im Zeitalter des Investiturstreits. 1936.

C. Erdmann, Die Entstehung des Kreuzzugsgedankens. 1935.

K. M. Setton, A History of the Crusades. Philadelphia 1958 ff.

H. E. Mayer, Geschichte der Kreuzzüge. 1965.

E. Kantorowicz, Kaiser Friedrich der Zweite. 1927 u. 1931.

R. Kötzschke, W. Ebert, Geschichte der ostdeutschen Kolonisation. 1937.

Heidenmission und Kreuzzugsgedanke in der deutschen Ostpolitik des Mittelalters. Herausgeg. v. *H. Beumann*. 1963.
Ph. Dollinger. Die Hanse. 1966.
J. Huizinga, Herbst des Mittelalters. [8]1961.
R. Stadelmann, Vom Geist des ausgehenden Mittelalters. 1929.
W. Andreas, Deutschland vor der Reformation. [6]1959.
W.-E. Peuckert, Die große Wende. Das apokalyptische Saeculum und Luther. 1948.
Geschichte der deutschen Länder. »Territorien-Ploetz« 1. Die Territorien bis zum Ende des alten Reiches. Herausgeg. v. *G. W. Sante*. 1964.

4. Darstellungen und Nachschlagewerke zur Verfassungsgeschichte

a) Gesamtdarstellungen und Nachschlagewerke

G. Waitz, Deutsche Verfassungsgeschichte. [2/3]1880 ff.
R. Schröder u. *E. Freih. v. Künssberg*, Lehrbuch der deutschen Rechtsgeschichte. [7]1932.
H. Mitteis, Deutsche Rechtsgeschichte. [6]neubearbeitet v. *H. Lieberich*, 1960.
H. Mitteis, Der Staat des hohen Mittelalters. Grundlinien einer vergleichenden Verfassungsgeschichte des Lehnszeitalters. [7]1962.
Handwörterbuch zur deutschen Rechtsgeschichte. Herausgeg. v. *A. Erler* u. *E. Kaufmann*. 1964 ff.

b) Sammelwerke

Herrschaft und Staat im Mittelalter. 1956.
H. Dannenbauer, Grundlagen der mittelalterlichen Welt. Skizzen und Studien. 1958.
Th. Mayer, Mittelalterliche Studien. Gesammelte Aufsätze. 1959.
W. Schlesinger, Mitteldeutsche Beiträge zur deutschen Verfassungsgeschichte. 1961.
W. Schlesinger, Beiträge zur deutschen Verfassungsgeschichte des Mittelalters. 1963.
K. Bosl, Frühformen der Gesellschaft im mittelalterlichen Europa. 1964.

c) Literatur zu Teilbereichen

F. Kern, Recht und Verfassung im Mittelalter. [2]1958.
F. L. Ganshof, Was ist das Lehnswesen? 1961.
H. Mitteis, Lehnrecht und Staatsgewalt. 1933.
Studien zum mittelalterlichen Lehnswesen. — Vorträge und Forschungen 5. 1961.
F. Kern, Gottesgnadentum und Widerstandsrecht im früheren Mittelalter. [3]1962.
H. Mitteis, Die deutsche Königswahl. [2]1944.
Das Königtum. Seine geistigen und rechtlichen Grundlagen. — Vorträge und Forschungen 3. 1956.
W. Schlesinger, Die Entstehung der Landesherrschaft. Mit einer Vorbemerkung zum Neudruck. 1964.
O. Brunner, Land und Herrschaft. [4]1959.
Edith Ennen, Frühgeschichte der europäischen Stadt. 1953.
H. Planitz, Die deutsche Stadt im Mittelalter. Graz, Köln 1954.
Studien zu den Anfängen des europäischen Städtewesens. — Vorträge und Forschungen 4. 1958.
Untersuchungen zur gesellschaftlichen Struktur der mittelalterlichen Städte in Europa. — Vorträge und Forschungen 10. 1965.
K. S. Bader, Studien zur Rechtsgeschichte des mittelalterlichen Dorfes. 1957 u. 1962.
F. Lütge, Geschichte der deutschen Agrarverfassung. 1963.

5. Darstellungen und Nachschlagewerke zur Kirchengeschichte

Histoire de l'Église. Publ. sous la dir. de *A. Fliche* et *V. Martin*. Paris 1941 ff.
Die Kirche in ihrer Geschichte. 1961 ff.
A. Hauck, Kirchengeschichte Deutschlands. [9]1958 f.
J. Haller, Das Papsttum. [2]1950 ff.
L. Freih. v. Pastor, Geschichte der Päpste seit dem Ausgang des Mittelalters. [8–13]1955 ff.
H. E. Feine, Kirchliche Rechtsgeschichte 1. [4]1964.
Die Religion in Geschichte und Gegenwart. [3]1957 ff.
Lexikon für Theologie und Kirche. [2]1957 ff.

6. Allgemeine Darstellungen der Wirtschaftsgeschichte

J. Kulischer, Allgemeine Wirtschaftsgeschichte des Mittelalters und der Neuzeit. 1928 f.
F. Lütge, Deutsche Sozial- und Wirtschaftsgeschichte. [3]1966.
W. Abel, Geschichte der deutschen Landwirtschaft. 1962.

B. Literatur zu den Bildquellen und Überresten des Mittelalters

1. Allgemeine Literatur

G. Dehio, Deutsche Kunstgeschichte und deutsche Geschichte. Historische Zeitschr. 100. 1908.
P. E. Schramm, Über Illustrationen zur mittelalterlichen Kulturgeschichte. Historische Zeitschr. 137. 1928.
E. Keyser, Das Bild als Geschichtsquelle. — Historische Bildkunde, herausgeg. v. *W. Goetz* 2. 1935.
H. Sedlmayr, Geschichte und Kunstgeschichte. Mitteilungen des Österreichischen Instituts für Geschichtsforschung 50. 1936.
G. Bandmann, Das Kunstwerk als Geschichtsquelle. Deutsche Vierteljahrsschrift für Literaturwissenschaft und Geistesgesch. 24. 1950.
Erna Patzelt, Das Bild als urkundliche Quelle der Wirtschaftsgeschichte. Archivalische Zeitschrift 50/51. 1955.
H. Pauer, Bildkunde und Geschichtswissenschaft. Mitteilungen des Instituts für österreichische Geschichtsforschung 71. 1963.
A. Lhotsky, Quellenkunde zur mittelalterlichen Geschichte Österreichs. 1963, S. 39 ff.
F. H. Pickering, Literatur und darstellende Kunst. 1966.

2. Allgemeine Hilfsmittel

Reallexikon der Germanischen Altertumskunde. Herausgeg. v. *J. Hoops*. 1911 ff., [2]1968 ff.
Reallexikon zur deutschen Kunstgeschichte. Herausgeg. v. *O. Schmitt*. 1937 ff.

3. Schriftquellen zur Kunstgeschichte

J. v. Schlosser, Quellenbuch zur Kunstgeschichte des abendländischen Mittelalters. Wien 1896.
O. Lehmann-Brockhaus, Schriftquellen zur Kunstgeschichte des 11. und 12. Jahrhunderts. 1938.
Theophilus, De diversis artibus. Herausgeg. v. *C. R. Dodwell*. London 1961.
Mittelalterliche Schatzverzeichnisse 1. Herausgeg. v. Zentralinstitut für Kunstgeschichte. 1967.

4. Sammelwerke

a) Serien

Monographien zur deutschen Kulturgeschichte. Herausgeg. v. *G. Steinhausen.* 1899 ff.

Deutsche Lande, deutsche Kunst. 1925 ff.

Bilder aus deutscher Vergangenheit. Bibliothek des Germanischen Nationalmuseums Nürnberg. 1956 ff.

b) Atlanten und illustrierte kulturgeschichtliche Darstellungen

A. Essenwein, Kulturhistorischer Bilderatlas 2. Mittelalter. 1883.

A. Schultz, Das höfische Leben zur Zeit der Minnesinger. ²1889.

A. Schultz, Deutsches Leben im 14. und 15. Jahrhundert. Prag, Wien, Leipzig 1892.

E. Diederichs, Deutsches Leben der Vergangenheit in Bildern. 1908.

O. Doering, Deutschlands mittelalterliche Kunstdenkmäler als Geschichtsquelle. 1910.

F. Philippi, Atlas zur weltlichen Altertumskunde des deutschen Mittelalters. 1923.

G. Lüdtge u. *L. Mackensen,* Deutscher Kulturatlas. 1928 ff.

F. Schultze, Bilderatlas zur deutschen Kulturgeschichte. — Die deutsche Kulturgeschichte 2. 1936.

H. Naumann, Deutsche Kultur im Zeitalter des Rittertums. — Handbuch der Kulturgeschichte I, 3. 1938.

H. Swarzenski, Monuments of Romanesque Art. London 1954.

Das erste Jahrtausend. Herausgeg. v. *K. Böhner* u. a. 1962 ff.

W. v. d. Steinen, Homo caelestis. Das Wort der Kunst im Mittelalter. Bern, München 1965.

D. T. Rice, Morgen des Abendlandes. 1965.

J. Evans, Blüte des Mittelalters. 1966.

D. Bullough, Karl der Große und seine Zeit. 1966.

c) Ausstellungskataloge

Ars sacra. Kunst des frühen Mittelalters. München 1950.

Werdendes Abendland an Rhein und Ruhr. Essen 1956.

Maximilian I. 1459—1519. Wien 1959.

Bayerische Frömmigkeit. München 1960.

Europäische Kunst um 1400. Wien 1962.

Rittertum. Schweizerische Dokumente. Schloß Lenzburg ²1964.

Monumenta Judaica. 2000 Jahre Geschichte und Kultur der Juden am Rhein. Köln 1964.

Karl der Große. Werk und Wirkung. Aachen 1965.

Friedrich III. Wiener Neustadt 1966.

Kunst und Kultur im Weserraum 800—1600. Münster in Westfalen 1966.

5. Gattungen

a) Baudenkmäler im allgemeinen

Wasmuths Lexikon der Baukunst. 1929 ff.

N. Pevsner, Europäische Architektur. 1957.

G. Dehio, Handbuch der deutschen Kunstdenkmäler. Neubearbeitung. 1964 ff. [Es liegen vor die Bände Baden-Württemberg; Die Bezirke Dresden, Karl-Marx-Stadt, Leipzig; Hessen. Für die einstweilen fehlenden Gebiete ist zu benutzen, soweit erschienen, die ältere Bearbeitung von *E. Gall*].

Dehio-Handbuch, Die Kunstdenkmäler Österreichs. ³/⁴Wien 1953 ff.

Reclams Kunstführer. Baudenkmäler. 1956 ff.

Reclams Kunstführer Österreich. Baudenkmäler. 1961.

Reclams Kunstführer Schweiz. Baudenkmäler. 1967.

Deutsche Kunstdenkmäler. Ein Bildhandbuch. Herausgeg. v. *R. Hootz.* 1958 ff.

Kunstdenkmäler in Österreich. Ein Bildhandbuch. Herausgeg. v. *R. Hootz,* 1965 ff.

W. Hotz, Handbuch der Kunstdenkmäler im Elsaß und in Lothringen. 1965.

Handbuch der Historischen Stätten Deutschlands. 1958 ff.

Handbuch der Historischen Stätten. Ost- und Westpreußen. 1966.

Handbuch der Historischen Stätten Österreichs 2. 1966.

[Die Inventare der Kunstdenkmäler sind in den Bibliographien der Mehrzahl der Bände in der zitierten Reihe angeführt.]

Führer zu den vor- und frühgeschichtlichen Denkmälern. 1964 ff.

b) Sakrale Bauten

G. Dehio u. *G. v. Bezold,* Die kirchliche Baukunst des Abendlandes. 1887 ff.

E. Lehmann, Der frühe deutsche Kirchenbau. ²1949.

Vorromanische Kirchenbauten. Katalog der Denkmäler bis zum Ausgang der Ottonen. Herausgeg. vom Zentralinstitut für Kunstgeschichte. 1966 ff.

c) Burgen

O. Piper, Burgenkunde. ³1912.

C. Schuchardt, Die Burg im Wandel der Weltgeschichte. 1931.

B. Ebhardt, Der Wehrbau Europas im Mittelalter. 1939 ff.

A. Tuulse, Burgen des Abendlandes. Wien, München 1958.

C. Tillmann, Lexikon der deutschen Burgen und Schlösser. 1958 ff.

R. Schmidt, Burgen des deutschen Mittelalters. 1959.

Deutsche Königspfalzen, Beiträge zu ihrer historischen und archäologischen Erforschung. 1963 ff.

R. v. Uslar, Studien zu den frühgeschichtlichen Befestigungsanlagen zwischen Nordsee und Alpen. 1964.

W. Hotz, Kleine Kunstgeschichte der deutschen Burg. 1965.

d) Gemälde

H. Schrade, Vor- und frühromanische Malerei. 1959.

H. Schrade, Die romanische Malerei. 1963.

A. Stange, Deutsche Malerei der Gotik. 1934 ff.

Corpus vitrearum medii aevi. 1956 ff.

e) Buchmalerei

Das mittelalterliche Hausbuch. Herausgeg. v. *H. Th. Bossert* und *W. F. Storck.* 1912.

A. Goldschmidt, Die deutsche Buchmalerei. 1928.

A. Boeckler, Abendländische Miniaturen. 1930.

H. Swarzenski, Die lateinischen illuminierten Handschriften des 13. Jahrhunderts. 1936.

Herrade de Landsberg, Hortus deliciarum. Herausgeg. v. *J. Walter.* Strasbourg, Paris 1952.

f) Druckgraphik

A. Schramm, Der Bilderschmuck der Frühdrucke. 1920 ff.

M. Geisberg, Der deutsche Einblattholzschnitt in der ersten Hälfte des 16. Jahrhunderts. 1925 ff.

W. L. Schreiber, Handbuch der Holz- und Metallschnitte des 15. Jahrhunderts. 1926 ff.

F. W. H. Hollstein, German Engravings, Etchings and Woodcuts (ca. 1400—1700). Amsterdam 1954 ff.

g) Plastik im allgemeinen

E. Panowsky, Die deutsche Plastik des 11.—13. Jahrhunderts. 1924.

W. Pinder, Die deutsche Plastik des 14. Jahrhunderts. 1924.
W. Pinder, Die deutsche Plastik vom ausgehenden Mittelalter bis zum Ende der Renaissance. 1924 ff.
W. Messerer, Das Relief im Mittelalter. 1959.

h) Grabplastik

E. Borgward, Die Typen des mittelalterlichen Grabmals in Deutschland. Diss. phil. Freiburg. 1939.
A. Weckwerth, Tumba und Tischgrab in Deutschland. Archiv für Kulturgeschichte 39. 1957.
E. Panowsky, Grabplastik. 1964.

i) Inschriften

Die deutschen Inschriften. Herausgeg. von den Akademien der Wissenschaften in Berlin usw. 1942 ff.
Fr. Panzer, Inschriftenkunde. Die deutschen Inschriften des Mittelalters und der Neuzeit. — Deutsche Philologie im Aufriß 1. [2]1957.

k) Handschriften

W. Wattenbach, Das Schriftwesen im Mittelalter. [3]1896.
A. Chroust, Monumenta Paläographica. 1902 ff.
H. Foerster, Mittelalterliche Buch- und Urkundenschriften. Bern 1946.
H. Foerster, Abriß der lateinischen Paläographie. [2]1963.
J. Kirchner, Scriptura latina libraria. 1955.
B. Bischoff, Paläographie. — Deutsche Philologie im Aufriß 1. [2]1957.
P. O. Kristeller, Latin Manuscript Books before 1600. A List of the Printed Catalogues and Unpublished Inventories of Extant Collections. New York [2]1960.
J. Kirchner, Scriptura gothica libraria. 1966.

l) Drucke

L. Hain, Repertorium bibliographicum. 1826 ff.
Gesamtkatalog der Wiegendrucke. 1925 ff.
J. Kirchner, Lexikon des Buchwesens. 1952 ff.

m) Urkunden

H. v. Sybel, und *T. v. Sickel*, Kaiserurkunden in Abbildungen. 1880 ff.
H. Bresslau, Handbuch der Urkundenlehre für Deutschland und Italien. [2]1912 ff.
H. Foerster, Urkundenlehre in Abbildungen. Bern 1951.

n) Siegel

O. Posse, Die Siegel der deutschen Kaiser und Könige. 1909 ff.
W. Ewald, Siegelkunde. 1914.
E. Freih. v. Berchem, Siegel. 1918.

o) Wappen

J. Siebmacher, Großes und allgemeines Wappenbuch. [7]1854 ff.
H. G. Ströhl, Heraldischer Atlas. 1899.
D. L. Galbrecth, Handbüchlein der Heraldik. Lausanne [2]1948.

p) Münzen

H. Dannenberg, Die deutschen Münzen der sächsischen und fränkischen Kaiserzeit. 1876 ff.
A. Luschin v. Ebengreuth, Allgemeine Münzkunde und Geldgeschichte. [2]1926.
F. v. Schrötter, Wörterbuch der Münzkunde. 1930.
K. Lange, Münzkunst des Mittelalters. 1942.
A. Suhle, Deutsche Münz- und Geldgeschichte von den Anfängen bis zum 15. Jahrhundert. 1955.

q) Waffen

W. Boeheim, Handbuch der Waffenkunde. 1890.
B. Rathgen, Das Geschütz im Mittelalter. 1928.
V. Poschenburg, Die Schutz- und Trutzwaffen des Mittelalters. Wien 1936.
Cl. Blair, European Armour. Ca. 1066 to ca. 1700. New York 1959.

r) Geräte und Gebrauchsgegenstände

M. Heyne, Fünf Bücher deutscher Hausaltertümer. 1899 ff.
M. Heyne, Das altdeutsche Handwerk. 1908.
W. H. Schwarz, Sachgüter des Mittelalters und der Neuzeit. — Deutsche Philologie im Aufriß 3. [2]1962.

s) Textilien im allgemeinen

H. Göbel, Wandteppiche. 1923 ff.
Betty Kurth, Die deutschen Bildteppiche des Mittelalters. 1926.
R. Jaques, Deutsche Textilkunst. 1942.

t) Kleidung

H. Weiss, Kostümkunde. 1860 ff.
J. Braun, Die liturgische Gewandung im Occident und Orient. 1907.
Ruth Klein, Lexikon der Mode. 1950.
Sakrale Gewänder des Mittelalters. Ausstellung[skatalog]. München 1955.

u) Karten

Mappae mundi. Die ältesten Weltkarten. Herausgeg. v. *K. Miller*. 1895 ff.
L. Bagrow, Die Geschichte der Karthographie. 1951.
L. Bagrow und *R. A. Skellon*, Meister der Karthographie. 1963.
M. Destombes, Mappemondes. Amsterdam 1964.

v) Formen der Siedlung

K. Kretschmer, Historische Geographie von Mitteleuropa. 1904.
R. Kötzschke, Quellen und Grundbegriffe der historischen Geographie Deutschlands und seiner Nachbarländer. In: Meisters Grundriß der Geschichtswissenschaft 1. 1906.
W. Ebert, Ländliche Siedelformen im deutschen Osten. 1937.
O. Schlüter, Die Siedlungsräume Mitteleuropas in frühgeschichtlicher Zeit. 1952 ff.
K. Gruber, Die Gestalt der deutschen Stadt. 1952.
K. Frölich, Das verfassungstopographische Bild der mittelalterlichen Stadt. In: Gedächtnisschrift für F. Rörig. 1953.
W. Radig, Die Siedlungstypen in Deutschland und ihre frühgeschichtlichen Wurzeln. 1955.
E. Keyser, Städtegründungen und Städtebau in Nordwestdeutschland im Mittelalter. 1958.
E. Lehmann, Bemerkungen zu den baulichen Anfängen der deutschen Stadt im frühen Mittelalter. In: La città nell' alto medioevo. — Settimane di studio del centro Italiano usw. 6. Spoleto 1959.
Deutschland im Luftbild. Herausgeg. v. *B. Lohse*. 1959.
E. Herzog, Die ottonische Stadt. 1964.

6. Inhaltsbezogene Gruppen

a) Allgemeines

A. Werminghoff, Ikonographie des deutschen Mittelalters. Deutsche Geschichtsblätter 18. 1917.
R. v. Marle, Iconographie de l'art profane. Den Haag 1931 f.
P. E. Schramm, Die Erforschung der mittelalterlichen Symbole. — Vorwort zu: *B. Schwineköper*, Der Handschuh im Recht. 1938.
W. Hager, Das geschichtliche Ereignisbild. Hab.-Schrift Heidelberg 1939.
E. Lehmann, Über die Bedeutung des Investiturstreits für die deutsche hochromanische Architektur. Zeitschrift des deutschen Vereins für Kunstwissenschaft 7. 1940.

R. Krautheimer, Introduction to an Iconographie of Medieval Architecture. Journal of the Warburg and Courtauld Institutes 5. 1942.
W. Weisbach, Religiöse Reform und mittelalterliche Kunst. Einsiedeln 1945.
L. Schürenberg, Mittelalterlicher Kirchenbau als Ausdruck geistiger Strömungen. Wiener Jahrbuch für Kunstgeschichte 14 (18). 1950.
G. Bandmann, Mittelalterliche Architektur als Bedeutungsträger. 1951.
G. Bandmann, Ikonologie der Architektur. Jahrb. für Ästhetik 1951.
H. Sedlmayr, Die Kathedrale als europäische Königskirche. In: Epochen und Werke. Gesammelte Schriften 1. 1959.
E. Lehmann, Kaisertum und Reform als Bauherrn in der hochkarolingischen Zeit. In: Festschrift für P. Metz. 1965.

b) Christliche Themen

J. Sauer, Symbolik des Kirchengebäudes und seiner Ausstattung in der Auffassung des Mittelalters. 1902.
H. Bergner, Handbuch der kirchlichen Kunstaltertümer in Deutschland. 1905.
W. Molsdorf, Christliche Symbolik der mittelalterlichen Kunst. 1926.
K. Künstle, Ikonographie der christlichen Kunst. 1926 ff.
J. Braun, Tracht und Attribute der Heiligen in der deutschen Kunst. 1943.
E. Lehmann, Vom Sinn und Wesen der Wandlung in der Raumordnung der deutschen Kirchen des Mittelalters. Zeitschr. für Kunstwissenschaft 5. 1951.
L. Réau, Iconographie de l'art Chrétien. Paris 1955 ff.
H. Aurenhammer, Lexikon der christlichen Ikonographie. Wien 1959 ff.
J. A. Jungmann, Symbolik der katholischen Kirche. 1960. Tafelband v. *E. Sauser*. 1966.
Gertrud Schiller, Ikonographie der christlichen Kunst 1. 1966.

c) Rechtsdenkmäler

H. Fehr, Das Recht im Bilde. Erlenbach-Zürich 1923.
E. Freih. v. Künßberg, Rechtliche Volkskunde. 1936.
K. Frölich, Mittelalterliche Baudenkmäler als Rechtsquelle. Nachrichten der Gießener Hochschulgesellschaft 12. 1938.
K. Frölich, Arbeiten zur rechtlichen Volkskunde. 1938 ff.
K. v. Amira und *C. v. Schwerin*, Rechtsarchäologie 1. 1943.
K. Frölich, Rechtsdenkmäler des deutschen Dorfes. 1947.
E. Freih. v. Künßberg, Rechtsgeschichte und Volkskunde. 1965.
H. Kaspers, Vom Sachsenspiegel zum Code Napoleon. Kleine Rechtsgeschichte im Spiegel alter Rechtsbücher. ²1965.

d) Herrschaftszeichen und Denkmale der deutschen Könige

H. Fillitz, Die Insignien und Kleinodien des Heiligen Römischen Reiches. Wien, München 1954.
P. E. Schramm, Herrschaftszeichen und Staatssymbolik. 1954 ff.
P. E. Schramm, Kaiser Friedrichs II. Herrschaftszeichen. Abhandlungen der Akademie der Wissenschaften in Göttingen. Phil.-Hist. Kl. 3. Folge Nr. 36. 1955.
Gudrun Colsman, Die Denkmale der deutschen Kaiser und Könige im 14. Jahrhundert. Diss. phil. Göttingen 1955.
P. E. Schramm, Sphaira, Globus, Reichsapfel. 1958.
P. E. Schramm und *Florentine Mütherich*, Denkmale der deutschen Könige und Kaiser. 1962.
[E. F.] Lord Twining, European Regalia. London 1967.

e) Porträts

M. Kemmerich, Die Porträts deutscher Kaiser und Könige bis auf Rudolf von Habsburg. Neues Archiv der Gesellschaft für ältere deutsche Geschichtskunde 33. 1907.
W. Scheffler, Die Porträts der deutschen Kaiser und Könige im späten Mittelalter. Repertorium für Kunstwissenschaft 33. 1910.
S. H. Steinberg, Grundlagen und Entwicklung des Porträts im deutschen Mittelalter. In: Festschrift für W. Goetz. 1927.
P. E. Schramm, Die deutschen Kaiser und Könige in Bildern ihrer Zeit 1. 1928.
J. Prochno, Das Schreiber- und Dedikationsbild in der deutschen Buchmalerei 1. 1929.
S. H. Steinberg und *Christine v. Steinberg-Pape*, Die Bildnisse geistlicher und weltlicher Fürsten und Herren 1. 1931.
G. Kießling, Deutsche Kaiserbildnisse des Mittelalters. 1937.
H. Keller, Die Entstehung des Bildnisses am Ende des Hochmittelalters. Römisches Jahrbuch für Kunstgeschichte 3. 1939.
E. Buschor, Bildnisstufen. 1947.
E. Buchner, Das deutsche Bildnis der Spätgotik. 1953.

f) Denkmäler der Technik

P. Brandt, Schaffende Arbeit und bildende Kunst. 1927.
F. M. Feldhaus, Die Technik der Antike und des Mittelalters. 1931.
O. Johannsen, Geschichte des Eisens. ³1953.
F. Klemm, Technik. Eine Geschichte ihrer Probleme. 1954.
A History of Technology. Ed. by *Ch. Singer*. Oxford 1956 ff.
L. White jr., Medieval Technology and Social Change. Oxford 1962.

IV. Literatur zur neueren und neuesten Geschichte

1. Vom Ende des Mittelalters bis zum konfessionellen Zeitalter

P. Joachimsen, Der deutsche Staatsgedanke von seinen Anfängen bis auf Leibniz und Friedrich d. Gr. 1921.
P. Joachimsen, Vom deutschen Volk zum deutschen Staat. ²1920.
F. Hartung, Deutsche Verfassungsgeschichte vom 15. Jahrhundert bis zur Gegenwart. ⁶1954.
W. Andreas, Deutschland vor der Reformation. ⁵1948.
F. Hartung, Deutsche Geschichte im Zeitalter der Reformation, der Gegenreformation und des 30jährigen Krieges. 1951.
K. Brandi, Deutsche Geschichte im Zeitalter der Reformation und Gegenreformation. ²1942.
G. Ritter, Die Neugestaltung Europas im 16. Jahrhundert. 1950.
J. Lortz, Die Reformation in Deutschland. ³1948.
W. Winker, Kaiser Maximilian I. 1950.
K. Brandi, Kaiser Karl V. ⁴1942.
M. de Ferdinandy, Karl V. 1966.
P. Rassow, Die Kaiseridee Karls V., dargestellt an der Politik der Jahre 1528—1540. 1932.

G. Ritter, Luther. [5]1949.
A. Waas, Die große Wendung im deutschen Bauernkrieg. Historische Zeitschrift 158 und 159. 1938/39.
K.-F. Olechnowitz, Handel und Seeschiffahrt der späten Hanse. 1965.
W. Treue u. a., Das Hausbuch der Mendelschen Zwölfbrüderstiftung zu Nürnberg, Deutsche Handwerkerbilder des 15. und 16. Jahrhunderts. 1965.
B. de Busto, Geschichte des Schmalkaldischen Krieges. 1938.

2. *Das konfessionelle Zeitalter und die Glaubenskämpfe*

E. W. Zeeden, Die Entstehung der Konfessionen, Grundlagen und Formen der Konfessionsbildung im Zeitalter der Glaubenskämpfe. 1965.
E. Gothein, Staat und Gesellschaft im Zeitalter der Gegenreformation. [2]1924.
R. Huch, Der große Krieg in Deutschland. [2]1958.
E. v. Frauenholz, Das Heerwesen in der Zeit des 30jährigen Krieges. 1938/39.
H. v. Srbik, Wallensteins Ende. [2]1952.
J. Paul, Gustav Adolf. 1932.
G. Franz, Der 30jährige Krieg und das deutsche Volk. [2]1943.
M. Braubach, Der Westfälische Friede. 1948.

3. *Zwischen dem Dreißigjährigen Kriege und dem Tode Ludwigs XIV.*

B. Erdmannsdörffer, Deutsche Geschichte vom Westfälischen Frieden bis zum Regierungsantritt Friedrich d. Gr. 1892/93.
W. Treue, Deutsche Geschichte von den Anfängen bis zur Gegenwart. [3]1965.
F. Wagner, Europa im Zeitalter des Absolutismus 1648 bis 1789. 1948.
K. Zielenziger, Die alten deutschen Kameralisten. 1914.
K. v. Raumer, Das Erbe des Westfälischen Friedens. In: Pax Optima Rerum. 1948.
O. Hintze, Die Hohenzollern und ihr Werk. 1915.
H. v. Petersdorff, Der Große Kurfürst. [2]1939.
O. Redlich, Österreichs Großmachtbildung in der Zeit Kaiser Leopolds I. 1921.
O. Redlich, Das Werden einer Großmacht, Österreich von 1700 bis 1740. [2]1942.
A. v. Arneth, Prinz Eugen v. Savoyen. [2]1864.
M. Braubach, Prinz Eugen. 1960/65.
R. Lorenz, Türkenjahr 1683. [2]1934.
P. Haake, August der Starke. 1927.
Th. Schieder, Die preußische Königskrönung und die politische Ideengeschichte. In: Begegnungen mit der Geschichte. 1962.
O. Weber, Der Friede von Utrecht. 1891.
W. Totok u. *C. Haase*, Leibniz, sein Leben, sein Wirken, seine Welt. 1966.

4. *Das Zeitalter des europäischen Gleichgewichts*

W. Treue, Deutsche Geschichte von 1713 bis 1806. 1957.
R. Wittram, Formen und Wandlungen des europäischen Absolutismus. In: Glaube und Geschichte, Festschrift für Gogarten. 1948.
F. Meinecke, Die Idee der Staatsräson. [3]1929.
L. Dehio, Gleichgewicht oder Hegemonie. 1948.
U. Scheuner, Der Staatsgedanke Preußens. 1965.
A. Berney, König Friedrich I. und das Haus Habsburg 1701—1707. 1927.
C. Hinrichs, Friedrich Wilhelm I. 1943.
F. Hartung, König Friedrich Wilhelm I. 1942.
F. Wagner, Kaiser Karl VII. und die großen Mächte 1740 bis 1745. 1939.
W. Michael, Zur Entstehung der pragmatischen Sanktion Karls VI. 1939.
G. Ritter, Friedrich der Große. [3]1954.
W. Stribry, Die Rußlandpolitik Friedrichs d. Gr. 1764 bis 1786. 1966.
A. v. Arneth, Geschichte Maria Theresias. 1863/79.
H. Kretschmayr, Maria Theresia. [2]1938.
C. Hinrichs, Der allgegenwärtige König Friedrich d. Gr. im Kabinett und auf Inspektionsreisen. [3]1943.
F. Walter, Die Geschichte der österreichischen Zentralverwaltung in der Zeit Maria Theresias 1740/1780. 1938.
K. O. v. Aretin, Heiliges Römisches Reich 1776—1803. 1967.
E. Benedikt, Kaiser Joseph II. 1741—1790. [2]1947.
E. Winter, Der Josephinismus und seine Geschichte. 1943.
E. Wangermann, Von Joseph II. zu den Jakobinerprozessen. 1966.
O. Badelt, Das Rechts- und Staatsdenken Goethes. 1966.

5. *Zwischen Revolution und Restauration*

F. Meinecke, Das Zeitalter der deutschen Erhebung 1795 bis 1815. [6]1957.
W. Mommsen, Geschichte des Abendlandes von der französischen Revolution bis zur Gegenwart 1789—1945. 1951.
A. Ernstberger, Österreich und Preußen von Basel bis Campoformio 1795—1895. 1932.
H. Hüffter, Der Krieg des Jahres 1799 und die 2. Koalition. 1904/05.
V. Bibl, Kaiser Franz. 1937.
H. v. Srbik, Das österreichische Kaisertum und das Ende des Heiligen Römischen Reiches 1804—1806. 1927.
F. Valjavec, Die Entstehung der politischen Strömungen in Deutschland 1770—1815. 1951.
G. Ritter, Stein. [3]1958.
K. H. Lang, Die Geschichte des Geschlechtes von Hardenberg. 1966.
H. Rößler, Österreichs Kampf um Deutschlands Befreiung. [2]1947.
W. Elze, Der Streit um Tauroggen. 1926.
K. v. Raumer, Ost und West in der Erhebung von 1813. 1940.
K. Griewank, Der Wiener Kongreß und die Neuordnung Europas 1814/15. [2]1954.
H. v. Srbik, Metternich. 1925.
I. Mieck, Preußische Gewerbepolitik in Berlin 1806—1844. 1965.

6. *Restauration und Reaktion*

E. Marcks, Der Aufstieg des Reiches. Deutsche Geschichte 1807—1871/78. 1936.
F. Schnabel, Deutsche Geschichte im 19. Jahrhundert. [2]1948/55.
A. Scharff, Der Gedanke der preußischen Vorherrschaft in den Anfängen der deutschen Einheitsbewegung. 1928.
K.-G. Faber, Die Rheinlande zwischen Restauration und Revolution 1814—1848. 1966.
H. Rogge, Friedrich List und der Deutsche Zollverein. 1939.
W. Treue, Wirtschaftszustände und Wirtschaftspolitik in Preußen 1815/25. 1937.
W. Sombart, Die deutsche Volkswirtschaft im 19. Jahrhundert. [7]1927.
C. Jantke u. *D. Hilger*, Die Eigentumslosen, der deutsche Pauperismus und die Emanzipationskrise. 1965.
V. Vallentin, Geschichte der deutschen Revolution von 1848—1849. 1930/31.

K. Griewank, Ursachen und Folgen des Scheiterns der deutschen Revolution von 1848. In: Historische Zeitschrift 170. 1950.
K. Mayer u. a., Geschichte und Kulturleben Österreichs von 1792 bis zum Staatsvertrag von 1955. 1965.
E. Lewalter, Friedrich Wilhelm IV. 1938.
H. Rothfels, Theodor von Schön, Friedrich Wilhelm IV. und die Revolution von 1848. 1937.
W. Mommsen, Größe und Versagen des deutschen Bürgertums. 1949.
A. Künzli, Karl Marx. 1966.

7. Die letzte Phase der preußisch-österreichischen Rivalität

W. Treue, Der Krimkrieg und die Entstehung der modernen Flotten. 1954.
E. Franz, Der Entscheidungskampf um die wirtschaftspolitische Führung Deutschlands. 1933.
H. Böhme, Deutschlands Weg zur Großmacht, Studien zum Verhältnis von Wirtschaft und Staat während der Reichsgründungszeit 1848—1881. 1966.
E. Eyck, Bismarcks Leben und Werk. 1941/44.
A. O. Meyer, Bismarck. 1949.
W. Frauendienst, Das Jahr 1866, Preußens Sieg, die Vorstufe des deutschen Reiches. 1966.
A. Wandruszka, Schicksalsjahr 1866. 1966.
G. Ritter, Die Entstehung der Indemnitätsvorlage 1866. In: Historische Zeitschrift 114. 1915.

8. Das Deutsche Reich in der Zeit von Bismarcks Kanzlerschaft

H. O. Meisner, Bundesrat, Bundeskanzler und Bundeskanzleramt 1867—1871. In: Forschungen zur brandenburgischen und preußischen Geschichte 54. 1942.
H. Grebing, Geschichte der deutschen Arbeiterbewegung. 1966.
H. Wachenheim, Die deutsche Arbeiterbewegung 1844 bis 1914. 1967.
E. Marcks, Kaiser Wilhelm I. [9]1943.
H. Rosenberg, Große Depression und Bismarckzeit, Wirtschaftsablauf, Gesellschaft und Politik in Mitteleuropa. 1967.
W. Richter, Kaiser Friedrich III. 1938.
F. Hartung, Deutsche Geschichte, 1871—1919. [6]1952.
W. G. Hoffmann u. a., Das Wachstum der deutschen Wirtschaft seit der Mitte des 19. Jahrhunderts. 1965.
K. W. Hardach, Die Bedeutung wirtschaftlicher Faktoren bei der Wiedereinführung der Eisen- und Getreidezölle in Deutschland 1879. 1967.
O. Becker, Bismarck und die Einkreisung Deutschlands. 1923/25.
W. Windelband, Bismarck und die europäischen Großmächte, 1879—1885. 1940.
S. Maiwald, Der Berliner Kongreß und das Völkerrecht. 1948.
H. Goldschmidt, Das Reich und Preußen im Kampf um die Führung. 1931.
K. E. Born, Preußen und Deutschland im Kaiserreich. 1967.
H. Rothfels, Prinzipienfragen der Bismarckschen Sozialpolitik. 1929.
E. Kehr, Der Primat der Innenpolitik. Gesammelte Aufsätze zur preußisch-deutschen Sozialgeschichte im 19. und 20. Jahrhundert. 1965.
E. Gagliardi, Bismarcks Entlassung. 1927/41.
W. Mommsen, Bismarcks Sturz und die Parteien. 1924.

9. Deutschland unter Wilhelm II. im Zeitalter des Imperialismus

J. Ziekursch, Politische Geschichte des neuen deutschen Kaiserreichs. 1930.
A. Rosenberg, Die Entstehung der Deutschen Republik 1871—1918. 1928.
E. Eyck, Das persönliche Regiment Wilhelms II. 1947.
G. W. F. Hallgarten, Imperialismus vor 1914. 1951.
J. Kunz-Lack, Die deutsch-amerikanischen Beziehungen 1890—1914. 1935.
H. Dietzel, Die Preußischen Wahlrechtsreformbestrebungen von der Oktroyierung des Dreiklassenwahlrechts bis zum Beginn des Weltkrieges. 1934.
B. Schneider, Daten zur Geschichte der Jugendbewegung. 1965.
H. v. Kuhl, Der Weltkrieg 1914—1918. 1929.
O. E. Volkmann, Der große Krieg. 1938.
C. H. Hermann, Deutsche Militärgeschichte. 1966.

10. Das Deutsche Reich 1918 bis 1933

Th. Ellwein, Bücherkunde für die politische Bildung. [4]1967.
E. Eyck, Geschichte der Weimarer Republik. 1954/56.
F. Friedensburg, Die Weimarer Republik. 1946.
A. Rosenberg, Die Entstehung und Geschichte der Weimarer Republik. 1956.
P. Nettl, Rosa Luxemburg. 1967.
K. D. Erdmann, Adenauer in der Rheinlandpolitik nach dem Ersten Weltkrieg. 1966.
A. v. Saldern, Hermann Dietrich, ein Staatsmann der Weimarer Republik. 1966.
Th. Steltzer, Sechzig Jahre Zeitgenosse. 1966.
W. Treue, Deutschland in der Weltwirtschaftskrise in Augenzeugenberichten. 1967.
E. Köstring, Der militärische Mittler zwischen dem Deutschen Reich und der Sowjetunion 1921—1941. 1966.
Th. Vogelsang, Kurt von Schleicher, ein General als Politiker. 1965.
W. Maser, Die Frühgeschichte der NSDAP, Hitlers Weg bis 1924. 1965.

11. Das Dritte Reich

K. Niclauss, Die Sowjetunion und Hitlers Machtergreifung, die deutsch-russischen Beziehungenn der Jahre 1929 bis 1935. 1966.
H. Mau u. *H. Krausnick*, Deutsche Geschichte der jüngsten Vergangenheit. 1956.
H. Herzfeld, Die moderne Welt. 2. Teil: 1890—1945. 1952.
D. Ross, Hitler und Dollfuß, Die deutsche Österreich-Politik 1933—1934. 1966.
K. Stadler, Österreich 1938—1945. 1966.
H. D. Gisevius, Bis zum bittern Ende. 1946.
W. Birkenfeld, Geschichte der deutschen Wehr- und Rüstungswirtschaft 1918—1943/45. 1966.
F. Hoßbach, Zwischen Wehrmacht und Hitler. 1934—1938. [2]1965.
B.-J. Wendt, München 1938, England zwischen Hitler und Preußen. 1965.
W. Hofer, Die Entfesselung des 2. Weltkrieges. 1954.
K. v. Tippelskirch, Geschichte des 2. Weltkrieges. 1951.
H.-A. Jacobsen, Zur Konzeption einer Geschichte des Zweiten Weltkrieges. 1954.
C. A. Gemzell, Raeder, Hitler und Skandinavien. 1965.
H. Böhme, Entstehung und Grundlagen des Waffenstillstandes von 1940. 1966.

A. Hillgruber, Hitlers Strategie, Politik und Kriegführung 1940—1941. 1965.
W. A. Boelcke, Kriegspropaganda 1939—1941, Geheime Ministerkonferenzen im Reichspropagandaministerium. 1966.
W. Hubatsch, Kriegswende 1943. 1966.
J. Leuschner, Volk und Raum. 1958.
L. Gruchmann, Nationalsozialistische Großraumordnung. 1962.
H. Rothfels, Die deutsche Opposition gegen Hitler. 1958.
J. Kramarz, Stauffenberg, Das Leben eines Offiziers. 1965.
G. Buchheit, Ludwig Beck, ein preußischer General. 1964.
K. G. Klietmann, Die Waffen-SS. 1966.
W. Lüdde-Neurath, Regierung Dönitz, die letzten Tage des Dritten Reiches. 1964.
R. Hansen, Das Ende des Dritten Reiches, die deutsche Kapitulation 1945. 1966.

12. Nach 1945

W. Böge u. a., Ereignisse seit 1945. [5]1965.
W. Cornides, Die Weltmächte und Deutschland, Geschichte der jüngsten Vergangenheit. [2]1961.
M. Rexin, Die Jahre 1945—1949. 1962.
O. M. v. d. Gablentz, Die Berlin-Frage in ihrer weltpolitischen Verflechtung 1944—1963. 1963.
G. Stolper, Deutsche Wirtschaft seit 1870. 1964.
T. Pünder, Das bizonale Interregnum, Die Geschichte des Vereinigten Wirtschaftsgebiets 1946—1949. 1966.
P. H. Merkl, Die Entstehung der Bundesrepublik Deutschland. 1965.
C. Schmid, Der Weg des deutschen Volkes nach 1945. 1967.
A. Müller-Armack, Wirtschaftsordnung und Wirtschaftspolitik, Studien und Konzepte zur Sozialen Marktwirtschaft und zur Europäischen Integration. 1966.
Wandlungen der Wirtschaftsstruktur in der Bundesrepublik Deutschland. 1962.
H. H. Götz, Weil alle besser leben wollen . . . 1963.
Th. Vogelsang, Das geteilte Deutschland. 1966.
H. Kalus, Wirtschaftszahlen aus der SBZ. [4]1964.
K. C. Thalheim, Die Wirtschaft der Sowjetzone in Krise und Umbau. 1964.
D. Storbeck, Soziale Strukturen in Mitteldeutschland. 1964.
B. Gleitze, Ostdeutsche Wirtschaft. 1956.
B. Gleitze, Die Industrie der Sowjetzone unter dem gescheiterten Siebenjahresplan. 1964.
K. Pritzel, Die wirtschaftliche Integration der sowjetischen Besatzungszone Deutschlands in dem Ostblock und ihre politischen Aspekte. 1962.
K. Merkel u. *E. Schuhans*, Die Agrarwirtschaft in Mitteldeutschland. [2]1963.
R. Sannwald, Die Europäische Wirtschaftsgemeinschaft und der Osthandel. In: Europa-Archiv 20. 1965.
H. Bott, Theodor Heuss in seiner Zeit. 1966.
K. Adenauer, Erinnerungen. 1965/67.
R. Maier, Erinnerungen 1948—1953. 1966.
V. Ritter, Kurt Schumacher, eine Untersuchung seiner politischen Konzeption und seiner Gesellschafts- und Staatsauffassung. 1964.
A. Grosser u. a., Die Spiegelaffäre. 1966.
A. Mohler, Was die Deutschen fürchten: Angst vor der Politik, Angst vor der Geschichte, Angst vor der Macht. 1965.
R. Dahrendorf, Gesellschaft und Demokratie in Deutschland. 1965.
V. Gräfin von Bethusy-Huc, Das politische Kräftespiel in der Bundesrepublik. 1965.
H. Glaser, Die Bundesrepublik zwischen Restauration und Rationalismus. 1965.
K. Jaspers, Wohin treibt die Bundesrepublik? 1966.

Nachtrag

G. Binder, Der zweite deutsche Staat, die DDR. 1977.
Deutsche Bundesbank (Hg.), Währung und Wirtschaft in Deutschland 1876/1975. 1975.
T. Ellwein, Das Regierungssystem der Bundesrepublik Deutschland. [4]1977.
W. Glasstetter, Die wirtschaftliche Entwicklung der Bundesrepublik Deutschland 1950—1975. 1977.
G. Langguth, Die Protestbewegung in der Bundesrepublik Deutschland 1968/76. 1977.
P. Noack, Deutsche Außenpolitik seit 1945. 1977.
H. Roeper, Die D-Mark, vom Besatzungskind zum Weltstar. 1979.
H.-G. Schumann, Die Rolle der Opposition in der Bundesrepublik Deutschland. 1977.
B. Zündorf, Die Ostverträge. 1980.

Namen- und Sachregister

Die kursiv gesetzten Ziffern bezeichnen die Bildtafeln und deren Erläuterungen, die Großbuchstaben die entsprechenden Farbtafeln.

Die in den Anhängen enthaltenen Stichworte sind nicht in das Register eingearbeitet.